WBC 성경주석

예레미야(하)

솔로몬

예레미야(하)

- 2006년 2월 15일 초판 1쇄 발행
- 2014년 3월 25일 초판 2쇄 발행
- 지은이 : 제랄드 L. 코운 외 2인
- 옮긴이 : 정일오
- 펴낸이 : 박영호
- 펴낸곳 : 도서출판 솔로몬
- 등록번호 : 제16-24호
- 등록일 : 1990년 7월 31일
- 주소 : 서울시 동작구 사당로 155 신주빌딩 B1
- 전화 : 599-1482 팩스 : 592-2104
- 직영서점 : 596-5225

ISBN 978-89-8255-373-8
ISBN 978-89-8255-267-0(세트)

WORD BIBLICAL COMMENTARY

Volume 27

Jeremiah 26–52

GERALD L. KEOWN
PAMELA J. SCALISE
THOMAS G. SMOTHERS

THOMAS NELSON PUBLISHERS
Nashville

목 차

서언

1988년 9월 피터 크레이기의 비극적 사망으로 인해 WBC 편집자들은 여러 저자들에게 크레이기가 시작한 예레미야서 주석 작품을 완성하도록 부탁하기로 결정했다. 크레이기가 다루지 않은 예레미야서의 단락들은 남침례교 신학교 구약 부문의 동료였던 다섯 명의 저자에게 분배되었다. 저술 단락은 크레이기에 의해서 완성된 모든 자료들이 사용되었다는 사실은 특별히 제외하고, 경계로 확정할 수 있었던 것과 거의 일치하는 예레미야서의 식별 가능한 구조를 따라 분배되었다. 첫 번째와 두 번째 권 사이를 가르는 선은 예레미야서 자체 가운데서 25장과 26장 사이에 있는 식별 가능한 단절 지점과 잘 부합한다.

예레미야서 주석의 1권(WBC 26)은 예레미야서를 본서의 형성을 위하여 하나의 조직 원리를 재구성하려는, 많은 점에서 어떤 시도를 거부하는 하나의 "작품집들 중의 작품집"으로 밝힌 바 있다(xxxii). 동시에, 어떤 내적인 단서가 본서의 개요를 전개시키려는 시도에 도움을 주도록 존재할 수도 있다. 이 두 번째 권에서 우리는 26-52장을 본문 내에 있는 단서에 근거하여 세 단락으로 나누었다.

두 번째 권을 위하여 파멜라 스칼라이스가 예레미야 26-34장을 위한 자료를 제공해 주었다. 새 언약에 대한 예레미야의 메시지와 이에 수반된 본문들이 본서 중 이 부분의 초점이다. 제랄드 고운은 35-45장과 52장에 대한 책임을 맡았다. 토머스 스모덜스는 예레미야 46-51장에 있는 열국에 대한 신탁을 다루었다.

본서의 구성과 관련된 특별한 정보는 주석의 각 단락들의 "양식/구조/배경"이라는 제목하에서 논의될 것이다. 제1권의 서론은 예레미야서와 관련된 전반적인 문제들에 대한 보다 충분한 논의를 담고 있다.

존 D. W. 왓츠
데이빗 A. 허바드

편집자 서문

본 성경 주석 전집(WBC; Word Biblical Commentary)이 세상에 나오기까지는 수 년 간의 기획 과정이 필요했다. 1977년에 본 전집의 편집위원회 위원들은 발행인들과 회합한 자리에서 몇 가지 뚜렷한 특징을 지닌 새로운 성경 주석의 발간 가능성을 면밀하게 검토했다. 그러한 특징이 무엇인지는 독자들이 이 주석서들을 진지한 자세로 읽어 내려가는 과정에서 금방 알게 될 것이다. 하지만 본 성경 주석이 당초에 목표로 삼은 것이 과연 얼마나 완벽하게 성취되었는지는 오로지 시간만이 말해 줄 수 있을 것이다.

우선, 우리는 우리와 뜻을 같이하면서 세계 도처의 대학교, 신학교 등에서 가르침의 사역에 종사하고 있는 학자들을 되도록 폭 넓게 선발하여 본 성경 주석의 기고자로 삼기 위해 많은 노력을 기울여 왔다. 매우 다양한 교단적 배경을 지닌 본서 기고자들의 폭 넓은 시야는 가히 "복음주의적" – 성경을 하나님의 계시로 받아들이고 기독교 복음의 진리와 능력을 자신의 생명처럼 여긴다는 적극적이고 역사적인 의미에서 – 이라 불려지는 것이 마땅하다.

다음으로, 본 전집에 포함된 주석서들은 처음부터 『WBC 성경주석』의 일환으로 쓰여진 책들이다. 오늘날 성경 주석 분야에서 상당한 호평을 받고 있는 몇몇 전집들이 영어 이외의 언어로 쓰여진 저작들을 영어로 번역한 것에 비하여, 본 성경 주석은 오로지 처음부터 영어로 쓰여진 책들만이 포함되어 있다. 또한 본 전집의 주석가들은 성경 원문을 각자 나름대로 영어로 번역한 다음, 그 번역된 성경 본문을 자신들의 주해와 주석의 바탕으로 삼는 것을 원칙으로 삼았다. 나아가서 본 전집의 대표적인 특징으로는, 그 내용이 어디까지나 성경적인 언어를 바탕으로 하면서도 각계 각층의 독자들 – 공부하는 학생들, 현재 목회 사역에 종사하고 있는 교역자들 그리고 이 분야를 전공하는 학자들이나 교수들 – 이 성경에 대한 신학적 이해를 학문적이면서도 실제적으로 쌓아 나갈 수 있고, 또 그들에게 현실적인 도움이 될 수 있도록 구성되어 있다는 점을 들 수 있다.

마지막으로, 본 성경 주석의 구성 양식에 관하여 몇 마디 말을 덧붙이고자 한다. 우리는 여러 계층의 – 그리고 상이한 수준의 – 독자들을 의식하여, 확실하게 구분되는 몇 개의 단락으로 나누어 책의 내용을 구성했다. 예를 들어, 번역된 성경 본문의 바탕을 이루는 히브리어와 헬라어 원문에 관하여 좀더 깊이 있게 공부하려는 독자들은 본 성경 본문의 "원문주해"를 살펴보고, 현대 신학자들이 어떠한 해석을 내리고 있는지에 관심이 있다면 "참고문헌" 및 "양식/구조/배경"을 참조하면 될 것이다. 또한 어떤 성경 본문의 의미 및 그 본문에 포함된 성경적 계시를 좀더 폭 넓은 관점에서 이해하려면 "주석"과 "해설"을 보면 된다. 그러므로 본 성경 주석을 펼쳐 든 사람이라면 누구나 자신에게 유익한 자료들을 얻을 수 있으리라 믿어 의심치 않는다.

이상과 같은 우리의 목표가 상당히 만족스러운 수준까지 달성될 때, 우리 편집자들이 당초에 의도했던 것들이 구체적으로 실현됨과 아울러 본 전집의 기고자들이 흘린 땀방울도 충분한 보상을 받을 수 있게 될 것이다.

책임 편집자 : **데이비드 허바드**(David A. Hubbard)
글렌 바커(Glenn Barker)
구약 편집자 : **존 와츠**(John D. W. Watts)
신약 편집자 : **랠프 마틴**(Ralph P. Martin)

약어표

정기 간행물, 연속 간행물 및 참고 자료

AAS	*Acta apostolicae sedis*
AASF	Annales Academic Scientarum Fennicae
AASOR	Annual of the American Schools of Oriental Research
AB	Anchor Bible
ABD	*Anchor Bible Dictionary*
AbrN	*Abr-Nahrain*
AcOr	*Acta orientalia*
ADAJ	Annual of the Department of Antiquities of Jordan
AfO	*Archiv für Orientforschung*
AGJU	Arbeiten zur Geschichte des antiken Judentums und des Urchristentums
AHW	W. von Soden, *Akkadisches Handwörterbuch*
AJA	*American Journal of Archaeology*
AJAS	*American Journal of Arabic Studies*
AJBA	*Australian Journal of Biblical Archaeology*
AJSL	*American Journal of Semitic Languages and Literature*
AJT	*American Journal of Theology*
ALBO	Analecta lovaniensia biblica et orientalia
ALUOS	Annual of Leeds University Oriental Society
AnBib	Analecta biblica
ANEP	J. B. Pritchard (ed.), *Ancient Near East in Pictures*
ANESTP	J. B. Pritchard (ed.), *Ancient Near East Supplementary Texts and Pictures*
ANET	J. B. Pritchard (ed.), *Ancient Near Eastern Texts*
AnOr	Analecta orientalia
AOAT	Alter Orient und Altes Testament
AOS	American Oriental Series
APOT	R. H. Charles (ed.), *Apocrypha and Pseudepigrapha of the Old Testament*
ARG	*Archiv für Reformationsgeschichte*
ARM	Archives royales de Mari
ArOr	*Archiv orientální*
ARW	*Archiv für Religionswissenschaft*

ASSR *Archives des sciences sociales des religions*
ASTI *Annual of the Swedish Theological Institute*
ATAbh Alttestamentliche Abhandlungen
ATANT Abhandlungen zur Theologie des Alten und Neuen Testaments
ATR *Anglican Theological Review*
AusBR *Australian Biblical Review*
AUSS *Andrews University Seminary Studies*

BA *Biblical Archaeologist*
BANE G. E. Wright (ed.), *The Bible and the Ancient Near East*
BAR *Biblical Archaeologist Reader*
BASOR *Bulletin of the American Schools of Oriental Research*
BAT Die Botschaft des Alten Testaments
BBB Bonner biblische Beiträge
BCSR *Bulletin of the Council on the Study of Religion*
BDB F. Brown, S. R. Driver, and C. A. Briggs, *Hebrew and English Lexicon of the Old Testament*
BeO *Bibbia e oriente*
BETL Bibliotheca ephemeridum theologicarum lovaniensium
BEvT Beiträge zur evangelischen Theologie
BFCT Beiträge zur Förderung christlicher Theologie
BGBE Beiträge zur Geschichte der biblischen Exegese
BHH B. Reicke and L. Rost (eds.), *Biblisch-historisches Handwörterbuch*
BHK R. Kittel, *Biblia hebraica*
BHS *Biblia hebraica stuttgartensia*
BHT Beiträge zur historischen Theologie
Bib *Biblica*
BibB Biblische Beiträge
BibLeb *Bibel und Leben*
BibOr Biblica et orientalia
BibS(F) Biblische Studien (Freiburg, 1895-)
BibS(N) Biblische Studien (Neukirchen, 1951-)
BIES *Bulletin of the Israel Exploration Society*
BIFAO *Bulletin de l'institut français d'archéologie orientale*
BJRL *Bulletin of the John Rylands University Library of Manchester*
BK *Bibel und Kirche*
BKAT Biblischer Kommentar: Altes Testament

BLit	*Bibel und Liturgie*
BMik	*Beth Mikra*
BN	*Biblische Notizen*
BO	*Bibliotheca orientalis*
BR	*Biblical Research*
BSac	*Bibliotheca Sacra*
BSO(A)S	*Bulletin of the School of Oriental (and African) Studies*
BSS	*Bibliotheca Sanctorum*
BSt	Biblische Studien
BT	*The Bible Translator*
BTB	*Biblical Theology Bulletin*
BTS	*Bible et terre sainte*
BVC	*Bible et vie chrétienne*
BWANT	Beiträge zur Wissenschaft vom Alten und Neuen Testament
BZ	*Biblische Zeitschrift*
BZAW	Beihefte zur *ZAW*
CAD	*The Assyrian Dictionary of the Oriental Institute of the University of Chicago*
CAH	*Cambridge Ancient History*
CAT	Commentaire de l'Ancien Testament
CB	*Cultura bíblica*
CBQ	*Catholic Biblical Quarterly*
CBQMS	Catholic Biblical Quarterly - Monograph Series
CCath	Corpus Catholicorum
CJT	*Canadian Journal of Theology*
CleM	*Clergy Monthly*
CML	G. R. Driver, *Canaanite Myths and Legends* (Edinburgh, 1956); rev. ed. J. C. L. Gibson(Edinburgh, 1978)
ConB	Coniectanea biblica
COT	Commentaar op het OT
CQ	*Church Quarterly*
CQR	*Church Quarterly Review*
CRAIBL	*Comptes rendus de l'Académie des inscriptions et belles-lettres*
CSCO	Corpus scriptorum christianorum orientalium
CTA	A. Herdner, *Corpus des tablettes en cunéiforms alphabétiques*
CTM	*Concordia Theological Monthly*

CurTM	*Currents in Theology and Mission*
DACL	*Dictionnaire d'archéologie chrétienne et de liturgie*
DBSup	*Dictionnaire de la Bible, Supplément*
DISO	C.-F. Jean and J. Hoftijzer, *Dictionnaire des inscriptions sémitiques de l'ouest*
Div	*Divinitas*
DJD	Discoveries in the Judaean Desert
DOTT	D. W. Thomas (ed.), *Documents from Old Testament Times*
DTT	*Dansk teologisk tidsskrift*
Ebib	Etudes bibliques
ECarm	*Ephemerides Carmeliticae*
EHAT	Exegetisches Handbuch zum Alten Testament
EHO	Cross and Freedman, *Early Hebrew Orthography*
EI	*Ereṣ Israel*
EnchBib	*Enchiridion biblicum*
EncJud	*Encyclopaedia judaica* (1971)
EstBib	*Estudios bíblicos*
ET	*Église et Théologie*
ETL	*Ephemerides theologicae lovanienses*
ETR	*Etudes théologiques et religieuses*
EvK	Evangelische Kommentare
EvQ	*Evangelical Quarterly*
EvT	*Evangelische Theologie (EvTh)*
Exp	*The Expositor*
ExpTim	*Expository Times*
FrancSt	*Franciscan Studies*
FRLANT	Forschungen zur Religion und Literatur des Alten und Neuen Testaments
GAG	W. von Soden, *Grundriss der akkadischen Grammatik*
GKB	Gesenius-Kautzsch-Bergsträsser, *Hebräische Grammatik*
GKC	*Gesenius' Hebrew Grammar*, ed. E. Kautzsch, tr. A. E. Cowley
GTJ	*Grace Theological Journal*

HALAT	W. Baumgartner et al., *Hebräisches und aramäisches Lexikon zum Alten Testament*
HAR	*Hebrew Annual Review*
HAT	Handbuch zum Alten Testament
HDR	Harvard Dissertations in Religion
Hen	*Henoch*
HeyJ	*Heythrop Journal*
HibJ	*Hibbert Journal*
HKAT	Handkommentar zum Alten Testament
HS	*Hebrew Studies*
HSAT	*Die Heilige Schrift des Alten Testament*, 2 vols.; ed. E. Kautzsch and A. Bertholet (Tübingen: [4]1922-23)
HSM	Harvard Semitic Monographs
HTR	*Harvard Theological Review*
HTS	Harvard Theological Studies
HUCA	*Hebrew Union College Annual*
HUCM	Monographs of Hebrew Union College
IB	*Interpreter's Bible*
ICC	International Critical Commentary
IDB	G. A. Buttrick (ed.), *Interpreter's Dictionary of the Bible*
IDBSup	Supplementary volume to *IDB*
IEJ	*Israel Exploration Journal*
IndJTh	*Indian Journal of Theology*
Int	*Interpretation*
ISBE	G. W. Bromiley (ed.), *International Standard Bible Encyclopedia*, rev.
ITQ	*Irish Theological Quarterly*
ITS	*Innsbrucker theologische Studien*
JA	*Journal asiatique*
JAAR	*Journal of the American Academy of Religion*
JAC	Jahrbuch für Antike und Christentum
JANESCU	*Journal of the Ancient Near Eastern Society of Columbia University*
JAOS	*Journal of the American Oriental Society*
JAS	*Journal of Asian Studies*
JBC	R. E. Brown et al. (eds.), *The Jerome Biblical Commentary*
JBL	*Journal of Biblical Literature*

JBR	*Journal of Bible and Religion*
JBS	Jerusalem Biblical Studies
JCS	*Journal of Cuneiform Studies*
JDS	Judean Desert Studies
JDT	*Jahrbücher für deutsche Theologie*
JEA	*Journal of Egyptian Archaeology*
JEOL	*Jaarbericht…ex oriente lux*
JETS	*Journal of the Evangelical Theological Society*
JJS	*Journal of Jewish Studies*
JMES	*Journal of Middle Eastern Studies*
JNES	*Journal of Near Eastern Studies*
JNSL	*Journal of Northwest Semitic Languages*
JPOS	*Journal of the Palestine Oriental Society*
JPSV	Jewish Publication Society Version
JQR	*Jewish Quarterly Review*
JQRMS	Jewish Quarterly Review Monograph Series
JR	*Journal of Religion*
JRAS	*Journal of the Royal Asiatic Society*
JRelS	*Journal of Religious Studies*
JSOT	*Journal for the Study of the Old Testament*
JSOTSup	Supplement to *JSOT*
JSS	*Journal of Semitic Studies*
JSSR	*Journal for the Scientific Study of Religion*
JTC	*Journal for Theology and the Church*
JTS	*Journal of Theological Studies*
Judaica	*Judaica: Beiträge zum Verständnis…*
KAI	H. Donner and W. Röllig, *Kanaanäische und aramäische Inschriften*
KAT	E. Sellin (ed.), Kommentar zum Alten Testament
KB	L. Koehler and W. Baumgartner, *Lexicon in Veteris Testamenti libros*
KD	*Kerygma und Dogma*
KIT	Kleine Texte
KTU	*Die Keilalphabetischen Texte aus Ugarit*, vol. 1., ed. M. Dietrich, O. Loretz, and J. Sammartin, AOAT 24 (1976)
LCC	Library of Christian Classics
LCL	Loeb Classical Library
LD	Lectio divina

Leš	*Lešonénu*
LLAVT	E. Vogt, *Lexicon linguae aramaicae Veteris Testamenti*
LQ	*Lutheran Quarterly*
LR	*Lutherische Rundschau*
LSJ	Liddell-Scott-Jones, *Greek-English Lexicon*
LTK	*Lexicon für Theologie und Kirche*
LumVit	*Lumen Vitae*
LUÅ	Lunds universitets årsskrift
MBA	Y. Aharoni and M. Avi-Yonah, *Macmillan Bible Atlas*, rev. ed. (New York: Macmillan, 1977)
McCQ	*McCormick Quarterly*
MDB	*Mercer Dictionary of the Bible*, ed. W. Mills (Macon, GA: Mercer UP, 1990)
MDOG	Mitteilungen der deutschen Orient-Gesellschaft
MelT	*Melita Theologica*
MGWJ	*Monatsschrift für Geschichte und Wissenschaft des Judentums*
MScRel	*Mélanges de science religieuse*
MTZ	*Münchener theologische Zeitschrift*
MVAG	Mitteilungen der vorder-asiatisch-ägyptischen Gesellschaft
NedTTs	*Nederlands theologish tijdschrift*
NGTT	*Nederduits Gereformeerde Teologiese Tydskrif*
NHS	Nag Hammadi Studies
NICOT	New International Commentary on the Old Testament
NKZ	*Neue kirchliche Zeitschrift*
NorTT	*Norsk Teologisk Tidsskrift*
NovT	*Novum Testamentum*
NRT	*La nouvelle revue théologique*
OBO	Orbis biblicus et orientalis
OIP	Oriental Institute Publications
OLP	Orientalia lovaniensia periodica
OLZ	*Orientalische Literaturzeitung*
Or	*Orientalia* (Rome)
OrAnt	*Oriens antiquus*
OrChr	*Oriens christianus*

OrSyr	*L'orient syrien*
OTL	Old Testament Library
OTS	*Oudtestamentische Studiën*
OTWSA	Die Outestamentiese Werkgemeenskap in Suid-Afrika
PAAJR	*Proceedings of the American Academy of Jewish Research*
PCB	M. Black and H. H. Rowley (eds.), *Peake's Commentary on the Bible* (London: Thomas Nelson and Sons, 1963)
PEFQS	*Palestine Exploration Fund, Quarterly Statement*
PEQ	*Palestine Exploration Quarterly*
PG	*J. Migne, Patrologia graeca*
PJ	*Palästina-Jahrbuch*
PL	J. Migne, *Patrologia latina*
PRU	*Le Palais royal d'Ugarit*
PSTJ	*Perkins (School of Theology) Journal*
PW	Pauly-Wissowa, *Real-Encyclopädie der classischen Altertumswissenschaft*
PWSup	Supplement to PW
QDAP	*Quarterly of the Department of Antiquities Palestine*
RA	*Revue d'assyriologie et d'archéologie orientale*
RAC	*Reallexikon für Antike und Christentum*
RArch	*Revue archéologique*
RB	*Revue biblique*
RCB	*Revista de cultura biblica*
RE	*Realencyklopädie für protestantische Theologie und Kirche*
RechBib	Recherches bibliques
REJ	*Revue des études juives*
RelS	*Religious Studies*
RelSRev	*Religious Studies Review*
RES	*Répertoire d'épigraphie sémitique*
ResQ	*Restoration Quarterly*
RevExp	*Review and Expositor*
RevistB	*Revista biblica*
RevQ	*Revue de Qumran*
RevScRel	*Revue des sciences religieuses*
RevSém	*Revue sémitique*

RGG	*Religion in Geschichte und Gegenwart*
RHPR	*Revue d'histoire et de philosophie religieuses*
RHR	*Revue de l'histoire des religions*
RivB	*Rivista biblica*
RLA	*Reallexikon der Assyriologie*
RR	*Review of Religion*
RSO	*Revista degli studi orientali*
RSP	*Ras Shamra Parallels*, ed. L. R. Fisher, AnOr 49 (Rome: Pontifical Biblical Institute, 1972)
RSPT	*Revue des sciences philosophiques et théologiques*
RSR	*Recherches de science religieuse*
RTL	*Revue théologique de Louvain*
RTP	*Revue de théologie et de philosophie*
RUO	*Revue de l'université d'Ottawa*
SANT	Studien zum Alten und Neuen Testament
SAOC	Studies in Ancient Oriental Civilization
SAT	Die Schriften des Alten Testaments in Auswahl übersetzt und erklärt, ed. Herman Gunkel
SAYP	Cross and Freedman, *Studies in Ancient Yahwistic Poetry*
SB	Sources bibliques
SBA	Studies in Biblical Archaeology
SBB	Stuttgarter biblische Beiträge
SBFLA	*Studii biblici franciscani liber annuus*
SBLASP	Society of Biblical Literature Abstracts and Seminar Papers
SBLDS	SBL Dissertation Series
SBLMasS	SBL Masoretic Studies
SBLMS	SBL Monograph Series
SBLSBS	SBL Sources for Biblical Study
SBLSCS	SBL Septuagint and Cognate Studies
SBLTT	SBL Texts and Translations
SBM	Stuttgarter biblische Monographien
SBS	Stuttgarter Bibelstudien
SBT	Studies in Biblical Theology
ScEs	*Science et esprit*
Scr	*Scripture*
ScrB	*Scripture Bulletin*

SD	Studies and Documents
SEÅ	*Svensk exegetisk årsbok*
Sef	*Sefarad*
SEHM	Stuart, *Studies in Early Hebrew Meter*
Sem	*Semitica*
SJOT	*Scandinavian Journal of the Old Testament*
SJT	*Scottish Journal of Theology*
SOTP	H. H. Rowley (ed.), *Studies in Old Testament Prophecy*
SOTSMS	Society for Old Testament Study Monograph Series
SPAW	Sitzungsberichte der preussischen Akademie der Wissenschaften
SR	*Studies in Religion/Sciences religieuses*
SSS	Semitic Study Series
ST	*Studia theologica*
STÅ	*Svensk teologisk årsskrift*
STK	*Svensk teologisk kvartalskrift*
StudOr	Studia orientalia
SVTP	Studia in Veteris Testamenti pseudepigrapha
SWJT	*Southwestern Journal of Theology*
TBl	*Theologische Blätter*
TBT	*The Bible Today*
TBü	Theologische Bücherei
TD	*Theology Digest*
TDOT	G. J. Botterweck and H. Ringgren (eds.), *Theological Dictionary of the Old Testament* (Grand Rapids, MI: Eerdmans, 1974-)
TextsS	Texts and Studies
TF	*Theologische Forschung*
TGl	*Theologie und Glaube*
TGUOS	*Transactions: Glasgow University Oriental Society*
ThEv	*Theologia Evangelica* (Pretoria)
ThLife	*Theology and Life*
ThV	*Theologische Versuche* (Berlin)
TLZ	*Theologische Literaturzeitung*
TP	*Theologie und Philosophie*
TQ	*Theologische Quartalschrift*
TRev	*Theologische Revue*
TRu	*Theologische Rundschau*

TS	*Theological Studies*
TSK	*Theologische Studien und Kritiken*
TT	*Teologisk Tidsskrift*
TTKi	*Tidsskrift for Teologi og Kirke*
TToday	*Theology Today*
TTZ	*Trierer theologische Zeitschrift*
TU	Texte und Untersuchungen
TV	*Theologia Viatorum*
TWAT	G. J. Botterweck and H. Ringgren (eds.), *Theologisches Wörterbuch zum Alten Testament*
TWOT	R. L. Harris et al. (eds.), *Theological Wordbook of the Old Testament* (Chicago: Moody Press, 1980)
TynBul	*Tyndale Bulletin*
TZ	*Theologische Zeitschrift*
UF	*Ugarit-Forschungen*
USQR	*Union Seminary Quarterly Review*
UT	*C. H. Gordon, Ugaritic Textbook*
UUÅ	Uppsala universitetsårsskrift
VC	*Vigilae christianae*
VD	*Verbum domini*
VF	*Verkündigung und Forschung*
VSpir	*Vie spirituelle*
VT	*Vetus Testamentum*
VTSup	Vetus Testamentum, Supplements
WBC	Word Biblical Commentary
WDB	*Westminster Dictionary of the Bible*
WHAB	*Westminster Historical Atlas of the Bible*
WMANT	Wissenschaftliche Monographien zum Alten und Neuen Testament
WO	*Die Welt des Orients*
WTJ	*Westminster Theological Journal*
WuD	*Wort und Dienst*
WUNT	Wissenschaftliche Untersuchungen zum Neuen Testament
WZKM	*Wiener Zeitschrift für die Kunde des Morgenlandes*
WZKSO	*Wiener Zeitschrift für die Kunde Süd-und Ostasiens*

ZA	*Zeitschrift für Assyriologie*
ZAW	*Zeitschrift für die alttestamentliche Wissenschaft*
ZDMG	*Zeitschrift der deutschen morgenländischen Gesellschaft*
ZDPV	*Zeitschrift des deutschen Palästina-Vereins*
ZEE	*Zeitschrift für evangelische Ethik*
ZKG	*Zeitschrift für Kirchengeschichte*
ZKT	*Zeitschrift für katholische Theologie*
ZNW	*Zeitschrift für die neutestamentliche Wissenschaft*
ZRGG	*Zeitschrift für Religions-und Geistesgeschichte*
ZTK	*Zeitschrift für Theologie und Kirche*
ZWT	*Zeitschrift für wissenschaftliche Theologie*

히브리어 문법

abs	absolute
acc	accusative
act	active
adj	adjective/adjectival
adv	adverb/adverbial
aor	aorist
apoc	apocopated
c	common
coh	cohortative
conj	conjunction
consec	consecutive
const	construct
conv	converted
dittogr	dittography
fem, f	feminine
fut	future
gen	genitive
haplogr	haplography
hiph	hiphil
hithp	hithpael
hoph	hophal
impf	imperfect
impv	imperative
ind	indicative
inf	infinitive
juss	jussive
masc, m	masculine
niph	niphal
obj	object
pass	passive
pf	perfect
pl	plural
poss	possessive
prop	preposition
pronom	pronominal
ptcp	participle
sg, s	singular
stat	stative
subj	subject/subjective
suff	suffix
voc	vocative
1	first person
2	second person
3	third person

원문주해

Akk.	Akkadian
Arab.	Arabic
Aram.	Aramaic
C	Codex of the Prophets from Cairo
Eg.	Egyptian
Eng	English versions
Eng.	English language
Eth.	Ethiopic
Gk.	Greek
Heb.	Hebrew
Hex.	Hexapla
K	Kethib (consonantal text)
L	Leningrad Codex
LXX	The Septuagint
LXX^{A} (etc.)	Alexandrinus Codex of the Septuagint (etc.)
MT	Masoretic Text
OG	Old Greek
OL	Old Latin
Q	Qere (Masoretic suggested reading)
2QJer	Jeremiah from Qumran Cave 2
4QJer	Jeremiah from Qumran Cave 4
Syr	Syriac Peshitta
Syrh	Syrohexapla
Tg	Targum
tiq. soph.	"*tiqqune sopherim*," corrections of the Scribes
Ug.	Ugaritic
Vg	Vulgate
a′	Aquila
θ′	Theodotion
σ′	Symmachus
>	mutated/transformed to
<	from

성경 및 외경

Gen	Genesis
Exod	Exodus
Lev	Leviticus
Num	Numbers
Deut	Deuteronomy
Josh	Joshua
Judg	Judges
Ruth	Ruth
1-2 Sam	1-2 Samuel
1-2 Kgs	1-2 Kings
1-2 Chr	1-2 Chronicles
Ezra	Ezra
Neh	Nehemiah
Esth	Esther
Job	Job
Ps(s)	Psalm(s)
Prov	Proverbs
Eccl	Ecclesiastes
Cant	Canticles, Song of Solomon
Isa	Isaiah
Jer	Jeremiah
Lam	Lamentations
Ezek	Ezekiel
Dan	Daniel
Hos	Hosea
Joel	Joel

Amos	Amos	Sir	Ecclesiasticus or The Wisdom of Jesus Son of Sirach
Obad	Obadiah	Matt	Matthew
Jonah	Jonah	John	John
Mic	Micah	Acts	Acts
Nah	Nahum	Rom	Romans
Hab	Habakkuk	Phil	Philippians
Zeph	Zephaniah	Heb	Hebrews
Hag	Haggai	Rev	Revaltion
Zech	Zechariah		
Mal	Malachi		

기타

ANE	Ancient Near East	JB	Jerusalem Bible
ASV	American Standard Version, American Revised Version (1901)	KJV	King James Version
AV	Authorized Version = KJV	l	*longum* (metrically long poetic line)
b.	*breve* (metrically short poetic line)	lit.	literally
B.C.	Before Christ	MS(S)	manuscript(s)
c.	circa	n.	note
chap(s).	chapter(s)	NAB	New American Bible
cols.	columns	NASB	New American Standard Bible
diss.	dissertation	NEB	New English Bible
E	Elohist (supposed biblical literary source)	NIV	New International Version
ed(s).	edition; edited by; editor(s)	NJV	New Jewish Version
esp.	especially	NRSV	New Revised Standard Version
ET	English translation	n.s.	new series
FS	Festschrift	NT	New Testament
GN	geographical name	OAN	oracles against foreign nations
hap. leg.	*hapax legomenon*, sole occurrence	obv.	obverse
J	Yahwist (supposed biblical literary source)	OT	Old Testament
		p.	page
		Pers.	Persian
		pl.	plate

PN	personal name	UP	University Press
rev.	reverse	v(v)	verse(s)
RSV	Revised Standard Version	viz.	by alteration
tr.	translated; translator		

일반적 참고문헌

다음에 나오는 참고문헌에는 (1) 예레미야서에 대한 전반적인 전문 주석들, (2) 본서와 관련된 전체적이고도 일반적인 간행물로서 대부분 본서와 관련된 다른 연구서들, (3) 현대 학계의 서평들이 포함되어 있다. 예레미야서와 관련해서는 방대한 부차적인 문서들이 있으므로, 이 참고문헌은 본서에 대한 상당히 최근의 작품들로만 제한시켰고, 몇몇 소수의 오래된 그리고 고전적인 작품들만 포함시켰다. 이 참고문헌은 한 장이나 한 구절에 대한 세부적인 연구와 관련된 특별 항목들은 제외시켰다. 이러한 항목들은 모두가 "주석"의 각 단락의 윗부분에 있는 세부적인 참고문헌들 가운데 분리하여 열거해 놓았다.

주석류

(본문에서는 저자의 이름들만 언급함)

교회 교부들

Origen. *Homilias in Jeremiam*. Origenis opera omnia, III. *PG* 13. Paris: 1857. Col. 256-534.[Greek. Third century. Only covers Jer 1-20.] **Chrysostom**. *Commentarium in Jeremiam prophetam*. S. P. N. Joannis Chrysostomi opera omnia quae extant, xiii. *PG* 64. 1860. Col. 739-1038.[Greek. Fourth century.] **Ephraim of Syria**. *Commentarium in Jeremiam*. Opera Syriaca et Latina, 2. Rome: 1740. Col. 98-162.[Fourth century.] **Cyril of Alexandria**. *Fragmenta ex Catenus in Jeremiam*. S. P. N. Cyrilli opera quae reperiri potuerunt omnia, III. *PG* 70. 1859. Col. 1451-58.[Greek. Fifth century. Very short and fragmented.] **Theodoret of Cyrene**. *Beati Theodoreti, in divini Jeremiae prophetam interpretatio*. Theodoreti opera omnia, III. *PG* 81. 1859. Col. 495-760.[Greek. Fifth century.] **Jerome**. *S. Eusebii Hieronymi, Commentarium in Jeremiam prophetam libri sex*. Sancti Eusebii Hieronymi opera omnia, IV. *PL* 24. Col. 706-936.[Latin. Fifth century. Only covers Jer 1-32.]

중세 성직자들

Maurus *Beati Rabani Mauri, Expositionis super Jeremiam prophetam libri viginti.* B. Rabani Mauri opera omnia, V. *PL* 111. 1852. Col. 793-1182.[Latin. Ninth century.] **Rupert of Deutz.** *In Jeremiam prophetam commentarium liber unus.* R. D. D. Ruperti opera omnia, I. *PL* 167. 1854. Col. 1363-1420.[Latin. Twelfth century.] **Thomas Aquinas.** *In Jeremiam prophetam expositio.* Opera, 13. Rome: 1570. Venice: 1594. Antwerp: 1612.[Latin. Thirteenth century. Only covers Jer 1-42.]

중세 유대인 주석가들

Rashi(Solomon ben Isaac). *Commentary on the Latter Prophets.* Venice: 1608.[A Latin version edited by Johann Fr. Breihaupt, Gotha: 1713. Rashi lived 1040-1105.] **David Kimchi**. *Commentary on the Latter Prophets.* Pesaro: 1515. Paris: 1556.[Also included in Moses Frankfurter's larger Bible, Amsterdam: 1724-1727. Kimchi's dates: 1160?-1235?.] **Arama**(Meir ben Isaac). *Urim ve-Tummim.* Venice: 1603.[A commentary on Isaiah and Jeremiah. Included in Moses Frankfurter's larger Bible, Amsterdam, 1724-1727. Arama lived in Spain, 1460?-1545?]

종교개혁과 반종교개혁 시대

Calvin, J. *Commentaries on the Book of the Prophet Jeremiah and Lamentations.* Trans. and ed. J. Owen. 5 vols. Grand Rapids, MI: Eerdmans, 1950.[Originally Latin. 1589. Can be found in Latin as vols. 37-39 of the Opera omnia, Corpus reformatorum, 65-67.] **Zwingli, U.** *D. Huldrichi Zwingli, annotationes in Genesim, Exodum, Esaiam & Jeremiam Prophetas.* Zurich: 1581.[Also in Opera omnia, 14. Corpus reformatorum, 101.] **Melanchthon, P.** *Argumentam in Jeremiam Prophetam.* Opera omnia, 13. Corpus reformatorum, 13. Col. 804-14.[Very short and fragmentary. Not really commentary.] **Capella, A.** *Commentaria in Jeremiam prophetam, in cartusia Scalae Dei.* Rome: 1586.[Latin. Roman Catholic.] **Christoph a Castro**. Paris: 1609.[Latin. Jeremiah, Lamentations, Baruch.] **Maldonatus, J.** Lyon: 1611.[Latin. Jeremiah, Baruch.] **Sanctius(Sanchez), G.** Antwerp: 1611. Lyon: 1618.[Latin.] **Ghislerius, M.** Lyon: 1623. [Latin.]

계몽 시대부터 19세기까지

Lowth, W. *Commentary upon the Prophecy and Lamentations of Jeremiah.* London: 1718. **Michaelis, J. D.** *Observationes philologicae et criticae in Jeremiae vaticinia.* Göttingen: 1743. **Cheyne, J. K.** *Jeremiah.* The Pulpit Commentary. London: 1883. **Keil, C. F.** *Biblischer Commentar über den Propheten Jeremia.* Leipzig: 1872. ______. *Jeremiah.* Biblical Commentary. Edinburgh, 1880. **Naegelsbach, C. W. E.** *The Book of the Prophet Jeremiah, Theologically and Homiletically Expounded.* New York: Scribner's, 1886.

20세기

Achtemeier, E. *Deuteronomy, Jeremiah.* Proclamation Commentaries. Philadelphia: Fortress, 1978. **Aeschimann, A.** *Le prophète Jérémie: Commentaire.* Neuchâtel: Delachaux and Niestlé, 1959. **Blackwood, A. W.** *Commentary on Jeremiah.* Waco, TX: Word Books, 1977. **Boadt, L.** *Jeremiah 1-25.* Old Testament Message 9. Wilmington: Glazier, 1982. ______. *Jeremiah 26-52.* Old Testament Message 10. Wilmington: Glazier, 1983. **Bright, J.** *Jeremiah.* AB. Garden City, NY: Doubleday, 1965. **Brueggemann, W.** *A Commentary on the Book of Jeremiah 1-25: To Pluck Up, to Tear Down.* International Theological Commentary. Grand Rapids, MI: Eerdmans, 1988. **Carroll, R. P.** *Jeremiah.* OTL. Philadelphia: Westminster, 1986. **Clements, R. E.** *Jeremiah.* Interpretation. Atlanta: John Knox, 1988. **Condamin, A.** *Le Livre de Jérémie. EBib* Paris: Gabalda, 1936. **Cornill, C. H.** *Das Buch Jeremia.* Leipzig: Tauchnitz, 1905. **Craigie, P. C.** *The Book of Deuteronomy.* The New International Commentary on the Old Testament. Grand Rapids, MI: Eerdmans, 1976. ______. *Psalms 1-50.* WBC 19. Waco, TX: Word Books, 1983. **Cunliffe-Jones, H.** *The Book of Jeremiah: Introduction and Commentary.* The Torch Bible Commentaries. London: SCM, 1960. **Dalglish, E. R.** *Jeremiah, Lamentations.* Layman's Bible Book Commentary 2. Nashville: Broadman, 1983. **Davidson, R.** *Jeremiah, Volume I.* The Daily Study Bible. Philadelphia: Westminster Press, 1983. ______. *Jeremiah, Volume II.* The Daily Study Bible. Philadelphia: Westminster, 1985. **Driver, S. R.** *The Book of the Prophet Jeremiah.* London: Hodder & Stoughton, 1906. **Duhm, B.** *Das Buch Jeremia.* Kurzer Hand-Commentar zum Alten Testament. Tübingen/Leipzig: Mohr(Siebeck), 1901. **Feinberg, C. L.** *Jeremiah: A Commentary.* Grand Rapids, MI: Zondervan, 1982. **Fohrer, G.** *Die propheten des Alten Testament 3. Die Propheten des*

Frühen 6 Jahrhunderts. 1975. ______. *Die symbolische Handlungen der Propheten.* 2nd ed. ATANT 4. Zürich: Zwingli, 1968. **Freedman, H.** *Jeremiah: Hebrew Text and English Translation with an Introduction and Commentary.* London: Soncino, 1949. **Freehof, S. B.** *Book of Jeremiah: A Commentary.* The Jewish Commentary for Bible Readers. New York: Union of American Hebrew Congregations, 1977. **Giesebrecht, F.** *Das Buch Jeremia.* HKAT 3/2. Göttingen: Vandenhoeck & Ruprecht, 1907. **Green, J. L.** "Jeremiah." In *The Broadman Bible Commentary.* Nashville: Broadman, 1971. 6:1-202. **Haag, E.** *Das Buch Jeremia.* Vols. 1 and 2. Geistliche Schriftlesung 5/1 & 2. Düsseldorf: Patmos, 1971, 1977. **Harrison, R. K.** *Jeremiah and Lamentations: An Introduction and Commentary.* Tyndale Old Testament Commentaries. London: Tyndale, 1973. **Heschel, A. J.** *The Prophets.* New York: Harper, 1962. **Holladay, W. L.** *Jeremiah 1.* Hermeneia. Philadelphia/Minneapolis: Augsburg Fortress, 1986. ______. *Jeremiah 2.* Hermeneia. Philadelphia/Minneapolis: Augsburg Fortress, 1989. **Hyatt, J. P.** "Introduction and Exegesis, Jeremiah." In *IB.* Nashville: Abingdon, 1956. 5:775-1142. **Kuist, H. T.** *Jeremiah.* Layman's Bible Commentaries. London: SCM, 1961. **Lamparter, H.** *Prophet wider Willen: der Prophet Jeremia.* BAT 20. Stuttgart: Calwer, 1964. **Leslie, E. A.** *Jeremiah: Chronologically Arranged, Translated, and Interpreted.* New York: Abingdon, 1954. **Martens, E. A.** *Jeremiah.* Believers Church Bible Commentary. Scottdale, PA: Herald, 1986. **McKane, W. A.** *Critical and Exegetical Commentary on Jeremiah, I.* ICC. Edinburgh: T. & T. Clark, 1986. **Neil, W.** *Prophets of Israel(2): Jeremiah and Ezekiel.* Bible Guides 8. Nashville: Abingdon, 1964. **Nicholson, E. W.** *The Book of the Prophet Jeremiah.* The Cambridge Bible Commentary on the New English Bible. 2 vols. Cambridge: Cambridge UP, 1973, 1975. **Nötscher, F.** *Das Buch Jeremias.* Die Heilige Schrift des Alten Testaments 7/2. Bonn: Hanstein, 1934. *Peake's Commentary on the Bible,* ed. H. H. Rowley. London/New York: Nelson, 1962. **Rudolph, W.** *Jeremia* HAT. Tübingen: Mohr(Siebeck), 1968. **Schreiner, J.** *Jeremia 1-25:14.*Die Neue Echter Bibel. Würzburg: Echter, 1981. **Sekine, M.** *Eremiya-sho chūkai Joū*("A Commentary on the Book of Jeremiah"). The Works of M. Sekine, vol. 14. 1962. Reprint. Tokyo: Sinchi-Shobo, 1981. **Selms, A. van.** *Jeremia.* Deel 1(Jer. 1-25). De Predeking van het Oude Testament. Nijkerk: G. F. Callenbach, 1972. *Starý zákon: překlad s výkladem: 12. Jeremjáš- Pláč.* Prague: Kalich, 1983.[A commentary in modern Czech on Jeremiah and Lamentations.] **Strobel, A.** *Trauer um Jerusalem: Jeremia-Klagelieder-Baruch.* Stuttgarter Kleiner Kommentar AT 11. Stuttgart:

KBW, 1973. **Thompson, J. A.** *The Book of Jeremiah. NICOT.* Grand Rapids, MI: Eerdmans, 1980. **Volz, P.** *Der Prophet Jeremia. KAT.* Leipzig: Deichert, 1928. **Wambacq, B. N.** *Jeremias, Klaagliederen/Baruch, Brief van Jeremias vit de grondtekst vertaald en uitgelegd.* De Boeken van het Oude Testament. Roermond: Romen and Zonen, 1957. **Weiser, A.** *Das Buch des Propheten Jeremia.* Das Alte Testament Deutsche. Göttingen: Vandenhoeck & Ruprecht, 1969. **Wildberger, H.** *Jesaja.* 3 vols. Kommentar alttestament 10/2. Neukirchen: Neukirchener, 1978. **Woods, J.** *Jeremiah.* Epworth Preacher's Commentaries. London: Epworth, 1964.

전공 논문과 다른 서적들

(본문 내에서는 저자의 이름과 축약한 책명만을 언급했음)

Ackroyd, P. *Exile and Restoration: A Study of Hebrew Thought of the Sixth Century* B.C. Philadelphia: Westminster, 1968. **Andersen, F. I.**, and **Forbes, A. D.** *A Linguistic Concordance of Jeremiah: Hebrew Vocabulary and Idiom.* 2 volumes. The Computer Bible, 14 and 14a. Wooster, OH: Biblical Research Associates, 1978. **André, G.** *Determining the Destiny: PQD in the Old Testament.* ConBOT 16. Lund: Gleerup, 1980. **Avigad, N.** *Discovering Jerusalem.* Nashville: Thomas Nelson, 1983. ______. *Hebrew Bullae from the Time of Jeremiah: Remnants from a Burnt Archive.* Jerusalem: Israel Exploration Society, 1986. **Baumgartner, W.** *Die Klagegedichte de Jeremia.* BZAW 32. Giessen: Töpelmann, 1917. ______. *Jeremiah's Poems of Lament.* Trans. D. E. Orton. Sheffield: Almond, 1988. **Berridge, J. M.** *Prophet, People and the Word of Yahweh: An Examination of Form and Content in the Proclamation of the Prophet Jeremiah.* Zürich: EVZ-Verlag, 1970. **Blank, S. H.** *Jeremiah: Man and Prophet.* Cincinnati: HUC, 1961. **Bogaert, P. M.**, ed. *Le Livre de Jérémie: Le prophète et son milieu, les oracles et leur transmission.* BETL 54. Leuven: Leuven UP, 1981. **Bonnard, P. E.** *Le Psautier selon Jérémie.* LD 26. Paris: Cerf, 1960. **La Bonnardière, A.-M.** *Le Livre de Jérémie.* Biblia Augustiniania. Paris: Études Augustiniennes, 1972. **Bozak, B.** *Life 'Anew': A Literary-Theological Study of Jer. 30-31.* AnBib 122. Rome: Pontifical Biblical Institute, 1991. **Briend, J.** *Le Livre de Jérémie.* Cahiers Evangile 40. Paris: Cerf, 1982. **Bright, J.** *Covenant and Promise: The Future in the Preaching of the Pre-exilic Prophets.* London: SCM, 1977. ______. *A History* *of Israel.* 3rd ed. Philadelphia: Westminster, 1981. **Carroll, R. P.** *From Chaos to Covenant: Prophecy in the Book of Jeremiah.* New York: Crossroad, 1981. ______. *When Prophecy Failed: Cognitive Dissonance in the Prophetic Traditions of the Old Testament.* New York: Seabury, 1979. **Childs, B.** *Introduction to the Old Testament as Scripture.* Philadelphia: Fortress, 1979. **Davis, E.** *Swallowing the Scroll: Textuality and the Dynamics of Discourse in Ezekiel's Prophecy.* JSOTSup 78. Sheffield: Almond, 1987. **Diamond, A. R.** *The Confessions of Jeremiah in Context: Scenes of Prophetic Drama.* JSOTSup 45. Sheffield: JSOT Press, 1986. **Durham, J. I.**, and **Porter, J. R.**, eds. *Proclamation and Presence: Old Testament Essays in Honour of Gwynne Henton Davies.* Richmond: John Knox Press, 1970. **Efird, J. M.** *Jeremiah: Prophet under Siege.* Valley Forge: Judson, 1979. **Eissfeldt, O.** *The Old Testament: An Introduction.* Tr P. R. Ackroyd. New York/Evanston: Harper & Row, 1965. **Finkelstein, I.** *The Archaeology of the Israelite Settlement.* Jerusalem: Israel Exploration Society, 1988. **Fishbane, M.** *Biblical Interpretation in Ancient Israel.* Oxford: Clarendon, 1985. **Fohrer, G.** *Die Propheten des Alten Testaments: Band 7. Prophetenerzählungen.* Gütersloh: Mohn, 1977. **Hayes, J.**, and **Hooker, P.** *A New Chronology for the Kings of Israel and Judah and Its Implications for Biblical History and Literature.* Atlanta: John Knox, 1988. **Hillers, D. R.** *Treaty-Curses and the Old Testament Prophets.* BibOr 11. Rome: Pontifical Biblical Institute, 1964. **Holladay, W. L.** *Jeremiah: Spokesman Out of Time.* New York: Pilgrim, 1974. ______. *The Architecture of Jeremiah 1-20.* London: Associated University Presses, 1976. **Hyatt, J. P.** *Jeremiah: Prophet of Courage and Hope.* Nashville: Abingdon, 1958. **Janzen, J. G.** *Studies in the Text of Jeremiah.* Cambridge, MA: Harvard UP, 1973. **Johnson, A. R.** *The Vitality of the Individual in the Thought of Ancient Israel.* Cardiff: University of Wales, 1949. **Kessler, M.** "A Prophetic Biography: A Form Critical Study of Jeremiah, Chapters 26-29, 32-45." Diss., Brandeis, 1965. **König, E.** *Historisch-Comparative Syntax der hebräischen Sprache.* Leipzig: Hinrichs, 1897. **Kraus, H.-J.** *Prophetie in der Krisis: Studien zu Texten aus dem Buche Jeremia.* Neukirchen-Vluyn: Erziehungsverein, 1964. **Levenson, J.** *Sinai and Zion: An Entry into the Jewish Bible.* Minneapolis: Winston, 1985. **Lundbom, J. R.** *Jeremiah: A Study of Ancient Hebrew Rhetoric.* SBLDS 18. Missoula, MT: Scholars, 1975. **McKane, W.** *Prophets and Wise Men.* SBT 44. Naperville, IL: Allenson, 1965. **Meier, S.** *The*

Messenger in the Ancient Semitic World. HSM 45. Atlanta: Scholars, 1988. **Melchert, J.** *Jeremia als Nachricht: Prophetische Texte im Religions-unterricht-Reflexionen und Unterrichtsplanungen.* Düsseldorf: Patmos, 1977. **Meyer, I.** *Jeremia und die falschen Propheten* OBO 13. Göttingen: Vandenhoeck & Ruprecht; Fribourg: Universitätsverlag, 1977. **Miller, J. W.** *Das Verhältnis Jeremias und Hesekiels sprachlich und theologisch untersucht, mit besonderer Berücksichtigung der Prosareden Jeremias.* Assen: Van Gorcum, 1955. **Mowinckel, S.** *Zur Komposition des Buches Jeremia.* Oslo: Dibwad, 1914. **Neher, A.** *Jérémie.* Paris: Librairie Plon, 1960. **Nicholson, E. W.** *Preaching to the Exiles: A Study of the Prose Tradition in the Book of Jeremiah.* New York: Schocken Books, 1970. **O'Connor, K. M.** *The Confessions of Jeremiah: Their Interpretation and Role in Chapters 1-25.* SBLDS 94. Atlanta: Scholars, 1988. **Overholt, T. W.** *The Threat of Falsehood: A Study in the Theology of the Book of Jeremiah.* SBT 2nd ser. 16. Naperville, IL: Allenson, 1970. **Parrot, A.** *The Temple of Jerusalem.* Tr. B. E. Hooke. Studies in Biblical Archaeology 5. London: SCM Press, 1957. **Perdue, L. G.**, and **Kovacs, B. W.**, eds. *A Prophet to the Nations: Essays in Jeremiah Studies.* Winona Lake, IN: Eisenbrauns, 1984. **Pohlmann, K.-F.** *Studien zum Jeremiabuch.* Göttingen: Vandenhoeck & Ruprecht, 1978. **Polk, T.** *The Prophetic Persona: Jeremiah and the Language of the Self.* JSOTSup 32. Sheffield, 1984. **Raitt, T. M.** *A Theology of Exile: Judgment/Deliverance in Jeremiah and Ezekiel.* Philadelphia: Fortress, 1977. **Reventlow, H. G.** *Liturgie und prophetisches Ich bei Jeremia.* Gütersloh: Mohn, 1963. **Ridouard, A.** *Jérémie, l'épreuve de la foi.* Paris: Cerf, 1983. **Rietzschel, C.** *Das Problem der Urrolle: Ein Beitrag zur Redaktionsgeschichte des Jeremiahbuches.* Gütersloh: Gütersloher(Mohn), 1966. **Savran, J.** *Telling and Retelling: Quotation in Biblical Narrative.* Bloomington, IN: Indiana UP, 1988. **Schneider, D.** *Der Prophet Jeremia.* Wuppertaler Studienbibel. Wuppertal: Brockhaus, 1977. **Schultes, J. L.** *Umkehre ist immer moglich: Ein Arbeitsheft zum Buch Jeremia.* Gespräche zur Bibel 6. Klosterneuburg: Österreichisches Katholisches Bibelwerk, 1978. **Seidl, T.** *Texte und Einheiten in Jeremia 27-29.* Literaturwissenschaftliche Studien 2. Teil, Arbeite zu Text and Sprache im Alten Testament 5. Munich: Eos, 1978. **Seierstad, I. P.** *Die Offenbarungserlebnisse der Propheten Amos, Jesaja und Jeremia.* 2nd ed. Norwegian Research Council: Universitetsvorlaget, 1965. **Seitz, C. R.** *Theology in Conflict: Reactions to the Exile in the Book of Jeremiah.*

BZAW 176. New York: de Gruyter, 1989. **Seow, C.** *Myth, Drama and the Politics of David's Dance.* HSM 44. Atlanta: Scholars, 1989. **Skinner, J.** *Prophecy and Religion: Studies in the Life of Jeremiah.* Cambridge: Cambridge UP, 1922. **Smith, D. L.** *The Religion of the Landless: The Social Context of the Babylonian Exile.* Bloomington, IN: Meyer-Stone, 1989. **Smith, M. S.** *The Laments of Jeremiah and Their Contexts: A Literary and Redactional Study of Jeremiah 11-20.* SBLMS 42. Atlanta: Scholars, 1990. **Stulman, L.** *The Other Text of Jeremiah.* New York: Lanham, 1985. ______. *The Prose Sermons of the Book of Jeremiah: A Redescription of the Correspondences with the Deuteronomistic Literature in the Light of Recent Text Critical Research.* SBLDS 83. Atlanta: Scholars, 1986. **Thiel, W.** *Die deuteronomistische Redaktion von Jeremia 1-25.* WMANT 41. Neukirchen: Neukirchener, 1973. ______. *Die deuteronomistische Redaktion von Jeremia 26-45: Mit einer Gesamtbeurteilung der deuteronomistischen Redaktion des Buches Jeremias.* WMANT 52. Neukirchen: Neukirchener, 1981. **Thompson, J. G. S. S.** *The Word of the Lord in Jeremiah.* Tyndale Old Testament Lecture. London: Tyndale Press, 1959. **Waltke, B.**, and **O'Connor, M.** *Hebrew Syntax.* Winona Lake, IN: Eisenbrauns, 1990. **Wanke, G.** *Untersuchungen zur sogenannten Baruchschrift.* BZAW 122. Berlin: de Gruyter, 1971. **Weinfeld, M.** *Deuteronomy and the Deuteronomic School.* Oxford: Clarendon, 1972. **Weippert, H.** *Die Prosareden des Jeremiabuches.* BZAW 132. Berlin: de Gruyter, 1973. ______. *Schöpfer des Himmels und der Erde: Ein Beitrag zur Theologie des Jeremiabuches.* SBS 102. Stuttgart: Katholisches Bibelwerk, 1981. **Westermann, C.** *Basic Forms of Prophetic Speech.* Philadelphia: Westminster, 1967. **Wilson, R. R.** *Prophecy and Society in Ancient Israel.* Philadelphia: Fortress, 1980. **Wiseman, D. J.** *Chronicles of Chaldean Kings(626-556 B.C.) in the British Museum.* London: British Museum, 1956. ______. *Nebuchadrezzar and Babylon.* Oxford: Oxford UP, 1985. **Wisser, L.** *Jérémie, critique de la vie sociale: justice sociale et connaisance de Dieu dans la livre de Jérémie.* Geneva: Labor et Fides, 1982. **Wolff, C.** *Jeremia in Frühjudentum und Urchristentum.* Texte und Untersuchungen zur Geschichte der Altchristlichen Literatur 118. Berlin: Akademie, 1976. **Wolff, H. W.** *Anthropology of the Old Testament.* Philadelphia: Westminster, 1974.

논문

(본문 내에서는 저자의 이름과 간행물의 축약된 제목만 언급했음)

Ackroyd, P. R. "Aspects of the Jeremiah Tradition." *IndJTh* 20(1971) 1-12. ______. "Biblical Classics, I: John Skinner: Prophecy and Religion." *ExpTim* 89(1978) 356-58. **Augustin, F.** "Baruch und das Jeremia." *ZAW* 67(1955) 50-56. **Avigad, N.** "Jerahmeel and Baruch: King's Son and Scribe." *BA* 42(1979) 114-18. **Barker, K. L.** "Jeremiah's Ministry and Ours." *BSac* 127(1970) 223-31. **Berger, K.** "Hartherzigkeit und Gottes Gesetz: die Vorgeschichte des antijüdischen Vorwurfs in Mc 10:5." *ZNW* 61(1970) 1-47. **Berridge, J. M.** "Jeremia und die Prophetie des Amos." *TZ* 35(1979) 321-41. **Blank, S. H.** "The Confessions of Jeremiah, and the Meaning of Prayer." *HUCA* 21(1948) 331-54. **Briggs, C. R.** "Prophets and Traditions: The Relations between Jeremiah and the Traditions of Northern Israel." *AusBR* 20(1972) 1-15. **Bright, J.** "Book of Jeremiah: Its Structure, Its Problems, and Their Significance for the Interpreter." *Int* 9(1955) 259-78. ______. "The Date of the Prose Sermons in Jeremiah." *JBL* 70(1951) 15-35. ______. "The Prophetic Reminiscence: Its Place and Function in the Book of Jeremiah." In *Biblical Essays, Proceedings: Die Ou Testamentiese Werkgemeenskap*(1966) 11-30. ______. "Jeremiah's Complaints." In *Proclamation and Presence*. FS G. H. Davies, ed. J. I. Durham and J. R. Porter. Richmond: John Knox, 1970. 189-214. **Broughton, P. E.** "The Call of Jeremiah: The Relation of Dt. 18:9-22 to the Call and Life of Jeremiah." *AusBR* 6(1958) 39-46. **Brueggemann, W.** "Intense Criticism/Thin Interpretation." *Int* 42(1988) 268-80. ______. "Jeremiah's Use of Rhetorical Questions." *JBL* 92(1973) 358-74. **Buchanan, G. W.** "The Word of God and the Apocalyptic Vision." SBLASP 14(1978) 183-92. **Busch, R. J. Vanden**. "Jeremiah: A Spiritual Metamorphosis." *BTB* 10(1980) 17-24. **Carlson, E. L.** "The World of Jeremiah." *SWJT* 4(1961) 57-68. **Cassuto, U.** "The Prophecies of Jeremiah concerning the Gentiles." In *Biblical and Oriental Studies, I: The Bible*, tr. I. Abrahams. Jerusalem: Magnes, 1973. 178-226. **Childs, B. S.** "The Enemy from the North and the Chaos Tradition." *JBL* 78(1959) 187-98. **Corré, A. D.** "ʿelle, hēmma=sic"[pronouns in Jeremiah]. *Bib* 54(1973) 263-64. **Crenshaw, J. L.** "YHWH Ṣᵉbaʾot Šhᵉmo: A Form-critical Analysis." *ZAW* 81(1969) 156-75. **Cummins, P.** "Jeremias Orator." *CBQ* 11(1949) 191-201. **Dahood, M. J.** "Two Textual Notes on Jeremia." *CBQ* 23(1961) 462-64. **Davidson, R.** "Orthodoxy and the Prophetic Word: A Study in the Relationship between Jeremiah and Deuteronomy." *VT* 14(1964) 407-16. **Dobbie, R.** "Jeremiah and the

Preacher." *CJT* 4(1958) 37-45. **Driver, S. R.** "Linguistic and Textual Problems: Jeremiah." *JQR* 28(1937-38) 97-129. **Eichler, U.** "Der Klagende Jeremia: Eine Untersuchung zu den Klagen Jeremia und ihrer Bedeutung zum Verstehen seines Leidens." *TLZ* 103 (1978) 918-19.[Summary of 1968 Heidelberg dissertation.] **Eissfeldt, O.** "Voraussage-Empfang, Offenbarungsgewissheit und Gebetskraft-Erfahrung bei Jeremia." *NovT* 5(1962) 77-81. **Ellison, H. L.** "Prophecy of Jeremiah." *EvQ* 31(1959) 143-51, 205-17; 32(1960) 3-14, 107-13, 212-23; 33(1961) 27-35, 148-56, 220-27; 34(1962) 16-28, 96-102, 154-162; 35(1963) 4-14, 160-67, 196-205; 36(1964) 3-11, 92-99, 148-56; 37(1965) 21-28, 100-109, 147-54, 232-41; 38(1966) 40-51, 158-68, 233-40; 39(1967) 40-47, 165-72, 216-24. **Elliot, R. H.** "Old Testament Prophecy." *RevExp* 58(1961) 407-16. **France, R. T.** "Herod and the Children of Bethlehem." *NovT* 21(1979) 98-120. **Frank, R. M.** "Jeremias of Pethion ibn Ayyub al-Sahhar"[with Arabic text of chaps. 1-6]. *CBQ* 21 (1959) 136-70. ______. "'Citation' from the Prophet Jeremias in Ibn Qutaiba and Tabari" [with Arabic texts and ET]. *CBQ* 17(1955) 379-402. **Gerstenberger, E.** "Jeremiah's Complaints." *JBL* 82(1963) 393-408. **Gordon, T. C.** "A New Date for Jeremiah." *ExpTim* 44(1932-33) 562-65. **Granild, S.** "Jeremia und das Deuteronomium." *ST* 16(1962) 135-54. **Grelot, P.** "Soixante-dix Semaines d'Annees." *Bib* 50(1969) 186. **Habel, N. C.** "Appeal to Ancient Tradition as a Literary Form." *ZAW* 88(1976) 25-72. ______. "The Form and Significance of the Call Narratives." *ZAW* 77(1965) 297-323. **Herrmann, S.** "Forschung am Jeremiabuch: Probleme und Tendenzen ihrer neueren Entwicklung." *TLZ* 102 (1977) 481-90. **Hobbs, T. R.** "Some Proverbial Reflections in the Book of Jeremiah." *ZAW* 91(1979) 62-72. ______. "Some Remarks on the Structure and Composition of the Book of Jeremiah." *CBQ* 34(1972) 257-75. **Hoffken, P.** "Zu den Heilszusatzen in der Volkerorakelsammlung des Jeremiabuches." *VT* 27(1977) 398-412. **Holladay, W. L.** "The Background of Jeremiah's Self-Understanding." *JBL* 83(1964) 153-64. ______. "The Book of Jeremiah." *IDBSup*, 470-72. ______. "A Fresh Look at 'Source B' and 'Source C' in Jeremiah." *VT* 25(1975) 394-412. ______. "Jeremiah and Women's Liberation." *ANQ* 12(1972) 213-23. ______. "Jeremiah in Judah's Eyes and Ours: Musing on Some Issues in Old Testament Hermeneutics." *ANQ* 13(1972) 115-32. ______. "Jeremiah's Lawsuit with God: A Study in Suffering and Meaning." *Int* 17(1963) 280-87. ______. "Prototype and Copies: A New Approach to the Poetry-Prose Problem in the Book of Jeremiah." *JBL* 79(1960) 351-67. ______. "Recovery of Poetic Passages of Jeremiah." *JBL* 85(1966)

401-35. ______. "Style, Irony, and Authenticity in the Book of Jeremiah." *JBL* 81(1962) 44-54. **Honeycutt, R. L.** "Jeremiah and the Cult." *RevExp* 58(1961) 464-73. **Horwitz, W. J.** "Audience Reaction to Jeremiah." *CBQ* 32(1970) 555-64. **Hyatt, J. P.** "The Beginnings of Jeremiah's Prophecy." *ZAW* 78(1966) 204-14. ______. "The Deuteronomic Edition of Jeremiah." *Vanderbilt Studies in the Humanities* 1(1951) 71-95. ______. "Jeremiah and Deuteronomy." *JNES* 1(1942) 156-73. ______. "Torah in the Book of Jeremiah." *JBL* 60(1941) 381-96. **Janzen, J. G.** "Double Readings in the Text of Jeremiah." *HTR* 60(1967) 433-47. **Jeremias, J.** "Die Vollmacht des Propheten im Alten Testament." *EvT* 31(1971) 305-22. **Jobling, D. K.** "The Quest of the Historical Jeremiah: Hermeneutical Implications of Recent Literature." *USQR* 34(1978) 3-12. **Kapelrud, A. S.** "Jeremia - en landsskiver?" *Kirke og Kultur* 83(1978) 28-39. **Keller, B.** "Langage de Jérémie." *ETR*(1978) 53, 360-65. **Kelley, P. H.** "Jeremiah's Concept of Individual Religion." *RevExp* 58(1961) 452-63. **Kessler, M.** "Jeremiah Chapters 26-45 Reconsidered." *JNES* 27(1968) 81-88. **Klein, W. C.** "Commentary on Jeremiah." *ATR* 55(1963) 121-58, 284-309. **Kuist, H. T.** "Book of Jeremiah." *Int* 4(1950) 322-41. **Kurichianil, J.** "Jeremiah, the Prophet of Prayer." *ITS* 18(1981) 34-46. **Kutsch, E.** "Das Jahr der Katastrophe: 587 V Chr. Kritische Erwägungen zu Neueren Chronologischen Versuchen." *Bib* 55(1974) 520-45. **Laberge, L.** "Le drame de la fidélité chez Jérémie." *ET* 11(1980) 9-31. **Long, B. O.** "Prophetic Authority as Social Reality." In *Canon and Authority*, ed. G. W. Coats and B. O. Long. Philadelphia: Fortress, 1977. 3-20. **Lörcher, H.** "Das Verhältnis der Prosareden zu Erzählungen im Jeremiabuch." *TLZ* 102(1977) 395-396.[Summary of 1974 Tübingen dissertation.] **Ludwig, T. M.** "Law-gospel Tension in Jeremiah." *CTM* 36(1965) 70-79. **Malamat, A.** "Jeremiah and the Last Two Kings of Judah." *PEQ* 83(1951) 81-87. **Manahan, R. E.** "An Interpretive Survey: Audience Reaction Quotations in Jeremiah." *GTJ* 1(1980) 163-83. ______. "A Theology of Pseudoprophets: A Study in Jeremiah." *GTJ* 1(1980) 77-96. **Marböck, J.** "Jeremia." *BLit* 50(1977) 85-95. **Martin-Achard, R.** "Esaie et Jérémie aux prises avec les problèmes politiques." *RHPR* 47(1967) 208-24. **May, H. G.** "The Chronology of Jeremiah's Oracles." *JNES* 4(1945) 217-27. ______. "Jeremiah's Biographer." *JBR* 10(1942) 195-201. ______. "Towards an Objective Approach to the Book Jeremiah: The Biographer." *JBL* 61(1942) 139-55. **Milgrom, J.** "Concerning Jeremiah's Repudiation of Sacrifice." *ZAW* 89(1977) 273-75. **Muilenburg, J.** "The Terminology of Adversity in Jeremiah." In *Translating and Understanding the Old*

Testament, ed. H. T. Frank and W. L. Reed. Nashville: Abingdon, 1970. 42-63. **Orlinsky, H. M.** "Nationalism-Universalism in the Book of Jeremiah." In *Understanding the Sacred Text*, ed. J. Reumann. Valley Forge: Judson, 1972. 61-84. **Overholt, T. W.** "Jeremiah and the Nature of the Prophetic Process." In *Scripture in History and Theology: Essays in Honor of J. Coert Rylaarsdam*, ed. A. Merrill and T. Overholt. Pittsburgh: Pickwick, 1977. 129-50. ______. "Remarks on the Continuity of the Jeremiah Tradition." *JBL* 91(1972) 457-62. ______. "Some Reflections on the Date of Jeremiah's Call." *CBQ* 33(1971) 165-84. **Pilch, J. J.** "Jeremiah and Symbolism." *TBT* 19(1981) 105-11. **Reid, D. P.** "Prophet Wanted - No Coward Need Apply." *TBT* 18(1980) 11-16. **Roche, M. de.** "Contra Creation, Covenant and Conquest(Jer. viii 13)." *VT* 30(1980) 280-90. **Rowley, H. H.** "The Early Prophecies of Jeremiah in Their Setting." *BJRL* 45(1962) 198-234. **Schehr, T.** "Jeremiah: The Power of God's Word." *TBT* 19(1981) 87-92. **Schreiner, J.** "Ja sagen zu Gott - Der Prophet Jeremia." *TLZ* 90(1981) 29-40. **Schutzinger, H.** "Die arabische Jeremia-Erzählungen und ihre Beziehungen zur jüdischen religiosen Überlieferung." *ZRGG* 25(1973) 1-19. **Sturdy, J. V. M.** "The Authorship of the 'Prose Sermons' of Jeremiah." In *Prophecy*, ed. J. A. Emerton. BZAW 150. Berlin: de Gruyter, 1980. 143-50. **Tambasco, A.** "Jeremiah and the Law of the Heart." *TBT* 19(1981) 100-104. **Telcs, G.** "Jeremiah and Nebuchadnezzar, King of Justice." *CJT* 15(1969) 122-30. **Tov, E.** "Some Aspects of the Textual and Literary History of the Book of Jeremiah." In *Le Livre de Jérémie: Le prophète et son milieu, les oracles et leur transmission*, ed. P.-M. Bogaert. BETL 54. Leuven: Leuven UP, 1981. 145-67. **Urbock, W. J.** "Jeremiah: A Man for Our Seasoning." *CurTM* 5(1978) 144-57. **Vermeylen, J.** "Jérémie: le prophète et le livre." *ETL* 58(1982) 140-44. **Weinfeld, M.** "Jeremiah and the Spiritual Metamorphosis of Israel." *ZAW* 88(1976) 17-56. **Weisman, Z.** "Stylistic Parallels in Amos and Jeremiah: Their Implications for the Composition of Amos." *Shnaton* 1(1975) 129-49. **Weften, P.** "Leiden und Leidenserfahrung im Buch Jeremia." *ZTK* 74(1977) 123-50. **Whitley, C. F.** "The Date of Jeremiah's Call." *VT* 14(1964) 467-83.

예레미야(하)

XV. 세 선지자, 한 메시지(26:1-24[LXX 33:1-24])

참고문헌

Boecker, H. J. *Redeformen des Rechtslebens im Alten Testament.* WMANT 14. 2nd ed. Neukirchen: Neukirchener, 1970. **Broshi, M.** "The Expansion of Jerusalem in the Reigns of Hezekiah and Manasseh." *IEJ* 24(1974) 21-23. **Busink, T.** *Der Tempel von Jerusalem von Salomo bis Herodes: 1. Der Tempel Salamos.* Leiden: Brill, 1970. **Carroll, R.** "Prophecy, Dissonance, and Jeremiah xxvi." *TGUOS* 25(1976) 12-23. Repr. in *A Prophet to the Nations: Essays in Jeremiah Studies,* ed. L. Perdue and B. Kovacs. Winona Lake, IN: Eisenbrauns, 1984. 381-91. **Clark, W. M.** "Law." In *Old Testament Form Criticism,* ed. J. H. Hayes. San Antonio: Trinity UP, 1974. **Driver, G. R.** "Abbreviations in the Massoretic Text." *Textus* 1(1960) 112-31. ______. "Hebrew Notes." *VT* 1(1951) 241-50. **Fishbane, M.** "Varia Deuteronomica." *ZAW* 84(1972) 349-52. **Geva, H.** "The Western Boundary of Jerusalem at the End of the Monarchy." *IEJ* 29(1979) 84-91. **Hadey, J.** "Jérémie 7 et 26." *ETR* 54(1979) 438-43. **Haran, M.** *Temples and Temple Service in Ancient Israel: An Inquiry into the Character of Cult Phenomena and the Historical Setting of the Priestly School.* Oxford: Clarendon, 1978. **Holt, E. K.** "Jeremiah's Temple Sermon and the Deuteronomists: An Investigation of the Redactional Relationship between Jer 7 and 26." *JSOT* 36(1986) 73-87. **Hossfeld, F. L.**, and **Meyer, I.** "Der Prophet vor dem Tribunal: Neuer Auslegungsversuch von Jeremiah 26." *ZAW* 86(1974) 30-50. **Janzen, W.** "Withholding the Word." In *Traditions in Transformation: Turning Points in Biblical Faith,* ed. B. Halpern and J. D. Levenson. Winona Lake, IN: Eisenbrauns, 1981. **Koch, K.** "Der Spruch 'Sein Blut bleibe auf seinem Haupt' und die israelitische Auffassung vom vergossenen Blut." *VT* 12(1962) 396-416. **North, F. S.** "Textual Variants in the Hebrew Bible Significant for Critical Analysis." *JQR* 47(1956/57) 77-80. **O'Connor, K. M.** "'Do Not Trim a Word': The Contributions of Chapter 26 to the Book of Jeremiah." *CBQ* 51(1989) 617-30. **Ollenburger, B. C.** *Zion, the City of the Great King.* JSOTSup 41. Sheffield: JSOT, 1987. **Ramsey, G. W.** "Speech-Forms in Hebrew Law and Prophetic Oracles." *JBL* 96(1977) 45-58. **Reventlow, H. G.** "Gattung und Uberlieferung in der 'Tempelrede Jeremias': Jer. 7 und 26." *ZAW* 81(1969) 315-52. **Schottroff, W.** *Der altisraelitische*

Fluchspruch. WMANT 30. Neukirchen: Neukirchener, 1969. **Schulz, H.** *Das Todesrecht im Alten Testament: Studien zur Rechtsform der Mot-Jumat-Sätze.* BZAW 114. Berlin: de Gruyter, 1969. **Seidl, T.** "Datierung und Wortereignis: Beobachten zum Horizont von 27:1." *BZ* 21(1977) 23-44, 184-99. **Steck, O. H.** *Israel und das Gewaltsame Geschick der Propheten.* WMANT 22. Neukirchen: Neukirchener, 1967. **Thomas, W.** "Again 'The Prophet' in the Lachish Ostraca." In *Von Ugarit nach Qumran,* ed. J. Hempel and L. Rost. BZAW 77. Berlin: de Gruyter, 1958. 244-49.

본 문

1 유다 왕 요시야의 아들 여호야김의 즉위 초에 여호와께로서 이 말씀이 임하니라 가라사대

1 In the accession year[a] of Jehoiakim, the son of Josiah, the king of Judah, there was this word[b] from[c] the Lord:

2 나 여호와가 이같이 이르노라 너는 여호와의 집 뜰에 서서 유다 모든 성읍에서 여호와의 집에 와서 경배하는 자에게 내가 네게 명하여 이르게 한 모든 말을 고하되 한 말도 감하지 말라

2 "Thus says the Lord: Stand in the court of the Lord's house and speak against[a] all the cities of Judah who are coming to worship at[b] the Lord's house all the words which I command you to speak to them. Do not hold back a word.

3 그들이 듣고 혹시 각각 그 악한 길에서 떠나리라 그리하면 내가 그들의 악행으로 인하여 재앙을 그들에게 내리려 하던 뜻을 돌이키리라

3 Perhaps they will listen and turn back, each one from his [or her][a] evil[b] way, so that I will repent of[c] the evil[b] which I am planning to do to them because of the evil[b] of their doings.

4 너는 그들에게 이르기를 여호와의 말씀에 너희가 나를 청종치 아니하며 내가 너희 앞에 둔 내 법을 행치 아니하며
5 내가 너희에게 보내고 부지런히 보낸 나의 종 선지자들의 말을 이미 듣지 아니하였거니와 너희가 만일 다시 듣지 아니하면
6 내가 이 집을 실로같이 되게 하고 이 성으로 세계 열방의 저주거리가 되게 하리라 하셨다 하라

4 So say to them, 'Thus says the Lord: If you do not listen to me by walking in my Law, which I have set before you,
5 by listening to the words of my servants the prophets whom I send to you – sending[a] persistently, but you did not listen –
6 then I will make this house like Shiloh while I make this[a] city a curse[b] for all the nations of the earth.'"

7 예레미야가 여호와의 집에서 이 말을 하매 제사장들과 선지자들과 모든 백성이 듣더라

7 The priests, the prophets, and all the people heard Jeremiah speaking these words in the house of the Lord.

8 예레미야가 여호와께서 명하신 말씀을 모든 백성에게 고하기를 마치매 제사장들과 선지자들과 모든 백성이 그를 붙잡고 이르되 네가 반드시 죽으리라

8 As soon as[a] Jeremiah finished speaking all that the Lord had commanded (him)[b] to speak to[c] all the people, the priests, the prophets, and [d]all the people[d] seized him, saying, "You must die!

9 어찌하여 네가 여호와의 이름을 의탁하고 예언하여 이르기를 이 집이 실로같이 되겠고 이 성이 황무하여 거민이 없으리라 하느뇨 하며 그 모든 백성이 여호와의 집에서 예레미야에게로 모여 드니라

9 Why do you prophesy[a] in the name of the Lord, saying, 'Like Shiloh will be this house, and this city will be desolate, without an inhabitant'?" Then all the people assembled around[b] Jeremiah in the house of the Lord.

10 유다 방백들이 이 일을 듣고 왕궁에서 여호와의 집으로 올라와서 여호와의 집 새문 어귀에 앉으매

10 The royal officials of Judah heard these words and went up from the king's house to the house of the Lord and sat down at the entrance of the new gate of the Lord('s house).[a]

11 제사장들과 선지자들이 방백들과 모든 백성에게 말하여 가로되 이 사람은 죽음이 합당하니 너희 귀로 들음같이 이 성을 쳐서 예언하였느니라

11 Then the priests and the prophets said to the officials and to all the people, "The death sentence for this man! For he has prophesied against[a] this city as you have heard with your own ears."

12 예레미야가 모든 방백과 백성에게 일러 가로되 여호와께서 나를 보내사 너희의 들은 바 모든 말로 이 집과 이 성을 쳐서 예언하게 하셨느니라

12 Jeremiah said to all[a] the royal officials and to all the people, "The Lord sent me to prophesy to this house and to this city all the words which you have heard.

13 그런즉 너희는 너희 길과 행위를 고치고 너희 하나님 여호와의 목소리를 청종하라 그리하면 여호와께서 너희에게 선고하신 재앙에 대하여 뜻을 돌이키시리라

13 So now make your ways and your works good and obey the Lord your God so that the Lord will repent of[a] the evil which he has spoken against you.

14 보라 나는 너희 손에 있으니 너희 소견에 선한 대로, 옳은 대로 하려니와

14 As for me, I am in your power, so do to me what you consider good and fair.

15 너희는 분명히 알라 너희가 나를 죽이면 정녕히 무죄한 피로 너희 몸과 이 성과 이 성 거민에게로 돌아가게 하리라 이는 여호와께서 진실로 나를 보내사 이 모든 말을 너희 귀에 이르게 하셨음이니라

15 Only you must know that if you put me to death you are certainly going to put innocent blood on yourselves and onto this city and its inhabitants, because the Lord truly has sent me to you to speak all these words in your ears."

16 방백들과 모든 백성이 제사장들과 선지자들에게 이르되 이 사람이 우리 하나님 여호와의 이름을 의탁하고 우리에게 말하였으니 죽음이 부당하니라

16 Then the royal officials and all the people said to the priests and the prophets, "No death sentence for this man! For he has spoken to us in the name of the Lord our God."

17 때에 그 땅 장로 중 몇 사람이 일어나 백성의 온 회중에 말하여 가로되

17 Men of the elders of the land rose and said to the whole assembly of the people:

18 유다 왕 히스기야 시대에 모레셋 사람 미가가 유다 모든 백성에게 예언하여 가로되 만군의 여호와께서 이같이 말씀하시기를 시온은 밭같이 경작함을 당하며 예루살렘은 무더기가 되며 이 전의 산은 수풀의 높은 곳들같이 되리라 하였으나

18 "When Micah[a] the Moreshetite was prophesying[b] in the time of Hezekiah, the king of Judah, he said to the whole people of Judah, 'Thus says the Lord [c]of Hosts:[c] 'Zion as a field[d] shall be ploughed, and Jerusalem shall be ruins,[e] and the mountain of the house, wooded heights.'[f]

19 유다 왕 히스기야와 모든 유다가 그를 죽였느냐 히스기야가 여호와를 두려워하여 여호와께 간구하매 여호와께서 그들에게 선고한 재앙에 대하여 뜻을 돌이키지 아니하셨느냐 우리가 이같이 하면 우리 생명을 스스로 크게 해하는 일이니라

19 Did Hezekiah, the king of Judah, and all Judah put[a] him to death? Didn't he fear[b] the Lord and[c] pray for the favor of[c] the Lord? Didn't the Lord repent of the evil which he had spoken against them? We are about to do a great evil against our very lives!"

20 또 여호와의 이름을 의탁하고 예언한 사람이 있었는데 곧 기럇여아림 스마야의 아들 우리야라 그가 예레미야의 모든 말과 같이 이 성과 이 땅을 쳐서 예언하매

20 A man was also prophesying in the name of the Lord, Uriah the son of Shemaiah from Kiriat Jearim.[a] He prophesied [b]against this city and[b] against this land in accordance with all the words of Jeremiah.

21 여호야김 왕과 그 모든 용사와 모든 방백이 그 말을 듣고는 왕이 그를 죽이려 하매 우리야가 이를 듣고 두려워 애굽으로 도망하여간지라

21 The king, Jehoiakim, [a]all his mighty men,[a] and all the royal officials heard his words, and the king[b] sought[c] his execution. Uriah heard; [d]so he was afraid and fled[d] and went to Egypt.

22 여호야김 왕이 사람을 애굽으로 보내되 곧 악볼의 아들 엘라단과 몇 사람을 함께 애굽으로 보내었더니

22 Then the king, Jehoiakim, sent [a]men to Egypt,[a] [b]Elnathan the son of Achbor and other men with him.[b]

23 그들이 우리야를 애굽에서 끌어내어 여호야김 왕께로 데려오매 왕이 칼로 그를 죽이고 그 시체를 평민의 묘실에 던지게 하였다 하니라

23 They brought Uriah out of Egypt, took him to the king; Jehoiakim, and he killed him with the sword. He[a] sent his corpse to the graves[b] of the sons of the people.[c]

24 사반의 아들 아히감이 예레미야를 보호하여 예레미야를 백성의 손에 내어주지 아니하여 죽이지 못하게 하니라

24 But the hand of Ahikam, the son of Shaphan, was with Jeremiah so as not to give him into the hand of the people to put him to death.

원문주해

1.a. "통치"라는 의미의 추상명사 맘레코트(ממלכות)는 예레미야서에서는 유일한 단어다. 그러나 보다 일반적인 맘레코트(ממלכה, "통치": 27:1; 28:1)나 멜라코트(מלכות, "통치")로의 수정을 지지할 만한 증거는 없다. 이와 동일한 악카드어 문구 레쉬 사루티(*reš šarruti*, "즉위년")가 비혈족의 단어를 사용한다. 일괄성이 없는 이러한 히브리어의 사용은 아마도 표현상의 생동감으로 인한 결과인 것 같다. 표준적인 형태는 아직 발견된 바 없다.

1.b. Syr(그리고 OL)은 "예레미야에게"를 덧붙인다. 25:1과 함께 시작하면서, 본서의 이 단락 가운데 있는 주요 단위들의 머리말은 모두가 예레미야의 이름을 거론하면서(25:1; 27:1; 29:1; 30:1; 31:1; 32:1; 33:1; 34:1; 35:1; 36:1) 혹은 1인칭 대명사와 함께(28:1과 LXX에서는 35:12; 36:1) 예레미야를 소개한다. 7:1에 있는 성전문 설교의

머리말도 예레미야의 이름을 거론하고 있다. 26:1이 본서의 주요 단락을 시작하고 있고, 또한 이것이 그 밖에 27:1과 거의 동일하므로 이 머리말에 선지자의 이름을 삽입하고자 하는 압력이 강했음에 틀림없다. 그러므로 본 절은 MT에 있는 그대로 남겨 놓아야 할 것이다.

1.c. 메에트(מאת, "…으로부터")가 본서의 이 단락에 있는 중요한 단위의 머리말 가운데서 자주 나타나는데(27:1; 30:1; 32:1; 34:1, 8; 35:1; 36:1), 이는 말의 기원을 가리킨다.

2.a. 이 분사형으로 표현된 적대적 의도는 6절의 내용과 부합한다(GKC § 119dd).

2.b. 경배를 받는 신이 명시되지 않았고, 경배 장소가 부사 대격으로 암시되어 있다(GKC 118§ d-g). 출 33:10; 겔 46:3과 비교하라.

3.a. 여인들이 예레미야의 청중들 가운데 포함되어 있었을 수도 있다.

3.b. 같은 히브리어 단어가 각각의 경우에 사용되었다.

3.c. 엘-하라아(אל הרעה). 통상적인 결합은 알-하라아(על הרעה)이며, 많은 필사본들이 이 독법을 지지한다. 본 장에서는 알(על)을 엘(אל)로 대치하고 있으며, 이것은 삼하 24:16에 한 번 등장하고 의미상의 차이가 없다.

5.a. 직역하여 이사일의(hendiadys)로 해석된 "일찍이 일어나서 보낸"은 "끊임없이"다.

6.a. 끝 글자 헤(ה)를 가진 지시형용사의 비정상적인 이 케티브 형태는 얀젠(Janzen)으로 하여금 지시형 하조트(הזאתה)가 이 철자가 통상적인 필사본 전승으로부터 기원되었다고 결론내리도록 만들었다(*Studies*, 45). 케레는 표준 철자법을 드러낸다. 이 단어는 LXX에서는 누락되었다. 예레미야서 산문 속에 있는 하나님의 연설 가운데서 예루살렘에 대한 통상적인 호칭은 하이르 하조트(העיר הזאת, "이 성읍")다.

6.b. 전치사 레(ל)는 하나님의 행동 에텐(אתן, "내가 만든다")의 결과를 표시한다.

8.a. 전치사 케(כ)는 시간을 나타내는 기능을 한다.

8.b. 고대 역본들은 모두 목적격 대명사 "그를"을 가지고 있다. 히브리어에서 명령을 받는 인물(들)이 여기서처럼 빠져 있다(예를 들어, 출 16:16).

8.c. *BHS*는 엘(אל, "…에게로")을 알(על, "…에 대하여, …에 관하여")로 대치시키고 있음을 시사한다. LXX은 엘(אל)을 11절 하반절에 있는 "…에 대하여"로 번역하지만, *BHS*는 거기서 수정을 제안하고 있지 않다. 이 두 전치사의 상호 교환은 예레미야서에서 매우 자주 나타나므로 그것들을 초창기 용법과 일치하게 만드는 일을 주저하게 된다.

8.d-d. *BHS*는 콜-하암(כל־העם, "모든 백성")을 7절 상반절로부터의 첨가인 것으로 판단한다. 8절에 있는 "주석"을 보라.

9.a. 몇몇 필사본들은 알렙(א)을 복귀시킴으로써 철자를 נבאת로 수정한다.

9.b. 여러 필사본과 역본들은 엘(אל, "…에게") 대신 보다 위협적인 알(על, "…에 대

하여, …에 관하여")로 대치한다. 알(על, "…에 대하여")은 하나의 위협이 명백하게 존재하고 있는 상황에서 콰할(קהל, "총회, 회중")과 함께 나타난다(출 32:1; 민 16:3; 17:7; 20:2). 그러나 전치사 엘(אל, "…에게")은 레 8:4의 아론의 위임과 왕상 8:3의 성전 봉헌에서처럼 동사와 함께 나타난다. 더 나아가 엘(אל, "…에게")은 예레미야서에서 알(על, "…에 대하여")이 예상되는 곳에서 자주 나타난다. 본문의 수정은 타당성이 없다.

10.a. LXX[Q], Arab, Syr, Tg, Vg은 베트(בית, "…의 집")를 삽입한다. "여호와의 집 새문"은 렘 36:10에서 알려지게 된다. 왕의 방백들이 성전 뜰로 나가서 법정에 참석하고 있다는 사실이 문맥을 통하여 분명해진다. "여호와의 새문"과 "여호와의 집의 새문" 사이에는 의미상 심각한 차이가 없다.

11.a. LXX은 히브리어 알(על, "…에 대하여")을 암시하는 카타(κατὰ, "…에 대하여")로 번역한다. 예레미야서에서 엘(אל, "…에게")은 알(על, "…에 대하여")이 예상되는 곳에서 자주 나타난다. 본문의 수정은 타당성이 없다.

12.a. LXX은 "모든"을 생략한다. MT에 이것이 출현한 것은 우연히 혹은 의도적으로 다음에 뒤따라오는 문구 "온 백성"과의 중복오사로 설명될 수 있거나 혹은 MT 배후에 있는 더 긴 본문의 또 다른 실례로 설명될 수 있다.

13.a. 여러 필사본은 엘(אל, "…에게")을 알(על, "…에 대하여")로 대치한다. 나함 알(נחם על, "…에 대한 회개")은 구약성경에서 이러한 표현에 대한 보다 일반적인 형태다. 그러나 나함 엘(נחם אל, "…에 대한 회개")도 발견된다(예를 들어, 삼하 24:16 // 대상 21:15). 나함 엘(נחם אל, "…에 대한 회개")은 26장에서 규칙적으로 사용된다(3, 13, 19절 그리고 42:10에서). 본문의 수정은 타당성이 없다.

18.a. 많은 필사본들의 지지를 받는 Q는 미 1:1에 있는 것과 같은 미카(מִיכָה, "미가")의 축약형이다. 케티브는 왕하 22:12과 느 12:35에서처럼 미카야(מִיכָיָה, "미가야")다. 케티브의 어미(語尾)는 27-29장에 있는 예레미야와 다른 사람들의 이름의 변형과 동일하다(יִרְמְיָה – 이르메야, "예레미야").

18.b. LXX은 본 절에서 분사 "예언하는"을 생략하고 있으나 20절에서는 그렇지 않다. 분사형에 하야(היה) 완료형이 덧붙여진 것은 특이한 구조이지만(GKC§ 116r) 불가능하지는 않다. LXX에 있는 더 간략한 구문은 이 문장의 의미를 심각하게 변경시키지는 않는다.

18.c-c. LXX에는 "만군의"가 누락되어 있다. 이 신명의 보다 긴 형태가 LXX에서보다는 MT에서 더 일반적으로 나타난다(Janzen, *Studies*, 79-80).

18.d. 부사 직접목적격, "밭같이."

18.e. 미 3:12에서는 이 단어가 이인(עיין)으로 되어 있다. 피쉬베인(Fishbane)은 이인(עיין)이 북쪽 방언 형태라고 주장한다(*Interpretation*, 459). LXX의 한 필사본은 관사를 관계형용사로 대치시키면서 호스 아바톤(ὡς ἄβατον, "하나의 폐허처럼")으로 읽는다.

또 다른 LXX 필사본은 호스 오포로퓔라키온(*ὡς ὀπωροφυλάκιον*, "한 정원에 있는 파수꾼의 오두막처럼")을 가지고 있는데, 이는 앞의 콜론과 병행을 잘 이루고 있는 사 1:8에 나오는 시온에 대한 표현이다.

18.f. 앞의 콜론으로부터 나온 동사 티헤예(תהיה, "있을 것이다")는 이 콜론에서도 주어와 술어 사이의 관계를 암시한다. 전치사 레(ל)는 결과를 암시한다.

*BHS*는 바모트(במות)가 바하모트(בהמות, "짐승들, 동물들")의 변형이라고 설명한다. 이 독법은 본 절의 나머지 부분의 농사 이미지를 유지시켜 주고 있다. 짐승들이 폐허가 된 성읍을 점령한다는 것은 심판 신탁 가운데서 발견되는 모티프이지만(예를 들어, 겔 25:5), 구약성경의 나머지 부분에서는 바하모트(בהמות, "짐승들, 동물들")가 이런 방식으로 사용된 적이 결코 없다. 바하모트 야아르(בהמות יער, "숲의 짐승들")란 문구는 미 5:7(개역. 8절)에 한 번 나타나지만, 바모트 야아르(במות יער, "수풀의 높은 곳들")는 렘 26:18과 미 3:12에만 유일하게 나타난다. 피쉬베인은 바모트(במות)를 자음 사이에 있는 헤(ה)가 무시된 바하모트(בהמות, "짐승들, 동물들")에 대한 북방의 방언으로 설명한다(*Interpretation*, 459). 그러나 이러한 독법을 지지하는 용례가 고대 역본들 가운데는 없다. LXX은 바하모트 야아르(בהמות יער)를 번역하고 그것을 단수인 알소스 호뤼무(*ἄλσος ὀρυμοῦ*, "나무들의 작은 숲")로 정정한다. 구약성경에서 바모트(במות, "산당들")는 주로 나무들이 있는 제사의 장소였으며(예를 들어, 왕하 16:4), 그래서 LXX 번역자들은 바모트(במות)를 바하모트(בהמות, "짐승들, 동물들")의 변형으로 이해하지 않고 "산당들, 높은 곳들"로 이해했다. Syr은 앞의 단어를 복사하면서 *lbjt*("한 집으로")로 읽는다. 피쉬베인의 가설을 입증해 주는 증거가 전혀 없으므로 최소한 2천 년 동안 그러했던 것처럼 바모트(במות)를 계속해서 "산당들, 높은 곳들"로 계속 읽는 것이 가장 좋을 것으로 보인다.

19.a. LXX, Vg, Syr 모두 단수 동사를 가지고 있다. 히브리어 스타일이 복합 주어 앞에 첫 남성 단수 동사를 허용하고 있으므로(GKC § 146F), 역본들은 그 패턴에 따라서 번역했을 수 있다.

19.b. LXX, Vg, Syr은 이 동사들을 복수로 번역한다. 히스기야와 온 유다가 주어다. "온 유다"를 포함시킴으로써 이 두 웅변적 질문은 그들을 왕뿐만 아니라 1세기 전의 그들의 참석자들과 비교함으로써 장로들의 청중들에게 미치는 파급 효과를 더 확대시키고 있다. 이 복수형들은 문장의 끝에 있는 알레헴(עליהם, "그들에게 대항하여")의 복수 접미사와 일치한다. MT은 두 가지 이유로 번역에서 유지된다. (1) 이것은 보다 난해한 독법인데, 왜냐하면 단수 주어가 복수 대명사 접미사와 일치하지 않기 때문이다. (2) 본 구절이 언급하고 있는 것으로 보이는 왕하 19장은 히스기야의 회개와 기도에 관한 것이기 때문이다. 그 위협이 그들 모두를 위협했을지라도 백성의 반응은 기록되어 있지 않았다.

19.c-c. 직역하면 "유하게 하다", "얼굴을 부드럽게 하다", "볼을 두드리다"인데, 이는

효과를 잠재우기 위하여 의도된 몸짓이다.

20.a. 이 이름 가운데 들어 있는 두 번째 단어에는 정관사가 붙어 있는데, 이는 이 구절에만 나타나는 유일한 경우다.

20.b-b. LXX은 "이 성과 …을 쳐서"를 생략한다. 이 문구는 LXX으로부터 사라졌거나, 아니면 중자탈락(haplogr)에 의하여 원 자료로부터 사라졌거나, 혹은 MT이 본문을 결합시켰을 수 있다(Janzen, *Studies*, 21, 199). 이 성읍은 본 장의 나머지 부분에서 예언의 주 대상이 되어 왔으므로(6, 9, 12절), 여기서 이것을 언급하고 있는 것은 우리야의 예언이 예레미야의 예언과 유사하다는 사실을 확증해 준다.

21.a-a. "그 모든 용사"가 LXX에는 생략되어 있다. 이 단어는 왕과 왕의 방백들과 짝을 이루는 상투적인 문구가 아니다. 이 세 그룹 모두 최소한 한 번 다른 곳인 대하 32:3에 나타나는데, 그 곳에서 히스기야 왕은 앗수르의 포위 공격에 대해 예루살렘을 방비하기 위하여 왕의 방백들과 용사들과 계획을 짠다. "그 모든 용사"가 포함됨으로써 히스기야와 여호야김 사이를 미묘하게 비교해 주고 있다.

21.b. LXX에는 없다. 왕, 용사들, 방백들 모두가 "찾았다"의 주어인데, LXX에서는 그것이 복수형이다. 23절에서는 우리야를 애굽으로부터 데려온 사람이 왕이 보낸 사람들이지만, 왕이 그를 죽인다. LXX이 문맥에 어울리지만, 그것을 MT보다 선호할 강력한 이유는 없다.

21.c. LXX은 복수형을 가지고 있다. "원문주해" 21.b를 보라.

21.d-d. LXX에는 누락되어 있다. MT은 우리야가 애굽으로 도피한 분명한 동기를 제공한다. 얀젠은 이것을 하나의 결합된 본문으로 생각한다. 즉 "들었다" 그리고 "도피했다" // "두려워했다" 그리고 "갔다"(*Studies*, 21).

22.a-a. Syr은 히브리어 문장을 약간 변경시킴으로써 매끄럽게 만들고 있다. "사람들을 애굽으로"가 "한 애굽 사람"이 되는데, 이는 악볼의 아들 엘라단이다. 이것은 "애굽으로"의 반복을 제거하지만, 엘라단은 애굽인이 아니었다. 그는 저명한 유다 가문의 한 사람이었다. MT의 구문은 "애굽으로 간 사람들"의 반복으로 인하여 어색하지만 불가능하지는 않다.

22.b-b. LXX에는 없다. MT은 엘라단의 동료라고 세부적으로 밝히고 있는데, 이것이 LXX 원 자료에는 없었던 것 같다. 얀젠(Janzen, *Studies*, 14, 100-101)과 할러대이(Holladay, 2:101)는 MT를 결합된 것으로 말한다. 할러대이는 "애굽으로 간 사람들"의 첫 번째 출현을 일괄적으로 취급한다.

23.a. 그 왕.

23.b. LXX에서는 단수형임: "그 백성의 무덤", 즉 그의 가족의 무덤. "원문주해" 23.c를 보라.

23.c. LXX은 그의 가족에 속하는 휘온 라우 아우투(*υἱον λαοῦ αὐτοῦ*, "그의 백성의

아들들의")를 가지고 있다. 우리야는 기럇여아림 출신이었다. 왜 그의 가족이 예루살렘 근처에 한 무덤을 가지고 있었을까?

양식/구조/배경

26장은 1절에 있는 복합 표제를 통하여 25장의 끝에 있는 시와는 분명하게 구별되는 새로운 단위다. 27:1에 있는 이와 거의 동일한 표제가 이 설화의 끝 경계를 표시한다. 본 장 초두에 연결 동사가 없는 점 역시 이 단위가 독립되어 있음을 암시한다. 28:1과 33:1에서 앞 장과 관계를 수립하기 위하여 웨하야(וַיְהִי, "그리고 있었다")를 사용하고 있다는 사실과 비교하라.

1-6절은 선지자에게 주신 계시에 대한 기록으로 구성되어 있다. 이 장르는 개인 신탁과 교훈의 말씀을 위한 하나의 설화 배경을 제공하고 있지만, 이것은 또한 이스라엘에게 주셨던 신탁이 선지자에게 주신 사적인 계시로 전환되는 효과를 가진다. 26장에서 선지자에게 주신 하나님의 말씀은 세 부분으로 되어 있다. (1) 특별한 지역에 있는 특별한 청중에게 예언하라는 위탁, (2) 기대된 반응에 대한 묘사, (3) 신탁 그 자체. 이와 유사한 기록이 예레미야서 곳곳에서 발견된다(7:1-8:4; 16; 17:19-27; 18:1-12; 19; 21; 22:1-9; 24:27-28; 29:29-32; 32-36). 이 기록이 말하거나 행동하라는 하나님의 명령을 자주 포함하고 있기는 하지만, 이따금 이것들은 이 명령의 실현 혹은 선지자의 사역에 대한 백성들의 반응을 상술하고 있다.

26장의 세 부분으로 이루어진 도입부(날짜 공식 문구, 말씀-사건 공식 문구, 메신저 공식 문구)는 현재의 형태로 된 본 장을, 예레미야서 자료를 하나의 책 가운데 보존했던 전통주의자들의 한 작품으로 돋보이게 한다. 이러한 표제를 통하여 그 특징을 나타내 보이고 있는 단락은 본 장뿐이다(부록: 도입 문구).

26:1의 끝에 위치한 레모르(לֵאמֹר, "가라사대")는 2-6절에 있는 하나님 말씀의 직접적인 인용문의 시작을 돋보이게 만들고 있다. 예레미야에게 주시는 하나님의 사적인 지시의 말씀이 메신저 공식 문구인 코 아마르 야웨(כֹּה אָמַר יְהוָה, "그러므로 야웨께서 말씀하신다")로 시작되어야 한다는 사실은 상식을 벗어난 것으로 보인다. 이 공식 문구는 본래 메시지를 보내는 이가 사용하지 않았다. 메신저는 그것을 전해 주면서 그 메시지의 공식 문구를 앞머리에 붙였다.

26:2-7 단위는 예언하라는 하나님의 명령을 기록하고 있다. 이것은 예레미야서와 에스겔서 곳곳에서 발견되는 문학적 패턴을 따르고 있다. 설화자의 발언은 그

명령과 실행을 되돌아보아 기록하지 않는다. 그 대신, 이 설화는 하나님의 말씀을 인용하고 있는데, 선지자에게 주신 일련의 명령들 가운데 그 사건들을 예상하여 진술하고 있다. 그 신탁은 백성들에게 전해지도록 의도되었을지라도 예레미야에게 주신 하나님의 명령들 가운데 인용되어 있다. 데이비스(E. Davis)는 이러한 형태를 기록된 담화의 특별한 필요성으로 돌린다. 모든 것을 하나님의 연설로 기록하는 것은 본문의 주장이 그만큼 권위가 있다는 점을 강조한다. 선지자를 듣는 자로 묘사하고 있는 것은 그 선지자의 위치를 하나님의 말씀을 함께 듣는 독자와 같은 위치에 두며, 그리하여 그는 듣는 자가 어떻게 반응해야 할 것인지를 보여 주고 있다(*Swallowing the Scroll*, 83). 설화자의 음성은 이 단락의 마지막 구절에서 또다시 들려지는데, 이는 8-16절에 있는 재판 기록으로 이끌어 가기 위하여 예레미야의 말보다는 청중의 청취를 강조한다.

신탁 그 자체는 상황절이다. 예언하라는 다른 명령의 기록은 보다 길고도 복잡한 상황적 메시지를 포함하고 있다(참조. 17:19-27; 18:1-11; 22:1-5). 26:4-5도 역시 율법에 대한 충실과 하나님의 말씀에 대한 지속적인 거절이라는 모티프를 이 구절들과 공유하고 있다. 6절에 있는 실로에 대한 특별한 언급은 독자로 하여금 4-6절을 7:1-15의 성전문 설교의 요약이자 해석으로 인식하도록 단서를 제공해 준다.

8b-9a절과 11절에 있는 책망의 어투는 법정 용어이며 본 장의 다음 부분의 장르를 암시해 준다. 재판에 대한 기록은 8절에서 시작되지만, 그 끝 지점은 논란이 되고 있다. 세 가지 가능성이 제시되어 왔다. (1) 재판이 본 장의 끝까지 계속된다(Fishbane, *Interpretation*, 246). 왕의 방백들이 "무죄" 판결을 내렸지만(16절), 그것은 받아들여지지 않았다. 16절이 2인칭으로 예레미야에게 말하고 있다기보다 3인칭으로 예레미야에 대해서 언급하고 있다는 사실은 이것이 공식적인 혹은 최종 판결이 아니었다는 증거로 취급된다. 두 개의 상반된 판례가 기록되어 있는데, 히스기야 및 미가야의 행동(17-19절)과 여호야김 왕 및 우리야의 행동이다(20-23절). 그래서 백성들은 예레미야를 처단하기로 결정한다(24절에 암시되어 있음). 아히감이 개입함으로써 겨우 선지자가 구원받는다(24절). (2) 장로들이 인용한 판례(17-19절)가 변호의 역할을 했고, 이것이 판결을 우세하게 했다(16절). 루돌프(Rudolph, 156-57)는 17절을 과거완료인 "그리고 일어났고 말했었다"로 이해할 것을 제안했다. 칼빈(Calvin, 3:331)은 17-19절이 16절 앞으로 이동했을 가능성을 제기했다. 이러한 해석에 따르면, 장로들의 연설은 16절의 판결로 종결된 재판의 일부였다. (3) 재판은 16절에서 "무죄"라는 판결로 끝나지만, 무죄 판결과 장로들의 연설에도 불

구하고 예레미야의 사역과 그 외의 그와 같은 다른 사역들에 대한 반대는 계속되었다(20-24절).

이러한 세 가지 분석에 들어 있는 차이점들은 16절과 17-19절의 해석에 달려 있다. 16절을 재판의 판결로 받아들이는 것에 대해 반대하는 중요한 이유는 그 판결이 3인칭으로 표현되어 있다는 점이다. 한 왕(예를 들어, 삼상 14:44) 혹은 여호수아(수 7:25) 앞에서 있었던 구약성경의 재판 기사에서 판결은 2인칭으로 진술되지만, 26장은 또 다른 종류의 재판을 기록하고 있는데, 이 재판은 백성 앞에서 있었던 사형에 해당하는 것이다. 그러한 재판에 대한 다른 구약성경의 설화가 없지만, 민수기 35장과 신명기 19:1-13에 있는 법은 살인자로 기소된 도망자의 처리를 위한 지침을 제공한다. 기소당한 사람은 판결 공식 문구 가운데서 3인칭으로, "그 고살자를 반드시 죽일 것이요"(민 35:16-21)와 "(그를) 죽이기에 합당치 아니하니"(신 19:6)로 언급되어 있다. 살인자는 피의 보수자에 의하여 살해되었고, 다른 사형 판결의 경우에는 성읍 사람들이 죄 있는 자를 돌로 침으로써 그 판결을 시행했다(신 21:21). 그 판결이 사형을 실행해야 할 사람들에게 맡겨졌으리라는 것은 타당하며, 따라서 이러한 종류의 재판에서는 판결이 3인칭 형태로 언급되는 것이 보통이다. 11절에 있는 예레미야에 대한 공식적인 고소도 역시 3인칭으로 표현되었고, 16절에서는 판결을 하는 재판자 자신들, 즉 왕의 방백들과 백성들에게 판결이 맡겨진다.

호쓰펠드(Hossfeld)와 마이어(Meyer)는 현재 위치에 있는 16절의 본문을 재판 과정에서의 결론적 판결로 이해하는 세 가지 이유를 제시한다(*ZAW* 86[1974] 38). (1) 판결을 하는 사람들이 고소와 변호 연설을 듣는 바로 그 사람들이다(11, 12절). 그러므로 여기서는 "왕의 방백들과 모든 백성들"이 재판관들로 말하고 있다. (2) 17절은 "말하다" (אמר – 아마르)와 반대되는 "일어나다"(קום – 쿰)란 새로운 동사와 함께 시작되고, 새로운 화자들, 즉 장로들과 "총회"(קהל – 콰할)의 청중들을 소개한다. (3) 여기에 진술된 판결은 적절하게 원고가 제안한 판결을 거절하고 변호의 논증을 받아들임으로써 재판을 종결짓는다.

그럼에도 불구하고 24절은 16절이 예레미야 소송건에 대한 최종 결정이 아니었다는 사실을 암시해 주고 있다. 왜냐하면 백성들이 그를 죽이기를 원하고 있기 때문이다(무트[מות, "죽다"]의 히필형). 어쨌든 24절은 접속사 아크(אך, "그러나")를 통하여 예레미야의 재판 이전에 부득이하게 일어났던 것이 아닌 사건들에 대한 20-23절의 기사와 긴밀하게 연결되어 있다(참조. 26:1). 26장에 있는 판결은 본서의 나머지 부분에는 전혀 언급되어 있지 않으며, 제사장, 선지자, 왕의 방백 그리고 왕을 통하여 예레미야에 대한 또 다른 행동을 막지 않는다(29, 36, 37장).

예레미야 26:8-16은 구약성경에 있는 유일하게 완전한 재판 기사이며, 그래서 이것은 이 장르에 대한 뵈커의 중요한 모델 역할을 하고 있다(Boecker, *Redeformen*, 59-79, 94-120, 133-34, 180). 그는 재판 기사의 부분들을 다음과 같이 이름 붙였다.

(1) 제안된 판결과 소송 제기(8-9a절). 제사장, 선지자 그리고 모든 백성들이 예레미야의 신탁의 일부 가운데 하나의 문구를 소송의 증거로 인용하면서 예레미야에게 말한다. 소송 제기는 질책하는 듯한 질문의 형태로 이루어진다. 뵈커는 이 질책하는 듯한 질문이 주로 공판 전 회합 조정을 위한 기회를 제공하면서 가장 먼저 나온다고 믿는다(*Redeformen*, 67).

(2) 제출된 판결의 서론(9절)은 공판 전 회합 논의로부터 법정의 소집으로 이끌어 나간다. 백성들(9b절)과 왕의 방백들(10절)이 모이고 법정이 개정된다.

(3) 제사장들, 선지자들이 재판장들과 왕의 방백들, 그리고 백성들(11절)에게 공판 전 회합을 통하여 이루어진 고소 연설을 하면서 피고소인을 3인칭으로 언급한다. 이 연설의 첫 번째 문장은 신청된 판결, 즉 "이 사람은 죽음이 합당하니"에 대한 또 다른 진술이다. 이 공식 문구는 구약성경에 있는 그 어떤 설화 문맥 속에서도 사용되지 않지만, 이것은 신명기 19:6에 있는 공식 문구와 일치한다. 이 신탁의 축약된 내용이 기소의 증거로 나타나 있다.

(4) 고소당한 자의 변호 연설이 12-15절에 뒤따라 온다. 예레미야는 재판장들, 왕의 방백들 그리고 백성에게 말한다. 이 연설은 그 고소에 대한 직접적인 답변으로 시작되고 끝난다(12b, 15절). 예레미야는 여호와께서 참으로 그들이 들은 그 말씀을 예언하라고 자신을 보내셨다고 강조하면서 그 고소를 인정한다. 그는 자기 자신의 주장 이외에 다른 증거를 제시하지 않는다. 그는 여호와께서 과거에 부지런히 보내신 선지자들의 선례도 언급하지 않는다(5절). 뵈커는 13절을 명령형 동사로 예시된 해결 방안이라고 부른다(*Redeformen*, 117; 13절의 "주석"을 보라).

변호 연설의 마지막 두 구절은 강력한 정서적 억양을 가진 것처럼 보이지만, 그것들은 실제로 율법의 공식 문구에 기초하고 있다. 14절에서 예레미야는 자신의 고소 내용을 인정하고 법정에서 사법권과 논쟁하지 않지만, 15절에서 그는 그들이 이미 알고 있었던 율법에 대한 막중한 책임을 명확하게 말하고 있다. 죄 없는 사람을 죽이는 것은 재판장들과 그들 전 공동체는 물론이고 예루살렘과 유다의 모든 다른 성읍들을 위태롭게 한다는 것이다.

(5) 재판장들이 판결을 진술한다(16절). 그들은 단순하게 신명기 19:6과 같은

진술 가운데서 기소자가 제안한 판결을 반대한다. 재판장들은 자기들의 결정 사항을 예레미야가 아닌 기소자들에게 전한다. 그들은 자신을 변호하는 중에 말한 예레미야의 주장을 받아들인다. 즉 "이 사람이 우리 하나님 여호와의 이름을 의탁하고 우리에게 말하였다"는 것이다.

하나의 최종 연설 기록이 예레미야의 연설과 성전에서 열린 재판에 대한 기사를 완성하고 있다. 예레미야에게 전해진 무죄 방면의 말이 예상되지만, 이전에 언급되지 않은 한 그룹이 회집한 백성들에게 말한다. 그들이 미가 3:12에서 인용한 그 신탁에 대한 그들의 관점은 정경인 미가서의 구절과 같다. 이 신탁은 이름과 고향이 주어지고 그의 사역이 구체적인 왕들의 통치에 따라 그 연대가 정해진 과거의 한 특별한 사람의 말과 동일하다(참조. 미 1:1). 이 구절이 "치리자"와 "두령"에게 전해진 신탁(미 3:9)으로부터 나온 것이기는 하지만, 장로들은 이것을 미가서가 모든 하나님의 말씀을 전하고 있는 것처럼 모든 유다 백성에게 주신 하나님의 말씀으로 해석한다. 마지막으로 장로들은 메신저의 공식 문구를 자기들이 인용한 구절에 대한 서론으로 덧붙이면서, 자신들은 미가가 참으로 하나님에게서 나온 말씀을 말했다는 사실을 믿는다고 증거하고 있다.

장로들은 18절에 있는 짤막하고도 간단한 이야기를 말하기 시작하고, 그러고 나서 일련의 웅변적 질문을 통하여 이것을 완성하기 위해 자기들 청중의 지식을 끌어들이고 있다. 그들의 질문에 대한 답변을 인정하는 중에 장로들의 청중들은 자신들을 히스기야와 비교하고 있으며, 또한 자기들이 예레미야를 통하여 들었던 하나님의 권유를 상기하게 된다(13절). 장로들은 자기들의 연설을 경고에 대한 무조건적인 말씀과 함께 종결짓고 있으나, 히스기야의 이야기는 그들 공동체에게는 또 다른 종결을 추정하도록 방법을 제공한다. 미가에 대한 히스기야의 반응은 인간의 회개가 하나님으로 하여금 돌이키게 만들었던 사실에 대한 하나의 모델이다.

성전에서 행한 예레미야의 예언 이야기는 19절과 함께 결론이 나지 않고 끝나지만, 본 장은 선지자에 대한 핍박과 관련된 두 개의 기사를 계속하여 기록하고 있다. 이 마지막 단락은 서론이 나타나 있지 않다. 이 구절들은 장로들의 연설의 계속이든지(18-19절) 아니면 본 장의 설화자를 통하여 기록되었을 것이다. 첫 구절이 문장 구조와 문체에서 18절과 어울리고 20-23절이 18-19절의 내용을 비추어 주고 있기는 하지만, 이 단위의 스타일은 장로들이 아닌 설화자의 것임을 암시하는 상당히 다른 것이다. (36:20-26이 36장의 나머지 부분과 비교되는 점을 유념하라). 이 구절들은 여러 가지 행위를 이야기하고 있지만, 그들은 그 어떤 직접적인 연설도 인용하지 않는다. 애굽으로의 왕복 여행의 공간과 시간을 메우고 있는 이 이야기는 어떤 평가의 말도 없이 신속하게 진술된다. 비평은 그 상황 속에서 이 구절들을 생각해 본 후에 독자가 내려야 할 것이다. 이 기사의 빈약한 세부 사항들은 필사적인 도망자에 대한 필사적인 추격과 참혹한 죽음, 그리고 불명예스러운 매장에 대해서 간략하게 기록하고 있으나, 감정에 대한 유일한 언급은 우리야의 두려움이다.

20절에 있는 깜(גם, "또, 또 다른")이란 단어는 18-29절과 20-23절 간의 형태와 내용의 유사성과 함께, 한편으로는 미가와 히스기야, 그리고 다른 한편으로는 우리야와 여호야김 사이를 비교하도록 만들어 주고 있다. 히스기야는 회개했으나, 여호야김은 선지자를 죽였다. 예레미야의 메시지(6절)와 미가의 신탁(18절)의 유사한 내용은 이미 살펴본 바 있다. 이제 이 설화는 우리야가 자기의 동시대 인물인 "예레미야의 모든 말과 같이" 예언했다고 기록하고 있다. 우리는 문맥을 통하여 여호야김이 하나님의 선지자 우리야를 죽임으로써 무죄한 자의 피를 흘렸고 회개하여 심판을 돌릴 기회를 거절했다고 결론지어야 할 것이다.

미가와 우리야의 경우는 본 장에서 다른 역할을 하고 있다. 그것들은 선지자를 보내시는 하나님의 인내심을 예증해 준다(5절). 이 상투적인 표현 가운데 들어 있는 복수 명사는 다른 두 선지자의 이야기들을 통하여 예증되고 있다. 여호와께서는 당시에 보내신 선지자들과 함께 과거에 보내신 선지자들을 통하여 예레미야의 세대와 본서의 독자들에게도 말씀하신다.

여호야김 왕의 손에 죽임당한 우리야의 사망 기사는 성문에서 있었던 그의 무죄 석방에도 불구하고 예레미야에게 가해진 계속적인 위협의 증거로서의 역할을 한다. 이 문맥 속에서 그 기능은 왕실의 장관 오바댜가 선지자들을 이세벨의 손에서 구하기 위하여 100명의 선지자를 숨긴 방식에 대한 열왕기상 18:3b-4, 13에 있는 나머지 부분의 기록과 유사하다. 엘리야의 생명을 빼앗으려는 위협은 진짜였다(왕상 19:2). 후일 오바댜의 동료 아히감은 24절에 있는 매우 짤막한 기록에서 예레미야를 백성들의 손에서 구출한다. 아크(אך, "그러나")란 접속사는 예레미야에 대한 백성들의 행동이 우리야에 대한 처형과 어떤 점에서 연관되었을 것이라는 사실을 암시한다(24절을 19절 뒤에 옮겨놓고 있는 브라이트는 이에 반대다).

이 마지막 단위인 20-24절은 가끔 나중에 본 장에 첨가된 것으로 주장되고 있지만(예를 들어, Carroll, 519, 522), 이것이 어떻게 본 장과 본서의 문맥에서 어울리는지를 살펴보는 것이 더 나을 것이다. 할러대이(2:110)는 26:23의 여호야김이 우리야에게 행한 기사 가운데서, 그리고 22:19과 36:30의 여호야김에 대한 신탁 가운데서 “그 시체를…던지게 했다”는 문구의 반복에 주의를 상기시키고 있다. 24절 역시 36:5에서 예레미야가 여호와의 집에 들어갈 수 없는 이유에 대한 단순한 설명만을 제공하고 있다.

예레미야 26:1-24은 다음과 같이 개괄해 볼 수 있다.

Ⅰ. 성전에서의 예레미야의 예언(1-19절)
- A. 서론(1절)
- B. 예언하라는 명령(2-7절)
  1. 성전에서 예언하라는 명령(2-3절)
  2. 신탁(4-6절)
  3. 예레미야의 예언에 대한 기록(7절)
- C. 재판(8-16절)
  1. 재판 전 고소(8-9a절)
  2. 법정의 소집(9b-10절)
  3. 공식 기소(11절)
  4. 변호 연설(12-15절)
  5. 판결(16절)
- D. 장로들의 연설(17-19절)
  1. 서론(17절)
  2. 미가의 예언에 대한 기록(18절)
  3. 히스기야로부터의 교훈(19절)

Ⅱ. 여호야김의 우리야 처형(20-24절)
- A. 우리야의 예언에 대한 기록(20절)
- B. 강제 송환과 처형에 대한 기록(21-23절)
- C. 아히감의 예레미야 구출에 대한 기록(24절)

주석

[1] “…의 즉위 초에” 혹은 “…의 즉위년에”(**בראשית ממלכות** – 베레쉬티 맘레쿠트)는 아카드어 레쉬 샤루티(*reš šarruti*, “즉위년”)와 동일한 관용어로서, 이것은 전 왕의 죽음과 새해에 있었던 새 군주의 공식적 즉위 사이의 기간을 가리킬 것이다. 왕의 통치의 첫 번째로 완전한 1년이 그의 원년으로 계산된다. 만일 이 히브리어 단어가 이러한 관용어로 사용된다면, 그리고 만일 이 새해가 해이즈와 후커가 제안한 바와 같이 유다에서 봄에 축하되었다면, 여호야김의 즉위년은 주전 609년

엘룰월(8/9월)로 계산되고 608년 니산월에 즉위한 것이 될 것이다(*Chronology*, 90). 그들은 이 설교를 할 때가 주전 609년 티쉬리월에 있었던 가을 순례 축제 때였다고 제안한다. 구약성경은 우리에게 이 시기에 유다 왕들의 즉위가 있었는지에 대해서 혹은 유다 왕들의 통치에 따라 연대를 계산하는 수단에 대해서 직접적인 증거를 제공하지 않는다.

설화자는 본 장을 바벨론의 배경 속에서 작성했고, 그래서 여호야김 당시의 관례는 개의치 않고 바벨론 용어가 채용되었을 것으로 보인다. 본서의 다른 곳, 32:1과 52:12에서 날짜가 느부갓네살과 유다 왕들이 치세했을 때의 방식으로 주어져 있다. 이 두 관습은 예레미야의 사역에 대한 기사를 신바벨론 제국의 연대기와 유다 왕국의 마지막 햇수 가운데 조정하려는 바람을 나타내고 있다.

유다 왕 요시야의 아들 여호야김은 바로 느고 2세에 의하여 예루살렘에서 왕이 되었다. 므깃도에서 요시야를 이기고(왕하 23:29) 갈그미스에서 바벨론과 승부가 나지 않는 전쟁을 치른 후(둘 다 주전 609년에 있었음), 느고는 수리아-팔레스틴에 대한 권리를 주장했다. 바로는 새로 왕이 된 여호아하스를 사로잡고 여호야김을 자기 봉신으로 앉혔으며, 유다로부터 무거운 공물을 거두어 갔다(왕하 23:33-35). 엘리야김으로도 불리는 여호야김은 살룸으로도 불리는 여호아하스의 이복형이다(왕하 23:31, 36). 역대하 3:15에 따르면, 요시야는 다른 두 아들을 두었다. 즉 큰아들 요나단과 세 번째 아들 시드기야다.

요시야의 죽음, 여호아하스의 포로 그리고 바로 느고 2세에 의한 여호야김의 임명은 주전 1000년대의 강대국들로부터 유다의 독립의 마지막 시기에 종지부를 찍게 했다. 요시야의 통치하에 있었던 충성스러웠던 그 나라의 성장과 발육은 그 열매를 맺어 볼 기회를 영영 잃어버렸다. 요시야 13년이었던(1:2; 25:3) 예레미야 사역의 초기 당시를 제외하고(Holladay, 2:25에 의하면 그의 출생), 26:1에 있는 날짜가 본서에서 가장 이른 것이다. 여호야김의 시초부터 일어난 이 사건은 독자로 하여금 요시야가 죽임을 당하지 않았을 수도 있다는 것에 관한 추측을 가로막고 요시야의 개혁의 쟁점에 예레미야가 동참했는지에 대한 문제를 제기한다. 금후, 하나님의 백성에 대한 이방인의 통치의 배경에서 예레미야를 통하여 주신 하나님의 말씀에 반응해야 한다.

부록: 도입 문구

참고문헌

Althann, R. "*bere'šit* in Jer 26:1; 27:1; 28:1; 49:34." *JNSL* 14(1988) 1-7. **Neumann, P. K. D.** "Das Wort, das geschehen ist." *VT* 23(1973) 171-217. **Seidl, T.** "Die Worteereignisformel in Jeremia: Beobachtung zu den Formen Redeeröffnung in Jeremia, im Anschluss and Jer 27:1, 2." *BZ* 23(1979) 20-47.

본서의 전반부의 산문 부분(1-25장)은 한 설화 내에서 메신저의 공식 문구와 하나님의 말씀을 도입하기 위한 말씀-사건 공식 문구 모두를 사용한다. 예를 들어, 13장에서 상징적 행동을 하라는 세 개의 명령은 각기 다른 공식 문구로 소개되어 있는데, 곧 1절에서는 메신저 공식 문구, 3절에서는 말씀-사건 공식 문구 그리고 6절에서는 "내게 말씀하셨다"(ויאמר...אלי, 와요메르...엘라이)로 소개되고 있다. 그러한 행위들을 해석하는 신탁은 말씀-사건 공식 문구(8절)로 소개되고 메신저 공식 문구로 시작된다(9절). 24:4-5에서 말씀-사건 공식 문구와 메신저 공식 문구가 함께 좋은 무화과와 악하여 먹을 수 없는 무화과 환상을 설명하는 사적인 신탁을 도입한다.

베스터만(Westermann, *Basic Forms*, 131)에 따르면, 메신저 공식 문구의 가장 초창기의 기능은 예레미야 11:11; 14:15에서처럼 심판의 이유가 뒤따라오고 심판의 선고를 소개하고 있는 심판 신탁 가운데 있었다. 그러나 아모스서에서 이미 메신저 공식 문구가 신탁의 초두에 나타난다(1-2장). 메신저 공식 문구는 선지자에게 주시는 사적인 신탁의 처음이나 중간에 나타날 수도 있다(예를 들어, 13:1, 9; 16:3, 5, 9; 32:28). 뉴만은 이러한 습관이 예레미야의 사역 이후에 시작되었다고 판단한다(Neumann, *VT* 23[1973] 180). 13:1; 17:19; 25:15; 27:2에서 "나에게"(אלי - 엘라이)의 첨부가 메신저 공식 문구를 하나의 설화의 도입으로 전환시켜 준다. 30:2에 있는 메신저 공식 문구 다음에 "말씀하여"(לאמר - 라모르)의 삽입은 같은 효과를 가진다. 33:2; 34:2; 35:12; 37:7의 메신저 공식 문구에 들어 있는 "여호와"(יהוה - 야웨)란 신명은 설명적 문구에 의하여 길어졌다. 이러한 경향은 이러한 패턴이 존재하는 이유를 암시해 준다. 부가적 호칭들은 보내는 자의 권위를 확대시키고 그 명령들의 긴급성을 강조해 준다. 27:4-5에서 신탁이 이방의 사신들에게 주어지기에 앞서 하나님에 대한 확대된 묘사를 유념하라. 이 역시 메신저 공식 문구로 시작되고 있다. 그것이 말해졌을 때, 그 메신저 공식 문구는 그것의 출처를 밝힘으로써 그 신탁을 확증해 주고 있다. 기록된 문서의 표제의 일부로서 이것은 선지자나 혹은 여선지자의 말씀과 더불어 그 선지자의 행동의 신적 기원을 증명해 준다. 선지자와 관련된 모든 전승들은 여호와의 말씀으로 간주되어야 할 것이다(Neumann, *VT* 23

[1973] 180). 이러한 발전은 "여호와의 말씀"(호 1:1; 욜 1:1; 미 1:1; 습 1:1)이란 표제가 붙은 모든 책들의 표제 가운데 명시되어 있다.

말씀-사건 공식 문구는 전형적으로 "말씀하여"(לאמר – 라모르)로 종결되는데, 이는 직접 인용의 시작 부분을 표시하는 용어다. 시간을 나타내는 문장이 말씀-사건 공식 문구 다음에 덧붙여질 때, "말씀하여"(לאמר – 라모르)는 25:1-2에서처럼 문장의 끝으로 옮겨진다. 상황에 대한 묘사가 길어질 때, 말씀-사건 공식 문구는 32:1-6과 34:8-12에서처럼 인용이 시작된 다음에 반복될 수도 있다. 예언 설화의 상투적인 표제로서 말씀-사건 공식 문구는 40:1과 42:7에서 보다 명백하다. "말씀하여"(לאמר – 라모르)는 42:7 끝에는 빠져 있는데, 그것은 예레미야에 관한 3인칭 설화가 뒤따라오기 때문이다. 즉 하나님께서 그에게 말하라고 명령하지 않으신다. 40:1에 있는 말씀-사건 공식 문구에 의하여 도입된 단위는 신탁을 전혀 담고 있지 않다. 시위대장이 하나님의 말씀을 말하고 있는가? 이 공식 문구는 이것이 이끌고 있는 단위의 내용으로부터 어느 정도 떨어져 있는 구성 요소로서의 기능을 하게 되었다.

1-25장에서 말씀-사건 공식 문구에 대한 뉴만의 세부적인 양식 비평적 연구(Neumann, *VT* 23[1973] 171-217)와 27:1-2에서 발견되는 공식 문구에 대한 시들의 연구(Seidl, *BZ* 23[1979] 20-47)는 각기 예레미야서에서 사용된 말씀-사건 공식 문구와 다른 도입 문구의 기능과 형태에 대한 성직자 정치 제도와 함께 연대기적 순서를 제안한다. 뉴만은 불완전한 문장이나 표제로써 말씀-사건 공식 문구의 변형이 예레미야 1-25장에 있는 연결된 일곱 개의 구성 내용, 즉 1-6, 7-10, 11-13, 14-17, 18-20, 21-24, 25:1-13a을 이끌고 있다고 결론짓는다(*VT* 23[1973] 210). 이러한 분석은 루돌프의 (1)항과 같다. 첫 번째와 일곱 번째에만 날짜가 붙어 있다. 이러한 큰 구성 내용 가운데서 미완료 동사형을 가진 말씀-사건 공식 문구는 여러 다른 공식 문구와 함께 개별 단락들을 이끌고 있다. 뉴만은 말씀-사건 공식 문구로 표시된 일곱 부분으로 이루어진 배열을 여호와의 "말씀"에 대한 발전된 신학과 함께 포로 후기 편집자의 것으로 돌린다. 다른 한편, 맥케인은 이러한 현상을 편집자의 손질로 취급한다(lxxxv, 1). 시들은, 1, 25-45장에 있는 날짜 공식 문구와 말씀사건 공식 문구의 조화를 본서의 편집 발전에 있어서 후기 단계의 특징으로 밝히고(*BZ* 21[1977] 198), 이러한 발전의 연대를 포로기나 또는 포로 후기 어느 때로 결정했다.

26장은 본서의 주요 부분을 시작하고 있는 장이다. 이 장의 표제는 위에서 논의한 세 개의 공식 문구 모두, 즉 날짜, 말씀-사건, 메신저의 공식 문구를 포함하고 있다. 26:1에서 시작되는 날짜 공식 문구는 본 절에서 그 내용과 그것이 맨 처음에 나오는 것 때문에 특이하다. "…의 즉위 초에"(בראשית ממלכות – 베레쉬트 맘레쿠트)라는 보기 드문 관용어는 형태와 특수성에 있어서 "…해에"(בשנה – 베샤나)로 시작되는 훨씬 더 일반적인 날짜 공식 문구의 복사물이며, 햇수와 왕의 이름과 함께 계속된다. 이 날짜 공식 문구는 열왕기상하에서 유다와 이스라엘 왕들의 통치 연대를 대조하기 위하여 사용된다(예를 들어, 왕상 15:1, 9, 33). 열왕기상하와 역대상하도 역시 왕의 행적들에 대한 기록을 소개하기 위하여 이것을 사용한다(예를 들어, 왕하 17:6; 대상 26:31). 열왕기와 역대기에 그것이 출현할 때마다 이 날짜 공식 문구가 문장을 이끌고 있으며, 주절은 완료 시제 동사를 보유한다(참조. 26:1, "있었다"[היה – 하야]). 시들(Seidl, *BZ* 21[1977] 191)은 "…해에"(בשנה – 베샤나)라는 날짜 공식 문구의 기원을 왕실에 보관된 연대기에다 둔다. 비록 이것이 구약성경에서 예레미야서에만 나타날지라도 즉위-해 공식 문구는 같은 자료를 가지고 있다(26:1; 27:1; 28:1; 49:34). 구체적인 즉위 기념일(혹은 치세 연도)을 제공하는 날짜 공식 문구는 예레미야서 하반부에 집중되어 있지만(26:1; 27:1; 28:1; 32:1; 36:1, 9; 39:1; 45:1; 49:34; 51:59; 52:4), 상반부의 골격을 이루는 장들 가운데도 이 문구들이 나타난다(1:2-3과 25:1). 즉위 기념일 날짜 공식 문구는 26:1; 27:1; 39:1에서만 문장의 초두에 위치해 있다(28:1; 36:1; 52:4에서는 "그리고 그것이 있었다"[ויהי – 와예히]만이 그 앞에 나타난다).

이 복합 표제 가운데 들어 있는 두 번째 요소는 말씀-사건 공식 문구다. 이 공식 문구는 신명기적 역사와 예언서들 가운데 매우 일반적으로 나타나며 다양한 형태로 나타난다(Neumann, *VT* 23[1973] 171-217). 이 공식 문구의 특징을 나타내는 어휘는 다음의 것들을 포함한다. (1) "이다, 있다"(היה – 하야) 동사, (2) 이것의 주어 "말씀"(דבר – 따바르), (3) "야웨"(יהוה – 야웨)라는 신명으로 수식받는데, 주로 "야웨의 말씀"(דבר יהוה – 따바르 야웨)이라는 연계형으로 되어 있다, (4) 받는 사람, 이는 전치사 "…에게"(אל – 엘)로 소개되고 있다. 이 공식 문구는 진행중인 설화인 완전한 문장 혹은 하나의 표제와 유사한 미완성의 문장일 수 있다. 가장 자주 나오는 변형은 "야웨의 말씀이 내게/…(개인 이름)에게 임했다, (가라사대)"라는 문장이다. 뉴만의 생각에 의하면, 이러한 변형은 예레미야서에 21회 나타나는 것을 포함하여 구약성경에 85회 나타난다(*VT* 23[1973] 174). 이 공식 문구는 선지자나 왕에게 주어진 하나님의 지침이라는 사적인 말씀을 소개한다(왕상 6:11; 대상 22:8에 두 번). 이 공식 문구는 선지자의 활동이라는 보다 긴 기사의 중간에 나타나는 계시의 출현의 표시이거나 혹은 하나님의 말씀과 선지자 자신의 연설 모두를 담고 있는 하나의 단위를 소개하는 것일 수도 있다. 에스겔서에서 말씀-사건 공식 문구의 1인칭 문구는 그 책에서 주요 구분을 표시한다(Neumann, *VT* 23[1973] 191).

26:1에 나오는 말씀-사건 공식 문구도 역시 완전한 문장이지만, "이다, 있다"(היה – 하야) 동사가 설화 시제로 되어 있기보다는 완료 상태로 되어 있다(와우 연속법+미완료). 초두의 위치에 "있었다"(היה – 하야)라는 미완료 상태와 함께 여러 다른 공식 문구가 나타난다(창 15:1; 대하 12:7; 렘 25:3; 27:1; 32:6; 36:1; 학 1:1; 2:1, 10). 26:1에 나오는 말씀-사건 공식 문구는 예레미야서에만 나타나는 두 가지 특징을 보여 주고

있다. 이 단어는 "야웨로부터"(מאת יהוה – 메에트 야웨)였다. 하나의 예외인 에스겔 33:30과 함께, 이 전치사구는 예레미야서에서만 "말씀"(דבר – 따바르)을 수식한다(7:1; 11:1; 18:1; 21:1; 26:1; 27:1; 30:1; 34:1, 8, 12; 35:1; 36:1; 37:17; 40:1). 예레미야 26:1; 27:1; 36:1에 나오는 말씀-사건 공식 문구 역시 일반적으로 "이 말씀"(הדבר הזה – 하데바르 하제)을 가지고 있다. 이 문구는 구약성경의 다른 곳에서 간략한 말씀, 명령, 신탁 혹은 보고를 가리키는 데 사용된다. 그것은 하나의 연설 단위를 상술하고 있는 예레미야서에서 가장 자주 나타나는데, 이것이 23:38에 있는 하나의 문구로부터 시작하여 7:2에 있는 전체 "설교"에 이르기까지 나타난다. 26, 27, 36장의 표제에서 "이 말씀"은 메시지 전달과 더불어 메시지 자체에 대한 상황들과 관련하여 선지자에게 주신 하나님의 명령을 가리킨다.

2 하나님의 명령은 여호와의 집의 뜰에 서라는 것이다(비교. 렘 19:14). 7:2에서는 예레미야가 서는 장소가 여호와의 집의 문이다. 궁전과 민간인의 집들처럼 여호와의 집도 지붕이 덮인 구조물(성전 본 건물), 옥외 정원, 부속 건물들로 구성되어 있었다(대상 28:11-12). 그 건물의 최소한 삼 면을 성전 뜰이 둘러싸고 있었을 것이며, 전 지역이 여러 문이 달린 하나의 벽으로 둘려 있었을 것이다. 구약성경에는 "뜰"과 별개의 뜰의 이름들 혹은 성전 전체의 부분들에 관한 수많은 언급이 나온다. 열왕기상 7:12은 내전과 대전을 구별짓고 있는데, 이는 제사장들의 뜰과 역대하 4:9의 대전에 해당할 수 있다. 역대하 20:5은 여호사밧의 통치 기간에 있었던 새 뜰을 언급하고 있으며, 예레미야 36:10은 윗뜰이 새문(26:10)의 입구에 자리잡고 있었음을 말하고 있다.

성전 뜰은 공적인 지역, 곧 모든 예배자들에게 공개된 장소였다. 제사장직을 가진 사람들만 성전 건물 혹은 그 낭실에 들어갔다(대하 23:4-5). 시편은 자주 여호와의 뜰에서 예배하는 축복을 말하고 있다(시 65:5; 84:3, 11; 92:14; 100:4; 116:18-19; 135:2). 이러한 동기로 예레미야의 청중들은 성전으로 들어갔던 것이다. 본문은 특별한 절기, 금식 혹은 성일이라고 언급하고 있지 않다.

"유다의 성읍들"은 예레미야 11:12에 있는 것처럼 그 곳의 거민들을 가리키는데, 거기서 이 문구는 "예루살렘 거민"과 동일시되어 있다. 예레미야 36:6, 9은 보다 자세한 "유다 성읍들에서 예루살렘에 이른 모든 백성"이라고 표현하고 있다. 이 회중들은 성읍 거주민들만이 아니라 각각의 요새화된 성읍 주변에 거하는 인구를 포함했을 것이다.

"내가 너에게 명한 모든 말씀" 혹은 "내가 너에게 명령한 것"을 빠짐없이 말하라는 하나님의 명령은 예레미야의 모든 예언의 모음집에 대한 서론으로 들려질 수 있다(Meyer, *Jeremiah und die falschen Propheten*, 19). 설교의 목표(26:3)는 36:3에 있는 두루마리의 목적과 같다. 즉 백성의 회개와 하나님의 용서다. 그 다음에 이어지는 4-6절은 이 경우에 주어졌던 메시지의 구체적인 내용에 대한 하나의 암시로서 예레미야 7:1-15에 있는 성전문 설교의 요약을 제공한다. 그러므로 한 말씀도 빠뜨리지 말라는 명령은 그 말씀의 포괄성보다는 메시지의 확실성과 관계가 있음에 틀림없다. 예레미야가 전하는 메시지는 "모든 말을 고하되 한 말도 감하지 말라"는 것이다. 회개의 목적이 달성되려면 그 가혹한 모든 메시지가 들려져야 한다. 8절은 예레미야가 여호와께서 명령하신 모든 말씀을 말했다고 기록하고 있다.

선지자에게 하나님의 말씀을 감하지 말라는 말씀은 구약성경에서 전혀 알려져 있지 않은 것이 아니라 최소한 한 차례 언급되어 있다. 사무엘은 엘리에게 임할 가문의 몰락에 대한 메시지를 반복하기를 꺼려했다(삼상 3:15-18). 이믈라의 아들 미가야는 처음에는 예견된 호의적인 말씀을 전했고 왕이 강요했을 때에 가서야 비극적인 진정한 메시지를 전달했다(왕상 22:13-28). 얀젠(Janzen, *Withholding the Word*, 106-9)은 선지자가 말씀을 감하는 여러 가지 이유를 열거하고 있다. (1) 보복의 두려움, 렘 11:21; 26:20-24; 38:15, (2) 개인 대적들의 악의, 렘 43:2-3, (3) 하나님을 섬기는 데 있어서의 거짓, 삼하 17:14, (4) 침묵하라는 명령, 렘 23:33-40, (5) 헛수고라는 생각, 렘 38:15. 하나님께서는 이 경우 거짓말하지도 말고 침묵하지도 말라고 명령하시며, 예레미야의 정서적 상태가 이 하나님의 지시를 불러일으켰다는 암시는 없다. 예레미야 26장에서 예레미야의 순종에 대한 염려는 없다. 진실한 메신저로서 그는 여호와의 진실한 말씀을 전달한다. 에스겔 3:16-21의 표준에 의하여 예레미야는 신실한 파수꾼이었다.

오코너(K. M. O'Conner, *CBQ* 51[1989] 627-28)는 알 티느라(אל־תגרע)를 "한 말씀도 잘라내지 말아라"로 번역한다. 그녀는 예레미야 전승을 자라도록 놓아두어야 하는 하나의 턱수염에 비교한다. 턱수염을 자르는 것은 죽은 자에 대한 애도의 표시이지만, 자라도록 놓아둔 턱수염은 희망을 표시한다. 신명기 4:2과 13:1에서 모세에게 주신 명령처럼 예레미야는 "더하지 말라"는 명령을 받지 않는다. 36장에서 두 번째 대치된 두루마리는 부가적인 말씀들을 포함한다(36:32).

[3] 3절 하반절은 예레미야 36:3a의 축약형이다. 즉 이 구절은 "들으라", "돌이키라", "그의 악한 길로부터"를 함께 가지고 있다. 예레미야 36:7a도 역시 그 형태와 내용 면에서 26:3a과 매우 유사하다. 예레미야 25:5과 35:15은 백성들이 듣기를 거

절한, 과거에 부지런히 보내셨던 여호와의 종 선지자들의 메시지를 요약하는 내용과 같은 용어들을 사용하고 있다. 즉 "너희는 각기 악한 길과 너희 악행에서 돌이키라"는 것이다. 이것은 18:11과 25:5에서도 예레미야를 통하여 주신 여호와의 메시지다. 에스겔서에서도 역시 참 선지자의 기능은 "일러서 그 악한 길을 떠나도록" 경고하는 것이다(겔 3:18, 19; 13:22; 33:8, 9, 11).

"떠나다(회개하다)"(נחם – 나함)는 한 사람의 행동 혹은 계획에 대해 슬픔이 가득찬, 감정이 실린 마음의 돌이킴을 나타낸다. 구약성경에서 인간들은 하나님에게 범죄하거나 다른 사람 혹은 자신들을 해치는 일을 행하거나 말한 어떤 것에 대해 돌이킨다(출 13:17; 욥 42:6; 렘 31:19). 하나님께서도 어떤 행위 혹은 보다 자주 선포된 계획을 돌이키실 수 있고, 그러고 나서 그 행위를 취소하고 그 계획을 시행하지 않으신다. 예를 들어, 여호와께서는 인류를 창조하신 것을 후회하고 홍수를 보내셨다(창 6:6, 7). 사무엘상 15:29에 있는 사무엘의 웅변적인 주장은 하나의 원리적 진술로 취급되어서는 안 될 것이다. "이스라엘의 지존자는 거짓이나 변개함이 없으시니 그는 사람이 아니시므로 결코 변개치 않으실" 것인데, 그 이유는 그 후 몇 구절 다음에 사무엘상 15:35에서 설화자가 "여호와께서는 사울로 이스라엘 왕 삼으신 것을 후회하셨더라"고 결론짓고 있기 때문이다.

몇몇 다른 경우에 여호와께서 마음의 변화를 일으키신다는 가능성을 배제하고 있으나(시 110:4; 렘 4:28; 겔 24:14; 슥 8:14), 다른 곳에서 돌이키시려는 마음이 인간을 취급하시는 하나님의 긴요한 부분으로 표현되어 있다. 여호와께서는 자신이 이스라엘에게 내리려고 의도하신 재난에 대해 돌이키심으로써 모세(출 32-33장)와 아모스(암 7장)의 중재 간구에 응답하신다. 예레미야 18장과 26장에서 선지자는 백성들이 하나님께서 선포하신 형벌을 돌이키시고 취소하시도록 그들의 악으로부터 돌이킬 것이라는 소망과 함께 경고를 가지고 보냄을 받는다. 그러한 계획에 대한 야웨의 돌이키시려는 마음은 시편 106:45; 요엘 2:13; 요나 4:2에 따르면 "변함 없는 사랑" 혹은 "언약적 충실"(חסד – 헤쎄드)과 관련되어 있다. 후자의 두 구절은 "악과 과실과 죄를 용서하심"이 "뜻을 돌이켜 재앙을 내리지 아니하시나니"로 대치되는 것을 제외하고는 출애굽기 34:6, 7a에 있는 하나님의 자비에 대한 고전적 진술을 반영하고 있다. 주어진 관계로 인하여, 그 단어의 열정적 의미에도 불구하고 나함(נחם)을 좀더 부드러운 대안적 의미인 "그의 마음을 바꾸다" 혹은 "누그러뜨리다"로 번역하기보다는 "후회하다, 돌이키다"로 번역하는 것이 더 낫다.

4-5 하나님의 위협은 친숙한 용어를 사용하지만 다소 놀라게 하는 논법이다.

"너희가 만일 다시 듣지 아니하면"이란 조건절의 주절 다음에 두 개의 독립절이 뒤따라오는데, 이들은 각기 레(ל) 전치사를 가진 부정사 연계형 "걸음으로써, 즉 행함으로써"와 "들음으로써"로 시작된다. 5절의 초두에 접속사 와우(ו)가 나타나지 않은 것은 두 번째 종속절이 첫 번째 문장을 수식하고 있다는 사실을 암시한다. 이 논법은 다음과 같다. 즉 사람이 어떻게 하나님에게 복종(순종)하는가? 하나님의 율법 안에서 행함으로써이다. 사람이 어떻게 하나님의 법 안에서 행하는가? 하나님의 종 선지자들의 말을 들음으로써(순종함으로써)이다. 하나님의 말씀을 듣기를 거절하는 것은 예레미야 6:19; 9:12; 16:11-12; 32:23; 44:10, 23에서 율법을 지키고 그 안에서 행하려고 하지 않는 것으로 정의되어 있다. "내가 너희/그들 앞에 둔 내 법"이라는 상세한 표현이 예레미야 26:4과 함께 9:12; 44:10에도 나타난다. 예레미야 32:23; 44:10은 그 율법이 역시 순종하지 않았던 조상들에게 주어졌었다는 사실을 상기시켜 준다. "율례"와 "증거"는 44:10, 23에서 율법과 함께 열거되어 있으나, 예레미야서 그 어디에서도 율법이 그 내용의 요약을 통하여 혹은 모세로부터 기원되었다는 진술을 통하여 정의되어 있다(느 10:30과 대조하라). 본서의 청중들은 여호와의 율법이 수반하고 있는 내용을 알고 있으며, 이 지침들을 주로 제사장(렘 18:18) 혹은 선지자(렘 8:8)로부터 받는다.

5 루돌프(Rudolph, 154)와 할러대이(Holladay, 2:104)는 이 구절을 2차적으로 부가된 것으로 보는데, 그 이유는 이 구절이 4-6절에 있는 상황절의 조건절을 지나치게 많은 분량을 이끌고 있기 때문이다. 4절과 6절은 문법과 내용 면에서 함께 뜻이 통하지만, 5절이 개입되어 있고 하나님께서 백성들이 계속 말씀 듣기를 거절하는 선지자들을 부지런히 보내신다는 결정적인 예레미야서의 주제를 소개하고 있다. 이 주제는 예레미야서에서 다른 다섯 구절 가운데 나타난다(7:25; 25:4; 29:19; 35:15; 44:4). 이 다섯 구절 모두 역대하 36:15에 있는 요약을 덧붙여서, 그 기소는 당시의 세대를 넘어서 그들의 조상들을 포함시키는 데까지 확대된다. 예레미야 25:3은 예레미야의 23년 간의 말씀 사역의 특징을 설명하기 위하여 "부지런히" 같은 부사를 사용하고 있다. 이것들 외에도 여러 구절들 가운데는 하나님께서 부지런히 말하고 경고하신 분으로 되어 있고(7:13; 11:7; 32:33; 35:14), 비록 이것이 그들 세대를 통하여 긴급하게 그리고 신실하게 제공되었음에도 불구하고 하나님의 말씀에 대한 이스라엘의 계속적인 거절에 대한 암울한 모습을 보여 주고 있다.

선지자의 말씀의 내용이 이 구절들 가운데 암시되어 있다면, 그들의 메시지는 서로 유사하다. (1) 너희 악한 길에서 돌이키라(25:5; 35:15; [44:5]), (2) 다른 신을 섬기지 말라(25:6; 35:15; 44:5), (3) 그리하면 너희가 이 땅에 거할 것이다(25:5; 35:15; 44:6), (4) 예레미야 35:15은 또한 "너희 행실을 고치라"고 명령한다. 이 네 개의 모티프들 가운데 세 개가 26장에서 발견된다. 즉 (1) 예레미야를 보내는 여호와의 목적(3절)은 백성들을 "그들의 악한 길에서 돌이키도록" 하는 것이다. (3) 예고된 징벌은 예루살렘의 상실을 포함한다(6, 9절). (4) 예레미야의 변호 연설은 "너희 길과 행위를 고치라"는 권면을 포함한다. 26장에는 다른 신 숭배에 대한 언급은 없다. 예레미야 26:5은 선지자들이 부지런히 보냄을 받았고, 계속하여 거절당했다는 사실이 보다 충분히 표현되어 있는 다른 구절들과 연결되어 있다. 5절은 26장에 있는 예레미야의 생명을 위협하고 우리야를 죽인 사실이 그 주제를 예증하고, 또한 패턴의 일부임을 암시하고 있다(렘 44:4-14; 왕하 17:13; 단 9:10).

6 4절에서 시작되는 조건적 문장의 귀결절은 두 개의 평행적 진술로 위협적인 심판을 표현하고 있다. 두 번째 문장은 구문론적으로 첫 문장에 종속되는 상황절이다. 성읍과 성전의 운명은 예레미야서에서 일반적으로 그러하듯 함께 묶여 있다.

실로에 대한 언급은 예레미야 7:1-15을 상기시켜 주고 있으며, 앞 장에 있는 보다 긴 설교에 대한 해석적 설화 구성으로서의 예레미야 26장의 기능을 드러내고 있다. 구약성경에서 예레미야 7:12; 26:6; 시편 78:60-69만이 예루살렘에 있는 여호와의 집의 운명을 실로의 운명과 비교한다.

실로의 파괴의 시기는 논란이 되고 있지만, 이러한 비교의 수사학적 효과는 역사 문제에 대한 해결에 달려 있지 않다(부록: "실로"를 보라). 예레미야의 사역 기간 중 실로에는 야웨에 대한 예배 장소가 없었다. 예레미야의 청중과 예레미야서의 청중은 실로가 언젠가 여호와께서 이스라엘 온 백성을 다스리시고 왕이 세워지기 이전에 결정적 사건이 일어났던 중요한 제의 장소였다는 사실을 아는 것으로 간주되어 있다(수 18-22; 삿 21; 삼상 1-4). 그들은 또한 실로가 파괴되었다는 사실을 친히 알고 있었을 수 있다. 그 곳에는 그 어떤 성소도 존재하지 않았다. 예레미야 7:12은 "내 이름을 둔 처소 실로에 가서 내 백성 이스라엘의 악을 인하여 내가 어떻게 행한 것을 보라"고 초대한다. 주전 6세기의 한 방문객이 거기서 어떤 잔재를 보았는지를 아는 것은 중요하다. 현대의 고고학적 탐사자들은 성전을 확인할 만한 잔재를 발견하지 못했다. 실제로, 그 둔덕(tell)의 정점에는 건축상의 유적이 없었다(I. Finkelstein, *The Archeology of the Israelite Settlement*[Jerusalem: Israel Exploration Society, 1988] 205). 어찌 되었든 확인할 수 있는 한 가지 사실은, 그들이 여호와에 대한 합법적 예배가 시행되었던 성소를 발견하지 못하고, 또한 법궤를 발견하지 못했으리라는 것이다.

그러므로 실로같이 된다는 것은 최소한 세 가지 사실을 포함한다. (1) 성소의 파괴 혹은 제거, (2) 제의 도구, 특히 법궤의 제거, (3) 하나님의 이름의 회수(렘 7:12; 시 78:61). 이러한 징벌은 예레미야의 설교들 가운데서 다른 곳에서도 발견되며, 이 모든 일이 예루살렘과 성전에 일어났다. (1) 예레미야 52:13, (2) 52:17-23, (3) 예레미야애가 2:7.

그 성읍이 열국 앞에 저주거리가 될 것이라는 위협은 좀더 일반적인 개념이며, 보다 광범위한 재난의 범위를 포함한다(참조. 25:18). 열국들은 "너희는 예루살렘처럼 되어라"고 말하면서 자기들의 대적들을 저주할 것이다. 이러한 저주의 한 실례가 예레미야 29:22에서 발견될 수 있는데, 거기서 거짓 선지자 시드기야와 아합은 포로민들 사이에서 다음과 같이 저주거리가 된다. 즉 "여호와께서 너로 바벨론 왕이 불살라 죽인 시드기야와 아합 같게 하시기를 원하노라." 이 점은 아브라함이 창세기 12:2-3에서 복의 근원이 된다는 그 축복과 정반대다.

다른 열국들에게 저주가 된다는 것은 끔찍한 고난의 한 실례로서 국제적인 치욕으로 그 결과가 나타난다. 본서의 나머지 부분에 있는 예레미야의 예언에 따라 예루살렘을 위하여 예비된 형벌은 혹독했다. 9절에 있는 예레미야의 고소자들을 통하여, 26:6의 여운은 황폐 혹은 추방을 예고한다. 7:15, 20은 포로와 불로 인한 멸망을 예고한다. 예레미야 9:10, 16-21[개역. 11, 17-22]의 시는 예루살렘의 멸망을 보다 생생하게 제시해 주고 있다. "사망이 우리 창문에 올라왔도다"(20절[개역. 21절]). 이 곳은 도벳처럼 될 것인데, 이 성읍은 19장에 의하면 묘지와 시체로 넘쳐나는 곳처럼 더럽혀진 성읍이다. 수치가 시온의 황폐라는 오명이 퍼져 나가는 것처럼 증가할 것이다.

부록: 실로

참고문헌

Buhl, M. L., Hohn-Nielson, S., and **Riis, P. J.** *Shiloh: The Danish Excavations at Tell Sailun, Palestine, in 1926, 1929, 1932, and 1963: The Pre-Hellenistic Remains.* Archaeological Historical Series 1/12. Copenhagen: National Museum, 1969. **Day, J.** "The Destruction of the Shiloh Sanctuary and Jeremiah VII 12, 14." In *Studies in the Historical*

Books of the Old Testament. VTSup 30. Leiden: Brill, 1979. 87-94. **Eissfeldt, O.** "Silo und Jerusalem." *Volume du Congres, Strasbourg 1956.* VTSup 4. Leiden: Brill, 1957. 138-47. **Finkelstein, I.** *The Archaeology of the Israelite Settlement.* Jerusalem: Israel Exploration Society, 1988. ______, **Bunimovitz, S.,** and **Lederman, Z.** "Excavations at Shiloh 1981-84: Preliminary Report." *Tel Aviv* 12(1985) 123-80. **Pearce, R. A.** "Shiloh and Jer. VII 12, 14 & 15." *VT* 23(1973) 105-8. **Schley, D. G.** *Shiloh, a Biblical City in Tradition and History.* JSOTSup 63. Sheffield: JSOT Press, 1989. **Seow, C. L.** *Myth, Drama, and the Politics of David's Dance.* HSM 44. Atlanta: Scholars, 1989.

실로는 예루살렘 성전에서 예배하는 자들에게 제공된 교훈의 한 대상이었다. 고대의 청중들이 볼 때, 수많은 함축된 내용과 암시들이 "이 집이 실로같이 되리라"는 간략한 말씀 가운데 암축되어 있다. 현대 해석자들은 이 유비의 의미를 밝혀내기 위하여 수많은 역사적·해석학적 질문들을 검토해야 한다.

왕국 시대 이전의 이스라엘에서 실로가 부각된 과정은 모호하다. 시문인 창세기 49:10을 제외하고는 창세기에는 어떤 암시도 되어 있지 않고, 구약성경은 12지파가 실로를 정복한 사실도 기록하고 있지 않다. 그럼에도 불구하고 여호수아, 사사기, 사무엘상에서는 실로가 회막 혹은 장막이 세워지고(수 18:1; 19:51; 22:12, 19, 29), 법궤가 안치되고(삼상 3:3), 희생 제물이 그 제단 위에서 드려지고(삼상 2:12-17, 28), 엘리의 가문이 제사장들로서 섬기고 있었던 장소라고 나온다(삼상 1:3). 이 곳은 또한 일곱 지파에게 땅을 분배해 준 장소이기도 하다(수 18-19장). 포도 밭에서 소녀들이 춤추고(삿 21:19-21), 엘가나가 매년 자기 가족을 데리고 갔던 희생 제사의 사건(삼상 1:3)에 대해서는 논란이 되고 있다.

이스라엘의 가장 초창기에 있었던 예배의 성격에 대한 복잡한 문제는 여기서 해결될 수가 없다. 그렇지만 실로에 대한 정경의 묘사에 관한 시각을 잃어버리지 않는 것이 반드시 필요한데, 이 정경의 시각은 이 곳이 예루살렘과 여러 의미심장한 유사점들을 담고 있다. (1) 법궤, 장막, 에봇이 이 두 성읍에 있었다. (2) 이 두 성읍에는 여호와의 집이 있었다. (3) 실로와 예루살렘에 있는 제단에서 일하는 제사장들은 아론의 후손이라고 되어 있다. (4) 실로는 결코 예루살렘과 같은 왕이 거주하는 수도는 되어 본 적이 없지만, 선지자 사무엘과 법궤를 통하여 이스라엘의 초대 왕들인 사울이나 다윗과 관계되었었다. 예루살렘이 두드러진 장소가 된 이후까지도 실로 출신의 아히야 선지자가 여로보암 1세를 처리함에 있어서 하나님의 위임을 받은 왕권 소유자와 왕 옹립자로서 사무엘이 자신의 역할을 계속해 나갔다(왕상 11장). (5) 실로는 온 이스라엘에 미치는 두 가지 사건을 결정하는 장소였다. 즉 각 지파에 대한 여호수아의 땅 분배(수 19:51)와 요단 동편 지파와 또한 그들이 강변에 세운 제단과 관련하여 행동을 취한 일이다(수 22장). (게다가 LXX의 수 24:1, 25은 "세겜" 대신 "실로"를 가지고 있다). (6) "만군의 여호와"와 "그룹 사이에 거하신 만군의 여호와"란 별칭은 특별히 실로와 예루살렘에서 있었던 여호와 예배에 속한다(Seow, *Politics*, 10). (7) 실로와 예루살렘의 유사성에 관한 가장 두드러진 진술은 예레미야 7:12에 나타나 있다. 즉 예루살렘에 거처가 이루어지기 전에 여호와의 이름이 거했었다는 것이다. 신명기적 공식 문구 "내가 내 이름을 둘 곳" 가운데 암시되어 있는 계승의 가능성은 구약성경에서 실로와 예루살렘의 경우에만 실현되었다(사마리아 오경은 그리심 산을 하나님의 이름이 독점적으로 거하는 장소로 선언한다). 이러한 주장은 실로의 지위를 예루살렘의 지위와 동일한 것으로 수립하는 데 있어서 가장 효과적인 수단이다.

더 나아가, 구약성경은 결코 실로에 있는 제단과 성소를 예루살렘에 있는 성전과 상대가 되는 것으로 말하고 있지 않다. 예를 들어, 실로는 아모스 5:5부터 사라진다. 다른 고대의 성스러운 장소들은 계속해서 예배자들을 미혹했지만, 실로는 이것들 가운데 열거되어 있지 않다. 여로보암 1세는 자신의 공식적인 사찰들 가운데 한 장소를 위하여 실로가 아닌 벧엘을 택했다. 그래서 신명기적 역사의 관점에서 볼 때 실로는 합법성에 대한 오점을 피했다. 여호와의 이름이 언젠가 실로에 거주했었으나, 그 이름은 그 곳으로부터 떠나고 그 대신 예루살렘에 정착되었다.

사사기 18:30-31은 앗수르 정복 당시까지 실로에 하나의 성전이 남아 있었을 가능성을 불러일으켰다. 30절에 의하면, 단에 있던 제사장들이 주전 8세기에 "이 백성이 사로잡히는 날까지" 섬겼다. 그 다음 구절은 "하나님의 집이 실로에 있을 동안" 미가가 만든 우상이 단에서 사용되었다고 말하고 있다. 30절과 31절은 이 두 시간 측정을 일치시키고 있는가? 피어스는 이 구절들이 "최소한 주전 732년과, 좀더 개연성이 있기로는 주전 722년까지 하나의 사찰로서 실로의 계속적인 존속과 기능을 하고 있었음을 입증한다"고 결론지었다(Pearce, *VT* 23[1973] 107). 제사장들은 우상(드라빔 – 역자주)을 사용했던 시기에는 재직한 적이 없었고, 이러한 차이가 두 연대기 대조를 통하여 표현되었을 가능성이 있다. 그렇다면 31절이 의미하는 날짜는 모호한 채로 남아 있고 제8세기보다 훨씬 더 이른 시기였을 수 있다.

실로에 대한 정경의 묘사는 성전이 예루살렘에 세워지기 전에 있었던 다른 모든 야웨 예배 장소에 대한 우월성을 수립하고 있으나, 그 다음에는 예루살렘을 옹호하여 실로의 거절을 선언하고 있다. 실로의 몰락에 대한 묘사는 멸망보다는 거절과 버림에 중점을 두고 있다. 사무엘상 4:21에서 이가봇의 이름은 실로에 안치되어 있었던 법궤의 나포와 거기서 직무를 행하던 제사장들의 죽음을 해석한 것이다. 이 몰락은 "영광이 이스라엘에서 떠났다"는 사실을 의미했다. "영광"은 여호와의 임재를 가리키지 명성이나 영예를 가리키지 않는다. 이러한 말씀에 따라 실로만이 아니라 이스라엘 전체가 버림당했다는 사실을 유념하라. 앞의 설화는 특별히 엘리 제사장 계열에 대한 징벌을 취급하고 있지만(삼상 2:27-36; 3:11-14), 이가봇의 모친은 그녀가 자기 아들을 이름지을 때 그들의 부패의 충분한 대가를 명확하게 말한 것이다.

시편 78:60-61 역시 멸망이 아닌 버림이라는 어투를 사용한다. 법궤와 또한 그와 함께 있었던 하나님의 영광이 하나님의 대적들의 수중에 들어갔을 때, 실로와 그 장막은 버림을 받았던 것이다. 그 다음에 이어지는 구절들(시 78:62-64)은 백성들이 어떻게 살육을 당했는지를 묘사하고 있으며, 59절은 이스라엘에 대한 완전한 저버림에 대해서 말하고 있다. "내 백성"과 "이스라엘"이라는 두 용어는 실로의 거민들보다는 훨씬 더 광범위한 용어다. 사무엘상 4:21에서처럼 여호와의 임재가 실로를 저버릴 때, 온 나라는 그 영향을 받게 된다.

사무엘상 2장에 있는 한나의 기도 혹은 감사의 노래는 실로의 버림을 언급하지 않고, 다만 하나님의 심판과 신분의 역전이라는 주제가 실로의 운명에 대한 다른 묘사들과 어울린다. 여호와께서는 죽이기도 하시고 살리기도 하시며, 낮추기도 하시고 높이기도 하신다. 아이를 낳지 못하는 아내로부터 한 아들을 가진 복된 어머니로의 자신의 역전을 축하하는 기도를 하는 반면에, 이 기도는 다른 역전들과 사무엘서에 있는 교체를 예상하고 있다. 즉 엘리와 그의 아들들이 죽고, 그 다음에는 사독 계열의 사람들이 예루살렘에서 제사장이 된다. 여호와께서는 사울을 버리시고, 다윗을 왕으로 택하신다. 여호와께서는 실로를 버리시고, 예루살렘을 세우신다.

예레미야 7장과 26장에서 여호와께서 실로를 버리신 결과, 그리고 유비적으로 예루살렘을 버리신 결과는 무엇보다도 모든 백성의 추방이다. 7:14에 있는 "내가 실로에 행함"은 파괴라는 말이 아니라 추방이라는 말로 설명된다. 즉 "내 앞에서 너희를 쫓아내리라"(7:25) 혹은 "이 성이 황무하여 거민이 없으리라"(26:9)는 것이다.

실로의 몰락에 관한 구절들 가운데서 거절과 버림에 대한 강조에도 불구하고, 최근의 해석은 그 사찰과 정착이 파괴되었던 연대를 결정하는 데 노력을 쏟아 왔다. 예레미야가 군사적 패배와 그에 뒤따른 예루살렘의 멸망을 예언하고 있으므로 실로에 대한 유비는 거기서 발견될 황폐함과 관계가 있다.

고대의 실로의 자리는 에브라임 지파의 영토에 있는 예루살렘 북쪽 약 30마일 지점에 위치해 있는 세일룬이라는 데 일반적으로 동의한다. 세 개의 탐사대가 그 유적지 둔덕(tell)에서 발굴을 했으나 고고학적 증거에 대한 다양한 해석이 정착 역사에 관한 의견의 일치를 가로막았다. 불(Buhl)과 홈-닐슨(Holm-Nielson)은 1920년대와 1923년에 단의 발굴 결과 발견된 것들로부터, 주전 2,000년경부터 앗수르인들에 의하여 이 장소가 파괴된 주전 8세기 말까지 이 곳에 계속해서 주민이 살고 있었다고 결론지었다(Schley, Shiloh, 70). 핀켈스타인(I. Finkelstein)은 최근 이스라엘인의 발굴단들에 의하여 조사된(1981-84년) 유물들을 주전 약 1050년경에 불로 파괴된 증거로 해석했는데, 그는 이것을 아벡에서의 블레셋인들에 의한 이스라엘의 패배와 연결시켰다(*Archaeology*, 225-26). 철기 시대의 실로의 파괴 연대는 그것이 도기 형태와 관계된 연대기에 달려 있으므로 아직도 논쟁의 대상으로 남아 있다(Schley, *Shiloh*, 78). 파괴층에 대한 정확한 연대를 정하는 데 도움을 줄 수 있는 아무런 골동품도 발견되지 않았다. 그 어떤 폐허의 잔재들이 주전 7세기 말경 예레미야 당시의 실로에서 발견되었을 것인지, 혹은 무엇이 그 성읍의 멸망을 야기했는지를 알아내기는 여전히 불가능하다.

풀리지 않는 또 다른 문제가 남아 있다. 즉 하나의 성전이 이전의 실로에 세워져 있었는가 하는 것이다. 예레미야 26장은 그 성읍의 이름만 남아 있고 그 곳에 어떤 구조물은 없다고 언급하고 있으며, 따라서 7:12은 이 곳을 "내 처소"(מקומי – 메코미)라고 지칭한다. "처소"는 건물이나 장막을 말하지 않는다. 여러 구절들은 실로에 있는 성막(시 78:60) 혹은 회막(수 18:1; 19:51)을 언급한다. 사무엘하 7:6은 여호와께서 그 성전이 예루살렘에 세워지기 전에는 결코 하나의 "집"에 거하신 적이 없었다고 진술한다. 그러나 사무엘상 초반부의 몇 장 가운데 있는 사무엘과 엘리의 이야기는 "집"(בית – 베트; 1:24), 그리고 여호와의 "전"(היכל – 헤칼; 1:9; 3:3)을 언급한다. 비록 거기에 최소한 휘장 혹은 차양을 위하여 천을 짜는 것으로 보이는 제의상의 배경을 위하여 "집"(בתים – 바팀) 건축에 대한 언급이 있기는 할지라도(왕하 23:7), "전"(היכל – 헤칼)은 언제나 하나의 건물이다. 실로에 있는 성전이 문설주(1:9)를 가지고 있었다는 사항은 이러한 해석을 확증시켜 준다. 하란(Haran)은 저자가 실로에 있는 구조물에 대한 자신의 묘사에다가 후대에 자기가 예루살렘에서 알고 있었던 성전의 모습을 그려 넣었다고 주장한다(*Temple*, 202). 쉴리는 초창기로부터 남아 있던 하나의 성전과 같은 장소에 있던 장막을 모두 제안한다(Schley, *Temple*, 202). 예레미야의 청중은 실로에서 그들이 성전을 보지 못했을 것이라는 사실 이외에 그 곳에서 보았던 내용에 대해서는 아무것도 알지 못한다. 26:18에서 인용된 미가 3:12은 버려진 성읍의 통상적인 모습을 묘사하고 있는 것으로 보인다.

7 호쓰펠트와 마이어(Hossfeld and Meyer, *ZAW* 86[1974] 36)는 7절을 시간을 나타내는 종속절, 즉 "제사장, 선지자 그리고 모든 백성이 …들었다"로 번역할 것을 제안한다. 그들은 7절을 4-6절과 연결시키고, 역시 시간을 나타내는 구절인 8a절을 2절과 연결시킨다. 비록 이 두 평행 구절이 이 구절들 가운데서 결합되어 있기는 하지만, 현재 설화의 형태 속에서 7절의 기능은 4-6절에 있는 신탁과 2절에 있는 "내가 네게 명하여 이르게 한 모든 말" 사이를 구별하지 않는다. 거기에는 하나의 종속절을 암시하는 구문론적 표시, 즉 7절에 대한 시간을 나타내는 기능이 없다(본절은 와우 연속법으로 시작된다).

그러므로 이 기록은 증거의 사슬을 완성하고 재판 장면으로 전환시킨다. 사실상,

예레미야는 방금 전에 4-6절에서 자기에게 주어진 "이 말씀들"을 말했었다. 그는 자신이 지시받은 대로 여호와의 집에서 말했다(2절). 제사장, 선지자 그리고 모든 백성들은 듣기는 했지만(שמע – 샤마) 하나님께서 바라셨던 것처럼 듣지는 않았다. 그들은 예레미야가 말하는 것을 들었으나, 귀를 기울여 순종하는 의미로는 듣지 않았다. 34절에 있는 기록과 함께 다음에 이어지는 재판 장면은 그들이 악한 길에서 돌이키지 않았다는 사실을 드러내 준다(3절과 비교하라). 7절은 본 장의 첫 번째 사건을 완성한다.

8 성전 뜰에서 있었던 예레미야의 재판을 기록하고 있는 하나의 새로운 단위는 시간을 나타내는 문장의 형태로 되어 있는 요약과 함께 시작된다. 이 설화가 또다시 예레미야가 "여호와께서 명하신 모든 말씀"(2절)을 말했다는 사실을 기록하고 있다는 사실은 놀랄 일이 아니다. 왜냐하면 이 주장은 예레미야의 재판에서 문제가 되고 있는 점이기 때문이다. 설화자의 판결은 기록의 초두에 진술되어 있지만, 재판 장면은 인용문을 사용하고 예레미야 기소자와 재판장들에 관한 부정적 언급이 없는 직접적 방식으로 진행된다. 본동사 타파쉬(תפש, "붙잡다")는 37:14에서 "포박하다, 감금하다"의 의미로 나타난다.

"모든 백성"은 이 구절들 가운데서 어느 정도 유동적 호칭이다. 이 그룹은 이 설교를 듣고(8a절), 붙잡는 데 가담하고(8b절), 소송을 결정하는 데 왕의 방백들과 행동을 같이한다(9b, 11, 16절). 8b절에서만 "모든 백성"이 제사장과 선지자와 행동을 같이한다. 루돌프(170)는 드러난 혼동을 제거하기 위해 8b절에서 이 문구를 삭제한다. 니콜손(Nicholson, *Preaching to the Exiles*, 53)은 본문을 고칠 필요성을 느끼지 않는다. 그 대신 그는 8b절에 있는 "모든 백성"을 11, 16절에서 법정에 참석한 백성과는 구별되는 하나의 "폭도"로 해석한다. 더 나아가 그는 11, 16절에 있는 "모든 백성"을 17절에 있는 "그 땅 장로들"과 동일시한다. 이러한 해결책들은 모두 재판장들이 재판 전 회합의 공정성을 드러내야 한다는 사실을 가정한다. 이러한 가정을 입증할 만한 이스라엘의 법정 절차에 관해서는 충분히 알려져 있지 않다. 이 경우에, 분명히 재판장들이 자기들의 지위를 차지하기 전에 가려져 있었다는 암시가 없다. 기소자와 변호자는 참석한 사람들 앞에서 자기들이 맡은 소송 문제를 논증해야 했다. 본 장에 있는 "모든 백성"의 역할 전환의 효과는 그들을 예레미야 편과 예레미야 반대편으로 나누어진 그룹으로가 아니라 변할 수 있는 군중으로 묘사하는 것이다. 한 순간, 그들은 제사장과 선지자들과 함께 분노하고 재판을 요청한다(8-9절). 그러나 그들은 예레미야의 변호를 들을 때 그를 사면하기로 결정한다(16

절). 그럴지라도 그들은 하나님의 말씀을 거절하고 여호와의 선지자를 죽이기로 결심한다(24절).

기소자들의 "네가 반드시 죽으리라"는 첫마디는 단순한 분노의 소리만이 아니다. 이 말은 사형 판결인 2인칭 능동태 형태다. 3인칭 수동태 무트 야무트(מות יומת, "그를 죽일지니라")는 출애굽기 21장, 레위기 20장, 민수기 30장을 포함하여 오경의 여러 곳에서 발견된다. 이러한 많은 출현은 "X를 행하는 누구나"(히브리어 분사형으로 표현된)를 취하거나 혹은 "X을 행하는 자"(관계사 문장으로 표현된)의 형태를 취하는 명백한 사항이다. 그것들은 어느 때나 적용할 수 있는 율법의 형벌을 표현하고 있는 절대적인 것이다. 구약성경에서는 단 세 번만 이 명백한 형태가 제한된 기간의 금지 조치를 취하는 데 사용된다. 즉 창세기 26:11; 출애굽기 19:12; 사사기 21:5이다. 1인칭, 2인칭, 3인칭으로 되어 있는 같은 능동태 문장이 직접적인 전달 형태로 발견되는데, 그럴 경우 사형 판결은 특별한 상황 내에서 구체적인 인물이나 그룹에게 위협이나 선언이 된다. (하나의 예외가 삼하 14:14에서 1인칭으로 표현되어 있는데, 이는 특별한 범죄에 대한 사형 판결이라기보다는 보편적인 인간의 죽을 운명을 인정하는 것이다). 하나님이나 한 왕은 어긴 자들에 대하여 사형 형벌을 경고하면서 하나의 명령을 내리거나 혹은 하나의 맹세를 지워 주고, 그렇지 않으면 개별적으로 사형 선고를 내린다. 사무엘상 14:26-46; 열왕기상 2: 36-46은 사망이라는 위협으로 신하에게 왕이 한 맹세들에 대해서 말한다. 그들이 그것을 어겼을 때, 왕은 "너는 죽을 것이다"라고 선언한다. 하나님께서는 창세기 2:17에서는 인간들에게, 그리고 창세기 20:7에서는 아비멜렉에게 개별적으로 명령을 주시고 사형 형벌을 이행하신다. 선지자들은 다윗과 밧세바 사이의 아들(삼하 12:14), 이스라엘의 아하시야 왕(왕하 1:4, 6, 16) 그리고 다메섹의 벤하닷 왕(왕하 8:10)에게 하나님의 사형 언도를 전달한다. 에스겔 3, 18, 33장에서 이 사망 선고는 선지자의 책임성을 규정하고 있는 판례법의 일부로 나타난다. 만일 여호와께서 18:13에서 법을 어긴 사람으로 규정된 한 악한 사람에게 "너는 죽을 것이다"라는 판결을 선포하신다면, 선지자는 그 경고를 전달해야 하고, 그렇지 않으면 그 자신이 죽임을 당하는 죄를 짓게 된다. 악으로부터 돌이키고 살 것이라는 약속을 받는 가능성이 이 장들 가운데 주어져 있다.

"너는 죽을 것이다"라고 주어진 판결이 8절에 있는 고소 이전에 먼저 나타난다. 뵈커(Boecker, *Redeformen*, 59)에 따르면, 이러한 공식 문구의 순서가 원고의 흥분으로 인하여 바뀌어 있다. 보통 재판 전 회합이, 변호인의 답변이 출애굽기 1:18에서처럼 그 사건을 해결할 가능성을 남겨 놓은 채 하나의 비난하는 질문의 형태로 되어 있는 고소와 함께 시작된다(*Redeformen*, 67). 다른 곳에서 변호인의 답변은 훌륭하지 못하다. 사무엘상 14:24-46; 22:6-19; 열왕기상 2:36-46에서 고소는 질문의 형태로 이루어진다. 고소를 당한 사람이 답변을 하지만, 왕에 의하여 "너는 죽을 것이다"라는 언도가 선언되고 그는 죽임을 당한다. 제사장들과 선지자들이 행했던 어떤 권리가 그러한 형벌을 지우도록 했을까? 예레미야서의 다른 곳에서 거짓 선지자들에 대한 제사장들의 권위는 착꼬에 구금하는 데 한정되었다(20:2; 29:26). 그들은 누군가를 사형시킬 권한이 없었으므로 중죄에 대해서는 재판을 요청해야 했다. 선지자들은 가끔 하나님의 심판의 말씀인 이러한 판결을 전달하도록 보냄을 받지만, 예레미야 고소자들은 여기서 하나님의 사자로서 말하는 것으로 주장하지 않는다. 사실상, 예레미야 26:8은 구약성경에서 "네가 반드시 죽으리라"(תמות מות – 모트 타무트)는 선고가 하나님 혹은 왕의 직접적인 권위 없이 선포되는 유일한 장소다.

9 제사장, 선지자 그리고 모든 백성은 재판 전 회합 연설의 표준 공식 문구에 따라 예레미야에게 전달된 비난의 질문 형식으로 고소를 한다(Boecker, *Redeformen*, 66). 고소자들이 용의자에게 증인들일 때, 고소의 발단은 하나의 질문으로 표현된다(삼상 22:13; 삼하 12:9; 왕상 2:43을 보라). 고소를 당한 자가 제비를 통하여 밝혀졌을 때, 그는 자기가 행한 일을 말하도록 요구받는다(수 7:19; 삼상 14:43).

어떤 근거에서 예레미야의 고소자들이 그에 대해서 사형 죄목을 씌울 수 있는가? 최소한 네 가지의 가능성이 있다. (1) 예레미야는 제사장들이 그에게 짐지워 준 맹세 혹은 명령을 거역했다. 제안된 판결 "너는 반드시 죽으리라"가 맹세 혹은 개인 명령을 어긴 설화 가운데서 발견된다(삼상 14:24-36; 왕상 2:36-46). 그러나 그러한 어떤 맹세 혹은 명령도 기소 내용 가운데 언급되어 있지 않다. (2) 원고들은 성전과 성읍을 쳐서 한 예언이 반역죄가 된다고 생각한다. 사무엘상 22:6-19에서 "네가 반드시 죽으리라"는 사울이 반역죄에 해당하는 것으로 보고 제사장에게 내린 판결이다. 본서의 다른 곳에서 예레미야는 갈대아인들에게 도망치고 있거나(37:13) 혹은 자기들을 대항해서 활동하고 있다고(38:4) 고소를 당한다. 이방 정복자들은 성전(시 74:7; 겔 7:21-22; 23:39; 24:21; 44:7; 단 11:31), 제사장들이 보호하고 유지할 책임을 지고 있었던 신성성(레 21:23)을 더럽히고 오염시켰다. 그러나 이러한 죄목이 26장에는 분명하게 명시되어 있지 않다. (3) 예레미야는 신성모독

죄를 범했다(Schulz, *Das Todesrecht*, 120). 출애굽기 22:27[개역. 28절]과 레위기 24:16에서 여호와 혹은 여호와의 이름을 저주하거나 비방하는 것은 사형에 해당한다(왕상 21장에서 나봇은 여호와의 이름을 저주하는 조작된 죄목으로 고소당한다). 성전이 여호와의 이름을 대신하는 존재로 이해되지 않는다면, 4-6절에 있는 신탁이 어떻게 여호와의 이름을 저주하는 죄에 해당하는지 파악하기가 어렵다. 예레미야 7:11, 14은 "내 이름으로 일컬음을 받는 이 집"에 대해서 말한다. 예레미야 7:12은 성소에 거하시는 여호와의 이름이라는 신명기적 어투를 사용한다(신 12:5-14). 성전, 제단 그리고 성물들은 신약 시대에 있었던 맹세 속에서 하나님의 이름 대신 나타난 바 있으나(마 5:34-35; 23:16, 21), 예레미야의 메시지는 저주나 맹세의 형태가 아니다. 열쇠가 되는 동사(콸랄〈קלל, "저주, 모독"〉과 나콰브〈נקב, "저주"〉)가 사용되지 않았으므로 이러한 법들 중 어느 것도 고소의 배경이 깔려 있다는 암시가 없다. 슐츠는 성전의 운명에 대한 경고가 거기에 거주하시는 하나님에 대한 저주와 동일시되기에 충분하다고 주장한다(Schulz, *Das Todesrecht*, 120). (4) 예레미야는 신명기 18:20을 어기면서 주제넘게 예언했다. 제사장과 선지자들은 여호와의 이름으로 하나의 특별한 예언을 한 것에 대해서 예레미야를 고소한다. 만일 그들이 그러한 말이 예레미야가 하나님에게서 온 말씀이라고 말한 것과는 달리 하나님으로부터 오지 않을 수 있었다고 가정했다면, 그 메시지와 그 메시지의 자료가 그들에게는 융합할 수 없이 상충된다는 내용이 그들로 하여금 예레미야가 하나님의 말씀을 가지고 거짓말했다고 결론짓는 데로 이끌어 갔을 것이다. 자기들의 삶을 시편 132:13-18에서 발견되는 것과 같은 약속과 믿음에 헌신한 사람들은 6절에 있는 위협을 거짓으로 들었을 것이 당연하다. 성전, 제사장, 백성, 다윗 계열의 왕으로 인하여 시온이 안전할 것이라고 약속하셨던 여호와께서는 이제 와서 그 정반대로 말씀하실 수는 없었던 것이다. 더 나아가서 히스기야 당시에 있었던 기적적인 예루살렘의 보호가 주님의 그 약속이 참이었다는 사실을 입증해 주었던 것이다(왕하 9장). 그러므로 이러한 이성적 판단에 따르면, 예레미야가 여호와의 말씀에 관해서 거짓말을 하고 있음에 틀림없었다. 이러한 사고방식은 26장에 명확하게 표현되어 있지 않지만, 7장에 있는 예레미야의 성전 문 설교가 공격한 그 내용은 예루살렘에 있는 성전의 안전에 대한 바로 그 믿음이었다. 26장의 독자는 26장이 7장에 있는 설교를 위하여 설화 문맥을 제공하고 있는, 예루살렘에 있는 성전을 실로에 비교하고 있는 신탁을 통하여 힌트를 얻는다. 그 반대로 예레미야를 죽음에 처하게 하고자 하는 그들의 바람을 위한 그럴듯한 근거를 제공함으로써 26장에 있는 제사장,

선지자, 백성들에 대한 묘사에 있는 간격을 7장이 채워 주고 있다. 실로와의 비교는 솔로몬 성전이 실로의 성전을 단순히 물려받은 것이 아니라 그것을 대신하고 있다고 믿었던 사람들에게는 매우 통렬한 것이었다. 시편 78:56-72은 이러한 믿음을 표현하고 있다. 68-69절은 "영원히 세워진" 시온의 성전의 영원성을 강조하고 있다.

9절의 예레미야에 대한 고소는 4-6절의 그의 조건적 메시지의 귀결절만을 인용하고 있고 그 부분을 정확하게 반복하고 있지 않다. 실로와의 비교는 하나의 동사를 그 의미를 전환시키지 않고 또 다른 것으로 대치하는 약간 다른 것일 뿐이다. 6절의 두 번째 문장, 즉 그 성읍에 대한 예언은 완전히 바꾸어 말해지고 있다. 고소자들은 하나의 저주를 황폐, 사망 혹은 성읍 인구의 포로에 대한 위협으로 만들어 해석하고 있다. 이것은 합리적인 해석이다. 유다 땅에 대한 예언인 예레미야 44:22은 26:6, 9에서 발견되는 용어들, 곧 "저주, 황폐" 그리고 "거민이 없음"을 결합시켜 놓고 있다(렘 29:21-22과 비교하라; 시드기야와 아합은 느부갓네살에 의하여 살해당한 후 하나의 저주거리가 될 것이었다). 마지막 두 단어 "거민이 없으리라"(יוֹשֵׁב מֵאֵין – 메에인 요셰브)는 예레미야서의 전형적인 용어다. 이 문구 혹은 이것의 동의어 "거민이 없으리라"(בְּלִי יוֹשֵׁב – 벨리 요셰브)가 본서에 11회 나타나는데 대부분 유다의 성읍을 언급하면서 나타난다. 이것은 한 단어가 반복된 단어라기보다는 다시 만들어지도록 인용된 진술에 대해 구약성경에 나타나는 통상적인 진술이다(Savran, *Telling and Retelling*, 109). 원고들은 6절의 의미를 변경시키지 않았다.

그러나 예레미야 고소자들이 그의 신탁의 첫 번째 구절을 반복하고 있지 않다는 사실은 의미심장하다. 그들은 하나님의 율법과 예언의 말씀을 듣고 순종하라는 요구를 무시하고 그 대신 그 성읍과 성전에 대한 경고에만 집중했다. 재판은 이 경고의 진실성에 관한 것이다. 예레미야는 그 자신이 주장하고 있는 것처럼 하나님의 권위를 가지고 말하고 있는가, 아니면 자기 마음에서 나온 거짓 것을 말하고 있는가? 그는 여호와께서 그에게 말하라고 명령하지 않으셨는데 여호와의 이름으로 말하는 것처럼 가장했는가(신 18:20)? 이것이 예레미야에 대한 재판에서 현안 문제가 되어 있는 법적인 문제였다. 그의 변호 연설은 먼저 이 문제를 말하고 있으며(26:12), 무죄 판결이 이에 대한 응답이다(26:16). 예레미야의 고소자들은 신명기 18:20을 인용하지도 않았고 "방자히 고하는 자"(אֲשֶׁר יָזִיד לְדַבֵּר – 아쉐르 야지드 레다베르)라는 독특한 문구도 사용하지 않는다. 그럼에도 불구하고 이 법은 그들의 고소를 야기하고 있으며 죽일 죄라고 요청하고 있는 것이다(Fishbane, *Interpretation*, 246).

본 절의 끝 부분은 영향력 있는 단어 콰할(קהל, "모이다, 소집하다")의 니팔형을 사용함으로써 재판관들이 백성의 소집을 기록하고 있다. 이 동사는 합의된 행동을 위한 준비에 대해 사용된다. 이스라엘 족속들은 불평하는 자들과 합세하기 위하여(출 32:1; 민 16:3; 17:7; 20:2) 혹은 전쟁에 가담하기 위하여(수 22:12; 삿 20:1; 삼하 20:14) 모세와 아론 앞에 스스로 모여들었다. 페르시아의 유대인들은 에스더서에서 자기 방어를 위하여 모인다(8:11; 9:16). 이 동사는 또한 지파들이 아론의 임직을 위하여(레 8:4), 회막을 건립하기 위하여(수 18:1), 또는 성전을 봉헌하기 위하여(왕상 8:2) 모여들었을 때와 같은 종교적 개념을 가지기도 한다. 같은 어원을 가진 콰할(קָהָל, "회중, 총회")이라는 명사는 가장 자주 예배 공동체로서의 백성들을 가리킨다. 그러므로 이 동사는 하나의 재판에서 엄숙하고도 잠재력 있는 위협을 전달해 준다.

10 유다 왕의 방백들이 법정에 합세하여 재판장에서 자기 자리에 앉는다. 이 사람들은 예레미야서에 자주 나타나는데, 언제나 불명확한 규모의 그룹으로서 주로 왕과 밀접하게 관련된 사람들로 나타난다. 사림(שָׂרִים)에 대한 가장 일반적인 번역은 "방백들"(princes; NRSV)과 "관리들"(NIV)이다. 이 지도자들이 포함되었으나 왕의 아들들에 한정되지 않았다(습 1:8은 이 두 그룹을 분리하여 열거한다. 렘 36:12은 왕이 아닌 부친들을 가졌던 왕의 관리들의 이름을 기록하고 있다). 현대의 독자들에게 "왕자"(prince, "방백"이 영어로는 "prince"로서 마치 왕자인 것처럼 되어 있다 – 역자주)란 칭호는 왕의 혈족을 의미한다. 그러한 관계가 입증될 수 없으므로 그러한 용어를 피하는 것이 가장 좋을 것이다. "관리들"이란 용어는 그들의 지도권과 권위를 의미하지만, 이들과 왕 사이의 긴밀한 관계는 전달하고 있지 않다. 백성들의 지도자들의 목록에서 왕의 방백들은 어김없이 왕 다음에 두 번째로 나온다(1:18; 2:26; 4:9; 8:1 등). 예레미야 24:8; 34:21은 시드기야와 그의 왕실의 방백들을 열거한다. 열왕기상 4:2-6은 솔로몬의 방백들을 거론하고 있는데, 그들은 제사장, 서기관, 군대 장관과 같은 지위를 가졌었다. 예레미야서에서 왕의 방백들은 왕에게 충고하는 자들로서 활동한다. 36장에서 그들은 읽어 들린 예레미야의 두루마리를 듣고 그것을 왕에게 보고한다. 37-38장에서 그들은 예레미야를 때리고 옥에 가두며 왕에게 그를 죽이라고 탄원을 올린다. 예레미야 34:19, 21에서 방백들은 19절에서는 "유다 방백들"과 "예루살렘 방백들" 사이 그리고 21절에서는 "시드기야와 그 방백들" 사이의 어떤 구별을 암시하고 있는 두 개의 평행적 신탁 가운데 나타난다. 그러나 예레미야 26장에서 10절에 있는 "유다 방백들"은 11, 12, 16절에 있는

"방백들"과 동일한 그룹이다.

왕의 집과 여호와의 집이 서로 붙어 있었으므로 예레미야가 설교한 성전의 뜰은 남쪽으로서 왕의 뜰을 내려다보고 있었다(Busink, *Der Tempel*, 160). 그 곳들은 연결되었음에 틀림없는데, 왜냐하면 열왕기하 11:13에서 아달랴가 요시야의 즉위 소식을 들었을 때 왕궁에서 성전으로 저지당하지 않고 지나갈 수 있었기 때문이다. 그 축하 의식 후에 새로운 행렬이 "호위병의 문 길로 말미암아" 왕궁에 직접 내려왔었다(왕하 11:19 // 대하 23:20, "윗문"). 이 문은 르호보암 시대에 이미 있었던 것으로 보이는데, 그는 놋 방패를 들고 있는 호위병들을 동반하고 성전으로 출입했던 것으로 보인다(왕상 14:27-28). 어디에서도 성전과 왕궁 사이에 있는 문을 새문이라고 부르지 않았다.

예레미야 36:10에 따르면, 새문은 성전 윗뜰, 성전 건물에서 가장 가까운 옥외에 위치해 있었다. 그마랴는 새문 옆 윗층에 방 하나를 가지고 있었다. 버싱크(Busink)는 새문을 자신이 성전 뜰의 동편 담에 위치해 있다고 말하는 호위병의 문과 동일시한다. 성전은 동서 방향으로 건축되었는데, 동편에 출입구를 가지고 있었다. 무슨 이유로 주 통로에 있는 성전 출입구 반대편의 문에 "새문" 혹은 "호위병의 문"이라는 명칭이 붙게 되었는지는 상상하기가 어렵다.

문들은 고대 이스라엘에서 법정 역할을 했다(신 21:19; 룻 4:1-12; 삼하 15:2; 암 5:10-12). 고대의 문은 방들을 가지고 있었고, 벽을 따라가며 긴 의자들이 있는 구조물이었을 것이다. 각각의 면에 있는 출입구는 문으로 봉쇄되어 있었을 것이다. 모든 백성들이 뜰에 있었기 때문에 왕의 방백들이 "새문의 입구"에 앉아 있었던 것으로 보이는데, 뜰에 너무나 많은 사람들이 있어서 문에 딸린 방이 수용하지 못했기 때문일 것이다.

구약성경은 새문의 건축에 대해서는 기록하고 있지 않다. 이 이름은 반드시 이것이 최근에 세워진 것이었다는 사실을 의미하지는 않는다(옥스포드에 있는 제14세기에 세워진 New College와 비교하라). 열왕기하 15:35 // 역대하 27:3은 여호와의 집의 윗문 건축을 요담이 한 것으로 기록하고 있다. 역대하 23:20은 이 문의 이름을 호위병의 문이라고 이름붙이고 있는데(왕하 11:19), 이는 이미 1세기 이전 아달랴 시대에 존재하고 있었다. 예루살렘 서쪽 언덕에서 있었던 최근의 발굴은 그 언덕의 대부분을 에워싸고 있었던 광범위한 몇몇 부분들을 드러내 주었다. 이것은 도망자들이 예루살렘에 자리잡고 있었던 앗수르인들에 의하여 발각되었을 때인 주전 8세기 말에 건축되었다(Avigad, *Discovering*, 49, 55). 역대하 32:2-5은 히스기야가 이 당시에 한 성벽을 건축했다고 기록하고 있다. 새문은 성전 뜰의 서편에 자리잡고 있을 것이며, 최근에 요새화된 서쪽 근처로부터 성전으로 접근하도록 되어 있었을 것이다.

11 제사장과 선지자들은 예루살렘을 쳐서 예언한 일을 반복하고 있으나, 이번에는 재판장들과 방백들, 백성들에게 말하고 있다. 예레미야에 대해 3인칭으로 전환하여 언급하고 있는 것은 재판 특유의 개정을 표시하는 말이다(Boecker, *Redeformen*, 71). 이러한 고소 연설은 두 부분이 이전에 8-9절에서 행했던 연설과 같지만, 이것들은 다르게 표현되어 있다. 제안된 판결은 무동사 문장인 "이 사람에게는 사형 판결!"로 표현되어 있다(16절에 있는 실질적인 무죄 판결은 이 형벌을 "부당하니라"〈אין – 엔〉로 간단하게 부정하고 있다). 예레미야의 단죄에 대한 그들의 묘사는 한 개의 동사와 한 개의 전치사구로 "(그가) 이 성을 쳐서 예언하였느니라"고 요약되어 있다. 그의 실질적인 말이 인용되어 있지 않고, 여호와의 이름으로 말하는 그의 주장도 인용되어 있지 않다. 제사장과 선지자들이 예레미야의 메시지를 요약할 때 성전에 대한 언급은 생략했어야 했다는 사실이 놀라워 보인다. 아마도 성읍과 성전의 운명이 너무나 깊이 연결되어 있어서 하나의 멸망은 다른 하나의 잃음과 동일했을 것이다. 더 나아가 위에서 말한 바와 같이, 만일 신명기 18:20이 그들의 고소에 대한 근거를 제공한다면 이에 대한 어떤 암시가 이 구절 가운데 예상되었을 것이다. 그렇지만 이러한 예상들은 이 간략한 설화에 대해 너무나 많은 것을 요구한다. 이것은 하나의 법정 기록의 사본이 아니다. 본 절의 끝은 반대에 대한 답변을 제공해 준다. 백성과 방백들은 예레미야의 말을 들었다. 그들은 소송 내용 전체를 그들에게 진술할 필요가 없는 "전문 증인"들이다. 백성들은 그 설교를 직접 들었고(8절), 방백들은 왕궁과 성전이 가까이 있어서 그 소문을 들었을 수도 있다. 어떤 경우든 이 설화는 이것을 하나의 문제로 삼고 있지 않다. 재판장들에게 행한 고소 연설의 목적은 그들로 하여금 고소자들의 소송을 지지하도록 설득하는 것이었다. 성읍만을 언급하는 것은 제사장과 선지자들의 소유지뿐만 아니라 모든 가정에까지 미치는 위협을 강조한 것이다.

12 재판장들을 향한 예레미야의 변호 연설은 자신이 방자히 말했다는 고소 내용(신 18:20)을 부인하면서 시작된다. 그의 진술은 26:2에 진술된 지시에 대한 자신의 1인칭 기사를 제공해 준다. 이 두 구절에 의하면, 예레미야가 말한 "모든 말"은 여호와께로부터 나온 말이었다. 26:2에서 예레미야에게 주신 하나님의 명령은 신명기 18:15-22에서 나온 핵심 단어를 사용했다. 즉 선지자는 여호와께서 명령하신 그

것(צוה – 차와)을 말해야(דבר – 따바르) 했었다. 문제가 된 자기 신탁의 문장들에 대한 예레미야 자신의 묘사(26:5)는 성전에 대한 언급을 되살려서 "이 집과 이 성을 쳐서 예언하였다"는 것이다(11절과 비교하라).

이 구절은 "너희의 들은 바"라는 문장으로 마친다. 여러 뉘앙스와 암시들이 동사 "듣다"(שׁמע – 샤마)와 연결된 것으로 인해 이 문장은 이 구절 가운데서 하나의 의미 이상의 기능을 하고 있다. (1) 이것은 방백들과 백성들이 그 소송 건에 대해 개인적 지식을 갖고 있었던 전문 증인들이었다는 사실을 인정하고 있는 11절의 마지막 내용을 반영하고 있다. (2) 이것은 3절에 표현된 "그들이 듣고(שׁמע – 샤마) 혹시 각각 그 악한 길에서 떠나리라"는 하나님의 바람을 암시하고 있다. 예레미야의 신탁을 들은(שׁמע – 샤마) 백성들이 하나님의 말씀을 들을(שׁמע – 샤마) 것인가? (3) 이것은 책망 내용을 상기시킴으로써 백성들을 쳐서 말할 또 다른 책망 내용들을 위한 토대를 놓고 있으며, 또한 독자들이 예레미야와 다른 선지자들을 통하여 주신 하나님의 말씀에 순종할(שׁמע – 샤마) 책임이 있음을 말하고 있다(26:4-5; 신 18:18-19). 예레미야는 여기서 자기를 맡은 재판장들에게로 얼굴을 돌리기 시작한다.

[13] 뵈커(Boecker, *Redeformen*, 118-19)는 이 구절을 "조정 제안"(settlement proposal)이라고 밝히고 있지만, 예레미야의 고소자들이 아닌 재판장들에게 소개된 이유를 설명하지 못하고 있다(Hossfeld and Meyer, *ZAW* 86[1974] 38). 명령형 동사들은 이 형식의 특징을 가지고 있다. 제안된 조정은 고소자들의 불평을 만족시키고 재판을 끝마치도록 되어 있었다. 그러므로 변호인으로부터 제기된 조정 제안이 사형 소송 사건에서 어떤 위치를 차지하고 있었으리라는 것은 의심스럽다. 구약성경에서 이러한 종류의 사건이 일어난 경우는 사무엘상 14:45인데, 그때 백성들은 요나단을 석방시켰고 사울이 사형 판결을 내린 다음에 그에게 반대를 표했으나, 조정 제안이 변호인으로부터 나온 것은 아니다. 뵈커(*Redformen*, 117)는 13절을 호세아 4:15과 비교하고 있으나 그 조정 제안은 고소인인 하나님께서 피고소인인 이스라엘에게 제공한 것이다.

이 구절에서 예레미야의 연설은 이 소송과는 관계가 없다. 이것은 무엇보다도 하나님께서 그에게 성전에서 전하라고 보내신 이유와 관계가 있다. 재판장들은 그들 자신의 삶에 관해서 결정을 내려야 했는데, 이것이 예레미야 소송보다 더 중요했다. 그들은 하나님의 말씀을 순종해야 할지 아닌지에 대해서 선택을 해야 했다. 변호 연설은 하나님께서 그들에게 주신 메시지의 나머지 부분(26:4-6), 즉 그들이 그로부터 들었던 그 모든 말씀에 귀를 기울이도록 예레미야에게 하나의 기회를 제공해 주었다.

13절에서 시작되는 “너희는 너희 길과 행위를 고치라”는 권고 혹은 명령은 예레미야 7:3, 5로부터 나온 말씀이다. 7:5에서 이 삶의 수정이 의로운 행위라는 간략한 요약의 말로 묘사되어 있다. 즉 “공의를 행하라”는 “나그네, 고아 혹은 과부를 압제하지 말라”는 것이며, “무죄한 자의 피를 흘리지 말고” 또한 “이방 신들을 좇지 말라”는 것이다.

13절의 나머지 부분은 3절에 있는 것과 같은 하나님의 의도를 드러낸다. “하나님 여호와의 목소리를 청종하라(שׁמע – 샤마)”(13절)는 “그들이 듣고(שׁמע – 샤마) 혹시”(3절)를 반영한다. 약속된 결과는 같은데, 곧 “내가 그들의 악행으로 인하여 재앙을 그들에게 내리려 하던 뜻을 돌이키리라”(3절)는 것이며, “여호와께서 너희에게 선고하신 재앙에 대하여 뜻을 돌이키시리라”는 것이다. 13절은 결국 조정 제안이다. 즉 고소자이시고 재판장이신 하나님께서 피고소인인 백성들로 하여금 자기들의 악한 길에서 떠나 구원을 받으라고 초청하고 계신다는 것이다.

14 예레미야는 공식적으로 자기의 소송 사건을 결정할 재판장의 권위를 인정하고 있으며, 만일 자신에게 죄가 있다고 인정된다면 그 판결을 시행하도록 자신을 넘겨 줄 것임을 인정한다. 이 진술은 하나의 공식 문구인데, 창세기 16:6; 여호수아 9:25; 예레미야 38:5에서도 발견된다. 그러므로 이것은 재판장의 양심이나 동정심에 하는 감정적 혹은 웅변적 호소가 아니다.

15 예레미야는 14절에서 법정의 권위를 인정했으나, 15절에서 그는 그들에게 무죄한 자를 죽게 하는 정죄의 위험을 상기시켜 준다. 예레미야서의 상반부에 있는 신탁은 무죄한 가난한 자를 부당하게 죽게 만들고 있는 백성들을 정죄한 바 있다(2:34; 22:17). 무죄한 자의 피는 하나님으로 하여금 보응해 주시도록 호소하며(창 4:10) 온 공동체를 위험에 빠뜨린다(민 35:33; 신 21:8-9). 이 위험이 요셉의 형들로 하여금 그를 죽이는 일을 중지하도록 만들기에 충분했다(창 37:21-22). 이것이 또한 예레미야 38:4-8에서 방백들로 하여금 중지하게 만들고, 그리하여 예레미야를 현장에서 죽이기보다는 구덩이에 집어 넣도록 만들었는가? 율법에서 신명기 19:10-13은 장로들이 이끄는 공동체가 고소당한 살인자의 생명에 책임이 있음을 말하고 있다. 만일 그가 모살죄를 짓지 않았다면, 그 공동체는 피의 보수자가 그를 죽이도록 놓아두어서는 안 된다. 만일 죄가 있다면, 그는 사형시키도록 넘겨주어야 한다. 예레미야는 개인적 형태의 복수심, 곧 그가 평안히 죽지 못할 것이라거

나 혹은 그들에게 내린 저주를 가지고 재판장을 위협하지 않았다. 그는 그들에게 공의로 받아들여졌던 그 원리를 상기시켜 주고 있는 것이다. 즉 무죄한 자들(즉 사형에 해당하는 일을 하지 않은 사람들)의 죽음은 보복을 당하고 신원을 받게 만듦에 틀림없다(창 9:5-6; 신 19:18). 그 원한의 해소는 용의자의 후손들로부터 정확하게 가하는 보복을 통하여 풀어질 수 있었다(삼하 3:28-29; 21:1; 왕상 21:29; 왕하 24:3-4).

얀젠(W. Janzen, "Withholding," 97-114)은 제사장, 선지자 그리고 모든 백성들이 예레미야 38:14-16에서 시드기야가 계약했던 것처럼 여호와께서 그에게 말하라고 주신 모든 것을 듣기로 예레미야와 합의했었다고 주장한다. 그들이 그 모든 것을 듣기로 계약했던 모든 메시지 기사에 대해서 그를 대항하여 중죄를 가져다 줌으로써 그들은 자기들의 맹세를 어겼다는 것이다. 얀젠의 가설은 억지인 것 같다. 예레미야에게 한 말씀도 감하지 말라고 요구하신 분은 주님이다(2절). 그의 설교에 대한 기소에서 예레미야를 면제하겠다는 청중과의 계약의 기미는 전혀 없다.

예레미야는 자신이 야웨로부터 보냄을 받았고 완전한 하나님의 메시지를 전했다는 주장을 반복함으로써 자기의 변호를 종결짓는다(12절). 그는 담대하게 고소자들의 공식적 기소(11절)인 "너희 귀로"(באזניכם – 베아즈네켐)라는 문구를 반복하고 있다. 14절이 특별한 재판장들에게 주어진 것으로 보이는 반면에, 15절에서 예레미야는 법정을 야웨의 말씀의 청중으로 보고 말하고 있다.

16 방백과 모든 백성들은 예레미야의 고소자들이었던 제사장과 선지자들에게 말함으로써 판결을 내린다. 예레미야를 3인칭으로 말하고 있는 점이 특이하다. 사무엘하 12:13과 19:24(개역. 23절)에 있는 다른 무죄 방면은 26:8b과 유사한 언어로 피고소인에게 전달된다. 그러나 그 경우에는 법정이 없었다. 즉 하나님 혹은 왕이 고소자요 재판장이었다. 16절의 3인칭 판결 형태는 신명기 19:6에서 사용된 공식 문구와 같다. 이것은 "부당하니라"(אין – 엔)로 거부된 11절로부터 판결 제안으로 이루어져 있다. 법정의 재판은 고소자들이 예레미야가 죽임을 당할 만한 어떤 일을 하거나 말했다는 사실을 입증하지 못했다는 것이었다.

재판장들은 스스로 증인 편에 서서 예레미야 자신의 변호를 자기들의 판결의 이유로 인용한다. 즉 "이 사람이 우리 하나님 여호와의 이름을 의탁하고 우리에게 말하였다"는 것이다. 그 이유는 키(כי, "이는")라는 전형적인 형태의 불변화사로 소개되고 있다(Boecker, *Redeformen*, 133). 판결은 제사장, 선지자 그리고 모든 백성들이 8b-9절에서 고소를 제기한 고발에 대해 예레미야의 메시지의 내용이 아닌 그의 메시지만을 언급하면서 답변하고 있다. 예레미야가 아닌 고소자들을 향한 16절의 말은 본 장의 정경 형성의 일부로서의 기능을 하고 있다. 예레미야의 신탁을 통하여 제기된 문제의 최종 결정은 하나님의 말씀에 대한 백성의 반응에 달려 있다. 어쨌든 백성들은 여호와를 향해서나 선지자를 향해서 말하지 않고 16절에서 서로간에 말을 한다. 즉 예레미야의 설교에 대한 야웨의 의도(3절)는 성취되지 않고 남아 있다.

방백들과 백성들이 결정을 한 방식은 설명되어 있지 않다. 그들은 무죄한 자의 피로 더럽혀지는 위협에 대해서는 언급하고 있지 않은데, 이는 아마도 그것이 이 소송에서 하나의 특별한 요인이 아닌 영속적인 법 체계의 한 요소였기 때문일 것이다. 신명기 18:22에 규정된 선지자들에 대한 시험은 작용되지 않았다. 재판장들은 예레미야가 하나님으로부터 받은 참된 말씀을 말했다는 사실을 인정하기까지 그 성읍의 멸망을 바라보려고 기다리지 않았던 것이다. 이러한 경우와 같은 상황은 신명기 18:22에 있는 시험의 한계를 드러내고 있다. 예레미야가 거짓을 예언했다고 알기까지 얼마나 오랫동안 기다려야 하는가? 임시적으로 그가 설교를 계속하도록 허락될 것인가? 만일 이것이 야웨로부터 온 말씀이라면, 그들의 생명은 위험에 처해 있다. 경고하고 있는 말씀을 위하여 경험에 근거를 둔 확증을 얻기 위하여 기다린다는 것은 구원받을 기회를 영영 놓치는 것이다.

17 "그 땅 장로"는 구약성경에서는 드문 문구다. 이것이 잠언 31:23에서도 발견되는데, 이 구절은 현숙한 여인의 남편이 어떻게 그 땅의 장로들 사이에서 그 성읍의 문에서 자기 지위를 차지하게 되는지를 말하고 있다. "장로들", "백성의 장로들" 그리고 "이스라엘의 장로들"이 구약성경에서 훨씬 더 일반적인 명칭이다. 구약성경에는 사람이 어떻게 장로가 되는지에 관해서 잠언 31:23 이외에는 아무런 정보가 없고, 그들의 권위와 책임에 대한 완벽한 묘사도 없다. 출애굽기 24:1; 신명기 31:9, 28; 열왕기하 23:1에서 그들은 이스라엘의 대표자들로서 하나님의 율법과 가르치심을 받는다. 신명기 19:12; 21:3, 4, 6, 19, 20; 22:15-17; 25:7-9; 룻기 4:9, 11에서 성읍의 장로들은 재판장들로서 활동한다. 다른 곳에서 장로들은 왕의 모사로 섬기지만(왕상 12:6, 8, 13; 20:8; 겔 7:26), 그들은 또한 독립적인 정치적 세력을 행사한다(삼하 3:17-18; 5:3; 왕하 6:32; 10:1, 5). 장로직은 포로기 동안에도 존속했었다(렘 29:1; 겔 8:1; 14:1; 20:3; 스 10:8). 백성의 장로들은 19장의 하시드 문(질그릇 조각의 문)에서 예레미야가 행한 설교의 청중 가운데, 29장의 포로민들에게 보낸 편지 가운데 나타난다. 이 두 장 중에서 제사장 혹은 선지자들은 예

레미야의 메시지로 인하여 그를 해하려고 행동하지만(20:1-2; 29:24-32), 장로들은 다시 언급되지 않는다. 26장에서 장로들은 8-16절에 있는 재판에 대한 기록 속에서 언급되지 않는다. 그들은 갑자기 17절에서 과거로부터 들려오는 하나의 음성으로 나타난다(Brueggemann, "Intense Criticism/Thin Interpretation," *Int* 42[1988] 270).

9절에서 법정의 구성원을 이루기 위하여 모여들었던(קהל – 콰할) 모든 백성(כל־העם – 콜-하암)은 여기서 "백성의 온 회중"(כל קהל העם – 콜 퀘할 하암)으로 소개되고 있다. 용어의 이러한 미묘한 변화는 장로 청중을 예레미야의 설교를 듣고 심리했던 백성으로 밝혀 주는 역할을 한다. "회중"(קהל – 콰할)이란 용어는 본 절의 고대성을 나타내 주기도 한다. 이스라엘 백성들은 구약에서 분리왕국 이전 시기에 기록된 구절들 가운데서 "회중"으로 나타난다.

17-19절을 재판 기록 가운데 포함시키는 해석자들("양식/구조/배경"을 보라)은 이 장로들의 정체를 다양한 방식으로 설명한다. (1) 장로들은 방백들과 같은 자들이다(Fishbane, *Interpretation*, 246). 그러나 두 그룹은 신명기 29:9(개역. 10)에서 구별된다. (2) 모든 백성이 재판장으로 활동하지는 않았다. 그들 가운데 있는 제사장들만 재판장으로 활동했다(Nicholson, *Preaching to the Exiles*, 53). 제사장들과 방백들은 소송에서 재판장으로서 각각 백성과 왕을 대표했다. 방백들은 16절에서 판결을 했고, 장로들은 17-19절에서 판결을 했다. 그러나 "모든 백성"이 16절에서 행한 판결에 가담한 사실을 유념하라. (3) 장로들은 예레미야를 위한 증인으로 나타난다. 16절이 법정에서 있었던 최종 판결이 아니었거나(Fishbane, *Interpretation*, 246), 17절이 과거완료로서 16절에서 판결이 결정되기 전에 "그 땅의 장로들이 말했었다"로 이해되어야 할 것이다(Rudolph, 154).

18-19 장로들의 연설은 미가 선지자가 전한 신탁의 일부를 인용하여(미 3:12) 그것을 역사적 상황 가운데 두고, 또한 청중으로 하여금 결정을 하도록 웅변적인 질문을 사용하고 있다. 18a절에 있는 정보는 미가 1:1에 발견된다. 이 표제는 선지자의 이름이 명시되어 있고 그의 사역 기간이 밝혀져 있는 미가서에서는 유일한 곳이다. 미가 1:1에는 유다의 세 왕인 요담, 아합, 히스기야가 열거되어 있으나, 26장의 장로들은 이 특별한 말을 히스기야 당시에 해당하는 것으로 여기고 있다. 예레미야 26:18-19은 사실상 미가의 사역에 관해 성경에서 언급한 유일한 설화다. 그는 열왕기하나 역대하에 언급되지 않았다. 히스기야 왕은 여호야김보다 1세기 전에 예루살렘에서 다스렸었고, 그 때는 앗수르 제국이 수리아-팔레스틴 방향으로 세력을

확장하고 있었다.

장로들은 미가의 청중을 예레미야의 메시지를 듣고 예레미야 26장에서 그를 잡아 해하려 했던 같은 그룹인 "유다의 모든 백성"으로 밝히고 있다. 그러나 미가 3:12은 "야곱 족속의 두령과 이스라엘 족속의 치리자"에게 전한 9-12절의 단위를 마감하고 있다(렘 26장에는 이 두 그룹이 언급되어 있지 않다). 신탁의 나머지 부분은 재판장, 제사장, 선지자를 고발한다(11절). 예레미야 7:1-15의 청중처럼 미가의 청중들도 하나님께서 자기들의 부패에도 불구하고 자기들을 보호하러 오실 것이라고 믿는다. 장로들은 "그러므로 만군의 여호와께서 가라사대"라는 서론적 문구를 인용하고 있는데, 이 문구는 예레미야서에서 상당히 일반적인 것이지만 미가서로부터 인용한 구절이나 미가서의 다른 구절에서는 나타나지 않는다. 이것이 미가 3:12 초두에서 "그러므로 너희로 인하여"라는 연결 문장으로 나타난다. 메신저 공식 문구는 예레미야처럼 미가도 여호와의 이름으로 예언했다는 사실을 지적한다. 예레미야의 고소자들이 그의 신탁의 경고 부분만을 인용하는 것처럼, 장로들도 미가 3:9-12로부터 경고 부분만을 인용한다. 본 절에 나오는 마지막 세 개의 문구의 인용은 정확하다(Clements, 56는 그들이 기록하면서 그것을 가졌던 것으로 생각한다). 그러나 그들의 해석은 정경적인 것은 아니다. 이것은 이스라엘의 역사에 대한 구약성경의 기사에서 선지자의 말 배치가 어떻게 후세대에게 전달되도록 할 수 있는지를 예증해 준다.

열왕기하 19:1은 히스기야 왕의 회개의 행동을 기록하고 있다. 앗수르인들이 유다의 견고한 성읍들을 모두 정복했고, 랍사게가 예루살렘에 대해 위협적이고도 낙담시키는 연설을 했다(왕하 18장). 히스기야의 애도와 회개의 행동(19:1)은 그러한 연설에 반응한 것이었다. 예레미야 26장에 있는 장로들의 연설은 미가의 설교가 왕의 반응을 자극했다고 주장할지라도, 미가 3:9-12은 형식상 무조건적이다. 그러한 회개의 기도는 미가서의 정경 형성에 의하여 인용되는데, 그 경우에 멸망의 신탁은 구원의 신탁과 교차하며 개인의 회개와 사죄의 기도라는 하나의 예배 의식으로 끝맺는다(Childs, *Introduction*, 437). 열왕기상 19:15-19에서 히스기야는 앗수르인들로부터 구원해 달라고 기도하고, 그 후에 이사야 선지자가 하나님의 구원의 말씀을 가져온다. 그 장의 끝 부분에 가서 앗수르인들은 물러간다. 주전 8세기 말에 있었던 이러한 예루살렘의 보호는 하나의 이적과 감사의 사건이었다. 예레미야 26장의 장로들은 그것들을 미가의 사역 사이에 연결시킴으로써 이러한 일련의 사건들에 대한 점증하는 해석에 기여한다.

19절에 있는 일련의 웅변적 질문들은 율법의 전례에 대한 기록이라는 예상된 기미를 가지고 있지 않다. 거기에는 예레미야의 재판에서 문제가 된 율법 문제의 경계를 넘어가는 여분의 내용과 정서적 긴장이 있다. 문제들은 청중이 미가와 예레미야의 메시지의 유사성과 말해지지 않은 그들의 사역의 상황을 인정할 수 있다고 가정한다(26:20과 비교하라). 첫 번째 문제는 침묵으로부터 이끌어 온 논증을 이용한다. 구약성경에는 미가의 죽음에 관한 정보가 없다. 히스기야 왕이나 백성들이 예루살렘을 쳐서 한 예언으로 인하여 그를 살해하지 않았다는 것이다. 이 점이 예레미야를 변호하고 있는 장로들의 유일한 관심이었다면 그것으로 충분했을 것이다. 그러나 본 장의 최종 형태인 지금의 이 17-19절처럼, 그들은 예레미야에 대한 중대한 협의 이상으로 문제가 되는 것이 있다고 밝힌다. 질문들은 히스기야를 여호와의 말씀에 귀를 기울여 듣고 돌이킨 한 실례로 제시한다(참조. 3, 12절). 히스기야는 야웨를 경외했고 은혜를 구했었다. 하나님께서는 예레미야의 청중들로부터 이러한 종류의 반응을 원하셨다(3절). 세 번째 질문은 바꾸어서 여호와께서 유다에 선포되었던 재난에 대해서 돌이키셨다는 사실을 상기시켜 준다. 주전 701년 앗수르인들의 퇴각은 13절에 있는 여호와의 제안이 의미할 수 있었던 내용의 구체적 예증이 된다. 즉 히스기야가 여호와를 경외했고, 여호와께서 그의 기도에 응답하심으로써 장로들의 청중이 예루살렘의 성전에 서 있다는 것이다. 현존하고 있는 예루살렘에 대한 교훈이 텅 빈 실로와 대조되고 있다. 두 번째와 세 번째 질문은 신탁을 전달하기 위한 본래의 하나님의 명령(3-4절)과 13절에 있는 예레미야의 주장과 같은 관심을 가지고 있다. 이 세 개의 간략한 구절들 모두가 9절과 11절에 있는 그의 고소자들이 진술한 것과 같은 예레미야에 대한 고소의 범위를 넘어간다. 그것들은 예레미야가 여호와로부터 받아 그들에게 전달했던 메시지의 나머지를 듣기 위하여 성전에 모인 백성들의 관심을 돌려놓는다. 예레미야가 참 선지자라고 공식적으로 인정하고 나서 그들은 그가 말한 하나님의 말씀을 믿고 이에 반응할 것인가?

장로들의 최종 판결은 하나의 질문이 아니고 경고다. 본 장의 현재 위치에서 이 경고는 15절과 관계된 어떤 것일 수 없다. 지도자들과 백성들은 그들이 16절에서 예레미야를 무죄 석방했기 때문에 무죄한 자의 피를 흘리는 일을 피했다. 그러나 백성들은 하나님의 제안을 거절함으로써 스스로 악행을 하려 하고 있었다. 만일 그들이 회개하지 않고 자기들의 길을 고치지 않는다면, 그들은 3절과 6절에서 경고된 악을 자기 자신과 자기 나라에 불러 올 것이다. 장로들의 연설은 응답을 받지 않는다. 그들의 경고는 결정의 가장자리에 위치해 있다.

20-23 그 다음 단위는 새로운 주제, 곧 여호야김 왕과 우리야에 관한 기록을 소개한다. 18-19절과 20-23절 단락들은 여러 가지 면에서 서로 유사하다. 먼저 내용이 유사하다. 즉 왕이 여호와의 선지자에게 반응한다. 미가처럼 우리야도 예루살렘 밖의 한 촌락 출신이다. 각각의 기사의 첫 번째 문장의 문법적 구조 역시 유사하다. 주어+하야(היה, "였었다")의 완료형+분사다. 더 나아가서 20절은 연결 동사 깜(גם, "역시, 또 다른")으로 시작된다. 그러나 이러한 유사성들은 20-23절을 18-19절에 두었던 본 장 설화자의 작품이었을 수 있다. 사실은, 18-19절과 20-23절 간의 여러 의미심장한 차이점들은 두 번째 단위가 다른 설화자의 것임을 암시하고 있다. (1) 나바(נבא, "예언하다")란 동사가 18절에서 니팔 분사형으로 나타나지만, 20절에서는 히트파엘형(재귀형)으로 나타난다. 본 절 가운데 있는 그 밖의 어느 것도 이 히트파엘형을 우리야가 거짓되게 예언하고 있는 것을 암시하는 것으로 해석한 할러대이의 해석을 지지하지 않는다. 사실상, 같은 동사 어근의 니팔형은 본 절의 하반절에서 사용된다. 나바(נבא)의 히트파엘형을 "선지자들이 행동하는 방식으로 행동하다"로 말한 윌슨의 설명이 여기서는 적절하다(R. Wilson, *Prophecy*, 335-36). (2) 우리야의 신탁이 인용되고 있지 않다. 설화자는 독자에게 우리야의 예언이 예레미야의 예언과 일치한다고 알려 준다. 독자들은 스스로 어떤 비교를 하도록 허용되지 않는다. (3) 청중이나 독자로 하여금 결정을 하도록 하는 어떤 웅변적인 질문이나 경고가 없다. 있는 그대로의 사실이 평가 없이 제시되어 있다. (4) 20-23절의 사건들은 외관상으로 성전 뜰에서 있었던 예레미야에 대한 재판 이후의 어느 시기에 일어났다. 1절은 그 재판을 여호야김의 통치 초기에 혹은 그와 비슷한 시기에 두고 있다. 20-23절은 날짜를 언급하지 않지만 여호야김이 왕이다. (5) 우리야의 고향은 "…으로부터"(מן-민)를 가진 전치사구로 암시되어 있지만, 미가의 출신지는 미가 1:1에서처럼 "모레셋 사람"(17절; 개역. 18절)이라는 출신을 나타내는 형용사를 통하여 표현되고 있다.

20 스마야의 아들 우리야는 어떤 다른 자료로부터도 알려진 바가 없다. 그의 고향 기랴여아림은 예루살렘 서쪽 수 마일 지점의 유다 산악 지대에 위치해 있었을 것이다. 현대의 아부 고쉬(Abu Gosh, *Holladay*, 2:109)와 느비 삼윌(Nebi Samwil, J. M. Miller, 사적인 연락에 의함)이 그 위치로 제안되어 왔다. 법궤가 블레셋으로부터 돌아온 다음 다윗이 예루살렘으로 옮기기까지 기랴여아림에 안치되었었다(삼하 6장). 이 곳 지명에 대한 언급은 실로 성소의 소실을 상기시켜 주는 또 하나의 언급이다.

여호와의 이름으로 한 우리야의 예언(20a절)은 예레미야의 예언과 같이 요약된다. 이것은 한 사람이 다른 사람의 예언의 말씀을 도적질하는 경우는 아니다(렘 23:30). 우리야는 여호와께서 부지런히 보내신 선지자들 가운데서 또 다른 계열에 속한 사람으로 나타나 있다(5절). 우리야의 신탁은 성읍 및 땅과 관련되어 있었다. 26장에서 예레미야가 전한 말씀은 성전과 성읍에 대한 것이었으나, 다음 장에서 그는 땅에 대해서 훨씬 더 많이 말한다. "이 성과 이 땅을 쳐서" 한 신탁은 예레미야 2- 25장에서 발견된다. 그러므로 우리야의 예언은 단순히 성전문 설교를 반영하고 있는 것이 아니라 예레미야의 모든 예언 사역과 일치했었다.

21 여호야김 왕은 방백들과 군대 장관들과 의논하는 가운데 우리야의 말을 들었다. 그들이 어떻게 들었는지는 명확하지 않다. 우리야의 메시지가 우연히 들려졌거나(참조. 26:10), 구술로 전해졌거나(참조. 암 7:10-11), 아니면 두루마리를 통하여 읽혀졌는지(참조. 36장) 그 답변이 제공되어 있지 않다. 어떻든 우리야를 죽이려고 결정했을 때 그는 왕의 면전에 없었다.

방백들은 구약성경에서 자주 왕과 함께 나타난다(10절의 "주석"을 보라). 여기서 군사들 혹은 용사들도 역시 나타나지만 제사장과 선지자는 등장하지 않는다. 왕들은 전쟁을 위하여(예를 들어, 삼하 23:8-9) 그리고 성읍을 요새화하기 위하여 용사들을 필요로 한다(대하 32:3). 그들 가운데 어떤 사람들이 22-23절에서 우리야로 하여금 강제로 돌아오게 하는 역할을 했는지는 명확하지 않다.

왕은 우리야를 처형하려 했다(ויבקש המלך המיתו – 와예바퀘쉬 함멜렉 하미토). 누군가를 죽이려는 욕망과 계획은 구약성경에서 주로 "(누군가의) 생명을 구하다"(בקש נפש – 바콰쉬 네페쉬)로 표현되어 있다(예를 들어, 출 4:19; 삼하 4:8). 예레미야서의 산문에서 "그의/그들의 생명을 구하는 자들"이라는 문구는 자주 "원수들"과 동일하다(19:7; 21:7; 22:25; 34:20, 21; 44:30; 46:26; 49:37). 본 절에 있는 이 특별한 문구인 하미토(המיתו, "그를 죽이려")라는 목적어를 가진 바콰쉬(בקשׁ, "찾다")라는 동사는 구약성경에서 유일한 문구다. 바콰쉬(בקשׁ, "찾다")에 이어 이 어근을 가진 히필형 부정사 연계형이 출현한 다른 곳에서는 전치사 레(ל, "…에게")가 접두되어 있다(삼하 20:19; 왕상 11:40; 시 37:32). 무트(מות, "죽다")의 히필형은 26:15에서와 같은 "처형하다, 사형을 집행하다"라는 특별한 의미를 가진다. 이것은 어떤 권위를 가진 자, 곧 자주 왕에 의하여 이루어진 상해를 의미한다(참조. 삼하 14:7, 32; 왕상 2:26; 19:17; 렘 38:15-16).

우리야가 왕의 계획을 어떻게 들었는지는 기록되어 있지 않다. 아마도 예레미야처럼 방백들 사이에 우리야 지지자들이 있었던 것 같다(26:24을 보라). 그는 두려움으로 인하여 도망하여 애굽으로 피신했다. 여호야김은 바로 느고 2세에 의하여 애굽의 봉신으로 권좌에 오른 사람이었고, 그는 주전 604-603년까지 권좌에 있었다. 애굽에 은신처를 구하려 했던 것은 우리야의 어리석음 때문이었던 것으로 보이지만, 바로의 사위요 봉신 격이었던 솔로몬이 여로보암을 죽이려고 했을 때 여로보암도 그 곳에서 은거한 바 있다(왕상 11:40). 우리야의 애굽으로의 도피 역시 상징적 의미를 가진다. 예레미야 역시 강제로 애굽으로 가야 했고(43:4-7), 전설에 의하면 그 곳에서 죽었다고 한다. 애굽으로부터 끌려 올라왔다는 것은 이스라엘에게는 땅 소유와 국가 건설을 의미했고, 여로보암에게는 하나의 국가를 얻는 것을 의미했지만, 여호야김 왕의 악함으로 인하여 우리야에게는 그것이 죽음을 의미했다.

22-23 악볼의 아들 엘라단이 우리야를 잡기 위하여 애굽으로 사람들을 이끌고 갔다. 엘라단의 부친은 성전에서 발견된 율법과 관련하여 여호와께 묻기 위하여 여선지자 훌다에게 네 명의 다른 사람들과 함께 보냄을 받았던 미가야의 아들 악볼이었을 것이다(왕하 22:12, 14). 36:12에서 엘라단은 바룩이 예레미야의 두루마리를 읽는 것을 듣고 여호야김에게 그 말씀을 들을 것을 충고한 방백들 가운데 열거되어 있다. 그러고 나서 그는 감히 다른 사람들과 함께 왕으로 하여금 그 두루마리를 태우는 일을 중지하라고 요구한다(36:25). 그의 입장의 변화가 설명되어 있지 않다. 일개 그룹인 방백들은 선지자들을 상대하여 입장을 바꾼다. 26장에서 그들은 예레미야를 무죄 석방하지만, 우리야의 처형을 부추긴다. 36장에서 그들은 예레미야의 두루마리에 귀를 기울이지만, 38장에서는 그를 죽이기 원한다. 이러한 변화가 유다의 마지막 수십 년 간의 동요 가운데서 일반적인 실례가 되었던 반면에, 본서는 각자의 그러한 입장 변화의 동기를 설명하는 데 관심을 두지 않는다.

우리야의 추격, 나포, 되돌아옴에 대해서는 더 이상 알려진 바가 없다. 만일 여호야김이 여전히 바로의 봉신이었다면, 그들간의 동맹은 망명자의 축출에 대한 협약도 포함했을 수 있다. 그러나 그러한 공식적인 협약은 본 기록 속에 나타나 있지 않다. 기사는 23절에서 갑자기 절정에 이른다. 23절의 처음 두 동사는 출애굽과 가나안 땅 점령에 대한 판에 박힌 묘사와 어울린다(예를 들어, 신 26:8-9). 즉 야차(יצא, "가지고 나가다")의 히필형과 보(בוא, "가져오다")의 히필형을 사용하고 있다. 그러나 우리야는 풍요로운 땅에서 생활하면서 자손을 낳기는커녕 죽임을 당하여 평민처럼 묻힌다. 왕의 명령에 의하여 시행된 처형은 주로 칼로 시행되었다(삼상 22:18-19; 왕상 1:51; 2:8; 왕하 10:25; 11:20). 우리야의 시체는 장대에 달려

전시되는 치욕이 면제되고(신 21:22-23) 평민의 묘실에 던져졌다. 이 시기에 공로가 있는 사람들은 성벽 바깥에 있는 바위를 뚫은 묘실에 장사되었으나(사 22:16), 이 평민의 무덤 형태는 알려져 있지 않다. 열왕기하 23:6은 평민의 장지가 기드론 골짜기 근처에 자리잡고 있었음을 암시하고 있는데, 이 곳은 예루살렘의 동편을 따라 내려가다가 사해 편인 남동쪽으로 돌아 나간다.

베네 하암(בני העם, "평민")은 보기 드문 단어다. 일단의 이름을 가진 구문에 들어 있는 베네(בני, "…의 아들들")는 "…의 구성원"의 의미를 가진다(참조. 베네 이스라엘〈בני ישׂראל, "이스라엘 사람들"〉). 26장에서 "그 백성"(העם – 하암)은 본 장에 언급된 여러 지도자 범주의 어떤 그룹에 속하지 않는 모든 백성, 즉 "평민들"을 가리키는 것으로 이해되어야 할 것이다.

24 본 장의 마지막 절은 이 구절을 앞의 단위와 연결시키고 대조시키는 접속사 "그러나"(אך – 아크)로 시작된다. 구문론적으로 24절은 20-23절로부터 나온 논리를 따르지만, 내용은 조화되지 않는다. 여호야김 왕은 우리야를 살해하지만, 예레미야에게 임한 위협은 8-16절에 있는 것처럼 백성으로부터 온다. 어째서 여호야김 왕은 예레미야도 죽이려고 하지 않았을까? 어째서 백성들은 여호야김이 우리야를 처형한 다음에 예레미야를 죽이려고 했는가? 만일 24절이 예레미야의 재판 과정에서 기록된 것이라면 이러한 난점들이 제거될 것이다. 왕은 예레미야의 재판에 연루되지 않았으나, 그가 우리야를 처형함으로써 세워진 선례가 백성들로 하여금 무죄 석방을 거절하고 예레미야를 죽이도록 자극했던 것이다(Fishbane, *Interpretation*, 246). 만일 우리가 위에 제공된 20-23절의 해석을 따른다면, 24절은 성전에서 있었던 예레미야의 재판으로부터 훨씬 더 멀리 격리된다. 이 해석에 따르면, 20-24절은 성전에서 있었던 재판과 분리하여 일어났고, 또한 그 후에 일어났을 두 개의 에피소드를 기록하고 있다. 26장을 작성한 사람은 예레미야의 예언과 장로들의 연설에 반응하여 회개하지 않은 왕과 백성들을 예증하기 위하여 이 구절을 포함시켰다.

예레미야와 여호야김 왕은 예레미야서에서 결코 직접 대면한 적이 없다. 왕은 26장에서 열린 재판에서 아무런 역할도 하지 않는다. 36장에서 여호야김은 예레미야의 두루마리를 불사르지만 "여호와께서 그를 숨기셨"으므로(36:26) 손을 댈 수 없었다. 24절은 여호야김 제4년에 왜 자신을 "여호와의 집에 들어갈 수 없는"(36:5) 사람으로 묘사했는지를 부분적으로 설명하지 않으면 안 되었다. 26장과 36장 사이에 있는 장들은 날짜가 적혀 있지 않거나 시드기야 왕 통치 때의 것으로 돌려지므로, 이 두루마리의 기록과 낭독(36장)은 본서에 기록된 여호야김의 통치 다음에 일어난 사건들이다.

요시야 왕 아래서 사반은 "서기관"으로서 성전에서 발견된 율법서 두루마리를 읽었고, 또한 그것이 진본임을 확인하기 위하여 여선지자 훌다에게 보냄을 받은 사절 가운데 포함되어 있었던 고위 관리였다(왕하 22:8-20). 같은 사반이 아히감(26:24)과 그마랴(36:12)의 부친이었을 수 있다. 사반의 아들 아히감은 서기관 사반 이전에 요시야의 보냄을 받은 파견단 가운데 열거되어 있기도 하다(왕하 22:12, 14). 아히감의 부친이 전혀 "서기관"으로 호칭되지 않았으므로 두 명의 사반이 있었을 가능성도 있다. 아히감의 아들 그달랴는 주전 586년 느부갓네살 왕에 의하여 유다 성읍들의 통치자로 임명받았다(40:5).

해설

26장은 후대의 청중들과 독자들에게 그 설교의 메시지를 전달하도록 하기 위한 예레미야의 성전문 설교(참조. 7:1-8:3)의 특별한 배경을 제공해 준다. 미가 3:12의 장로들의 해석(17-19절)은 26장을 이해하는 방법을 보여 준다. 장로들의 연설이 고대 예언 전승을 성전에 있는 자기들의 청중에게 적용하는 방식은 26장이 그 독자들에게 영향을 미칠 수 있는 방식과 동일하다.

장로들은 자신들을 선지자로 말하지 않는다. 그들은 선지자의 말을 기록하고, 그것을 과거에 날짜가 정해진 기간의 상황 가운데 두며, 선지자의 청중의 반응을 기록하고 또한 하나님께서 그들에게 행하라고 하신 그 반응을 청중들에게 요구한다. 그들의 연설은 미가와 예레미야 혹은 히스기야의 유다와 여호야김의 유다 사이의 유사성들을 말하지는 않지만, 그것들은 쉽게 드러난다. 본서의 독자들이 볼 때 예레미야는 저항과 거절을 당한 여호야김 시대에 사역한 과거의 선지자다. 독자들은 그의 청중이 회개하지 않고, 그래서 하나님께서 경고하신 형벌에 대해 돌이키지 않으셨던 예레미야서를 읽어 알고 있다. 17-19절은 하나의 실례 가운데 있는 하나의 실례로서의 기능을 한다. 장로들이 그 청중들로 하여금 회개하라고 초청하기 위하여 히스기야에 관한 전승이라는 문맥 가운데 미가의 신탁을 두고 있는 바와 같이, 26장의 저자도 성전문 설교를 예레미야 사역의 이야기 가운데 두었다. 히스기야의 긍정적 실례와 여호야김과 모든 백성들의 부정적 실례 모두 하나님 편에서 결정을 하라고 요청하기 위하여 사용된다.

26장 전체는 17-19절보다 더 복잡한 구조이며 독자에게 호소하기 위하여 다른 문학적 기교를 사용한다. 17-19절처럼 26장 전체는 청중이 선지자가 하나님으로부터 온 참된 말씀을 가져다 주었다고 인정하고, 또한 스스로를 예레미야의 청중과 비교하도록 독자들에게 의존하고 있다는 사실을 가정하고 있다. 본 장의 여러 가지 특징들은 마음의 변화를 위하여 호소하고 있다. (1) 신탁은 예레미야의 고소자들을 통하여 요약되고 개정된 형태로 반복되며, 그 내용은 미가서로부터 나온 구절 가운데 반영되어 있다. 예레미야와 장로들은 하나님의 말씀에 적절한 반응을 하도록 요청한다. 이런 식으로 3-5절의 내용은 반복적으로 2인칭 전달 형태로 독자의 시선을 사로잡는다. (2) 재판의 결론부에서 아무도 예레미야에게 말하지 않는다. 무죄 판결 선포나 혹은 13절에 있는 안정 제안에 대한 하나의 응답을 예상하게 되지만 장로들의 연설이 끼어들게 된다. 이러한 입장에서 판결 후 그들의 연설은 독자로 하여금 회개하도록 되돌아가고 있는데, 이것이 선포된 예레미야의 예언의 목적이었다(3절). 재판을 통하여 예레미야가 참 선지자라고 인준하는 것이 하나님의 말씀에 대한 적절한 반응은 아니다. 이 메시지를 전달하도록 여호와께서 참으로 예레미야를 보내셨다고 판결하고 나서, 재판장들은 그 말씀을 생각과 성실과 순수성을 가지고 주시하도록 요청한다. 그것은 각각의 독자에게도 사활이 걸린 문제다. (3) 재판은 여호야김 통치 초에 열리는데, 그것은 예레미야의 소명(1:2)을 제외하고는 본서에서 가장 이른 연대다. 그러므로 예레미야의 사역과 그가 부딪친 반대에 대한 그 이후에 이어지는 모든 기사는 그 배후에 이 재판과 "무죄"라는 판결을 가지고 있다. 예레미야서 전체의 독자는 주전 587년의 사건들이 예레미야가 신명기 18:20에 있는 율법의 표준에 따라 참 선지자임을 입증해 주었다는 것을 알고 있다. 재판은 예레미야의 동시대인들로 하여금 같은 지식에 대한 책임을 지워 주고 있다. (4) 19절은 장로들의 연설에 대해 회집한 회중으로부터의 어떤 반응도 없이 갑작스럽게 끝난다. 그 다음 구절들에서 여호야김은 우리야를 죽이는 데 반해서, 아히감은 예레미야를 구출한다. 본서의 나머지 부분을 볼 때 예레미야의 청중이 회개하기를 거절했다는 사실을 알게 된다. 그들은 자기 스스로에게 행한 큰 악에 압도당했었다. 19절의 광범위성은 독자로 하여금 같은 중요한 문제에 직면하게 한다. 즉 만일 이 말씀이 하나님으로부터 왔다면, 너희는 어찌하여 반응하지 않느냐는 것이다.

예레미야의 재판과 우리야의 처형은 예수의 포박과 재판에 대한 복음서 기사를 위한 배경으로서의 역할을 한다. 예레미야 26장은 최소한 두 가지 방식에서 이 기사의 낭독을 풍요롭게 한다. 첫째로, 예수님의 체험과 예레미야와 우리야의 체험 간의 유사성과 비유사성은 그 모형에 대한 원형의 증대 현상에 의하여 예수님의 고난의 모습을 강화시켜 준다. 예레미야는 하나님의 율법에 순종하라고 요청하고 있으나(26:4), 예수님은 성전에서 장사치들을 내어쫓음으로써 율법과 예언에 대한 순종을 강요하신다(마 21:12-13; 막 11:15-18; 눅 19:45-48). 예레미야처럼 예수님은 하나의 선지자로서 예루살렘의 제사장들에 의하여 재판정으로 끌려오셨고 성전의 멸망을 예언했다는 고소를 받으셨다(마 26:57-68; 24:2; 막 14:58). 그러나 예수님에 대한 고소는 한 걸음 더 나아간다. 증인들에 의하면, 그분은 자신이 개인적으로 성전을 파괴시킬 것이고 3일 동안 하나의 다른 성전을 건축할 것이라고 말했다는 것이다(마 26:61; 막 14:58; 요 2:19). 민간 권위자들에 의해서 무죄 사면을 받은 다음에도(렘 26:16; 눅 23:13-22), 백성들은 여전히 그들의 죽음을 요구한다(렘 26:24; 눅 23:23-25). 예레미야는 아히감에 의하여 구출되지만(26:24), 예수께서는 자신의 모든 제자들에게 버림을 받고 홀로 십자가의 길로 나아가신다(마 26:56, 74-75). 예레미야는 무죄한 자를 처형함으로써 피 흘리는 죄를 자초하는 위험에 대해서 자기 청중들에게 경고한다(26:15). 유다는 그분에게 죄가 없음을 인정하고(마 27:3-4), 빌라도는 자기 손을 씻으려고 하지만(마 27:24), 백성들은 주저없이 예수의 피를 자기 자신들에게로 돌리라고 한다(마 27:25).

두 번째로, 이러한 비교점들은 하나님께서 부지런히 보내셨지만 백성들에게 거절당하고 죽임을 당한 기나긴 선지자 계열의 한 사람으로서 예수께서 이 죽음으로 나아가셨다는 복음에 대한 명확한 가르침을 지지한다(렘 26:5, 20-23; 눅 13:33-34; 마 23:29-32). 이 선지자들은 회개하지 않은 죄인들이 여호와의 성전 안에 있을지라도 결코 안전하지 않다는 일반적인 메시지를 소유하고 있다(렘 26:4-6, 18, 20; 마 24장; 막 13장; 눅 21장). 하나님의 백성들은 기술이나 전략, 신학, 의식을 통하여 안전을 창출해 낼 수는 없다. 그들은 인간의 회개와 하나님의 자비라는 교차 지점에서만 생명과 희망을 발견할 것이다(렘 26:3). 마태복음 23:37-39//누가복음 13:34-35에서 예수님의 예루살렘을 향한 애도는 예레미야 26장의 내용을 반영해 준다. 예루살렘 백성들은 하나님의 선지자들을 죽였지만(26:20-24), 하나님께서는 부지런히 백성들의 회복을 바라면서 더 많은 사람을 보내신다(26:4-5, 13). 달리 취할 길은 성전과 성읍의 황폐다(26:5-6, 9, 18). 그러나 백성들은 주의 이름으로 오셔서 말씀하시는 그분을 인정하고 그분에게 귀를 기울여야 한다(26:15-16).

예루살렘아 예루살렘아 선지자들을 죽이고 네게 파송된 자들을 돌로 치는 자여 암탉이 그 새끼를 날개 아래 모음같이 내가 네 자녀를 모으려 한 일이 몇 번이냐 그러나 너희가 원치 아니하였도다 보라 너희 집이 황폐하여 버린 바 되리라 내가 너희에게 이르노니 이제부터 너희는 찬송하리로다 주의 이름으로 오시는 이여 할 때까지 나를 보지 못하리라 하시니라(마 23:37-39).

XVI. 참 선지자와 거짓 선지자(27:1-29:32[LXX 34:1-36:32])

참고문헌

Avigad, N. *Hebrew Bullae from the Time of Jeremiah: Remnants from a Burnt Archive.* Jerusalem: Israel Exploration Society, 1986. **Janzen, J. G.** *Studies in the Text of Jeremiah.* Cambridge, MA: Harvard UP, 1973. **Kessler, M.** "Jeremiah Chapters 26-45 Reconsidered." *JNES* 27(1968) 81-88. **Nicholson, E. W.** *Preaching to the Exiles: A Study of the Prose Tradition in the Book of Jeremiah.* New York: Schocken Books, 1970. **Seidl, T.** *Texte und Einheiten in Jeremia 27-29.* Literaturwissenschaftliche Studie 2. Teil, Arbeite zu Text und Sprache im Alten Testament 5. Munich: Eos, 1978. **Seitz, C. R.** *Theology in Conflict: Reactions to the Exile in the Book of Jeremiah.* BZAW 176. New York: de Gruyter, 1989. **Stulman, L.** *The Prose Sermons of the Book of Jeremiah.* SBLDS 33. Atlanta: Scholars, 1986. **Thiel, W.** *Die deuteronomistische Redaktion von Jeremia 26-45.* WMANT 52. Neukirchen: Neukirchener, 1981. **Tov, E.** "Some Aspects of the Textual and Literary History of the Book of Jeremiah." In *Le Livre de Jérémie: Le prophète et son milieu, les oracles et leur transmission,* ed. P.-M. Bogaert. BETL 54. Leuven: Leuven UP, 1981. 145-67. **Wanke, G.** *Untersuchungen zur sogenannten Baruchschrift.* BZAW 122. Berlin: de Gruyter, 1971. **Wiseman, D. J.** *Nebuchadrezzar and Babylon.* Oxford: Oxford UP, 1985.

27-29장의 독특한 특징들이 이 장들을 예레미야서의 나머지 부분으로부터 분리시켜 놓고 있으며, 하나의 독립된 전승의 시기와 본서 전체에 삽입되기 이전에 하나의 "모음집"으로서의 상태가 있었음을 암시해 주고 있다. 특히 이름의 철자를 포함하여 이러한 장들이 나누어 가지고 있는 문체상의 특성들은 일반적인 주제들과 역사적 배경으로 입증된다. 이러한 특징들에 대한 루돌프의 목록이 논증의 기초가 된다(157-58). (1) 느부갓네살이 눈(נ)을 보유한 철자로 되어 있지만, 29:21은 예레미야서 나머지 부분에서 발견되는 것과 같은 레쉬(ר)를 가진 철자를 가지고 있으며, 이것이 바벨론인의 이름인 나부-쿠두리-우쑤르(*Nabû-kudurri-uṣur*〈이 이름은 아마도 "오 나부여, 내 소생을 보호하소서"를 의미하는 것 같다〉; Wiseman, *Nebuchadrezzar*, 3)에 더 가깝다. 와이즈만은 이름이 n(ㄴ)을 가지고 있는 **נבוכדנצר**

(*Nebuchadrezzar*)라는 철자로 되어 있는 느부카드레짜르(*Nebuchadrezzar*) 제34년의 것인 아람어로 된 한 토판을 인용한다. n이라는 철자는 열왕기하, 역대기상하, 에스라, 느헤미야, 에스더, 다니엘에서 사용되기도 하고, 반면에 에스겔은 r이라는 철자를 사용한다. 27-29장의 LXX에서 바벨론 왕의 본명은 27:6에만 나타나는데, 거기서 이것은 *ν*, n으로 음역되어 있다.

(2) 야웨라는 하나님의 이름의 어미(語尾)를 가지고 있는 본명은 본서의 나머지 부분에서처럼 주로 야후(יהו)가 아닌 야(יה)로 되어 있다. 예를 들어, 예레미야의 이름은 27-29장에서만은 끝 글자가 와우(ו)가 빠진 이르메야(יִרְמְיָה)다. 와우(ו)를 가진 보다 긴 철자가 29:21-32에 있는 여러 이름들(시드기야, 스마야, 예레미야) 가운데 나타나지만, 골라야, 마아세야, 스바냐, 스마야 같은 짧은 철자들이 같은 구절들 가운데서 발견된다(요시야의 긴 철자는 사본상으로 문제가 되어 있는 27:1에 나타난다). 다니엘서 역시 예레미야와 하나냐란 이름들 가운데 있는 짧은 야웨 이름의 어미를 사용한다. 애비갓(Abigad)이 출판한 예레미야 시대에 나온 200개 이상의 진흙 도장이 짧은 야(יה)로 마치는 분명한 사례를 담고 있지 않고 80개의 이름의 철자가 야후로 되어 있다(*Hebrew Bullae*, 116). 애비갓은 라기스와 아라드에서 나온 히브리인의 편지들도 와우를 가진 긴 이름만을 사용하고 있다고 설명한다(*Hebrew Bullae*, 116). 유대 서기관의 관습(혹은 방언?)은 분명히 야후를 더 선호한 것 같다.

(3) "선지자"란 호칭은 본 장에서 아주 빈번하게 예레미야의 이름에 붙어 있다(11회 출현하는 가운데 7회). 예레미야서 MT에서는 이름에 이 호칭을 붙이거나 호칭에 이름을 붙이는 경향이 있지만(Janzen, *Studies*, Appendix A), 본서의 다른 곳에서는 그러한 일관성을 가지고 예레미야에게 선지자란 호칭이 붙여지지 않았다. 27-29장에 있는 이러한 습관의 이유는 주요 문제, 곧 거짓 선지자와의 갈등 때문이다. 하나냐 역시 28장에서 "선지자"란 호칭이 주어진다(8회 출현에 6회).

예레미야서 MT은 LXX보다 길다. 이것은 고대 헬라어 역본에 나타나 있지 않은 단어, 문구, 문장, 단락들을 포함하고 있다. 27-29장은 이러한 현상의 주된 예증이다(예를 들어, Stulman의 계산에 의하면, 27장의 MT은 OG의 히브리어 원 자료보다 170개의 단어 혹은 42%나 더 길며, 29장의 MT은 192개의 단어 혹은 37%나 더 길다. *Prose Sermons*, 86, 90). LXX의 히브리 자료의 조상이었던 본서의 첫판("Edition I")과 비교되는 MT의 원래 형태에 대한 토브(Tov)의 묘사("둘째 판" [Edition II]; "Some Aspects," 218-33)는 27-29장으로부터 나온 자료들과의 차이점에 대한 그의 여섯 개의 범주 가운데 네 개를 예증해 주고 있다. 그것들은 다음의 것들을 포함한다. (1) "표제의 첨가", 27:1, (2) "새 구절들과 단락들의 첨가", 27:7, 13-14a, 17; 29:16-20, (3) 27:19-22과 같은 "새로운 사항들의 첨가" 그리고 (4) 해명을 포함하고(27:1, 7; 28:1; 29:16-20), LXX에 암시되어 있는 어떤 사건들을 명확하게 하기 위한 세부 사항들을 적어 넣고 있는(예를 들어, 28:4, 5에 있는 것과 같은 이름들과 호칭들; 27:5, 8, 16-17; 28:3, 15; 29:6에 있는 것과 같은 해명; "여호와의 신탁"이라는 공식 문구) 29:25에 있는 것과 같은 "내용의 변형"이다.

이 세 장은 그것들이 일반적인 주제들을 가지고 있고 시드기야 통치 기간 동안의 역사적 배경을 가지고 있기 때문에 하나의 모음집으로 이해할 수 있다(날짜에 대한 논의에 관해서는 27-28과 29장의 "양식/구조/배경"을 보라). 이 장들은 유다와 그 이웃 나라들이 느부갓네살에게 봉신의 상태로부터 곧 탈피할 것이고 바벨론에 있는 포로민들은 본국으로 돌아올 것이라는 사실을 바라고 계획을 세우는, 가능했던 하나의 시기를 가정하고 있다. 이 꿈들은 거짓 선지자들의 사역에 의하여 지지를 받았다. 예레미야를 통하여 말씀하신 하나님의 목적과 이 세 장에서의 목적은 거짓 선지자들의 말의 효과를 좌절시키고, 유다와 그 이웃 국가들 그리고 바벨론에 있는 포로민들을 바벨론으로 하여금 다스리도록 정하신 때가 끝나기까지 하나님이 임명하신 느부갓네살의 권위에 복종하도록 인도하는 것이었다. 자료의 강조는 "바벨론에게"다(이 문구는 이 세 장 가운데서 10회나 나타난다). 부수적인 주제들은 중재기도, 다른 열국들, 특히 바벨론을 향한 보다 긍정적인 태도(Carroll, 531, 533) 그리고 유다와 포로지에서 흩어져 있음에도 불구하고 하나님의 백성 이스라엘의 단일성을 포함하고 있다(Seitz, *Theology*, 82).

금세기는 본서의 편집과 발전의 역사에서 이 작품집의 위치에 관한 수많은 이론들을 산출해 냈다(주장들의 요약에 관해서는 Seidl, *Texte*, 21-22, n. 6을 보라). 여기서는 소수의 견해들만 살펴볼 수 있겠다. 루돌프(157-58)는 모빙켈(Mowinckel)이 말한 A자료 가운데서 27장의 기원을 발견해 냈고, 반면에 28과 29장(소수의 작은 첨가물들)은 B자료, 곧 바룩서로부터 왔다고 한다. 이것들은 포로민들 가운데 있는 거짓 선지자들에 대항하여 일종의 소책자로서의 기능을 하도록 하는 공동 주제와 배경을 가지고 있기 때문에 함께 묶여졌다. 그것들이 독립되어 존재했기 때문에 얻어진 스타일상의 특징들은 27-29장이 예레미야서로 삽입되었을 때 제거되지 않고 그 모음집이 깨뜨려지지 않았다. 27:22과 29:10-14, 32에 있는 희망적 요소들로 인하여 이 세 장이 30-31장에 있는 구원 약속들 앞에 위치하게 되었다. 디얼(Thiel, *Redaktion*, 5-19, 100)의 재구성은 첫 단계에서 달라진다. 그는 신명기 편집자가 27-29장 모음집의 작성을 했다고 믿는다. 니콜손(Nocholson)도 신명기 사가의 상당한 보충의 증거를 발견하지만, 이 전승 단위의 최초의 형성을 "예레미야 원자료의 전달과 발전 과정에서" 이른 시기에 둔다(*Preaching to the Exiles*, 93). 캐롤(Carroll, 523-24)은 이 장들을 예레미야가 하나의 전설적 역할을 하는 역사 기록과는 반대되는 "문학적 창작물"로 설명한다. 그는 이것이 작성된 시기를 주전 5세기나 혹은 그 이후로 주장한다. 후대에 유대인 편집자에 의하여 수정된 이 작품의 목적은 바벨론이 야웨 백성의 삶의 합법적인 중심지가 되었다는 사실을 주장하려는 것이었다는 점이다. 캐롤은 30-31장을 27-29장 뒤에 둔 것은 이러한 관점에 균형을 이루도록 하기 위한 것이었다고 주장한다.

케쓸러(Kessler, *JNES* 27[1968] 83-84)와 방케(Wanke, *Untersuchungen*, 144)는 각기 27-29장이 본서 내에서 하나의 설화의 주기(cycle) 혹은 복합 구조의 핵심을 이룬다고 제안한다. 방케의 "주기"는 19:1-20:6과 26-29, 36장으로 구성되어 있는데, 이는 "예레미야 선지자의 선포 내용의 진리성"에 관심을 두고 있다. 케쓸러는 26-36장의 다단계 발전을 제안하며 연대기가 아닌 내용에 따른 배열이라고 제안하고 있는데, 이는 분명히 포로민들 사이에서 완성되었다는 것이다. 26장과 36장은 설화의 골격을 제공하고 있는데, 이는 26:3에 있는 운명에 대한 불확실한 선언으로부터 백성들이 예레미야를 통하여 주어진 야웨의 말씀에 대해 반응하지 않음으로써 36장에 있는 피할 수 없는 심판으로 옮겨간다. 케쓸러에 따르면, 26장은 27-29장에 대한 서문이었다. 그러고 나서 30-31장과 32-33장이 첨가되었다. 34장과 35장은 36장의 절정을 위하여 준비되었다.

사이츠(Seitz, *Theology*, 241)는 27:1-18; 28; 29:1-9, 15, 20-32을 바벨론에 복종함으로써 그 땅에서 지속된 삶을 살 수 있고 포로지에서 살아 남을 수 있는 가능성을 선포했던 주전 587년 이후에 미스바에서 기록된 책(285), 곧 자기가 제안한 서기관의 연대기(37-43, 32장과 34장의 일부가 덧붙여짐; 283)에 대한 원래의 서론으로 분석하고 있다. 이 이론에 따르면, 후대의 한 포로기 편집자가 597년 이전과 그 이후의 시기에 예레미야를 통하여 주어진 야웨의 메시지의 일관성을 드러내기 위하여, 그리고 597년 이전에 행한 예레미야의 설교에 따라 주전 586년에 예루살렘의 멸망이 일어났음을 보여 주기 위하여 597년 이전과 그 이후의 구절들(시드기야 시대의 것인 21, 24, 27-29, 32-34, 37-39장; 여호야김의 것인 25, 26, 35, 36장;

597년 이전의 것인 30-31장)을 분산시키면서 이 서기관의 연대기와 다른 예레미야의 자료를 보충하고 재배치했다는 것이다(227-28).

27-29장의 모음집의 또 다른 특징은 다니엘서와의 수많은 접촉점이다. 이 책들은 공동으로 느부갓네살에 대해 n(ㄴ)을 가진 철자를 사용하고 예레미야와 하나냐에 대해 짧은 야(יָה) 어미를 가진 철자를 사용하고 있다. 이 책들은 불살라 죽이는 처형(렘 29:22; 단 3장), 예루살렘 성전으로부터 취한 관사들(렘 27:16-28:9; 단 5:1-4), 바벨론 포로민들 가운데 있었던 기도 습관(렘 29:7, 10-14; 단 6, 9장) 그리고 채식(렘 29:5; 단 1:8-16)과 같은 모티프들을 함께 사용한다. 다니엘서도 역시 느부갓네살이 야웨께서 권세와 세력을 가지셨음을 인정했다는 것으로 그분이 인간과 짐승으로 표현된 나라들을 다스리는 통치자로서 느부갓네살을 임명하신 것으로 말미암아 제기된 신학적 문제들을 설명한다(단 3:28-29; 4:34-37). 느부갓네살이 야생 짐승들 가운데 살면서 "소처럼 풀을 먹는" 동안 있었던 굴욕의 이야기는 그의 하나님의 공의에 대한 고백과 함께 끝난다(단 4:37). 다니엘과 그의 세 친구는 살아 남았을 뿐만 아니라, 그들은 야웨에 대한 신앙을 말하고 행동했을 때 느부갓네살에 의하여 그 지위가 높아졌다(단 1-3장). 가장 확실하게도, 다니엘 9장은 황폐된 이스라엘을 위한 다니엘의 기도에 응답하여 예레미야의 70년이라는 예언에 대한 하늘의 해석을 기록하고 있다(29:10). 9장에 있는 그의 기도는 어느 때, 어느 곳에서나 하나님의 백성들에게 어울리는 회개의 태도를 예증해 주고 있다.

A. 느부갓네살의 멍에(27:1-28:17[LXX 34:1-35:17])

참고문헌

Ackroyd, P. "The Temple Vessels, a Continuing Theme." *Studies in the Religion or Ancient Israel.* VT Sup 23. Leiden: Brill, 1972. 166-81. **Ben-Barak, Z.** "The Status and Right of the Gebira." *JBL* 110(1991) 23-34. **Brueggemann, W.** "At the Mercy of Babylon: A Subversive Rereading of the Empire." *JBL* 110(1991) 3-22. **Campbell, A.** *Of Prophets and Kings: A Late 9th Century Document(1 Sam 1-2 Kg 10).* CBQMS 17. Washington, DC: Catholic Biblical Society of America, 1986. **Childs, B.** *Old Testament Theology in a Canonical Context.* Philadelphia: Fortress, 1985. **Driver, G.** "Once Again Abbreviations." *Textus* 4(1964) 76-94. **Fensham, F.** "Nebuchadrezzar in the Book of Jeremiah." *JNSL* 10(1982) 53-65. **Fohrer, G.** "Die Gattung der Berichte über symbolische Handlungen der Propheten." In *Studien zur alttestamentlichen Prophetie.* BZAW 99. Berlin: de Gruyter, 1967. 92-112. **Haran, M.** "The Disappearance of the Ark." *IEJ* 13(1963) 46-58. **Lemke, W.** "'Nebuchadrezzar, my Servant'." *CBQ* 28(1966) 45-50. **Lust, J.** "'Gathering and Return' in Jeremiah and Ezekiel." In *Le Livre de Jérémie: Le prophète et son milieu, les oracles et leur transmission,* ed. P. M. Bogaert. BETL 54. Leuven: Leuven UP, 1981. 119-42. **Lys, D.** "Jérémie 28 et le problème du faux prophète ou la circulation du sens dans le diagnostic prophétique." *RHPR* 59(1979) 453-82. **Malamat, A.** "The Last Kings of Judah and the Fall of Jerusalem: An Historical-Chronological Study." *IEJ* 18/1 (1968) 137-56. ______. "The Last Wars of the Kingdom of Judah." *JNES* 9(Jan.-Oct. 1950) 218-27. **McBride, S. D.** "The Yoke of the Kingdom." *Int* 27(1973) 273-306. **McKane, W.** "Jeremiah 27, 5-8, especially 'Nebuchadnezzar, my servant'." In *Prophet und Prophetenbuch.* FS O. Kaiser. BZAW 185. Berlin: de Gruyter, 1989. 98-109. **Meier, S.** *The Messenger in the Ancient Semitic World.* HSM 45. Atlanta: Scholars, 1988. **Mottu, H.** "Jeremiah vs. Hananiah: Ideology and Truth in Old Testament Prophecy." In *The Bible and Liberation,* ed. N. Gottwald. New York: Orbis Books, 1983. 235-51. **Overholt, T.** "King Nebuchadnezzar in the Jeremiah Tradition." *CBQ* 30(1968) 39-48. **Quell, G.** *Wahre und falsche Propheten: Versuch einer Interpretation.* BFCT 46.1, ed. P. Althaus, H. Dörries, and J. Jeremias. Gütersloh: Bertelsmann, 1952. **Sarna, N.** "The Abortive Insurrection in Zedekiah's Day." *EI* 14(1978) 89-96. **Schmidt, H.** "Das Datum der Ereignisse von Jer 27 und 28." *ZAW* 39(1931) 138-44. **Schreiner, J.** "Tempeltheologie im Streit der Propheten: Zu Jer 27 und 28." *BZ* 31(1987) 1-14. **Seebass, H.** "Jeremia's Konflikt mit Chanania: Bemerkungen zu Jer 27 und 28." *ZAW* 82(1970) 449-52. **Sheppard, G.** "True and False Prophecy within Scripture." In *Canon, Theology, and Old Testament Interpretation,* ed. G. Tucker, D. Peterson, and R. Wilson. Philadelphia: Fortress, 1988. 262-82. **Starkey, P.** *Animal-Drawn Wheeled Toolcarriers: Perfected Yet Redjected, A Cautionary Tale of Development.* Braunschweig/Wiesbaden: Vieweg and Son, 1988. **Tov, E.** "Exegetical Notes on the Hebrew Vorlage of the LXX of Jeremiah 27(34)." *ZAW* 91(1979) 73-93. **Weineld, M.** "The Loyalty Oath in the Ancient Near East." *UF* 8(1976)

379-414. **Wolff, H.** "Hauptprobleme alttestamentlicher Prophetie." *EvT* 15(1955) 116-68= *Gesammelte Studien zum Allen Testament.* Munich: Chr. Kaiser, 1964. 206-31. **Zevit, Z.** "The Use of עֶבֶד as a Diplomatic Term in Jeremiah." *JBL* 88(1969) 74-77.

본 문

1 유다 왕 요시야의 아들 여호야김의 즉위한 지 오래지 아니하여서 여호와께서 말씀으로 나 예레미야에게 이르시니라

1 [ab][In the accession year of[b] Jehoiakim[c] son of Josiah, the king of Judah,] this word came to Jeremiah from the Lord:

2 여호와께서 이같이 내게 이르시되 너는 줄과 멍에를 만들어 네 목에 얽고

2 "Thus says the Lord (to me):[a] Make for yourself[b] yoke[c] bonds and bars and put them[d] on your neck.

3 유다 왕 시드기야를 보러 예루살렘에 온 사신들의 손에도 그것을 붙여 에돔 왕과 모압 왕과 암몬 자손의 왕과 두로 왕과 시돈 왕에게 보내며

3 Then send them[a] to the king of Edom, the king of Moab, the king of the Ammonites, the king of Tyre, and the king of Sidon by way of the[b] messengers who have come[c] to Jerusalem to Zedekiah the king of Judah.

4 그들에게 명하여 그 주에게 이르게 하기를 만군의 여호와 이스라엘의 하나님이 말씀하시되 너희는 너희 주에게 이같이 고하라

4 [a]Give them a charge to say[a] to their lords, 'Thus says the Lord of hosts,[b] the God of Israel, (thus you shall say to your lords):

5 나는 내 큰 능과 나의 든 팔로 땅과 그 위에 있는 사람과 짐승들을 만들고 나의 소견에 옳은 대로 땅을 사람에게 주었노라

5 I alone made the earth, [a]the humans and the animals which are on the earth,[a] by my great power and by my outstretched arm, and I give it[b] to the one who seems right to me.

6 이제 내가 이 모든 땅을 내 종 바벨론 왕 느부갓네살의 손에 주고 또 들짐승들을 그에게 주어서 부리게 하였나니

6 Now[a] I[b] have given [c]all these lands[c] to the control of Nebuchadnezzar, the king of Babylon, my servant,[d] and [e]I have also given him[e] the field animals to serve him.

7 열방이 그와 그 아들과 손자를 섬기리라 그의 땅의 기한이 이르면 여러 나라와 큰 왕이 그로 자기를 섬기게 하리라마는

7 [a]All of the nations shall serve him, his son, and his grandson until the appointed time for his own land comes too: then many nations and great kings shall use him[b] as a slave.

8 나 여호와가 이르노라 바벨론 왕 느부갓네살을 섬기지 아니하는 국민이나 그 목으로 바벨론 왕의 멍에를 메지 아니하는 백성은 내가 그의 손으로 진멸시키기까지 칼과 기근과 염병으로 벌하리라

8 [a]It shall come to pass that[a] the nation and the kingdom which does not[b] serve him, Nebuchadnezzar, the king of Babylon, [c]and which[c] does not[b] [d]put its neck[d] in the yoke of the king of Babylon – I will deal with [e]that nation[e] with sword, famine, and pestilence[f] [gh]until I have consumed them[h] by his hand.

9 너희는 너희 선지자나 너희 복술이나 너희 꿈꾸는 자나 너희 술사나 너희 요술객이 너희에게 이르기를 너희가 바벨론 왕을 섬기지 아니하리라

10 그들은 너희에게 거짓을 예언하여서 너희로 너희 땅에서 멀리 떠나게 하며 또 나로 너희를 몰아내게 하며 너희를 멸하게 하느니라

11 오직 그 목으로 바벨론 왕의 멍에를 메고 그를 섬기는 나라는 내가 그들을 그 땅에 머물러서 밭을 갈며 거기 거하게 하리라 하셨다 하라 여호와의 말이니라

12 내가 이 모든 말씀대로 유다 왕 시드기야에게 고하여 가로되 왕과 백성은 목으로 바벨론 왕의 멍에를 메고 그와 그 백성을 섬기소서 그리하면 살리이다

13 어찌하여 왕과 왕의 백성이 여호와께서 바벨론 왕을 섬기지 아니하는 나라에 대하여 하신 말씀같이 칼과 기근과 염병에 죽으려 하나이까

14 왕과 백성에게 바벨론 왕을 섬기지 아니하리라 하는 선지자의 말을 듣지 마소서 그들은 거짓을 예언하나이다

15 여호와께서 말씀하시되 내가 그들을 보내지 아니하였거늘 그들이 내 이름으로 거짓을 예언하니 내가 너희를 몰아내며 너희와 너희에게 예언하는 선지자들을 멸망시키기에 이르리라 하셨나이다

16 내가 또 제사장들과 그 모든 백성에게 고하여 가로되 여호와께서 이같이 말씀하시되 여호와의 집 기구를 이제 바벨론에서 속히 돌려오리라고 너희에게 예언하는 선지자들의 말을 듣지 말라 이는 그들이 거짓을 예언함이니라 하셨나니

17 너희는 그들을 듣지 말고 바벨론 왕을 섬기라 그리하면 살리라 어찌하여 이 성으로 황무지가 되게 하겠느냐

18 만일 그들이 선지자이고 여호와의 말씀이 그들에게 있을진대 그들이 여호와의 집에와 유다 왕의 집에와 예루살렘에 남아 있는 기구가 바벨

9 As for you, don't listen to your prophets, your diviners, your dreams,[a] your soothsayers,[b] or your sorcerers[c] who are saying [d]to you,[d] "You will not[e]

10 For they are prophesying falsehood to you in order to remove you from your land. [a]I shall banish[b] you, and you will die.[a]

11 But the nation which will put its neck in the yoke of the king of Babylon and serve him, I shall leave that nation in its land –[a]oracle of the Lord[a] –and they[b] will till it and dwell in it.'"

12 To Zedekiah the king of Judah I spoke according to all these words, saying: "Put your neck in [a]the yoke of the king of Babylon;[a] serve[b] him and his people and live.

13 [a]Why should you and your people die by sword, famine,[b] and pestilence, as the Lord has spoken concerning the nation that will not serve the king of Babylon?

14 Stop listening to the words of the prophets who are saying to you, 'You will not serve[b] the king of Babylon,' for they are prophesying falsehood to you.

15 Indeed, I did not send them –oracle of the Lord –and they are prophesying falsely in my name with the result that I[a] shall banish you, and you will perish, you and the[b] prophets who are prophesying to you."[c]

16 [ab]To the priests and to all these people[b] I spoke, saying: "Thus says the Lord: Stop listening to the words of your prophets who are prophesying to you, saying, 'Behold, the furnishings of the Lord's house are going to be brought back from Babylon [c]very soon now,'[c] for they are prophesying falsehood to you.[d]

17 [a]Stop listening to them. Serve the king of Babylon and live. Why should this city become a ruin?[b]

18 If they are prophets and if the word of the Lord is indeed with them, then let them entreat [a]the Lord of hosts[a] [b]so that the furnishings re-

론으로 옮겨가지 않도록 만군의 여호와께 구하여
야 할 것이니라
19 만군의 여호와께서 기둥들과 놋바다와 받침들
과 및 이 성에 남아 있는 기구에 대하여 이같이
말씀하시나니
20 이것은 바벨론 왕 느부갓네살이 유다 왕 여호
야김의 아들 여고니야와 유다와 예루살렘 모든
귀족을 예루살렘에서 바벨론으로 사로잡아 옮길
때에 취하지 아니하였던 것이라

21 만군의 여호와 이스라엘의 하나님이 여호와의
집에와 유다 왕의 집에와 예루살렘에 남아 있는
그 기구에 대하여 이같이 말씀하시되

22 그것들이 바벨론으로 옮김을 입고 내가 이것
을 돌아보는 날까지 거기 있을 것이니라 그 후에
내가 그것을 옮겨 이 곳에 다시 두리라 여호와의
말이니라
28:1 이 해 유다 왕 시드기야의 즉위한 지 오래지
않은 해 곧 사 년 오 월에 기브온 앗술의 아들 선
지자 하나냐가 여호와의 집에서 제사장들과 모든
백성 앞에서 내게 말하여 가로되

2 만군의 여호와 이스라엘의 하나님이 이같이 말
씀하여 가라사대 내가 바벨론 왕의 멍에를 꺾었
느니라
3 내가 바벨론 왕 느부갓네살의 이 곳에서 바벨
론으로 옮겨간 여호와의 집 모든 기구를 두 해가
차기 전에 다시 이 곳으로 가져오게 하겠고

4 내가 또 유다 왕 여호야김의 아들 여고니야와
바벨론으로 간 유다 모든 포로를 다시 이 곳으로
돌아오게 하리니 이는 내가 바벨론 왕의 멍에를
꺾을 것임이니라 여호와의 말이니라 하셨다 하는
지라
5 선지자 예레미야가 여호와의 집에 선 제사장들
의 앞과 모든 백성 앞에서 선지자 하나냐에게 말
할새

maining in the Lord's house and the house of the
king of Judah will not go[c] to Babylon.[b]
19 Indeed, thus says the Lord [a]of Hosts about
the pillars, the sea, the stands,[ab] [c]and the rest of
the furnishings [d]remaining in this city,[d]
20 which Nebuchadnezzar,[a] the king of Babylon,
did not take[b] when he exiled Jeconiah[c] [d]the son
of Jehoiakim, the king of Judah,[d] from Jerusalem
to Babylon,[e] [f]along with all the nobles of Judah
and Jerusalem.[f]
21 [a]For thus says the Lord of hosts, the God of
Israel, concerning the furnishings remaining in[b]
the house of the Lord and the house of the king
of Judah and[c] Jerusalem:
22 To Babylon[a] they shall be brought [b]and there
they shall be until the day I deal with them[b] –
[c]oracle of the Lord[c] – [b]then I shall bring them up
and return them to this place."[b]
28:1 So it happened [[a]in that year,[a] [b]in the
accession year of Zedekiah the king of Judah, in
the fourth year[cb]] in the fifth month, that Hana-
niah son of Azur, the prophet who was from
Gibeon, spoke to me[d] in the house of the Lord in
the sight of the priests and all the people, saying,
2 "Thus says the Lord [a]of Hosts, the God of
Israel:[a] I will break the yoke of the king of Baby-
lon.
3 Within two years[a] I will bring back to this
place all[b] the furnishings of the house of the Lord
[c]which Nebuchadnezzar[d] the king of Babylon
took from this place and brought to Babylon,[c]
4 and Jeconiah [a]son of Jehoiakim, the king of
Judah,[a] and all[b] the exiles of Judah [c]who are
going to Babylon I am about to return to this
place – oracle of the Lord[c] – for I shall break the
yoke of the king of Babylon."
5 Then Jeremiah the prophet said to Hananiah
the prophet in the sight of [a]the priests and in the
sight of all of the people[a] standing in the house
of the Lord,

6 선지자 예레미야가 말하되 아멘 여호와는 이같이 하옵소서 여호와께서 네 예언대로 이루사 여호와의 집 기구와 모든 포로를 바벨론에서 이 곳으로 다시 옮겨오시기를 원하노라

7 그러나 너는 이제 내가 네 귀와 모든 백성의 귀에 이르는 이 말을 들으라

8 나와 너 이전 선지자들이 자고로 여러 나라와 큰 국가들에 대하여 전쟁과 재앙과 염병을 예언하였느니라

9 평화를 예언하는 선지자는 그 예언자의 말이 응한 후에야 그는 진실로 여호와의 보내신 선지자로 알게 되리라

10 선지자 하나냐가 선지자 예레미야의 목에서 멍에를 취하여 꺾고

11 모든 백성 앞에서 말하여 가로되 여호와께서 이같이 말씀하시되 내가 두 해가 차기 전에 열방의 목에서 바벨론 왕 느부갓네살의 멍에를 이같이 꺾어 버리리라 하셨느니라 하매 선지자 예레미야가 자기 길을 가니라

12 선지자 하나냐가 선지자 예레미야의 목에서 멍에를 꺾어 버린 후에 여호와의 말씀이 예레미야에게 임하니라 가라사대

13 너는 가서 하나냐에게 말하여 이르기를 여호와의 말씀에 네가 나무 멍에를 꺾었으나 그 대신 쇠 멍에를 만들었느니라

14 만군의 여호와 이스라엘의 하나님이 이같이 말하노라 내가 쇠 멍에로 이 모든 나라의 목에 메워 바벨론 왕 느부갓네살을 섬기게 하였으니 그들이 그를 섬기리라 내가 들짐승도 그에게 주었느니라 하신다 하라

15 선지자 예레미야가 선지자 하나냐에게 이르되 하나냐여 들으라 여호와께서 너를 보내지 아니하셨거늘 네가 이 백성으로 거짓을 믿게 하는도다

6 Jeremiah the prophet said, "Amen, may the Lord do so, may the Lord establish your words[a] which you have prophesied by bringing back the furnishings of the house of the Lord and all the exiles from Babylon to this place.

7 Only please listen to [a]this word[a] which I am speaking in your hearing and in the hearing of all the people:

8 As for the prophets who were before me and before you from time immemorial, they prophesied of [a]war, calamity[b] and pestilence[a] to many nations and against great kingdoms.

9 As for the prophet who prophesies peace, when the word of that prophet comes, then the prophet whom the Lord truly has sent will be known."

10 Then Hananiah the prophet took[a] the bar[b] off the neck of Jeremiah the prophet and broke it[c] to pieces.

11 Then Hananiah said in the sight of all the people, "Thus says the Lord: Thus I will break the yoke of Nebuchadnezzar[a] the king of Babylon off the neck of all the nations [b]within two years."[b] Then Jeremiah the prophet went his way.

12 The word of the Lord came to Jeremiah afler Hananiah the prophet had broken the yoke-bar[a] off the neck of Jeremiah the prophet, saying,

13 "Go and speak to Hananiah, saying, 'Thus says the Lord: Wooden yoke-bars[a] you have broken, but you[b] will make in place of them yoke-bars of iron.

14 For thus says the Lord [a]of hosts, the God of Israel:[a] I have put an iron yoke on the neck of all these[b] nations so that they will serve Nebuchadnezzar,[c] the king of Babylon, [d]and they will serve him. I have also given the animals of the field to him.'"[d]

15 Jeremiah [a]the prophet[a] said to Hananiah [b]the prophet, "Listen, Hananiah,[b] the Lord did not send you, and you have caused this people to put their trust in falsehood.

16 그러므로 여호와께서 말씀하시되 내가 너를 지면에서 제하리니 네가 여호와께 패역하는 말을 하였음이라 금년에 죽으리라 하셨느니라 하더니

16 Therefore, thus says the Lord: Now I am about to drive you off the face of the ground: this year you will die, [a]because you have spoken apostasy against the Lord."[a]

17 선지자 하나냐가 그 해 칠 월에 죽었더라

17 So [a]Hananiah the prophet[a] died [b]that year,[b] in the seventh month.

원문주해

1.a. 이 전체 구절이 LXX에는 없다. 말씀-사건 형식은 한 장의 머리 부분에는 적절할 테지만, 27장과 28장 사이에 존재하는 관계들은 27:1에 있는 날짜를 필요로 한다. MT의 1a절에 있는 날짜 공식 문구는 26:1의 복사다("통치"에 대한 다른 철자를 가지고 있음). 어쨌든 본 장은 시드기야에 관한 장이며, 그러므로 최소한 "여호야김"이란 이름은 1절에서 잘못된 것이다(27:3, 12을 보라). 1a절의 나머지 부분은 아마도 26장으로부터 잘못 복사된 것 같다. 28:1에 있는 연대별 대조 표시인 "그 해에"(LXX에는 없음)는 독자로 하여금 28:1에서 27장의 날짜를 발견하도록 이끌어 주지만, MT에는 두 개의 다른 날짜, 즉 "…의 즉위년에"와 "제4년에"가 들어 있다. 이 날짜들은 모두 LXX에는 나타나 있지 않고 "다섯째 달에"만을 가지고 있다. "…의 즉위년에"는 현재의 부정확한 표제가 첨부된 다음에 27:1과 조화를 이루도록 28:1에 덧붙여졌을 수 있는데, 그것은 그 단위의 원래 날짜로서 "제4년에"를 가리켰을 것이다(Rudolph, Holladay, 그리고 대부분의 주석가들). 드라이버는 "제4년에"가 바샤나 하로쉬나(בשנה הראשנה, "원년에")의 축약형에 대한 오독이라고 제안한다(*Textus* 4[1964] 86). 이 독법을 지지하는 역사적 고찰에 관해서는 "양식/구조/배경"을 보라.

1.b-b.c. *BHS*는 "제4년에"와 "시드기야"를 권한다. "원문주해" 1.a를 보라.

2.a. LXX, Tg[Ms]에는 없다. 렘 13:1; 17:19; 25:15의 MT은 LXX에 없는 이와 같은 내용을 가지고 있다. 토브(Tov, *ZAW* 91[1979] 81)는 이것을 충돌을 증대시키기 위하여 덧붙여진 것으로 생각한다. 드라이버(Driver, *Textus* 4[1964] 79)는 이것을 알 이르메야(אל ירמיה, "예레미야에게")에 대한 축약형으로 읽는다.

2.b. LXX에는 없는데, 이것은 시간에 대한 유일한 부분인 라크/라켐(לכם/לך, "너 자신/자신들을 위하여")으로 번역한다.

2.c. 알(על, "멍에")이 이 구절에 없지만, 문맥은 "줄과 멍에"가 멍에의 일부임을 암시한다. "주석"을 보라.

2.d. 대명사 접미사가 LXX에는 없다.

3.a. *BHS*는 LXX[L]와 함께 접미사 "보낸다" 없이 칼 2인칭 남성 단수 완료(와우 연속법) 독법을 권한다.

3.b. LXX은 소유격 "그들의"를 가지고 있는데, 이것은 왕들과 사자들 간의 관계를 명시해 준다.

3.c. LXX은 에이스 아판테신 아우톤(*εἰς ἀπάντησιν αὐτῶν*, "그들을 만나러")을 가지고 있다.

4.a-a. 이는 신 1:3에서처럼 사신(messenger) 위임에 사용되는 관용어다.

4.b. LXX에는 없다. 19회 출현하는 LXX에는 15회나 "만군의 여호와" 중 체바오트(צבאות, "만군의")가 나타나지 않는다.

5.a-a. LXX에는 없다. 유사한 끝 글자로 인한 오류로 인하여 LXX로부터 탈락되었거나(הארץ – 하아레츠, "그 땅," Janzen, *Studies*, 118에서 그렇게 말함) 혹은 명확하게 하기 위하여 첫 MT에 덧붙여진 것이다(McKane, "Jeremiah 27, 5-8," 98). 토브(Tov, *ZAW* 91[1979] 82)는 MT에 덧붙여진 것이 32:17; 10:12; 51:15에서도 발견되는 상투적인 표현을 차단한다고 설명한다.

5.b. 단수 접미사는 "그 땅"(그리고 그 거민들)을 가리킨다.

6.a. 이 구절의 LXX에는 나타나 있지 않지만, LXX와 MT 모두 예레미야서의 다른 여러 곳에는 나타난다.

6.b. LXX에는 독립된 대명사가 없다.

6.c-c. LXX은 5절에서처럼 텐 텐(*τὴν γῆν*, "그 땅")을 가지고 있다. 그러나 MT은 3절을 언급한다. 브라이트(200)는 MT이 이것을 통상적 의미인 "그 (유다의) 땅"과 구별하기 위하여 원래의 하아레츠(הארץ, "그 땅")의 뚜렷한 확장을 가지고 있다고 주장한다.

6.d. LXX은 본 절의 끝 부분의 영향을 받아 히브리어 원 자료에서 있었던 마멸로 인하여(Tov, *ZAW*[1979] 84), 혹은 모욕적인 말을 제거하기 위하여(Rudolph, 161) 둘류에인 아우토(*δουλεύειν αὐτῷ*, "그를 섬기다")를 가지고 있다. 맥케인(McKane, "Jeremiah 27, 5-8," 99-101)은 LXX이 결합된 것이라고 결론짓는다. 그는 둘류에인 아우토(*δουλεύειν αὐτῷ*, "[종으로서] 그를 섬기다")가 에르가제스다이 아우토(*ἐργάζεσθαι αὐτῷ*, "그를 위하여 일하다")의 위치가 잘못된 이문을 보존하고 있다고 주장하고, LXX의 히브리어 원 자료의 6a절에는 아바드(עבד, "섬기다")의 형태가 없고 아브디(עבדי, "내 종")가 MT에 2차적으로 덧붙여진 것이라고 결론짓는다.

6.e-e. LXX에는 없다. 아마도 본 절 초두를 사용하고 있는 스타일상의 확장인 것 같다(Tov, *ZAW* 91[1979] 84).

7.a. LXX에는 이 구절 전체가 없다. 역시 LXX에는 없는 25:14과 유사하다.

7.b. 루돌프(161)는 바흐(בה, "그녀"), 즉 느부갓네살의 땅으로 고치는데, 이것은 본 절의 주제다.

8.a-a. LXX, Vg에는 없다(25:10과 비교하라). 이것은 8절을 7절의 미래 시제 설화에 연결시키는 역할을 한다.

8.b-b. LXX에는 없다. 멍에 비유를 설명하기 위하여 6절을 사용한다.

8.c-c. *BHS*는 직접목적어 표시를 제거함으로써 수정할 것을 제안한다.

8.d-d. LXX은 복합 주어와 일치하여 복수형으로 전환시킨다.

8.e-e. LXX에는 없다. 동사의 목적어를 명확하게 하기 위하여 덧붙여짐.

8.f. LXX에는 없다. 충분한 공식 문구를 완성하려고 MT에 덧붙여짐.

8.g. LXX은 에이펜 퀴리오스(*εἶπεν κύριος*, "여호와께서 말씀하시기를")를 가지고 있는데, 이는 일반적으로 네움 야웨(נאם יהוה, "여호와의 신탁")를 번역한 것이다.

8.h-h. LXX은 수동 동사를 가지고 있다. MT은 능동 동사를 가지고 있다.

9.a. LXX은 목록에 들어 있는 항목의 나머지 부분과 일치하도록 톤 에뉘프니아조메논 휘민(*τῶν ἐυπνιαζομένων ὑμῖν*, "너희 꿈꾸는 자들")을 가지고 있다. MT은 29:8에 더 가깝다.

9.b. 포알 분사이지만 멤(מ)은 없다.

9.c. 단 한 번 나오는 단어임.

9.d-d. LXX에는 없다. MT에 있는 확장은 27:14에 근거한 것 같다.

9.e. LXX은 가장 강한 부정 우 메(*οὐ μὴ*, "결코 아니다")를 사용한다.

10.a-a. LXX에는 없다. MT에서의 명확하게 하기 위한 첨가는 15절에 기초한 것이다.

10.b. Vg에서는 9절에서 3인칭 단수인 "바벨론의 왕"이 암시된 주어다.

11.a-a. LXX에는 없다. 공식 문구는 LXX에서보다는 MT에서 더 일반적이다.

11.b. 직역하면 "그(he)", 즉 "그 나라"이다.

12-14.a-a., b-b. LXX에는 없는데, 이대로는 뜻이 통하지 않는다. 즉 "너희 목을…에…그리고 바벨론의 왕을 섬기라…이는 그들이 너희에게 거짓을 예언하고 있기 때문이다." 12절과 14절의 빠진 조각들은 8-10절로부터 채워질 수 있다. 유사한 끝으로 인한 오류("섬기라"에서 "섬기라"로)가 b-b가 탈락된 것을 설명해 준다.

13.a. 본 절 전체가 LXX에는 빠져 있다(12-14.a-a., b-b.에 대한 "원문주해"를 보라). 할러데이(2:116)는 수사학적 근거에서 이것의 진정성을 주장한다. 이것은 12-14절과 16-17절에서 교차대구법을 완성한다.

13.b. 여러 필사본들과 역본들은 목록의 통상적인 형태와 일치하여 접속사를 덧붙인다.

14.b. "원문주해" 12-14.a-a., b-b.를 보라. LXX에는 빠져 있는 이 단락은 여기서 끝난다.

15.a. LXX과 Vg은 부정사 연계형에서 대명사 접미어를 가지고 있지 않다. 그러므로 주어가 암시되어 있지 않다.

15.b. LXX은 휘몬(*ὑμε̂ν*, "너희의")을 가지고 있다. 이 구절은 LXX에서 2인칭 복수 대명사들, 즉 직접목적어, 주어, 소유격, 여격을 가지고 있다.

15.c. LXX은 에프 아디코 프슈데(*ἐπ᾽ ἀδίκῳ ψευδῆ*, "불의하게, 거짓말하다")를 덧붙

인다. 다른 선지자들을 묘사하기 위하여 이 장들에서 발견된 용어들을 사용하고 있는, 명확하게 설명하기 위한 첨가다(10, 14, 15, 17절). 토브(Tov, *ZAW* 91[1979] 88)는 16절의 초두에 나온 휘민(*ὑμῖν*, "너희에게")을 포함시키고 있으며 LXX에 중복된 이중적 표현임을 발견해 낸다. 즉 휘민 에프 아디코/프슈데 휘민(*ὑμῖν ἐπ' ἀδίκῳ/ψευδῆ ὑμῖν*) = לשקר לכם/לכם שקר, "너희에게 거짓되게/너희에게 거짓말한다."

16.a. LXX은 휘민 카이(*ὑμῖν καί*, "너희에게 그리고")로 시작된다. "원문주해" 15.c를 보라.

16.b-b. LXX은 순서가 역으로 되어 있다.

16.c-c. LXX에는 없다. 이는 28:3에 근거한 것 같다(참조. 28:11).

16.d. LXX은 15절에서처럼 우크 아페스테일라 아우투스(*οὐκ ἀπέστειλα αὐτούς*, "내가 그들을 보내지 않았다")를 덧붙인다.

17.a. LXX에는 구절 전체가 빠져 있다. 할러대이(Holladay, 2:116)는 12-14절과 16-17절의 교차적 구조에 근거하여 이 구절의 진정성을 주장한다("원문주해" 13.a를 보라).

17.b. 몇몇 MT 필사본들은 형용사 하레바(הֲרֵבָה, "황폐한")로 발음한다.

18.a-a. LXX에서는 비(בי, "나에게")로부터 나온 모이(*μοι*, "나에게")다. 1인칭과 3인칭은 본 장에서 하나님에 대한 엇갈리는 언급이므로 이러한 차이들은 별난 것이 아니다. 비(בי)가 바아도나이(ביהוה, "그 야웨")의 축약형으로 기원되었다는 것은 가능하다(Driver, *Textus* 4[1964] 79).

18.b-b. 본 절의 나머지 부분은 LXX에서는 빠져 있다. 21-22절로부터의 확장을 명확하게 밝히고 있음(Janzen, *Studies*, 46).

18.c. *BHS*는 미완료형으로의 수정을 권하고 있고, 할러대이는 소수의 필사본으로부터 지지를 받는 부정사 연계형을 선택한다. 완료형은 적절하지 않다(GKC § § 114s; 152x).

19.a-a. LXX에는 없는데, 자주 신명의 형용사구("만군의…")를 누락시킨다. MT에 있는 항목들은 렘 52:17=왕하 25:13에도 열거되어 있다.

19.b. 왕상 7:27에서처럼 대야의 받침들이다.

19.c. LXX은 하나의 새로운 문장을 시작하고 있는데, 이것은 20절과 22절에서 계속된다. 기구들의 귀환은 언급하고 있지 않다.

19.d-d. LXX에는 없다. 목록에 대한 언급들(19.a-a "원문주해")이 LXX에서도 언급되지 않았다.

20.a. 이름이 LXX에는 없다. MT은 자주 이름 혹은 호칭을 채워 넣는다.

20.b. 레카함(לקחם, "그것들을 취하다")에 있는 요약적인 대명사 목적 접미사가 중복을 피하기 위하여 LXX 혹은 번역에서 빠졌다.

20.c. Q에 있는 철자는 28:4; 29:2에서도 발견된다. 이 이름은 "여호와께서 참아 주시기를"을 의미한다.

20.d-d. 28:4에서처럼 MT은 LXX이 포함시키지 않은 부친의 이름을 나타내는 말이나 호칭을 포함하고 있다.

20.e. LXX에는 없다. 27-29장 전체를 통하여 MT은 "바벨론으로"의 이동을 강조한다.

20.f-f. LXX에는 없다. 하호레(החרי, "귀족들")가 왕하 24:14에 열거되어 있다.

21.a. 본 절 전체가 LXX에는 없다. 18-19절에 상술된 기구들로 눈을 돌리게 하는 역할을 하는데, 이것이 뒤따라오는 단락 가운데서 주어가 된다.

21.b. 많은 필사본들과 역본들은 전치사 베트(ב, "안에")를 덧붙인다.

21.c. 18절에서처럼 "그리고 예루살렘 (안에)". 왕에 대한 확장된 호칭이 없다.

22.a. "원문주해" 20.e를 보라.

22.b-b. LXX은 MT에 있는 모든 희망적 요소를 삭제한다.

22.c-c. 이 공식 문구는 LXX에 있는 구절을 포함한다.

28:1.a-a. LXX에는 없다. 27장과 28장을 연결시키는 역할을 한다.

1.b-b. LXX은 "시드기야 제4년에"를 가지고 있다. 즉위년 공식 문구는 "제4년"과 상충되며, 이것은 아마도 27장에 있는 표제로부터 왔을 것이다. 27:1.a의 "원문주해"를 보라. 해이즈(Hayes)와 후커(Hooker)는 두 개의 달력을 사용하는 이중 연대로 해석한다. 주전 596년 니산월 15일에 끝나는 시드기야의 즉위년은 안식 주기의 제4년과 겹친다. 안식 주기는 한 신년 가을을 가지며, 따라서 네 번째 달은 스밧월, 즉 1-2월이었다(*New Chronology*, 95-96).

1.c. K는 연계형을 가지고 있다.

1.d. *BHS*는 엘라이(אלי, "나에게")란 독법을 엘 이르메야(אל ירמיה, "예레미야에게")에 대한 축약형으로 생각한다.

2.a-a. LXX에는 없다. MT은 전형적으로 이름과 호칭들을 채워 넣는다.

3.a. 직역하면 "한 쌍의 날들"이지만, 야밈(ימים, "날들")은 이 문맥 속에서 "해"를 의미한다(삼상 27:7; 대하 21:19과 비교하라).

3.b. LXX에는 없다. 콜(כל, "모든")과 켈레(כלי, "기구들")의 유사성으로 인하여 중자탈락되었다.

3.c-c. LXX에는 없다. 기구들의 내용물을 분명하게 밝히고 있다.

3.d. 많은 필사본들은 L의 달렛(ד)에서 누락된 음절 분리 표시를 덧붙인다.

4.a-a., b., c-c. LXX에는 없다. 약속의 해명과 반복임(3절로부터). LXX은 단순히 3절에서 시작된 목록을 계속한다.

5.a-a. LXX은 27:16에서처럼 순서를 바꾸고 있다.

6.a. LXX, Tg은 7절에서처럼 단수인 "당신의 말씀"으로 읽는다.

7.a-a. LXX은 신적인 원천임을 분명히 밝힌다. 즉 로곤 퀴리우(*λόγον κυρίου*, "주님의 말씀").

8.a-a., b. 판에 박힌 표현인 "칼, 재앙(기근), 염병"은 예레미야서와 에스겔서에서 일반적인 표현이다. 이러한 변형은 문맥에 어울린다. "전쟁"은 LXX에서 이것만 나타나 있는데, 9절에 있는 "평화"와 잘 대조가 된다. 그 다음 항목, 즉 MT에만 타나나는 라아(רעה, "재앙")는 뒤로는 26:3을, 그리고 앞으로는 29:11을 가리킨다. 다베르(דבר, "염병")는 판에 박힌 목록으로부터 나온 유일한 항목이다. 이것이 나타난 것은 몇몇 필사본들 가운데 "염병"의 출현이 원인이 되었을 수 있다(8.b.).

10.a. LXX은 부가적으로 엔 옵달모이스 판토스 투 라우(*ἐν ὀφθαλμοῖς παντὸς τοῦ λαοῦ*, "온 백성들의 눈에")를 가지고 있다.

10.b. LXX, Syr은 13절에서처럼 복수형을 가지고 있다. 단수형은 12절에도 나타난다.

10.c. *BHS*는 모타(מוטה, "멍에")라는 여성형과 일치시키기 위하여 여성 단수 접미사로 고치기를 권한다. 캐롤(Carroll, 539)은 MT에 대해 두 가지 설명을 제공해 준다. (1) 11절 초두에 있는 와우 접속사의 중복오사, (2) 그 접미사의 선행사로 올(על, "멍에") 남성형을 염두에 두었었다.

11.a. LXX에는 없다. MT은 자주 성명(姓名)과 호칭을 보유한다.

11.b-b. LXX에는 없다. 3절로부터 가져온 명확한 설명.

12.a. 10절에서처럼 단수형임. 복수형은 13절에서 다시 나타난다.

13.a. LXX은 14절에 근거하여 1인칭 단수를 가진다. 하나님께서는 열국에 철 멍에를 얹어 놓으신다. MT의 2인칭 단수형은 예레미야에게 주신 나무 멍에를 만들라는 명령인 27:2과 일치한다.

13.b. LXX에서는 1인칭 단수다.

14.a-a. LXX에는 없다. MT은 자주 성명(姓名)과 호칭을 보유한다.

14.b., c. LXX에는 없다. MT은 자주 부가적 수식어와 이름들을 보유한다. "이 모든 나라"는 27:3에 거명되어 있는 나라들이다.

14.d-d. LXX에는 없다. MT에 있는 설명은 27:6로부터 나온 자료를 반복한다.

15a-a. LXX에는 없다. MT은 자주 LXX가 가지고 있지 않은 호칭을 보유한다.

15.b-b. LXX에는 없다. 유사한 끝으로 인하여 탈락되었을 수도 있으나 "선지자"란 호칭은 MT의 전형적인 첨가다.

16.a-a. LXX에는 없다. MT은 신 13:6; 18:20에 근거하여 심판에 대한 부가적 이유를 포함한다.

17.a-a., b-b. LXX에는 없다. LXX은 11절의 끝부분과 유사하게 훨씬 더 짧은 문장을 가지고 있다. MT에 있는 부가적 자료는 16절에 있는 예레미야의 예언의 성취로서 하나냐의 죽음을 강조한다.

양식/구조/배경

27-28장은 현재 있는 모습 그대로 타당하게 이해하기 위하여 함께 읽어야 한다. 이 두 장의 독립된 기원을 암시할 수도 있는 몇몇 특징들이 이것들을 분리시키는 경향이 있다. (1) 27장은 예레미야가 기록한 1인칭 기사이지만, 28장은 1절 이후에 3인칭으로 되어 있다. (2) 날짜 공식 문구를 가지고 있는 28장의 표제는 하나의 새로운 단위의 시작처럼 보인다. (3) 이 두 장은 각각 차이가 나는 "약간의 특징들"을 가지고 있다(Seidl은 모든 증거와 다른 사람들의 분석에 대한 세부적인 요약을 제공하고 28장이 자체 충족적인 것이고, 27-29장이라는 복합 구조 내에서 별개의 단위로 남아 있다고 결론짓는다. *Texte*, 특히 59-61, 85-87를 보라). 그럼에도 불구하고 이 장들의 현재 형태 가운데서 네 개의 주요 특징들은 이것들이 지금 하나의 단위를 이루고 있다는 사실을 암시한다. (1) 신탁들과 다른 자료들의 배열 가운데서 말해지거나 암시된 이야기, (2) 이 두 장에 있는 신탁들 가운데서 발견된 공통적인 형식상의 패턴, (3) 인용, 반복 혹은 암시에 의한 본문 상호간의 관계, (4) 역사적 배경. 첫 번째, 두 번째, 네 번째 특징들은 이 단락에서 다루어질 것이다. 세 번째 특징의 실례에 대해서는 각 구절에 대한 "주석"에서 취급할 것이다.

이 두 장은 아홉 개의 예언의 말씀으로 구성되어 있다. 이것들 중에서 둘은 상징적 행동을 해석하고 있고, 하나만이 메신저 공식 문구로 소개된 하나님 말씀의 형태를 취한다. 상징적 행동, 각각의 말씀에 대한 서론, 간략한 설화 문장(28:11b, 17) 그리고 28장의 "전환적" 배열, 이 모두가 한 이야기의 "줄거리"를 나타낸다(29장에 있는 서신 교환을 통하여 암시된 이야기의 "줄거리"와 비교하라). 그러나 개인적 동기와 반응에 대한 묘사가 빠져 있고, 그 행동들이 적어도 가장 꾸밈없는 말로 기록되어 있다. 하나님의 위탁 기록으로부터 선지자의 순종에 대한 기사에 이르기까지 설화가 옮겨가는 것도 빠져 있다. 각 단락에서 이 요소들 가운데 둘도 아닌 단 한 개만이 나타나 있다. 그러므로 이 장들은 행동이나 혹은 연루된 양편간의 관계가 아닌 상징과 말씀에 강조점을 두고 있다. 그럼에도 불구하고 이 장들의 배열 가운데 드러나 있는 사건들과 암시된 사건들의 순서는 말할 수 있다.

여호와의 명령에 순종하여 예레미야는 하나의 멍에를 만들어서 그것을 자기 목에 건다. 그는 인접한 다섯 나라의 사신들에게 나아가서, 그들을 예루살렘으로 보낸 왕들에게 그 멍에 혹은 그 일부를 취하게 하고 이러한 상징적 행동을 해석해 주는 여호와의 말씀을 전달하라고 위탁한다. 즉 바벨론 왕에게 복종하고 너희가 그의 통치를 피할 것이라고 말하는 선지자들의 말을 듣지 말라는 것이다. 예레미야는 시드기야와 아마도 성전인 그 곳에 있는 제사장들과 백성들에게도 이와 유사한 신탁을 직접 전달한다.

이 말씀을 받은 사람들 가운데 어느 누구도 여호와의 말씀에 어떤 반응을 보였다는 기록은 없다. 그러나 세 번째 신탁은 성전 기구들이라는, 논란이 된 주제를 취급하고 있으며, 그 기구들이 옮겨지지 않도록 남아 있는 기구들을 위하여 중보 기도를 하지 않았던 다른 선지자들에게 도전을 가한다. 얼마 후에 기브온 출신의 선지자 하나냐가 두 해가 되기 전에 회복될 것이라고 약속하면서 성전 기구들, 왕 그리고 포로민들의 구원 신탁을 가지고 이 도전에 대응한다. 예레미야는 그렇게 되기를 바란다는 기도로 응수하지만, 또한 동시에 회의적인 표현을 한다. 그러고 나서 하나냐는 예레미야의 목에서 멍에를 빼앗아 꺾어 버리고 하나의 신탁으로 자신의 그러한 행동을 해석한다. 즉 여호와께서 느부갓네살의 통치를 종식시키시리라는 것이다. 그러므로 자신의 메시지와 그 상징물을 박탈당하고 나서 예레미야는 떠나간다. 하나냐와 그 행동 이외의 다른 반응은 전혀 기록되어 있지 않다.

마지막으로, 여호와께로부터 온 새로운 말씀이 예레미야에게 오는데, 그는 이것을 하나냐에게 전달한다. 즉 느부갓네살의 통치가 끝나지 않았다는 것이다. 사실상, 그것은 유다와 그 이웃 국가들의 목에 얹혀져 있는 꺾을 수 없는 철 멍에와 같다. 더 나아가서 하나냐 자신은 그가 하나님의 백성으로 하여금 거짓말을 믿도록 했으므로 얼마 후에 죽으리라는 것이다. 두 달이 채 못되어 하나냐는 죽는다. 이 마지막 에피소드는 이 이야기의 세 가지 요소를 모두 해명한다. 하나냐의 죽음은 가장 직접적이고도 분명한 것이지만, 27장에 있는 세 부류의 청중들의 반응은 마지막 단위 가운데 암시되어 있다(28:12-16). 하나님께서는 이제 느부갓네살의 통치를 이 여섯 나라 위에 하나의 철 멍에처럼 지워 주실 것인데, 이는 그들이 그분에게 복종하기를 거절했다는 사실을 암시한다(참조. 27:8). 예루살렘 백성들은 하나냐의 거짓말을 믿었고, 그로 말미암아 그들은 죽음을 택했던 것이다(참조. 27:7).

27장과 28장의 연속성은 예레미야가 전한 네 개의 신탁 가운데 들어 있는 형식과 어휘의 유사성을 통하여 암시되어 있다. 차일즈(B. Childs, *OT Theology*, 138-39)는 그것들의 공통적인 패턴을 기술하고 있는데, 그것은 다음과 같은 네 개의 요점으로 구성되어 있다. (1) 느부갓네살을 섬기라(27:5-8//12//17//28:14), (2) 선지자들의 말을 듣지 말라(27:9//14//16, 28:14-16에서는 이것이 하나냐에게 전해졌으므로 빠져 있음), (3) 그들은 거짓을 예언한다(27:10//14//16//28:15), (4) 만일 너희가 불순종하면 너희 혹은 성전의 기구들이 그 땅으로부터 옮겨가게 될 것이다(27:11//15//22//28:16). (또한 27장에 있는 세 개의 신탁에 대한 Wanke의 비교를 보라; *Untersuchungen*, 26.) 하나냐에게 말한 예레미야의 신탁이 그가 27장에서 전달한 신탁과 너무나 긴밀하게 들어맞으므로, 차일즈는 28장에서의 접촉이 "거짓 선지자에 대한 하나의 메시지의 구체적인 예증을 제공하는 기능을 하고 있다"고 결론짓는다(*OT Theology*, 138).

다음의 개요는 예레미야의 신탁과 거짓 선지자들에 대한 경고라는 주제가 증대하고, 반면에 느부갓네살에게 복종하라는 명령이 감퇴되는 방식 간의 유사성들을 보여 주고 있다. 27:5-11은 느부갓네살의 통치와 관련하여 열국에게 제공된 두 가지 양자택일 사이에서 거짓 선지자들에 대한 경고를 내포한다. 27:12-25에서는 바벨론 왕에게 복종하라는 명령이 선지자들에 대한 경고와 그들의 거짓 메시지를 나란히 제공한다. 27:16-18에서는 선지자들의 말에 귀를 기울이지 말라는 명령과 또한 선지자들에게 중재 기도를 하라는 도전이 느부갓네살에게 복종하라는 명령을 감싸고 있다. 28장에서 하나냐가 느부갓네살에게 복종하라는 예레미야의 메시지를 확실하게 취소시킬 때(1-4, 10-11절), 예레미야의 주장(28:7-9)과 여호와께로부터 온 새로운 말씀(28:12-16)은 그 거짓 선지자를 압도하고 열국을 느부갓네살에게 예속시키시려는 하나님의 계획에 대한 좀더 명확한 재진술을 하도록 길을 준비한다(28:14).

Ⅰ. 표제(27:1)
  A. 날짜(1a절)
  B. 말씀-사건 공식 문구(1b절)
Ⅱ. 인접 국가들을 위한 상징적 행동과 신탁에 대한 하나님의 위임(2-11절)
  A. 상징적 행동(2-4절)
    1. 줄과 멍에를 만들라는 명령(2절)
    2. 그것들을 이웃 왕들에게 보내라는 명령(3절)
    3. 메신저들에게 위임하라는 명령(4절)
  B. 다섯 왕들에 대한 신탁(5-11절)
    1. 창조주의 자기 소개(5절)
    2. 느부갓네살에 대한 종주로서의 선언(6-7절)
    3. 부정적 선택(8절)
    4. 거짓 선지자들에 대한 경고(9-10절)
    5. 긍정적 선택(11절)

Ⅲ. 시드기야에 대한 신탁 기록(12-15절)
A. 도입, 1인칭(12a절)
B. 바벨론 왕에게 복종하라는 명령(12b-13절)
1. 약속을 함축하고 있는 세 개의 명령(12b절)
2. 복종의 동기, 웅변적 질문(13절)
3. 거짓 선지자들에 대한 경고(14-15절)
Ⅳ. 제사장과 백성들에 대한 신탁 기록(16-22절)
A. 도입, 1인칭(16a절)
B. 거짓 선지자들에 대한 경고(16b-18절)
1. 선지자들의 말을 듣지 말라(16b-17a절)
2. 바벨론 왕에게 복종하라는 명령(17b절)
a. 약속을 포함하는 두 개의 명령(17bα절)
b. 복종의 동기, 웅변적 질문(17bβ절)
3. 선지자들에 대한 도전, 성전 기구들을 위하여 중재 기도하라(18절)
C. 성전 기구에 관한 신탁(19-22절)
1. 기구에 대한 설명(19-21절)
2. 기구에 관한 하나님의 계획(22절)
a. 바벨론으로 옮겨감
b. 하나님의 행동을 기다림
c. 성전으로 돌아옴
Ⅴ. 신탁 기록, 하나냐가 예레미야에게(28:1-4)
A. 도입, 1인칭(1절)
1. 날짜(1a절)
2. 전달 기록(1b절)
B. 유다를 위한 구원 신탁(2-4절)
1. 바벨론 왕의 운명(2절)
2. 회복의 약속(3-4a절)
a. 성전 기구(3절)
b. 포로민들(4a절)
3. 바벨론 왕의 운명(4b절)
Ⅵ. 연설 기록, 예레미야가 하나냐에게(5-9절)
A. 도입, 3인칭(5절)
B. 포로민들과 기구의 회복을 위한 기도(6절)
C. 들으라는 호소(7절)

D. 전쟁을 선포한 선지자들의 규범(8절)
E. 평화를 선포한 선지자들의 규범(9절)
Ⅶ. 하나냐의 상징적 행동과 신탁 기록(10-11절)
A. 상징적 행동의 기록(10절)
B. 구원 신탁(11a절)
C. 예레미야의 반응 기록(11b절)
Ⅷ. 예언하라는 하나님의 명령(12-14절)
A. 도입, 3인칭(12절)
B. 말하라는 명령(13a절)
C. 하나냐에 대한 신탁(13b-14절)
1. 철 멍에를 만들라는 명령(13b절)
2. 상징적 행동에 대한 설명(14절)
Ⅸ. 하나냐에 대한 신탁 기록(15-17절)
A. 도입, 3인칭(15a절)
B. 책망(15b절)
C. 경고(16절)
D. 하나냐의 죽음에 대한 기록(17절)

이 장들의 모습은 하나냐를 거짓 선지자로, 예레미야를 참 선지자로 나타낸다. 구조와 내용은 좀더 미묘한 방법과 더불어 이러한 효과를 자아내게 만든다. 예를 들어, 하나냐에 대해서는 하나님의 위임이 기록되어 있지 않고, 반면에 예레미야는 두 번이나 위임을 받는다(27:2; 28:13a). 그럼에도 불구하고 독자는 메신저 공식 문구를 사용해 가면서 예레미야처럼 행동하고 말하는 하나냐에 대해 고대의 청중이 경험했던 어떤 모호성을 확실하게 파악할 수 있다. 예레미야 자신은 하나님께서 거짓 선지자를 통하여 참된 말씀을 하셨을 가능성에 문을 열어놓고 있는 것처럼 보인다(28:6).

28:1의 "이 해"와 17절의 "그 해"라는 간략한 언급은 27-28장의 말씀과 행위가 같은 해에 있었음을 밝혀 준다(이 두 문구가 LXX에는 누락되어 있다. "원문주해"를 보라). 27:1과 28:1 본문의 난해성과 시드기야의 통치 당시 근동 지역 역사의 재구성의 난해성이 정확한 날짜를 모호하게 만든다. 내적 증거는 주전 597년에 있었던 예루살렘 정복 이후와 588년에 시작된 예루살렘 포위 공격 이전의 한 날짜를 암시한다(27:18-20; 28:2-4). 27:3, 12; 28:1에 있는 표제 역시 시드기야의 통치 시기를 암시한다. 유다와 인접한 다섯 국가들 간의 동맹 혹은 느부갓네살에 대한 반란

계획에 대한 성경 밖의 언급은 없다. 27장은 에돔, 모압, 암몬, 두로, 시돈의 왕들이 보낸 사자들이 왜 왔는지를 전혀 말하고 있지 않다. 어쨌든 바벨론의 통치에 대한 그들의 저항이 예레미야의 예언의 내용을 통하여 암시되어 있다. 본서의 현재 형태에 의하면 예레미야는 최소한 느부갓네살 원년이었던 여호야김 제4년에 느부갓네살에 의한 정복을 예언하고 있었고(25:1), 또한 그는 계속해서 주전 586년 성전 멸망 후에 바벨론에 대한 복종을 주장하고 있었다(42장). 예레미야의 메시지의 이러한 일관성은 27-28장이 그 일들이 실제로 일어난 것 이상으로 연대기적 정확성을 필요로 하지 않는다는 사실을 의미한다. 그럼에도 불구하고 바벨론 연대기를 이용하여 27-28장에 기록된 사건들의 정확한 날짜를 계산해 내려는 수많은 시도가 있어왔다(바벨론 연대기는 D. J. Wiseman에 의하여 편집 출간됨).

드라이버(*Textus* 4[1964] 86-88)는 다섯 명의 이웃 왕들로부터 온 외교 사절단이 시드기야 원년, 즉 주전 596년 스밧월에 왔다고 제안한다(28:1의 "제4년"은 "원년"의 축약형에 대한 오독이다. "원문주해"를 보라). 드라이버에게는 그의 통치 초가 그러한 사절단을 보내기에 가장 적절한 것으로 보인 것이다. 마이어(Meier, *Messenger*, 248)는 이러한 관례를 확증해 준다. 바벨론 연대기는 그 다음 두 해 동안 바벨론과 동편에서 느부갓네살이 심각한 어려움을 겪었음을 기록하고 있다. 해이즈와 후커(*New Chronolgy*, 95-96)도 역시 이 사건들을 시드기야의 통치 초기에 두고 있으며, 또한 28:1에 있는 두 연대를 각각 다른 달력에 속한 것으로 파악함으로써 그렇게 주장한다. 그들의 계산에 의하면 시드기야의 즉위년은 주전 596년 니산월 15일에 끝나고, 가을 신년을 사용했던 안식년 주기의 제4년과 겹친다. 제5월은 주전 596년 스밧월, 즉 1/2월이었다. 그들은 하나냐의 두 해 예언을 특별히 느부갓네살 제10년(주전 595-94년)에 바벨론에서 일어난 반란과 관련된 것으로 생각한다.

보다 일반적인 날짜 결정은 맬러맷(Malamat, "The Twilight of Judah: In the Egyptian-Babylonian Maelstrom," in *Edinburgh Congress Volume*, VTSup 28[Leiden: Brill, 1975] 135-38)에 의하여 제시되었다. 바벨론 연대기에 의하면, 주전 596/95년에 엘람이 바벨론을 공격했으나 격퇴당했다(참조. 49:34-39). 그 이듬해, 곧 느부갓네살 제10년에 그는 신속하게 바벨론 내에서 일어난 반역을 진압했다. 애굽에서 프사메티쿠스 2세의 즉위와 함께 바벨론 왕에 대한 저항이 일어날 수 있는 잠재력으로 인하여 수리아-팔레스틴에서 있었던 바벨론의 봉신 국가들 사이에서 독립을 쟁취하려는 분위기가 촉발되었던 것으로 보인다. 맬러맷은 이러한 배경, 즉 시드기야의 제4년인 594년 티쉬리월-593년 티쉬리월에 예루살렘에서 있었던 이 "회합"을 둔다.

29장은 27-28장에 암시된 날짜에 여러 가지 다른 특별한 사항들을 덧붙인다. 예레미야서에서 그 편집 시기와 배경에 관해서는 27-29장의 서론 부분을 보라.

주석

[1]-[2] 26장처럼 본 장은 4중적인 서론적 공식 문구로 시작하고 있는데, 날짜, 말씀-사건, 메신저 공식 문구 그리고 그 뒤에 하나의 명령이 뒤따라온다(이러한 공식 문구에 대한 지극히 자세한 연구를 위해서는 *BZ* 21[1977] 23-44, 184-99; 23 [1979] 20-47에 있는 Seidl의 세 편의 논문을 보라). 이러한 결합의 색다른 결과는 예레미야에 대한 하나님의 사적인 명령이 하나의 메신저 공식 문구로 시작된다는 것이다.

본 장의 문맥은 "줄"과 "지름대"란 용어가 황소로 하여금 밭을 갈도록 메기 위하여 사용되었던 것과 같은 하나의 멍에(עֹל, 올)의 부속품을 가리킨다는 사실을 밝혀 주고 있다. 그렇지만 멍에의 어느 부분을 의미하고 있는지가 모호하다. 소 멍에의 모양은 천 년 이상이나 거의 변하지 않았다. 이것은 최소한 두 부분으로 이루어져 있다. (1) 어깨 앞에 소의 목을 가로질러 놓여 있는 가로대, (2) 구부러진 빗장 혹은 평행을 이루는 한 쌍의 나무로 된 쐐기, 이것은 목을 둘러서 짐승의 어깨에 멍에를 걸어 쥔다. 멍에의 목적은 끄는 짐승으로 하여금 쟁기를 끌도록 하기 위한 것이다. 쟁기의 날이 가로대의 중심부에 고정되어 있다. 할러대이는 세 번째 부분을 덧붙인다. 즉 (3) 쐐기의 밑바닥 끝을 함께 묶는 가죽끈(2:120; "Der arabische Pflug," *ZDPV* 12[1889] 157-66에 나오는 팔레스틴의 쟁기에 대한 G. Schumacher의 묘사에 근거한 것임). 그는 모토트(מטות)를 쐐기(2)로 해석하고 모쎄로트(מוסרות)를 가죽끈(3)으로 해석한다. 참조. 이사야 58:6. 그러므로 예레미야는 가로대를 가져가지 않았고 하나의 멍에의 다른 부분들로 이루어진 깃(목걸이)을 걸쳤다. 그러한 "깃"을 걸치는 것은 예레미야의 등에는 훨씬 쉬웠을 것이며, 몇몇 앗수르인의 부조 가운데 묘사되어 있는 전쟁 포로가 걸친 깃(목걸이)과 유사했을 것이다. 보다 일반적인 해석은 모쎄로트(מוסרות)가 짐승의 목을 감는 밧줄 혹은 끈이라는 것이며, 모토트(מטות)가 가로대를 가리킨다는 것이다. 구약성경에서는 여러 차례 모쎄로트(מוסרות, "가죽끈")가 올(עֹל, "멍에")과 함께 시적 평행구 가운데 나타난다(렘 2:20; 5:5; 30:8; 나 1:13). 자신의 한쪽으로 기울어진 짐, 반만 채워진 멍에를 지고 돌아다니는 예레미야의 정신박약아와 같은 모습은 그의 메시지의 생생한 예증이다. 그는 자기의 청중에게 멍에의 다른 면에 있는 빈 공간을 채우도록 요청했다.

[3]-[4] 3절에 있는 다섯 명의 왕들은 25:21-22에서 같은 순서로 나타나는데, 그곳에서 그들은 바야흐로 하나님의 진노의 잔을 마시려 하고 있는 길다란 왕의 목록 가운데 들어 있는 일부분이다. 그 순서는 남동쪽으로부터 북서쪽으로 움직여 나간다. 블레셋 사람들은 빠져 있는데, 아마도 그들이 이미 정복당했기 때문일 것이다. 25장에 대한 암시는 이러한 열국들이 유다와 함께 하나님의 심판 아래 처해 있다는 사실을 생각나게 하는 역할을 한다. 블레셋인들이 들어 있었던 틈새가 그 점을 강조하는 역할을 한다.

다섯 나라들은 모두 다윗의 봉신 혹은 다윗과 동맹을 맺은 동료들이었다. 더 나아가서 시돈만을 제외한 그들 모두가 이런저런 방법으로 성전에 필요한 기구들을 제공했었다. 다윗은 에돔, 모압, 암몬 사람들로부터 취한 은과 금 물품들을 여호와께 드렸는데(삼하 8:11-12), 솔로몬이 이것들을 성전의 보물 창고에 들여놓았다(왕상 7:51). 두로의 히람과의 무역 계약은 솔로몬에게 성전 건축 재료들을 제공해 주었고, 또한 성전 뜰에 비치할 동 기구들을 만드는 기술자들을 제공해 주었다(왕상 5장; 7:13-47).

시드기야는 이 두 장 가운데서 아무런 역할도 하지 않는다. 여기서 시드기야와 협상하기 위하여 보냄을 받은 사자들은 예레미야를 통하여 가로막히게 되는데, 그는 그들에게 자기들의 군주에게로 가져다 주어야 할 하나님으로부터 온 메시지와 함께 멍에 혹은 멍에 조각들을 준다(마이어에 따르면, 메신저들은 정규적으로 말씀과 함께 물품들을 가져갔다. *Messenger*, 75). 왕의 사절로서 그들은 자기들이 전달했던 메시지들에 관한 질문에 답해야 하고 협상까지도 할 수 있었던 위임받은 대리인들이었다. 그들의 임무 중 일부는 그들이 받은 메시지에 관해서 자기들을 보낸 자에게 보고하는 것이었다(Meier, *Messenger*, 206, 232). 그들은 예레미야에게 고용되어 이용되지 않았을 테지만, 그의 예언은 예루살렘의 정치적 분위기에 대한 묘사의 일부로서 그들의 보고 가운데 포함되었을 것이다. 왕의 사자들을 향하여 행한 예레미야의 행동이 시드기야를 난처하게 했을 것이다(Calvin, 3:350).

중심이 되는 인용문들이 4절에 도입된 것처럼 이 단위를 둘러싸고 있다. 하나님께서는 다섯 왕에게 말해야 할 내용을 예레미야에게 말씀하신다. 예레미야는 왕들에게 나아갈 수 없다. 그래서 그는 29장; 36장; 51:59-64에 있는 것과 같은 여호와의 말씀 전달을 위임한다.

[5] 바벨론의 마르둑은 자신이 열국을 정복했다는 권한으로 이들에 대한 통치권을 주장했으나, 여호와께서는 창조자로서의 통치권을 주장하신다. 이 구절의 세 부분이 창조, 능력, 권위를 함께 묶어 놓는다. 하나님의 능력과 펴신 팔의 결합은 출애굽 기사로부터 나온 친숙한 모티프다(신 4:34; 렘 32:21). 여기서(그리고 32:17에서) 사용된 바와 같이, 이것은 여호와의 창조가 구원 행위라는 사실을 암시한다. 수식하는 문구 "땅과 그 위에 있는 사람과 짐승들"은 창조권에 초점을 맞추고 있으며 그것을 의인화하고 있다. "짐승들"(בהמה – 베헤마)은 인류 이외의 모든 생물을 의미하거나(시 36:7[개역. 6]) 혹은 인간을 위하여 일하고 함께 사는 가축을 의미할 수 있다(욘 4:11과 슥 2:4은 성읍들까지도 가축이 거주하는 곳이라는 사실을 우리에게 상기시켜 준다). 이 두 개념은 본 장에서 연결점을 갖고 있다. 모든 생물의 창조주 하나님께서는 야생동물들까지도 느부갓네살을 섬기도록 하실 수 있다(6절). 멍에 조각들이라는 상징적 행위는 부리는 짐승들과 함께 살고 일하는 백성들 가운데서 가장 큰 효과를 가진다.

마지막 문장은 이스라엘 왕들과 관련된 열왕기상하에서 발견된 어휘를 사용하고 있다. 예를 들어, "나의 소견에 옳은 대로"라는 문구는 여로보암의 행실과 대조되는 열왕기상 14:8에 있는 다윗의 행실을 묘사한 것이다. 그러나 27:5에서는 이것이 어떤 사람의 행위가 아닌 하나님이 선택하신 사람을 가리킨다. "주다"(נתן – 나탄)라는 동사는 이 두 구절 가운데 나타나며, 또한 27:6에서는 이것이 지상에서 자신이 선택한 개인에게 권위를 부여하시는 하나님의 행위를 묘사하는 데 사용된다.

[6]-[7] 하나님께서는 5절에서 세워지는 원리를 6절에서 선언하신다. 느부갓네살은 "이 모든 땅"을 다스릴 왕권을 받는다. 구약성경에서 선지자들은 규칙적으로 옛 군주의 제거를 선언하고 여호와께서 새로운 인물을 선택하셨다는 사실을 선포함으로써 왕직의 경질을 예고한다. 21-22장은 느부갓네살의 통치의 선언을 위한 배경으로서의 역할을 한다. 유다 왕들은 그들의 압제, 불의 그리고 탐욕스러운 경영으로 인하여 권좌를 상실한다(22:17). 27장은 독자로 하여금 정치적 갈등이라는 혼란 속에서 역사하시는 하나님의 공의에 대한 안목을 잃지 않도록 이러한 배경을 필요로 한다.

"땅들"(ארצות – 아라초트)은 5절에 있는 "땅"(ארץ – 에레츠)을 반영하고 있으나 3절에서 거명된 나라들의 통치를 제한하는 효과를 가지고 있다(6절에서도 "그 땅"을 가지고 있는 LXX과 대조됨). 모든 생물들의 창조주 여호와께서는 느부갓네살에게 모든 야생 짐승들까지도 다스릴 권한을 부여하실 수 있다. 야생짐승들에 의한 공격은 전쟁과 그 여파의 위험 가운데 하나이며(신 7:22; 겔 39:4), 또한 야생짐승들이 느부갓네살의 군대를 통하여 그에게 복종하게 되리라는 것은 이런 의미일 수도 있다.

본문상의 난해성("원문주해"를 보라)과 민감한 신학적 감성들로 인하여, 이 구절에 들어 있는 "내 종"이라는 묘사와 관련된 문제들이 일어났다(이 호칭은 25:9과 43:10에서도 느부갓네살에 대해서 사용되었다). 느부갓네살이라는 역사적 인물과 관련된 정보가 알려져 있지 않다는 사실이 모세, 다윗 혹은 이사야서에 나오는 여호와의 종과 함께 그도 역시 이러한 호칭을 얻을 가치가 있게 만든 것 같다. 더 나아가서 예레미야 50:17; 51:34은 냉담한 어투로 유다에 대한 그의 행동들을 묘사하고 있다. 해석자들은 이러한 반대 의견을 논박하기 위하여 여러 가지 제안들을 해 왔다. 오버홀트(Overholt, *CBQ* 30[1968] 45-46)는 그 임무에 따라서 종을 정의한다. 즉 그가 하나의 봉사를 하고 있다는 것이다. 느부갓네살은 하나님의 목적을 이루기 위한 하나의 도구로서 하나님에 의하여 사용되며, 이런 의미에서 그는 여호와의 종이다. 쩨비(Zevit, *JBL* 88[1969] 74-77)는 고대 근동 문서와 선별된 성경의 본문을 인용하고 있는데(삼상 27:12; 왕하 16:7), 이 곳에서 "종"(עבד – 아바드)은 "봉신"을 의미하는 외교상의 용어다. 하나의 봉신은 자신의 종주가 사용하도록 군대를 제공하기로 서약하고, 이것이 곧 여호와께서 예레미야 25:8-11; 43:8-44:14에서 느부갓네살에게 하라고 요구하시고 있는 일이다. 쩨비는 "내 종"에 대한 세속적인 해석을 위하여 성경 밖의 증거를 제공했다.

그러나 구약성경 자체는 그렇게 쉽게 느부갓네살에 대한 신학적 문제를 처리하지 않는다. 그 중 하나의 반작용이 다음 구절에서 발견된다. 하나님께서는 바벨론의 통치 기간에 한계를 설정하셨고, 그 후에 바벨론은 자신에게 해당하는 징벌을 받을 것이다. 29:10에서 그 기간이 70년으로 정해졌는데, 이것은 7절에서는 세 세대에 해당한다(29장에 있는 부록: 70년을 보라). 25:12-14에서는 바벨론이 자신의 행실로 인하여 스스로 노예가 될 것이라고 약속하고 있는데, 그것은 50-51장의 메시지를 읽는 자를 가리킨다. 다른 성경상의 해결책은 다니엘서에서 발견되는데, 거기서 느부갓네살은 다니엘의 하나님의 우월성을 인정한다(예를 들어, 단 2:46-47; 3:28-29). 다니엘 4장은 예레미야 27:6에 대한 반영으로 읽혀질 수 있다. 스스로 절대적 군주라고 주장한 다음, 그 즉시 느부갓네살은 이미 꿈 속에서 자신에게 계시된 그 징벌을 받는다. 그는 사람들로부터 쫓겨난 다음 야생짐승과 함께 살면서 가

축처럼 풀을 먹어야 했다. 때가 찼을 때, 그의 정신과 권좌가 회복되고, 그는 하나님의 종이라고 할 만한 연설을 통하여 여호와를 찬양하고 영광을 돌린다(4:34b-35).

와이즈만(Wiseman, *Nebuchadrezzar*, 99)은 느부갓네살이 바벨론의 수호신 마르둑에게 전달한 한 비문을 인용한다. 그는 일부 중에서 "나는 당신의 손으로 만든 당신에게 복종하는 왕이나이다. 당신께서는 나를 낳으셨고 나에게 모든 백성을 다스리도록 위임하셨나이다"라고 말한다.

7절에 요약된 느부갓네살의 왕가는 고대 자료로부터 나온 바벨론 왕들에 관해서 알려진 것과 맞지 않는다. 느부갓네살의 손자는 분명히 권좌에 올라 본 적이 없다. 그의 아들 다음에, 아웰 마르둑(Awel-Marduk, 구약성경에서는 에윌 므로닥임)이 단 2년만 통치했고, 그를 이어 총사령관인 네리글리싸르(Neriglissar)가 권좌를 물려받았다. 다시 네리글리싸르가 살해당했고, 나보니두스(Nabonidus)가 왕이 되었다(Smith, *Religion*, 22).

[8] 양자 택일이 8절과 11절에서 열국들에게 제공된다. 느부갓네살을 섬기지 않기로 결정한다면 그 결과로 멸망할 것이다. 멸망하는 수단이 되는 "칼, 기근, 염병"이라는 삼중적 위협이 27:13; 24:10; 29:17(예레미야서에서 6차례 더 나온다)에서 발견되며, 예루살렘 거민들에게 전달된다. 27:8은 반역하는 열국을 멸망시키는 느부갓네살의 역할("그의 손으로")을 다시 언급하고, 하나님을 제1차적 대행자로서 유지시키고 있는 점에서 문맥과 어울린다. 이 문장의 형식은 일반적인 형식이지만, 문맥은 좀더 특별한 배경을 제공한다.

"바벨론 왕의 멍에"는 권위 혹은 통치에 대한 일반적인 고대 근동의 표현으로 이용된다. 셔(Seow, *Myth*, 199)는 악카드어 "멍에"(*niru*)가 "왕의 멍에"와 "신의 멍에"를 포함하는 이러한 의미를 가지고 있다는 여러 가지 표현을 열거한다. 구약성경에서 멍에는 야곱의 에서 지배(창 27:40), 솔로몬의 북왕국 지배(왕상 12:4), 애굽에서의 종살이(레 26:13), 앗수르(사 9:3; 10:27; 14:25)와 바벨론의 압제(사 47:6; 렘 30:8; 겔 34:27)에 대한 이미지로 사용된다. 예레미야서에서 멍에 이미지는 하나님의 백성이 오래 전부터 반역해 왔던 하나님 섬김에 대해서 사용되기도 한다(2:20). 5:5에 있는 평행절은 여호와의 멍에를 메는 것은 여호와의 길로 행하며 하나님의 공의를 따라 사는 것을 수반한다. 이 해석은 다음과 같은 랍비들의 표현과 무관하지 않다. 즉 "자신에게 하나님 나라의 멍에를 메운다는 것"인데, 이는 그들이 쉐마 낭독의 중요성을 가리키는 데 사용했던 것이다(신 6:4-9; *m. Ber.* 2:2

을 인용하고 있는 Weinfeld, *UF* 8[1976] 406). "나의 멍에를 메라"는 예수님의 초청(마 11:28-30)은 이러한 성경과 유대인의 용법의 배경에 대항하여 말씀하신 것이다.

"목이 곧은"(קשה ערף – 콰사 아라프)이란 표현은 분명히 그 멍에 아래 자기들의 목을 구부리기를 거절하는 사람들을 묘사하는 멍에 이미지와 관련되어 있다(멍에가 치워질 때, 한 사람은 다시 똑바로 걸을 수 있다; 레 26:13). 이스라엘은 반복하여 금 송아지를 섬기는 배교를 하는 "목이 곧은" 자들이라고 불리며(출 32:9; 33:3, 5; 34:9; 신 9:6, 13), 예레미야 19:15도 역시 이러한 묘사를 하고 있다.

9-10 이 경고의 명령에 대한 세 개의 상이한 명령이 본 장에 나타나는데, 예레미야의 세 부류의 청중마다 각기 하나씩 주어진다(9-10, 14-15, 16b-17; 참조. 28:15; 29:8-9). 8절과 11절의 비인칭적인 3인칭 상황적 진술들 사이에서처럼 2인칭의 진술이 두드러져 있다. 판에 박힌 표현 "그들이 거짓을 예언하고 있다"(9a절)가 9절 하반절에서 그 특별한 해석을 하고 있지만, 그들의 거짓말인 "너희가 바벨론 왕을 섬기지 않을 것이다"와 그 땅으로부터의 추방 간의 관계가 덜 명확하다. 8절과 11절에 따라 그것이 전개되어 나가게 된다. 만일 열국들이 자기들의 선지자들을 믿는다면, 그들은 느부갓네살에게 복종하지 않을 것이고 8절에 있는 경고가 그들에게 닥칠 것이다. 10절은 이 징벌이 추방과 함께 시작되고 있다는 사실을 명확하게 하고 있는데, 이는 11절에 제공된 확신의 반대다. 9-10절은 이 연설의 수사학적 효과를 증대시키고 순종과 구원에 중요한 방해임을 밝히고 있다. 거짓 선지자들의 위험은 그들이 백성들과 열국들로 하여금 하나님의 말씀에 반응하지 못하도록 가로막고 있다는 것이다. 여기서 그 결과는 포로와 죽음이다. 동일한 경고 명령이 23:16-22에 있는 신탁의 초두에 나타나 있는데, 이것도 역시 같은 추론을 표명하고 있다. 하나님으로부터 보냄을 받은 선지자들은 회개로 그 결과가 나타나는 말씀을 선포한다(22절).

11 긍정적인 선택이 이 메시지를 끝맺는다. 이것은 8절에서처럼 비인칭적 3인칭 형태로 나타나 있지만, 두 개의 언어 유희가 그 문장의 효과를 생기 있게 만든다. 히다흐티(הדחתי, "내가 멸할 것이다"; 10절)와 히나흐티(הנחתי, "내가 남길 것이다, 남게 할 것이다") 간의 유음 현상이 두 구절 사이의 대조를 더 강조해 주고 있다. 행동과 결과가 다른 목적어를 가진 하나의 동사의 반복으로 연결되어 있다. "그(느부갓네살)를 섬기는"(ועבדו – 와아바도) 나라는 하나의 결과로서 "그것(그 땅)을 갈"(ועבדה – 와아바다흐) 수 있을 것이다.

12-13 이 말씀의 초두에 나오는 세 개의 명령형은 논리적 연관성을 가지고 있다. 첫 번째 명령인 "목으로 …멍에를 메고"는 예레미야의 상징적 행동과 연결되고 있으며(2절), 이러한 표현이 처음으로 나타난 것으로 보이는 8절을 암시해 준다. 두 번째 명령형은 첫 번째 명령을 해석하고 있으며 첫 번째 것과 동일하다. 즉 "그를 섬기라"는 것이다. 세 번째 명령인 "살아라"는 실제로 첫 번째 명령을 순종할 경우에 주어질 확신과 약속을 전달해 준다(GKC § 110f). 이러한 패턴은 또다시 27:17과 29:5-6에서 나타난다. "어찌하여"(למה – 라마)로 시작되는 뒤따라오는 질문은 명령을 순종하지 않으면 일어날 바람직하지 않은 선택을 소개하고 있다. 이것은 "그렇지 않으면 너희와 너희 백성은 죽을 것이다"라는 어감을 가지고 있다. 바벨론 왕을 섬기기를 거절함으로써 오는 "칼과 기근과 염병"으로 말미암은 죽음은 방금 전에 이웃 나라들에 보낸 메시지 가운데 선포된 바 있으며, 13절 하반절은 특히 8절을 가리키고 있다. 시드기야에게 주어진 신탁은 앞 절에 진술된 경고를 적용하여 말하고 있다.

14-15 이 구절들은 9절과 거의 동일하다. 주된 차이점은 선지자들에게 대항하여 주어진 부가적 고발, 즉 "내가 그들을 보내지 않았다"는 것이다. 인접한 나라들은 자기들의 선지자들과 사자들이 처음으로 이스라엘의 하나님을 통하여 보냄을 받았다고 생각할 이유가 없었고, 그래서 5-11절로부터 이러한 탄핵이 없는 것은 놀랄 일이 아니다. 15절에 있는 마지막 문구는 분명히 사형 판결에 선지자들을 포함시키고 있다. 하나님께서 보내지 않으셨던 28:15-16의 하나냐에 대한 심판과 29:21-32의 스마야에 대한 심판은 15절의 경고를 성취한 것이다.

16-17 성전의 물품들은 제사장들과 예배자들에게는 특별한 관심의 대상이었고, 그것들이 돌아온다는 약속은 특별히 호소력이 있는 거짓말이었다. 그러한 물품들을 가져갔던 정복자는 그것들의 본래의 가치 때문만이 아니라, 또한 신을 섬기는 제사 의식 가운데서 사용되었던 그것들이 그 신을 패배시킨 증거물이었으므로 가져갔던 것이다. 반대로 이러한 것들이 다시 돌아왔다는 것은 바벨론의 세력이 깨어졌다는 확실한 증거였던 것이다.

열왕기하 24:11-17에 따르면 성전과 궁전의 모든 보화들이 주전 597년에 느부갓네살에 의하여 탈취당했지만, 예레미야 27:18-22은 몇몇 물품들이 예루살렘에 남아 있었다는 사실을 암시해 준다. 열왕기하 25:13-17=예레미야 52:17-23은 19절에 언급된 같은 크기의 놋으로 된 항목들을 주전 586년에 느부갓네살에 의해서 부서지고 옮겨진 것으로 말하고 있다. 역대하 36:7, 10, 18 역시 이 두 번에 걸쳐서 성전의 기구들이 옮겨간 것을 기록하고 있다. 하란(Haran, *IEJ* 13[1963]46-58)은 성전 기구의 세 개의 자료와 형태들을 밝힘으로써 드러난 상반적인 내용을 해결하려고 했다. 즉 (1) 성전 뜰의 놋으로 된 물품, (2) 성소와 지성소의 금으로 된 그리고 금으로 입힌 기구들, (3) 유다 왕들이 전쟁에서 전리품으로 취한 물건들을 포함하여 성전 곳간에 있는 금과 은의 헌물들이다. 여러 경우에 전리품을 성전과 왕궁의 보물 곳간으로부터 취했거나 혹은 그 곳으로부터 공물을 가져다가 지불하곤 했다(예를 들어, 왕하 14:14; 16:8; 18:14-15). 하란의 재구성에 따르면, 느부갓네살은 597년에 (3)항으로부터 보물들을 약탈해 갔으며, 또한 성전과 지성소에 있는 기구들로부터 금을 벗겨 갔다(3항). 주전 586년 바벨론 정복자들은 성전 뜰에 있는 커다란 놋 제단을 깨뜨리고(1항) 남은 금속을 옮겨갔다. (3)항의 물품들만 그대로 보존되었다가 예루살렘으로 되돌아와서 사용될 수 있었다. 에스라 1:5-11에서 돌아온 물품의 목록에 들어 있는 항목들은 (3)항인 보물 창고들에서 발견된 종류의 것들이다.

예루살렘의 파괴 혹은 폐허는 25:18에 경고되어 있으며 44:2, 6에 기록되어 있다(이와 같은 용어가 예레미야서에 땅에 대해서〈7:34; 25:11; 44:22〉, 열국에 대해서〈25:9〉, 왕궁에 대해서〈22:5〉 그리고 성전에 대해서〈33:10, 12〉 사용되고 있다). 이것은 정복자 바벨론을 통하여 황폐화된 내용을 요약하고 있는데, 그 이유는 예루살렘이 마지막으로 멸망했기 때문이다.

18-22 예레미야는 중재 기도가 참 선지자들의 책임이라는 사실을 가정하고 있다. 따라서 성전의 기구들이 돌아온다고 예언하고 있는 사람들을 향하여 남은 보물들이 약탈되어 가지 않도록 기도하라고 도전한다. 그러나 이러한 중재 기도에 들어간다는 것은 바벨론 군대가 또다시 그 성읍과 성전을 약탈할 것이라는 예레미야의 예언을 받아들였다는 사실을 암시했다. 예레미야 자신이 중재 기도를 하지 말라고 금지당했으므로(11:14; 14:11-12) 이 구절의 음조는 비꼬는 말로 파악되어서는 안 될 것이다. 그는 다른 선지자들로 하여금 자기에게 주신 하나님의 말씀을 믿도록 요청하고 있으며, 자신이 기도하지 말라고 금지당한 그것을 위하여 중재 기도하라고 요청하고 있다. 여호와께서 감정이 누그러지실 수도 있었을 가능성이 이러한 도전 가운데 함축되어 있다. 기구들이 그들의 궁전에 남아 있을 희망은 11절에서 열국들에게 제시된 긍정적인 선택 사항과 평행을 이룬다. 즉 바벨론 왕에게 복종하고 너희 땅에 머물러 있도록 허락을 받으라는 것이다.

18절에서 제안된 중재 기도의 대상들은 21-22절에 묘사된 하나님의 계획의 대상들과 일치한다. 하란의 재구성(위의 16-17절의 "주석"을 보라)에 따르면, 성전과 왕궁의 보물 항목들은 바벨론으로 고스란히 옮겨지고 다시 바벨론으로부터 고스란히 옮겨질 수 있었다. 열왕기하 25:14-15=예레미야 52:18-19은 주전 586년에 취해 갔던 더 적은 여러 성전 물품들을 열거하고 있다. 예레미야 52장은 궁전으로부터 취한 물품을 언급하지 않지만, 성전과 궁전 모두가 불에 탔으므로(52:13) 왕의 집이 약탈당하지 않았을 것 같지는 않다. 열왕기하 25:13=예레미야 52:17에 따르면, 19절에 열거된 거대한 놋 비품들, 기둥, 바다 그리고 받침들은 운반하기 쉽도록 바벨론인들에 의하여 잘려졌다(그것들의 규모와 건조에 대한 기록에 관해서는 왕상 7:13-47을 보라). 에스라서는 세스바살에 의하여 예루살렘으로 다시 가져온 5,400개의 금은 그릇들 가운데 이러한 커다란 물품들이나 오려낸 놋에 대해서는 언급하지 않는다(1장). 기둥, 바다, 받침은 베니게 기술자들이 만들었고(왕상 7:13-14) 가나안인의 도상과 공통된 여러 모양들을 가졌었다(예를 들어, 황소, 석류 열매; J. Levenson, *Sinai and Zion: An Entry into the Jewish Bible*[Mineapolis: Winston, 1985], 138-39).

성전 기구에 대한 하나님의 계획은 긴장 가운데 특별히 명시되지 않은 기간 동안 기다림과 동시에 심판과 구원을 내포하고 있다. 22절은 29:10에 있는 포로민들에게 주신 약속과 같다. 여호와께서는 그들을 권고하시고(פקד – 파콰드) 이 곳으로(הזה אל־המקום – 엘-하마콤 하제) 돌아오게(שׁוּב – 수브) 하실 것이다. 캐롤(537)은 "옮겨 (들어올리다)"(עלה – 알라)란 특이한 단어를 논급하고 있는데, 그는 이것을 성스러운 행렬에 알맞은 단어로 밝히고 있다.

28 [1] 이 복합적인 날짜 문구는 커다란 문맥 속에서는 두 가지 기능을 하고 있다. 첫째로, 이것은 27장과 28장에 있는 사건들이 동일한 시기의 것임을 밝혀 준다(본문과 역사상의 문제에 대한 논의에 관해서는 27:1과 28:1의 "양식/구조/배경"과 "원문주해"를 보라). 본 절의 초두에 있는 동사, 즉 와우 연속법을 가진 미완료형은 이 두 장 간의 이러한 관계를 입증해 준다. 둘째로, 다섯째 달은 하나냐의 죽음에 대한 예레미야의 예언의 신속한 성취를 보여 주기 위하여 거명되고 있다. 17절에 따르면, 그는 일곱째 달에 죽었다.

하나냐는 구약성경의 다른 어느 곳에도 언급되어 있지 않다. 그는 예레미야와 같은 예루살렘으로부터 멀지 않은 베냐민에 있는 한 마을 출신이며 성전에서 선지자로 예언한다. 그와 예레미야에게는 모두 본 장에서 "선지자"라는 호칭이 주어진다(1, 5, 10, 15, 17절). 그의 신탁을 받는 자는 예레미야이지만, 제사장들과 모든 백성들은 5-9절에서 그 말을 듣고 예레미야의 반응을 보기 위하여 그 곳에 참석해 있다. 이 두 그룹이 27:16-22에 있는 성전 기구에 관한 예레미야의 신탁의 수신자들이다.

[2]-[4] 하나냐의 신탁의 처음과 마지막 문장은 27장에서 소개되고 예레미야의 상징적 행위를 통하여 예증된 멍에 비유라는 수단을 통하여 느부갓네살의 패배를 선언한다. 하나냐 자신의 상징적 행동은 그가 이 신탁을 전달하기 이전에 일어났다고 예상하게 된다. 그 이유는 상징적 행동은 일반적으로 그들이 해석하는 말씀에 앞서기 때문이지만(참조. 왕상 11:29-31; 렘 27장), 그는 10절에 가서야 예레미야의 멍에를 꺾고 그 다음에 하나냐는 또 다른 느부갓네살의 멸망에 관한 유사한 신탁을 말한다. 그러나 예레미야 19장은 28장과 유사한 하나의 구조를 가진다. 예레미야는 몇몇 비난할 만한 행위가 나타난 장소에서(19:3-9) 심판의 말씀을 전하도록 명령을 받는다. 그 다음에 그는 여호와께서 두 번째 신탁 가운데 묘사된 나라와 성읍을 깨뜨리실 것이라는 하나의 상징으로서 오지병을 깨뜨린다(10-13절).

하나냐의 신탁, "내가 바벨론 왕의 멍에를 꺾었느니라"(2절)를 소개하고 있는 1인칭 진술과 27:5의 여호와의 1인칭 진술, 즉 "나는 홀로 땅을…만들었노라"를 비교하는 것은 타당하다. 권위 있는 하나님의 말씀은 언제나 그러한 하나의 진술로 시작할 필요가 없지만, 이것이야말로 이러한 두 장의 모양이 예레미야의 메시지의 진리성을 가리키는 또 다른 미묘한 방식이다.

하나냐의 신탁은 그 내용이나 형식에 있어서 매력적이다. 2-4절의 교차적인 구조로 바벨론에 있는 포로민들, 성전 기구와 백성들이라는 두 개의 범주(3-4절상)는 "다시 이 곳으로 가져오게 하겠고"(3aβ과 4bα절)라는 약속과 "내가 바벨론 왕의 멍에를 꺾었노라/꺾을 것임이니라"(3b과 4bβ절)는 선언을 통하여 그 뼈대가 구성되어 있다.

하나냐가 여고냐 곧 여호야긴의 귀환을 약속했을 때, 그는 사실상 시드기야 통치의 종결을 예언하고 있었다는 사실을 유의하라. 캐롤은 여기서 하나냐가 제시한 격려를 "예루살렘에 있었던 무력 외교라는 당시의 상황"에 반대하여 말함으로써 자신의 목숨을 위태롭게 하고 있는 것이라고 지적한다(543).

바벨론 권력의 멸망을 언급하지 않고 기구들과 포로민들의 귀환을 말하는 것은 가능하다(참조. 27:19-22). 그러나 이러한 신탁은 27-29장의 세 가지 중요한 주제들을 함께 묶는 것이다. (1) 바벨론의 패권의 한계, (2) 성전 기구, 왕, 다른 포로민들의 운명, (3) 결국 유다와 예루살렘으로 그들 모두를 돌아오게 하시는 여호와의 의도다. 이 모든 요소들은 예레미야를 통하여 주신 하나님의 말씀의 일부이기도 하다. 그러나 이 두 선지자 사이에는 결정적인 차이가 있으며, 이것은 하나냐의 두 해와 예레미야의 70년 간의 차이 이상의 문제다(29:10). 그 차이는 느부갓네살을 섬기라는 여호와의 명령이다(27:11-12).

5-9 하나냐의 신탁에 대한 예레미야의 답변은 자기 자신의 말이다. 거기에는 메신저의 공식 문구나 혹은 다른 예언적 연설의 암시가 없다. "아멘"은 구약성경에서 24회밖에 나오지 않는, 구약에서는 비교적 드문 단어다. 이것은 여러 경우에 하나님의 율법 혹은 언약을 받아들이는 것을 암시하는 공적인 응답이다(민 5:22; 신 27:15-26; 느 5:13; 렘 11:5). 이것은 한 선지자의 자극하는 행실에 대한 이스라엘 사람의 "야, 좋다!"에 해당하는 언어가 결코 아니다. 6절과 가장 유사한 구절은 열왕기상 1:36이다. 다윗은 솔로몬 왕에게 기름을 붓도록 명령했다. 브나야는 "아멘 내 주 왕의 하나님 여호와께서도 이렇게 말씀하시기를 원하나이다"라고 응답하고 계속해서 솔로몬을 위하여 기도한다. "아멘" 다음에 여호와를 주어로 하는 지시형 동사가 따라오는 문법적 패턴이 두 구절에서 같다. 솔로몬에 대한 브나야의 지지가 진실했던 것처럼, 하나냐에 대한 예레미야의 반응도 비꼬는 말이 아니었을 것이다. 여기서 사용된 동사 쿰(קום, "세우다, 실현하다")의 히필형은 29:10에서 하나님의 약속에 사용된 동사와 같다. 예레미야의 응답이 느부갓네살의 멍에를 꺾은 것에 대한 어떤 언급을 하고 있지 않다는 사실은 의미심장하다. 10-11절은 이러한 생략이 하나냐를 통하여 언급되었다는 사실을 암시한다. 캐롤의 설명과는 반대로, 예레미야는 하나냐에게 귀를 기울임으로써 자신의 경고를 거역하지 않았다. 그는 느부갓네살에 대한 반역을 주장하지도 않았다.

뒤따라오는 교훈은 하나냐와 그 말을 들은 모든 백성들의 유익을 위한 것이다(7절). 그러나 8-9절은 성전에 있는 군중들을 위해서라기보다는 예레미야서의 독자들에게 훨씬 더 유익하다. 최근의 여러 해석자들은 이 구절들이 참된 하나님의 말씀과 거짓된 말씀을 구별하도록 고대의 청중들에게 도움을 줄 만한 실질적인 표준을 제공하지 않는다는 사실을 인정했다(예를 들어, Carroll, *Chaos*, 192). 쿠엘(Quell, *Wahre*, 61)은 예레미야까지도 이 구절로부터 하나냐에 관한 결정을 할 만큼 충분히 알고 있지 못하다고 설명한다. 캐롤의 분석(544)은 적절하다. 즉 전쟁 신탁과 평화 신탁은 이 각각의 타입이 하나의 다른 확인 수단을 가지고 제공되는 것처럼 각기 분리되어 다루어지며, 또한 그 결과는 하나의 "교착 상태"다. 9절 초두에 있는 접속사의 누락은 이러한 갑작스러운 대립을 강요한다(M. Kessler, "A Prophetic

Biography: A Form-Critical Study of Jeremiah, Chapters 26-29, 32-45," Diss., Brandeis, 1965, 25).

언뜻 보기에, 8절은 하나님께서 과거에 지속적으로 선지자를 보내시고 백성들은 한결같이 거부한, 특히 가장 최근에는 26:5에 나타난 모티프와 유사하다. 보내심과 거절이 가정될 수도 있으나, 이 구절에서의 강조는 그 메시지의 일관성에 있다. 이것은 열왕기상 22:8에서 이믈라의 아들 미가야에 대한 이스라엘 왕의 묘사를 생각나게 한다. "저는 내게 대하여 길한 일은 예언하지 아니하고 흉한 일만 예언하기로." 이러한 선지자들에 대한 예레미야의 묘사 "나와 너 이전"은 이러한 과정 가운데 나타난 하나냐와 예레미야 자신을 배제하지 않는다.

8절에는 어떤 모호성이 나타나 있다. 예레미야가 "여러 나라"(유다를 포함하여, 27:6-7)를 향하여 예언했을지라도, 하나냐는 "큰 국가" 바벨론에 대항하여 예언했는데(28:2, 4), 이것은 앗수르에 대한 이사야의 신탁과 비교된다(사 10:12-19; Carroll, 544). 과거 선지자들의 메시지 내용인 "전쟁, 재앙, 염병"은 하나냐의 어투보다는 예레미야의 어투에 더 가깝지만, 이것은 27:8, 13; 29:17에 있는 문구("칼, 기근, 염병")와는 세 요소 가운데 단 하나만 공통점이 있을 뿐이다. 밀하마(מלחמה, "전쟁")는 사실상 예레미야서에서는 아주 드문 단어다(4:19; 6:4, 23; 21:4). 이것은 좀더 산문체이며, 통상적으로 3중적 표현으로 사용되는 "칼"보다 더 넓은 의미를 가지고 있다. 결국, 수많은 전쟁 무기와 전략들이 있다는 것이다(21:4). 두 번째 단어 라아(רעה, "해, 악, 재앙")는 이것과 발음이 유사하면서도 거의 동등한 단어 라아브(רעב, "기근")보다 훨씬 더 포괄적인 단어다. 같은 단어가 범죄와 징벌 모두를 지칭할 수 있고, 또한 이 요소가 훌륭한 수사학적 효과를 위하여 1:14, 16; 18:8, 10, 11; 23:10, 12, 14, 17에서 사용된다.

세 번째 단어 "역병, 염병"(דבר – 다베르)은 예레미야서에 열두 번 나타나는 가운데 아홉 번이 삼중적 경고 목록의 일부로 나타난다. 이 구절에 이것이 나타나고 있는 것은 예레미야서의 특징이라고 할 수 있는 "칼, 기근, 염병"이란 문구가 8절에 요약된 메시지를 표현하는 하나의 특별한 방식으로 간주되어야 한다는 사실을 암시하는 역할을 한다. "염병"이 예레미야서에서 단독으로 나타나는 단 두 번이 21장에 나오는데, 이 구절은 "칼, 기근, 염병"(9절, 그리고 7절에서는 그 역순으로)이라는 목록처럼 예루살렘에 대한 여호와의 행사 가운데 "전쟁"(3절)과 "재앙"(10절)을 포함시키기도 하는 구절이다. 27-28장과의 다른 접촉점은 21:5의 "든 손과 강한 팔"(참조. 27:5), 21:6의 "이 성에 거주하는 자를 사람이나 짐승"(참조. 27:5), 21:

8-10의 구원과 사망을 택할 기회(참조. 27:8-11)다. 21장은 예루살렘을 포위 공격하는 동안 여호와로부터 온 말씀에 대한 시드기야의 문의와 하나님의 응답을 기록하고 있다. 본 장 끝 부분에 있는 시(12-14절)는 시드기야와 예루살렘을 삼킬 "전쟁, 재앙, 염병"의 이유를 생각나게 하는 요소를 제공한다. 즉 유다의 왕가가 매일 공의를 행사하지 못했다는 것이고 압제당한 자와 착취당한 자를 구출해내지 못했다는 것이다.

전쟁을 예언하는 선지자들은 이스라엘에서 긴 행렬에 서 있으나, 평화를 예언하는 사람은 홀로 서 있다. 9절에 있는 나비(נביא, "선지자")라는 단수 명사를 유의하라. 전통을 벗어나 있는 하나의 새로운 선지자는 반드시 성취라는 검증을 받아야 한다. 9절은 신명기 18:21-22을 이용하고 있다. 두 개의 중요한 용어가 이 두 구절 가운데 나타난다. 참 선지자들은 그 말씀들이 응했을 때(בוא – 보) 인정을 받는다(ידע – 야다). 이러한 시험은 분명히 하나냐의 메시지와 예레미야의 그것이 서로 상충되었던 상황에서는 적절하지 않았다. 왕, 포로민, 성전 기구가 돌아올 2년 동안을 기다린다는 것은 예레미야의 메시지에 온전하게 응답할 기회를 포기하는 것을 의미했다. 그러나 성취의 표준은 분명히 예레미야의 신탁의 모음집과 보존된 글 가운데 존재하고 있다. 하나님의 심판이 유다와 예루살렘에 떨어졌을 때, 예레미야는 참 선지자로 입증되었다(Childs, *OT Theology*, 140). 성취의 표준은 하나님의 계획이 변경될 가능성에도 문을 열어놓고 있다. 예레미야는 즉석에서 하나냐의 말을 거짓된 것으로 거절할 수 없었는데, 그 이유는 그가 그 가능성을 인정했기 때문이다. 27:11의 열국에 제공된 긍정적인 선택과 27:18의 중재 기도를 하라는 도전은, 하나님께서 마음을 돌이키고 그 계획을 변경시키실 수도 있다는 믿음과 모순되지 않는다. 이러한 두 표준은 하나의 특별한 그룹 혹은 선지자들의 그룹들과 그들의 지지자들의 신앙으로 생겨났을 수도 있으나, 그것들은 지금 전쟁과 평화의 신탁을 포함하고 있는 예레미야서의 정경 형성을 비준해 주고 있다(Sheppard, "True," 271).

10-11 이 사건의 드라마는 선례가 없다. 한 선지자가 또 다른 선지자의 상징적 행동을 파괴하고 있다. 최소한 하나냐가 볼 때, 예레미야는 자기 목에 걸쳤던 고안물을 성공적으로 전달한 사람으로 보였다. 여기에 나타나 있는 단어는 "멍에"(מוטה – 모타)인데, 이는 27:2에 나타난 단어의 단수형이고, 30:8에 있는 것과 같은 "멍에"(עֹל – 올)가 아니다. 만일 할러데이가 옳고 이 단어가 하나의 깃의 형태를 가진 쐐기를 상징한다면(2:120), 하나냐는 멍에의 중심 지름대보다 더 꺾기가 쉬웠을 것이다.

본 장의 문맥에서 하나냐의 행동은 두 가지로 해석된다. 첫째로, 그것은 11절에 있는 자기 자신의 신탁이라는 것인데, 이것은 예레미야가 19:11에서 말하도록 들은 내용과 아주 유사하다. 이 두 예언은 메신저 공식 문구와 "내가…이같이 꺾어 버리리라"(ככה אשבר – 카카 에슈보르)로 시작된다(19장의 구조는 또한 28:1-4, 10-11의 구조와 유사하다. 상징적 행동은 두 개의 설명하는 신탁 사이에 들어가 있다). 이 구절은 같은 용어 "느부갓네살의 멍에[על – 올]" 아래 있는 "모든 열국"을 채용하고 있는 27:6-11과 정면으로 상충된다. 동사의 형태까지도 열국의 미래 혹은 잠재적인 예속을 표현하기 위하여 미완료형을 사용하고 있는 예레미야의 이전의 말을 손상시키는 역할을 한다. 느부갓네살이 지금까지 그 지역의 통솔권을 장악하려고 취한 일은 예레미야의 예언 가운데 예견된 예속은 아니었다. 하나냐의 말은, 당시의 상황 속에서 열국들이 이미 "그 멍에 아래" 있다는 것을 암시하면서 그 해방을 미래의 것 혹은 잠재적인 것으로 취급함으로써 이러한 위치를 교묘하게 반박하고 있다. 압제는 더 나빠지지 않을 것이다. 즉 이것은 2년 내에 사라지리라는 것이다. 결국 11절은 28:2-4 편에서 27:1-11에 대한 비평이다. 이러한 관찰은 하나냐의 상징적 행동에 대한 두 번째 해석으로 인도하는데, 곧 27-28장에 있는 문맥을 통하여 암시되어 있다. 이러한 행동과 그 해석하는 말을 통하여(10-11절) 하나냐는 개인적으로 여호와의 말씀을 거절하고 "목으로 바벨론 왕의 멍에를 메고"와 "바벨론 왕을 섬기라 그리하면 살리라"(27:12, 17절)란 명령에 불순종한다.

본 절을 종결짓고 있는 설화에 들어 있는 이 간략한 문장은 예레미야의 영적, 정서적, 직무상의 상태와 관련하여 관망이라는 침착한 흐름에 속해 있다. 우리는 그 무게를 감당할 수 없고 그럴 필요도 없다. 이 문장은 1-11절에 있는 하나의 에피소드를 종결짓는 역할을 하는데, 여기서 예레미야는 하나냐 선지자에게 청중의 역할을 하고 있다. 이 구절에서 그의 유일한 발언은 선지자의 신탁이 아니다. 그것은 하나냐의 메시지에 대한 하나의 논쟁 혹은 그 반대의 기능을 하고 있다. 이 구절은 1절에 있는 표제와 5절 및 11절 하반절에 있는 짤막한 설화에 의하여 형성된 것으로서 그 형태와 구조를 통하여 여호와께서 계획을 변경하셨고, 여호와께로부터 온 말씀이 한 선지자에 의하여 말해질 수도 있으며, 달리는 거짓된 것으로 생각될 수도 있을 가능성을 나타낸다. 선지자의 말에 대한 한 사람의 청중으로서 예레미야는 이러한 가능성에 대한 기대감을 나타낸다. 인간 메신저의 신분이 아닌 하나님의 말씀의 원천이 궁극적 관심이다.

12-14 12절에 있는 말씀-사건 문구와 13절에 있는 메신저 공식 문구는 예레미

야가 선지자의 역할을 재개했다는 사실을 암시한다. 예레미야는 단순히 자신이 8절에서 묘사했던 것과 다른 종류의 신탁을 발표하지 않았다. 그는 여호와의 말씀이라는 생생한 계시의 말씀을 받은 다음에야 다시 말했다. 그러고 나서 12절에서 말씀-사건 공식 문구와 시간을 나타내는 문장이 단순히 형식상으로 나타나지 않는다. 그것들은 하나의 중요한 설화로서의 역할을 한다. 비록 13-14절의 신탁이 27:5-11과 아주 유사할지라도, 이것은 이전의 말씀에 대한 단순한 재진술이 아니다. 12절에 있는 표제는 한 다른 청중(하나냐)에게 전달된 것으로서, 하나냐의 신탁도 또한 그의 상징적 행동(28:1-11)도 27장에 있는 예레미야를 통해서 주어진 메시지를 무효화시키거나 폐지되지 않았다는 사실을 보여 주려는 특별한 목적을 가지고 여호와께로부터 온 새로운 말씀이라고 밝히고 있다.

예레미야서 가운데서 자주 그러하듯 메신저의 공식 문구를 통해서 하나의 비난이 13절에서 발견되고 소개된다. 하나냐가 멍에를 꺾었을 때, 그것은 웅변적 그리고 비유적 기능을 가지고 있는 물리적 행위였다. 이러한 변경은 12절에 있는 단수형 모테(מוטה, "멍에")로부터 13절에 있는 복수형으로의 전환을 통하여 암시되어 있다. 그의 손으로 예레미야의 멍에를 꺾어 버렸지만, 그의 말은 예레미야가 멍에들을 보내고 복종하라는 하나님의 명령을 보냈던 그 모든 열국에게(11절) 느부갓네살에게 복종하는 일이 종결되었다고 선언했었다(27:5-9). 13절의 마지막 문장은 비유로 남아 있다. 보다 강한 쇠 멍에는 꺾을 수 없다. 예레미야 15:12은 "누가 능히 철 곧 북방의 철과 놋을 꺾으리요?"라고 묻는다. 아니다. 하나냐의 예언도 느부갓네살로 하여금 열국과 야생짐승들을 통치하게 하시려는 하나님의 계획을 무산시킬 수 없다(27:6; 28:14). 멍에 이미지의 논리가 14절에 기록되어 있다. 짐승들이 일하도록 멍에가 지워지듯이, 열국도 느부갓네살을 섬기도록 멍에 아래 처하게 된다.

15-17 하나냐에게 주어진 첫 번째 말씀은 한 개인에게 주어진 심판 신탁이라는 고전적 형태를 따르고 있는데(Westermann, *Basic Forms*, 142), 거기서는 책망 혹은 통렬한 비난이 선지자의 작품이 되어 있다. 15절은 이 묘사에 잘 들어맞는데, 그 이유는 여기에는 메신저 공식 문구가 없고 "들으라"는 첫마디가 28:7에 있는 예레미야의 비선지자적 연설을 반영하고 있기 때문이다. 심판의 선포는 "그러므로"(לכן - 라켄)에 의한 비난과 연결되어 있고, 메신저 공식 문구는 그것이 신적 기원을 가진 것임을 암시하고 있다. 부가적 비난이 16절 끝에 나타난다.

15-16절에 나타난 하나냐에 대한 비난들은, 하나냐를 27장(그리고 29장)에서 다양한 청중들에게 듣지 말라고 경고했던 그 선지자들의 한 실례로서 밝히는 효과를

가지고 있는 여러 보편화된 진술로 구성되어 있다. 즉 "선지자의 말을 듣지[שׁמע–샤마] 마소서." 예레미야는 같은 동사 "들으라"(שׁמע–샤마)는 말로 하나냐의 주의를 집중시키고 있다. 27:15에서는 이름 없는 예루살렘의 선지자들, 29:9에서는 포로민들 가운데 있는 선지자들과 예언자들, 29:31에서는 스마야와 하나냐에 대해서 "여호와께서 그들을/그를/너를 보내지 아니하셨거늘"이라고 말씀하신다. 여호와께서는 예레미야를 보내셨고(26:15), 그보다 앞서 수많은 선지자들을 보내셨다(26:5). 하나님의 보내심을 받지 않은 선지자들은 27:10, 14, 16(그리고 29:9)에 따르면 거짓을 예언하고 있었다. 하나냐(그리고 스마야, 29:31)는 한 걸음 더 나아가서 백성들로 하여금 거짓을 믿게 했었다(28:16과 29:31은 사역형이 사용되고 있는 유일한 곳이다). 예레미야 13:25은 "거짓을 믿는 것"과 여호와를 잊는 것을 연결하고 있으며, 이러한 이유가 어째서 하나냐가 여호와의 이름을 말했을지라도 그가 배교를 가르치고 있다는 비난을 받을 수 있었는가에 대한 이유를 설명해 준다. 신명기 13장에 따르면, "다른 신을 따라가자"고 말하는 선지자들은 배교를 조장하는 사형죄를 짓는 자들이다. 하나냐는 비록 이런 식으로 분명하게 말하지는 않았지만 같은 기소를 받아 사형 판결을 받는다. 그 거짓말이 여호와로부터 온 말씀이라고 믿는다는 것은 다른 신들을 따라가는 것과 동일하다. 15절은 27장의 결과를 암시한다. 만일 유다와 예루살렘에 있는 백성들이 실제로 하나냐의 거짓말을 믿는다면, 여호와께서는 그들로 하여금 포로가 되게 하실 것이고 그들은 멸망할 것이다(27:15).

하나냐에게 선고된 이 판결의 처음 부분은 그 말에 대한 효과적인 역할을 포함하고 있는 시적인 발언이다. 여호와께서는 하나냐를 선지자로 보내지 않으셨고, 그래서 인간이 거하고 있는 "지면에서" 제하실 것이다(שׁלח–샬라흐, 피엘형; 출 33:16; 신 7:6; 렘 25:26). 이 구절은 다른 여러 동사들과 함께 가인(창 4:14), 이스라엘(출 32:12; 암 9:8), 인류(창 6:1, 7; 습 1:3)에 대한 하나님의 심판을 표현하는 하나의 공식 문구를 만들고 있다. 그 다음 문장은 일을 보다 분명하게 진술하고, 28-29장의 스타일에 맞추어 연대를 제시하고 있다. 즉 하나냐가 "금년에 죽을 것이다"라는 것이다. 17절은 그의 죽음을 기록하고 있는데, 그가 첫 번째 신탁을 말한지 2개월 내에, 즉 "그 해 칠 월"이다.

설화의 한 구절이 하나냐가 청중으로 되어 있는 에피소드를 종결짓는다. 이것은 11절 하반절과 평행을 이루며 비교하도록 요청한다. 26-29장에서 네 선지자의 죽음이 예고되거나 혹은 기록된다. 이 장들에 거명된 선지자들 중에서 오직 예레미야만

이 살아서 여호와께서 그에게 주신 예언들이 성취되는 것을 본다.

해설

27-28장의 독자는 고대 상황에서 진리의 위치에 관해 확실성을 발견한다. 그 마지막에 예레미야는 살아 남고, 그를 통하여 주어진 하나님의 말씀은 그대로 남으며 또한 더 강화된다(나무 멍에는 쇠 멍에로 대치된다). 52장에 기록된 하나님의 행동은 느부갓네살과 바벨론에 의한 또 다른 공격과 승리와 추방에 관한 메시지를 비준해 준다. 그러나 하나냐의 메시지의 심각한 호소력은 계속해서 독자 자신의 현주소에 관한 확신을 뒤흔들어 놓는다. 하나냐와 27장에 있는 이름 없는 선지자들은 하나님의 약속을 선포하고 하나님의 선택과 보호를 믿으라고 하면서, 공포감을 주는 격동에 직면하여 모든 것이 항상 그러했던 그 상태로 돌아갈 것이고 옛 왕과 그 기구들은 궁궐과 성전의 제자리로 돌아올 것이라는 희망을 가지라고 끝없이 미혹하는 말을 한다. 하나님과의 진정한 만남을 위해 모든 사람이 필요로 하는 변화를 저지하기 위하여 하나님 자신의 약속을 이용하는 것은 미혹이다. 예레미야의 반복된 명령인 선지자들의 말을 "듣지 말라"는 23:16-22에 대한 분명한 암시다. 사람이 진실로 여호와의 회의에 참석한 선지자의 말에 귀를 기울일 때, 그 반응은 회개와 생활의 개혁이 되어야 한다(23:22). 23:16-22에 있는 여호와의 폭풍과 진노는 27-28장에서 하나님의 공의에 대한 인식을 다시 소개하고 있다. 유다와 예루살렘의 함락은 무분별한 하나님의 진노나 저버리심의 폭발이 아니다. 그것은 오래 연기되기는 했지만 악인에 대한 공의로운 심판이다. 다가올 심판을 부인함으로써 거짓 선지자들은 백성들로 하여금 "그들로 악한 길과 악한 행위에서 돌이킬"(23:22) 기회를 박탈해 버린다.

본 장들이 주는 가장 큰 신학적 도전은 초강대국에게 복종하고 바벨론에게 복종하라는 명령일 것이다. 자원하여 복종하면 정복과 죽음을 피할 길이 제공된다. 어떻게 그런 항복이 믿음의 표시가 될 수 있다는 말인가? 본 장들은 이러한 문제에 답변하는 데 최소한 네 가지 길을 제시한다. 첫째로, 느부갓네살에 대한 권위의 양도는 창조주의 통치의 실행이지 포기가 아니다. 둘째로, "바벨론 왕에 대한 복종"은 역사적으로 조절된 명령이다. 느부갓네살의 이름과 날짜 공식 문구에 대한 설명적인 첨가는 그 명령이 실제가 되는 특별한 상황을 분명히 해주고 있다. 셋째로, 복종의 기간이 지속 기간으로 한정되어 있다(27:7). "황제의 신적 권한"이라는 영원한 원리는 존재하지 않는다. 이 사실로부터 여호와께서 승리자 편이시라고 결론내릴 수는 없다. 절대 군주에 대한 복종도 혹은 저항도 배타적인 영원한 원리로 가르쳐지고 있지 않다. 느부갓네살은 그가 여호와의 봉신으로 행동하고 있고, 또한 자신의 군주로서의 목적에 부합하여 군대를 보냄으로써만 승리자인 것이다. 넷째로, 하나님의 백성들을 향한 가장 큰 위협은 독립된 국가를 잃는 것이 아니라 국가와 개인의 신앙에 대한 순수성의 타락과 여호와 숭배의 타락이다. 그들의 참된 위험에 대해서 그들에게 경고하고, 그들로 하여금 여호와께로 돌아오도록 요청하는 것이 하나님의 종 선지자들의 사역이었다.

B. 포로민들과의 서신 왕래(29:1-32[LXX 36:1-32])

참고문헌

Begg, C. "The Non-mention of Ezekiel in the Book of Jeremiah." *ETL* 65/1(1989) 94-95. **Berlin, A.** "Jeremiah 29:5-7: A Deuteronomic Allusion." *HAR* 8(1984) 3-11. **Casson, L.** *Travel in the Ancient World.* London: Allen and Unwin, 1974. **Dietrich, E. L.** *šwb šbwt: Die endzeitliche Wiederherstellung bei den Propheten.* BZAW 40. Giessen: Topelmann, 1925. **Dijkstra, M.** "Prophecy by Letter(Jeremiah xxix 24-32)." *VT* 33(1983) 319-22. **Driver, G. R.** "Once Again Abbreviations." *Textus* 4(1964) 76-94. **Eph'al, I.** "The Western Minorities in Babylonia in the 6th-5th Centuries BC: Maintenance and Cohesion." *Or* n.s. 47(1978) 74-90. **Fohrer, G.** *Die Propheten des Alten Testaments: Band 7. Propketerzählungen.* Gütersloh: Mohn, 1977. **Gevaryahu, H.** "Various Observations on Scribes and Books in the Biblical Period."(Heb.) *BMik* 43(1970) 368-74. **Haran, M.** "Book-Scrolls in Israel in Pre-Exilic Times. *JJS* 33(1982) 161-73. **Kilpp, N.** *Niederreissen und aufbauen: Das Verhältnis yon Heilsverheissung und Unheilsverkündigung bei Jeremia und im Jeremiabuch.* Neukirchen: Neukirchener, 1990. **Lust, J.** "'Gathering and Return' in Jeremiah and Ezekiel." In *Le Livre de Jéréme.* BETL 54. Louvain: Louvain UP, 1981. 119-42. **Macholz, G.** "Jeremia in der Kontinuität der Prophetie." In *Probleme biblischer Theologie,* ed. H. Wolff. Munich: Kaiser, 1971. 306-34. **Malamat, A.** "The Last Wars of the Kingdom of Judah." *JNES* 9(1950) 218-27. **Meier, S. A.** *The Messenger in the Ancient Semitic World.* HSM 45. Atlanta: Scholars, 1988. **Mettinger, T.** *King and Messiah: The Civil and Sacral Legitimation of the Israelite Kings.* Lund: Liber Läromedel, 1976. **North, R.** "Palestine, Administration of(Postexilic Judean Officials)." *ABD* 5:87. **Pardee, D.** *Handbook of Ancient Hebrew Letters.* Chico, CA: Scholars, 1982. ______. "An Overview of Ancient Hebrew Epistolography." *JBL* 97(1978) 321-46. **Porten, B.** "A New Look: Aramaic Papyri and Parchments." *BA* 42(1979) 74-104. **Sayran, G.** *Telling and Retelling: Quotation in Biblical Narrative.* Bloomington: Indiana UP, 1988. **Schmidt, W,.** and **Becker, J.** *Zukunft und Hoffnung.* Stuttgart: Kohlhammer, 1981. **Schreiner, J.** "'Durch die Propheten gelehrt, das Heil zu erwarten': Erwägungen im Anschluss an Jeremia 29." In *Segen für die Völker,* ed. E. Zenger. Düsseldorf: Patmos, 1987. 153-65. **Smith, D.** *The Religion of the Landless: The Social Context of the Babylonian Exile.* Bloomington: MeyerStone, 1989. **Yaure, L.** "Elymas - Nehelemite - Pethor." *JBL* 79(1960) 297-314.

본 문

1 선지자 예레미야가 예루살렘에서 이 같은 편지를 느부갓네살이 예루살렘에서 바벨론으로 옮겨간 포로 중 남아 있는 장로들과 제사장들과 선지자들과 모든 백성에게 보내었는데

1 These are the words of the document which Jeremiah [a]the prophet[a] sent from Jerusalem to the remnant[b] of the exiles' elders, to the priests, to the prophets, and to all the people [c]whom Nebuchadnezzar had exiled from Jerusalem to Babylon[c]

2 때는 여고니야 왕과 국모와 환관들과 및 유다와 예루살렘 방백들과 목공들과 철공들이 예루살렘에서 떠난 후라

2 [a](after the departure of Jeconiah the king; the queen mother, the palace officials, [b]royal officials[c] of Judah and Jerusalem,[b] the craftsmen and the smiths from Jerusalem)

3 유다 왕 시드기야가 바벨론으로 보내어 바벨론 왕 느부갓네살에게로 가게 한 사반의 아들 엘라사와 힐기야의 아들 그마랴의 손에 위탁하였더라 일렀으되

3 by the hand of Elasah son of Shaphan and Gemariah son of Hilkiah whom Zedekiah, king of Judah, sent to Nebuchadnezzar,[a] king of Babylon, to Babylon, saying:

4 만군의 여호와 이스라엘의 하나님 내가 예루살렘에서 바벨론으로 사로잡혀 가게 한 모든 포로에게 이같이 이르노라

4 "Thus says the Lord of Hosts,[a] God of Israel, to all[b] the exiles whom I have exiled[c] from Jerusalem to Babylon,[d]

5 너희는 집을 짓고 거기 거하며 전원을 만들고 그 열매를 먹으라

5 'Build houses and settle down. Plant gardens and eat their fruit.

6 아내를 취하여 자녀를 생산하며 너희 아들로 아내를 취하며 너희 딸로 남편을 맞아 그들로 자녀를 생산케 하여 너희로 거기서 번성하고 쇠잔하지 않게 하라

7 너희는 내가 사로잡혀 가게 한 그 성읍의 평안하기를 힘쓰고 위하여 여호와께 기도하라 이는 그 성이 평안함으로 너희도 평안할 것임이니라
8 만군의 여호와 이스라엘의 하나님이 이같이 말하노라 너희 중 선지자들에게와 복술에게 혹하지 말며 너희가 꾼 바 꿈도 신청하지 말라

9 내가 그들을 보내지 아니하였어도 그들이 내 이름으로 거짓을 예언함이니라 여호와의 말이니라
10 나 여호와가 이같이 말하노라 바벨론에서 칠십 년이 차면 내가 너희를 권고하고 나의 선한 말을 너희에게 실행하여 너희를 이 곳으로 돌아오게 하리라
11 나 여호와가 말하노라 너희를 향한 나의 생각은 내가 아나니 재앙이 아니라 곧 평안이요 너희 장래에 소망을 주려 하는 생각이라

12 너희는 내게 부르짖으며 와서 내게 기도하면 내가 너희를 들을 것이요
13 너희가 전심으로 나를 찾고 찾으면 나를 만나리라
14 나 여호와가 말하노라 내가 너희에게 만나지겠고 너희를 포로 된 중에서 다시 돌아오게 하되 내가 쫓아 보내었던 열방과 모든 곳에서 모아 사로잡혀 떠나게 하던 본 곳으로 돌아오게 하리라 여호와의 말이니라 하셨느니라

15 너희가 말하기를 여호와께서 바벨론에서 우리를 위하여 선지자들을 일으키셨다 하므로
16 여호와께서 다윗의 위에 앉은 왕과 이 성에 거하는 모든 백성 곧 너희와 함께 포로 되어 가지 아니한 너희 형제에게 대하여 이같이 말씀하시느니라

6 Get married and have sons and daughters, and take wives for your sons and give your daughters to husbands[a] so that they will give birth to sons and daughters.[a] Multiply there[b] and do not decrease.
7 Seek the peace of the city[a] where I have exiled youand pray on her behalf to the Lord, for in her peace shall be peace for you.'
8 [a]"Indeed, thus says the Lord[b] of Hosts, the God of Israel,[b] 'Stop deceiving yourselves by [c]your prophets[c] who are in your midst and your diviners, and stop listening to your dreams[d] which [e]you are dreaming,[e]
9 for they are prophesying to you falsely[a] in my name. I did not send them – [b]oracle of the Lord.[b]

10 "For thus says the Lord, 'Only when seventy years are filled up for Babylon shall I deal with you and fulfill for you my pledge[a] by returning you to this place.
11 For I[a] know the plans which I[a] am planning for you – [b]oracle of the Lord[b] – plans for peace, not for calamity, in order to give you [c]a future and a hope.[c]
12 [a]You will call upon me and come[ba] and pray to me, [c]and I shall listen to you.[c]
13 When you seek me [a]you will find (me) if you seek me[a] with your whole heart.
14 I will be found[a] by you[b] – [c]oracle of the Lord[c] – and I will bring about your restoration,[d] and gather you from all the nations and from all the places where I have driven you – oracle of the Lord – I will bring you back to the place from which I have exiled you.'[b]
15 "Because you have said, 'The Lord has raised up prophets for us in Babylon.'[a]
16 Indeed, thus says the Lord to the king who sits upon the throne of David and to all the people who dwell in that city, your kindred who did not go out with you into the exile:

17 만군의 여호와께서 이같이 말씀하시되 보라 내가 칼과 기근과 염병을 그들에게 보내어 그들로 악하여 먹을 수 없는 악한 무화과 같게 하겠고

18 내가 칼과 기근과 염병으로 그들을 따르게 하며 그들을 세계 열방 중에 흩어 학대를 당하게 할 것이며 내가 그들을 쫓아 보낸 열방 중에서 저주거리와 놀램과 치소와 모욕거리가 되게 하리니

19 이는 내가 내 종 선지자들을 그들에게 보내되 부지런히 보내었으나 그들이 나 여호와의 말을 듣지 아니하며 듣지 아니 함이니라 여호와의 말이니라

20 그런즉 내가 예루살렘에서 바벨론으로 보낸 너희 모든 포로여 나 여호와의 말을 들을지니라

21 만군의 여호와 이스라엘의 하나님 내가 골라야의 아들 아합과 마아세야의 아들 시드기야에 대하여 말하노라 그들은 내 이름으로 너희에게 거짓을 예언한 자라 보라 내가 그들을 바벨론 왕 느부갓네살의 손에 붙이리니 그가 너희 목전에서 그들을 죽일 것이라

22 너희 바벨론에 있는 유다 모든 포로가 그들로 저주거리를 삼아서 이르기를 여호와께서 너로 바벨론 왕이 불살라 죽인 시드기야와 아합 같게 하시기를 원하노라 하리니

23 이는 그들이 이스라엘 중에서 망령되이 행하여 그 이웃의 아내와 행음하며 내가 그들에게 명하지 아니한 거짓을 내 이름으로 말함이니라 나는 아는 자요 증거인이니라 여호와의 말이니라 하셨다 하였더라

24 너는 느헬람 사람 스마야에게 이같이 말하여 이르라

25 만군의 여호와 이스라엘의 하나님이 이같이 말씀하여 가라사대 네가 네 이름으로 예루살렘에 있는 모든 백성과 제사장 마아세야의 아들 스바냐와 모든 제사장에게 글을 보내어 이르기를

17 Thus says the Lord of Hosts: I am about to send upon them sword, [a]famine, and pestilence, and I shall make them like the disgusting[b] figs which are too rotten to be eaten.

18 I shall pursue them with sword, with famine,[a] and with pestilence, and I shall make them a reason for trembling[b] to all the kingdoms of the earth, an execration and a horror and a hissing[c] and a reproach in all the nations where I banish them,

19 because they have not listened to my words —oracle of the Lord—in that I sent them[a] my servants the prophets persistently, but you[b] did not listen—oracle of the Lord.

20 "Now, as for you, hear the word of the Lord, all you exiles whom I sent from Jerusalem to Babylon:

21 Thus says the Lord[a] of Hosts, the God of Israel,[a] to Ahab [b]son of Kolaiah[b] and to Zedekiah [c]son of Maaseiah, who are prophesying to you falsely in my name:[c] I am about to give them into the hand of Nebuchadrezzar,[d] the king of Babylon, and he will smite them in your sight.

22 A curse formula shall be derived from them for all the Judean exiles who are in Babylon, as follows, 'May the Lord make you like Zedekiah and like Ahab[a] whom the king of Babylon roasted in the fire,'

23 because they have committed shameful folly in Israel and committed adultery with their neighbors' wives and have spoken a word in my name falsely[a] which I had not commanded them. I am [b]the one who knows[c] and[b] the witness—oracle of the Lord.

24 [a]"To Shemaiah the Nehelamite you shall say:[b]

25 Thus says the Lord of Hosts, the God of Israel:[a] [b]Because you have sent letters[c] in your name[b] [d]to the whole nation which is in Jerusalem and[d] to Zephaniah son of Maaseiah the priest[e] and to all the priests,[e] saying,

26 여호와께서 너로 제사장 여호야다를 대신하여 제사장을 삼아 여호와의 집 유사로 세우심은 무릇 미친 자와 자칭 선지자를 착고에 채우며 칼을 메우게 하심이어늘

27 이제 네가 어찌하여 너희 중에 자칭 선지자라 하는 아나돗 사람 예레미야를 책망하지 아니하느냐

28 대저 그가 바벨론에 있는 우리에게 편지하기를 때가 오래리니 너희는 집을 짓고 거기 거하며 전원을 만들고 그 열매를 먹으라 하였다 하였느니라

29 제사장 스바냐가 스마야의 글을 선지자 예레미야에게 읽어 들릴 때에

30 여호와의 말씀이 예레미야에게 임하여 가라사대

31 너는 모든 포로에게 글을 보내어 이르기를 여호와께서 느헬람 사람 스마야에 대하여 이같이 말씀하시되 내가 스마야를 보내지 아니하였거늘 그가 너희에게 예언하고 너희로 거짓을 믿게 하였도다

32 그러므로 나 여호와가 이같이 말하노라 보라 내가 느헬람 사람 스마야와 그 자손을 벌하리니 그가 나 여호와께 패역한 말을 하였음을 인하여 이 백성 중에 거할 그의 사람이 하나도 없을 것이라 내가 내 백성에게 행하려 하는 선한 일을 그가 보지 못하리라 하셨다 하라 여호와의 말이니라

26 'The Lord made you priest in place of Jehoida the priest in order to act as overseer[a] in the house[b] of the Lord against any [c]prophesying madman[c] so that you would put him in the stocks[d] and the pillory.

27 Now, why haven't you rebuked[a] Jeremiah the Anathothite[b] who is prophesying[c] to you?

28 Because thus he has sent to us in Babylon,[a] saying, 'It will be long. Build houses and settle down, plant gardens and eat their fruit.'"

29 (Zephaniah [a]the priest[a] read aloud this[b] letter in the hearing of Jeremiah [c]the prophet.[c])

30 Then the word of the Lord came to Jeremiah:

31 "Send to all[a] the exiles, saying, 'Thus says the Lord to Shemaiah the Nehelamite: Because Shemaiah is prophesying to you, although I have not sent him, with the result that he has caused you to trust in a lie,

32 therefore, thus says the Lord: I am about to deal with Shemaiah [a]the Nehelamite[a] and his descendants. He shall not have a single person dwelling[b] in the midst of [c]this people[c] [d]and they shall not see[d] the good which I am about to do for my people[e] – [f]oracle of the Lord – for he has advocated apostasy against the Lord.'"[f]

원문주해

1.a-a. LXX에는 없다. MT은 전형적으로 LXX이 누락한 곳에서 이 호칭을 가지고 있다.

1.b. LXX에는 없다. 창 49:3에서 예테르(יתר)는 "능가하는" 혹은 "첫 번째의"를 의미한다. 문맥이 포로 공동체이므로 좀더 일반적인 의미가 더 나은 것처럼 보인다.

1.c-c. LXX에는 없다. MT은 전형적으로 LXX에는 누락된 수식어들을 보유한다.

2.a. *BHS*는 이 전체 구절이 24:1에 비추어 첨가될 수 있는지의 여부를 묻는다. "주석"을 보라.

2.b-b. LXX은 카이 판토스 엘류데루(*καί παντὸς ἐλευθέρου*, "그리고 모든 방백들")

만을 보유한다.

2.c. 몇몇 필사본, Syr, Vg은 목록의 통상적인 형태에 일치하여 "방백들" 앞에 접속사를 포함시킨다. MT은 이례적인 단어 싸리쓰(סרים, "환관")에 대한 설명으로 읽혀질 수도 있다.

3.a. LXX에는 없다.

4.a. LXX에는 없다.

4.b. LXX에는 없다.

4.c. *BHS*는 Syr을 따르면서 본 절의 초두에 있는 3인칭 "여호와"와 주어로서의 "하나님"에 붙어 있는 1인칭 동사 사이의 불일치를 제거하기 위하여 호팔형 호글레타(הָגְלְתָה, "포로 되었다")로 수정하기를 제안한다. 파르디(Pardee)에 따르면, 이것은 서신이 아니고 예언 형식이므로(*JBL* 97[78] 331) 인칭의 변화는 어울리지 않는 것이 아니다. 참조. 20절.

4.d. "바벨론에게"가 LXX에는 없다.

6.a-a. LXX에는 없다. 이 문장은 가족을 제3세대로까지 확대하고 있으며(참조. 27:7) 한 가족의 삶을 70년(11절)으로 정하고 있다.

6.b. LXX에는 없다. "거기서"는 바벨론에 있는 그들의 위치를 강조한다. 27-29장의 서론 "참 선지자와 거짓 선지자"를 보라.

7.a. LXX은 테스 게스(*τῆς γῆς*, "그 나라")를 가지고 있다. 두 성읍, 즉 예루살렘과 바벨론이 본서 전체에 걸쳐서 비교되고 있으므로 "성읍"이 더 낫다. 예레미야 LXX에서는 일곱 번이나 히브리어 이르(עיר, "성읍") 혹은 이림(ערים, "성읍들")을 게스(*γῆς*, "땅")로 번역한다. 즉 29[LXX 36]:7; 31[38]:24; 32[39]:29; 34[41]:22; 37[44]:2; 39[46]:16; 40[47]:5. 어느 곳에서나 주어가 예루살렘 혹은 유다 성읍이다. 이것은 번역자가 왕 혹은 하나님의 행위의 충분한 효과를 해석하기 위한 불규칙한 관습의 증거일 것이다.

8.a. *BHS*는 8-9절을 15절 뒤로 옮기는 것을 제안한다. "양식/구조/배경"을 보라.

8.b-b. LXX에는 없다. 27-29장의 서론 "참 선지자와 거짓 선지자"를 보라.

8.c-c. LXX은 본 장의 나머지 부분에 비추어 이 단어를 프슈도프로페타이(*ψευδοπροφῆται*, "거짓 선지자들")로 해석한다.

8.d. LXX도 앞으로 문장을 반영하면서 메 아나페이데토산 휘마스(*μὴ ἀναπειθέτωσαν*, "…로 너희 자신을 속이는 일을 중지하라")를 가지고 있다.

8.e-e. MT의 마흘레밈(מחלמים, "…들이 꿈꾸고 있다")은 할롬(חלם, "꿈")이 히필형으로 유일하게 나타나는 경우다. BDB(321)는 첫 글자 멤(מ)은 중복오사를 일으켰다고 본다. 이러한 수정과 함께 LXX[26]을 따라 *BHS*가 권장한 독법 "그들이 꾸고 있는 그들의 꿈들"은 불필요하다. LXX[26]에 있는 3인칭 형태는 렘 23:25에서부터 생겨났을 수 있다. 할러데이는 직접목적격 의미인 "꿈꾸기 시작하다"를 고수한다.

9.a. LXX의 소수의 필사본, Syr, Tg은 전치사를 누락시키고 있다. "거짓"은 여전히 부사 직접목적격 "거짓되게"로 읽혀질 수 있다.

9.b-b. LXX에는 없다.

10.a. LXX에는 없다. 하따바르 하토브(הדבר הטוב, "그 선한 말씀")는 구약성경에서 주로 율법적·계약적 의미를 가진다. 그러므로 다른 고대 근동의 자료에서는 "서약"이다(Fishbane, *Biblical Interpretation*, 473 n. 37; Mettinger, *King*, 147).

11.a-a. LXX에는 없다. 중자탈락으로 말미암아 소실되었다(Janzen, *Studies*, 118).

11.b-b. LXX에는 없다. 이 공식 문구는 전형적으로 MT에서 더 자주 나타난다.

11.c-c. LXX는 타우타(*ταῦτα*, "이것들")를 가지고 있는데, 이는 LXX^{OL}의 타 메타 타우타, *τὰ μετὰ ταῦτα*, "이것 다음에 있는 것")의 축약형 번역으로 보인다. 이것은 MT의 아하리트(אחרית, "뒤따라오는")를 번역한 것이다. 할러대이는 하나의 주석으로 혹은 이문의 결합으로 "그리고 한 소망"을 생략한다.

12.a-a. LXX에는 없다. LXX은 "너희는 내게 기도할 것이고 나는 너희에게 귀를 기울일 것이다"로 읽는다.

12.b. Syr에는 없다. *BHS*는 와할라크템(והלכתם, "그리고 왔다")을 중복오사로 삭제하기를 권하지만 복사 자료가 명확하지 않다.

12.c-c. 이 약속은 13절까지는 Syr에 나타나지 않는다(12절 Syr: "너희는 나를 부를 것이고 나에게 기도할 것이다").

13.a-a. LXX^{S} 혹은 Arab에는 없다. 이 약속 문장은 그 대신 14절에 나타난다. MT은 신 4:29을 거의 복사하다시피 한다.

14.a. *BHS*는 LXX의 에피파누마이(*ἐπιφανοῦμαι*, "그리고 내가 보여질 것이다")를 따라 니르아티(נראתי, "내가 보여질 것이다")로 읽을 것을 권한다. 이러한 변화는 마차(מצא, "찾다, 발견하다")가 앞 절에 나타나므로 어떤 차이를 드러낼 것이지만, 한 쌍을 이룬 바콰쉬/마차(בקשׁ/מצא, "구하다/찾다")는 구약성경에서 매우 일반적이다. 더 나아가서 본 문맥의 스타일이 동사의 어근의 반복으로 구성되어 있다.

14.b-b. LXX에서 이 구절은 "너희를 위하여" 다음에 끝난다.

14.c-c. LXX에는 없다.

14.d. K의 쉐비트켐(שׁביתכם)은 어근 솨바(שׁבה, "포로를 취하다")로부터 파생되었음을 암시한다. Q는 수브(שׁוב, "돌아오다")란 어근으로부터 파생된 쉐부테켐(שׁבותכם)으로 읽는다. K는 후대에 이 공식 문구를 제1차적으로 포로 귀환에 적용함으로써 형성된 이문을 권장한다(Dietrich, *šwv šbwt*, 34). 이 관용어는 어원이 같은 대격이다.

15.a. *BHS*는 MT이 16-20절에서 누락시키고 있는, LXX의 가설에 근거한 원 순서를 되살리기 위하여 8-9절을 15절 다음으로 옮길 것을 권장한다. "양식/구조/배경"을 보라.

16.a. 16-20절은 LXX에는 누락되어 있다. "양식/구조/배경"을 보라.

17.a. LXX^{OL}의 여러 필사본, Syr, Tg^{f,Ms}, Vg은 이 항목을 다른 목록의 내용들과 일치시키면서 접속사를 덧붙인다.

17.b. 단 한 번만 나오는 단어.

18.a. 몇몇 θ′ 의 필사본, Syr, Vg은 이 목록에서 다음에 나오는 항목들과 이 항목을 일치시키면서 접속사를 덧붙인다.

18.b. *BHS*는 어근 자와(זוע, "떨다")로부터 나온 K의 레자와아(לזועה, "두려움")와 함께 읽을 것을 권한다.

18.c. 소수의 필사본들은 보다 일반적인 표현인 לקללה("한 저주")를 보유한다.

19.a. 소수의 필사본들은 문맥은 3인칭 복수이지만 다음 구절 및 20절과 일치하여 2인칭 복수를 가지고 있다.

19.b. LXX^{OL}과 Syr은 3인칭 복수형을 유지하고 있다. MT의 2인칭으로의 전환은 포로민들에게 전하는 것이다. "주석"을 보라.

21.a-a. LXX에는 없다. 27-29장의 서론 "참 선지자와 거짓 선지자"를 보라.

21.b-b., c-c., d. LXX에는 없는데, 이것은 선지자들의 본명과 왕의 호칭만을 명시한다. 골라야에 대한 재담("주석"을 보라)은 번역상으로는 드러나지 않았다. 레쉬(ר)를 삽입한 느부갓네살에 대한 MT의 철자는 27-29장에서는 이례적인 것이다(27-29장의 서론 "참 선지자와 거짓 선지자"를 보라).

22.a. *BHS*는 21절과 Q^{OR}에서처럼 보다 긴 철자인 כאחאב로 수정하기를 권한다. 이것은 구약성경에서 짧은 철자가 출현하는 유일한 경우다.

23.a. LXX에는 없다. 다음에 이어지는 문장은 그것을 불필요하게 만들지만, 쉐퀘르(שׁקר, "거짓말")는 MT에서 그러한 선지자들에 대한 표준적인 비난의 일부다. 참조. 29:9, 31.

23.b-b. LXX에는 없다.

23.c. 하우요데아(הוידע)라는 난해한 형태를 취급하는 세 가지 방법이 있다. (1) 하우요데아(הוידע, 칼 능동 분사, "아는 자")로 고침. (2) 한 개의 자음을 덧붙여서 후 야다(הוא ידע, "아는 자")로 고침. (3) LXX에 없는 이 단어를 삭제하고 헤이드(העד, "증거")로 고침. (3)항이 구약성경의 다른 곳에서 사용된 형식과 일치한다(창 31:50; 미 1:2; 욥 16:19). MT은 합성된 본문일 수도 있다(Janzen, *Studies*, 22). 이것은 확대된 표현임에도 불구하고 MT에서 의미심장한 것으로 해석되어 왔다. 이 문구는 "전문가 증인"이라는 이사일의로 이해될 수 있다.

24.a-25.a. Syr은 스마야가 말한 누락된 신탁을 내포하고 있다. [24]"그헬렘 사람 스마야가 말했다. [25] '그러므로 만군의 여호와, 이스라엘 하나님이 말씀하시기를: [누락된 신탁]…' 그리고 그의 이름으로 보냈다…." 할러대이(2:9)는 Syr 독법을 MT나 LXX보다 더 우월한 것으로 평가한다. LXX의 이 구절에 대한 번역은 MT와 가깝지만 더 짧다. "[24]

그리고 느헬렘 사람 스마야에게 말한다. [25]'내가 내 이름으로 너를 보내지 않았다.' 그리고 제사장 마아세야의 아들 스바냐에게 말한다." "양식/구조/배경"을 보라.

24.b. 레모르(לאמר, "말하여")는 LXX, Syr, Vg에는 없다. 이것이 없다고 해서 문장의 의미가 달라지지는 않는다.

25.a. LXX에는 없다. "원문주해" 24.a-25.a.를 보라.

25.b-b. *BHS*는 LXX을 MT에 있는 것처럼 "너는 네 이름으로 보냈다"로 고치기를 제안한다.

25.c. LXX에는 없다. 왜냐하면 "보내다"의 직접목적어가 "너"이기 때문이다. 왕하 10:1; 19:14도 역시 단 하나의 편지에 복수형을 사용하고 있는데, 이는 아마도 공개적이고도 봉함된 편지들을 보내는 관습을 반영하고 있는 것 같다.

25.d-d, e-e. LXX은 이 부가적 수신자들이 생략하고 있다. 1절과 비교하라.

26.a. MT에는 복수형 페퀴딤(פקדים)으로 되어 있다. LXX(θ', Syr, Vg)은 본 절 초두의 발언에 있는 단수형 발언에 일치하여 단수형을 가지고 있다. 뒤따라 나오는 단어에 접두된 전치사 베트(ב, "안에")가 멤(מ)으로, 또한 달렛(ד)과 요드(י) 사이에서 전환들이 일어난 것으로 잘못 읽혀졌다. 원래 히브리어 본문은 페퀴드 베트(פקיד בית, "그 집에 있는 관리인")였을 것이다.

26.b. 필자는 이 단어를 많은 필사본들, LXX, Syr, Tg[Mss], Vg과 더불어 베베트(בבית, "그 집/성전에서")로 번역했다.

26.c-c. MT에서는 이쉬 메쉬가 우미트나베(איש משגע ומתנבא)임. LXX은 순서가 역으로 되어 있다. 또 다른 가능한 이사일의다. 즉 "예언하는 미친 자." 나바(נבא, "예언")의 히트파엘형은 영감 받은 연설만이 아니라 전반적인 행위를 나타낸다.

26.d. LXX에서는 아포클레이스마(*ἀπόκλεισμα*, "감금의 장소")이지만, 같은 단어가 20:2의 LXX에서는 카타라크텐(*καταρράκτην*, "토굴 감옥" 혹은 "대[臺]")으로 번역되었다. 카타라크텐(*καταρράκτην*)은 본 절에서 단 한 번만 나오는 단어 치노크(צינק, "보관 장치, 형틀[?]")에 대한 번역으로 나타나 있다. 아마도 이 두 히브리어 단어가 LXX가 참고한 히브리어 본문에 역순으로 나왔던 것으로 보인다.

27.a. LXX은 2인칭 복수를 가지고 있는데, 그 이유는 이것이 스마야와 스바냐 모두를 향하여 말하고 있기 때문이다.

27.b. *BHS*는 레닌그라드 사본에 있는 아인(ע)의 반모음을 여러 다른 필사본들과 판들 가운데 들어 있는 완전 모음과 비교한다.

27.c. 26절에 있는 것과 같은 히트파엘형.

28.a. LXX[VCal]에서는 디아 투 메노스 투투(*διὰ τοῦ μηνὸς τούτου*, "이 달 중에")이다. MT은 다소 어색하지만, 스마야의 반응의 시기에 관한 LXX의 정보는 MT에서 그 해당 항목이 없다.

29.a-a., b., c-c. MT은 전형적으로 LXX에는 나타나지 않은 수식어와 호칭들을 포함시키고 있다.

31.a. LXX의 소수의 필사본들 가운데는 없다. MT은 전형적으로 LXX에는 나타나지 않은 수식어들을 포함시키고 있다.

32.a-a. LXX에는 없다.

32.b. LXX에는 없다. 어근 야샤브(ישׁב, "거주, 정착")가 5절에도 나타나는데, 두 구절을 비교할 필요가 있다.

32.c-c. LXX은 휘몬(*ὑμῶν*, "너희의")을 가지고 있는데, 이들은 31절에서 신탁이 전달된 포로민들을 가리킨다.

32.d-d. LXX은 투 이데인(*τοῦ ἰδεῖν*, "보다")을 가지고 있는데, 이는 MT보다 본문을 덜 모호하게 한다. 그의 후손들은 좋은 일을 보지 못할 것이다.

32.e. LXX은 휘민(*ὑμῖν*, "너희에게", 즉 포로민들)을 가지고 있다.

32.f-f. LXX에는 없다. MT은 신 13:6에 나온 법적 용어를 반영한다(참조. 28:16). LXX은 우크 옵손타이(*οὐκ ὄψονται*, "그들이 볼 것이다")를 가지고 있다.

양식/구조/배경

본 장은 예레미야가 예루살렘으로부터 바벨론으로 보낸 기록된 문서(ספר – 쎄페르)의 본문으로 소개되어 있다. 이 본문은 여러 주제들을 가진 일련의 신탁을 포함하고 있으나 이것들 모두가 공식적으로 바벨론에 있는 유다 포로민들을 향한 것이다. 이 메시지들의 내용은 긴장 가운데서 예레미야가 보낸 두 통의 편지와 바벨론으로부터 예루살렘으로 보낸 한 통의 편지로 나누어진다. 예레미야의 두 번째 서신은 "기록 문서"(ספר – 쎄페르)로 소개되지 않고 다만 예레미야에게 "말하라"고만 명령이 주어져 있다.

본 장의 표제는 이 문서의 수신자들을 주전 597년에 포로 된 자들로 밝히고 있다. 그러나 그들은 모두 주전 586년의 포로민들과 너무나 신속하게 결합된다. 29장에 있는 다음의 몇몇 해석이 예상된다.

대부분의 학자들의 관심은 본 장의 원래의 핵심과 해석 편집의 첨가물을 밝혀내는 방향으로 기울어져 있다. 이 메시지 가운데 시문이 없으므로 제2차적 자료에 관한 결정은 대개 독특한 용어와 공식적 문구의 표현의 확인에 근거한다. 다음의 목록은 29장에 있는 예레미야의 편지의 원래의 내용과 관련된 결과들의 범위를 보여준다.

(1) 편지: 5-7절(Nicholson, *Preaching*, 98)
(2) 서론: 1, 3절; 편지: 4a, 5-7절; 그 후의 역사: 25, 26-30, 31a, 32a(Thiel, *Redaktion*,19)
(3) 편지: 5-7, 12b-14a절(G. Fohrer, *Prophetenerzählung*, 149)
(4) 서론: 1, 3절; 편지: 4-13, 14절(LXX에 있는 바와 같음), 15, 21-23(Bright)
(5) 1, 3-11, 12b, 14a, 16a, 17ab, 18ab, 19ab, 20, 15, 21-23절(몇몇 짧은 확대 내용은 뺌; Holladay)

29장에 있는 그 후의 해석적 첨가의 순서를 분간하기 위한 모든 시도들을 기록할 공간이 부족하다. 예를 들어, 방케(Wanke)는 일련의 확대 내용을 주장하고(*Untersuchungen*, 36-59), 반면에 디얼(Thiel)은 이 첨가물들이 모두 한 번에 이루어졌다고 생각한다(*Redaktion*, 19).

개개의 장들의 발전은 작은 모음집의 작성과 본서 전체의 형성과 관련되어 있다. 이 시점에서는 29장이 이 재구성의 선집 가운데 어디서 떨어지는지를 언급할 수 있을 뿐이다. 모빙켈(Mowinckel, *Zur Komposition*)은 29장을 주전 5세기가 바뀌어 갈 무렵에 애굽에서 작성된 그의 원 자료 혹은 전승 복합물 B로 돌렸다. 루돌프(Rudolph)와 방케(Wanke)는 B로 부르는 것을 주장하고, 루돌프는 이 작품을 바룩의 것으로 돌린다. 그러나 방케(*Untersuchungen*)는 B자료 내에서 전승의 세 개의 순환(cycle)을 발견하는데, 이것들 가운데 어느 것도 바룩에 의하여 작성되지 않았다고 말한다. 29장은 19:1-20:6; 26-29; 36 순환에 속한다. 본 장의 대부분을 예레미야의 것으로 돌리고 있는 할러대이(Holladay)와 사이츠(Seitz, *Theology*)는 29장을 포함하는 초창기 모음집을 제안한다. 할러대이는 예레미야가 32장의 사건 직후에(주전 588년) 바룩에게 30-31장의 부분들을 포함하고 있는 "소망의 두루마리" 앞에 29장을 붙이도록 지시했다고 생각한다. 바룩(아니면 다른 사람들?)은 26-36장에 2 혹은 3단계로 이 장들의 나머지 부분을 덧붙였다. 함락이 가까워 올 무렵 유다에서 작성된, 사이츠가 제안한 "서기관의 연대기"는 27-29; 20:1-6; 37:11-15; 38:1-6을 포함한다. 그 후 포로기의 편집은 29장에 16-20절을 부록으로 가입시켰다. 니콜슨은 29장의 확장과 형성 그리고 26-36장에 있는 복합적 전승 내용의 발전은 바벨론에 있는 586년 이후 포로민들 사이에 있었던 신명기적 전승가들에 의하여 설교하고 가르치는 상황 속에서 이루어졌다고 결론짓는다(*Preaching*, 130-31). 디얼(Thiel, *Redaktion*, 19)도 역시 확장된 신명기적 편집 내용을 발견하기는 했지만, 그 작품을 예루살렘에서 만든 것으로 생각한다. 그의 재구성에 따르면 D 편집자가 본 장을 28장과 연결시키기 위하여 15, 8-9절을 삽입시키고, 10-14절을 30-32장에 연결시키기 위하여 삽입시키고, 또한 24장과 아주 유사한 16-20절을 삽입시켰다. 편집자들의 작품의 범위와 그것들의 어휘, 스타일 그리고 신학의 표지를 신명기적인 것으로 보는 일은 격렬한 연구와 논쟁의 문제로 남아 있다(예를 들어, Weippert, *Prosareden*, and Stulman, *Prose Sermons*의 책들).

본 장의 지금의 최종 형태를 읽는 독자는 개별 단위들의 형태를 이해할 필요성이 있고, 그것들이 어떻게 각기 서로 연결되는지, 그리고 그것들이 어떻게 본 장의 골격을 제공하고 있는 예레미야와 포로 공동체 사이의 문서의 상호 교환에 들어맞게 되었는지를 이해할 필요가 있다. 29장의 현재의 형태가 암시한 사건들의 경로는 다음과 같다. 왕의 사자들이 예레미야의 문서를 바벨론 포로민들에게 전달한다. 포로민들 가운데 한 사람인 스마야가 예루살렘에 있는 제사장 스바냐에게 한 편지를 보내는데, 그 편지에서 그는 예레미야의 편지를 요약하고 스바냐에게 예레미야를 책망하고 그를 감옥에 쳐넣으라고 요구한다. 스바냐가 스마야의 편지를 예레미야에게 읽어 주지만 그에게 어떤 행동을 취하지는 않는다. 그러고 나서 여호와께서 예레미야에게 스마야에 대한 하나의 신탁을 전달하라고 명령하신다. 스마야의 편지 본문과 스바냐가 예레미야에게 읽어 주는 기사는 예레미야가 스마야에 대한 책망의 일환으로 그에게 말하라고 지시 받은 메시지에 삽입된다.

영역본 번역가들은 주로 예레미야의 문서들을 "편지"로 지칭한다. 파디(D. Pardee, *JBL* 97[1978] 321-46; Handbook)에 의하여 분석된 에스라서에 있는 아람어로 된 편지들과 성경 밖의 히브리어로 된 편지들을 비교해 보면 예레미야의 문서가 한 사람의 증인과 맹세에 대한 언급을 제외하고는 서신 형태의 특징을 나타내지 않고 있음을 보여 준다(23절; Pardee, *Handbook*, 177-78). 본서 가운데 있는 세 개의 다른 경우에, 예레미야는 자기의 예언을 담고 있는 문서를 비교한다. 36장에는 두루마리를 작성하고 낭독하는 일이 기록되어 있지만, 그 내용은 이용되지 않는다. 30:2은 한 책을 준비하라는 명령을 기록하고 있지만, 전달, 낭독, 보관에 관한 그 어떤 것도 언급되어 있지 않다. 이 책 자체는 "만군의 여호와가 이같이 이르노라"(4절)라는 표제 아래 30-31장을 따르고 있다. 51:59-64은 어찌하여 바벨론을 쳐서 말하는 신탁들을 담고 있는 하나의 두루마리가 그 곳으로 보내지고 읽혀지고, 그 다음에는 바벨론에 닥칠 운명에 대한 하나의 상징적 행위로서 유브라데 강에 던져지는지를 기록하고 있다.

이것은 29장에 있는 문서들을 예언의 모음집을 담고 있는 또 다른 예언적 "소책자"를 이루고 있는 것으로 특징짓는 것이 더 나을 듯하다(Pardee, *Handbook*, 177는 29:4-23을 하나의 편지로 보내지도록 "진술된 일련의 예언 신탁"으로 지칭한다). 예언적 연설의 전형이 되는 메신저 공식 문구는 매 단위마다 포로민들을 향한 말로 시작된다(4, 8, 10, 16, 17, 21, 25, 31, 32절). 스마야로부터 제사장 스바냐에게 보내진 편지까지도 신탁 표제라는 표제 아래 포함되어 있다. 예언하라는 명령(24절), 메신저 공식 문구 그리고 "왜냐하면"(כי – 키; 25절)이라는 접속사는 25-28절에 있는 스마야의 편지를 31절에 있는 통렬한 비난의 확장으로 돌려놓는다. 스마야의 편지는 원거리에서 온 반박과 박해의 행위가 되었다(20장에 있는 바스훌을 참고하라). 24-32절은 편지 자체의 수단을 통하여 알려진 서신 왕래에 관해서 암시된 이야기의 논리와 신탁의 모음집의 낭독을 지시하는 기대 사이의 긴장을 예증해 준다(예를 들어, 화자가 참 선지자를 통하여 말씀하시는 하나님으로 가정된다). 하나의 모음집에서 신탁들 사이의 관계는 상당히 느슨할 수도 있다. 청중과 상황들이 하나의 예언에서 다음 예언으로 전환될 수도 있다. 그러나 편지에서 수신자들은 같은 상태에 머무르도록 예상되고, 일부가 함께 의미를 지니도록 예상된다. "왜냐하면, 이는, 사실상"(כי – 키)이란 접속사의 과도한 사용은 이러한 신탁들을 서로 긴밀하게 묶기 위한 시도에서 나온 것으로 보인다.

본 장의 구조는 다음과 같이 개괄해 볼 수 있다.

Ⅰ. 바벨론 포로민들과 예레미야의 첫 번째 서신(1-23절)
- A. 표제: 수신인, 날짜, 전달자(1-3절)
- B. 문서의 본문(4-23절)
  - 1. 가족과 가문을 세우고 바벨론의 평강을 구하라는 명령(4-7절)
  - 2. 거짓 선지자들에 대한 경고(8-9절)
  - 3. 회복의 약속과 응답된 기도(10-14절)
  - 4. 논쟁(15-19절)
    - a. 참 선지자들을 일으켰다는 백성들의 주장(15절)
    - b. 예루살렘에 있는 왕과 백성들에 대한 심판 신탁(16-19절)
      - ⅰ. 왕과 백성들을 향한 부름(16절)
      - ⅱ. 심판 선포(17-18절)
      - ⅲ. 죄악상(19절)
  - 5. 아합과 시드기야에 대한 심판의 신탁(20-23절)
    - a. 포로 공동체를 향한 부름(20절)

b. 심판 선포(21-22절)

c. 죄악상(23절)

Ⅱ. 바벨론에 있는 유다 포로민들에 대한 예레미야의 두 번째 서신(24-32절)

A. 스마야에게 말하라는 명령(24절)

B. 스마야의 죄악상(25-30절)

1. 서술: 스마야가 예레미야에게 편지를 보내다(25절)

2. 스바냐에게 보낸 스마야의 편지(26-28절)

a. 예레미야를 구금하라는 명령과 책망(26-27절)

b. 예레미야의 편지의 요약 내용 인용(28절)

3. 서술: 스바냐가 그 편지를 읽고, 하나님께서 예레미야에게 답장을 보내도록 명하심(29-30절)

C. 스마야에 대한 심판(31-32절)

1. 포로 공동체에게 보내라는 명령(31a절)

2. 죄악상(31b절)

3. 심판 선언(32절)

예레미야의 첫 번째 서신은 두 개의 약속 신탁을 담고 있다. 4-7절의 형태는 암시된 성공의 약속을 가진 명령들로 묘사될 수 있다(GKC § 110c: 명령형은 확신을 표현할 수 있다). 창세기 1:28에 있는 인간에게 주신 하나님의 첫 번째 말씀이 이러한 형태로 되어 있으며, 이것이 예언 연설에서도 발견된다(예를 들어, 왕상 22:12, 15; 왕하 5:10, 13; 렘 27:12, 17).

할러대이(Holladay)는 10-14절을 미래 구원의 선포라고 이름을 붙였는데, 그 이유는 여기에 "두려워 말라" 혹은 현실을 위한 다른 재보증이 들어 있지 않기 때문이다(2:138). 그러나 이 단위의 일부가 12-14절에 있는 하나님의 응답의 확증이다. 캐롤(Carroll)은 12-14절을 하나님을 향한 부르짖음이 구원에 선행되어야 한다는 개념을 덧붙이고 있는 후대의 편집상의 발전이라고 부른다(558). 방케(Wanke)는 13절과 14aβ절에 있는 해석적인 첨가물을 제거하고 나서, 이 단위의 나머지 부분(10-14절)을 예레미야 25:9-12과 이사야 55:6-11에 근거하여 포로기나 포로 후 초기에 작성된 5-7절에 대한 통일된 해석으로 본다(*Untersuchungen*, 50). 대부분의 현대 주석가들은 방케의 10-14절에 대한 분석을 제2차적인 것으로 말하지만, 톰슨(Thompson)과 피쉬배인(Fishbane)은 그렇게 말하지 않는다. 사실상, 피쉬배인은 10-15절이 4-28절의 교차적 배열의 중심부에 있는 것으로 생각한다(*Interpretation*, 479 n. 55).

4-7절과 10-14절에 있는 약속들 사이에는 하나의 경고(8-9절)가 들어 있다. 이 두 부정적 명령 다음에는 권고적인 기능을 하는 동기절이 뒤따라온다.

29절은 세 개의 심판 신탁을 내포한다. 16-19절은 예루살렘에 있는 왕과 백성에 대한 심판, 21-23절은 아합과 시드기야에 대한 심판, 31-32절은 스마야에 대한 심판이다. 이 세 개 모두가 22장에 있는 유다 왕들에 대한 신탁들처럼 주어들을 삼인칭으로 언급한다. 예레미야서에 있는 다른 말씀들 즉 거짓 선지자들에 대한 경고는 2인칭으로 되어 있는데, 20:3-6은 바스훌에 대한 경고, 28:15-16은 하나냐에 대한 경고다(29:25-28에는 스마야의 죄악상이 덧붙여져 있다). 29장에 있는 심판의 말씀은 그 표제가 각기 2인칭으로 포로 공동체 전체를 향한 말씀으로 되어 있는데(15, 19b; 20, 31a절), 그 문서 형태가 바벨론에 있는 유대인들에게 보낸 편지 형태를 유지하고 있다.

이 서론들 가운데 가장 어색한 부분이 15절이다. 16-19절은 15절과 아무런 관계가 없는 것처럼 보인다. 그러므로 대부분의 주석가들은 그것들을 본 장에 있는 또 다른 위치로 옮긴다. 여기에는 세 가지 가능성이 있다. (1) 15절을 8-9절 앞으로 옮기는 것이다. 디얼(Thiel, *Redaktion*, 14)은 15절이 우연히 누락되었다고 주장하지만 난외주에 보존되어 있고, 따라서 현재의 위치에 재삽입되었다고 주장한다. (2) 8-9절을 15절 다음으로 옮기는 것이다(Rudolph). 이러한 배열은 10-14절을 5-7절 직후에 따라오도록 만든다. (3) 16-20을 14절과 15절 사이로 옮기는 것이다(Holladay, 2:135; Janzen, *Studies*, 118). LXX의 루시안 본은 이 순서를 가지고 있다. 이러한 재배치는 15절을 21-23절과 한 단위를 이루도록 만들어 주며 24:4-7, 8-10과 29:4-14, 16-20 사이에 평행을 뚜렷하게 만든다.

필사자의 오류로 말미암아 15절이 지금의 위치에 있게 되었지만, 이것은 본 장의 현재 형태 가운데서 의미 있는 기능을 하고 있다. 15, 8-9절 그리고 15, 21-23절이라는 가정적인 원본의 말씀은 바벨론에 있는 선지자들에 관한 논쟁이 되었을 것이다("너희가 말하기를", 그러나 "그러므로 여호와께서 말씀하시기를"). 본 29장은 내포된 16-20절과 함께 24장을 반영해 주고 있다. 이 두 장은 포로민들에게 희망을 주고(24:4-7; 29:4-14) 예루살렘에 심판을 선포하고 있다(24:8-10; 29:16-19). 15절은 이러한 평행을 흐트러 놓고 있는 것처럼 보이지만, 그것의 효과는 16-20절을 본 장의 나머지 부분과 더 긴밀하게 묶어 주고 있다. 2인칭 동사 "너희가 듣지 않았다"(19절)는 이 단위의 다른 끝 부분을 묶어 주고 있다. 29장은 24장에 있는 통합하는 무화과나무 환상을 가지고 있지는 않지만, 15절은 16-19절을 포로민 자신들의 진술에 대한 하나님의 응답이라고 설명한다. 이것은 실례를 들어 하는 하나의 경고로서의 역할을 하고 있다. 한 공동체에 참 선지자를 가지고 있다는 것은 아무도 그들의 말씀을 듣지 않는다면 좋을 것이 없다. 29장에 있는 포로민들의 미래의 모습은 24장에서 포로민들과 남아 있는 사람들 사이의 단순한 "좋은"과 "나쁜" 이상으로 복잡하다.

MT의 24절은 25-32절에 대한 미완성 서론이다. 이것은 26-28절의 저자와 25절의 수신자를 밝혀 주는 역할을 하지만, 화자와 청중(2인칭 남성 단수)은 모호한 채로 남아 있다. 25절 초두에 있는 메신저 공식 문구는 28:12-14에 있는 것과 같이 24절 앞에 있는 말씀-사건 공식 문구를 상기시켜 주지만, 그러한 첨가를 입증할 만한 본문상의 증거는 없다. 만일 이 두 번째 문서가 1절에 있는 것과 같은 표제를 가졌다면 24절은 다음 편지의 서문일 수 있지만, 이 역시 그러한 표제의 재구성에 대해 입증해 주지 못한다. 다익스트라(Dijkstra)는 24절을 예레미야 측에서 기록한 그리고 25-32절을 포함하는 편지의 서문으로 해석한다(*VT* 33[1983] 319-20). 그의 이론은 29-30절에서 예레미야에 관한 3인칭 설화로 간주하고 있으나, 그렇게 하려면 그는 25절에 있는 메신저 공식 문구를 제거해야 하고, 또한 독자들이 24-32절이 다른 저자를 가지고 있다고 듣지 않은 채 인정하리라는 사실을 가정한다.

24-25절을 이해하는 데 있어서의 난점은 특히 LXX과 Syr에 있는 다른 번역에서 드러난다. 할러대이는 Syr이 가장 좋은 해결책을 제공한다고 결론짓는다(2:136). 24절은 하나의 설화, 즉 "그리고 느헬렘 사람 스마야가 말했다", 그리고 25절에 있는 메신저 공식 문구는 지금은 사라진 스마야의 신탁을 소개했었다는 것이다. 그러나 그 잃어버린 발언 없이 행한 할러대이의 재구성은 본문의 현재 형태에 대해 독자를 돕지 않는다.

지금 29장의 골격을 이루고 있는 두 문서 간의 접합점에는 이야기의 구도를 명백히 밝히기 위한 설화의 연결점이 없고, 예레미야로부터 포로민들에게 보내는 두 번째 서신의 시작을 표시하는 새로운 표제도 없다. 독자는 본 장의 두 부분 사이의 모호한 관계를 생각해 내야 한다. 하나의 실마리는 24절이 본 장에서 하나님께서 예레미야에게 주신 첫 번째 명령이라는 것이다. 그래서 이것은 하나의 새로운 행동임을 암시한다.

25절에 있는 접속사 "왜냐하면 …라는 사실 때문에"(יען אשר, 야안 에쉐르)는 25b-28절을 다음에 나오는 심판 선언에 동기를 제공해 주고 있는 죄악상으로 구별짓고 있다. 19, 23, 31b절은 모두가 3인칭으로 되어 있지만, 이 통렬한 비난은 그

대상을 2인칭으로 상대해서 말하고 있다. 비난은 자주 주어의 말을 인용하고 있으나(26:9에서처럼) 이 인용은 통상적인 문장보다 더 길다. 이것은 두 개의 다른 비난을 포함하고 있다. 즉 27절은 질문 형식으로 된 스바냐에 대한 비난이요, 28절은 인용하여 말한 것으로 예레미야를 향한 비난이다.

29-30절은 자기 청중에 대한 선지자의 취급에 관한 설화의 일부분처럼 되어 있다. 그 패턴은 다음과 같다. (1) 누군가가(3인칭) 예레미야에게 어떤 일을 말하거나 행한다. (2) 말씀-사건 공식 문구, (3) 하나님께서 예레미야에게 말하라고 명하신다. (4) (1)의 주체자에게 전달된 신탁(2인칭), 이는 메신저 공식 문구로 소개됨. 예레미야서에 있는 여러 구절들이 이 패턴과 일치한다: 20:1-6([2]항이 누락됨); 28:10-16; 34:1-3; 37:1-10 그리고 42장([3]항이 누락됨). 그러한 패턴의 다른 실례들은 29-30절이 24-32절을 구성하고 있는 설화의 (1)항과 (2)항임을 암시하지만, 거기에는 그러한 구조가 없다. 스바냐가 아닌 스마야가 (1)항과 (4)항의 주체자가 되었을 것이다. 25b절은, 스마야에 대한 2인칭 비난이고 그에 관한 3인칭 설화가 아니기 때문에 이 패턴 가운데서 (1)항으로 한정하지 않는다.

29장에 있는 세 개의 심판 설화는 모두가 거짓을 말하는 거짓 선지자들과 하나님께서 보내신 선지자들의 말을 듣지 않는 백성들에게 관심을 두고 있다. 이것은 또한 27-28장의 주제이기도 하다. 여러 주제, 문학 그리고 본문의 특징들은 이 세 개의 장을 묶고 있으며, 27-28장의 사건들과 예레미야와 포로민들의 서신 왕래의 일반적인 날짜를 암시하고 있다(27-29장의 서론, "참 선지자와 거짓 선지자"를 보라).

예레미야가 서신 왕래를 한 날짜는 주전 597년과 588년 사이다. 2절에 따르면, 이 일은 주전 597년 포로 이후에 일어났지만 아직도 다윗 계열의 왕이 권좌에 앉아 있고(16절) 성전이 서 있다(26절). 다시 말하면 바벨론인들이 예루살렘을 함락시켰을 때인 주전 586년 이전이고, 주전 588년 포위가 시작되기 전이었던 것으로 보인다. 주전 596년 1-2월에 있었던, 바벨론에서 느부갓네살이 경험한 저항(Driver, *Textus* 4[1964] 84) 혹은 595년 12-594년 1월에 일어났던 쿠데타(Holladay, 2:31, 그리고 많은 사람들)는 예루살렘과 바벨론에 있는 유대인들 사이에 느부갓네살에 대한 자신들의 예속이 곧 끝난다는 희망을 불러일으켰다. 주전 594년 애굽에서 있었던 프사메티쿠스 2세의 즉위가 그들의 기대에 기름을 부었을 수도 있다. 그러나 예레미야를 통하여 주신 하나님의 말씀은 본국에서는 반역 계획을 그만두고(27-28장), 또한 포로지에서는 거기에 정착함으로써(29장) 느부갓네살의 통치에 복종하라는 것이었다. 시드기야 왕 자신(51:59 MT; 그러나 LXX에서는 그의 사자들만 나타난다)은 자신의 즉위 제4년인 주전 594-93년에 바벨론으로 가서 자기가 한 충성의 서약을 다시 확인한 것으로 보인다.

29장의 요소들은 그 관련성을 주전 594년 너머에까지 확대시킨다. 디아스포라 가운데서 유대 공동체를 건설하라는 명령은 바벨론의 70년(11절)과 다니엘서에 따르면(단 9장) 그 너머로까지 유효했을 것이다. 불복종과 잘못된 믿음에 대한 유혹은 하나님의 백성을 계속 위험에 빠뜨린다. 그럼에도 불구하고 29장은 그 자체의 약속들과 본 장의 30-31장과의 관계를 통하여 희망 가운데 하나의 다리를 놓아 주고 있다(예를 들어, 29:11과 31:16-17).

주석

1 날짜도 없고, 사건-말씀 공식 문구도 없고 하나님의 지시도 없이 본 장이 시작된다. 51:59에서처럼, 독자는 예레미야의 계시의 수납으로부터 한 단계 옮겨진다. 독자가 이렇게 물러가게 되는 것은 바벨론에 있는 청중이 예레미야의 예언 사역으로부터 분리되었다는 사실과 평행을 이룬다. 기록된 문서는 선지자가 갈 수 없는 곳까지 갈 수 있다. 하나님의 말씀은 두루마리를 통하여 읽을 때도 여전히 유효하다(36장과 비교하라).

예레미야의 문서는 파피루스에 기록되었을 가능성이 가장 크다(Haran, *JJS* 33 [1982] 168). 파피루스의 낱장들은 길다란 조각의 형태가 되도록 풀로 붙여져서 각각의 문서에 적절한 길이의 낱장으로 잘려질 수 있게 되어 있었다. 단 한 장 길이의 문서일지라도 말아지고 접쳐지고 묶여지고 혹은 보관하거나 보내지도록 봉인되었다(Porten, *BA* 42[1979] 90).

이 문서가 보내진 바벨론에 있는 포로 공동체는 예루살렘에 있는 선지자의 청중을 반영해 준다. 여기에 열거된 그룹들, 장로들, 제사장들, 선지자들 그리고 모든 백성들은 26장에서 예레미야가 만난 그룹들과 같다(왕의 방백들만 누락되어 있는데, 그들은 29:2에 나타난다). 이들은 또한 회복 공동체의 일부가 될 그룹들이기도 하다. 2절에 열거된 환관들은 없었을 것이다.

2 이 괄호로 되어 있는 내용은 본 장의 날짜를 밝혀 주고 있으며, 1절에 있는 포로민들을 주전 597년 여고냐(여호야긴)와 그의 신하들과 함께 포로가 된 사람들로 밝히고 있다(왕하 24:12-15). 예레미야 24장도 같은 날짜의 문구를 가지고 있으

며(1절), 국모, 방백들 그리고 이와 유사한 인물들이 빠져 있다. 이 구절은 독자에게 29장이 24장을 배경으로 하고 있음을 파악하도록 실마리를 제공해 준다.

열왕기하 24:8에 따르면, 여호야긴의 모친은 예루살렘 출신으로 엘라단의 딸 느후스다였다. "환관들"(סריסים – 싸리씸)은 군대를 말하는 문맥 속에서 언제나 왕과 관련되어 있다. 이사야 56:3은 유일한 예외다. 이 구절은 "환관"(סרים, 싸리쓰)이 반드시 거세된 사람으로 이해되어야 하는 유일한 구절이다.

왕의 방백들은 결코 하나의 가문과 연결되지 않는다. 아마도 이들은 왕의 가속의 일원이 되고 스스로 그를 섬기는 데 종사하기 위하여 자기의 가족을 포기했을 것이다. 예레미야 38:7에 있는 "왕의 종" 싸리쓰(סרים) 에벳 멜렉의 이름을 유념하라(North, *ABD* 5:87).

유다와 예루살렘의 "방백들"(שׂרי – 사리)의 직임(들?)과 의무들은 결코 기록된 바가 없다. 그들은 주로 하나의 그룹으로 나타나지만, 열왕기상 22:26과 열왕기하 23:8은 성읍의 "부윤"(שׂר – 사르, "통치자")에 대해서 말하고 있다. 열왕기상 22:26과 스바냐 1:8은 "방백들"(שׂרים – 사림)을 왕자들과 구별한다. 맬러맷은 이 마지막 두 그룹(목공들과 철공들)을 "병기 제작자들과 공병들"로 번역한다("The Twilight of Judah," in *Edinburgh Congress Volume*, VTSup 28[Leiden: Brill, 1975] 134). 이들은 성읍을 방어하는 데 필수 요원인 군대 기술자들이었을 것이다.

3 분명하지는 않지만, 엘라사, 아히감(26:24) 그리고 그마랴(36:10, 12, 25)는 요시야의 방백들 가운데 한 사람이요 율법서의 확인에 참가했던 사반의 아들들이었을 것이다(왕하 22:3-20). 첨가된 그마랴의 아들 미가야와 함께(36:11-14) 같은 가문의 세 세대가 한 책에 기록된 사람으로서 하나님의 말씀을 청중들에게 가져다주는 인물이 되었다. 그마랴라고 이름한 다른 메신저의 부친은 율법서가 성전에서 발견되었을 때 요시야 아래서 대제사장이었던 힐기야였을 수도 있다(왕하 22:3-23:4). 본 장의 표제, "이것들은 그 이름들이라"(참조. 신 1:1)와 함께 이 메신저들의 이름은 예레미야의 짧은 문서의 권위에 무게를 더해 주고 있다.

엘라사와 그마랴는 시드기야의 사자로서 바벨론으로 여행을 했다. 고대 근동의 사자들에 대한 마이어(Meier)의 연구는 그들의 임무에 대한 보다 충분한 이해를 제공해 준다. 봉신들은 지속적으로 종주와 왕래가 있어야 했다(Meier, *Messenger*, 131). 그래서 이러한 파견과 51:59에 있는 사람은 같은 해에 파송을 받았을 수 있다(Holladay, 2:140에서 주장하는 바와 같이). 종주는 그가 사는 동안 위기에 직면했을 때 자기의 봉신들에게 사자들을 보내 주었다(Meier, *Messenger*, 31-32). 이 외교 사절단은 주전 595년에 있었던 바벨론에서의 반역이 실패로 끝난 데 반응하여 취해졌을 수도 있고, 그렇지 않으면 시드기야와 그 인접국의 왕들이 같은 해에 반역 계획을 위하여 합류한 후에 평화로운 관계를 맺기 위하여 취해졌을 수도 있다(27장). 엘라사와 그마랴와 같은 고위 방백들은 그러한 상황에서 보내졌을 것이다. 사자로 보냄을 받는 사람이 관례적으로 한 사람이었을 때 시드기야가 두 사자를 보냈다는 것은 그 사절단이 특히 위험스러운 상황에 있었다는 사실을 암시한다(Meier, *Messenger*, 116-18, 194). 그들은 시드기야가 느부갓네살에게 보내는 편지를 가져갔을 수도 있는데, 그것은 서기관을 통하여 크게 읽혀졌을 수 있다. 그러나 이들은 질문에 대답하도록 혹은 바벨론 왕 앞에서 시드기야의 이해관계를 설명하도록 기대되었을 수 있다(Meier, *Messenger*, 206-7, 250). 사자들은 종주로부터 돌아가라는 허락을 받기까지 기다렸다. 사자의 임무는 그가 자기를 보낸 자에게 돌아가서야 끝난다(Meier, *Messenger*, 230, 245; 아마도 엘라사와 그마랴는 스마야의 편지를 스바냐에게 전달했을 것이다, 28절). 그들이 어떻게 대접받았는지에 대한 사자들의 보고는 봉신의 메시지에 대한 종주의 의향을 암시했다.

엘라사와 그마랴는 원래 앗수르인들이 세운 도로로 여행을 했을 것이다. 포장되지는 않았지만, 그 표면은 마차가 가기에는 적절했다. 보호 초소가 대략 6마일(약 10km)마다 있었고 사막에 있는 샘들이 여행자들을 보호해 주었다(Casson, *Travel*, 50). 5세기부터 보존되어 있는 사자의 행낭(Meier, *Messenger*, 60)에는 어깨에 걸치거나 목에 두르도록 하나의 가죽끈이 달려 있다. 이것은 자물쇠는 없지만, 그 안에 있는 문서는 낱개로 봉인되었을 것이다. 엘라사와 그마랴는 당연히 포로민 청중에게 예레미야의 문서를 읽어 주지는 않았다. 포로민들 가운데 있는 한 서기관이 읽었을 것이다(서기관 바룩이 36:8, 15에서 낭독자였다).

4 이 문서의 본 내용은 선지자 연설이라는 전형적인 메신저 공식 문구와 함께 시작된다(Pardee, *JBL* 97[1978] 332). 청중이 묘사되는 방법에서 의미심장한 전환이 나타나 있음을 주시하라. 느부갓네살이 아닌 여호와께서 그들을 포로로 보내셨다.

5 "짓다"와 "심다"는 예레미야의 소명 환상(1:10)을 반영하고 있다. 이 허식이 없는 가정사 장면은 열국과 나라들을 건설하고 심기 위한 하나님의 계획의 자그마한 시작이다. 여호수아 24:13에 있는 가나안 정착에 대한 묘사와 대조하라. 경작된 땅, 성읍들, 포도원, 감람원은 모두가 일하는 세대들을 나타내는 전문적인 농경적 업적들들로서 이스라엘 정착자들에게 주어졌었다. 그러나 바벨론 포로에서 그들은

기초, 즉 은신처를 구하기 위해 가정을 꾸리고 생계 유지를 위해 취사장부터 시작해야 했다.

새롭게 건설된 집들은 관례에 따라 봉헌되었고(신 20:5), 땅의 첫 소산은 하나님께 드려져야 했으므로(신 26:2), 정착하고 먹으라는 명령은 이러한 의식들이 이방 땅에서까지도 있을 수 있었다는 사실을 암시했거나, 그렇지 않으면 그러한 의식들이 더 이상 필요하지 않았다는 사실을 암시했다. 루돌프(167)는 이것을 제2이사야가 선포한 이방인들을 향한 사명을 위하여 길을 열어 놓았던 예언자의 경건의 한 실례로 보면서 후자의 가능성을 선택한다. 어떤 경우이든 이러한 명령들은 유대인의 디아스포라 가운데서 생존을 위한 기초를 놓았다.

성경의 증거(겔 3:15)와 함께 바벨론 문서들은 많은 유다 포로민들이 다른 정복되고 포로가 된 그룹들과 함께 이전 세기에 앗수르와 바벨론 간의 전쟁으로 말미암아 황폐된 지역을 재건하도록 카바루 수로(성경의 그발 강)를 따라 니푸르 성읍 지역에 정착하게 되었다는 사실을 암시해 준다(Eph'al, *Or* 47[1978] 81-82). 포로민들의 각 그룹은 함께 살아가면서 자기들 공동체의 정체성을 유지할 수 있었다. 정착은 실질적으로 바벨론의 "안정" 혹은 "평안"(שׁלום – 샬롬)을 위한 사역의 현실적인 한 방법이었다(7절).

여호와께서는 35장에서 포도주를 마시지 말고, 집을 짓지 말고, 포도원이나 밭 혹은 수확을 위한 근거지를 소유하지 말라는 조상의 명령에 대해 레갑 족속이 순종한 일을 칭찬하신다. 이러한 정처 없는 삶은 유다 가운데서 있었던 순종의 한 모델이었다. 레갑 족속의 실례는 유다에 남아 있는 백성들을 위한 하나님의 계획과 포로민들로 하여금 건설하고 심으라는 명령 사이의 대조를 날카롭게 하고 있다.

6 혼인과 자녀 생산은 유다의 도시 인구의 대부분이 살아왔던 "일상 생활"의 모습을 보여 준다. 이 명령은 남자들에게 주어지지만 제3세대를 생산해 주는 딸들과 며느리들도 여기에 포함된다. 본 절의 표현법은 부모들이 자기 자녀들을 위하여 반드시 중매할 필요가 없었던 포로기의 상황과 어울린다("타국"에서 스스로 혼인 중매를 했던 야곱과 비교하라, 창 29:15-30). "생산하라"(רבה – 라바)는 명령은 창조 명령(창 1:28)과 애굽에서의 야곱 자손들에 대한 묘사(출 1:7)를 반영한다. 예레미야 30:19은 "내가 그들을 번성케(רבה – 라바) 하리니 쇠잔치(מעט – 마아트) 아니하겠고"라고 하신 하나님의 약속에 들어 있는 것과 같은 동사를 사용한다.

7 그러한 기도가 시편 122:6-9에 있는 예루살렘을 위한 기도와 같겠는가? 이것은 "예루살렘을 위하여 평안을 구하라(שׁאל – 샤알)"는 명령과 함께 시작된다.

막홀츠(Macholz, "Jeremiah," 317-18)는 다라쉬(דרשׁ, "찾다")와 팔랄(פלל, "구하다")의 의미를 예레미야 37:3, 7에서처럼 여호와께로부터 오는 구원 신탁을 위한 요청으로 설명한다. 예레미야는 예루살렘을 위한 구원 신탁을 구하지 말라는 말씀을 들었다(14:11-12). 예루살렘에 "평강, 평강"(7절에서처럼 샬롬〈שׁלום〉)이라고 선포했던 선지자들은 여호와로부터 보냄을 받지 않았다(6:14; 8:11). 예루살렘(26:6)으로부터 바벨론(29:7)으로의 이러한 축복과 보호의 전이는 유다 왕과 주변의 나라들로부터 느부갓네살에게로의 왕권의 전이와 같다(27:6-7).

5-7 벌린(A. Berlin, *HAR* 8[1984] 3-6)과 스미스(D. Smith, *Religion*, 133-37)는 이 구절들을 신명기 20:5-10; 28:30-32; 이사야 65:21-23과 비교한다. 이 네 구절은 모두 "건축하다", "심다", "혼인하다"란 요소들을 포함한다. 게다가 예레미야 29:7과 신명기 20:10은 "(그 성읍)의 평화"란 문구를 함께 가지고 있다. 신명기와 이사야서 구절의 문맥은 전쟁이다. 신명기 20:5-10은 성전에서의 군사 복무에서 면제될 자들을 열거하고 있다. 신명기 20장에 대한 이러한 암시를 통하여 예레미야 29:5-7은 포로 공동체가 바벨론에 대항하여 폭동을 삼가도록 경고한다(Berlin, *HAR* 8[1984] 4; Smith, *Religion*, 135). 그러므로 예레미야를 통하여 유다 포로민들에게 전달된 하나님의 말씀은 주전 597년 이후에 예루살렘에 남아 있는 시드기야와 다른 사람들에게 주신 하나님의 메시지, "바벨론 왕을 섬기라 그리하면 살리라"(27:17; 또한 27:11; 28:14)와 같았다. 예레미야의 청중은 바벨론에 대항하여 하나님께서 머지않아 포로민들을 되돌아오게 하실 것이라는 거짓 선지자들의 약속들을 통하여 감화를 받고 일으키고자 한 "거룩한 폭동"에 대한 희망을 버리고, 그 대신 여호와와 새로운 생활 방식에 그들의 소망을 두라고 요청을 받고 있다. 스미스는 29:5-7에 있는 전략을 "무저항 사회 저지"로 규정한다(Religion, 137).

신명기 28:30-32과 이사야 65:21-23을 비교해 보면 이 구절들에 들어 있는 희망이 드러난다. 신명기 28:30-32은 불순종으로 인하여 이스라엘에 경고된 저주를 담고 있다. 그들은 이러한 저주를 받아 자기들의 수고의 열매나 혼인의 즐거움을 누리지 못할 것이다. 예레미야 5:15-17과 6:12은 유사한 말로 유다의 예속을 묘사한다. 게다가 예레미야의 개인 생활의 특징들이 무자식의 위협을 전달하는 상징적 행위로서의 기능을 한다(16:1-4). 그러나 예레미야 29:4-7은 하나님께서 포로민들로부터 그러한 저주들을 제거하셨다는 사실을 암시한다(Kilpp, *Niederreissen*, 57). 이사야 65:21-23에 있는 새 하늘과 새 땅에 관한 구원 신탁은 저주들이 "더 이상" 영향을 주지 않으리라는 것을 약속한다.

논리적으로 연관되어 있는 몇 쌍의 명령들이 이 곳 29:5-6에서와 마찬가지로 열왕기상 22:12, 15; 열왕기하 5:10, 13; 예레미야 27:12, 17에 있는 예언 설화 가운데서 발견된다. 이것들은 성공의 약속을 내포하고 있다. 하나님께서는 다시 축복의 상태를 만드심으로써 확장된 가문을 보장해 주시고, 죽음, 노예 상태 혹은 포로의 위험으로부터 보호해 주신다(Kilpp, *Niederreissen*, 57). 뿌리가 뽑히고 고아가 된 포로민들은 이 새로운 지역에서 하나님의 축복에 자기들의 삶을 투자하라는 명령을 받는다.

8-9 계시라는 비합법적 자료들이 바벨론에 있는 포로민들에게 이용 가능할 수 있었다. 예언하는 일과 꿈꾸는 일 자체가 거짓이 아니었고, 예고하는 일은 최소한 조상들 가운데 한 사람에 의해 실행되었다(요셉, 창 44:5). 이러한 수단들을 통하여 얻어진 메시지들은 거짓되고 속이는 것이었는데, 그 이유는 여호와께서 이러한 중재 수단들을 통하여 메시지를 보내시지 않기 때문이다. 거짓 선지자들에 대한 이러한 고발은 예레미야서에 자주 나타난다(23:21, 32; 27:15; 28:15; 43:2). 그것은 신명기 18:14-22에 그 근거를 가지고 있다. "너희 꿈"은 선지자들이나 혹은 백성들의 꿈일 수 있다. 포로민들은 해몽가들에게 문의하거나 혹은 고향으로 돌아갈 때가 되었다고 그들에게 말해 주었던 야곱처럼 하나의 꿈을 꾸기를 기도했을 수 있다(창 31:13).

그들이 믿도록 부추김을 받았던 거짓말의 내용이 구체적으로 설명되어 있지 않다. 7절을 따라 이 구절들의 문맥은 그들의 선지자, 복술자, 꿈꾸는 자들이 제시한 답변은 그들이 7절에서 기도하라고 명령받은 "바벨론의 평안"과는 정반대였다. 27:9에 있는 평행절은 거짓말, 즉 "너희가 바벨론 왕을 섬기지 아니하리라"는 말을 인용한다. 하나냐는 "두 해가 차기 전에"(28:11) 느부갓네살의 통치가 종말을 맞이하리라는 예언했고 "이 나라가 거짓말을 믿도록" 함으로써 책망을 받았었다. 29장은 아합, 시드기야, 스마야를 포로민들에게 거짓말을 하는 사람들로 거론하고 있지만 그들의 말은 기록하고 있지 않다. 이러한 매개자들을 의지하는 믿음이 포로민들로 하여금 5-7절에 있는 하나님의 명령들을 순종하지 못하도록 가로막았을 것이다.

10-11 본 장에 있는 첫 번째 약속은 5-7절에 있는 명령들과 8-9절에 있는 권고 사이의 중간 지대에서 칸막이 역할을 한다. 진술된 청중, 즉 주전 597년에 추방당한 사람들(1-2절)의 관점에서 볼 때, 포로 생활은 5-7절이 암시하는 바와 같이 영구히 지속될 것이다. 그들은 거짓 매개자들이 약속한 바와 같은 가까운 장래의 귀환으로부터는 유익을 얻을 테지만(8-9절), 그들 중 아무도 70년의 끝에 얻을 회복을 누릴

만큼 살아 있거나 건강을 유지하리라는 것은 예상하지 못했을 것이다. 그들의 손자들과 증손자들은 그 포로민들과 자녀들이 하나님의 명령에 순종하고 하나님의 경고를 주의할 때만 그 귀환에 동참하게 될 것이다(스마야에 대한 심판을 보라; 31-32절). 그들은 바벨론 통치로부터 도피하려는 자신들의 계획을 포기해야 했고, 자기들의 장래의 희망을 얻기 위하여 하나님의 계획의 권위를 받아들여야 했다.

포로민들을 위한 삶은 축복과 기도 가운데 들어 있는 하나님의 임재로 인하여 희망이 전혀 없는 것이 아니었다(5-7절의 "주석"을 보라). 하나님께서는 그들에게 풍성한 축복, 재앙으로부터의 보호, 기도에 대한 응답을 주심으로써 "장래와 희망"을 주려는 계획을 이끌어 가신다(이어지는 세 구절은 기도에 대한 응답을 강조한다).

예레미야 31:16-17은 29:5-7, 10-14과의 시적 평행절을 제공한다. 우는 라헬은 "네 일에 갚음을 받고"(즉 무익한 저주들의 떠나감) 그녀의 자녀들이 본국으로 귀환한다는 약속을 받는다. 29:11의 중요한 문구가 31:17에 나타나는데, "너의 최후에 소망이 있을 것이다"라는 것이다.

하나님의 "선한 말"(10절)과 "생각(계획)"(11절)에 대한 언급은 본 장 밖에서 바벨론과 유다의 포로들과 관련된 하나님의 의도에 대한 다른 진술을 가리킨다. 이것들은 하나의 배경을 상기시켜 주는 단어들이다. 70년 예언은 주전 605년의 것으로 날짜가 밝혀져 있는(1절) 25:11-14에서 처음으로 나타난다. 본서의 순서는 예레미야의 무화과 환상을 이것 앞에(24장) 두고 있다. 이것은 포로민들을 향한 하나의 약속을 담고 있으며(24:4-7), 또한 논리적으로 29장 앞에 위치해 있다(29:17 역시 24장을 배경으로 하고 있다).

본 구절들 가운데서 하나님의 말씀은 본서 전체의 증거와 일치하여 바벨론 세력의 한계를 설정하고 있다(25:11; 27:7; 50-51장). 70년 예언은 기간에 있어서 뿐만 아니라 그 내용에 있어서 하나냐의 "두 해가 차기 전에"라는 예언(28:2-4)과는 다르다. "두 해가 차기 전에"라는 예언을 듣는 개개인은 "나는 그렇게 오랫동안 기다릴 수 없다"고 생각할 수 있지만, 70년은 "나는 그 때가 되기 전에 죽을 것이다"라는 반응을 일으킨다(부록: 70년을 보라). 더 나아가서 하나냐의 두 해 기간은 반역의 성공에 근거하여 예고된 것이지만, 70년은 여호와께서 새롭게 임명하신 느부갓네살 왕과 그의 후계자에게 복종하고 충성하면서 살아야 한다는 것이다(27:5-7).

부록: 70년

참고문헌

Ackroyd, P. "Two Old Testament Historical Problems of the Early Persian Period: B. The 'Seventy Year' Period." *JNES* 17(1958) 23-27. **Borger, R.** *Die Inschriften Asarhaddons Königs von Assyrien.* AfO Beiheft 9. Graz, 1956. **Grabbe, L.** "'The End of the Desolations of Jerusalem': From Jeremiah's 70 Years to Daniel's 70 Weeks of Years." In *Early Jewish and Christian Exegesis.* FS W. H. Brownlee, ed. C. A. Evans and W. E Stinespring. Atlanta: Scholars, 1987. 67-72. **Orr, A.** "The Seventy Years of Babylon." *VT* 6(1956) 304-6. **Plöger, O.** "Siebzig Jahre." In *FS Friedrich Baumgärtel zum 70. Geburtstag,* ed. J. Hermann. Erlangen: Universitätsbund Erlangen, 1959. 124-30(Repr. in *Aus der Spätzeit des Alten Testament.* Göttingen: Vandenhoeck, 1970. 67-73). **Vogt, E.** "70 anni exsilii." *Bib* 38(1957) 236. **Whitley, C. F.** "The Term Seventy Years Captivity." *VT* 4(1954) 60-72. ______. "The Term Seventy Years - a Rejoinder." *VT* 7(1957) 416-18.

바벨론의 통치 아래 이스라엘의 예속의 기간으로서 70년이라는 개념은 구약성경에서 6회 출현한다: 예레미야 25:11-12; 29:10; 스가랴 1:12; 7:5; 다니엘 9:2; 역대하 36:21. 게다가 이사야 23:15, 17은 여호와께서 한 왕의 생애와 동일한 기간인 70년 끝에 두로를 권고하실 것이라는 약속을 한다. 시편 90:10은 70년을 고난으로 가득하지만 신속하게 지나가는 전형적인 한 인간의 생애로 말한다. 7과 10이라는 상징적 숫자의 산물인 70이란 수는 창세기 46:27; 신명기 10:22; 창세기 50:3; 사사기 1:7; 사무엘상 6:19; 사무엘하 24:14에서 완전 수다.

또한 70년은 마르둑이 바벨론 징벌의 70년을 선언했다고 진술하고 있는 에살핫돈의 비문 가운데도 나타난다. 이 성경 밖의 사용은 우연의 일치일 수도 있고 혹은 서기관의 관행의 증거일 수도 있다(Weinfeld, *Deuteronomy,* 143-46가 그렇게 말함). 인간 생애에 대한 상투적인 숫자일 이 수-길지만, 상상할 수 없이 긴 기간은 아닌(시 90:10; 사 23:15)-는 고대 근동에서 하나님의 전형적인 징벌 기간을 표현하기 위하여 사용되어 왔다(에살핫돈 비문; 사 23:15). 이 상투적인 기간이 실질적인 바벨론인의 통치 혹은 성전의 황폐의 길이와 긴밀하게 일치되도록 전환되었고, 그래서 이 모티프가 그러한 사건들에 대한 성경의 묘사에서 중요한 부분이 되었다. 그러나 구약성경에 출현하는 그 어떤 구절도 70년이라는 기간의 시작과 종결의 정확한 연대(즉 치세 연도)를 지칭하지 않는다. 역대하 36장은 21절에서 70년에 대해 언급한 다음 22절에서 고레스의 원년이라고 언급함으로써 가장 근접하게 접근한다. 고레스의 바벨론 정복은 유대인들에 대한 바벨론 통치의 종식을 의미했다. 그러나 그 전체 문맥은 역대기가 주전 538년 고레스의 칙령과 함께 끝나지 않았던 성전의 황폐의 햇수를 계산하고 있다는 사실을 암시한다. 그러므로 역대하 36장의 70년을 주전 586년에 있었던 성전 파괴로부터 주전 515년의 제2성전의 완공까지의 기간으로 보고 있는 윗틀리(Whitley)가 옳다(윗틀리는 주전 516년이라고 말한다. *VT* 4[1954] 68-69). 윗틀리는 주전 586-516년이 예레미야, 스가랴 그리고 다니엘서에서 "70년"으로 암시된 구체적인 햇수라고 결론짓지만, 이 기간은 예레미야 25장과 29장에서는 바벨론 통치와 관계된 것으로 묘사되어 있다.

다른 최종적 날짜도 제공되어 왔다. 주전 605년 갈그미스에서 느부갓네살의 승리와 그의 즉위가 수리아-팔레스틴에서 바벨론의 패권의 시작을 표시했다는 것이다. 주전 539년에 있었던 고레스의 바벨론 정복은 이것을 종식시켰다. 70년의 기간인 이 연대들은 예레미야 25:11(바벨론 왕을 70년 간 섬김), 25:12(바벨론이 70년 후에 징벌을 받음), 29:10(바벨론에서 70년이 참)에 있는 기록들과 어울린다. 톰슨(Thompson, 547)은 니느웨의 함락(주전 612년)으로부터 바벨론의 함락(주전 539년)까지 73년이 지나갔다고 주장한다. 609년이 539년보다 정확하게 70년이 앞섰다는 사실을 보게 된다는 것은 흥미 있는 일이다. 주전 609년 요시야가 죽고, 처음으로 이방 왕이 임명한 왕 여호야김이 예루살렘에서 즉위하는데, 그는 결국 바로로부터 바벨론으로 그 동맹관계가 바뀌었다.

스가랴는 하나님의 진노로 가득했고(1:12), 백성들은 애도와 금식으로 보냈으며(7:5), 그 끝이 가까이 이르렀는지의 여부를 물었던 지난 70년을 되돌아보고 있다. 이 구절들은 그 신탁 가운데 각기 주전 522년과 520년으로 날짜가 매겨진 것으로 나타난다. 그것들은 성전의 황폐 기간에 초점을 맞추고 있는데, 그것이 곧 스가랴 사역의 주요 관심이었다. 바벨론 정복의 결과들이 바벨론 정복 자체보다 더 길다. 하나님의 약속에 대한 언급은 없지만, 이 구절들은 70년 이후의 예루살렘의 고난의 종식에 대한 기대감을 암시해 준다.

역대하 36장과 다니엘 9장 모두 70이란 숫자에 대해 한층 더 발전된 해석과 계산을 가한다. 가브리엘은 다니엘에게 70년 예언이 예레미야의 두루마리 속에서 실질적으로 70주간의 햇수 혹은 490년을 의미하는 것으로 읽는다는 사실을 알려 준다. 더 나아가서 다니엘 9:25은 주전 539년 혹은 538년의 두 번째 주(이레) 햇수의 시작을 예루살렘을 회복하고 중건하라는 칙령의 발표 시기에 맞춘다(Fishbane, *Interpretation*, 483). 이 490년은 유대인들과 예루살렘에게는 "허물이 마치며 죄가 끝나는" 햇수였다. 다니엘에 따르면, 포로기는 다가오는 시기까지 계속되는 것처럼 보인다(P. Ackroyd, *Exile and Restoration: A Study of Hebrew Thought of the Sixth Century B.C.*[Philadelphia: Westminster, 1968] 242). 역대기자는 이 시간을 뒤로 계산함으로써 70년에 대한 또 다른 신학적 해석을 제공하고 있다. 70년은 전혀 준수된 바가 없었던 70안식년을 이룬다(레 25:1-7; 26:27-35).

70안식년 기간인 490년이 준수되지 않은 채 지나갔다. 이 기간의 시작은 주전 11세기에 있었던 이스라엘 왕국의 시작과 일치하는데, 이것은 역대기자의 설화 역사가 시작되는 지점이다(대상 10장).

예레미야 29:10에 있는 바벨론의 70년은 정치적으로 그리고 개인적으로 해석되어야 할 것이다. 정치적 해석은 이 70년에 국제 역사 가운데 있었던 두 개의 중요한 정치적 사건 사이에 경과된 시간에 대한 다소 정확한 계산으로서의 의미를 부여한다. 역대하 36장과 다니엘 9장과 함께 시작된 다음의 해석은 이 70년 예언과 역사상에 알려진 사건들의 일관성에 주시했다. 역대하 36장은 그 성취를 기록하고 있다. 신명기 18:22에 진술된 시험에 따르면, 예레미야는 참 선지자였다. 다니엘서의 구절은 성취가 연기되는 것에 대해서 관심을 두고 있다. 70년의 예언은 사실이지만, 이것의 충분한 의미는 그것을 한층 더 밝혀 주는 계시로부터 배워야 한다(9:25).

현대의 많은 해석자들은 29:10을 최종적 포로 귀환에 대한 힌트를 제공하고 있지 않은 4-7절에 있는 예레미야의 편지에 대한 그 이후의 해석으로 돌린다. 몇몇 해석자들은 70년 예언을 그것이 성취된 후에야 덧붙여진 것이라고 결론을 내린다(예를 들어, Nocholson, *Preaching*, 98). 만일 정확한 기간이 이미 알려졌었다면 어떻게 개략적인 숫자가 사용되었는가? 오르(Orr)는 "신비한 일곱의 힘"으로 돌린다(*VT* 6[1956] 304). 디얼에 의하여 제공된 또 다른 해결책(*Redaktion*, 17)은 29:10의 연대를 바벨론의 종말이 확실시되고 그러면서도 아직은 그 일이 일어나지 않았을 때인 주전 550년대 즈음으로 정하는 것이다. 윗틀리는 10-14절에 있는 낙관적인 추가는 66년을 70년으로 반올림함으로써 구원의 때까지 실질적인 햇수를 증가시키지 않았을 것이라고 믿는다. 그는 실질적인 정확한 70년을 주전 586-516년으로 주장한다(*VT* 7[1957] 417).

29장의 문맥 속에서 70년은 개인사와 가족사에서의 의미를 가진 숫자로도 이해되어야 할 것이다. 예레미야 27:7은 느부갓네살과 그의 두 명의 후계자들인 바벨론 왕의 3대에 걸친 통치의 길이를 말하고 있다. 29장에서 유다 포로민의 3세대는 70년에 미친다. 본 장의 현재 형태에서 자녀를 낳으라는 명령, 바꾸어 말해서 자기 자녀들을 가지라는 명령(4-7절)은 70년에 대한 하나의 가족적인 관점을 가리키고 있다. 70년 예언을 듣는 성인들은 계산하여 자기들과 그들의 자녀들 대부분이 살아서 그 약속을 누릴 수는 없을 테지만 자기들의 손자들과 증손자들은 구원에 동참할 것이라고 예상할 수 있었을 것이다. "아비들"과 "제3대와 4대손"의 관계는 구약성경에서 공통적인 개념이다(예를 들어, 출 34:7). 거기서 시간은 개인과 가족의 생애의 단계로 측정될 수 있다. 창세기 15:16에는 "네 자손은 사대 만에 이 땅으로 돌아오리니"라고 되어 있고, 창세기 5장과 11장에서 족보는 "…은 …을 살며 자녀를 낳았으며"란 형식으로 되어 있다. 70년은 한 사람의 생애이며(시 90:10), 성인 청중들은 자기 가족 가운데서 낳은 손자들과 증손자들을 통해서만 이 약속의 실현을 맛볼 수 있었을 것이다.

12-14 본 절에 대한 보다 짧은 헬라어와 수리아 역본들은 "원문주해"에서 논의가 되었다. 길고도 다소 반복적인 일련의 네 쌍의 동사들("부르다"/"오다", "기도하다"/"듣다", "찾다"/"발견하다", "구하다"/"발견되다")은 13절에서 신명기 4:29의 부연을 포함시키고 있다. "그러나 네가 거기서 네 하나님 여호와를 구하게 되리니 만일 마음을 다하고 성품을 다하여 그를 구하면 만나리라"(같은 동사들이 양 구절에서 같은 순서로 나타나며, 신 4:29에 있는 "거기서"는 포로지를 가리킨다). 신명기 4:30-31은 이러한 길에서 기도하고 있는 자들의 고통과 그 후의 구원을 언급하고 있다. 예레미야 29:13은 신명기 4:29에 있는 약속의 성취를 선포하고 있다.

기도에 대한 여호와의 임재와 반응의 확증은 7절에서 바벨론의 평안을 구하고 기도하라는 명령에서 확대된다. 포로민들의 평안이 하나님의 계획의 일부이므로(11절), 그들은 확신을 가지고 자기들의 필요를 위하여 하나님께 기도할 수 있다. 구원의 시기에 그들은 욥이 당했던 것처럼 고난을 당하지 않을 것이다(욥 30:20). 그들의 부르짖음은 그들의 조상들이 그러했던 것처럼 들으심을 받을 것이다(시 22:6; 107:13, 19; 출 2:23-25; 욘 2:3). 이 구절들은 보편적인 원리라기보다는 포로민들에게 주어진 특별한 약속을 제공한다(Schmidt and Becker, *Zukunft*, 29). 그들은 궁핍의 수렁 속으로 내던져진 진부한 내용들이 아니라, 하나님 백성들의 전승에 근거한 그리고 그들과 함께하시는 하나님의 임재와 굳게 연관된 하나님의 약속이다.

14절에 있는 상투적인 표현들(참조. 16:15; 32:37)은 10절에 진술된 주제를 확장한다. 14절에 있는 마지막 동사 "내가 너희를 돌아오게 하리라"(שׁוב – 수브의 힙힐형)는 10절의 "너희를 이 곳으로 돌아오게 하리라"와 인클루시오(괄호 혹은 봉투 역할)를 이룬다. 이 단위는 주전 597년 포로민들의 후손들에게 약속된 구원을 선포하고 또 그것을 상술하고 있다. 이 문맥 속에서 2인칭 복수형 동사들은 포로민들의 정체성이 그들의 후손들을 통하여 영구히 이어질 것이며, 오직 그들을 통해서만 그들이 "장래와 희망"(개역 성경은 "장래의 희망")을 얻을 것이라는 개념을 강조하고 있다.

15 15절을 본 장의 다른 곳으로 이동해야 한다는 제안들에 대한 논의에 관해서는 "양식/구조/배경"을 보라.

신명기 18:15, 18은 다른 곳에서 "일으키다"(קום – 쿰의 힙힐형)가 "선지자"를 목적어로 하면서 출현하는 유일한 곳이다. 모세와 같은 선지자를 일으키실 것이라는 여호와의 약속에 대한 이러한 암시는 자기들 가운데 합법적인 선지자들을 가지고 있다는 포로민들의 주장을 견실하고 더 강하게 만들어 주기까지 한다. 이 진술은 자신들의 필요와 관련된 하나님의 말씀을 담고 있는 예레미야의 문서에 대한 거절이나 혹은 의심의 표현이기도 하다. 16-19절에 있는 응답 신탁은 한 사람의 말을 들었을 때 그들이 참 선지자로 인정했는지의 여부를 묻고 있다.

16 이 구절의 이례적인 특징들은 "이 성읍" 예루살렘에서 기록되었고 바벨론의 청중에게 보내진 예루살렘의 왕과 백성들을 쳐서 예언하는 심판의 신탁을 소개하는 목적에 어울린다. 신탁의 대상들은 포로지의 수신자들, 즉 "너희 형제"와 관련되어 있다. 하지만 그들은 경험상 거리와 분리된 자들이었는데, 그 이유는 그들이 "너희와 함께 포로 되어 가지 아니했기" 때문이다.

17-19 독자는 전에 이 신탁을 들었다는 의식을 가지고 있다. 본 절에 나오는 대부분의 표현은 특히 24장을 포함하여 예레미야서의 산문에서는 통상적인 표현이다. 루돌프(170)는 다음과 같은 평행적 내용들을 말하고 있다. 17a와 18a절//24:10; 17b절//24:2; 18b절//24:9. 이 단위 속에 있는 가장 생생한 문장인 17b절은 독자로 하여금 24장에 있는 좋은 무화과와 악한 무화과에 대한 예레미야의 환상에 관해서 알도록 요구하고 있다.

29장의 형태는 포로민 청중 편에서 이와 같이 익히 잘 알고 있다는 의식을 필요로 하고 있다. 이 신탁은 느부갓네살이 예루살렘을 정복하고 그들이 추방당하기 전에 그 곳에서("이 성읍", 16절) 들었으나 전혀 개의치 않았던 다른 것들처럼 보였을 것이다. 유다 왕이 16절에서 거론되지 않은 사실이 이러한 효과에 기여한다.

전쟁("칼")과 그 결과("기근과 염병")에 대한 삼중적인 고통이 하나님의 심판에 대한 산문체 형식으로 예레미야서에 세 번 출현한다. "염병, 재앙"(דבר – 따베르)에 대한 마이어즈(C. Meyers)의 설명은 유익하다. 그녀는 이것을 특별히 "어떤 지방 고유의 기생균에 의한 질병"으로 정의한다("The Roots of Restriction," *BA* 41 [1978] 95). 전쟁으로 야기된 은신처의 상실과 위생과 영양의 파괴는 백성들을 약하게 만들고, 그들로 하여금 그들 일당들이 주로 저항을 받아 왔던 기관에 그리고 정복하는 군대가 가져온 전염성의 질병에 저항하지 못하도록 만든다. "전쟁, 기근, 염병"이란 공식 문구의 빈번하고도 고정된 사용은 독자들의 충격을 둔하게 할 수도 있다. 애가서, 특히 2:19-21과 4:9-10과 같은 구절들은 이러한 세 단어들 배후에서 고통당하는 백성들의 공포심을 매우 분명하게 상기시키는 역할을 한다.

17절 하반절에 나오는 먹을 수 없는 무화과 비유는 24장의 예레미야 환상에서 유래된 것이다. 이전의 장에 대한 이러한 암시는 독자로 하여금 그 곳으로 돌아가서 무화과 열매의 의미를 발견할 뿐만 아니라, 포로민들과 예루살렘에 있는 그들의 친족들 간에 나타난 차이를 환기하도록 요구하고 있다. 29:18 하반절은 예루살렘에 있는 시드기야와 그 거민들이 열국 가운데서 당한 혐오감과 수치심을 묘사하고 있는 하나의 길다란 목록과 함께 24:9과 같은 방식으로 이 비유를 설명하고 있다. 29:18의 목록은 24:9과 공동으로 단 두 개의 단어만을 가지고 있는데, 첫째는 "두려움, 공포의 대상(개역 성경에서는 '환란[24:9], 학대[24:9]')"이고, 마지막 것은 "모욕"이다. 이 양 구절에서 첫 번째 문장 "내가 그들을 저주거리로 만들 것이다"는 신명기 28:25을 인용하고 있다. 29:18에 나오는 두 번째, 세 번째, 다섯 번째 항목은 예레미야 42:18과 44:12에도 나타난다. 두 번째 항목 "저주거리"(אלה – 알라)는 구약성경의 다른 곳에서 단 한 번만 이런 방식으로 사용된다. 민수기 5:27에서 한 여인이 간음죄를 범한 것으로 밝혀지면 "저주거리"가 된다. 세 번째와 네 번째 항목들은 예레미야 25:9과 51:37에 함께 나타난다. "내가 그들을 쫓아 보낸 열방"은 14b절을 반영하고 있으며, 포로민들과 예루살렘에 남아 있는 자들 사이의 대조를 강조한다.

그들이 여호와께서 부지런히 보내신 선지자들의 말을 듣지 않았다는 19절의 죄악상은 예레미야서의 산문 가운데 자주 나타난다(7:25-27; 26:4-5; 35:13-15; 36:1-26; 44:4-5). 이 구절들은 이 선지자들에게 순종하는 것이 신명기 18:9-22에 진술된 바와 같이 여호와께 순종하는 것과 같다는 믿음에 근거한다.

20 이 구절은 본 장의 청중을 환기시키는 역할을 하며, 또한 아합과 시드기야를 쳐서 예언하는 3인칭 심판 신탁인 다음 단위와의 교량 역할을 한다. "들으라"는 명령형은 자주 새로운 단위의 시작을 나타낸다.

21-22 아합과 시드기야는 구약성경의 다른 곳에서는 언급되지 않았다. 이 상투적 문장인 21절은 그들을 23절을 예상케 하는 거짓 선지자들로 밝히고 있으며, 독자로 하여금 그러한 종류의 사람들에 대해 묘사하고 있는 23:16-22과 28장을 주목하게 만든다.

여호와께서는 징벌을 가하도록 그들을 느부갓네살에게 넘겨 줌으로써 느부갓네살이 포로 공동체를 다스리는 하나님께서 주신 권위를 가지고 있다는 사실과 그가 계속하여 이스라엘에게 심판을 이행할 하나님의 도구가 된다는 사실을 나타내신다. 켈랄라(קללה, "저주")와 함께 사용되는 콸라(קלה, "불살라")라는 이례적인 단어는 아합 가문의 이름 골라야(קוליה, "골라야")에 대한 이중적 재담 역할을 한다. 화형은 바벨론에서 시행되었으나(Codex Hammurabi, *Laws* 25, 110, 157; Pritchard, *ANET*, 167, 170, 172; 참조. 단 3:6), 불은 특히 성읍을 파괴하는 데 사용되었다

(예를 들어, 수 6:24; 사 1:7; 암 1:4, 7, 10). 여호와께서는 예레미야 17:27에서 불로 사를 것을 경고하신다. 아합과 시드기야가 느부갓네살에게 화형당할 때, 그들의 죽음은 바벨론에 있는 포로민들에게는 예루살렘에서 일어날 일에 대한 하나의 예증이 될 것이다. 예레미야 52:13과 열왕기하 25:9에 따르면, 느부갓네살의 시위대 장관 느부사라단이 주전 586년에 함락된 성읍의 성전, 궁전, 집들을 불살랐다. 그들의 이름이 저주거리가 되었을 때, 아합과 시드기야는 예루살렘에 대하여 예비된 또 다른 심판들 가운데 하나를 당한 것이다(18절; 26:6; 애 2:15-17; 3:45-46).

23 "이스라엘 중에서 망령되이 행하여"는 가족이나 공동체의 평화를 깨뜨리는 성 범죄다(창 34:7; 신 22:21; 삿 19:23-24; 20:6, 10; 삼하 13:12). 아합과 시드기야의 망령된 행위는 이웃 사람의 아내와의 간음(출 20:14), 즉 사형을 당할 수 있었던 범죄였다(신 22:22). 그들의 범죄는 6절에서 "아내를 취하라"는 하나님의 명령이 세운 포로 된 유대인 공동체의 기초를 잠식했다(23:14을 보라).

아합과 시드기야는 포로민들이 8-9절에서 경고를 받은 선지자들에 대한 특별한 실례다. 그들의 말은 하나님으로부터 온 것이 아니었으므로 거짓말이다. 이러한 고발은 신명기 18:20 상반절과 어울리도록 구성되어 있다. 이 문제에서 완벽한 증인이신 여호와께서 그들에 대해 증언하신다.

많은 주석가들은 이러한 죄악상들이 느부갓네살이 아합과 시드기야에 대해서 행하기에는 부적절하다고 생각한다. 그들은 이 두 선지자가 느부갓네살의 통치 10년(주전 595-94)에 있었던 바벨론에서의 폭동을 지지했고, 그래서 다른 음모자들과 함께 사형을 당했다고 주장한다(예를들면, Rudolph, 169; Holladay, 2:143). 그러나 느부갓네살의 정치적 혹은 개인적 동기는 예레미야서에서 어떤 신학적 중요성을 가지고 있지 않다. 유다와 예루살렘의 경우에서와 같이 아합과 시드기야의 경우에 고려하고 있는 점은 느부갓네살의 징벌이 아니라 하나님의 징벌이다.

24 이 구절은 구약성경에서 스마야가 출현하는 유일한 곳이다. 느헬람이라는 장소나 가문은 알려진 바가 없다. 이 이름은 8절에 있는 거짓된 꿈과 재담을 이루도록 하기 위하여 사용되고 있는 할룸(חלם, "꿈")이란 어근의 자음을 가지고 있다["느헬람 사람"(נחלמי–네헬라미)에 대해 한 그룹에서의 일원을 암시하는 이방 민족의 접미사를 가진 이 어근의 니팔 분사형으로 분석하고 있는 Yaure의 분석은 신빙성이 없고 불필요하다(*JBL* 79〈1960〉 309). 재담이 연결점을 만들어 주고 있다]. 어쨌든 본 절의 나머지 부분은 꿈이나 꿈꾸는 자에 대한 언급이 없다.

[25] 주전 597년의 또 다른 포로민인 스마야에 대한 비난은 그가 예루살렘으로 보낸 편지와 관계가 있다. 26-28절에 인용된 내용들은 특별히 제사장 스바냐에게로 향한 것이지만, 이러한 도입 구절은 좀더 많은 청중을 포함시킨다. 그러나 예레미야가 없는 것이 이상하다(참조. 29절). 이 구절은 하나님의 이름으로 거짓된 것을 기록하고 있는 데 대해서 스마야를 책망하지 않는다. 그는 자기 이름으로 글을 쓴 것이다. 그의 공격은 예레미야에게 반대하여 그를 잠잠하게 만들려는 것이다.

21:1과 37:3에서 시드기야 왕은 여호와께로부터 온 계시를 묻기 위하여 제사장 스바냐를 예레미야에게로 보낸다. 20:1에서 "여호와의 집 유사장(관리인)"인 바스훌이 처음으로 그와 동행한다. 스바냐의 부친의 이름은 마아세야인데, 이는 선지자 시드기야의 부친과 이름이 같다(21-22절). 두 사람이 형제인지는 알 수가 없다.

[26]-[27] 이 구절들은 "여호와의 집(성전) 유사"의 임무에 대해서 구약성경에서 가장 자세하게 기록하고 있다. 이전에 이 직위를 가지고 있었던 바스훌은 언젠가 예레미야가 유다와 예루살렘의 멸망에 관해서 설교하는 것을 듣고 나서 그를 밤새도록 옥에 감금한 적이 있었다(20:1-3). 구약성경에는 다른 그룹의 "유사(관리인)들"이 있지만 아무도 그와 같은 호칭과 책임을 가지지 않았다.

사무엘상 21:15(개역. 14절)은 다윗이 그렇게 행동했을 때 "미친 자" 혹은 "정신병자"(**אִישׁ מִשְׁתַּגֵּעַ** – 이쉬 미슈타게아)의 행위로 묘사하고 있다. 그는 성문을 긁고 자기 수염에 침을 흘렸었다. 이러한 불쾌한 행위가 예후에게 기름을 부었던 선지자에게는 없었으나, 군대 장관들 가운데 한 사람은 그를 "미친 자"(**הַמְשֻׁגָּע** – 하메슈가)라고 부른다(왕하 9:11).

호세아 9:7에서 이스라엘의 죄는 "선지자가 어리석었고 신에 감동하는 자가 미쳤던(**מְשֻׁגָּע** – 미슈가)" 마음의 상태에 관해서 들추어내고 있다. 스마야는 예레미야를 거부하고 그를 이러한 상태로 몰아붙였으나, 오직 이 사람만이 하나님을 향한 개인적 적대감을 드러내고 있다. 이 말은 또한 신명기 28장에 있는 또 다른 구절에 대한 암시이기도 하다. 29:5-7의 배경이 되는 것으로 보이는 신명기 28:30-33의 저주 직후에 뒤따라오는 34절은 계속하여 "네 눈에 보이는 일로 인하여 네가 미치리라"고 위협하고 있다. 이 아이러니는 신명기 28:34에 따라 스마야가 예루살렘에 임하는 심판을 보았을 때 미쳐 버릴 것이라는 것이다. 예레미야는 이미 하나님의 계획과 자신의 절망적 고백들 가운데서 이러한 두려운 일들을 보았던 것이다(11:18-12:6; 15:10-21; 17:12-18; 18:18-23; 20:7-13; 20:14-18).

"착고"(**מַהְפֶּכֶת** – 마흐페케트)와 "칼"(**צִינֹק** – 치노크)의 구조는 알려져 있지 않다. 바스훌은 예레미야 20:2-3에서 예레미야를 착고에 감금하고 있으나, 치노크 (צִינֹק, "칼")는 성경에 단 한 번 나오는 단어다. LXX은 이 두 단어를 "토굴 감옥"과 "감금(의 장소)"으로 번역한다. 그러나 37:16과 38:6의 MT은 토굴 감옥을 암시하기 위하여 "구덩이"(בּוֹר – 보르)란 용어를 사용한다. 어쩌면 보다 추상적인 용어들이 사용되었을 것이다. "감금과 억제."

[28] 5-7절에 대한 스마야의 요약은 바벨론에 오랫동안 체재하는 것을 암시하는 명령들에 초점을 맞추고 있다. 그는 대략적으로 "때가 오래리니"를 암시하는 것을 말하고 있으나, 70년 예언에 관해서는 언급하지 않는다. 바꾸어 쓰고 간략하게 쓰는 것은 구약성경에 나오는 대다수의 인용문의 특징이다(Savran, *Telling and Retelling*, 29-35). 26:9에 나오는 성전 설교의 요약과 비교하라.

[29]-[30] 스바냐의 입장이 모호하다. 그는 예레미야를 감금하려고 하지 않지만, 스마야의 편지를 예루살렘에서 크게 낭독함으로써 스마야와 함께 예레미야를 불신임하게 만들려는 일에 합세한다. 스바냐의 도움을 받은 스마야는 26:8의 이름 없는 선지자들과 28장에 나오는 하나냐처럼 예레미야를 통하여 주어진 하나님의 말씀을 거절하는 대적자가 된다. 스마야의 편지는 자신의 어떤 신탁을 담고 있지는 않지만, 예레미야를 처벌하라는 그의 요구는 거짓 예언의 증거로 취급된다(바스훌이 예레미야를 포박하여 밤새도록 금고한 후에 거짓을 예언하고 있다고 비판 받고 있는 20:1-6과 비교하라). 예레미야에 대한 그의 대적은 "여호와께 패역한 말을" (32절) 하는 죄에 해당한다. 이 구절들이 제공한 설화 관계는 25절에 있는 "왜냐하면"(개역 성경에는 번역이 누락되었음 – 역자주)이 이미 암시한 바와 같이, 31-32절에 있는 죄악상이 최소한 부분적으로 25-28절에 있는 편지에 기초하고 있음을 독자에게 상기시켜 주고 있다.

[31]-[32] 여기서 우리는 글을 통하여 대결하고 있는 기사를 대하게 된다. 스마야는 예레미야가 기록하고 있는 문서를 대적하고, 스마야의 편지는 그가 형벌을 받게 되는 근거가 된다. 독자는 하나냐처럼 포로가 곧 끝날 것이라는 스마야가 믿었던 상황으로부터 결론을 이끌어내고 있다. 스마야와 하나냐를 비교하면 약간의 아이러니가 나타난다. 하나냐는 예레미야의 목에 있는 멍에를 꺾었으나, 스마야는 그를 감옥에 넣기를 바란다. 이 두 선지자는 백성들로 하여금 거짓 것을 믿게 하고(28:15; 29:31) 배교를 권장하고 있다고(28:16; 29:32) 정죄당하는데, 이는 사형에 해당하는 죄였다(신 13:6-10).

32b절에 나오는 보지 못하리라는 "선한 일"은 무엇인가? 이 표제어 관계로 볼

때 그 대답은 10-11절에 내포된 단위 속에서 발견된다. 스마야의 세대 중 아무도 살아서 70년 이후의 회복을 보지 못할 것이며, 그래서 스마야와 그 당시 사람들은 하나같이 "그 선한 일"을 보지 못하게 될 것이다. 스마야 세대에게 "선한 일"은 바벨론에서의 번성의 축복과 기도의 응답까지 포함된 일일 것이다. 그의 자손의 죽음은 아하스와 시드기야처럼 스마야도 역시 유다와 예루살렘에 남아 있는 백성 위에 떨어질 그 심판을 당할 것임을 의미했다. 자녀들과 손자들이 없는 스마야는 70년의 끝에 다가올 "선한 일"과는 관계가 없을 것이다. 예레미야를 통하여 주어진 하나님의 말씀에 대한 대적으로 인하여 스마야는 "장래와 희망"이라는 선물을 박탈당할 것이다.

해설

> …최악의 사태가 나타나면서
> 한 꿈을 위하여 기도하노라.
>
> *Maya Angelous, On the Pulse of Morning*
> (New York: Random House, 1993)

가정과 가문과 자유를 잃고 나서 자기들의 왕과 성전과 조국도 잃은 포로민들은 인간의 구상에 의하여 만들어진 거절과 약속으로부터 나온 꿈에 약해지기가 쉽다. 실체가 단기간의 체재라는 거짓된 희망의 허를 찌를 때, 29장은 비교적 긴 시간을 위하여 영적 자원들을 제공한다. 얼마나 많은 세대들이 포로지에 살았는지 모르지만 이 자원들은 강력하게 남아 있다. 본 장의 복잡성은 포로 공동체의 지속적인 복잡성을 비추어 준다. 그들은 단순히 자신들이 포로민들이라는 것 때문에 하나님의 구원을 받을 준비가 된 자동적인 "좋은 무화과"는 아니다. 여호와의 약속은 정원에서, 가문 속에서 그리고 인류 역사의 과정 가운데서 성취되도록 심겨지고 성장될 희망의 씨앗들과 같다(참조. 사 55:10-13). 포로민들은 여전히 5-7절의 명령에서처럼 하나님의 계획에 따라 살도록 선택하거나 혹은 아합, 시드기야, 스마야가 했던 것처럼 불순종과 배교로 말미암아 스스로 희망을 포기할 자유를 가지고 있다. 포로민들은 또한 돌아오는 자기들의 자녀들이 같은 선택에 직면할 것이라는 사실을 알고 있다(16-19절).

이 장에서는 인간의 생활을 가능하게 만들어 주는 자원들(5-6절), 즉 집들이 건축되어 있고, 곡식이 자라나고, 어린아이들이 태어나서 자라고, 일은 확실한 결과들을 가져오는 것들이 하나님의 축복의 확신과 더불어 시작된다. 외적 상황은 풍성한 정원 가운데 있는 인간의 본 고향으로부터 멀리 떠나갔지만, 하나님의 축복과 인간의 일은 아주 유사하다(창 1:28-29; 2:8-9, 15-16과 비교하라). 기도를 통한 하나님과의 생생한 관계의 제공은 제2차적인 자료다(7-14절). 그들이 희생 제물과 분향을 올려 드리지 않았던 포로지에서도 기도는 드려지고 또 들으신 바 될 것이다(시 141:1-2). 다윗 자손의 왕이 아닌 이방 왕을 통한 통치가 이루어질 때라도 하나님의 통치에 대한 신뢰가 포로민들을 위한 또 하나의 수단이다. 27:5-6에 따르면, 느부갓네살은 여호와의 종이요, 합법적인 통치자다. 그의 행동은 하나님의 행동일 수 있으나(29:1, 4, 21), 여호와께서는 그 이방인의 통치에 한계를 정하셨다(10절). 포로지는 하나님의 계획에 따르면 일시적인 안정을 주는 장소로서 예루살렘을 대신하는 장소가 될 것이다(7절).

마지막으로, 포로민들이 하나님의 말씀이 두루마리에 기록되어 있기는 하지만 그 말씀이 자기들 가운데 있고 또한 역사하고 있다는 사실을 믿는다면, 이러한 수단들 모두가 그들에게 이용 가능한 것이 될 것이다. 본 장의 형태 자체가 요점을 드러내고 있다. 기록된 말씀은 선지자가 갈 수 없는 곳까지 가서, 그 곳에서도 역시 여호와의 말씀이 들려진다. 29장은 또한 포로민들이 어떻게 예레미야서의 다른 부분들을 읽어야 할 것인지를 보여 준다. 예루살렘에 있는 왕과 백성들에 대한 "포괄적인" 심판 신탁이 본 장으로 삽입된 방식(16-19절)은 하나님께서는 아직도 그들 배후에 남아 있는 자녀들에게, 그들의 조상들에게 그리고 이전에 그들 자신들에게 전달된 말씀을 통하여 포로민들에게 여전히 말씀하고 계심을 보여 준다. 19절 하반절의 "너희가 듣지 아니함이니라"는 그러한 심판 신탁이 어떻게 그들의 축출을 설명하고 있는지를 암시한다. 하나의 논쟁으로 배열된 16-19절이 15절의 포로민들의 진술에 반응함과 동시에, 이 신탁은 또한 포로민들에게 하나의 경고도 된다. 그들은 하나님께서 선지자들을 통하여 보내신 하나님의 말씀만을 듣고 순종해야 한다. 아합, 시드기야, 스마야를 쳐서 선포된 심판의 말씀은 여호와의 말씀을 거절하거나 혹은 거짓되게 스스로 하나님의 말씀을 전한다고 주장하는 포로민들에게 일어나는 내용에 대한 두려운 실례다.

본 장은 또한 구원의 신탁을 어떻게 읽고 이해해야 하는지를 포로민들에게 교훈하고 있다. 포로민들은 하나님께서 이방 군주의 권세에 한계를 정하셨음을 알고 있고(10절), 또한 무엇보다도 하나님의 권위 아래서 살고 있다(5-7절에 나오는 명령형 동사들을 유념하라). 포로지에서의 생활을 가능하게 할 뿐만 아니라 풍족하게까지 하시는 하나님의 은사에도 불구하고, 포로민들은 귀환이 더 좋다는 사실을 알고 있다. 회복에 대한 주님의 약속(14절)은 하나님께서 주신 약속의 땅에 대한 갈망을 불러일으켰고, 자기들의 전승의 의미와 하나님을 구함의 의미를 항상 생생하게 만들어 준다. 능력 밖의 것으로 보이는 희망은 낙담과 불신앙 가운데서 사라져 버릴 수 있거나, 그렇지 않으면 생명의 축복, 응답 받은 기도의 축복 그리고 포로민들에게까지도 하나의 장래를 제공해 주시는 분의 임재 가운데서 붙잡을 수 있고 또 붙잡게 된다.

XVII. 위로의 책(30:1-31:40[LXX 37:1-38:40])

참고문헌

Anderson, B. "The New Covenant and the Old." In *The Old Testament and Christian Faith*, ed. B. Anderson. New York: Herder and Herder, 1964. 225-42. **Becking, B.** "'I Will Break His Yoke from off Your Neck': Remarks on Jer xxx 4-11." In *Oudtestamentische Studien*, ed. A. van der Woude. Leiden: Brill, 1989. 63-76. **Biddle, M.** "The Literary Frame surrounding Jeremiah 30,1-33,26." *ZAW* 100(1988) 409-13. **Böhmer, S.** *Heimkehr und neuer Bund: Studien zu Jeremia 30-31*. Götttinger theologische Arbeiten 5. Göttingen: Vandenhoeck & Ruprecht, 1976. **Bozak, B.** *Life 'Anew': A Literary-Theological Study of Jer. 30-31*. AnBib 122. Rome: Pontifical Biblical Institute, 1991. **Childs, B. S.** *Introduction to the Old Testament as Scripture*. Philadelphia: Fortress, 1979. **Clements, R.** "Jeremiah, Prophet of Hope." *RevExp* 78(1981) 345-64. ______. "Patterns in the Prophetic Canon." In *Canon and Authority: Essays in Old Testament Religion and Theology*, ed. G. W. Coats and B. O. Long. Philadelphia: Fortress, 1977. **Eskenazi, T. C.** "Exile and the Dreams of Return." *CurTM* 17(1990) 192-200. **Fackenheim, E. L.** "The Lament of Rachel and the New Covenant." *Cross Current* 40(1990) 341-49. **Fischer, G.** *Das Trostbüchlein: Text, Komposition und Theologie von Jer 30-31*, ed.. H. Frankemölle and F.-L. Hossfeld. SBB 26. Stuttgart: Katholisches Bibelwerk, 1993. **Fohrer, G.** "Der Israel-Prophet in Jeremia 30-31." In *Studien zum alten Testament*(1966-1988). BZAW 196. Berlin: de Gruyter, 1991. 56-69. **Garnett, R.** "Jeremiah 30-33: Heart of Jeremiah's Covenantal Message." *Biblical Viewpoint* 25(1991) 89-96. **Gerlach, M.** "Zur chronologischen Struktur von Jer 30,12-17: Reflexion auf die involvierten grammatischen Ebenen." *BN* 33(1986) 34-52. **Golebiewski, M.** "L'alliance éternelle en Is 54-55 en comparaison avec d'autres textes prophetiques." *Collectanea Theologica* 50(1980) 89-102. **Gosse, B.** "La nouvelle alliance et les promesses d'avenir se référant à David dans les livres de Jérémie, Ezéchiel et Isaïe." *VT* 41(1991) 419-28. ______. "L'ouverture de la nouvelle alliance aux nations en Jérémie iii 14-18." *VT* 39(1989) 385-92. **Gross, H.** "Der Menschals neues Geschöpf(Jer 31; Ezk 36; Ps 51)." In *Der Weg zum Menschen*. FS A. Deissler, ed. R. Mosis and L. Ruppert. Freiburg: Herder, 1989. 98-109. **Hals, R. M.** "Some Aspects of the Exegesis of Jeremiah 31:31-34." In *When Jews and Christians Meet*, ed. J. Petuchowski. Albany, NY: State Univ. of NY Press, 1988. 87-97. **Jacob, E.** "Féminisme ou Messianisme? A propos de Jérémie 31,22." In *Beiträge zur alttestamentliche Theologie.* FS W. Zimmerli, ed. H. Donner, R. Hanhart, and R. Smend. Götttingen: Vandenhoeck & Ruprecht, 1977. 179-84. **Kegler, J.** "Beobachten zur Körperfahrung in der hebräischen Bibel." In *Was ist der Mensch? Beiträge zur Anthropologie des Alten Testaments.* FS W. Wolff, ed. F. Crusemann et al. Munich: Kaiser, 1992. 28-41. **Kilpp, N.** *Niederreissen und aufbauen: Das Verhältnis von Heilsverheissung und Unheilsverkündigung bei Jeremia und im Jeremiabuch.* Neukirchen: Neukirchener, 1990. **Kraus, H. J.** "Das Telos der Tora: Biblisch-theologische Meditationen." In *Zum Problem des biblischen Kanons*, ed. I. Baldermann et al. Neukirchen: Neukirchener, 1988. 55-82. **Lemke, W.** "Jeremiah 31:31-34." *Int* 37(1983) 183-87. **Lindars, B.** "'Rachel weeping for her children': Jeremiah 31:15-22." *JSOT* 12(1979) 47-62. **Lohfink, N.** "Der junge Jeremia als Propagandist und Poet: Zum Grundstock von Jeremia 30-31." In *Le Livre de Jérémie*, ed. P. Bogaert. Leuven: Leuven UP 1981. 351-68. ______. "Die Gotteswortverschachtelung in Jer 30-31." In *Künder des Wortes: Beiträge zur Theologie der Propheten.* FS J. Schreiner, ed. L. Ruppert, P. Weimar, and E. Zenger. Würzburg: Echter, 1982. 105-19. **Lundbom, J.** *Jeremiah: A Study in Ancient Hebrew Rhetoric.* SBLDS 18. Missoula, MT: Scholars, 1975. **Nicholson, E. W.** *God and His People: Covenant Theology in the Old Testament.* Oxford: Oxford UP, 1986. **Odashima, T.** "Zu einem verborgenen 'Weltblick' im Jeremia-buch: Beobachtungen zu Jer 4,5a." In *Prophetie und geschichtliche Wirklichkeit im alten Israel.* FS S. Herrmann, ed. R. Liwak and S. Wagner. Stuttgart: Kohlhammer, 1991. 270-89. **Potter, H. D.** "The New Covenant in Jeremiah XXXI 31-34." *VT* 33(1983) 347-57. **Quesnel, M.** "Les citations de Jérémie dans l'Evangile selon Saint Matthieu." *Est-Bib* 47(1989) 513-27. **Renaud, B.** "L'alliance éternelle d'Ez 16,59-63 et l'alliance nouvelle de Jér 31,31-34." In *Ezekiel and His Book*, ed. J. Lust. Leuven: Leuven UP, 1986. 335-39. **Rendtorff, R.** "What Is New in the New Covenant?" In *Canon and Theology: Overtures to an Old Testament Theology*, trans. and ed. M. Kohl. Minneapolis: Fortress, 1993. 196-206. **Römer, T.** "Les 'ancien' pères(Jér 11,10) et la 'nouvelle' alliance(Jér 31,31)." *BN* 59(1991) 23-27. **Schedl, C.** "'Femina circumdavit virum' oder 'via salutis'?" *ZKT* 83(1961) 431-42. **Schenker, A.** "Die Tafel des Herzens: Eine Studie über Anthropologie und Gnade im Denken des Propheten Jeremia im Zusammenhang mit Jer 31,31-34."

In *Text und Sinn im Alten Testament.* OBO 103. Freiburg, Switzerland: Universitätsverlag, 1991. 68-82. ______. "Unwiderrufliche Umkehr und neuer Bund: Vergleich zwischen der Wiederherstellung Israels in Dt 4, 25-31; 30, 1-14 und dem neuen Bund in Jer 31, 31-34." In *Text und Sinn im Alten Testament.* OBO 103. Freiburg, Switzerland: Universitätsverlag, 1991. 83-96. **Schmidt, W.,** and **Becker, J.** *Zukunft und Hoffnung.* Stuttgart: Kohlhammer, 1981. **Schmitt, J. J.** "The Virgin of Israel: Referent and Use of the Phrase in Amos and Jeremiah." *CBQ* 53(1991) 365-87. **Schröter, U.** "Jeremias Botschaft für das Nordreich: Zu N. Lohfinks Uberlegungen zum Grundbestand von Jeremia XXX-XXXI." *VT* 35(1985) 312-29. **Steele, D.** "Jeremiah's Little Book of Comfort." *TToday* 42(1986) 471-77. **Stoebe, H. J.** "Schicksal Erkennen - Schuld Bekennen: Gedanken im Anschluss an Lev 5,17-19." In *Prophetie und geschichtliche Wirklichkeit im alten Israel.* FS S. Herrmann, ed. R. Liwak and S. Wagner. Stuttgart: Kohlhammer, 1991. 385-97. **Talbert, C. H.** "Paul on the Covenant." *RevExp* 84(1987) 299-313. **Tov, E.** "4QJer(4072)." In *Tradition of the Text.* FS D. Barthélemy, ed. G. Norton and S. Pisano. Freiburg, Switzerland: Universitätsverlag, 1991. 249-76. **Vieweger, D.** "Die Arbeit des jeremianischen Schülerkreises am Jeremiabuch und deren Rezeption in der literarischen Überlieferung der Prophetenschrift Ezechiels." *BZ* 32(1988) 15-34. **Weippert, H.** "Das Wort vom neuen Bund in Jeremia XXXI 31-34." *VT* 29(1979) 336-51. **Westermann, C.** "Zur Erforschung und zumVerständnis der prophetischen Heilsworte." *ZAW* 98(1986) 1-13. **Wiebe, J. M.** "The Jeremian Core of the Book of Consolation and the Redaction of the Poetic Oracles in Jeremiah 30-31." *Studia Biblica et Theologica* 15(1987) 137-61. **Zateili, I.** "The Rachel's Lament in the Targum and Other Ancient Jewish Interpretations." *RevistB* 39(1991) 477-90.

위로의 책은 예레미야서의 나머지 부분을 통하여 불어오는 하나님의 진노의 폭풍 한가운데 들어 있는 하나의 피난처와 같다. 그렇지만 이 장들은 철저하게 정경적 형태로 되어 있는 본서의 메시지와 사역으로 구성되어 있다. 위로의 책의 내용은 현재의 고난과 아직도 남아 있는 위기, 그리고 미래의 구원 간의 관계를 반복해서 취급한다. 예를 들어, 해산 이미지는 큰 고통, 힘든 수고, 피흘림이 기쁜 결과를 가져다 주는 과정의 모습을 제공해 준다. 이러한 관계가 또한 지금의 고통과 그에 따른 구원이 하나님에 대한 신앙과 밀접하게 연결되어 있는 애가 시의 상황을 재현함으로써 예전적으로 만들어진다. 하나님께서 어떻게 이스라엘과 유다를 위한 심판과 구원을 선언하실 수 있었는가에 대한 신학적 난문제가 언약, 선택, 하나님의 영원한 사랑이라는 말로 소개되고 있다. 본 장들은 반복해서 청중의 슬픔과 낙담을 인정하면서 묘사하고 있지만, 동시에 그들의 상함과 치료, 그들의 굶주림과 번성이 어떻게 하나님의 거룩하고 자비로운 뜻과 모두 결속되어 있는지를 다양한 방법으로 보여 줌으로써 위로를 제공해 주고 있다.

이 복합적인 말씀의 모음집을 취급함에 있어서 중요한 비평적 문제들은 다음과 같다. (1) 예레미야의 설교 사역으로부터 나온 자료를 밝히는 일, (2) 이 초창기 신탁들이 모아지고, 배열되고, 덧붙여진 과정을 기술하는 일, (3) 예레미야서 내에서 이 장들이 차지하고 있는 위치를 설명하는 일, (4) 이 두 장의 현재 형태의 문학적 구조를 분석하는 일이다. 여기서는 연구에 대한 간략한 개관만을 제공할 수 있겠다.

많은 해석가들은 다음의 구절들이 예레미야 자신의 설교에서 나온 것이라는 데 동의한다: 30:5-7, 12-15; 31:2-6, 15-20 혹은 15-22(예를 들어, Hayatt, 1022-23). 다른 사람들은 30:16-17(Brueggemann, *JBL* 104[1985] 427), 30:23-24(Böhmer, *Heimkehr*, 81), 30:18-21(Lohfink, "Der junge Jeremia," 351-68), 30:22-24(Clements, *RevExp* 78[1981] 359), 혹은 30:10-11; 31:31-34, 그리고 가능하다면 30:12-17과 31:35-37(Bright, 285)을 덧붙인다. 바이저(Weiser, 265-89)는 30:1-4과 31:38-40을 제외하고 모두를 예레미야 본인의 것이라고 판단하지만, 톰슨(Thompson, 552-53)은 30-31장에 있는 신탁 전체를 예레미야의 것으로 취급하면서도 편집자의 활동의 산물일 가능성도 인정한다. 최근의 몇몇 작품들은 예레미야서의 핵심을 보다 엄격하게 제한시켰는데, 예를 들어, 30:5-6, 12-15; 31:4-5a, 15-16a, 18-20(Kilpp, Niederreissen, 103) 혹은 30:12-14, 16-17; 31:2-6, 9b, 15-22(Wiebe, *Studia Biblica et Theologica*, 15[1987] 157)이다. 이 "핵심" 자료들은 북왕국이 포로가 될 즈음에 기원되었고 야곱과 에브라임으로 지칭했다. 그들의 고통은 그들의 죄의 결과로 여호와께로부터 왔으나(30:14-15), 그들의 회개와 여호와의 자비와 긍휼과 함께(31:20) 그 땅으로의 회복에 대한 약속이 나타난다(31:17). 이 구절들은 호세아서와 같은 여러 가지 특징들을 가지고 있다(Holladay, 2:45-47; Fischer, *Das Trostbüchlein*, 186-204를 보라). 이 신탁이 처음으로 전해진 날짜에 대해서는 세 개의 시기가 제안되어 왔는데, 이것들 중 어느 것도 확고하게 주장할 수 없다. (1) 주전 621년과 609년 사이인 요시야의 통치 시기인데, 이 때는 다윗-솔로몬 제국의 회복에 대한 희망이 최고조에 달했었고, 사마리아의 남은 자들이 3:

22-24에 있는 바와 같이 예루살렘에서 왕과 성전에 합세하도록 초청을 받았었다(예를 들어, Rudolph, 172-29; Thompson, 551-53), (2) 느부갓네살이 최종적으로 앗수르를 패배시키고 그 지역을 평정한 다음인 여호야김과 시드기야의 통치 시기로, 이 때는 북왕국의 포로민들의 귀환이 가능할 것처럼 보였다. (3) 베냐민 지파의 미스바에서 그달랴가 통치하던 시기다(Clements, *RevExp* 78[1981] 351).

이 신탁의 시간과 장소는 이 위로의 책과 예레미야서 전체에서 이것이 가지는 위치처럼 해석에는 그리 중요하지 않다. 호세아서에 있는 바와 같이 우선 첫째로 북왕국에 전달된 말씀들은 남왕국, 유다에 관한 신탁과 나란히 서 있으며, 본서는 하나님의 백성 이스라엘 전체의 미래를 밝혀 주고 있다. 야곱, 라헬, 에브라임의 이름들과 함께 출애굽, 광야에서의 방랑에 대한 언급은 그들의 공통적인 조상 이스라엘과 유다의 기원을 지적해 주고 있으며, 여호와께서 그들의 조상들에게 약속하고 지키신 땅과 자손에 대한 약속들을 그들에게 상기시켜 주고 있다. 더 나아가서 이전의 수신자들, 북왕국 출신자들이 모호하거나 대치되거나 단순한 상징으로 대치되지 않았다(사마리에 대한 언급을 유념하라). 그들은 여전히 약속들 가운데 포함되어 있다(30:3; 31:1, 27, 31, 37). 사실상 그들이 포함된 것은 하나님의 신실성을 입증해 주고 있으며, 암시적으로 용기를 주고 있다. 북왕국의 포로민들은 남왕국의 포로민들보다 1세기 전에 포로로 끌려갔지만, 여전히 하나님의 계획의 일부로 존재하고 있다.

30:2에 있는 예레미야에 대한 명령은 여호와께서 이미 말씀하신 것을 기록하는 것이다(**כל־הדברים אשר־דברתי אליך** – 콜 하데바림 아쉐르 띠바르티 엘레카, "내가 네게 이른 모든 말"). 동일한 말씀이 36:2에도 나타나는데, 36장은 준비, 낭독 그리고 과거에 설교했던 기록된 신탁 모음집을 태우고 2차로 다시 기록하여 확장된 것이다(36:32). 예레미야서의 독자들은 새로운 청중을 위하여 이전의 설교 내용을 기록하고 다시 기록하기도 하고 부록을 덧붙이는 예언 활동에 대해 익히 알고 있다(Davis, *Swallowing the Scroll*, 특히 책의 편찬자로서 선지자들에 대해 언급한 2, 3장). 위로의 책의 두 개의 교정본에 대한 할러대이의 재구성은 의심할 여지없이 30-31장의 문서의 역사에 관한 영향력 있는 가설로 남아 있다. 로핑크의 작품에 의존하고 있는(Lohfink, "Der junge Jeremia") 할러대이의 가설에 따르면, 예레미야 자신이 이전의 북왕국의 청중을 위하여, 아마도 그 지역의 통솔력을 재장악하기 위한 요시야의 원정 당시에 일곱 연으로 된 교정본을 작성했다(왕하 23:15-22; Holladay, 2:156-59). 수 년 후, 예루살렘이 함락되기 직전에(주전 588년 여름과

587년 여름 사이) 예레미야가 이전에 예루살렘 성읍에서 썼던 내용을 자신의 청중에게 전달하기 위하여 30:10-11, 16-17; 31:7-9a을 덧붙였다(Holladay, 2:160-61). 예레미야는 구금되어 있었으므로 하나의 두루마리에 자신이 작성한 내용을 기록하고 골격을 이루는 구절들인 30:1-3과 31:27-28을 덧붙였다(2:162-63). 그 이후 31:31-34에 있는 예레미야 자신의 남쪽 추가분이 보충되면서 예레미야 교정본에 대한 편집 사역은 주전 5세기까지 계속되면서 현재의 형태가 되었다(Holladay, 2:163-67). 그러나 이러한 장들의 편집 역사의 세부 사항들이 무엇이든, 그 최종 형태가 되어 있는 내용들은 "원래 역사적으로 고정된 사항과는 느슨하게 연결되어 있다"(Childs, *Introduction*, 351). 주전 8세기에 포로가 되었든, 6세기에 포로가 되었든, 혹은 그렇지 않든 이스라엘과 유다 백성 전체와 또한 그들의 후손 모두가 이 약속을 통하여 하나님에게 소망을 두고 있다. 3, 24, 29장에 나타나 있는 구별들은 그들의 장래에 아무런 의미도 가지지 않을 것이다.

위로의 책은 주전 597년에 바벨론으로 끌려간 포로민들(29장)에게 희망의 미래를 약속해 주는 편지와 예레미야가 새로 밭을 샀던 상징적 행위는 백성들의 그 땅으로의 회복에 대한 보증으로서 인봉되고 보관되었다는 내용(32장) 사이에 위치해 있다. 33장은 30-31장 편에서 그 구입의 의미를 해석한다(33장의 "주석"을 보라). 느부갓네살의 종주권의 한계(29:10)에 관한 29장의 약속과 포로민들의 흩어져 있던 "열방과 모든 곳"으로부터의 회복(29:14)은 그 은혜를 입은 사람들의 범위가 주전 597년 바로 전에 축출된 사람들보다 더 넓다는 사실을 암시한다. 그러므로 이방 통치자의 권력 아래서 희망을 가지고 살도록 하기 위한 하나의 약속의 비망록과 지침(예를 들어, 단 9장)으로서의 역할을 하면서 예레미야서 중간 부분에 함께 모아져 있는 세 개의 기록 문서(ספר – 쎄페르)가 있다. 종합적으로, 위로의 책이라는 주도 아래 세 개의 문서가 주전 586년의 위기 이후 모든 하나님의 백성에게 말하고 있다.

29장은 시드기야 통치 중반기의 것이고, 32장은 그 말기의 것이다. 그러나 30-31장은 예레미야 2-24장에 있는 자료처럼 연대를 가지고 있지 않다. 어떤 해석자들은 이것을 후기에 위로의 책이 본 문맥에 삽입된 증거 가운데 하나로 취급한다(예를 들어, Fischer, *Das Trostbüchlein*, 179). 다른 한편, 할러데이는 위로의 책이 26-36장이 작성된 중에서 그 핵심 부분이었다고 주장한다(2:22-23). 차일즈는 이 자료의 순서에 대해 가장 도움이 될 만한 평가를 제공해 준다. 시드기야의 통치 중간과 39-40장에 있는 예루살렘의 황폐에 대한 묘사 이후에 이 중요한 약속 모음집이 위치해 있는 것은 본서의 독자들로 하여금 그 회복이 줄곧 하나님의 계획의 일부였다는 주장을 상기시켜 준다(Childs, *Introduction*, 351). 이것이 예레미야의 중보 기도의 결과는 아니다(참조. 11:14; 37:3-10). 심판을 예고하고 회복을 예고하는 예레미야의 이중적 사역은 그의 소명 기사 속에 나타나 있으며(1:10), 18:5-11; 24:6; 42:10; 45:4에 반영되어 있고, 위로의 책 속에 인용되어 있다(31:28). 더 나아가서 이 약속들은 본서에서 아직도 다 끝나지 않은 심판의 결과들을 계속 당하고 있다고 암시된 청중의 상황과 유사한 곳에 위치해 있다(30:12-17, 24; 31:27-28). 예레미야서의 맛소라 사본에서 열국들에 대한 신탁은 본서의 끝 부분에 위치해 있는데, 거기서 그 신탁들은 30:8, 11, 16, 20; 31:10, 16에 있는 대적들과 관련된 약속들에 대한 암시로서의 기능을 하고 있다. 대적들, 특히 바벨론에 대한 하나님의 공격은 이스라엘과 유다를 그들의 땅으로 회복시키는 데 필수적인 일이다(참조. 50:33, "그들을 사로잡은 자는 다 그들을 엄히 지켜 놓아 주지 아니하거니와").

위로의 책은 또한 동사의 고리들의 망을 통하여 예레미야서의 앞 장들과 연결되어 있다. 이 수많은 것들은 피셔가 열거한 네 개의 범주로 정리될 수 있다(*Das Trostbüchlein*, 155-69). 위로의 책은 앞의 장들과 (1) 문답을 통하여, 예를 들어 30:12-17은 15:18에 답변하고 있고, 31:6; 31:38-40은 8:19에 답변한다. (2) 요구 사항들의 이행, 예를 들어 30:11은 6:8; 10:24을 이행하고 있으며, 31:20은 14:21; 15:15을 이행하고 있다. (3) 이전 상황 혹은 심판의 반전, 예를 들어 30:9은 22:9을 반전시키고, 30:9, 21은 22:30을 반전시키며, 30:18은 9:18(개역. 19); 10:20을 반전시키고 있다. (4) 두 개의 다른 문맥으로부터 나온 구절들을 결합시키는 기술을 통하여 개념들을 발전시킴, 예를 들어 30:8은 예레미야 2:20과 이사야 10:27을 결합시키고, 30:14-15은 예레미야 5:6과 25절을 결합시키며, 30:5-7은 각 운(韻) 내에서 다른 문맥으로부터 나온 단어들과 조화시켜서 6:23로부터 나온 다른 단어를 발전시키고 있다. 다른 실례들은 "주석" 가운데 기록되어 있다.

위로의 책과 관련된 네 번째 비평적 문제, 곧 30-31장의 문학적 구조는 보우작(B. Bozak, *Life 'Anew'*, 18-25)이 제안한 본문 분석에 따라 아래의 주석 가운데서 해결된다. 보우작(여성임 – 역자주)은 위로의 책을 짤막한 서문과 산문에서의 상황적 결론을 가지고 있는 여섯 개의 시문의 주기를 가진 것으로 말한다. 서문은 예레미야서의 중요한 구분을 표시하고 있는 공식 문구, "여호와께로서 말씀이 예레미야에게 임하여 이르시니라"로 시작된다(참조. 부록: 서론의 공식 문구, 26장). 서문의 2절과 그 이후의 각 단위는 메신저 공식 문구인 "여호와께서 이같이 일러 가라사대"로 시작된다. 이것은 예언서에서는 매우 일반적인 공식 문구지만 30-31장에서는 두 번만 나타난다. 메신저 공식 문구로 표시된 네 개의 시 단위들은 남성과 여성이라는 번갈아 가는 패턴을 나타내 보인다(*Life 'Anew'*, 20). (1) 30:5-11, 남성, (2) 30:12-17, 여성, (3) 30:18-31:1, 남성, (4) 31:2-6, 여성, (5) 31:7-14, 남성, (6) 31:15-22, 여성-남성-여성. 산문의 결론은 남성 수신자를 가진 것으로 설명될 수 있다. 청중은 시종일관 동일한 인물, 말하자면 하나님의 백성 이스라엘이지만 시적인 이미지를 가지고 있으며, 그래서 문법 형태가 다르다. 이러한 분석의 타당성은 셋을 가지고 있는 여섯 번째 것만을 제외하고 각각의 단위 가운데 두 개의 주요 버금 구획의 발견으로 확인된다. 이 분석은 30:18-31:1과 31:23-40을 취급함에 있어서만 브루그만, 클레멘츠, 톰슨이 따른 분석과는 다르다.

보우작(Bozak)의 형식적·구조적 분석은 세 가지 중요한 이유로 인하여 매력적이고도 유용하다. 첫째로, 남성과 여성을 교대로 사용한 것은 미학적으로 흥미가 있으며 신학적으로도 의미가 깊다. 이 시들 가운데서 이 둘 다 익히 잘 아는 가족 생활로부터 나온 두 개의 이미지, 곧 이스라엘의 죄로 인한 가장 황폐하고 품위를 손상시키는 이미지가 구속되고 전환된다. 패역한 아들이 사랑받는 아들이 되고, 간음한 아내가 처녀, 신부, 많은 자녀의 어미가 된다. 포괄적인 이미지, 곧 남자와 여자, 젊은이와 늙은이가 새 언약 공동체의 범위와 일치한다(31:34). 둘째로, 그녀(보우작)가 밝힌 구성 단위들은 각기 본서 전체에서 신학적 의미를 가지고 있어서 이 "시가들"은 예레미야서의 나머지 부분을 이해하는 데 지침이 될 수 있다. 예를 들어, 30:12-17은 이스라엘이 받아 마땅한 징벌과 이에 대한 치료가 될 그 대적들의 패배 사이의 관계를 취급하고 있다. 마지막으로, 여기에 기록되지는 않았지만, 보우작의 문학적 분석을 보면 이 두 장을 하나의 통일된 구성물 즉 하나의 책으로 지칭하는 것을 입증해 주고 있는데, 이러한 지칭은 그것들의 정경 형성과 정경 기능 과정에서 하나의 중대한 면을 이룬다.

이 두 장에 있는 예언적 연설은 여호와의 명령에 순종하여 기록된 하나의 책의 내용으로 소개되고 있다. 3절에 나오는 구원 신탁은 본서의 기록을 유다와 이스라엘의 포로민들을 회복시키려는 하나님의 의도에 대한 하나의 표시로 해석한다. 이것은 파기된 언약과 새 언약 사이의 간격을 메우기 위하여 의도된 일종의 편지로서의 기능을 할 것이다(31:31-34). 예레미야서는 선지자를 통하여 주어진 하나님의 말씀이 계속해서 하나의 책으로 기록되었을 때 권위 있는 것으로 인정되어야 할 것이라고 청중들을 가르치고 있다. 그러한 책에 대한 그들의 반응은 사느냐 죽느냐의 문제다(참조. 36장). 생명으로 인도하는 반응은 회개와 하나님의 계획에 대한 순종이다. 신명기는 예레미야서 정경 형성에 해석적인 골격을 제공해 주었다(Childs, *Introduction*, 346-48). 이 골격 내에서 언약의 논리가 30-31장에서 활동하고 있다. 위로의 책 가운데 암시된 청중은 대적의 땅에서 여전히 고난과 압제를 당하고 있는데, 이는 그들의 죄로 인한 정당한 심판으로, 또한 적절한 훈련으로 해석된다(30:11; 31:18). 이러한 평가의 진리성을 인정하고 회개하는 것은 언약의 논리를 따르는 반응이다. 이 논리는 또한 율법(혹은 토라〈תורה, "가르침"〉)과 언약이 조상들에게 약속하신 땅과 자손에 대한 약속을 이루기 위하여 주어졌다는 사실을 증언하고 있다(신 8:1; 렘 11:3-5). 이 책, 곧 30-31장의 말씀에 귀를 기울인다는 것은 곧 자손과 땅에 대한 약속을 갱신하시는 하나님을 믿는 것이며, 그 소망을 기다리는 가운데 여호와의 권위에만 복종하는 것이다. 여호와께서 처음에 이스라엘을 언약 관계로 이끌어들이셨던 은혜와 사랑, 그리고 수 세대 동안 이것을 유지시키셨던 신실하심은 여전히 그 효력이 사라지지 않았다(30:18; 31:2-3, 9, 20, 35-37). 응답된 기도를 상기시켜 주는 사건들과 성전으로 올라가는 순례 길에서 경험한 하나님의 선하심이 백성들로 하여금 여호와께로 돌아가도록 격려해 주고, 그들의 성실성과 여호와의 임재의 의와 거룩에 대한 그들의 갈망을 유지시켜 준다. 위로의 책의 사역은 새 언약의 성취를 대비하도록 하나님의 백성들을 준비시키는 것이다.

A. 이 말씀을 기록하라(30:1-4[LXX 37:1-4])

참고문헌

앞의 30:1-31:40의 참고문헌을 보라.

본 문

1 여호와께로서 말씀이 예레미야에게 임하여 이르시니라	1 The word which came to Jeremiah from the Lord, saying,
2 이스라엘의 하나님 여호와께서 이같이 일러 가	2 "Thus says the Lord, the God of Israel: Write

라사대 내가 네게 이른 모든 말을 책에 기록하라

down all the words which I have spoken to you in a book.

3 나 여호와가 말하노라 내가 내 백성 이스라엘과 유다의 포로를 돌이킬 때가 이르리니 내가 그들을 그 열조에게 준 땅으로 돌아오게 할 것이라 그들이 그것을 차지하리라 여호와의 말이니라

3 For behold, days are coming – oracle of the Lord – when I will bring about the restoration of my people Israel and Judah,"[a] the Lord says. "I will cause them to return to the land which I gave to their ancestors so that they took[b] possession of it."

4 여호와께서 이스라엘과 유다에 대하여 하신 말씀이 이러하니라

4 These are the words which the Lord had spoken to Israel [a]and to Judah:[a]

원문주해

3.a. *BHS*는 "그리고 유다"가 하나의 첨가물임을 암시하고 있다. 삭제할 만한 본문상의 증거는 없다.

3.b. 동사의 주어가 모호하다. 본문의 번역(영문 번역 본문임 – 역자주)은 이것을 주어로서 "그들의 조상들"을 가진 관계사절의 일부로 만든다. "내 백성"은 주어가 될 수도 있다. "그리고 그들이 그것의 소유를 취할 것이다."

4.a-a. *BHS*는 3절에서처럼 유다에 대한 언급이 하나의 첨가물임을 암시하고 있지만, 이것이 필사본들과 역본들 가운데 나타나 있다.

양식/구조/배경

말씀-사건 공식 문구(1절) 다음에 상징적 행동을 하라는 기록이 뒤따라온다. 하나의 상징적 행동으로서 여호와의 말씀을 책에 기록하라는 명령(2절)에는 다른 상징적 행동의 기록들에서 발견된 세부적인 지시가 들어 있지 않다. 설명적인 신탁(3절)은 접속사 키(כי, "이는")로 도입되고 있다. 상징적 행동 자체와 하나님의 메시지 간의 관계는 19장에 나오는 오지병의 깨뜨림이나 27-28장에 나오는 멍에를 목에 메는 것보다 더 모호하다. 예레미야서에 언급된 다른 기록된 모음집들은 하나님의 말씀이 선지자가 갈 수 없는 곳, 즉 바벨론(29, 51장)이나 혹은 성전(36장)까지 갈 수 있도록 만들어진다. 3절이 본국으로의 귀환을 약속하고 있으므로, 포로민들은 29장에 있는 편지들의 청중과 마찬가지로 이 문서의 청중이기도 하다. 30-31장을 기록하는 목적은 예레미야가 갈 수 없는 미래로 들어가게 하려는 것이었다. 증인들 앞에서 구술 거래(룻 4장과 비교하라)가 아니라 기록하고, 서명을 하고, 봉인하고, 보관하는 행동(32장)을 필요로 한 사회적 붕괴 역시 입으로부터 귀로 전달하는 전

달 고리가 끊어졌을지라도 회복에 대한 하나님의 약속을 입증하기 위하여 살아 남을 수 있었던 기록된 예언들의 두루마리를 필요로 했다.

이 설화의 서론은 날짜를 언급하고 있지 않으며 이 명령이 주어진 상황에 대한 어떤 묘사도 나타나 있지 않다. 이 새로운 책에서 암시된 청중은 포로민들이지만(3절), 이것 가운데 포함된 이전의 여러 예언의 수신자들은 가장 일반적 단어인 선지자(2절, "네게")와 "이스라엘과 유다"(4절)로 밝혀져 있다.

주석

[2] "책"(ספר – 쎄페르)을 기록하라는 하나님의 명령은 예레미야서의 다른 곳에서 세 번 나타난다. 즉 29장에서 포로민들에게 보내는 편지, 36장에서 성전에서 낭독할 두루마리, 51장에서 바벨론을 쳐서 말한 신탁의 두루마리다. 관계사절의 말은 36:2(אשׁר דברתי – 아쉐르 띠마르티, "내가 말한 것")과 대등한데, 그 곳에서 뒤이어 오는 시간을 나타내는 문장은 분명히 그 두루마리가 이전의 경우에 이미 전달된 신탁을 포함했었다는 사실을 암시한다. 30:2에 있는 명령은 이와 같은 방식으로 이해되어야 할 것이다.

[3] 이 구원 선포는 본서의 기록을 유다와 이스라엘의 포로들을 되돌리시려는 하나님의 의도의 상징으로 해석한다. 36:3에 있는 것처럼 백성들의 회개가 바람직한 결과라는 언급이 없다. 이 상황절은, 매매 증서의 보존은 그러한 거래가 그 땅에서 다시 이루어질 것이라는 사실을 나타내고 있는 32:15과 유사하다.

시작하는 공식 문구 "보라, 때가 이르리니"는 31:27, 31, 38에서 다시 나타나는데, 그 곳에서 이 문구는 인간과 짐승의 번성, 하나님과의 새 언약 체결, 예루살렘의 재건을 포함하는 약속된 회복에 대해 좀더 자세한 묘사를 소개하고 있다.

땅이 주어졌던 "그 열조"는 여호와께서 그들을 애굽에서 이끌어내신 다음 언약을 맺으셨던 사람들이었는데, 그들은 이 언약을 파기했다(31:32). "소유를 취하다"(ירשׁ – 야라쉬)는 하나님께서 그들에게 주리라고 맹세하셨던 땅을 이스라엘이 정복하고 정착한 사실에 대해 여호수아서에서 사용한 중요한 단어다. 그러므로 이 구절에 있는 마지막 동사의 주어는 조상들이다. 3절에 약속된 회복의 약속을 받는 자는 그 땅으로 돌아온 후에 "소유를 취하는" 사람들일 수 있다. 이러한 모호성이 영어 번역에서는 확실하게 드러나지 않았다.

열조에게 주신 땅은 유다 땅뿐만 아니라 북이스라엘의 영토도 포함했었다(참조.

민 34장; 수 13-19장). 이러한 약속을 따라 하나님의 백성 전체, 즉 같은 조상으로 말미암아 하나로 단결된 유다와 이스라엘은 자기들의 유산인 온 땅을 다시 차지하게 될 것이다(32:44은 덜 광범위한 "지도"를 가지고 있다). 주전 8세기에 패망한 북왕국으로부터 축출된 포로민들의 후손들을 위한 이러한 모습에는 여유가 있기는 하지만, 그들이 흩어진 상태에서 이스라엘 족속의 정체성을 유지했었다는 증거는 없다. 에스라와 느헤미야는 주전 6세기와 5세기에 예루살렘으로 돌아와서 예루살렘을 재건하는 일에 북왕국의 포로민들이 참여했다는 언급을 하고 있지 않다.

4 3인칭으로의 전환은 이 구절을 2절에서 위탁받은 문서의 명칭으로 표시해 준다(신명기의 명칭도 "이것들은 말씀하신 말씀들이라"로 시작된다). 이어지는 말씀은 여호와께서 이미 말씀하셨던 것들이다. 이 하나님의 말씀은 두 명의 수신자를 가지고 있다. 첫째는 예레미야 선지자이며(2절), 그 다음으로 그의 말을 듣는 청중이다. 포로지에 있는 이스라엘과 유다는 약속된 회복의 약속을 받는 자들이기 때문에 이 기록 모음집의 청중이 된다(3절).

해설

위로의 책의 산문체의 서론은 이미 과거에 다양한 상황 가운데서 주어졌던 이 신탁의 모음집에 새로운 청중과 새로운 기능을 부여한다. 기록된 이 문서의 작성은 그 자체가 이스라엘과 유다 온 국가가 그 조상들의 땅으로 돌아올 것이라는 여호와의 약속을 지적하고 있다. 이것은 살아 있는 하나님의 백성의 장래에 대한 약속의 기록이요 또는 기록된 보증이다. 그러나 예레미야서에서 예언들은 하나님의 말씀의 전달이 어떤 점에서 지연되고 있을 때인 고난의 때에 기록되었으므로 상징 너머에는 하나의 그늘이 드리워 있다. 약속들의 기록 형태는 일제히 이것들의 성취가 확실하지만 지체될 것이라는 사실을 암시한다.

B. 공포에서 평안으로(30:5-11[LXX 37:5-9])

참고문헌

Conrad, E. W. *Fear Not Warrior: A Study of 'al tira' Pericopes in the Hebrew Scriptures.* Brown Judaica Studies 75. Chico, CA: Scholars, 1985. 108-15.

본 문

5 여호와께서 이같이 말씀하시되 우리가 떨리는
소리를 들으니 두려움이요 평안함이 아니로다
6 너희는 자식을 해산하는 남자가 있는가 물어보
라 남자마다 해산하는 여인같이 손으로 각기 허
리를 짚고 그 얼굴 빛이 창백하여 보임은 어찜이
뇨
7 그 날이여 비할 데 없이 크니 이는 야곱의 환난
의 때가 됨이로다 마는 그가 이에서 구하여 냄을
얻으리로다
8 만군의 여호와가 말하노라 그 날에 내가 네 목
에서 그 멍에를 꺾어 버리며 네 줄을 끊으리니 이
방인이 다시는 너를 부리지 못할 것이며

9 너희는 너희 하나님 나 여호와를 섬기며 내가
너희를 위하여 일으킬 너희 왕 다윗을 섬기리라
10 그러므로 나 여호와가 말하노라 내 종 야곱아
두려워 말라 이스라엘아 놀라지 말라 내가 너를
원방에서 구원하고 네 자손을 포로 된 땅에서 구
원하리니 야곱이 돌아와서 태평과 안락을 얻을
것이라 너를 두렵게 할 자 없으리라

11 나 여호와가 말하노라 내가 너와 함께 하여
너를 구원할 것이라 내가 너를 흩었던 그 열방은
진멸한다 할지라도 너는 진멸하지 아니하리라 그
러나 내가 공도로 너를 징책할 것이요 결코 무죄
한 자로 여기지 아니하리라

5 "[a]For thus says the Lord:[a] 'We[b] have heard a
voice of panic, 3+3 "Dread" and "No peace."'
6 Ask now and see if a male bears a child. [a]Why
do I see every he-man 4+3+3 with his hands
on his loins[a] [b]like a woman giving birth[b] and
every face turned an unhealthy color?
7 Alas,[a] 1+4+2+3+2 for that day is greater
than any like it and it is a time of distress for
Jacob, but he will be delivered from it.
8 It shall come to pass on that day 3+3+4+
2 – oracle of the Lord of Hosts – that I shall
shatter the yoke from off your[a] neck and your[b]
yoke-straps I shall burst, so that strangers will
not subjugate him[c] again. 3+4+3+3
9 But they shall serve the Lord their God and
David their king, whom I shall establish for them.
10 [a]As for you, my servant Jacob, do not fear 4+
1+2 – [b]oracle of the Lord[b] – and do not be dis-
mayed, Israel. For I am about to save you from
afar 4+3 and your offspring from the land of
their captivity. Then Jacob will return and be qui-
et 3+3 and be at ease and no one will panic him.
11 [a]For I am with you – [b]oracle of the Lord[b] – to
save you. 4+4+3 For I shall make an end of all
the nations where I scattered[c] you, But I shall not
make an end of you. I shall discipline you justly,
4+5 and I shall certainly not withhold punish-
ment from you.

원문주해

5.a-a. 본문의 지지를 받지 못하고 있는 *BHS*는 이 메신저 공식 문구를 하나의 부가물로 분류한다.

5.b. LXX은 2인칭 복수형을 가지고 있다. *BHS*는 1인칭 단수로 읽을 것을 추천한다. MT의 1인칭 복수는 본 절의 나머지 부분의 화자와 6절의 "내가 본다"와 일치되지 않는다. 그러나 MT은 백성들이 하나님(혹은 선지자)에게 말하는 인용문으로 해석될 수 있다.

6.a-a. LXX은 "허리"라는 다른 번역을 가지고 있는 두 개의 이문을 포함하고 있다. 이는 이러한 몸짓을 안전 지대(*σωτηρίαν*-소테리안)를 찾는 사람의 두려움을 표현한 것으로 해석한다.

6.b-b. LXX에는 없다. "원문주해" 6.a-a를 보라.

7.a. MT에서는 호이(הוי)다. LXX은 에게네데(*ἐγενήθη*, "그들이 있을 것이므로")를 가지고 있다. *BHS*는 이 단어가 하이우(היו, "그들이 있었다")로 읽혀진다는 사실을 암시하고 있는데, 이는 두 글자의 뒤바꿈을 필요로 하며, 6절의 끝에 포함되어 레예라콘 하이우(לירקון היו, "건강치 못한 색깔이 되었다")가 된다는 사실을 암시한다. 이러한 전환은 이 두 구절에 있는 껄끄러운 운율을 개선하며, 따로 분리되어 있는 "오호라"를 제거한다. 그러나 MT은 불가능하지 않으며, 이러한 번역은 이 단어를 유지시켜 준다.

8.a., b. MT의 2인칭 단수형 어미는 본 문맥에서 예상되지 않는다. LXX은 이 두 곳에서 "그들의"를 가지고 있으며, *BHS*는 그에 따라 수정할 것을 추천한다.

8.c. LXX은 9절의 3인칭 복수형과 일치되게 "그들"(*αὐτὸ*, 아우토이)을 가지고 있다. MT의 3인칭 단수는 7절과 10절에 있는 "야곱"을 가리킨다.

10.a. 10-11절은 46:27-28(LXX 26:27-28)에 글자 그대로 복사되어 있다. 이것들이 구절을 복사하는 가운데 두 번째로 출현하는 단어를 생략하는 LXX의 통상적인 관례에 따라 LXX의 37장에는 나타나지 않는다.

10.b-b. 46:27에는 나타나지 않음.

11.a. 할러데이(Holladay)는 접속사를 빼고 있는 30:10 초두의 복사본인 46:28의 첫 번째 콜론을 재생시킨다.

11.b-b. 평행 구절인 46:28에서 이 공식 문구가 첫 번째 행의 일부인데, 이것이 30:11에는 생략되어 있다. 즉 "너에 대해서는 내 종 야곱아 두려워 말라-여호와의 말씀이니라."

11.c. 46:28은 8:3; 23:3, 8; 27:10; 29:14, 18; 32:37에서처럼 히따헤티카(הִדַּחְתִּיךָ, "내가 너를 쫓아냈다")를 가지고 있다.

양식/구조/배경

시문(5-7, 10-11절)과 운율을 가진 산문(8-9절)이 혼합된 문장은 5절과 12절에서 메신저 공식 문구로 묶여져 있다. 2인칭 발언은 5-11절 내내 남성형이지만, 12절에서는 여성형이 나타난다. 여러 준동사 연결 고리들이 본 구절을 함께 묶어 주고 있다: 5, 10절의 "두려움"(חרד – 하라드), 7, 8절의 "그 날"(היום ההוא – 하욤 하후), 7, 10절의 "야곱"(יעקב – 야콥), 8, 9, 10절의 "부리다, 섬기다, 종"(עבד – 아바드), 7, 10, 11절의 "구하다"(ישׁע – 야샤).

5-7절에 있는 음성들과 수신자들의 임박한 혼돈이 야곱의 고통의 일부분인 혼란을 묘사하고 있다. 일단의 그룹(이스라엘? 대적들?)이 공포의 부르짖음을 듣고 있다고 보고한다(5절). 어떤 개인(하나님? 선지자?)이 산고하는 여인들처럼 무기력하게 된 영웅들을 비웃고 조롱하는 일련의 질문에 반응한다(6절). 마지막으로 어떤 대상이 거론되지 않은 채 저주가 선포된다(7a절). 이러한 생략은 이사야 1:24에 있는 저주 신탁 가운데서 단 한 번만 나타난다. 7bα절에 있는 "요약 평가" 형식(Holladay, 2:167은 B. Childs에 의해 사용된 이 용어를 이용하고 있음)은 결국 야곱이 고난당하는 자라고 밝힌다. 이러한 순서는 통상적인 저주-신탁 형태를 역으로 한 것인데, 장례 애가 "슬프다[죽은 자의 이름]"에 그 뿌리를 두고 있다(예를 들어, 왕상 13:30; 렘 22:18). 즉 (1) "슬프다"(הוי – 호이), (2) 이름과/혹은 심판을 받는 자에 대한 묘사, 자주 분사형을 사용함, (3) 심판의 선언, 자주 죄악상 혹은 형벌을 드러내는 비웃는 수사학적 질문들의 말로 선포됨(합 2:6은 이러한 질문들을 조롱과 속담이라고 부른다). 여러 성전(聖戰) 모티프가 이 앞뒤가 뒤바뀐 저주 신탁 가운데 나타난다. 공포, 두려움, 불안(5절), 여인들과 같이 된 용사들(6절), "그 날"에 대한 예견(7절).

두 개의 구원 신탁(8-9절과 10-11절)은 야곱이 어떻게 이러한 고통으로부터 구원받게 될 것인지를 묘사한다. 이러한 약속의 내용들은 고통의 시간이 이방 세력에 의한 흩어짐(10-11절)과 예속(8-9절)을 포함한다는 사실을 암시한다. 전쟁에서 패배한 날에 있었던 무기력해진 용사들의 공포와 두려움은 여기서 포로의 경험을 나타낸다.

많은 해석가들은 8-9절을 5-7절과 10-11절의 연속성을 파괴하는 후대의 삽입으로 30-31장의 형성 단계에서 초기 단계에 형성된 것으로 취급한다(예를 들어, Rudolph, 190; Carroll, 575; Holladay, 2:173). 문학적으로 그리고 주제별로 이 구절들은 이것들의 직접적인 문맥을 차단하는 일을 하지만, 사실은 본서의 정경 형성에 중요한 역할을 한다. 첫째로, 이 구절들은 이방 통치자 아래서 다윗 계열의 왕이 없었을 때 이스라엘 백성의 삶을 소개하고 있다. "그들의 왕 다윗"을 세우는 일은 미래에 있을 일이다(9절). 둘째로, 이 신탁은 30-31장의 내용을 27-29장과 연결시킨다. 27장에 주어진 명령과 같이 느부갓네살의 멍에에 복종한다는 것은 29:10에 따르면 제한된 기간이 될 것이다. 9절은 여호와께서 예전에 느부갓네살에게로 돌아갔던 다윗 계열의 통치권을 회복시키실 것임을 약속하고 있다. 8절은 28:2에 있는 하나냐의 거짓 예언과 유사하지만, 여기서는 청중이 다르다. 즉 "이방인들"을 섬기는 장소인 많은 열방 가운데 흩어진 하나님의 백성들이다(11절). 그럼에도 불구하고 그들은 여호와의 종으로 존재하고 있다(10절).

10-11절에 나타나는 구원-신탁 형태는 특별히 이사야서의 후반부에서 두드러져 있다. 이 신탁의 특징은 "두려워 말라"와 "낙심하지 말라"(10절)는 위로의 말씀을 위시하여 "내가 너를 구원하리라"(10절)와 "내가 너와 함께 하여…너를 구원하리라"(11절)는 실증, 그리고 "야곱이 돌아오고 안락을 누릴 것이라"(10절)는 결과가 포함되어 있다. 이 장르의 실례는 출애굽기 34:7, "형벌 받을 자는 결단코 면죄하지 않으리라"로부터 인용함으로써 결론지어진 경고로 변경되어 있다. 미래의 구원의 예고는 "온 열방"이 종말을 고하고 이스라엘은 교정을 받는 고통을 당하지만, 에스겔서에 있는 예언들, 곧 주전 586년 이후와 부합하여 살아 남는 것이다(예를 들어, 38-39장).

주석

5 이 시는 밝혀지지 않은 복수 주어, 합창의 일종으로부터 나온 기록으로 시작되는데, 섬뜩한 음성으로 말해진 것, 곧 그들이 들었던 말씀을 선포하고 있다. 할러데이는 여호와가 1인칭 복수형 동사의 주어라고 생각한다(2:171). 마텐스(Martens)는 백성들의 연설에 대한 인용이 31:17b-21과 에스겔 37:11-14에 있는 구원 신탁을 이끌고 있다고 말한다. 그들은 6절에 밝혀진 자기들의 자료를 보기 전에 음성을 듣는다. 부르짖음은 예레미야 4:31과 이사야 42:14에 있는 산고 이미지이지만, 성전(聖戰; 예를 들어, 신 2:25; 11:25; 삼상 14:15; 사 19:16; 렘 6:24-25)과 여호와의 날(사 2:10-17) 용어에 속하는 특별한 단어, 즉 "공포"(חרדה – 하라다), "두려움"(פחד – 파하드) 그리고 "평안함이 없음"(אין שׁלום – 에인 샬롬)이라

는 단어들이 쓰였다.

6 여호와께서는 외침을 들었던 사람들에게 그 자료를 "물으라", "보아라"고 요청하신다. 이 웅변적 질문은 여호와께서 6b-c절에서 보이시는 초자연적이고도 믿기 어려운 상황을 강조하고 있다. 물론 "남성"(창 1:26에서와 같은 자카르[זכר])이 아이를 낳을 수는 없다. 그럼에도 불구하고 "모든 남자들"(כל גבר – 콜 게베르, 남성다움을 강조하는 단어임)이 여인의 입장이 되어 그 얼굴이 창백해졌다(לְיֵרָקוֹן – 레야라콜). 이 단어는 구약성경의 다른 곳에서는 식물의 허약한 성장에 대해서만 사용된다(Holladay, 2:172). LXX과 Vg은 이것을 "황색이 된"으로 번역한다. 이것이 "창백한"을 가리키든 "병든"을 가리키든, 이 단어는 다윗이 보였던 "혈색이 좋은", 건강한 용모의 반대를 나타낸다(삼상 16:12). 출산에 대한 이러한 묘사는 힘과 산출보다는 저항력이 없고 두려워하는 경험을 보여 주고 있는데, 왜냐하면 수고의 고통이 경고 없이 다가오고 지체되거나 피할 수 없기 때문이다. 이것은 여인들처럼 된 용사들에 대한 저주의 한 실례다(사 19:16; 렘 50:37; 51:30).

보우작(B. Bozak)은 얄라드(ילד, "낳다")의 칼형(단순 능동형)이 "낳았다"를 의미할 수 있다는 사실을 주시한다. 그렇다면 이 웅변적 질문에는 이 동사가 이해되는 방식에 따라서 "아니"와 "그래"라는 두 가지 대답이 들어 있게 된다. 그녀(보우작)는 이 재담이 3절에 있는 회복의 약속과 5절에 있는 공포가 긴장 가운데 있는 것이라고 주장한다(*Life 'Anew'*, 36-37). 그렇다면 6절을 다음과 같이 이해할 수 있다. 한 남자가 아이를 낳을 수 있겠는가? 그렇다, 물론 그는 낳을 수 있고, 그것은 백성의 생존에 근거한다. 그렇다면 왜 남성들이 여인들처럼 고통스러워 보이는가? 남자는 아이를 낳을 수 없다! 그들의 수고는 어리석은 것이고 쓸모가 없을 것이다.

캐롤(574)은 예레미야서의 다른 곳에서 이 이미지가 "여인이 구로하는 것과 같은"(4:31; 13:21; 49:24; 50:43) 고통 혹은 근심과 유사하다고 주장한다. 그러나 30:6에서 이 비유는 남자들의 상태와 용모가 내적인 모습이라기보다는 외적인 모양임을 묘사하고 있다. 캐롤은 삶의 정상적인 패턴의 도치 혹은 변형이 "초자연적인" 것이며, 그래서 이것은 주전 587/6년을 가리키는 것이 아니라 미래의 여호와의 날을 가리킨다고 결론짓는다. 이 구절의 어휘는 31:22과 관련되어 있다. 이 두 구절은 "남자"(גֶּבֶר – 께베르)란 단어를 사용한다. 게다가 예언 문서에서는 드문 두 개의 단어 "남성"(זָכָר – 자카르)과 "여성"(נְקֵבָה – 네퀘바)이 각각 30:6과 31:22에 나타난다. 캐롤(602-3)은 31:22에 있는 "새 일"이 그 땅에 다시 거민들이 거하도록 하기 위하여 여인들이 아이를 낳는 기능을 실제로 회복하는 것이라고 주장한다. 그러나 그는 30:6에 대한 이러한 해석의 암시를 계산하지 않는다. 남자들이 아이를 낳을 수는 없지만, 만일 남자들이 구로하여 자기들의 허리에 손을 올려놓고만 있다면 어린아이는 태어나지 않을 것이고 그 나라는 황폐해질 것이다. 7절에 있는 저주의 부르짖음은 적절한 반응이다(30:15과 비교하라. 거기서는 라헬이 자식이 없는 것으로 인하여 슬퍼하고 있다).

[7] 이 구절은 여호와의 날이 이 도치된 환난 신탁 가운데 들어 있음을 확증해 주고 있다("양식/구조/배경"을 보라). 그 날은 너무나 커서 그 어떤 날도 이 날과 비교될 수 없다. 마지막 문장 "그러나 그가 이에서 구하여 냄을 얻으리로다"에 나타나 있는 구원으로의 갑작스러운 전환은 훈련 차원의 교정과 징계가 야곱의 구원의 일부가 되어 있는 11절 끝 부분과 동일하다.

[8]-[9] "네 목에서 그 멍에를 꺾어 버리며"라는 약속은 앗수르의 유다에 대한 통치의 종말을 언급하고 있는 이사야 10:27에서도 발견된다. 그러나 이 문맥 속에서 멍에는 여호와께서 유다와 그 주변국들을 정복하라고 명하신 느부갓네살의 멍에다(27:12). 느부갓네살은 27:6에서처럼 여기서도 "내 종"이 아니다. 그는 하나님의 백성을 예속시켰던 "이방인"들 가운데 하나이며, 그래서 그 이름까지도 거론되고 있지 않다. 8절 끝에 있는 "다시"(עוד – 오드)는 이 약속을 27장에 있는 느부갓네살에게 복종하라는 명령과 그 후에 유다의 정복의 순서에 따라 조절하고 있다. 이와 분리되어, 깨어진 멍에에 대한 약속은 28:2에 있는 하나냐의 거짓 예언과 똑같이 들렸을 것이다. 그러나 이 문맥은 이 구원의 약속이 야곱이 포로로 끌려간 다음에(10절) 그리고 열방의 또 다른 행위 다음에(11절) 온다는 사실을 암시하고 있다. 8절은 이스라엘 백성에 대한 이방 통치의 종결(참조. 11절)을 약속하고 있으며, 그리하여 그들이 자유를 얻어 여호와를 섬기며 하나님이 세우신 왕을 섬길 것이라고 말하고 있다. 여기에 출애굽에 대한 미묘한 암시가 나타나 있는데, 그 때는 여호와께서 이스라엘을 종으로 삼고 있었던 바로에게 "내 백성을 보내라 그들이 광야에서 나를 섬길 것이니라"(출 7:16)고 명하셨다. 다윗을 그들의 왕으로 세우시는 일(23:5에서처럼 쿰〈קום〉의 히필형)이 심판의 역전을 완성한다(27:7, 12; 참조. 렘 33:26).

[10] 이러한 구원에 대한 확신이라는 상투적인 어투는 5-7절에 묘사된 근심과 공포를 소개한다. 8절은 이 공포의 원인을 야곱/이스라엘을 종으로 삼았던 "이방인"으로 밝히고 있다. 그들을 구원하여 본국으로 돌아오게 한 후에 여호와께서는 다시는 그들을 두렵게 하지 못하도록 하실 것이다. 그 후의 세대가 이 약속에 포함되어

있다.

11 노예 상태라는 멍에를 부서뜨리고(8절), 먼 나라의 포로가 된 상태에서 백성을 구출하기 위하여(10절), 그리고 그들이 다시는 괴롭힘을 받지 않고 살 수 있도록 보증하기 위하여(10c절), 여호와께서는 그들이 흩어져 있던 모든 열방을 멸할 것을 약속하신다. 그러므로 흩어진 영역은 바벨론 지역보다 더 광범위하다. 백성들의 안녕은 더 이상 29:7에서처럼 그들의 포로지의 가정의 안녕에 매이지 않을 것이며, 그들은 이전에 애굽에 내린 재앙에서 제외되었던 것처럼 이 열방에 내린 멸망으로부터 제외될 것이다.

"그러나 너는 진멸하지 아니하리라"는 예레미야서의 다른 곳, 즉 4:27; 5:10, 18에 있는 심판 신탁들 가운데 나타난다. 이것은 단순한 생존에 대한 언급인데, 이것이 이 문맥 속에서 구원 약속으로 발전되지는 않았다. 30:11에서만 심판을 피한 자들이 어떻게 자기들의 생존을 해석할 것인지에 대한 약간의 암시를 제공한다. 그들이 심판을 받아 고통당한 일은 왜곡된 생활의 결과로 말미암아 나타난 "단체 기압"(מוסר – 무싸르)이다. "정당한 수단으로"(למשפט – 레미슈파트) 행해진 교정은 10:24에 있는 "진노로"와 대조된다. 후자는 사람에게 완전한 멸망을 가져다 주지만, 전자를 통해 암시된 제재는 살 기회를 제공해 준다. 30:11의 전치사는 10:24의 것과는 다른 것, 즉 베(ב)가 아닌 레(ל)이며, 명사는 "정당한 표준에 따라"라는 의미를 제공하는 한정적 명사다. 만일 교정이 실패한다면, 2:30; 5:3; 7:28; 15:7; 31:18; 32:33에 있는 바와 같이 심판이 따라온다. 출애굽기 34:7로부터 나온 인용문은 죄에 대한 형벌의 필요성을 전달하고 있으며, 반면에 독자로 하여금 "자비롭고 은혜롭고…, 악과 과실과 죄를 용서하시는 하나님"을 말하고 있는 34:6-7에 관해서 생각해 보도록 유도하고 있다.

해설

이 시의 독자는 포로가 되어 있는 하나님의 백성 이스라엘과 유다의 상태를 묘사하고 있는 두 그림을 마음에 떠올리게 된다. 첫 번째 장면에서, 그 나라의 용사들은 구로 중인 여인의 모습으로 무기력해져 있고, 공포심과 두려움으로 울부짖는다(5-7절). 두 번째 장면에서 하나님의 백성들은 이방인의 종이 되는 멍에 아래 굴복되어 있다(8-9절). 이 두 모습은 백성들 스스로 구원할 수 없는 상태를 묘사해 주고 있다. 출산 혹은 아기를 밀어내는 데 필요한 힘과 노력이 무기력과 굴욕의 장면에서는 아무 쓸모가 없다. 하나님의 말씀은 그들에게 이방인들을 통한 압제와 공갈로부터 그들을 풀어 줄 것과 주님의 임재 가운데 안전하게 살게 될 본국으로 귀환할 것을 약속해 준다. 그러나 거기서 그들의 삶은 가축을 목초지에 풀어 놓는 목가적 은둔 생활이 되지는 않을 것이다. 야곱은 주님을 섬기도록 구원받을 것이다. 그들이 외적인 위협과 괴롭힘으로부터 구원받을지라도, 하나님의 백성들은 여전히 자신들의 죄로 인하여 위험에 처할 수 있다.

C. 고칠 수 없는 상처의 치료(30:12-17[LXX 37:12-17])

참고문헌

Brueggemann, W. "The 'Uncared For' Now Cared For(Jer 30:12-17): A Methodological Consideration." *JBL* 104(1985) 419-28. **Dahood, M.** "The Word-Pair *ʾakal//kalah* in Jeremiah xxx 16." *VT* 27(1977) 482. **Gerlach, M.** "Zur chronologischen Struktur von Jer 30,12-17: Reflexion auf die involvierten grammatischen Ebenen." *BN* 33(1986) 34-52.

본 문

12 나 여호와가 말하노라 네 상처는 고칠 수 없고 네 창상은 중하도다
13 네 송사를 변호할 자가 없고 네 상처를 싸맬 약이 없도다

12 For thus says the Lord: [a]"Incurable is your [f sg] shatteredness;[ba] 2+2 debilitating is your wound.
13 There is no one [a]judging your case[a] concerning a running sore.[b] 3+4 There is no healing[c] of new flesh for you.

14 너를 사랑하던 자가 다 너를 잊고 찾지 아니하니 이는 네 허물이 크고 네 죄가 수다함을 인하여 내가 대적의 상하게 하는 그것으로 너를 상하게 하며 잔학한 자의 징계하는 그것으로 너를 징계함이어늘

14 All your lovers have forgotten you. 2+3 They will not take care of you. Indeed, with an enemy's blow I have struck you, 2+3 with a cruel one's[a] discipline, [b]Because of the abundance of your iniquity, 3+2 (Because)[c] your sins are so numerous.[b]

15 어찌하여 네 상처를 인하여 부르짖느뇨 네 고통이 낫지 못하리라 네 죄악의 큼과 죄의 수다함을 인하여 내가 네게 이 일을 행하였느니라

15 Why do you[a] [m sg] cry out about your [f sg] shatteredness? 2+2 An incurable wound[b] is your anguish. Because of the abundance of your iniquity, 3+2+3(because) your sins are so numerous, I have done[c] these things to you.

16 그러나 무릇 너를 먹는 자는 먹히며 무릇 너를 치는 자는 다 포로가 되며 너를 탈취하는 자는 탈취를 당하며 무릇 너를 약탈하는 자는 내가 그로 약탈을 당하게 하리라

16 [a]Therefore all[a] the ones eating you will be eaten, 3+4+3+3 and all your adversaries, [b]all of them,[c] shall go into captivity;[b] and all your plunderers[d] shall become plunder, and all your despoilers I will make spoil.

17 나 여호와가 말하노라 그들이 쫓겨난 자라 하며 찾는 자가 없는 시온이라 한즉 내가 너를 치료하여 네 상처를 낫게 하리라

17 [a]For I will bring healing over you, 4+2 and from your wounds[b] I will heal you −oracle of the Lord −For they have called you "Banished: 4+2+3 She is Zion;[c] no one cares for her."

원문주해

12.a-a. LXX에서는 아네스테사 쉰트림마(*ἀέστησα σὑντριμμα*, "내가 멸망케 했다")이다.

12.b. MT에서는 레쉬브레크(לשברך)이다. *BHS*는 자음들을 ברך לך("너희의 상함이 너희를 위함이다")로 재배열할 것을 제안한다. MT에 있는 접두어 레(ל)는 강조어일 가능성이 매우 크다.

13.a-a. 혼합된 비유는 *BHS*의 제안을 불러일으키며 여러 주석가들로 하여금 리쿠킴(רִכֻּכִים, "진정, 완화")으로 읽도록 자극한다(참조. 사 1:6). 캐롤과 NRSV는 이 구절을 세 개의 시구로 재배치한다. "주석"을 보라.

13.b. *BHS*는 정관사를 붙일 것을 권하지만 변경시킬 만한 본문상의 증거가 없다.

13.c. *BHS*는 레푸오트(רפאות, "고침")를 테알라(תעלה, "새 피부")에 대한 하나의 주석으로 지칭한다. "고침"은 상처에서 자라나는 새로운 조직이다(Carroll, 580).

14.a. *BHS*는 절대형으로 읽을 것을 제안한다(מוּסָר−무싸르, "훈련"). 그러나 MT은 앞의 시구에 있는 "대적의 상하게 하는"과 평행을 이루도록 하고 있다.

14.b-b. *BHS*는 이것을 15b절로부터 나온 첨가물로 지칭한다. 이러한 심판은 반복을 제거하려는 바람에 기초하고 있다.

14.c. "왜냐하면"은 생략법을 채워 넣은 것이다.

15.a. 이 구절은 LXX에는 완전히 빠져 있거나 혹은 15b절이 16절의 중간 부분에 나타나 있다.

15.b. *BHS*는 키(כי, "왜냐하면, 이는")가 중자탈락의 결과로 소실되었다고 주장한다.

15.c. LXX^{OL}은 4:18에서처럼 3인칭 복수를 가지고 있다.

16.a-a. *BHS*는 라켄(לכן, "그러므로")이 문맥에 어울리지 않으므로 웨콜(וכל, "그리고 …의 모두")로 수정하기를 제안한다(Carroll, 581). 라켄(לכן)은 15절에 있는 라크

(לך)와 중복오사로 인하여 야기되었을 수 있다(*BHS*가 그러하다).

16.b-b. LXX에서는 크레아스 아우톤 판 에돈타이(*κρέας αὐτῶ πᾶν ἔδονται*, יאכלום כלה בשׂרם, "모두가 자신의 살을 먹어야 할 것이다")이다.

16.c. 할러대이(Holladay)는 쿨람(כֻּלָּם, "그들 모두")을 *VT* 27(1977) 482에 있는 더후드(Dahood)를 따라 콜림(כֹּלִם, "소모되다")으로 발음한다. 이 단어가 LXX의 한 필사본, Syr, Vg에는 누락되어 있다.

16.d. Q는 샤싸쓰(שׁסס, "약탈하다")란 어근으로부터 나온 세씨카(שֹׁסַיִךְ, "너의 약탈자들")로 읽는다.

17.a. 본문의 지지를 받지 못하는 *BHS*는 17b절이 계속하여 16절에 있는 대적들에 대해 묘사하고 있으므로 17a절을 17b절 뒤로 옮기도록 제안한다.

17.b. LXX은 아포 플레게스 오뒤네라스(*ἀπὸ πληγῆς ὀδυνηρᾶς*, "너의 쓰라린 상처로부터")를 가지고 있다.

17.c. LXX은 데류마 휘몬(*θήρευμα ὑμῶν*, "우리의 먹이")을 가지고 있는데, 이것은 히브리어 체데누(צֵדֵנוּ, "우리의 먹이")를 암시한다. MT에 있는 "시온"은 구약 전승 내에서 보다 자세하게 수신자들을 밝히고 있다.

양식/구조/배경

이 시는 시온으로 의인화되어 있는 백성들을 위한 하나님의 치료 형태로 되어 있는 구원을 선언하고 있다. 화자는 시종 여호와이시며, 수신자는 2인칭 여성 단수다. 17절은 그 여인을 시온으로 밝히고 있다. 그러나 이 단위의 시작은 백성의 절망적 상태를 묘사하고 있으며(12-14a절) 그 이유를 밝히고 있다(14b-15절). 구원 약속은 대적의 멸망(16절)과 시온의 치유(17a절)를 포함하고 있다. 이어지는 신탁 공식 문구(נאם יהוה – 네움 야웨, "여호와의 신탁"), 즉 시온에 대한 대적의 비웃음에 관한 기록(17c절)은 치료하시는 주님의 약속을 설명하는 기능을 한다.

이 시의 어휘, 모티프, 순서는 애가 시 형태를 반영한다. 파괴, 상처, 고통, 버려짐, 대적들 그리고 비웃음, 이 모두가 애가를 토로하는 자의 불평에 적합한 특징들이다. 그렇지만 이 단락 가운데서 고통을 묘사하는 자는 인간 희생자가 아닌 주님이시다. 이 음조의 변화는 14-15절에서 계속되는데, 이 곳에서 주님께서는 "내가 네게 이 일을 행하였느니라"고 인정하신다. 애가 시들은 가끔 15:17-18에 있는 예레미야의 고백처럼 고통의 원천이 되는 것을 가지고 여호와께 도전한다(예를 들어, 시 44:10-15, 23[개역. 9-14, 22]; 60:5[개역. 3]). 여기서 도전의 진리가 인정된다. 대적이 입힌 상처는 백성들의 죄로 말미암아 여호와께로부터 왔다. 소수의 애가

시들은 죄에 대한 시편 기자의 고백을 포함한다(시 32, 38, 41, 51, 102, 130, 143편). 시편 38:4[개역. 3]; 41:4은 건강의 상실과 죄를 연결짓는다. 예레미야 30:15에 따르면, 백성들이 탄식하는(צעק - 차아크, "부르짖다") 멸망의 원인은 그들의 큰 악함과 죄다.

16절 초두의 라켄(לכן, "그러므로")이란 단어는 전형적으로 판결에 뒤따라오는 심판 선언의 시작을 표시한다. 그러나 이 구절에서 이 단어는 암시적으로 시온의 구원의 수단이 되는 대적에 대한 심판을 이끌고 있다. 16-17절에 있는 구원 선포는 대적들을 제거하고(16절) 상처들을 고침(17a절)으로써 구슬픈 탄원에 대한 두 개의 범주의 응답을 약속한다. 결과적으로 17c절에 인용된 자들처럼 더 이상 비웃음을 당하지 않을 것이다. 시편 기자의 불평에 응답하여 주어진 신탁들은 많은 시 가운데 암시되어 있지만, 이것이 본문에는 드물게 포함되어 있다(예를 들어, 시 12편).

이 시가에 대한 오늘날의 분석은 전형적으로 초기 혹은 원래의 부분(12-15절)과 후대의 첨가(16-17절)로 나눈다. 예를 들어, 할러대이(Holladay)는 12-15절의 배경을 주전 615-609년 시기에 있었던 북왕국의 생존자들을 향한 예레미야의 설교에 두고 있으며(2:158), 또한 16-17절을 예루살렘 멸망 직전에 준비된 훨씬 후대의 유대인 판으로 돌린다(2:160). 현재의 형태로 되어 있는 이 시의 통일성을 이루는 문학적 특징들은 이 단위가 한 단계에 작성되었는가 아니면 두 단계나 그 이상의 단계에 걸쳐서 작성되었는가에 대해서 그 자체로는 확증해 주지 않는다. 이미지는 바벨론 정복으로부터 나타난 유다와 예루살렘의 상태와 어울리지만, 개인 애가 장르의 전형적인 모티프들 가운데 들어 있는 이 개인적 암시들은 이 시가를 주전 6세기로부터 오랜 후의 독자들에게 거리낌없이 전달된다.

이 시가의 다른 부분에서 반복된 말씀은 단일화된 구조 내에서 고리들을 이룬다. 병든 상처(12절)는 여호와의 손으로부터 온 것이지만(14절), 여호와께서는 그들의 상처를 고쳐 주실 것이다(17절). 그 어떤 치료(13절)도 그러한 치료로 대치되지 않을 것이다(17절). 백성들이 이전에 사랑하던 자들은 그들을 찾거나 돌보지 않지만, 대적들이 그들의 버려짐을 가지고 그들을 비웃을 때("찾는 자가 없는," 17c절) 여호와께서 그 비웃는 자들을 대항하여 행동을 취하실 것이다(16절). 이 구조는 위에서 논의된 신학적 논리에 상응하며, 예레미야서의 정경 형성과 조화된다. 예레미야 1:10에 따르면, 예레미야의 사역은 "뽑으며 파괴하며…건설하며 심게" 하는 것이었다. 30:12-17에 있는 상처와 치료는 유사한 한 쌍을 이루고 있다. 더 나아가 50-51

장에서 바벨론의 멸망은 17절에 약속된 바와 같이 그들이 이스라엘, 유다 그리고 예루살렘에 행했던 일에 근거한다.

이 단위는 대적들의 비웃음의 인용과 함께 끝나는데, 이것은 포로지에서의 백성들의 위치를 상기시킴으로써 그 다음 단락을 위해 준비하는 역할을 한다. 30:18-21:1은 회복과 예루살렘 재건에 대한 약속과 함께 시작된다.

주석

12 이 구절은 심판 예언의 어투와 애가의 어휘로 뒤섞여 있다. "상처, 부서짐"(שֶׁבֶר – 쉐베르)이란 명사는 자주 대적에 의한 한 나라의 멸망(예를 들어, 나 3:19; 렘 48:3; 50:22) 혹은 하나님에 의한 악인의 멸망을 의미한다(예를 들어, 사 1:28; 65:14). 예레미야 4:2과 6:1은 북으로부터 오는 대적들에 의해서 이루어질 멸망을 묘사하기 위하여 이 단어를 사용한다. 하나님의 백성의 이러한 멸망이 눈물을 흘리고 슬퍼하는 이유다(렘 8:21; 14:17; 참조. 애 2:11, 13; 3:19, 48에서처럼). 그러므로 예레미야서 문맥에서 "상처"(שֶׁבֶר – 쉐베르)란 용어는 직접적으로 백성의 깨어진 상태를 그들이 바벨론인들의 손에서 고통을 당했던 하나님의 심판의 결과로 밝히고 있는 것이다. 이 구절은, 예레미야의 고백으로부터 나온 "치명적인, 고칠 수 없는"(אָנוּשׁ – 에노쉬)이란 용어만을 덧붙이면서 "슬프다 내 상처여 내가 중상을 당하였도다"라고 말하고 있는 10:19a에 나오는 모친 시온의 애가를 반영하고 있다(15:18; 17:16). 1인칭에서 2인칭으로 바뀌는 음성의 두드러진 전환은 백성들을 대신하여 애가를 읊고 있는 여호와의 말씀으로 말미암은 것이다. 12-15절은 고통과 불평 특유의 묘사다. 이 구절들은 다가올 징벌이 아닌 현존하는 상황들을 묘사하고 있다.

13 이 구절 가운데 혼합되어 있는 비유는 본문을 재배치하거나 혹은 수정하도록 여러 가지 제안을 불러일으켜 왔다. "네 송사를 변호할"(13a절)은 언뜻 보면 치료하지 않을 하나의 쓰라림과는 아무런 관계가 없는 것처럼 보인다. 그래서 루돌프(175)는 이 문구를 이사야 1:6에서처럼 "유하게 함"(רִכְּכוּ – 리부킴)으로 대치한다. 캐롤(580)과 NRSV는 맛소라 악센트를 제쳐두고 이 구절을 세 개의 시구로 나눈다.

"너의 송사를 판단할 자 없다.
네 드러난 상처를 치료할 약(을 너는 가지고 있지 않다).

너는 새 피부를 가지고 있지 않다.

(다른 곳에서는 유일하게 렘 46:11에서 "의약"〈רפאות – 레푸오트〉과 "새 피부"〈תעלה – 테알라〉가 연속적인 시구에서 나타난다). 이러한 재배치는 최소한 분리된 문장과 상충되는 이미지들을 지정한다(비유가 다시 14절에서 전환되고 있음을 유념하라). 그러나 보우작은 그 긴장 가운데서 생각하도록 하는 자극과 증가된 이해를 찾아내면서 혼합된 은유를 좋아한다(*Life 'Anew'*, 49-50). 그녀는 법정 이미지가 나타나 있는 것은 그것이 영적인 것임을 암시하는 것이라고 결론짓는다.

재판할 사람이 없다는 것은 그들을 변호해 줄 누군가를 필요로 하는 고난당하는 자들의 애가와 감사 모티프의 한 형태로 이해될 수도 있었다(예를 들어, 시 9:5, 9[개역. 4, 8]; 54:3[개역. 1]). 레위기 24:20에 있는 동등처벌법에 따르면, "창상"(שׁבר – 샤바르, 12절)에 대한 형벌은 "창상"이었다(30:16과 비교하라). 상처받은 자는 치료와 더불어 공의를 필요로 했다. 13절의 어원이 같은 직접목적격 문장은 다른 곳에서 단 두 번 나타나는데 모두 예레미야서에서만 나타난다(5:28에서 고아에 관하여, 그리고 22:16에서 가난한 자와 궁핍한 자에 관하여). 예레미야 22:16은 요시야를 묘사하고 있으며, 따라서 30:13은 21절에 약속된 자처럼 공의로운 왕 혹은 통치자의 부재를 암시할 수 있다. 그러나 또 다른 차원에서 그 어떤 통치자도 시온을 상하게 하셨던 분인 여호와를 상대로 한 송사에서 재판할 권한을 가지지 못했기 때문에 그러한 통치자가 없는 것이다(14-15절).

치료하지 않는 상처의 진료 사항들(13a절)은 그것을 덮고 싸맬 새 피부가 없다는 사실을 포함한다(13b절).

14 이 구절도 예언의 어휘와 애가의 어투를 결합시키고 있다. "사랑하던 자들"은 이방 동맹국들을 의미한다. 에브라임이 도움을 얻기 위하여 앗수르와 그 왕에게로 사자를 보냈으나 그가 자기들의 "상처"(מזור – 마조르)를 치료할 수 없었다는 사실을 말하고 있는 호세아 5:13에 대한 사고가, 13절에 있는 치료 이미지와의 관계를 형성했을 수 있다(호 5:13과 렘 30:13은 구약성경에 이 단어가 나타나는 유일한 곳이다). "사랑하던 자들"로 언급된 특별한 열국은 27:3에 열거된 나라들일 수 있거나 예루살렘의 최종적인 포위 공격을 일시적으로 중단케 했던 애굽인들(37:5)이거나, 혹은 구약성경에 언급되어 있지 않은 다른 어떤 동맹국일 수 있다. 에스겔 23:5, 9에서 "사랑하던 자들"은 앗수르인들이기도 하지만, 호세아서와 에스겔서의 다른 곳에서 이 단어는 이방 신들을 가리킨다. 이스라엘의 "사랑하던 자들"은 호세

아 2:9a(개역. 7절 상반절)에 따르면 이스라엘을 버릴 것이고, 예레미야 30:14에서 그들은 이스라엘을 잊었다. 마지막 시구는 시편 142:5(개역. 4절)에서 1인칭에서 2인칭으로 불평의 어조가 전환된다. 즉 "너를 돌아보는 자도 없도다". "돌아보다"(דרשׁ – 다라쉬)는 잃은 자를 찾는 것을 포함하여 아픈 자를 돌본다는 의미를 가지고 있다(Brueggemann, *JBL* 104[1985] 421).

"사랑하던 자들"은 이스라엘을 버렸지만, 여호와께서는 이스라엘을 공격하셨다. 대적의 공격은 예레미야 15:9; 19:7; 20:4; 44:30에 있는 것처럼 제거하려는 의도를 가지고 있다(애 2:5의 "원수같이" 여호와께서 백성들을 멸망시키셨다는 표현과, 사 63:10에서 하나님께서 "그들의 대적이 되사"라는 표현은 렘 30:14에 있는 비유보다 한 걸음 더 나아간다). 다른 한편, "징계"(מוסר – 무싸르)는 이스라엘로 하여금 멸망을 피할 수 있도록 교정하고 훈련한다는 것을 의미한다(렘 2:30a; 5:3; 7:28; 17:23). 그러나 이러한 교정은 잔인한 사람(אכזרי – 아크자리)에 의하여 시행되는 것인데, 예레미야 6:23; 50:42에서는 원수 군사들을 지칭하는 단어다. 게다가 순서가 바뀐 것처럼 보이는데, 왜냐하면 치명적인 공격을 가한 백성들이 더 이상 훈련을 필요로 하지 않기 때문이다. 보우작(*Life 'Anew'*)은 14b절이 불평의 어조를 더욱 예리하게 만드는 "대적"과 "잔인한 자"라는 단어들과 함께 자기들의 고통의 원인에 대한 이해를 인용하고 있다고 주장한다. 이러한 견해의 의미는 여호와께서 그것을 1인칭으로 진술함으로써 그러한 도전을 받아들이시고 있다는 것이다. 그러나 거기에는 제1원인(prior cause)이 포함되어 있는데, 곧 백성들의 죄악과 죄다(14c절).

15 "어찌하여"란 질문은 애가의 전형적인 특징이다. 여기서는 다른 단어가 사용되었으며(라마[למה]나 혹은 마두아[מדוע]와 반대되는 마[מה]), 더 중요한 것은 여호와께서 수신자 편이 아니라 질문하는 자 편이시라는 것이다. 여호와께서는 백성들이 고통 중에 부르짖는 소리(זעק – 자아크)를 들으시고 그들의 호소를 명확하게 말씀하셨다. "부르짖음"(זעק – 자아크)은 자주 이스라엘의 과거 역사에서 구원에 앞서 있었으며(예를 들어, 시 107:13, 19), 또한 이것은 애가의 절차의 일부분이지만(시 142:2, 6[개역. 1, 5]) 여호와께서 그것을 듣지 않기로 결정하셨다(렘 11:11-12). "어찌하여"란 질문은 치료될 수 없는 상처에 대한 부르짖음(11:11에 비추어)이라는 헛수고를 의미하는가? 브루그만(Brueggemann)은 이러한 해석을 받아들이고 있는데(*JBL* 104[1985] 422), 이는 이 의문을 나타내는 불변화사의 통상적인 개념과 일치한다는 것이다. "어찌하여"(מה – 마)는 요청 받은 일을 하지 않는 것을

의미하는 불승인의 의미를 가진다. 출애굽기 14:15도 역시 "어찌하여…부르짖느뇨?"라고 묻고 있는데, 이는 그 부르짖음이 쓸모 없으며 다만 여호와께서 이미 그들을 구원하기로 결정하시고 역사하고 계시기 때문이다. 이러한 암시는 암암리에 16-17절을 위한 길을 준비한다.

14c절로부터 나온 두 시구는 15b절에서 반복되며, 15절의 마지막 행은 "이 일"의 선례를 말하고 있는 14b절과 평행을 이루고 있다. 이 요소들은 그 중심부에 있는 질문들과 함께 교차적 구조를 이루고 있다. B요소 "네 죄악"은 신적 기원을 가진 "내가 네게 이 일을 행하였느니라"는 신적 기원을 말하고 있는 A요소로 둘러싸여 있다.

14내가 대적의 상하게 하는 그것으로 너를 상하게 하며	A
잔학한 자의 징계하는 그것으로 너를 징계함이어늘	
네 죄악의 큼과	B
죄의 수다함을 인하여	
15어찌하여 네 상처를 인하여 부르짖느뇨	C
네 고통이 낫지 못하리라	
네 죄악의 큼과	B′
죄의 수다함을 인하여	
내가 네게 이 일을 행하였느니라	A′

이 구조는 독자에게 멸망보다는 구원을 위하여 하나님의 주권과 자유를 택하도록 상기시켜 준다.

16 이 구절 초두에 있는 "그러므로"(לכן - 라켄)는 심판 묘사에 뒤따라오는 소망에 대한 선언을 이끌고 있다: 이사야 30:18; 예레미야 15:19; 16:14; 에스겔 36:2-7, 13-15; 37:11-12; 호세아 2:16; 미가 5:2(*JBL* 104[1985] 422). 15절 끝에 나오는 "내가 네게 이 일을 행하였느니라"는 여호와의 인정은 옹호에 대한 약속을 위한 기초다. 이스라엘을 훈련시키기 위하여 대적들을 사용하신 하나님께서는 이제 이스라엘의 상처를 위한 송사를 판단하실 것이고(13절), 이스라엘을 먹고, 대적이 되고, 약탈하고, 강탈하는 행위에 해당하는 벌을 그 대적들에게 내리실 것이다. 북으로부터 오는 대적은 5:17-18에서 그 나라에 있는 모든 식물, 짐승, 백성을 먹는 자들로 묘사되어 있다. 이러한 비유는 메뚜기 재앙 이미지로부터 나온 것으로 보인다(예를 들어, 욜 1장).

17 치료가 옹호를 동반하고 있는데, 그 이유는 상처받은 자가 공의를 얻고, 건강

을 회복하게 되며, 사죄를 받기 때문이다(참조. 시 41:5[개역. 4]). 대적들의 비웃음은 전형적으로 애가를 부르는 자의 고통의 한 면이다. 예레미야는 18:19에서 "나로 더불어 다투는 그들의 목소리를 들어보옵소서"라고 기도하고 있으며, 탄식 시들은 시편 35:24-26에서처럼 "우리가 저를 삼켰다"라고 말하면서 자축하고 있는 대적들을 잠잠케 해 달라고 여호와께 기도한다. 그러한 비웃음을 듣는다는 것은 이스라엘을 치료하고 옹호하고자 하시는 하나님의 결정에 자극을 주기는 하지만(17a절의 "이는"〈כִּי, 키〉), 대적들은 하나님께서 이미 "너를 사랑하던 자가 다 너를 잊고 찾지 아니하니"(14절)라고 말씀하신 그것을 말하고 있다. 이 구절에서 고통으로부터 구원으로의 전환은 탄식시에서처럼 극적이다. 17b절에 있는 동기에 대한 간략한 설명은 하나님께서 궁핍한 자의 기도를 들으셨고 고통을 받는 남녀의 고통으로 말미암아 마음이 동하셨다는 사실을 암시한다. 하나님께서는 백성이 부르짖을 때 들으시며(15절), 그들의 대적들이 그들을 조롱할 때(17절) 들으시고 하나의 약속을 주면서 반응해 주신다.

해설

이 구절들에서 여호와께서는 소망이 없는 상황 가운데서 치명상을 당하고 도움을 받기를 바랐던 친구들과 동맹국들에게 버림을 당한 백성들에게 말씀하신다. 하나님의 말씀은 하나님 자신의 행위의 말로 주시는 역설적인 해설과 희망의 메시지를 담고 있다. 그들의 많은 죄들이 궁극적으로는 주님으로부터 내려오는 징계의 치심과 비참한 상처로 나타났다. 이 고난은 시온이 버림받음으로써 그 시온을 비웃는 인간 대적들의 손길을 통해서도 왔다. 이에 반응하여 여호와께서는 자비롭게 행하여 대적들이 시온을 취급했던 그 방식으로 대적들을 취급하고 시온의 치유할 수 없는 상처들을 치료할 것이라고 약속하신다. 이 시가는 이 역설을 해결하기 위하여 명확한 설명을 제공하지 않는다. 더 큰 문맥은 백성들의 반응을 언급하며(31:19), 여호와의 사죄를(31:34) 회복의 근거로 말한다. 대적들의 비웃음의 절정의 위치는 에스겔 36:22-32에서 발견되는 논증을 암시하는데, 거기서 여호와께서는 이스라엘을 구원하고 새롭게 하심으로써 여호와의 이름이 열방 중에서 거룩히 여김을 받으실 것이라고 되어 있다. 여호와께로부터 온 이 말씀을 이해하는 가장 바람직한 준비는, 사람이 여호와의 놀라운 은혜와 자비를 받아들일 줄 알게 되는 애가라는 영적 훈련으로 훈련받는 것이다.

D. 언약 공동체의 회복(30:18-31:1[LXX 37:18-38:1])

참고문헌

Kselman, J. S. "rb//kbd: A New Hebrew-Akkadian Formulaic Pair." *VT* 29(1979) 110-13. **Trible, P.** "The Journey of a Metaphor." In *God and the Rhetoric of Sexuality.* Philadelphia: Fortress, 1978. 31-59.

또한 30:1-31:40의 참고문헌을 보라.

본 문

18 나 여호와가 말하노라 보라 내가 포로 된 야곱의 장막들을 돌이키고 그 거하는 곳들을 긍휼히 여길 것이라 그 성읍은 자기 산에 중건될 것이요 그 궁궐은 본래대로 거하는 곳이 될 것이며

18 Thus says the Lord: Behold, I am bringing about the restoration of the tents[a] of Jacob, 4+2 [b]and on his dwellings[b] I will have compassion. City shall be rebuilt on its mound 3+3 and citadel shall occupy its rightful site.

19 감사하는 소리와 즐거워하는 자의 목소리가 그 중에서 나오리라 내가 그들을 번성케 하리니 쇠잔치 아니하겠고 내가 그들을 영화롭게 하리니 비천하지 아니하겠으며

19 A thank offering shall come forth [a]from them[a] 3+2 and a sound[b] of merrymakers. I will multiply them, and they shall not decrease. 3+3 [c]I will make them imposing and they shall not be insignificant.[c]

20 그 자손은 여전하겠고 그 회중은 내 앞에 굳게 설 것이며 무릇 그를 압박하는 자는 내가 다 벌하리라

20 His children[a] shall be as of old, 3+3+3 and his congregation shall be established before me. [c]I will punish all[b] his oppressors.[c]

21 그 왕은 그 본족에게서 날 것이요 그 통치자는 그들 중에서 나올 것이며 내가 그를 가까이 오게 하므로 그가 내게 접근하리라 그렇지 않고 담대히 내게 접근할 자가 누구뇨 여호와의 말이니라

21 [a]His noble one shall be from him,[a] 3+3+3 and his ruler shall come forth from his midst. [b]I will bring him near, and he shall approach me.[b] [c]For who is he who would give his heart in pledge to approach me? oracle of the Lord.[c]

22 너희는 내 백성이 되겠고 나는 너희 하나님이 되리라

22 [a]You shall be my people, 3+4 and I will be your God.

23 보라 여호와의 노가 발하여 폭풍과 회리바람처럼 악인의 머리를 칠 것이라

23 [a]Behold, the storm of the Lord! 3+2+2+4 Wrath[b] has gone forth, a sweeping[c] tempest. It will burst on the head of the wicked.

24 나 여호와의 진노는 내 마음의 뜻한 바를 행

24 But the blazing[a] anger of the Lord will not

하여 이루기까지는 쉬지 아니하나니 너희가 말일에 그것을 깨달으리라	turn back 4+4 until he has executed and accomplished the purposes of his heart. In the latter days you shall understand it.[b]
31:1 나 여호와가 말하노라 그 때에 내가 이스라엘 모든 가족의 하나님이 되고 그들은 내 백성이 되리라	**31:1** At that time—oracle of the Lord—I will be God[a] of all[b] the families of[a] Israel and they shall be my people.

원문주해

18.a. 이것은 LXX에는 없지만 MT에는 있는데, 이는 그 다음 시구에 있는 "거처"와 평행을 이루기 때문이며, 여기서 LXX은 "갇힌 자들"을 가지고 있다.

18.b-b. LXX은 카이 아이크말로시안 아우투(*καὶ αἰχμαλωσίαν αὐτοῦ*, "그리고 그의 갇힌 자들에 대해서는")를 가지고 있다. LXX은 MT에서 발견된 환유(換喩)를 사용하는 대신 백성을 직접적으로 가리킨다.

19.a-a. 할러대이(Holladay)는 동사의 성(남성)이 주어(여성)와 일치하지 않는 사실을 주시하고(2:151, 177), 이 분사형을 동사의 주어로 만들면서 마헴(מהם, "그들로부터")을 마보(מבא, "가져오는 자")로 수정한다. MT은 18절의 환유를 계속 사용하고 있으며, 여성 단수 주어들을 가지고 있는 남성 단수 동사들은 구약성경에서 MT이 유지되기에 충분할 정도로 일반적이다.

19.b. 할러대이(2:177)는 사 8:23[개역. 9:1]에서 콸랄(קלל, "모독을 당하게 하다")과 카바드(כבד, "영광스럽게 하다")를 인용하면서 콸랄(קלל, "보잘것없게 되다")로부터 나온 콜(קול, "경솔")로 읽는다. 그러나 콜(קול, "소리, 음성")에 대한 통상적인 이해가 33:10-11에 나오는 이와 유사한 약속과 더 일치한다.

19.c-c. LXX에는 없다. 이 두 개의 긴밀하게 평행을 이루고 있는 시구들은 합성된 것으로 보이지만, 그것들의 형태는 본서에 있는 이와 유사한 짝들과 일치한다(예를 들어, 5:21b, 22b).

20.a. LXX은 땅이나 혹은 성전에 들어가는 것을 암시하는 에이셀류손타이(*εἰσελεύσονται*, "들어갈 것이다")다.

20.b. LXX에는 없다. 얀젠(Janzen, 66)은 이를 생략한다. MT은 전형적으로 부가적인 수식어들을 가지고 있다.

20.c-c. "압제자들"에 대한 평행적 단어가 없음을 보고 할러대이(2:178-79)는 "모두"가 없고 단수형 "압제자"를 가진 이 시구의 원본을 주장하는데, 이것은 21절의 첫 번째 시구와 평행이 되는 "내가 그의 압제자[즉 앗수르] 위에 (그를) 임명[파콰드, פקד]할 것이다"를 의미했다("원문주해" 21. a-a를 보라).

21.a-a. 폴츠(Volz)를 따르고 있는 할러대이(2:178-79)는 아디르(אדיר, "능한, 존귀

한 자")로부터 나온 대명사 접미사를 제거할 것을 제안한다. 그러므로 할러대이는 같은 문장의 두 가지 의미를 인정하고 있다. (1) "그리고 그(야곱)가 그(야곱의 압제자)보다 더 강해질 것이다"인데, 이는 20절의 마지막 시구와 평행을 이룬다. (2) "그리고 그의 방백은 그로부터 나올 것이다"인데, 이는 21절의 두 번째 시구와 평행을 이룬다.

21.b-b. LXX에서는 본 절의 나머지 부분이 한 통치자에게보다는 백성에게 적용되는데, 곧 "그리고 내가 그들을 모으고 그들은 내게로 돌아올 것이다…."

21.c-c. 폴츠(Volz)를 따르고 있는 할러대이(2:152)는 이 시구를 삭제하기를 제안하는데, 그 이유는 의문사가 문맥의 스타일에 맞지 않기 때문이다. 키(כי, "이는")는 31:1의 초두로 옮겨진다. 그러나 이 시의 스타일은 스타일의 근거에서만 이 시구의 생략을 정당화하기에는 옳지 못하다. 이것은 이 통치자의 하나님과의 관계에 대해 중요한 설명을 해주고 있다.

22.a. 이 전체 구절이 LXX에는 없다. 언약 약속의 2인칭 복수형은 렘 7:23; 11:4에서도 발견되지만, 이것은 이 곳의 3인칭 복수형 문맥에서는 잘 들어맞지 않는다(24절의 마지막 시구도 역시 2인칭 복수다). 어쨌든 본 절은 이 단락의 구조에서 중요한 기능을 하고 있다.

23.a. 23-24절은 거의 23:19-20과 동일하다. 예레미야서에 있는 대부분의 복사된 말씀과는 달리, 23-24절은 LXX에 나타난다.

23.b. 이 곳과 23:19의 *BHS*는 헤마(חמה, "진노")를 하나의 첨가물로 표기한다. 이것이 없다면, 비유적 표현인 "여호와의 폭풍"이 동사의 주어가 될 것이다. 설명적인 명사 "진노"는 싸아라(סערה, "폭풍")의 통상적인 의미를 하나님의 진노의 도구로 명확하게 설명한다. LXX은 "진노"(*ὀργὴ*-오르게)에 대해서만 말하고 폭풍에 대해서는 말하지 않는다.

23.c. 렘 23:19은 이 대신 미트홀렐(מתחולל, "회리바람")을 가지고 있는데, 이것은 다음 시구에서 야훌(יחול, "터치다")과 유음을 일으킨다. 루돌프(192)는 미트고레르(מתגורר, "휩쓰는")가 23:19에 있는 동사로부터 나온 의도적 전환이라는 드라이버(S. R. Driver)의 논문을 인용한다.

24.a. *BHS*는 이 단어가 23:20과 평행을 이루고 있지 않으므로 이것을 생략할 것을 권한다. 하론 아프(חרון אף, "타오르는 진노")라는 결합어가 예레미야서에서 일곱 번이나 더 나오며 구약성경에서 모두 32회나 출현한다.

24.b. 심마쿠스 역본은 23:20의 평행구의 끝에 위치한 비나(בינה, "이해, 분별")를 번역하면서 쉬네세이(*συνέσει*, "이해력을 가지고")를 덧붙인다.

31:1.a-a. LXX은 단수형인 토 게네이(*τῷ γένει*, "그 가족")를 가지고 있으나, 복수형이 1:15; 2:4; 3:14에서 발견된다. MT의 복수형은 30:18과 균형을 이룬다.

1.b. LXX에는 없다. MT은 자주 LXX이 없는 곳에서 이 수식어를 가지고 있다.

양식/구조/배경

구원과 심판은 30:12-17에서처럼 이 단위 속에서도 병치되어 있다. 1인칭으로 말씀하시는 여호와께서 야곱의 전원, 도시, 정치적 생활 그리고 언약관계 생활의 회복을 약속하신다(18-22절). 그러나 작품 속에서 두 번째에 위치해 있는 23-24a절은 악한 행실을 치시는 하나님의 진노를 묘사하고 있다. 이 구절들은 예레미야 23:19-20의 축어적 복사본이다(차이점에 대해서는 "원문주해"를 보라). 구원이 심판의 한가운데서 선포된다. 이 작품의 두 부분은 각기 "보라"(18, 23절)는 형식으로 시작되고 언약적 공식 문구의 변형으로 마친다(22, 24절). 수브(שׁוּב, "돌아오다"; 18, 24절)와 야차(יצא, "나가다"; 19, 21, 23절)란 동사가 구원과 심판의 선포를 연결시키고 있다. 시가 밖에 있는 설명들과 이에 대해 생각하라는 요청이 21c절과 24c절에 있는 각각의 신탁에 뒤따라 나온다. 두 개의 시간에 대한 언급이 심판 선포에 대한 결론적 약속을 연결짓는다("말일에", 30:24, 그리고 "그 때에", 31:1).

할러대이(Holladay)는 30:18-21과 31:1a, b을 자신이 제안한 "북방의 교정본"(2:168)으로 돌린다. 그의 재구성에 따르면, 이 신탁은 북왕국의 생존자들에게 앗수르 압제자가 제거될 것이라고 약속하고 요시야를 그들의 합법적인 왕으로, 또한 예루살렘 성전을 예배 중심 장소로 받아들이라고 요청했다는 것이다. 31장과 많은 공통점을 가지고 있는 예레미야 3장은 할러대이의 재구성에 의하면 예레미야의 사역에 적절한 배경을 지적해 주고 있으나, 이 작품은 위로의 책 안에서 현재의 형태 그대로 해석되어야 한다.

주석

18 우리에게 익숙한 회복의 공식 문구는 "내가 긍휼히 여길(רחם - 라함) 것이라"는 약속으로 해석된다. 예레미야 33:26은 같은 결합을 보여 주고 있다. 다음 구절들 가운데 기록된 여호와의 행위들은 이러한 동정적인 회복의 결과를 상술하고 있으나, 이러한 행위를 갖도록 하나님 자신에게 동기를 부여하고 있는 하나님의 열심에 대한 묘사는 31:20을 보아야 할 것이다. 레헴(רֶחֶם, "자궁")과 같은 어근으로부터 나온 라함(רחם, "긍휼히 여기다")의 어원적 설명은 "어머니의 사랑"이라는 해석을 제공한다(P. Trible, "The Journey of a Metaphor", 31-59). 사랑하는 아이에 대한 이러한 열렬한 애착이 31:20에 명확하게 표현되어 있다(사 49:15과 비교하라).

이 약속에 들어 있는 구조는 전원 생활(장막과 거처)과 왕실(성읍과 망대)의 특징을 나타내고 있다. 이 두 용어는 민수기 24:5에서 같은 순서로 나타나는데, 그 곳에서도 그것들은 이스라엘 백성에 대한 이중적 환유(換喩)로서의 기능을 한다. 두 번째 짝은 왕과 관련된 유사한 기능을 가질 수도 있다(그러나 Rudolph는 이 단수 부정명사를 집합명사로 읽는다[175]). 마지막 시구의 단어는 특별히 함축적이다. "앉다, 즉위하다"(יֵשֵׁב – 야샤브)와 "합법적인 자리에/그의 합법성"(עַל מִשְׁפָּטוֹ – 알 미슈파토)이란 부사구 모두 왕을 가리킬 수 있다(삼상 10:25; 참조. Holladay의 번역[2:177], 즉 "한 성채에 그 합법성[에 근거하여] 왕이 즉위하게 될 것이다"). 이 전치사구는 "식양대로[그 모든 청사진과 상세한 내역을 따라]"(כְּמִשְׁפָּטוֹ – 케미슈파토, 출 26:30; לְכָל מִשְׁפָּטוֹ – 레콜 미슈파토, 왕상 6:38) 성막과 성전의 건축에 대한 묘사를 반영한다. 그러나 "성채"(אַרְמוֹן – 아르몬)는 성전보다는 궁전을 가리킨다. 이것은 일종의 요새이며, 사마리아에서는 왕의 집의 일부였다(왕상 16:18; 왕하 15:25). 20-21절은 분명히 같은 순서에 따라 백성과 왕의 회복을 약속하고 있다.

19-20 환유가 19a절에서 다시 발견되는데, 여기서 "감사제"와 "소리"가 예배 중에 이런 것들을 드리는 백성들을 위하여 존재한다. 감사제는 구원의 기도가 응답된 것에 대해서 자원하여 드리는 제사였다(예를 들어, 시 116편). 이 제사는 백성들의 수고의 여러 가지 결실과 그 땅에서 여호와의 축복이 포함된 것이었다. 이 제사 속에서 독자는 영적으로, 물리적으로 백성들의 귀환의 증거를 보게 된다. 예레미야 33:11은 시편 136:1을 자기들의 감사 제물들을 성전으로 가져오는 이스라엘 백성들에 의하여 불려지는 감사시로 인용하고 있으며, 그래서 특히 기뻐 뛰노는 자들의 노래를 위하여 제의적 본문을 제공하고 있다. 그러나 이 소리들은 광범위한 의미를 가리킬 수 있다. 이 약속은 분명히 "기뻐하는 소리, 즐기는 소리, 신랑의 소리, 신부의 소리"(렘 7:34; 16:9; 25:10)가 끊어지게 했던 심판을 정확하게 반전시키고 있으며, 33:10-11은 명확하게 그렇게 명시하고 있다.

가족들과 국가가 번성할 인간 번성의 확신은 29:6에 있는 유다 포로민들을 향한 "번성하라"(רְבוּ – 라바)와 "쇠잔하지 말라"(לֹא מְעַט – 로 마아트)는 명령과 같은 용어를 사용하고 있다. 그러나 19b절에서 여호와께서는 직접 "내가 그들을 번성케 하리니"라고 약속하신다. 더 나아가 이 인구의 증가의 목적은 29장에서처럼 단순한 생존만이 아니라 그들을 영화롭게 하며 명성을 얻게 하는 것이다(참조. 33:9). 할러대이(Holladay, 2:177-78)는 아카드어에서 히브리어 라바(רבה, "번성하다")와

카바드(כבד, "영화롭게 하다")와 어원이 같은 고정된 한 쌍의 단어 *rb*//*kbd*가 발견된다는 사실을 언급한다(J. S. Kselman, *VT* 29[1979] 110-13). 이 증거는 19bβ절도 커다란 규모와 관계가 있다는 사실을 암시한다. 이스라엘은 인상적인 숫자, 간과할 수 없는 하나의 국가로 성장할 것이다. 아브라함, 이삭, 야곱에게 주신 약속에 대한 이러한 암시는 그 다음의 시구인 20a절, "[야곱의] 자손은 여전하겠고(옛날과 같고)"를 통하여 확인된다. 출애굽기 1:7, 9, 10은 그들의 이전의 세력을 묘사한다. 그들이 "번성했고"(רבה – 라바) 그 땅에 가득하여 애굽 왕은 그들의 세력을 두려워했다.

20절에 있는 마지막 시구는 이러한 구원의 모습에서 우울한 기미를 나타낸다. 압제자들은 바로로부터 느부갓네살에 이르는 긴 대적의 선을 가졌던 것처럼 아직도 하나님의 백성을 착취하기 위하여 일어설 것이다.

21 여기에 약속된 통치자는 "왕"이라고 불리지 않는다. 그는 신명기 17:15에 기록된 바와 같이 이스라엘 족속이지만, 특별히 다윗 계열의 통치자는 아니다(21b절과 삼하 7:12과 사 11:1에 나오는 약속들 사이의 대조를 유의하라). 이 신탁은 백성으로부터 나오고 하나님이 가까이 오게 하신 중재적 기능에 집중하고 있다. 동사 "내가 그를 가까이 오게 할 것이라"(קרב – 콰라브의 힙힐형)는 민수기 16:5과 10절에서 레위인들을 가리킨다. 제사장들도 역시 여호와께 "나아간다"(נגשׁ, 나가쉬의 니팔형; 출 19:22). 그러나 시내 산에서 있었던 언약 체결의 결정적 시기에는 모세만이 가까이 나아오도록 허락되었다(출 20:21; 24:2). 21c절에 있는 웅변적 질문은 이러한 하나님에게로의 접근의 주도권을 쥐고 혹은 감히 스스로 나아가는 어떤 인간에게 심각한 위험을 상기시켜 주는 역할을 한다. "마음을 서약하다"라는 표현은 독특하다(개역 성경에는 "그렇지 않고 스스로 감히"로 표현되어 있음 – 역자주). 느헤미야 5:3에서 백성들은 자기들이 필요로 하는 곡식을 얻기 위하여 서약하면서 들, 집, 포도원을 준다. 여기서는 재산이 아니고 그 생명 자체가 위험에 처해진다. "마음"(לב – 레브)은 시편 22:26에서처럼 전인(全人)을 나타낼 수 있다(Wolff, *Anthropology*, 54).

23-24 이 "폭풍 경고"는 하나님의 공의의 보증을 제공해 준다. 이와 같은 두 구절이 여호와의 회의에 서 있었던 사람들이 들었던 하나님의 심판의 말씀의 요약으로서 23:19-20에 나타난다. 이것은 거짓 선지자의 메시지와 반대되었다. 하나님의 참되신 말씀은 여호와의 백성을 그들의 악한 길에서 돌이키도록 이러한 목적을 가졌었다(23:22). 하나님의 진노의 대상들인 악한 자는 문맥을 통하여 밝혀져야 할

것이다. "악인"(רשׁעים – 레샤임)은 이사야 14:5에서처럼 압제자들을 가리킬 수도 있으나, 자주 하나님에 의하여 죄 있는 자로 선포된 사람들에 대한 용어다(예를 들어, 렘 5:26, 그리고 시편, 잠언, 욥기에 자주 등장함). 위로의 책 나머지 부분에서 이스라엘 백성들은 자기들의 죄책과 죄로 인하여(30:14-15) 공의로운 징벌의 대상이 된다(30:11). 그러나 이스라엘의 대적들과 압제자들은 "악인"(רשׁעים – 레샤임, 23절)으로 밝혀져 있지도 않고, 죄악되고 죄책이 있고 악한 자로 밝혀져 있지도 않다. 31:18-19은 이스라엘의 회개라는 적절한 반응을 제공하고 있으며, 그 다음에 하나님의 자비의 확증이 나온다. 23장과 30장의 양 문맥 속에서, 이 간략한 말씀은 예레미야서에서 이스라엘에게 죄를 버리고 여호와께로 돌아오라고 요청하는 심판 신탁의 계속적인 기능을 하는 준엄한 조언으로서의 역할을 한다.

31 1 이 언약 공식의 독특한 형태는 "이스라엘의 모든 가족"을 여호와의 언약의 대상으로 규정하고 있다. 이 호칭은 고대의 분위기, 즉 20절에 있는 "야곱 자손"처럼 이스라엘 국가의 이전 상태를 생각나게 한다. 이 구절은 30:3-4; 31:31과 함께 위로의 책의 내용이 이스라엘 국가 전체에 전달되었다는 사실을 밝히고 있다("이스라엘 집의 온 가족"에게 전달된 2:4-37에 나오는 기소와 비교하라).

해설

약탈당하고 추방당한 땅의 황량한 풍경과 폐허가 된 성읍(30:16)은 다시 채워질 것이다. 독자는 먼저 건물들을 보고, 그 다음에 순례의 소리와 함께 감사제를 본다. 이 장면은 고대의 왕성한 번식력으로 돌아가게 하시는 하나님의 축복으로 말미암아 번성한, 야곱의 중다한 자녀들에 의하여 활기를 띄게 된다. 다가올 구원과 축복의 모습은 그들 가운데 있는 악인들을 치는 심판의 전진하는 폭풍과 대조된다. 이러한 긴장에 대한 이해는 "후일"을 위해 약속되어 있지만, 문맥은 약간의 설명을 해준다. 그들을 치시는 하나님의 진노의 범위는 30:11, 15에 따르면 죄에 대한 공정한 형벌과 그들을 향한 하나님의 사랑과 긍휼로 한계가 정해져 있다(31:3, 20). 이 긴장은 여호와의 마음속에서 해결된다(24절). 이스라엘에 대한 하나님의 위탁은 한 번만이 아니라 두 번 언약 공식을 통하여 봉인된다(30:22; 31:1).

E. **사랑으로 재건되고 심겨진 이스라엘**(31:2-6[LXX 38:2-6])

참고문헌

Jones, I. H. "Music and Musical Instruments." *ABD* 4:936. **Meyers, C.** "Of Drums and Damsels: Women's Performance in Ancient Israel." *BA* 54(1991) 16-27. **Schmitt, J.** "The Virgin of Israel: Referent and Use of the Phrase in Amos and Jeremiah." *CBQ* 53(1991) 365-87.

본 문

2 나 여호와가 이같이 말하노라 칼에서 벗어난 백성이 광야에서 은혜를 얻었나니 곧 내가 이스라엘로 안식을 얻게 하러 갈 때에라
3 나 여호와가 옛적에 이스라엘에게 나타나 이르기를 내가 무궁한 사랑으로 너를 사랑하는 고로 인자함으로 너를 인도하였다 하였노라
4 처녀 이스라엘아 내가 다시 너를 세우리니 네가 세움을 입을 것이요 네가 다시 소고로 너를 장식하고 즐거운 무리처럼 춤추며 나올 것이며

5 네가 다시 사마리아 산들에 포도원을 심되 심는 자가 심고 그 과실을 먹으리라

6 에브라임 산 위에서 파수꾼이 외치는 날이 이를 것이라 이르기를 너희는 일어나라 우리가 시온에 올라가서 우리 하나님 여호와께로 나아가자 하리라

2 Thus says the Lord: [a]He[b] found favor [c]in the wilderness,[c] 3+3+3 a nation[d] of survivors of the sword,[ea] [f]going[g] to his rest—Israel.[f]
3 From afar the Lord appeared to him:[a] 3+3+3 "[b]I have loved you [f sg] with an everlasting love; therefore I extended[c] lovingkindness to you.
4 "Again I will build you and you shall be built, 3+2 O virgin Israel. Again you shall ornament yourself with your timbrels 3+3 and go forth [a]in a dance of merrymakers.[a]
5 "Again you shall plant vineyards 3+2+3 on the mountains of Samaria. [a]The planters shall plant and put it to profane use.[ab]
6 "For there will be a day when [a]guards call out[a] 4+2 on Mount Ephraim, 'Arise, let us go up to Zion 3+2 to the Lord our God.'"

원문주해

2.a-a. LXX은 헨(חן, "은혜") 대신 헴(חם, "애정")으로 읽으면서 유론 데르몬 엔 에레모 메타 올롤로톤 엔 마카이라(*Εὑρον θερμὸν ἐν ἐρὴμῳ μετὰ ὀλωλότων ἐν μαχαίρᾳ*, "내가 칼로 살육당한 그들과 함께 사막에서 그를 애정으로 대했다")를 가지고 있다.

2.b. LXX과 σ′는 1인칭을 가지고 있다. 즉 "내가 발견했다."

2.c-c. *BHS*는 이 전치사를 케미드바르(כמדבר, "광야에서처럼")로 전환시킬 것을 권장한다.

2.d. LXX과 α´는 히브리어 임(עִם, "…와 함께")으로부터 번역한 메타(*μετά*, "…와 함께")를 가지고 있는데, 이것은 MT의 암(עָם, "백성, 나라")과 모음 부호 하나만 다를 뿐이다.

2. e. 할러대이(Holladay, 2:152)는 모음 부호를 다시 붙여서 호레브(חֹרֵב)로 읽고 있는데, 이것은 "호렙"을 의미하거나 혹은 분사인 "칼을 휘두르는 자"를 의미할 수 있다. 이러한 전환은 이 구절에 대한 할러대이의 고쳐 쓴 번역을 채택하지 않는다면 불필요한데, 이는 3절의 처음 네 단어를 2절에 있는 메신저 공식 문구 직후의 위치로 옮기는 것을 포함한다(2:152).

2. f-f. LXX은 두 개의 명령형, 곧 바디사테 카이 메 올레세테 톤 이스라엘(*βαδίσατε καὶ μὴ ὀλέσητε τὸν Ισραηλ*, "너희는 가서 이스라엘을 멸하지 말라")을 가지고 있다. 그럼에도 불구하고 이것은 본 절의 의미를 분명하게 밝혀 주지 못한다(MT의 부정사 절대형은 명령형으로 읽혀질 수 없다).

2.g. *BHS*는 α´와 σ´를 따라 칼 능동 분사 홀레크(הוֹלֵךְ, "가고 있는")로 수정할 것을 권장한다. 그러나 부정사 절대형은 분사와 같은 기능을 할 수 있으므로 그러한 수정은 불필요하다(Waltke and O'Connor, *Hebrew Syntax*, 597). 할러대이(2:152)는 이것을 힙힐 분사형 홀리크(הוֹלִיךְ, "가져오는")로 만들고 있다.

3.a. MT의 1인칭 복수 리(לִי, "나에게")는 하나의 새로운 단락에 대한 설화적 서론으로서의 기능을 하지만, 이것이 2절 다음에는 어울리지 않는다. *BHS*는 아우토(*αὐτῷ*, "그에게")를 가지고 있는 LXX을 따라 로(לוֹ, "그에게"), 즉 2절의 "이스라엘"로 수정하기를 권장한다. 할러대이(2:180)는 MT이 출 3:16에 대한 각색의 결과라고 생각한다. 보우작은 이러한 수정을 거절하고 요드(י)가 3인칭 남성 단수형 어미로 출현하는 몇몇 경우를 인용하면서 리(לִי)를 "그에게"로 읽는다(*Life 'Anew'*, 75). 다후드(M. Dahood, *Psalms III*, AB[Garden City, New York: 1970] 376)는 요드(י)가 3인칭 남성 단수 대명사 접미어로서의 기능을 하고 있는 시편으로부터 20회 이상의 실례들을 열거한다.

3.b. 여러 필사본들과 LXX은 접속사를 생략한다.

3.c. LXX에서는 전치사 에이스(*εἰς*, "안에")가 명사에 앞선다. MT의 헤쎄드(חסד, "자비")가 여기서는 직접목적어로 번역되어 있지만, 이것은 또한 부사 대격 "내가 너를 자비로 이끌었다"로 이해될 수도 있다(Bozak, *Life 'Anew'*, 76).

4.a-a. LXX은 메타 쉬나고게스(*μετὰ συναγωγῆς*, "회중과 함께")를 가지고 있는데, 이것은 히브리어 베콰할(בקהל, "회중과 함께")을 번역한 것이다. MT의 비므홀(במחול, "춤추며")은 세 개의 글자를 나누어 가지고 있으므로 오해를 했거나 혹은 전사(傳寫)상의 오류가 있었을 가능성이 있다. Syr, Tg는 같은 단어를 LXX처럼 번역한다.

5.a-a. *BHS*와 몇몇 주석가들은 이 문장이 신 28:30로부터 파생된 하나의 주석일 수 있다고 생각한다. 이것은 문장 구조를 개선하기 위하여 נטעי נטעים יחללו("파종하는 자들은 사용함으로써 더럽혀질 것이다")로의 수정을 제안한다.

5.b. LXX은 MT의 할랄(חלל, "어떤 것을 그것을 사용함으로써 더러운 것으로 취급하다")보다는 할랄(הלל, "찬양하다")로부터 번역한 카이 아이네사테(*καὶ αἰνέσατε*, "그리고 찬양하라")를 가지고 있다. Syr은 LXX과 유사하다.

6.a-a. LXX은 클레세오스 아폴로구메논(*κλήσεως ἀπολογουμένων*, "옹호하여 변호하는 자들이 부르짖는다")을 가지고 있다. MT의 "보호자들"이 이 단락의 포도원 주제에 더 잘 어울린다.

양식/구조/배경

메신저 공식 문구는 이것이 30:5-31:26에 있는 다른 단위에서 그러하듯 이 작품을 이끌고 있다. 그러나 직접적인 연설은 3절에 가서야 시작된다(이 단위 31:15-22도 역시 15절에서 3인칭 단수 설화로 시작한다). 메신저 공식 문구에 뒤이어 네 개의 시구가 하나님의 은혜로 말미암아 광야에서 살아 남은 이스라엘의 생존자를 묘사하고 있다. 네 번째 시구는 여호와의 말씀을 소개한다. 이 연설은 이스라엘로 하여금 오드(עוד, "다시")로 시작되고 있는 일련의 세 가지 약속을 통하여 그들의 축복의 역사를 상기하도록 요청한다. 이러한 토지 소유의 축복은 건축, 즐거워함, 포도원과 들의 소산을 누림을 포함한다. "다시"라는 약속은 3b절의 사랑과 긍휼에 대한 하나님의 회상과 6절의 백성들의 예배하기 위한 귀환의 약속으로 구성되어 있다.

설화의 서론에서 하나님은 3인칭으로 언급되고, 이스라엘은 3인칭 남성 단수로 언급된다. 그러나 그 다음에 여호와께서 1인칭으로 말씀하시면서 이스라엘을 2인칭 단수형으로 소개한다. 이스라엘은 "처녀 이스라엘"로 지칭된다. 약속들은 시종일관 이러한 소개 형태로 되어 있다. 예를 들어, 일반적으로 구약성경에서는 장식과 소고가 결합되어 있다(예를 들어, 출 15:20). 이 단락은 계속하여 남성과 여성을 번갈아 가면서 이스라엘을 소개하고 있는데, 이것이 30-31장의 특징이다.

북쪽 지방의 지명들인 "사마리아 산들"(5절)과 "에브라임 산"(6절), 그리고 그곳 거민들로 하여금 예루살렘으로 올라가라고 하는 요청 등은 본래의 수신자들이 북왕국의 생존자들임을 가리킨다. 예레미야 3:6-14은 예레미야에게 요시야의 통치 시기 동안 "북쪽"을 향한 메시지를 제공하고 있으며, 요시야 왕의 종교개혁은 북쪽 지방의 충성을 받을 권리가 있다고 주장한 것이다(왕하 23장). 할러대이(Holladay)는 31:2-6, 9b을 자신의 이론인 "북방의 교정본"으로 돌린다(2:179). 그러나 위로의 책의 문맥 속에서 북쪽 지파들은 이러한 신탁 모두가 하나님의 백성에 대해 말하고 있다. 북쪽 지파들과 연결된 이름들은 왕국 시대 이전 시기와 왕국이 분리되기 이전의 시기에 대한 기억을 상기시켜 주는데, 그 때는 이스라엘의 온 가족이 그 땅을 나누어 소유했고 함께 여호와를 예배했었다. 더 나아가서 남북 왕국의 귀환과 예루살렘 성전 제의의 회복은 구약성경의 예언에서 잘 알려진 포로 후기 예언, 즉 이스라엘 백성 전체가 시온에서 여호와를 예배하는 것으로 묘사하고 있는 모습과 잘 어울린다(예를 들어, 호 2:1-2[개역. 1:10-11]; 암 9:7-15; 사 11:12-16; 렘 3:18; 겔 40-48장). 이 신탁은 지금 심판을 받고 있는 이스라엘을 위한 것이다. 이러한 약속들은 가정과 가족, 왕, 성전을 잃은 백성들 그리고 황폐한 땅을 위한 것이다.

주석

2-3 2-3절에서 살아 남은 생존자들은 무엇보다도 애굽과 가나안 땅 사이의 광야에 있는 이스라엘 백성들이다. 여호와께서는 그들을 애굽 사람들(출 15장)과 아말렉 사람들(출 17장)의 칼로부터 구출하셨고 시내 산에서 그들에게 나타나셨다(출 19-24장). 예레미야 2:2은 광야에서의 여호와께 대한 이스라엘의 사랑과 헌신을 묘사하고 있다. 시간을 나타내는 것으로 번역된 "옛적에"(מרחוק – 메라호크)는 탈굼역에서도 발견되는 것으로서 이러한 역사적 해석에 어울린다. 광야 세대에 대한 묘사는, 포로지에 있거나 혹은 황폐한 땅에 생존해 있는 바벨론 사람들의 칼에서 생존한 사람들에게 어울리는 말로 표현되어 있다. 이 신탁의 청중은 그들 자신과 초기 이스라엘 간의 유사성을 파악할 수 있었으며, 또한 그들처럼 은총을 받고 안식을 얻을 소망을 가질 수 있었을 것이다(은총을 받고, 안식을 얻고 하나님의 임재가 현안 문제가 되어 있는 출 33:12-23과 비교하라). 여호와께서는 그들에게 "멀리서"(מרחוק – 메라호크) 오셨음에 틀림없다. 그 다음의 구절들(4-5절)은 약속된 미래를 "다시"(עוד – 오드)로 시작되는 일련의 선(線) 가운데서 이전 상태로의 회복으로 나타냄으로써 이러한 비교를 확실하게 해준다.

"안식을 얻게 하러"(להרגיעו – 레하르기오)는 포로민이 당하는 저주들 가운데 하나로서 신명기 28:65의 "그 열국 중에서 네가 평안함을 얻지 못하며(לא תרגיע

-로 타르기아) 네 발바닥을 쉴 곳(מנוח-마노아흐)도 얻지 못하고"에 나타나는 드문 어근으로부터 나온 것이다. 하나님께서는 그들의 땅을 주심으로써 이스라엘에게 안식(נוח-누아흐)을 주셨다(출 33:14; 신 3:20; 수 1:13, 15; 22:4; 사 63:14).

"멀리 계시지" 말고 "멀리서" 구원하러 오시라는 주님에 대한 호소는 시편으로부터 나온 어투인데(예를 들어, 시 22:12[개역. 11], 20[개역. 19]; 35:22; 71:12), 이는 위로의 책의 성격에 잘 들어맞는다. 여호와의 나타나심은 이스라엘의 구원의 새로운 국면을 나타내는 출애굽기에서는 결정적인 시기에 일어난다(3:16; 24:17).

이스라엘 백성의 선택과 애굽에서의 구출을 하게 만들었던 이스라엘을 향한 하나님의 사랑(אהבה-아하바), 그리고 "천 대에 이르는" 은혜(חסד-헤쎄드)는 그 언약에 대한 주님의 위탁의 정도를 나타낸다(신 7:9). "무궁한"(עולם-올람)으로 표현되어 있는 하나님의 사랑에 대한 독특한 묘사는 신명기 7:9에 있는 조건적 약속을 넘어선, 더 이상 계산하지 못하는 세대 혹은 죄에까지 미친다. 세대를 이어주고 회복을 가능하게 만드는 것은 이스라엘에 대한 주님의 언약적 위탁이다.

[4] 4절의 어휘는 본문 내에서 다양한 관계를 가지고 있다. "세운다"(בנה-바나)는 것은 예레미야 소명 당시에 주신 "건설하며 심게" 하는 예레미야의 사역의 일부분이다(1:10). 이것은 또한 바벨론 정복 이후에 하나님께서 이스라엘을 회복하시는 것에 대한 묘사의 특징이기도 하다(렘 24:6; 30:18; 31:38; 33:7; 42:10). 이 약속이 "처녀 이스라엘"에게 주어졌으므로, 이 단어의 다른 사용도 타당할 수 있다. 하나님께서는 창세기 2:22에서 한 남자로부터 여자를 만드셨다(בנה-바나). 창조 혹은 회복이 더 큰 문맥의 일부다(31:22). 한 여인이 자녀를 낳음으로써 한 가족 혹은 가문을 세웠으며(룻 4:11), 여성 자신이 한 어머니가 됨으로써 "세워졌다"(창 16:2; 30:3). 이스라엘을 향한 자녀의 약속은 31:16과 27에서 분명해진다.

"장식하고"(עדה-아다)는 신부의 준비(사 61:10; 겔 16:13) 혹은 남자를 유혹하는 여자의 꾸밈(렘 4:30; 겔 23:40; 호 2:15[개역. 13])의 일부분이다. 자기의 사랑하는 자들을 유혹하기 위하여 헛되이 수고했던 황폐한 자(렘 4:30)가 이제는 여호와께로 올라가기 위하여 준비하는 처녀 이스라엘로 나타나고 있다. 소고 치고, 춤추고 노래하는 여인들은 전쟁에서 승리한 자들을 맞으러 나갔었다(출 15:20; 삿 11:34; 삼상 18:6). 예배자들은 즐거워하는 자일 수도 있고(렘 30:17), 소고 치며 춤추는 것은 여호와에 대한 찬양을 나타낸다(시 149:3). 이러한 즐거워하는 춤은 예레미야 7:34; 16:9; 25:10에 있는 기쁨의 중단에 대한 반전이다. 처녀 이스라엘

(בתולה ישראל – 뻬툴라트 이스라엘)이 입다의 딸의 비극적인 죽음과 날카롭게 대조되고 있다. 그녀 역시 소고를 치고(תופים – 투핌, 삿 11:34) 춤추며(במחלות – 뻬묵홀로트) 나아갔으나 그 아비의 서원에 희생되어 산에서 처녀로 죽는 것을 인하여 애곡할 수밖에 없었는데, 그 이유는 그녀가 자기 자녀를 가짐으로써 온전히 세워지지 못했기 때문이다(삿 11:37-38; 렘 31:5과 비교하라).

5 "심다"(נטע – 나타)도 예레미야의 소명 환상으로부터 나온 또 하나의 중요한 단어인데(1:10), 이것은 이스라엘에게 주신 하나님의 원래의 땅 선물과(2:21; 11:17) 또한 그 땅으로의 미래의 회복에 대한 이미지로서의 역할을 한다(18:9; 24:6; 31:28; 32:41; 42:10). 여기서 이스라엘은 심는다. 그들이 가나안 땅에 처음 들어갔을 때처럼 성숙한 포도나무들을 발견하지는 못하지만(민 13:23; 신 8:8), 하나님의 축복이 역사한다. 포도원에 심고 열매를 먹는 것 사이에는 이사야 5:2에 묘사된 바와 같이 조심스럽게 가꾸는 여러 계절이 필요하다. 더 나아가서 "정상적으로 사용하기 위하여 어떤 것에 무엇인가를 제공하는 통상적인 가꿈"을 의미하는 단어 할랄(חלל)이란 전문 용어는 새로운 파종의 산물을 먹지 않는 의식적인 금욕 기간의 끝을 가리킨다. 과일나무에 대해서, 레위기 19:23-25에 있는 규례는 제4년째가 되기까지는 통상적인 용도를 위하여 추수하는 것을 금지했으며, 제4년째의 산물은 "여호와께 드리면서 즐기도록" 따로 구별되었다. 신명기에서 성전(聖戰)을 치를 때에라도 자기 포도원에서 심고 추수를 할 그 적기에는 군대의 징발을 당하여 그것을 먹지 못하는 일이 없도록 하고 있지만(신 20:5-6), 언약적 저주가 닥치면 백성들이 곡식을 먹지 못하게 되었다(신 28:30). 이사야 65:21에서처럼 이 구절도 이러한 저주의 제거를 선포하고 안정되고도 번성하는 삶의 축복을 선포하고 있다.

6 파수꾼들은 약탈해 가는 사람들로부터 수확물을 지키기 위하여 포도원을 망보았으나, 이 파수꾼들(נצרים – 노츠림)은 순례 여행을 하라고 외친다. 여기서 또다시 심판이 반전되는 것을 보게 된다. 예레미야 4:16에서 예루살렘은 유다의 성읍들을 대항하여 소리치는 이방의 "에워싸고 치는 자들"(נצרים – 노츠림)의 경고를 받는다. 할러대이(Holladay)는 6:4-5을 글자 그대로의 맹공의 실례로 인용한다(2:184). 31:6에 있는 파수꾼들은 정복보다는 순례 여행을 하라고 말한다. 시편 122:2(개역. 1절)은 그러한 초대에 반응하고 있는 예배자의 기쁨을 예증해 주고 있다.

해설

이 회복의 시는 약속된 미래를 표현하는 가운데 광야에서, 가나안 땅 정착에서, 예배의 장소로서의 시온의 선택에서 고대 이스라엘 백성들을 위한 하나님의 배려를 개괄하고 있다. 이 회복은 최소한 이스라엘과 유다가 겪었던 심판 가운데서 여섯 개의 단면을 반전시켜 말하고 있다: 포로지에서 안식처가 없음, 무너진 나라, 소리가 끊긴 축제들, 뿌리가 뽑힌 포도나무와 식물들, 쳐들어오는 정복자들을 알리고 있는 파수꾼들 그리고 파괴된 성전. 이 시는 또한 이스라엘을 가망이 없는 간음한 여인(4:30)으로부터 하나님에게로 다시 나아가면서 기뻐하는 처녀로 완전히 바뀐 이스라엘로 소개한다. 자기 하나님에 대한 백성들의 거절에 대해서 예레미야서 나머지 부분의 지배적인 증거 내용은 다음과 같은 질문을 일으킨다. 어찌하여 여호와께서는 그들과 다시 시작하기로 하셨는가? 이 구절은 다음과 같은 하나님의 선포로 답변한다. "내가 영원한 사랑으로 너희를 사랑하였다"는 것이다. 언약 체결에 앞선 이러한 사랑은, 하나님의 언약적 신실성(חסד – 헤쎄드)을 이스라엘의 언약 파기를 넘어서 희망 찬 미래를 보증할 지금의 간절한 상태로까지 나아가게 한다. 이 시는 이에 합당한 기쁨의 반응을 나타낸다. "일어나라, 우리 하나님 여호와에게로 나아가자."

F. 포로 귀환과 주님의 선하심을 맛봄(31:7-14[LXX 38:7-14])

참고문헌

Mendecki, N. "Jer 31,7-9 – Berührungen mit der Botschaft Deuterojesajas?" *Collectanea Theologica* 57/Fasc specialis(1987) 45-55. ______. "Stammt Jer 31,10-14 aus der Schule Deuterojesajas?" In *Beiträage zur Erforschung des Alten Testaments und des antiken Judentums.* Frankfurt am Main: Lang, 1992. 20:57-67.

본 문

7 나 여호와가 이같이 말하노라 너희는 야곱을 위하여 기뻐 노래하며 만국의 머리 된 자를 위하여 외쳐 전파하며 찬양하며 이르기를 여호와여 주의 백성 이스라엘의 남은 자를 구원하소서 하라

7 For thus says the Lord: Sing out for Jacob gladly[a] 3+3 and shout for the chief of the nations.[b] Proclaim, praise, and say, 3+3+3 "O Lord save[c] your[d] people, [e]the remnant of Israel.[e]"

8 보라 내가 그들을 북편 땅에서 인도하며 땅 끝에서부터 모으리니 그들 중에는 소경과 절뚝발이와 잉태한 여인과 해산하는 여인이 함께 하여 큰 무리를 이루어 이 곳으로 돌아오되

8 I am about to bring them 3+2+2 from the north country and I will gather them from the ends of the earth. [a]Among them will be blind and lame,[a] 3+3+4 [b]pregnant woman and one giving birth together. As a great company[b] they shall return here.[c]

9 울며 올 것이며 그들이 나의 인도함을 입고 간구할 때에 내가 그들로 넘어지지 아니하고 하숫가의 바른 길로 행하게 하리라 나는 이스라엘의 아비요 에브라임은 나의 장자니라

9 Weeping they shall come,[a] 2+2 but with consolations[b] I will lead them. I will make them walk by rivers of water 3+5 in a straight way in which they will not stumble. For I have become Israel's father: 3+3 Ephraim is my first-born.

10 열방이여 너희는 나 여호와의 말을 듣고 먼 섬에 전파하여 이르기를 이스라엘을 흩으신 자가 그를 모으시고 목자가 그 양무리에게 행함같이 그를 지키시리로다

10 Hear the word of the Lord, O nations, 3+3+1 and recount it on the distant coasts, and say,[a] "The one who scattered Israel will gather him 3+3 and will keep him as a shepherd keeps his flock."

11 여호와께서 야곱을 속량하시되 그들보다 강한 자의 손에서 구속하셨으니

11 For the Lord has ransomed Jacob 3+4 and has redeemed him from a hand too strong for him.

12 그들이 와서 시온의 높은 곳에서 찬송하며 여호와의 은사 곧 곡식과 새 포도주와 기름과 어린 양의 떼와 소의 떼에 모일 것이라 그 심령은 물댄 동산 같겠고 다시는 근심이 없으리로다 할지어다

12 They shall come and sing out [a]on the height of Zion,[a] 3+3+3+2 and they shall be radiant[b] over the Lord's goodness, [cd]over the grain,[d] the wine, and the oil, and over the young of flock and herd.[c] Their life shall be [e]like a well-watered garden,[e] 4+3 and they shall not languish anymore.

13 그 때에 처녀는 춤추며 즐거워하겠고 청년과 노인이 함께 즐거워하리니 내가 그들의 슬픔을 돌이켜 즐겁게 하며 그들을 위로하여 근심한 후에 기쁨을 얻게 할 것임이니라

13 Then virgins shall rejoice[a] in a dance, 4+3 and young men[a] and elders together.[b] I will turn their mourning into joy; 3+3 [c]I will comfort them[c] and gladden them [d]from their sorrows.[d]

14 내가 기름으로 제사장들의 심령에 흡족케 하며 내 은혜로 내 백성에게 만족케 하리라 여호와의 말이니라

14 [a]I will drench the appetite of the priests [b]with fatness,[b] 4+3 and my people shall be satisfied by my goodness – oracle of the Lord.

원문주해

7.a. LXX은 야곱을 수신자로 만들면서 "기뻐"를 생략한다. 토 야코브 유프란데테 카이 크레메티사테 에피 케팔렌 에드논(*τῷ Ιακωβ Εὐφράνθητε καὶ χρεμετίσατε ἐπὶ κεφαλὴν ἐθνῶν*, "야곱에게, '열국의 머리 위에 즐거워하며 기뻐 뛰놀라'").

7.b. 입증할 증거를 가지고 있지 않은 *BHS*는 하고임(הגוים, "열국")을 하림(הרים, "언덕들, 산들")으로 수정할 것을 권장한다.

7.c. LXX에서는 에소센(*ἔσωσεν*, "구원했다")이며 Tg에서는 과거 시제다. 그러므로 *BHS*는 완료형인 호쉬아(הוֹשִׁיעַ, "구원했다")로 발음할 것을 권장한다. 앞서 나오는 다섯 개의 명령형은 간청하라는 대신 찬양하라, 감사하라고 말한다. 이 명령형은 여호와의 약속이 응답되도록 기도하고 있는 다음 구절과 어울린다.

7.d. *BHS*는 다시 LXX과 Tg을 따라서 완료 동사의 목적어로 עמו(그의 백성)를 추천한다.

7.e-e. *BHS*는 이 시구가 후대의 첨가이지만 증거가 없다고 생각한다. 로쉬(ראשׁ, "머리 된 자")와 쉐에리트(שׁארית, "남은 자")의 유음은 이러한 제안을 반증해 준다.

8.a-a. LXX은 엔 헤오르테 파섹(*ἐν ἑορτῇ φασεκ*, "유월절 잔치에")을 가지고 있는데, 이는 MT의 자음 본문과는 두 글자만 다르고 단어가 나뉘어 있는 히브리어 במועד פסח로부터 나왔을 것이다. 제안된 수정은 8a절의 문맥과 어울린다. 그러나 MT은 다음 시구와 더 밀접한 한 쌍을 이루는 것이다.

8.b-b. LXX은 이것을 카이 테크노포이에세(*καὶ τεκνοποιήσῃ*, "그리고 그들이 낳을 것이다")로 축약시키면서 "큰 무리"를 직접목적어로 만든다.

8.c. *BHS*는 힌나(הִנֵּה, "보라")로 발음하고 이것을 9절의 시작 부분과 연결시킨다. 이러한 전환은 세 개의 단어로 된 각 시구의 길이와 균형이 맞게 하지만, 이 구절로부터 귀환자들의 운명에 대한 어떤 암시를 박탈한다.

9.a. LXX의 엑셀돈(*ἐξῆλθον*, "나아갔다")은 히브리어 원문이 야차우(יצאו, "그들이 나갔다")였음을 암시한다. (포로로) 울면서 나간 후에 그들의 귀환은 아름다운 시적 반전인 "위로와 함께" 이루어진다. MT은 더 난해하며, 그래서 유지되어야 할 것이다.

9.b. LXX에는 렘 16:7에서처럼 엔 파라클레세이(*ἐν παρακλήσει*= ובתנחומים, "위로와 함께")로 되어 있다. MT은 3:21의 ובתחנונים("간구함으로")을 따른다. 두 히브리어 단어는 두 자음의 순서에서만 다를 뿐이다.

10.a. 루돌프(178)와 *BHS*는 이 동사를 의미와 운율에 대한 불필요한 첨가물로 보고 생략하지만, 이러한 전환을 지지할 만한 증거가 없다.

12.a-a. *BHS*는 비므롬(במרוֹם, "높은 곳")으로부터 베하림(בהרים, "산에서")으로 수정하고 "시온의"를 지울 것을 권장하고 있는데, 루돌프는 이것을 "유대인의 수정"이라고 이름붙인다(179). LXX은 보다 익숙한 호칭을 사용한다. 즉 엔 토 오레이 시온(*ἐν τῷ* ὄρει Σιων, "시온 산에서"; Vg도 이와 유사하다).

12.b. 이 동사는 "강처럼 흐르다" 혹은 "빛나다"를 의미할 수도 있다. LXX은 단조롭게 카이 헥수신(καὶ ἥξουσαιν, "그리고 그들이 올 것이다")으로 번역한다.

12.c-c. 폴츠(Volz)를 따라 할러대이(Holladay)는 이 목록을 "단조로운 주석"으로 보고 생략한다(2:153).

12.d-d. LXX은 앞 행에 있는 헥수신(ἥξουσαιν, "그리고 그들이 올 것이다")을 수식하고 있는 에피 겐 시루(ἐπὶ γῆν σίρου, "곡식의 땅으로")를 가지고 있다.

12.e-e. LXX은 다른 이미지를 가지고 있다. 호스페르 크쉴론 엥카르폰(ὥσπερ ξύλον ἔγκαρπον, "결실이 많은 나무처럼").

13.a-a. LXX의 엔 쉬나고게 네아니스콘(ἐν συναγωγῇ νεανίσκων, "젊은이의 모임 가운데서")은 4b절의 메타 쉬나고게 파이존톤(μετὰ συναγωγῇ παιζόντων, "즐거워하는 자들의 모임 가운데서")과 평행을 이룬다. MT은 MT의 4b절과 평행을 이룬다.

13.b. LXX의 카레손타이(χαρήσονται, "그들이 기뻐할 것이다")는 같은 자음들의 다른 발음을 번역한 것이다. 즉 이흐뚜(יֶחֱדוּ < חדה, "그들이 기뻐하게 될 것이다").

13.c-c. LXX에는 없다. MT은 결합된 것일 수 있다(Holladay, 2:153).

13.d-d. LXX에는 없다.

14.a. LXX은 초두에 메갈뤼노(μεγαλυνῶ, "내가 확장할 것이다")를 가지고 있다. 원래의 רביתי("내가 확장할 것이다")가 다음의 동사 רויתי("흠뻑 젖게 하다")와 유사하기 때문에 떨어져 나갔을 것이다.

14.b-b. LXX은 LXX에 있는 동사 메뒤소(μεθύσω, "포도주로 기쁘게 하다")와 어울리지 않는 "기름으로" 대신에 휘온 류이(υἱῶν Δευι, "레위의 아들들")를 가지고 있다.

양식/구조/배경

이 단락을 이끌고 있는 메신저 공식 문구는 30:5, 18; 31:2, 15에 있는 다른 것과는 약간 다른데, 그 이유는 이것이 키(כי, "이는")라는 접속사로 시작하고 있기 때문이다. 특히 여기에는 31:6의 "일어나라, 우리가 시온에 올라가자"라는 파수꾼의 순례 여행 요청과 여호와께서 포로민들을 땅 끝에서부터(31:8) 시온으로 돌아오게 하실 것이라는 약속들 사이에 밀접한 관계가 있다. 앞의 단락 31:2-6은 그 땅에 건설된 백성들을 묘사하고 있으며, 그와 같이 이 문단 31:7-14은 그들이 어떻게 그 곳으로 갈 것인지를 기록하고 있다. 키(כי, "이는")라는 접속사는 이러한 논리적 관계에 어울린다.

이 구원 신탁은 네 부분으로 나누어진다. 첫째 부분(7절)과 세 번째 부분(10-11

절)은 말하라는 명령을 기록하고 있다. 첫 번째 연설은 여호와로부터 오는 구원을 요구하고, 그 다음 것은 그것이 오는 것을 선포하고 있다. 7절의 찬양하라는 명령은 예배의 문맥 속에서 그 중심부이지만, "선포"와 "말씀"은 파수꾼 혹은 메신저에게 주어진 명령이다. 예레미야 4:5; 5:20; 아모스 3:9에서처럼 이것들은 수신자들을 밝히지 않는다. 이것들은 위로의 책의 독자를 향한 암시로 정해져 있다. 10절은 열국으로 하여금 들으라고 요청하고, 그러고 나서 먼 섬들에게 하나의 메시지를 "이야기하라"(나가드〈נגד〉 힙힐형), 그리고 "말하라"(아마르〈אמר〉)고 요구하고 있는데, 이것은 하나님(3인칭)께서 어떻게 이스라엘(3인칭)을 구원하셨는지를 기록하고 있다.

두 번째(8-9절)와 네 번째(12-14절) 부분은 1인칭으로 말씀하시는 여호와께서 이스라엘(3인칭 복수)을 다시 모으겠다고 약속하시고 그들을 위하여 기쁘고 풍성한 삶을 제공하겠다고 약속하신다. 남성과 여성의 교차적 형태로 이 곳과 9절에서 하나님의 백성을 계속 묘사하고 있다. 여호와께서는 에브라임을 "나의 장자"(בכרי – 뻬코리)라고 부르신다. 이러한 동일시는 하나님께서 에브라임을 "나의 사랑하는 아들"과 "기뻐하는 자식"(20절)으로 부르고 있는 뒤이어 나오는 31:15-22의 단락과 연결 고리를 형성한다. 잉태한 여인과 해산하는 여인들에게 약속된 안전한 여행(8절)은, 메소포타미아로부터 약속의 땅으로 여행하는 중에 아들을 낳다가 죽은(창 35:16-19) 라헬에 대한 기억(15절)과 대조를 이룬다. 31:16-17에 있는 라헬에게 주신 약속은 31:7-14을 요약하고 있다. 즉 "네 자녀들이 돌아올 것이다"라는 것이다.

주석

7 "여호와여, 구원하소서"라는 호소는 "선포하라"와 "찬양하라"는 명령형을 통하여 명령된, 감사 혹은 찬양이 아닌 애가 장르와 어울린다. 그러나 이 위로의 책의 청중은 그 적절한 기도 형태가 애가가 되어야 하는 그러한 상황에 처해 있다(30:12-17을 보라). "이스라엘의 남은 자"라는 호칭은 과거의 고난과 현재의 궁핍을 집약해 준다. 사실상, 이 백성들은 8절에 따르면 포로에서부터 본국으로 돌아오면서 계속 울 것이다. 라난(רנן, "노래하다")이란 동사는 애가 2:19에서 절망적 궁핍의 부르짖음을 가리키고, 예레미야 5:8; 13:27은 말(馬)의 울음에 대해서 차할(צהל, "외쳐")을 사용한다. 이 단어들 가운데 하늘의 성스러운 음악은 들어 있지 않다.

"만국의 머리" 이스라엘과 "남은 자" 이스라엘 간의 가슴 아픈 긴장은 뒤이어 나오는 구절들 가운데 있는 하나님의 약속의 성취를 통해서만 해소될 것이다. 이스라엘은 단지 하나님의 선택 때문에 "머리"인 것이다(신 7:7-8; 32:8-9).

8 보우작(B. Bozak)은 첫 번째 시구를 이루고 있는 처음 네 단어에 포함되어 있는 계단 형식에 주의를 환기시킨다(*Life 'Anew'*, 83). 뒤따라오는 단어들은 각기 앞 단어의 끝에 있는 자음으로 시작된다. 그러므로 각 단어를 충분히 명확하게 발음하기 위해서 독자는 천천히 읽고 각 단어 사이를 끊어 읽어야 한다. 이러한 효과는 이 단락에 대한 기본적 약속을 강조하는 역할을 한다(참조. 30:10; 31:17).

예레미야 6:22에 따르면, 침입하는 군대인 "큰 나라"(גוי גדול – 고이 가돌)가 땅의 북편과 끝으로부터 온다(이 단어는 8절에 있는 단어들과 동일하다). 그러므로 포로민들이 한 군대로서가 아니라 "큰 무리"(קהל גדול – 콰할 가돌)로 돌아올 것이다. 그들 무리는 가장 저항력이 없는 여행자들, 전혀 군복무를 해본 적이 없는 자들, 곧 여행에서 가장 도움을 필요로 하는 사람들까지 포함할 것이다. 소경과 절뚝발이는 걷는 것까지도 도움을 받아야 하기 때문에 싸울 수 없는 자들이다(참조. 삼하 5:5, 8). 예레미야 30:6과 다른 곳에서 구로하는 여인의 고통은 공포로 인하여 무능력해진 남성에 대한 비유로서의 역할을 한다. 6:22과의 대조점들은 돌아오는 자들의 여호와에 대한 전적인 의존을 강조하고 있다. 그들은 그들 스스로의 힘으로는 본국으로 돌아올 수가 없다(에스드라 1서 5:2; 8:61은 귀환하는 포로민들이 그 길에서 만났던 위험의 단서를 제공한다).

소경과 절뚝발이 제사장들은 하나님을 섬기는 데서 제외되고(레 21:18), 산후의 여인들은 의식적으로 불결했다(레 12:1-8). 그들은 시온으로의 순례 여행에 합당치 못하다(12절). 어미들은 그 땅에서 다시 살아가는 데 필수적인 인물들은 아니지만, 여호와의 자비와 신실하심이 구속과 인도 행위 속에서 소경과 절뚝발이의 실질적인 포함을 통해 드러나고 있다. 만일 이들까지도 돌아오게 된다면 분명히 모든 사람이 여기에 포함될 수 있는 것이다. 다른 구절들에는 그들이 시온에 이를 때 소경과 절뚝발이들을 위한 치료가 약속되어 있으나(예를 들어, 사 35:5-6), 이 구절에는 없다.

9 위로의 책이라는 문맥 속에서 귀환하는 포로들은 회개하기 때문에 울 것이다(31:18-19). 9c절에서 이스라엘을 하나님의 아들 에브라임으로 밝힌 점은 18-19절에 있는 에브라임의 회개 기도와의 관련성을 암시한다. 하나님의 위로가 그들의 여행 길에서 그들과 함께 할지라도, 슬픔은 그들이 자신들의 목적지에 도달할 때에만

기쁨과 즐거움으로 바뀔 것이다(13절).

두 번째 시구에 있는 여행을 위한 여호와의 공급은 시적으로 다양한 방식으로 기능을 한다. 이것은 여행자들, 특히 8절에 열거된 사람들이 기나긴 여행에서 평안한 길과 풍부한 공급으로 어떻게 돌보심을 받을 것인지에 대한 실질적인 묘사다. 이 약속은 하나님께서 어떻게 광야에서 이스라엘을 보존해 주셨는지를 상기시켜 주며(출 17:1-7; 사 48:21), 시온을 향하여 올라가는 순례 길에 하나님께서 어떻게 도와주셨는지를 상기시켜 준다(시 23; 84:5-7). 만일 우는 것이 회개를 암시한다면, "바른 길"은 상징적으로 이해되어야 함과 동시에 구체적으로 이해되어야 할 것이다. 신실한 사람은 "바른"(ישׁר – 야샤르; 호 14:10[개역. 9]) 길인 여호와의 "길"(דרך – 떼렉)에서 행하며, 죄인들이 넘어지는 것처럼 "넘어지지"(כשׁל – 카샬) 않는다(호 14:10; 렘 6:15; 8:12; 20:11).

이러한 조심스러운 돌보심의 이유는 "나의 장자"(בכרי – 삐코리; 9절)요 "만국의 머리"(ראשׁ הגוים – 로쉬 하고임; 7절)인 이스라엘과 하나님의 특별한 관계 때문이다. 9c절의 어투는 여호와께서 다윗의 아들을 택하기로 약속하신 것처럼(삼하 7:14), 그리고 야곱이 손자들을 자기의 아들로 취할 때 그 형 므낫세보다 에브라임을 그 머리로 삼은 것과 같은 양자의 선택으로 말미암은 왕권을 가리킨다(창 48:5, 14, 17-20). 9c절의 구문론은 언약 공식의 그것과 유사하다(예를 들어, 31:1). 출애굽기 4:22에서 여호와께서 이스라엘을 "나의 장자"(בכרי – 삐코리)로 이름붙이신 사실은 하나님의 관점에서 위험에 처해 있었던 사실을 밝히면서 바로와 대결하실 기미를 나타낸다. 바꾸어 말하자면, 이스라엘은 자기들의 "아버지"로서의 하나님에게 신실하게 반응해야 했다(신 32:6; 렘 3:19). 가족 관계는 "구속"(גאל – 가알, 11절), "속량"(פדה – 파다, 11절) 그리고 "측은함"(נחם – 나함, 20절; 이는 motherly love[모성애]임 – 역자주)의 기초로서의 역할을 한다.

10 한 국가가 시온을 정복하기 위하여 "먼 섬"에서 왔었다(6:22). 이제는 그 열국이 여호와께서 자기들로부터 이스라엘을 구원하셨다는 사실을 그 정복자들의 본영토에서 선포하는 임무를 부여받는다. "이스라엘을 흩으셨던 장본인"은 정복한 대적이 아니라 하나님이셨다. 이스라엘의 고통 중 하나는 예레미야 30:17에 있는 바와 같이 열국의 목전에서 수치를 당하는 것이었다. 그들의 조소가 섞인 "아무도 그를 돌보지 않는다"는 말이 선한 목자의 보호에 대한 인식으로 대치될 것이다. 9b절에 있는 하나님의 약속들은 양 떼를 위하시는 목자의 행위다(시 23:2-3과 비교하라).

11 11절은 이 단락에서 유일한 완료형 동사를 사용하면서 "이는"(כִּי – 키)이 이끄는 설명을 제공한다. 종으로 팔린 사람들(출 21:8; 레 19:20) 혹은 여호와께 바쳐진 장자는 규정된 지불금이나 대속물로 속량(פדה – 파다)될 수 있었다(출 34:20; 레 27:27; 민 3:46-51; 18:15-17). 출애굽기 13:14-16에 따르면, 인간 가족들 중 장자의 속량은 "손의 힘으로"(בְּחֹזֶק יָד – 빼호제크 야드; 너무나 강하여 당할 수 없는 손[מִיַּד חָזָק מִמֶּנּוּ – 미야드 하자크 밈멘누) 여호와께서 애굽에서 이스라엘을 이끌어내셨던 하나의 상징으로서의 역할을 한다. "속량"은 신명기에서 이스라엘을 애굽의 노예 상태에서 구출하신 데 대한 전형적인 용어다(신 7:8; 9:26; 13:6[개역. 5]; 15:15; 21:8; 24:18). 이것은 예레미야서의 다른 곳, 15:21에서 단 한 번 나타난다. "구속"(גאל – 가알)은 가까운 친척이 빚을 청산하기 위하여 판 가족의 땅을 되돌려 사야 할 사람의 의무를 가리키는 법적 용어다(레 25:25; 렘 32:7, 8). 그러나 출애굽기 6:6; 15:15은 여호와께서 어떻게 이스라엘을 애굽에서 구출하셨는지를 묘사하기 위하여 같은 동사를 사용한다. 이사야 역시 이 단어를 바벨론의 포로로부터의 탈출에 적용하고 있으며(43:1; 44:22, 23; 48:20) 하나님을 "구속자"라고 부른다(59:20). 야곱은 선택 덕분에 "만국의 머리"가 될 수 있지만, 그는 세계를 지배하는 제국 아래서 여호와께서 그를 속량하시고 구속하시기까지는 약한 자로 남아 있어야 한다. 이사야 35:8-10 역시 시온으로 올라가는 구속받은 자들과 속량 받은 자들의 안전한 순례를 묘사하고 있다.

12-**14** 여호와께서 시온으로 돌아오는 구속받은 자들의 대연을 준비하실 것이다. 이 세 구절에 포함되어 있는 묘사는 즐거워함(12a, 13절), 잔치(12b-c, 14절)가 교차되어 있으며, 성전에서 갖는 순례 잔치(예를 들어, 시 84편)와 종말론적 연회(예를 들어, 사 25:6-10)에 대한 다른 모습들과 많은 면에서 유사점을 가지고 있다. 이 본문은 애가서 가운데 표현된 슬픔과 기근에 대한 배경과 대조되어 읽혀져야 한다(예를 들어, 2:19-20; 4:10; 5:9, 15). 이스라엘의 남은 자는 순례 여행이 그치는 것을 보았었다(애 1:4; 렘 41:4-8).

7절에서 명령된 바와 같이 소리치고, 또한 시편 34:6(개역. 5)에 있는 구원받은 자와 같이 빛나는 하나님의 백성들은 시온 산에서 베풀어지는 잔치에 참석할 것이다. 처녀와 청년과 노인이 함께 춤을 출 것이다(참조. 31:4; 성인 여성들은 관례상 제외된 것일까, 아니면 라헬이 울고 있기 때문인가?). 예레미야 6:26은 대적이 북으로부터 접근해 온다고 들었을 때 울라고 했었는데(6:22), 이 약속은 이전의 심판 신탁에서 반전이 되어 있다. 누군가의 죽음을 애도하는 것은 단순한 감정이 아니다.

즉 그것은 특별한 시기에 대한 통상적인 의식적 행위를 포함했다(예를 들어, 창 27:41; 50:10-11; 신 34:8; 스 4:3; 겔 24:17). 예레미야는 죽은 자가 장사지냄을 당하지도 못하고 애도를 받지도 못할 때인 정복당하는 시기의 두려움을 나타내기 위한 상징적 행위로서 그러한 행위를 하지 말라는 말씀을 들은 바 있다(16:1-9). 애도에 대한 물리적 표시들이 하나님에 의하여 치워지고 13절의 초두에 있는 춤과 같은 기쁨의 표시로 대치될 것이다(참조. 시 30:12[개역. 11]). 하나님의 위로는 이스라엘의 사망에 시달리는 상태에 대해 슬퍼하던 사람들이 다시 즐거워하게 되리라는 것이다. 선지자와 심지어 하나님까지도 그러한 슬픔을 경험했었다(렘 20:18; 8:18).

풍부한 양의 양식과 물이 묘사를 완성한다. 12b절에 열거된 식료품은 생활에 기본적인 필수품(호 2:8[개역. 10]) 혹은 성전 경내에서 예배하는 자들의 잔치 메뉴를 포함하고 있다. 만일 그들이 그 땅에 처음으로 들어갔을 때 부지런히 순종한다면, 하나님께서 곡식, 포도주, 기름, 가축, 양 떼의 산물에 복을 주실 것이라고 약속하신 바 있다(신 7:12-14). 제사장들이 희생 제물의 풍성한 재(דשן – 따쉔, 참조. 레 1:16)를 먹거나 마시는 것이 아니라, 재의 풍성함은 제사장들이 자기들의 응식을 받게 되는 그 희생 제물이 풍성하다는 증거다(레 7:28-36). 성전 건물에서 나온 물(시 46:5[개역. 4]; 참조. 겔 47:1-12)은 네 강으로부터 흘러나와 그 땅을 에덴 동산처럼 만들어 주었다(창 2:10-14). 12c절에 있는 이러한 에덴에 대한 암시는 풍성한 약속을 하나님의 임재의 축복에까지 확대시킨다. 성전에서 여호와의 선하심(טוב – 토브)을 볼 수 있었다(시 27:4; 참조. 시 36:7-9; 63:2-5[개역. 1-4]). 스미드는 이 잔치의 경험과 성전에서 여호와를 뵈옵는 것을 "복락원"이라고 지칭한다(M. Smith, "The Psalms as a Book for Pilgrims," *Int* 46/2[April 1992] 161).

12절에 있는 마지막 시구는 백성들의 궁핍한 상태로 되돌아온다. 하나님께서는 신명기 28:65의 언약적 저주(דאבון – 다아본, "쇠하다")와는 대조적으로 그들이 더 이상 배고픔으로 말미암아 쓰러지거나 영양 실조(구약성경에서 단 5회 언급되는 드문 어근으로부터 나온 다아바〈דאבה, "기력이 쇠하다"〉)로 인하여 쇠약해지지 않을 것이라고 약속하신다. 이 문단은 "내 은혜로 내 백성에게 만족케 하리라"는 요약적인 언약으로 결말을 맺는다. 육신적인 만족은 음식과 음료의 풍요(טוב – 토브)로부터 올 것이며, 영적 성취는 여호와의 임재라는 은혜(טוב – 토브; 출 33:19을 보라. 영어로는 goodness임 – 역자주)로부터 올 것이다.

해설

하나님의 은혜로 말미암아 대적이 침략해 왔던 길이 포로민이 돌아오는 길로 바뀌고, 그들의 길이 "시온으로 가는 순례의 대로"로 바뀔 것이다(시 84:5, NRSV). 아무도 육신적인 장애로 인하여 낙오되거나 길가에 주저앉지 않을 것이다. 아버지이신 하나님께서는 자신이 언젠가 애굽으로부터 구속하셨던 것처럼 구속받고 속량함을 받은 자기의 장자를 본국으로 이끌어들이실 것이다. 그들이 쇠약함으로 인하여 이스라엘 백성을 멸시하는 열국까지도 여호와께서 그들을 구원하시고 안전하게 돌아오게 하셨다는 소식을 알릴 것이다. 그들의 애도의 기간은 여호와의 선하심(은혜)을 맛봄과 동시에 끝날 것이다. 시온에서 풍성함을 누리는 잔치를 하고 하나님의 기뻐하심이라는 강수를 마시면서(시 36:9-10[개역. 8-9]), 이스라엘 백성들은 하나님을 아버지로, 목자로, 구속자로, 왕으로 알게 될 것이다. 그들은 종말론적 잔치라는 기쁨이 충만한 삶을 누리게 될 것이다(참조. 사 25:6-10). 한편으로 하나님의 백성들은 다음과 같은 시편의 말씀으로 노래할 것이다(시 27:13-14, P. Craigie, *Psalms 1-50*, WBC 19[Dallas: Word, 1991] 229의 번역).

> 내가 산 자의 땅에 있음이여
> 여호와의 은혜 볼 것을 믿었도다.
> 너는 여호와를 바랄지어다.
> 강하고 담대하며
> 여호와를 바랄지어다.

G. 돌아오라고 초대받은 라헬의 회개한 자녀들 (31:15-22[LXX 38:15-22])

참고문헌

Anderson, B. "The Lord Has Created Something New: A Stylistic Study of Jeremiah 31:15-22." *CBQ* 40(1978) 463-77(Repr. in *A Prophet to the Nations*, ed. L. Perdue and

B. Kovacs. Winona Lake: Eisenbrauns, 1984. 367-80). **Dresner, S.** *Rachel.* Minneapolis: Fortress, 1994. **Holladay, W.** "Jer. xxxi 22b Reconsidered: 'The Woman Encompasses the Man.'" *VT* 16(1966) 236-39. **Trible, P.** "Journey of a Metaphor." In *God and the Rhetoric of Sexuality.* Philadelphia: Fortress, 1978. 31-59.

본 문

15 나 여호와가 이같이 말하노라 라마에서 슬퍼
하며 통곡하는 소리가 들리니 라헬이 그 자식을
위하여 애곡하는 것이라 그가 자식이 없으므로
위로 받기를 거절하는도다
16 나 여호와가 이같이 말하노라 네 소리를 금하
여 울지 말며 네 눈을 금하여 눈물을 흘리지 말라
네 일에 갚음을 받을 것인즉 그들이 그 대적의 땅
에서 돌아오리라 여호와의 말이니라

17 나 여호와가 말하노라 너의 최후에 소망이 있
을 것이라 너의 자녀가 자기들의 경내로 돌아오
리라
18 에브라임이 스스로 탄식함을 내가 정녕히 들
었노니 이르기를 주께서 나를 징벌하시매 멍에에
익숙지 못한 송아지 같은 내가 징벌을 받았나이
다 주는 나의 하나님 여호와시니 나를 이끌어 돌
이키소서 그리하시면 내가 돌아오겠나이다
19 내가 돌이킴을 받은 후에 뉘우쳤고 내가 교훈
을 받은 후에 내 볼기를 쳤사오니 이는 어렸을 때
의 치욕을 진고로 부끄럽고 욕됨이니이다 하도다

20 에브라임은 나의 사랑하는 아들 기뻐하는 자
식이 아니냐 내가 그를 책망하여 말할 때마다 깊
이 생각하노라 그러므로 그를 위하여 내 마음이
측은한즉 내가 반드시 그를 긍휼히 여기리라 여
호와의 말이니라
21 처녀 이스라엘아 너를 위하여 길표를 세우며
너를 위하여 표목을 만들고 대로 곧 네가 전에 가
던 길에 착념하라 돌아오라 네 성읍 들로 돌아오
라
22 패역한 딸아 네가 어느 때까지 방황하겠느냐
여호와가 새 일을 세상에 창조하였나니 곧 여자

15 Thus says the Lord: A voice is heard in Ra-
mah,[a] wailing: 4+2 bitter weeping, Rachel, wee-
ping for her children, 3+2+4 refusing to be com-
forted concerning her children, for [b]they are not.[b]
16 Thus says the Lord: Hold back your [f sg]
voice from weeping 3+2 and your eyes from
tears, for there is reward for your work: 4+2+3
[a]oracle of the Lord[a] – they shall return from en-
emy territory.
17 [a]And there is hope for your posterity: 2+
2+3 oracle of the Lord[a] – [b]offspring shall return
to their borders.[b]
18 I have surely heard 2+2 Ephraim swaying
with sorrow. "You have disciplined me, and I
have been disciplined 2+3 like an untrained calf.
Return me so[a] I can return 2+4 because you are
the Lord my God.
19 For after I turned away[a] 3+1 I repented, and
after I came to know 2+2 [b]I slapped my thigh.
I was ashamed and even humiliated, 2+4 for[b] I
bore the disgrace of my youth."
20 Is[a] Ephraim my precious son, 4+3 [b]my
darling child? For as often as I speak[c] of him
3+3 I surely remember him again. Therefore my
inmost being[d] stirs for him; 4+2+2 I surely
have compassion for him – oracle of the Lord.
21 [a]Erect markers for yourself [f sg],[a] 3+3 set
up signposts[b] for yourself; pay attention to the
highway,[c] 3+2 [d]the road you walked.[d] Return,
Virgin Israel, 3+3 return to these[e] cities of yours.
22 How long will you turn this way and that,[a]
3+2 O daughter who turns[b] away? For the Lord

가 남자를 안으리라

has created[c] something new in the land: [d]Female encircles he-man.[cd]

원문주해

15.a. *BHS*는 수 18:25에서처럼 정관사를 포함시키기 위하여 모음 부호를 다시 붙일 것을 제안한다. LXX과 Syr은 장소 이름으로 번역하고 있다. Vg과 Tg은 보통명사를 가지고 있다.

15.b-b. MT은 단수형이고 고대 역본들은 복수형을 가지고 있으며, 그래서 *BHS*는 수정을 제안한다. 트라이블(Trible)은 이 문장을 강조적인 키(כי)로 시작되는 하나의 연설로 번역한다. 즉 "오, 여기에 하나도 없도다"("Journey," 40).

16.a-a. LXX에는 없다(참조. 17.a-a.).

17.a-a. LXX에는 없는데, 이것은 17b절을 16절로 연결짓는다.

17.b-b. LXX에서는 생략적 문장 모니몬 토이스 소이스 테크노이스(*μόνιμον τοῖς σοῖς τέκνοις*, "너희 자녀들을 위한 영원한 [장소가 있을 것이다]")이다.

18.a. 웨아슈바(ואשׁובה)를 권고형 목적의 종속절로 읽음; Waltke and O'Connor, *Hebrew Syntax*, 575를 보라.

19.a. LXX은 아이크말로시아스(*αἰκμαλωσίας*, "내 포로")를 가지고 있으며, 그래서 루돌프(Rudolph, 178), 할러대이(Holladay, 2:153), *BHS*는 쉬브이(שְׁבְיִי, "내 포로")로 고치고 쇼브티(שׁבתי〈שׁוב〉, "다시")를 덧붙인다. MT이 가능하지만, 이것은 LXX을 간주하지 않는다.

19.b-b. LXX의 에스테낙사 에프 헤메라스 아이스퀴네스 카이 휘페데익사 소이(*ἐστέναξα ἐφ' ἡμέρας αἰσχύνης καὶ ὑπέδειξά σοι*, "내가 수치의 날을 위하여 신음했고 너희에게 보였다")는 MT를 고쳐 쓴 것이고, Syr의 "내가 안식을 찾았다"는 옳지 않아 보인다.

20.a. LXX, Syr에는 의문사가 없다.

20.b. LXX, Syr에는 의문사가 없다.

20.c. *BHS*는 힌나크리(הִנָּכְרִי, "내가 스스로 그로부터 물러갔다")로 수정했다. 이 거절의 의미는 MT에 있는 전치사 베(ב)를 수정 없이 "…을 쳐서, 대항하여"(against, RSV)로 하여 "그를 쳐서 말한다"로부터 나왔을 수 있다.

20.d. 메아이(מעי, "내부 기관, 배, 내장")는 소화 기관 혹은 생식 기관에 대해서 사용되었다. 상징적으로는 감정의 좌소다.

21.a-a. LXX의 스테손 세아우텐 시온(*Στῆσον σεαυτήν, Σιων*, "스스로 설지어다, 오 시온이여")은 보기 드문 히브리어 명사 치우님(צִיֻּנִים, "표지들")에 대한 오독으로 보인다. 단수 명사는 "시온"과 같은 자음들을 가지고 있다.

21.b. *BHS*는 LXX에 있는 명백한 음역인 티모리안(*τιμωρίαν*)에 근거하여 달리 알려져 있지 않은 명사 티모림(תִּימֹרִים)으로 수정할 것을 제안한다. 이 히브리어 단어는 명사 티므라(תימרה, "종려나무 같은 기둥"; 〈 תמר)와 같은 "기둥들, 간판 기둥들"을 의미했을 것이다. 이것은 수정하도록 뒷받침해 주고 있는 형태인 아 3장에 나타나기도 하는, 20-22절에 나오는 세 개의 단어 가운데 두 번째 것일 것이다. MT은 31:15의 타므루림(תמרורים, "쓰라림")의 영향을 받았을 수도 있다. LXX은 "보응, 징벌"로 이해될 수도 있다.

21.c. LXX은 오이무스(*οἴμους*, "그 길로")를 읽으면서 에이스 투스 오무스(*εἰς τούς ὤμους*)라고 하고 있다.

21.d-d. LXX은 이 문구를 뒤따라오는 동사에 종속시키고 있다. K는 2:20에 있는 것처럼 고어체의 2인칭 여성 단수다.

21.e. 지시형용사 엘레(אלה, "이것들")는 예상된 정관사를 가지고 있지 않으며, LXX은 히브리어 아벨라(אֲבֵלָה; *BHS*가 이렇게 표현함) 혹은 올라(אֹלָה)에 해당하는 펜두사이(*πενθοῦσαι*, "슬퍼하는")를 가지고 있다. 할러데이(Holladay)는 이 지시형이 "아무것도 더해 주지 않고" 있기 때문에 만족스럽게 생각하지 않았고, 또한 이것이 문맥에 적합하지 않으므로 "슬퍼하다"란 독법을 거절한다(2:193). 그는 앞의 시구에 있는 한 쌍의 베울라(בְּעוּלָה, "결혼한 여인")와 베툴라(בְּתוּלָה, "처녀") 사이의 의미론상의 결합과 유음 현상에 근거하여 보알라(בֹּעֲלָה, "긍휼함으로")를 제안한다. 이 제안은 독창적이기는 하지만 귀환자들의 운명에 대한 언급을 제거한다(31:8과 비교하라).

22.a. 하마크(חמק, "한편에서 한편으로 돌아서다, 흔들리다")의 히트파엘형의 유일한 출현임.

22.b. *BHS*는 단어의 의미를 바꾸지 않는 하나의 모음의 변화를 제안한다.

22.c-c. LXX은 소테리안 에이스 카타 퓌튜신 카우넨, 엔 소테리아 페리엘류손타이 안드로포이(*σωτηρίαν εἰς κατα φύτευσιν καυνήν, ἐν σωτηρία περιελεύσονται ἄνθρωποι*, "새로운 파종을 위한 안전; 남자들은 안전한 가운데 돌아다닐 것이다")다.

22.d-d. *BHS*의 수정은 이 애매한 문장을 "저주받은 자가 여인으로 변화된다"로 해석하려고 시도한다.

양식/구조/배경

메신저 공식 문구는 이 시의 초두를 앞의 단락에서 했던 것처럼 표시한다. 23절에 있는 확대된 메신저 공식 문구가 다음의 주요 편집 단락을 시작하고 있지만, 16절에 있는 "나 여호와가 이같이 말하노라"는 이 문단 내에서 라헬을 향한 여호와의 연설의 말씀을 이끄는 기능을 한다. 이 시 가운데 셋으로 구분되는 대표적인 인물들, 즉 라헬, 에브라임, 처녀 이스라엘이 나타나고, 화자로는 하나님, 에브라임, 선지자가 번갈아 가면서 말하고 있기는 하지만, 이 문단은 일종의 "구상"에 의하여, 또한 중요한 단어들의 반복을 통하여 함께 묶여 있다. 예를 들어, 수브(שׁוּב, "돌아서다")란 어근이 15절과 20절을 제외하고 모든 구절에 나타나는데, 여덟 개 구절에 모두 아홉 번이나 등장한다. 15-17절의 바님 / 바네하(בנים / בניה, "자식")는 20절에서는 벤(בן, "아들")으로, 또한 22절에서는 바트(בת, "딸")로 나타난다. 타므루림(תמרורים, "쓰라림"; 개역 성경은 "통곡" 속에 함축됨 – 역자주)이 21절에서 "길표"를 의미하면서 다시 나타난다. "곡하는…소리가 들리니"(15절)로 시작하여, "돌아오라…패역한 딸아"(21절)로 마치는 이 형식은 3:21-22a절에 있는 짧은 시의 시작과 끝과 일치한다(31장과 3장 사이의 연결점들이 31:15-22의 "주석"에 인용되어 있다). 브라이트(Bright, 275-76), 앤더슨(Anderson, *CBQ* 40[1978] 468), 트라이블(Trible, "Journey," 40-50), 보우작(Bozak, *Life 'Anew'*, 92-105), 브루그만(Brueggemann, 64-65)은 모두 31:15-22을 하나의 작품 단위로 취급한다.

이 단락은 세 부분으로 이루어져 있는데, 각기 다른 화자 혹은 수신자를 가지고 있다. 15절에 있는 간략한 심판의 묘사는 31:2-3a처럼 하나의 설화적 서론 역할을 하고 있는데, 곧 16-17절에서 여호와의 연설의 수신인을 밝히고 있다. 라헬은 30:10에서 야곱에 해당하는 이스라엘의 여성 조상이다. 그녀는 본 장에서 하나의 국가로 소개되는 에브라임의 조모다(31:9, 18-20). 그녀의 애곡은 독자로 하여금 위로의 책의 암시된 청중, 곧 아직은 12-14절의 종말론적 순례 축제를 누리지 않고 있는 청중의 배경으로 돌아가게 한다. 메신저 공식 문구는 라헬을 향한 하나님의 위로의 말씀의 시작을 표시한다. 이 구원 신탁, 즉 16-17절은 두 개의 신탁 형식인 "여호와의 신탁"을 통하여 강조된다.

여호와의 연설은 18절에 있는 에브라임의 회개에 관한 기록 속에서 계속된다. 그 내용은 아들의 잃음을 슬퍼하는 고대의 여인으로부터 에브라임으로 의인화된 자녀로 전환되었다. 이 기록은 에브라임이 가책하는 상태를 묘사하고, 그의 회개의 기도를 인용하며, 또한 은혜를 베풀기로 하신 하나님의 결심을 생생하게 묘사한다.

세 번째와 마지막 단락은 본향으로 돌아오게 해 달라는 백성의 기도에 대한 하나님의 응답을 제공하고 있으나, 이것을 "패역한 딸" "처녀 이스라엘"에게 주신다. 22b절의 끝부분은 구원 신탁의 형식으로 되어 있는 신비적인 산문체 논평이다. 이곳에서 여호와는 3인칭으로 언급된다(참조. 30:21bβ-22; 24bβ-31:1에 있는 반사적인 산문체 논평들을 참고하라). 선포된 구원은 간결한 잠언 스타일로 표현되어 있다.

이 문단은 31:2-22에 있는 역순으로 된 연대기를 완성시킨다. 첫 번째 단락 31:2-6은 그 땅에서 생활하는 정착된, 그리고 그 열매를 먹는 이스라엘을 묘사하고 있다. 그 다음 단락 31:7-14은 포로지에서 시온으로의 귀환을 묘사하고 있으며, 이 시편 31:15-22은 백성이 거주하지 않는 땅을 보여 주고 있는데, 하나님께서는 백성들을 본국으로 되돌아오기 시작하도록 요청하시고 있다. 이 초청은 30:10에서는 야곱에게, 그리고 31:16-17에서는 라헬에게 주어진 약속을 성취한다.

여성형 단수들이 이 문단을 지배하고 있으며(31:15-17, 21-22), 계속해서 앞의 다섯 개의 편집 단위들에서 엇갈리는 패턴이 이어진다. 이 시에서는 세 명의 대표적인 인물인 라헬(15-17절)과 에브라임(18-20절)과 처녀 이스라엘(21-22절) 속에서 성(姓)이 여성-남성-여성으로 번갈아 나타난다.

주석

15 베냐민 지파에 위치한 라마는 예레미야 40:1에서 바벨론 포로지로 가는 길목에 있는, 유다와 예루살렘으로부터 끌려가는 포로민들을 위한 일시 정시 지점으로 거론되고 있다. 그들이 죽임을 당하거나 끌려갔으므로 자기 자식을 위하여 애곡하는 라헬을 묘사하기에는 이 곳이 적절한 위치다. 신약성경(마 2:18)과 유대인 전승(예를 들어, Dresner, *Rachel*, 152에서 인용한 Zohar 2.29b)은 죽임당하거나 버림받은 이스라엘 백성의 후세대들을 위하여 울고 있는 라헬을 본다. 할러대이(Holladay)는 빼라마(בְּרָמָה)를 장소 이름, 곧 "라마에서"로 읽는 데 반대하여 두 가지 논증을 제시한다(2:186-87). (1) 고유명사 "라마"는 주로 정관사를 취하지만 MT의 이 곳에서는 관사가 없다. (2) 라헬의 무덤의 위치에 대해 언급하고 있는 어느 곳(창 35:19-20; 삼상 10:2)에서도 그녀의 무덤을 라마로 말하고 있지 않고, 다만 사무엘서의 구절만이 이 곳을 베냐민의 영토라고 말한다. 그러나 그녀가 묻힌 장소는 문제가 되지 않는다. 31:15이 반드시 라헬의 영혼의 출몰을 묘사하고 있다는 추측만 하지 않는다면, 라헬의 통곡은 그 위치가 그녀의 무덤 장소에 제한되지 말아야 할 것이다. 보통명사 라마(רמה, "높이")는 불법 예배 장소에 대한 전문적인 용어로만 나타나고(겔 16:25, 31, 39; 삼상 22:6), 한 언덕에 대한 일반적인 단어로서는 나타나지 않는다.

라헬의 생애에 관한 이야기는 다른 이스라엘 조상들과는 무관하다. 그녀만이 유일한 무덤을 가졌으며 약속의 땅에서 본 거주지를 가지지 못했다(렘 30:3). 그녀는

"길에서" 죽었고(창 35:19), 그녀의 마지막 말은 서러움을 표현하고 있다(창 35:18). 모든 어머니가 자기 자녀의 생명을 살리기 위하여 자기의 생명을 포기하지는 않을 것이다(예를 들어, 렘 19:9; 애 2:20; 4:10; 왕하 6:28-29). 출산시에 있었던 라헬의 죽음은 그녀를 모성애의 위대성의 한 실례로 매우 확실하게 만들어 주고 있다. 라헬은 자기 자식을 잊지 못하는 한 어머니다(참조. 사 49:15).

16-17 라헬에 대한 주님의 위로는 31:13에 있는 "내가 그들의 슬픔을 돌이켜 즐겁게 하리라"는 약속의 성취를 나타낸다. 라헬이 15절에서 자기에게 자식(בניה – 바네하)이 없는 것으로 인하여 슬퍼하고 있으므로, 이에 대한 응답의 약속은 대적의 땅으로부터 자기들의 나라로 그 "자식" 혹은 "자녀"(בנים – 바님)가 귀환하는 것과 관계가 있다. 이 귀환은 그녀의 "일"(פְּעֻלָּה – 페울라)에 대한 보상 혹은 지불로 불린다. 이와 같은 단어가 이스라엘의 구원을 위한 하나님의 행위(시 28:5), 한 노동자의 일(렘 22:13) 혹은 임금(레 19:13)에 대해 사용된다. 라헬의 가장 최근의 일은 고대에 이스라엘 여인들이 행하던 일, 곧 애곡하는 일이었다(렘 9:16[개역. 17]). 루돌프(188)는 라헬의 일이 자녀를 기르는 것이라고 말하지만, 그녀는 살아서 자신의 아들들인 요셉과 베냐민의 성숙한 모습을 보지 못했다(이 단어는 구약성경에서 자녀를 출산하는 일에 대해서는 사용되지 않는다). "보상" 혹은 "지불"은 히브리어로는 세케르(שׂכר)로서 창세기 30장에서 중요한 단어다. 레아는 라헬에게 약간의 합환채를 주고 하룻밤 야곱과 동침했다(שׂכר – 세케르). 레아는 자신의 다음 아들을, 자기 여종을 야곱에게 첩으로(30:9-11) 준 것에 대해서 하나님으로부터 "지불"(שׂכר – 사카르) 받은 것으로 묘사했다. 야곱 자신은 라반으로부터 가축을 "임금"으로 지불 받았다. 창세기 30장에서 라헬은 자신의 불임을 치료해 주지 못했던 합환채만을 받았다. 이 약속 가운데서 "갚음"(שׂכר – 세케르)이란 단어를 사용한 것은 그녀의 자식들이 창세기 30:14-21에서 그녀가 받지 못했던 "보상" 혹은 "임금"이었음을 시사한다. 이 문맥 속에서 "후에 오는 것, 미래"(אחרית – 하하리트; 개역 성경에서는 "최후" – 역자주)는 특별히 "후세"를 의미한다. 라헬의 후손들은 그녀의 애곡에 대한 반응으로 주어진 주님의 약속으로 인하여 소망을 가진다.

18-20 부정사 절대형+완료형인 동사적 문장 구조는 에브라임의 기도를 이루고 있는 주님의 연설 가운데 18a절에 한 번 나타나고 20b-c절에 두 번 나타난다. 구문론과 문체 모두가 주님의 반응의 강렬함을 강조하고 있다. 세 개의 동사 "듣다"(שׁמע – 샤마), "기억하다"(זכר – 자카르), "긍휼히 여기다"(רחם – 라함)가 하나님의 구원을 위한 기도 가운데 나타나지만(예를 들어, 시 27:7; 64:2; 106:45; 렘

14:21; 18:20; 합 3:2), 이러한 통상적인 단어들은 에브라임의 회개 기도 가운데는 나타나지 않는다. 하나님의 응답은 그 요청을 넘어서서 이것을 그 본래 문맥 가운데 삽입한다.

"아니냐"(לֹא – 로)가 없는 웅변적 질문은 긍정적인 의미를 가질 수 있고(참조. 창 27:36), 그래서 이 시의 문맥(그리고 31:9)은 긍정적인 응답을 요구한다. 두 개의 수식어는 예레미야서에서 독특한 것이다. "사랑하는"(שַׁעֲשֻׁעִים – 샤슈임)은 이사야 5:7에 있는 유다 백성을 묘사하고 있으며, 잠언 8:31에서 의인화된 지혜를 하나님의 헌신된 돌보심의 대상으로 묘사한다. 본서에서 이스라엘에 대한 하나님의 연설은 모호하지도 냉담하지도 않으며, 그래서 번역자들은 뽀(בּוֹ)라는 전치사구를 "그에게 대항하여" 혹은 "그에 관하여"로 번역하는 것을 거부한다. 이 두 의미를 유지하도록 하는 할러대이의 결정은 가장 매력적인 것이다(2:191-92). 하나님에 의하여 말씀되는 것은 좋건 나쁘건 침묵보다는 들려져야 한다(참조. 암 8:12).

이 구절에서 주님의 행동은 여인들의 신체와 경험들로부터 유추된 비유로 표현된 강력한 감정들에 의하여 자극받게 된다. "내 마음"(מֵעַי – 메아이)과 주어인 마음과 함께 나오는 "자극하다"(המה – 하마; 개역 성경에서는 "측은한즉"임 – 역자주)가 예레미야(그리고 하나님)가 느낀 고통을 전달하기 위하여 예레미야 4:19에 나타난다. 31:20에 있는 표현은 구약성경의 다른 곳에서는 단지 두 번만 반복되는데, 이사야 16:11과 아가 5:4에서다. 아가서의 구절에서는 여인이 자기의 사랑하는 자가 문을 열고 손을 들이미는 것을 보고 반응하고 있다. "내 마음"은 일반적인 의미에서 내장일 수도 있으나, 이 단어는 여러 차례 특별히 남성(창 15:4; 삼하 7:12)이나 여성(예를 들어, 창 25:23; 룻 1:11; 시 71:6; 사 49:1)의 생식기를 가리킨다. 라함(רָחַם, "긍휼히 여겼다")이란 동사는 명사형 레헴(רֶחֶם, "자궁")과 같은 어근으로부터 나온 것이다. 자궁에 대한 이러한 두 가지 암시에 근거하여 그리고 다른 증거에 근거하여, 트라이블은 하나님이 말씀하시는 음성을 20절에서 어머니처럼 말하는 것으로 이해한다("Journey," 45). 이 시의 문맥 속에서 자기 자녀에 대한 어머니의 헌신은 이스라엘을 향한 하나님의 영원한 사랑의 성격을 가리킨다(31:3). 호세아 11:8-9은 이와 비슷하게 생생한 신인동형적 어투를 사용한다. 여성과 남성 모두가 그들 자신이 가족 내에서 이러한 경험을 했으므로 이러한 비유들을 이해할 수 있다.

에브라임은 자신을 "익숙하지 못한 송아지"로 묘사하고 있는데, 이는 호세아 10:11에 나오는 비유인 "길들인 암소"와 정반대의 것이다. 그는 하나님의 주권의 멍에 아래서 섬기기를 배우지 못했었다(참조. 2:20; 5:5). 예레미야서 전체를 통하여 이스라엘은 "징계를 받지 않았다"(לקח מוסר – 라카흐 무싸르; 즉 "교정을 받지 않았다" – 역자주; 2:30; 5:3; 7:28; 17:23; 32:33)는 책망과 함께 선지자들을 통하여 주신 하나님의 말씀을 반역하고 거절했다는 책망을 받는다. 위로의 책에서 대적의 손에 의하여 이스라엘이 당한 징벌은 그들의 죄로 인한 하나님의 공의로운 "훈련"(야싸르〈יסר〉 혹은 무싸르〈מוסר〉)이었다(30:11, 14). 에브라임은 이 훈련을 받아들였다. 18bα절에 있는 공식 문구를 통하여 그는 자신의 죄와 주님의 징벌의 효력을 인정하고 있으며, 18cβ절에서 그는 언약의 주님에게 복종하고 있다(3:22b과 비교하라).

복종에 대한 두 가지 표현이 이 기도에 들어 있는 유일한 요청을 둘러싸고 있는데, 곧 "나를 이끌어 돌이키소서(שׁוב – 수브) 그리하시면 내가 돌아오겠나이다(שׁוב – 수브)"이다. 주님의 주도권이 에브라임의 행동을 가능하게 만들 것이다. 고백은 19절에서 계속된다. 약간의 짤막한 구절들이 배교로부터 참회로의 과정을 제공한다. 즉 돌아섬, 가책, 인정, 수치, 모욕이다. 알지(ידע – 야다) 못한다는 것이 예레미야 4:22과 호세아서의 여러 구절(예를 들어, 4:1)에서 이스라엘을 쳐서 말한 죄악상이지만, 에브라임은 자책하는 가운데 알게(ידע – 야다) 되었다(눅 15:11-32에 나오는 탕자와 비교하라). 넓적다리를 치는 것(ספקתי על־ירך – 싸파크티 알-야레크)은 구약성경의 다른 곳, 즉 에스겔 21:17에서 단 한 번만 나타나는 의성적 표현인데, 그 곳에서도 역시 이러한 행위가 슬퍼하는 행동이다. "욕됨이니이다"(כלם – 칼람)가 그 다음 시구에 뒤따라온다. 그와 함께 두 개의 시구가 3:3과 대조를 이루고 있는데, 곧 백성들이 수치스럽게 생각지(כלם – 칼람) 않고, "창녀의 낯('이마' – NRSV)을 가졌다"고 책망한다. 몸짓은 영적 혹은 정서적 상태를 표현해 준다. "어렸을 때"(נעורי – 네우라이)에 대한 언급은 죄에 대한 변명이 아니라 에브라임이 얼마나 오래 전부터 주님으로부터 떠나갔는가에 대한 고백이다(참조. 3:24-25).

21-22 여호와께서는 돌아오라(שׁוב – 수브)는 요청과 함께 에브라임의 기도에 응답하신다. 상징적으로 해석된다면, 언젠가 밟았던 그 길이 그들이 하나님과의 평화를 가졌던 옛적 길 곧 "선한 길"(렘 6:16) 혹은 "닦은 길"(סלולה – 쎌룰라, 18:15)일 수 있었다. 구체적으로 말해서, 이 길은 그 땅과 시온으로 돌아가는 순례의 대로가 되는 길로서 이전에 포로가 되어 갔던 도로다(참조. 31:7-14). 31:9에 있는 "바른 길"은 이중적 의미의 가능성을 가졌다("주석"을 보라). 이스라엘은 이편에서

저편으로 돌아가는 일을 중단하기로 결심해야 하며, 길표(돌 유물, markers)와 표목(돌 기둥, signposts)으로 그 길을 표시하라는 도전을 받아들여야 한다. 여호와께서는 사로잡거나 강요하지 않으신다. 라헬이 슬퍼하며 통곡하는 것(תמרורים – 탐루림; 15절)이 처녀 이스라엘이 세운 "표목"(תמרורים – 탐루림)으로 나타나며, "길표"(צִינִים – 치유님)는 대로와 함께 무덤의 위치를 암시할 수 있다(예를 들어, 왕하 23:17).

에브라임의 기도에 대한 응답이 처녀 이스라엘에게 주어진다. "처녀 이스라엘"이 처음으로 나타나는 21:2-6에서처럼, 배역한 아내로서의 이스라엘의 이전 상태에 대한 언급은 없다(참조. 3:1-2, 20). 그러나 이 단락에서 3장에 대한 여러 암시들("주석"에 설명되어 있음)이 두 구절을 함께 묶고 주님의 은혜를 드러내는 상호 참조의 역할을 한다. "패역한 딸"(השׁובבה – 하쇼베바; 22절)은 3:14의 "배역한(שׁובבים – 쇼바빔) 자식들"과 연속성이 있으나, 모든 나무 아래서 간음을 행한 "배역한(משׁבה – 메슈바) 이스라엘"(3:12-13)은 처녀 이스라엘로 전환되었다.

22b절의 구원 신탁은 "딸"로서의 이스라엘이 흔들리기를 그치고 여호와와 그 땅으로 돌아올 이유를 제공한다(키[כי, "이는"]라는 접속사를 유념하라). 하나님이 창조하신 "새 일"은 매력적인 어떤 것, 그리고 처녀 이스라엘의 모습에 있어서 백성에 대해 재확인하는 것으로 이해되어야 할 것이다. 비록 이러한 불가사의한 말씀의 의미에 대한 일치된 의견이 있을 것 같지는 않을지라도, 이 문맥은 가능성 있는 경계 범위를 정해 주고 있다.

빠라(ברא, "창조하다")란 동사는 예레미야서에서 단 한 번 사용되었다. 구약성경에서는 여호와께서 이 단어의 유일한 주인공이시다. 이 단어는 창세기에서처럼 첫 창조 시에, 그리고 종말론적 문맥 속에서 재창조 혹은 새 창조를 위하여 가장 자주 사용되었다. 이사야 65:17-18은 "보라 내가 새 하늘과 새 땅(ארץ חדשׁה – 아레츠 하다샤)을 창조하나니", 그리고 "내가 예루살렘으로 즐거움을 창조하며 그 백성으로 기쁨을 삼고"라고 약속하신다. 신탁의 나머지 부분은 더 이상 울지 않고, 모두가 장수하고, 성공적인 잉태를 하고, 가옥에 거주하며, 수확물을 먹을 것을 약속한다. 이러한 내용은 예레미야 31장에 나오는 약속과 유사하다. 민수기 16:30의 "만일 여호와께서 새 일(בריאה, 성경에 단 한 번 나오는 단어)을 행하신다면"은 자연사와는 대조가 되는 하나님의 심판 행위를 가리킨다. 출애굽기 34:10에서 여호와께서는 이스라엘을 다른 모든 열국들로부터 구별하실, 이스라엘을 위한 놀라운 일을 창조하실 것을 약속하신다. 그러므로 "창조하다"(ברא – 빠라)의 광범위한 목적어가 들어 있을 가능성이 있다. 약속된 "새 일"은 "세상에" 있을 것인데, 이 단어는 30:3에 있는 서론으로 되돌아가서 그것을 가리키는 단어다. 위로의 책은 이스라엘과 유다에 대해 언젠가 조상들에게 주셨던 땅으로 하나님께서 회복시키실 일에 관한 것이다.

22절의 끝에 있는 세 단어로 된 말씀도 역시 위로의 책의 다른 곳에서는 발견되지 않는 어휘를 사용한다. 비교적 드문 세 개의 단어는 하나의 독특한 배열로 나타난다. "여자"(נקבה – 네케바)는 인간과 동물 모두에게 사용된 하나의 법적인 범주다. 인간과 관련하여 사용될 때마다 민수기 31:5(전쟁에서의 여성 포로)과 예레미야 31:22을 제외하고 "남자"(זכר – 제케르)와 쌍을 이룬다. "여자"(נקבה – 네케바)는 예레미야서에서 이 구절을 제외하고는 결코 능동 동사의 주어가 되지 않는다. 이 호칭은 하나의 범주에서 익명의 호칭이다. 이 구절에서만 한 개인 대표가 그 범주와 행위에서 나타나며, 게다가 그녀는 익명으로 남아 있다. "여자"는 창세기 1:27(그리고 5:2)에서 "창조"의 대상이며, 1:28에 있는 축복과 명령의 수납자다. 남녀 인류는 함께 땅(הארץ – 하아레츠)을 경작하고 다스려야 한다. "여자가 남자를 안으리라"는 한 남편을 발견하는 것과 관련된 것이라기보다는 출산과 관련된 것이라고 보는 것이 더 옳을 텐데, 왜냐하면 남편이 없이는 30-31장에서 일어난 문제가 없기 때문이다(Carroll, 602와 비교하라). 자손을 낳아서 성인(גבר – 게베르)으로 성장시킬 수 있는 축복은 오직 하나님으로부터 온다(P. Scalise, "'I Have Produced a Man with the Lord': God as Provider of Offspring in Old Testament Theology," *RevExp* 91[1994] 581-86). 하나의 성인을 가리키는 명사가 구약성경의 "출산 선포"에서 부적당한 위치는 아니다. 창세기 4:1의 "남자"(איש – 이쉬)와 욥기 3:3의 "남아"(גבר – 게베르)를 비교하라. 이 시의 문맥 속에서 구원 신탁은 풍요의 갱신, 어미의 팔로 아들들의 돌아옴을 약속하고 있다.

싸바브(סבב)란 동사는 신명기 32:10; 시편 32:10에서처럼 "보호"의 의미로 "둘러싸다"를 의미할 수 있다. 이 약속은 남자들이 너무나 공포에 질려서 싸울 수 없었으므로 구로하는 여인들처럼 행동하고 있는 예레미야 30:6의 패배의 상황을 변화시킬 것이다. 칼빈은 22b절을 30:6에서 여인들과 같았던 이스라엘의 군대가 자기들의 대적들보다 더 강하게 될 것이라는 선포로 이해한다(4:14-15). 할러대이(Holladay)는 다른 한 가지를 덧붙이면서 이 해석을 받아들이고 있는데, 이것을 더 중요한 것으로 생각한다(2:195). 즉 미래에 하나님께서 창조하시고, 여자가 남성의 역할을 하여 주도권을 쥐고 통치권을 떠맡으리라는 것이다(아 3:2에서 자기의 사랑하는 자를 찾아다니면서 성을 돌아다니고 있는 여인[אסובבה – 아쏘브바]과 비교하라). 톰슨(Thompson)은 그녀를 "아마존의 어떤 것"으로 부른다(576). 캐롤도 역시 이 시구를 30:6과의 인클루시오(inclusio)로 보지만, 이것을 남자들이 용사들이 되는 것이 아니라 "용사들이 여인들이 될 것이다"라는 저주의 제거로 본다. "새" 일은 여인들이 자기들의 여성으로서의 역할로 되돌아오고 더 많은 용사들을 낳게 되리라는 것이다(602-3). 보우작(*Life 'Anew'*, 104) 역시 하나의 저주의 반전으로 보고 있지만, 그녀는 창세기 3:16의 "남편은 너를 다스릴 것이니라"를 지적한다. 이러한 반전과 변화는 남편들을 간절히 사모하지만 그들의 사랑을 받지 못하는 레아와 같은 아내들이 더 이상 없을 것이라는 사실을 의미한다(창 30:15-16).

언어 유희가 "패역한 딸"(הַשּׁוֹבֵבָה – 하쇼베바)로 표현된 현재의 상황과 하나님이 창조하신 새 일, 즉 "안을"(תְּסוֹבֵב – 테쏘베브) 여자를 연결짓고 있다. 이 언어 유희는 여자가 처녀 이스라엘인 "딸"과 동일하다는 사실과, 이 구원 신탁이 이스라엘의 궁핍한 상황과 반전된 상황을 선언하고 있다는 사실을 암시한다. 하나님께서는 처녀 이스라엘을 위하여 흔들리지 않고 하나님에게로 돌아올 능력을 공급해 주실 것이다. 백성들은 예배하러 하나님 주변으로 모일 것이다(סבב – 싸바브; 참조. 시 26:6). "남자"(גבר – 게베르)는 이 본문에서 하나님을 가리킬 것이다. 하나님에게 적합한 호칭은 "용사"(איש מלחמה – 이쉬 밀하마; 출 15:3)와 "능하신 자"(הגבור – 하깁보르)이다. 이 해석의 유리한 점은 31:31-34에 약속된 새 언약(ברית חדשה – 뻬리트 하다샤)과 조화된다는 데 있다(E. Martens, *Jeremiah, Believers Church Bible Commentary*[Scottdale, PA: Herald Press, 1986] 194). 하나님의 새로운 역사는 영적 회복을 가능하게 하며(31:22) 이스라엘의 신실성을 유지하는 일도 가능하게 한다(31:34).

31장에서 처녀 이스라엘은 역시 집이나 성벽이나 계단식으로 된 밭, 그리고 자녀들의 재건을 필요로 하고 있다(4절; 참조. 창 30:3에 있는 자식을 "얻다"[בנה – 바나]). 여호와께서는 그들을 세우실 것을 약속하셨고(4절), 라헬의 자식을 회복시키기로 약속하셨다(15절).

22절의 불가사의한 말씀은 위로의 책 전체를 요약하고 있는 것으로 무게를 실어주어서는 안 될 것이다. 만일 22절의 언어 유희가 이 문맥 속에 포함되어 있는 말씀을 해석하는 열쇠라면, 그 의미는 처녀 이스라엘의 가장 중요한 문제들, 즉 그들의 하나님으로부터의 소외와 그의 무자(無子)와 관련되어 있다. 본 장에서 이스라엘은 여호와께로의 영적, 지리적 회복과 자손의 축복을 약속 받는다. 이 두 약속은 이스라엘의 경험상 한 남편이 그의 음행을 저지른 아내와 다시 혼인할 수 없고(3:1-2) 아버지와 어머니가 언제나 자기들의 자녀가 자라서 성숙한 모습을 볼 수 없으므로 "새로운 어떤 것"이다.

해설

위로의 책에 선포된 구원은 인간 생존에 대한 구체적인 필요성들을 포함한다(참조. 사 65:17-25). 두 가지 사실이 전에 그 땅에서 보지 못했던 "새 것"이다. (1) 3장에서 창기로 불리고 있는 부정한 이스라엘은 하나님에게로 돌이키게 될 것인데, 이런 일은 결코 없었던 일이다(3:1-2). (2) 애곡이 기쁨으로 변할 것이다. 이 단락, 곧 31:15-22은 새 창조가 일어나는 하나님의 사랑의 깊이를 보여 주고 있다. 하나님과 이스라엘에게 새로운 정체성들의 창조는 그들의 관계를 위한 새로운 가능성을 열어 준다. 여호와께서는 버려진 남편의 역할로부터(3:20) 부모의 역할로 나타난다. 간음하고 창기가 된 이스라엘은 처녀 딸로 재창조된다. 하나님께서는 이스라엘에게 아버지처럼 되기를 원하셨으나(3:19), 그들은 스스로 부정한 자로 입증되었다(3:21). 31:15-22에서 가족을 잃은 여(女)가장과 같은 라헬처럼, 여호와께서는 귀한 자식인 에브라임과 사랑하는 딸 이스라엘이 돌이키기를 바라고 계신다. 하나님의 사랑과 은혜는 자기 자식을 낳으면서 죽어 가는 어머니의 사랑보다 더 깊어서, 그들의 죄에도 불구하고 화목케 하시고 죽음을 이기게 하신다.

H. **새 언약과 다른 약속들**(31:23-40[LXX 38:23-40])

참고문헌

Baltzer, K. *The Covenant Formulary in Old Testament, Jearish, and Early Christian Writings.* Tr. D. Green. Philadelphia: Fortress, 1971. **Brueggemann, W.** "A Shattered Transcendence? Exile and Restoration." In *Old Testament Theology: Essays on Structure, Theme, and Text*, ed. P. Miller. Minneapolis: Fortress, 1992. 183-203. **Childs, B. S.** *Old Testament Theology in a Canonical Context.* Philadelphia: Fortress, 1985. **Crenshaw, J.**

"*YHWH Ṣ^{e}ba'ot Š^{e}mo*: A FormCritical Analysis." *ZAW* 81(1969) 156-75. **Eskenazi, T.** "Hananel, Tower of." *ABD* 3:45. **Fishbane, M.** "Accusations of Adultery: A Study of Law and Scribal Practice in Numbers 5:11-31." *HUCA* 45(1974) 25-43. **Geva, H.** "The Western Boundary of Jerusalem at the End of the Monarchy." *IEJ* 29(1979) 84-91. **Hauge, M. R.** "Some Aspects of the Motif 'The City Facing Death' of Ps 68,21." *SJOT* 1(1988) 1-29. **Herion, G.** "Gareb." *ABD* 2:907. ______. "Goah." *ABD* 2:1040. **Hillers, D.** *Covenant: The History of a Biblical Idea.* Baltimore: The Johns Hopkins UP, 1969. **King, P.** *Jeremiah: An Archaeological Companion.* Louisville: Westminster/John Knox, 1993. ______. "Jerusalem." *ABD* 3:747-66. **McAlpine, T.** *Sleep, Divine and Human, in the Old Testament.* JSOTSup 38. Sheffield: JSOT Press, 1987. **Mettinger, T.** *In Search of God: The Meaning and Message of the Everlasting Names.* Tr. F. Cryer. Philadelphia: Fortress, 1988. **Simons, J.** *Jerusalem in the Old Testament.* Leiden: Brill, 1952. **Smith, E. J.** "The Decalogue in the Preaching of Jeremiah." *CBQ* 4(1942) 197-209. **Weinfeld, M.** "Jeremiah and the Spiritual Metamorphosis of Israel." *ZAW* 88(1976) 17-56.

본 문

23 나 만군의 여호와 이스라엘의 하나님이 이같이 말하노라 내가 그 사로잡힌 자를 돌아오게 할 때에 그들이 유다 땅과 그 성읍들에서 다시 이 말을 쓰리니 곧 의로운 처소여, 거룩한 산이여, 여호와께서 네게 복 주시기를 원하노라 할 것이며	**23** Thus says the Lord of hosts, the God of Israel: This word will be said again in the land of Judah and in her cities when I bring about their restoration, [a]"May the Lord bless you, dwelling of righteousness, O mountain of holiness."[a]
24 유다와 그 모든 성읍의 농부와 양 떼를 인도하는 자가 거기 함께 거하리니	**24** Judah and all its cities will dwell in it together, farmers and [a]the ones who travel[a] [b]with a flock.[b]
25 이는 내가 그 피곤한 심령을 만족케 하며 무릇 슬픈 심령을 상쾌케 하였음이니라 하시기로	**25** For I will make the weary drink their fill, and every languishing[a] person I will replenish.
26 내가 깨어 보니 내 잠이 달았더라	**26** "Thereupon I awoke and looked,[a] and my sleep was pleasant to me."
27 여호와께서 가라사대 보라 내가 사람의 씨와 짐승의 씨를 이스라엘 집과 유다 집에 뿌릴 날이 이르리니	**27** Behold, days are coming—oracle of the Lord—when I will sow the house of Israel and the house of Judah with human seed and with animal seed.
28 내가 경성하여 그들을 뽑으며 훼파하며 전복하며 멸하며 곤란케 하던 것같이 경성하여 그들을 세우며 심으리라 여호와의 말이니라	**28** Just as I have watched over them [a]to pluck up, to break down, to overthrow, to destroy, and to bring evil,[a] so shall I watch over them to

29 그 때에 그들이 다시는 이르기를 아비가 신 포도를 먹었으므로 아들들의 이가 시다 하지 아니하겠고

30 신 포도를 먹는 자마다 그 이가 심같이 각기 자기 죄악으로만 죽으리라

31 나 여호와가 말하노라 보라 날이 이르리니 내가 이스라엘 집과 유다 집에 새 언약을 세우리라

32 나 여호와가 말하노라 이 언약은 내가 그들의 열조의 손을 잡고 애굽 땅에서 인도하여 내던 날에 세운 것과 같지 아니할 것은 내가 그들의 남편이 되었어도 그들이 내 언약을 파하였음이니라

33 나 여호와가 말하노라 그러나 그날 후에 내가 이스라엘 집에 세울 언약은 이러하니 곧 내가 나의 법을 그들의 속에 두며 그 마음에 기록하여 나는 그들의 하나님이 되고 그들은 내 백성이 될 것이라

34 그들이 다시는 각기 이웃과 형제를 가리켜 이르기를 너는 여호와를 알라 하지 아니하리니 이는 작은 자로부터 큰 자까지 다 나를 앎이니라 내가 그들의 죄악을 사하고 다시는 그 죄를 기억지 아니하리라 여호와의 말이니라

35 나 여호와는 해를 낮의 빛으로 주었고 달과 별들을 밤의 빛으로 규정하였고 바다를 격동시켜 그 파도로 소리치게 하나니 내 이름은 만군의 여호와니라 내가 말하노라

36 이 규정이 내 앞에서 폐할진대 이스라엘 자손도 내 앞에서 폐함을 입어 영영히 나라가 되지 못하리라

37 나 여호와가 이같이 말하노라 위로 하늘을 측량할 수 있으며 아래로 땅의 기초를 탐지할 수 있다면 내가 이스라엘 자손의 행한 모든 일을 인하

build and to plant.

29 In those days it will no longer be said, "Parents have eaten sour grapes and children's teeth are numb."[a]

30 But each person shall die for his or her own sin. Every person who eats the sour grapes, that one's teeth shall be numb.[a]

31 Behold, days are coming – oracle of the Lord – when I will make with the house of Israel [a]and with the house of Judah[a] a new covenant,

32 not like the covenant which I made with their ancestors[a] on the day when I grasped them by their hand to bring them out from the land of Egypt. It was they who broke my covenant, [b]although I was master over them like a husband[b] – oracle of the Lord.

33 But this is the covenant which I will make with the house[a] of Israel after those days – oracle of the Lord: [b]I will put my instruction in the midst of them, and upon their heart I will write it. I will be their God, and they shall be my people.

34 They shall not teach their neighbor or their kin anymore, saying, "Know [pl] the Lord," because all of them shall already know me, from the least to the greatest of them – oracle of the Lord – for I will forgive their iniquity, and their sin I will not remember anymore.

35 [a]Thus says the Lord, the one who sets the sun to light the day, 4+3+2+4+3 [b]the one who establishes[b] the moon and stars to light the night, [c]the one who stirs up the sea[c] so its waves roar, the Lord of hosts is his name:

36 If these statutes were to depart from before me – oracle of the Lord – then the offspring of Israel would cease from being a nation before me for all time.

37 [a]Thus says the Lord:[a] If the heavens could be measured[a] above[c] and the foundations of the earth could be explored[d] below, then I would

여 그들을 다 버리리라 여호와의 말이니라

38 나 여호와가 말하노라 보라 날이 이르리니 이 성을 하나넬 망대에서부터 모퉁이 문까지 여호와를 위하여 건축할 것이라

39 측량줄이 곧게 가렙 산에 이르고 고아 방면으로 돌아

40 시체와 재의 골짜기와 기드론 시내에 이르는 데까지와 동편 말문 모퉁이에 이르기까지의 모든 밭에 이르리니 다 여호와의 성지가 되고 영영히 다시는 뽑히거나 전복되지 아니하리라

cast off all[e] the offspring of Israel[f] because of everything they have done – oracle of the Lord.

38 [a]Behold, days are coming[a] – oracle of the Lord – when the city of[b] the Lord shall be rebuilt, from the tower of Hananel to[c] the Corner Gate.

39 The measuring line[a] shall go forth again opposite it[b] on[c] Gareb Hill and turn around toward Goah,[d]

40 [a]and the whole[b] valley,[c] the corpses and the ashes,[a] and all the terraces[d] as far as[e] the brook Kidron, as far as the corner of the Horse Gate eastward, shall be holy to the Lord. It shall not be uprooted or overthrown again forever.

원문주해

23.a-a. LXX은 시온보다는 하나님을 찬양하고 있다. 즉 율로게메노스 퀴리오스 에피 디카이온 오로스 토 하기온 아우투(*Εὐλογημένος κύριος ἐπὶ δίκαιον ὄρος τὸ ἅγιον αὐτοῦ*, "의로운 거룩한 산에 계시는 여호와께서 찬양받으소서").

24.a-a. MT의 "그리고 그들이 여행할 것이다"는 명사들의 목록에는 어울리지 않으며, LXX의 카이 아르데세타이(*καὶ ἀρθήσεται*, "그리고 그들이 나아갈 것이다")도 역시 그러하다. *BHS*는 *α´*, *σ´*, Tg, Vg에서처럼 연계형 분사 웨노쎄이(**ונסעי**, "그리고 여행하는 자들")를 제안한다.

24.b-b. 여러 필사본들은 정관사를 덧붙이고 있다. 빠에다(**בָּעֵדָה**, "그 무리와 함께").

25.a. MT의 완료형 따아바(**דָּאֲבָה**, "쇠하다", 3인칭 여성 단수)는 문장 구조에 쉽게 어울리지 않는다. 아쉐르(**אשׁר**, "who"; Carroll, 605)를 덧붙이거나, 혹은 형용사 떼에바(**דְּאֵבָה**, "쇠약해지는")로 모음 부호를 바꾸라.

26.a. *BHS*는 와르웨(**וארְוֶה**, "그리고 내가 소생되었다")로 수정할 것을 제안하지만 그러한 변화를 지지할 증거가 없다.

28.a-a. MT에 있는 다섯 개의 부정사 대신에, LXX은 두 개의 카다이레인 카이 카쿤(*καθαιρεῖν καί κακοῦν*, "파괴시키고 재앙을 가져오도록")만을 가지고 있다. MT의 목록은 1:10을 반영한다.

29.a. 할러데이(Holladay)의 번역은 Vg의 *obstipuerunt*("마비되었다")를 따른다.

30.a. "원문주해" 29.a를 보라.

31.a-a. *BHS*와 루돌프(Rudolph, 201)는 이 문구를 33절에서 빠진 것을 인용하고 있는 하나의 첨가물로 제거했다.

32.a. 같은 단어가 29절에서 "부모"로 번역된다.

32.b-b. LXX의 카이 에고 에멜레사 아우톤(*καί ἐγὼ ἠμέλησα αὐτῶν*, "그리고 나는 그들을 몹시 싫어했다")은 히 8:9에서처럼 가알티(געלתי, "내가 몹시 싫어했다")로부터 나온 것이다.

33.a. 소수의 필사본에는 베네(בני, "아들들/의 자녀들")로 되어 있다. MT의 35-36절은 37-38절 사이에 있다.

33.b. 여러 필사본은 MT의 완료형에 와우 연속법, 즉 웨나타티(ונתתי, "그리고 내가 둘 것이다")를 덧붙인다. 완료형은 예언적 의미에서는 고립될 수 있었다. GKC § 106n.

35.a. LXX에서는 37절로, 이것은 37절과 38절 사이에 MT의 35-36절을 둔다.

35.b-b. LXX에는 없다. 얀젠(Janzen, *Studies*, 49)과 할러대이(2:155)는 이것을 36절에서 침입해 들어온 것으로 삭제한다. *BHS*는 노텐(נֹתֵן, "세우는 자")과 평행을 이루도록 하기 위하여 호퀘크(חֹקֵק, "명하신 자")로 수정할 것을 추천한다.

35.c-c. LXX은 카이 크라우겐 엔 달라쎄(*καί κραυγὴν ἐν θαλάσσῃ*, "그리고 바다에서 파도 소리를 낸다")를 가지고 있는데, 이는 MT보다 덜 신인동형적인 표현이다.

37.a-a. LXX에는 없는데, 여기서 이 구절은 34절을 따르고 있다.

37.b. LXX의 휩소데(*ὑψωθῇ*, "일으켜졌을 수 있다")인데, 이는 야루무(יָרֻמוּ, "일으켜졌을 수 있다")로부터 나온 것으로 MT의 ימדו("측량되어졌을 수 있다")를 오사(誤寫)한 것일 수 있다.

37.c. LXX은 본 절에 있는 마지막 두 문장 사이에 균형을 이루고 있는 페신 퀴리오스(*φησὶν κύριος*, "여호와의 신탁")를 가지고 있다.

37.d. LXX의 타페이노데(*ταπεινωθῇ*, "가라앉을 수 있다")는 본 절 상반절에 있는 "일으켜졌을 수 있다"와 대조된다.

37.e. LXX에는 "모든"이 없다.

37.f. LXX에서는 페신 퀴리오스(*φησὶν κύριος*, "여호와의 신탁")가 본 절의 끝에 있는 대신에 여기에 있다.

38.a-a. 여러 필사본들의 Q와 역본들이 이렇게 번역하고 있다(즉 "보라, 날이 오고 있다"). *BHS*는 빠임(באים, "오고 있다")이 그 다음에 이어지는 단어 네움(נאם, "신탁")과의 유사성으로 인하여 소실되었다고 암시한다.

38.b. "주석"을 보고 31:4을 참고하라.

38.c. MT에는 이 전치사가 누락되어 있다. 이것은 중자탈락을 통하여 소실되었을 수 있는데(*BHS*가 그러하다), 왜냐하면 앞의 단어가 라메드(ל)로 끝나고 있기 때문이다. LXX에는 헤오스(*ἕως*, "…하는 한")로 되어 있다.

39.a. Q와 K는 구문이 변형된 것들이다(참조. 왕상 7:23).

39.b. LXX은 38절에 언급된 두 장소를 가리키는 아우톤(*αὐτῶν*, "그 곳들 중에서")을

가지고 있다. *BHS*는 "남쪽으로"로 수정하기를 제안한다.

39.c. 몇몇 LXX 필사본들과 Tg은 원래 아드(עד, "에게, 까지")였음을 암시한다.

39.d. 역본들은 이 장소에 대해 상당히 많은 차이가 나는 호칭들을 가지고 있다. LXX은 퀴클로 엑스 에클렉톤 리돈(*κύκλῳ ἐξ ἐκλεκτῶν λίθων*, "좋은 돌들로 된 성벽"), *α΄*, *σ΄*는 예루살렘에 위치한 가바다(*Γαβαθα*, "가바다"), Syr, Tg는 *lbrjktʾglʾ*, "값진 돌들의 연못으로"(예루살렘에 있는 값진 돌에 관해서는 사 54:11-12을 참고하라).

40.a-a. LXX에는 없다. 할러데이(2:155)는 이것을 주석이라고 부른다.

40.b. *BHS*는 노카흐(נֹכַח, "…앞에")를 덧붙일 것을 제안하지만, 이를 증거하거나 설명할 길이 없다.

40.c. *BHS*는 우므콤(וּמְקוֹם, "그리고 …의 장소")이 중자탈락으로 소실되었으며 다시 삽입되어야 한다고 생각한다. 왈키와 오코너(Waltke and O'Connor, *Hebrew Syntax*, 231)는 뒤따라오는 문구를 자료의 동격으로 말한다. 즉 "온 골짜기, 죽은 시체들과 재들이 던져진 곳."

40.d. 많은 필사본들은 Q의 하슈데모트(השדמות, "계단들")를 따른다(Holladay, 2:200; King, *Jeremiah*, 157-59). LXX은 K를 음역하고 있는데, 이것은 달리 알려진 바가 없는 단어다. 이 단어는 Syr에서는 누락되어 있다. Tg은 *ʾadjtʾ*(물댄 들판)를 가지고 있다. Vg은 세데 마웨트(שְׂדֵה מות, "죽음의 들판")로부터 나온 *regionem mortis*, 즉 "죽음의 지역"을 가지고 있는데, 이는 Q와 지도상으로 유사하고 논리적으로 본 절의 초두에 있는 "골짜기, 시체들과 재들"과 평행을 이룬다.

40.e. *BHS*는 한 필사본과 함께 알(על, "위에, 곁에")로 수정할 것을 추천한다.

양식/구조/배경

위로의 책은 다섯 개의 간략한 구원 신탁과 함께 끝난다. 다섯 개의 신탁은 새 언약에 대한 약속인 31:31-34을 중심으로 하여 교차적 형태를 이룬다. 첫 번째(23-26절)와 다섯 번째(38-40절) 신탁은 예루살렘에 관한 것이다. 두 번째(27-30절)와 네 번째(35-37절) 것은 대조되는 짝을 이룬다. 죄에 대한 각각의 인격체의 책임이 한 국가로서의 이스라엘을 생존케 하기까지 길이 참으시는 하나님의 헌신과 대조되어 있다. 이러한 두 확언 사이에 있는 논리적 긴장은 사죄(34절)와 관계에 대한 인간 편에서의 변화(32절)를 포함하고 있는 새 언약의 착수를 통하여 해소될 것이다.

이 신탁들은 또한 30-31장에서 그것들을 앞서는, 주로 시적인 문장들의 의미를 보충하고 설명하고 이끌어 낸다. 이것들은 위로의 책의 나머지 부분보다 더 일관되게 미래 지향적이며, 약속의 수납자들을 처음부터 끝까지 3인칭으로 언급한다(Bozak, *Life 'Anew'*, 110). 처음 세 단락은 각기 연설 패턴의 변화에 대한 약속을 포함한다. 다섯 개의 신탁 역시 32-33장과 하나의 연결 고리를 구축하고 있는데, 이는 회복 사역의 선포를 위한 예레미야의 사역에서 하나의 문맥을 제공해 준다. 비들(Biddle)은 30-33장을 연결시키고 있는, 그리고 31:35-37; 33:19-26에 있는 "자연 질서를 통하여 확증된 약속"의 반복을 통하여 창작된 편집자의 구조를 밝혀내고 있다. 31장의 결론, 즉 38-40절은 이 네 개의 장으로 된 단락의 후반부, 즉 "성읍에 대한 약속"의 시작이다(Biddle, *ZAW* 100[1988] 411). 33장은 30-31장 편에서 32장에 있는 상징적 행위를 상술하고 있다(33:1-26의 "주석"을 보라).

확대된 하나님의 이름이 들어 있는 메신저 공식 문구는 위로의 책의 마지막 단락을 시작하고 있으며, 유다와 그 성읍들의 구원에 대한 선포를 이끌고 있다. 여호와께서 1인칭으로 말씀하시면서 예루살렘에서의 예배에 초점이 맞추어질 그 땅에서의 도시 생활과 전원 생활의 회복을 약속하신다. 성전의 성읍을 위한 기도가 23c절에서 "다시"(עוד – 오드) 말해질 일에 대한 암시로서 인용되어 있다(연설 패턴의 전환을 통하여 암시된 구원). 25절은 성전에 있는 하나님의 종 된 백성이 체험했던 축복들을 약속하고 있다(참조. 31:14의 "만족케 하다"[רוה], 그리고 31:12의 "근심이 없으리로다"[לא דאב]). 이 단락은 하나의 다른, 그리고 신원이 밝혀져 있지 않은 음성을 통하여 발설된 것, 즉 25절에 있는 약속의 성취를 증언하는 문장과 함께 끝난다.

종말론적 문구 "날이 정녕 이르리니"가 두 번째(27-30절)와 세 번째(31-34절), 그리고 다섯 번째 단락(38-40절; 참조. 30:3)을 이끌고 있다. 이 구원 선포는 가장 광범위한 용어로 심판 고난의 종결을 약속하고 있으며(27-28절), 그 다음에 하나의 특별한 결과를 상세히 설명한다. 다가올 구원의 시대에는 29절에 인용된 부당성에 대해 불평하는 속담의 말이 그칠 것이다. 앞의 단락은 "다시"(עוד – 오드) 발설될 축복을 인용하고 있지만, 이 단락은 "다시는"(לא עוד – 로 오드) 발설되지 않을 불평을 명확하게 밝히고 있다. 구원은 불평의 제거와 찬양의 회복으로 묘사되어 있다(참조. 30:12-17, 19).

마감하는 모음집에서 세 번째와 중심 단위도 역시 종말론적 공식 문구 "정녕 날이 이르리니"로 시작된다. 이 구원 선포에서 여호와께서 1인칭으로 말씀하시면서, 이스라엘과 유다와 새 언약을 체결하고 그들의 죄를 사하실 것을 약속하신다. 연설 패턴에서의 전환이 이 약속의 성취의 결과가 될 것이다. 그들은 "다시는"(לא עוד – 로 오드) 서로간에 "여호와를 알라"고 가르치지 않을 것이다(33절; 참조. 30:22;

31:1, 9b).

네 번째 단위(35-37절)의 시작을 표시하고 있는 메신저 공식 문구는 여호와를 분사형 문구로 묘사하면서, 그리고 "만군의 여호와는 그의 이름이시다"로 마감하면서 찬양으로 확대되고 있다. 또 다른 메신저 공식 문구로 시작하고 있는 36절과 37절은 분리되어 있지만 확증의 말씀에 해당한다. 이 둘 다 귀결절에 있는 진술을 부정적으로 보강하고 있는 조건절의 웅변적 장치를 사용한다. "만일"이라는 문장은 두 번째 "…라면"이라는 문장이 불가능하다는 사실을 청중에게 확신시켜 주기에는 상상할 수 없는 것으로 청중이 인식하고 있는 상황을 진술한다.

"날이 이르리니"라는 문구를 통하여 소개된 구원 선포가 이 단락을 마감한다. 이것은 새로운 경계벽의 선을 그림으로써, 또한 특별한 장소의 이름과 방향을 인용함으로써 예루살렘이 재건될 것이라는 약속을 예증해 준다. 형태와 스타일에 있어서 이것은 여호수아 15:1-12에 있는 유다 지파의 분배 경계들의 지도와 유사하다.

주석

[23] 메신저 공식 문구는 확대된 하나님의 이름과 "만군의 여호와 이스라엘의 하나님"이란 호칭을 내포하고 있는데, 이 호칭이 특별히 예루살렘에 계시는 왕으로서의 여호와 경배와 결합되어 있다(Mettinger, *In Search*, 126-33). 이어지는 신탁은 시온을 위한 기도의 회복 형태로 되어 있는 구원을 묘사하고 있다(참조. 사 27:13; 슥 8:3). "의로운 처소여"는 예레미야 50:7에서 주님의 호칭으로 나타나며, 맛소라 모음 부호는 31:23에서도 이러한 방식으로 읽을 것을 지지한다(Bozak, *Life 'Anew'*, 111; 참조. NJV). 유다와 그 성읍을 주님의 회복 행위의 대상으로 묘사하고 있는 점은 그들이 약속된 구원에 참여한다는 사실에 대한 의심을 제거한다. 이 간략한 신탁은 유다가 야곱에게 주어진 약속들 가운데 내포될 것이라는 사실을 설명하고 있는 31:7-14과 평행을 이룬다.

[24]-[25] 회복된 유대인들이 거할 장소가 단순하게 "거기"(בה – 바흐; 여성 단수)로 되어 있다. 인구, 주민, 농부, 방랑하는 목자들 모두가 포함되어 있으므로, 23절의 "유다 땅"이 이에 적절한 선행사다("땅"〈ארץ – 아레츠〉은 여성 단수이지만, "산"〈הר – 하르〉은 그렇지 않다). 25절에 있는 약속은 예레미야 31:12("근심"〈דאב – 다아브〉)과 31:14("만족케 하다"〈רוה – 라와〉)에서 시온에서의 예배와 결합된다. 하나님의 임재의 체험은 시편 63:2, 6(개역. 1, 5); 143:6에서 목마름(עיפה –

아예파, 25절)으로 헐떡이는 사람에게 물과 같다. 목마른 자를 만족케 하는 것 역시 신명기 28:65의 언약적 저주를 반전시키는 것이다.

26 그 다음 구절은 화자의 전환을 언급하고 있지 않고, 그래서 보우작(Bozak)은 이 진술을 여호와의 말씀의 계속으로 해석할 것을 제안한다. "내 잠이 달았더라"(ערבה – 오르바)는 휴식감을 표현하고 있으며, "내가 깨어 보니"는 여호와께서 백성들의 필요에 대해서 깨닫고 시편 44:24(개역. 23); 78:65에서처럼 도우려고 행동하셨다는 사실을 의미한다. 어쨌든 이러한 구원하시려는 깨어남은, 말하는 자 "나"가 여호와시라면 구원 신탁의 끝 부분이 아닌 시작 부분에 위치해 있어야 할 것이다.

또 다른 제안은 이 구절을 밤에 하나님에게서 받은 메시지의 종결을 표시하기 위하여 선지자가 말하거나 혹은 기록한 이전의 위로의 책의 결론부로 보는 것이다(참조. 욥 35:10-11; 시 16:7). 동사 와에르에(ואראה, "내가 보았다")는 30:1-3에 소개된 메시지의 수납을 가리킨다(Wiebe, *Studia Biblica et Theologica* 15[1987] 151; Thompson, 577). 이 구절이 이 결론적 기능을 이전에 가졌든 그렇지 않든, 여기서 본문의 최종적인 형태로 되어 있지는 않다.

신탁의 끝에 있는 이러한 위치는 26절이 23절에 있는 축복처럼 하나의 새로운 혹은 갱신된 연설 패턴으로 읽혀져야 한다는 사실을 시사한다. 여호와께서 피곤한 심령을 만족케 하실 것이며(25절), 하나님의 백성은 꿈이 "달았더라"(ערבה – 오르바)는 증거를 할 수 있게 될 것이다. 맥알파인(McAlpine)은 짝지어진 "피곤한"(עיף – 아예프)과 "잠"(ישן – 야쉔)을 잠과 관련된 말씀들의 전형적인 공동 배치로 간주한다. "피곤"(עיף – 아예프)은 구약성경에서 자주 잠을 통하여 치료가 되지는 않지만, 이것이 이 단락에서 말하는 의미다(McAlpine, *Sleep*, 49-50). 잠은 공격받기 쉬운 시간이지만, 잠언 3:24에 따르면 지혜로부터 얻어진 안전감이 단잠을 자게 만든다(6:22도 유사함). 여호와께서는 잠자는 동안 시편 기자를 보호하시고(시 3:6[개역. 5]; 4:9[개역. 8]) 그를 위하여 음식을 준비하신다(시 127:2; 사 29:8의 반대임). 안전하게 잘 수 있다는 것은 그 나라가 평화롭다는 증거다(레 26:6). 신명기 28:65-67에 묘사된 포로 체험은 그 반대다. 하나님께서는 포로민들에게 "슬픈 심령"(דאבון נפש – 다아본 네페쉬)을 주시고, 그들은 자기들의 삶을 위하여 밤낮으로 두려움 속에서 살아간다. 25절에 있는 약속은 이러한 저주가 반전될 것이며, 그 결과 백성들은 26절에 있는 고백할 수 있게 되리라는 것이다. 이와 같이 시편 17:15에서 구원을 호소하고 있는 시편 기자는 깨어나서 하나님의 얼굴을 보고 만족할 것을 바라보고 있다(שׁבע – 사바; 참조. 렘 31:14). 위로의 책의 문맥 속에서 또 다른 의미가 이 말씀으로부터 파생되어 나올 수 있다. 잠은 죽음과 유사하고 죽음의 상징이다(욥 14:12). 31:26에서 깨어나고(קין – 콰이츠) 말하는 잠자는 자 유다는 죽은 자가 아니다. 슬픔이 기쁨으로 바뀔 것이다(참조. 31:13).

27-28 다음의 구원 신탁은 과거의 심판을 반전시킬 것이라는 약속과 함께 시작된다. 예레미야 7:20; 21:6은 인간과 짐승에게까지도 미치는 심판과 죽음을 선포했지만, 이 두 부류 모두 회복될 것이다. 이 비유는 호세아 2:25에서 나온 것인데, 거기서 여호와의 "심음"이 그 땅을 거류민으로 차게 할 것이다(자라[זרע]가 이스르엘[יזרעאל]과 언어 유희를 이룬다). "씨"(זרע-제라)는 셀 수 없는 자손들을 가질 것이라는 이스라엘 백성의 족장들에게 주신 언약 가운데 핵심 단어이기도 하다(창 12:7; 13:16; 22:17; 28:14; 35:12). 그러므로 이 말씀은 회복된 세대 너머까지 확대하여 말하는 것이다. 이스라엘과 유다 온 국가의 미래는 인간 가족들과 그들이 일하고 먹는 데 있어서 의존하고 있는 짐승의 번성으로 인하여 확실하게 보장될 것이다. 28절에 나오는 일곱 개의 부정사는 예레미야 1:10의 소명 기사에서 인용함으로써 본서의 메시지를 요약하고 있다. 여호와의 "지키심"은 1:12의 "내가 내 말을 지켜 그대로 이루려 함이니라"는 말씀을 생각나게 한다. 1장에 나온 동사들의 이러한 반복은 그것을 실행하라고 예레미야가 소명을 받았던 모든 멸망이 약속된 대로 성취되었음을 보여 준다. 1:10에 있는 심판에 대한 네 개의 동사 모두가 1:14의 "재앙(הרעה – 하라아)이 북방에서 일어나"에서 나온 "재앙을 가져오다"(להרע – 레하레아)를 덧붙이면서 31:28에서 반복된다(참조. 렘 25:6, 29). 이와 같이 1:10에 제시된 바와 같이 예레미야의 사역의 남은 부분도 주님의 손에 의하여 실현될 것이다. 뽑으며 파괴하고 파멸하며 넘어뜨려진 것이 건설되며 심어질 것이다. 심는다는 동사가 27절과 연결되어 있으며, 이 동사들은 그들의 성읍들과 가정, 그리고 농장뿐만 아니라 백성들 자신에게 적용되어 해석된다. 위로의 책의 청중은 심판의 철저함을 알고 있으며, 따라서 그들은 여호와의 경계가 약속된 회복을 가져다 줄 것이라는 사실을 믿으라고 도전받는다. 어떻게 이러한 반전이 이해될 수 있겠는가? 다음 구절들이 그 해답을 주기 시작한다.

29-30 29절 초두의 "그 때에"는 27절의 이를 날을 가리킨다. 여호와께서 그 땅에 사람이 다시 살게 하시고 다시 세울 때인 미래에 여기에 인용된 불평이 잠잠해질 것이다. 이 신탁은 논쟁 장르가 아니다(참조. 겔 18:25-29). 이것의 형태는 백성의 불평이 정당화되거나 최소한 이해할 만한 것임을 암시하는데, 그 이유는 하나님

께서 불평의 이유가 제거될 상황을 변화시킬 것이라고 약속하시고 있기 때문이다(다른 한편, 칼빈은 이 속담을 절망보다는 고집과 교만의 표현으로 본다; 4:123). 이 연설 패턴은 구원하시고 회복하시는 주님의 행동의 결과로 변화될 것이다(렘 3:16; 16:14-15; 23:7-8). 예레미야서의 문맥 속에서 이 불평 속담은 출애굽기 34:7b; 신명기 5:9을 가리키지 않는다. 그보다 본서의 배경은 여호와의 말씀에 대한 백성들의 지속적인 배역과 수 세기 이상을 내려오는 우상 숭배의 되풀이되는 모티프다(7:13-14, 25-26; 11:7-8; 32:31-34; 44:9-10; 특히 26:5의 "주석"을 보라). 바벨론을 통하여 정복당하고 포로가 된 세대는 스스로 악을 범했으나, 그들의 죄악된 조상들은 그들 역시 이에 대한 책임이 있음에도 불구하고 다가온 멸망을 피했던 것이다. 이에 대한 불평은 한 세대가 이전 세대의 행실의 직접적인 결과를 경험하는 것은 불공평하다는 사실을 의미하는 속담을 통하여 표현되었다(아비가 신 포도를 먹었으므로 아들의 이가 시다). 속담의 형태 자체는 보응을 위한 호소라기보다는 체념이나 절망을 나타낸다. 에스겔 18:25-29의 논쟁의 말 속에 포함되어 있는 "여호와의 길이 불공평하다"는 고발과 비교하라. 예레미야애가 5:7은 이러한 불평을 직접 "우리 열조는 범죄하고 없어졌고 우리는 그 죄악을 담당하였나이다"(NRSV)라고 진술한다. 문맥 속에서 마지막 문장은 "우리는 우리 자신의 것과 함께 그들의 죄악들을 담당하고 있다"를 의미한다.

위로의 책은 청중들에게 그들의 커다란 죄책과 수많은 죄악들을 상기시켜 주고(30:14-15) 그들의 징벌이 "공도로 되어지리라는" 것과(30:11) 하나님의 계획에 따라(30:24) 되어지라는 사실을 확증해 준다. 여호와께서는 30절에서 그들의 불평에 대해 신명기 24:16에 있는 율법의 정당하고도 일관적인 적용을 회복시켜 주실 것이라는 약속으로 응답하신다(참조. 왕하 14:6). 하나의 속담으로 표현된 "그 길이 이러하다"는 불가해한 영역으로부터 나온 불평을 율법의 어투로 번역함으로써, 이 신탁은 백성들의 체험을 하나님의 공의의 영역으로 가져간다. 변호하시는 여호와께서 불평에 응답하신다(참조. 렘 30:12-17). 여호와께서 역사하시는 곳에는 한 국가와 개인으로서 이스라엘에게 아직도 소망이 있다. 이 약속 가운데 표현된 하나님의 공의의 은혜가 조상들의 죄책의 짐으로부터 자유를 얻도록 그 땅에 심겨지고 세워져서 백성들에게 그것이 가능하게끔 하실 것이다(31:28). 이스라엘 백성의 미래의 길에 조상들의 죄짐이 가로막고 서 있지는 않을 것이다. 에스겔 18장은 여호와의 공의가 어떻게 자신의 죄든 그들의 조상들의 죄든 죄악으로부터 의와 생명으로 돌아서기로 선택하는 일을 가로막을 수 없게 할 것인가라는 사실을 사례별로 제시함으로써 이러한 속담을 말하지 못하게 하실 것을 설명하고 있다. 본 장은 회개의 요청과 "마음과 영을 새롭게 할지어다"(31절)라는 요구로 막을 내린다. 그러나 예레미야서에서 또 다른 약속이 뒤따라오는데, 이것 역시 변화된 마음과 관계가 있다.

31 31:31-34에 관해서 어떤 새로운 것이 말해질 수 있을까? 위로의 책과 예레미야서의 문맥 속에서 이 구절들의 의미를 해석하도록 이어지는 내용 가운데 하나의 시도가 이루어질 것이다. 신약성경 주석가들과 신학자들은 여기에 주어진 약속들이 그리스도의 사역에 비추어서 이해되었던 방식으로 취급해야 할 것이다(눅 22:20; 고전 11:25; 고후 3:1-14; 히 8:8-12; 10:16-17). 본 절 가운데 약속된 "새 언약"은 여러 면에서 하나님과 그분의 백성 사이에 변화된 미래의 관계를 표시하는, 구약성경에 고정된 신학적 개념이 아니다. 사실상, 새 언약이라는 용어는 구약성경에서 이 구절에만 나오는 것이 아니다. 이 언약을 "새롭게" 체결할 것이라는 내용은 다음 구절에 암시되어 있다. 과거와의 불연속성이 "같지 아니하다"(32절)와 "아니하리라"(34절에 두 번; 참조. 30:8; 31:12, 40)로 강조되어 있다. "새 언약을 세우리라"(כרת – 카라드)는 것은 역사상에서 특별한 시점에서 실현된 행동이다. 사실이 그러하듯, 하나님의 행위는 27-28절에 약속된 땅에 다시 거민이 거하고 세워지는 것처럼 미래의 어느 시점에 약속될 수 있는 것이다. 구약성경에 있는 다른 언약들은 짧은 준비 기간 다음에 공식화되지만(예를 들어, 출 19-24장), 이 언약 체결의 날짜는 구체적으로 정해져 있지 않으며, 이 구절은 백성들이 어떻게 스스로 이것을 위하여 준비해야 했는지에 대한 암시를 제공하고 있지 않다. 언약의 당사자들은 2인칭으로 소개되고 있지 않고 3인칭으로 "이스라엘 집과 유다 집"으로 밝혀져 있다. 이 그룹 역시 27절에서 여호와께서 구원하실 자들로 나타난다. 이 두 이름은 하나님의 백성이 어떻게 그 땅에서 자기들의 역사에 영향을 받았는지에 대해 생각나게 하는 자들이다. 예레미야서에서 이스라엘 집과 유다 집은 심판(5:11; 11:10, 17)과 약속(33:14)의 대상으로 함께 나타난다. 사실상 이 두 집의 재통합이 약속된 회복의 일부다(3:18). 예레미야 50:4-5은 이스라엘과 유다 국가를 "잊어버리지 아니할 영영한 언약으로 여호와와 연합하기" 위하여 눈물을 흘리며 시온으로 함께 돌아오는 것으로 묘사하고 있다.

위로의 책이라는 이 문맥 속에서 이 신탁으로 소개된 근본적인 상황은 발쩌(K. Baltzer, *Covenant Formulary*, 51-60)가 개략적으로 진술한 갱신된 언약의 상황과 유사하다. 하나님의 백성 이스라엘은 배교로 말미암아 언약의 본질을 어겼고 그 결과 저주가 나타났다(30:12-15, 23-24). 여호와만이 이 언약이 깨어졌는지 어떤지를 결정하고 알리신다(31:32; 11:10). 백성들은 자기들의 죄를 회개했고, 여호와만이 사할 것인지(סלח – 쌀라흐, 31:34; 참조. 출 34:9)의 여부를 결정하신다. 여호와께서는 "내가 언약을 세우나니"(אנכי כרת ברית – 아노키 카라트 베리트, 출 34:10)라는 진술과 함께 갱신된 언약의 요구 사항을 받아들일 것을 말씀하신다. 예레미야 34:10은 이와 유사한 진술로 시작된다. 여호와께서 먼 훗날 이것을 약속하심으로써 이 언약 체결을 주도하신다. 모세(출 34:1-28)나 왕(왕하 23; 렘 34:8-22)과 같지 않은 분이 이것을 구하면서 백성을 인도한다. 가장 작은 자로부터 가장 큰 자까지, 즉 모든 백성이 이 갱신된 의식에 참여한다(31:34; 참조. 왕하 23:2). 언약 갱신의 목표는 저주의 결과 아래서 전적인 멸망을 피하는 것이지만, 예레미야 31:28에서 이미 멸망의 종결이 선포되었다. 여호와께서 백성들을 위하여 그들의 슬픔을 말씀하셨던 것처럼, 그리고 30:12-17에서 이에 응답하셨던 것처럼, 여호와께서는 여기서 언약 갱신을 시작하시고, 그 대신 새 언약을 약속하신다.

32 새 언약은 여호와께서 출애굽 세대인 이스라엘과 유다의 조상들과 체결하신 언약과는 같지 않을 것이다. 새 언약은 영적 귀환을 경험하고 각기 다른 포로지라는 지리적 차이가 제거된 것을 경험할 후세대와 맺어질 것이다(31:15-22; 50:4-5). 이전의 언약은 출애굽 세대와 예레미야 당시의 청중과 이 두 세대 사이에 있었던 모든 세대에 의하여 깨어졌다(פרר – 파라르, 힙힐형). 예레미야서 독자들에게 이 구절의 1차적 배경은 11장에 있다. 이 단락(11:1-7)은 본서의 나머지 부분에서 언약 파기(פרר – 파라르, 힙힐형)의 증거와 그로 인한 심판으로 그들이 당할 재난에 대해 백성들에게 고발하고 있다(11:11). 예레미야 7:21-34도 같은 주장을 하고 있다. 예레미야서에 있는 신명기 28장의 언약적 저주에 대한 잦은 언급은 이러한 해석을 한층 더 지지해 준다. 모세는 출애굽 세대를 위하여 성공적으로 중보 기도를 했으나, 예레미야는 자기 세대 사람들을 위하여 기도하지 말라고 금지당했다(11:14). 이 명령은 언약 갱신의 가능성을 제거시켰다. 11:11b, 14b에 의하면, 14:19-22에 있는 "우리와 세우신 주의 언약을 기억하시고 폐하지 마옵소서"라고 여호와께 요구하는 백성들의 참회의 애가를 주님은 듣지 않으실 것이다. 예레미야가 사역했던 주전 586년 이후의 이스라엘 세대, 즉 본서의 청중은 31:32에 있는 미래의 "이스라엘 집"과 "야곱 집"의 조상들, 즉 언약을 깨뜨렸던 조상들 가운데 포함되어 있는 자들이다(11:10).

11장에 비추어 양보를 나타내는 문장, "내가 그들의 남편이 되었어도(בעלתי – 바알티)"에서 동사의 이중적 의미가 분명하게 드러난다. 이 동사는 남편이 자기 아내나 첩에게 행사했던 권한과 권위에 대한 강조를 가지고 있는 "결혼하다"를 의미한다(예를 들어, 창 20:3; 신 21:13; 22:22; 24:1). 결혼 관계 유비의 친밀성과 애정이 11:15-16에 드러나 있는데, 이 곳에서 여호와께서는 백성들을 "내가 사랑한"(יְדִידִי – 예디디) 자로 부르고 있으나, 성전으로 들어가는 것을 막고 그들을 멸망의 자식들로 말씀하신다. 거기에는 바알(בעל)이란 이름, 즉 백성들이 제사를 드렸던 이방 신과의 언어 유희도 나타나 있다(11:13, 17). 바알(בעל)을 섬기는 것은 그들에게 "남편"(בעל – 바알)으로 행사했던 여호와를 버리는 것이었다. 이 동사를 통하여 여호와께서는 그들이 바알에게 제사했던 그 예배에 대한 자신의 권리 주장을 하고 계시는 것이다(참조. 사 54:5). 배교의 형태로 되어 있는 언약 파기는 인간적인 말로 표현하자면 고칠 수 없는 깨어진 관계를 만드는 간음 행위와 같다(렘 3:1; 신 24:1-4). 시내/호렙 산 언약은 끝나게 되었다. 깨어진 결혼 관계에 대한 유비와 새 언약 체결에 대한 약속 모두가 이 점을 분명히 하고 있다. 하나님의 자비롭고 강력하신 행위만이 하나님과 백성 사이를 회복시킬 수 있었다.

33 이 약속은 31절의 두 집을 하나의 "이스라엘 집"으로 통합시킨다. 몇몇 필사본들의 이스라엘"의 자손들"(בני – 베네)이란 독법은 이 언약 백성을 하나의 단일체로 말하고 있는 옛날 오경의 용어를 채용함으로써 이 해석을 정당하게 만들어 주고 있다(예를 들어, 출 19:3-6). 클레멘츠(Clements, 191)는 "이스라엘 집"의 뜻을 디아스포라로 흩어진 백성들에 대한 새로운 호칭으로 생각한다. 불특정 날짜 공식 문구인 "그 후에"는 흥미롭게도 31절에 있는 "날이 이르리니"에 뒤따라 온다. 하나의 공식 문구 역시 앞의 신탁의 중간에 나타난다. 29절의 "그 날에"(개역. …때에)는 27절에 있는 이를 "날"과 동시성을 이룬다. 33절의 "그 날 후에"는 순서, 즉 후시대를 의미하지만 선행사를 구체적으로 밝히고 있지 않다. 이 때는 31절에서 그러한 두 가지 경우가 암시된 것이 아니라면, 31절에 있는 언약 체결 이후일 수는 없다. 새 언약이 옛 언약이 깨뜨려진 이후에 체결되리라는 것은 자명하지만, 33절에 나오는 날짜 공식 문구는 언약 파기가 여호와께서 애굽으로부터 이스라엘을 이끌어 내신 날부터(33절) 본서의 청중 당시까지 조상들의 수 세대의 범죄로 말미암아 나타났다는 사실을 상기시켜 주는 역할을 할 수도 있다. 31:21-22로 돌아가기 위하여 2인칭 초청으로부터 31:23-40에 있는 3인칭의 약속들은 이러한 순서 배열 효과에 기여한다. 이러한 약속들을 받을 이스라엘 족속들은 암시된 청중의 후손들이다. 31:1의 약속도 역시 미래에 언약 공식 문구가 발효된다는 사실을 배열하고, 또한 인간 동료를 3인칭으로 언급함으로써 이 연대기적 설계에 어울린다. 루돌프(188)

는 33절의 "그 날"을 에브라임의 약속된 귀환의 시기로 말한다. 위로의 책이라는 이 문맥에서 "그 날"은 심판이 완료되고 하나님께서 또다시 그 땅에 자기 백성을 심고, 세우고, 다시 거주하도록 하기 시작하실 31:27-30에 묘사된 날들을 의미한다.

새 언약은 같은 언약 당사자들, 즉 하나님과 이스라엘 간의 관계를 세울 것이다. 본 절 끝에 있는 친숙한 언약 공식 문구는 간결하게 이 연속성을 전달하고 있다. 이것은 관계의 본질을 요약하고 있으며(Baltzer, *Covenant Formulary*, 102), 여호와께서 또 다른 사람과 다시는 시작하지 않으실 것임을 백성들에게 재보증하고 있다(출 32:10에 나오는 모세에게 주신 제안과 비교하라). 이 공식 문구는 언약서에 이미 두 번이나 하나의 약속으로 나타났으며(30:22; 31:1; 참조. 슥 8:8), 이것이 예레미야서에서 네 번이나 더 나타나는데, 두 번은 시내/호렙 언약과 관련하여(7:23; 11:4) 그리고 두 번은 미래에 대한 약속으로 나타난다(24:7; 32:38). 호세아는 이 공식 문구의 말로 회복의 약속을 공식화한 첫 번째 선지자였으며, 그는 이것을 "너는 내 백성이라"와 "주는 내 하나님이시라"는 상호간의 위탁으로 묘사하고 있다. 출애굽기 6:7은 이 공식 문구를 이스라엘을 애굽인을 섬기는 데서 해방시키신 여호와에 대한 지식과 연결시키고 있으며, 반면에 신명기 26:16-19; 29:10-13은 언약으로 말미암아 하나님의 소유가 된 백성들에게 계명에 순종하라고 분부된 법규를 강조하고 있다. 에스겔서에서 언약 공식 문구는 심판을 받고 그 땅으로 돌아와 물로 씻겨지고 하나님으로 말미암아 마음과 영의 변화가 이루어진 후에 약속된 관계를 강조하고 있다(겔 11:20; 14:11; 34:30-31; 36:28; 37:23, 27). 만일 언약의 당사자로서 하나님의 이스라엘 선택이라는 순전한 은혜가 첫 번째 언약 체결에 나타났었다면, 그들의 신실하지 못하고 반역적인 역사에 뒤이어 나타난 이 약속 가운데서는 얼마나 더하겠는가?(32절).

33절과 이 신탁의 중심부에는 하나님께서 행하실 새 일에 대한 선언이 나타나 있다. "언약은 이러하니"라는 표제를 따라, 방금 전에 논의한 언약 공식 문구에서처럼 그 본질에 대한 진술을 예상하겠지만, 이 중심부에 있는 약속은 계약 형태로 되어 있는 "간수하고 읽을 규정"에 더 유사하다(Hillers, *Covenant*, 29). 첫 번째 언약 문서는 두 돌판에 하나님이 친히 기록하셨고 백성에게 전달하도록 모세에게 주어졌었다(출 31:18; 신 4:13; 5:22; 10:1-4). 출애굽기 역시 돌판에 기록된 언약의 말씀에 대해 말씀하고 있으며(34:27-29), 모세가 기록한 언약서(24:7)에 대해서 말씀하고 있다. 신명기서 끝 부분에서 모세는 자신이 죽기 직전에 "이 율법" 혹은 "가르침"(התורה הזאת – 하토라 하조트)을 기록하고 이것을 매 칠년마다 온 백성들에게 큰 소리로 낭독하라는 지시와 함께 제사장들과 장로들에게 준다(신 31:9-13). 할러대이(Holladay)는 예레미야의 사역 동안 이러한 관습이 준수되었음을 가정하고 31:31-34에 있는 신탁을 예루살렘 함락 두 달 후인 주전 587년 9월/10월에 낭독한 것으로 생각한다. 이러한 가정이 사실이든 그렇지 않든, 신명기 31장은 구약성경의 최종 형태로 되어 있는 예레미야 31:31-34의 본질적인 배경이다. 하나님께서 백성들의 마음에 토라("율법, 지침")를 기록하실 때, 중재자들은 무시되고 기록된 문서의 제한성은 제거된다. 예레미야의 청중은 돌판들이 깨어질 수 있다는 사실(출 32:19; 신 9:17)과 두루마리들이 잃어버려지거나 무시되고(왕하 22:8), 불태워지고(렘 36:23) 혹은 물에 빠뜨려질 수도 있다는 사실(렘 51:63)을 알고 있다. 기록된 문서들은 한 곳에 제한되어 있을 수도 있고, 이것을 이용하는 일이 제한 받기도 한다. 신명기 31:26은 율법서(תורה – 토라, "가르침")를 법궤 곁에 두도록 지시하고 있으나, 예레미야 3:16은 예루살렘 성읍이 회복된 미래에는 법궤가 폐기될 것이라고 약속하고 있다. 마음판에 새겨질 하나님의 가르치심은 이 모습과 잘 어울린다. 예레미야 31:33에서 맺어진 약속은, 언약적 저주 가운데서도 남아 있을 사람들에게 주어진 약속이기도 한 신명기 30장과 같은 희망에 찬 말씀에 들어 있는 고유의 긴장감을 극복할 것이다. 신명기 30:6-8에서 여호와께서는 모세를 통하여 모든 세대에게 마음의 할례를 행할 것을 약속하시며, 그리하여 그들이 신명기 6:5의 말씀에 순종하여 계명을 순종함으로써 여호와를 사랑하며 살게 될 것이라고 약속하신다. "이 계명"이 하늘에 숨겨지거나 먼 나라에 감추어져 있지 않고 그 말씀이 "네 입에 있으며 네 마음에 있으므로"(30:11-14) 그 어떤 메신저도 그것을 상기시켜 줄 필요가 없다는 확증이 있음에도 불구하고, 그것은 여전히 이 율법서 안에 기록되어 있다(30:10). 마음에 새긴다는 비유는 기록된 문서와 인간 중재자들이라는 옛 체계의 외적 한계와 취약성이 제거되는 방법을 보여 준다.

마음이라는 비유는 또한 언약 관계의 완전으로 내적인 방해가 극복되는 방법을 보여 준다. 사람의 마음에 혹은 마음속에 있는 여호와의 말씀이 죄를 막아 주고 순종을 촉진시킨다는 확신이 구약성경 여러 곳에서 발견된다(예를 들어, 시 40:9[개역. 8]; 119:11; 신 11:18). 마음판은 마음이요, 기억의 기관이며(렘 3:16), 이해(신 29:3[개역. 4])와 관념(렘 23:16), 특히 의지에 대한 의식적 결정(렘 3:10; 29:13)의 기관이다. 각 사람의 마음이 어떠한지는 하나님만이 판단하실 수 있다(렘 17:9-10). 마음판에 기록한다는 비유는 예레미야 17:1에서 단 한 번 발견된다. 유다 백성들의 마음은 가장 강한 철필을 필요로 하는 돌판으로 묘사되어 있다. 그것에 새겨진 것은 여호와의 말씀이 아니고 백성들의 죄이며, 그들의 범죄는 여호와께 대항한 것이다. 여호와는 그들의 마음으로부터 멀리 떨어져 계셨다(12:2). 그들의 "마음의 강퍅함"(שררות לב – 쉐리루트 레브)이 예레미야 13:10; 23:17에도 드러나 있다. 그러한 백성들은 표범이 그 반점을 변할 수 없는 것 이상으로 선을 행하기에 불가능하다(13:23). 예레미야서의 문맥 속에서 수술(4:4)과 하나님 자신의 손으로 기록한다(31:33)는 비유만이 그들의 완악함을 극복할 수 있고, 그들로 하여금 충실한 순종을 가능하게 한다.

언약 체결의 내용은 33절의 "내 토라"(가르침, 율법)와 34절의 여호와에 대한 지식이 될 것이다. 예레미야서에서 "율법"(תורה – 토라, "가르침")은 주로 유의해야 할 계명, 법규, 말씀의 형태로 되어 있는 하나님의 뜻과 길의 계시를 가리킨다(6:19; 9:12-13[개역. 13-14]; 16:11; 26:4; 32:23; 44:10, 23). 그러나 바알을 좇아간 것이 백성들이 택한 길이었다(9:12-13[개역. 13-14]; 16:11). 제사장들(2:8)과 서기관들(8:8)은 백성들을 위하여 율법을 장려할 책임을 이행하지 못했다고 비난을 받는다. 신명기 31:9은 모세가 기록한 언약 문서를 "이 율법"(התורה הזאת – 하토라 하조트)이라고 지칭한다. 구약성경에 있는 다른 언약 공식 문구와 갱신 문구처럼 신명기는 언약 당사자의 역사에 대한 설명, 곧 여호와께서 어떻게 이스라엘 백성을 구출하여 땅을 그들에게 주시기 위하여 그들과 언약 관계에 들어가셨는지를 포함시키고 있다. 예레미야서에서 여호와께서 어떻게 이스라엘을 구출하셨는지(2:6-8) 그리고 그들이 하나님의 명령에 복종하였는지(22:15-17)에 대한 상술의 가능성이 여호와 지식의 특징이며(Brueggemann, 71), 따라서 이러한 것들 모두가 마음에 기록될 가르침 가운데 포함될 것이다. 언약 문서의 새로운 역사적 서언은 애굽으로부터의 탈출 대신에 포로에서 회복으로 대치되면서 16:14-15에 암시되어 있다. 그러나 하나님께서 계명, 법규, 규례 속에서 계시하실 율법의 내용은 새 언약 속에서 달라질 것이라는 암시가 없다.

34 연설 패턴의 전환 형태로 되어 있는 구원 신탁이 이 구절을 시작하고 있으며 마음에 기록된 여호와의 가르치심을 소유한 결과들을 묘사하고 있다. 이것은 예레미야 24:7에 있는 약속을 확대하고 있다. "(너희는) 여호와를 알라"는 권면이 그칠 것인데, 그 이유는 마음에 기록된 토라(가르치심, 율법)가 여호와께서 이미 알려져 계시다는 사실을 의미하기 때문이다. 이 연설 패턴은 구약성경의 다른 곳에서는 기록되거나 명령되지 않았다. 신명기 6장에서 모세는 계명들을 이스라엘에게 가르쳐 알게 하라(למד – 라마드)는 명령을 받고 있으며(6:1), 부모들은 그것들을 자기 자

녀들에게 기회가 있는 대로 강론하라는 부탁을 받는다(6:7). 시편 기자들은 이 언약에 대한 지식을 전한다(시 40:6-11[개역. 5-10]; 78:1-7; 81:5-17[개역. 4-16]; 105:1-5; 111:4; 135:4-20; Baltzer, *Covenant Formulary*, 88). 호세아 4:4-6에서는 그 땅에 여호와를 아는 지식이 없음으로 인하여 비난을 받는다. "여호와를 앎"에 가장 가까운 공식 문구는 잠언 3:6에서 지혜 교사가 자기 제자에게 준 말씀인 "너는 범사에 그를 인정하라" 속에서 발견된다. 예레미야 34:17은 다른 동사를 가진 이와 유사한 공식 문구를 가지고 있다. 즉 백성들은 "각기 형제와 이웃에게 자유를 선언한 것을 실행치"(לקראו דרור איש לאחיו ואיש לרעהו – 레케로 데로르 이쉬 레아히우 웨이쉬 레레에후) 못한 것에 대해서 그 언약 아래서 불순종으로 고소를 당한다. "(너희는) 여호와를 알라"는 가르침은 선한 말처럼 들리고, 이웃과 친척이 "그 혀로 거짓말하기를 가르쳤으며(למד – 라마드)" 여호와 알기(ידע – 야다)를 거절했다는 예레미야 9:3-8[개역. 4-9]에 묘사된 상황의 변질처럼 들린다. 그러나 이 약속의 실현은 더 나은 시기, 즉 여호와에 대한 지식이 거짓된 가르침이나 교사들 간의 경쟁심으로 인하여 타락될 수 없는 시기까지도 창출해 낼 것인데(Martens, 196), 그 이유는 모든 사람이 인간 교사들을 통하여 배울 필요가 없이 여호와를 알 것이기 때문이다(참조. 사 54:13).

신지식은 온 세대, 온 계층에게까지 확대될 것이다(Holladay, 2:198-99). "작은 자로부터 큰 자까지 다 나를 앎이니라"는 문구는 예레미야 6:11-13에서 어린아이들과 매우 나이든 자에게까지 이르는 백성들의 목록을 요약하고 있다. 이것은 이 문구를 생략하고 있기는 하지만 예레미야 5:1-5이 그 배경을 이루고 있는데, 그 이유는 이것이 이 약속으로 말미암아 근절될 상황을 묘사하고 있기 때문이다. 즉 가난한 자든 부자든 "여호와의 길이나 그들의 하나님의 법을 안다"는 것이다. 같은 문구이지만, 대명사 접미어가 없는 문구가 열왕기하 23:2에서 요시야가 주도한 언약 갱신에 평민이 참여한 것을 기술하고 있다(참조. 신 29:9-10[개역. 10-11]에 있는 목록). 마텐스(Martens, 196)와 브루그만(Brueggemann, 71) 모두 종교적 특권을 가진 특권층이 없는 점을 상기시켜 주고 있다.

호세아 8:1-2에 따르면, 여호와를 앎의 반대는 언약 파기와 율법(תורה, 토라; 참조. 렘 4:22)을 어기는 것이다. 이스라엘은 여호와를 구속자(savior)로만 알고 있다. 즉 그들은 바알과 함께한 역사를 가지고 있지 않다(호 13:4; 2:10[개역. 8]; 참조. 출 20:2). 예레미야서에서 신지식은 하나님의 성품에 대한 지식, 하나님의 행위의 성격(9:23[개역. 24]), 하나님께서 이스라엘을 위하여 행하신 일에 대한 기억

(2:6-8), 계명에 순종함으로써 하나님의 통치를 받아들임(9:3[개역. 2]; 22:15-16; 24:7)을 포함한다. 다음과 같은 차일즈의 정의가 적절하다. 즉 "이스라엘은 먼저 하나님을 알지 못하고, 후에야 하나님이 원하시는 바를 발견한다. 그분의 인격과 뜻에 대한 지식은 동일하며, 이 두 가지는 그분의 자기 계시에 근거한다"(B. Childs, *Old Testament Theology*, 51). 약속된 새 언약에서 각 사람의 갈망과 결단력이 하나님의 자기 계시를 지체없이 받아들이게 할 것이다.

이스라엘은 하나님께서 즐거이 그들의 죄를 사하심(סלח – 쌀라흐)으로써 살아남았었다(출 34:9; 민 14:19-20). 여호와께서는 예레미야의 사역을 통하여 이스라엘에게 회개하고 죄사함을 받으라고 요청하셨으나(5:1; 36:3), 그의 동시대인들은 그 사죄를 거절했다. 이 구절에 포함되어 있는 최종 약속은 예레미야 14:10에 있는 위협을 끝나게 하시리라는 것이다. 즉 여호와께서 죄를 기억하실 때 형벌이 따라온다는 것이다(참조. 44:21). 그러나 그들의 죄를 더 이상 기억치 않으실 것이라는 여호와의 약속은 하나님의 진노의 종결을 의미한다(31:23, 28). 새 언약의 백성은 조상들의 죄나 그들 자신의 죄책을 담당하지 않을 것이다. 그들은 죄에서 자유를 얻어 끈질기게 물고 늘어지는 위협을 받지 않고 새로운 출발을 하게 될 텐데(민 14:20-23), 그것은 하나님의 사죄의 은총 때문이다. 여호와께서 죄사함으로 말미암아 부드러운 마음에 토라("가르침, 율법")를 기록하실 것이다(참조. 렘 50:20). 하나님의 계시로 새겨진 마음과 심령은 다시는 죄악으로 돌이키지 못한다(Rudolph, 185; Brueggemann, 71). 그러므로 새 언약의 신실성은 인간의 고안물이 아니고 하나님의 은혜의 선물이 될 것이다.

35-36 이 간략한 찬양은 36절에서 말씀하시는 여호와를 태양, 달 그리고 별들에 대한 창조자로 밝힌다. 분사형("…하는 자")은 창조의 행위를 진행하고 있는 하나님의 유지(섭리) 사역을 묘사한 것이다. 36절은 창조의 말씀을 하늘의 천체들로 하여금 자신의 위치를 지키고 계획에 따라 맡은 바 역할을 하라는 "규정"으로 묘사한다(렘 33:20은 이 천체의 법규를 하나의 언약이라고 부른다). 이러한 사상은 "낮과 밤이 쉬지(31:36에 있는 것과 같은 샤바트〈שׁבת〉) 아니하리라"는 창세기 8:22에서 노아를 통하여 인간과 짐승에게 주신 약속과 맥락을 같이한다. 그것들의 이어지는 지속성은 이 홍수 이후의 약속에 대한 여호와의 신실성의 결과다(Brueggemann, *Old Testament Theology*, 197-98는 이에 반대다). 여호와의 말씀을 통하여 보증된 시기와 계절의 안정성은 땅에서의 생명을 가능하게 만든다. 변덕스러운 바다의 알 수 없는 일들까지도 하나님의 행사다(참조. 사 51:15; 암 5:8-9). 만일 바다가 여

기서 원시의 혼돈의 상징이라면, 이 문장 역시 마른 땅을 창조하시고 보존하시는 여호와에 관한 말씀이다(참조. 시 74:12-17; 89:10-12[개역. 9-11]; 사 51:9-16). 바다는 그 자체의 파도까지도 만들 힘을 가지고 있지 못하다. 이것은 전적으로 노아와 맺으신 언약으로서 여호와의 다스리심 아래 있다(창 9:8-17). 노아 언약과의 관계는 이사야 54:9-10에 명시되어 있는데, 그것은 예레미야 31:35-37에 있는 것과 유사한 추론의 맥락을 따르는 약속이다.

이스라엘의 패망 이후에 유다의 패망이 있었고, 그 다음으로 성전의 파괴가 있은 후에 선지자들의 사역은 사마리아 혹은 예루살렘의 정복으로 말미암아 반증할 수 없는 창조주로서의 여호와의 정체를 상기시켜 줄 사항들을 포함시켰다. "여호와는 도울 힘이 없는가?"라는 절망적인 질문은 창조 질서와 피조물의 조성자로서의 여호와의 정체에 대한 신학적 사고를 통하여 답변된다.

예레미야 32:17은 그 추론을 분명하게 "주 여호와여 주께서 큰 능과 드신 팔로 천지를 지으셨사오니 주에게는 능치 못한 일이 없으시니이다"라고 진술한다. 이것은 새로운 계시가 아니라 고대의 신앙에 대한 호소다. "만군의 여호와"는 이스라엘에서 왕으로 경배를 받으셨고, 특히 예루살렘 성전에서 경배를 받으셨다(사 6:5; 시 24:10; 46:5-8[개역. 4-7]; 48:8; Mettinger, *In Search of God*, 124-33). 예레미야서에서 하나님께서는 열국의 재판장으로 행사할 때 "만군의 여호와라 일컫는 왕"으로 불리신다(46:18; 48:15; 51:57). 시간(날, 계절, 해)의 창조주께서는 역사 가운데서 특별한 계획을 이루기 위하여 계속해서 열국을 다스리신다(렘 31:36; 참조. 사 14:24, 26-27). 바로 이 만군의 여호와 하나님께서 계속하여 이스라엘을 하나의 국가로 보존하실 것이다.

따로 떼어놓고 본다면, 이 두 구절은 그 나라의 불가침성을 보증하는 시온 신학에 대한 이의 없는 진술처럼 되어 있다. 그러나 위로의 책의 문맥 속에서 이 구절은 장래에 이스라엘과 여호와의 관계가 영원할 것임을 보증해 주고 있다. 이스라엘 자손(זרע –제라)은, 31:27에 약속된 포로지로부터 귀환하게 한 다음 하나님께서 그 땅에 인간의 씨를 뿌리신 씨 뿌림의 결과다(31:10). 이 구절들은 30:10-11의 약속을 보다 강력한 방법으로 재진술하고 있으며, 한편으로 미래에 대한 약속을 섬세하게 제시하고 있다. 이 약속은 더 이상 본서의 청중인 "너희"에 관한 것이 아니고, 마치 하나님의 약속으로 인하여 홍수 후에 낮과 밤이 계속된 것처럼, 새 언약 하에서 여호와의 임재 가운데 영원히 살 이스라엘 자손(31:31-34)에 관한 것이다. 그들은 하나님의 백성(עם –암, 33절)으로서의 영적 실체뿐만 아니라 하나의 국가적 존재(גוי – 고이, 36절)를 가질 것이다.

37 두 번째로 불가능한 상황은 여호와께서 이스라엘 자손을 선택하신 것의 영원성을 암시한다. 오직 하나님께서만 하늘을 측량하실 수 있고(사 40:12), 인간은 땅의 기초를 탐지할 수 없다. 이러한 일은 현대의 독자들에게는 고대의 청중처럼 그렇게 불가능해 보이지는 않겠지만, 신학적인 요점은 부여되어야 할 것이다. 예레미야서 문맥 속에서 여호와께서 이스라엘 자손을 던져 버리거나 거절하지 않으실 것이라는 이러한 확신은 심판의 반전으로서의 기능을 한다. 백성들은 하나님의 말씀과 가르치심을 버렸고(מאס – 마아쓰), 하나님께서는 그들을 버리셨다(מאס – 마아쓰; 6:30; 7:29; 33:24). 예레미야 33:24-26은 "버리다"(מאס – 마아쓰)가 "선택하다, 선출하다"(בחר – 바하르)의 반대 의미라는 사실을 밝히면서 31:35-37을 해석한다. 그들의 불가능한 거절로 인하여 "(그들이) 행한 모든 일을 인하여"라는 가능한 이유는 이스라엘과 유다의 죄를 자세히 열거하기 위하여 상당한 지면을 할애하고 있는 본서의 나머지 부분의 내용을 통해서 이해되어야 한다(예를 들어, 7:8-15, 특히 "너희가 그 모든 일을 행하였으며," 13절). 예레미야 7:29에 나오는 버림의 선언은 "나라"(36절에서처럼 고이〈גוי〉)가 여호와의 말씀을 순종하지 않았거나 혹은 징계를 받아들이지 않았다(참조. 31:8)는 비난에 뒤따라 나온다. 그 직후에 나오는 구절들인 7:30-31은 도벳에서 범죄했던 가증한 일들을 상술하고 있다(참조. 31:38-40, "주석"을 보라). 예레미야 14:19-22에 있는 공동체의 참회의 애도가 "주께서 유다를 온전히 버리시나이까(מאס – 마아쓰)?"라는 질문과 함께 시작된다. 예레미야 31:37은 그들의 기도에 대한 응답으로 보존의 확증을 제공한다(Fischer, *Das Trostbüchlein*, 155-56). 더 나아가, 조상들의 죄가 31:30에 약속된 바와 같이 미래 세대를 멸하지는 않을 것이다(참조. 겔 18:20). 여호와께서 그들의 마음에 토라("가르침, 율법")를 기록하실 것이므로 그들은 신실할 것이고 형벌을 피할 것이다(31:31-34).

38 수동형 동사가 예루살렘의 재건을 묘사하고 있고, 이것이 "여호와로 말미암아" 혹은 "…를 위하여, …의"를 의미하는 라아도나이(ליהוה)란 전치사구의 수식을 받고 있다. 여호와께서 31:4과 28절에서 "세우다"란 능동 동사의 주어이므로 수동 동사가 레(ל) 전치사구에 붙여진 것은 세 가지 가능성을 모두 포용할 수 있다. 여호와께서 이 성읍을 세우실 것이지만(참조. Rudolph, 188), 이것은 여호와의 영예로 세워질 것이고 계속하여 여호와께 속할 것이다(Hauge, *SJOT* 1[1988] 9). 이 모든 관계의 형태는 40절의 "여호와께 거룩"(קדשׁ ליהוה – 콰도쉬 라아도나이: 개

역 성경에는 "성지"로 되어 있음)에 묘사된 예루살렘의 신분과 어울린다. 본 절의 구문에 의하면, 실질적인 건축은 하나넬 망대와 모퉁이 문 사이의 지역에 제한되어 있을 수 있다. 느헤미야의 사역은 하나넬 망대를 포함하는 북쪽 성벽을 따라 구조물들 "건축"(בנה – 바나)에 종사하지만(느 3:1-3), 성벽 대부분의 남은 부분 "중수"(חזק – 하작, 히필형)에 종사하는 것(느 3:4-32)임을 유념하라. 그러나 예레미야 31:39-40에 명명된 장소와 방향은 옛 성읍 경계를 둘러싸고 있는 보다 큰 지역의 외곽 지대를 개괄하고 있다. 그 진행은 느헤미야 3장에 있는 것처럼 시계 반대 방향이다. 40절의 요약 내용은 38-40절에 그려진 지역 전체가 건축되고 보존될 것임을 암시한다.

이 지도는 북쪽 벽에 있는 잘 알려진 장소에서 시작된다. 느헤미야 3:1; 12:39; 스가랴 14:10에 따르면, 하나넬 망대는 성전산의 북편에 있었다. 모퉁이 문은 북서쪽 모퉁이에 위치하고 있는 것으로 말하고 있는 열왕기하 14:13(//대하 25:23)과 웃시야가 이 곳을 망대 건축과 함께 어떻게 요새화했는지를 말하고 있는 역대하 26:9에도 언급되어 있다. 스가랴 14:10에 있는 "모퉁이 문"은 본문에 있는 문과 같은 문인 것 같다. 북쪽 성벽은 가장 공격받기 쉬운 곳이었는데, 그 이유는 성읍의 다른 세 면이 가파른 경사로 둘러싸여 있기 때문이다. 이스라엘의 요아스 왕이 모퉁이 문 근처에 있는 북쪽 성벽을 깨뜨려 부쉈다(왕하 14:13). 바벨론인들도 역시 북쪽으로부터 침입했던 것으로 보인다(Malamat, "The Last Kings of Judah and the Fall of Jerusalem: An Historical-Chronological Study," *IEJ* 18[1968] 155는 렘 39:3을 포함하여 증거를 제공한다).

39 측량줄 이미지는 멸망시킬 사람이나 장소와 함께(삼하 8:2; 왕하 21:13; 애 2:8) 이스라엘 정착민들에게 그 땅을 분배한 사실(렘 13:25; 사 34:17)을 생각나게 한다. 측량은 건축보다 앞선다(욥 38:5; 느 3:11). 스가랴와 에스겔은 측량줄을 가진 사람이 예루살렘(슥 2:5[개역. 1]) 혹은 성전 경내(겔 40:3, 5; 42:16, 19)를 측량하고 있는 환상을 기록하고 있다. 예레미야 31:39은 종말론적 환상의 어휘를 담고 있으며, 느헤미야 아래서 예루살렘 성벽들의 개축과 보수에 대한 기록을 담고 있다. 그러나 이 두 환상에는 해석자와 인간 사역자들이 누락되어 있고 "나아가는"(יצא – 야차) 선 자체도 누락되어 있다(겔 47:3과 비교하라). 측량줄은 물론 아직 건축되지 않은 성벽을 암시한다(Rudolph, 187).

두 장소의 이름은 알려져 있지 않다. "가렙"은 다윗의 용사들 가운데 한 사람의 이름이다(삼하 23:38). 가랍(גָּרָב, "가려움, 딱지")과 발음이 유사하다는 사실은 이 곳이 불확실한 장소임을 암시한다. 이런 상태가 된 제사장들은 제단에서의 봉사에서 제외되었었다(레 21:20). 가렙의 위치는 "그 곳(남성 단수)의 반대쪽"이다. 대명사 접미어의 가장 가까운 선행사는 38절에 있는 모퉁이 문이다. 주전 8세기 동안 성전산의 서쪽 산등성이에는 사람들이 정착하게 되었고, 그 주위로 방어벽이 둘러 싸였었는데, 바벨론 정복자들의 시대까지 서 있었다(Avigad, *Discovering*, 54). 가렙 언덕은 제8세기 벽의 선을 따라 서쪽 산등성이에 있는 경사일 수도 있다(Simons, *Jerusalem*, 232는 이 곳이 서쪽 경계 전체였다고 말한다). 40절은 남서쪽으로 서쪽 산등성이의 경계를 이루는 벤-힌놈의 골짜기가 새로운 방어선의 내부일 것임을 암시한다. 그렇다면 가렙 언덕은 더 멀리 서쪽이나 혹은 남서쪽, 서쪽 산등성이로부터 힌놈의 골짜기를 가로질러 위치해 있었을 것이다(Herion, *ABD* 2:907는 같은 가능성을 주장한다). 여호수아 15:8에 있는 힌놈의 골짜기의 서쪽산이 후보지일 수도 있다. 고아의 위치도 역시 알려져 있지 않다. 측량줄이 그 곳으로 쳐지도록 돌아갈(סבב – 싸바브 니팔형) 것이므로, 이 곳은 한정된 지역의 남서쪽 모퉁이 근처, 즉 힌놈 골짜기의 남서쪽이나 남쪽일 수 있다. 느헤미야의 지도 아래 건축된 이 벽은 힌놈 골짜기나 혹은 오늘날 시온산이라고 불리는 서쪽 언덕을 포함하지는 않았다(King, *ABD*, 3:757).

40 벤-힌놈의 골짜기는 예레미야서에서 도벳의 장소로 유명한데, 이 곳에서 자녀들이 이방신을 위하여 불 속을 지나갔다(32:35의 "주석"을 보라). 희생 제물의 "재"(דֶּשֶׁן – 떼쉔; 레 6:3[개역. 10])는 그것들의 잔재를 가리켰을 것이다. 예레미야 19:6-13은 도벳이 그 성읍의 그릇된 예배에 대한 하나의 심판으로서 죽은 시체와 무덤으로 가득할 것이라고 경고한다. 최근에 그 골짜기에서 고고학적 발굴의 결과 주전 7세기와 6세기의 여러 무덤들이 드러났다(King, *Jeremiah*, 134-36). 이 장소는 백성의 불경건의 전형적인 모습을 나타낸다.

벤-힌놈의 골짜기는 예루살렘의 기드론 골짜기 남동쪽과 연결된다. 이 교차점의 북쪽 기드론은 그 성읍과 성전의 동쪽 성벽 바로 바깥쪽에 걸쳐 있다. 말문은 그 성벽, 성전산의 남쪽 어딘가에 위치해 있다(느 3:28). "기드론"(קִדְרוֹן – 퀴드론)이란 이름은 콰다르(קדר, "어두워지다, 슬퍼하다")란 동사와 발음이 유사하다. 기드론 골짜기는 쓰레기 하치장이었고(왕상 15:13; 왕하 23:6), 요시야가 성전으로부터 제거하고 파괴한 우상의 흙과 재로 더럽혔던 곳으로서 일반 백성들의 무덤 장소였다(왕하 23:6). 주전 8세기와 7세기의 기념 무덤들이 기드론 골짜기 동편에서 발견되었고, 한편 그 성벽 아래 경사지에는 포도원과 과수원 경작을 위한 단지들이 있었다(King, *Jeremiah*, 130-34). 이 구원 신탁 가운데 가장 좋은 소식은 성읍의 확장이 아니라 가장 오염되고 더럽혀진 지역의 정화다. 백성들은 그 곳을 더럽히는 일을 그치고, 여호와께서는 그 곳을 거룩하다고 선포하실 것이다. 이것이 "여호와의 성읍"(렘 3:17)과 "거룩한 언덕"(31:23)이라고 불릴 성읍을 위한 본질적인 준비다. 여호와께 거룩하게 된 성읍은 그 백성들의 영적 변화를 상징한다.

새로운 요새화 작업이 언급되어 있지는 않을지라도, 여호와께서는 예루살렘의 불가침성을 보증하신다. 38-40절에 대략 묘사된 경계는 전략적 계곡들이 성읍의 바깥이 아닌 성읍 내부에 있어서 방어벽으로는 빈약한 위치일 것이다. 이 지도는 예루살렘이 돌로 만들어진 방어벽을 필요로 하지 않을 것이라는 사실을 예증한다. 이 곳은 거룩할 것이기 때문에 안전할 것이다. 이 곳 백성들은 멸망으로 인도하는 범죄와 배교를 저지르지 않을 것이다. 38절의 여호와의 이 새 건물은 뽑히거나 무너지지 않을 것이라는 약속을 통하여 보호받을 것이다(참조. 31:28).

해설

위로의 책의 결론은 30-31장에서 여호와께로 돌아오라는 긴박한 요청을 듣고 있는 백성들에게 확신과 소망을 주기 위하여 공의, 언약, 맹세, 윤곽이라는 보다 구체적이고도 단조로운 어휘를 사용하고 있다. 청중들은 그 나라의 죄의 짐을 진다는 것이 무엇을 의미하는지를 알고 있다. 이 단락에 있는 다섯 개의 신탁은 그들에게 23-40장 내내 3인칭으로 언급되고 있는 그들의 후손들을 위하여 여호와께서 하실 일에 관한 가능한 한 가장 좋은 소식을 제공한다. 그들의 후세 혹은 종족인 이스라엘과 유다 집은 어느 날 독자들과 청중들의 삶을 삼켰던 심판의 최후 종말을 보게 될 것이다(28절). 그들의 후손들은 다음 네 가지 이유로 인하여 죄의 결과로 나타나는 고통으로부터 보존될 것이다. (1) 그들의 조상들의 죄가 그들에게 지워지지 않을 것이다(30절). (2) 그들의 조상들의 우상 숭배로 말미암아 더럽혀진 성읍과 땅이 여호와께 거룩해질 것이다(40절). (3) 그들의 죄는 사해지고 잊혀질 것이다(34절). (4) 그들의 기억, 갈망, 결정들이 이스라엘에 대한 하나님의 자기 계시와 일치될 것이다(33-34절). 여호와께서는 이 모든 일을 여호와께서 사랑하시는 백성들의 미래를 보장하기 위한 새 언약 하에서 행하실 것이다. 라헬의 통곡은 그칠 것이다(31:15). 세 가지 약속이 실현된 다음, 즐거이 예배드리는 자들이 다시 여호와의 성읍 시온을 찬양할 것이며, 사죄의 능력과 거룩의 힘에 놀랄 것이다.

XVIII. 서명되고 봉인된 약속(32:1-44[LXX 39:1-44])

참고문헌

André, G. *Determining the Destiny: PQD in the Old Testament.* ConBOT 16. Lund: Gleerup, 1980. **Avigad, N.** *Hebrew Bullae from the Time of Jeremiah: Remnants of a Burnt Archive.* Jerusalem: Israel Exploration Society, 1986. **Begg, C.** "Yahweh's 'Visitation' of Zedekiah(Jer 32,5)." *ETL* 63(1987) 113-17. **Brueggemann, W.** "The Book of Jeremiah, Portrait of the Prophet." *Int* 37(1983) 130-45. ______. "Israel's Sense of Place in Jeremiah." In *Rhetorical Criticism.* FS J. Muilenburg, ed. J. Jackson and M. Kessler. Pittsburgh: Pickwick, 1974. 149-65. ______. *The Land: Place as Gift, Promise, and Challenge in Biblical Faith.* Philadelphia: Fortress 1977. 107-29. **Chang, P.** "Jeremiah's Hope in Action: An Exposition of Jeremiah 32:1-15." *The East Asia Journal of Theology* 2 (1984) 244-50. **Clements, R.** "Jeremiah, Prophet of Hope." *RevExp* 78(1981) 345-63. **Crenshaw, J.** "*YHWH Ṣ^{e}ba'ot Š^{e}mo:* A Form-Critical Analysis." *ZAW* 81(1969) 156-75. **Davies, E.** "Land: Its Rights and Privileges." In *The World of Ancient Israel, Sociological, Anthropological and Political Perspectives,* ed. R. Clements. Cambridge: Cambridge UP, 1989. 349-70. **Day, J.** *Molech, A God of Human Sacrifice in the Old Testament.* Cambridge: Cambridge UP, 1989. **Eissfeldt, O.** *Molk als Opferbegriff im Punischen und Hebräischen und das Ende des Gottes Moloch.* Halle, 1935. **Fischer, L.** "Die Urkunden im Jer 32,11-14 nach der Ausgrabung und dem Talmud." *ZAW* 30(1910) 136-42. **Gevaryahu, H.** "Biblical Colophons: A Source for the 'Biography' of Authors, Texts and Books." In *Edinburgh Congress Volume.* VTSup 28. Leiden: Brill, 1975. 42-59. **Greenberg, M.** *Biblical Prose Prayer as a Window to the Popular Religion of Israel.* Berkeley: University of California Press, 1983. **Gunneweg, A.** "Heil im Gericht, Zur Interpretation von Jeremias später Verkündigung." In *Traditio-Krisis-Renovatio aus theologischer Sicht.* FS. W. Zeller, ed. B. Jaspert and R. Mohr. Marburg: N. G. Elvert, 1976. 1-8. **Haran, M.** "Book-Scrolls in Israel in Pre-Exilic Times." *JJS* 33(1982) 161-73. ______. "Temples and Cultic Open Areas as Reflected in the Bible." In *Temples and High Places in Biblical Times,* ed. A. Biran. Jerusalem: Nelson Glueck School of Biblical Archaeology of Hebrew Union College-Jewish Institute of Religion, 1981. 31-37. ______. *Temples and Temple-Service in*

Ancient Israel: An Inquiry into the Character of Cult Phenomena and the Historical Setting of the Priestly School. Oxford: Clarendon, 1978. 20-25. **Kilpp, N.** *Neiderreissen und aufbauen.* Biblisch-theologische Studien 13. Neukirchen: Neukirchener, 1990. 68-85. **Lang, B.** "The Social Organization of Peasant Poverty in Biblical Israel." In *Anthropological Approaches to the Old Testament*, ed. B. Lang. Philadelphia: Fortress 1985. 83-99. **Lundbom, J.** "Baruch, Seraiah, and Expanded Colophons in the Book of Jeremiah." *JSOT* 36(1986) 89-114. **Macholz, G. C.** "Jeremia in der Kontinuität der Prophetie." In *Probleme biblischer Theologie*, ed. H. W. Wolff. Munich: Chr Kaiser, 1971. 306-34. **Malamat, A.** "The Last Kings of Judah and the Fall of Jerusalem: An Historical-Chronological Study." *IEJ* 18(1968) 137-56. **Migsch, H.** *Gottes Wort über das Ende Jerusalems: Eine literarstil- und gattungskritische Untersuchung des Berichtes Jeremia 34,1-7; 32,2-5; 37,3-38,28.* Österreichische Biblische Studien 2. Klosterneuburg: Österreichisches Katholisches Bibelwerk, 1981. **Oppenheim, A.** "'Siege-Documents' from Nippur." *Iraq* 17(1955) 69-89. **Patrick, D.** *Old Testament Law.* Atlanta: John Knox, 1985. 181-85. **Porten, B.** "A New Look at Aramaic Papyri and Parchments." *BA* 42(1979) 74-104. **Rubinger, N.** "Jeremiah's Epistle to the Exiles and the Field in Anathoth." *Judaism* 26(1977) 84-91. **Smith, M.** *The Early History of God.* San Francisco: Harper and Row, 1990. 132-38. **Thiel, W.** *Die deuteronomistische Redaktion von Jeremia 26-45.* WMANT 52. Neukirchen: Neukirchener, 1981. 29-37. **Untermann, J.** *From Repentance to Redemption: Jeremiah's Thought in Transition.* JSOTSup 54. Sheffield: JSOT Press, 1987. 111-40. **Wanke, G.** "Jeremias Ackerkauf: Heil im Gericht?" In *Prophet und Prophetenbuch.* FS O. Kaiser, ed. V. Fritz, K.-F. Pohlmann, and H.-C. Schmitt. BZAW 185. Berlin: de Gruyter, 1989. 265-76. **Weinfeld, M.** "Jeremiah and the Spiritual Metamorphosis of Israel." *ZAW* 88(1976) 17-56.

본 문

1 유다 왕 시드기야의 제십년 곧 느부갓네살의 제십팔년에 여호와의 말씀이 예레미야에게 임하니라	1 The word which came to Jeremiah from the Lord in the tenth year[a] of Zedekiah, [b]the king of Judah[b](that was the eighteenth year of Nebuchadrezzar[c]):
2 때에 바벨론 군대는 예루살렘을 에워싸고 선지자 예레미야는 유다 왕의 궁중에 있는 시위대 뜰에 갇혔으니	2 At that time the army[a] of the king of Babylon was besieging Jerusalem and Jeremiah [b]the prophet[b] was confined in the court of the guard

which was at the house of the king [c]of Judah,[c]

3 이는 그가 예언하기를 여호와의 말씀에 보라
내가 이 성을 바벨론 왕의 손에 붙이리니 그가 취
할 것이며 유다 왕 시드기야는 갈대아인의 손에
서 벗어나지 못하고 반드시 바벨론 왕의 손에 붙
이운 바 되리니 입이 입을 대하여 말하고 눈이 서
로 볼 것이며 그가 시드기야를 바벨론으로 끌어
가리니 시드기야가 나의 권고할 때까지 거기 있
으리라 나 여호와가 말하노라 너희가 갈대아인과
싸울지라도 승리치 못하리라 하셨다 하였더니 유
다 왕 시드기야가 가로되 네가 어찌 이같이 예언
하였느뇨 하고 그를 가두었음이었더라

3 because Zedekiah, the king [a]of Judah,[a] had
confined him, saying, "Why do you prophesy,
'Thus says the Lord: Behold, I am about to give
this city into the control of the king of Babylon
and he will capture it,

4 (3절과 동일)

4 so that Zedekiah, [a]the king of Judah,[a] will not
escape from the control of the Chaldeans,[b] for he
will surely be given into the control of the king
of Babylon. He will speak with him mouth-to-
mouth and see him [c]eye-to-eye.[cd]

5 (3절과 동일)

5 Then he will make Zedekiah go to Babylon,
and there he will remain[a] [b]until I decide his fat
e—oracle of the Lord. If you go on fighting the
Chaldeans, you will not succeed[b]'?"

6 예레미야가 가로되 여호와의 말씀이 내게 임하
였느니라 이르시기를

6 [a]Then Jeremiah said, "The word of the Lord
came to me, saying,

7 보라 네 숙부 살룸의 아들 하나멜이 네게 와서
말하기를 너는 아나돗에 있는 내 밭을 사라 이 기
업을 무를 권리가 네게 있느니라 하리라 하시더
니

7 'See here, Hanamel, son of Shallum your uncle,
will come to you, saying, "Buy for yourself my
field which is in Anathoth, for yours is the right
of redemption by purchase."'

8 여호와의 말씀같이 나의 숙부의 아들 하나멜이
시위대 뜰 안 내게로 와서 이르되 청하노니 너는
베냐민 땅 아나돗에 있는 나의 밭을 사라 기업의
상속권이 네게 있고 무를 권리가 네게 있으니 너
를 위하여 사라 하는지라 내가 이것이 여호와의
말씀인 줄 알았으므로

8 Then Hanamel, my uncle's son, came to me, [a]in
accordance with the Lord's word,[a] to the court of
the guard, and said to me, 'Please buy my field
which is in Anathoth, [b]which is in the land of
Benjamin,[b] for yours is the right of possession [c]and
yours is (the right) of redemption. [d]Buy [it] for
yourself.'[cd] Then I knew that it was the word of
the Lord.

9 내 숙부의 아들 하나멜의 아나돗에 있는 밭을
사는데 은 십칠 세겔을 달아 주되

9 So I bought the field from Hanamel, my uncle's
son, [a]which was in Anathoth.[a] I weighed [b]the
money for him,[b] the seven shekels and ten of
silver.

10 증서를 써서 인봉하고 증인을 세우고 은을 저

10 "I wrote in the deed, sealed it,[a] had it

울에 달아 주고

witnessed, and weighed out the money on the scales.

11 법과 규례대로 인봉하고 인봉치 아니한 매매 증서를 내가 취하여

11 Then I took the deed of purchase, the sealed one – [a]the commandment and the statutes[a] – and the open copy,

12 나의 숙부의 아들 하나멜과 매매 증서에 인친 증인의 앞과 시위대 뜰에 앉은 유다 모든 사람 앞에서 그 매매 증서를 마세야의 손자 네리야의 아들 바룩에게 부치며

12 and I gave [a]the deed of purchase[a] to Baruch son of Neriah, the son of Mahseiah, in the sight of Hanamel[b] my uncle and the witnesses[c] [d]who wrote in[d] the deed of purchase, [e]in the sight of all[f] the Judeans sittin[g] in the court of the guard.

13 그들의 앞에서 바룩에게 명하여 이르되

13 I commanded [a]Baruch in their sight, saying,

14 만군의 여호와 이스라엘의 하나님이 이같이 말씀하시기를 너는 이 증서 곧 인봉하고 인봉치 않은 매매 증서를 취하여 토기에 담아 많은 날 동안 보존케 하라

14 'Thus says the Lord of hosts, [a]the God of Israel:[a] Take [b]these documents,[b] this deed of purchase, [c]and the sealed one[c] [d]and this open document[d] and put them[e] in a clay jar so that they[f] will survive for a long time.

15 만군의 여호와 이스라엘의 하나님 내가 이같이 말하노라 사람이 이 땅에서 집과 밭과 포도원을 다시 사게 되리라 하셨다 하니라

15 For thus says the Lord [a]of hosts, the God of Israel:[a] Houses, fields, and vineyards will again be bought in this land.'

16 내가 매매 증서를 네리야의 아들 바룩에게 부친 후에 여호와께 기도하여 가로되

16 "Then I prayed to the Lord, after I gave the deed of purchase to Baruch son of Neriah,

17 슬프도소이다 주 여호와여 주께서 큰 능과 드신 팔로 천지를 지으셨사오니 주에게는 능치 못한 일이 없으시니이다

17 'O Lord[a] God, since you have made the heavens and the earth by your great might and your outstretched arm, nothing is too difficult for you.

18 주는 은혜를 천만 인에게 베푸시며 아비의 죄악을 그 후 자손의 품에 갚으시오니 크고 능하신 하나님이시요 이름은 만군의 여호와시니이다

18 One who does mercy to thousands and recompenses the parents' iniquity to the bosom of their children after them, the great God, the valiant One, the Lord [a]of Hosts is his name.[a]

19 주는 모략에 크시며 행사에 능하시며 인류의 모든 길에 주목하시며 그 길과 그 행위의 열매대로 보응하시나이다

19 Great the counsel and many the deed[a] of you whose eyes are open toward all[b] the ways of human beings, to give to each according to his or her ways [c]and according to the fruit of his or her deeds,[c]

20 주께서 애굽 땅에서 징조와 기사로 행하셨고 오늘까지도 이스라엘과 외인 중에 그같이 행하사 주의 이름을 오늘과 같이 되게 하셨나이다

20 who worked signs and wonders in the land of Egypt[a] until today, and also in Israel and with humankind, and made for yourself a name as at this day.

21 주께서 징조와 기사와 강한 손과 드신 팔과 큰 두려움으로 주의 백성 이스라엘을 애굽 땅에

21 You brought out your people, Israel, from the land of Egypt by signs and wonders and with a

서 인도하여 내시고

22 그들에게 주시기로 그 열조에게 맹세하신 바
젖과 꿀이 흐르는 이 땅을 그들에게 주셨으므로

23 그들이 들어가서 이를 차지하였거늘 주의 목
소리를 청종치 아니하며 주의 도에 행치 아니하
며 무릇 주께서 행하라 명하신 일을 행치 아니하
였으므로 주께서 이 모든 재앙을 그들에게 내리
셨나이다
24 보옵소서 이 성을 취하려 하는 자가 와서 흉
벽을 쌓았고 칼과 기근과 염병으로 인하여 이 성
이 이를 치는 갈대아인의 손에 붙인 바 되었으니
주의 말씀대로 되었음을 주께서 보시나이다

25 주 여호와여 주께서 내게 은으로 밭을 사며
증인을 세우라 하셨으나 이 성은 갈대아인의 손
에 붙인 바 되었나이다

26 때에 여호와의 말씀이 예레미야에게 임하여
이르시되
27 나는 여호와요 모든 육체의 하나님이라 내게
능치 못한 일이 있겠느냐
28 그러므로 나 여호와가 이같이 말하노라 보라
내가 이 성을 갈대아인의 손과 바벨론 왕 느부갓
네살의 손에 붙일 것인즉 그가 취할 것이라

29 이 성을 치는 갈대아인이 와서 이 성읍에 불
을 놓아 성과 집 곧 그 지붕에서 바알에게 분향하
며 다른 신들에게 전제를 드려 나를 격노케 한 집
들을 사르리니

30 이는 이스라엘 자손과 유다 자손이 예로부터
내 목전에 악만 행하였음이라 이스라엘 자손은
그 손으로 만든 것을 가지고 나를 격노케 한 것
뿐이니라 나 여호와가 말하노라
31 이 성이 건설된 날부터 오늘까지 나의 노와
분을 격발하므로 내가 내 앞에서 그것을 옮기려

strong hand and an outstretched arm and [a]with
great fear.[a]
22 You gave them this land which you had
sworn to their fathers [a]to give to them,[a] a land
flowing with milk and honey.
23 They came and took possession of it, but they
did not listen to your voice and they did not
walk in your law; all that you had commanded
them [a]to do[a] they did not do, so all this calamity
happened to them.
24 Behold the siege ramps[a] are coming to the city
to destroy it, since the city is given into the control
of the Chaldeans who are fighting against it by
sword, famine, and pestilence,[b] and what you have
spoken is happening. [c]Look, you can see.[c]
25 You said to me, [a]O Lord God,[a] "Buy for
yourself the field with silver,[b] and have it witnes-
sed," while the city is given into the control of
the Chaldeans.'"
26 The word of the Lord came [a]to Jeremiah,[a]
saying,
27 "Behold, I am the Lord, the God of all flesh.
Is anything too difficult[a] for me?
28 Therefore, thus says the Lord: [a]Look at me,[a]
I am about to give this city [b]into the control of
the Chaldeans and[b] into the control of Nebucha-
drezzar[c] the king of Babylon, and he will
conquer it.
29 The Chaldeans who are fighting against this
city will come, and they will kindle this city
with fire and burn it and the houses where in-
cense has been burned upon the roofs to the Baal
and libations have been poured out to other gods
in order to provoke me to anger.
30 For the Israelites and the Judeans have surely
been doing evil since their youth; [a]for[b] the
Israelites are surely provoking me to anger by the
works of their hands – oracle of the Lord.[a]
31 Because this city has been mine, to my anger
and my rage, from the day she was built until

하노니
32 이는 이스라엘 자손과 유다 자손이 모든 악을 행하며 내 노를 격동하였음이라 그들과 그들의 왕들과 그 방백들과 그 제사장들과 그 선지자들과 유다 사람들과 예루살렘 거민들이 다 그러하였느니라
33 그들이 등을 내게로 향하고 얼굴을 내게로 향치 아니하며 내가 그들을 가르치되 부지런히 가르칠지라도 그들이 교훈을 듣지 아니하며 받지 아니하고
34 내 이름으로 일컬음을 받는 집에 자기들의 가증한 물건들을 세워서 그 집을 더럽게 하며
35 힌놈의 아들의 골짜기에 바알의 산당을 건축하였으며 자기들의 자녀를 몰렉의 불에 지나가게 하였느니라 그들이 이런 가증한 일을 행하여 유다로 범죄케 한 것은 나의 명한 것도 아니요 내 마음에 둔 것도 아니니라
36 그러나 이스라엘의 하나님 나 여호와가 너희의 말하는 바 칼과 기근과 염병으로 인하여 바벨론 왕의 손에 붙인 바 되었다 하는 이 성에 대하여 이같이 말하노라
37 보라 내가 노와 분과 큰 분노로 그들을 쫓아 보내었던 모든 지방에서 그들을 모아내어 이 곳으로 다시 인도하여 안전히 거하게 할 것이라
38 그들은 내 백성이 되겠고 나는 그들의 하나님이 될 것이며
39 내가 그들에게 한 마음과 한 도를 주어 자기들과 자기 후손의 복을 위하여 항상 나를 경외하게 하고
40 내가 그들에게 복을 주기 위하여 그들을 떠나지 아니하리라 하는 영영한 언약을 그들에게 세우고 나를 경외함을 그들의 마음에 두어 나를 떠나지 않게 하고
41 내가 기쁨으로 그들에게 복을 주되 정녕히 나

this day, I will remove it from before my face,
32 because of all the evil of the Israelites and the Judeans which they have done to provoke me, they, their kings, their royal officials, their priests, and their prophets, even[a] every Judean and the inhabitants of Jerusalem.
33 They turned their back to me and not their face. [a]I taught[a] them, teaching persistently, but none of them listened to take correction.
34 They put[a] their abominations in the house upon which my name is called in order to pollute it,
35 and they built the high places [a]of the Baal[a] which are in the Valley of ben-Hinnom to cause their sons and daughters to pass through to 'the Molech'[b](which I had not commanded them, and to do this abomination had never arisen upon my heart), in order to make Judah sin.[c]
36 "Now, therefore,[a] thus says the Lord, the God of Israel unto this[b] city, of which [c]you are saying,[c] 'It has been given into the control of the king of Babylon by sword, famine, and pestilence[d]':
37 Look at me, I am about to gather them [a]from all the lands[a] to which I have banished them in my anger, in my rage, and in great wrath, and I am about to return them to this place and make them dwell securely.
38 They will be my people, while I will be their God.
39 I will give them [a]one heart and one way[a] to fear me always, for their good and for the good of their descendants after them.
40 I will make an eternal covenant with them to the effect that I will not turn from going after them [a]so that I can do them good;[a] I will put fear of me in their hearts so that they will not turn aside from me.
41 [a]I will rejoice over them[a] to do them good,

의 마음과 정신을 다하여 그들을 이 땅에 심으리라

and I will plant them in this land faithfully with all my heart and with all my self.

42 나 여호와가 이같이 말하노라 내가 이 백성에게 이 큰 재앙을 내린 것같이 허락한 모든 복을 그들에게 내리리라

42 For thus says the Lord: When I have brought all this great calamity upon this people, then I will bring upon them all the good which I am promising concerning them.

43 너희가 말하기를 황폐하여 사람이나 짐승이 없으며 갈대아인의 손에 붙인 바 되었다 하는 이 땅에서 사람들이 밭을 사되

43 Fields[a] will be purchased in this land of which [b]you are saying,[b] 'It is desolate, without human being or animal. It has been given into the control of the Chaldeans.'

44 베냐민 땅과 예루살렘 사방과 유다 성읍들과 산지의 성읍들과 평지의 성읍들과 남방의 성읍들에 있는 밭을 은으로 사고 증서를 기록하여 인봉하고 증인을 세우리니 이는 내가 그들의 포로로 돌아오게 함이니라 여호와의 말이니라

44 They will buy fields with silver and will write in the deed, seal it, and have it witnessed in the land of Benjamin, in the environs of Jerusalem, in the cities of Judah, in the cities of the mountain, in the cities of the Shefelah, and in the cities of the Negeb, for I will bring about their restoration – [a]oracle of the Lord."[a]

원문주해

1.a. GKC §§ 128k, 134p에 따르면, K의 빠솨나트(בשׁנת)는 Q의 בשׁנה와 같은 단순히 형식적이고 보족어적인(epexegetical) 동격어다.

1.b-b. LXX에는 없다. MT은 자주 호칭들을 확대한다.

1.c. LXX은 바실레이 나부코도노소르 바실레이 바뷜로노스(*βασιλεῖ Ναβουχοδονοσορ βασιλεῖ Βαβυλῶνος*, "왕 느부갓네살, 바벨론 왕")를 가지고 있는데, 이는 LXX에 있는 호칭 가운데 비정상적인 형태다.

2.a. 렘 34:7; 39:5; 52:8, 14; 왕하 25:5, 10에서처럼 복수 동사를 가진 집합명사임.

2.b-b., c-c. LXX에는 없다. MT은 전형적으로 호칭들을 첨부하거나 확대한다.

3.a-a. LXX은 "왕, 시드기야"를 가지고 있다.

4.a-a. LXX은 5절에서처럼 "시드기야"만을 가지고 있다.

4.b. 느부갓네살의 왕조.

4.c-c. 히브리어 관용어로서, 직역하면 "눈을 그의 눈으로"임.

4.d. MT의 에나우(עינו)는 에나이우(עיניו)에서 글자가 결함이 있는 단어다. 앞의 단어 에나이우(עיניו)를 참고하라.

5.a. LXX[A,Cmin]은 22:12, 26에서처럼 아포다네이 타이(*ἀποθανεῖ ται*, "죽다")를 가지고 있는데, 이는 MT에 있는 그 다음 문장에는 어울리지 않는다.

5.b-b. MT에는 없다. MT은 당시의 군사적 상황에 대한 시드기야의 신탁의 암시를 분

명하게 밝히고 있다.

6.a. LXX은 MT 28:12; 29:30; 32:26; 33:1, 19; 34:12; 35:12; 36:27; 37:6; 42:7; 43:8에서처럼 또 다른 호칭 카이 로고스 퀴리우 에게네데 프로스 예레미안(*καὶ λογός κυρίου ἐγεήθη πρὸς Ιερεμιαν*, "그리고 주님의 말씀이 예레미야에게 임했다")을 가지고 있다. MT은 본 장의 나머지 부분이 3-5절에 있는 시드기야의 질문에 대한 답변으로서의 역할을 하고 있음을 암시한다.

8.a-a. LXX에는 없다. MT은 7절에 있는 하나님 말씀의 실현을 강조한다.

8.b-b. LXX은 "내 밭" 다음에 이 문장을 가지고 있다.

8.c-c. LXX은 호티 소이 크리마 크테사스다이 카이 쉬 프레스뷔테로스(*ὅτι σοὶ κρίμα κτήσασθαι καὶ σὺ πρεσβύτερος*, "네가 그것을 살 권리가 있고 네가 연장자이기 때문이다")를 가지고 있는데, 문장 순서가 또다시 역으로 되어 있는 것으로 보인다.

8.d-d. LXX에는 없다.

9.a-a. LXX에는 없다. MT은 8절로부터 파생된 해명을 덧붙인다.

9.b-b. LXX에는 없다. 10절에 있는 이와 유사한 문장을 참고하라. MT은 해명을 위하여 동격으로 되어 있는 두 개의 구문을 가지고 있다. 두 번째 구문은 특이하다. "열일곱"은 주로 합계로 표현되지 않으며, "세겔"이라는 단위는 "은"이라는 물질이 한정적일 때는 나타나지 않는다.

10.a. *BHS*는 추가적인 알 하미츠와 웨하후킴(על המצוה והחקים, "법과 규례에 따라")을 암시하고 있는데, 그 곳에서 이 구문의 위치가 어울리지 않는다.

11.a-a. LXX에는 없다. *BHS*는 알(על, "에 따라")의 첨부와 10절 끝 부분으로의 이동을 권한다. 참조. "원문주해" 10.a. 접두되는 알(על, "에 따라")이 11절에 있는 의미를 개선해 줄 것이다.

12.a-a. LXX에서는 "그것"이다. Q^Or^은 11절에서처럼 연계형 "구입 양도 증서"를 가지고 있다. MT은 첫 번째 단어의 하위 범주를 암시하는 두 번째 단어와 함께 동격의 단어들을 가지고 있다.

12.b. *BHS*는 몇몇 필사본들, LXX, Syr, Tg 그리고 8절에서처럼 접두어 벤(בן, "의 아들)을 권한다.

12.c. LXX은 원래 히브리어가 העמדים("서 있는 자들")을 암시하는 톤 헤스테코톤(*τῶν ἑστηκότων*, "서 있는 자들")을 가지고 있는데, 이는 MT의 하에딤(העדים, "증인들")과 한 글자만 다를 뿐이다.

12.d-d. LXX의 여러 필사본들, α´, σ´, Syr, Tg, Vg은 수동형 하코토빔(הכתובים, "기록된 자들"), 즉 그들의 이름으로 번역하고 있다.

12.e. *BHS*는 LXX의 여러 필사본들, Syr, Vg처럼 접속사를 붙이기를 권한다.

12.f. LXX에는 없다. MT은 자주 부가적인 콜(כל, "모든")을 보유한다.

12.g. LXX에는 없다.

13.a. L은 오류를 범하여 마켑을 생략한다.

14.a-a. LXX에는 없다. MT은 자주 호칭들을 확대한다.

14.b-b. LXX에는 없다. MT에서 명확하게 설명하고 있는 첨가물임.

14.c-c. LXX에는 없다. MT에서 11절로부터 명확하게 설명하고 있는 첨가물임.

14.d-d. *BHS*는 11절에서처럼 웨에트 학갈루이(ואת הגלוי, "그리고 개봉된 것")로 축약할 것을 권한다. LXX은 카이 토 비블리온 토 아네그노스메논(*καὶ τὸ βιβλίον τὸ ἀνεγνωσμένον*, "그리고 〈크게〉 읽혀졌던 문서")으로 번역하고 있는데, 봉인되지 않은 부본에 대한 서기관의 관습이 번역자들에게 알려져 있지 않았기 때문인 것 같다.

14.e., f. LXX은 단수 "그것"을 가지고 있다.

15.a-a. LXX에는 없다. MT은 호칭들을 덧붙이는 경향이 있다.

17.a. LXX에는 없다. MT은 호칭들을 확대하는 경향이 있다.

18.a-a. LXX은 여기서 "여호와"를 생략하고 19절의 처음 부분으로 옮겨놓고 있다.

19.a. LXX은 호 데오스 호 메가스 호 판토크라토르 카이 메갈로뉘모스 퀴리오스(*ὁ θεὸς ὁ μέγας ὁ παντοκράτωρ καὶ μεγαλώνυμος κύριος*, "크신, 전능하신 하나님 그리고 크신 이름의 하나님")를 덧붙인다.

19.b. LXX에는 없다. MT은 콜(כל, "모든")을 붙이는 경향이 있다.

19.c-c. LXX에는 없다. MT은 17:10을 반영하고 있다.

20.a. *BHS*는 LXX[L]에서처럼 접속사를 첨가할 것을 권하는데, 그 결과 이어지는 문구는 애굽만을 가리키지 않게 된다.

21.a-a. Syr(Tg)의 *wbhzw*는 히브리어 ובמראה("환상, 광경")를 암시한다.

22.a-a. LXX에는 없다. MT은 해명을 덧붙인다.

23.a-a. LXX에는 없다. MT은 해명을 덧붙인다.

24.a. LXX은 오클로스(*ὄχλος*, "군중")를 가지고 있는데, MT이 암시하는 것은 호 쿠스(*ὁ χοῦς*, "애도할 때 머리 위에 있는 흙, 티끌")의 오독이거나 혹은 LXX이 난해한 히브리어의 설명에 뜻이 통하도록 하기 위한 시도일 수 있다.

24.b. LXX에는 없다. MT은 완전히 판에 박힌 표현을 가지고 있다.

24.c-c. LXX에는 없다. MT은 예고를 강조하고 있다.

25.a-a. LXX에는 없다. MT은 수신자의 정체를 구체적으로 밝힌다.

25.b. LXX은 카이 에그랍사 비블리온 카이 에스프라기사멘(*καὶ ἔγραψα βιβλίον καὶ ἐσφραγισάμην*, "그리고 내가 한 문서를 작성하고 [그것을] 인봉했다")을 첨가하고 있으며, 뒤따라오는 동사도 10절의 "그리고 내가 그것을 증거했다"에 있는 것처럼 1인칭이다.

26.a-a. LXX은 프로스 메(*πρὸς με*, "나에게")를 가지고 있다. MT이 하나의 축약형으로 엘라이(אלי, "나에게")로 읽었던 것 같다.

27.a. LXX은 17절에서처럼 크뤼베세타이(*κρυβήσεται*, “감추어지다”)를 가지고 있다. Syr과 Tg이 이를 따른다.

28.a-a. LXX은 힌니(הִנְנִי, “나를 보라”)를 생략하고 있고, 계속하여 3인칭으로 되어 있다.

28.b-b. LXX에는 없다. MT은 느부갓네살이 자기 군대의 도움 없이 그 성읍을 취하지 않을 것이라고 명확하게 말한다. 참조. 43절.

28.c. LXX에는 없다. MT은 자주 호칭에 이름을 덧붙인다.

30.a-a. LXX에는 없다. MT은 29, 32절로부터 나온 비난을 사용하면서, 그리고 다음 구절에 기록된 “그들의 손으로 만든 것”을 소개하면서 명확하게 설명하는 확장 내용을 덧붙인다.

30.b. 루돌프는 콜(כל, “모든”)이란 독법을 권하여, 30b절의 “이스라엘 자손”이 30a절의 “이스라엘 자손”과 “유다 자손”과 결합되도록 한다. 이러한 균등화는 수정 없이 취해질 수 있다.

32.a. LXX에는 없다.

33.a-a. MT은 한정 동사가 필요한 곳에서 부정사 절대형을 가지고 있다. *BHS*는 LXX, Syr, Vg을 따라서 웨알라마드(ואלמד, “내가 가르쳤다”)로 수정할 것을 권한다. 이 부정사 절대형은 본 절에서 후대의 복사 오류였을 수 있다.

34.a. K^{Or}은 와우 접속사를 가진 완료형을 가지고 있다. 33절의 마지막 문장은 연속적인 결과를 차단했다.

35.a-a. Syr의 *btpt*(= בְּתֹפֶת, “도벳에”)는 19:6에 있는 벤-힌놈의 골짜기와 동일한 장소이며, 몇몇 개인의 이름(예를 들어, 므비보셋 = 므립바알)에 들어 있는 “바알”에 대한 완곡어법인 보셋(בּוֹשֶׁת, “수치스러운”)과 같은 모음 부호 형식을 가지고 있는 단어다.

35.b. LXX은 바실레이(*βασιλεῖ*, “왕”)란 호칭을 덧붙인다.

35.c. 끝 부분에 알렙(א)을 가진 MT의 하하티(הַחֲטִי)는 K로부터 우연히 생략되었다. 드라이버는 이것을 하나의 축약형으로 부른다(*Textus* 1[1960] 118).

36.a. LXX, Syr에는 없다. MT은 명확한 설명을 덧붙인다.

36.b. LXX에는 없다.

36.c-c. MT은 복수형이다. LXX은 43절에서처럼 예레미야에게 전달된 단수형이다.

36.d. LXX은 MT의 우바다베르(ובדבר, “그리고 염병으로 인하여”) 대신, 카이 엔 아포스톨레(*καὶ ἐν ἀποστολῇ*, “그리고 추방에 의하여”)를 가지고 있다. 참조. 24절. 여기서 LXX은 판에 박힌 표현인 세 번째 부분을 생략한다.

37.a-a. LXX은 단수형 에크 파세스 테스 게스(*ἐκ πάσης τῆς γῆς*, “온 땅으로부터”)를 가지고 있는데, 이것은 MT의 “온 땅”보다 다소 확장된 용어다.

39.a-a. LXX은 순서를 뒤바꾸어 호돈 헤테란 카이 카르디안 헤테란(*ὁδὸν ἑτέραν καὶ*

καρδίαν ἑτέραν, "또 다른 길과 또 다른 마음")으로 번역한다.

40.a-a. LXX에는 없다. MT은 41절로부터 나온 자료를 이용하여 앞 문장을 설명한다.

41.a-a. LXX은 다음 구절과 일관성이 있는 보다 통상적 표현인 카이 에피스켑소마이…아우투스(καὶ ἐπισκέψομαι…αὐτούς, "그리고 내가 그들을 방문할 것이다")를 가지고 있다.

43.a. LXX은 복수형이다. MT의 한정된 단수 명사 하사데(השדה, "밭〈들〉")는 총칭적인 표현이다.

43.b-b. LXX은 36절에서처럼 단수형인데, 예레미야에게 전달된 문맥에는 적절하다.

44.a-a. LXX에는 없다. MT은 자주 이 공식 문구를 덧붙인다.

양식/구조/배경

32장은 표제를 통하여 앞 장으로부터 본 장을 구분하고 33:1에 있는 표제를 통하여 다음 장을 구분한다. 표제어가 32:26에 나타나지만(참조. 16:1), 거기서 이 표제는 예레미야의 기도(17-25절)에 대한 주님의 응답(27-44절)을 연결짓는 역할을 한다. 시작하는 표제 아래 이 구절들은 최소한 네 개의 구별된 산문체 형태를 나타내고 있지만, 본 장에서 이것들의 내용과 순서는 예레미야의 사역에서 하나의 에피소드의 제시로 그것들을 연결짓는다. 이 결합들은 특히 5절과 6절 사이에서 어색하겠지만, 현재 그대로 본 장은 하나님의 백성의 이후 세대들에게 말씀하고 있는 예레미야서 전체와 일관성이 있는 밀착된 메시지를 전달한다. 본 장은 다음과 같이 윤곽을 그려 볼 수 있을 것이다.

Ⅰ. 표제(1절)

Ⅱ. 배경(3인칭; 2-5절)

 A. 포위 공격 동안 구금된 예레미야(2절)

 B. 시드기야에 관한 예언(3-5절)

Ⅲ. 밭 구입에 대한 기록(1인칭; 6-9절)

 A. 말씀-사건 공식 문구(6절)

 B. 주께서 하나멜이 하려는 일을 말씀하시다(7절)

 C. 하나멜의 제안(8절)

 D. 구입에 대한 기록(9절)

Ⅳ. 상징적 행동에 대한 기록: 매매 증서 보존(10-15절)

 A. 매매 증서 준비에 대한 기록(10-12절)

 B. 바룩에게 주신 명령(13-14절)

C. 해석: 구원 선포(15절)

Ⅴ. 예레미야의 기도(16-25절)

A. 설화의 서론(16절)

B. 찬양의 내용(17-22절)

C. 이스라엘의 고난(23-24절)

D. 불평(25절)

Ⅵ. 여호와의 응답(26-44절)

A. 설화의 서론(26절)

B. 자신에 대한 설명(27절)

C. 예루살렘의 운명에 대한 신탁(28-35절)

1. 심판(28-29a절)
2. 고발(29b-35절)

D. 예루살렘을 위한 구원 신탁(36-44절)

1. 회복(36-37절)
2. 영원한 언약(38-41절)
3. 땅의 소유권(42-44절)

본 장의 핵심은 예레미야가 나아돗 고향에 있는 밭을 구입하고 이어서 매매 증서를 토기에 보존한 상징적 행동에 대한 1인칭 기록이다(6-15절). 예레미야서에 있는 다른 1인칭 기사들은 11장; 13:1-14; 14:11-16; 16:1-18; 17:19-27; 27장에 포함되어 있다. 이 단락들 가운데서 세 가지가 역시 32:7에 있는 것과 같은 현재나 미래의 연설, 혹은 다른 사람들의 행동에 대해 예레미야에게 주시는 하나님의 공개의 말씀을 담고 있다(11:18-23; 13:12-13; 16:10). 이러한 현상은 에스겔서의 특징이기도 하다(예를 들어, 12; 14:1-11; 33:23-33). 하나님의 명령은 주로 그러한 공개의 말씀 다음에 이어 나타난다. 그러나 32:8은 할러대이가 주장한 수정이라는 사실이 받아들여지지 않는다면(2:203), 그러한 명령이 누락되어 있다. 그는 8절에 있는 "너 자신을 위하여 그것을 사라"를 하나멜의 연설로부터 7절에 있는 여호와의 연설의 끝 부분으로 옮긴다. 8절 끝에 있는 비정상적인 확정 진술은 그와 같은 관심을 소개한다. 하나멜이 그렇게 할 것이라고 주께서 미리 말씀하셨으므로 하나멜의 요구는 실현되어야 한다는 사실을 암시하는 것으로 보인다. 25절은 일치한다. 여호와께로부터 나온 첫 번째 명령은 14절에 나오며, 이것은 예레미야에 의하여 바룩에게 전달된다.

9-12절의 세부 사항 가운데 기록되어 있는 거래는, 매매 증서를 토기에 보관하라

는 13-14절에 명령되어 있는 상징 행위와 15절에 있는 이에 대한 해석에 대한 준비다(28:2-4의 양식과 비교하라). 이러한 배열의 효과는 집, 밭, 포도원을 다시 그 땅에서 구입하게 되는 시기를 강조해 주는 것이다. 본 단락의 현재 형태가 베냐민 지역에서나 그 땅의 다른 곳에서 중단 없는 계속 혹은 임박한 정상적인 생활의 회복에 대한 희망을 지지하지는 않는 것 같다.

그바랴후(H. M. I. Gevaryahu, "Biblical Colophons," 42-59)를 따르고 있는 런봄(J. R. Lundbom, *JSOT* 36[1986] 89-114)은 32:6-15에서 하나의 "확장된 간기(刊記)"를 밝혀내고 있는데, 그것은 다음과 같은 다섯 개의 표준이 되는 표지 내용을 담고 있다. (1) 서기관의 이름과 족보, (2) 문서를 기록하는 이유, (3) 축복, (4) 지금은 1절에 있는 날짜 그리고 (5) 문서의 양도다. 간기는 서기관이 필요로 하는 의무들을 어떻게 수행했는지를 기록하는 설화들로 기록될 수 있었다. 고대 근동으로부터 나온 몇몇 계약 문서들의 주 본문 역시 6-15에서처럼 설화체나 대화체로 기록되었다. 오펜하임(Oppenheim, *Iraq* 17[1955] 71)이 인용한 그러한 문서 중 하나는 우리가 살펴보고 있는 본문과 여러 가지 공통되는 특징들을 가지고 있다. 주전 제7세기 니푸르의 포위 공격 동안 부모들은 자기들의 딸이 양육을 받고 자신들이 먹을 양식을 살 현금을 얻기 위하여 딸을 노예로 팔았다. "내 딸을 데려가서 살게 해주시오! 아이가 당신의 소녀(종)가 될 것입니다…." 32:7에 있는 것과 같이 이 계약에 들어 있는 명령형 동사들을 유의하라. 같은 사람의 가족들 가운데서 발견된 다른 고문서들에는 다섯 개의 부동산 매매 증서가 들어 있었다(Oppenheim, *Iraq* 17[1955] 70). 이 서기관이 쓴 문서의 장르들은 32:6-15에 그들의 표시를 남겨 놓았을 수 있지만, 다른 형태들도 역시 상징적 행동을 수행하라는 명령과 같이 그 어법과 구조를 형성하는 데 도움을 주었다(13-15절).

방케(Wanke, "Jeremias Ackerkauf," 265-76)는 8절에 있는 몇몇 확장된 부분들을 빼고 6-14절에 있는 기사의 가장 초창기 본을 발견하며, 그 작성일을 예루살렘 멸망 직전으로 잡는다. 27:2-3, 12b; 29:4-7에서처럼 이 단락도 백성들에게 또 다른 심판과 고난을 경고하고 자기들의 죄를 인정하라고 요청했다. 상징적 행동에 대한 두 번째 해석으로 15절의 뒤이은 첨가는 희망적 요소를 첨가했다. 이와 비슷하게 할러데이(Holladay, 2:203-12)는 6-15절에서 본 장의 핵심 요소를 발견하지만, 그는 기도로부터 17, 21-25절을, 또한 여호와의 응답으로부터 26-27, 36-37, 41-44절을 포함시킨다. 그의 견해에 따르면, 상징적 행동은 두 가지 해석을 할 수 있다. 14절에 있는 첫 번째 것은 제1차적으로 예레미야에게 자기 가족과의 "온당한 화해"

(212)에 대한 이 증거는 오랫동안 알려질 것이라는 사실을 암시하는 것이다. 15절에 있는 두 번째 하나님의 말씀은 온 백성에게 땅 매매의 의미를 계시해 주고 하나님의 계획에 대한 예레미야의 이해에서 전환점이 된다.

시위대 뜰에 예레미야가 구금된 것에 대한 언급(8, 12절)은 설명이 요구되는데, 2-5절에 있는 3인칭 기사를 통하여 제공된다. 시드기야는 예레미야가 예루살렘이 멸망하고 자신이 사로잡히고 포로가 된다고 예언했기 때문에 그를 옥에 가두었다. 그의 감금의 이유는 "네가 어찌하여 예언하느냐?"는 질문으로 표현되어 있고, 그 다음에 21장, 34:1-8 그리고 37장에서 예레미야를 통하여 시드기야에게 주어진 신탁의 요약이 뒤따라온다. 이 의문을 나타내는 문장의 특이한 효과는 시드기야가 3-5절에서 자기 자신을 3인칭으로 언급하는 것이며, 시드기야의 비난에 대한 반응을 1인칭 기사로 말하는 것이다(6b-25절). 6a절의 "예레미야가 이르기를"은 6b-25절을 이끎으로써 이 연결을 시드기야의 질문에 대한 예레미야의 대답으로 만든다. 완전히 일관성이 있도록 하기 위하여 26절도 1인칭으로 되었고, 그 결과 예레미야의 기도에 대한 여호와의 응답이 예레미야의 반응에 명백하게 내포되었을 것이다. LXX은 26절에서 "나에게"를 가지고 있으며, 할러대이(Holladay)는 이러한 독법을 채용하는 것을 옹호한다(2:205). 27-35절은 3b-5절의 첫 번째와 마지막 진술, 즉 그 성읍과 그 성읍의 바벨론에 대한 저항을 재확인하고 있지만 시드기야를 언급하지는 않는다.

그러나 다른 두 개의 방해물이 6-44절을 시드기야에 대한 예레미야의 반응으로 읽도록 존재한다. 첫째로, 그 응답은 질문에 적절하지 않다. 시드기야가 이 구절들 가운데 나타나지 않을 뿐만 아니라(6-44절), 이것들은 또한 심판 주제를 확대해 가지 않고 포로민들의 회복을 약속한다. 둘째로, 예레미야는 6-44절에 상술된 일들이 시작될 때 이미 시위대 뜰에 구금되었다. 26장에서 비난적 질문(26:9)과 함께 예레미야가 포박당한다. 그는 법정이 시작된 이후까지 변명하는 연설을 하지 않는다. 32장에는 법정이 열리지 않고, 그래서 6-44절은 변호자의 연설로 읽혀져서는 안 된다. 왕의 질문은 34:2b-3의 인용문을 이끄는 웅변적 질문이다. 2-5절의 목적은 예레미야의 구금을 설명하고 6-15절에 있는 에피소드를 위한 시간을 설정하기 위한 것만은 아니다. 이 단락은 또한 기도, 특히 24-25절의 배경을 제공하기도 한다. 예레미야는 포위된 성읍 안에 구금되어 있고, 바벨론인들이 곧 침략하려 하고 있으며, 예레미야를 향한 하나님의 뜻은 그가 방문할 수 없는 훨씬 덜 유용한 땅 한 조각을 되찾기 위한 것이다. 이러한 긴장은 2-5절에 있는 정보를 통하여 고조된다. 2-5절과 6-44절의 비난과 반응의 병렬(竝列)은 시드기야를 제1차적으로 자기 개인의 운명에 관심을 두고 있는 통치자로서의 모습을 그리는 데 기여한다. 다른 한편, 여호와께서는 온 백성과 온 땅을 돌보신다(42-44절).

그렇지만 기도와 하나님의 응답인 16-44절은 너무 늦게 나오는 것처럼 보이는데, 왜냐하면 예레미야가 여호와 앞에 매매를 완료한 후에야 현재의 상황에서 구입하게 하신 의미에 대한 자신의 혼란을 말하고 있기 때문이다(24-25절). 기도와 응답이라는 전체 단락은 8절에 있는 하나멜의 연설 직후에 논리적으로 어울리는 것처럼 보인다. 설명을 요구하고 들은 예레미야는 여호와께서 그 배후에 계시다는 사실과(8b절) 그 명령을 이행하실 것이라는 사실을 인정했었다. 해석자들은 본 장의 현재의 배열을 예레미야의 영성 혹은 그의 심리라는 말로 설명했고, 문서 작성과 편집 이론으로 설명했다. 칼빈(4:183-84)은 예레미야 자신이 먼저 하나님의 진리를 확신했기 때문에 순종했고, 그러고 나서 자기의 불평을 호소하기 전에 찬양으로 언짢음을 억제했다(17-22절)고 가르친다. 기도의 원 본문 가운데 17aα, 24-29a, 42-44절만을 포함시키고 있는 루돌프(193)는 예레미야가 6-15절에서 선지자로서 행동하고 있으며, 그 다음에 전형적인 인간의 의심에 굴복하고 있다고 주장한다. 니콜슨(2:79)과 디얼(Thiel, *Redaktion*, 32)은 16-44절에서 예레미야 자신으로부터 아무것도 발견하지 못하고 있으며, 이 전체 구절(33장에서 계속된 하나의 과정)을 포로기 공동체의 교화를 위하여 본 장의 핵심 부분에 부록을 붙이고 설명을 가한 신명기 저자 혹은 저자들의 것으로 돌린다. 그러나 후대의 이러한 저자들은 원래의 단락을 해체시키지 않았다는 것이다.

32장에 있는 자료의 순서, 즉 선지자의 사역에 관한 기사 다음에 기도 본문이 뒤따라오는 순서는 20장에서도 발견된다. 20:1-6과 7-18절의 병치는 바스훌의 손에 당한 예레미야의 수난이 예레미야가 그를 향한 심판 신탁을 전달한 다음까지도 슬프게 만들었다는 사실을 암시한다. 그러나 20장과 32장이 정확하게 일치하지는 않는다. 20장에는 예레미야의 기도에 대한 하나님의 반응이 나타나 있지 않고, 32:17-25에는 시가 나타나 있지 않다.

32장에 있는 기도의 형태는 느헤미야 9:6-37과 다니엘 9:4-19에 있는 길다란 산문 형태의 기도와 유사하다. 이 세 개의 산문체의 기도들은 모두 이러한 세 가지 요소들을 포함하고 있으며, 비율에서 차이가 있다: (1) 주님의 성품과 행사, 특히 이스라엘을 위하여 행하신 일들을 묘사하고 있는 찬양, (2) 백성들의 죄에 대한 고백, (3) 현재의 고통의 상황에 대한 애도. 예레미야의 기도처럼 다니엘의 기도도 역시 예레미야를 통하여 주신 하나님의 말씀(9:2)과 자신의 현재의 상황 사이의 혼란으로 이루어져 있다. 다니엘 역시 하나님의 설명의 말씀과 그의 기도에 대한 응답으로서의 약속을 받는다(9:20-27).

바인펠트(Weinfeld, *Deuteronomy*, 42)는 17-23a절을 신명기 3:23-25; 사무엘하 7:22-24; 열왕기상 8:23-53; 열왕기하 19:15-19; 느헤미야 9:6-37에 비할 수 있는 한 국가 지도자가 행한 기도에 들어 있는 "식사"(式辭)라고 부른다. 이 식사들은 여호와의 유일성에 관한 진술과 세상 창조 주제와 더불어 시작된다. 마콜츠(Macholz, "Jeremia in der Kontinuität," 317)는 17-24절에 "심판 찬양"이란 표제를 붙일 것을 제안한다. "이름은 만군의 여호와시니이다"(יהוה צבאות שׁמו – 야웨 체바오트 쉐모; 18절)란 문장에 대한 크렌쇼의 양식 비평 연구(Crenshaw, *ZAW* 81 [1969] 156-75)는 16-25절에 대한 보다 정밀한 내용을 제공한다. 그는 포로지에서 유대인 예배자들이 "자기 백성을 패배시키고 성전을 멸망시킴으로써 무능하게 보였으나"(168), 그들이 창조주와 심판자로 믿었던(174) 자기들의 하나님에 대한 신앙을 고백하기 위하여 회개와 금식을 하는 가운데(173) 이 문장을 사용했다고 결론 짓는다. 예레미야의 믿음은 바알과 몰렉에게 제사를 드리는 행동을 했던 백성들의 믿음과 대조된다(29, 34-35절).

16절에 있는 동사 와에트팔렐(ואתפלל, "그리고 내가 기도했다")은 16-25절을 하나의 기도로 소개한다. 이 동사는 자주 "…을 위하여 중재 간구하다" 혹은 "구원 신탁을 위하여 여호와께 묻다"라는 특별한 의미를 가진다. 구약성경에 있는 다른 산문체 기도들처럼 이 기도도 시종일관 하나님을 2인칭으로 소개한다. 이것은 한 사람이 다른 사람에게 말하는 연설 가운데서 발견되는 "슬프도소이다"란 공식 문구와 함께 시작되지만(삿 11:35; 왕하 6:5), 특히 에스겔의 기도(4:14; 9:8; 11:13; 21:5[개역. 20:49])와 예레미야 자신의 기도(1:6; 4:10)를 포함하여 극심한 고통과 위기 속에서 하나님께 드리는 기도 가운데 더 자주 발견된다(수 7:7; 삿 6:22). 24절에 있는 "보라"(הנה – 힌네)는 이 기도가 드려지고 응답이 예상되는 상황을 상기시켜 준다(참조. 창 24:13). 마지막 공식 문구 "그러나 당신이 말씀하셨나이다"가 야곱(창 32:12)과 모세(출 33:12; 민 11:21)의 기도 가운데서 발견된다. 창세기 32:12에서는 이 공식 문구가 번영과 자손에 대한 주님의 약속에 대한 인용을 이끌고 있는데, 이 기도는 야곱의 호소를 허락하시는 동기로서 하나님에게 드려진다. 야곱이 직면한 위기가 약속과 긴장 가운데 있다. 이와 비슷하게, 모세는 하나의 모순이 주님의 보증 및 약속과 그 지점까지 그를 오도록 공급해 주셨던 도움 사이에 존재하고 있는 두 기도에서 주님의 말씀을 인용한다(출 33:12; 민 11:21). 민수기 11:21은 그 어떤 호소도 포함되어 있지 않기 때문에 예레미야 32:16-25에 있는 기도와 유사하다. 모세는 현재의 고통스러운 상황과 하나님의 보증에 대한 묘사를 병치시킴으로써 자신의 혼란스러움을 표현하고 있다(렘 32:25과 비교하라). 모세의 기도는 약속된 음식의 원천에 관한 질문과 함께 계속된다(11:22). 과거에 있었거나 미래에 있을 주님의 행동과 관련된 질문은 자주 여호수아 7:7; 열왕기하 3:10; 에스겔 9:8; 11:13에서처럼 "슬프도소이다, 주 하나님이시여"라는 공식 문구 뒤에 따라온다. 그러나 예레미야 32:16-25은 이러한 질문 형식으로 예레미야의 명백한 혼란을 표명하지 않는다. 그러므로 이 기도는 간략하게 다듬어져 있다. 이와 같은 기도는 하도록 예상되는 그 일을 하고 있지 않다. 이스라엘의 죄가 고백되지만(23절), 죄사함을 요구하고 있지는 않다. 그 대신 바로 그 순간에 백성들이 당하고 있는 심판(1절을 보라)의 타당성이 인정되고 있다(23절). 예레미야와 백성들이 살고 있는 중에 당하는 고통의 상태가 묘사되어 있으나(24절), 구원을 위한 호소는 들어 있지 않다(왕하 19:15b-19의 히스기야의 기도와 비교하라). 하나님께서 그러한 일이 일어날 것이라고 말씀하셨으므로 그 종말은 피할 수 없다. 예레미야는 밭을 사라고 명령을 받았던 일과 밭 구입 행위가 어리석어 보이는 현재 상황 사이의 모순된 상황에서 가지는 혼란을 표현하고 있지만, 주님의 계획에 대해 설명을 구하는 질문을 하고 있지 않다. 그럼에도 불구하고, 이 불완전한 기도의 세 개의 표현되지 않은 내용이 다음에 따라오는 구절들 가운데서 응답을 받는다.

27-44절에 나오는 주님의 반응은 대부분 본서의 다른 곳에서도 발견되는 자료로 구성되어 있다. 즉 32:3; 34:2과 유사한 심판 신탁, 예레미야서와 신명기, 열왕기서에 나타나는 이스라엘의 죄에 대한 여러 친숙한 묘사, 그리고 24:7; 31:31-34; 32:15에 나타나는 구원 약속이다. 하나님의 반응은 본 장의 설화자를 통하여 MT에 소개되어 있는데, 그는 예레미야를 3인칭으로 말한다. 그러나 70인경은 1인칭을 사용한다. 42절은 각기 메신저 공식 문구를 통하여 소개된 일련의 산문 신탁을 이끌고 있는데, 이 신탁은 33:1, 19, 23에 있는 표제에 의해서 잠시 중단될 뿐 33장 전체에까지 이어진다. 할러대이(Holladay, 2:209)는 예레미야의 기도와 주님의 반응 간의 평행성에 주의를 상기시킨다(17//27절, 24//36절).

예레미야서에서 32장의 배경은 30-31장에 있는 위로의 책의 확장으로 만들어 준다. 이 장들은 일차적으로는 시이지만, 산문 단락들(30:8-9; 31:1, 26-40)은 32:36-44(그리고 33장)에 있는 신탁들과 어느 정도 유사점들을 가지고 있다. 더 나아가서, 30-31장에서는 구원이 32:2-5, 24-25, 28-35에서처럼 계속적이고도 점점 악화되고 있는 고통(30:5-7, 12-15)의 그늘 속에서 선포된다. 32:6-15에 나오는 땅 구입과 상징적 행동은 36-44절에 해석되어 있는 바와 같이 여호와께서 미래의 어느 때엔가 이스라엘과 유다를 그 땅으로 회복시키실 30:3에 있는 구원 선포를 강조하고 확대시킨다. 캐롤(622)은 32장에서 여호와께서 30-31장에 있는 약속들에 대해 이행하고 계신다고 설명한다. "많은 날 동안"(32:14)의 "매매 증서"(ספר – 쎄페르) 보관은 30:2에 있는 그 "책"(ספר – 쎄페르)의 기능이 다가오는 그 날까지 그것에 기록된 약속들의 유효성을 보증해 준다는 사실도 암시한다. 다시 말해서 30-31장은 32장에 있는 상징적 행위에 대한 해석을 해주고 있으며, 그 상징적 행위는 이스라엘 백성들이 하나님께서 그 조상들에게 주셨던 땅을 다시 소유할 것이라는 보다 광범위한 약속들의 진리성을 드러낸다(참조. 31:23). 6-15절에서 예레미야가 따르고 있는 밭과 집의 무름에 대해 규정한 법(레 25:25)은 하나님께서 그들의 열조에게 주시고 각 지파와 족속 그리고 가족들에게 분배되었던 백성들의 땅에 대한 소유가 끊어지지 않도록 고안된 것이었다. 30-31장과 32장 간의 문학적 공통점은 풍부하다.

최근에 사이츠(Seitz, *Theology*, 244)는 32:2, 6-15이 처음에 예레미야의 전승의 다른 모음집의 일부분이었는데 나중에 지금의 위치에 옮겨졌다고 주장했다. 그는 2-5, 6-15절의 스타일과 형식이 30-31장에 있는 단락과는 다르고, 2-5절에 묘사된 배경이 37-38장에 있는 상황과 일치하며, 세부적인 스타일 역시 이 후대의 장들과 어울린다고 본다. 사이츠는 자신이 주장한 서기관의 연대기에서 32:2, 6-15의 원래 위치가 37:20-21과 38:1-6 사이였다고 결론짓는다(*Theology*, 283). 이 배열은 이것이 지금 37-38장에 포함되어 있는 것과 같은 기사에 있는 간격을 메워 준다(*Theology*, 243-45). 37:11-15에서 예레미야는 아나돗에 있는 땅에서 분깃을 얻으려고 포위망이 일시적으로 풀린 동안에 예루살렘을 떠나려고 한다. 그는 성문에서 저지를 당하고 형벌을 받도록 방백들에게 넘겨지지만, 시드기야가 예레미야를 그들로부터 보호하기 위하여 시위대 뜰로 옮겨 준다(37:20-21). 이 뜰이 32:6-15에서 예레미야가 있는 위치다. 사이츠는 32:6-15이 방백들로부터 새롭게 반대를 받고 38:1-4에서 사형에 처하도록 요청하고 있는 것에 대해 좀더 좋은 설명을 제공하고 있다고 생각하지만, 그는 이 두 구절 사이의 명백한 축어적 연결점에 대해서는 말하지 못한다. 마지막으로, 사이츠는 바벨론 사람들이 다시 포위 공격을 시작했다는, 지금은 38장에서 빠져 있으나 이것 안에 암시되어 있는 정보를 기록하기 위하여 2절과 같은 내용을 포함시킨다.

사이츠의 재구성에 따르면, 그 후에 포로기의 한 편집자가 32:2, 6-15과 서기관의 연대기에 있는 다른 부분들을 "편집상의 정교화라는 구실을 하도록" 현재의 위치로 옮겼다(*Theology*, 224-25). 땅 구입의 기사는, 사이츠의 이론에 따르면, 원래 37:3 뒤에 있었던 34:1-15에서 유래된 배경 정보(3-5절)와 함께 제공되었었다(위로의 책의 두루마리를 준비하라는 명령이 밭 구입에 이어서 바로 나왔다는 할러데이의 제안⟨2:34⟩과는 반대됨). 주전 597년 이후에 포로지에서 수행되었던 예레미야 자료에 대한 신학적 사고와 해석은, 앞으로도 더욱 불순종할 것이고 또한 주님으로 말미암아 오는 심판을 피할 수 없을 것이지만, 하나님의 백성을 위한 미래는 바벨론으로부터 돌아오는 포로민의 귀환에 달려 있을 것이라는 확신을 발전시켰다(Seitz, *Theolgy*, 224-25). 여호야김 장들에 포함되어 있는 시드기야 자료의 재배치는 주전 597년과 587-86년에 수행되었던 심판의 본질적 유사성과 단일성에 대한 인식을 표현하고 있다.

21장; 32:1-6; 34:1-7; 37-38장의 사건들은 모두 시드기야 제10년에 시작된 바벨론인들에 의한 기나긴 마지막 예루살렘 포위 기간 동안에 이루어진 일이다. 성벽들은 시드기야 제11년 담무스월 9일에 무너졌고, 느부갓네살 제19년 아브월 5일 혹은 10일에 바벨론인들이 성읍과 성전을 불태웠다. 이 즉위년에 대한 정확한 계산 방식은 논란이 되고 있다. 할러데이(2:34)는 포위 공격을 588년 1월부터 587년 7월까지로 잡고, 반면에 해이즈와 후커(Hayes and Hooker, *New Chronology*, 97-98)는 이 날짜를 일 년이 늦은 587년 1월부터 586년 7월로 잡는다. 맬러맷(Malamat, "The Twilight of Judah," in *Edinburgh Congress Volume*, VTSup 28[Leiden: Brill, 1975] 145)은 포위 공격의 기간을 588년 1월부터 586년 7월까지 30개월로 잡는다. 바벨론인들은 포위 공격을 일시 멈추었는데(37:5-11), 아마도 바로 호프라가 지휘하는 애굽 군대의 위협적 접근 때문이었던 것으로 보인다(Holladay, 2:34는 588년 여름으로 봄; Malamat, *IEJ* 18[1968] 152에서는 587년 겨울에서 봄으로 봄). 이것이 예루살렘에 있는 백성들에게 잠시 희망을 가져다 주었는데, 애굽의 도움이 실현되지 않자 극심한 절망감이 뒤따라왔다(애 4:17). 유다의 대부분의 요새화된 성읍들이 함락당했으나(34:7), 맬러맷은 미스바와 라마를 포함하여 베냐민에 있는 성읍들이 파괴되지 않았다고 언급하고 있는데, 그 이유는 베냐민이 이미 느부갓네살에게 항복했기 때문일 것이라고 한다("The Last Wars of the Kingdom of Judah," *JNES* 9[1950] 227). 예레미야서가 시드기야와 다른 지도자들이 예레미야를 통하여 주어진 여호와의 말씀을 거절하기로 결정했던 위태로운 분위기를 조장하기보다는 정치적·군사적 사건들에 대한 철저한 묘사에 덜 관심을 가지고 있었기 때문에, 이러한 중대한 몇 달 동안의 완전한 기사가 제공될 수 없다.

주석

1 여기서 사용된 표제, "여호와의 말씀이 예레미야에게 임하니라"가 25:1; 30:1; 34:1, 8에도 나타난다. 25:1에서 이 문구는 유다 왕의 즉위년과 느부갓네살의 즉위년을 포함하는 날짜 공식 문구를 동반하고 있다. 그러나 할러대이(Holladay)는 25:1(1:667-68)과 32:1(2:213)에 있는 연대 대조 표시를 잘못된 것으로 생각하고, 이것들이 25:1에 있는 "즉위년"에 대한 "제1년"으로의 개악 혹은 오해의 결과라고 생각한다. 느부갓네살은 주전 605년 가을에 왕이 되었고, 그의 첫 번째 즉위년은 604년 3-4월에 시작되었다. 할러대이는 32:1에 있는 연대 대조 표시가 이러한 오류로 인하여 1년이 떨어져 나간 것이라고 결론짓는다(1:668). 그러나 해이즈와 후커의 새 연대기(*New Chronology*, 94-95)에 따르면, 32:1에는 모순이 없다. 그들은 시드기야 제1년을 596-595년으로 계산하고, 따라서 그의 제10년은 느부갓네살 제18년, 즉 597년 니산월(3-4월)-596년 니산월과 같았다는 것이다. 맬러맷(Malamat, "The Twilight of Judah," 144-45)은 예레미야의 밭 구입을 주전 약 587년 4월 29일로 잡고 있는데, 이 때는 느부갓네살 제18년 초였고 시드기야 제10년 중반 직후였다. 맬러맷은 유다 왕들의 즉위년을 니산월이 아닌 티쉬리월, 즉 제7월(9-10월)로 계산한다. 그러므로 할러대이는 32장의 사건을 588년으로 잡고 있으며, 반면에 맬러맷과 해이즈(Hayes)와 후커(Hooker)는 이것들을 687년으로 잡는다.

궁전 복합 건물에 있는 시위대 뜰의 정확한 위치는 알려져 있지 않다. 패롯의 재구성(A. Parrot, *The Temple of Jerusalem*, tr. B. E. Hooke, SBA 5[London: SCM, 1957] 19-21)에 따르면, 왕궁의 여러 건물들이 커다란 뜰 주위에 정렬되어 있었다. 이 정원들은 인접한 시위대 초소 혹은 집에서 그 이름을 부여받아 가지고 있었을 것이다. 비록 파수병들의 감시 아래 있었을지라도, 예레미야가 서기관 요나단의 집에 갇혔던 토굴 감옥보다는 옥외의 감옥이 더 옳을 것이다(37:15, 16, 20). 왕의 아들 말기야에게 속한 저수조는 (실질적으로) 이 뜰에 위치해 있었다(38:6). 이 성읍처럼 예레미야도 포위되어 있었다.

3-5 만일 이 구금이 37:16-21에 기록된 것과 같은 구금이라면, 32장에 기록된

이유는 약간 다르다. 32장에서 이것은 순전히 왕에게 불쾌한 신탁을 전한 결과에 대한 응징인 것으로 보인다. 그러나 37장에서는 시드기야가 왕의 방백들이 예레미야를 집어넣은 토굴 감옥으로 그가 다시 돌아가지 않도록 보호해 준다. 할러데이(Holladay, 2:213)는 이것을 "보호 감호"라고 부른다. 예레미야서에 있는 여섯 개의 단락이 여호와께서 예레미야를 통하여 시드기야에게 주신 말씀을 기록하고 있다(21:1-7; 32:1-5; 34:1-7; 37:1-10, 17; 38:14-28). 37:17b에 있는 간략한 문장 "왕이 바벨론 왕의 손에 붙임을 입으리이다"는 32:3-5의 정확한 요약이다. 다른 단락들은 공통적인 주제들을 가지고 있다. 21:4-7; 34:2-3; 37:7-10, 17 모두가 바벨론인들에 의한 예루살렘의 확실한 함락과 시드기야의 포로 됨을 선언한다. 어쨌든 이 메시지는 여러 면에서 부드럽게 묘사되어 있다. 여호와께서는 34:4-5에서 시드기야가 정상적으로 죽을 것임을 약속해 주시고 있다(16:5-7; 22:18-19과는 반대로). 21:8-10; 38:2-3에서 백성들은 만일 그들이 성읍을 떠나 항복하면 생명을 부지하고 도피할 수 있는 길이 제공된다. 왕에게 전달된 21:11-14; 38:17-18에서만 그 성읍이 멸망으로부터 구원받을 수 있는 가능성이 제기되어 있다. 왕은 다시 공의를 세우고(21:12) 느부갓네살에게 항복해야 한다(38:17). 32:3b-5a의 말씀은 34:2-3과 아주 유사한데, 후자의 구절이 시드기야를 2인칭으로 말하고 있다는 점만 다르다. "입이 입을 대하여 말하고"와 "눈이 서로 볼 것이며"라는 표현은 이 두 구절에서만 함께 나타난다. 그러나 32장에서 바벨론에서의 시드기야의 운명은 좀더 모호하게 진술되어 있다. 그는 "여호와께서 권고(פקד; G. André, *Determining the Destiny*; J. D. W. Watts, *Isaiah 1-33*, WBC 24[Waco: Word, 1985] 325-36)할 때까지 거기 있으리라"(היה – 하야)고 나타난다. "권고"라는 단어는 심판 혹은 구원을 의미할 수 있다. 32:5에서 이 단어는 단순히 그의 죽음을 의미할 수도 있다(Rudolph, 190). 39:5-7에 따르면, 시드기야에게 일어난 일을 생각한다면 죽음이 환영할 만한 보응이었을 수도 있다. 그 땅으로부터 피하여 도망하려다가 잡힌 다음 느부갓네살은 그에게서 자유를 박탈했고, 그의 아들들을 죽였으며, 그의 눈을 뺐다. 느부갓네살은 그가 세상에서 눈으로 마주보았던 마지막 사람이었다. 그러나 베그(C. Begg)는 32:5a과 27:22a의 유사성에 근거하여 "…을 취급하다"(פקד – 파콰드)라는 긍정적인 해석을 주장한다(*ETL* 63[1987] 113-17).

5절의 마지막 문장에 있는 단어 "싸우다"(לחם – 라함)와 "승리하다"(צלח – 찰라흐)는 독자로 하여금 이러한 장면이 고대에서 기원되었음을 상기시켜 주는 역할을 한다(참조. 왕상 22:15). 왕은 군대의 중앙에서 여호와께로부터 온 말씀을 듣기 위하여 선지자에게 묻는다. 시드기야와 예루살렘의 대적들을 향한 예레미야의 신탁은 그들이 실패하리라는 것이다.

6-9 11:18-23에서 여호와께서는 예레미야의 아나돗 친척들이 그를 죽이려는 계획을 알려 준다. 7-8절에서 일종의 화해를 보려는 경향이 있다(Holladay, 2:212). 예레미야의 선지 사역은 그로 하여금 유다와 예루살렘 백성들에게 닥치려는 고통을 실증하기 위하여 정상적인 가족 활동과 친척 관계를 끊어 버렸다(11장과 16장). 만일 그의 조카의 밭 매매가 그의 정상적인 생활로 회복되는 1단계라면, 예레미야는 또다시 하나님의 백성에게 닥칠 일을 경험해 나감에 있어서 "한 시기 앞서 살고 있는" 것이다.

하나멜과 그의 이름은 구약성경의 다른 곳에서는 나타나지 않는다(31:38에 있는 "하나넬"이 근접한 명칭이다). 윌슨(R. Wilson, *Prophecy*, 223)은 그의 부친이 여선지자 훌다와 결혼한 살룸과 같은 사람이라고 주장한다(왕하 22:14). 이러한 주장이 옳다거나 틀리다는 사실을 입증할 길이 없지만, 할러대이(Holladay, 2:213)는 훌다의 남편이 예루살렘 가족 출신인 것으로 보이며, 반면에 예레미야의 삼촌은 베냐민 지파 사람이라고 말한다. 이 이름은 분명히 유다에서 사용되었다(참조. 22:11, 살룸=여호아하스). 다른 한편, 만일 하나멜이 예루살렘에서 살았다면, 이 점은 그가 어떻게 포박되어 있는 동안 예레미야에게 접근할 수 있었는지를 설명해 줄 것이다. 그는 지방으로부터 온 다른 도피자들과 함께 예루살렘에 정착했을 수 있다(참조. 4:5-6; 35장).

7절의 "이 기업을 무를 권리(משפט – 미슈파트)가 네게 있느니라"의 끝에 나오는 법적 용어는 그러한 매매를 규정했던 율법에 대한 문제를 야기한다. 레위기 25:23-28은 하나멜의 매매에 적용될 수 있는 구약성경의 법 가운데서 유일한 법이며, 이 법은 몇몇 세부 사항들만을 담고 있다. 여호와로 말미암아 이스라엘 가족들에게 분배된 그 땅을 영구히 팔 수 없다는 원리는 땅을 가진 각 개인이 가난해져서 빚을 청산하기 위해 자기들의 재산을 팔아야 한다는 사실에 의하여 위협을 받는다. 본문은 하나멜이 어떻게 가난해졌는지를 말하지 않는다. 자주 평화로운 시기에도 그러한 일이 일어났지만, 바벨론인의 점령으로 인하여 파산률이 증가했을 것임에 틀림없다(가축의 잃음에 대해서는 33:10, 12을 보고, 이스라엘에서 농부의 빈곤의 원인에 대한 이론을 위해서는 Lang, "Social Organization," 83-99를 보라). 주전 제7세기 니푸르의 포위 공격 당시의 것인 법적 문서들은 음식을 구하기 위하여 은의 형태로 되어 있는 현금을 구하려고 백성들이 부동산을 팔고 자기 자녀들까지도 팔았다는 증거를 제공한다(Oppenheim, *Iraq* 17 [1955] 69-72).

레위기 25장은 가난한 사람이 자신의 조상의 재산을 회복할 수 있는 세 가지 방법을 제공한다. (1) 자신의 가장 가까운 남자 친척이 재산을 구입한 사람으로부터 다시 구입함으로써 무를 수 있고, 그 땅은 그의 대가족에게로 돌아간다. (2) 판 사람이 직접 다시 살 수 있다. (3) 희년에 그 땅은 원 소유자에게로 돌아간다. 하나멜과 예레미야 사이에 있었던 매매는 (1)항에 가장 가깝기는 하지만 이 세 가지 가능성들 가운데는 적합하지 않다. 이 법은 근족을 어떻게 밝히는지를 말하지 않으며, 예레미야 32장은 예레미야와 하나멜이, 형제였던 그들의 부친들을 통하여 친척간이었다는 사실만을 말한다. 이미 그 밭을 산, 아무런 관계가 없는 제3자에 대해서는 전혀 언급이 없다. 그 대신 하나멜은 기업 무를 근족(גאל – 고엘)인 예레미야에게 먼저 팔 밭을 제공한다. 패트릭(D. Patrick, *OT Law*, 183)은 레위기 25:25을 그 땅을 다시 살 뿐만 아니라 그것을 아무런 대가 없이 원 주인에게 되돌려 주어야 할 다음 근족 편에서 가지는 도덕적 의무로 해석한다. 만일 예레미야가 이러한 일을 했다면 매매 증서가 필요하지 않았을 텐데, 그 이유는 그 밭이 다시 하나멜의 것이 되었을 것이기 때문이다.

레위기 25장이 설명하지 않은 여러 가지 다른 문제들이 남아 있다. 땅을 무르는 일(redemption)에 대한 구약성경 룻기 4장에 있는 다른 기사는 이것과 매우 유사한 문제를 일으키기 때문에 어떤 세부 설명을 덧붙이지 않고 있다. 우선, 어떻게 과부 나오미 혹은 제사장 가문 출신의 하나멜이 밭을 가질 수 있었는가(참조. 민 18:20-24; 수 21:1-3)? 칼빈(4:163)은 그의 밭이 레위인들이 자기 것으로 할당받은 작은 교외의 목초지였다고 이유를 밝힌다(민 35:5; 그러나 레 25:34을 보라). 어떻게 가장 가까운 남자 친척이 밝혀졌을까(8절의 70인경은 한 가지 가능한 요인을 암시하고 있는데, 곧 "당신이 가장 연장자다"라는 것이다)? 왜 매매가 공개된 장소에서 완료되었는가? 구약성경에 있는 율법 자료로는 룻기 4장과 예레미야 32장과 같은 설화의 모든 면을 설명하기가 불가능하다. 설화의 목적은 여호와께서 어떻게 특별한 상황에서 역사하셨는지를 보여 주려는 것이지, 율법의 일반적인 적용을 예증하려는 것이 아니다.

8절은 하나멜이 온 것을 "여호와의 말씀같이", 곧 여호와의 말씀의 실현으로 기록하고 있으며, 그의 말을 그것의 확증으로 기록한다. 즉 "내가 이것이 여호와의 말씀인 줄 알았으므로." 25절에 의하면, 하나멜의 요구가 여호와의 명령이 되었다. 8절에 기록된 것과 같은 하나멜의 말은 7절에 있는 예고와 거의 동일하지만, 거기에는 세 가지의 의미심장한 차이가 있다. (1) 긴급한 요구 "사라"(קְנֵה – 콰나)가 7절과 25절에서 발견된 형태로 본 절 끝에서 반복된다("너를 위하여"[לְךָ – 르카]와 함께). 끝 부분에 있는 설득력 있는 말의 요점을 반복하는 것이 적절하다(그러나 "원문주해" 8.d-d를 보라). (2) 8절은 "소유"(יְרֻשָּׁה – 예루솨)의 권리와 의무를 덧붙이고 있는데, 이 단어는 신명기와 여호수아서에서 하나님께서 이스라엘과 다른 열국에게 주신 땅을 얻음에 대해 규칙적으로 사용된 어근이다(예를 들어, 수 12:7). 예레미야는 그 밭을 무를 때 자기 조카에게만 은혜를 베푼 것이 아니다. 그는 여호와로부터 이스라엘 기업 중 일부분의 소유를 취하고 있는 것이다(22-23절, 41절을 보라). (3) 아나돗에 위치해 있는 문장과 베냐민 땅에 있는 밭은 여호수아서에서 각 지파에게 준 가나안 땅의 분배를 생각나게 하는 것이다. 이것은 또한 15절에서 약속된 회복이 유다와 예루살렘과 함께 베냐민이 포함될 것이라는 사실을 암시한다(Wanke, "Jeremias Ackerkauf," 268; 44절을 보라). 30-31장에 있는 온 이스라엘이라는 모티프는 32장에 있는 이 범위까지 확증된다.

32장은 그 가격이 어떻게 결정되었는지 혹은 예레미야가 이렇게 많은 은을 가졌었는지를 말하지 않는다. 페르시아 시대까지는 그 지역에서 그 어떤 동전도 주조되지 않았으며, 그래서 세겔이 무게의 양이었다(10절에 있는 저울을 유념하라). 고대 팔레스틴으로부터 나온 돌은 11.3-11.47그램을 세겔로 표시했었고(Seller, *IDB* 4: 831-32), 그래서 예레미야는 그 밭을 위하여 은 200그램보다 약간 못한 돈을 지불했다. 17세겔은 다윗이 아라우나의 타작마당과 황소를 위하여 지불했던 50세겔(삼하 24:24)과 앗수르에게 공물을 주기 위하여 므나헴이 부유한 이스라엘 사람들에게 지워 준 50세겔의 세금에 비교할 때 비싼 것이 아니다(왕하 15:20).

[10]-[12] 10절은 구입 매매 증서를 소개하고 있고 증거와 인봉과 함께 이것의 적절한 시행을 기록하고 있다. 레위기 25:25은 기록된 문서를 언급하고 있지 않지만, 예레미야의 매매 상황은 그것을 요구한다. 예루살렘의 포위와 그 다음에 이어지는 포로와 멸망에도 불구하고, 그는 살아 있을 것이고 자신이 친히 그 땅을 일구어서 예레미야의 소유권이 매매 기록 문서를 통해서만 입증될 수 있다는 것이다.

10절에 있는 인봉하고 증인을 세우는 행위의 순서와, 11절에 있는 인봉된 증서와 인봉치 않은 증서에 대한 언급은 근동의 여러 장소에서 발견된 주전 5세기로부터 3세기까지 아람어로 기록된 법적 문서와 일맥 상통한다. 포튼(B. Porten)은 다음과 같은 파피루스 문서의 준비를 기록하고 있다(*BA* 42[1979] 78-83). 서기관은 빈 파피루스 두루마리로부터 적절한 길이의 두루마리를 한 부분 잘라내고, 그것을 측면으로 돌려서 그 종잇장의 가장 긴 부분을 수직으로 놓았다. 이것이 수직으로 된 섬유질을 수평으로 만들어 준다. 서기관은 두 장 사이에 한 여백을 남겨 놓고 계약 본문 혹은 증서를 두 개 기록하고 그 종이를 반으로 접어서 평평하게 눌렀다. 부본들 사이의 여백에 있는 작은 구멍들이 접혀진 부본을 실로 꿰매게 해주며, 그 다음에 한 개 혹은 더 많은 진흙 덩어리로 봉인되었다. 하나의 도장 인봉이 부드러운 진흙에 눌러지고 소유자의 이름의 흔적을 남겨 놓았다. 증인들은 접혀지고 묶인, 그리고 인봉된 증서 바깥에 서명을 하고 서기관의 이름도 거기에 기록되었다. 봉인되지 않은 종이의 절반에 있는 문서는 조사를 위하여 열어 둔 채로 두었다.

이 당시에 유다에서 동전이 사용되지 않았으므로 은은 다른 판에 돌 무게를 가진 천평 저울로 달았을 것이다. 6-9절에 있는 "주석"을 보라.

11절 중간 부분에 들어온 두 단어 "법과 규례"는 모두가 적절한 율법의 전통적 규칙들이 준수되었다는 사상을 강조하는 절규처럼 들린다. 루돌프(190)는 전치사를 덧붙이고 이 문구를 10절 끝 부분으로 옮겨서 "법과 규례를 따라서"로 만든다. 할러대이(Holladay, 2:215)는 두 가지의 다른 가능한 설명을 제안한다. 이 두 단어는 여기서 봉인된 증서가 봉인되지 않은 증서 가운데 언급되지 않은 규정 혹은 상황을 포함하고 있다는 사실을 암시하는, 보다 전문적 의미를 가질 수도 있다. 그러나 그는 임시적으로 1세기 이전에 피터스가 제안한, 이 두 단어가 "봉인된 것"을 설명하고 있는 이사야 8:16에 근거한 하나의 주석이라는 설명을 채택한다(J. Peters, "Notes on Some Difficult Passages in the Old Testament," *JBL* 11[1892] 43).

12 예레미야는 29:3(엘라사와 그마랴); 36:6(바룩); 51:59(스라야)에 있는 다른 사람들에게 예레미야 자신은 갈 수 없지만 그것을 가져가는 사람들을 통하여 그것이 크게 읽혀지도록 위탁한다. 여호야김 왕은 36장에서 두루마리를 태우고, 51장에 있는 스라야의 지침은 두루마리를 유브라데 강에 빠뜨리는 것이다. 그러나 바룩이 해야 할 일은 매매 증서를 간수하는 것이다.

바룩은 이 단락에서 서기관이라는 호칭이 붙어 있지 않지만, 그의 부친 네리야와 조부 마아세야와 함께 거명되면서 긴 족보가 제공된다. 에비것(Avigad)이 기록한 유다로부터 나온 200개의 인장(도장 자국을 가진 진흙 덩어리)은 최소한 한 개의 "마아세야의 아들 네리야후의 아들 베레갸후"라는 이름이 찍혀진 것을 내포하고 있다(Avigad, *Hebrew*, 29). 처음 두 이름의 보다 긴 형태에도 불구하고, 도장의 소유자와 32:12에 거론된 사람은 같은 사람일 수도 있다. 본서의 다른 곳에서 바룩은 예레미야의 서기관, 메신저, 고난당할 때의 동료로서 그 역할을 한다(36:4-8, 19,

26; 43:6). 뜰에 앉아 있는 유다인들 혹은 유대인들에 대한 언급은 이것이 공식적인 법적 절차였다는 사실을 암시하는 최종의 세부 사항을 덧붙인다(모든 편이 앉아 있는 룻 4:1-4과 비교하라).

14 2000년 간 토기 그릇에 저장된 몇몇 사해 두루마리의 발굴은 최소한 사막의 기후에서 있었던 이러한 보관 방식의 효력을 입증해 준다. 바룩에게 준 명령이 그 당시에 통상적인 방식이었는지 그렇지 않으면 독특한 수단이었는지는 확실히 알려져 있지 않다. 항아리가 저장된 장소에 대해서는 어떤 암시도 없다. 애비것은 매매 증서와 계약 증서라는 공문서가 그 당시에 존재했었지만, 그러한 문서들이 가정에 보관되었을 수도 있다고 추측한다(Avigad, *Hebrew*, 121, 127). 예레미야서에서 토기 항아리와 두루마리는 의미심장한 물품들이다. 19:10; 51:63에서 항아리를 깨뜨리고 두루마리를 빠뜨리는 상징적인 행위는 각각 다가오는 멸망의 상징으로서 그렇게 한 것이다. 32장에서 그것들은 함께 그 이후의 회복을 지적한다.

예레미야서에서 메신저 공식 문구는 자주 선지자에게 전달된 하나님으로부터 온 말씀을 이끌고 있으며, 따라서 이것이 14절에 있는 것은 위치가 잘못된 것이 아니다. 그러나 13절에 있는 설화는 예레미야를 메신저로 만들고 있으며, 상징적 행위를 시행해야 할 수신자는 아니다. 예레미야와 바룩은 뒤바뀐 역할을 한 것으로 보인다. 예레미야는 매매 증서를 기록하고, 그 다음에 바룩은 상징적 행동을 수행한다.

15 상징적 행위는 밭 매매 증서를 포함시켰으나, 그 해석은 그 의미를 집과 포도원을 포함시키는 데까지 확장되고 있다. 레위기 25장에 있는 기업 무르는 규례는 집과 함께 밭을 취급하고 있으나(29-33절) 특별히 포도원은 언급하지 않는다. 과실을 맺는 포도원과 새 포도주가 31장에서 회복된 공동체에 주어진 축복들에 들어 있으며(5, 12절), 그래서 이러한 암시는 앞 장에서 약속된 보다 풍성한 선물들을 생각나게 해주는 역할을 한다. 그 반대로 15절은 매우 놀라게 하는 약속이다. 백성들은 자기들의 밭, 집 그리고 포도원들을 자신들이 단순히 매우 가난해졌다는 이유 때문에 이방인들에게 팔아 넘겼다. 기업 무르는 규례는 백성들에게 그들의 땅을 영구히 박탈당하지 않게 하는 "안전 장치"(safety net)를 제공한다. 재산을 사고 파는 "정상적인" 생활로 돌아간다는 약속은 한편으로는 빚과 가난이 여전히 존재한다는 사실을 의미하며, 다른 한편으로 포로에서 돌아온 유대인들이 자기 조상들로부터 전해 내려온 땅을 다시 무를 수 있으며, 자기네 가족들이 살아가면서 생계 유지를 할 수 있는 얼마간의 땅도 살 수 있을 것이라는 사실을 의미한다. 이런 의미에서 본 절은 정복과 포로로 말미암은 대대적인 축출에 직면하여 매우 현실적인 확신을 주는 말

씀을 제공해 준다. 아브라함처럼(23절), 돌아온 포로민들은 약속의 땅의 처음 부분을 사야 할 것이었다.

16 관련된 날짜는 바룩에게 매매 증서를 주는 12절을 가리키고, 14절에 있는 상징적 행위를 가리키지 않는다. 예레미야가 "기도하다, 중재 간구하다"(פלל – 팔랄 히트파엘형)란 동사의 주어인데, 이와 같이 유일하게 다른 경우가 42:4에 나타난다.

17 하나님이 창세기 2:4-3:24과 에스겔서에서처럼 "주 여호와"(אדני יהוה – 아도나이 야웨)로 소개되어 있다. 천지 창조(창 1:1)가 행동하시는 하나님의 무한하고 헤아릴 수 없는 힘과 능력의 증거로 나타나 있다. 그 어느 것도 창조주의 능력을 능가할 수 없다. 주님의 응답이 수사학적 질문의 형식으로 같은 확언을 가지고 27절에서 시작된다(참조. 창 18:14). 창조의 수단과 도구는 주로 애굽으로부터의 구원(예를 들어, 신 26:8; 렘 32:21)과 관련된 표현인 "펴신 팔"(참조. 27:5)을 포함한다. 그러나 예레미야서의 대부분에서 창조주 하나님의 능력은 심판 가운데서 나타난다. 27:5과 비교하라. 여기서 같은 전치사구가 창조를 나타내기 위하여 "내 큰 능과 나의 든 팔로"라고 사용되지만, 그 창조의 행위가 인간과 짐승의 나라를 느부갓네살에게 복종하게 하는 것이다. 만일 예레미야가 백성들을 그 땅으로 회복시키시는 주님의 능력을 놀라워하고 있다면, 그 대답은 그 자신의 기도 가운데 포함되어 있다. 창조주께서는 징계하고 구원하실 능력과 자유를 가지고 계신다는 것이다.

18-19 하나님에 대한 소개가 처음으로 출애굽기 34:6-7에 나타난 하나님에 대한 간략한 묘사와 더불어 18절에서 계속된다. 여호와께서는 천만인에게 은혜를 베푸시지만, 아비의 죄로 인하여 그 다음 세대에게 내리시기도 한다. 육신에 대한 비유인 "가슴, 품"(חיק – 헤크)은 이 죄라는 그림이 치명적인 육신의 기관을 위협하는 위험한 존재임을 시사한다(참조. 시 79:12; 사 65:6-7). 이 말씀은 자신의 모든 신하들에게 생명을 좌우할 권한을 가진 한 군주의 선택권과 같은 하나님의 두려우신 자유 선택권을 보여 준다. 뒤이어 18b-19a절에 나타나 있는 길다란 별칭들은 이러한 이미지를 지지해 준다. 하나님은 지혜와 행사에서 뛰어나신 하늘 군대의 훌륭한 군대 장관이시다.

18a절에 나타나 있는 하나님의 자유 선택권에 대한 고백을 통하여 표현된 긴장감과 공포심이 19b절에 있는 하나님의 공의에 대한 확언을 통하여 해소된다. 여호와께서는 백성들이 살아가는 방식과 그들의 삶이 세상에 미치는 결과를 내다보실 수 있으며(17:10과 21:14에서처럼 "그들의 행위의 열매") 그에 따라 보응하실 것

이다(참조. 31:29-30; 겔 18장). 이 구절들에서는 여호와의 통찰력, 공의, 은혜가 이스라엘 백성에게 제한되어 있지 않다.

20 애굽에서 시작하신 여호와의 구원 행위를 묘사하기 위하여 시편 78:43; 105:27의 어휘를 사용하면서 찬양의 형태가 계속 이어진다. "주의 이름을 오늘과 같이 되게 하셨나이다"는 하나님에 대해 사용된 매우 드문 표현이다. 이사야 63:12, 14에서 이것은 또한 출애굽과 연결되어 있다. 느헤미야 9:10은 애굽에서 있었던 "표적"과 "기사"를 언급하고, 또한 마지막 축어적 문장 "주의 이름을 오늘과 같이 되게 하셨나이다"를 반복하고 있는 32:20의 복사본에 해당하는 말씀이다. 그러나 20절은 애굽에 있는 이스라엘을 넘어서 인류를 "오늘날까지" 포함시킨다. 이스라엘의 구원으로 인한 열국 가운데서의 여호와의 명성이 출애굽기 15:14-16에 있는 고대의 승리의 노래의 주제다. 이것은 또한 민수기 14:13-16에 있는 모세의 중재 기도의 일부분이기도 하다. 만일 여호와께서 이스라엘을 멸망시키신다면, 열국들은 여호와께서 그 땅으로 이끌어들일 능력이 없으셨다고 결론지을 것이다. 이 구절 32:20은 다른 백성들이 이스라엘 가운데서 행하신 하나님의 표적과 기사를 단순하게 바라보는 것 그 이상으로 보았다는 사실을 암시하는 것으로 보인다. 19절의 관점은 정반대다. 백성들이 자기들의 행위를 통하여 하나님에게 알려진 바 된 것처럼, 하나님께서는 자신의 행사를 통하여 알려지신다.

21-23 애굽으로부터 현재까지 주님이 이스라엘을 취급하신 방식에 대한 간략한 요약은, 특히 신명기로부터 알려진 익숙한 표현인 전통적 표현으로 이루어져 있다. 21-22절은 신명기 26:8-9에 대한 거의 글자 그대로의 인용이다. 그 땅에 대한 잦은 신명기적 호칭, "주께서 그들에게 주시기로 그 열조에게 맹세하신"(참조. 신 26:3) 땅이라는 호칭은 22절에서 2인칭 형태로 포함되어 있다. "젖과 꿀이 흐르는 땅"은 구약성경에서 20번 나타나며, 상상 가운데 남아 있는 표현이다. "꿀"(דבשׁ -떼바쉬)은 포도로 만들어진 일종의 당즙이었을 수도 있다(사적인 편지를 통한 Anson Rainey의 의견). 만일 그렇다면 이러한 표현은 목축과 원예의 산물과 관련될 것이다. 그렇지만 벌꿀도 배제될 수 없다. 사람이 꿀을 찾기 위하여 찾아 헤매지 않고도 이것을 발견하여 먹을 수 있는 풍요로운 땅이다. 하나님의 선물로서의 그 땅에 대한 이야기는 "차지하다, 물려받다"(ירשׁ -야라쉬)란 동사로 마치고 있는데, 이 용어는 그 땅에 대한 이스라엘의 소유권이라는 법적 권리가 자기 스스로의 결정에 의해서가 아니라 하나님의 결정에서 나온 것임을 강조한다.

세 개의 거의 유사한 문장들은 전형적인 예레미야의 산문체의 글로서(참조. 9:12

[개역. 13]; 11:8; 44:10, 23) 당시의 심판, 즉 "이 모든 재앙"의 동기를 제공한다 (24절). 이 문장들은 그 땅에서 있었던 이스라엘의 전 역사를 포함한다.

24-25 하나님에 대한 찬양, 이스라엘에 대한 하나님의 취급 방식의 요약 그리고 포괄적인 고발 이후에, 예레미야의 기도는 1-2절에 소개된 배경으로 돌아온다. 24절은 23절에 있는 "이 모든 재앙"을 바벨론인들의 최종적인 포위 공격이 있는 동안 예루살렘이 당한 고난으로 밝히고 있다. 바벨론 전략의 단순한 면, 곧 흉벽들이 느리기는 하지만 그들의 예루살렘 공격 가운데 피할 수 없는 과정이라는 느낌을 상기시키기 위하여 사용된다. 그 흉벽은 이 구절에서 의인화되어 있는데, 곧 그것들이 "취하려…와서"의 주어다. 이것들은 3절에 있는 바와 같이 하나님의 말씀이 분명히 성취되고 있다고 보이는 증거다. 바벨론 사람들이 그 성읍을 정복하려고 하는 동안에 밭을 사라는 하나님의 명령의 상반성과 불합리성은 설명할 필요가 없다. 25절에 있는 두 개의 말씀을 병치시키는 것으로 충분하다. 이 기도 가운데서 발설되지 않은 근본적인 질문이 아직도 남아 있다. 여호와께서 구원하실 수 있으며, 또 구원하실 것인가?

26-27 예레미야의 기도에 대한 여호와의 응답은 독특한 자기 소개인 "모든 육체의 하나님"과 함께 시작된다. 이 칭호는 민수기 16:22; 27:16에 있는 "모든 육체의 생명의 하나님"과 관련되었을 수도 있다. 이보다 짧은 형태인 "모든 육체"(כָּל־בָּשָׂר – 콜 바사르)는 본 절의 끝에 있는 "모든 일"(כָּל־דָּבָר – 콜 따바르; 개역성경에서는 "능치 못한 일이 있겠느냐?"에 암시되어 있음 – 역자주)과 평행을 이루며, 또한 운율이 맞다. 결국 이 형용사구는 17-20절에 있는 예레미야의 기도 가운데서 여호와께 드려진 찬양을 요약한다. "내게 능치 못한 일이 있겠느냐?"는 여호와의 질문은 아이러니하게도 17절에 있는 예레미야의 확언으로 되돌아간다. 예레미야는 이미 자신이 이것들을 하나님에게 기도로 말씀드렸으므로 자신의 질문에 응답하실 말씀을 알고 있었다.

28-29 심판의 선언은 본서에 있는 다른 암울한 신탁들을 반영함으로써 25b절을 다듬고 있다(참조. 32:24; 21:10b). 52:13에 따르면, 바벨론의 군대 장관 느부사라단은 예루살렘에 있는 모든 중요한 건물(בית – 베트)에 불을 놓아 태워 버렸다. 불을 통한 파괴는 다른 신들에게 향을 불살라 드린 것에 대한 적절한 형벌로 보인다. 분향과 전제가 번제와 희생 제사, 그리고 소제물과 함께 예루살렘에서 드려져야 했으나(출 29:38-41; 30:7-8; 민 15:1-16), 백성들은 다른 "집들"의 지붕 위에서 이러한 제사를 바알과 다른 신들에게 드렸다고 고발을 당하고 있다(렘 19:13은 "하늘

의 만상"이 "바알"로 대치되는 것을 제외하고 이 모든 묘사를 그대로 복사한다).

30-32 30-35절의 고발은 29절의 심판 선언에 이어 나타난다. 30절의 이스라엘과 유다, 31절의 그 성읍은 그들의 초창기 시대 이후로 하나님을 진노하시게 했다. "이 성이 건설된 날부터 오늘까지"(31절) 하나님과 이스라엘의 관계는 에스겔 16장에 있는 확대된 비유와 유사한데, 곧 여호와께서 예루살렘을 버려진 아이, 아모리인과 헷 사람의 자손으로 성장시켜서 혼인 관계에 들어간 자로 묘사한다(16:8). (겔 16:20-21이 자신의 아이들을 우상에게 희생 제사로 드린 데 대해 고발하고 있는 점을 유의하라; 참조. 렘 32:35).

31장의 구문은 어색하다(참조. 52:3). 만일 알(על)이라는 전치사가 하나의 상황 혹은 부대 상황을 가리킨다면(BDB 754), 그 의미는 예루살렘에 대한 하나님의 소유가 언제나 그 성읍이 멸망될 것이라는 결과와 함께 분노와 진노가 동반되어 왔다는 것이다.

32절에 있는 목록은 30절에서 지칭된 범죄자들 가운데 있는 버금 그룹을 열거하고 있다. 유사한 목록이 2:26과 8:1에서 발견되며, 이 모든 그룹이 26장에서 하나의 역할을 가진다.

33-34 그 다음 세 구절은 이스라엘 백성들과 유다인들이 행한 "이 모든 악"(32절)을 구체적으로 설명한다. 한 사람의 얼굴을 다른 사람에게로 돌리는 것은 호의와 관심의 의미지만, 등을 돌리는 것은 거절을 표시한다. 이러한 일반적인 의미는 모두 첫 문장이 의미하는 것이겠지만, 이것이 에스겔 8:16에 대한 암시이고 성전 구역 내에서 잘못된 예배를 묘사하고 있을 가능성도 있다. 25명의 남자들이 성전을 등지고 동편으로 향하여 태양에게 절한다. 그와는 반대로 경건한 다니엘은 열왕기상 8:29-30이 규정하고 있는 바와 같이 예루살렘을 향하여 기도한다(단 6:10).

여호와의 말씀을 말하도록 부지런히 선지자를 보내신다는 사상은 예레미야서의 공통된 모티프이지만(예를 들어, 26:5), 하나님의 가르치심(למד – 라마드)도 역시 35:13에 나타난다. 17:23에서 백성들은 징계를 받아도 반응하지 않는다고 질책을 받는다.

34절은 성전 경내에 다른 신들을 위하여 아세라와 제단을 세운(왕하 21:4-5, 7) 므낫세가 저지른 가증한 일을 말하고 있거나, 혹은 에스겔 8장에 묘사된 예레미야의 생애 동안 있었던 가증한 행실을 말하고 있을 수도 있다. 이 구절은 7:30b을 모방하고 있다.

35 예레미야서에 있는 다른 두 구절, 7:31과 19:5은 이 구절의 변형이다. 백성들

은 도벳(7:31) 혹은 바알(19:5; 32:35)의 산당을 세웠다. 거기서 거행된 의식은 자기들의 자녀들을 불사르는 일(שָׂרַף - 사라프)로 불려지고 있는데(7:31; 19:5), 이것이 19:5에서는 "바알에게 번제로 불살라 드린" 것으로 한층 더 자세하게 규정되어 있다. 본 절 35절은 "자기들의 자녀를 몰렉의 불에 지나가게 하였느니라"는 독특한 말을 사용하고 있다. 동사 "지나가게 하다"(עבר - 아바르, 힙힐형)와 명사 "몰렉"은 모두가 고대로부터 수많은 논란의 대상이 되어 왔다. "몰렉"의 의미에 대해서는 아직도 일치하지 않고 있다. 스미드(M. Smith, *Early History*, 132-38)는 카르타고와 베니게인 본문과 공예품들에 근거하여 *mlk*이 자녀들을 제사 드리는 것을 포함한 희생 제사의 한 형태였다고 주장한다. 그는 이러한 의식에 반대하는 법(레 18:21; 20:3)은 몇몇 이스라엘 사람들이 여호와의 이름으로 이러한 희생 제사를 드렸음을 암시한다고 주장한다. 그는 어린아이 희생 제사는 자주 포위 공격을 당하는 성읍들 가운데서 시행되었으며(138), 본 장에 이러한 비난이 들어 있는 사실을 설명할 수 있다고 한다. 스미드는 *mlk*이 신명(神名)이나 혹은 별칭으로서의 역할을 했다는 사실을 부인하지 않지만, 그렇게 불려진 신이 언제나 어린아이 희생 제사와 관련되어 있다고 생각하지도 않았다(137). 대이(J. Day)는 몰렉이 우가릿어 *mlk*와 악카드어 말릭(*Malik*)에 해당하는 지하 세계의 신을 지칭한다고 주장한다(참조. 사 57:9; *Molek*, 46-50). 후기 유대인 전승은 죽은 시체들(렘 7:32; 19:11)과 어린아이의 살육과 불태움으로 인하여 지하 세계를 "게헨나"로, 그리고 헬라어 역본은 "벤 힌놈의 골짜기"로 지칭했었다(이 장소의 다른 이름 "도벳"은 "화덕"을 의미한다). 만일 몰렉이 지하 세계의 신이라면, 그리고 이 문제의 희생 제사가 "땅에 있는 스올"과 같은 곳으로 생각된 장소에서 시행되었다면, 그러한 희생 제사는 몰렉의 이름으로 시행되었으며, 불 곧 지옥과 같은 게헨나의 이미지의 발전에 기여했을 것 같다고 대이는 주장한다(Molek, 50-55).

"지나가게 하다"(עבר - 아바르, 힙힐형)란 동사에 대한 대이의 통찰력 있는 연구는 구약성경에서 이것이 "희생 제사로서의 살육"(참조. 출 13:12-15; 겔 16:21; 23:37; Molek, 15-20)을 의미하고 있다는 사실을 드러낸다. 예레미야 7:31; 19:5에 있는 평행 구절들은 이 의식에서 드려진 아이들이 실제로 죽었다는 사실을 분명히 하고 있다.

이 의식은 성벽 바깥의 산당에서 일어났다. 하란(M. Haran, "Temples," 33)에 따르면, 산당은 번제와 희생 제사를 위한 야외의 제단이었다. 스미드는 자신이 희생 제사 그림으로 해석하고 있는 고대 근동의 예술품으로부터 여러 장면을 들어 설명한다(*Early History*, 34-36). 최소한 이 그림들 중 몇몇은 그 아이가 불살라지기 전에 죽었음을 암시하는 모습으로 그 아이의 사지가 축 쳐져서 들려졌었다. 칼을 잡고 있는 사람이 최소한 한 그림에 나타난다. 아마도 이러한 희생 제사의 형태를 따랐던 과정은 창세기 22:9-10에 있는 아브라함의 행동과 같은 것이었을 것으로 보이는데, 여기서 그는 이삭을 묶고 칼로 그를 죽이려고 준비한다.

35b절에 있는 여호와의 절대적 거부 "나의 명한 것도 아니요"는 몇몇 백성들이 자기 자녀들을 희생 제물로 드릴 때 하나님의 율법을 실천하는 것이라고 주장했다는 사실을 암시한다. 에스겔 20:25-26은 백성들이 자기 자녀들을 불 가운데로 지나가게 함으로써 여호와께 자기의 첫 소생을 바치라는 명령을 실천하려고 했었음을 암시한다. 그러나 35절에서 이 의식의 희생자들은 첫 남자 아이의 요구를 넘어가서 자녀들에게까지 확대해 나간다. 29:6에 따르면, 하나님의 백성이 생존해서 증가하려면 아들과 딸들이 모두 필요했다. 35절에서 자기 자녀들을 희생시킴으로써 그들은 자기들의 미래를 죽여 버렸던 것이다.

예레미야의 기도에 대한 여호와의 응답은 심판의 필요성과 구원의 희망 사이의 모순을 한층 고조시키기만 했다. 이 기도의 23절에 있는 백성들의 세 가지 죄악상이 너무나 광범위하게 친숙한 어투로 나타나 있어서, 독자들이 배교의 깊이와 하나님으로부터 떠나간 결과로 나타난 폭력의 넓이를 잊어버리는 위험에 처할 수도 있지만, 33-35절은 독자들로 하여금 죄악의 두려움으로 얼굴을 돌리지 않으면 안 되도록 연기, 피, 불의 뜨거움으로 둘러싸고 있다.

36-44 2인칭 발언(MT에는 복수로, LXX에는 단수로 되어 있음)이 36절에 처음으로 나타난다. 여호와의 응답이라는 이 부분은 원래 예레미야가 전달한 두 가지 말씀의 반복으로 구성되어 있다. 36절은 24절을 인용하고 있는데, 이것은 그 자체가 예루살렘의 포위 공격에 관한 다른 여러 신탁들의 요약이다. 같은 멸망에 대한 선포가 28-35절에서 심판 신탁을 시작한다. 예레미야의 기도(25절)는 바벨론인의 정복이 거의 완료되어 갈 바로 그 때에 하나멜의 밭을 사라는, 그에게 임한 하나님의 지시에 대한 당혹감을 표현하고 있다. 본 장에서 예레미야의 행동에 대한 그 다음의 해석은 그 행동을 해석하는 하나님의 말씀에 대한 집중으로 넘어간다. 36-44절을 둘러싸고 있는 구조는 독자들로 하여금 이 구절에서, 어떻게 하나님의 백성들이 바벨론인의 손에 들어 있는 심판으로부터 자기들 땅으로 회복되어 갈 수 있는가에 대한 어떤 암시를 바라보도록 이끌어 준다.

36-37 28절에서 주님에 의하여 반복된 것으로서, 이 예레미야의 예언적 진술

(32:3, 24; 34:2; 38:18)은 이 구절에서 "너희의 말하는 바 '…'하는 이 성에 대하여 이같이 말하노라"의 형태로 되어 있는 논쟁의 일부분으로서의 기능을 하고 있다. 첫 번째 말씀은 여호와의 말씀이지만(28절) 여호와의 최종적인 말씀은 아니며, 새로운 말, 구원 신탁이 뒤따라온다. "너희의 말하는 바"는 MT에서 복수형이며, 그래서 이 신탁의 청중은 예레미야만이 아니다. 36절은 이 말씀을 "이 성에 대하여"로 소개한다. 뒤따라오는 여호와의 말씀은 그 말씀을 듣고 있는 "너희"가 아닌 비구체적인 "그들"에게 구원을 약속한다. 앞의 심판 신탁(27-35절) 역시 그 성읍(29절, 31절)과 "그들"을 주어로 가지고 있으며, "그들"은 "이스라엘과 유다 백성"(30절)과 동일시되어 있다. "이 곳"은 예루살렘일 텐데, 37절에서는 약속된 회복의 목적지다(41, 44절과 비교하라, 이 곳에서는 그 땅이 그들의 목적지다). 주전 597년 29:17-19에서 선포된 바와 같이 포로민과 유다와 예루살렘에 남아 있던 백성들의 별개의 미래가 여기서 단일한 약속을 받도록 결합된다. 29:17-18에서 유다와 예루살렘을 위협했던 "칼, 기근, 염병"은 32:36에서 그들에게 닥쳤고, 29:14에서는 포로민들에게 주어졌던 약속이 32:37에서는 586년 포로민들에게 제공된다(이 두 구절에서 열쇠가 되는 단어가 출현하고 있음을 유념하라: 즉 "모으다", "쫓아내다", "다시 데려오다", "이 곳"). "노와 분과 큰 분노" 역시 21:5, 즉 시드기야에게 주신 신탁에서 예루살렘에 대항한 하나님의 행동을 동반한다. 모으고 다시 돌아오게 한다는 약속이 31:8-10에서 시적으로 묘사되어 있다(37-44절은 31장에서 나온 여러 모티프들을 재진술하고 있다). "안전히 거한다"는 새로운 왕의 은혜로운 통치의 일부분인 23:6을 반영하고 있다.

38-40 이 구절들은 하나님의 백성이 어떻게 바벨론 왕에게 넘겨져서 그 땅에 심겨질 것인지, 그리고 어떻게 그들이 주님의 "노와 분과 큰 분노"(37절)의 대상으로부터 하나님께서 기쁨으로 선을 베푸시는 자로 변화될 수 있을 것인지에 대한 본장의 설명의 핵심부를 제공한다. 문맥은 바벨론의 세력이 꺾여질 것이라는 약속과 같은 순전히 정치적인 응답을 허용하지 않는다. 어떻게 다른 신에게 분향하고, 전제를 붓고, 자기 자녀들을 드리는 죄악된 백성들이(32-35절) 또다시 주님의 백성들이 될 것인가? 이것까지도 주님의 능력을 제한시키지 못할 것이다. 38-40절은 새 언약에 대한 독특한 약속 문구와 함께 응답한다(참조. 31:31-34).

38 언약 공식 문구는 31:33bβ의 경우에 문장의 순서가 반대로 되어 있는 것을 제외하고는, 24:7과 31:33bβ을 되풀이한다. 이 구절 가운데서 하나님은 1인칭으로 나오는데 이스라엘을 3인칭으로 하여 말씀하신다. 3인칭 형식과 하나님에게 순종하

라는 명령이 결핍되어 있는 점은, 이러한 언약 관계에 대한 약속을 예레미야 7:23에 기록된 "너희는 내 목소리를 들으라 그리하면 나는 너희 하나님이 되겠고 너희는 내 백성이 되리라"(참조. 출 19:5)와 같은 원래의 언약 제공으로부터 구별시켜 준다. 이스라엘의 회개와 순종이 언약 관계를 위한 필수 조건들로 규정되어 있지 않았는데, 하나님의 주도로 유지되리라는 것이다(39-40절).

39 이성으로 생각하고 뜻하고 결단할 능력을 가진 마음의 육체의 자리로 이해된 인간의 마음에 행하신 하나님의 행동이 위탁을 하시고, 행동을 통제하시고, 백성들로 하여금 그들의 삶에서 하나님의 부르심을 실현할 수 있게 하신다(예를 들어, 삼상 10:9의 사울과 왕상 3:9, 12; 10:24의 솔로몬). 하나님께서 약속된 언약에 참여하도록 이스라엘의 마음을 준비하시는 방법에 있어서 고정된 공식은 없다. 이것은 다른 곳에서 마음의 할례(신 30:6), 한 마음을 주심(렘 24:7), 마음에 법을 기록하심(렘 31:33), 돌 같은 마음을 부드러운 (고기의) 마음으로 바꾸심(겔 36:26)으로 묘사되어 있으며, 그 결과로 이스라엘이 하나님을 사랑하고 경외하고 알고 순종할 것이다.

여호와께서는 예레미야 7:3에서 백성들을 그들의 길을 "바르게" 하도록 부르시고, 26:3에서는 그들이 "그 악한 길에서 떠나기를" 바라신다. 이 두 장은 하나님의 길을 살아가는 보다 구체적인 지침을 제공한다(7:5-7; 26:4-5). 39절에 있는 "한 도"에 대한 약속은 "한 마음"과 일종의 이사일의로 이해될 수 있다. 이것들은 함께 순수성, 뜻과 생활 방식의 완전한 조화를 의미한다. 단수형으로서 "한 마음과 한 도"를 복수형인 "그들"에게 주신다는 선물은 하나님과 백성들 간의 단일성과 일치를 상징한다. 백성들의 단일성은 개인의 순수성을 유지하고 증진시키며, 동시에 그 반대로 개인의 순수성이 백성들의 단일성을 유지하고 증진시킨다. 더 나아가서 이 순수성과 단일성의 특별한 내용은 여호와 경외로서, 삶과 생각의 위탁이 유일하신 하나님으로 인하여 존경심, 두려움, 경배 그리고 사랑과 함께 균형을 이루는 것이다. 40b절에 따르면, 여호와 경외는 배교를 가로막아 준다.

"한 마음과 한 도"라는 하나님의 선물은 이 세대와 그 후세대의 복을 위한 것이다. 율법에 대한 복종으로 특징지어지는 도는 공의, 압제의 제거, 생명의 보호, 하나님의 임재의 복(7:5-7; 참조. 신 5:29; 6:24)의 형태로 온 백성에게 복을 가져다준다. 여호와께서는 또한 그들을 본국으로 회복시킴으로써 선한 일을 행하실 것이다(41-44절; 29:14; 7:7).

40 이 구절은 38-39절에 있는 약속들을 상술하고 확대한다. 38절에 있는 언약

공식 문구가 40a절에 있는 언약을 "세운다"는 약속에서 그 짝을 만난다. 그 기간("영원")은 백성들의 헌신의 범위("항상", 39절)를 포괄한다. 40b-c절의 격조 높은 구조는 쓸모가 없다. 구문론적으로 이 문장은 주절 다음에 목적절이 뒤따라오는 형태를 이루는 평행절이다. 40bα와 cβ절에서 떠난다는 모티프가 인클루시오를 이룬다. 구문론과 내용의 상호 작용은 이스라엘의 하나님을 향한 충성이 하나님의 이스라엘에 대한 충성으로 말미암아 가능하게 된다는 사실을 강조한다. 이것이 바로 여호와께서 그들을 위하여 행하시는 첫째 되고 가장 중요한 "복"이다.

41 31:4, 7, 12, 13은 하나님의 백성들이 즐거워할 것이라고 약속한다. 그러나 여기서는 스바냐 3:17에서처럼 여호와 자신의 그들의 회복에 대한 기쁨의 축하가 선포되어 있다. 이 구절의 나머지 부분은 이것을 심는 일이 완료되었을 때 농부가 기뻐하는 것과 같다는 사실을 시사한다. 시편 80:9-12(개역. 8-11); 이사야 5:1-2에서 그 땅에 이스라엘의 첫 번째 정착이 하나님께서 심으시고 가꾸신 포도나무로 묘사되어 있으나, 그 다음에 하나님의 보호의 손길이 물러갈 때 대적들에 의하여 파괴된다. "심는 것"은 예레미야의 소명의 한 특징인데(1:10) 31:28; 42:10에 있는 약속 가운데 다시 나타난다. 그러나 호세아 2:25[개역. 23]; 아모스 9:15이 41절과 가장 유사하다. 이스라엘에 복을 주시는 여호와의 참되시고 무한하신 위탁이 영원한 언약의 특징이다(40절). 칼빈(4:221-22)은 41절에 있는 마지막 세 개의 부사구를 하나님의 성품에 비추어 해석하면서, "견고하고 영구적으로" 심으시는 지속적이고도 끊임없는 신실성으로 해석한다. 여호와의 "노와 분과 분노"(29-31절)가 백성들의 불순종과 함께 이 언약 관계에서 사라진다(Carroll, 629-30). 심는다는 비유는 그 땅을 그 성읍에 대한 이 하나님의 말씀 속으로 이끌어들이고 있으며(26-41절; 참조. 22절에 있는 "땅"), 상징적 행동에 대한 해석으로 돌아가게 하는 42-44절로 이끌어 간다.

42 심판이 왔던 그 확실성은 구원도 역시 올 것이라는 보증으로서의 역할을 한다(Kilpp, *Niederreissen*, 84). 축복의 범위도 모든 사람에게 임했던 재난의 범위까지 미치게 될 것이다.

43-44 예루살렘(36절)과 그 땅(43절)은 "황폐되고" 거민이 거하지 않을 것이라는 말을 듣게 되며, 그래서 37-41절에 약속된 포로민의 귀환이 43절에 있는 약속의 실현을 앞서야 한다(참조. 30:1-2). 43절에 있는 땅에 관해서 말해진 내용은 36절에 있는 예루살렘에 대한 묘사를 반영하는데, 36절은 36-44절 단위를 이끌고 있다. 이러한 순서와 반복의 효과는 그 땅의 미래가 그 성읍의 미래(Kilpp, *Niederreissen*,

85) 및 포로민의 귀환과 관련되어서만 경험될 수 있다는 사실을 전달하는 것이다. 그 땅에 있는 다른 성읍들도 그 성읍들의 회복을 암시하고 있는 그 약속에 포함된다(유다의 요새화된 성읍들의 정복에 관해서는 34:7을 보라). 그것들은 예레미야가 예루살렘에서 밭을 위해 돈을 지불하고 매매 증서를 작성했던 것처럼 미래의 매매 계약의 장소로 만듦으로써 제기된다. 예레미야의 올바른 구입은 미래의 모든 구입의 모델이 된다. 이러한 행동을 통하여 예레미야는 또다시 현재 상태에서 이스라엘의 미래를 살아가고 있다.

44절은 11-12절과 인클루시오를 이룬다. 이것은 누가 밭을 사게 되며 그들이 어디서 그것들을 사게 될 것인지를 암시함으로써, 27-44절에 있는 여호와의 반응이 15절에 있는 신탁을 해석하고 적용하는 방법을 요약한다. 이 지도는 세 개의 정치적 실체, 즉 하나멜의 밭의 위치인 베냐민, 그리고 예레미야와 그의 청중들이 살고 있는 예루살렘과 유다의 다른 성읍들을 거론한다. 이어지는 지형학적 호칭들은 유다의 여러 성읍들, 곧 예루살렘에 건설된 신악 지방, 서쪽의 산기슭에 있는 작은 언덕(쎄펠라) 그리고 남쪽의 강우량이 적고 건조한 광야(네게브)가 자리잡고 있는 지리상의 지역을 가리킨다. 특히 30-33장에서 자주 나타나는 이 회복 공식 문구는 약속을 결론짓는다.

해설

예레미야는 기업을 무르려고 자기 조카의 밭 구입을 완료하면서 백성들의 미래를 예상하여 두 가지 방식으로 행동한다. 그는 자기 청중에 대비하여, 가족과 공동체 생활 가운데서 고통을 밖으로 표출하지 말라는 명령을 받게 되었으며(16장), 또한 성읍이 포위 공격을 받는 동안 그 성에 투옥되어 있었다(32:2). 그러나 밭을 구입함으로써 그는 또다시 가족 구성원의 책임을 이행하게 되며, 하나님의 백성들이 자기들의 땅으로 돌아와서 공동체 생활을 다시 시작할 것이라는 약속을 상징적으로 보여 준다(32:15).

구입과 항아리 속에 간수된 매매 증서는 임박한 예루살렘의 함락이라는 편에서 볼 때 보잘것없고도 무익한 행동으로 보인다. 만일 예레미야가 "눈물의 선지자"로 알려져 있지 않았다면, 여호와의 불가능할 것처럼 보이는 약속에 대해 웃었던 사라처럼 웃고 있는 예레미야를 상상할 수 있을 것이다(창 18:12-15). 그러나 사라와는 달리, 그는 스스로에게 다음과 같이 말한다. "주에게는 능치 못한 일이 없으시니이다." 즉 하나님이 행하시기에 그분의 능력 밖에 있는 것은 하나도 없다는 것이다. 그럼에도 불구하고, 여호와의 반응은 이러한 신학적 주장이 백성들의 미래에 해당한다는 사실을 설명해야 한다.

17-24절에 있는 기도는 하나님에 관한 판에 박힌 수많은 성경상의 고백의 결합체다. 이러한 표현 관례 자체는 이 기도의 기능이 예레미야의 질문을 그 대답이 바벨론의 통제 하에서 살아가고 있는 모든 하나님의 백성들이 바라는 것으로 명확하게 표현하고자 하는 것임을 암시한다. 찬양을 담은 이 구절들은 영적 지식의 축적이요 또한 주님의 반응이 구성되는 성경적 전승의 축적이다. 창조주이신 여호와께서는 절대적 능력과 권세를 소유하고 계신다(17, 27절). 17절과 27절에 있는 "주에게는 능치 못한 일이 없으시니이다"라는 진술은 여호와께서 사라와 아브라함에게 주신 아들 약속을 이루신 방법을 암시한다(참조. 창 18:14). 조상들에게 주시리라는 땅 약속은 22절에 명확하게 기록되어 있으며, 41절에서는 "이 땅"에 심겨진 것과 동일하다. 40절에 있는 미래의 언약은 아브라함과 맺은 언약이 영원한 것처럼 "영원하다"(창 17:7).

특히 신명기에서 가르쳐진 이스라엘의 땅 소유의 상황적 성격(예를 들어, 신 28:64-67; 29:24-27[개역. 25-28]; 30:20; 그리고 또한 레 26:33-39)은 본 장에서 당면한 심각한 신학적 딜레마의 근원이다. 바벨론의 세력이 아닌 하나님의 공의(19절)와 백성들의 죄(23, 30-35절)가 15절의 약속을 실현 불가능하게 만들었다. 하나님께서 37절과 42절에서 약속하신 축출 다음에 모은다는 역설은 출애굽기 34:6-7의 축약형인데, 이것은 18절에 나타난 역설적 고백의 한 실례다. 그 땅으로의 회복은 그 원천이 하나님의 은혜에 있다. 주님께서 요구하시는 순종으로 인하여 그들에게 하나의 선물로 주어질 것이므로 거기서의 삶이 가능하며 지속될 것이다(39-40절)

XIX. 은혜로운 회복의 약속(33:1-26[LXX 40:1-13])

참고문헌

Baldwin, J. "*Ṣemaḥ* as a Technical Term in the Prophets." *VT* 16(1964) 93-97. **Biddle, M.** "The Literary Frame surrounding Jer 30:1-33:26." *ZAW* 100(1988) 409-13. **Coppens, J.** "L'espérance messianique royale à la vielle et au lendemain de l'exil." In *Studia Biblica et Semitica.* FS T. C. Vriezen. Wageningen: H. Veenman en Zonen N.V., 1966. 46-61. **Gosse, B.** "La nouvelle alliance et les promesses d'avenir se référant à David dans les livres de Jérémie, Ezéchiel et Isaïe." *VT* 41(1991) 419-28. **Grothe, J.** "An Argument for the Textual Genuineness of Jeremiah 33:14-26(Massoretic Text)." *Concordia Journal* 7(1981) 188-91. **Kenyon, K.** *Digging up Jerusalem.* New York: Praeger, 1974. 167-69. **Lipinvski, E.** "Etudes sur des textes 'messianiques' de l'Ancien Testament." *Sem* 20(1970) 41-57. **McConville, J.** *Judgment and Promise: An Interpretation of the Book of Jeremiah.* Winona Lake, IN: Eisenbrauns, 1993. 92-103. **Snaith, N.** "Jeremiah xxxiii 18." *VT* 21(1971) 620-22. **Stuart, D.** "The Prophetic Ideal of Government in the Restoration Era." In *Israel's Apostasy and Restoration.* FS R. K. Harrison, ed. A. Gileadi. Grand Rapids, MI: Baker, 1988. 283-92. **Swetnam, J.** "Some Observations on the Background of צמח in Jeremias 23, 5a." *Bib* 46(1965) 29-40. **Waltke, B.** "The Phenomenon of Conditionality within Unconditional Covenants." In *Israel's Apostasy and Restoration.* FS R. K. Harrison, ed. A. Gileadi. Grand Rapids, MI: Baker, 1988. 123-39. **Wambacq, B.** "Jérémie 33,4-5." *Bib* 54(1973) 67-68. **Yadin, Y.** *The Art of Warfare in Biblical Lands.* New York: McGraw-Hill, 1963. 20.

본 문

1 예레미야가 아직 시위대 뜰에 갇혔을 때에 여호와의 말씀이 그에게 임하니라 가라사대	**1** The word of the Lord came to Jeremiah a second time, while he was still confined in the court of the guard, saying,
2 일을 행하는 여호와, 그것을 지어 성취하는 여호와, 그 이름을 여호와라 하는 자가 이같이 이르노라	**2** "Thus says the Lord [a]who makes it, the Lord[ba] [c]who forms it[d] to accomplish it, the Lord is his name:
3 너는 내게 부르짖으라 내가 네게 응답하겠고	**3** Call to me and I will answer you, and I will

네가 알지 못하는 크고 비밀한 일을 네게 보이리라

recount to you great and inaccessible things;[a] [b]you do not know them.

4 이스라엘의 하나님 여호와가 말하노라 무리가 이 성읍의 가옥과 유다 왕궁을 헐어서 갈대아인의 흉벽과 칼을 막아

4 For thus says the Lord , the God of Israel, about the houses of this city and the houses of the kings[a] of Judah which have been pulled down [b]near the siege mounds [c]and for the sword[c]

5 싸우려 하였으나 내가 나의 노와 분함으로 그들을 죽이고 그 시체로 이 성에 채우게 하였나니 이는 그들의 모든 악을 인하여 나의 얼굴을 가리워 이 성을 돌아보지 아니하였음이니라

5 going[a] to engage in battle with[b] the Chaldeans,[c] [d]and to fill them[d] with human corpses that I smote in my anger and in my wrath, because[e] I had hidden my face [f]from this city[f] on account of all their evil:

6 그러나 보라 내가 이 성을 치료하며 고쳐 낫게 하고 평강과 성실함에 풍성함을 그들에게 나타낼 것이며

6 I am about to bring upon it[a] restoration and healing, [b]and I will heal them.[c] I will reveal for them[bd] a fragrance,[e] namely peace and faithfulness.

7 내가 유다의 포로와 이스라엘의 포로를 돌아오게 하여 그들을 처음과 같이 세울 것이며

7 I will bring about the restoration of Judah and the restoration of Israel,[a] and I will build them as at first.

8 내가 그들을 내게 범한 그 모든 죄악에서 정하게 하며 그들의 내게 범하여 행한 모든 죄악을 사할 것이라

8 I will purify them from all their iniquity which they have sinned against me, and I will pardon all[a] their iniquities which they have sinned against me and which they have transgressed against me.

9 이 성읍이 세계 열방 앞에서 내게 기쁜 이름이 될 것이며 찬송과 영광이 될 것이요 그들은 나의 이 백성에게 베푼 모든 복을 들을 것이요 나의 이 성읍에 베푼 모든 복과 모든 평강을 인하여 두려워하며 떨리라

9 It shall be [a]to me a name of rejoicing,[a] an object of praise, and a thing of beauty to all the nations of the earth that will hear all the good which I am about to do to them,[b] and will be in awe and will tremble in terror at all the good and all the peace which I am about to provide for it.[c]

10 나 여호와가 이같이 말하노라 너희가 가리켜 말하기를 황폐하여 사람도 없고 짐승도 없다 하던 여기 곧 황폐하여 사람도 없고 주민도 없고 짐승도 없던 유다 성읍들과 예루살렘 거리에서 즐거워하는 소리, 기뻐하는 소리, 신랑의 소리, 신부의 소리와 및 만군의 여호와께 감사하라, 여호와는 선하시니 그 인자하심이 영원하다 하는 소리와 여호와의 집에 감사제를 드리는 자들의 소리가 다시 들리리니 이는 내가 이 땅의 포로로 돌아와서 처음과 같이 되게 할 것이니라 여호와의 말이니라

10 "Thus says the Lord: Once again in this place of which you are saying, 'It is a ruin, without human and without animal,' in the cities of Judah and in the devastated streets of Jerusalem, without human, [a]without inhabitant,[a] and without animal, will be heard

11 (10절과 11절의 내용 같음)

11 a sound of rejoicing and a sound of gladness, a voice of a bridegroom and a voice of a bride, a sound of people saying, 'Give thanks to the Lord of Hosts, for good is the Lord, whose loyal love is forever,' while bringing a thank offering[a] to the house of the Lord. For I will bring about the restoration of the land as at first, says the Lord.

12 나 만군의 여호와가 이같이 말하노라 황폐하여 사람도 없고 짐승도 없던 이 곳과 그 모든 성읍에 다시 목자의 거할 곳이 있으리니 그 양무리를 눕게 할 것이라

13 산지 성읍들과 평지 성읍들과 남방의 성읍들과 베냐민 땅과 예루살렘 사면과 유다 성읍들에서 양 무리가 다시 계수하는 자의 손 아래로 지나리라 여호와의 말이니라

12 "Thus says the Lord of Hosts: Once again there shall be in this ruined place, without either human or animal, and in all its cities, a habitation for shepherds resting flocks.

13 In the cities of the mountain, in the cities of the Shephelah, and in the cities of the Negeb, and in the land of Benjamin, in the environs of Jerusalem, and in the cities of Judah, [a]the flocks will again pass by the hands of one who counts them,[a] says the Lord.

14 나 여호와가 말하노라 보라 내가 이스라엘 집과 유다 집에 대하여 이른 선한 말을 성취할 날이 이르리라

14 [a]"Behold, the days are coming – oracle of the Lord – when I will fulfill the pledge which I made to the house of Israel and to the house of Judah:

15 그날 그 때에 내가 다윗에게 한 의로운 가지가 나게 하리니 그가 이 땅에 공평과 정의를 실행할 것이라

16 그 날에 유다가 구원을 얻겠고 예루살렘이 안전히 거할 것이며 그 성은 여호와 우리의 의라 일컬음을 입으리라

15 In those days and at that time I will cause to sprout for David a righteous[a] shoot,[b] and he will do justice and righteousness in the land.

16 In those days Judah will be saved, and Jerusalem will settle down to live in safety, and this[a] is what [b]it will be called,[b] 'The Lord is our righteousness.'[c]

17 나 여호와가 이같이 말하노라 이스라엘 집 위에 앉을 사람이 다윗에게 영영히 끊어지지 아니할 것이며

18 내 앞에서 번제를 드리며 소제를 사르며 다른 제를 항상 드릴 레위 사람 제사장들도 끊어지지 아니하리라 하시니라

17 For thus says the Lord: There shall not fail for David a man sitting upon the throne of the house of Israel.

18 There shall not fail the [a]levitical priests[a] a man in my presence, burning whole burnt offerings, making offerings smoke, and performing sacrifices every day."

19 여호와의 말씀이 예레미야에게 임하니라 가라사대

20 나 여호와가 이같이 말하노라 너희가 능히 낮에 대한 나의 약정과 밤에 대한 나의 약정을 파하

19 The word of the Lord came to Jeremiah, saying,

20 "Thus says the Lord: If [a]you [pl]can break[a] my covenant[b] with the day and my covenant

여 주야로 그 때를 잃게 할 수 있을진대

with the night[c] so that daytime[d] and night are not at their proper time,

21 내 종 다윗에게 세운 나의 언약도 파하여 그로 그 위에 앉아 다스릴 아들이 없게 할 수 있겠으며 내가 나를 섬기는 레위인 제사장에게 세운 언약도 파할 수 있으리라

21 then even my covenant with David my servant may be broken so that he will not have a descendant reigning upon his throne, and (my covenant) with the Levites, the priests[a] who are ministering to me.

22 하늘의 만상은 셀 수 없으며 바다의 모래는 측량할 수 없나니 내가 그와 같이 내 종 다윗의 자손과 나를 섬기는 레위인을 번성케 하리라 하시니라

22 Just as the host of the heavens cannot be counted and the sand of the sea cannot be measured, so I will multiply the seed of David my servant and the Levites [a]ministering to me."[ab]

23 여호와의 말씀이 예레미야에게 임하니라 가라사대

23 The word of the Lord came to Jeremiah, saying,

24 이 백성이 말하기를 여호와께서 그 택하신 두 족속을 버리셨다 한 것을 네가 생각지 아니하느냐 그들이 내 백성을 멸시하여 자기들 앞에서 나라로 인정치 아니하도다

24 "Have you not observed what the people are saying, 'The two families which the Lord chose, he has rejected them'? So they spurn my people from still being a nation before them.[a]

25 나 여호와가 이같이 말하노라 나의 주야의 약정이 서지 아니할 수 있다든지 천지의 규례가 정한 대로 되지 아니할 수 있다 할진대

25 Thus says the Lord: If I had not established my covenant[a] with daytime[b] and night, and the statutes for the heavens and the earth,

26 내가 야곱과 내 종 다윗의 자손을 버려서 다시는 다윗의 자손 중에서 아브라함과 이삭과 야곱의 자손을 다스릴 자를 택하지 아니하리라 내가 그 포로 된 자로 돌아오게 하고 그를 긍휼히 여기리라

26 then the descendants of Jacob and David my servant I will also reject, by not taking from among his descendants rulers[a] over the descendants of Abraham, Isaac, and Jacob. I shall certainly bring about[b] their restoration and have compassion on them."

원문주해

2.a-a. LXX은 포이온 겐(*ποιῶν γῆν*, "땅을 만드신 자"을 가지고 있다(32:17[LXX 39:17]과 비교하라). *BHS*는 두 번째 단어를 약간 수정하여 야웨(יהוה, "여호와")로부터 웨하야(והיה, "그리고 그가 …일 것이다")로 할 것을 권한다. 루돌프는 이와 같이 수정하여 *der macht, und es ist da*("만드시는 자, 그리고 그것이 있다")로 번역한다. MT에서 두 번째 분사 앞에 있는 하나님의 이름이 우연히 중복되었다고 설명할 수 있으나, 이 평행적 문구들이 원본이라는 것도 가능하다.

2.b. LXX의 필사본들, Syr, Vg에는 생략되어 있고, "만드신 자"와 "이루신 자"라는 두 개의 등위 분사구를 남겨 놓고 있다. "원문주해" 2.c를 보라.

2.c. LXX, Syr, Vg은 접속사 "그리고"를 가지고 있다.

2.d. *BHS*는 의문 부호를 붙여 가면서 3인칭 목적격 대명사를 오티야(אותיה, "다가올 일")로 수정하기를 제안한다. 이 단어의 복수형은 사 41:23; 44:7에 나타난다.

3.a. 소수의 필사본들, K[Or], Tg은 또 다른 생소한 단어 우네추로트(ונצרות, "그리고 억누른 일들")를 가지고 있는데, 이는 한 자음만 바꾼 것이다.

3.b. 많은 필사본들은 접속사 와우(ו, "그리고")를 덧붙이고 있으며, 소수의 필사본은 문장을 매끄럽게 하기 위하여 관계대명사 아세르(אשׁר, "…하는 바")를 덧붙인다.

4.a. LXX, Vg은 단수형 "왕"을 가지고 있다.

4.b-5.c. *BHS*는 난해한 두 구절 가운데 가장 껄끄러운 단락을 제거할 것을 제안하고 있는데 어떤 본문상의 증거가 없다. 루돌프는 이 문장을 한투침(הנתצים, "해체되려고 하는")의 미래적 의미를 얻어내려는 하나의 첨가물로 해석한다. 이것을 이루기 위하여 그는 첫 번째 엘(אל, "에게로")을 알(על, "에 대항하여")과 동일한 것으로 해석하여 엘 헤하레브(אל החרב, "칼에게")를 אל הנם("헛되이")으로 수정한다("원문주해" 4.c-c를 보라). 그는 *gegen die Belagerungswälle wird man umsonst*[5] *angehen, um mit den Chaldäern zu kämpfen*("그들이 갈대아인들과 싸우기 위하여 헛되이 포위 공격하는 성벽으로 갈 것이다")으로 해석한다.

4.c-c. LXX의 카이 프로마코나스(*καὶ προμαχῶνας*, "그리고 성벽")는 히브리어 하헬(הַחֵל, "그 성벽")을 반영한 것일 수도 있는데, 이는 MT와는 한 글자만을 공동으로 보유한 것이며, "공격용 보루"와 어울리는 것이다. 할러대이(Holladay)는 폴츠(Volz)의 덜 대담한 החרכים("틈새들" 혹은 "격자"; 2:9과 반대됨)로의 수정을 따르고 있으며, 이 두 명사를 "돌출벽들과 총안이 있는 흉벽들"이라는 전문 용어로 번역하고 있는데, 이는 파괴된 가옥으로부터 나온 재료로 건축된 총안을 낸 흉벽(crenelated parapet) 가운데 들어 있는 "날(teeth)"과 "틈새"를 가리킨다(Yadin, *Art of Warfare*, 20). 이러한 쏠로트(סללות, "흉벽")의 대안적 의미와 어근 보(בוא, "오다, 가다")의 출현은 갈대아인의 쏠로트(סללות, "흉벽")가 그 성읍으로 올라오고 있는 것으로 되어 있는 32:24과 아이러니한 반전을 만들어 낸다(Holladay, 2:23). 그러나 할러대이는 쏠로트(סללות, "흉벽")가 언제나 공격물을 가리키고, החרכים("틈새들" 혹은 "격자")은 결코 "틈새"가 아닌 "지붕창"만을 의미한다는 취지로 폴츠의 해석에 대한 루돌프의 초창기 반대 의견에 호응하지 않는다.

5.a. LXX에는 없다. 밤바끄(Wambacq, *Bib* 54[1973] 67-68)는 웨엘 헤하레브 빠임(ואל החרב באים, "그리고 다가오는 칼에게")을 4절에 있는 집들에 대한 또 다른 표현인 웨(하)헤레빔(חרבים(ה)ה; חרב의 복수형, 즉 "폐허들")으로 수정함으로써 이 문구와 관련된 수많은 문제들을 해결한다.

5.b. 몇몇 필사본들은 엘(אל, "에 대항하여")을 가지고 있으나, 에트(את)가 자주 라헴(לחם, "싸우다, 전쟁하다")와 함께 나타나며, 그래서 변화가 불필요하다.

5.c. 위의 "원문주해" 4.b-5c를 보라.

5.d-d. 루돌프와 *BHS*는, 루돌프의 다른 제안된 수정을 따라 부정사 연계형을 4절의 "집"을 수식하는 복수 분사형으로의 수정을 권함에 있어서 둠(Duhm)을 따른다. MT에 있는 대명사 접미어의 선행사가 불확실하지만, 이는 아마도 "집"이어야 할 것이다. 포위 공격이 있는 동안에는 성벽 바깥에서 매장하는 일이 불가능했고, 그래서 시체들은 이중적으로 거처를 잡지 못하고 있다고 언급하는, 즉 무너진 집이 있는 장소에 버려져야 했다.

5.e. *BHS*는 접속사 와우(ו, "그리고")를 삭제하거나 혹은 그 대신에 베아세르(בַּאֲשֶׁר, "왜냐하면")로 읽을 것을 권한다. 그 결과로 나타나는 어느 형태든지 원인을 나타내는 문장을 이끌 수 있다.

5.f-f. LXX의 아프 아우톤(*ἀπ' αὐτῶν*, "그들로부터")은 본 절의 나머지 부분에 있는 3인칭 복수형과 일치한다("원문주해" 6.a를 보라). "이 성읍"과 "그들"(이스라엘 사람들과 유다 사람들)은 32장에서도 교대로 하나님의 활동의 대상이다.

6.a. *BHS*는 라흐(לָהּ, "그녀에게, 그것[성읍]에게")를 LXX[A], Tg, Vg을 따라 본 절 하반절에 있는 3인칭의 언급과 어울리게 하기 위하여 라헴(לָהֶם, "그들에게")으로 수정할 것을 권한다("원문주해" 5.f-f를 보라). 그러나 이것은 5절에 있는 "이 성읍"을 가리키므로 MT 본문이 그대로 유지되어야 할 것이다.

6.b-b. LXX은 동사들의 순서를 역전시키고 있으며, 그러므로 "평강과 성실함"이 "나타내다"의 목적어가 될 수 없다.

6.c. LXX은 아우텐(*αὐτὴν*, "그녀에게")을 가지고 있다.

6.d. LXX은 에이사쿠에인(*εἰσακούειν*, 특히 기도를 "듣도록")을 삽입한다.

6.e. 단 한 번 나오는 단어 아테레트(עֲתֶרֶת, "풍요")에 대한 수많은 수정이 제안되어 왔다. LXX은 그 장소에 목적어인 "평강과 성실함"과 함께 카이 포이에소 아우토이스(*καὶ ποιήσω αὐτοῖς*, "그리고 내가 그들을 위하여 만들 것이다")를 가지고 있다("원문주해" 6.b-b를 보라). *BHS*는 LXX의 배경으로 아람 사상인 ועבדתי("내가 만들 것이다")를 제안한다. LXX[A 106]은 이 지점에서 에이사쿠에인(*εἰσακούειν*, "듣도록")만을 가지고 있으며, *BHS*는 Vg의 *deprecationem*("간청")처럼 동사 아타르(עתר, "기도하다, 간구하다")의 한 형태를 가정한다. Syr은 독법을 매끈하게 하고 있기는 하지만, MT와는 시각적으로 상당히 차이가 있는 נתבת("의 길")로 번역된 것으로 보인다. *BHS*는 에트 루아흐(את רוח, "소생의 시기")로 읽으면서 새로운 해결책을 제시한다. 할러데이(Holladay)의 수정은 다른 발음인 아테레트(עָתֶרֶת)를 요구하는 더 단순한 것이며, 이 단어를 집으로부터 시체들의 악취를 제거하는 것을 암시하는 "향기"의 "이형적(異形的) 여성형"(참조. 겔 8:11)으로 해석하는 새로운 해석이다(2:222-23). 캐롤(Carroll)의 제안은 עטרת("왕관")이다.

7.a. LXX의 몇몇 필사본들은 예루살렘(*Ιερουσαλημ*)을 가지고 있는데, 이는 10, 16절에 있는 유다와 짝을 이룬다.

8.a. K의 레카울(לכול, "모든")은 마켑을 따라 읽혀질 수 없다.

9.a-a. LXX은 에이스 유프로쉬넨(εἰς εὐφροσύνην, "기쁨을 위하여")만을 가지고 있다. *BHS*에는 리 레쉠(לי לשם, "나를 위하여 …의 이름") 대신 예루살렘(ירושלם)으로 되어 있다. MT은 쉠(שם, "이름")이 "명성, 평판"의 의미로 이해될 때 뜻이 통한다("주석"을 보라).

9.b. LXX의 몇몇 필사본에는 생략되어 있다. *BHS*는 삭제하거나 혹은 본 절의 끝에 있는 라흐(לה, "그녀에게, 그것에게")와 일치하여 단수 아타(אתה, "그녀에게, 그것에게")로 읽을 것을 권한다.

9.c. MT의 다른 필사본들과 역본들은 이것을 복수형으로 만듦으로써 대명사들을 조화시키고 있다.

10.a-a. LXX에는 없다. 아마도 이것은 26:9; 34:22에 있는 유사한 "거민이 없으리라"는 표현에 근거하여 MT에 포함되었을 것이다.

11.a. LXX, θ´는 도라(δῶρα, "선물")를 가지고 있다.

13.a-a. Tg은 *jtnhwn ʿmʾ lptgmj msjhʾ*, 즉 "한 백성이 스스로 메시아의 말씀에 합류할 것이다"로 해석한다.

14.a. LXX에는 14-26절이 없다. 15-16절은 23:5-6과 매우 흡사하다. "주석"을 보라.

15.a. 소수의 MT 필사본은 $LXX^{O,L}$, θ´처럼 연계형으로 되어 있는 명사 대신에 형용사 차띠크(צדיק, "의로운")를 가지고 있다.

15.b. $LXX^{O,L}$, θ´에 있는 아나톨렌(ἀνατολήν, "떠오르는")은 MT를 번역한 것으로 보인다. Tg은 *msjh*("메시아")를 가지고 있다. 수많은 필사본도 23:5에 있는 것처럼 והשׂכיל ומלך מלך("그리고 한 왕이 지혜롭게 행할 것이다/성공할 것이다")을 가지고 있다.

16.a. MT의 소수의 필사본들 및 Syr은 쉐므우(שׁמו, "그의 이름")를 덧붙인다. *BHS*는 $LXX^{O,L}$, θ´, Vg을 따라 하쉠(השם, "그 이름")을 덧붙이거나 혹은 Tg에 있는 바와 같이 쉐마흐(שׁמה, "그녀의 이름")를 덧붙이기를 권한다.

16.b-b. 소수의 필사본들은 쉐모(שׁמו, "그의 이름")와 일치하여 Syr, Vg이 그러하듯 יקראוהו("그들이 그/그것을 부를 것이다, 그/그것이 불릴 것이다")를 가지고 있다("원문주해" 16.a).

16.c. Vg은 23:6에서처럼 *iustus noster*("우리의 공의")를 가지고 있다.

18.a-a. LXX^{62}, Syr, Vg은 접속사를 삽입하여 "제사장들과 레위인들"로 되어 있다.

20.a-a. LXX^{L}, Tg, Vg은 21절에서처럼 수동형 단수 동사들을 가지고 있다.

20.b. 연계형이 연속되어 있는 가운데, 연계형 접미사를 가진 명사의 다른 실례들에 관해서는 레 26:42; 민 25:12을 보라.

20.c. *BHS*는 θ´, Syr, Vg을 따라 접속사를 지울 것을 권한다.

20.d. *BHS*는 이 곳과 25절에서 욤(יום, "날")으로 되어 있다. 요맘(יומם)은 렘 15:9에서처럼 "백주(대낮)"가 될 수 있다.

21.a. *BHS*는 18절에서처럼 "레위인들"과 "제사장들"의 순서로 바꾸거나, 22절에서처럼 "제사장들"을 삭제할 것을 권한다.

22.a-a. 목적격 대명사를 가진 연계형으로 되어 있는 분사형의 문제가 *BHS*로 하여금 메샤르타이 잇토(מְשָׁרְתַי אִתּוֹ, "그와 함께한 내 사역자들")로 약간 수정할 것을 권하도록 자극한다.

22.b. 많은 필사본들에는 마지막 단어가 없다. 이것을 삭제하고 21절 끝에 있는 형태와 어울리게 하려고 분사형의 발음을 고치는 것은 "원문주해" 22.a-a에 들어 있는 문제에 대한 또 다른 해결책이다.

24.a. LXX^{L}, θ', Syr은 1인칭 단수형 어미를 가지고 있다.

25.a. 조건절의 첫 부분에는 동사가 없다. *BHS*는 하나를 보충하기 위하여 베리티(בריתי, "내 언약")를 바라티(בראתי, "내가 창조했다")로 수정할 것을 제안한다.

25.b. "원문주해" 20.c를 보라.

26.a. LXX^{O,L}, θ', Syr은 단수형이다.

26.b. 많은 필사본들은 Q의 이쉬브(אשׁיב 히필형, "내가 회복할 것이다")를 따르고 있는데, 이는 타동사이므로 문맥에 더 잘 어울린다.

양식/구조/배경

33장은 32장의 연속 및 발전으로서의 역할을 한다. 이 장은 32장으로부터 나온 자료와 예레미야서의 다른 부분에서 나온 자료, 그리고 구약의 다른 부분에서 나온 자료를 사용하고 있다. 앞 장의 연속이라는 의식은 1절에 있는 표제에서 분명히 드러나는데, 이 표제는 이 계시의 말씀을 예레미야가 32:1에서처럼 시위대 뜰에 "아직"(עוד – 오드) 구금되어 있는 기간에다 두고 있으며, 여호와의 말씀이 "다시"(שׁנית – 쉐니트, 즉 "두 번째") 임했다고 말한다. 19절과 23절에 있는 두 번째와 세 번째 표제는 날짜와 위치를 제공해 주고 있지는 않지만, 19-26절은 31:31-36과 함께 인클루시오를 이룬다(Biddle, *ZAW* 100[1988] 411). 메신저 공식 문구가 32:36, 42에 나타나며, 33:2, 10, 12, 17, 20에도 계속 나타난다. 이 일련의 신탁은 32:26에서 시작되는 예레미야의 기도에 대한 하나님의 응답을 다시 취급하고 있다(32:16-25). 형식상으로 이것들은 선지자에게 주신 개인적인 계시인데, 이제 기록 형식으로 더 큰 대중에게 기록되어 있다.

33:19-26; 31:31-36로 이루어진 인클루시오(Biddle, *ZAW* 100[1988] 411)는 32장과 33장을 30-31장에 연결시키는 효과를 가지고 있다. 사실상, 많은 해석가들은 이 네 개의 장 모두에 들어 있는 소망의 주제와 회복의 약속 때문에 30-33장을 보

다 큰 "위로의 책"으로 취급하고 있다(예를 들어, Brueggemann). 33장은 32장과 연결되어야 하며, 이 두 장이 함께 예레미야서에서 이 곳에 위치한 것은 이 장들이 30-31장과 같은 특성을 가졌기 때문이다. 위에서 살펴본 바와 같이(32장, "양식/구조/배경"), 32:1-15은 그 날짜와 문학적 형태가 유사한 점 때문에 37-38장에 속할 수 있다. 그러나 32:16-33:26은 31-32장 이후 이 문맥 속에서 가장 잘 어울린다.

본 장에 있는 신탁은 산문체로 기록되어 있지만, 이것들은 두 개의 시문을 포함하고 있다. 11절은 찬송의 일부를 백성들이 성전에서 다시 낭송하게 될 시들의 한 실례로서 인용한다. 이전의 약속이 17-18절에서 그 확장 내용을 덧붙이기 위하여 15-16절에서 수정과 함께 시로 인용되고 있다. 표준적인 예언적 공식 문구가 각각의 단위를 표시한다. 몇몇 단위들 가운데서는 심판 선언 혹은 묘사 다음에 구원 신탁이 뒤따라온다. "그럼에도 불구하고" 혹은 "그러나"가 한 단락에서 다른 단락으로의 전환을 표시해 준다. 본 장은 다음과 같이 개괄해 볼 수 있다.

Ⅰ. 서론(1-3절)
- A. 표제(1절)
  - 1. 배경(1a절)
  - 2. 말씀 사건 공식 문구(1b절)
- B. 서론적 약속(2-3절)
  - 1. 자기 소개(2절)
  - 2. 응답에 대한 약속(3절)

Ⅱ. 유다와 예루살렘에 대한 심판과 약속(4-9절)
- A. 가옥에 대한 심판(4-5절)
- B. 회복에 대한 약속(6-9절)
  - 1. 치료된 예루살렘(6절)
  - 2. 회복되고 사함 받은 유다와 이스라엘(7-8절)
  - 3. 예루살렘이 찬양과 명성의 대상이 됨(9절)

Ⅲ. 예루살렘과 유다 성읍들의 회복(10-13절)
- A. 백성들의 본향(10-11절)
  - 1. 이 곳에 관해서 말해진 내용: 폐허(10a절)
  - 2. 정상적인 생활이 회복된 예루살렘과 성읍들(10b-11절)
- B. 짐승들의 본향(12-13절)
  - 1. 이 곳에 관해서 말해진 내용: 황폐된 곳(12a절)
  - 2. 온 땅에서의 목자들과 양 떼의 정상적인 생활(12b-13절)

Ⅳ. 다윗 계열과 레위인들에 관한 약속(14-18절)
  A. 이전의 약속이 반복됨(14-16절)
    1. 실현 보증(14절)
    2. 이전의 약속이 인용됨(15-16절)
  B. 확장된 약속(17-18절)
    1. 다윗 계열이 끊어지지 않을 것이다(17절)
    2. 제사장 계열이 끊어지지 않을 것이다(18절)
Ⅴ. 다윗 및 레위인과 맺은 언약(19-22절)
  A. 치료: 말씀-사건 공식 문구(19절)
  B. 다윗 및 레위인과 맺은 영원한 언약(20-21절)
  C. 다윗과 레위인들의 무수한 후손들에 대한 약속(22절)
Ⅵ. 다윗 왕 아래서 하나의 국가로서 야곱의 회복(23-26절)
  A. 치료: 말씀-사건 공식 문구(23절)
  B. 열국 중에서 멸시받은 하나님의 백성(24절)
  C. 맹세로 보증된 다윗 계열의 이스라엘 통치자(25-26a절)
  D. 회복의 약속(26b절)

본 장은 이전의 약속 주제들에 대한 발전이고 정교화이며 해설이다. 예루살렘과 또한 거기서 지도하고 봉사할 왕과 제사장들에 대한 초점은 유다 포로민들과 회복된 공동체의 관심사에는 지극히 적절하다(역대상하, 에스라-느헤미야, 에스겔, 이사야 40-66장, 학개, 스가랴 같은 유사한 청중 혹은 기원을 가진 다른 책들의 시온의 중심성과 비교하라). 1-13절의 형식, 스타일, 내용으로 인하여 작성의 시기에 대해 다양한 견해를 갖게 만들었다. 예를 들어, 할러대이는 예레미야에게로 돌릴 수 있는 자료의 핵심을 4-9절 내에서 파악해 낸다(2:222). 디얼(Thiel, *Redaktion*, 37)을 따르는 캐롤(Carroll)은 1-13절 전체를 포로 후기 신명기 사가의 것으로 말한다(634). 그는 LXX에는 완전히 빠져 있는 14-26절을 후기 역대기자와 같은 페르시아 시기에 작성된 "소수 집단의 보고"로 평가한다(639). 다른 한편, 니콜슨은 14-26절이 고레스의 칙령 이후인 포로기 말기에 작성되었을 수 있다고 생각한다(*Preaching*, 91-92). LXX에서 빠진 것은, MT와 LXX의 원 자료가 다른 형태의 본문을 나타내고 있으므로 반드시 14-26절의 후기 기원을 입증하지는 않는다(McConville, *Judgment*, 177; Tov, "Some Aspects," 178). 이 단락은 그 문맥에 잘 부합한다(14-26절의 "주석"을 보라).

예레미야서의 문맥 속에서 33장은 30-31장(그리고 32장)에 포함된 약속들이 본서의 나머지 부분이 대부분 너무나 생생하게 묘사하고 있는 백성들의 파멸에 직면하여 어떻게 실현될 수 있는지를 계속해서 설명한다.

주석

[1] 시간을 나타내는 논급은 예레미야가 아직 시위대 뜰에 구금되어 있고 바벨론인들이 여전히 그 성읍을 둘러싸고 있었다는 사실을 암시한다(32:2). 33장은 이 구절을 통하여 예레미야의 같은 사역을 말하고 있는 32장과 연결되어 있다. 그러나 선지자는 여기서 전혀 말하거나 행동하지 않고, 3절에 있는 여호와의 요청에 반응하여 기도하지도 않는다.

[2] 아모스 4:13; 5:8-9; 9:5-6과 유사한 찬양 부분이 메신저 공식 문구를 보충하고 있다. 이 네 개의 구절들은 모두 하나님을 창조주로 묘사하는 일련의 분사 구로 이루어져 있으며, "여호와는 그의 이름이시다" 혹은 "만군의 여호와가 그의 이름이시다"로 마친다. 여성 단수 목적격 대명사의 구체적인 선행사가 없는 점이 이 구절을 아모스서에 있는 비교 구절보다 더 자유로운 해석을 할 수 있도록 만들어 준다. 여호와께서 무엇을 만드시고 조성하시고 이루시는가? LXX은 "땅을 만드신 분"을 가지고 있다. *BHS*는 독립 목적격 대명사의 수정을 제안하고 있으며, 그래서 두 번째 문구가 "장차 올 일을 이루시고, 그것을 이루시는 여호와"로 되어 있다. 이 문맥에 있는 주요 여성 단수 명사는 예루살렘이다. 3절에 있는 "큰 일"은 여성 복수다. 이사야 37:26은 하나님께서 정하시고(עָשָׂה – 아사, "행하다, 만들다") 오래 전에 계획하시고 이루신 일, 즉 산헤립이 유다의 견고한 성읍들을 정복한 사실을 지적하기 위하여 여성 단수 목적격 대명사를 사용한다. 이 구절 가운데서 가장 개연성이 있는 분사들의 목적어는 "크고 비밀한 일"(3절)이란 문구다.

[3] 여호와께 대한 요청과 응답의 보증은 제의적 근원을 가진 것으로 보인다(참조. 시 91:15). 그러나 약속된 하나님의 응답은 고난 가운데서의 임재와 도움이 아니라 이전에 알지 못한 일들에 대한 계시다. 이 "큰 일"은 독특하게도 "강화된"(fortified)으로 묘사되기도 했다. 예루살렘의 경고한 곳들이 바벨론 군대의 손아귀에 넘어가려 하고 있는 한편, 알지 못하는 하나님의 계획의 "성벽"이 예레미야와 그의 청중의 유익을 위하여 열려 있다는 것이다.

[4]-[5] 이 두 구절은 문장 구조의 혼란으로 말미암아 나타난 수많은 본문상의 난점들을 드러내고 있다("원문주해"를 보라). 그러나 시작과 끝 부분은 상당히 명확

하다. 이 두 구절의 기능은 6절에 있는 구원 선포의 수신자들을 밝히려는 것이다. 6절에 있는 약속의 수신자들은 5절 하반절에서는 예루살렘을 가리키는 "그것"(여성 단수)이고, 4-5a절의 복합 주어를 가리키는 "그들"(남성 복수), 즉 이 성읍의 가옥과 유다 왕궁이다. 예루살렘에서 죽은 백성들은 종속절에서 시체로만 나타난다. 이 구절은 예루살렘의 고난을 묘사하기 위하여 무생물만을 사용함으로써 10절과 12절에 있는 "사람도 없고 짐승도 없다"는 묘사를 위한 준비를 하고 있다.

4-5절의 혼란스러운 중심 부분은 갈대아인과 싸우는 일과 관계가 있다. "흉벽"(סללות – 쏠로트)과 "칼"(החרב – 헤하레브)은 여기서 언급된 군대 전문 용어 가운데 들어 있는 두 항목이다. 32:24에서 "흉벽"(סללות – 쏠로트)은 성벽을 허물기 위한 준비로서 예루살렘 성벽 방향으로 세워진 공격 트랩이다. 만일 33:4에서도 이 트랩을 의미한다면, 허물어지는 가옥들은 성벽 내부에 세워진 것들일 수도 있다. 이것들은 불에 탈 수 있는 것으로 성벽을 강화하려는 노력들을 차단했을 것이다. 그러나 왕궁은 아마도 성벽 편으로 서 있지 않았겠지만, 이것들은 훌륭한 돌 재료였을 것이다. 이것들은 22:5에 있는 위협의 성취를 암시하기 위하여 포함될 수 있다. 만일 "흉벽"이 성읍 방어자들 옆에 세워진다면("원문주해"를 보라), 이것들과 칼은 "싸우려는" 자들이었을 수도 있다. 예레미야 21:3-7은 예루살렘 포위 공격에 관한 또 다른 신탁인데, 33:4-5과 유사한 어떤 것을 담고 있고, 또한 보다 명확한 그림을 제공해 준다. 이 구절에서 바벨론 사람들과 "전쟁"(לחם – 라함)을 수행하기 위하여 예루살렘 사람들이 사용한 전쟁 무기들이 그들 자신에게로 돌아올 것이며, 여호와께서는 그 거민을 "죽이실"(נכה – 나카; 참조. 33:6) 것이다. 바벨론 왕은 그들을 "칼"(החרב – 헤하레브)에 붙일 것이다. 33:4-5이 21:3-7의 실현을 기록하고 있으며, 또한 혼돈된 상태가 "전쟁의 도구가 자기들에게 돌아온다"는 문학적 묘사와 관계가 있는 어떤 것을 가지고 있다는 사실을 추측할 수도 있다.

구문이 난해함에도 불구하고, 포위 공격에 대한 경험 중 세 가지 특징이 이 구절들 가운데 드러나 있다. (1) 가연성 물질을 제거하고 강타하는 해머와 다른 공격용 기구들이 공격할 지점에서 성벽을 강화시키기 위해서 집을 허무는 방어 행위, (2) 갈대아인들과 싸울 "칼"이라는 공격 활동 그리고 (3) 포위된 성읍 안에서 이미 죽었으나 성읍 밖에 정상적으로 묻힐 수 없는 하나님의 심판의 희생자들. 두 번째 사항은 4절의 마지막 단어와 5절의 처음 네 단어를 포함할 수도 있으나, 이것은 여러 가지 난점을 제공한다. 첫째로, 복수형 분사 "싸우려"가 단수 명사 "칼"을 수식하고 있다. 그러나 "칼"(החרב – 헤하레브)은 어떤 특별한 무기를 가리킨다기보다는 일반적인 의미에서 전쟁을 가리키거나 혹은 무장하고 싸우는 전투를 가리킬 수 있다(예를 들어, 렘 5:17; 6:25; 31:2; 겔 7:15). 둘째로, 5절 초두에 있는 분사는 관계사 아쉐르(אשר, "…것") 혹은 정관사를 생략하고 있다. 셋째로, 문장의 구문론에서 이 문구의 역할이 불확실하다. 이끄는 말 웨엘(ואל)은 "칼"을 "이 성읍의 가옥" 및 "유다 왕궁", 그리고 6절에 있는 신탁의 세 번째 주어와 평행을 이루도록 만들고 있는 "그리고 …에 관해서는"으로 이해될 수도 있다. 그러나 6절이 "칼"에 관한 것으로 보이지는 않는다. 만일 이 문구가 "그리고 …을 위하여"로 시작된다면, 이것은 "공격용 흉벽"과 평행을 이루며 가옥들을 허는 또 다른 이유를 기술하고 있다. 성벽을 견고하게 하는 것은 무장한 방어자들에게 설 수 있는 기반을 만들어 주었을 것이다.

부정사 구문을 복수 분사로 대치하는 *BHS*가 제안한 수정을 따른다면, 5절의 나머지 부분은 뜻이 더 잘 통하게 된다. MT에서 "그리고 그(것)들을 채우게"(ולמלאם – 울르말르암)는 "싸우려"(להלחם – 레힐라헴)와 평행을 이루고, "하였으나"(באים – 빠임; 5절의 히브리 본문에는 "갈대아인들과 싸우려고 오고 있는"으로 되어 있음 – 역자주)에 종속되어 있으나, 본 절의 나머지 부분은 방어자들의 칼이 아닌 여호와께서 이 시체들을 치셨다고 말한다. 대명사 "그(것)들"(개역 성경은 "이 성에"로 번역하고 있으나, 히브리 본문에는 "이 성에"가 없다 – 역자주)의 가장 가까운 선행사가 "갈대아인들"이지만, 그(것)들 가운데 노출되어 있는 시체들로 더럽혀진 이 곳은 예루살렘의 철거된 가옥들이지 공격자들은 아니다. *BHS*가 제안한 수정안 "그리고 채워져 있는"(וְהַמְּלֵאִים – 웨하믈레임)은 4절에 있는 가옥에 대한 묘사 "허물어진"과 평행된다.

민수기 19:11-20에 따르면, 시체와의 접촉으로 말미암아 나타난 부정은 7일 간 계속되고 그 다음에 결례를 시행해야 한다. 만일 결례를 행하지 않으면, 그 사람은 이스라엘 중에서 끊어진다. 죽음의 장소 역시 7일 간 부정하게 되고, 그 곳에 들어가는 사람마다 부정하게 된다.

6 하나님의 치심을 받은(נכה – 나카), 내부로부터 허물어지고 장사지내지 않은 시체로 더럽혀진 성읍을 향한 약속은 직역하면 "새 살"(8:22에 있는 단어와 같은 아루카〈ארכה〉), 즉 치료이며, 평강과 성실함(혹은 참된 평강)의 향기다. 본서의 첫 부분에서 발견된 치료(6:14=8:11; 8:15=14:19b; 8:22; 15:18; 30:13)가 여기에 약속되어 있다. 이 약속은 이스라엘의 죄와 불성실로 말미암아 야기된(30:12-15) 고칠 수 없는 상처에 대한 묘사 이후에 나타난 위로의 말씀인 30:17을 반영하

고 있으며, 8:15=14:19b("회복"〈ארכה – 아루카〉, 즉 상처를 완료하는 새 살)로부터 나온 핵심 단어를 덧붙인다. 30:17a에서 나온 두 단어, 즉 "고치다"(רפא – 라파)와 "치다"(נכה – 나카; 개역 성경에는 "죽이다"로 되어 있다 – 역자주)가 33:5-6에 나타난다(30:17b은 33:23-26에 있는 것과 같은 주제, 즉 여호와께서 이스라엘을 버리셨다는 열국의 주장을 취급하고 있다). 상하게 하시고 치료하시는 하나님에 대한 어투는 분명히 백성들을 찢어발기는 사자로서의 하나님에 대한 이미지에서 그 기원을 찾을 수 있다(호 5:14-6:2). 사자는 예레미야 30:15에서 더 이상 나타나지 않고, 다만 하나님의 말씀이 백성들의 상처와 고통에 대해서 "내가 네게 이 일을 행하였느니라"고 말하고 있다(참조. 신 32:39). 상처들은 대적들이 입힌 것이지만(30:16), 여호와께서만 고치실 수 있다(호 5:13). 영적 고집불통은 치료될 수 있지만(רפא – 라파; 3:22=호 14:4), 33:6은 바벨론의 손을 통한 하나님의 심판으로 말미암아 그 땅과 백성들에게 행해진 손상을 대상으로 한다. "그것"(여성 단수)과 "그들"은 4-5절에서 그 선행사를 가지고 있는데, 그것은 허물어진 성읍과 파괴된 가옥들이다.

7 회복 공식 문구는 30:3에서처럼 이스라엘과 유다를 포함시키고 있으며, 그들을 세우리라는 약속은 30:18; 31:4과 유사하다. "세우다"(בנה – 바나)는 본 장에 인용하기 위하여 예레미야의 소명 환상을 묘사하고 있는 1:10에서 나온 두 번째 동사다. 4절에서 예루살렘의 가옥들은 허물어진다(נתץ – 나타츠; 참조. 1:10). 동사 "세우다"(בנה – 바나)는 암시에도 그리고 문맥에도 어울린다. 이 재건축의 결과는 유토피아적 상태는 아닐 것이고, 다만 이전에 그러했던 것과 같은 "처음과 같은" 상태일 것이다.

8 죄에 대한 세 가지 가장 친숙한 히브리어 단어들이 본 절에 나타난다. "범죄하다"(חטא – 하타; 2회)와 "반역하다"(פשע – 페솨)란 동사는 이것들의 목적어로 죄악(עון – 아온)이란 명사형의 단수와 복수형을 취하고 있다(참조. 호 12:9). 예레미야서에 있는 모든 기소는 이스라엘과 유다의 죄악에 대한 묘사에 기여한다. 32:3-35은 전체 민중이 하나님의 진노를 자극했었고(참조. 33:5), 또한 그들을 형벌로 인도했던 "죄악"(הרע – 하라아)을 상세히 열거한다. 그 땅으로의 회복과 하나님과의 관계 회복에 대한 약속, 즉 36절의 심판 다음에 따라오는 32:37-41은 사죄나 혹은 죄 씻음에 대한 언급을 포함하고 있지 않다. 33:8은 그 간격을 메워 준다.

이 구절의 형태는 "정하게 하다, 씻다"(טהר – 타하르; 겔 36:25에 있는 회복의 약속에서처럼)와 "사하다, 용서하다"(סלח – 쌀라흐; 렘 31:34에서처럼 새 언약을 위한 준비)란 동사로 표현된 용서의 약속이다. 아온(עון)과 하타(חטא)의 반복 이외에 수사학적 과시를 가지고 있지 않은, 이 구절에 있는 전문 용어의 밀집은 놀랄 만한 하나님의 사죄의 완전성을 표현하고 있다.

9 이스라엘과 유다를 "이름…찬송…영광"이 되게 하시려는 여호와의 계획(13:11; 참조. 신 26:19)이 예루살렘을 위한 이 구원 약속 가운데 반복되어 있다. 이 구절에는 두 가지 극적인 반전이 나타난다. 열국이 더 이상 예루살렘을 멸시 받고 혐오를 받는 어떤 존재로 보지 않고(25:9b; 30:17b에서처럼), 그 성읍이 여호와의 이름을 소유하고 있기 때문에(25:29; 참조. 33:16), 그 회복으로 인하여 여호와께 찬양과 영광이 될 것이다. 더 나아가서 이 곳은 과거에 그러했던 것처럼 여호와의 군대의 승리로 인한 것이 아니라(출 15:14-16), 하나님께서 예루살렘에 주시는 복과 평강을 인하여 그렇게 될 것이다(참조. 29:11).

10-11 여기서 일련의 말씀이 계속되고 있는데(10-13절), 그 말씀의 특성은 "또 다시"(עוד – 오드)란 단어와 회복 공식 문구 "내가 이 땅의 포로로 돌아와서…"로 표현되어 있다. 그들은 32:15에 있는 약속인 "이 땅에서 집과 밭과 포도원을 다시 사게 되리라"를 따른다. 10절에 있는 "이 곳"에 관해서 말해진 내용은 32:43에서 "이 땅"에 관해서 말해진 내용과 유사하다. 이 두 곳에서 바벨론 정복의 결과로 "사람과 짐승이 없는" 상태에 있다.

여호와께서는 빈 공간의 침묵, 폐허가 된 장소를 축하와 감사의 소리가 들리게 할 것이라고 약속하신다(참조. 30:19a). 축하의 구체적인 이유는 결혼과 예배로의 엄숙한 위탁의 경우다. 이것들은 정상적인 생활이 재건된 성전 주변에서 회복되었을 시기에 들리는 소리를 묘사하고 있다. 11a절은 정확하게 초창기의 구절들을 사용하고 있는 7:34; 16:9; 25:10에서 선포된 심판의 반전을 약속하고 있다. 결혼은 미래의 희망의 상징이며 하나님 백성의 존속에 필수 불가결한 것이다(참조. 29:4-7). 여기 인용된 노래는 감사 시편 107; 136편의 시작 부분이다. 감사제는 감사와 찬양에 대한 자발적 표현이었다(레 7:12-18).

마감하고 있는 회복 공식 문구는 이것이 12-13절의 목양 이미지와 연결 고리를 이루고 있는 "그 땅"(ארץ – 아레츠)의 회복을 약속하고 있다는 점에서 독특하다.

12-13 일련의 "다시" 신탁이 여기서 계속된다. 목양 이미지가 직관적으로 호소력이 있기는 하지만, 그 성읍에서 풀을 뜯고 있는 양 떼를 거느린 실질적인 목자들(12-13절에 다섯 번 나타남)은 회복의 모습이 아니다. 만일 목자들과 양 떼가 구약성경에서 자주 그러하듯 지도자와 백성들을 나타낸다면, 이 이미지는 뜻이 통한다.

예레미야 23:1-2; 에스겔 34:1-6은 지도자들, 특히 왕들을 그들이 돌보고 보호해야 할 책임을 지고 있었던 백성들을 멸망시킨 것으로 인하여 책망한다. 이 구원 약속은 예레미야 23:3을 반영하고 있지만 목양을 생생한 용어로 묘사하고 있다. 새로운 목자들은 그들로 하여금 목자이신 여호와께서 시편 23:2; 에스겔 34:14-15에서 하시듯이 "눕게 하고" 혹은 "쉬게 하여"(רבץ –라바치) 백성들을 평안하게 할 것이다. 이 목자들은 여호와께서 "별의 수효를 계수하시고 저희를 다 이름대로 부르시는"(시 147:4) 것처럼 밤을 지새도록 양을 우리로 들어가게 하면서 "계수"(מנה – 마가)할 것이다. 이 이미지에 암시되어 있는 친밀한 앎과 헌신적인 돌봄이 누가복음 15:3-7; 요한복음 10:1-18에 있는 선한 목자 비유 가운데 예증되어 있다.

그 땅의 각 부분에 대한 세 가지 지형학적 그리고 세 가지 정치적 호칭들이 17:26; 32:44에서는 그 반대의 순서로 열거되어 있다. 이 이스라엘 땅에 포함된 영역이 예를 들어 에스겔 47:15-20에 주어진 것보다 더 제한되어 있다.

[14]-[25] 이 단락은 LXX에는 없지만, MT에서는 잘 구성되어 있다. 33장의 나머지 부분들처럼 이 구절들도 역시 본서의 다른 곳에 나타나 있는 약속들을 재진술하고 또한 확장하고 있다. 15-16절은 23:5-6을 인용하고 있으며, 12절에서 시작되는 더 큰 문맥은 23:1-8의 내용을 반영하고 있다. 33:12-13은 23:1-4에 있는 멸망시키는 목자에 관한 저주의 말씀을 반전시키고 있으며, 33:23-24; 23:7-8은 모두가 여호와께서 이스라엘을 취급하시는 것에 관한 공개적인 의견과 관련되어 있다. 앞 장에 있는 다른 힌트는 영원한 다윗 왕조에 대한 약속과 끊어지지 않은 레위 제사장 계열에 관한 약속을 위해 준비하고 있다. 만일 궁전이 재건되고(30:18; 33:4-6) 한 통치자가 그들 가운데서 일어난다면(30:21), 이 사람은 다윗 자손 이외의 누가 될 것인가(30:9)? 다른 성경 전승(삼하 7:11-16; 23:1-7; 렘 23:5-6)과의 조화가 33:14-25에 주어진 이 대답을 확증해 준다. 기쁨의 노래와 춤(30:19; 31:4, 13) 그리고 "시온으로 올라가서 여호와께로 가서" 이스라엘의 구원으로 인하여 노래하고 기도를 하자는 초청(31:6-7)은 성전의 회복을 암시해 주고 있으며, 33:11은 이것이 분명히 "여호와의 집에 감사제를 드리는 자들"에 대해서 말하는 때를 가정하고 있다. 만일 희생 제물들이 재건된 성전에서 "처음과 같이"(11절) 드려진다면, 누가 그것들을 집례할 것인가? 33:18-22이 그 대답을 제공하고 있는데, 곧 레위 제사장들이다. 이스라엘과 맺는 새롭고도 영원한 언약에 대한 약속(31:31-34; 32:36-41)은 그 나라의 삶 가운데서 언약을 맺은 바 된 다른 기구들의 신분, 곧 다윗 계열의 왕과 제사장직에 대한 문제를 야기한다. 의(צדקה – 체다카)를 행할 "의로운(צדקה

–체다카) 가지"에 대한 약속은 시드기야(צדקיהו–치드키야후) 왕조의 쇠퇴와 몰락에 관한 다음의 장들을 읽는 독자들을 위해 희망적 위치를 제공해 준다.

[14] 본 절은 15-16절을 23:5-6에 나타난 이전의 약속의 반복으로 소개되어 있다. 첫 문장은 23:5의 첫 부분을 되풀이하고 있다. 이 서문은 예레미야에서 12번이나 사용되었는데, 가장 가까이는 31장에 있는 일련의 세 개의 신탁 가운데서다(27, 31, 38절). 14절의 이를 "날"(coming "days")은 15, 16절의 "그 날"이다. "선한 말" 혹은 "약속"은 23: 5-6이다. 23장에는 그 말씀의 수신자들이 구체적으로 언급되어 있지 않지만, 33:14은 "이스라엘 집과 유다 집"이라고 밝힌다("집"〈בית–베트〉이란 용어의 또 다른 사용을 유의하라; 참조. 4절. 후에 24절에서 이 두 나라가 "족속"〈가족〉이라고 불린다). 30:3에 따르면, 위로의 책에 들어 있는 약속은 "이스라엘과 유다"에 관한 것이다.

[15]-[16] 옛 나무의 그루터기로부터 자라 나온 새로운 가지 이미지는 잘려진 다윗 왕조의 상황과 잘 어울린다(참조. 22장, 특히 30절). "의로운 가지"(צמח צדקה–체마흐 체다카)란 문구는 "합법적 자손"을 의미하는 고대 근동의 용어에 대한 히브리어 번역일 것이다(Baldwin, *VT* 16[1964] 93-97). 왕들에 대한 구약성경의 기대는 의와 공의의 특징을 강조한다(왕상 10:9; 시 72:1-3; 사 9:7). 예레미야 22:15-17은 요시아의 통치를 세 개의 단어로 묘사한다. 이 덕목들은 특히 압제당한 자를 옹호해 주고 가난한 자를 구원하는 데서 나타난다(시 72:4; 렘 22:16). 어쨌든 왕은 하나님의 대리자다. 16절에서 여호와께서는 그 성읍(여성형임)이 새로운 이름으로 표현된, "여호와는 우리의 의"이신 유다와 예루살렘의 구원으로 인하여 명성을 얻으신다. 23:6에서 새 왕이 이 이름을 가지고 있지만, 33:16에서는 이것이 예루살렘에게 붙여진다(겔 48:35 역시 예루살렘에 "여호와께서 거기 계시다"는 새로운 이름을 붙여 준다).

15-16절은 23:5-6에서 나온 신탁 가운데 두 가지 의미심장한 변화를 나타내 주고 있다. (1) 33장은 "그가 왕이 되어 지혜롭게 행사하며"란 문장을 생략하고 있으며, 이 구절 이외에는 "왕"이란 단어를 사용하지 않는다. (2) 23:6은 "여호와 우리의 의"라는 이름을 왕에게 붙여 주지만, 33:16은 이것을 그 성읍에 붙여 준다.

[17] 열왕기상 2:4의 다윗과 열왕기상 8:25; 9:5의 솔로몬은 바로 이 말씀 가운데서 다윗에게 주신 하나님의 약속을 인용한다(렘 35:19에서 레갑 족속인 요나답에게 주신 약속과 비교하라). 새로운 통치의 의와 공의(15절)는 초창기 약속의 상태, 즉 "만일 네 자손이 그 길을 삼가…진실히 내 앞에서 행하면"(왕상 2:4)이라는 상

태를 실현한다.

18 다윗에게 주신 약속의 어투가 정당한 희생 제사를 거행할 끊어지지 않는 레위 제사장 계열이라는 이 선포로 양도된다. 레위인들과 합법적인 제사장들의 결핍은 회복된 성전의 초창기에는 심각한 문제였다(스 8:15). 이 구절은 신명기적 용어인 라코하님 할위임(לכהנים הלוים, "레위 사람 제사장들"; 신 18:1)을 사용한다.

번제물(עלה – 올라)을 태우는 일과 희생 제물을 살육하는 일(זבח – 자바흐)은 제사장들만이 할 수 있는 일이었다(레 1장; 3:16; 6; 신 12:8-14; 18:1-5; 레 1장에서 짐승을 죽이는 일은 제사장이 아닌 헌제자가 하는 일로 묘사되어 있다 – 역자 주). 목록에 들어 있는 두 번째 항목인 "소제를 사르며"(מקטיר מנחה – 마크티르 민느하)는 특이한 표현이다. 이것은 한 어린양, 기름 그리고 감람유와 함께 매일 드려졌던 소제를 가리킬 수 있다(출 29:38-46; 민 28:1-8). 스나이드(Snaith, *VT* 21 [1971] 620-22)는 또 다른 해석을 지지한다. 그는 이것이 제사장들의 위임식의 일부분이었던 "제사장의 민하"라고 생각한다(레 6:16[개역. 23]; 9:15-17). 이러한 해석은 여호와를 섬기는 일을 처음으로 행하는 새 제사장들이 계속되는 모습을 창안해 낸다.

19-21 약속에 대한 두 번째 변형은 이것을 다윗과 레위인들과 맺은 여호와의 언약의 내용으로 밝히고 있는 것이다. 민수기 25:12-13에서 여호와께서는 비느하스와 그의 자손들에게 "영원한"(עולם – 올람) 제사장직을 수여하신다. 다윗과 맺은 언약도 역시 사무엘상 23:3에서 "영원한"(עולם – 올람) 것이라고 불린다. 낮과 밤의 지속적인 뒤바뀜이 영원히 지속될 것이라는 사실이 하나님의 약속으로 정해진 것처럼(창 8:22), 다윗의 통치와 레위인 제사장직의 영원성이 여기서 그렇게 표현되어 있다.

다윗은 "내 종"이라고 불리는데, 이는 사무엘서, 열왕기, 시편에서 수 차례 사용된 호칭으로서 예레미야서에서는 33:21, 22, 26에서만 사용된다(27:6과 비교하라).

22 다윗 계열과 레위인들과 관련된 약속에 대한 세 번째 변형은 열조에게 주신 셀 수 없는 자손에 대한 약속을 반영한다(창 13:16; 22:17). 이것은 그 실현의 무한정한 범위를 전개하기 위한 전통적인 표현이다. "측량되다"(מדד – 마다드의 니팔형)라는 드문 단어는 이 구절을 예레미야 31:37; 호세아 2:1[개역. 1:10]과 연결시켜 준다. 열조에게 주신 약속은 아직도 유효하지만, 여기서는 아브라함 자손을 돌볼 충분한 통치자들과 제사장들이 있을 것이라는 확증이 나타나 있다.

23-24 여호와께서는 예레미야에게 "이 백성"(העם הזה – 하암 하제), 곧 이스라

엘 사람들이 절망 속에서 여호와께서 버리신 두 선택받은 "족속"에 관해서 말하고 있는 내용을 생각해 보라고 요청하신다. 이스라엘 사람들이 말하고 있으므로, 그들은 17-22절의 주어인 다윗과 레위 가문에 관하여 말하고 있을 수 있다. 그러나 26절에 있는 대답은 다윗만을 거론하고 레위인은 거론하지 않는다. "다윗의 자손"과 "아브라함과 이삭과 야곱의 자손"이 26절에서 연결되어 있으며, 이 두 문구의 조화는 그들이 24절의 두 족속일 수 있다는 사실을 시사한다. 24절에 있는 마지막 문장은 백성들의 말을 설명하는 역할을 하고 있으며 "내 백성"(עמי – 암미)이라는 용어 아래 두 족속을 포함시키고 있다. 그러나 두 국가, 이스라엘과 유다로 이루어진 한 하나님의 백성이 보다 통상적인 예언의 관심이다(렘 3:6-18; 33:14; 사 8:14; 겔 23; 35:10; 37:15-28). 두 족속은 30:3에서처럼 이스라엘과 유다일 것이다.

이러한 절망적인 말을 하고 있는 백성들은 여호와의 백성들이 언젠가 한 "나라"(גוי – 고이)로서의 신분을 다시 얻을 수 있을 것이라는 가능성에서 등을 돌려 버렸다. 그들의 입장에서 볼 때, 여호와의 버리심은 최종적인 것이었다.

[25]-[26] 낮과 밤의 주기적인 변화를 확실하게 만들어 주는 주야와 맺은 여호와의 약정(20절; 참조. 창 8:22)은, 이 비실재적인 상황이라는 조건절에서 모든 피조물을 지배하는 하나님의 규정의 훨씬 더 광범위한 개념과 연결되어 있다(참조. 창 9:8-17; 렘 31:35-36). 이 논리는 20-21절의 그것과 같다. 창조주로서 여호와께서는 하늘과 땅을 지배하는 질서를 세우셨다. 그러므로 여호와께서는 야곱의 자손을 버리시거나 다윗 자손 가운데서 저들의 통치자를 택하는 일을 포기하지 않으실 것이다.

이어지는 회복 공식 문구는 결론적인 은혜의 말씀이다. 여호와의 긍휼이 이스라엘의 유기를 가로막으며 그 나라의 회복을 이루게 하실 것이다(참조. 렘 30:18; 31:20; 호 2:25[개역. 23]; 11:8-9).

해설

33장에 있는 구원 선포는 32장으로부터 남겨진 최소한 두 가지 질문에 대한 답변이다. (1) 지속적으로 반역해 왔고 자기 자녀들을 몰렉에게 드렸던 백성들이 하나님과의 언약 관계를 이룰 수 있을까? 여호와께서 그들을 향한 긍휼로 말미암아 그들을 치료하시고 씻으시고 사하실 것이다(26절). (2) 하나님께서 그 땅에 심으실 백성들은 무엇과 같을 것인가? 족속들은 다시 자라날 것이며(11절), 예배는 성전에서 재개될 것이고(11, 18절), 하나님께서는 언제나 합법적이고 의로운 통치자를 제공해 주실 것이다(14-26절). 그리하여 백성들은 안전하게 살 것이다(16절). 이 모든 일이 능치 못할 일이 없으시고(32:17, 26), 선한 일을 행하기를 기뻐하시고 또한 그러한 능력이 열국 가운데 경외심을 불러일으키게 하시는 창조주를 통하여 이루어질 것이다(33:9).

3절에 있는 요청은 어떻게 옛 약속들이 갱신되고 새로운 체험들이 더 오래된 본문에 비추어서 해석되는지를 발견하기 위하여 본 장을 연구하라는 요청과 어울리며, 또한 성경 전승의 나머지 부분과도 어울린다. "너는 내게 부르짖으라 내가 네게 응답하겠고 네가 알지 못하는 크고 비밀한 일을 네게 보이리라." 윌리엄 캐리는 이 본문으로 "하나님으로부터 위대한 일을 기대하라. 하나님을 위하여 위대한 일을 시도하라"고 설교했고, 현대 기독교 선교회들을 태동시켰다.

XX. 시드기야의 선택(34:1-7[LXX 41:1-7])

참고문헌

Kilpp, N. *Niederreissen und aufbauen.* Biblisch-Theologische Studien 13. Neukirchen: Neukirchener 1990. 90-93. **Lipiński, E.** "Prose ou poésie en Jér. xxxiv 1-7?" *VT* 24(1974) 112-13. **Malamat, A.** "The Last Kings of Judah and the Fall of Jerusalem." *IEJ* 18(1968) 137-56. **Martens, E.** "Narrative Parallelism and Message in Jeremiah 34-38." In *Early Jewish and Christian Exegesis.* FS W. H. Brownlee, ed. C. Evans and W. Stinespring. Chico, CA: Scholars, 1987. 33-49. **Migsch, H.** *Gottes Wort über das Ende Jerusalems.* Österreichische Biblische Studien 2. Klosterneuburg: Verlag Österreichisches Katholisches Bibelwerk, 1981. **Pardee, D.** *Handbook of Ancient Hebrew Letters.* Chico, CA: Scholars, 1982. 89-95.

본 문

1 바벨론 왕 느부갓네살과 그 모든 군대와 그 통치하에 있는 땅의 모든 나라와 모든 백성이 예루살렘과 그 모든 성읍을 칠 때에 말씀이 여호와께로서 예레미야에게 임하니라 가라사대

1 The word which came to Jeremiah from the Lord while Nebuchadrezzar, the king of Babylon, and his whole army and [a]all earthly kingdoms which his hand ruled and all the nations[a] were making war against Jerusalem and against all her cities,[b] saying,

2 이스라엘의 하나님 나 여호와가 이같이 말하노라 너는 가서 유다 왕 시드기야에게 고하여 이르기를 여호와의 말씀에 보라 내가 이 성을 바벨론 왕의 손에 붙이리니 그가 이 성을 불사를 것이라

2 "Thus says the Lord, [a]the God of Israel:[a] Go [b]and speak[b] to Zedekiah, the king of Judah, and say to him, 'Thus says the Lord: [c]I am about to give[c] this city into the control of the king of Babylon,[d] and he will burn it with fire.

3 네가 그 손에서 벗어나지 못하고 반드시 사로잡혀 그 손에 붙임을 입고 네 눈은 바벨론 왕의 눈을 볼 것이며 그 입은 네 입을 마주 대하여 말할 것이요 너는 바벨론으로 가리라

3 You will not escape from his control for you will certainly be seized and will be given into his control. Your eyes will see [a]the eyes of the king of Babylon[a] [b]and his mouth will speak to your mouth,[b] [c]and you will go to Babylon.[c]

4 그러나 유다 왕 시드기야여 나 여호와의 말을 들으라 나 여호와가 네게 대하여 이같이 말하노라 네가 칼에 죽지 아니하고

4 "'Only listen to the word of the Lord, Zedekiah, king of Judah. [a]Thus says the Lord concerning you:[a] [b]You will not die by the sword.[b]

5 평안히 죽을 것이며 사람이 너보다 먼저 있은 네 열조 선왕에게 분향하던 일례로 네게 분향하며 너를 위하여 애통하기를 슬프다 주여 하리니 이는 내가 말하였음이니라 여호와의 말이니라

6 선지자 예레미야가 이 모든 말씀을 예루살렘에서 유다 왕 시드기야에게 고하니라

7 때에 바벨론 왕의 군대가 예루살렘과 유다의 남은 모든 성을 쳤으니 곧 라기스와 아세가라 유다의 견고한 성읍 중에 이것들만 남았음이더라

5 You will die peacefully,[a] and like the burnings[b] for your fathers, [c]the former kings, who were before you,[c] so [d]they will burn[e] (incense) for you and "Alas, Lord"[d] they will wail for you, for I have made a promise'—oracle of the Lord."

6 So Jeremiah [a]the prophet[a] spoke all these words to Zedekiah, the king [b]of Judah,[b] [c]in Jerusalem,[c]

7 while the army of the king of Babylon was waging war against Jerusalem and against all[a] the cities of Judah [b]which remained,[b] against Lachish and against Azekah, for they alone were left among the cities of Judah as fortified cities.

원문주해

1.a-a. LXX은 더 짧다. 즉 카이 파사 헤 게 아르케스 아우투(*καὶ πᾶσα ἡ γῆ ἀρχῆς αὐτοῦ*, "그리고 그의 통치의 모든 나라")이다. 할러대이(Holladay)는 MT를 결합된 것이라고 부른다. 맘레코트(ממלכות, "왕국들")와 멤쉘레트(ממשלה, "권력, 통치")는 동의어다.

1.b. LXX은 32:44에서처럼 타스 폴레이스 유다(*τὰς πόλεις Ιουδα*, "유다의 성읍들")라고 구체적으로 밝힌다.

2.a-a. LXX에는 없는데, 자주 MT에 나타난 호칭을 생략한다.

2.b-b. LXX에는 없다. MT은 장황한 것으로 보이지만, 이것이 직접 인용문 직전에 나타나는 것은 아마르(אמר, "말하다")란 어근의 형태에는 비정상적인 것이 아니다.

2.c-c. LXX은 32:28에서처럼 수동형 구문을 사용하여 파라도세이 파라도데세타이(*παραδόσει παραδοθήσεται*, "정녕 주어질 것이다")로 나타냈다.

2.d. LXX은 덧붙여서 카이 쉴렘프세타이 아우텐(*καὶ συλλήμψεται αὐτὴν*, "그리고 그가 그것을 취할 것이다")을 가지고 있다. 같은 동사가 32:3에서 바벨론 왕의 행동을 묘사하고 있는데, 거기서 LXX은 라카드(לכד)를 "나포하다, 취하다"로 번역한다.

3.a-a. LXX은 단순히 투스 오프달무스 아우투(*τοὺς ὀφθαλμοὺς αὐτοῦ*, "그의 눈들")를 가지고 있다.

3.b-b. Rahlfs의 LXX에는 나타나 있으나, *BHS*는 이것을 원 헬라어 역본에는 누락된 것으로 판단한다.

3.c-c. *BHS*는 이 문장이 첨가물이라고 생각한다. 루돌프는 이것을 5절의 원래 형태와는 상반되는 *vaticinium ex eventu*라고 부른다.

4.a-a. LXX에는 없다. *BHS*는 뒤따라오는 단어에 붙어 있는 접속사를 대치할 것을 제안

한다.

4.b-b. LXX에는 없는데, 이는 아마도 중자 탈락으로 소실된 것 같다. 그러나 이것은 5a절과 평행을 이룬다.

5.a. 루돌프는 비루살렘(בירושלם, "예루살렘에")이 6절이 아닌 여기에 속한 것으로 생각한다. 이것은 여백에 있는 베샬롬(בשלום, "평강에")과의 유사성으로 인하여 탈락된 것으로 보이며, 틀린 구절 가운데서 다시 삽입된 것으로 보인다. 할러대이는 이것이 예루살렘에 장례의 예고가 실현되지 않았을 때 의도적으로 이동되지는 않았을까 하고 의아해한다.

5.b. 수많은 MT 필사본들(그리고 역본들)은 전치사를 베(ב)로 읽고 있는데, 이것은 의미상의 차이는 없다. LXX은 *BHS*에 따라 의역을 한 에클라우산(*ἔκλαυσαν*, "그들이 울었다")을 가지고 있으며, 이것이 어쩌면 LXX 청중에게는 더 이해가 갔을 것이다.

5.c-c. LXX의 투스 바실류산타스 프로테론 수(*τοὺς βασιλεύσαντας πρότερόν σου*, "네 앞에서 다스린 자")는 MT에 있는 바와 같이 하나의 명사로보다는 분사로 파악한 것 같다. 프로테론(*πρότερόν*, "이전, 앞에")이 LXX의 다른 곳에서 리프네(לפני, "앞에")와 리쇼님(ראשׁנים, "이전")을 번역하기 위하여 사용되었으므로, 할러대이는 MT이 합성본이라고 생각한다.

5.d-d. Syr에는 없다. 아마도 유사한 앞 글자로 인한 오류 때문에 유실된 것 같다.

5.e. LXX은 클라우손타이(*κλαύσονται*, "그들이 울 것이다")를 가지고 있다. "원문주해" 5.b를 보라.

6.a-a., b-b. LXX에는 없는데, MT에 나타나 있는 호칭을 자주 생략한다.

6.c-c. *BHS*는 이 단어를 5절로 이동할 것을 권하고 있는데, 루돌프는 그 곳(5절)에서 이것이 뜻이 더 잘 통한다고 생각한다. 그러나 6절에서 쓸모가 없는 것은 아니다("주석"을 보라).

7.a. LXX에는 없다. MT은 1절을 반영하고 있는데, LXX도 역시 파사스(*πάσας*, "모든")를 가지고 있다.

7.b-b. LXX에는 없다. 7b절에 비추어 볼 때 MT에서 명확한 설명이 필요하지만, "모든"이 없는 LXX에서는 필요치 않다("원문주해" 7.a를 보라).

양식/구조/배경

이 설화는 예언적 연설을 주시는 하나님의 위임에 관한 다른 기록들과 유사하다. 이것은 3인칭 말씀-사건 공식 문구와 함께 시작되는데, 예레미야서의 설화들 가운데서는 통상적인 특징이며(참조. 부록: 서론적 공식 문구, 26장), 역사적 상황을 묘사하고 있으나 날짜는 없다. 메신저 공식 문구는 시드기야에게 "가서 말하라"는 명령보다 앞선다. 메시지 본문은 예를 들어 26장(그리고 에스겔서 전체)에서처럼 여호와의 명령 가운데 포함되어 있으며, 예레미야가 시드기야에게 "이 모든 말씀"을 말했다는 기록(6-7절)에는 없다. 8절은 여호와로부터 온 다른 말씀과 함께 또 다른 단락을 이끌고 있다.

본 단락은 다음과 같이 개괄해 볼 수 있다.

Ⅰ. 표제(1절)
　A. 말씀-사건 공식 문구(1a절)
　B. 배경: 바벨론 사람의 침입(1b절)
Ⅱ. 예언하라는 명령(2a절)
　A. 메신저 공식 문구(2aα절)
　B. 시드기야에게 가서 말하라는 명령(2aβ절)
Ⅲ. 시드기야에게 주신 여호와의 메시지(2b-5절)
　A. 군대를 통한 심판(2b-3절)
　　1. 메신저 공식 문구(2bα절)
　　2. 성읍이 느부갓네살에게 함락될 것이다(2bβ절)
　　3. 시드기야가 느부갓네살에게 잡힐 것이다(3절)
　B. 또 다른 가능성(4-5절)
　　1. 여호와의 말씀을 들으라는 명령(4a절)
　　2. 평안한 죽음과 정상적인 장례에 대한 약속(4b-5절)
　　　a. 메신저 공식 문구(4bα절)
　　　b. 평안한 죽음(4bβ-5aα절)
　　　c. 정상적인 장례(5aβ-bα절)
　　　d. 여호와의 보증(5bβ절)
Ⅳ. 예레미야가 명령을 이행하다(6-7절)
　A. 예언의 기록(6절)
　B. 배경: 바벨론 사람의 침입(7절)

디얼(Thiel)은 표제 부분의 순서가 비정상적이라고 말한다(*Redaktion*, 38). 다른 곳에서는 명령 공식 문구인 할라크 웨아마르타/디바르타(הלך ואמרת/דברת, "가서 말하라")가 말씀-사건 공식 문구와 메신저 공식 문구 사이에 고정되어 있다(삼하 24:12; 사 38:5; 렘 28:13; 39:16). 메신저 공식 문구는 또한 예레미야 35:13에서 말하는 명령에 앞서며, 13:1; 19:1; 27:2; 30:2; 32:14에서 상징적 행동을 하라는 명령에도 앞선다. 디얼은 이러한 관찰을 한 결과 이것에 종속되어 있는 2a절과 6b

절이 후대의 개정이라고 결론짓는다. 그는 1절이 7절과 상반되는 편집자의 고안물이라는 루돌프의 의견에 동의한다. 그러고 나서 6a절이 원래의 서론, 즉 신탁을 전달하라는 명령이라기보다는 예레미야의 예언 기록이라고 주장하고 있다. 이러한 재구성에 따르면, 단 한 개의 메신저 공식 문구, 즉 신탁을 시드기야에게 소개하는 문구만 남아 있게 된다.

사이츠(Seitz, *Theology*, 250)는 이것에 대해서 유사한 재구성과 설명을 제공한다. 그는 6-7절이 원래 2b-5절에 있는 메시지의 서론이라고 주장한다. 그가 제안한 원래의 역본도 역시 예루살렘의 불사름(2b절)과 시드기야의 축출(3b절)을 생략했다. 이러한 독법에서 아크(אך, "아직"; 4절)에 의해 암시된 대조가 남아 있지만, 상반되는 점은 없다. 즉 시드기야가 느부갓네살에게 포로가 될 것이지만 죽임을 당하지 않는다는 것이며, 그가 유다 왕들에게 보이는 정당한 예우로 애도를 받는다는 것이다(22:18-19에 있는 여호야김의 사망에 관한 말씀과는 대조된다. *Theology*, 251). 이 신탁은 느부갓네살에게 항복한 백성들이 유다에 살아 남을 것이라는 취지의 다른 메시지들과 일맥상통했을 것이다(21:8-10; 27:11; 38:17). 루돌프는 예레미야가 여호야김이 어떻게 주전 604/3년에 느부갓네살에게 복종했는지(12:7-13에 보존된 연설과 함께) 그리고 왕위를 유지하게 되었는지를 상기시켜 주었다고 생각한다(203). 사이츠는 6-7절의 재배치와 새로운 표제의 제공이 1-7절을 본 장의 나머지 부분에 어색하게 연결시켜 주는 역할을 한다고 주장한다. 예루살렘과 "그 모든 성읍"(2절) 그리고 예루살렘, 라기스, 아세가(7절) 간의 두드러진 상충은, 그가 보기에는 2b-5절에 있는 신탁과 8-22절에 있는 시드기야의 날짜가 적히지 않은 행실들 사이에 시간의 경과를 암시하는 역할을 한다(*Theology*, 249). 7절이 8절이 아니라 6절과 구문론적으로 연결되어 있으므로, 이 두 문구의 암시는 사실상 어색하다.

그러나 1-7절과 8-22절의 현재의 형성 관계는 연대기를 넘어선다. 1-2a절에 있는 말씀-사건 공식 문구는 본서 가운데 있는 하나의 주요 단락에 적절한 서론을 제공한다. 명령과 이행 도식은 이 시드기야에 대한 신탁 기사와 본서에 있는 모든 다른 신탁 기사들을 구별짓는다. 다른 기사들 가운데서 시드기야는 예레미야를 통하여 여호와에게 묻고 있지만(דרשׁ – 다라쉬; 21:1-7; 37:3-10, 17-21; 38:14-28), 여기서는 여호와께서 주도권을 쥐고 만나신다. 명령과 이행이라는 패턴을 가지고 있는 표제는 여호와의 말씀을 들으라(שׁמע – 쉐마; 6절)는 시드기야에게 주신 명령이 덧붙여져 있으며, 이 단위를 예언의 말씀 혹은 상징적 행동에 대한 청중의 반응이 묘사되어 있는 책 중에서 다른 장들을 생각나게 하는 방식으로 형성되어 있다(예를 들어, 19-20; 26; 27-28장). 더구나 이 신탁의 두 부분(2b-3절과 4-5절) 간의 두드러진 대조 혹은 상반성으로 인하여 몇몇 주석가들은 두 번째 부분을 조건부 약속, 즉 "(만일) 네가 여호와의 말씀을 들으면…네가 평안하게 잠들 것이요"로 해석한다(가장 최근의 사람은 Brueggemann, 105). 8-22절과 1-7절의 병치는 그 설화를 시드기야가 여호와의 말씀을 들었는지(שמע – 샤마) 아닌지에 대한 암시로 만드는 경향이 있다. 34:17에서 여호와께서는 "너희가 나를 듣지(שמע – 쉐마) 아니했다"고 선언하신다. 그러나 8-22절에 있는 설화는 느부갓네살에게 복종하는 직접적인 문제가 아니라 하나님의 율법의 말씀을 들으려 하고 있다.

마르텐스(E. Martens)는 이것이 마감하는 단락으로서의 38:14-23과 인클루시오의 첫 번째 짝으로서의 기능을 하고 있다고 생각함으로써 34:1-7의 현재의 배열을 설명하고 있다("Narrative Parallelism," 38-39). 이 두 단락은 다음의 몇 가지 특성을 가지고 있다. (1) 예레미야와 시드기야만이 등장한다. (2) 이 성읍이 함락되고 불살라지며, 시드기야는 사로잡히게 될 것이라는 여호와께로부터 온 메시지, (3) 순종하면 그의 생명이 보존될 것이라는 시드기야에게 주어진 조건적 약속, (4) 만일 시드기야가 순종한다면 공적으로 애도를 받는다는 약속(34:5)이 바벨론에게 복종하기를 거절한다면 여인들이 왕을 비웃을 것이라는 위협(38:21-23)과 대조되어 있다. 이러한 구성 계획의 기능은 독자들로 하여금 삽입된 자료를 두 쌍의 평행절로, 그러나 대조되는 기사로 이해하도록 지도해 준다(아래의 34:8-22과 35-38장의 "주석"을 보라).

34:1-7에 대한 사이츠의 취급 방식은, 그 땅에 남아 있는 남은 자의 존속을 입증하기 위하여 팔레스틴에서 작성된 서기관의 연대기와 관련된 그의 보다 큰 가설의 일부분이다. 그는 34:6-7, 2b-5이 37:3에 있는 시드기야의 물음에 반응하여 주어진 신탁으로서 37:4-10로 대치된다고 주장한다. 이 재구성은 바벨론인들로 하여금 일시적으로 예루살렘의 포위 공격을 멈추게 했던 애굽 군대의 접근에 앞서서 주어진 신탁의 배경을 암시해 줄 것이다(가능한 연대에 관한 논의에 대해서는 32장, "양식/구조/배경"을 보라).

믹쉬(Migsch)의 가설은 34:1-7을 연대기적 순서로 바벨론인의 예루살렘 함락 사건들을 기록했던 34:1-7; 32:2-5; 37:3-38:28a을 포함하고 있는 제안된 원 자료의 시작 부분에 둔다. 이 가설적 자료에서 예레미야 34:1b은 바벨론 군대를 통한 유다의 침입의 시작을 선포했는데, 이것은 그 일반화된 스타일이 어울리는 기능이다(콜[כל, "모든"]의 출현 숫자들을 주시하라). 32:3의 예레미야의 구금은 34:2b-5에서 시드기야에게 메시지를 전달한 결과였다.

예레미야서에서 34:1-7의 위치와 1절과 7절의 세부 사항들은 정확한 날짜에 맞추도록 충분한 정보를 제공하지 않는다. 예루살렘의 포위 공격에 대한 언급이 없는 점은 침입한 해의 신년 초, 즉 주전 588년 1월에 시작된 포위 공격 이전을 시사한다. 라기스 편지 Ⅳ는 그 연대를 메기는 데 예레미야 34:7을 의존하고 있으며, 그 반대로 예레미야 34:7이 그 편지를 의존하고 있지 않다. 맬러맷(Malamat, "The Last Wars of the Kingdom of Judah," *JNES* 9[1950] 225)은 내적 증거에 근거하여 라기스 편지들이 전쟁의 후기 단계에 기록되었을 수 없다고 주장한다. 맬러맷은 사이츠(Seitz) 및 믹쉬(Migsch)와 의견을 같이하고, 34장의 모든 사건들을 애굽인들이 침입하고 바벨론인들이 일시적으로 예루살렘 포위 공격을 늦추기 이전에 둔다("The Last Kings of Judah and the Fall of Jerusalem," *IEJ* 18[1968] 152).

주석

1 본서의 다른 어느 곳에서도 침입하는 군대에 대한 이렇게 웅장한 묘사를 하고 있지는 않다. 좀더 통상적인 표현은 단순히 "바벨론 왕 느부갓네살과 그의 모든 군대"다. 35:11은 바벨론인들과 함께 수리아인(아람인)의 군대를 언급하고 있으며, 시편 137:7과 오바댜서는 이에 합세한 것에 대해서 에돔을 책망한다. 그러나 예레미야서와 열왕기하에 있는 주전 589년의 침입에 대한 묘사에서는 다른 어떤 예속부대도 바벨론인들과 함께 거론되지 않는다. 틀림없이 느부갓네살의 "온 군대"는 다른 정복된 나라들로부터 착출한 군사들을 포함했을 것이다. 그 이유는 고대 근동의 봉신 계약에는 주로 반역자들에 대항하여 종주를 위하여 행동하기로 서약하는 일이 포함되었기 때문이다(Weinfeld, "The Loyalty Oath in the ANE," *UF* 8[1976] 380). 그렇지만 이 구절의 목적은 군사 전략에 관한 추가적인 세부 사항을 제공하고 있지 않다. 이 구절은 지금 유다를 침입하고 있는 느부갓네살이, 창조주 여호와께서 잠시 동안 "온 열국"을 다스리는 권세와 들짐승을 다스리는 권세까지 부여하셨던 바로 그 느부갓네살이라는 사실을 강조하고 있다(27:6-7). 33:9에 있는 약속에 따르면, 이 열국은 결국에는 예루살렘에 풍요로운 번영과 평강을 주실 여호와께 찬양과 영광을 돌릴 것이다.

2 시드기야에게 그리고 그에 관해서 주어진 신탁에 들어 있는 지속적인 예루살

렘에 대한 위협은 느부갓네살이 그 성읍을 불사르리라는 것이다(שׂרף באשׁ – 사라프 바에쉬; 21:10; 34:2-3, 21-22; 37:10; 38:18). 바벨론 정복자들은 주전 586년에 특히 성전을 포함하여 그 성읍을 불살랐다(52:13; 왕하 25:9; 대하 36:19). 애비것에 의하면, 철기 시대 Ⅱ기 성벽에 있는 탑 밖에서 이스라엘 사람과 외국의 화살촉과 함께 발견된 재와 매연, 그리고 까맣게 태워진 숲이 주전 586년 예루살렘의 불사름의 인공적 증거물을 제공해 준다(Avigad, *Discovering*, 52). 이 불은 주전 597년 예루살렘의 함락과는 대조적으로 그 성읍을 완전히 황폐화시켰다.

루돌프(Rudolph)가 한 것처럼(202) 이 구절에 있는 마지막 문장을 *vaticinium ex eventu*로 이름붙이는 것은 이 모티프가 예레미야서에서 어떻게 기능하고 있는지에 대한 적절한 평가가 아니다. 같은 문구 "불사르다"(שׂרף באשׁ – 사라프 바에쉬)가 예레미야의 두루마리를 불살랐던 여호야김(36:32)과 자신의 어린아이를 바알에게 제물로 희생시켰던 백성들의 가능한 행위(7:31; 19:5)를 묘사하는 데도 사용되었다. 그러므로 이러한 방식은 그 성읍을 징벌하는 데 어울린다.

[3] 이 구절의 3인칭으로 된 언급이 32:4-5aα에서 발견된다. 32:4b에 있는 "입이 입을 대하여 말하고 눈이 서로 본다"는 표현은 구약성경에서 두 번만 나타난다. 이 문구는 모세가 "입과 입을 대하여" 말하고(민 12:8) 혹은 여호와를 "얼굴과 얼굴을 대면하여" 아는(신 34:10) 체험을 생각나게 하는데, 이것은 그가 하나님과 가진 독특한 신분을 암시하는 체험이다. 왕으로서 시드기야는 느부갓네살과 개인적으로 대면할 기회를 가졌으나, 이러한 약속은 이 상황에서 위협의 기능을 한다(Holladay, 2:235). 리블라에서 느부갓네살과 시드기야의 회합 기사(39:5-7)는 이러한 말씀과는 지극히 왜곡된 내용을 제공해 준다. 느부갓네살은 시드기야가 보는 앞에서 그의 아들들을 죽이고 그의 눈을 뽑고 쇠사슬로 결박하여 바벨론으로 끌고 간다.

[4]-[5] 엄밀하게 말해서, 4a절만이 "네가 바벨론으로 갈 것이다. 다만 여호와의 말씀(דבר – 다바르)을 들으라"는 의미와 함께 한정부사 "오직, 어쨌든"(אך – 아크)의 지배를 받는다. 5절 끝에 있는 하나님의 "말씀"(דבר – 다바르)에 대한 언급은 4b-5절이 들어야 하고 지켜야 하는 하나님의 말씀을 담고 있다는 사실을 시사한다. 전체의 말씀(4-5절)은 그 의미들 가운데 몇 가지를 부정함으로써 3절의 의미를 제한시킨다. 할러대이(Holladay, 2:234)와 브루그만(Brueggemann, 105)은 38:17-18에서 시드기야에게 분명하게 제공된 선택을 언급하고 4절에서도 암시된 같은 선택을 발견한다. 우발적 사건이라는 사상이 부사 아크(אך, "오직, 다만")에 의하여 그리고 명령형 샤마(שׁמע, "듣다, 주의하다")에 의하여 암시되어 있다. 이 구절에서

조건절을 발견하는 또 다른 강력한 이유는 5절에 있는 약속이 바벨론에서 특히 3절에 예언된 사건들 이후에 실현되지 않았을 수 있다는 널리 보급된 가정이다(예를 들어, Carroll, 642). 그러나 3bβ절에서 이미 시드기야가 주전 586년에 성읍의 함락에서 살아 남아 바벨론으로 끌려간다(참조. 38:17; 그리고 21:7에 반대됨). 5절에 왕에 대한 적절한 애도 의식이 약속되어 있기는 할지라도, 그 애도가 반드시 유다에 있는 지역에서만 있을 것이라는 약속은 없다. 이 구절은 가족 묘지에 장사지낸 일과 그 열조와 함께 안식한다는 것에 관해서는 침묵하고 있다.

"평안히 죽을 것이며"는 개인의 희망과 두려움을 반영하는 해석을 요구하는 경향이 있는, 현대인의 귀에는 익숙한 표현이다. 그러나 이것은 구약성경에서는 독특한 표현이며, 직접적인 문맥이 제공하는 설명은 단순히 전쟁에서 "칼에 의한" 혹은 그 영향으로가 아닌 죽음, 곧 공동체가 애도할 수 있는 종류의 죽음이다. 창세기 15:15에 있는 이와 거의 동일한 구절 "너는 장수하다가 평안히 조상에게로 돌아가 장사될 것이요"는 문맥으로 볼 때 충분한 나이까지 살다가 자유인으로서 죽는 죽음으로 설명된다. 시드기야를 위한 애도에 대한 약속 "슬프다 주여"는 22:18에 있는 여호야김에게 선포된 심판과는 정반대다. "분향"은 역대하 16:14에 있는 것처럼 향료를 가리킬 것이다. 요세푸스(*Ant.* 10. 143-53)는 심지어 느부갓네살이 시드기야를 "왕처럼" 장사지냈다고 기록한다. 5절은 예레미야 16:5-7; 22:18-19에 있는 심판 신탁과 분명히 대조되어 있다. 그 내용은 이 기능과 마찬가지로 바벨론에 있는 유대인 포로민들 사이에서 애도 의식들과도 관계가 있었을 실질적인 가능성이 있다.

6-7 이 냉정한 역사적 기록은 예루살렘의 취약성을 보여 준다. 수도를 둘러싸고 있는 요새들 가운데 단 두 개의 성읍만이 계속해서 저항했었다(참조. 대하 11:5-11). 아세가는 예루살렘 남서쪽의 텔 자카랴(Tell Zakariya)로 알려져 있고, 더 남쪽에 위치한 라기스는 켈 에드-두와이어(Tell ed-Duweir)로 알려져 있다(Stern, *ABD* 1:538). 이 두 성읍은 애굽으로 가는 노중에 있는 세펠라에 있다(참조. 32:44). 주전 587년 라기스의 폐허 더미에서 발견된 편지들 가운데 하나는 바벨론 정복 이후의 상태를 묘사하고 있다. 편지 Ⅳ의 마지막 문장은 "우리는 라기스의 상징물들을 바라보고 있다. …그 이유는 우리가 아세가를 볼 수 없기 때문이다"(Pardee, *Handbook*)라고 되어 있다.

해설

위로의 책은 끝났고, 이제 독자들은 침입해 들어오는 제국의 군대의 위력을 목격하게 된다. 예루살렘과 유다의 남은 성읍들의 함락은 피할 수 없는 운명처럼 보였는데(3절), 그 이유는 여호와께서 느부갓네살로 하여금 온 열국을 다스리게 하셨고 불사름이 그들의 행실에 대한 적절한 결과이기 때문이다. 그럼에도 불구하고, 시드기야는 여전히 여호와의 말씀을 듣고 자신의 정상적인 장례 의식을 "전쟁의 전리품"으로 받을 기회를 제공받는다.

이 단락은 독자들의 관심을 34:8-22과 35-36장에서 살펴보게 되는 바와 같이 여호와의 말씀에 대한 순종의 문제로 돌리는 역할을 한다.

XXI. 해방의 언약(34:8-22[LXX 41:8-22])

참고문헌

Baltzer, K. *The Covenant Formulary in Old Testament, Jewish, and Early Christian Writings.* Tr. D. Green. Philadelphia: Fortress, 1971. 54-56. **Cardellini, I.** *Die biblischen "Sklaven"-Gesetze im Lichte des keilschriftlichen Sklavenrechts: Ein Beitrag zur Tradition, Überlieferung und Redaktion der alttestamentlichen Rechtstexte.* BBB 55. Bonn: Hanstein, 1981. 312-23. **David, M.** "The Manumission of Slaves under Zedekiah(A Contribution to the Laws about Hebrew Slaves)." *OTS* 5(1948) 63-79. **Jackson, B.** "Ideas of Law and Legal Administration: A Semiotic Approach." In *The World of Ancient Israel: Sociological, Anthropological and Political Perspectives.* Cambridge/New York: Cambridge UP, 1991. 185-202. **Kapelrud, A.** "The Interpretation of Jeremiah 34,18ff." *JSOT* 22(1982) 138-40. **Kessler, M.** "The Law of Manumission in Jer 34." *BZ* n.f. 15(1971) 105-8. **Kraus, F.** "Ein Edikt des Königs Šamšu-Iluna von Babylon." *Assyriological Studies* 16(1965) 225-31. **Lemche, N.** "The Manumission of Slaves - The Fallow Year - The Sabbatical Year - The Jobel Year." *VT* 26(1976) 38-59. **Lewy, J.** "The Biblical Institution of *D^e^rôr* in the Light of Akkadian Documents." *EI* 5(1958) 21-31. **McConville, J.** *Judgment and Promise.* Winona Lake, IN: Eisenbrauns, 1993. 103-9. **Martens, E.** "Narrative Parallelism and Message in Jeremiah 34-38." In *Early Jewish and Christian Exegesis.* FS W. H. Brownlee, ed. C. Evans and W. Stinespring. Chico, CA: Scholars, 1987. 33-50. **Miller, P.** "Sin and Judgment in Jeremiah 34:17-19." *JBL* 103(1984) 611-13. **Oppenheim, A.** "'Siege-Documents' from Nippur." *Iraq* 17(1955) 69-89. **Patrick, D.** *Old Testament Law.* Atlanta: John Knox, 1985. 69-72, 111-13, 133, 181-85. **Sarna, N.** "Zedekiah's Emancipation of Slaves and the Sabbatical Year." In *Orient and Occident.* FS C. H. Gordon, ed. H. A. Hoffner. AOAT 22. Neukirchen: Neukirchener, 1973. 143-49. **Schedl, C.** "Zur logotechnischen Struktur von Jeremia 34,18." *BZ* 26(1982) 249-51. **Thiel, W.** *Die deuteronomistische Redaktion von Jeremia 26-45.* WMANT 52. Neukirchen: Neukirchener, 1981. 38-43. **Weippert, H.** *Die Prosareden des Jeremiabuches.* BZAW 132. Berlin: de Gruyter, 1973. 86-106, 148-91. **Williamson, H. G. M.** *Ezra, Nehemiah.* WBC 16. Waco, TX: Word Books, 1985. 231-46, 320-40.

본 문

8 시드기야 왕이 예루살렘에 있는 모든 백성과 언약하고 자유를 선언한 후에 여호와께로서 말씀이 예레미야에게 임하니라

8 The word which came to Jeremiah from the Lord after the king, Zedekiah, had made a covenant with all[a] the people [b]who were in Jerusalem[b] to make a proclamation of release [c]to them,[c]

9 그 언약은 곧 사람으로 각기 히브리 남녀 노비를 놓아 자유케 하고 그 동족 유다인으로 종을 삼지 못하게 한 것이라

9 so that each one would set free his Hebrew male slave and each one his Hebrew female slave, so that no Jew[a] [b]among them[b] would be a slave to his or her brother.

10 이 언약에 참가한 방백들과 모든 백성이 각기 노비를 자유케 하고 다시는 종을 삼지 말라 함을 듣고 순복하여 놓았더니

10 They obeyed[a] – all the royal officials and all the people who entered into the covenant to set free,[b] each one, his male slave and each one his female slave [c]so that they would not be slaves among them again – they obeyed and set free.[c]

11 후에 그들의 뜻이 변하여 자유케 하였던 노비를 끌어다가 다시 복종시켜 노비를 삼았더라

11 [a]But they reneged after that and made the male slaves and the female slaves whom they had set free come back,[a] and they subjugated them[b] as male slaves and female slaves again.

12 그러므로 여호와의 말씀이 여호와께로서 예레미야에게 임하니라 가라사대

12 The word of the Lord came to Jeremiah [a]from the Lord,[a] saying,

13 이스라엘 하나님 나 여호와가 이같이 말하노라 내가 너희 선조를 애굽 땅 종 되었던 집에서 인도하여 낼 때에 그들과 언약을 세워 이르기를

13 "Thus says the Lord, the God of Israel: I made a covenant with your ancestors on the day that I brought them out of the land of Egypt, from the house of slaves, saying,

14 너희 형제 히브리 사람이 네게 팔렸거든 칠 년 만에 너희는 각기 놓으라 그가 육 년을 너를 섬겼은즉 그를 놓아 자유케 할지라 하였으나 너희 선조가 나를 듣지 아니하며 귀를 기울이지도 아니하였느니라

14 'At the end of seven[a] years you shall send out, each one, his brother the Hebrew who sells himself to you and serves you six years, you shall send him out from you free.' But your ancestors did not obey me, they did not incline their ear.

15 그러나 너희는 이제 돌이켜 내 목전에 정당히 행하여 각기 이웃에게 자유를 선언하되 내 이름으로 일컬음을 받는 집에서 내 앞에서 언약을 세웠거늘

15 So you[a] repented[b] today and did what I consider just by proclaiming release from bondage, each one for his[c] neighbor, and you made[b] a covenant before me in the house over which my name is proclaimed.

16 너희가 뜻을 변하여 내 이름을 더럽히고 각기 놓아 그들의 마음대로 자유케 하였던 노비를 끌어다가 다시 너희에게 복종시켜서 너희 노비를 삼았도다

16 But then you reneged and defiled my name, and you made, each one, his male slave and his female slave, whom you had set free according to their desire, turn back, [a]and you subjugated them to be[a] your male slaves and female slaves.

17 그러므로 나 여호와가 이같이 말하노라 너희가 나를 듣지 아니하고 각기 형제와 이웃에게 자유를 선언한 것을 실행치 아니하였은즉 내가 너희에게 자유를 선언하여 너희를 칼과 염병과 기근에 붙이리라 나 여호와의 말이니라 내가 너희를 세계 열방 중에 흩어지게 할 것이며

17 "Therefore, thus says the Lord: You have not obeyed me by proclaiming release from bondage, each to his brother and each to his neighbor. I, then, proclaim release with respect to you – oracle of the Lord – to the sword, [a]to pestilence, and to famine, and I will make you [b]a source of terror[b] to all the kingdoms of the earth.

18 송아지를 둘에 쪼개고 그 두 사이로 지나서 내 앞에 언약을 세우고 그 말을 실행치 아니하여 내 언약을 범한 너희를

18 I will make the people who transgressed my covenant, who did not establish the words of the covenant which they made before me, [a]like the calf[a] which [b]they cut in two and passed between its pieces[b]

19 곧 쪼갠 송아지 사이로 지난 유다 방백들과 예루살렘 백성들과 환관들과 제사장들과 이 땅 모든 백성을

19 – the royal officials of Judah and [a]the royal officials of Jerusalem,[a] the palace officials, the priests, [b]and all the people of the land – everyone who passed between the pieces of the calf.[b]

20 내가 너희 원수의 손과 너희 생명을 찾는 자의 손에 붙이리니 너희 시체가 공중의 새들과 땅 짐승의 식물이 될 것이며

20 I will give them into the control of their enemies [a]and into the control of the ones who are seeking their lives,[a] and their corpses will become food for the birds of the sky and for the animals of the earth.

21 또 내가 유다 왕 시드기야와 그 방백들을 그 원수의 손과 그 생명을 찾는 자의 손과 너희에게서 떠나간 바벨론 왕의 군대의 손에 붙이리라

21 Zedekiah, the king of Judah, and his royal officials I will give into the control of their enemies [a]and into the control of the ones who are seeking their lives,[a] [b]and into the control of the army[b] of the king of Babylon which is withdrawing from you.

22 나 여호와가 말하노라 보라 내가 그들에게 명하여 이 성에 다시 오게 하리니 그들이 이 성을 쳐서 취하여 불사를 것이라 내가 유다 성읍들로 황무하여 거민이 없게 하리라

22 I am giving the command – oracle of the Lord – and I will bring them back [a]to this city,[a] and they will wage war against it and destroy it and burn it with fire, and the cities of Judah I will make desolate, without inhabitant."

원문주해

8.a. LXX에는 없다. MT은 자주 첨가어 "모든"을 가지고 있다.
8.b-b. LXX에는 없다. MT은 자주 첨가 수식어들을 가지고 있다.
8.c-c. LXX 혹은 Syr에는 없다. MT은 간접목적어를 열거한다.
9.a. 인종적 호칭인 예후데(יהודי, "유대인")는 "히브리인"을 번역한 것이다. 그러므로

이것은 시민권 혹은 지리적 위치를 가리키기보다는 인종적인 실체를 강조한 것이다.

9.b-b. 예후데(יְהוּדִי, "유대인")에 뒤따라오는 불필요한 단어임. 아마도 10절로부터 파생한 것 같다(Rudolph, 204).

10.a. LXX은 카이 에페스트라페산(καὶ ἐπεστράφησαν, "그리고 그들이 들어갔다" ⟨וַיָּשׁוּבוּ – 와야슈부, "그리고 그들이 돌아갔다"⟩)을 가지고 있는데, 이것은 MT에서는 11절의 첫 단어인 것으로 보인다.

10.b., c-c. LXX에는 없는데, 그 이유는 백성들의 해방 언약에 대한 비난이 본 절에서 시작되기 때문이다.

11.a-a. 10절에서 그들의 마음의 변화를 기록한 바 있는 LXX에는 없다.

11.b. Q는 16절과 대하 28:10; 느 5:5에서처럼 칼형이다. K의 힙힐형은 단 한 번 나타나는 단어다.

12.a-a. LXX, Syr, Tg[Ed]에는 이 비난하는 문구가 없다.

14.a. LXX에 있는 엑스(ἕξ, "여섯")는 봉사의 6년과 7년 끝에 있는 해방 사이에 들어 있는 숫자상의 상반성을 해결하고자 하려는 시도다. 같은 긴장이 신 15:1과 12절 사이에 들어 있으나, 후자("제7년째")는 분명히 전자("7년의 끝에")를 해석하고 있는 것이며, 그래서 루돌프는 "매 7년"이라고 번역한다. 할러대이(Holladay, 2:238)는 미퀘츠(מִקֵּץ)가 "…의 초에"를 의미한다는 사해 사본에 있는 용법에 근거하여 발렌스타인(Wallenstein, "Some Lexical Material in the Judean Scrolls," *VT* 4[1954] 213)의 결론을 인용한다.

15.a. 14절의 끝에 있는 것과 같이 3인칭 동사를 가지고 있는 강조적 대명사는 LXX에는 나타나 있지 않으며, 그래서 열조와 예레미야의 청중 간의 비교가 이 구절에 소개되어 있지 않다.

15.b. LXX은 부정확하게 계속하여 14절 끝에서 시작된 3인칭 복수 동사의 순환으로 되어 있다.

15.c. 여인들은 개인적으로 또는 단독으로 빚진 종들을 소유하지 않았을 것이다.

16.a-a. LXX에는 없다. MT은 이 구절을 11절과 조화시키고 있다.

17.a. 여러 LXX 필사본들, Syr, Tg은 통상적인 히브리어 패턴을 따라 접속사를 가지고 있다.

17.b-b. K의 라즈와아(לזועה, "공포, 공포의 원천")가 더 낫다. Q의 라즈아와(לזעוה)는 자음 전환으로 생긴 것이다. 같은 차이가 15:4; 24:9; 29:18에서 발견된다.

18.a-a. *BHS*는 전치사를 카에겔(כָּעֵגֶל, "송아지처럼")로 붙일 것을 제안하고 있는데, 이것이 보다 부드러운 발음이지만 불필요하다.

18.b-b. LXX은 에포이에산 에르가제스다이 아우토(ἐποίησαν ἐργάζεσθαι αὐτῷ, "그들이 그것을 섬기려고 만든 [것]")를 가지고 있는데, 이는 모세가 가루로 만들어 뿌린 출 32장에 있는 금 송아지를 가리킨다(32:20).

19.a-a. LXX에는 없다. MT은 예상된 틈을 채우고 있다.

19.b-b. LXX은 단순히 카이 톤 라온(*καί τὸν λαόν*, "그리고 그 백성")을 가지고 있는데, 이는 히브리어가 지칭한 구체적인 그룹은 아니다.

20.a-a. LXX에는 없다. 이 문구가 예레미야의 대적들과 관련하여 21:7에도 나타나며, 34:21의 MT에도 나타난다.

21.a-a. 20절에서처럼 LXX에는 없다.

21.b-b. LXX은 단순히 카이 뒤나미스(*καὶ δύναμις*, "그리고 …의 능력")를 가지고 있다. 영어의 "forces"(힘)와 비교하라.

22.a-a. LXX은 그 대신 "이 땅으로"를 가지고 있다(예레미야서에서 수 차례에 걸쳐 LXX의 게⟨*γῆ*, "땅"⟩는 MT의 이르⟨עִיר, "성읍"⟩와 동일하게 표현한다).

양식/구조/배경

예레미야에게 주어진 하나님의 말씀에 대한 이 기록은 행하거나 말하라는 명령이 들어 있지는 않지만, 이 신탁은 예레미야 개인에게 주어진 것이 아니다(16:1-3; 32:1-15, 26-44; 33장에서처럼). 시드기야 왕과 예루살렘에 있는 다른 종 소유주들에 대한 메시지의 전달은 암시만 되어 있을 뿐이다(1절에 있는 것과 같은 서론적 공식 문구를 가지고 있는 14장과 비교하라). 이 신탁을 하도록 자극했던 행실에 대한 기사는 시간을 나타내는 문장을 통하여 서론적 공식 문구에 종속된 껄끄러운 단락에 삽입되어 있다(8b절, "시드기야 왕이 …한 후에"). 8bβ-9절은 부정사 구문들로 이루어져 있으나, 10-11절은 8bα절처럼 정형동사들로 이루어져 있다. 이 언약을 체결하고 깨뜨린 기사는 신탁 그 자체에 포함된 세부 사항들보다 덜 구체적이고, 그래서 이것이 그 언약의 의식 내용을 어느 정도 확대하고 있다(Rudolph, 203; Thiel, *Redaktion*, 39). 이것의 구문론적 종속성은 이것이 본 장을 이 문맥(32장 그리고 35장, 아래 부분을 더 읽어 보라)에 일치시키기 위하여 삽입된 부가적 첨가물이라는 인상을 준다. 사실상, 8b-11절이 없는 이 단락은 14장과 유사한데, 곧 하나의 심판 신탁이 뒤따라온 말씀-사건 공식 문구다. 그러나 디얼(Thiel)은 원래 양식 내에서 이 단락, 곧 8b, 9a, 10-13a절은 모든 종들의 전반적인 해방에 관한 것이었다고 본다. 히브리인 종들과 유대인 형제들에 대한 명확한 설명과 13b-22절에 있는 심판 설교는 신명기 15장에 비추어 볼 때 초창기 기사를 해석한 신명기적 편집자의 작품이다(*Redaktion*, 40-42). 니콜슨은 34:8-22의 구조를 예레미야서에 있는 신명기적 산문 설교들의 양식과 어울리는 것으로 말하고 있다(Nicholson, *Preaching*,

34): 서론, 8-12절; "야웨의 명령, 순종하라는 요청", 13-14절; "이스라엘의 배교와 불순종에 대한 묘사", 15-16절; 그리고 "선포된 심판", 17-22절. 그는 이 신명기적 설교문 가운데서 예레미야의 실질적인 말을 발견하려고 하지 않고 이 사건들의 역사성을 의문시하지 않는다(*Preaching*, 64).

그러나 캐롤은 이 전체 단락의 미드라쉬(midrash, 해석)를 페르시아 시기 동안 해석적 활동의 산물이요 실질적인 역사적 사건들의 기록이 아니라고 표를 붙인다(Carroll, 647-48). 그는 너무나도 많은 상황에 대한 실질적인 세부 사항들이 설명되지 않은 채 남아 있고, 또한 예루살렘에 대한 바벨론의 포위 공격 동안 종들을 해방하는 이 언약을 체결하는 이유가 진술되어 있지 않다는 사실을 관찰한다. 그 대신 이러한 위탁을 한 유익과 그것을 깨뜨릴 때 나타나는 심각한 결과를 강조하기 위하여 자기의 "온 백성들"(34:8; 왕하 23:3)과 언약을 맺었던 시드기야와 요시야 사이에 평행적 관계를 수립하려는 관심이 주어져 있다(렘 17:19-27과 비교하라). 시드기야와 종을 소유한 자들이 자기들이 놓아 주었던 이전의 종들을 다시(שׁוב - 수브 힙힐형) 수하에 데려왔던 것처럼, 여호와께서도 예루살렘을 함락시키고 멸망시키도록 바벨론 군대를 "다시 데려오실"(שׁוב - 수브 힙힐형) 것이다(Carroll, 650). 이 단락의 목적과 방법은 모두 이것의 미드라쉬적 성격을 암시하고 있다. 캐롤은 해방이라는 세부 사항들은 창세기 15; 열왕기하 23장에 있는 언약 체결 의식의 특징들의 결합은 물론, 신명기 15:1; 레위기 25:39에 비추어 출애굽기 21:1-11; 신명기 15:12-18에 대한 재해석을 포함하고 있다고 주장한다(648-49).

바이페르트(H. Weippert)는 34:8-22의 저작권과 관련된 반대 입장을 주장한다. 그녀는 신명기 사가의 편집이라는 가설을 입증하기 위하여 다른 사람들이 사용한 세 가지 주요 증거 내용들을 재평가한다. (1) 바이페르트는 신명기 15:1-11에 있는 안식년의 해방과 15:12-18에 있는 6년 이후의 해방이 함께 결합되어 있고, 그래서 모든 빚진 종들은 그들이 종 된 때와는 관계없이 같은 해에 풀려났다고 제안함으로써 8b-11절에 있는 전반적인 종 해방과 14-15절에 있는 빚진 종들 해방 사이에 드러나 있는 긴장을 해소시켰다(*Prosareden*, 92). 그렇다면 안식년은 희년과 같은 기능을 했을 것이다(레 25장). 신명기 15장으로부터 나온 쉐미타(שׁמטה, "면제") 대신 레위기 25장으로부터 나온 떼로르(דרור, "자유케 하다")란 단어를 사용한 것은 이 유비에 힌트를 준다. (2) 바이페르트는 이 단락에 있는 단어들의 수 차례의 반복을 편집자의 확장의 증거라기보다는 능란한 기교의 한 실례로 판단한다(93-94; 두 가지 가능성이 상호 배타적이지 않다는 사실을 유념해야 할 것이다). (3) 바이페르트는 어떻게 해서 심판 연설 구조가 신명기 사가의 산문적 설교의 패턴에 들어맞지 않고 예언 연설에 있는 표준적 양식에 들어맞는지를 보여 준다(103). 그녀는 예레미야가 신탁 자체를 작성했고, 한편 바룩은 그 배경의 묘사에 기여했다고 결론짓는다(8b-12절). 이 단락에 있는 신명기 사가의 어투는 그 주제, 곧 신명기 15장에 있는 율법으로부터 나온 결과다.

배경에 대한 묘사와 심판 연설 가운데 있는 신명기 15장에 대한 특별한 언급과 조화시킬 또 다른 가능성은 메사룸(*mesharum*) 행실들에 대한 고대 근동의 관습과의 비교에 근거한다. 주로 즉위할 경우에 왕은 일시적인 빚 감면을 선포한다. 구바벨론의 메사룸 본문에 대한 크라우스(F. Kraus)의 연구 결과 그것들이 정기적 햇수에 따라 시행되지 않고 특별한 필요에 반응하여 시행되었음이 드러났다(*Assyriological Studies* 16[1965] 230). 그것들은 새 왕을 전쟁 시의 경제적 혼란이나 빈곤한 추수로 말미암아 야기된 극도로 압박을 가하는 빚을 경감시킴으로써 약자의 보호자로 승격시켜 주는 길을 제공했다(231). 통치 후기에 출판된 법전은 빚진 종을 방면하기 위한 조항을 포함시켰다. 만일 그러한 법규들이 이전 왕의 통치 동안에 수행되어 왔다면, 이 메사룸 행위는 불필요했을 것이다. 잭슨(B. Jackson, "Ideas," 186)에 의하면, 예레미야 34장은 이러한 행실을 모두 가리킨다. 시드기야가 자유를 선포할 때, 그의 행동은 바벨론의 메사룸 행동과 같다. 채무자들의 종살이를 제한하는 통상적인 수단들에 대한 무시(신 15장)로 인하여 왕이 선포를 할 수밖에 없는 상황이 되었다(14b절). 느헤미야 5장과 10장은 포로 후기 공동체의 삶 가운데서 있었던 유사한 경우를 기록하고 있다. 5장에서 예루살렘 성벽을 재건하려고 일하는 농부들은 자기들이 강제로 기근이 있는 동안 먹을 것을 구입하기 위하여 그리고 세금을 지불하기 위하여 자기들의 밭을 강제로 저당 잡혀야 하고 자녀들을 팔지 않으면 안 된다고 불평한다. 느헤미야는 채무자들에게 빚을 탕감해 주고 이미 지불 받은 재산을 되돌려주도록(שׁוב –수브의 힙힐형; 5:11) 명령한다. 그의 주장 중 하나는 유대인들이 다른 유대인들, 즉 그들의 "형제들"의 소유물이 되어서는 안 된다는 것이었다(5:8; 참조. 렘 34:17). 동료 유대인들을 종으로 붙들어 두기 위하여 이방인 소유권자들로부터 속량한다는 것은 공동체의 필요에 대한 적절한 해결책이 아니었다(Williamson, *Ezra, Nehemiah*, 239). 백성들은 느헤미야의 지도 아래서 채택된 조치에 맹세(שׁבע –솨바; 12b절)를 하지만, "언약"(ברית –베리트)이란 용어는 5장이나 10장에서 사용되지 않았는데, 거기서 백성들은 여호와의 계명에 순종(שׁמע –샤마)하기 위하여 "저주로 맹세한다"(בוא –보; 10:30[개역. 29]; 참조. 렘 34:

10). 백성들이 따르기로 맹세한 특별 조항들(느 10:31-40[개역. 30-39])은 오경 법으로부터 발전해 온 것이었지 그것을 단순히 인용한 것이 아니었다. 윌리엄슨 (Williamson, *Ezra, Nehemiah*, 333-35)은 클라인즈(D. Clines, "Nehemiah 10 as an Example of Early Jewish Biblical Exegesis," *JSOT* 21[1981] 111-17)가 정의한 율법 발전의 다섯 가지 형태를 열거한다. 다섯 번째 형태인 "분리된 율법 조항들의 통합"이, 빚의 면제가 온 땅에서 자원하여 준수되도록 그 땅의 휴경년인 안식년에 묶여져 있는 느헤미야 10:32[개역. 31]에 적절한 것으로 보인다. 느헤미야 5장은 신명기 15:1-18의 법을 "양자택일이라기보다는 점증적인" 것으로 간주한다(Williamson, *Ezra, Nehemiah*, 335). 신명기 15장에 대한 같은 해석이 예레미야 34장에 나타나 있는 것으로 보인다(Weippert, *Prosareden*, 92; Carroll, 648-49). 더 나아가서, 예루살렘의 종을 거느린 자들이 시드기야의 종 해방 선포에 따르고 있는 예레미야 34장의 언약은 특별법 혹은 율법에 순종하기로 맹세하고 있는 느헤미야 5장에 묘사된 경우와 유사하다.

그러나 예레미야 34:8-22은 시드기야 하에서의 언약 체결을 두 개의 초창기의 언약 체결 의식과 비교한다. 맹세 의식은 창세기 15:7-21의 주님과 아브라함의 언약에 있는 것처럼 송아지를 자르는 일을 포함하고 있으며, 요시야의 언약 갱신에서 행한 것처럼 이 일이 성전에서 일어난다(왕하 23:1-3). 이러한 고대의 아브라함과의 근본적인 언약과 시내에서 있었던 이스라엘과의 언약의 결합은 시드기야의 신하들이 스스로 한 맹세를 어겼을 때 그 위반의 중대성을 암시해 준다.

시드기야의 언약 체결과 그 신하들의 언약 파기의 구체적인 배경은 21-22절에 암시되어 있다. 시드기야는 예루살렘 포위 공격 초창기에 종 해방을 선포했고 종들이 풀려났으나, 그 포위 공격이 풀려지자마자 그들 이전의 주인들이 그들을 다시 종으로 삼았다. 바벨론에 의한 장기간의 예루살렘의 최종 포위 공격은 시드기야 제10년에 시작되었다. 시드기야 제11년 담무스월 9일에 성벽이 깨어졌고, 느부갓네살 제19년 아브월 5일 혹은 10일에 바벨론 사람들이 성읍과 성전을 불살랐다. 이러한 치세 연도에 대한 정확한 계산은 논란이 되고 있다. 할러대이(Holladay, 2:34)는 그 포위 공격을 주전 588년 1월부터 587년 1월로 잡으며, 반면에 해이즈와 후커 (Hayes and Hooker, *New Chronolgy*, 97-98)는 이 기간을 1년 늦은 587년 1월부터 586년 1월로 잡는다. 맬러맷(Malamat, "The Twilight of Judah: In the Egyptian-Babylonian Maelstrom," in *Edinburgh Congress Volume*, VTSup 28[Leiden: Brill, 1975] 145)은 포위 공격의 길이를 588년 1월부터 586년 7월까지 30개월로 잡는다.

바벨론인들이 일시적으로 포위 공격을 풀었는데(37:5), 아마도 바로 호브라가 지휘하는 위협적인 군대의 접근으로 인한 것으로 보인다(Holladay, 2:34, 588년 여름; Malamat, *IEJ* 18[1968] 152, 587년 겨울-봄). 사르나(N. Sarna)는 종 해방을 주전 587/86의 안식년으로 잡는다("Zedekiah's," 149). 그러나 할러대이는 주전 587년 9월/10월에 있었던 안식년 초로 계산한다. 그러므로 (신명기) 율법이 낭독되었던 그 달 초막절기가 시드기야가 해방 선포를 한 시기였을 수는 없다. 아사 왕이 칠칠절기 동안 언약했던 사실(대하 15:10-14)을 언급하고 나서 할러대이는 종 해방 언약이 588년 가을에 있었던 칠칠절에 체결되었다고 주장한다(2:239). 그러나 이러한 날짜에 관한 일치된 의견은 없다.

대부분의 주석가들은 포위 공격 기간에 있었던 종 해방의 동기에 관해서 연구한다. 주로 세 가지 가능성이 언급된다. (1) 경제적 동기－먹여야 할 식솔들의 숫자를 줄이기 위하여. 니푸르의 포위 공격에서 나온 문서에 따르면, 종을 소유한 사람들이 자기들의 종들을 살려 줌으로써 그들의 투자금을 보호할 것을 믿고, 몇몇 백성들은 자기 자녀들로 하여금 먹고 살아가기 위한 일환으로 자녀들을 팔았다(Oppenheim, *Iraq* 17[1955] 69-72). 바벨론 군대가 철수하자마자 종을 다시 데려온 것은 터무니없는 미래에 관한 확신을 가졌다고 생각할 때 별 의미가 없다. (2) 군사적 동기－성읍을 방비할 인력을 확보하기 위하여. 무엇 때문에 그들이 종이었을 때는 싸울 수가 없었던가? 남종들과 함께 여종들의 해방에 대해서는 이러한 가설로는 설명할 수가 없다. (3) 종교적 동기－여호와의 은총을 입기 위하여. 바벨론의 일시적 철수는 그들의 순종의 행동에 대한 하나님의 반응으로 해석될 수 있다. 그럼에도 불구하고, 곧바로 자기들의 종을 불러 다시 종으로 삼은 것은 자기들의 하나님과 왕을 심각하게 경멸하는 태도를 보여 주는 아주 불신앙적인 태도였을 것이다. 그러나 이 단락 자체는 그러한 동기를 논의하는 데는 관심을 보이고 있지 않다. 주어진 유일한 이유는 9b절에 나타나 있는데, 곧 그 어떤 유대인도 다른 유대인을 종으로 삼지 말아야 한다는 것이다. 백성들의 일시적 순종과 그 다음에 율법을 저버린 것을 신학적으로 평가하고, 예레미야서의 직접적 문맥 가운데 들어 있는 다른 것들과 비교하는 데 관심을 두고 있다. 첫 번째 해방을 시내 산에서 체결된 언약과 일치하여 행동하려는 시도로 해석하고, 그들의 그 다음의 반대 행동을 그들의 열조가 언약을 파기한 것의 연속으로 간주하고 있는 것은 시드기야나 백성이 아닌 하나님의 말씀이다(14-16절; 참조. 렘 31:32). 더 나아가서, 그들은 자기들의 약속을 파기했는데, 곧 여호와의 이름으로 맹세를 했고, 그렇게 함으로써 그분의 이름을 모독했던 것이다(출 20:7; 신 5:11). 일시적으로 해방을 주었던 종들에 대한 저들의 결정적인 배신 행위는 사실상 여호와에 대한 저들의 관계의 배신 행위로 드러난다.

언약 관계에서의 성실성이 34장과 35장의 주제다. 마르텐스(E. Martens, "Narrative," 40)는 독자로 하여금 두 구절과 비교하도록 만들어 주는, 구성 부분들의 공동 순환과 또한 의도적 형성의 산물일 수 있는 상투적 표현들을 지적한다. 유다와 예루살렘 백성들이 자신의 불성실성을 레갑 족속이 보여 주었던 충실한 순종과 비교해 보도록 그 내용을 소개하고 요청하고 있는 35:12-17이 이 점을 명백하게 지적해 준다.

32장과 34장의 공통된 특징들은 또한 비교해 볼 것을 제안한다. 이 장들은 예루살렘에 바벨론에게 함락되기 마지막 몇 달 간, 그리고 그 성읍이 포위되어 있는 동안이라는 유사한 배경을 가지고 있다. 이 두 장은 시드기야가 함락에서도 생존할 수 있다는 희망의 여지를 남겨 놓고 있는 그에 관한 개인적 신탁과 함께 시작된다. 두 기사의 주제는 빚의 압력을 받고 있는 가난해진 백성을 돕기 위하여 취해진 수단이다. 친척 땅의 구속(렘 32장)과 빚으로 종 된 히브리인의 해방(렘 34장)은 모두 레위기 25장(25-28, 39-43절)에서 발견된다. 이러한 거래를 보장하고 있는 법적 행동의 합법화가 예레미야서의 이 두 장에서 발견되지만 레위기 25장에는 발견되지 않는다. 32장의 구입 문서는 오랫동안 보관되도록 항아리에 봉인되지만, 34장에서 여호와 앞에서 체결된 언약은 체결 즉시 깨어진다. 32장에서 이어지는 내용은 33장에서 다윗과 맺은 언약을 결코 깨뜨리지 않을 것이라는 주님의 약속과 함께 끝난다. 그러므로 32-33장과 34장을 나란히 두고 있는 것은 율법과 그의 광범위한 가족에 대한 예레미야의 신실성과, 여호와와 자기들의 종들과의 관계 면에서 시드기야 및 종을 소유하고 있는 주인들의 우유부단과 배신을 비교하도록 하기 위해서다. 이러한 대조적인 내용들은 위로의 책이라는 구원 메시지로부터 이어지는 장들 가운데 들어 있는 예루살렘 함락에 대한 묘사로의 전환을 보여 준다.

주석

[8]-[10] 온 백성과 언약을 체결하고 있는 한 통치자의 모습은 평화와 헌신의 시기의 출발의 표시임에 틀림없다(수 24:25; 왕하 23:3; 대하 15:12; 사 61:1). 시드기야의 언약의 목적은 히브리 종들을 "자유케"(דרור – 떼로르) 하는 것이다(9절에 있는 "히브리"는 분명히 9b절에 드러난 바와 같이 이 단어가 앞에서 무엇을 의미했

든지 관계없이 "유대인"을 의미한다). "자유, 해방"(דרור – 떼로르)은 레위기 25:10에서 희년에 종의 해방과 빚의 탕감을 포함하는 여러 사회적 변화에 대해서 사용된 단어인데, 이것은 가난한 자로 하여금 자기들의 가족과 물려받은 땅으로 "돌아가도록"(שׁוב – 수브; 레 25:10), 즉 여호수아서에 따르면 하나님께서 본래 원하셨던 그들의 본 상태로 회복될 수 있도록 고안되었던 장치다. 희년 "해방"(דרור – 떼로르)처럼, 시드기야 언약 역시 6년을 완전히 섬기지 않은 종들을 포함하여 모든 사람들에게 일제히 발효되었다(고대 근동의 평행적 본문 *mesharum* 행동에 관해서는 "양식/구조/배경"을 보라).

11 종을 거느린 주인들이 어떻게 자기들의 이전 종들을 색출하여 다시 종으로 삼을 수 있었는지에 대해서는 아무런 설명이 주어져 있지 않지만, 매우 강력한 단어 "복종시키다, 억누르다"(כבשׁ – 카바쉬)가 그 과정을 묘사하기 위하여 사용되었다(참조. 창 1:28; 수 9:15; 느 5:5; 에 7:8). 채권자들은 종들이 자유를 얻어 돌아간 종들의 가족의 위치를 알았을 것이다.

12 말씀-사건 공식 문구는 12절에서 반복되고 있는데, 그 이유는 8b-11절에 있는 배경에 대한 확대된 묘사가 8a절과 13절에서 시작되는 신탁 사이의 구문론상의 관계를 단절시켰기 때문이다.

13 시내 산에서 체결한 언약은 애굽을 떠난 지 3개월째로 되어 있다(출 19:1). 그러므로 "그 날에"는 "그 때에"보다는 덜 정확한 시기로 이해되어야 한다. 애굽은 출애굽 기사 가운데서 자주 "종 되었던 집"으로 불린다(출 13:3, 14; 신 5:6; 6:12; 7:8; 8:14; 13:6, 11[개역. 5, 10]; 수 24:17; 삿 6:8; 미 6:4). 이러한 단어가 여기에 나타나 있는 것은 의도적이다. 14절은 출애굽기 21장과 신명기 15장으로부터 빚진 종에 관한 법을 인용하고 있지만, 그 동기 "너는 애굽 땅에서 종 되었던 것…을 기억하라"(신 15:15)는 생략한다. 13절은 그 대신 애굽에서 가졌던 그들의 신분을 제시하고 있다. 이 문장은 또한 16절에 있는 고발, "너희가 …노비를 끌어다가 다시 너희에게 복종시켜서 너희 노비(עבדים – 아바딤, "남종", שׁפחות – 쉐파호트, "여종")를 삼았도다"와 대조되고 있다.

14 이 율법의 형태는 출애굽기 21:2-6이나 신명기 15:12-17과 일치하지 않는다. 날짜 공식 문구는 신명기 15:12을 따르고 있지만, 본문은 출애굽기 21장에 있는 것처럼 남종만을 언급한다. 종의 가족을 지배하는 규례와 생계를 꾸려 나가도록 제공하는 너그러운 선물에 관한 규례는 언급되지 않았다(출 21:3-4; 신 15:14). 종이 영원한 종으로 섬기기 위한 선택 가능성이 양 구절에서 검토되지 않는다(출 21:5

-6; 신 15:16-17). 그러나 이러한 다른 문제들은 그 율법이 전혀 준수되지 않았다면 의문의 여지가 없다.

15-16 여기서 여호와께서는 세 가지 주목할 만한 변형과 함께 9-10절을 되풀이하신다. 백성들은 돌이켜 자유를 주었고, 히브리 종들은 "종"이 아닌 "형제들, 동료들"로 불리며, 백성들의 언약 서약은 하나님의 이름을 더럽힌 것으로 밝혀진다.

이 구절들은 언어 유희를 통하여 연결된다. "돌이켜"(15절)와 "변하여"(16절)는 동일한 동사형인 수브(שׁוּב, "돌이키다")로부터 파생된 와타슈부(ותשׁבו)의 번역인데, 예레미야서의 산문 자료 가운데서 가장 통상적인 단어다.

17 "그의 형제"(אחיו – 아히우)와 "그의 이웃"(רעהו – 레에후)은 각기 "남종"(עבדים – 아바딤)과 "여종"(שׁפחות – 셰파호트)에는 일치하지 않는다. "형제"와 "이웃"은 모두 자기들의 재정 관계보다 우선하는 주인들과 종들 간의 관계를 암시한다. 이러한 율법 해석은 9절의 동기를 제공한다. 그 어떤 유대인도 다른 유대인을 종으로 부려서는 안 된다.

이 구절은 심판 신탁의 본질적 내용들을 포함한다. 17a절은 고발이고, 17b절은 심판 선포인데, 이 경우에 이것이 완전히 판에 박힌 문구로 표현되어 있다. 이 두 편은 이 단락의 중요한 언어 유희로 연결되어 있다. 백성들이 자기들에게 빚진 유대인 종들에게 자유(דרור – 떼로르)를 주지 않았으므로 여호와께서는 칼, 기근, 염병에게 자유(דרור – 떼로르)를 주실 것이다. 그것들은 순종하기를 거절한 사람들을 멸망시키지 못하도록 더 이상 제지당하지 않을 것이다.

18-19 8절의 언약 체결과 함께 거행했던 의식은 구약성경의 다른 곳에서 창세기 15:7-21에만 나타난다. 18절은 의식의 기능을 암시한다. 언약 관계에 들어간 사람들은 송아지를 자름으로써 죽음이라는 저주를 받아들였다. 언약 조항들을 어긴 사람은 누구나 송아지처럼 죽임을 당할 것이다(Rudolph, 225).

MT은 LXX보다 더 자세하게 시드기야와 함께 언약을 체결한 그룹들을 열거하고 있다. 만일 이것이 그들이 머물렀던 장소의 문제가 아니라면 유다 왕의 방백들과 예루살렘 사람들 간의 차이는 없다. 특이하게도 이 목록에서 누락된 자들은 선지자들과 왕의 가족이다. 이들을 누락시킨 것은 빚진 종들을 얻을 수 있는 경제적 위치에 있을 수 있는 유다의 모든 사람들을 포함시키기 위한 것이다.

20-21 "원수"와 "너희 생명을 찾는 자"는 애가 시의 전형적인 어휘다. 묻히지 못한 시체가 짐승이나 새들에게 썩은 고기로서 먹혀질 것이라는 저주는 저주 서약 가운데서 판에 박힌 목록의 일부다(신 28:26). 같은 위협이 예레미야 7:33; 16:4;

19:7b에 나타난다.

[21]-[22] 마지막 두 구절은 언약이 체결되고 난 다음 파기된 시드기야의 통치 시기와 관련된 유일한 정보를 제공해 준다. 심판은 바벨론 군대가 예루살렘에서 일시적으로 떠났을 때 선포된다(21b절). 가장 논리적인 암시는 이 언약이 그 성읍이 포위당해 있는 동안 체결되었고, 백성들이 그 포위 공격이 철수되었을 때 그 언약을 어기고 자기들의 종들을 다시 강제로 데려왔다는 것이다(가능한 날짜에 관해서는 "양식/구조/배경"을 보라). 22절은 바벨론 군대의 철수가 단지 일시적인 것임을 말하고 있다. 여호와께서는 언약 파기에 대한 징벌로서 그 성읍을 정복하도록 그들을 다시 이끌어 오실 것이다. 처음에 종들을 자유케 하는 정치적, 경제적 또는 종교적 이유가 어떤 목적 하에서였는지 그 배경을 설명하지 못할 텐데("양식/구조/배경"을 보라), 이는 이것이 전혀 설명되어 있지 않기 때문이다. 그보다는 이러한 배경은 주전 587/6년에 있었던 성읍과 성전의 최종 멸망을 이러한 언약 파기에 대한 징벌로 해석하도록 도와준다. 21-22절은 18-20절에 있는 전반적인 위협을 구체적인 역사적 배경으로 연결시켜 준다. 캐롤(R. Carroll, 650)에 따르면, 이 단락으로부터 배울 수 있는 교훈은 시내 산 언약 가운데 단 하나의 규례라도 어기는 것은 전체를 파기하는 것이며 전체의 멸망을 초래한다는 것이다.

해설

유대인 상류 계층은 애굽의 종살이에서 이스라엘의 구출을 저버렸을 뿐만 아니라, 자기들의 빚진 종들에 대한 신의 없는 대우를 통하여 여호와와의 언약까지도 저버렸다. 모든 히브리 종들이 자유를 얻은 시드기야 왕을 통하여 선포된 전체적인 해방은 출애굽 사건과 일치한다. 주인들이 거역하고 이전의 종들을 다시 종으로 삼았을 때, 그들은 바로가 실패했던 전철을 밟았던 것이다. 주인들과 그들의 종들은 실제로는 형제(자매)요 이웃이었으며, 어떤 유대인이 다른 유대인을 노예로 삼는 일은 적절하지 않았다(9절). 지도급 유대인들의 배신은 바벨론의 침입이라는 상황에서 일어났다. 돈을 빌려주어서 결국 종들을 소유할 수 있었던 부자와 빚을 갚기 위해 자신들이나 자기 자녀들을 팔아야 했던 가난한 자 사이의 구별은, 그들 모두가 느부갓네살의 종이 되었을 때 붕괴될 참이었다.

예레미야가 자기 조카의 땅을 샀을 때(32장), 그리고 레갑 족속이 포도주를 마시기를 거절했을 때, 그들은 바벨론 침략이라는 위협적인 상황에도 불구하고 고대의 법규들에 대해 신실하게 행동한다. 유다의 지도급 시민들은 자기들의 종들을 다시 데려왔을 때 옛 언약과 새 언약을 거역할 뿐만 아니라, 자기들의 땅이 여호야김 왕이 거절했던 느부갓네살에게 붙인 바 되리라고 했던 예레미야를 통하여 주신 주님의 말씀까지도 거역한 것이다.

XXII. **예레미야와 레갑 족속**(35:1-19[42:1-19])

참고문헌

Abramsky, S. "House of Rechab [in Hebrew, English summary, 76]." In *E. L. Sukenik Memorial Volume*, ed. N. Avigad. Jerusalem: Israel Exploration Society, 1976. 255-64. **Bosman, H. L.** "The Rechabites and 'Sippenethos' in Jeremiah 35." *ThEv* 16(1983) 83-86. **Frick, F. S.** "Rechabites Reconsidered." *JBL* 90(1971) 279-87. **Keukens, K. H.** "Die rekabitischen Haussklaven in Jeremia 35." *BZ* 27(1983) 228-35. **Levenson, J. D.** "On the Promise to the Rechabites." *CBQ* 38(1976) 508-14.

본 문

1 유다 왕 요시야의 아들 여호야김 때에 여호와
께로서 말씀이 예레미야에게 임하니라 가라사대

1 The word which came to Jeremiah from the
Lord: in the days of Jehoiakim, the son of
Josiah,[a] the king of Judah, saying:

2 너는 레갑 족속에게 가서 그들에게 말하고 그
들을 여호와의 집 한 방으로 데려다가 포도주를
마시우라

2 "Go to the house of the Rechabites and speak
with them,[a] and bring them to the house of the
Lord, to one of the rooms, and offer them wine
to drink."

3 이에 내가 하바시냐의 손자요 예레미야의 아들
인 야아사냐와 그 형제와 그 모든 아들과 레갑 온
족속을 데리고

3 And so I took Jaazaniah, the son of Jeremiah,[a]
son of Habazziniah, and his brothers and all[b] his
sons, and all of the house of the Rechabites.

4 여호와의 집에 이르러 익다랴의 아들 하나님의
사람 하난의 아들들의 방에 들였는데 그 방은 방
백들의 방 곁이요 문을 지키는 살룸의 아들 마아
세야의 방 위더라

4 And I brought them to the house of the Lord,
to the room of the sons[a] of Hanan,[b] the son of
Igdaliah,[c] the man of God, which was beside the
room of the princes, which was above the room
of Maaseiah, the son of Shallum the doorkeeper.

5 내가 레갑 족속 사람들 앞에 포도주가 가득한
사발과 잔을 놓고 마시라 권하매

5 And I set before the sons of the Rechabites[a]
bowls filled[b] with wine, and cups; and I said to
them,[c] "Drink wine!"

6 그들이 가로되 우리는 포도주를 마시지 아니하
겠노라 레갑의 아들 우리 선조 요나답이 우리에
게 명하여 이르기를 너희와 너희 자손은 영영히
포도주를 마시지 말며

6 But they said, "We will not drink wine; be-
cause Jonadab, the son of Rechab, our ancestor,
commanded us, saying, 'You shall not drink
wine, you or your children, forever.

7 집도 짓지 말며 파종도 하지 말며 포도원도 재

7 And you shall not build a house, and you

배치 말며 두지도 말고 너희 평생에 장막에 거처하라 그리하면 너희의 우거하는 땅에서 너희 생명이 길리라 하였으므로

shall not sow a seed, and you shall not plant[a] or own a vineyard; but you shall dwell in tents all of your days, so that you may live many days upon the face of[b] the land where you sojourn.'

8 우리가 레갑의 아들 우리 선조 요나답의 우리에게 명한 모든 말을 순종하여 우리와 우리 아내와 자녀가 평생에 포도주를 마시지 아니하며

8 And we obeyed the voice of Jonadab, the son of Rechab,[a] our ancestor, all which he commanded us;[b] not to drink wine all of our days, (neither) we, (nor) our wives, our sons, nor our daughters.

9 거처할 집도 짓지 아니하며 포도원이나 밭이나 종자도 두지 아니하고

9 And not to build houses for our dwellings; nor a vineyard, nor a field, nor seed; they are not for us.

10 장막에 거처하여 우리 선조 요나답의 우리에게 명한 대로 다 준행하였노라

10 And we have always lived in tents; and we have obeyed, we have done just as Jonadab our ancestor commanded us.

11 그러나 바벨론 왕 느부갓네살이 이 땅에 올라왔을 때에 우리가 말하기를 갈대아인의 군대와 수리아인의 군대가 두려운즉 예루살렘으로 가자 하고 우리가 예루살렘에 거하였노라

11 But when Nebuchadrezzar, the king of Babylon, came up against the land, then we said, 'Come, and let us go to Jerusalem from before the army of the Chaldeans, and from before the army of Syria';[a] and(that is why) we are dwelling in Jerusalem."

12 때에 여호와의 말씀이 예레미야에게 임하여 가라사대

12 And the word of the Lord came to Jeremiah,[a] saying:

13 만군의 여호와 이스라엘의 하나님이 이같이 말하노라 너는 가서 유다 사람들과 예루살렘 거민에게 이르기를 여호와의 말씀에 너희가 내 말을 들으며 교훈을 받지 아니하겠느냐

13 "Thus says the Lord of Hosts, the God of Israel,[a] go and say to the men of Judah and to the inhabitants of Jerusalem: 'Will you not take instruction to listen to my words' —an oracle of the Lord.[b]

14 레갑의 아들 요나답이 그 자손에게 포도주를 마시지 말라 한 그 명령은 실행되도다 그들은 그 선조의 명령을 순종하여 오늘까지 마시지 아니하거늘 내가 너희에게 말하고 부지런히 말하여도 너희는 나를 듣지 아니하도다

14 The words of Jonadab the son of Rechab have been kept, who commanded his sons not to drink wine, and they have not drunk (wine) unto this day, because they obeyed the commandment of their ancestors;[a] yet I have spoken to you persistently, and you do not listen to me.[b]

15 나도 내 종 모든 선지자를 너희에게 보내고 부지런히 보내며 이르기를 너희는 이제 각기 악한 길에서 돌이켜 행위를 고치고 다른 신을 좇아 그를 섬기지 말라 그리하면 너희가 나의 너희와 너희 선조에게 준 이 땅에 거하리라 하여도 너희가 귀를 기울이지 아니하며 나를 듣지 아니하였느니라

15 And I sent you all[a] my servants, the prophets, persistently,[b] saying, 'Turn now, each from his wicked way, and amend your ways, and do not go after other gods to serve them, and you will dwell in the land which I gave to you and to your fathers'; but you did not incline your ears, and you did not listen to me.[c]

16 레갑의 아들 요나답의 자손은 그 선조가 그들에게 명한 그 명령을 준행하나 이 백성은 나를 듣지 아니하도다

17 그러므로 나 만군의 여호와 이스라엘의 하나님이 이같이 말하노라 보라 내가 유다와 예루살렘 모든 거민에게 나의 그들에게 대하여 선포한 모든 재앙을 내리리니 이는 내가 그들에게 말하여도 듣지 아니하며 불러도 대답지 아니함이니라 하셨다 하라

18 예레미야가 레갑 족속에게 이르되 만군의 여호와 이스라엘의 하나님이 이같이 말씀하시기를 너희가 너희 선조 요나답의 명령을 준종하여 그 모든 훈계를 지키며 그가 너희에게 명한 것을 행하였도다

19 그러므로 나 만군의 여호와 이스라엘의 하나님이 이같이 말하노라 레갑의 아들 요나답에게서 내 앞에 설 사람이 영영히 끊어지지 아니하리라

16 For the sons of Jonadab the son of Rechab have kept the command of their ancestors which he gave them,[a] but this people has not obeyed me.

17 "Therefore, thus says the Lord, the God of Hosts, the God of Israel,[a] 'Behold, I am bringing against Judah and against all the inhabitants of Jerusalem, every evil which I have spoken against them; because I spoke to them and they did not listen, and I called to them and they did not respond.'"[b]

18 But to the house of the Rechabites Jeremiah said,[a] "Thus says the Lord of Hosts, the God of Israel,[b] 'Because you[c] obeyed the command of Jonadab[d] your[e] ancestor, and you have kept all his commands,[f] and you have done[g] all that he[h] commanded you';[i]

19 Therefore, thus says the Lord of Hosts, the God of Israel,[a] 'there will never be lacking a descendant for Jonadab[b] standing before me all the days.'"[c]

원문주해

1.a. MT의 벤 요시야후(בן־יאשיהו, "요시야의 아들")가 LXX에는 없다.

2.a. MT의 웨디바르타 오탐(ודברת אותם, "그리고 그들과 말한다")이 LXX에는 나타나 있지 않다.

3.a. 물론 이 사람은 선지자 예레미야가 아니다. 또한 52:1을 보라. LXX에는 예레민(Ιερεμιν)으로 되어 있다.

3.b. LXX은 "모든"을 생략한다.

4.a. 몇몇 역본들은 여기서 단수형을 가지고 있다.

4.b. LXX[B]는 예하난(יחנן, "예하난")으로 읽는다.

4.c. LXX은 "그달랴"를 가지고 있다.

5.a. LXX은 단순히 "앞에 놓다"를 가지고 있다.

5.b. LXX은 "채운"을 생략한다.

5.c. MT의 "그들에게"가 LXX에는 빠져 있다.

7.a. LXX은 "너희는 파종하지 말 것이다"를 생략한다.

7.b. "…의 면전에서"가 LXX에는 나타나 있지 않다.

8.a. LXX에는 누락되어 있는데, 이는 아마도 MT에서 확장된 것 같다.

8.b. "그가 우리에게 명령한 모든 것대로"라는 문구가 LXX에는 빠져 있다.

11.a. Syr은 에돔(אדם, "에돔")을 가지고 있는데, 유일한 차이는 히브리어에서 쉽게 혼동되는 달렛(ד)과 레쉬(ר)다.

12.a. LXX은 프로스 메(*πρός με*, "나에게")를 가지고 있다.

13.a. LXX은 "이스라엘의 하나님, 만군의"를 생략한다.

13.b. LXX은 네움 야웨(נאם־יהוה, "여호와의 신탁")를 생략한다.

14.a. 이 길다란 문구 "그들은 그 선조의 명령을 순종하여 오늘까지"가 LXX에는 생략되어 있다.

14.b. LXX은 엘라이(אלי, "나에게")를 생략한다.

15.a. 콜(כל, "모든")이 LXX에는 누락되어 있다.

15.b. LXX은 하슈켐(השכים, 직역하면 "일찍이 그리고 자주 일어나는")에 들어 있는 동사를 누락시키고 있는데, MT에서는 이것이 "계속적으로"라는 의미를 가진다.

15.c. LXX은 "나에게"를 생략한다.

16.a. MT의 아쉐르 치왐(אשר צוּם, "그가 그들에게 준[직역하면 '명령한'] 바")이 LXX에는 생략되어 있다.

17.a. LXX은 "만군의 여호와, 이스라엘의 하나님"을 생략한다.

17.b. 심판의 이유를 강조하고 있는 MT에 있는 마지막 문구가 LXX에는 누락되어 있다.

18.a. LXX은 호칭에 대한 더 길다란 문구를 누락시키면서 디아 투토(*διὰ τοῦτο*, "이로 인하여" 혹은 "이러한 이유로")를 가지고 있다.

18.b. LXX은 MT의 보다 긴 호칭 체바오트 엘로헤 이스라엘(צבאות אלהי ישׂראל, "만군의, 이스라엘의 하나님")을 생략한다.

18.c. LXX은 보다 긴 묘사적 문구 휘오이 요나답 휘우 레캅(*ὑοὶ Ιωναδὰβ υἱοῦ Ρηχαβ*, "레갑 자손 요나답의 아들들")을 가지고 있다.

18.d. LXX에는 생략되어 있음.

18.e. LXX은 "그들의" 조상을 가지고 있다.

18.f. LXX은 "그리고 너희가 그의 모든 명령들을 지켰다"를 생략한다.

18.g. LXX은 포이에인(*ποιεῖν*, "행하는")을 가지고 있나.

18.h. LXX에서는 "그들의" 조상이다.

18.i. LXX은 MT의 "너희" 대신 아우톤(*αὐτῶν*, "그들")을 가지고 있다.

19.a. LXX은 이 지점까지 전체 문구를 생략한다.

19.b. LXX은 "요나답의 아들들"을 가지고 있다.

19.c. LXX은 테스 게스(*τῆς γῆς*, "그 땅의")를 덧붙인다.

양식/구조/배경

예레미야 34장에 강조되어 있는 유다의 불성실이 선지자가 예레미야 35장에서 사용한 대조를 통하여 보다 생생하게 묘사되어 있다. 예레미야 34장에서 시드기야에게 준 예레미야의 메시지에 들어 있는 강조점은 언약 파기라는 중죄다. 예레미야 35장은 레갑 족속에 대한 특이한 이야기를 소개함으로써 앞 장에 있는 심판의 메시지에 하나의 속편을 제공한다. 그러나 모든 학자들이 예레미야 34장과 35장 간에 어떤 관계가 있다고 믿지는 않는다.

브라이트(Bright, lviii)는 이 35장을 예레미야서가 작성된 세 개의 중요한 "책들" 중 일부로 생각하지 않는다(예레미야 주석 제1권의 서론, "예레미야서의 양식과 구조"를 보라). 그 대신 그는 이 장을 하나의 전기적 설화로 분류하고 이것을 연대기적으로 배열된, 분리된 단위로 되어 있는 다른 자료와 함께 제쳐놓는다. 그 결과 예레미야 35장이, 34장과 35장에 드러나 있는 신앙/불신앙 대조를 무시하면서 45장과 24장 사이에 위치하게 되었다. 브라이트는 35장을 34장과 접촉점이 없는 것으로 간주함으로써 예레미야 본문 편집자들 편에서 어떤 편집상의 결정을 하게 되었던 내용을 무시했다.

예레미야서 본문의 배열과 관련된 난점들에 대한 브라이트의 진술에 아무도 동의하지 않는 반면에, 이 난점에 대한 올바른 반응은 현대 주석가들이 제안한 것을 가지고 반드시 이것의 순서를 재배치하려 해서는 안 된다는 것이다. 좀더 유리한 접근 방식은 연결되어 있지 않은 것처럼 보이는 단락들 간의 연결 고리들을 찾는 것이다. 현재 있는 그대로의 자료 배치를 설명할, 배후에 깔려 있는 어떤 분별할 만한 패턴이 있는가? 비록 그러한 것이 즉시 나타나지는 않을지라도, 본문을 제멋대로 배열하기보다는 현재 있는 그대로 놓아두는 것이 더 낫다.

배열 면에서 볼 때, 본 장은 예레미야서에서 연대기적 순서의 결여에 관한 또 다른 실례로서의 역할을 한다. 분명한 것은 내용이나 주제로 자료를 묶는 일이 사건들의 연대기적 배열보다 선행하고 있다는 것이다. 예레미야 35장은 여호야김 통치 기간으로 날짜가 정해져 있다. 34장은 몇 년 후에 시드기야에게 전해진 메시지다. 그럼에도 불구하고, 조직에 있어서는 35장의 메시지가 34장에서 고안된 주제들에 적절한 "결론"을 제공한다.

본 장은 세 개의 설화 단편으로 나누어진다. 첫 번째 단위는 1-11장에서 발견되는데, 성전에서 "시험"이라는 수단으로 레갑 족속의 신실성을 확증하기 위하여 의도되었다.

두 번째 단락인 12-17절은 34장에 너무나 두드러져 있는 불신실한 유대인들을 향한 산문적 신탁이다. 이 신탁은 레갑 족속에게 시행된 "시험"의 의미를 설명한다. 유대인들의 불성실성은 레갑 족속의 신실성과 효과적으로 대조되어 있다. 레갑 족속의 신실성과 유다 가운데 있는 신실성의 결핍이 정확하게 같은 순서로 되어 있지는 않지만, 이것은 선지자에게 유다의 죄악의 심각한 성격을 밝히는 적절한 방식을 제공한다. 패턴의 차이는 선지자의 메시지의 무게를 더해 준다.

본 장은 요나답에 대한 레갑 족속의 순종의 결과로서 여호와께로부터 레갑 족속에게 주어진 약속의 신탁으로 마감된다. 구약성경의 다른 언약의 약속들을 생각나게 하는 말씀으로(Levenson, *CBQ* 38[1976] 508-12), 레갑 족속들은 영원히 여호와를 섬기는 사람 가운데 들어갈 것임을 확증 받는다. 캐롤에 의하면(655), 약속의 패턴은 다윗과 레위 제사장들에게 주어진 것과 같이 기록되어 있다. 그러나 그러한 경우에 약속은 실패에도 불구하고 주어지고 보상의 방식으로 주어지지 않는데, 이곳에서는 바로 이 보상의 방식으로 주어진다.

이 사건의 역사적 배경은 유다와 여호야김 통치 말기에 일어났던 바벨론의 침입이다. 예루살렘은 이 사건들 가운데서 실질적인 공격을 당하지는 않았지만, 사실상 둘러싸고 있는 모든 성읍들은 침입해 들어오는 바벨론 사람들에게 둘러싸여 있었다.

레갑 족속들은 예레미야 35장의 사건에서 중심적 위치에 있는 인물들이다. 그러나 그들이 어떤 식으로 정의되고 밝혀진다고 할지라도, 그들이 예루살렘에 있다는 사실은 적절한 상징을 가지고 있는 예레미야 선지자에게 유다에 대한 메시지를 제공하도록 해준다. 본 장 전체의 배경은 이 족속의 역사, 조상의 지침으로부터 자라난 그들의 관습 그리고 하나의 언약에 대한 충실에 관한 패러다임으로서 그들의 관습에 대한 신실성에 중점을 두고 있다. 예레미야가 이 레갑 족속을 통하여 세우고 있는 평행적 내용과 일치하여, 본 장은 그들에게 주신 약속의 말씀, 즉 예레미야가 유다 같은 불신실한 사람들에게는 불가능한 것으로 거절했던 약속의 말씀으로 마감된다.

본 장은 다음과 같이 개괄해 볼 수 있다.

Ⅰ. 레갑 족속에 대한 시험(1-11절)

A. 여호와의 명령(1-2절)

B. 예레미야의 순종(3-4절)
C. 시험(5절)
D. 레갑 족속의 생활 방식(6-10절)
E. 예루살렘에 레갑 족속이 있었던 이유(11절)
Ⅱ. 유다인들에 대한 산문적 신탁(12-17절)
A. 레갑 족속과 불성실한 유다 사이의 대조(12-16절)
B. 심판의 말씀(17절)
Ⅲ. 레갑 족속을 위한 약속의 신탁(18-19절)

주석

1-2 예레미야는 유다에 대한 상징적 예언을 제공해 줄 하나의 특이한 "시험"을 하도록 레갑 족속으로 알려진 일단의 사람들에게 가라는 명령을 받는다. 선지자는 레갑 족속들을 성전 경내에 있는 한 특별한 방으로 이끌고 가서 그들에게 포도주를 마시라고 권하라는 말씀을 받는다.

3-4 예레미야는 자기가 지시를 받은 대로 행하여 레갑 족속을 "익다랴의 아들 하나님의 사람 하난의 아들들의 방에" 모이게 한다. 하난의 아들들의 정체와 그들과 예레미야의 관계는 분명하지 않다. 거론된 조상의 일부분인 익다랴는 "하나님의 사람"으로 언급되어 있다(Carroll, 652). 이 용어는 익다랴의 특별한 선지자로서의 역할을 암시할 수도 있으며, 익다랴와 그와 함께 한 사람들은 예레미야와 행동을 같이한 사람들이라고 말할 수 있다.

5-10 포도주를 마시라는 요청이 모인 레갑 족속에게 주어졌는데, 그것은 단번에 거절당한다. 이 거절과 함께 조상인 레갑의 아들 요나답의 명령에까지 거슬러 올라가 레갑 족속 전체의 독특한 생활 방식에 대한 설명까지 곁들여진다. 금지 명령들은 포도주를 마심, 건축, 돌로 된 집에 거처함 그리고 파종도 하지 말며 포도원도 재배치하지 말라는 것들을 포함한다.

부록: 레갑 족속의 정체

참고문헌

Budde, K. "The Nomadic Ideal in the Old Testament." *The New World* 4(1895) 726-45.

Frick, F. S. "Rechabites Reconsidered." *JBL* 90(1971) 279-87. **Keukens, K. H.** "Die rekabitischen Haussklaven in Jeremia 35." *BZ* 27(1983) 228-35.

포도주를 마시라는 예레미야의 요구에 대한 레갑 족속의 설명이 곁들인 반응은 무엇보다도 레갑 족속으로 알려진 이 사람들의 정확한 정체성 문제에 의문을 갖게 한다. 그러한 금지 명령이 고대 근동의 더 큰 문화적 패턴에서 어떤 것을 제공하고 있는가? 이들은 금욕적 생활 방식을 실천하는 사막의 유목민인가? 적절한 다른 설명은 무엇인가? 이러한 문제들과, 또한 이와 관련된 문제들에 대해 답변하기 위하여 많은 노력이 있어 왔다.

전통적인 이해는 레갑 족속이 언젠가 이스라엘 백성들 사이에서 유행했던 체험 생활인 사막의 유목 생활로 금욕적 역행을 한 것으로 설명해 왔다. 예를 들어, 브라이트(191)는 그들을 왕국 시대 이스라엘 내에서 있었던 혼합주의적 생활 방식에 의해서 예증된 바, 그 부패에 대한 옛 원시 시대의 전승을 장려하는 저항 운동의 일부분으로 규정한다. 톰슨(Thompson, 616-17)은 이와 유사하게 레갑 족속을 출애굽 시대 이후로 이스라엘과 친밀했던 반유목민 족속인 겐 족속과 연결시킨다. 캐롤(652-56)은 전반적으로 받아들여진 것과 같은 해석을 따르기는 하지만, 그러한 그룹이 예루살렘이라는 도시 중심부에 있다는 사실과 본래 가지고 있는 분명히 드러난 모순성을 인정한다. 이 세 명의 현대 학자들은 수 세기를 거쳐서 레갑 족속에게 적용된 전통적인 해석의 형태를 예증해 준다. 그들의 노력은 붓드로부터 시작된 접근 방식(Budde, *The New World* 4[1895] 726-45)을 계속 주장하고 있으며, 그 이후로 다른 사람들이 따랐는데, 이들 모두가 레갑 족속을 이스라엘에 있었던 일종의 "옛 시대 종교"를 대표하는 사람들로 취급한다.

35장에 있는 사건들이 밝혀 주는 바와 같이, 포도주를 마시는 일은 이 족속의 전통에 의하여 금지되고 있음이 분명해지지만, 그러한 금지의 구체적인 이유는 명확하지 않다. 독특하게도 이 단락의 해석자들은 레갑 족속이 언젠가 이스라엘 백성들 사이에 유행했던 사막의 유목 생활로 금욕적 역행을 한 것으로 설명했다. 레갑 족속은 가장 앞선 나실인들이었다는 사실을 시사할 정도로 나실인의 생활 패턴과 피할 수 없는 관계가 맺어지는데, 이들은 후대에는 일시적인 금욕적 이상(극치)이 되었던 내용을 계속하며 살았던 사람들이다. 그러나 이것 중 그 어느 것 하나도 구약성경에서 레갑 족속과 관련된 어떤 본문에 의하여 직접 암시되지는 않았다. 이 그룹은 오므리 왕조를 무너뜨리는 데 있어서 예후를 도왔던 벤-레갑 요나답의 후손들로 가정된다(왕하 10장).

이 파악하기 어려운 인물들에 관해 좀더 연구하기 위하여 한 발자국 더 들어가 보려는 시도가 있어 왔다. 그러한 대부분의 문제에서 자극을 주는 점은 레갑 족속에 관해 이용할 수 있는 정보의 결핍이다. 조심스럽게 검사해 보면 그들에 관해서 전형적으로 가정되어 온 많은 것이 매우 설득력이 없는 증거, 곧 결국 세워진 전승을 형성했던 여러 층에 근거하고 있다는 사실이 드러난다. 예를 들어, 거명된 조상 레갑의 아들 요나답은 언제나 주전 9세기경에 있었던 예후가 오므리 왕조를 박멸했던 사건과 함께 설명되어 왔다. 그 에피소드 기사들은 요나답의 생활 방식에 관한 것을 전혀 언급하고 있지 않으며, 예후 이야기 속의 요나답이 예레미야 35장의 그 조상으로 간주되어야 할지도 분명하지 않다.

구약성경의 다른 어느 곳에서도 어떤 특별한 생활 방식을 요나답의 생활 방식으로 돌리고 있지는 않다. 또한 구약성경에 있는 레갑 족속에 대한 모든 언급은 도시를 배경으로 하고 나타난다고 지적되어 왔다. 금욕주의에 대한 오랜 전승에 관한 유일한 지지는 예레미야 35장에 있는 단 한 번의 언급에서 무로부터(ex nihilo) 기하학적 진행을 창출하는 데서, 그리고 다른 사람들/사건들/시간들로의 연결로 간주하는 데서 나온다. 레갑 족속이 말한 생활 방식이 금욕적 생활 방식을 의도하고 있다는 사실도 확실하지 않다. 두 가지 다른 해석이 최소한 많은 장점을 가진 것으로 제시되어 왔다.

첫 번째 것은 프릭(F. S. Frick, *JBL* 90[1971] 279-87)의 의견이다. 그는 이 그룹이 공예가들, 특히 병거 만드는 자들의 한 조합으로 쉽게 설명될 수 있다고 주장한다. 히브리어 이름 레갑(רכב)은 "병거"란 단어의 기본형일 수도 있다. 당연히 공예가들의 조합은 자기들의 무역을 늘리기 위하여 이동해 다니는 생활 방식에 있어서 어느 정도 유목민적이었다. 포도주를 금하라는 명령은 이 군수품 기술에서 프릭이 "혀를 많이 놀리면 배가 가라앉는다"(loose lips sink ship) 증후군이라고 부르는 내용에 대해 하나의 경고가 되는데, 그 이유는 병거들이 분명히 당시의 방어 무기고에서 중요한 요소였기 때문이다. 드러난 바와 같이, 프릭의 경우를 위한 지지 기반은 많지 않다. 이것은 전통적인 이해처럼 그렇게 확고한 것으로 보인다.

두 번째 선택 가능한 의견은 첫 번째 의견과 거의 유사하다. 전통적 가설을 거절하고 있는 쿠큰즈(Keukens, *BZ* 27[1983] 228-35)는 레갑 족속이 가장(요나답)으로부터 구체적인 지시를 받았던 이전 가족의 종들의 그룹으로 설명된다고 제안한다. 쿠큰즈는 레갑 족속의 전통을 고전적 예언 전승과의 어떤 결합으로부터 분리시키는 데 관심을 둔다. 그는 초창기에 있었던 엘리사에게서 나타난 생활 패턴에 있는 상반성을 언급하고, 그러한 상반성은 이스라엘 전승에서 다른 대다수의 선지자들에게도 적용되었을 것이라고 설명한다. 그러고 나서 그 법규들은 이스라엘을 위한 어떤 이상이나 혹은 그 어떤 몫으로 창출된 것이 아니라 독특하게 레갑 족속에게 적용되었다. 요나답은 어떤 생활 방식의 설립자로 보이지 않고, 금욕 그룹의 조상으로도 보이지 않으며, 다만 일단의 가정의 종들의 왕다운 주인으로만 나타난다(창 15장, 욥 19장으로부터 나온 실례들과 다른 것들은 이러한 패턴에 유사한 성경상의 내용을 보여 주기 위하여 사용된다). 쿠큰즈는 예레미야의 메시지에 이 레갑 족속의 전승을 삽입한 이유를 계속해서 제시한다. 그는 이 이야기가 포로 후기 이스라엘 가운데 있는 한 중요한 그룹을 포로 전기로 이어 주는 연결 고리 역할을 한다고 주장한다. 그렇다면 레갑 족속은 그들이 언젠가 의미했던 내용 때문에 중요한 것이 아니라, 그보다는 예레미야의 메시지 모음집이 동시대의 많은 다른 그룹을 위하여 제공하는 기초 때문에 중요한 그룹이다.

위에 약술된 두 비전통적 선택 사항들은 구약성경에서 이용할 수 있는 그룹에 관한 정보를 사용하면서 레갑 족속에 대한 이해를 전개시키고 있다. 이러한 선택 사항들 가운데 가장 가치 있는 기여는 너무나 불충분한 정보가 레갑 족속에 관한 많은 결론들을 이끌어 내는 데 사용될 수 있다는 이해다. 전통적 접근 방식들 가운데 어떤 것은 장점을 가지고 있을 수도 있다. 레갑 족속의 확실한 정체와 이스라엘의 문화적 패턴에서 그들의 위치는 결정될 수 없다. 이 그룹에 관한 가장 명확한 묘사는 예레미야 35장의 단락에서 시작되고 끝난다. 기록된 내용은 백성들 가운데 한 역사적 그룹에 대해 충분히 취급한 것이 아니다. 그보다 이것은 순종에 관한 분명한 메시지를 통하여 꾸짖고 도전하는 강력한 말씀이다. 그들의 구체적인 정체 혹은 유산이 무엇이든, 레갑 족속들은 유다에서 그리고 유다와 여호와의 관계에서는 발견되지 않은 것으로서 이전의 명령들에 대한 하나의 신실성을 상징하는 것으로 나타난다.

11 예레미야와 레갑 족속의 만남을 기술하고 있는 설화 단락의 끝은 그 그룹이 예루살렘에 살고 있는 이유를 제공하는 것처럼 보인다. 그러한 설명이 주어져 있다는 사실은 레갑 족속의 전통이 다소 절충되었다는 사실을 암시한다. 바벨론과 수리아 군대의 적대적 침입은 레갑 족속으로 하여금 달리 취하지 않았던 행동을 하도록 밀어부쳤을 것이다. 본 장의 나머지 부분의 어조는 자기들의 조상 요나답에 대한 레갑 족속의 순종은 그들이 그 성읍에 머물러 있었음에도 불구하고 심각하게 문제시되지 않았다는 사실을 암시한다.

12-17 12-17절은 예루살렘과 유다 사람들에게 주어진 산문체의 신탁을 제공한다. 예레미야는 요나답의 명령에 대한 레갑 족속의 신실성을 유다의 여호와에 대한 불성실성의 심각성을 강조하기 위한 수단으로 선포하라는 지시를 받는다. 레갑 족속은 유다에 대한 소송에서 일종의 꼼짝못하게 옭아매는 논증이 된다. 어투를 볼 때는 예언 전승에서 통상적인 공식적 논쟁과 어느 정도 유사한데, 이 경우에는 완전히 유다를 쳐서 말해진다. 선지자가 유다의 죄를 자기들의 신들에 대한 열국의 상대적인 충성과 대조시키고 있는 2:9-13에서처럼, 여기서는 레갑 족속이 그것을 돋보이게 만들어 주는 존재다. 그들은 한 인간 조상에게 복종하고 있는데, 그 조상의 명령들은 실제로 문제가 되고 있지 않다. 레갑 족속들은 순종을 통하여 유다 사람들을 책망하고 있다.

유다의 죄를 강하게 치고 있는 신탁은 변명의 요소가 없지 않다. 예레미야가 가장 자주 사용한 변명 가운데 하나인 회개하라(שׁוּב – 수브)는 요청이 불성실한 유다에게 발표된다. 아직도 회개와 갱신의 시간은 남아 있다. 아직 유다를 향한 하나님의 약속이 실현될 가능성은 남아 있지만, 이것은 백성들의 성실성을 통해서만 그들에게 다가올 수 있다.

이 단락의 결론은 심판에 대한 무자비한 말씀이다. 이 신탁 부분에서 열쇠가 되는 단어는 "그러므로"(לכן – 라켄)이다. 이 단어는 언제나 예언 신탁 가운데 나타나는데, 뒤따라오는 내용이 하나님의 심판의 선포다. 심판은 하나님이 반복적으로 순종하도록 요청함에도 불구하고 계속하여 순종하기를 거절함으로써 다가온다.

18-19 본 장은 레갑 족속에게 주어진 약속의 신탁과 함께 끝난다. 여호와께서는 언약적 약속이라는 어투로 레갑 족속이 계속하여 자신을 섬기는 역할을 할 것을 확증해 주신다. 여호와를 섬기는 요나답의 후손인 레갑 족속은 언제나 있을 것이다.

이 약속이 쿠큰즈(Keukens)에게는 관심의 초점이다(5-10절 "주석" 다음에 나오는 부록을 보라). 이 약속은 분명히 이스라엘의 삶에서 후대의 레갑 족속의 존재와 그들이 존재하는 시지 근거 사이에 필요한 연결 고리를 제공한다. 제의적 생활에 완전히 들어가기를 원하지 않았던 겐 족속들과는 달리, 이들은 예레미야 35장에서 제공된 순종의 모범으로 특별히 언급된 사람들이다. 쿠큰즈의 가설이 더욱 지지를 받을 수 있을지의 여부를 말하기는 불가능하지만, 이것은 생각할 만한 매력적인 선택 사항을 제공해 준다.

해설

유다와 예루살렘에 대한 심판의 말씀은 유다와 예루살렘의 불성실성을 레갑 족속의 신실성과 대조시킴으로써 더욱 돋보이게 만든다. 유다는 계속해서 하나님과의 신의를 깨뜨려 왔다. 그들에 비하여 레갑 족속은 유다가 하나님에게 신실했던 것 이상으로 더 자기들의 조상 요나답에게 신실해 왔다. 거기에 정확한 평행적 관계를 나타낼 의도는 없을지라도, 자기들의 인간 조상에 대한 충성을 통하여 레갑 족속은 하나님과의 신의를 계속해서 저버렸던 유다 사람들의 죄악됨을 강조해 주고 있다.

예레미야 35장 전체의 열쇠는 순종이라는 주제일 것이며, 만일 그렇지 않다면 불성실과 신실함의 대조가 더 나을 것이다. 불성실은 하나님의 백성으로 존재함에 있어서 이스라엘과 유다 백성의 특징을 나타내 주었던 삶의 패턴이다. 선지자들은 스스로 하나님의 백성으로 지칭하기를 좋아했던 사람들에게 예외가 아닌 표준이라는 사실을 명백하게 밝혀 준다. 예레미야는 그러한 선지자 계열 가운데 들어 있는 사람이다. 예레미야는 반복해서 유다의 불성실성의 심각성을 들추어내려고 힘쓰지만, 그의 메시지는 무시당하고 그의 선지자로서의 위치는 조롱을 당하기만 할 뿐이다.

이 메시지의 해석자들은 조심스럽게 레갑 족속이라는 신비에 싸여 있는 그룹으로 말미암아 야기된 함정을 피해야 할 것이다. 그 신비성은 벗겨낼 수 없지만, 순종이라는 주제는 불가사의한 부분이 아니다. 예레미야는 레갑 족속의 생활 방식을 유다를 위한 하나의 모델로 내세우려고 하지는 않는다. 그는 그 나라에 포도주 절제를 요구하지도 않는다. 그는 유목민 생활로 돌아가는 것을 옹호하지도 않는다. 그 대신 그는 수 세기 전 한 인간 조상이 세웠던 관습을 결단력 있게 지켰던 하나의 소그룹과 만군의 여호와의 명령을 듣거나 지킬 수 있을 것 같지 않았던 유다 백성 사이에 강력한 대조를 보여 준다.

예레미야서에 있는 다른 구절들(특히 렘 7장)은 의식적 요소만을 제외하고 모든 것을 잃어버린 종교적 신앙의 위험성을 강조하고 있다. 예레미야 35장은 종교적 신앙의 핵심을 결여하고 있는 종교 사상들에 대항하여 예레미야서 전체를 통하여 발표된 도전과 정죄의 말씀에 여호와께 대한 순종을 덧붙여 주고 있다. 그것이 단순한 것처럼 보이는 반면에, 레갑 족속에 대한 교훈은 유다가 결코 배우지 못했던 것이다. 하나님의 백성이라고 불리는 사람들이 아직도 이것을 배우지 못했을지 의문이다.

XXIII. 두루마리(36:1-32[LXX 43:1-32])

참고문헌

Baumann, A. "Urrolle und Fasttag: Zur Rekonstruktion der Urrolle des Jeremiabuches nach den Angaben in Jer 36." *ZAW* 80(1968) 350-73. **Hicks, R. L.** "*Delet* and *M[e]gillah*: A Fresh Approach to Jeremiah xxxvi." *VT* 33(1983) 46-66. **Holladay, W. L.** "A Fresh Look at 'Source B' and 'Source C'." *VT* 25(1975) 394-412. ______. "The Identification of the Two Scrolls of Jeremiah." *VT* 30(1983) 452-67. **Isbell, C. D.** "2 Kings 22:3-23:24 and Jeremiah 36: A Stylistic Comparison." *JSOT* 8(1978) 33-45. **Kessler, M.** "Form Critical Suggestions on Jer 36." *CBQ* 28(1966) 389-401. ______. "Jeremiah Chapters 26-45 Reconsidered." *JNES* 27(1968) 81-88. ______. "The Significance of Jer 36." *ZAW* 81 (1969) 381 83. **Long, B. O.** "Social Dimensions of Prophetic Conflict." *Semeia* 21(1981) 31-53. **Perdue, L. G.** "Jeremiah in Modern Research." In *A Prophet to the Nations*, ed. L. G. Perdue and B. W. Kovacs. Winona Lake, IN: Eisenbrauns, 1984. 1-32.

본 문

1 유다 왕 요시야의 아들 여호야김 사 년에 여호와께로서 예레미야에게 말씀이 임하니라 가라사대

1 In the fourth year of Jehoiakim the son of Josiah, the king of Judah, this word[a] came to Jeremiah[b] from the Lord:

2 너는 두루마리 책을 취하여 내가 네게 말하던 날 곧 요시야의 날부터 오늘까지 이스라엘과 유다와 열방에 대하여 나의 네게 이른 모든 말을 그것에 기록하라

2 "Take a scroll[a] and write on it all the words which I have spoken to you concerning Israel[b] and Judah and all the nations, from the day I spoke to you, from the days of Josiah[c] until today.

3 유다 족속이 내가 그들에게 내리려 한 모든 재앙을 듣고 각기 악한 길에서 돌이킬 듯하니라 그리하면 내가 그 악과 죄를 사하리라

3 Perhaps the house of Judah will hear all the evil which I intend to do to them, so that every one may turn from his evil way and I may pardon their iniquity and their sin."

4 이에 예레미야가 네리야의 아들 바룩을 부르매 바룩이 예레미야의 구전대로 여호와께서 그에게 이르신 모든 말씀을 두루마리 책에 기록하니라

4 So Jeremiah called Baruch the son of Neriah, and Baruch[a] wrote upon a scroll at the dictation of Jeremiah all the words of the Lord which he had spoken to him.

5 예레미야가 바룩을 명하여 가로되 나는 감금을 당한지라 여호와의 집에 들어갈 수 없은즉

5 And Jeremiah commanded Baruch, saying: "I am under restraint and I cannot go to the house of the Lord.

6 너는 들어가서 나의 구전대로 두루마리에 기록 한 여호와의 말씀을 금식일에 여호와의 집에 있는 백성의 귀에 낭독하고 유다 모든 성에서 온 자들의 귀에도 낭독하라

6 So you are to go[a] and, on a fast day in the hearing of the people in the house of the Lord, read from the scroll[b] the words of the Lord that you have written at my dictation; and also read them in the hearing of all the men of Judah who come out of their cities.

7 그들이 여호와 앞에 기도를 드리며 각기 악한 길을 떠날 듯하니라 여호와께서 이 백성에 대하여 선포하신 노와 분이 크니라

7 Perhaps their supplication will come before the Lord, and every one[a] will turn from his evil way; for great is the anger and the wrath[b] that the Lord[c] has pronounced against this people."

8 네리야의 아들 바룩이 무릇 선지자 예레미야의 자기에게 명한 대로 하여 여호와의 집에서 책에 있는 여호와의 말씀을 낭독하니라

8 And Baruch the son of Neriah[a] did all that Jeremiah the prophet[b] commanded him about reading from the scroll the words of the Lord in the house of the Lord.

9 유다 왕 요시야의 아들 여호야김의 오 년 구 월에 예루살렘 모든 백성과 유다 성읍들에서 예루살렘에 이른 모든 백성이 여호와 앞에서 금식을 선포한지라

9 And in the fifth[a] year of Jehoiakim the son of Josiah, the king of Judah, in the ninth month, they[b] proclaimed a fast before the Lord, (for) all the people in Jerusalem and all the people who came from the cities of Judah to Jerusalem.[c]

10 바룩이 여호와의 집 윗뜰 곧 여호와의 집 새 문 어귀의 곁에 있는 사반의 아들 서기관 그마랴의 방에서 그 책에 있는 예레미야의 말을 낭독하여 모든 백성에게 들리니라

10 So from the room of Gemariah the son of Shaphan the scribe, in the upper court, at the entrance of the New Gate of the house of the Lord, in the hearing of all the people, Baruch read the words of Jeremiah from the scroll in the house of the Lord.

11 사반의 손자요 그마랴의 아들인 미가야가 그 책에 있는 여호와의 말씀을 다 듣고

11 When Micaiah the son of Gemariah the son of Shaphan heard all the words of the Lord from the scroll,

12 왕궁에 내려가서 서기관의 방에 들어가니 모든 방백 곧 서기관 엘리사마와 스마야의 아들 들라야와 악볼의 아들 엘라단과 사반의 아들 그마랴와 하나냐의 아들 시드기야와 모든 방백이 거기 앉았는지라

12 he went down to the house of the king to the room of the scribe, and all the princes were sitting there: Elishama the scribe, and Delaiah the son of Shemaiah,[a] and Elnathan[b] the son of Achbor, and Gemariah the son of Shaphan, and Zedekiah the son of Hananiah, and all the princes.

13 미가야가 바룩의 백성의 귀에 책을 낭독할 때에 들은 모든 말로 그들에게 고하매

13 And Micaiah told them all the words that he had heard, when Baruch read from the scroll[a] in the hearing of the people.

14 이에 모든 방백이 구시의 증손 셀레먀의 손자 느다냐의 아들 여후디를 바룩에게 보내어 이르되

14 Then all the princes sent to Baruch[a] Jehudi the son of Nethaniah the son of Shelemiah the

너는 백성의 귀에 낭독한 두루마리를 손에 가지고 오라 네리야의 아들 바룩이 두루마리를 손에 가지고 그들에게로 가매

son of Cushi, saying: "The scroll from which you read in the hearing of the people, bring it in your hand and come"; so Baruch the son of Neriah[b] took the scroll in his hand,[c] and he came[d] to them.

15 그들이 바룩에게 이르되 앉아서 이를 귀에 낭독하라 바룩이 그들 귀에 낭독하매

15 And they said to him, "Sit down and read it[a] to us"; so Baruch read it to them.[b]

16 그들이 그 모든 말씀을 듣고 놀라서 서로 보며 바룩에게 이르되 우리가 이 모든 말을 왕에게 고하리라

16 And when they heard all the words, they turned one to another in fear; and they said to Baruch,[a] "We must report all these words to the king."

17 그들이 또 바룩에게 물어 가로되 네가 그 구전하는 이 모든 말을 어떻게 기록하였느뇨 청컨대 우리에게 이르라

17 And they asked Baruch, "Tell us, how[a] did you write all these words? Was it at his dictation?"[b]

18 바룩이 대답하되 그가 그 입으로 이 모든 말을 내게 베풀기로 내가 먹으로 책에 기록하였노라

18 And Baruch answered them, "He[a] dictated to me all these words, and I wrote them on the scroll with ink."[b]

19 이에 방백들이 바룩에게 이르되 너는 가서 예레미야와 함께 숨고 너희 있는 곳을 사람에게 알리지 말라 하니라

19 And the princes[a] said to Baruch, "Go, hide, you and Jeremiah, and let no one know where you are."

20 그들이 두루마리를 서기관 엘리사마의 방에 두고 뜰에 들어가 왕께 나아가서 이 모든 말로 왕의 귀에 고하니

20 And they went to the king, to the court, and they deposited the scroll in the room of Elishama the scribe;[a] and they reported all the words[b] in the hearing of the king.

21 왕이 여후디를 보내어 두루마리를 가져오게 하매 여후디가 서기관 엘리사마의 방에서 가져다가 왕과 왕의 곁에 선 모든 방백의 귀에 낭독하니

21 Then the king sent Jehudi to get the scroll, and he took it from the room of Elishama the scribe;[a] and Jehudi read it in the hearing of the king, and in the hearing of all the princes who stood beside the king.

22 때는 구 월이라 왕이 겨울 궁전에 앉았고 그 앞에는 불피운 화로가 있더라

22 And the king was sitting in the winter house, in the ninth month,[a] and there was a fire[b] burning[c] in the brazier before him.

23 여후디가 삼 편 사 편을 낭독하면 왕이 소도로 그것을 연하여 베어 화로 불에 던져서 온 두루마리를 태웠더라

23 And as Jehudi read three or four columns, he[a] would tear it off the scroll with a penknife and cast it into the fire which was in the brazier until all the scroll was consumed in the fire which was in the brazier.

24 왕과 그 신하들이 이 모든 말을 듣고도 두려워하거나 그 옷을 찢지 아니하였고

24 Yet they were not afraid, and they did not tear their garments – neither the king nor any of[a] his servants who heard all these words.

25 엘라단과 들라야와 그마랴가 왕께 두루마리를 사르지 말기를 간구하여도 왕이 듣지 아니하였으며

26 왕이 왕의 아들 여라므엘과 아스리엘의 아들 스라야와 압디엘의 아들 셀레먀를 명하여 서기관 바룩과 선지자 예레미야를 잡으라 하였으나 여호와께서 그들을 숨기셨더라

27 왕이 두루마리와 바룩이 예레미야의 구전으로 기록한 말씀을 불사른 후에 여호와의 말씀이 예레미야에게 임하니라 가라사대

28 너는 다시 다른 두루마리를 가지고 유다 왕 여호야김의 불사른 첫 두루마리의 모든 말을 기록하고

29 또 유다 왕 여호야김에 대하여 이같이 말하기를 여호와의 말씀에 그가 이 두루마리를 불사르며 말하기를 네가 어찌하여 바벨론 왕이 정녕히 와서 이 땅을 멸하고 사람과 짐승을 이 땅에서 없어지게 하리라 하는 말을 이 두루마리에 기록하였느뇨 하도다

30 그러므로 나 여호와 유다 왕 여호야김에 대하여 이같이 말하노라 그에게 다윗의 위에 앉을 자가 없게 될 것이요 그 시체는 버림을 입어서 낮에는 더위, 밤에는 추위를 당하리라

31 또 내가 그와 그 자손과 신하들을 그들의 죄악을 인하여 벌할 것이라 내가 일찍 그들과 예루살렘 거민과 유다 사람에게 선포하였으나 그들이 듣지 아니한 그 모든 재앙을 내리리라 하셨다 하라

32 이에 예레미야가 다른 두루마리를 취하여 네리야의 아들 서기관 바룩에게 주매 그가 유다 왕 여호야김의 불사른 책의 모든 말을 예레미야의 구전대로 기록하고 그 외에도 그 같은 말을 많이 더 하였더라

25 And even when Elnathan and Delaiah[a] and Gemariah pleaded with the king not[b] to burn the scroll, he would not listen to them.[c]

26 And the king commanded Jerahmeel the son of the king, and Seraiah the son of Azriel, and Shelemiah the son of Abdeel[a] to take Baruch the scribe[b] and Jeremiah the prophet;[c] but the Lord hid them.[d]

27 Now the word of the Lord came to Jeremiah after the king's burning of the scroll and the words[a] which Baruch had written at Jeremiah's dictation:

28 "Take another scroll, and write upon it[a] all the former words which were upon the first[b] scroll which Jehoiakim the king of Judah[c] burned.

29 And concerning Jehoiakim the king of Judah,[a] say, 'Thus says the Lord, you burned this scroll, saying, "Why did you write upon it that the king of Babylon will surely come and destroy this land, and cut off from it people and animals?"

30 "'Therefore, thus says the Lord concerning Jehoiakim the king of Judah, there will not be for him anyone to sit upon the throne of David, and his corpse will be cast out to the heat by day and to the frost by night.

31 And I will punish him and his descendants and his servants because of their iniquity,[a] and I will bring upon them and upon the inhabitants of Jerusalem and to the people[b] of Judah all the evil which I have pronounced to them, but they would not listen.'"

32 Then Jeremiah[a] took another scroll, and he gave it to Baruch the son of Neriah, the scribe,[b] who wrote upon it at the dictation of Jeremiah all the words of the scroll which Jehoiakim the king of Judah[c] burned in the fire,[d] and many similar words were added to them.

원문주해

1.a. LXX은 로고스 퀴리우(*λόγος κυρίου*, "주님의 말씀")를 가지고 있다.

1.b. LXX은 "나에게"를 가지고 있다.

2.a. 메길라트-쎄페르(מגלת־ספר, "두루마리 책")란 문구는 이 곳과 4절, 시 40:8[개역. 7], 그리고 겔 2:9에만 나타난다.

2.b. 많은 학자들이 LXX과 같이 "예루살렘"으로 읽고 있는데, MT의 "이스라엘"이 유지되어야 할 것이다. 브라이트(Bright, 179)와 톰슨(Thompson, 621-22)은 "이스라엘"의 유지를 위해 열쇠가 되는 논증을 지적한다. 예레미야가 사용한 형식은 여기서 LXX을 따른 "예루살렘과 유다"가 아니고 그 반대 순서인 "유다와 예루살렘"이다. 두루마리의 내용은 유다와 예루살렘의 사람들보다 더 광범위한 사람들로 하여금 관심을 기울이도록 했을 것이다.

2.c. LXX은 "유다 왕"을 덧붙인다.

4.a. "바룩"이 LXX에는 없다.

6.a. 우바아트 아타(ובאת אתה, "그래서 너는 가야 할 것이다")가 LXX에는 없다.

6.b. LXX은 보다 길다란 설명적 문구인 아쉐르-카타브타-미피 에트 띠브레 야웨(אשר־כתבת־מפי את־דברי יהוה, "네가 나의 구술한 대로 기록한 여호와의 말씀")를 생략하면서 카르티위오 투튀오(*χαρτίῳ τούτῳ*, "이 두루마리")를 가지고 있다.

7.a. LXX은 이쉬(אִישׁ, "모든 자" 혹은 "각기")를 생략한다.

7.b. LXX은 "여호와의 진노"를 생략한다.

7.c. LXX은 야웨(יהוה, "여호와")를 생략한다. LXX은 엘랄레센(*ἐλάλησεν*, 그가 선포했다")으로 읽는다.

8.a. LXX은 "네리야의 아들"을 생략한다.

8.b. LXX은 "그 선지자"를 생략한다.

9.a. LXX은 토 옥도오(*τῷ ὀγδόῳ*, "여덟 번째")를 가지고 있다.

9.b. "그들이"는 권위 있는 자들을 가리키는 것 같다(Rudolph, 196과 같이). 예루살렘 백성과 외곽 지역으로부터 온 사람들은 "금식을 선포"할 수 없었다. 그것은 그러한 일을 할 만한 권위자들을 통해서만 선포되었다.

9.c. LXX은 MT의 "그리고 유다의 성읍으로부터 예루살렘으로 온 모든 백성" 대신에 "그리고 유다 집"을 가지고 있다.

12.a. LXX은 셀레미우(*Σελεμίου*, "셀레미야")로 읽는다.

12.b. 몇몇 헬라어 필사본들은 요나단(*Ιωναθαν*), 나단(*Ναθαν*), 엘라단(*Ελδαθαν*) 등으로 다양하게 제안한다.

13.a. LXX은 "두루마리로부터"를 생략한다.

14.a. LXX은 "네리야의 아들"을 덧붙인다.

14.b. LXX은 "네리야의 아들"을 생략한다.

14.c. LXX은 "그의 손에서"를 생략한다.

14.d. LXX은 카테베(*κατέβη*=히브리어 야라드〈ירד, "그가 내려갔다"〉)를 가지고 있다.

15.a. LXX은 팔린(*πάλιν*, "다시")을 덧붙인다.

15.b. LXX은 빼아즈네헴(באזניהם, "그들에게", 직역하면 "그들이 듣는 가운데")을 생략한다.

16.a. LXX은 "바룩에게"를 생략한다.

17.a. LXX은 포덴(*πόθεν*, "어떻게?")을 가지고 있다.

17.b. LXX에는 미피우(מפיו, "그것이 그의 구술로 되었느냐?"; 직역하면 "그의 입으로부터?")가 생략되었다. 의문사 헤(ה)는 중자탈락에 의하여 누락되어 있는데, RSV가 그렇게 되어 있다.

18.a. LXX은 "예레미야가 구술했다"를 가지고 있다.

18.b. LXX은 "먹으로"를 생략한다.

19.a. LXX은 핫사림(השׂרים, "방백들")을 생략한다.

20.a. LXX은 "서기관"을 생략한다.

20.b. 몇몇 헬라어 필사본은 "이 말씀들…"을 가지고 있다.

20.c. LXX은 히브리 관용어인 베아즈네 함멜렉(באזני המלך, "왕의 듣는데", 직역하면 "귀에") 대신에 토 바실레이(*τῷ βασιλεῖ*, "왕에게")를 가지고 있다.

21.a. LXX은 "서기관"을 생략한다.

22.a. LXX에는 "9월"이 누락되어 있음.

22.b. LXX과 같이 웨에쉬(ואשׁ, "불")로 읽음. MT의 직접목적어 표시 웨에트(ואת)는 오류일 것이다.

22.c. LXX은 "타는"을 생략한다.

23.a. "그"는 왕을 가리키는 것 같다.

24.a. LXX은 웨콜(וְכֹל, "어떤…[any of]")을 생략한다.

25.a. LXX은 고돌리야스(*Γοδολίας*, "그달랴")를 가지고 있다.

25.b. 몇몇 헬라어 필사본들은 부정 불변화사를 생략하고 있는데, 이는 왕과 함께 그 두루마리를 불사르도록 탄원하는 세 명의 방백들을 나타내려는 효과를 가진다.

25.c. LXX은 "그가 그들을 듣지 않았다"를 생략한다.

26.a. LXX에는 "그리고 압디엘의 아들 셀레먀"가 누락되어 있다.

26.b. LXX은 "서기관"을 생략한다.

26.c. LXX에는 "선지자"가 빠졌다.

26.d. LXX은 MT의 "여호와께서 그들을 숨기셨다" 대신 "그들이 스스로 숨었다"를 가지고 있다.

27.a. LXX은 "모든 말씀"을 가지고 있다.

28.a. LXX은 "그 위에"를 생략한다.

28.b. LXX은 "첫"을 생략한다.

28.c. LXX은 "유다의"를 생략한다.

29.a. LXX에는 "유다 왕 여호야김에 관해서는"이 누락되어 있는데, 이는 아마도 구문의 끝 부분의 유사성으로 인하여 나타난 호모이오텔류톤(homoioteleuton)의 결과인 것 같다.

31.a. LXX에는 에트 아오남(את־עונם, "그들의 죄악")이 없다.

31.b. LXX은 MT의 이쉬(אִישׁ, "백성")가 아닌 겐(γῆν, "땅")을 가지고 있다.

32.a. LXX은 "바룩"을 가지고 있다.

32.b. LXX은 "그리고 그가 그것을 서기관 네리야의 아들 바룩에게 주었다"를 생략한다. "원문주해" 32.a를 보라.

32.c. LXX은 "유다 왕"을 생략한다.

32.d. LXX에는 "불 가운데"가 없다.

양식/구조/배경

예레미야 36장은 일반적으로 모빙켈의 "자료 C"(*Zur Komposotion des Buches Jeremia*, 1914)의 일부분, 즉 신명기 언어와 매우 유사한 산문으로 기록된 자료로 분류된다. 예레미야서에 대한 모빙켈의 양식 비평 작업은 모든 그러한 다른 작업들이 시작되는 표준으로 취급된다(본 주석의 제1권 서론을 보라). 현대 해석자들은 한편으로 모빙켈과 많은 차이를 보이면서도 그의 기본적인 주제로부터 멀리 나아가지는 않는다(참조. Rudolph, 195, 그리고 소위 바룩의 신탁들을 분리시키고 있는 그의 증보판, 또한 Kessler, *CBQ* 28[1966] 398, 그는 두 개의 주요 전승 복합 내용, 즉 26-36장과 37-45장을 동일시한다).

예레미야 36장은 자주 예레미야서의 기원에 대한 묘사로 취급된다. 바룩이 기록한 두루마리의 정확한 내용을 결정할 길이 없는 반면에, 대부분의 학자들은 지금의 예레미야서가 그 두루마리의 핵심을 나타내며 동시에 후대에 예레미야 전승의 편집자들과 보관자들에 의하여 첨가된 부가적 자료를 나타낸다고 가정해 왔다.

그 두루마리의 가장 개연성 있는 내용은 예레미야서 앞 장들에 초점을 맞추려는 경향이 있었다. 둠(Duhm, 292)은 지나치게 구체적으로 밝히기를 원치 않는 한편,

1-25장의 부분들이 바룩의 두루마리를 나타내는 것으로 보았다. 그와 다른 사람들은 36장의 설화가 비교적 짧은 기간에 세 개의 두루마리를 낭독한 것을 기록하고 있다는 것 때문에 더 큰 자료의 뭉치를 배제시켰다.

같은 이유로 할러데이(Holladay, *Jeremiah: Spokesman Out of Time*, 155-56)는 예레미야 1-6장 혹은 그 장들 가운데 들어 있는 요소들이 그 두루마리에 기록되어 있는 것과 비교될 만한 자료를 나타낸다고 주장했다. 다른 한편, 힉스(Hicks)는 가죽 두루마리가 준비되었던 방식에 근거하여 그러한 두루마리에 포함된 자료가 보다 광범위했을 수 있다고 주장했다(*VT* 33[1983] 66). 최소한 예레미야서 앞 장들은 대략 36장의 두루마리와 동일시될 수 있을 가능성을 파악하기 위하여 상상을 할 필요가 거의 없다.

캐롤(665-67)은 바룩의 역할에 관해서 너무 지나치게 가정하지 말도록 경고했다. 그는 예레미야 36장이 예레미야 전승에서 서기관들의 합법성을 제공하기 위한 문학적 고안물인 것 같다고 주장한다. 분명한 것은 캐롤의 주장에는 논리적 일관성이 있지만, 같은 이유가 전통적 해석에도 적용될 수 있다는 것이다. 바룩의 중요한 역할은 예레미야서의 더 큰 본문에 의하여 지지를 받으면서, 그 역할이 또한 그것으로 논박되는 것처럼 보인다. 예레미야 전승의 전달에는 신명기 사가가 연루되었을 가능성이 매우 크다. 이것은 당연히 그 전승의 작성 단계만을 나타내지는 않는다. 캐롤의 주장에도 불구하고 예레미야 36장에 있는 기사는 바룩에게 하나의 중요한 역할을 부여하고 있으며, 그래서 너무 재빠르게 일축해서는 안 된다.

그것이 현존하고 있는 예레미야 본문과 관계가 있든 그렇지 않든(그리고 아마도 그것은 관계가 있을 것이다), 이 단락은 예레미야 전승이 보존된 과정에 상당한 통찰력을 제공해 준다. 성경 기록 가운데 그 어떤 다른 곳에도 기록된 신탁의 실질적인 작성에 대한 묘사는 제공되어 있지 않다. 예레미야 36장은 "성경" 기록 가운데 가장 초창기의 실례에 대한 목격자의 느낌을 제공한다.

캐롤(666)과 니콜슨(Nicholson, *Preaching to the Exiles*, 45)은 필요한 경고를 제공해 준다(또한 참조. Kessler, *CBQ* 28[1966] 398). 두 사람 모두 자신들이 이 단락과 관련하여 중요한 현안 문제인 것으로 깨달은 점을 강조한다. 본문의 초점은 예레미야나 바룩이나 그들의 행동에 있지 않다. 그 대신 초점은 여호와의 말씀과 이스라엘의 대표가 되는 왕이 듣고 거절한 것에 있다. 그 말씀의 능력은 그 말씀과 관련되어 연루된 혹은 그것에 접촉하는 개인의 역할을 위축시킨다.

예레미야 36장과 열왕기하 22-23장 사이에 평행이 이루어진다는 사실은 이 단락의 해석자에게 유혹의 가능성을 제공한다. 이스벨(Isbell, *JSOT* 8[1978] 33-45)의 작품은 이 평행적 구절들에 대한 가장 명확한 취급이다(참조. Kessler, *CBQ* 28 [1966] 396, 그 역시 이것들의 평행성과 그 중요성을 환기시킨다). 이스벨의 작품은 열왕기하 22-23장이 예레미야 36장의 메시지에 의도적 돌출부를 제공했을 가능성을 지적한 점에서 상당히 신빙성이 있다. 접촉점들은 중요한 유사성들을 포함하고 있지만 명백한 차이점들도 포함하고 있는데, 그것들은 선지자의 메시지에 힘을 실어 주는 차이점들이다.

유사점들은 다음의 사항들을 포함한다. 하나님의 메시지를 전달하도록 기록된 두루마리의 희귀한 사용, 권위에 대한 선지자의 주장("그러므로 여호와께서 가라사대"라는 권위 있는 서문), 특별히 이 두 구절에 기록된 "악함"(רעה - 라아)에 대한 관심, 그리고 회개하라는 요구(Isbell, *JSOT* 8[1978] 33-35). 이 유사성들은 단순한 일치로 보기에는 너무나 두드러져 보인다.

결정적인 차이점들이 특히 주목할 만하다. 두 에피소드는 왕이 옷을 찢은 일을 담고 있다. 요시야는 자기 옷을 찢는데, 이는 죄로 인하여 괴로워하고 슬퍼하는 전통적인 표시다. 한편, 여호야김은 전체 두루마리에서 그 일부분을 찢어서 불에 던진다. "불"(שׂרף - 사라프)은 이 두 에피소드에서 중요한 역할을 한다. 요시야는 개혁의 시도로 제단들을 태운다. 여호야김은 두루마리를 태움으로써 그 메시지를 무효로 만들려고 한다. 요시야는 여호와의 말씀을 들은 반면에, 여호야김은 전혀 듣지 않는다. 마지막으로, 그 최종 결과는 하나님께서 요시야를 들으신다는 것이지만, 여호야김과 유다의 결과는 예레미야 36:30-31이 분명하게 가리키는 바와 같은 그 반대다(Isbell, *JSOT*[1978] 35).

이스벨의 분석은 예언 활동의 특별한 "양식"의 사용을 나타내 주는데, 곧 형태(type, 표준이 되는 요시야)로부터의 결정적 이탈을 통하여 예레미야의 심판 신탁의 충격을 강조하는 역할을 한다. 그러한 배경이 예레미야 36장에 대한 해석에 무게를 더해 준다는 사실은 말할 필요도 없다.

보만(Baumann)은 1-12장을 선지자가 사용한 예전적 양식(form)으로 취급함으로써 본 장의 구조적 "혼합"(mix)에 한층 더 덧붙였다(*ZAW* 80[1968] 350-73). 보만에 의하면, 예레미야 4:5-6:26과 14:1-15:3이 예레미야가 사용한 이 "양식"의 실례로 설명된다. 그는 성전에서 금식일에 연루된 의식(liturgy)과 같은 것이라고 밝힌다. 예레미야의 패턴은 그 중심 특징의 모순, 곧 제사장들과 백성들의 공식적인 탄원에 대한 야웨의 긍정적인 반응의 보증을 포함하고 있는 그 의식에 대한 고의적인 공격이 된다. 보만의 결론은 사변적인 편이지만, 그러한 결론들의 요점은 위에서 언급된 것과 같은 36장의 배경에는 잘 들어맞는다.

장면은 주전 605년 유다 왕 여호야김 제4년으로 진술되어 있다. 주어진 이 연대는 구체적인 것이지만, 모든 사람이 이것을 기록된 사건의 날짜로 받아들이지는 않는다. 루돌프(Rudolph, 195-97)는 만일 바벨론이 이미 갈그미스에서의 결정적인 전쟁 이후에 주전 605년에 있었던 강력한 방식으로 무대에 떠올라 있었다면, 왕 편에서의 그러한 경솔한 반응은 있었을 것 같지 않다고 설명한다(참조. Kessler, *ZAW* 81[1969] 382, 그는 여호야김의 행동이 "경솔한" 것으로 간주되어야 한다는 사실에 동의하지 않는다). 그러므로 그는 바벨론 세력이 분명한 모습으로 떠오르기 이전의 시기라고 주장했다. 루돌프는 예레미야에게 여호야김과 그의 충고자들이 보지 못한 사실을 바라보았던 선지자의 통찰력을 가진 것으로 돌린다.

루돌프의 주장에는 유리한 점이 있지만, 그것이 반드시 열거된 날짜를 배제하지는 않는다. 왕 편에서 있었던 잘못된 판단이 세계 무대에서 일어난 외적인 사건들로 인하여 갑자기 향상되었을 것이라는 사실을 어느 누가 말할 것인가? 방종한 "누에 고치" 안에 살아가는 사람들은 예레미야가 여호야김과 유다가 틀림없이 그들 자신의 나라에 대한 바벨론 세력의 영향을 스스로 무시하면서 모든 것이 평화롭다고 확신했을 수 있다고 기술하고 있다는 사실을 선호한다. 사실상, 여호야김과 유다의 터무니없는 무지는 정확하게 예레미야의 메시지의 많은 점을 지적한다.

본 장은 일곱 개의 막으로 되어 있는 드라마로 펼쳐진다. 이 드라마는 선지자가 사용한 보다 통상적인 신탁 공식 문구들로부터 나온 하나의 변형물을 둘러싸고 있다. 이 경우에 신탁은 완전히 제시되어 있지는 않고, 다만 간접적으로 "나의 네게 이른 모든 말"로 언급된다. 사건 그 자체를 볼 때 신탁의 본질이 분명해진다. 이것은 유다와 그 지도자들, 특히 왕의 불성실성에 대해서 선포된 심판의 말씀이다.

소규모로, 이 드라마는 예레미야 선지자가 실질적으로 자신의 전 생애 동안 유다의 지도자들과 연루되었던 투쟁을 모형으로 삼고 있다. 투쟁에 대한 이러한 배경은 선지자를 그의 숙적인 여호야김 왕과 대항하는 자로 보여 준다. 버크 오 롱(Burke O. Long)은 이 투쟁을 평가함에 있어서 생각해야 할 열쇠가 되는 몇몇 현안 문제에 주의를 환기시킨다(*Semeia* 21[1981] 31). 신학적 협의 사항은 일반적으로 그러한 논의에서 1차적 의미가 주어진다. 롱은 사회적・정치적인 문제들도 역시 기사 가운데 취급되어야 한다고 주장한다.

이 본문을 위한 또 다른 "배경"의 가능성도 인정되어야 할 것이다. 포로민들 사이에서 이것을 사용한 배경은 하나의 건전한 존재 이유를 제공한다. 예레미야 36장과 또 이것과 짝을 이루는 본문은 포로라는 비극에 대한 풍부한 설명을 제공해 준다. 이것은 또한 바벨론인들과의 공존을 위한 주장으로서의 역할을 한다(Long, *Semeia* 21[1981] 31). 결국, 다름아닌 이 대선지자는 그 길로 인도했었다!

롱은 "참 신앙"이 예레미야 본문 가운데서 선지자와 그의 지지자와 동일시되는 한편, 투쟁의 시기에는 상당한 모호성이 있을 수 있다고 주장한다. 어떻게 "참 신앙"이 거짓된 신앙과 구별되는가? 성경 전승은 이 긴장을 제거하기보다는 보존하고 있다. 활동의 영역이 정치 무대일 때는 다양한 관점에서 결정들이 이루어질 수 있다. 그것들을 결정하는 모든 사람은 신앙적 이해에 근거해서 그렇게 하는 것이라고 주장할 수 있다.

사건들의 보다 "논리적인" 연대기를 제공하기 위해 이 구절들을 이동시키면서 본 장을 재구성하려는 다양한 시도들이 있어 왔다. 어떤 입장이 적절한지, 그러한 시도들은 아래 "주석"에서 언급될 것이다.

주석

1-3 주전 605년에 "여호와의 말씀"이 선지자에게 오는데, 이 때는 바벨론 군대가 갈그미스에서 애굽 군대를 패배시킴으로써 사실상 결정적인 해였다. 전 지역에 대한 패권이 신흥 세력인 바벨론에게 속하게 된 것처럼 보였다. 이러한 사건들과 본 장에서 일어나는 내용의 관계를 무시하기는 어렵다.

예레미야는 그 명령을 내리는 시기까지의 요소들을 포함하여 가장 이른 시기, 생각건대 요시야 말기 상태에 내려온 여호와로부터 주어진 메시지의 본질을 기록하고 있는 하나의 두루마리를 준비하라는 명령을 받는다.

이 메시지의 서문 속에서 유다의 미래는 소망이 없지 않다는 사실이 분명해 보인다. 기록된 메시지의 목적은 그 국가의 가능성이 있는 회개와 용서다. 소망은 본 장의 사건들이 펼쳐져 감에 따라 점점 더 희미해져 간다.

4-8 바룩은 예레미야의 지시에 따라 두루마리를 기록하라고 소환당한다. 몇 가지 주의 사항은 바룩을 예레미야의 서기관으로 지칭하는 전통적인 관습을 따라 시행되어야 할 것이다(참조. Carroll, 658).

예레미야는 자신이 성전에 갈 수 없다는 사실을 환기시킨다. 선지자를 "감금한"(RSV) 것에 대한 구체적인 이유가 나타나 있지 않다. 권력자들이 초창기 예레미야의 발언에 대해 적대적 반응을 보였다는 생각으로부터 시작하여(렘 26장) 보다 실제적인 이유, 즉 그에게 영향을 준 의식상의 부정이라는 생각에 이르기까지 다양하다. 톰슨(Thompson, 623)은 전자를 주장하고, 둠(Duhm, 290)은 후자의 옹호자로 가장 잘 알려진 사람이다.

예레미야가 감금된 이유가 무엇이든, 바룩은 금식일에 성전의 공식석상에서 두루마리를 읽어야 한다. 그 때가 어떤 절기인지 구체적으로 밝혀져 있지 않고, 다만 마치 그러한 의식이 곧 다가올 것을 예견하고서 말하고 있는 것처럼 보인다. 보만(Bauman, *ZAW* 80[1968] 357)은 예레미야가 그 두루마리의 초안이 작성되었을 당시에 있었던 특별한 금식일을 염두에 두었을 수 있다고 주장했는데, 가장 유력한 경우는 두 가지다. 가장 분명한 날은 느부갓네살의 군대가 수리아 팔레스틴 지역으로 침입해 들어옴으로써 야기된 임박한 정치적 위기였을 것이다. 다른 경우는 겨울비가 지연될 때는 언제나 사용되었던 미쉬나(Mishna, *Taʿan.* 1:5)에 언급된 것과 같은 소집된 금식일이었을 것이다.

유다 편에서 있을 회개에 대한 소망이 두루마리를 낭독하게 된 이유로 나타나 있다. 본 장의 뒷부분에서 일어나는 사건들은 이러한 소망이 무익한 것이었음을 드러낸다.

9-10 바룩은 예레미야의 지시를 따르지만, 8절과 9절의 순서가 사건들의 연대순서로는 어색한 것처럼 보인다. 루돌프(Rudolph, 196-97)는 9절을 5절 앞에 두면서 구절들의 순서를 변경시킬 것을 주장했다(그러나 그러한 변경으로 말미암아 야기된 문제들이 원래의 순서보다 더 쉽지 않다고 보는 Baumann, *ZAW* 80[1968] 354의 반대 의견을 참고하라). 9절은 바룩이 자기의 임무를 이행하고 있는 금식일의 구체적인 날짜를 제공한다. 그 해의 순서가 정해지는 방식에 따라서(가을에서 가을까지 혹은 봄에서 봄까지), 그 날짜는 달라졌을 것이다. 주전 604년 12월로 보는 것이 가장 나을 것이다(바벨론 달력에 따르면 봄에서 봄까지인데, 그 이유는 9월이 이 구절에서 발견된 계절에 대한 묘사와 잘 어울렸을 것이기 때문이다. 참조. 22절).

바룩은 성전의 윗뜰에 있는 한 방에서 거기에 모인 예배자들에게 두루마리를 낭독한다. 그마랴는 분명히 성전에 있는 자신의 공무 집무실을 사용하도록 한 것을 보아 예레미야에게 동정적인 사람이었던 것으로 보인다.

11-19 연쇄 반응은 두루마리에 적힌 메시지의 중요성과 유다를 사로잡았던 위기의 성격을 강조하는 역할을 하고 있음을 보여 준다. 위에 언급된 그마랴의 아들

미가야는 바룩으로부터 들은 메시지의 영향을 많이 받아서 즉시 궁궐에 모여 있던 일단의 고위 방백들에게로 갔다(이 "회합"은 공식적인 금식 모임이었을까?). 방백들은 미가야를 통하여 성전에서 읽혀진 말씀에 대해 들었다.

방백들은 바룩을 소환하고 직접 그 두루마리를 다시 낭독하도록 하여 듣게 된다. 이러한 연속적인 사건은 긴장감과 극적인 효과를 더해 준다. 예레미야 36장에 대한 흥미 있는 대조점들 가운데 하나가 15절에 개진되어 있는데, 이때 바룩은 앉아서 그 두루마리를 읽으라는 요청을 받게 된다. 21절에는 두루마리의 말씀에 대한 매우 다른 취급이 나타나 있다.

방백들은 그 말씀을 들을 때 매우 강한 도전을 받고 그러한 정보를 왕에게 알리기로 결정한다. 그들이 여호야김에 대해 매우 박진감을 가졌었다는 사실은, 그들이 왕에게 나아간 방식에서 드러난다. 방백들은 그 메시지가 예레미야가 진술한 진품인 것을 인정한 다음("네가 그 구전하는 이 모든 말을 어떻게 기록하였느뇨?") 예레미야와 바룩으로 하여금 숨어 있도록 사전의 예방책을 강구한다.

20-26 방백들이 여호야김을 알현한 방식이 그들이 그 두루마리에 대해 강구한 사전의 예방책을 통하여 더욱 강조되어 있다. 그들은 그 두루마리를 엘리사마의 방에 두고서 왕에게 두루마리 내용을 보고하려고 나아간다.

여호야김은 구두 보고로 만족하지 않았다. 그 두루마리를 가져오도록 여후디가 보냄을 받고, 이어서 그것을 왕에게 읽어 주도록 지시를 받는다. 낭독 장면은 뒤따라오는 사건들을 미리 암시해 주도록 주의 깊게 개진되어 있다. 왕이 불이 타고 있는 화로 앞에 앉아 있다. 방백들의 행동을 통해서 그 두루마리의 말씀 가운데 있는 중요한 말씀이 낭독된 다음, 그 다음에 일어난 일은 사실상 그 절정에 이르게 된다.

여후디가 그 두루마리의 "삼 편 사 편"을 낭독하면 여호야김은 소형 나이프(서기관의 갈대 펜을 날카롭게 한 특유의 칼)로 그 두루마리의 각 부분을 잘라내어 그 잘려진 부분을 불에 던진다(여호야김의 행동과 관련된 한 흥미 있는 가설에 관해서는 Hicks, *VT* 33[1983] 61를 참조하라). 캐쓸러의 주장(Kessler, *ZAW* 81[1969] 382)은 여호야김이 그 두루마리에 대하여 상징적으로 행동하려는 의도를 가지고 있다는 것이다. 두루마리의 말씀이 유다에 대해서 이행될 하나님의 심판으로 이해되었으므로, 그 말씀을 멸함으로써 여호야김이 자신의 상징적 행동을 하고 있다는 것이다.

이 단락에 있는 중요한 진술 가운데 하나가 24절에서 발견된다. 왕과 그의 신하들은 두려워하지 않고 후회하지도 않는 자들로 묘사되어 있다. 그러한 모습은 그 나라와 지도자들의 운명을 확인하는 역할을 한다. 유다의 지도자들이 "여호와께로부터 온 말씀"을 전혀 존중하지 않았을 때, 거기에는 한 가지 결과만이 나타나게 된다.

예레미야는 분명히 본서의 몇몇 부분에 암시되어 있는 것처럼 유다에 대한 자신의 관심에서 벗어나 있지 않았다. 위기를 당하여, 이전에 "말씀"에 관심을 두었던 것으로 알려진 세 명의 방백은 왕이 그러한 무분별한 행동을 하지 말도록 설득한다. 그들의 저항은 쇠 귀에 경 읽기였다.

두루마리가 재로 변한 다음, 여호야김은 예레미야와 바룩을 잡아오라고 명령한다. 과거의 역사를 볼 때(26장에 기록된 우리야의 최후), 예레미야와 그 동료의 운명은 밝아 보이지 않았다. 왕의 의도는 야웨 자신을 통하여 좌절된다(그러나 LXX에 있는 독법 "그들이 스스로 숨었더라"를 유의하라).

27-31 상징적 행동으로 가득한 단락이지만 아직도 더 많은 내용이 나타나 있다. 이와 매우 유사한 예레미야와 하나냐 간의 갈등처럼(시드기야 통치 말기에 있었던 렘 28장), 상징적 행동은 두 가지 중대한 관점 사이에 있는 일종의 투쟁을 발전시키고 있는 것처럼 보인다. 하나냐와의 치기와 되받아 치기는 포로와 종살이를 상징하는 멍에와 연루되어 있다. 예레미야와 여호야김 간의 경우에는 "말씀"의 능력과 관련된 보다 직접적인 충돌이다. 하나냐가 나중에 나무 멍에를 꺾음으로써 상징으로 주어진 심판의 말씀을 무효로 만들려고 시도한 것처럼, 여호야김도 그 말씀을 물리적으로, 즉 불로써 없애려고 한다. 예레미야 28장에서 철 멍에는 여호와의 최종적인 말씀이다. 이 장면의 끝 부분은 두루마리에 대한 거절에 비추어 볼 때 구체적인 말씀이 여호야김에게 덧붙여진 새로운 두루마리를 소개한다. 여호야김은 여호와의 말씀을 좌절시키지 못하고 결국 그렇게 함으로써 피할 수 없는 결말을 가져오게 한다.

여호야김의 공격은 그와 그 후손들을 위한 다윗 언약의 취소로 그 결과가 나타난다. 생각건대, 그의 후손들 가운데 아무도 다윗의 위를 계승하지 못하리라는 것이다. 여호야김 다음에 그의 아들 여호야긴이 계승했으므로, 어떤 긴장이 이 본문 해석에 들어오게 된다. 하나의 가능한 접근 방식으로 여호야김의 "짧은" 통치와 그 통치가 포로로 끝난 점을 지적할 수 있을 것이다.

여러 방식으로, 36장의 결말은 이스라엘의 보다 광범위한 예언 전승을 포함하여 예레미야의 메시지 전체에 적절한 절정을 제공한다. 31절은 "그들이 듣지 않았다"는 통렬한 말씀으로 끝난다.

32 이 드라마 가운데 있는 최종적인 장면은 다른 수많은 말씀과 함께 "여호야김

의 불사른 책의 모든 말을" 담은 두루마리를 다시 작성한 것을 기록하고 있다. 그 작성이 줄여진 형태로 묘사되어 있기는 하지만, 이 두 번째 두루마리는 여호야김에게 영원히 문을 닫아 버린다. 그 다음에 다른 지도자들이 뒤따라 오겠지만, 그리고 유다가 수 년 동안 존속되겠지만, 이 사건은 궁극적인 운명에 대해 충분한 설명을 제공해 준다.

해설

예레미야 36장은 "여호와의 말씀"의 역동성에 대한 성경적 이해에 적용된 감탄부호(!)에 해당한다. 여기에는 말씀이 기능을 하는 방법에 대한 충분한 취급이 있다. 그 의도는 첫째가 그 무엇보다도 하나님 백성의 구원이다. "들음"과 "돌이킴"에 대한 가능성이 필연적으로 나타나 있다. 그럼에도 불구하고 동일한 가능성이 하나님의 말씀에 대한 비극적 특성을 소개하고 있다. 들음과 회개의 거절은 하나님의 심판을 가져다 준다.

36장의 "내용"은 하나님의 백성이 계속해서 당면하고 있는 "힘"의 딜레마를 생생하게 나타낸다. 여호야김은 힘의 한 단면을 나타낸다. 그와 그의 충고자들은 세계를 자기 방식대로 바라본다. 그들이 한 결정은 위기와의 싸움이었다. 결정적인 문제는 어떻게 그러한 결정들이 되어질 것이냐가 되었다. 가령 되어진다고 하더라도 하나님의 목적을 통하여 실제로 어떤 역할이 주어질 것이냐는 것이었다. 사람이 어떻게 그 목적이 무엇이 될 것인지를 결정할 수 있겠는가? 예레미야는 힘의 무대에서 영향력을 찾았으나, 그러한 경우에 자주 그러하듯 그가 전한 "여호와께로부터 온 말씀"은 여호야김과 그의 충고자들의 목표나 야망을 도와주지 않는다. 최종적 결정이라는, 거의 알 수 없는 모호성 가운데서 왕의 결정은 자신들에 대한 심판을 불러왔다. "여호와께로부터 온 말씀"이 유다 백성에게 의미했던 내용에 대한 자신들의 환상에 맞추어 그들은 결정을 했다.

본 36장과 열왕기하 22-23장 사이의 대조가 이 메시지의 강력한 충격들 가운데 하나를 나타낸다. 요시야의 종교개혁이 피상적인 것이든 그렇지 않으면 진실된 것이든, 최소한 그의 여호와의 말씀에 대한 반응은 그 말씀을 진지하게 "들었다"고 요약하고 있다. 자기의 옷을 찢음으로부터 시작하여 개혁을 이루기 위하여 그가 세웠던 구체적인 법안에 이르기까지 요시야는 "들었다"는 사실을 입증해 주었다. 그 반대로 여호야김은 다른 극단을 나타내 보인다. 여기에 하나님의 말씀을 멸시하는 왕이 있다. 그의 교만은 감히 그 말씀을 정면으로 대적하는 그러한 것이었다. 36장의 결론은 명백하다. 여호야김이 나타내 보인 것과 같은 교만은 끝장난다는 것이다.

극단적인 충돌이라는, 이 장면으로부터 떠오르는 것으로 보이는 하나의 문제는 하나님에 대한 반역의 성격을 내포한다. 선지자의 말씀에 대한 가장 강력한 대적은 여호야김의 교만인가, 아니면 적지 않은 위협을 가하는 억제된 대적들인가? 예레미야서의 이어지는 여러 장들은 시드기야가 보여 준 하나님의 말씀에 대한 보다 완화된 도전을 소개한다. 여호야김과 비교할 때, 시드기야는 거의 긍정적인 인물로 설명될 수 있다. 반역이라는 두 패턴 가운데서 어느 것이 "여호와께로부터 온 말씀"에 대해 장 큰 위협을 불러일으키는 것인지를 생각하는 것이 유익할 것이다. 하나님의 목적에 대항하는 어떤 형태의 반역이든 31절의 말씀은 잊혀질 수 없는 음성으로 "그들이 듣지 않았다"고 전한다.

XXIV. 유다와 예루살렘의 최후(37:1-44:30[LXX 44:1-51:30])

참고문헌

Holladay, W. L. "A Fresh Look at 'Source B' and 'Source C'." In *A Prophet to the Nations*, ed. L. G. Perdue and B. W. Kovacs. Winona Lake, IN: Eisenbrauns, 1984. 213-28. **Kremers, H.** "Leidensgemeinschaft mit Gott im Alten Testament." *EvT* 13(1953) 122-40. **McEvenue, S.** "The Composition of Jeremiah 37.1 to 44.30." In *Studies in Wisdom Literature*, ed. W. C. van Wyk. Old Testament Studies, OTWSA 15 & 16. Pretoria: Society for the Study of the OT, 1972. 59-67. **Pohlmann, K.-F.** *Studien zum Jeremiabuch*. Göttingen: Vandenhoeck & Ruprecht, 1978. **Rietzschel, C.** *Das Problem der Urrolle*. Gütersloh: Mohn, 1966. **Seitz, C. R.** *Theology in Conflict*. BZAW 176. Berlin: de Gruyter, 1989. **Wanke, G.** *Untersuchungen zur sogenannten Baruchschrift*. BZAW 122. Berlin: de Gruyter, 1971. 91-133. **Weippert, H.** *Die Prosereden des Jeremiabuches*. BZAW 132. Berlin: de Gruyter, 1973.

양식/구조/배경

아이쓰펠트(Eissfeldt)는 *The Old Testament: An Introduction*(354-55)에서 예레미야 37-44장과 관련된 전통적인 학계의 견해를 요약 정리했다. 그는 "예레미야의 운명과 너무나 긴밀하게 묶여져 있고 36장에서 서기관으로 나타나 있는 그 사람이 우리가 가지고 있는 본서 가운데 포함되어 있다는 사실이 일반적으로 받아들여지고, 또 개연성 있는 가정"에 따라서 이 장들은 특징상 바룩의 것으로 돌려진다고 논평했다.

모빙켈(Mowinckel, *Zur Komposition des Buches Jeremia*)은 이 장들을 바룩의 저작권을 거부하면서도 자서전, 즉 자신의 "B자료"의 일부분으로 분류했다. 모빙켈은 대부분의 구약 학자들이 계속해서 널리 받아들였던 예레미야의 작성과 관련된 가설을 발전시켰다. 모빙켈의 "B자료"는 본서에 있는 초창기 자료를 포함하고 있지만, 37-44장은 예레미야의 자서전적 산문체 작품 내에 들어 있는 것으로 일반적으로 인정되고 있는 단위를 나타내 준다.

크레머즈(Kremers, *Der leidende Prophet; EvT* 13[1953] 122-40)는 자신의 박사

학위 논문과 자신의 생각을 한층 더 발전시키는 논문 가운데서 예레미야서의 이 부분에 대해 "수난 설화"라는 표제를 붙일 것을 제안했다. 크레머즈는 바룩이 무고한 고난의 문제와 씨름하고 있는 보다 큰 성경 저자들의 단체에 속해야 할 것이라고 주장했다. 자기의 생각을 발전시키는 과정에서 크레머즈는 예레미야 37-45장이라는 단일 단위를 이루고 있는 열 개의 단락을 밝혀냈다(*EvT* 13[1953] 122-23). 수난 이야기와 관련된 그의 관심들보다는 크레머즈의 "분석들"이 예레미야서에 대한 다른 연구생들 간에 상당한 논란을 야기했다.

방케(Wanke, *Untersuchungen*)는 수난 이야기로 보는 예레미야 37-44장에 대한 크레머즈의 초첨을 다루지는 않았고, 다만 크레머즈가 밝혔던 열 개의 단락 구조에 깊이 의존했다(*EvT* 13[1953] 122-23). 방케는 다섯 개의 쌍으로 배열된 열 개의 단위가 예레미야 37:11-43:7에서 발견된다고 주장했다. 그는 모빙켈의 "B자료"를 바룩의 것으로 돌리는 것에 대해서 도전을 가했고, 반면에 이 자료를 특징짓고 있는 자서전적 성격들을 계속해서 인정했다. 방케에 따르면, 부가 사항들은 열 개의 단위로 이루어져서 최종 본문으로 형성되었지만, 그는 하나의 서론, 본론 그리고 마지막 관점(Schlussbemerkung)을 이루고 있는 각 단위의 기본적인 개요가 이 부가 사항들로부터 분리될 수 있다고 반박했다(*Unterschungen*, 94-95). 방케가 세 개의 개요로 나누고 있는 다섯 개의 "쌍"은 다음과 같다. (1) 37:11-16과 37:17-21, (2) 38:1-6과 38:7-13, (3) 38:14-28a과 38:28b-40:6, (4) 40:13-41:2과 41:4-9 그리고 (5) 41:10-15과 41:16-43:7.

예레미야서의 이 단락과 관련된 다음의 논의 가운데서 방케가 지은 쌍들은 지금 우리가 생각하고 있는 예레미야서의 구조에 대한 근거로 사용되지 않을 것이다. 이 쌍들은 나누어진 본문들이 보다 덜 극적인 방식으로 일으키는 몇몇 현안 문제들 - 그러나 그 내적인 형성은 편집상의 문제를 일으키는 데 - 을 소개하는 수단을 제공할 것이다.

이 단락들을 그 성격상 자서전적인 것으로 말한 모빙켈의 논문은 널리 받아들여져 왔다. 바룩의 저작권은 그 분야에서 모빙켈의 회의론을 받아들이지 않는 많은 학자들에 의해서 받아들여진다. 예상된 바와 같이, 예레미야서의 이 단위의 편집적 형성과 관련된 많은 것들이 떠올랐다. 크레머즈의 구조적 이론들에 대한 방케의 전개는 이 분야에서 가장 생산적인 접근을 나타낼 수도 있다.

폴츠(Volz), 루돌프(Rudolph) 그리고 바이저(Wiser)는 본질적으로 몇몇 소량의 지엽적인 예외를 가지고 있는 이 장들을 한 편집자의 산물로 받아들인다(Pohlmann, *Studien*, 48). 위에 언급된 방케 이외에도 둠(Duhm)과 리첼(Rietzchel, *Urrolle*)이 예레미야 37-44장의 보다 복잡한 발전 과정을 주장한다(Pohlmann, *Studien*, 48). 그 어떤 접근 방식도 복잡성이 없지 않다.

이 본문을 취급하고 있는 다음 내용에서는 신중한 편집 문제를 밝혀 온 학자들에 의하여 야기된 현안 문제들을 고려하려고 하지만, MT에서 발견되는 것과 같은 본질적 단위 구조를 견지하려 한다. 모빙켈의 범주는 구약 학계의 세계를 통하여 보증된 지지를 받아 왔다. 그럼에도 불구하고, 여전히 예레미야 37-44장과 관련된 "자서전"에 관한 문제들은 남아 있다. 이러한 표제가 이 장들에 들어 있는 역사적 전기를 충분히 묘사하고 있는가? 특히 바로 앞선 본문에서 그가 미스바에 있었던 것으로 생각된 점을 볼 때, 예레미야 40:7-41:18과 같은 비평적 단위에 들어 있는 "전기의 주인공" 안에 나타나지 않은 점을 어떻게 설명할 수 있겠는가?

여러 학자들은 이러한 본문들에 대한 자신들의 해석적 주석들 가운데서 위에 제기된 문제들에 대한 최소한의 답변을 했다. 예를 들어, 캐롤은 예레미야 37장의 앞 구절들의 결정적 중요성에 대해서 주석을 하고 있다. 그는 시드기야를 소개하고 묘사하면서 동시에 듣지 않은 사실을 언급하고 있다. 그와 그의 신하들은 "여호와께서 선지자 예레미야로 하신 말씀을 듣지 않은" 자들로 알려져 있다. 캐롤에 따르면, 시드기야에 관해서는 아무것도 알려져 있지 않다. 그는 적당하게 소개되어 있다(Carroll, 671).

다른 한편, 시드기야에 대한 성격 묘사에서 어떤 모호성이 발견되는가? 37:1-2에는 그 어떤 모호성도 나타나 있지 않지만, 이 점이 더 큰 단락에서는 그렇지 않다. 둠(Duhm, 301), 톰슨(Thompson, 631) 그리고 루돌프(Rudolph, 203)는 예레미야서의 이 부분에서 시드기야의 거의 비극적인 모습에 주의를 환기시켜 왔다. 예레미야와 접촉하고자 하는 간절함, "여호와께로부터 온 말씀"에 대한 갈급함, 그러면서도 그 어느 편에서도 행동할 수 없는 그의 무능성, 이 모든 것이 왕의 비극적인 입장을 보여 준다.

단순하게 말해서, 이 본문은 이스라엘의 피할 수 없는 멸망 그리고 그 심판의 이유에 대한 결정적인 증거 본문으로 말할 수 있다. 이와 같이, 이것들은 미래 세대(포로민?)에게 어리석어 보이는 다가올 위기에 관한 하나의 경고를 납득시키기 위한 것일 수 있다. 신명기 사가의 역사처럼, 이 본문은 포로민들을 위한 설명과 포로가 되어 있는 사람들에게 주신 지시의 말씀을 모두 제공해 준다.

위의 자명한 이치를 유념하는 것이 옳은 한편, 더 많은 내용이 덧붙여져야 할 것이다. 본문 자체들의 역동적 성격을 무시하는 것은 잘못이다. 본문에는 그들에 관한 단순한 이론 이상의 것이 들어 있다. 이것들은 다른 성경 이야기들이 가지고 있는 몇몇 위엄스러운 힘은 가지고 있지 않지만, 그럼에도 불구하고 여기에는 편집상의 의도와는 상당히 다른, 그 이야기를 들어서 그리고 그들이 듣는 태도에서 얻는 많은 것이 있다.

뒤따라오는 장들의 "양식/구조/배경" 부분에서 필자는 본문의 발전과 여러 본문들 간에 존재하는 관계들에 대한 구체적인 문제에 관심을 두었다. 가능한 한 전문적 관련성에 대한 수많은 결정적 문제들이 설명되어 있다. 해설 부분에서 필자는 보다 광범위한 몇몇 문제들과 전문적인 문제들이 전체 메시지를 침해하는 방식들을 평가하고자 한다.

틀림없이 예루살렘의 함락과 그 다음의 시련들에 대한 상세한 설명은 예레미야 이후에 살았던 사람들이 기록한 것이다. 동시에, 특별한 이름과 사건들에 대한 세심한 관심은 친히 목격한 기록에 대한 접근 방법을 시사한다. 신명기 사가의 주제들의 사용은 예레미야 신탁 가운데서 발견된 주요 현안 문제를 결코 숨기지 않았다. 그 대신 이 길다란 설화들은 솔직한 역사 문헌을 통하여 예레미야의 신탁과 신명기 사가의 주제들의 혹평을 뒤섞는 것으로 보인다. 최종 결과는 선지자가 선포한 다른 "여호와께로부터 온 말씀"과 전혀 불화하지 않는 힘있는 진술이다.

A. 예레미야의 투옥(37:1-21[LXX 44:1-21])

참고문헌

Kessler, M. "Jeremiah Chapters 26-45 Reconsidered." *JNES* 27(1968) 81-88. **Long, B. O.** "Social Dimensions of Prophetic Conflict." *Semeia* 21(1981) 31-53. **Malamat, A.** "Jeremiah and the Last Two Kings of Judah." *PEQ* 83(1951) 81-87. **McEvenue, S.** "The Composition of Jeremiah 37.1 to 44.30." In *Studies in Wisdom Literature*, ed. W. C. van Wyk. Old Testament Studies, OTWSA 15 & 16. Pretoria: Society for the Study of the OT, 1972. 59-67.

본 문

1 요시야의 아들 시드기야가 여호야김의 아들 고니야를 대신하여 왕이 되었으니 이는 바벨론 왕 느부갓네살이 그로 유다 땅의 왕을 삼음이었더라

1 Zedekiah the son of Josiah, whom Nebuchadrezzar the king of Babylon[a] made king of the land[b] of Judah, reigned[c] in the place of Coniah the son of[d] Jehoiakim.

2 그와 그 신하와 그 땅 백성이 여호와께서 선지자 예레미야로 하신 말씀을 듣지 아니하니라

2 But neither he, nor his servants, nor the people of the land listened to the words of the Lord, which he spoke through Jeremiah the prophet.[a]

3 시드기야 왕이 셀레먀의 아들 여후갈과 마아세야의 아들 제사장 스바냐를 선지자 예레미야에게 보내어 청하되 너는 우리를 위하여 우리 하나님 여호와께 기도하라 하였으니

3 King Zedekiah sent Jehucal[a] the son of Shelemiah and Zephaniah the priest the son of Maaseiah to Jeremiah the prophet,[b] saying: "Pray on our behalf to the Lord our God."[c]

4 때에 예레미야가 갇히지 아니하였으므로 백성 가운데 출입하는 중이었더라

4 Now Jeremiah was going in and out[a] among the people,[b] for they had not yet put him in prison.[c]

5 바로의 군대가 애굽에서 나오매 예루살렘을 에워쌌던 갈대아인이 그 소문을 듣고 예루살렘에서 떠났더라

5 When the army of Pharaoh went out from Egypt, the Chaldeans who were besieging Jerusalem[a] heard news of them, and they withdrew from Jerusalem.

6 여호와의 말씀이 선지자 예레미야에게 임하여 가라사대

6 Then the word of the Lord came to Jeremiah the prophet:

7 이스라엘의 하나님 나 여호와가 이같이 말하노라 너희를 보내어 내게 구하게 한 유다 왕에게 이르라 너희를 도우려고 나왔던 바로의 군대는 자기 땅 애굽으로 돌아가겠고

7 "Thus says the Lord, the God of Israel,[a] thus you shall say[b] to the king of Judah, who sent you to me,[c] to inquire of me, 'Behold, the army of Pharaoh, which came to help you, will return to its own land, Egypt.

8 갈대아인이 다시 와서 이 성을 쳐서 취하여 불사르리라

8 And the Chaldeans will return and fight against this city, and they will capture it and burn it with fire.'[a]

9 나 여호와가 이같이 말하노라 너희는 스스로 속여 말하기를 갈대아인이 반드시 우리를 떠나리라 하지 말라 그들이 떠나지 아니하리라

9 "Thus says the Lord,[a] do not deceive yourselves, saying: 'The Chaldeans will surely go away from us,' for they will not go away.

10 가령 너희가 너희를 치는 갈대아인의 온 군대를 쳐서 그 중에 부상자만 남긴다 할지라도 그들이 각기 장막에서 일어나 이 성을 불사르리라

10 For even if[a] you should defeat all the army of the Chaldeans who are fighting against you, and there remained of them[b] only wounded men in their tents,[c] they would rise up and burn this city with fire."[d]

11 갈대아인의 군대가 바로의 군대를 두려워하여 예루살렘에서 떠나매

11 And when[a] the army of the Chaldeans had withdrawn from Jerusalem because of[b] the army of Pharaoh,

12 예레미야가 베냐민 땅에서 백성 중 분깃을 받으려고 예루살렘을 떠나 그리로 가려 하여

13 베냐민 문에 이른즉 하나냐의 손자요 셀레먀의 아들인 이리야라 이름하는 문지기의 두목이 선지자 예레미야를 붙잡아 가로되 네가 갈대아인에게 항복하려 하는도다

14 예레미야가 가로되 망령되다 나는 갈대아인에게 항복하려 하지 아니하노라 이리야가 듣지 아니하고 예레미야를 잡아 방백들에게로 끌어 가매

15 방백들이 노하여 예레미야를 때려서 서기관 요나단의 집에 가두었으니 이는 그들이 이 집으로 옥을 삼았음이더라

16 예레미야가 토굴 옥 음실에 들어간 지 여러 날 만에

17 시드기야 왕이 보내어 그를 이끌어 내고 왕궁에서 그에게 비밀히 물어 가로되 여호와께로서 받은 말씀이 있느뇨 예레미야가 대답하되 있나이다 또 가로되 왕이 바벨론 왕의 손에 붙임을 입으리이다

18 예레미야가 다시 시드기야 왕에게 이르되 내가 왕에게나 왕의 신하에게나 이 백성에게 무슨 죄를 범하였관대 나를 옥에 가두었나이까

19 바벨론 왕이 와서 왕과 이 땅을 치지 아니하리라고 예언한 왕의 선지자들이 이제 어디 있나이까

20 내 주 왕이여 이제 청컨대 나를 들으시며 나의 탄원을 받으사 나를 서기관 요나단의 집으로 돌려 보내지 마옵소서 내가 거기서 죽을까 두려워하나이다

21 이에 시드기야 왕이 명하여 예레미야를 시위대 뜰에 두고 떡 만드는 자의 거리에서 매일 떡 한 덩이씩 그에게 주게 하매 성중에 떡이 다할 때까지 이르니라 예레미야가 시위대 뜰에 머무니라

12 Jeremiah left Jerusalem to go to the land[a] of Benjamin, to receive his portion there[b] among the people.

13 When he was at the Benjamin Gate, a captain of the guard there, named[a] Irijah,[b] the son of Shelemaiah the son of Hananiah, seized Jeremiah the prophet,[c] saying: "You are deserting to the Chaldeans."

14 And Jeremiah[a] said, "A lie! I am not deserting to the Chaldeans." But Irijah[b] would not listen to him and seized Jeremiah and brought him to the princes.

15 And the princes were enraged at Jeremiah, and they beat[a] him, and they imprisoned[bc] him in the house of Jonathan the scribe, for they had made it a prison.

16 So Jeremiah went[a] to the prison, to the cells,[b] and Jeremiah[c] remained there many days.

17 King[a] Zedekiah sent for him and received him,[b] and the king asked him secretly in his house[c] and said, "Is there a word from the Lord?" And Jeremiah[d] said, "There is." Then he said,[e] "You will be delivered into the hand of the king of Babylon."

18 Jeremiah said to King Zedekiah,[a] "How have I wronged you or your servants or this people, that you have put[b] me in prison?

19 And where[a] are your prophets who prophesied to you, saying, 'The king of Babylon will not come against you[b] and against this land'?

20 And now hear,[a] I pray you, my lord the king, let my plea come before you, and do not return me to the house of Jonathan the scribe, lest I die there."

21 So King Zedekiah[a] gave a command, and they deposited Jeremiah[b] in the court of the guard, and they gave him a loaf of bread daily, from the street of the bakers, until all[c] the bread of the city was gone. So Jeremiah remained in the court of the guard.

원문주해

1.a. LXX은 "바벨론 왕"을 생략한다.

1.b. LXX은 "…의 땅"을 생략한다.

1.c. MT의 와이믈라크-멜렉(וימלך־מלך, "그리고 왕으로 통치했다")은 아마도 중복오사의 결과로서 불완전한 것으로 보인다. LXX과 함께 간단하게 와이믈라크(וימלך, "그리고 통치했다")로 읽어라.

1.d. LXX은 본 절의 기본적인 요점을 변화시키면서 "…의 아들 고니야"를 생략한다. LXX에서 느부갓네살이 대신 들여앉힌 사람은 그의 아들이 아니라 여호야김이다.

2.a. LXX은 "선지자"를 생략한다.

3.a. Vg과 Syr에는 유칼(*Ιουχαλ*, "유칼")로 되어 있다. 참조. 38:1.

3.b. LXX은 "선지자"를 생략한다.

3.c. LXX에는 "우리 하나님"이 생략되어 있다.

4.a. 몇몇 필사본들에는 분사형 웨요체(וְיֹצֵא, "그리고 그가 나가고 있었다") 대신에 미완료형 우예체(וַיֵּצֵא, "그리고 그들이 갔다")로 되어 있다. 앞의 패턴은 LXX를 따른다.

4.b. LXX은 MT의 하암(העם, "그 백성") 대신에 테스 폴레오스(*τῆς πόλεως*=העיר, "그 성읍")를 가지고 있다.

4.c. 베트와 함께 Q의 הכלוא를 따라서 "감금의 집" 혹은 "감옥"의 의미를 가진다.

5.a. LXX은 "예루살렘을 포위하고 있는 자"를 생략한다.

7.a. "이스라엘의 하나님"이 LXX에는 없다.

7.b. MT의 토므루(תאמרו, "너희가 말할 것이다") 대신 LXX은 단수형을 가지고 있다.

7.c. LXX은 MT의 엘라이(אלי, "나에게")를 생략하면서 프로스 세(*πρὸς σέ*, "너희에게")를 가지고 있다. 그 결과는 "나에게 묻기 위하여 나에게 너희를 보냈다" 대신에 "나에 대해 묻도록 너희를 보냈다"이다.

8.a. MT의 우세라푸하 바에쉬(ושׂרפה באשׁ, "그리고 그것을 불살랐다")는 대부분의 학자들이 부가적인 해석으로 믿었지만 역본들 가운데 들어 있다. 21:10; 34:2에 있는 이 문들을 가지고 있는 이와 유사한 문구를 참고하라.

9.a. LXX은 본 절을 MT에 나타난 대로가 아닌 호티(*ὅτι*, "그 이유는, 왜냐하면")로 시작한다.

10.a. LXX은 MT의 키 임(כי אם, "이는 만일") 대신에 카이 에안(*καὶ ἐάν*=ואם – 위임, "그리고 만일")을 가지고 있다.

10.b. LXX에는 "그들의"가 생략되어 있다.

10.c. LXX은 MT의 빼아할로(באהלו, "그[들]의 장막[들]) 대신에 엔 토 토포 아우투(*ἐν τῷ τόπῳ αὐτοῦ*=במקומו, "그[들]의 장소[들]에")를 가지고 있다.

10.d. *BHS*는 웰라카두(ולכדו, "그리고 생포했다")라는 또 다른 선택 사항과 함께 "불살랐다"가 가능한 해석임을 시사한다. 참조. 8절.

11.a. *BHS*는 웨하야(וְהָיָה) 대신에 와예히(וַיְהִי)를 제안하고 있는데, 왜냐하면 후자가 보다 정상적인 설화 패턴을 나타내고 있기 때문이다. 3:9; 38:28; 40:3에 있는 유사한 문제를 참고하라.

11.b. 직역하면 "이전부터"이다.

12.a. 카이로 게니자에서 나온 단편은 MT의 아레츠(ארץ, "그 땅[으로]") 대신에 레 아레츠(לארץ, "…의 땅으로")임을 시사한다. 소수의 필사본들은 엘 아레츠(אל ארץ, "…의 땅으로")를 가지고 있다.

12.b. 라할리크 미샴(לחלק משם, "거기서 자기의 몫을 받으려고")은 의문의 여지가 있는 문구인데, 직역하면 "거기로부터 나누다"이다. 헬라어 역본들은 투 아고라사이(*τοῦ ἀγοράσάαι*, "사다"), 파로이케이사이(*παροικεῖσαι*, "거하다"), 아포드라사이(*ἀποδρᾶσαι*, "도망치다"), 메리스데나이(*μερισθῆναι*, "나누어지다"), 메리사스다이(*μερίσασθαι*, "나누다") 등 다양하게 읽으면서 일치하지 않는다. Vg(Syr과 탈굼 역본들과 함께)은 난점을 제거하지 않는다. 아래의 "주석"을 보라.

13.a. MT은 우쉐모(ושמו, 직역하면 "그리고 그의 이름")를 가지고 있다. LXX에는 생략되어 있다.

13.b. LXX은 사루이야(*Σαρουια*, "사루야")를 가지고 있다. Syr에는 네리야(נריה, "네리야")로 되어 있다.

13.c. LXX은 "그 선지자"를 생략한다.

14.a. LXX은 "예레미야"를 생략한다.

14.b. LXX은 "사루이야"를 가지고 있다. Syr에서는 "네리야"다. 참조. 13절.

15.a. MT은 이 표시를 세비르(*sebir*)로 언급하고 있는데, 이것은 수정안이 제안되어 있는 비정상적인 형태다. MT의 힙힐형 완료인 웨히쿠(וְהִכּוּ, "그리고 그들이 쳤다") 대신에 칼 미완료형인 와야쿠(וַיַּכּוּ, "그리고 그들이 쳤다")이다.

15.b. 이 또한 MT의 웨나트누(וְנָתְנוּ, "그리고 그들이 놓았다") 대신에 칼 미완료인 와이트누(וַיִּתְּנוּ, "그리고 그들이 놓았다")를 암시하는 *sebir*이다. 참조. 위의 "원문주해" 15.a.

15.c. MT에는 웨나트누 오토 베트 하에쑤르(ונתנו אותו בית האסור, 직역하면 "그리고 그들이 그를 감옥에 넣었다")로 되어 있다. LXX은 베트 하에쑤르(בית האסור, "감옥")를 생략하고 있으며, 그래서 "그를 서기관 요나단의 집에 두었다"로 읽는다.

16.a. LXX은 카이 엘덴(*καὶ ἦλθεν*=ויבא, 단순하게 "그리고 그들이 갔다")을 가지고 있다. MT은 그 외에 초두에 키(כי, "그래서" 혹은 "그러므로")를 가지고 있다.

16.b. LXX에는 케레드(*χερεθ*, "케렛")로 되어 있다. 오리겐의 교정본은 아니오드

(ανιωθ, "아니옷")를 가지고 있다.

16.c. LXX은 선지자 이름의 장황한 사용을 생략한다.

17.a. LXX은 "왕"을 생략한다.

17.b. LXX에는 MT의 와이카헤후(ויקחהו, "그리고 그가 그를 영접했다") 대신에 카이 에칼레센 아우톤(καὶ ἐκάλεσεν αὐτόν, "그리고 그가 그를 불렀다")으로 되어 있다.

17.c. LXX은 "그의 집에서"를 생략한다.

17.d. LXX은 "예레미야"를 생략한다.

17.e. LXX은 "그때 그가 말했다"를 생략한다.

18.a. "시드기야"가 LXX에는 빠져 있다.

18.b. MT은 "너희가 나를 감옥에 넣었다"를 가지고 있다. LXX과 Vg에서는 "네가"다.

19.a. K에서는 웨아예우(ואיו, "그리고 그가 어디 있느냐?")임. Q에서는 웨아예(ואיה, "그리고 어디에")임.

19.b. LXX은 중자탈락으로 인하여 "당신에 대하여"를 생략한다.

20.a. MT의 쉐마-나(שמע־נא, "들으십시오")가 LXX에는 빠져 있다.

21.a. "시드기야"가 LXX에는 없다.

21.b. LXX은 MT의 "예레미야" 대신에 "그를"을 가지고 있다.

21.c. LXX은 "모두"를 생략한다.

양식/구조/배경

37장은 불가피하게 다음의 장들을 여러 점에서 취급한다. 두 가지가 선지자에 관한 유사한 이야기들의 모음집을 대표하는데, 예루살렘 포위 공격 당시에 예레미야의 개인적 위기, 그의 시드기야와의 만남 그리고 궁극적으로는 자신의 부름 받은 임무에 대한 신실성과 일관성이다.

이 "모음집"이 어떻게 간주되어야 하느냐와 관련해서 다양한 이론들이 있다. 몇몇 사람들은 이 기록된 사건들을 한 기본 이야기(Bright, 233; Skinner, *Prophecy and Religion*, 258), 곧 질투심 많은 "민족주의자"인 대적들에 의하여 일어난 예레미야의 위기와 왕(혹은 하나님으로 말미암아)에 의한 예레미야의 구출을 통하여 일어난 위기의 창작된 합성물인 것으로 생각한다. 개인의 이름과 사건들의 장소는 단일 이론과 관련하여 어느 누구도 풀지 못한 난점들을 일으킨다. 이러한 "세부 사항들"은 쉽게 내팽개치지 못한다.

다른 특징들은 포위 공격 기사 가운데 예레미야에 관한 이질적 전승들의 그룹으로 되어 있음을 시사한다. 캐롤(Carroll, 675)은 포위 공격 동안 있었던 예레미야의 행동에 대한 두 개의 다른 설명이 존재하고 있음을 주장한다. 한 설명 가운데서 그는 원하는 대로 다닐 수 있는 자유를 얻고, 다른 한편으로는 구금을 당하지만, 몇몇 방문자들에게로 나아갈 수 있다. 캐롤은 편집의 목적, 즉 바벨론 사람들에 의한 유다의 완전한 멸망을 설명하려는 목적을 강조한다. 그러나 특별한 사건들이 묘사되어 있으며, 그 최종 목적은 한결같다.

예레미야 37장에 있는 가장 명료한 요소는 1-2절이라는 표제다. 이 구절들에서 시드기야와 모든 유다 사람들은 여호와께로부터 온 여호와의 말씀을 듣거나 혹은 귀를 기울이지 않았다고 비난을 받는다(Rudolph, 201는 이 구절들을 전체 가운데 나타난, 패턴을 이루고 있는 모든 시드기야 이야기의 "서론"으로 말한다). 하나의 공통적인 맥락을 가진 세 개의 구별된 사건들이 뒤따라온다. 첫 번째 것은 시드기야가 "여호와께로부터 온 말씀"을 구하고 있는 점이다. 1-2절에 이어 뒤따라 나오는 이 구절의 아이러니를 간과하지 말아야 할 것이다. 선지자의 메시지의 일관성은 이 첫 번째 만남 가운데서 왕에 대한 그의 반응을 통하여 강조되어 있다.

그 성읍을 떠나려는 예레미야의 시도는 37장의 두 번째 사건을 제공한다. 이것은 32장과 거의 피할 수 없이 연결되어 있다. 이 만남은 몇몇 유다 지도자들 가운데서 발견된 예레미야에 대한 적대감을 효과적으로 기술하고 있다.

예레미야서 중 이 단락의 최종 편집의 책임이 누구든 간에, 이 단락은 사건들에 대해 직접 쓴 기사임에 틀림없는 내용을 상당히 많이 사용했다. 세부 사항에 대한 사용은 이 설화 전체에 두드러져 있다. 개인의 이름들과 역할, 정치적 분리와 그 결과, 그리고 백성들의 분위기에 대한 묘사까지 일반적인 이론화 혹은 사색 이상을 암시한다. 바룩이 자주 그렇게 생각되어 왔듯이, 그러한 세부 사항들을 기록한 책임을 가졌든 그렇지 않으면 또 다른 자료가 그 원인이든, 이 세부 사항들은 이 이야기의 구술을 풍부하게 하고 그 이야기의 목적을 예리하게 한다.

이 이야기 가운데 내포된 시드기야에 대한 묘사도 역시 생각해 보아야 할 것이다. 분명히 한결같이 악했던 여호야김과는 대조적으로 어떤 특징이 시드기야에게 있음을 나타내려는 의도가 드러나 있다. 시드기야는 완전히 적극적이지도 않고 완전히 부정적이지도 않은 회색적인 성격을 가지고 있으면서도 상당히 유약하다. 전체적인 면에서는 그가 여기서 진리를 알고 있는 것으로 묘사되어 있지만, 그 진리에 따라 행동하지 않았기 때문에 여호야김의 성품보다 더 비난하고 있는 하나의 평가일 수도 있다. 왕권에 대한 신명기 사가의 거부와 혼합되어 있는 내용은 때때로 시드기야에게서 보여진 왕권의 가능성에 대한 전망, 즉 미래의 희망이지만 일반적으로 왕들에게 겨누어진 보다 강력한 비난을 결코 지울 수는 없다.

이 길다란 역사적 설화들의 목적은 위에 언급되었지만 한층 더 주시를 받는다. 설화의 형식은 비교적 일관성이 있다. 모두가 신명기적 역사(여호수아-열왕기하)의 설화 기사들과 한층 유사성을 담고 있다. 동시에 신명기 사가의 자료가 알려진, 요약된 신학적 주제들보다도 더 많은 것이 이 설화로부터 나타난다. 그러한 주제들은 인식되어야 하겠지만, 예레미야서의 다른 곳에서 예레미야의 것으로 돌려지는 신탁 자료에 나타나 있는 문제들과는 상충되지 않는다. 여러 면에서 제공되어 있는 내용은 선지자의 메시지를 신탁 가운데 나타나도록 반사하고 있는, 그러면서도 예루살렘 멸망 이후로 오랫동안 그 일을 듣는 사람들에게 적실성을 가지도록 그 메시지를 계획하고 있는, 세부 사항으로 충만한 그럴싸한 사건들의 연속이다.

따라서 이 설화들은 역사적 사건들과 훨씬 더 관련이 있다. 그 설화들은 그 사건들을 신학적 전망 가운데다 두고 있다. 직접 목격한 자료가 사용되었고, 잘 알려진 예레미야 신탁들의 특징이 반영되어 있으며, 최종 작품은 선지자가 자기의 신탁 가운데서 사용했던 것과 같은 초점을 많이 강조한다. 즉 여호와의 말씀이 큰 위기의 때에 무시를 당하고 있다는 것이다. 더 나아가서 클레멘츠(Clements)가 자신의 주석(Clements, 223) 가운데서 주장한 바와 같이, 이 설화들은 예레미야서에 포함된 희망의 메시지의 무대를 제공하고 희망이 실현될 수 있는 수단을 제공하고 있다.

클레멘츠(Clements, 216)는 본 장들 가운데 기록된 사건들은 예레미야의 메시지 전체, 어쩌면 구약성경 전체의 관심의 핵심을 이루고 있다고 올바르게 지적했다. 예루살렘의 멸망과 그 이후에 일어난 사건들은 이스라엘이라고 불린 하나님 백성의 미래의 전체성과 희망에 결정적인 역할을 한다.

톰슨(Thompson, 631)은 이 장들이 그들의 가능한 독립의 역사들과는 관계없이 예레미야서에 가입되어 있다고 주장한다. 캐롤(Carroll, 669-70)은 본 장들에 대한 편집상의 주제, 즉 여러 사건들과 거기에 포함된 복잡한 본문상의 문제를 통하여 감소되지 않은 하나님 말씀의 계속적인 계시에 대한 자신의 언급을 통하여 그 견해를 지지한다. 캐롤은 예레미야서의 이 단락에 있는 본문의 각 구획의 이질적 성격을 강조한다. 동시에 그는 여기에 주어진 펼쳐져 있는 하나님의 메시지의 일관성을 논급한다.

본 장의 배경(그리고 다소 역대기적으로 발전된 이어지는 장들의 설화)은 이스라엘 모든 역사 가운데서 가장 결정적인 몇몇 사건들과 미래 세대에게 매우 큰 영향을 미쳤던 행동을 했던 몇몇 사람을 포함하고 있다. 시드기야/맛다냐는 여호야김의 사망 이후에, 그리고 여호야김의 아들이요 또한 여기서 고니야로 언급되고 있는 그의 후계자 여호야긴의 강제 포로(37:1) 이후에 유다를 다스렸다. 시드기야는 요시야의 아들들 가운데 한 사람, 곧 여호야김의 형제요 포로가 된 왕의 삼촌이었다(여호야긴과 시드기야에 대한 좀더 충분한 취급에 관해서는 Malamat의 글을 보라). 예레미야서 전체는 여호야긴의 통치를 완전히 무시하고 있다. 그 통치가 짧은 통치이기는 했을지라도(3개월), 이 통치를 전혀 언급하고 있지 않은 것은 다소 놀라운 일이다. 70인경은 여호야긴에 대한 어떤 언급도 하고 있지 않다.

여호야긴은 바벨론인들에 의하여 포로로 끌려간 첫 번째 유대인 그룹에 속한 사람이었다. 분명한 것은 그가 여러 해 동안 구금을 당했고, 그 다음에 바벨론 통치자 에윌므로닥 통치 하에서 보다 관대한 취급을 받았다는 것이다(왕하 25:27; 렘 52:31-32). 왕의 칭호가 여호야긴 포로 기간 동안 여호야긴과 시드기야 두 사람에게 붙여진 것으로 보인다. 아무도 여호야긴과 시드기야가 각각 감당했던 역할을 정확하게 결정할 수가 없었다. 맬러맷(Malamat, 81)은 바벨론의 기록으로부터 여호야긴의 왕권 유지에 대한 증거를 주장한다. 여호야긴의 공식적 신분과 관계없이, 시드기야는 유다가 존속한 마지막 몇 년 간 유다의 통치자로서 일했다. 바벨론인들은 자기들의 목적을 이루기 위하여 일종의 이중 통치 방식을 사용했을 수 있다. 생각해 볼 수 있는 바와 같이 만일 유다 내에 있던 그룹들이 한 사람이나 혹은 다른 사람에게 충성을 했다면, 그러한 상황은 바벨론 군주에게 유리하도록 사용되었을 수 있다.

처음에 시드기야는 그가 세력을 얻게 된 방식의 한 결과로서 친 바벨론 감정을 가졌을 것이다. 유다에 있는 대부분의 친애굽파 사람들은 바벨론의 꼭두각시로 생각한 사람에게 좋은 반응을 하지 않았을 것이다. 바벨론에 대항하여 애굽과의 동맹을 통하여 미래의 희망을 실현시키기를 바랐던 유다에 있는 사람들과 애굽과의 동맹을 어리석은 것으로 판단했던 실용주의자 사이에 있었던 오랜 갈등이 이 후기의 장들에 들어 있는 예레미야서의 여러 설화 기록 가운데서 발견되는 것으로 보인다.

시드기야에 대한 초점은 예레미야서에 있는 시드기야를 직접 언급한 구절들을 검토할 필요성을 제공한다. 37장을 해석함에 있어서 중요한 것은 21장과 34장인데, 이 두 장은 대략 같은 시기에 기록된 것이고 같은 일련의 사건들을 반영해 준다. 몇몇 같은 어족의 문구들이 시드기야 자료 전체 가운데 나타난다. 특히 중요한 것은 그 성읍의 멸망에 대한 반복된 예언이며, 바벨론 군대가 "불태울 것"이라고 예레미야가 말한 예고다. 이 "약속"은 실질적으로 네 개의 구별된 단락들 가운데 최소한 다섯 번이나 축어적으로 반복되고 있으며(21:10; 34:2; 34:22; 37:8, 10), 약간 다르게 두 개의 다른 단락 가운데 나타난다(32:29; 38:23). 선지자가 자신의 메시지를 여러 경우에 반복했거나, 혹은 좀더 타당한 것은 예레미야서 편집자들이 유다의 곤경과 그 후의 재난이라는 핵심적 사건으로 표현하고 있는 절정의 메시지를 인식했을 것이다.

본 장의 배경을 이루고 있는 역사적 사건들은 주전 589년 바벨론의 유다 침공과 그 이후의 예루살렘 포위 공격 이후에 일어난다. 실질적으로 주변의 모든 성읍들이 침략자들에게 쉽게 함락되고, 예루살렘, 라기스, 아세가만이 남아 있었다(34:7). 34장은 포위 공격을 당하고 있는 예루살렘과 예루살렘 거민들의 공포심을 묘사하고 있다. 히브리 종들이 자유를 얻은 34:10에 있는 하나님과의 "언약"은 포위 공격의 결과로 일어났다.

37장의 구체적인 배경은 애굽 군대의 접근으로 인하여 포위 공격이 일시적으로 풀린 상태다. 바벨론인들은 분명히 애굽인과 상대하기 위하여 떠나갔고, 그 과정에서 예루살렘이 풀려났다.

주석

[1]-[2] 예레미야 37:1은 시드기야의 "왕권"을 언급한다. 시드기야/맛다냐는 요시야의 아들이요 여호야김의 형제였다. 여기에 고니야로 언급된 여호야김의 아들 여호야긴은 자기 부친을 계승하여 유다의 권좌에 올랐으나 주전 598년 바벨론인들에 의하여 포로로 잡혀갔다. 시드기야가 그 대신 다스리도록 그 자리에 올랐다.

[3]-[5] 이것은 시드기야가 여호와께로부터 온 결정적인 말씀을 듣기 위해 사신들을 선지자에게 보낸 두 번의 경우 가운데 하나다(참조. 21:1). 제사장 스바냐는 21장에 기록된 이와 유사한 사건에 포함되어 있다. 스바냐는 예레미야에 대한 비난의 편지를 받은 사람이기도 하다(29:24-29). 여후갈은 예레미야가 유다에 대해 "반역"한 것이라며 그를 죽이라고 요구한 사람들 중 하나다(38:4).

시드기야의 목적은 예레미야로 하여금 유다를 위하여 여호와께 기도하라고 이끌어내기 위한 것이었다. 여러 위태로운 에피소드 전체에 걸쳐서 시드기야는 언제나 예레미야의 말에 비밀리에 귀를 기울였던 것으로 보인다. 하지만 그는 예레미야의 말의 진리성을 믿기만 했을 뿐, 자신이 믿고 있는 바를 행동으로 옮기는 용기는 전혀 가지지 못했다.

예레미야는 그 성읍을 돌아다닐 수 있도록 풀려난 것으로 기록되어 있다. 이 단락의 핵심 사건은 애굽 군대가 예루살렘으로 접근한 점이다. 애굽 군대의 접근으로 인하여 그 성읍의 포위 공격이 잠시 풀렸다. 바벨론인들은 애굽 군대를 대항하려고 철수한다.

6-10 이에 반응하여 예레미야가 주고 있는 메시지는 격려하는 것뿐이다. 이 구절들은 애굽의 구원군이 가져다 준 낙관주의에 도전을 가한다. 여호와께로부터 온 예레미야의 말은 애굽 군대가 이전에 예고한 바와 같이 유다를 떠나서 곧 애굽으로 돌아가리라는 것이다. 이러한 위기에 어떤 긍정적인 종말을 바라는 사람들에게 주는 메시지는 통명스러운 것이다. 얼마나 성공했든, 어느 편에서 보든 유다는 바벨론인들과 대항하고 있고, 그 결판은 이미 났다. 부상당한(혹은 죽은?) 바벨론 군사들만이 남아 있을지라도, 그들은 예루살렘을 멸망시키기에 충분할 것이다. 분명하게 암시되어 있는 사실은 그 성읍의 멸망에서 하나님의 역할이다.

11-16 포위 공격이 풀린 그 기간 동안에, 예레미야는 가족의 기업이 있는 아나돗으로 가기 위해 그 성읍을 떠나려고 한다. 학자들은 이 사건과 32장에 기록된 조상의 땅을 구입한 사건 사이에 관련이 있다거나 혹은 없다는 사실에 의견의 일치를 보이지 않는다. 예레미야 37:12은 번역하기가 난해한 구절이다. 아나돗에서 일어나는 사건들은 예레미야의 기업과 어떤 관계가 있는가(참조. Rudolph, 203; 또한 RSV의 "그의 몫을 받다")? 70인경은 MT의 나할리크(לַחֲלִ?ק 〈 חלק[할라크], "제공하다", 즉 한 사람의 몫을 얻음; 힙힐형은 예레미야서에서 여기에만 나온다)의 힙힐형을 "사다"(*ἀγοράσαι* - 아고라사이)로 번역함으로써 이 난점을 해결하려 한다(이러한 난점의 예증으로, 최소한 다른 네 개의 헬라어 단어들이 이 히브리어 단어를 적절하게 번역하기 위한 시도로 여러 사본들 가운데 나타나 있다).

32장에 있는 예레미야의 구금과 본 장에 있는 자유로운 상태로 인하여 일어난 난점에도 불구하고, 몇몇 사람은 이 두 기사 간의 관련성을 주장한다(Rudolph, Cunliff-Jones, Bright, Thompson). 사이츠(Seitz, *Theology in Conflict*, 241-81, 283)는 이 단락을 포함하여 예레미야의 "서기관의" 자료 중 상당수가 "편집상의 마무리를 위한 초안본(pre-texts)"으로 재정돈된 것으로 가정한다(Seitz, 242). 그는 32장과 37장의 많은 부분이 연결되어 있는 것으로 생각한다.

다른 사람들은 어떤 연결이 있음을 부정한다(Carroll, Martens, Nicholson). 캐롤(675)은 32장과 37장이 "포위 공격이 있는 동안 예레미야가 당한 운명에 관한…다른 전승들이다"라고 주장한다. 그는 선지자가 37장에서 다닐 수 있는 자유를 언급하는 한편, 32장에서 예레미야는 그러한 자유를 갖지 못하고 있다고 말한다. 보다 심각한 것은 예레미야서 편집자들에 의하여 의도된 이 두 전승의 목적에 관한 캐롤(Carroll)의 주장이다. 모든 것이 바벨론에 의하여 파괴된다. 거기에는 착오가 있을 수 없다.

예레미야의 저항에도 불구하고, 그는 포박을 당하고 매를 맞고 갇힌다. 이런 식으로 선지자를 위협한 "방백들"은 분명히 앞 장에 묘사된 사람들과 같은 사람들은 아니다. 이 방백들은 예레미야의 안전에는 관심을 두지 않는다. 그와는 정반대로, 그들은 그 나라의 안정에 위협을 가한다고 생각하는 다른 사람들과 함께 그를 포함시켜서 그러한 사람들을 위하여 따로 구별지어 놓은 감금 시설(요나단의 집)에 그를 구금시킨다. 예레미야는 거기서 수 일 동안 머문다(16절).

17-21 시드기야의 모호한 인물상이 본 구절들 가운데 강조되어 있다. 은밀에 대한 강조가 유념되어야 할 것이다. 그러한 표시로 되어 있는 몇 가지 실마리가 시드기야의 행동과 관련하여 발견된다. 극도의 민족주의가 유다의 남은 자들의 특징이었다. 아마도 왕까지도 그러한 극단적 감정에 감히 도전하지 못했던 것 같다. 그럼에도 불구하고, 시드기야는 언제나 예레미야의 충고를 가치 있게 생각한 것으로 보인다. 그는 단순히 용기가 부족했거나, 아니면 예레미야가 전달한 메시지에 응할 뜻이 없었던 것으로 보인다.

예레미야와 시드기야 사이의 교류는 이상하리만큼 솔직하다. 시드기야는 여호와로부터 온 말씀을 구한다. 예레미야는 시드기야의 운명을 확증하는 메시지를 전달한다. 그러고 나서 갑작스럽게 초점이 전환된다. 예레미야는 완전히 주제를 변화시켜 자신을 위하여 왕에게 호소한다. 그의 방법은 분명히 구원을 말한 선지자들의 거짓된 말에 주의를 상기시키는 것이다. 이 구절들은 포위 공격의 재개를 가정한다(21절). 낙관적 시기는 모두에게 너무나 짧았다. 예레미야는 악행에 대한 자신의 무죄성을 옹호한다. 그가 해야 할 일은 기껏해야 구원을 말하는 선지자들과 대항하여 진리를 말하는 것이었다. 더 나아가서 그는 자신을 요나답의 집으로 돌려보내면 죽음을 선고하는 것이라고 주장한다.

시드기야는 예레미야의 호소를 듣고 그를 위하여 시위대 뜰에 감금하는, 보다 관대한 형태로 거주하도록 배려한다. 그는 음식물을 구할 수 있는 동안은 내내 음식을 공급해 주겠다는 확증을 받는다. 예레미야에 대한 시드기야의 긍정적인 반응은 유다의 이 영웅/악한에 대해 혼란스러운 모습만을 가중시켜 준다.

해설

예레미야 36장에 있는 여호야김에 대한 매우 부정적인 모습에 뒤이어, 시드기야의 통치 기사들은 유다의 통치자들의 비타협적인 태도를 강조한다. 시드기야의 성품에 어떤 긍정적인 기질들이 나타나 있음에도 불구하고, 그는 여전히 "여호와의 말씀"을 거절한 사람으로 밝혀져 있다. 비극적인 단로조움이 한 세대에서 다른 세대까지 유다를 괴롭게 한 것으로 보인다. 상황과 개인의 기도가 변할지라도, 변하지 않은 것 하나는 하나님에 대한 유다의 완강한 저항이다.

유다의 완고한 반역과는 대조적으로, 선지자 예레미야의 신실성 역시 일관성이 있다. 때때로 일어나는 사건들은 그의 메시지가 잘못되었다는 사실을 시사해 준다. 선지자는 한편으로는 내적인 문제들로 말미암아 시달림을 받는 반면, 그가 공적으로 선언하는 내용들은 결코 흔들리지 않는다. 구원을 말하는 선지자들은 틀렸다. 유다가 보여 준 것과 같은 태도와 행동은 하나의 결과, 즉 하나님의 심판만을 가져다 줄 뿐이다.

마지막 정곡을 찌르는 논평이 이 구절들을 통하여 들려진다. 여러 면에서 시드기야는 비극적인 인물이다. 그는 자석에게 끌리는 쇠붙이처럼 예레미야와 그의 메시지에 끌리는 것처럼 보이지만, 전혀 그 메시지에 반응하여 행동하도록 충분한 결정을 할 수가 없다. 그러한 추정들이 사변적인 것이기는 하지만, 시드기야가 자신들의 성격상의 유약성으로 말미암아 하나님의 목적을 거절하는 사람들의 패러다임을 나타내는 것 모두가 여호야김의 공격적인 반역과 똑같이 망하게 하고 저주를 받게 할 가능성이 있다는 것이다.

B. 물 구덩이 안의 예레미야(38:1-28a[LXX 45:1-28a])

참고문헌

Kessler, M. "Jeremiah Chapters 26-45 Reconsidered." *JNES* 27(1968) 81-88. **North, R.** "Palestine, Administration of(Judean Officials)." *ABD* 5:87. **Pohlmann, K.-F.** *Studien zum Jeremiahbuch*. Göttingen: Vandenhoeck & Ruprecht, 1978. 69-93. **Pritchard, J. B.**, ed. *ANET.* 322(line 6). **Vaux, R. de** "Les Ostraka de Lachis." *RB* 48(1939) 181-206. **Wanke, G.** *Untersuchungen zur sogenannten Baruchschrift.* BZAW 122. Berlin: de Gruyter, 1971. 102-16.

본 문

1 맛단의 아들 스바댜와 바스훌의 아들 그다랴와 셀레먀의 아들 유갈과 말기야의 아들 바스훌이 예레미야의 모든 백성에게 이르는 말을 들은즉 이르기를

2 여호와께서 이같이 말씀하시되 이 성에 머무는 자는 칼과 기근과 염병에 죽으리라 그러나 갈대아인에게 항복하는 자는 살리니 그의 생명이 노략물을 얻음같이 살리라

3 나 여호와가 이같이 말하노라 이 성이 반드시 바벨론 왕의 군대의 손에 붙이우리니 그가 취하리라 하셨다 하는지라

4 이에 그 방백들이 왕께 고하되 이 사람이 백성의 평안을 구치 아니하고 해를 구하오니 청컨대 이 사람을 죽이소서 그가 이같이 말하여 이 성에 남은 군사의 손과 모든 백성의 손을 약하게 하나이다

5 시드기야 왕이 가로되 보라 그가 너희 손에 있느니라 왕은 조금도 너희를 거스릴 수 없느니라

6 그들이 예레미야를 취하여 시위대 뜰에 있는 왕의 아들 말기야의 구덩이에 던져 넣을 때에 예레미야를 줄로 달아 내리웠는데 그 구덩이에는 물이 없고 진흙뿐이므로 예레미야가 진흙 중에 빠졌더라

7 왕궁 환관 구스인 에벳멜렉이 그들의 예레미야를 구덩이에 던져 넣었음을 들으니라 때에 왕이 베냐민 문에 앉았더니

8 에벳멜렉이 왕궁에서 나와 왕께 고하여 가로되

9 내 주 왕이여 저 사람들이 선지자 예레미야에

1 Now Shephatiah the son of Mattan, Gedaliah the son of Pashhur, Jucal the son of Shelemiah, and Pashhur the son of Malchiah[a] heard the words that Jeremiah was saying to all[b] the people,

2 "Thus says the Lord,[a] whoever remains in this city will die by the sword, by famine, and by pestilence,[b] but whoever goes out to the Chaldeans will live;[c] his life will be for him a prize of war,[d] and he will live.

3 Thus[a] says the Lord, this city will surely be given into the hand of the army of the king of Babylon, and he will capture it."

4 And the[a] princes[b] said to the king, "Let this man be put to death, for he is[c] weakening[d] the hands of the soldiers who remain in this[e] city and the hands of all the people, speaking these words to them, for this man is not seeking peace for this people, but harm."

5 King Zedekiah said, "Behold, he is in your hands, for the king can do nothing[a] against you."[b]

6 So they took Jeremiah,[a] and they cast him into the cistern[b] of Malchiah the son of the king, which was in the court of the guard, and they let Jeremiah[c] down with ropes;[d] and there was no water in the cistern, only mud, and Jeremiah[e] sank[f] in the mud.

7 And Ebed-melech the Ethiopian, an official[a] who was in the king's house, heard that they had put Jeremiah into the cistern, and the king was sitting at the Benjamin Gate.

8 Ebed-melech[a] went from the king's house[b] and spoke to the king, saying:

9 "My lord the king,[a] these men have done evil

게 행한 모든 일은 악하니이다 성중에 떡이 떨어졌거늘 그들이 그를 구덩이에 던져 넣었으니 그가 거기서 주려 죽으리이다

in all that they have done to Jeremiah the prophet, whom they have cast into the cistern.[b] And he will die[c] there[d] from hunger, for there is no bread left in the city."[e]

10 왕이 구스인 에벳멜렉에게 명하여 가로되 너는 여기서 삼십 명을 데리고 가서 선지자 예레미야의 죽기 전에 그를 구덩이에서 끌어내라

10 Then the king commanded Ebed-melech the Ethiopian,[a] "Take with you from here three[b] men and lift Jeremiah the prophet[c] from the cistern before he dies."

11 에벳멜렉이 사람들을 데리고 왕궁 곳간 밑 방에 들어가서 거기서 헝겊과 낡은 옷을 취하고 그것을 구덩이에 있는 예레미야에게 줄로 내리우며

11 So Ebed-melech took the men with him,[a] and he went to the king's house, to the wardrobe[b] of the storehouse, and he took from there old rags[c] and worn-out clothes. He let them down by ropes[d] to Jeremiah in the cistern.

12 구스인 에벳멜렉이 예레미야에게 이르되 너는 이 헝겊과 낡은 옷을 네 겨드랑이에 대고 줄을 그 아래 대라 예레미야가 그대로 하매

12 And Ebed-melech the Ethiopian[a] said to Jeremiah,[b] "Put the worn-out rags and clothes between your armpits[c] and the ropes," and Jeremiah did so.

13 그들이 줄로 예레미야를 구덩이에서 끌어낸지라 예레미야가 시위대 뜰에 머무니라

13 Then they drew Jeremiah[a] up by the ropes and lifted him from the cistern, and Jeremiah remained in the court of the guard.

14 시드기야 왕이 보내어 선지자 예레미야를 여호와의 집 제삼문으로 데려오게 하고 왕이 예레미야에게 이르되 내가 네게 한 일을 물으리니 일호도 내게 숨기지 말라

14 King Zedekiah[a] sent and received[b] Jeremiah the prophet[c] at the third entrance of the house of the Lord, and the king said to Jeremiah, "I am going to ask you something. Do not hide anything from me."

15 예레미야가 시드기야에게 이르되 내가 이 일을 왕에게 아시게 하여도 왕이 단정코 나를 죽이지 아니하시리이까 가령 내가 왕을 권한다 할지라도 왕이 듣지 아니하시리이다

15 Jeremiah said to Zedekiah,[a] "If I tell you, will you not be certain to have me put to death? And if I advise you, you will not listen to me."

16 시드기야 왕이 비밀히 예레미야에게 맹세하여 가로되 우리에게 이 영혼을 지으신 여호와께서 사시거니와 내가 너를 죽이지도 아니하겠고 네 생명을 찾는 그 사람들의 손에 붙이지도 아니하리라

16 But King Zedekiah[a] swore to Jeremiah[b] secretly,[c] "As the Lord lives,[d] who gave us this[e] life,[f] I will not put you to death, nor give you into the hand of these men who seek your life."[g]

17 예레미야가 시드기야에게 이르되 만군의 하나님이신 이스라엘의 하나님 여호와께서 이같이 말씀하시되 네가 만일 바벨론 왕의 방백들에게 항복하면 네 생명이 살겠고 이 성이 불사름을 입지 아니하겠고 너와 네 가족이 살려니와

17 Then Jeremiah said to Zedekiah,[a] "Thus says the Lord, the God[b] of Hosts, the God of Israel:[c] If you will go out[d] to the princes of the king of Babylon, then your life will be spared[e] and this city will not be burned with fire; you and your household will live.

18 네가 만일 나가서 바벨론 왕의 방백들에게 항복하지 아니하면 이 성이 갈대아인의 손에 붙이우리니 그들이 이 성을 불사를 것이며 너는 그들의 손을 벗어나지 못하리라 하셨나이다

18 But if you will not go out to the princes[a] of the king of Babylon,[b] this city will be given into the hand of the Chaldeans, and they will burn it with fire, and you will not escape from their hand."[c]

19 시드기야 왕이 예레미야에게 이르되 나는 갈대아인에게 항복한 유다인을 두려워하노라 염려컨대 갈대아인이 나를 그들의 손에 붙이면 그들이 나를 조롱할까 하노라

19 King Zedekiah[a] said to Jeremiah, "I am afraid of the Judeans who deserted to the Chaldeans, lest they hand me over to them and they deal ruthlessly with me."

20 예레미야가 가로되 그 무리가 왕을 그들에게 붙이지 아니하리이다 원하옵나니 내가 왕에게 고한 바 여호와의 목소리를 청종하소서 그리하면 왕이 복을 받아 생명을 보존하시리이다

20 Jeremiah said, "They will not give you up;[a] obey now the voice of the Lord in what I am saying to you, that it may be well for you and you may live.[b]

21 그러나 만일 항복하기를 거절하시면 여호와께서 내게 보이신 말씀대로 되리이다

21 But if you refuse to go out, this is what the Lord has shown me.

22 곧 유다 왕궁에 남아 있는 모든 여자가 바벨론 왕의 방백들에게로 끌려갈 것이요 그들은 네게 말하기를 네 친구들이 너를 꾀어 이기고 네 발이 진흙에 빠짐을 보고 물러갔도다 하리라

22 Behold, all the women who remain in the household of the king of Judah will be taken out to the princes of the king of Babylon, and will say, 'They have deceived you; your trusted friends have prevailed over you.[a] Your feet[b] are sunk in the mire; they have forsaken you.'

23 네 아내들과 자녀는 갈대아인에게로 끌어냄을 입겠고 너는 그들의 손에서 벗어나지 못하고 바벨론 왕의 손에 잡히리라 또 네가 이 성으로 불사름을 입게 하리라 하셨나이다

23 All[a] your wives and your sons will be brought to the Chaldeans, and you will not escape from their hand, for by the hand of the king of Babylon you will be seized and this city will be burned[b] with fire."[c]

24 시드기야가 예레미야에게 이르되 너는 이 말을 사람으로 알게 하지 말라 그리하면 네가 죽지 아니하리라

24 Then Zedekiah said to Jeremiah,[a] "Let no one know of these words and you will not die.[b]

25 만일 방백들이 내가 너와 말하였다 함을 듣고 와서 네게 말하기를 네가 왕에게 말씀한 것을 우리에게 고하라 우리에게 숨기지 말라 그리하면 우리가 너를 죽이지 아니하리라 또 왕이 네게 말씀한 것을 고하라 하거든

25 If the princes hear that I have spoken with you, they will come to you and say to you, 'Tell us what you said to the king and what the king said to you.[a] Do not hide it from us, and we will not put you to death.'

26 그들에게 대답하되 내가 왕의 앞에 간구하기를 나를 요나단의 집으로 도로 보내지 말아서 거기서 죽지 않게 하옵소서 하였다 하라 하니라

26 Then you say to them, 'I pleaded with[a] the king that he not return me to the house of Jonathan to die there.'"

27 모든 방백이 예레미야에게 와서 물으매 그가 왕의 명한 모든 말대로 대답하였으므로 일이 탄로치 아니하였고 그들은 더불어 말하기를 그쳤더라

27 All of the princes came to Jeremiah and questioned him, and he told them just as[a] the king had instructed.[b] They said nothing more,[c]

for the conversation[d] had not been overheard.

28 예레미야가 예루살렘이 함락되는 날까지 시위대 뜰에 머물렀더라

28 And Jeremiah remained in the court of the guard until the day when Jerusalem was captured.

원문주해

1.a. "말기야의 아들 바스훌"이 LXX에서는 발견되지 않는다.

1.b. LXX은 "모든"을 생략한다.

2.a. "그러므로 여호와께서 가라사대"라는 첨가물을 가지고 있는 21:9과 같은 말씀임.

2.b. 우바다베르(ובדבר, "그리고 염병으로")가 LXX에는 없다.

2.c. 참조. 21:9의 "원문주해"; LXX, Syr, Vg은 모두가 보다 규칙적인 형태인 이흐예(יִחְיֶה)임을 시사한다. 여기서도 접속사를 가지고 있다.

2.d. MT에서는 샬랄(שָׁלָל, "노략물, 탈취물")임. 이는 아마도 약간의 변형과 함께 21:9; 38:2; 39:18; 45:5에 나타나는 것과 같은 어족의 문구일 것이다(Nicholson, 1:177). 이 언급은 순전히 전쟁으로부터 도피하는 한 군사를 가리킨다. 즉 "내 생명은 내 노략물이다."

3.a. LXX은 MT에는 없는 호티(ὅτι, "이는")를 앞에 붙이고 있다.

4.a. *BHS*와 루돌프(Rudolph, 204)는 하엘레(הָאֵלֶּה, "이것들")가 중자탈락의 결과로 떨어져 나갔음을 시사한다.

4.b. "방백"이 LXX에는 없다.

4.c. LXX은 위의 본문에 반영되지 않은(영어 본문 참고할 것 – 역자주) 강조의 불변화사 알-켄(עַל־כֵּן, "진실로")을 생략한다.

4.d. 몇몇 필사본들은 다른 발음 본문을 가지고 있다. 즉 메라페(מְרַפֵּא).

4.e. LXX은 "이것"을 생략한다.

5.a. MT은 유칼(יוּכַל) 미완료형 동사다. LXX은 분사형 야콜(יָכוֹל)을 가지고 있다.

5.b. LXX은 "그들"을 가지고 있다.

6.a. "그러므로 그들이 예레미야를 취했다"가 LXX에는 없다.

6.b. *BHS*는 와우(ו)를 삭제하고 있음을 시사한다. 참조. LXX. 또한 GKC § 127f를 보라.

6.c. LXX은 "예레미야"를 생략한다.

6.d. LXX은 MT에는 없는 "구덩이로"를 가지고 있고, "줄로"를 생략한다.

6.e. LXX은 "예레미야"를 생략한다.

6.f. LXX은 "빠졌더라"를 생략하고, 그 대신 단순하게 "그가 진흙 가운데 있었다"를 가

지고 있다.

7.a. LXX은 "방백(환관)"을 생략한다. 히브리어는 자주 이쉬 싸리쓰(איש סרים)가 "환관"으로 번역된다. 그와 같이 소 궁중 방백을 가리키지만, 반드시 자주 추정된 의미와 같은 "환관"은 아니다. North, ABD 5:87을 보라.

8.a. "에벳멜렉"이 LXX에는 없다.

8.b. LXX은 "왕궁에서 나와서"는 생략하고 "그에게로 나갔다"를 가지고 있다. MT은 "그에게"를 가지고 있지 않다.

9.a. LXX은 "내 주 왕이여"를 가지고 있지 않다.

9.b. LXX과 MT은 여기서 완전히 차이가 난다. LXX은 왕에게 초점을 맞추고 있고, MT은 예레미야를 구덩이에 던진 사람들에게 맞추고 있다. 캐롤(Carroll, 681)은 MT이 앞의 4-5절을 무시하고 있는 것으로 보인다고 논평한다. LXX은 에벳멜렉이 왕을 다음과 같이 비난하는 본문을 가지고 있다. 즉 "당신은 이 사람을 죽이라고 선고함으로써 악을 행하였나이다." MT은 왕으로 하여금 개입하도록 보다 탄원적이다.

9.c. *BHS*는 대안적 발음 웨야무트(וְיָמֻת)를 시사하고 있으나, 또한 GKC § 111l을 보라.

9.d. 직역하면 "그것 아래"이다.

9.e. *BHS*는 마지막 부분의 확장된 문구 "굶주림으로부터, 이는 그 성읍에 떡이 남아 있지 않기 때문입니다"가 37:21로부터 나왔을 하나의 해석임을 시사하고 있는데, 그 이유는 문맥에서 이것이 거의 의미가 없기 때문이다. 예레미야의 곤경은 일차적으로 떡의 결핍으로 인하여 격심해지는 것이 아니다!

10.a. "구스인"이 LXX에는 없다.

10.b. *BHS*와 주석가들은 쉘로쉼(שְׁלֹשִׁים, "30")을 쉘로솨(שְׁלֹשָׁה, "셋")로 변경시키고 있는 소수의 필사본 증거 본문을 따른다.

10.c. LXX에는 "선지자 예레미야" 대신에 "그를"로 되어 있다.

11.a. LXX은 "그와 함께"를 생략한다.

11.b. MT에는 직역하면 "곡간 아래로"로 되어 있다. *BHS*와 주석가들은 מלתחת 연계형 "옷장"을 주장한다. LXX은 휘포게이온(*ὑπόγειον*, "지하")을 가지고 있다.

11.c. *BHS*는 헤(ה)가 12절로부터 동질화된 것임을 암시한다. 여기서 "헝겊과 낡은 옷"으로 번역된 단어들은 평행적인 단어, 즉 "닳아진 헝겊들과 닳아진 헝겊들"이다.

11.d. LXX은 "줄로"를 생략한다. 캐롤(682)은 여기서 6절의 영향을 받았다고 말한다. LXX은 보다 논리적인 독법인 "그것들을 내려뜨렸다"를 가지고 있다.

12.a. "구스인 에벳멜렉"이 LXX에는 없다.

12.b. LXX은 "예레미야에게"를 생략한다.

12.c. 전형적인 간결한 문체로 LXX은 "이 헝겊과 낡은 옷을 네 겨드랑이에 대고"를 생략하고 그 대신 "그것들을 줄 아래 매라"로 읽는다.

13.a. LXX에는 "시드기야"가 없다.

14.b. LXX은 "그리고 영접해 들였다"를 생략한다.

14.c. LXX은 통상적으로 "예레미야 선지자"를 생략하면서 단순히 "왕이 그를 보냈다"를 가지고 있다.

15.a. LXX은 "시드기야" 대신에 "왕에게"를 가지고 있다.

16.a. LXX은 "시드기야"를 생략하고 "왕"으로 읽는다.

16.b. LXX은 "예레미야"를 생략하고 그 대신 "그에게"로 읽는다.

16.c. LXX은 "비밀히"를 가지고 있지 않다.

16.d. Q는 K에 나타나는 에트(את, 직접목적어의 표시?)를 생략하고 있는데, 이는 서기관의 오류인 것 같다.

16.e. 동방의 필사본들의 K에는 제(זה, "이"[남성])로 나타난다.

16.f. MT에는 직역하면 "우리를 위하여 이 생명을 만드신 자"로 되어 있다.

16.g. LXX은 "네 생명을 찾는 자"를 생략한다.

17.a. LXX은 "그에게"를 가지고 있다.

17.b. 카이로 게니자 단편들은 "만군의 여호와, 이스라엘의 하나님"을 표명하는 "…의 하나님"을 생략한다.

17.c. LXX은 확대된 문구 "만군의 여호와, 이스라엘의 하나님"을 생략한다.

17.d. 히브리어는 강세가 있다.

17.e. 직역하면 "너의 생명이 살 것이다."

18.a. 카이로 게니자 단편들은 "…의 방백들"을 생략한다.

18.b. LXX은 "바벨론 왕의 방백들에게"라는 문구 전체를 생략한다.

18.c. LXX은 "그들의 손을"을 생략한다.

19.a. LXX은 "시드기야"를 생략한다.

20.a. 직역하면 "그들이 주지 않을 것이다."

20.b. 직역하면 "너의 생명이 살도록."

22.a. 참조. 옵 7절에 있는 시.

22.b. MT은 "네 발"을 가지고 있지만, 많은 필사본들은 "네 발들"을 가지고 있다.

23.a. "모든"이 LXX에는 없다.

23.b. LXX과 다른 필사본들과 함께 "불태워질 것이다". MT에는 직역하면 "네가 이 성을 태울 것이다"로 되어 있다.

23.c. LXX은 "불로"를 생략한다.

24.a. LXX은 "그때 왕이 그에게 말했다"를 가지고 있다.

24.b. *BHS*는 37:21과 가능한 관계를 시사하고 있다. 또한 아래 "양식/구조/배경"에 진술된 캐롤의 해석을 보라.

25.a. LXX에는 질문의 순서를 뒤바꿔서 "왕이 너에게 무엇을 말했느냐? 그리고 너는 왕에게 무엇을 말했느냐?"로 되어 있다. MT와 Syr은 위의 영문 **본문**에 주어진 순서를 따른다.

26.a. 직역하면 "앞에 나의 간구를 아뢰었다."

27.a. 직역하면 "이 모든 말씀을 따라서."

27.b. 여러 필사본들에는 추후(צוהו, "그들이 지시했다")로 되어 있다.

27.c. 직역하면 "그들은 그로부터 침묵했다"인데, 이것은 "그들이 그에게 말하기를 그쳤다"이다. LXX은 "그에게"를 생략한다.

27.d. 직역하면 "그 말씀". LXX은 "여호와의 말씀"을 가지고 있다.

양식/구조/배경

38장의 앞 구절들은 앞 장에 이미 기록된 사건들과 아주 유사하다. 선지자가 선포한 메시지는 자기 백성들에게 예레미야가 전한 것과 일관성 있는 메시지다. 전혀 변하지 않는 반복구가 말하는 것은 멸망의 확실성이다. 본 장들(37-38장) 가운데서 여러 다른 경우마다 반복되어 있다(37:6-10; 37:16-17; 38:1-3; 38:18; 38:22-23). 37:15, 38:4에서처럼 방백들은 예레미야를 죽이려고 하는 철천지원수로 그려지고 있다. 37장에서 요나단의 집이 그러했던 것처럼, "말기야의 구덩이"가 예레미야의 감옥이 된다. 이 구절들의 연대기를 따른다면, 예레미야의 형편은 "시위대 뜰"(37:21)에서 그가 받은 것과 시위대 뜰의 구덩이에 던져진 것(38:6)에 비하여 더 나빠졌다.

중요한 질문들 가운데 하나가 37장과 38장에 묘사된 일련의 위기와 구출 사건들과 관련되어 있다. 이러한 사건들이 어느 범위까지 반복되어 있는가? 그 거친 행위를 강조하기 위하여 사용된 반복은 하나님의 말씀에 대한 반응인가? 위에 제기된 다른 질문들처럼 단 하나의 답변으로는 충분하지 못하다. 이 풍부한 세부 사항들은 사실 그대로의 사건을 너무나 빨리 다루고 지나가 버린다. 동시에, 선지자가 경험한 위기적 상황들에 대한 진술과 재진술의 편집상의 효과는 명백하다.

캐롤(Carroll, 679)은 패턴의 반복을 주장하지만, 그는 동시에 세부 사항에서의 차이점도 인정한다. 그의 결론은 포위 공격이 있는 동안 예레미야가 당한 고통에 대한 "중복" 기사들(둘 이상의 평행적 기사)이 있었다는 것이다(Carroll, 679). 그 중 한 중복 기사는 두드러진 것으로서 38:24-28인데, 이는 37:20-21과 거의 일치한다. 캐롤은 이 구절들이 37:20 다음에 더 잘 어울린다고 생각하는데, 그것은 요나단의 집에 대한 언급 때문이다(Carroll, 688). 그러나 37장과 38장에는 그와 같은 또 다른 언급도 있다. 이것이 다른 것보다 더 의미 있는 것인가? 본문을 검토해 보면 불필요한 과격한 표현이다. 본문의 현재 상태를 그대로 받아들이고 그러한 평행구들의 의미를 이해하려고 노력하는 것이 좀더 나은 접근 방식일 것이다. 차이가 나는 세부 사항들은 전승의 사용에서 유연성이 있었음을 암시한다. 톰슨(Thompson, 637)은 37장과 38장을 같은 사건들에 대한 다른 기사로 취급할 것을 요구하고 있는 것으로 생각하고 7장과 26장에 있는 유사성에 호소한다.

브라이트(Bright, 233-34)는 37장과 38장의 개요상의 유사성을 말한다. 이 두 장에서 예레미야는 방백들 앞에 끌려가서 반역죄로 고소당하고 구덩이 혹은 구덩이 집에 구금당하며, 요나단의 집은 중요한 역할을 한다. 그는 왕과 은밀한 대화를 하고, 왕의 개입을 요청하며, 그 선지자는 시위대 뜰로 끌려간다. 브라이트는 이 사건들이 연속적 사건들일 가능성을 받아들이는 반면에, 또한 여기에는 반복이 명백하게 드러나 있음도 강조한다(Bright, 233).

캐롤(Carroll)은 "이야기 진술의 기술"(683)을 많은 이문들이 생겨나게 한 배후에 깔려 있는 원인으로 말하고 세심하게 검토해 볼 가치가 있을 수 있다고 말한다. 유다 역사에 있었던 이러한 재난의 시기의 의미가 주어져 있고, 그 이후 그러한 날들에 대한 재고를 함에 있어서 예레미야의 역할의 중요성도 주어져 있는 이 본문 가운데서 유다의 종말이라는 결정적 사건들에 선지자가 연루된, 이러한 풍부한 "이야기"들을 발견하는 것은 놀랄 일이 아니다. 사실상 상충된 내용이나 모호성을 통해서 복잡하게 뒤얽혀져 있지 않은 전승의 단일 성분을 발견하는 것이 더 놀랄 일이다. 여러 성분들이 각각 검토되고 이러한 "성분"들이 역할을 하는 장면들을 드러낸다면(37:3-10; 37:11-15; 37:16-21; 38:1-6; 38:7-13; 38:14-28), 그 각각의 성분들은 본 선지서의 보다 큰 전승을 이루도록 흥미로운 기여를 한 것이다. 캐롤이 지적한 바와 같이(669), 보다 중요한 것은 그것들은 각기 "여호와께로서 나온 말씀"과 이 사건들에서 그것들이 가진 역할의 중요성을 더욱 강조한다는 것이다.

편집 활동이 있었다는 사실이 여러 점에서 명백하게 나타나 있다(예를 들어, Pohlmann, *Studies*, 70-72). 선지자에 관한 차이가 나는 이야기들 중에 몇몇 번역들은 언제나 매끄럽지 못하고 일관성도 없다. 그러나 최종 결과는 예레미야서라는 보다 큰 메시지와 일관성 있는 인물들과 사건들에 대한 묘사를 나타내고 있으며, 그로 말미암아 보다 큰 메시지가 풍부해진다.

주석

[1] 38장은 예레미야의 메시지에 강력하게 반응하는 네 명으로 이루어진 청중을 소개하면서 시작된다. 자주 그러하듯, 거명된 인물들에 관한 구체적인 정보는 생략되었다. 셀레먀의 아들 유갈은 37:3의 유갈인 것 같으나, 그에 관한 다른 정보는 제공되어 있지 않다. 그의 부계 목록에 근거하여 볼 때, 바스훌은 선지자의 철천지 원수였던 예레미야 20장의 바스훌은 분명 아니다.

예레미야의 말이 모든 백성들에게 들려졌으므로, 38:1은 예레미야에 대한 감금 이전에 있었던 사건을 기록하고 있다고 가정하는 것이 공평하다. 메시지와 관련하여 나타난 위협과 청중에 대한 언급은 선지자가 비교적 자유로웠음을 시사한다.

[2]-[3] 예레미야의 메시지는 유다가 존재했던 마지막 날들에 구술되었던 일관성 있는 메시지다. 즉 종말이 오고 있다는 것이다. 그 성읍을 떠나야만 생존이 가능하다. 그 성에 남는다는 것은 두려운 포위 공격과 관련된 여러 위험으로부터 닥치는 죽음에 직면하는 것뿐이다. 바벨론에 대한 항복이 그 좁은 도피의 희망과 전쟁의 보상으로서의 생명을 제공해 주지만, 거기서 도피할 더 좋은 길은 없다. 예레미야는 구원의 여망을 제공하지 않는다. 오히려 그는 여호와께서 친히 그 성읍을 바벨론 사람의 손에 붙이셨다는 사실을 주장한다.

[4] 방백들은 당연히 예레미야의 말을 반역적인 말로 해석한다. 그러한 사실이 질문의 배후에 있는 것으로 보인다. 그 성읍의 대대적인 황폐를 말하는 것은 사실상 그 성읍을 방어하는 사람들의 사기를 꺾는 것이다. 이러한 단계에서 "반역"이 유다 백성들에게 좋으냐 나쁘냐는 것은 별개의 문제다. 방백들은 예레미야의 말이 그 성읍에 좋지 않으며, 최소한 그것은 분명히 성읍을 해치는 것이라는 의견을 가진 것이다. 그들은 반역자인 그를 처형할 것을 요구한다.

[5]-[6] 시드기야의 유약성이 5절에서 드러난다. 예레미야에 대한 가장 짧은 판결문과 함께 시드기야는 예레미야 사건에서 손을 뗀다. 본질상 그는 방백들에게 그들의 뜻대로 하라고 말하고 있는 것이다. 즉 그 일이 자기 손에서 떠나갔다는 것이다.

예레미야가 즉시 처형을 당하지 않은 이유는 모호하며, 그 결과는 이전의 대화를 따라 예상할 수 있다. 처형당하는 대신, 선지자는 시위대 뜰에 있는 구덩이에 갇히게 된다. 아마도 이것이 사형의 한 형태였던 것으로 보인다. 에벳멜렉의 반응(7절)은 이것이 사실일 가능성을 내비치고 있다.

[7]-[9] 구스인 에벳멜렉은 다소 특이한 급진전과 함께 방향 전환을 하고 있는 7

절에서 모습을 드러낸다. 첫 장면은 예레미야의 허약성에 대한 에벳멜렉의 경고와 그것을 고치려는 그의 시도를 기술하고 있다. 왕이 베냐민 문에 있을 때 이 구스인은 그를 발견한다. 확실치는 않지만, 시드기야가 그 문에 앉아 법적인 논쟁을 결정하면서 재판하는 일을 수행하고 있었을 수도 있다.

아이러니컬하게도 9절에서 에벳멜렉은 예레미야의 곤경에 대해 왕에게 충고한다. 시드기야가 이미 그 곤경을 잘 알고 있었기 때문에 이 점은 아이러니하다. 특이한 급진전은 구스인이 발설한 특별한 관심이다. 그는 예레미야가 굶주려 죽을 것을 두려워한다. 6절의 어투로 보아 굶주림은 선지자가 당한 문제들의 목록을 잘 열거하고 있는 것으로 보인다(참조. Carroll, 682; Thompson, 640). 더욱이 만일 그 성읍에 빵이 없다면, 예레미야는 바깥에서 구할 수 없는 그 이상으로 그 안에서 그것을 구할 수 없는 상태가 될 것이다(*BHS*는 빵에 관한 이 문구가 하나의 해석일 가능성이 있음을 시사한다. "원문주해"를 보라).

10-13 선지자의 문제들에 대해 사전에 알고 있었다는 인정을 하지 않은 채 시드기야는 구스인에게 예레미야를 구출하라고 지시한다. 에벳멜렉은 그 일을 돕기 위하여 세 사람을 데려가라는 말을 듣는다(MT와 LXX에서는 30이지만, 그렇게 많은 숫자가 주어질 이유가 없다. 아마도 이러한 숫자는 구출을 저지하는 사람들로부터의 방어를 생각한 것일 것이다. "셋"을 거론하고 있는 사본의 증거가 더 옳은 것으로 보인다).

구출은 자세하게 묘사되어 있다. 에벳멜렉은 먼저 예레미야를 구덩이로부터 끌어올리는 줄에 덧대기 위하여 창고에서 낡은 헝겊을 찾아낸다. 선지자는 자기의 양팔 아래 그 패드를 사용하라는 지시를 받게 되고 자신의 곤경으로부터 벗어나게 된다. 그는 시위대 뜰에 구금되어 있으나(참조. 32:2; 37:21), 생명에 대한 위협으로부터는 벗어나게 된다.

14-16 14-16절은 왕이 선지자로부터 자문을 구하는, 예레미야와 시드기야 간의 또 다른 만남을 기록하고 있다(37:16). 이것이 반복된 주제이므로, 이 기사는 당연히 시드기야에 대한 성격의 모습을 채색하고 있다. 선지자의 반복된 권면은 아무런 실효를 거두지 못한다(37:1-2?). 예레미야는 시드기야가 듣기를 바라는 권면을 전혀 제공해 주지 않는 것으로 보이며, 또한 몇몇 오만한 자가 주어진 권면에 따라 행동하지 못하도록 가로막는다.

충고를 해 달라는 왕의 요구에 대한 예레미야의 반응은 진술되어 있는 사건들의 순서에 잘 들어맞는다. 그는 "여호와께로부터 온 말씀"을 기록해야 했을 때처럼 자신이 왕에게 불길한 예언을 해주었을 경우 죽임을 당할 것을 두려워하고 있다. 왕은 자신이 선지자를 해치지 않을 것이고, 혹은 다른 사람에게 그를 해치도록 명하지도 않을 것임을 맹세한다. 그 맹세는 시드기야의 불안정한 입장을 암시하고 있는 바와 같이 "비밀히" 이루어졌는데, 예레미야에게 그들 간의 자세한 대화 내용을 아무에게도 말하지 말라고 24절에서 왕이 요청한 사실에서 강조되고 있다.

17-23 예레미야는 왕에게 충고한다. 그것은 선지자가 왕과 백성들에게 지금까지 전해 온 것과 일관된 메시지를 재강조하는 것일 뿐 전혀 새로운 내용이 아니었다. 유다의 미래의 유일한 희망은 바벨론에 무조건 항복하는 것이다. 캐롤이 지적한 바와 같이(Carroll, 685), 예레미야가 묘사한 시나리오는 약간 낙관적이다. 시드기야 편에서 있었던 어떤 행동이 바벨론의 진노를 돌렸으리라는 것은 불가능하다. 그는 감히 종주에게 도전했던 반역적 봉신이었다. 반면에 항복이 그 성읍을 멸망으로부터 구하고 많은 생명을 구할 수는 있겠지만, 시드기야 자신은 상황을 변화시키지 못하는 입장에 처해 있다. 그가 추구하고 있는 것은 어떤 초자연적 개입(Carroll, 686), 즉 예레미야가 제공해 줄 수 없는 희망이다.

예레미야는 항복이라는, 타협의 여지가 없는 대안을 제시한다. 만일 그 성읍이 항복하지 않는다면 그 성읍은 함락되고 불탈 것인데, 그것은 곧 선지자가 한 최종 운명에 대한 예고 가운데 들어 있는 중요한 요소다(21:10; 32:29; 34:2, 22; 37:8, 10; 38:23). 왕의 전망은 여전히 불투명하다.

시드기야가 고백한 두려움은 이미 바벨론으로 끌려간 유대인들의 두려움이다. 아마도 그는 무시무시한 포위 공격의 곤경 가운데서 있었던 섣부른 행동으로 인하여 그에게 가해진 보복을 시사하려는 것 같다. 그보다 더한 위험이 다른 곳(바벨론인들)에 드리워져 있을 것으로 보이기는 하지만, 예레미야는 그러한 일에 대해서 왕에게 재확증을 해주고 있다. 선지자의 예고는 만일 여호와의 말씀을 지킨다면 왕이 생존할 것이고, 그렇지 않으면 불행을 당하리라는 것이다.

예레미야는 자신의 경고의 불길한 성격을 강조하는, 오바댜서에 반복되어 있는 것과 아주 유사한 하나의 시를 사용한다. 그 시에서는 이미 포로로 끌려가고 있는 왕궁의 여인들이 "친구들"의 속임수에 굴복하고 있는 왕을 비난하고 있는데, 그 "친구들"은 재난의 첫 번째 표식들을 재빨리 거부해 버렸던 자들이었다. 23절은 왕실의 가족들과 왕 자신에 대해 잘못된 결정을 한 결과를 기록하고 있다. 왕의 가족들은 포로가 되고, 그 성읍은 불살라질 것이다.

24-28 이 대화는 왕이 비밀리에 말한 또 다른 요청과 함께 끝난다. 그는 어떤

방백들이 예레미야와 왕의 대화 내용에 관해서 물어보았을 때 그가 대답해야 할 적절한 말을 미리 짜서 말해 준다. 미리 짜서 말한 대답은 왕의 흔들림을 모호하게 하고 예레미야의 개인적 관심을 강조하는 부분적인 진리다. 왕이 예상한 바와 같이, 방백들 중 몇 사람이 그 만남을 알고 그의 의도가 무엇인지를 알아내려고 했다. 미리 짠 대답이 그들의 호기심을 만족시켰든 그렇지 않든, 본 장은 시위대 뜰에 있는 예레미야와 함께, 그리고 다른 어떤 변화가 없이 끝난다.

본 장(MT)의 마지막 문구는 실질적으로 39장에 있는 예루살렘의 함락 기사로 전환된다. 많은 번역가들은 이 전환적 문구를 생략하는 역본들을 따르고 있다. 필자는 28절 하반절을 바벨론 군대에 의한 예루살렘 성읍의 함락에 대한 적절한 서론으로서 다음 장 초두에 두는 편을 택했다.

해설

38장은 혼란스럽지만 흥미 있는 선지자의 감금에 관한 기사들의 합성물, 왕의 곤경, 예루살렘의 마지막 날들을 둘러싸고 있는 여러 음모들을 결론짓고 있다. 이와 관련된 예레미야에 관한 이야기 자료가 무엇이든, 그것들은 마지막 포위 공격 당시에 유다와 그 백성들에 관한 의문의 여지가 없는 어떤 실상들을 세우기 위해서 사용된다.

중추적인 실체는 선지자의 일관성 있는 메시지다. 바벨론에 대한 항복 이외에는 희망이 없다. 다른 어떤 행동도 그 성읍의 멸망과 성읍의 불태움으로 그 결과가 나타날 것이다.

왕의 행동에까지 영향을 미치는 강력한 반 바벨론 민족주의자들 그룹에 대해서는 분명한 그림이 그려져 있다. 예레미야는 그들로 인해 위협을 받고, 그들은 그를 제거하려고 한다. 그들의 관점에서 볼 때, 그는 그 성읍의 방어자들의 애국적 열심을 파괴하는 반역자다.

한 계층 혹은 다른 계층에는 예레미야와 그의 메시지에 끌린 사람들도 있다. 이들의 중심부에 시드기야라는 비극적 인물이 있는데, 그는 그 메시지에 반응할 수 없고 하고자 하는 의지도 없는, 그럼에도 불구하고 제삼 제사 구하고 있는 불운한 왕이다. 그의 운명과 그 성읍의 운명은 봉인된 것으로 보이는데, 이는 37:1-2의 암울한 어조로 반영된 사실이다. 에벳멜렉과 같은 다른 사람들은 보다 공개적으로 예레미야를 후원하는 사람들이지만, 그들은 사건들의 결과에 영향을 줄 만한 충분한 영향력을 발휘할 수는 없다.

37장과 38장은 말씀에 반응하고 구원을 체험할 하나님의 백성에게 주어진 반복된 기회들을 강조하고 있다. 신명기 사가의 역사에서처럼, 그 결과는 언제나 여호와의 말씀을 듣기를 완강하게 거절하는 것이다. 예레미야는 극단적 위협에 직면하여 시종일관 자기 임무에 충실하지만 모두가 헛수고다. 만일 희망이 예루살렘의 마지막 날들에 대한 이 비관적인 묘사 가운데 모두 발견되어야 한다면, 그 희망은 선지자와 아마도 그와 함께 서 있었던 다른 사람들의 신실성과 같은 신실성으로의 부름 가운데서 발견되어야 한다. 하나님의 백성이 자기들의 미래를 위한 희망을 발견할 수 있는 그러한 종류의 신실한 반응 가운데서만 발견된다.

C. **예루살렘의 함락**(38:28b-39:18[LXX 45:28b-46:18])

참고문헌

Bewer, J. A. "Nergalsharezer Samgar in Jer 39:3." *AJSL* 42(1925/26) 130. **Kessler, M.** "Jeremiah Chapters 26-45 Reconsidered." *JNES* 27(1968) 81-88. **North, R.** "Palestine, Administration of(Judean Officials)." *ABD* 5:87. **Pohlmann, K.-F.** *Studien zum Jeremiabuch.* Göttingen: Vandenhoeck & Ruprecht, 1978. 69-93. **Wanke, G.** *Untersuchungen zur sogenannten Baruchschrift.* BZAW 122. Berlin: de Gruyter, 1971. 102-16.

본 문

28b 예레미야가 예루살렘이 함락되는 날까지
39:1 유다 왕 시드기야의 구 년 시 월에 바벨론 왕 느부갓네살과 그 모든 군대가 와서 예루살렘을 에워싸고 치더니

28b This is[a] how Jerusalem was captured:[b]
39:1 In the ninth year[ab] of Zedekiah the king of Judah, in the tenth month,[c] Nebuchadrezzar the king of Babylon and all of his army came against Jerusalem and besieged it.

2 시드기야의 제십일년 사 월 구 일에 성이 함락되니라 예루살렘이 함락되매

2 In the eleventh year of Zedekiah, in the fourth[a] month, on the ninth[b] day of the month, the city was breached;

3 바벨론 왕의 모든 방백이 이르러 중문에 앉으

3 and[a] all of the officers of the king of Babylon

니 곧 네르갈사레셀과 삼갈르보와 환관장 살스김
과 박사장 네르갈사레셀과 바벨론 왕의 기타 모
든 방백들이었더라

came and sat in the middle gate: Nergal- [b]sharezer,[b] [c]Samgar-nebo, Sar-sechim the Rabsaris,[d] Nergal- [b]sharezer[b] the Rabmag,[c] and all of the rest[e] of the officers of the king of Babylon.

4 유다 왕 시드기야와 모든 군사가 그들을 보고
도망하되 밤에 왕의 동산길로 좇아 두 담 샛문을
통하여 성읍을 벗어나서 아라바로 갔더니

4 [a]When Zedekiah the king of Judah and all the soldiers saw them,[b] they fled and went out at night from the city by way of the king's garden through the gate between the walls; and they went out[c] toward the Arabah.

5 갈대아인의 군대가 그들을 따라 여리고 평원에
서 시드기야에게 미쳐 그를 잡아서 데리고 하맛
땅 립나에 있는 바벨론 왕 느부갓네살에게로 올
라가매 왕이 그를 심문하였더라

5 But the army of the Chaldeans pursued them and overtook Zedekiah in the plains of Jericho[a] and took him and brought him to Nebuchadrezzar the king of Babylon at Riblah, in the land of Hamath; and he passed judgment upon him.

6 바벨론 왕이 립나에서 시드기야의 목전에서 그
아들들을 죽였고 왕이 또 유다의 모든 귀인을 죽
였으며

6 The king of Babylon slaughtered the sons of Zedekiah at Riblah before his eyes, and the king of Babylon slaughtered all of the nobles of Judah;

7 왕이 또 시드기야의 눈을 빼게 하고 바벨론으
로 옮기려 하여 사슬로 결박하였더라

7 and he blinded the eyes of Zedekiah and bound him in fetters to take him to Babylon.[a]

8 갈대아인들이 왕궁과 백성의 집을 불사르며 예
루살렘 성벽을 헐었고

8 The Chaldeans burned the house of the king and the houses of[a] the people with fire; and they pulled down the walls of Jerusalem.

9 시위대장 느부사라단이 성중에 남아 있는 백성
과 자기에게 항복한 자와 그 외의 남은 백성을 바
벨론으로 잡아 옮겼으며

9 Then Nebuzaradan the captain of the guard took into exile to Babylon the rest of the people who remained in the city, the ones who had deserted to him and the rest of the people[a] who remained.[b]

10 시위대장 느부사라단이 아무 소유가 없는 빈
민을 유다 땅에 남겨두고 그 날에 포도원과 밭을
그들에게 주었더라

10 Nebuzaradan the captain of the guard left in the land of Judah some of the poor people who had nothing, and he gave to them vineyards and fields[a] in that day.

11 바벨론 왕 느부갓네살이 예레미야에 대하여
시위대장 느부사라단에게 명하여 가로되

11 [a]And Nebuchadrezzar the king of Babylon commanded concerning Jeremiah, by the hand of[b] Nebuzaradan the captain of the guard, saying:

12 그를 데려다가 선대하고 해하지 말며 그가 네
게 말하는 대로 행하라

12 "Take him and look after him and do not do any harm[a] to him; whatever[b] he says to you, do with him."

13 이에 시위대장 느부사라단과 환관장 느부사스
반과 박사장 네르갈사레셀과 바벨론 왕의 모든

13 [a]So [b]Nebuzaradan the captain of the guard, and[b] Nebushazban the Rabsaris, and Nergal-

장관이

[c]sharezer[c] the Rabmag, and all the chief officers of the king of Babylon sent[d]

14 보내어 예레미야를 시위대 뜰에서 취하여 내어 사반의 손자 아히감의 아들 그다랴에게 붙여서 그를 집으로 데려가게 하매 그가 백성 중에 거하니라

14 and took Jeremiah from the court of the guard; and they gave him [a]to Gedaliah the son of Ahikam the son of Shaphan[a] [b]to take him to the house.[b] So he remained among the people.

15 예레미야가 시위대 뜰에 갇혔을 때에 여호와의 말씀이 그에게 임하니라 가라사대

15 [a]The word of the Lord came to Jeremiah [b]while he was shut up[b] in the court of the guard, saying:

16 너는 가서 구스인 에벳멜렉에게 말하기를 만군의 여호와 이스라엘의 하나님의 말씀에 내가 이 성에 재앙을 내리고 복을 내리지 아니하리라 한 나의 말이 그 날에 네 목전에 이루리라

16 "Go and say to Ebed-melech the Ethiopian, saying: 'Thus says the Lord of Hosts, the God of Israel, behold I am sending[a] my words against this city for evil and not for good; [b]and they will happen before you in that day.[b]

17 나 여호와가 말하노라 내가 그 날에 너를 구원하리니 네가 그 두려워하는 사람들의 손에 붙이우지 아니하리라

17 But I will deliver you in that day, says the Lord, and you will not be given into the hand of the men of whom you are afraid.

18 내가 단정코 너를 구원할 것인즉 네가 칼에 죽지 아니하고 네 생명이 노략물을 얻음같이 되리니 이는 네가 나를 신뢰함이니라 여호와의 말이니라

18 For I will surely deliver you, and you will not fall by the sword; your life will be spared for a spoil because you have trusted in me, says the Lord.'"

원문주해

28.a. 소수의 필사본들은 MT의 웨하야(והיה, "그리고 그것이 있었다"[완료형]) 대신에 와예히(ויהי, "그리고 그것이 있었다"[미완료형])를 가지고 있는데, 위의 본문에서는 "이것은…이다"로 번역했다.

28.b. LXX, Syr은 마지막 문구 "이것은 예루살렘이 함락된 방법이다"를 생략하고 있는데, 이 문구가 38장과 연결시켜 주고 39장에 있는 예루살렘 멸망 기사와도 연결시켜 준다.

39:1.a. *BHS*는 1-2절이 52:4로부터 첨가되었을 수도 있음을 시사한다.

1.b. LXX[B]와 LXX[S]는 (엔) 토 메니([*ἐν*] *τῷ μηνί*, "그 달에")를 가지고 있다.

1.c. "제10월에"가 위의 "원문주해" 1.b에 언급된 필사본들에는 누락되어 있다.

2.a. 몇몇 필사본들은 החמישי("다섯 번째")를 가지고 있다.

2.b. Vg은 *quinta*("다섯 번째")를 가지고 있다.

3.a. 많은 역본들은 "예루살렘이 함락되었을 때"를 38:28b로부터 이 곳으로 이동시킨다.

3.b-b. 많은 필사본들은 사레체르(שׂראצר, "사레셀"; 이 이름의 두 번째 부분에 마켑

을 가지지 않음)를 가지고 있지 않다. 여러 필사본들은 위의 본문을 따라 샤레체르(שראצר, "샤레셀")를 가지고 있다. MT은 사르-에체르(שַׂר־אצר, "사레셀"; 마켑을 가짐)를 가지고 있다.

3.c-c. 여기서는 사르 썸마기르 라브-막 우네브샤즈빤 라브-싸리쓰(וּנְבוּשַׁזְבָּן רב־סרים שַׂר סִמְּגִר רַב־מג, "시⟨신⟩-마기르⟨의⟩ 왕자[신-마기르의 제1도시] 랍막과 랍사리스 느부샤즈반")로 읽혀져야 할 것 같다. 참조. 13절. 이 이름들의 번역은 루돌프(Rudolph, 208)와 브라이트(Bright, 243)의 작품을 따른다.

3.d. 여러 이름들/호칭들이 무엇을 의미하는지 아무도 확인되지 않는 반면에, 랍사리스(환관장)는 직역하여 "방백들의 두목"으로 읽혀질 수 있다. 참조. North, ABD 5:87.

3.e. *BHS*는 중복오사로 삭제되어야 할 것을 시사하고 있다. 참조. 13절.

4.a. LXX은 4-13절을 생략한다(아마도 다른 구절들의 유사한 끝으로 말미암아 야기된 호모이텔류톤, 전사자의 오류로 인한 것 같다[Rudolph, 209]; 참조. 13절 끝). 4-10절은 52:7-11, 13-16로부터 덧붙여진 것이다. 그리고 *BHS*는 11-12절을 40:1 앞으로 옮길 것을 주장한다. 참조. "원문주해" 13.a.

4.b. *BHS*는 라흐(ראה, "그것을 보았다")를 제안한다.

4.c. 여러 필사본들(θ', Syr, Vg)은 와예츠우(וַיֵּצְאוּ, "그리고 그들이 나갔다"), MT은 "그가 나갔다"를 가지고 있다. 위의 본문(영문 사역을 보라)은 복수형을 따르면서 52:7에서처럼 וילכו("그리고 그들이 갔다")로 읽는다.

5.a. 소수의 필사본(Syr을 포함하여)은 52:8; 왕하 25:5처럼 웨콜 헬로 나포추 메알라이우(וכל־חילו נפצו מעליו, "그리고 그의 모든 군대가 그로부터 흩어졌다")를 덧붙인다.

7.a. *θ'*는 본문을 확대했다. 참조. 52:11의 LXX.

8.a. Syr은 복수형을 가지고 있다. 밧테(בָּתֵּי, "…의 집"; 참조. 52:13; 왕하 25:5)로 읽거나 혹은 야웨 웨에트 밧테(יהוה ואת־בתי, "야웨[의 집]과 …의 집")를 삽입하라(언급된 같은 구절들을 참고하라).

9.a. *BHS*는 52:15과 같이 하아몬(האמון, "장인")으로 읽을 것을 제안한다.

9.b. *BHS*는 "남아 있는 자"를 삭제할 것을 제안한다. 참조. 52:15; 왕하 25:11.

10.a. MT은 위게빔(וִיגֵבִים, "그리고 밭들")을 가지고 있으나, 이 독법은 의심스럽다. LXX, *θ'*, Vg은 "구덩이(물 탱크)" = 웨게빔(וְגֵבִים)을 가지고 있다. 렘 52:16; 왕하 25:12은 울르요그빔(וּלְיֹגְבִים, "그리고 농부들")을 지지하는 평행 구절이다.

11.a. *BHS*는 이 구절을 40:1 앞으로 이동하기를 제안한다. 참조. "원문주해" 4.a.

11.b. *σ'*, Syr, Vg은 "…의 손으로"를 생략한다.

12.a. 라아(רַע, "악한, 나쁜")에서 레쉬(ר)에 있는 다게쉬 포르테(중복점)는 L을 따른 것임. GKC § 22s를 보라.

12.b. Q는 히브리어 가정적 불변화사인 임(אם)을 생략하고 있는데, 이것은 K에서 발

견된다. 어느 경우든 의미는 달라지지 않는다(Rudolph, 209).

13.a. 4-12절은 52:7-11, 13-16로부터 덧붙여졌는데, 이는 LXX에서 호모이텔류톤(본문의 끝 부분의 유사성으로 인한 필사자의 오류)의 결과로 처음에 빠졌던 것으로 보인다 (Rudolph, 209).

13.b-b. *BHS*는 "시위대장 느부사라단과"가 11절로부터 덧붙여져 있다는 사실을 시사한다.

13.c-c. 많은 필사본들은 사레체르(שׂראצר, "사레셀")를 가지고 있다.

13.d. 13절을 시작하고 있는 동사 와이슐라흐(וישׁלח, "그리고 그가 보냈다")는 14절 시작 부분에서 복수형으로 반복되고 있다. 즉 와이슐레후(וישׁלחו, "그리고 그들이 보냈다"). 위의 **본문**은 이 여분의 단어를 생략하고 있는데, 이는 11-12절과 3, 14절을 조화시키기 위한 시도인 것 같다(Bright, 243-44).

14.a-a. "사반의 손자 아히감의 아들 그다랴에게"는 *BHS*에 의하면 40:6로부터 가져온 첨가물인 것으로 생각된다.

14.b-b. LXX은 "집으로"를 생략한다. *BHS*는 레호치요 웰라하비요(להוציאו ולהביאו, "그를 나가고 들어가게 하라")로 읽을 것을 제안한다. 만일 "집으로"로 읽혀진다면, "집"을 통치자의 거주처로 읽도록 권하는 톰슨(Thompson, 648)의 제안이 유리하다.

15.a. 15-18절은 위치가 잘못되어 있는 것 같다. 할러대이(Holladay, 2:269)는 이것들이 38:27 뒤에 속한다고 생각한다. 루돌프(Rudolph, 212)는 38:13 뒤에 속한다고 생각한다.

15.b-b. LXX에는 없다.

16.a. Q의 메비(מֵבִיא, "보내는")로 읽음. K는 메비(מבי)를 가지고 있다(Q가 타당한 선택 사항을 제공하고 있기는 하지만 번역은 불확실하다).

16.b-b. LXX에는 없다. *BHS*는 이것이 17절에서 중복오사로 인한 가필임을 시사한다.

양식/구조/배경

39장의 본문은 쉽게 해결할 수 없는 몇 가지 문제점을 제공한다. 생각해야 할 여러 가지 중요한 현안 문제들이 있다.

첫 번째 문제는 헬라어 본문에서 완전히 빠져 버린 본 장의 단편이다. LXX은 4-13절을 담고 있지 않다. 이 누락된 구절들은 시드기야와 다른 유다의 지도자들이 멸망에 처한 예루살렘 성읍으로부터 도망하려 한 사실을 기록하고 있다. 예레미야 52:7-11, 13-16절 그리고 열왕기하 25:4-12 간에는 많은 공통점이 있다. 대부분의 학자들은 이러한 평행적 문구가 중자탈락, 즉 필사상의 오류에 의하여 서기관이 빠뜨림으로써 LXX에서 누락되었다고 주장한다(Bright, 245; Carroll, 691; Rudolph, 209; Thompson, 644). 브라이트(245)는 4-13절이 예레미야의 상황과 그 성읍의 상황을 분명하게 밝히기 위하여 삽입되어 있다고 주장한다(Holladay, 2:292 역시 이 구절들이 부차적으로 삽입된 것으로 생각한다).

4-13절이 그것을 둘러싸고 있는 자료와는 다른 상황 속에서 기원된 자료의 삽입을 나타내고 있을 수 있기는 하지만, 이것은 성읍의 함락을 설명하는 데 유용한 정보를 제공한다. 시드기야의 행동과 바벨론인의 손에 당할 그의 운명에 대한 묘사가 37장과 38장에 있는 예레미야와 시드기야 간의 대화 기사를 논리적으로 따르고 있다. 시드기야의 비극적 종말은 선지자의 충고를 듣지 않은 결과로 나타나 있다.

예레미야 39:1-10에 기록된 사건들은 52:4-16(또한 왕하 25:1-12)에 있는 기사와 거의 동일하다. 이것은 성읍의 함락과 시드기야의 운명에 대한 묘사에 비하여 보다 논리적으로 위치해 있다. 어찌하여 그 사건들이 52장에서 본서의 후기로 다시 기록되어 있는지는 확인하기가 어렵다. 그 문제는 52장을 논의하는 가운데 보다 자세히 논의될 것이다.

이 본문에 얽힌 또 다른 문제는 3, 13절에 거명된 바벨론 방백들과 연루되어 있다. 13절에서 선지자는 더 큰 설화 속에서 상당히 중요한 인물인 느부사라단에 대한 특별한 언급과 함께 바벨론 왕의 "관리"(officers; 위의 본문에서 이같이 번역됨) 혹은 "방백"(princes)으로 이전에 거명되었던 사람들에 의하여 풀려난다. 이 방백들이 누구인지에 대해서는 의견의 일치가 없다. 이 이름들이 실제 이름들인지 호칭인지도 불확실하다. 이 분야에서 가장 광범위한 작품은 이 시기와 대략적으로 동시대의 바벨론 기록들에 근거한 루돌프와 브라이트가 쓴 작품이다(Bright, 243; Bewer, *AJSL* 42(1925/26) 130; Rudolph, 208).

3절에 거명된 방백들 가운데서 네르갈-사레셀(이 이름은 다른 역본들에서 철자가 서로 다르게 되어 있다. 참조. 위의 "원문주해")은 아마도 주전 560년에 바벨론의 권좌에 오른 사람일 것이다(Holladay, 2:269; Rudolph, 208). 삼갈-느보는 신-마길(박사장)인 네르갈-사레셀이 다스렸던 지역에 대한 지리적 언급으로 읽혀져야 할 것이다(Bewer, *AJSL* 42(1925/26) 130; Bright, 243; Carroll, 691; Rudolph, 208). 환관장(랍사리스) 사르-세겜은 주요 바벨론 관리들 가운데 하나를 가리킬 수도 있다(위의 "원문주해" 3.d를 보라). 더 나아가서, 네르갈-사레셀이 3절에 두 번 나오는 반면에, 역시 13절의 네르갈-사레셀은 한 개인을 가리킬 것이다.

9절에서 처음으로 언급된 느부사라단은 라브-타빠힘(רב־טבחים)으로 묘사되어 있는데, 이는 직역하면 "살육자 두목"이다. 그 의도는 그를 하나의 고대의 호칭을 통하여 느부갓네살의 주 관리로 밝히기 위한 것이다(Bright, 242; Carroll, 692; Rudolph, 209; Thompson, 648). 그는 위의 본문에서 **"시위대장"**으로 되어 있다.

아마도 본 장의 구조 가운데서 가장 복잡한 문제는 15-18절의 구조일 것이다. 이 구절들은 이전의 사건들을 일종의 재고로서의 회상(回想)으로 제공한다. 에벳멜렉의 손을 통한 예레미야의 구출(38:7-13)은 성읍이 대적에게 함락될 때 에벳멜렉을 위한 보상으로 이끌어 간다. 캐롤(Carroll, 696)은 이 기사의 위치가 예레미야와 그의 구출자의 운명을 연결시켜 주는 역할을 한다고 주장한다(Thompson, 649도 역시 그러하다). 반면에 브라이트(Bright, 229-34)는 39:15-18을 에벳멜렉을 연루시킨 사건에 더 가까운 38:28a에 두기 위하여 자료를 재배치한다. 루돌프(Rudolph, 212-13)는 "야웨의 기름부음을 받은 자" 시드기야와 하찮은 이방인의 모습을 대조시키도록 주의를 환기시킨다. "기름부은 자"는 믿지 않고 자신의 몰락으로 나아간다. 이 이방인은 믿으며 보호를 받는다. 그 다음 내용에 의한 배치는 이 구절들을 위한 또 다른 위치를 암시할 것이지만, 그것들이 여기에 위치한 것에 대한 의미심장한 이유가 있다.

39:1-18의 배경은 바벨론의 예루살렘 포위 공격의 절정이다. 혼돈의 사건들의 한가운데서 시드기야의 처절한 도망과 비극적 종말, 그리고 바벨론 방백들 편에서 베풀어 준 예레미야에 대한 의도적 보호가 대조되어 있다. 거의 대다수는 아니지만 많은 학자들은 이 자료가 예레미야의 생애의 종말에 있었던 사건들을 친히 목격한 기사들인, 소위 바룩 두루마리의 연속이라고 본다.

주석

1-3 본 장의 처음에 나오는 구절들은 바벨론의 예루살렘 포위 공격과 그 결과를 요약하고 있다. 포위 공격은 주전 588년 1월 시드기야 제9년에 시작되었고, 주전 587년 7월까지 계속되었다(Holladay, 2:291; Thompson, 646). 공통적인 생각은 바벨론 군대가 북으로부터 예루살렘을 공격했고, 결국 그 성읍의 북쪽 벽이 무너졌다는 것이다(Holladay, 2:291를 보라).

바벨론 방백들의 목록은 분명한 대답을 불가능하게 만드는 문제들을 일으킨다. 위의 "양식/구조/배경"에 언급되어 있는 바와 같이, 이 목록 가운데서 고유명사를 구분해 내기조차도 불가능하다. 그러나 방백들의 행동은 그 성읍과 거민들에 대한 바벨론 권력의 완전한 장악을 암시하도록 하는 역할을 한다. "중문에 앉으니"는 권력을 가리켰다.

[4] 포위 공격의 종결에 대한 시드기야의 반응은 당연한 것이었다. 바벨론인들이 북으로부터 성벽을 뚫고 들어올 때, 그와 그의 많은 시종들은 남쪽으로 도망하려고 했다. 할러대이(Holladay, 2:292)는 시드기야가 요단 건너편에서 암몬 왕의 보호를 받으려 했었다고 생각한다.

[5] 시드기야의 의도가 무엇이었든 간에, 그의 도피 행각은 좌절되었고, 그는 사로잡혔다. 유다의 통치자와 그와 함께한 사람들은 리블라에 있는 느부갓네살의 지휘소로 끌려왔는데, 거기서 바벨론 왕은 그를 심문한다. 시드기야는 바벨론 왕을 배신했고, 또 그에 해당하는 벌을 받는다.

[6]-[7] 시드기야에 대한 처벌은 참혹한 것이다. 여러 가지 면에서 이것은 사형 판결보다 더 나쁜 것이다. 그는 자기 아들들의 사형 장면을 목격해야 했다. 그러고 나서 그는 자신을 사로잡은 자들에 의하여 눈이 뽑혔다. 그가 마지막으로 본 것은 자기 자녀들의 죽음이었다. 시드기야의 마지막 모습은 바벨론에서 포로가 된 죄수로서 최후의 날에 이르는 참혹하고도 절망적인 모습 바로 그것이다.

[8] 성 그 자체는 바벨론 군대에 의하여 철저하게 파괴되었다. 왕궁과 가옥들이 불탔다. 성벽들은 무너져 내렸다. 열왕기하 25:8에 따르면, 이 멸망은 그 성읍의 멸망 이후 한 달 만에 일어났고 성전의 멸망까지 포함되었다.

[9]-[10] 예루살렘의 생존한 주민 대부분, 즉 포위 공격 동안 바벨론 사람들에게로 도망쳐 나온 사람들과 그 동안 성읍에 남아 있었던 사람들 모두가 함께 포로로 붙잡혀 갔다. 백성의 극빈자들로부터 몇몇 사람은 경작해야 했던 땅에 배치되고, 거기서 정착해야 했다. 언젠가 유다에 걸려 있었던 장엄한 비전은 그 땅에서의 생존이라는 참혹한 모습으로 변했다.

[11]-[14] 선지자 이사야는 바벨론의 권력자들에 의하여 특별한 보호를 받도록 선발되었다. 느부갓네살이 친히 예레미야를 대우해 주도록 지시한다. 예레미야는 선택권이 주어진다. 그가 선택할 사항들은 융숭한 대접을 받게 될 바벨론으로 포로로 끌려가거나, 그렇지 않으면 그 땅에 남아 있는 것이다. 예레미야가 어떤 선택을 하든 그는 융숭한 대접을 받을 것이다.

예레미야는 유다가 그 어느 때보다도 더 참혹해져 가고 있는 때에 유다를 위한 하나님의 목적으로 알고 있는 내용을 선포하면서 여호와의 사자로서 말하고 행동했다. 그가 이해했던 하나님의 목적이 바벨론에게 호감을 줄 수 있었다는 사실은 예레미야를 바벨론과 동맹한 자로 인식시켜 주었다. 결과적으로 바벨론인들이 시드기야의 반역을 징치했을 때, 예레미야는 그러한 동맹자에게 적절한 대우를 받았다.

예레미야는 유다 땅에 기거하는 편을 택한다. 그는 유다의 통치자로 거론된 바벨론에 충성하는 왕가의 한 사람인 그달랴의 보호를 받게 되었다.

15-18 39장에 있는 마지막 단락은 에벳멜렉을 언급하고 있는데, 그는 예레미야를 구덩이로부터 구출해 내는 책임을 진 구스인이다(38장). 시위대 뜰로부터 그가 구출되기에 앞서 여호와께로부터 한 말씀이 선지자에게 들려왔다. 예레미야는 성읍의 멸망에 대해 에벳멜렉에게 알려야 했고, 에벳멜렉의 구출도 알려야 했다. 에벳멜렉은 칼로 망하지 않고 여호와를 신뢰하므로 구출될 것이라는 약속을 받았다. 이 에피소드에 관한 루돌프(Rudolph)의 의견은 설득력이 있다(213, 위의 "양식/구조/배경"을 보라). 1-18절에 있는 사건들의 연대기는 예상 밖의 것이지만, 시드기야의 불신앙과 에벳멜렉의 신앙 간의 대조가 그 연결 요소인 것 같다.

해설

선지자 예레미야가 줄곧 예고했던 그것이 결국에는 유다에게 실체가 되었다. 선지자는 여호와만을 의지하는 것 이외에 애굽과의 동맹이나 안전을 위한 어떤 수단을 의지하는 일에 대해서 경고를 해 왔었다. 예레미야는 반복적으로 유다의 생존으로 이끌어 줄 결정하기 어려운 선택을 하도록 시드기야를 설득하려 했다. 그러나 그러한 노력은 전혀 실효를 거두지 못했다. 예레미야서의 이 부분에서 독자는 일순간 압력하는 그룹을 따르려고 하는 의지가 약한 시드기야의 동요를 바라본다. 그는 선지자의 충고에 매력을 느끼지만, 궁극적으로 예루살렘에 있는 친애굽파 세력의 압력에 굴복한다. 시드기야가 그 어떤 결정도 하지 않았다고 생각하는 것이 적절할 것이다. 그는 더 이상 결정을 할 수 없을 때까지 자신의 결정을 미루었다.

39장은 신상과 불신앙 간의 강력한 대조를 보여 준다. 예레미야와 에벳멜렉은 여호와께 신실한 사람들임을 나타내 주며, 이들에 대해서 여호와께서는 신실하심으로 반응하신다. 시드기야는 불신앙을 나타내 준다. 어떤 면에서 시드기야의 불신앙은 믿음을 가진 백성들 가운데서 가장 골치 아픈 것 가운데 하나다. 그의 불신앙은 여호와에 대한 거절은 아니지만 압력이 가해질 때 용기 있게 행동하지 못하는 것이다. 계시록 3:15에 있는 라오디게아 교회처럼 시드기야는 뜨겁지도 차지도 않았고, 그의 미결정으로 인하여 무서운 대가를 치렀다.

D. 예레미야의 석방(40:1-12[LXX 47:1-12])

참고문헌

Eissfeldt, O. "Baruchs Anteil an Jeremia 38,28b-40,6." In *Kleine Schriften*. Tübingen: Mohr, 1968. 4:176-80. ______. *The Old Testament: An Introduction*. Tr. P. R. Ackroyd. New York: Harper and Row, 1965. 346-65. **Morton, W. H.** "Netophah." *IDB* 4:541. ______. "Ramah." *IDB* 4:7-8. **Muilenburg, J.** "Mizpah." *IDB* 3:407-9. **Pohlmann, K.-F.** *Studien zum Jeremiabuch*. Göttingen: Vandenhoeck & Ruprecht, 1978. 93-108. **Vaux, Roland de.** "Mélanges: Le Sceau de Godolias, maître de Palais." *RB* 45(1936) 96-102.

본 문

1 시위대장 느부사라단이 예루살렘과 유다 포로를 바벨론으로 옮기는 중에 예레미야도 잡혀 사슬로 결박되어 가다가 라마에서 해방된 후에 말씀이 여호와께로서 예레미야에게 임하니라

1 The word[a] which came to Jeremiah from the Lord after Nebuzaradan the captain of the guard released him from Ramah, when he had taken him bound[b] in chains[c] with all[d] the captives of Jerusalem and[e] Judah who were being exiled to Babylon.

2 시위대장이 예레미야를 불러다가 이르되 네 하나님 여호와께서 이 곳에 재앙을 선포하시더니

2 The captain of the guard took Jeremiah[ab] and said to him, "The Lord your God pronounced this evil against this place.

3 여호와께서 그 말씀하신 대로 행하셨으니 이는 너희가 여호와께 범죄하고 그 목소리를 청종치 아니하였으므로 이 일이 너희에게 임한 것이니라

3 The Lord brought it about[a] and has done just as he said.[b] Because you [pl] sinned against the Lord[c] and you [pl] did not obey his voice, this thing[d] has come upon[e] you [pl].

4 보라 내가 오늘 네 손의 사슬을 풀어 너를 해방하노니 만일 네가 나와 함께 바벨론으로 가는 것을 선히 여기거든 오라 내가 너를 선대하리라 만일 나와 함께 바벨론으로 가는 것을 좋지 않게 여기거든 그만두라 보라 온 땅이 네 앞에 있나니 네가 선히 여기는 대로 가하게 여기는 곳으로 갈지니라

4 Now[a] behold, I release you today[b] from the chains[c] which are upon your hands.[d] If it seems right to you to come with me to Babylon, come and I will look after you; if it seems wrong to you to come with me to Babylon, do not come.[e] See, the whole land is before you; go wherever you please.[fg]

5 예레미야가 아직 돌이키기 전에 그가 다시 이르되 너는 바벨론 왕이 유다 성읍들의 총독으로 세우신 사반의 손자 아히감의 아들들 그다랴에게

5 If you remain, return[a] to Gedaliah the son of Ahikam the son of Shaphan, whom the king of Babylon has set over the cities[b] of Judah, and

로 돌아가서 그와 함께 백성 중에 거하거나 너의 가하게 여기는 곳으로 가거나 할지니라 하고 그 시위대장이 그에게 양식과 선물을 주어 보내매

dwell with him among the people[c] or[d] go into any of the remainder of the land where you wish to go." And the captain of the guard gave to him food and[e] a gift and sent him away.

6 예레미야가 미스바로 가서 아히감의 아들 그다랴에게로 나아가서 그 땅에 남아 있는 백성 중에서 그와 함께 거하니라

6 So Jeremiah[a] went to Gedaliah the son of Ahikam[b] at Mizpah, and he dwelled with him[c] among the people who were left in the land.

7 들에 있는 군대 장관들과 그들의 사람들이 바벨론 왕이 아히감의 아들 그다랴를 이 땅 총독으로 세우고 남녀와 유아와 바벨론으로 옮기지 아니한 빈민을 그에게 위임하였다 함을 듣고

7 [a]When all the officers of the forces which were in the field and their men heard that the king of Babylon had made Gedaliah the son of Ahikam[b] governor over the land and had set him over men, women, and children, the poorest of the land[c] who had not been taken into exile to Babylon,

8 그들 곧 느다냐의 아들 이스마엘과 가레아의 두 아들 요하난과 요나단과 단후멧의 아들 스라야와 느도바 사람 에배의 아들들과 마아가 사람의 아들 여사냐와 그들의 사람들이 미스바로 가서 그다랴에게 이르니

8 they came to Gedaliah at Mizpah, Ishmael the son of Nethaniah, Johanan and Jonathan[a] the sons[b] of Kareah, Seraiah the son of Tanhumeth, the sons of Ephai[c] the Netophathite, and Jezaniah[d] the son of the Maacathite, they and their men.

9 사반의 손자 아히감의 아들 그다랴가 그들과 그들의 사람들에게 맹세하며 가로되 너희는 갈대아인 섬기기를 두려워하지 말고 이 땅에 거하여 바벨론 왕을 섬기라 그리하면 너희에게 유익하리라

9 Gedaliah the son of Ahikam the son of Shaphan[a] swore to them and to their men, "Do not be afraid of serving[b] the Chaldeans; remain in the land and serve the king of Babylon and it will be well with you.

10 나는 미스바에 거하여 우리에게로 오는 갈대아인을 섬기리니 너희는 포도주와 여름 실과와 기름을 모아 그릇에 저축하고 너희의 얻은 성읍들에 거하라 하니라

10 As for me, I will dwell[a] at Mizpah to stand before the Chaldeans who have come to us; but as for you, gather wine and summer fruit and oil and put them in your vessels, and live in your cities[b] which you have captured."

11 모압과 암몬 자손 중과 에돔과 모든 지방에 있는 유다인도 바벨론 왕이 유다에 사람을 남겨 둔 것과 사반의 손자 아히감의 아들 그다랴를 그들의 위에 세웠다 함을 듣고

11 Also,[a] when all the Jews who were in Moab, and among the Ammonites, and in Edom, and in all the lands[b] heard that the king of Babylon had left a remnant in Judah and that he had made Gedaliah the son of Ahikam the son of Shaphan[c] governor over them,

12 그 모든 유다인이 쫓겨났던 각처에서 돌아와 유다 땅 미스바 그다랴에게 이르러 포도주와 여름 실과를 심히 많이 모으니라

12 then all the Jews returned from all the places where they had been banished,[a] and they came to the land of Judah to Gedaliah[b] at Mizpah; and they gathered wine and summer fruit in abundance.

원문주해

1.a. 아무런 신탁이 뒤따라오지 않는 예언 신탁에 대한 공식적 서론으로 인하여 본문의 순서상의 혼란이 야기되어 있다. *BHS*는 본문을 재배치할 것을 제안한다. 39:11-12, 40:2a, 1b, 1$\alpha\beta$가 1aα를 삭제하면서 6a뒤로 이동하는 것인데, 결론적 신탁 서론을 제거하면서 한편으로 결합시키는 부분들을 예레미야가 느부사라단과 만난 일과 연결시킨 것이다.

1.b. LXX에는 "결박되어"가 없다.

1.c. *BHS*는 K의 빼아지킴(בָּאֲזִקִּים, 의미 불확실)보다는 Q의 빠지킴(בָּאזִקִּים, "사슬로")을 따른다.

1.d. LXX은 "모든"을 생략한다.

1.e. LXX은 "예루살렘과"를 생략한다.

2.a. *BHS*는 전치사 레(לְ)가 "예레미야"에 붙었는지를 의문시한다. 캐롤(698)은 이것이 아람어적 표현이라고 생각한다.

2.b. LXX은 "그를 취했다"를 가지고 있다.

3.a. "행하셨으니"가 LXX에는 없다.

3.b. LXX은 "그가 말한 바와 같이"를 생략한다.

3.c. LXX은 "그에 대항하여"를 가지고 있다.

3.d. Q에서처럼 관사가 포함되어야 할 것이다.

3.e. *BHS*는 와예히(וַיְהִי, "이르렀다")를 제안한다(참조. 37:11).

4.a. "이제"가 LXX에는 생략되어 있다.

4.b. LXX은 "오늘날"을 가지고 있지 않다.

4.c. 철자가 변화됨. "원문주해" 1.c를 보라.

4.d. MT의 "너의 손"보다는 쌍수형 "네 손들"을 가지고 있는 많은 필사본들을 따름.

4.e. "만일 그것이 네게 옳지 않게 보이거든…오지 말아라…네가 기뻐하는 어디든지 가라"가 LXX에는 빠져 있다. 아래 5절의 "원문주해"를 보라.

4.f. 직역하면 "좋은 데로, 네 눈에 가기 옳은 데로, 그 곳으로 가라". *BHS*는 전치사 레(לְ, "좋은…에게로") 대신에 "좋고 옳은 곳"이란 의미를 주는 불변화사 임(אִם)을 붙여서 임 토브(אם־טוב, "좋은 곳")를 제안한다.

4.g. *BHS*는 "네 눈에 가기에 옳은 대로, 거기로 가라"가 5절로부터 첨가된 것으로 생각한다(위에서 "네가 선히 여기는 대로…가라"로 번역됨). 아래 5절의 "원문주해"를 보라.

5.a. 히브리어가 모호한데, 이는 마멸된 것 같다(LXX도 히브리어 본문을 따라 모호하다). MT에는 직역하면 "그러나 그가 아직 돌아가지 않고 있었다. 그리고 돌이킴"으로 되어 있다. *BHS*는 "만일 돌아가는 것이 네 눈에 옳게 보이거든 돌아가라"로 제안한다. 참조.

"원문주해" 4.f.

5.b. LXX은 "성읍들" 대신 "땅들"을 가지고 있다.

5.c. LXX은 "유다 땅에"를 첨가한다.

5.d. "그렇지 않으면"이 LXX에는 명시되지 않았다.

5.e. LXX은 "음식과"를 생략한다.

6.a. "예레미야"가 LXX에는 없다. LXX에는 "그래서 그는 갔다"로 되어 있다.

6.b. LXX은 "아히감의 아들"을 생략한다.

6.c. LXX은 "그와 함께"를 생략한다.

7.a. 7-9절에 관해서는 왕하 25:22-24을 보라.

7.b. LXX은 "아히감의 아들"을 생략한다.

7.c. LXX은 "포로로 끌려가지 않은 남자들과 그들의 아내들"을 가지고 있고, MT에서는 "그리고 자녀들, 그 땅의 가장 가난한 자"를 생략한다.

8.a. LXX, Tg은 "그리고 요나단"을 생략하고 있는데, 이는 아마도 중자탈락의 결과인 것 같다. 참조. 왕하 25:23.

8.b. LXX, Tg은 위에 언급된 "그리고 요나단"의 누락과 일관성 있게 "…의 아들"을 가지고 있다. 참조. 왕하 25:23.

8.c. Syr, Tg은 Q의 에파이(עֵיפַי, "에파이")를 따름. LXX, Vg은 K의 오파이(עוֹפַי, "오파이")를 따른다.

8.d. 소수의 필사본, 열왕기하 본문은 웨야아자느야후(וְיַאֲזַנְיָהוּ, "그리고 야아사냐")를 가지고 있다.

9.a. LXX은 "사반의 아들 아히감의 아들"을 생략한다.

9.b. LXX은 파이돈(παίδων, "…의 종들")을 가지고 있다. 참조. 왕하 25:24의 메아브데(מֵעַבְדֵי, "…의 종들").

10.a. LXX은 "네 앞에"를 덧붙인다.

10.b. LXX은 "그 성읍들 가운데서"를 가지고 있다.

11.a. LXX은 "역시"를 생략한다.

11.b. LXX은 단수 "땅"을 가지고 있다.

11.c. LXX은 "사반의 아들"을 생략한다.

12.a. LXX은 "그 모든 유다인이 쫓겨났던 각처에서 돌아왔다"를 생략한다.

12.b. LXX은 MT의 "그달랴에게 속한 유다 땅으로"와는 다른 순서인 "유다 땅에 있는 그달랴에게"를 가지고 있다.

양식/구조/배경

본 장은, 소개하는 신탁 없이 공식적인 신탁의 서론과 함께 시작된다. 여러 선택 사항들이 현재 있는 그대로의 구절에 대한 설명을 제공하거나 혹은 현명한 대안을 제공하도록 그것을 수정하게끔 제안되어 왔는데, 그것들 가운데는 서론을 현재의 위치에 속하지 않은 것으로 단순히 제거하는 것이 있다(Rudolph, 211). 브라이트(Bright, 244)와 캐롤(Carroll, 698)은 2-3절이 신탁 가운데 나머지 것들을 나타낼 수도 있을 가능성을 주장한다.

열왕기하 25장에 있는 이 사건들의 평행적 기사가 제안된 모든 문제에 답변을 제공해 주지는 않지만, 어쩌면 예레미야서 본 장에 나타난 내용의 자료를 제공해 줄 것이다. 어떤 점에서 그 어법이 실질적으로 동일하며, 몇몇 문제들은 열왕기하 25장의 유사한 독법에 근거하여 일시적으로 해결될 수 있다(예를 들어, 8절에 있는 요하난과 요나단).

이 본문과 관련하여 해결되어야 할 중요한 현안 문제들 가운데 하나는 예레미야의 구금으로부터 석방 이야기라는 두 이야기로 보이는 내용의 융화다. 예레미야 39:11-12은 예레미야의 단순한 석방과 그 후에 그가 그달랴에게 가서 합한 사실을 기록하고 있다. 예레미야는 이 이야기에서 역시 풀려나지만, 망명하려고 모인 사람들 사이에서 얼마간을 보낸 다음에야 그렇게 된다.

브라이트(Bright, 245-46)와 클레멘츠(Clements, 229), 그리고 톰슨(Thompson, 651-52)은 본질적으로 서로간에 일치하지는 않을지라도 융합되어야 할 두 이야기를 발견한다. 캐롤(Carroll, 699)은 이 두 기사를 매우 다르고 상충된 것으로 생각한다. 그는 "포로로 끌려가는 설교자와 이방 군대 장관 느부사라단을 통하여 그에게 전해진 설교를 받는 설교자라는 모순된 모습"을 언급한다(Carroll, 699). 캐롤은 이 두 도피 이야기에서 바벨론인들의 예레미야를 바라보는 유사한 태도를 언급하지 않는다.

폴만(Pohlmann, *Studien*, 99)은 1절이 편집상의 배치의 산물로 간주되어야 하고, 원래 그 다음에 이어지는 구절들에 속했던 것으로 간주되어서는 안 된다고 주장한다. 그는 오히려 이 본문의 복잡한 편집상의 발전을 주장하고 있는데, 이 발전 과정에서 39:15-18이 초창기에 39:1-14과 40:15-18 사이에 보다 이해할 만한 연결 고리로 삽입됨으로써 1절이 개조된다. 폴만(99)은 계속해서 1-6절에 드러난 본문상의 난점들을 일으키게 한 여러 편집 단계들을 묘사하면서 세부 사항으로 들어간다.

그는 39:1-14과 40:2-6 간의 원래의 연결을 가정하고, 나중에 39:15-18이 삽입되고 그 단위를 이해할 수 있도록 만들기 위하여 40:1의 개조가 필요하게 되었다고 생각한다. 폴만이 볼 때, 그가 묘사하고 있는 과정이 현재의 본문 가운데 들어 있는 난점들의 원인이 된다.

이 본문이 나타내고 있는 문제들을 해결하기 위하여 무엇을 선택하든, 40장의 첫 구절은 문제가 되는 구절로 남아 있을 것이 분명해 보인다. 이 구절이 제공하고 있는, 서론을 뒤따라올 실질적인 신탁을 예상할 수밖에 없다. 그러나 여호와께로부터 온 신탁이 바벨론 방백이라는 매개자를 통하여 주어진 그것이 아니라면, 거기에는 신탁이 나타나 있지 않다. 그러한 설명이 다른 제안된 것보다 더 확실하지 못하므로, 이 바벨론인의 말이 예레미야가 유다 나라에 전달한 다른 신탁들의 어조와 내용을 반영하고 있다.

양식화된 예언적 연설은 바벨론 군대의 한 관리의 입으로 거의 익살맞게 표현되지만, 그것 역시 어느 정도 주시할 가치가 있다. 이방 군사를 여호와의 대변자로 나타내는 목적이 무엇인가? 이것이 느부갓네살을 여호와의 종으로 묘사하는 것보다 더 이상한가(렘 27:6)? 이 본문의 현재의 형태에 연루된 부주의한 편집보다 더 의도적인 구조가 있을 수도 있다.

40:7-12은 열왕기하 25:23-24에 묘사되어 있는 내용의 확대된 판을 나타낸다. 묘사가 평행적일 때 그 어법도 거의 동일하다. 이러한 확장의 특징은 여러 식량의 "풍요"를 묘사하고 있는 본문처럼, 그리고 그달랴에게 합세한 사람들에게 안락한 삶으로 보이는 내용처럼 거의 선전과 같은 것이다(10-12절). 선전의 기미가 일찍이 암몬, 모압, 에돔 그리고 "각처"에 도피했던 수많은 유대인들의 귀환에 대한 언급을 통하여 한층 강조된다. 그러한 손질이 그달랴와 희망을 가진 유다의 남은 자를 위협하기 시작하는 위기의 비극적 성격을 고조시키는 역할을 한다.

본 장에 기록된 사건들의 배경은 미스바인데, 그 곳은 심각한 투쟁의 무대가 되는 지역이다. 예루살렘에서 북쪽으로 약 8마일 지점에 위치한 텔 엔-나스베(Tell en-Nasbeh)가 몇몇 사람에 의하여 제안되지만(Bright, 244; Thompson, 653), 할러대이(Holladay, 2:294-95)는 설득력 있게 이 곳을 반대하고, 그가 볼 때 본 설화의 사건에 더 적절한 예루살렘에서 북쪽으로 5마일 지점에 위치한 구릉 지대인 네비 삼윌(Nebi Samwil)을 선호한다.

특히 이 설화에는 예레미야가 빠져 있다. 그러나 이 단락 가운데 전개된 내용은 예레미야서 전체의 메시지에 상당히 의미심장하며, 그 담화는 문맥에 일치한다

(Eissfeldt, *Introduction*, 465).

주석

[1] 예레미야 40장은 "말씀이 여호와께로서 예레미야에게 임하니라"고 선포하고 있는 서론적 공식 문구와 함께 시작된다. 이 "말씀"은 바벨론 방백 느부사라단의 구류로부터 그가 풀려난 다음 예레미야에게 임한다. 예레미야의 석방에 대한 언급은 39:11-14에 비추어 볼 때 장황한 것처럼 보이며, 그 기사와 상충된 것처럼 보이기도 한다. 이 경우, 예레미야는 포위 공격에서 살아 남은 수많
예루살렘으로 끌려가다가 라마에서 풀려난 것으로 보인다. 예루살렘에서 북쪽으로 약 5마일 지점에 위치한 라마는 바벨론인에게 붙잡혔던 포로민들이 머무른 지역이었던 것으로 보인다(Morton, *IDB* 4:8을 보라).

[2]-[3] 예레미야를 통하여 선포된 말씀이 없다는 사실이 이 단락에 대한 대부분의 해석자들에 의하여 논평이 되었고, 어떤 사람들은 본문이 가지고 있는 문제점으로 보이는 내용을 해결하기 위하여 본문의 재구성을 제안했다(위의 "양식/구조/배경"을 보라). 그러나 "여호와께로부터 온 말씀"을 바라보는 또 다른 방법도 있다.

일반적인 예언 전승은 아닐지라도 이것을 바벨론 방백을 통하여 전달된 말씀으로 보는 것이 특히 예레미야서에서 일관된 특징이다. 이것은 정확하게 선지자들이 이따금 이스라엘/유다에 대한 야웨의 급진적인 취급의 성격을 가리키기 위하여 사용하는 껄끄러운 논급이다. 바벨론의 야만스러운 폭군 느부갓네살은 예레미야를 통하여 자유자재로 여호와의 종으로 언급될 수 있다(렘 27:6). 유다와 지도자들 편에서 여호와께로부터 온 말씀을 듣지 못하는 혹은 듣기를 거절하는 점이 이방 군사를 야웨의 메신저로 말하는 익살맞은 묘사를 통하여 강조된다. 두 개의 요소 자체가 예레미야의 메시지의 일부분을 전달하는 하나의 패턴에 잘 들어맞는 것으로 보인다.

만일 느부사라단의 말이 그렇게 묘사될 수 있다면, 신탁의 내용은 이전에 전달했던 유다에 관한 야웨의 말씀과 일관성이 있다. 예루살렘에 임한 끔찍한 재난은 피할 기회가 없는 하나님의 심판의 행동에 지나지 않았다. 한 바벨론 군사가 유다의 죄를 예루살렘 멸망의 원인으로 설명할 수 있었던 것이다. 이 구절들의 아이러니를 살펴본다는 것은 명확한 사실을 재진술하는 것이다. 이 아이러니한 왜곡은 거친 진리가 가끔 선지자들을 통하여 전달되었던 전형적인 방식이었다.

4-5 예레미야는 느부사라단이 정해 주는 좋은 직분을 얻게 될 바벨론으로 여행하든지, 그렇지 않으면 예레미야 자신이 선택한 유다의 한 장소에 남아 있든지 느부사라단을 통하여 그 선택권을 받게 된다. 그러나 그는 그달랴와 또한 미스바에서 그달랴와 함께 있었던 사람들과 합세하게 된다. 그달랴의 활동의 근거지는 아마도 패망한 나라의 소용돌이치는 혼란의 와중에 어디에나 존재하는 것보다는 좀더 안정된 피난처를 나타냈다. 느부사라단은 예레미야에게 음식과 선물을 주고 원하는 곳으로 가도록 보내 준다.

6 예레미야는 충고를 받아들여 그달랴와 함께 미스바에 정착한다. 6절의 묘사는 수많은 유다의 생존자들이 각처로부터 보다 안정된 이 지역으로 모여들었다는 사실을 시사한다. 먼 지역으로부터 미스바로 돌아온 사람들과 관련된 본 장의 뒷부분의 설명들이 이러한 사상을 입증해 준다.

7-8 그달랴가 새로운 통치자로 임명되었다는 소식이 알려지자 유다의 군사들 중 남은 자가 미스바에 있는 그에게로 모인다. 거명된 방백들 가운데 두 사람인 이스마엘과 요하난이 그 이후에 전개된 사건들 가운데서 결정적인 역할을 한다. 이 남은 자들이 어떻게 바벨론의 맹공 속에서 생존했는지를 확실하게 말할 수는 없을지라도, 그들이 바벨론 군대의 대대적인 승리로 인하여 간과되거나 무시되었던 그룹들을 대표했을 가능성은 크다.

9 그달랴는 바벨론의 통치에 협력한다는 정책을 분명하게 선언한다. 십중팔구, 그는 이 위기의 몇 년 동안 유다와 바벨론 간의 관계와 관련하여 실질주의자였을 것이다. 그렇지 않다면, 그는 그들의 통치자로서 봉사하도록 바벨론인들에 의하여 선발되지는 않았을 것이다. 그러한 현실주의가 시드기야를 향한 예레미야의 많은 주장들의 초점이었다.

10-12 그달랴는 잠잠하고 부지런하라고 호소한다. 그는 백성들에게 밭과 포도원으로부터 산물을 모으고 그 지역에서 다시 정상적인 삶을 시작하라고 강조한다. 그달랴는 "갈대아인을 섬기라"는 언약적 약속을 제안한다. 그의 뜻은 바벨론 점령자들과 그 땅에 남아 있는 백성들 간의 공식적인 태도일 것이다. 이 어투는 바벨론인들에 대한 충성의 맹세와 남은 유대인 공동체를 위한 중재자로서 행동한다는 약속을 동시에 시사한다.

10-12절은 생존한 공동체에 대한 소식이 둘러싸고 있는 영역 안에 있는 고립된 유대인들의 집단 가운데 들려졌을 때, 많은 사람들이 그달랴의 지도하에 미스바에서 있었던 신흥 그룹에 가담했다는 사실을 시사해 준다. 이 모습은 일반적으로 예

루살렘의 멸망 이후 추정된 유다에서의 삶과는 상당히 다른 것이다. 거기에는 공동체의 필요를 돌보기 위한 풍성한 식료품이 있었음에 틀림없다. "양식/구조/배경"에 언급된 바와 같이, 이 단락의 긍정적인 어조는 거의 선전 활동과 같이 들린다.

이 사건들의 정확한 연대를 추정할 방법은 없다. 예루살렘의 멸망 직후에 이러한 모습을 묘사할 수 있도록 밭이나 포도원들이 많이 망가져 있지 않았는가, 아니면 그 땅의 여러 부분을 회복시킬 만큼 시간이 충분히 경과했던가? 할러데이(Holladay)는 그달랴의 암살을 주전 587년 9/10월로 그 연대를 잡고 있는데, 이는 40장의 사건을 주전 587년 늦여름의 어느 때로 결정하게 한다. 다른 학자들은 그달랴에 대한 암살의 후유증을 나타내는 주전 582년경의 세 번째 추방에 관한 언급(렘 52:30)을 주장한다(Bright, 253-54; Thompson, 657를 보라). 그러한 견해는 예루살렘 멸망과 예레미야 40-41장의 사건들 사이에 더 많은 시간이 경과했음을 허용한다.

해설

예레미야 40:1-6에서 예레미야가 석방되어 그달랴에게로 간 이야기는 여호와께로부터 온 말씀을 범세계적인 말씀으로 이해하는 선지자의 이해의 극적인 실례와 함께 시작된다. 선지자의 신탁이 선포되지만, 선지자를 통하여 전달되지는 않는다. 그 대신 여호와께로부터 온 말씀은 전혀 예상치 못한 사람을 통하여 온다. 한 바벨론 군사인 느부사라단은 엄숙한 어조로 예루살렘에 대한 하나님의 심판을 선언한다. 그 의도는 역사적이기보다는 신학적이다. 아무도 예루살렘 함락의 충격을 오해해서는 안 된다. 유대 지도자의 둔감함이 바벨론 정복자의 환상의 명료함을 통하여 강조되고 있다. 불경건한 이방인까지도 야웨께서 행하신 일을 파악할 수 있었다.

예레미야의 석방은 위기의 시기 동안 바벨론을 향하여 분명한 호감을 표시했던 사람에 대해 예상된 보상이다. 선지자의 동기가 자기 이익이나 정치적 충성과 전혀 관계가 없었다는 사실은 중요하지 않았다.

예레미야가 유다에서 남은 자 공동체 안에 머무르기로 선택했다는 사실은 의미심장하다. 10-12절에 있는 낙관적인 모습은 바룩(그리고 예레미야)의 희망을 반영하는가? 만일 그렇다면 그것은 민족주의의 열정이라는 계속 타오르는 불길에 의하여 곧 부서지게 될 희망이었다.

39장에서 처음으로 언급된 그달랴의 총독 임명은 유다에게 멸망의 충격을 최소화할 기회를 제공해 주었다. "그 땅의 빈민"은 남아 있는 공동체의 가장 커다란 집단이었을 수도 있지만, 본 장은 그들이 유일한 집단이 아니었음을 시사한다. 군대 요원들이 바벨론의 정복 가운데서 생존해 있었고 떠오르는 공동체를 이루었다. 예레미야 40:12 역시 위기를 피하여 도피했던 수많은 유대인들이 그달랴 아래서 안정을 되찾게 되었을 때 되돌아왔음을 암시해 준다.

40장은 생존자들이라는 회복된 공동체의 형성에 희망의 기미를 제공해 준다. 그달랴는 바벨론의 통치 하에서 이에 대처하는 삶에서 실리주의 철학을 가진 실리주의자였다. 번영이라는 주제가 본 장에서 발전되는 방식은 그러한 실용주의가 새로운 유다를 위하여 제공해 주는 가능성들을 암시해 준다. 그러나 이 밝은 모습이 의도적으로 오도될 수도 있다. 번영이라는 주제가 비극이라는 보다 암울한 주제를 대대적으로 바꿀 단계를 세우기 위하여 과대하게 생각되었을 수도 있다. 정복자와 피정복자 간의 사건들을 중재할 그달랴의 모든 실용적 지혜와 가능성들에도 불구하고, 이어지는 단락들은 치명적인 약점이 이스라엘 역사 전체를 통하여 이스라엘과 유다 지도자들 사이에 내재해 있었음을 암시해 준다.

시드기야는 실제로 결점이 있는 성품을 가진 사람임을 보여 준다. 바벨론이 임명한 그의 후계자는 여러 면에서 험난한 시기에 보기 드문 지도자로서의 잠재력을 갖추었으나, 그럼에도 불구하고 곧 자신의 약점을 노출시킨다. 전혀 다른 면을 나타내 보이는 두 사람의 매우 다른 개성을 통하여 이 설화는 이스라엘이 그들의 역사 내내 보여 주었던 자만심을 강조하는 경향이 있다.

E. **그달랴에 대한 음모**(40:13-41:15[LXX 47:13-48:15])

참고문헌

Ackroyd, P. R. *Exile and Restoration: A Study of Hebrew Thought of the Sixth Century B.C.* London: SCM, 1968. 25-28. **Dalglish, E. R.** "Chimham." *IDB* 1:561. **Herr, L. G.** "The Servant of Baalis." *BA* 48(1985) 169-72. **Holladay, W. L.** "A Fresh Look at 'Source B' and 'Source C' in Jeremiah." In *A Prophet to the Nations: Essays in Jeremiah Studies*, ed. L. G. Perdue and B. W. Kovacs. Winona Lake, IN: Eisenbraums, 1984. 213-28. **Jones,**

D. R. "The Cessation of Sacrifice after the Destruction of the Temple in 586 B.C." *JTS* 14(1963) 14-16. **McCown, C. C.**, ed. *Tell en Nasbeh I: Archeological and Historical Results.* Berkeley: Pacific School of Religion; New Haven: American Schools of Oriental Research, 1947. **Noth, M.** "The Jerusalem Catastrophe of 587 B.C. and Its Significance for Israel." In *The Laws in the Pentateuch and Other Studies.* Philadelphia: Fortress, 1967. 264. **Pohlmann, K.-F.** *Studien zum Jeremiabuch.* Göttingen: Vandenhoeck & Ruprecht, 1978. 108-22. **Pritchard, J. B.** "Gibeon." *IDB* 2:392-93. ______. "Gibeon's History." *SVT* 7(1960) 1-12. ______. "The Water System at Gibeon." *BA* 19/4(1956) 66-75. **Wampler, J. C.** *Excavations at Tell en-Nasbeh: 2. The Pottery.* Berkeley/New Haven: The Palestinian Institute of Pacific Schools of Religion and the American Schools of Oriental Research, 1947.

본 문

13 가레아의 아들 요하난과 들에 있던 군대 장관들이 미스바 그다랴에게 이르러

13 Johanan, the son of Kareah, and all the officers of the forces which were in the fields, came to Gedaliah at Mizpah,

14 그에게 이르되 암몬 자손의 왕 바알리스가 네 생명을 취하려 하여 느다냐의 아들 이스마엘을 보낸 줄 네가 아느냐 하되 아히감의 아들 그다랴가 믿지 아니한지라

14 and they said to him, "Do you know that Baalis, the king of the Ammonites, has sent[a] Ishmael the son of Nethaniah[b] to take your life?" But Gedaliah the son of Ahikam[c] would not believe them.

15 가레아의 아들 요하난이 미스바에서 그다랴에게 비밀히 말하여 가로되 청하노니 나로 가서 사람이 모르게 느다냐의 아들 이스마엘을 죽이게 하라 어찌하여 그로 네 생명을 취케 하여 네게 모인 모든 유다인으로 흩어지며 유다의 남은 자로 멸망을 당케 하랴

15 Then Johanan the son of Kareah[a] said to Gedaliah secretly at Mizpah, "Let me go and kill Ishmael the son of Nethaniah,[b] and no one will know; why should he take your life and all of Judah be scattered who have been gathered about you, and the remnant of Judah perish?"

16 그러나 아히감의 아들 그다랴가 가레아의 아들 요하난에게 이르되 네가 이 일을 행치 말 것이니라 너의 이스마엘에 대한 말은 진정이 아니니라 하니라

16 But Gedaliah the son of Ahikam[a] said to Johanan the son of Kareah,[b] "Do not do[c] this thing, for you are speaking falsely about Ishmael."

41:1 칠 월에 왕의 종친 엘리사마의 손자 느다냐의 아들 왕의 장관 이스마엘이 열 사람과 함께 미스바로 가서 아히감의 아들 그다랴에게 이르러 미스바에서 함께 떡을 먹다가

41:1 [a]In the seventh month, Ishmael the son of Nethaniah the son of Elishama[b] of the royal family, [c]who had been one of the chief officers of the king,[c] came with ten men to Gedaliah the son of Ahikam[d] at Mizpah. While they ate bread together there in Mizpah,[e]

2 느다냐의 아들 이스마엘과 그와 함께 한 열 사람이 일어나서 바벨론 왕의 그 땅 총독으로 세운 바 사반의 손자 아히감의 아들 그다랴를 칼로 쳐 죽였고

2 Ishmael the son of Nethaniah[a] and the ten men who were with him arose and struck down Gedaliah [b]the son of Ahikam the son of Shaphan with the sword and killed[c] him,[b] whom the king of Babylon had made overseer in the land.

3 이스마엘이 또 미스바에서 그다랴와 함께 한 모든 유다인과 거기 있는 갈대아 군사를 죽였더라

3 [a]Ishmael also struck down[a] all the Jews who were [b]with Gedaliah[b] in Mizpah[c] and the Chaldean soldiers[d] who were found there.

4 그가 그다랴를 죽인 지 이틀이 되었어도 이를 아는 사람이 없었더라

4 On the day after the murder of Gedaliah, [a]when no one knew of it,[a]

5 때에 사람 팔십 명이 그 수염을 깎고 옷을 찢고 몸을 상하고 손에 소제물과 유향을 가지고 세겜과 실로와 사마리아에서부터 와서 여호와의 집으로 나아가려 한지라

5 eighty men came from Shechem, from Shiloh,[a] and from Samaria, with their beards shaved and their garments torn and cutting themselves, with a grain offering and incense in their hands to bring to the house of the Lord.

6 느다냐의 아들 이스마엘이 그들을 영접하러 미스바에서 나와서 울며 행하다가 그들을 만나 아히감의 아들 그다랴에게로 가자 하여

6 And Ishmael the son of Nethaniah[a] went out to meet them from Mizpah,[b] [c]weeping[d] as he went,[c] [e]and when he met them,[e] he said to them,[f] "Come in to Gedaliah the son of Ahikam."[g]

7 그들이 성 중앙에 이를 때에 느다냐의 아들 이스마엘이 자기와 함께 한 사람들로 더불어 그들을 죽여 구덩이에 던지니라

7 When they came into the middle of the city, Ishmael the son of Nethaniah[a] slaughtered them (and threw them)[b] in the middle[c] of the cistern, [d]he and the men who were with him.[d]

8 그 중에 열 사람은 이스마엘에게 이르기를 우리가 밀과 보리와 기름과 꿀을 밭에 감추었으니 우리를 죽이지 말라 하였으므로 그가 그치고 그들을 그 형제와 함께 죽이지 아니하였더라

8 But ten men were found among them[a] who said to Ishmael, "Do not kill us, for we have hidden treasures in the field: wheat, barley, oil, and honey"; so he stopped, and he did not kill them with their brothers.

9 이스마엘이 그다랴에게 속한 사람들을 죽이고 그 시체를 던진 구덩이는 아사 왕이 이스라엘 왕 바아사를 두려워하여 팠던 것이라 느다냐의 아들 이스마엘이 그 죽인 시체로 거기 채우고

9 The cistern where Ishmael cast there all [a]the corpses of the men[a] whom he struck down, [b]a great cistern,[b] that which King Asa had made against Baasha the king of Israel, Ishmael the son of Nethaniah filled it with the slain.

10 미스바에 남아 있는 왕의 딸들과 모든 백성 곧 시위대장 느부사라단이 아히감의 아들 그다랴에게 위임하였던 바 미스바에 남아 있는 모든 백성을 사로잡되 곧 느다냐의 아들 이스마엘이 그들을 사로잡고 암몬 자손에게로 가려 하여 떠나니라

10 And Ishmael took back[a] all the rest of the people who were in Mizpah, [b]the[c] daughters of the king, [d]and all the remaining people in Mizpah[bd] whom Nebuzaradan[e] the captain of the guard had entrusted to Gedaliah the son of Ahikam; [f]and Ishmael the son of Nethaniah captured[g] them,[f] and he went to cross over to the Ammonites.

11 가레아의 아들 요하난과 그와 함께 있는 모든 군대 장관이 느다냐의 아들 이스마엘의 행한 모든 악을 듣고

12 모든 사람을 데리고 느다냐의 아들 이스마엘과 싸우러 가다가 기브온 큰 물가에서 그를 만나매

13 이스마엘과 함께 있던 모든 백성이 가레아의 아들 요하난과 그와 함께 한 모든 군대 장관을 보고 기뻐한지라

14 이에 미스바에서 이스마엘에게 포로 되었던 그 모든 백성이 돌이켜 가레아의 아들 요하난에게로 돌아가니

15 느다냐의 아들 이스마엘이 여덟 사람과 함께 요하난을 피하여 암몬 자손에게로 가니라

11 When Johanan the son of Kareah and all the officers of the army who were with him heard all the evil which Ishmael the son of Nethaniah[a] had done,

12 they took all the men[a] and went out to do battle with Ishmael the son of Nethaniah;[b] and they found him at the great pool which is in Gibeon.[c]

13 When all the people who were with Ishmael saw Johanan the son of Kareah[a] and all[b] the officers of the army who were with him, they rejoiced.[c]

14 [a]And all the people whom Ishmael had captured from Mizpah turned aside;[a] and they returned and went[b] to Johanan the son of Kareah.[c]

15 But Ishmael the son of Nethaniah[a] slipped away from Johanan[b] with eight men and went to the Ammonites.

원문주해

14.a. LXX은 "너에게"를 덧붙인다.

14.b. LXX에는 "느다냐의 아들"이 없다.

14.c. LXX에는 "아히감의 아들"이 없다.

15.a. LXX에는 "가레아의 아들"이 없다.

15.b. LXX에는 "느다냐의 아들"이 없다.

16.a. LXX에는 "아히감의 아들"이 없다.

16.b. LXX에는 "가레아의 아들"이 없다.

16.c. K에서는 타아세(תַּעַשׂ)임. Q는 타아세(תעשה, "하〈지 말〉라"). GKC(§ 75hh)는 이 이문이 의미의 변화보다는 발음과 관련이 있다고 주장한다.

41:1.a. 참조. 왕하 25:25; 이 구절은 왕하 25장에 있는 기사를 확대한다.

1.b. LXX에서는 엘레아사(*Ελεασα*=אֶלְעָשָׂה, "엘레아사")임. Syr의 세 사본은 "이스마엘"을 가지고 있다.

1.c-c. LXX과 왕하 25:25에는 없다.

1.d. "아히감의 아들"이 LXX에는 나타나 있지 않다.

1.e. 두 번째 언급인 "미스바에서"가 LXX에는 없다.

2.a. LXX에는 "느다냐의 아들"이 없다.

2.b-b. 이 문구는 LXX에는 나타나지 않는다.

2.c. Gk, 루시안과 오리겐의 교정본, Syr, Tg, Vg은 여기서 복수형이다. MT은 단수형이다.

3.a-a. LXX에는 없다.

3.b-b. LXX에는 "그달랴와 함께 한"이 없다.

3.c. *BHS*는 "절기에"라는 독법을 제안한다(Rudolph, 214).

3.d. LXX에는 "군사들", 자역하면 "군사들이었던 자들"이 없다.

4.a-a. Syr에는 없다.

5.a. LXX은 카이 아포 살렘(*καὶ απὸ Σαλημ*, "그리고 살렘으로부터")을 가지고 있다. LXX^{A}, $α'$, $σ'$는 살롬(*Σαλωμ*, "살롬")을 가지고 있다.

6.a. LXX에는 "느다냐의 아들"이 없다.

6.b. "미스바에서"가 LXX에는 없다.

6.c-c. *BHS*는 OG가 아우토이 에포류온토 카이 에클라이온(*αὐτοὶ ἐπορεύοντο καὶ ἔκλαιον*, "그가 그들을 따라가서 [그들을] 불렀다")을 가지고 있다는 사실을 암시한다.

6.d. MT은 칼 능동 분사인 우보케(וּבֹכֶה, "울면서")를 가지고 있는 반면에, 여러 필사본은 칼 미완료 절대형인 우바코(וּבָכֹה, "울면서")를 가지고 있다. GKC § 113u를 보라. 참조. 삼하 3:16.

6.e-e. LXX에는 누락되어 있다.

6.f. LXX에는 "그들에게"가 없다.

6.g. "아히감의 아들"이 LXX에는 없다.

7.a. "느다냐의 아들 이스마엘"이 LXX에는 빠져 있다.

7.b. Syr, LXX^{V}, LXX^{L}은 와야슐리켐(וַיַּשְׁלִיכֵם, "그리고 그가 그들을 던졌다")의 동의어를 덧붙인다. 참조. 9절.

7.c. 알 토크(אֶל־תּוֹךְ, "…의 한가운데서")가 LXX에는 없지만, "원문주해" 7.a를 보라.

7.d-d. "그와 그와 함께 한 사람들"이 LXX에는 없다.

8.a. LXX은 "그들 사이에" 대신에 에케이(*ἐκεῖ*=שָׁם[샴], "그 곳")를 가지고 있다.

9.a-a. "사람들의 시체들"이 LXX에는 나타나 있지 않다.

9.b-b. MT은 "그달랴의 손에 의하여"를 가지고 있다. 그 대신 LXX과 함께 프레아르 메가(*φρέαρ μέγα*=בּוֹר גָּדוֹל[뽀르 까돌], "큰 구덩이")로 읽으라. 참조. 마카비1서 7:19.

9.c. "느다냐의 아들"이 LXX에는 없다.

10.a. LXX과 함께 카이 아페스트렙센(*καὶ ἀπέστρεψεν*=우야쉐브[וַיָּשָׁב], "그리고 (그들을) 다시 취했다")으로 읽으라.

10.b-b. Syr에는 "미스바에 남아 있는 왕의 딸들과 모든 백성"이란 문구 전체가 없다. 참조. 아래의 "원문주해" 10.d-d.

10.c. *BHS*는 많은 필사본들(LXX과 몇몇 Tg 필사본)과 함께 웨에트(ואת, "그리고[왕의 딸들]을")로 읽을 것을 제안한다.

10.d-d. LXX에는 "미스바에 남아 있는 모든 백성"이 없다.

10.e. "느부사라단"이 LXX에는 빠져 있다.

10.f-f. LXX에는 "그리고 느다냐의 아들 이스마엘이 그들을 사로잡았다"가 없다.

10.g. 소수의 필사본들은 와이슈뻼(וַיִּשְׁבֵּם, "그리고 그가 그들을 사로잡았다")이 아닌 와야슈켐(וַיַּשְׁכֵּם, 그리고 그가 일찍이 일어났다")을 가지고 있다.

11.a. LXX에는 "느다냐의 아들"이 없다.

12.a. LXX은 토 스트라토페돈 아우톤(*τὸ στρατόπεδον αὐτῶν*, "그들의 군대")을 가지고 있다.

12.b. LXX은 "느다냐의 아들 이스마엘과" 대신 "그와"를 가지고 있다.

12.c. *BHS*는 빼게바(בְּגֶבַה, "기브아에서")를 제안한다.

13.a. LXX에는 "가레아의 아들"이 없다.

13.b. "모든"이 LXX에는 빠져 있다.

13.c. LXX에는 "그들이 기뻐했다"가 없다.

14.a-a. LXX에는 나타나 있지 않다.

14.b. "그리고 갔다"가 LXX에는 없다.

14.c. LXX에는 "가레아의 아들"이 없다.

15.a. LXX에는 "느다냐의 아들"이 없다.

15.b. LXX에는 "요하난으로부터"가 없다.

양식/구조/배경

40장의 마지막 단락과 41장의 대부분은 왕가의 일원 중 한 사람인 이스마엘이 그달랴를 암살하기 위한 음모에 초점을 맞추고 있다. 그 음모가 드러나며 또 그것이 궁극적으로 수행되는 방식은 단순한 사건들에 대한 묘사보다 더 큰 설화 가운데 더 많은 일이 진행되고 있는 가능성을 시사한다. 예레미야 37-44장의 골격 안에서 최소한 세 명의 인물이 결점이 있는 판단을 하게 된다. 그들의 결정과 행동은 유다의 역사 전체의 비극적 성격을 강조해 주는 역할을 한다. 백성들에게 좋거나 혹은 나쁜 영향을 미칠 수 있는 선택을 해야 했을 때, 그 선택들은 필연적으로 연루된 개인에게나 백성들에게 혹은 그들 모두에게 재난을 가져다 주는 결과가 나타난다.

40:13-16은 그달랴에 대한 이스마엘의 음모를 소개한다. 요하난과 다른 군대 장관들은 이스마엘이 계획하고 있는 위험한 일에 대해서 그달랴에게 경고해 주지만

아무런 효과가 없다. 경고를 무시하는 태도가 37장의 초두에서 시드기야에서부터 출발한다. 그달랴는 남은 공동체의 미래에 중대한 의미를 지닌 경고를 무시하는 두 번째로 중요한 인물이 된다. 요하난은 43장의 패턴을 완성할 것이다.

이스마엘의 음모는 예레미야서라는 더 큰 메시지에서 당연히 중요하지만, 어리석은 판단이라는 일관된 패턴을 나타낸다는 점에서 그리고 시드기야와 요하난의 경우 하나님의 말씀에 대한 직접적인 불순종을 나타낸다는 점에서 가장 의미심장한 것일 수도 있다. 이것은 바벨론에 있는 포로 공동체에게 모든 희망의 무대를 변경시키는 간접적 수단인가? 그 결과(효과)는 분명히 유다에 기초한 미래의 희망을 위한 어떤 주장을 손상시키는 것이다. 40:1-12에 있는 점증하는 번영의 모습은 이어지는 사건들에 직면하여 아이러니한 기질을 드러낸다.

41:1-3은 이스라엘과 그의 동료들이 실제로 그달랴를 암살한 일을 기록하고 있다. 폴만(Pohlmann, *Studien*, 115-16)이 동의하지는 않지만, 사건들의 기록은 앞장에서 소개된 내용과 일치하는 것처럼 보인다.

이스마엘이 암살을 한 시기는 대부분의 해석가들에 의하면 대개 예루살렘 함락과 그달랴가 통치자로 임명된 직후인 것으로 생각된다. 포위 공격이 종결된 불과 수 개월 후인 주전 587년 9/10월이 여러 학자들이 선택한 날짜다(Holladay, 2:296; Rudolph, 215). 다른 사람들(Bright, 254; Thompson, 657)은 예루살렘 함락에 대한 기사 이후 많은 일이 기록된 설화 가운데서 일어났으며, 어쩌면 그 이상의 많은 일이 그러한 짧은 기간에 있었을 것이라고 주장한다. 이러한 학자들 모두가 본문에 대한 집접적인 독법과 가장 일관성이 있는 초창기의 연대를 고려한다. 하이야트(Hyatt, 5:778, 1087)는 주전 582년에 있었던 바벨론인들에 의한 제3의 축출을 그달랴의 암살에 대한 보복인 것으로 생각한다. 그러므로 그는 그달랴가 통치자로서 봉직한 기간을 5년으로 생각한다. 암시된 바와 같이, 본문은 후자보다는 전자의 견해를 지지하는 것처럼 보인다.

4-7절의 순례 여행 에피소드는 공교롭게도 옳지 않은 장소와 옳지 않은 시기에 일어났던 죄 없는 예배자들에 대한 이스마엘의 야비한 살해에 관한 생생한 묘사로 가득 차 있다는 느낌을 제공한다. 폴만(Pohlmann, 116)은 이 순례 여행 에피소드가 원래 8절의 열 사람에 대한 언급과는 동떨어져 있었다고 생각한다. 감추어진 음식 저장소들은 그 지역에 새로 온 사람이 아니라 이미 미스바 근처에 살고 있었던 사람들과 관련되었을 수 있다. 다른 한편, 저장소들은 미스바에 도착하기 전에 순례자들에 의하여 숨겨진 물품들일 수 있거나(Holladay, 2:297-98), 아니면 이스마엘이

포로로 붙잡았던 사람들의 몸 값으로 이용할 수 있는, 북쪽에 가족들의 소유로 되어 있는 물품이었을 수도 있다(Bright, 254).

5절에 언급된 80명은 일종의 서원의 일환으로 예루살렘으로 가는 중에 있었다. 그래서 그들이 출현하고 있으며, 그들의 소제물과 유향이 나타나 있다. 이스마엘의 살해 행위와 8절에 있는 열 사람의 간청 간에 명확한 불일치는 없다. 사실상 그러한 장면은 보다 큰 문맥에 잘 어울릴 것이다. 어떤 경우든, 순례자들에 대한 살해는 이스마엘의 잔인성을 강조하는 역할을 하고 있으며 좀더 큰 음모 이야기에 잘 들어맞는다.

9-10절은 거의 옆으로 벗어나 있다. 이스마엘이 자신이 희생시킨 시체들을 던진 구덩이에 관한 구체적인 정보가 제시되고 있다. 이것은 열왕기상 15:16-22에 기록된 바와 같이 유다 왕 아사가 판 구덩이였다.

이스마엘에 의하여 강제로 연행된 더 큰 무리의 사람들도 역시 언급되어 있다. 예레미야는 그달랴와 함께 미스바에 모였던 일단의 그룹이었음에 틀림없다. 이 기사에서는 그에 관한 구체적인 언급이 없다. 42:2에 가서야 예레미야가 다시 언급되는데, 그때 그는 애굽으로 발걸음을 향했던 사람들에게 여호와로부터 온 말씀을 제공해 주도록 요청을 받는다. 이 단락은 예레미야서에서 모빙켈의 자료 B와 자료 C에 대한 보다 광범위한 논의에서 연루된 중요 본문 가운데 하나다(Holladay, "A Fresh Look," 213-16).

이 단락 가운데서 예레미야가 언급되지 않은 것에 대해 가장 단순한 설명은, 원래 예레미야와 아무런 관계가 없었던 역사적 정보라는 보다 큰 설화 속으로 삽입된 것을 암시한다는 것이다. 이 사건들은 분명히 열쇠가 되는 사건이고, 그것들이 예레미야서 전체 문서 중에서 특히 이 부분에 삽입된 것은 가까운 장래에 있을 위기에 대한 보다 충분한 모습을 제공하는 데 도움을 준다. 41장은 같은 사건과 관련된 열왕기하 25:25의 간략한 묘사를 상당히 확대하고 있다. 열왕기하 역시 선지자에 대한 언급을 하지 않는다. 원래 40-42장에서 발견된 방식으로 함께 모아진 유사한 사건들의 연결되지 않은 언급들이라고는 전혀 예상되지 않는다. 예레미야가 그 당시에 미스바로부터 떠나 있었다는 대안적 설명은 그것을 지지할 만한 구체적인 증거를 전혀 가지고 있지 않다(Thompson, 661는 이것을 한 가지 선택 사항으로 언급한다).

"왕의 딸들"에 대한 언급(10절)은 수수께끼와 같은 것이다. 가장 명확한 설명은 이들이 시드기야의 딸들을 가리킨다고 가정하는 것이지만, 할러대이(Holladay, 2:

298)는 특히 예루살렘 함락 전에 시드기야의 아내들에 대해 예고된 취급에 비추어 볼 때(38:23) 그러한 중요한 인물들이 바벨론인들을 통하여 뒤에 남겨졌다는 사실이 기괴하다고 주장한다.

마지막 에피소드는 암살당한 통치자에게 충성하고 있던 요하난과 그 군대가 이스마엘을 추격하는 것에 대한 기사다. 일단의 사로잡힌 자들(10절에 언급됨)이 암몬으로 도피하고 있는 이스마엘과 그 일당에 의하여 강제로 연행되고 있다. 이스마엘의 도망 기사에서 의문시되는 점은 그 노선이다. MT은 이스마엘이 처음에는 미스바의 북서쪽 방향이고 암몬과는 반대 방향인 기브온으로 갔다고 기록하고 있다. *BHS*는 대안적 독법 "기브아"를 제안하고 있는데, 이 곳은 제안된 기브아의 위치가 미스바와 암몬 사이의 직접적인 길목에 위치해 있어서 보다 논리적인 것처럼 보인다. 다른 한편, "큰 물가"(12절)에 대한 언급은 기브온에 있는 연못으로 알려진 내용과 어울리는 것처럼 보인다(Pritchard, *BA* 19/4[1956] 66-75를 보라). 몇 가지 아직 진술되지 않은 이유가 이스마엘로 하여금 처음에 기브온으로 가도록 만들었을 수 있다. 이러한 혼동케 만드는 내용들은 단순한 해결책으로는 해결되지 않는다. 할러대이(Holladay, 2:294)가 제안한 미스바의 위치(Nebi Samwil; 402장의 "양식/구조/배경"을 보라)가 어쩌면 기브온을 통하여 암몬으로 직접 가는 통로로 이용될 수 있었을 것이지만, 이는 결정적인 증거가 되지 못한다.

이 구절들 가운데 마지막 결과는 암몬 족속들 가운데서 피신처를 구하기 위하여 이스마엘이 자기를 따르는 여덟 명과 함께 도망한 사실을 기록하고 있다. 암몬 왕 바알리스는 앞의 본문에서 이스마엘의 행동을 사주한 자로 거명되어 있으므로, 이스마엘은 요하난이 자신을 잡으려고 추격했을 때 암몬으로 도망한다. 이 사건 속에서 암몬 족속의 역할이 거의 분명하게 드러나지는 않지만, 루돌프(215)는 그달랴를 통치자로 임명한 데 대한 이스마엘의 질투심을 암몬 왕이 자신의 이익을 위해서 이용했다고 생각한다. 이러한 음모를 통하여 암몬 족속이 얻었던 이익이 무엇인지는 결정하기 어렵지만, 그러한 국제적 배신 행위는 과거에도 또 지금도 다반사다.

주석

13-14 유다 방백들 사이에 있었던 요하난과 다른 사람들은 그달랴에게 이스마엘이 꾸몄던 음모를 알려 준다. 이 구절의 어조(14절)는 그 음모를 둘러쌌던 어떤 커다란 비밀도 없었다는 사실을 시사한다. 그달랴는 그 경고를 주의 깊게 들으려고

하지 않는다.

그달랴가 이러한 반응을 보인 이유에 대해서는 타당한 설명이 있다. 그는 이스마엘이 왕가의 방백이었을 때 정부 관리로서의 직능을 가졌음에 틀림없다. 캐롤(707)이 지적한 바와 같이, 그의 거절은 근거 없는 소문으로 생각하는 내용을 받아들이기를 거절하는, 파벌의 불화 예방에 몰두하고 있는 한 지도자의 태도를 암시할 수도 있다.

음모 그 자체 역시 이해할 만한데, 유다에 있는 많은 사람들이 예루살렘 함락과 관련된 사건들을 경험했던 격한 정서적 느낌을 가졌다는 것이다. 본서의 앞부분에 기록된 예레미야에 대한 음모가 그러한 격정을 강조해 주는 역할을 한다. 바벨론인들은 분명히 원수들이었다. 즉 그들은 사랑하던 성읍과 성전을 파괴했다. 그들은 끔찍한 포위 공격을 고안해 냈던 자들이었다. 더 나아가서 거기에는 여전히 암몬 왕 바알리스에 대한 언급에서 예증되었듯이(40:14), 바벨론을 대항하여 어떤 행동을 조장했던 외적인 요소들도 존재하고 있었다. 유다에 있는 완강한 저항자에게는 그달랴가 바벨론의 꼭두각시와 배신자로 보였을 것이다. 알 수 없는 것은 그달랴가 곧 닥칠 위험을 인정하기를 꺼려했다는 것이다.

[15]-[16] 후에 있었던 비밀 회합에서 요하난은 계속해서 그달랴로 하여금 이스마엘로부터 임할 위기에 심각하게 대처하도록 권한다. 그는 유다에 있는 갱신된 공동체로 떠오르기 시작하고 있었던 일을 보존하는 수단으로 그 음모, 즉 이스마엘의 암살에 대처할 강력한 수단까지도 제안한다. 그는 소문이 난 이스마엘의 음모와 같은 행동이 그달랴에게뿐만 아니라 공동체 전체에게도 치명적인 것이 될 것이라고 올바로 관찰한다.

요하난과 다른 사람들이 반복하여 경고를 했음에도 불구하고, 그달랴는 이스마엘에 관한 소문을 믿지 않는다. 그는 이스마엘을 대항한 요나단의 행동까지도 허락하지 않는다.

41[1]-[3] 41장은 앞 단락에서 표현된 요하난의 우려가 정당했음을 신속하게 제시해 주고 있는데, 묘사된 사건이 "칠 월에" 일어난 것으로 말하고 있다. 해결되지 않은 문제는 이 사건이 주전 587년 9/10월에 일어었느냐 아니면 일 년 후의 같은 달에 일어났느냐는 것이다(위의 "양식/구조/배경"을 보라). 왕가의 일원으로 알려진 이스마엘은 그달랴를 만나기 위해 미스바로부터 온다. 이스마엘은 40:8에서 그달랴가 바벨론에 충성하도록 호소를 한 예루살렘 멸망 이후 유다에 남아 있는 방백들 가운데 한 사람으로 거명되어 있다. 41장의 사건은 이스마엘이 그달랴의 시도를 기

껏해야 어리석게 되도록 만들고, 또한 나쁘게는 속임수를 써서 꾀는 것으로 생각했다는 것을 암시한다.

그달랴와 식사를 하는 과정에서 이스마엘과 또한 그와 함께 한 열 명의 사람들은 그 통치자를 암살한다. 그 배경의 선택이 배신감을 더해 준다. 그달랴의 친절에 대해 이러한 피에 굶주린 반응보다 더 두려운 배반에 어울리는 행실을 상상하기는 어렵다.

3절은 그달랴와 함께 미스바에 남아 있던 무력한 바벨론 군사들과 함께 "그다랴와 함께한 모든 유다인"의 살육을 묘사한다. "모든 유다인"에 대한 또 다른 설명은 주어져 있지 않다. 10절은 수많은 백성들이 미스바에 살아 남아 있었고, 그래서 "모든 유다인"은 어떤 특별한 계층의 사람들인 것처럼 의도되어 있다. 또 다른 대안은 이들을 이 설화에 통상적으로 들어 있는 많은 "불일치점들" 가운데 하나로 분류하는 것이다.

본 장의 나머지 부분과 일관성 있게 선지자 예레미야에 대해서는 아무런 언급도 없다. 예레미야가 그달랴와 함께 있었던 앞의 설화에서 하나의 가정을 할 수 있다. 만일 그렇다면 그는 어떻게 해서든 암살을 피하기는 했겠지만, 바벨론인들과의 타협이라는 그가 채택한 정책이 그로 하여금 이스마엘과 같은 사람들의 공격의 대상이 되게 했을 것으로 보인다.

4-8 4-8절은 그달랴의 암살을 모른 채 북방의 순례자들 중 한 그룹이 미스바에 도착한 사실을 기록하고 있다. 그들에 대한 묘사를 볼 때, 이들은 예루살렘 성전으로 제물을 가져가고 있는 경건한 순례자들이다. 그들은 금식의 흔적들(옷을 찢고 상처난 몸)을 가지고 있으며 그 지역의 통치자에게 인사를 드리기 위하여 그 곳에 잠시 머문 것으로 보인다.

이스마엘은 성문에서 그들을 만나 울면서 그들을 성 안으로 안내한다. 이스마엘의 눈물은 분명히 속임수 형태로 묘사되어 있지만, 그 눈물의 정확한 의도는 밝혀져 있지 않다. 순례자들에게 일어난 사건들은 이스마엘의 행실의 잔인한 성격을 과감하게 강조한다. 그는 바벨론과 자원하여 접촉을 하는 모든 사람들에 대항하여 피의 복수를 하는 일을 절대로 멈추지 않을 사람으로 묘사되어 있다.

그 성읍에서 순례자들은 단번에 이스마엘과 그 동료들에 의해 잔인하게 살해당했다. 80명의 순례자 가운데 10명은 감추어진 음식 저장고를 자기들의 목숨과 물물교환을 해서 살게 된다. 다른 70명의 시체들은 구덩이에 던져진다(보다 자세한 정보는 9절에 제공되어 있다).

9-10 9절 말씀의 묘사는 계속해서 더 큰 장면의 공포심을 불러일으키고 있다. 빈 구덩이가 살해당한 순례자들의 시체로 가득 찬 것으로 보인다. 이 구덩이가 아사 왕과 관련되었다는 언급은 이전에 있었던 두 이스라엘 백성 간의 긴장의 시기를 반영해 준다. 이러한 언급은 이스마엘의 살육이 구체적인 역사적 사건이었다는 것 이외에 다른 의도는 없는 것 같다. 좀더 추상적으로 읽으면 이 두 혼란 기간의 연결 고리를 파악하는 것도 가능할 것이다. 이를테면 이스라엘 역사 전체를 통하여 이스라엘을 괴롭혔던 것이 자만심이었다는 것이지만, 그러한 제안은 추측일 뿐이다.

미스바에 살아 남아 있던 사람들은 이스마엘이 그들을 데리고 암몬을 향해서 갈 때 그와 함께 강제로 그 성읍을 떠나야 했다. 10절은 계속해서 암몬 족속이 연루되었다는 주제를 말하고 있으나, 그 성격이나 목적과 관련해서는 분명한 언급이 없다.

11-12 미스바에서 있었던 살육의 소식이 요하난과 다른 유대인 군대 지도자들로부터 즉각적인 반응을 일으켰다. 이스마엘은 추격을 당하고, 기브온 물가에서 붙잡힌다. 만일 그의 최종 목적지가 암몬이었다면 이스마엘이 기브온으로 갔다는 것은 다소 이상한데, 그 이유는 기브온이 미스바의 남서쪽에 있는 암몬의 반대편이기 때문이다(만일 전통적 위치가 받아들여진다면). 암몬은 동편 혹은 북동쪽에 있었다. 그는 살아 남은 순례자들에 의하여 안내를 받아 식량을 얻으러 갔던가? 이것은 보다 큰 설화 구조 내에서 발견되는 또 다른 혼란케 하는 문제다. 이 문제의 하나의 해결책은 "기브온" 대신에 "기브아"로 읽고 있는 *BHS*가 제안한 수정을 받아들임으로써 가능하다. 기브아는 미스바에서 암몬으로 가는 정상적인 통로와 거의 맞아떨어질 것이다.

프리차드(Pritchard, *BA* 19/4[1956] 66-75)는 기브온의 위치에 대해서 좀더 상당한 근거를 제공한다. 그의 논문에서 그가 기록하고 있는 원정대는 예루살렘 북쪽으로 약 8마일 지점에 위치한 엘-집(el-Jib)이라는 현대의 촌락 근처에 계단으로 된 터널을 통하여 나아가면서 대단히 큰 연못을 발견했다. 그 자리에 있던 도기에는 기브온이라는 이름이 표시되어 있었는데, 그것은 41장에 묘사된 사건의 시기와 보다 이른 시기의 것으로 연대가 결정되었다. 문제는 12절에서 "기브온"으로 읽느냐, 아니면 "기브아"로 읽느냐는 것이다. 연못과 관련된 세부 사항들은 "기브온"과 어울리지만 이스마엘이 취한 여행 과정이 비논리적인 것으로 보인다.

13-15 요하난과 추격자들에게 압력이 가해졌을 때, 이스마엘과 그의 여덟 명의 동료들은 자기들의 포로들을 버리고 암몬으로 도망한다. 요하난의 군대는 분명히 이스마엘이 이끈 소그룹보다 숫자가 더 많았을 것이다. 미스바의 포로들은 요하난

과 그의 군대를 기뻐하여 환영한다. 이 구절들은 요하난이 미스바로부터 생존한 자들의 사실상의 지도자가 되었음을 암시한다.

해설

그달랴와 그와 함께한 많은 사람들의 잔인한 살육은 이스라엘의 보다 큰 역사의 비극적 성격을 예증해 준다. 예레미야서가 이 이야기를 말할 때, 이것은 고전적인 비극과 아주 유사하다. 긍정적인 미래를 가져올 여러 변화의 기회가 있지만, 몇몇 잘못된 결정 혹은 잘못된 성격이 언제나 그 길을 잘못되게 한다.

예레미야 40:13-41:15은 그러한 두 가지 잘못을 보여 준다. (1) 그달랴는 이스마엘의 의도에 관한 분명한 경고를 거절한다. 이 통치자가 기꺼이 다른 군대 장관들의 충고에 귀를 기울였더라면 그 비극은 피할 수 있었다. (2) 이스마엘의 잘못은 바벨론과 또한 바벨론에 대해 자신과 의견을 달리하는 사람들에 대한 무조건적인 증오로 보인다. 두 가지 요소가 미스바에서 일어난 재난에 대한 처방을 해준다.

그달랴의 지도력과 바벨론인들이 그를 통하여 지워 준 보다 관대한 정책들 아래서 미래의 어떤 희망이 있을 것으로 나타난다. 그의 죽음과 함께, 그 모든 것이 극적으로 변한다. 예레미야가 애굽으로 도피하는 것을 강력하게 반대했을지라도, 그의 주장은 소수민 가운데서 아무도 들어주지 않는 음성이 된다. 일단 41장의 두려운 장면이 끝나고, 미래의 희망은 그 직후부터 먼 미래로 옮겨 간다. 희망은 망가진 인물, 잘못된 선택 그리고 너무나 약한 신앙에 의하여 사라진다.

F. **애굽으로의 도피** I(41:16-42:22[LXX 48:16-49:22])

참고문헌

Berridge, J. M. *Prophet, People and the Word of Yahweh: An Examination of Form and Content in the Proclamation of the Prophet Jeremiah.* Basel Studies of Theology 4. Zurich: EVZ, 1970. 202-7. **Reventlow, H. G. von.** *Liturgie und prophetisches Ich bei*

Jeremia. Gütersloh: Gütersloher(Mohn), 1966. 143-49. **Kremers, H.** "Leidensgemeinschaft mit Gott im Alten Testament." *EvT* 13(1953) 122-40. **North, R.** "Palestine, Administration of(Judean Officials)." *ABD* 5:87. **Pohlmann, K.-F.** *Studien zum Jeremiabuch.* Göttingen: Vandenhoeck & Ruprecht, 1978. 123-45. **Stulman, L.** *The Other Text of Jeremiah.* Lanham, MD: UP of America, 1985. 150-56. **Wanke, G.** *Untersuchungen zur sogenannten Baruchschrift.* BZAW 122. Berlin: de Gruyter, 1971. 116-33.

본 문

16 가레아의 아들 요하난과 그와 함께하는 모든 군대 장관이 느다냐의 아들 이스마엘이 아히감의 아들 그다랴를 죽이고 미스바에서 잡아 간 모든 남은 백성 곧 군사와 여인과 유아와 환관을 기브온에서 빼앗아 가지고 돌아와서

16 Then Johanan the son of Kareah[a] and all of the officers of the army who were with him took all the rest of the people whom Ishmael [b]the son of Nethaniah [c]had brought from[c] Mizpah after he had struck down Gedaliah the son of Ahikam,[b] men,[d] women, children,[e] and officials[f] whom he had brought from Gibeon.[g]

17 애굽으로 가려 하여 떠나 베들레헴 근처에 있는 게룻김함에 머물렀으니

17 And they went and dwelled at Geruth[a] Chimham,[b] which is near Bethlehem, intending to go to Egypt,

18 이는 느다냐의 아들 이스마엘이 바벨론 왕의 그 땅 총독으로 세운 아히감의 아들 그다랴를 죽였으므로 그들이 갈대아인을 두려워함이었더라

18 away from the Chaldeans because they were afraid of them, because Ishmael the son of Nethaniah[a] had struck down Gedaliah the son of Ahikam[b] whom the king of Babylon had made overseer over the land.

42:1 이에 모든 군대의 장관과 가레아의 아들 요하난과 호사야의 아들 여사냐와 백성의 작은 자로부터 큰 자까지 다 나아와

42:1 Then all of the officers of the army, and Johanan the son of Kareah,[a] and Jezaniah[b] the son of Hoshaiah,[c] and all the people, from the least to the greatest, drew near;

2 선지자 예레미야에게 이르되 당신은 우리의 간구를 들으시고 이 남아 있는 모든 자를 위하여 당신의 하나님 여호와께 기도하소서 당신이 목도하시거니와 우리는 많은 중에서 조금만 남았사오니

2 and they said to Jeremiah the prophet, "Let our supplications fall before you and intercede on our behalf[a] to the Lord your God, [b]on behalf of all of this remnant,[b] because we are left, only a few from the multitude, just as you see us.[c]

3 당신의 하나님 여호와께서 우리의 마땅히 갈 길과 할 일을 보이시기를 원하나이다

3 Let the Lord your God[a] tell us the way we should go and what we should do."

4 선지자 예레미야가 그들에게 이르되 내가 너희 말을 들었은즉 너희 말대로 너희 하나님 여호와께 기도하고 무릇 여호와께서 너희에게 응답하시

4 Jeremiah the prophet[a] said to them, "I have heard: behold, I will pray to the Lord your God[b] according to your words, and whatever[c] the Lord

는 것을 숨김이 없이 너희에게 고하리라

5 그들이 예레미야에게 이르되 우리가 당신의 하나님 여호와께서 당신을 보내사 우리에게 이르시는 모든 말씀대로 행하리이다 여호와는 우리 중에 진실 무망한 증인이 되시옵소서
6 우리가 당신을 우리 하나님 여호와께 보냄은 그의 목소리가 우리에게 좋지 아니함을 물론하고 청종하려 함이라 우리가 우리 하나님 여호와의 목소리를 청종하면 우리에게 복이 있으리이다
7 십 일 후에 여호와의 말씀이 예레미야에게 임하니
8 그가 가레아의 아들 요하난과 그와 함께 있는 모든 군대 장관과 백성의 작은 자로부터 큰 자까지 다 부르고

9 그들에게 이르되 너희가 나를 보내어 너희의 간구를 이스라엘의 하나님 여호와께 드리게 하지 아니하였느냐 그가 가라사대
10 너희가 이 땅에 여전히 거하면 내가 너희를 세우고 헐지 아니하며 너희를 심고 뽑지 아니하리니 이는 내가 너희에게 내린 재앙에 대하여 뜻을 돌이킴이니라
11 나 여호와가 말하노라 너희는 그 두려워하는 바벨론 왕을 두려워 말라 내가 너희와 함께 하여 너희를 구원하며 그의 손에서 너희를 건지리니 두려워 말라
12 내가 너희를 긍휼히 여기리니 그로도 너희를 긍휼히 여기게 하여 너희를 너희 본향으로 돌려보내게 하리라 하셨느니라
13 그러나 만일 너희가 너희 하나님 여호와의 말씀을 순복지 아니하고 말하기를 우리는 이 땅에 거하지 아니하리라 하며
14 또 말하기를 우리는 전쟁도 보이지 아니하며 나팔 소리도 들리지 아니하며 식물의 핍절도 당치 아니하는 애굽 땅으로 결단코 들어가 거하리라 하면 잘못되리라
15 너희 유다의 남은 자여 이제 여호와의 말씀을 들으라 만군의 여호와 이스라엘의 하나님이 이같이 말씀하시되 너희가 만일 애굽에 들어가서 거

shall respond to you,[d] I will tell you: I will not hold back anything from you."
5 Then they said to Jeremiah, "May the Lord be a true and faithful witness against us if we do not do everything which the Lord your God[a] sends you for us.
6 Whether it is good or evil, we will obey the voice of the Lord our God to whom we[a] are sending you, so that it may be well with us, for we will obey the voice of the Lord our God."
7 At the end of ten days the word of the Lord came to Jeremiah.
8 Then he called Johanan the son of Kareah,[a] and all[b] of the officers of the army who were with him,[c] and all of the people, from the least to the greatest.
9 He said to them, "Thus says the Lord, [a]the God of Israel, to whom you sent me to let your supplications fall before him.[a]
10 'If you return[a] and abide in this land, then I will build you up, and I will not tear down, and I will plant you, and I will not pluck up, for I repent concerning the evil which I did to you.
11 Do not be afraid of the king of Babylon, whom you now fear; do not be afraid of him,'a says the Lord, 'because I am with you to deliver you and to snatch you away from his hand.
12 I will be merciful[a] to you, so that he will be merciful to you and bring you back[bc] to your land.
13 But if you say "we will not remain in this land" and if you do not obey the voice of the Lord your God,[a]
14 saying, "No,[a] for we will go to the land of Egypt where we will not see war nor hear the sound of the trumpet nor be hungry for bread, and we will live there,"
15 …therefore, hear the word of the Lord, O remnant of Judah,[a] thus says the Lord of Hosts, the God of Israel,[b] if you indeed[c] set your face

기 거하기로 고집하면
16 너희의 두려워하는 칼이 애굽 땅으로 따라가서 너희에게 미칠 것이요 너희의 두려워하는 기근이 애굽으로 급히 따라가서 너희에게 임하리니 너희가 거기서 죽을 것이라
17 무릇 애굽으로 들어가서 거기 우거하기로 고집하는 모든 사람은 이같이 되리니 곧 칼과 기근과 염병에 죽을 것인즉 내가 그들에게 내리는 재앙을 벗어나서 남을 자 없으리라

to go[d] to Egypt and go to dwell there,
16 then the sword which you fear will overtake you there[a] in the land of[b] Egypt, and the famine about which you are anxious will cling to you there[c] in Egypt,[d] and there you will die.
17 All of the men[a] who set their faces to go[b] to Egypt[c] to dwell there will die by the sword, by famine, or by plague,[d] and there will not be for them a survivor[e] or a fugitive from the disaster whic I am bringing upon them.'

18 만군의 여호와 이스라엘의 하나님이 이같이 말씀하시되 나의 노와 분을 예루살렘 거민에게 부은 것같이 너희가 애굽에 이른 때에 나의 분을 너희에게 부으리니 너희가 가증함과 놀램과 저주와 치욕거리가 될 것이라 너희가 다시는 이 땅을 보지 못하리라 하시도다

18 "For thus says the Lord of Hosts, the God of Israel,[a] 'just as my anger and[b] my rage were poured out upon the inhabitants of Jerusalem, so will my rage be poured out upon you when you go to Egypt; and you will become an oath, a waste, a curse, and a reproach, and you will not see this place again.'[c]

19 유다의 남은 자들아 여호와께서 너희 일로 하신 말씀에 너희는 애굽으로 가지 말라 하셨고 나도 오늘날 너희에게 경계한 것을 너희는 분명히 알라
20 너희가 나를 너희 하나님 여호와께 보내며 이르기를 우리를 위하여 우리 하나님 여호와께 기도하고 우리 하나님 여호와께서 말씀하신 대로 우리에게 고하라 우리가 이를 행하리라 하여 너희 마음을 속였느니라
21 너희 하나님 여호와께서 나를 보내사 너희에게 명하신 말씀을 내가 오늘날 너희에게 고하였어도 너희가 그 목소리를 도무지 순종치 아니하였은즉
22 너희가 가서 우거하려 하는 곳에서 칼과 기근과 염병에 죽을 줄 분명히 알지니라

19 The Lord spoke[a] to you, O remnant of Judah, 'Do not go to Egypt.' Know[b] for a certainty that I have warned you today[c]

20 that you have erred[a] at the cost of your souls, for[b] you sent me to the Lord your God,[c] saying, 'pray on our behalf to the Lord our God,[d] and everything which the Lord our God[d] shall say, thus you shall tell us[e] and we will do it.'
21 And I told you today,[a] and you did not obey the voice of the Lord your God for anything[bc] which he sent me to (tell) you.

22 And now you will know for a certainty that[a] you will die by the sword, by famine, and by pestilence[b] in the place where you desire to go to sojourn."

원문주해

16.a. LXX에는 "가레아의 아들"이 없다.

16.b-b. "느다냐의 아들 이스마엘이 아히감의 아들 그다랴를 죽이고 미스바에서 잡아

간"이란 문구 전체가 LXX에는 누락되어 있다.

16.c-c. *BHS*는 MT의 헤쉬브 메에트(השׁיב מאת, "그가 …로부터 끌어갔다") 대신에 샤바 오탐(שָׁבָה אֹתָם, "그가 [그들을] 포로로 잡아갔다")으로 읽을 것을 제안한다. 참조. 14절. 또한 다른 사람들과 더불어 Holladay(2:273)와 Rudolph(216)를 보라.

16.d. MT은 께바림(גְּבָרִים, "남자들")을 가지고 있다. 이 개념은 강하다. 소수의 필사본들은 낍보림(גִּבּוֹרִים, "강한 자들")을 가지고 있다. 참조. LXX, Tg, Vg. 안쉐 하밀하마(אנשׁי המלחמה, "용사들")는 대부분의 학자들에 의하여 초창기 본문에 가필된 것으로 간주된다. 위의 **본문**(英譯을 보라)은 이것을 삭제했다. 참조. Stulman(*Other Text*, 150), Rudolph(216), Bright(255), Thompson(659).

16.e. LXX은 카이 타 로이파(*καὶ τὰ λοιπά*, "그리고 그 나머지")를 가지고 있다. 참조. 43:6.

16.f. 히브리어 싸리씸(סרסים)은 자주 "환관"으로 번역되지만, 본문의 배경에서는 "방백"이 더 나을 것이다. North, ABD 5:87을 보라. 또한 참조. 렘 38:7 "원문주해".

16.g. *BHS*는 빼게바(בְּגֶבַע, "기브아로부터")를 제안한다. 참조. 12절. 위의 **본문**은 "기브온"을 유지하고 있다.

17.a. 이 단어는 위에서 장소 이름으로 취급되는 반면에, *BHS*는 "숙박 장소에서"란 의미를 제안한다. 여러 필사본들은 여기서 각기 다르게 선택한다. 즉 *σ´*, Tg, Vg은 본질적으로 *BHS*가 제안한 것을 따르고 있다. LXX, *θ´*은 고유명사 "가베롯"을 가지고 있다. *α´*는 "성벽들에서"를 가지고 있다. Syr은 "타작마당에서"를 가지고 있다.

17.b. K에 있는 키모헴(כמוהם, "키모함")은 분명하지 않다. Q는 위치를 알 수 없는 베들레헴 근처의 한 지명인 킴함(כמהם, "김함")을 제안하지만, 사실은 삼하 19:38에 나오는 바르실래의 아들과 관계가 있다(참조. Thompson[662], Holladay[2:273]; 위의 **본문**은 Q를 따른 것이다.

18.a. "느다냐의 아들"이 LXX에는 없다.

18.b. LXX에는 "아히감의 아들"이 없다.

42.1.a. LXX에는 "가레아의 아들"이 없다.

1.b. *BHS*는 LXX과 같이 와아자르야(וַעֲזַרְיָה, "그리고 아자리야")라고 읽을 것을 권한다. 참조. 43:2.

1.c. LXX은 이 곳과 43:2에서 마아사이우(*Μαασαίου*, "마아세야")를 가지고 있다. MT은 이 두 곳에서 호사야를 가지고 있다. 보다 나은 독법을 결정할 길이 없다. 참조. Bright(250)과 Holladay(2:273).

2.a. "우리를 위하여"가 LXX에는 누락되어 있다. LXX은 "그에게"를 가지고 있다.

2.b-b. Syr에는 "이 남아 있는 모든 자를 위하여"가 없다.

2.c. LXX에는 "우리를"이 없다.

3.a. 소수의 필사본들은 여기서 "우리 하나님"을 가지고 있다.

4.a. LXX에는 "선지자"가 없다.

4.b. LXX은 "우리 하나님"을 가지고 있다.

4.c. MT은 직역하여 "모든 말씀"을 가지고 있다. LXX에는 콜(כל, "모든")이 없다. 위의 **본문**은 이 문구를 "무엇이든"으로 번역한다.

4.d. MT은 에트켐(אתכם, "너희")을 가지고 있다. LXX에는 "너희"가 없다. *BHS*는 여기서 "너희" 대신 가능성 있는 독법 "너희 하나님"을 제안한다.

5.a. LXX에는 "당신의 하나님"이 없다.

6.a. Q는 정상적인 히브리어 형태인 아나흐누(אנחנו, "우리")를 가지고 있다. K는 성경이 기록된 시기 이후의 형태인 아누(אנו, "우리")를 가지고 있는데, 이는 성경 히브리어 가운데서 여기에만 나타난다(Holladay, 2:274).

8.a. "가레아의 아들"이 LXX에는 누락되어 있다.

8.b. LXX에는 "모든"이 없다.

8.c. LXX에는 "그와 함께 있는"이 없다.

9.a-a. 이 문구 전체가 LXX에는 누락되어 있다.

10.a. LXX, Vg, Tg은 그 직후에 따라오는 정형 동사와 어울리도록 야샤브(יָשֹׁב, "머물다")의 부정사 절대형으로 전환시키지만, 할러대이(Holladay, 2:274)는 MT이 같은 문법적 의미를 가진 것처럼 적절하게 읽혀질 수 있다고 생각한다.

11.a. LXX에는 "그를(of him)"이 없다.

12.a. MT에는 웨에텐 라켐 라하밈(ואתן לכם רחמים, "그리고 내가 너희에게 긍휼들을 주리라")으로 되어 있다. LXX, Syr, Vg은 단수형 "긍휼"을 가지고 있다.

12.b. LXX에는 MT의 "(그가) 너희를 너희 본향으로 돌려보내게 하리라" 대신에 "내가 너희를 너희 본향으로 회복시킬 것이다"로 되어 있다.

12.c. α´, Syr, Vg은 카이 카디소 휘마스(*καὶ καθίσω ὑμᾶς*, "그리고 내가 너희를 앉게 만들리라"=히브리어로 야샤브⟨יָשַׁב⟩)를 가지고 있다. 톰슨(Thompson, 666)은 라헴(רחם, "긍휼을 베풀다")과 헤쉬브(הֵשִׁיב, "돌아오게 하다") 모두를 야웨를 주어로 하고 있는 LXX과 다른 역본들 가운데 언급된 1인칭 패턴을 유지하면서 부정사 절대형으로 읽을 것을 제안한다.

13.a. LXX에는 "너희 하나님"이 없다.

14.a. 레모르 로(לאמר לא, "말하기를, …아니할 것이라")는 LXX에 나타나지 않는다.

15.b. LXX에는 "이스라엘 하나님, 만군의"라는 확대된 호칭이 없다.

15.c. 위의 **본문**에서 "진실로 돌리면"(indeed set)으로 번역된, 정형 동사가 뒤따르는 부정사 절대형으로 되어 있는 MT의 강조 구문이 LXX에는 나타나지 않는다.

15.d. "가려고"가 LXX에는 없다.

16.a. "그 곳"(there)이 LXX에는 없다.

16.b. LXX은 "…의 땅"을 가지고 있지 않다.

16.c. LXX에는 "거기서"가 없다.

16.d. LXX과 함께 "애굽에서"로 읽음; MT에는 전치사가 없다.

17.a. LXX은 "그리고 모든 타국인들"을 덧붙인다.

17.b. LXX에는 "가서"가 없다.

17.c. LXX은 "애굽으로"(MT)를 "애굽 땅으로"로 확대한다.

17.d. "혹은 염병에"가 LXX에는 없다.

17.e. LXX에는 사리드(שָׂרִיד, "한 남은 자")가 없다.

18.a. LXX에는 "이스라엘 하나님 만군의"가 없다.

18.b. LXX에는 "나의 노와"가 없다.

18.c. *BHS*는 42:19-22과 43:1-3의 도치를 제안한다. 19-22절은 예레미야의 말에 대한 거절을 가정하고 있는데(Holladay, 2:275), 이것이 43:1-3에 명시되어 있다. 만일 이 구절들이 도치된다면 와요마르 이르메야후(וַיֹּאמֶר יִרְמְיָהוּ, "그리고 예레미야가 말했다")는 19절 초두에 삽입되어야 할 것이다.

19.a. *BHS*는 "여호와께서 말씀하셨다" 대신에 대안적 본문 "이것이 여호와의 말씀이다"를 제안하고 있지만, "원문주해" 18.c를 보라.

19.b. LXX은 강조 구문인데 "알아라"를 "그리고 이제" 앞에 놓는다.

19.c. LXX에는 MT에 있는 이 구절의 끝 부분 "나도 오늘날 너희에게 경계한 것"이 없다.

20.a. K 독법은 명확하지 않다. Q와 함께 히트에템(הִתְעֵיתֶם, "너희가 틀렸다")으로 읽으라. *BHS*는 하레오템(הֲרֵעֹתֶם, "너희가 악행을 했다")을 제안하고 있는데, MS가 이를 지지한다.

20.b. "이는"(for; 개역 성경에는 빠졌음)이 LXX에는 없다.

20.c. LXX은 "너희 하나님 여호와께"를 가지고 있지 않다.

20.d. "우리 하나님"이 LXX에는 없다.

20.e. LXX에는 "우리에게 고하라 하여"가 없다.

21.a. "내가 오늘날 너희에게 고하였어도"가 LXX에는 없다.

21.b. LXX에는 "도무지…너희 하나님"이 없다.

21.c. *BHS*는 필사본들의 지지를 받으면서 울레콜(וּלְכֹל, "그리고 도무지〈anything〉") 대신에 레콜(לְכֹל, "도무지")이란 독법을 제안한다. LXX 독법이 여기서는 더 명확하다. "그러나 너희가 나를 너희에게 보내신 여호와의 음성을 순종하지 않았다." 위의 **본문**은 *BHS*의 제안을 따르고 있다.

22.a. "너희가…분명히 알지니라"가 LXX에는 없다.

22.b. LXX에는 "그리고 염병에"가 없다.

양식/구조/배경

예레미야 41:16에서 시작되고 43:7에서 끝나는 이 단락은 캐롤(Carroll, 714)이 "그달랴 공동체의 파멸 이야기의 마지막 단계"라고 묘사하고 있는 내용을 제시한다. 예레미야는 앞 단락에서 아무런 설명 없이 사라진 다음에 이 에피소드에서 또 다시 중심적 역할을 한다(40:7-41:15). 42장은 37-44장이라는 보다 큰 단락 속에서 37장과 함께 하나의 인클루시오를 제공한다. 시드기야가 여호와의 말씀에 귀를 기울이지 않았던 사람으로 드러난 것처럼(37:2), 요하난과 그와 함께 한 사람들 역시 특별히 여호와께로부터 온 말씀을 요구했으면서도 그 말씀을 거절한다.

요하난과 그의 동료들은 시드기야가 37:3에서 요구했던 것과 거의 똑같은 어투를 사용하여 요구한다(42:2). 이 두 사람의 경우에, 하나님으로부터 온 말씀을 요구하고 있는 사람들은 말씀을 따라 그 땅에 체류하려고 하지 않는다(37:2; 42:21). 그러한 형식상의 유사성은 유대의 생존자들 가운데 주어진 미래에 대한 어떤 희망이 종결되는 유사한 상황을 제공한다.

이러한 요구의 패턴과 그 결과의 충격은 본 장에 있는 다른 구조적 특징들을 통해 지나치게 과장되어 있다. 톰슨(Thompson, 664)은 백성들이 사용한 강력한 어투를 지적한다. 야웨께서는 단순한 증인이 아닌 "참되시고 신실하신" 증인으로 언급된다. 자기들이 요구할 당시에 했던 백성들의 강한 맹세는 여호와께로부터 온 말씀을 멸시했을 때 그 불순종에 강조를 더해 주고 있다. 할러대이(Holladay, 2:299)는 이 패턴을 "수사학적 과잉"으로 말한다. 이 과장된 수사법은 그들이 이미 애굽으로 가려는 결정을 했었다는 분명한 암시를 동반하고 있다. 그 결과는 본질적으로 그들이 알고 있는 하나님의 말씀을 거절함으로써 자기들 스스로에게 저주를 불러들이는 백성들의 특이한 모습이다. 42장의 마지막 단락과 관련해서는 상당한 논쟁이 일어났다. 위의 "원문주해"("원문주해" 18.c) 가운데 암시된 바와 같이, 수많은 학자들(Rudolph, 218-19; Bright, 258; Holladay, 2:285)은 42:19-22과 43:1-3이 도치되어야 한다고 주장했다. 42:19-22은 그들이 요구했던 여호와께로부터 온 말씀에 대한 부정적 반응을 가정하고 있는 것처럼 보이는데, 이러한 반응이 43:1-3에 명확하게 제공되어 있다. 이 구절들의 위치 전환은 매우 명확한 독법을 제공하겠지만, 캐롤(Carroll, 719)과 톰슨(667)이 지적한 바와 같이 이것은 불필요하다. 42:15-17의 매우 강력한 경고는 하나의 부정적 반응이 진술된 41:17의 의도와 같이 예레미야에 의하여 예상된다는 사실을 암시하는 것처럼 보인다.

주석

16-18 일단 미스바 포로민들과 관련된 직접적인 위기가 해결되자, 그보다 심각한 딜레마에 대처해야 했다. 바벨론 당국자들이 미스바에서 있었던 살육을 들었을 때 어떻게 될 것인가?

요하난(16절)은 즉석에서 이스마엘의 포로들에 포함되었던 사람들의 목록을 열거한다. 즉 군사들, 여인들, 아이들, 방백들이다. 보다 큰 에피소드와 관련된 이 구절에서 의문시된 문제는 "군사들"과 연루되어 있다. 어찌하여 "군사들"이 이스마엘 도당과 같은 소그룹의 세력 앞에 그렇게도 무력했던가(Carroll, 713를 보라)? 이스마엘을 저지하기 위한 몇몇 적당한 노력들이 시도되어 왔을 것으로 보인다. 이 군사들은 이스마엘과의 접촉에서 무능력한 사람들로 취급된다.

요하난이 미스바에서 포로들을 구출할 때, 다른 모든 무리는 베들레헴 근처에 있는 중간 정착지에 잠시 머물게 되는데 아마도 어떻게 할 것인지 선택하기 위한 것으로 보인다. 그들은 바벨론으로부터 올 것으로 예상된 반격을 피하기 위하여 애굽으로 떠나기로 결정한다. 그러한 동요는 타당한 것이었는데, 정복당한 백성들 편에서 반역으로 생각되는 어떤 행동에 대해서 반응하는 경향이 있었던 바벨론의 세력에 빌미를 제공해 주었던 것이었다. 그럼에도 불구하고 예레미야는 반격을 두려워할 필요가 없다고 주장한다(42:11).

42 1-3 이 42장의 첫 구절들은 이 설화에 예레미야를 다시 집어넣는다. 이 단락은 여호와께로부터 온 구체적인 말씀을 듣고자 선지자에게 대규모로 호소한 사실을 암시하기 위하여 묘사적인 어투를 사용하고 있다. 세 명의 이름이 열거된 "모든 군대의 장관들"과 "백성의 작은 자로부터 큰 자까지 다" 나아와서 예레미야에게 자기들의 요구 사항을 말한다.

할러대이(Holladay, 2:285)가 지적한 바와 같이, 요하난과 생존자들 중 다른 사람들이 예레미야에게 한 이 요구는 37장에서 시드기야가 하나님의 지시를 구하고 있는 것과 유사한 패턴을 가지고 있다. 유사한 요구 형식을 사용하고 있는 점은 다음에 펼쳐지는 사건들의 신학적 의미를 강력하게 전달하기 위하여 의도된 것처럼 보인다. 선지자에게 한 요구의 형태만이 유사한 것이 아니다. 그 결과에서도 유사성이 있다.

2절에서 요하난의 지도하에 있는 그룹이 설명하는 "남은 자"가 강조되고 있다. 언젠가 하나의 국가였던 그들 가운데서 이 소수만이 남아 있다. 예레미야는 언젠가 여호와께로부터 온 말씀이 주어질 것이고, 그 말씀을 준수할 것이라는 사실을 확신하게 된다. 할러대이(Holladay, 2:299)는 여호와께로부터 온 말씀을 듣겠다는 관심을 표현하고 있을지라도, 예레미야는 애굽으로 가려는 요하난의 의도를 알고 있다고 주장한다. 41:17은 그러한 의도를 정확하게 지적한다.

선지자의 말을 들으려는 의도가 전혀 없었다면 어째서 예레미야에게 이러한 요구를 했을까? 이 문제는 대답하기 어렵기는 하지만, 암시되어 있는 패턴 자체가 유다에게 반복하여 일어나는 패턴이다.

이 요구와 관련되어 있을 수도 있는 하나의 문제는 11:14에서 이 백성들을 위하여 기도하지 말라고 예레미야 선지자에게 주어진 지시다. 요하난은 정확하게 그것(백성들을 위하여 기도하는 일 – 역자주)을 예레미야에게 요구하고 있다. 11:14의 지시가 아직도 유효한가? 선지자는 이 백성을 위하여 "중재 간구"하는 선택권을 가지고 있는가? 예루살렘을 둘러싸고 있는 사건들이 가능성이라는 새로운 상황을 창출해 냈다는 사실이 논란이 될 수 있다. 예레미야까지도 어떤 상황 아래서 가능하게 될 미래에 대한 희망을 생각한다.

[4] 예레미야는 그들의 말을 액면 그대로 듣고 그들이 요구한 대로 할 것이라고 약속한다. 예레미야에게 주어진 요구를 기록하고 있는 구절이 그러하듯, 이 구절 역시 몇몇 예외적인 강조점들을 담고 있다. 1-3절은 여호와께로부터 온 말씀을 듣기를 바라는 "모든" 사람들의 포괄적인 요망을 강조한다. 4절에서 예레미야는 백성들에게 그 말씀의 "모두"를 전달하려는 자신의 의도를 강조한다. "숨김이 없이 너희에게 고하리라"(42:4).

[5]-[6] 강조적인 대화가 5-6절에서 계속된다. 요하난과 그와 함께 한 사람들은 "좋고 좋지 아니함을 물론하고" 여호와께로부터 온 말씀대로 행할 것을 맹세한다.

순종하리라는 극적인 맹세가, 그 맹세가 무시될 때 다가올 극적인 심판의 말씀의 배경을 제공한다. 36장과 관련된 앞의 해석 가운데서 살펴본 바와 같이, 공개적으로 반항적인 여호야김의 그것이나 혹은 자기들의 맹세를 실행하려는 의도가 없이 순종하겠다고 맹세하는 사람들의 그것 중에 어느 반역의 행동이 가장 흉악한 것이라고 결정하기는 어렵다.

[7]-[8] 7절은 시간에 대한 의미심장한 구절을 제시한다. 선지자가 여호와께로부

터 온 말씀을 기다리는 동안 10일이 지나간다. 열흘이 지나고 여호와의 말씀이 예레미야에게 오고, 그는 그 말씀을 전하기 위하여 요하난과 온 회중을 소집한다. 이전에 했던 수사학적인 형식을 유지하면서, "모든 군대 장관과 백성의 작은 자로부터 큰 자까지" 예레미야의 전하는 말을 듣기 위하여 소집당한다.

이 에피소드에서 한 가지 매력적인 요소는 여호와께로부터 온 말씀을 기다리기 위하여 예레미야가 기다린 것과 연루되어 있다. 이 그룹의 의도가 이미 확고했다는 사실은 처음부터 매우 명확했던 것으로 보인다. 그들은 애굽으로 가려고 의도하고 있다(Holladay, 2:299를 보라). 예레미야는 그 그룹의 계획을 전부 알고 있었던 것으로 보인다. 그럴지라도 선지자는 여호와께로부터 온 말씀을 부지런히 구한다. 예레미야는 야웨께서 무엇을 행하실 것인지 혹은 백성들이 무엇을 행할 것인지를 미리 결정하지 않는다. 중재자로서 선지자의 결정은 하나님에게나 백성들에게 충분한 자유를 허용해 주는, 최상의 진지성을 가지고 이루어지게 된다.

캐롤(Carroll, 717)은 이 에피소드에서 예레미야의 소극적인 태도에 대해 설명한다. 캐롤은 예레미야가 1-25장의 적극적인 모습으로부터 점차적으로 수동적이 되어 37-45장에서는 "거의 타성적"이 된다고 본다. 캐롤(669)은 예레미야의 역할이 본서의 이 장들 가운데서 드러나는 여호와로부터 온 "말씀"의 중심성보다 덜 의미를 가진다고 주장한다.

37-45장의 내용은 캐롤의 주장과 상충되지 않는다. 사실상, 선지자가 이 단락에서 중요한 역할을 하고 있지 않다는 사실은 그의 보다 덜한 역할을 강조해 준다. 그 중 가장 중요한 내용은 유대의 생존자들 편에서 가지고 있었던 불성실에 대한 마지막 묘사다.

9-12 예레미야는 유대인 공동체의 "간청"에 대한 주님의 반응을 알린다. 그 반응은 정치적 위기 동안 선지자가 반복하여 고백했던 확신과 일관된 것이다. 미래의 희망은 계속하여 바벨론의 종주권에 복종하는 가운데서만 존재한다는 것이다. 미스바로의 실질적인 물리적 귀환(돌아옴)은 예레미야가 여호와께로부터 받은 지시의 표면적 의미임에 분명하지만, "돌이킴"은 회개를 위한 중요한 단어이기도 하다. 생존자 편에서의 그러한 종류의 돌이킴을 하기에는 아직도 늦지 않았다. 40:12에 명백하게 묘사된 은혜는 믿음에 대한 보상이 될 수 있다.

예레미야를 통하여 기록된 하나님의 반응은 언약적 약속/경고라는 고전적 패턴을 따르고 있다. 야웨께서는 언제나 유다/이스라엘이 회개하여 "돌이키는 것"에 반응하여 심판을 용서로 변화시키시는 "회개"라는, 유다/이스라엘과 역동적 관계를 맺고 계신다. 이런 방식으로 언약 공식 문구의 사용은 청중의 듣지 않음을 불순종이라는 보다 급진적인 행동으로 만들고 있다.

만일 야웨께로부터 오는 말씀을 듣는다면, 유다에는 미래에 대한 희망이 있다. 본 장의 구조, 즉 37-44장의 전체 단락의 구조까지도 그러한 희망이 듣기를 거절함으로써 선포되지 않을 것임을 시사하는 것처럼 보인다. 지금의 본문 가운데서 여호와께로부터 오는 말씀을 분명하게 요구했던 사람들은 결국에는 그 말씀을 거절할 것이다.

본문의 메시지는 그 당시의 청중보다는 후대의 청중을 향하고 있는 것으로 보인다. 사건들이 묘사되는 방식은 거의 긍정적인 결과에 대한 희망을 남겨 놓고 있지 않다. 요하난과 그와 함께 한 사람들은 애굽으로 가기로 결심한다. 그 이후의 사건들은 그러한 선택의 어리석음을 드러낼 것이다. 이러한 메시지가 미래 세대에게 전달될 때, 그 호소력은 이것이 위치하고 있는 구조를 통하여 더 강한 의미가 주어진다.

12절은 바벨론 왕보다 더 주권을 가지고 계시는 유다의 하나님의 주권을 강조한다. 그런 이유로 바벨론 왕은 두려워할 필요가 없다. 언약은 그 왕과 맺은 것보다 훨씬 더 크신 분과 맺은 것이다. 만일 그 확신이 요하난과 그의 추종자들에게 들려지지 않는다면, 누군가가 그것을 들을 것이다.

13-17 언약의 어투가 자주 약속/경고 어조로 진술된다. 13-17절은 듣기를 거절하고 야웨의 말씀을 듣지 않은 사람들에게 경고를 한다. 그 땅에 남아 있지 않는다는 것은 여호와의 음성에 불순종하는 것이다(13절).

생존한 남은 자들이 애굽으로 가려는 이유가 14절에 진술되어 있다. 그들은 자신들이 애굽에서 기근과 전쟁을 피할 수 있다고 믿기 때문에 야웨께 순종하지 않겠다고 말한다. 야웨의 주권이 또다시 15절에서 강조되고 있다. 야웨의 주권이 바벨론 왕으로부터 오는 보복에 대해서 신실한 자의 안정을 보장할 수 있는 것처럼, 야웨의 심판도 애굽에까지 미칠 수 있을 것이다. 요하난과 그 일당이 애굽으로 피함으로써 피하려고 했던 두려운 결과가 그 곳까지 그들을 따라갈 것이다. 17절의 어투는 전쟁의 두려움과 사람들에게 나타나는 결과를 강조하고 있다. 칼, 기근, 염병이 애굽에 임할 것이다. 여호와의 말씀에 불순종하고 멸시하면서 생존하려는 사람들은 그 말씀을 멸시하는 것이 사실은 생존자들을 강탈할 것임을 알게 될 것이다. 저들이 그 땅에 남아 있어서 바벨론 왕의 손에 당하리라고 상상했던 것보다 더 나쁜 경험임을 알게 될 것이다.

심고 뽑는 이는 야웨이시다. 예레미야의 메시지 내내 이 진리가 반복되어 강조되고 있다. 그것이 유다/이스라엘이든 아니면 어떤 다른 나라이든, 심고 뽑는 것은 야웨의 영역 하에 포함되어 있다. 더 큰 예언 전승 내에서 유다/이스라엘은 심는 일이 자기들에게 적용될 때 그 야웨의 심는 역할을 기꺼이 듣고 받아들인 것처럼 보인다. 그들이 자기들을 향한 야웨의 뽑으시는 역할을 기꺼이 듣는 것은 가끔씩이다. 이 후자의 역할이 예언 전승의 거의 모든 주제가 되는 말씀이라는 것은 바로 그러한 이유 때문인 것으로 보인다.

18-22 마지막 단락은 자기의 듣지 않는 청중을 예레미야가 보내는 내용이다. 상당히 전형적인 신탁의 어투로, 이 불순종한 백성들에게 반응하여 전달된 예레미야의 말과 야웨의 말씀의 동화가 나타나 있다.

18절은 예루살렘과 그 거민들의 참담한 종말을 재검토하고 있다. 그들의 운명은 야웨의 진노의 결과로 묘사되어 있다. 암시되어 있는 것은 예루살렘의 불순종과 또한 요하난과 그를 따르는 자들의 행동이 그 불순종과 유사하다는 사실이다. 그들의 운명 역시 유사하다. 그들은 분명하게 "애굽으로 가지 말라"고 경고를 받는다(19절). 그 경고에 대한 거절은 피할 수 없는 재난의 결과를 가져온다.

20절은 이 백성들의 과격한 불순종을 강조하는 방식으로 여호와께로부터 오는 말씀에 대한 이전의 요구를 반복하고 있다. 그렇게 간청한 사람들이 불순종할 뿐만 아니라 야웨께서 명하신 바를 하나도 이행하지 않았으므로(21절) 심판이 확실시된다. 요하난과 그와 함께 한 사람들은 애굽으로 갈 것이고, 그들이 피하려고 한 그 재난들의 결과로 그 곳에서 죽을 것이다(22절).

해설

예레미야 41:16-42:22에 나오는 에피소드는 37-44장이라는 더 큰 단락에 의미심장한 주제를 제공해 주고 있는데, 곧 유다에 있는 생존한 유대인 공동체에게 주어진 미래의 희망을 영원히 단번에 상실한 점을 설정하고 있다. 모순되게도 이 메시지는 바로 그 희망의 잠재성을 제공하고 있는 야웨의 말씀을 통하여 전달된다.

요하난과 그 동료들이 자기들이 분명하게 요구했던 야웨로부터 온 명확한 말씀을 거역할 때, 그 결과는 불순종한 백성들에게 임하는 심판 속에서 하나가 되는 것임이 확실시된다. 위의 "양식/구조/배경"에 언급된 바와 같이, 이러한 사건들을 다른 경우에 있을 수 있는 것보다 더 극적인 것으로 만들어 주는 구조적이고 공식 문구적인 패턴이 나타나 있다. 이 마지막 생존자 그룹은 그 행동에 있어서 본서의 앞 부분에 나타난 중대한 인물들의 행동과 평행을 이룬다. 여호야김은 공격적인 방식으로 여호와의 말씀을 듣기를 거절했다. 시드기야는 역시 공공연하게 야웨께로부터 온 말씀을 요구하고는 듣기를 거절한 점에서 좀더 긴밀하게 일치된 행동을 제공한다(37장). 그러나 가장 강력한 방식으로 유다/이스라엘과 야웨의 관계의 성격을 강조하고 있는 것이 이 단락이다. 간청하는 자들이 야웨께로부터 온 말씀에 순종할 것이라고 강조하는 가운데 중요한 문구들이 반복된다. 종말에 가서 하는 행동은 그러한 약속들이 허위임을 입증해 준다.

야웨의 말씀에 대한 구체적인 거절이 43:1-7에 와서야 나타나는 반면에, 그 결과는 42장 끝 부분에서 선지자에게 명확하게 드러났던 것으로 보인다. 선지자/야웨의 말씀에 대한 부정적 반응을 가정하기 위하여 42장의 끝과 43장의 첫 부분의 순서를 재조정할 필요는 없다.

두 장은 37-44장 단위 가운데 들어 있지만, 42장의 심판의 말씀은 본질적으로 유다의 생존자들의 운명을 확인해 준다. 유다/이스라엘 역사 내내 야웨의 말씀에 대한 지속적인 불순종은 심판이라는 결정적 순간으로 이끌어 갔다. 한 수준에 있던 희망은 끝났다. 미래에 대한 희망은 어떤 희망이 이 백성들에게 중요성을 가지는지에 대해서 재정의를 필요로 하며, 또한 그것은 그 희망의 수납자들이 될 수 있는 남은 자들, 즉 바벨론의 남은 자들에게로 옮겨갈 것이다.

G. **애굽으로의 도피** II(43:1-13[LXX 50:1-13])

참고문헌

Ackroyd, P. R. "Historians and Prophets." *SEÅ* 33(1968) 18-54. **Doorslaer, J. V.** "Sicut Amicitur Pastor Pallio Suo…[Jer. 43:12]." *CBQ* 13(1951) 314-25. **Horowitz, W. J.** "Audience Reaction to Jeremiah." *CBQ* 32(1970) 555-64. **Kessler, M.** "Jeremiah Chapters 26-45 Reconsidered." *JNES* 25(1968) 81-88. **Lambdin, T. O.** "Heliopolis." *IDB* 2:579. **Lemke, W. E.** "Nebuchadrezzar, My Servant[Jer. 25:9, 27:6, 43:10]." *CBQ* 28(1966)

45-50. **Lorcher, H.** "Das Verhältnis der Prosereden zu den Erzählungen im Jeremiabuch." *TLZ* 102(1977) 395-96. **Pritchard, J. B.,** ed. *ANET.* 308. **Seitz, C.** "The Crisis of Interpretation over the Meaning and Purpose of the Exile." *VT* 35(1985) 78-97. **Tov, E.** "Some Aspects of the Textual and Literary History of the Book of Jeremiah." In *Le Livre de Jérémie, le prophète et son milieu, les oracles et leur transmission,* ed. P.-M. Bogaert. BETL 54. Leuven: Leuven UP, 1981. 146-67.

본 문

1 예레미야가 모든 백성에게 그들의 하나님 여호와의 말씀 곧 그들의 하나님 여호와께서 자기를 보내사 그들에게 이르게 하신 이 모든 말씀을 다 말하매

1 [a]And when Jeremiah had finished speaking to all[b] the people all of the words of the Lord their God,[c] which the Lord their God,[c] sent him to them, all these words,

2 호사야의 아들 아사랴와 가레아의 아들 요하난과 및 모든 교만한 자가 예레미야에게 말하여 가로되 네가 거짓을 말하는도다 우리 하나님 여호와께서는 너희는 애굽에 거하려고 그리로 가지 말라고 너를 보내어 말하게 하지 아니하셨느니라

2 Azariah the son of Hoshaiah,[a] and Johanan the son of Kareah, and all of the insolent[b] men said[cd] to Jeremiah, "You are speaking[e] a lie; the Lord our God[f] did not send you, saying, 'you should not go to Egypt to sojourn there,'

3 이 네리야의 아들 바룩이 너를 꼬드겨서 우리를 대적하여 갈대아인의 손에 붙여 죽이며 바벨론으로 잡아가게 하려 함이니라 하고

3 but Baruch the son of Neriah has incited you against us, in order to give us into the hand of the Chaldeans, to kill us or to take us away into exile to Babylon."

4 이에 가레아의 아들 요하난과 모든 군대 장관과 모든 백성이 유다 땅에 거하라 하시는 여호와의 목소리를 청종치 아니하고

4 Johanan the son of Kareah,[a] and all of the officers of the army, and all of the people would not obey the voice of the Lord to remain in the land of Judah.

5 가레아의 아들 요하난과 모든 군대 장관이 유다의 남은 자 곧 쫓겨났던 열방 중에서 유다 땅에 거하려 하여 돌아온 자

5 Johanan the son of Kareah[a] and all of the officers of the army took all the remnant of Judah who had returned to sojourn in the land of Judah[b] from all of the nations where[c] they had been banished,

6 곧 남자와 여자와 유아와 왕의 딸들과 시위대장 느부사라단이 사반의 손자 아히감의 아들 그다랴에게 넘겨 둔 모든 사람과 선지자 예레미야와 네리야의 아들 바룩을 영솔하고

6 men,[a] women, children,[b] the daughters of the king and all[c] the people whom Nebuzaradan the captain of the guard[d] had left behind with Gedaliah the son of Ahikam the son of Shaphan;[e] also Jeremiah the prophet and Baruch the son of Neriah.

7 애굽 땅에 들어가 다바네스에 이르렀으니 그들

7 They went to the land of[a] Egypt, for they did

이 여호와의 목소리를 청종치 아니함이 이러하였더라

8 다바네스에서 여호와의 말씀이 예레미야에게 임하여 가라사대

9 너는 유다 사람의 목전에서 네 손으로 큰 돌들을 가져다가 다바네스 바로의 집 어귀의 벽돌 깔린 곳에 진흙으로 감추고

10 그들에게 이르기를 만군의 여호와 이스라엘의 하나님이 이같이 말씀하시되 보라 내가 내 종 바벨론 왕 느부갓네살을 불러오리니 그가 그 보좌를 내가 감추게 한 이 돌 위에 두고 또 그 화려한 장막을 그 위에 치리라

11 그가 와서 애굽 땅을 치고 죽일 자는 죽이고 사로잡을 자는 사로잡고 칼로 칠 자는 칼로 칠 것이라

12 내가 애굽 신들의 집에 불을 놓을 것인즉 느부갓네살이 그들을 불사르며 그들을 사로잡을 것이요 목자가 그 몸에 옷을 두름같이 애굽 땅을 자기 몸에 두르고 평안히 그 곳을 떠날 것이며

13 그가 또 애굽 땅 벧세메스의 주상들을 깨뜨리고 애굽 신들의 집을 불사르리라 하셨다 할지니라

not obey the voice of the Lord; they went to Tahpanhes.

8 Then the word of the Lord came to Jeremiah in Tahpanhes, saying:

9 "Take in your hand large stones and bury them in the mortar[a] in the quadrangle[b] which is[c] in the entrance of the house of Pharaoh in Tahpanhes, in the sight of the men of Judah,

10 and say to them,[a] 'Thus says the Lord of Hosts, the God of Israel,[b] behold, I am sending and I will take Nebuchadrezzar the king of Babylon, my servant,[c] and I will set[d] his throne over these stones which I have buried,[e] and he will spread his royal canopy[f] over them.

11 He will come[a] and smite the land of Egypt, those (marked)[b] for death to death, those (marked) for captivity to captivity, and those (marked) for the sword to the sword.[c]

12 I will kindle a fire[a] in the houses of the gods of Egypt,[b] and he will burn them and take them captive; and he will pick clean[c] the land of Egypt as the shepherd would pick clean[d] his garment, and he will depart from there[e] in peace.

13 He will break in pieces the pillars of Heliopolis, which is in the land of Egypt,[a] and the houses of the gods of Egypt[b] he will burn with fire.'"

원문주해

1.a. *BHS*는 43:1-3을 42:18에 삽입하기를 제안한다. "원문주해" 42:18.c를 보라.

1.b. "모든"이 LXX에는 없다.

1.c. LXX은 "그들의 하나님"을 가지고 있지 않다.

2.a. LXX에는 마아사이우(*Μαασαιου*, "마아세야")라고 되어 있다.

2.b. LXX에는 "교만한 자"가 없다.

2.c. MT의 오므림(אמרים, 직역하여 "말하는 자들")은 관사가 없는, 문제가 되는 단어다. Cornill, Bright, Rudolph를 따르고 있는 *BHS*는 우하므림(והמרים, "계속하는 자들")으로의 수정을 제안한다. 참조. Holladay, 2:275.

2.d. LXX은 레곤테스(λέγοντες=히브리어 לאמר, "말하여")를 덧붙인다.

2.e. "네가 말하고 있다"가 LXX에는 누락되어 있다.

2.f. LXX은 프로스 헤마스(πρὸς ἡμᾶς=히브리어 אלינו, "우리에게")를 가지고 있다.

4.a. "가레아의 아들"이 LXX에는 없다.

5.a. "가레아의 아들"이 LXX에는 없다.

5.b. LXX에는 "유다의"는 없고 "그 땅에"만을 가지고 있다. 할러대이(Holladay, 2:276)는 요하난이 이끌어 간 출발의 문맥에 맞추어 "애굽 땅에서"로 읽을 것을 제안하지만, 이는 MT의 현재 그대로의 가능한 독법에 비추어 불필요한 것으로 보인다.

5.c. LXX에는 "모든 열방 중에서"가 없다.

6.a. LXX은 투스 뒤나투스(τοὺς δυνατούς=히브리어 낍보림〈גִּבּוֹרִים, "강한 사람들" 혹은 "용사들"〉)를 가지고 있다(Holladay, 2:276). 유사한 출현에 관해서는 41:16을 참고하라.

6.b. 직역하면 "빠른 작은 걸음을 걷는 자들"; 참조. 41:16.

6.c. "모든"이 LXX에는 없다.

6.d. LXX에는 "시위대장"이 없다.

6.e. LXX에는 "사반의 아들"이 없다.

7.a. LXX에는 "…의 땅"이 없다.

9.a. α´, θ´는 엔 토 크뤼피오(ἐν τῷ κρυφίῳ=히브리어 빨라트〈בַּלָּט, "비밀리에, 은밀히"〉)를 가지고 있다.

9.b. *BHS*는 문제 있는 독법인 "사각형으로"를 복사하는 과정에서 단어의 반복을 착각한 중복오사의 결과로 서기관이 덧붙인 것 같다고 생각한다.

9.c. LXX에는 "벽돌 깔린 곳에 진흙으로"란 문구 전체가 없다.

10.a. LXX에는 "그들에게"가 없다.

10.b. LXX에는 "이스라엘의 하나님, 만군의"가 없다.

10.c. "내 종"이 LXX에는 없다.

10.d. LXX은 카이 데세이 톤(καὶ θήσει τόν, "그리고 그가 놓을 것이다")을 가지고 있다.

10.e. LXX은 2인칭 남성 단수 "네가 묻었다"를 가지고 있다(MT의 1인칭 동격 단수 대신).

10.f. "자기 왕의 차양"은 불확실한 독법이다. Q는 שפרירו를 가지고 있는데 독법을 변화시키지 않는다.

11.a. Q의 우바(וּבָא)와 같이 "그가 올 것이다".

11.b. 여기서 사용된 "표시된"(marked)은 Holladay, 2:277를 따른 것이다.

11.c. *BHS*는 "그리고 칼로 칠(자로 표시된) 자는 칼로"를 본문의 확대로 생각한다.

12.a. LXX, Syr, Vg에는 3인칭 남성 단수인 הצית("그가 불을 놓을 것이다")로 되어 있다.

12.b. LXX은 "애굽의 신들"이 아닌 "그들의 신들"을 가지고 있다.

12.c. LXX은 프데이리에이(*φθειριεῖ*, "불쾌한 것을 없애다")를 가지고 있다.

12.d. LXX은 프데이리제이(*φθειρίζει*, "불쾌한 것을 없애다")를 가지고 있다.

12.e. LXX에는 "거기서"가 없다.

13.a. "애굽의"가 LXX에는 나타나지 않는다.

13.b. LXX은 "애굽 신들의 집" 대신에 "그들의 집들"을 가지고 있다.

양식/구조/배경

43장은 예레미야가 전해 준 여호와께로부터 온 말씀에 대한 요하난과 그와 함께 한 지도자들의 반응을 담고 있다. 애굽으로 가려는 의도는 앞에 암시되어 있지만, 본 장의 처음 몇 구절에 분명하게 진술되어 있다. 본 장의 마지막 단락은 유대의 생존자들이 야웨의 말씀을 거절한 것에 대한 선지자의 반응을 기록하고 있는데, 이 반응은 그 그룹이 애굽의 다바네스에 도착한 다음에 선포된다.

43장의 처음 몇 구절(1-3절)은 예레미야서 해석가들 사이에 상당한 논란의 대상이 되고 있다. 수많은 해석가들이 이 구절들이 지금 있는 위치에 맞지 않고, 42장에 진술된 에피소드의 끝 부분에 속한다고 생각한다(42:18 다음; 예를 들어, Bright, 258; Holladay, 2:283; Rudolph, 218-21). 그러한 재배치와 더불어, 야웨의 말씀에 대한 정면 거절은 좀더 큰 문맥과 더 잘 어울리는 42:18-22에 있는 심판이라는 마지막 구절들을 설명해 준다.

이 구절들의 재배치가 불필요하다는 사실은 위에서 주장된 바 있다. MT에 있는 그대로 42-43장은 사건들, 즉 이전의 선지자의 인상을 통하여 수정되고, 유대 지도자들이 하나님의 말씀을 정면으로 거절한 데서 절정에 달하는 사건들에 대한 솔직한 취급으로 파악될 수 있다. 선지자가 그 사건이 발생한 과정에서 그 결과를 알아챘다는 사실이 예레미야 편에서의 통찰력을 필요로 하지는 않는다. 니콜슨(Nicholson, 2:147)과 캐롤(Carroll, 720)은 다양한 관점에서 본서에서 야웨의 말씀에 대한 민중 편에서의 불순종적 반응을 예상케 하는 그러한 경향을 지적한다(또한 Thompson, 668를 보라).

3절에서 바룩이 나타나는 것도 설명할 가치가 있다. 바룩은 37-42장에서 언급되지 않는다. 43:3에서 그의 출현은 상당히 갑작스러운 것이다. 요하난, 아사랴 그리고 "모든 교만한 자"가 바룩이 생존한 자들의 그룹을 바벨론에 붙이려고 꼬드기고 있다고 비난한다. 그들은 바룩만이 가장 강한 친 바벨론적 경향을 품고 있다고 생각한다. 이러한 혐의가 실제로 무슨 일을 조장하고 있는지는 전혀 드러나지 않는다. 예레미야는 처음에 요하난과 그 일당이 비난했듯이 바룩이 연루될 필요도 없이 분명히 친 바벨론적 색채가 풍기는 사람처럼 행동해 왔다.

캐롤(722)은 바룩에 대한 재소개는 본서의 제4부(렘 37-45장, 캐롤의 분석) 내내 예레미야의 수동적 모습과 일치한다고 주장한다. 캐롤은 또한 수동적 인물로서의 예레미야에 대한 아이러니한 취급을 언급하고 있는데, 즉 선지자는 본서의 이 부분 이전에 다양한 사건에서 강력하게 행동해 왔었다. 요하난과 아사랴의 과격한 취급과는 대조적으로 수동적인 모습은 바벨론 편에서의 보복으로부터 예레미야를 보호하도록 해준다(Carroll, 722).

이러한 구체적인 에피소드와는 별도로, 캐롤은 이 곳과 다른 곳에서 예레미야 전집의 여러 지점에서 중요한 역할을 하기 위해 예레미야의 문서를 다듬는 동료인 바룩이 문학적 기교를 발휘하는 데 지나지 않는다고 주장한다(723). 캐롤은 바룩을 본서에서 "우발적" 인물로 규정된 "예측 불허"의 인물로 말한다.

본서의 이 단락 가운데서 예레미야의 수동적 성격을 주시해야 할 이유가 있기는 하지만, 캐롤이 하는 것처럼 이것으로부터 많은 것을 제안할 충분한 근거는 없다. 이와 같이 바룩에 대한 평가도 어느 정도 유익이 있기는 하지만, 본서 전체의 보다 큰 메시지에 이르는 모든 인물들의 부차적 성격을 포함하여 다른 설명들도 바룩의 출현과 사라짐을 설명할 수 있을 것이다.

8-13절은 예레미야를 통하여 온 야웨의 마지막 말씀을 기록하고 있는데, 이것은 그가 애굽의 나일 델타 지역에 위치한 다바네스에 있는 포로 공동체의 일원으로 있을 때 선지자에게 온 것이다. 예레미야가 행하라고 지시 받은 상징적 행동은 몇 가지 문제점을 일으킨다.

예레미야는 바로 왕궁의 뜰에 큰 돌을 가져다가 묻으라는 말씀을 듣는다. 애굽 왕 바로는 다바네스에 그러한 궁궐을 가지고 있지 않고, 그래서 이것은 애굽 통치자의 권위를 상징하는 정부의 공공 건물을 가리키는 것으로 이해해야 할 것 같다.

언젠가 그러한 사건들이 일어났었는지의 여부가 문제가 되고 있다. 브라이트(Bright, 265)는 여기에 묘사된 이 사건이 진실이라고 믿는다. 말하자면 예레미야가 이 상징적 행동을 이행했고, 이 일의 실현이 *ANET*, 308b에 언급된 주전 568년의 침입에서 나타나고 있다고 한다. 브라이트는 바벨론 침입의 결말은 완전 정복은 아닐지라도 잠시 동안의 응징이었는데, 그 이유는 그 당시의 바로(아마시스)가 권좌에 있었고 바벨론과 우호적인 관계를 유지하고 있었기 때문이라고 지적한다(265; 또한 Thompson, 671-72; Holladay, 2:302; Carroll, 727를 보라). 니콜슨은 예레미야의 신탁 가운데 묘사된 완전한 멸망과 같은 그러한 사건의 역사적 증거의 결핍이 그 신탁의 진정성을 입증한다고 주장한다.

13절은 헬리오 폴리스 혹은 "벧세메스", "태양의 집"의 "기둥"을 언급한다. 이 성읍은 언젠가 아툼-레(Atum-Re) 태양 신의 상징이 기원되었던 중요한 제의적 장소였다(Lambdin, "Heliopolis," 579; Holladay, 2:302). 애굽의 예배 상징물과 그 중심지들은 멸망되기로 작정되어 있는데, 이는 야웨를 인정하고 복종하지 못한 것에 대해서 유다에게 이전에 선포된 심판의 말씀의 보편화다. 사찰들의 이러한 완전한 파괴가 일어났다는 그 어떤 증거도 존재하지 않지만, 선지자가 말한 의도는 이를 개의치 않는 것으로 보인다. 예레미야의 상징적 행동은 유다 혹은 애굽에 영향을 주기보다는 남아 있는 유다 백성들(다바네스에 있는 생존자들)에 대한 충격에 더 관심을 두고 있다.

주석

[1]-[3] 43장은 애굽으로 내려가지 말라는 예레미야의 경고에 대한 미스바의 대량 학살 속에서 남아 있는 자들의 반응으로 시작된다. 요하난, 아사랴 그리고 "교만한 자들"은 예레미야가 거짓말을 하고 있다고 비난하고, 바룩이 자기들의 그룹을 배반하고 바벨론에게 넘겨주려는 음모를 선동하고 있다고 힐난한다. 요하난과 아사랴가 그것을 파악할 때, 이를 극복할 수 있는 유일한 가능성은 도피하는 것이고 그렇지 않으면 죽음이다. 그 그룹의 지도자들의 경우에 죽음이 확실했다.

이 비난이 기록된 계획을 통하여 이익을 얻기 위해서 예레미야와 바룩이 어떤 음모를 했다는 것을 가정하는 것인지 아닌지는 분명하지 않다(Carroll, 722). 본서의 메시지의 일관성 있는 패턴과 일치하여 이 이야기는 불순종을 강조한다. 이 마지막 기회의 순간까지도 유다의 남은 자들의 대표자들은 야웨께로부터 온 말씀을 계속 거역한다.

[4]-[7] 예레미야의 권면을 따르기보다, 요하난과 그 일당은 자기들이 이제까지 계속 그렇게 하려고 의도했던 대로 애굽으로 도피한다. 4절은 그들이 그 땅에 남아 있도록 하시는 야웨의 지시를 불순종하고 있다는 사실을 구체적으로 밝히고 있다.

5-6절은 애굽으로 여행해 간 일당을 기록하고 있다. 그들은 모두 그달랴가 통치한다는 좋은 소식을 듣고 전쟁의 공포를 피하여 도망했던 그 주변 지역으로부터 돌아온 사람들이며, 동시에 그 중 다른 사람들은 미스바 에피소드에 연루된 사람들이다. 예레미야와 바룩도 역시 그 그룹의 일원이다. 그들은 아마 십중팔구는 자원하여 애굽으로 들어간 것이 아닐 것이다. 그렇지만 그들이 함께 있음으로써 애굽에서까지도 계속 메시지를 들을 수 있다.

7절은 또다시 애굽으로 도피함으로써 유다인들이 주님의 음성을 불순종하고 있다는 사실을 강조한다. 불순종은 43장에 묘사된 지배적인 주제로 오해될 수 없다. 이 구절의 마지막 설명은 나일 델타의 다바네스에 있는 공동체를 말하고 있는데, 그 곳에는 이미 유대인 공동체가 있었을 수 있다(Holladay, 2:302).

8-9 8-9절은 보다 큰 예언 전승에서 한 가지 두드러진 주제, 곧 야웨의 우주적 주권이라는 주제를 강조하고 있다. 이 주제는 야웨께로부터 나일 델타 지역에 위치한 다바네스의 포로민 공동체 가운데 있는 예레미야에게 온 새로운 말씀이라는 수단을 통하여 소개되고 있다.

야웨께로부터 온 이 특별한 말씀은 예레미야로 하여금 선지자 에스겔이 했던 것과(겔 4:1-12; 5:1-4; 12:3b-6, 18; 37:15-17) 또한 예레미야 13:4-7; 19:1-13; 27:1-28:16에 예레미야에 대해서 기록된 행동과 아주 유사한 상징적 행동을 하라는 것이었다. 이 상징적 행동은 자기들이 애굽이라는 안전 지대에 있을지라도 그 유다의 생존자들 위에 떨어질 심판의 확실성을 강조하기 위한 것이다.

예레미야는 큰 돌들을 취하여 다바네스의 바로 궁전의 입구에 묻고 그 위에 흙으로 덮어야 한다. 이 돌들은 일시적인 권좌의 기초로서의 역할을 할 텐데, 바벨론 왕이 애굽에 자기의 권한을 행사할 때 세울 것이다(사각형의 진흙으로 되어 있는 흙벽돌 혹은 벽돌이 느부갓네살의 권좌를 받치기에는 불충분하다는 것과 관련해서는 Holladay, 2:301-2를 보라). 요점은 야웨께서 선포하신 심판으로부터 피할 길이 없다는 것이다.

10-13 예레미야가 수행하는 상징은 애굽에 있는 유다인 추방민 공동체에게 명확한 의미가 된다. 선지자는 그의 행위의 배후에 있는 의미를 설명하라는 지시를 받는다. 야웨의 종 느부갓네살은 애굽과 바로에 대한 권한을 성공적으로 수행할 것이며, 야웨와 그분의 선지자의 계획에 대항하여 도피처를 찾으리라고 생각했던 자들에게 임할 하나님의 심판의 도구가 될 것이다.

12절은 아모스 1:14에 있는 모압에 대한 신탁을 생각나게 한다. 이 두 본문 가운데서 야웨께서는 심판의 도구로서의 불을 붙이신다. 12절은 1인칭으로 시작하여 "내가 불을 놓으리라"고 말하지만, 본 절의 뒷부분에서는 3인칭으로 전환된다. 이러한 전환은 본 절에 다른 본문들이 들어 있음을 암시하는 어색한 독법을 암시하기보다는(위의 "원문주해"를 보라) 의도적인 것이며, 이것이 특별한 사건을 의미하지 않는다면 아모스 1:14에 언급된 사상과 관련되어 있을 수도 있다. 느부갓네살이 정복자일지라도 야웨께서 불을 놓으실 것이다.

바벨론의 역사 기록 가운데 들어 있는 정보는 너무나 희박하여 예레미야의 예고와 일치하는 사건과 관련시켜서 구체적인 결론을 내리기가 어렵다. 어느 경우든 43장의 강조점은 하나님의 주권이 우주적인 것이라는 결정적인 신학적 단언에 초점을 맞추고 있다. 즉 야웨의 심판은 피할 수 없다는 것이다.

12절 하반절은 유다의 추방민들과 관련된 애굽의 징벌에 종사한 느부갓네살을 묘사하고 있다. 목자는 자기의 외투를 깨끗이 하는 것 혹은 그것에 들끓는 이(해충)를 제거하는 것으로 묘사되고 있다. 유다인 도피자들이 제거되어야 할 이(해충)인가?

12절 끝과 13절은 애굽의 이 지역과 이 곳에 거주하는 모든 사람들을 치는 느부갓네살의 성공적인 원정을 기술하고 있다. 그는 유다의 추방민 공동체를 멸망시키고 또한 애굽의 예배 처소를 멸망시킨 후에 상처 하나 입지 않고 떠나갈 것이다.

해설

43장은 또다시 유다 백성들의 야웨의 말씀을 듣지 않고 반응하지 않는 완고한 거역을 강조하고 있다. 예레미야 42-43장의 구조 자체가 그 강도를 더해 주고 있다. 그들이 듣기를 거절하는 것은 완전히 예고할 수 있는 것이며, 이것이 처음부터 이스라엘/유다와 야웨의 관계의 역사와 일치한다. 43장의 앞 구절들 가운데 조장된 분위기는 미스바 생존자들의 지도자들이 전혀 그 땅에 남아 있고자 하는 의도가 없었고, 단순히 자기들의 도피 계획에 대한 하나님의 재가를 얻으려고만 했다는 사실을 암시한다. 백성들이 완전한 것으로 믿고 있는 관계를 행동을 통하여 웃음거리를 만드는 하나님의 백성들에 대해, 예레미야의 메시지는 그 대중들의 야웨로부터 좋은 반응을 보여 달라는 요구를 반복하여 거절한다.

8-13절은 야웨의 권세의 범위가 우주적임을 알려 주고 있다. 애굽으로의 도피는 바벨론의 압력을 일시적으로 피할 수 있겠지만, 이 반역적 백성들을 위협하는 대적

은 바벨론이 아니라 야웨이시다. 야웨께서 유다에서뿐만 아니라 애굽에서 예레미야를 통하여 선포한 말씀을 이루실 것이다. 애굽 사람들과 그들의 예배 장소들 및 상징물들에 대한 야웨의 심판이라는 충격은 유다인들이 무시하고 선택한 여호와의 주권을 되풀이해 주는 역할을 한다. 예레미야가 유다인 추방 공동체를 43:12의 "기생충"(개역 성경에는 나타나 있지 않음－역자주)으로 묘사하려는 의도를 했는지는 거의 불분명하지만, 이러한 독법은 예레미야서 가운데서 이 단락이라는 보다 큰 메시지에 비추어 볼 때 적절하다.

만일 유다에서 주어진 가능성 있는 희망에 관해서 이 시점에 어떤 문제가 남아 있다면, 다바네스에 있는 완고한 남은 자에 대해 선포되고 시행된 여호와의 심판은 오히려 결정적으로 그 문제를 결정짓는다. 희망은 반드시 이스라엘/유다에서 다해진 것이 아니라, 유다와 애굽을 넘어서 그 어떤 희망이 나타난다. 보다 큰 예언 전승의 또 다른 요소들(특히 에스겔)과 일치하여, 예레미야서는 암시를 통하여 바벨론 포로민들 가운데서 발견된 바와 같이 이스라엘/유다를 위한 희망의 문을 열어 놓고 있다.

H. **애굽에 있는 유대인들을 향한 주님의 말씀** (44:1-30[LXX 51:1-30])

참고문헌

Cowley, A. *Aramaic Papyri of the Fifth Century B.C.* Oxford: Clarendon Press, 1923. 4-6. **Kraeling, E. G.** "Elephantine." *IDB* 2:83-85. **Lambdin, T. O.** "Memphis." *IDB* 3:346-47. ______. "Migdol." *IDB* 3:377. ______. "Pathros." *IDB* 3:676. ______. "Tahpanhes." *IDB* 4:510. **Oren, E. D.** "Migdol: A New Fortress on the Edge of the Eastern Nile Delta." *BASOR* 256(1984) 7-44. **Pritchard, J. B.**, ed. *ANET.* 308. **Selms, Adrian van.** "Telescoped Discussions as a Literary Device in Jeremiah." *VT* 26(1976) 99-112. **Wilson, J. A.** "Hophra." *IDB* 2:643-44.

본 문

1 애굽 땅에 거하는 모든 유다인 곧 믹돌과 다바네스와 놉과 바드로스 지방에 거하는 자에 대하여 말씀이 예레미야에게 임하니라 가라사대

2 만군의 여호와 이스라엘의 하나님이 이같이 말하노라 너희가 예루살렘과 유다 모든 성읍에 내린 나의 모든 재앙을 보았느니라 보라 오늘날 그것들이 황무지가 되었고 거하는 사람이 없나니

3 이는 그들이 자기나 너희나 너희 열조의 알지 못하는 다른 신들에게 나아가 분향하여 섬겨서 나의 노를 격동한 악행을 인함이라

4 내가 나의 모든 종 선지자들을 그들에게 보내되 부지런히 보내어 이르기를 너희는 나의 미워하는 이 가증한 일을 행치 말라 하였어도

5 그들이 듣지 아니하며 귀를 기울이지 아니하고 다른 신들에게 여전히 분향하여 그 악에서 돌이키지 아니하였으므로

6 나의 분과 나의 노를 쏟아서 유다 성읍들과 예루살렘 거리를 살랐더니 그것들이 오늘과 같이 황폐하고 적막하였느니라

7 나 만군의 하나님 이스라엘의 하나님 여호와가 이같이 말하노라 너희가 어찌하여 큰 악을 행하여 자기 영혼을 해하며 유다 중에서 너희의 남자와 여자와 아이와 젖 먹는 자를 멸절하여 하나도 남기지 않게 하려느냐

8 어찌하여 너희가 너희 손의 소위로 나의 노를 격동하여 너희의 가서 우거하는 애굽 땅에서 다른 신들에게 분향함으로 끊어 버림을 당하여 세계 열방 중에서 저주와 모욕거리가 되고자 하느냐

9 너희가 유다 땅과 예루살렘 거리에서 행한 너희 열조의 악과 유다 왕들의 악과 왕비들의 악과 너희의 악과 너희 아내들의 악을 잊었느냐

1 The word which came to Jeremiah to all the Judeans who were living in the land of[a] Egypt, the ones living in Migdol, in Tahpanhes, in Memphis,[b] and in the land of Pathros, saying:

2 "Thus says the Lord of Hosts,[a] the God of Israel: You saw all the evil which I brought upon Jerusalem and upon all[b] the cities of Judah; behold, they are a desolation this day[c] and there is no one living in them,[d]

3 because of their wickedness which they have done to provoke me to anger, by going to burn incense and by serving[a] other gods whom they did not know, neither they, nor you, nor your fathers.[b]

4 Yet I sent persistently to you all[a] my servants the prophets, rising early and sending, saying: 'Do not do this abominable thing which I hate!'

5 But they did not listen;[a] they did not incline their ears to turn from their evil, not to burn incense to other gods.

6 My burning rage and my anger were poured out and kindled in the cities of Judah and in the streets of Jerusalem; and they became a waste and a desolation[a] as at this day.

7 "Now, thus says the Lord, the God[a] of Hosts, the God of Israel:[b] Why are you continuing to do great evil to yourselves, to cut off for you man and woman, child and infant, from the midst of Judah, so that there is not left for you a remnant?

8 Why do you provoke me to anger by the deeds[a] of your hands, by burning incense to other gods in the land of Egypt where you came[b] to sojourn there, [c]so that you are cut off[d] and[c] become a curse and a reproach among all[e] the nations of the earth?

9 Have you forgotten the wickedness of your fathers, the wickedness of the kings of Judah, the wickedness of their wives,[a] your wickedness[b] and the wickedness of your wives,[c] which they

10 그들이 오늘까지 겸비치 아니하며 두려워하지
도 아니하고 내가 너희와 너희 열조 앞에 세운 나
의 법과 나의 율례를 준행치 아니하느니라

11 그러므로 나 만군의 여호와 이스라엘의 하나님
이 이같이 말하노라 보라 내가 얼굴을 너희에게로
향하여 재앙을 내리고 온 유다를 끊어 버릴 것이며
12 내가 또 애굽 땅에 우거하기로 고집하고 그리
로 들어간 유다의 남은 자들을 취하리니 그들이
다 멸망하여 애굽 땅에서 엎드러질 것이라 그들
이 칼과 기근에 망하되 작은 자로부터 큰 자까지
칼과 기근에 죽어서 가증함과 놀램과 저주와 모
욕거리가 되리라

13 내가 예루살렘을 벌한 것같이 애굽 땅에 거하
는 자들을 칼과 기근과 염병으로 벌하리니

14 애굽 땅에 들어가서 거기 우거하는 유다의 남
은 자 중에 피하거나 남아서 그 사모하여 돌아와
서 거하려는 유다 땅에 돌아올 자가 없을 것이라
도피하는 자들 외에는 돌아올 자가 없으리라 하
셨느니라

15 때에 자기 아내들이 다른 신들에게 분향하는
줄을 아는 모든 남자와 곁에 섰던 모든 여인 곧
애굽 땅 바드로스에 거하는 모든 백성의 큰 무리
가 예레미야에게 대답하여 가로되

16 네가 여호와의 이름으로 우리에게 하는 말을
우리가 듣지 아니하고
17 우리 입에서 낸 모든 말을 정녕히 실행하여
우리의 본래 하던 것 곧 우리와 우리 선조와 우리
왕들과 우리 방백들이 유다 성읍들과 예루살렘
거리에서 하던 대로 하늘 여신에게 분향하고 그
앞에 전제를 드리리라 대저 그 때에는 우리가 식
물이 풍부하며 복을 받고 재앙을 만나지 아니하
였더니

did in the land of Judah and in the streets of Jerusalem?

10 They have not been contrite[a] to this day,
they did not fear,[b] and they have not walked in my law and in my statutes[c] which I set before you and before[d] your[e] fathers.

11 "Therefore, thus says the Lord of Hosts, the God of Israel: behold, I will set my face against you for evil, to cut off all Judah.[a]
12 I will take[a] the remnant of Judah[b] who have set their faces to go to the land of Egypt to sojourn there,[c] and they will all be consumed, they will fall in the land of[d] Egypt, they will be consumed by the sword and[e] by famine; from the least to the greatest, they will die by the sword and by famine;[f] and they will become an execration,[g] a horror, a curse, and a reproach.

13 I will punish[a] those who dwell in the land of Egypt just as I punished[a] Jerusalem, with the sword, with famine, and with pestilence.[b]

14 There will not be a fugitive or a survivor for the remnant of Judah who went to sojourn there[a] in the land of Egypt, to return[b] to the land of Judah where they desire[c] to return to dwell[d] there, for they will not return except as fugitives."[e]

15 Then all of the men who knew that their wives were making sacrifices to other gods and all of the women standing by,[a] a great assembly,[b] and all of the people who dwelled in the land of Egypt, in Pathros,[cd] answered Jeremiah:

16 "As for the word which you spoke to us in the name of the Lord, we will not listen to you.
17 For we will do everything which went forth from our mouths, to burn incense to the queen[a] of heaven, and pouring out[b] to her drink offerings just as we have always done, we and our fathers, our kings and our princes, in the cities of Judah and in the streets of Jerusalem; then we had excess of food, we prospered, and we saw no evil.

18 우리가 하늘 여신에게 분향하고 그 앞에 전제 드리던 것을 폐한 후부터는 모든 것이 핍절하고 칼과 기근에 멸망을 당하였느니라 하며

18 But since we ceased to burn incense to the queen[a] of heaven and pour out to her drink offerings,[b] we have lacked everything and we have been consumed by the sword and by famine."

19 여인들은 가로되 우리가 하늘 여신에게 분향하고 그 앞에 전제를 드릴 때에 어찌 우리 남편의 허락이 없이 그에게 경배하는 과자를 만들어 놓고 전제를 드렸느냐

19 And the women said,[a] "When we burned incense to the queen[b] of heaven and poured out to her drink offerings, was it apart from our husbands we made for her cakes to form her image[c] and poured out to her drink offerings?"

20 예레미야가 남녀 모든 무리 곧 이 말로 대답하는 모든 백성에게 일러 가로되

20 Then Jeremiah said to all the people, to the men and to the women, and to all the people who had answered him:

21 너희가 너희 선조와 너희 왕들과 방백들과 유다 땅 백성이 유다 성읍들과 예루살렘 거리들에서 분향한 일을 여호와께서 기억지 아니하셨느냐 생각지 아니하셨느냐

21 "The incense which you burned in the cities of Judah and in the streets of Jerusalem, you and your fathers, your kings and your princes and the people of the land, has not the Lord remembered them[a]? Has it not come to his mind?

22 여호와께서 너희 악행과 가증한 소위를 더 참으실 수 없으셨으므로 너희 땅이 오늘과 같이 황무하며 놀램과 저주거리가 되어 거민이 없게 되었나니

22 The Lord can no longer bear the evil of your deeds, the abominations which you do; therefore your land has become a desolation, a waste, and a curse, without inhabitant,[a] as it is this day.

23 너희가 분향하여 여호와께 범죄하였으며 여호와의 목소리를 청종치 아니하고 여호와의 법과 율례와 증거대로 행치 아니하였으므로 이 재앙이 오늘과 같이 너희에게 미쳤느니라

23 Because you burned incense and you sinned against the Lord, you did not obey the voice of the Lord, and you did not walk in his commandments, his statutes, and his testimonies; therefore, this evil has befallen you, as it is this day."[a]

24 예레미야가 다시 모든 백성과 모든 여인에게 말하되 애굽 땅에서 사는 모든 유다여 여호와의 말씀을 들으라

24 Then Jeremiah said to all[a] the people, and to all[a] the women, "Hear the word of the Lord, all of Judah who are in the land of Egypt,[b]

25 만군의 여호와 이스라엘의 하나님이 이같이 말씀하시되 너희와 너희 아내들이 입으로 말하고 손으로 이루려 하여 이르기를 우리가 서원한 대로 반드시 이행하여 하늘 여신에게 분향하고 전제를 드리리라 하였은즉 너희 서원을 성립하며 너희 서원을 이행하라 하시느니라

25 Thus says the Lord of Hosts,[a] the God of Israel,[b] You women[c] have spoken with your mouths and fulfilled with your hands, saying, 'We will surely perform our vows which we vowed, to make sacrifices to the queen of heaven and to pour out for her drink offerings'; then carry out[d] your vows and perform your vows![ef]

26 그러므로 애굽 땅에서 사는 모든 유다여 여호와의 말씀을 들으라 여호와께서 말씀하시되 내가 나의 큰 이름으로 맹세하였은즉 애굽 온 땅에 거

26 "Therefore, hear the word of the Lord, all of Judah who dwell in the land of Egypt, behold I have sworn by my great name, says the Lord,

하는 유다 사람들의 입에서 다시는 내 이름을 일컬어서 주 여호와의 사심으로 맹세하노라 하는 자가 없게 되리라

that my name will not again be called[a] by the mouth of any one[b] from Judah in all the land of Egypt who says 'As the Lord God[c] lives.'

27 보라 내가 경성하여 그들에게 재앙을 내리고 복을 내리지 아니하리니 애굽 땅에 있는 유다 모든 사람이 칼과 기근에 망하여 멸절되리라

27 Behold, I am watching over them for evil and not for good, and every one[a] from Judah who is in[b] the land of Egypt will be destroyed by the sword or by famine until they are at an end.

28 그런즉 칼을 피한 소수의 사람이 애굽 땅에서 나와 유다 땅으로 돌아오리니 애굽 땅에 들어가서 거기 우거하는 유다의 모든 남은 자가 내 말이 성립되었는지, 자기들의 말이 성립되었는지 알리라

28 Those who escape the sword will return from the land of Egypt[a] to the land of Judah few in number, and all[b] the remnant of Judah who went to the land of Egypt to sojourn there[c] will know whose word will stand, mine or theirs.[d]

29 나 여호와가 말하노라 내가 이 곳에서 너희를 벌할 표징이 이것이라 내가 너희에게 재앙을 내리리라 한 말이 단정코 성립될 것을 그것으로 알게 하리라

29 This will be the sign to you, says the Lord,[a] that I will punish you in this place, in order that you may know that my words will indeed stand against you[b] for evil:

30 보라 내가 유다 왕 시드기야를 그 원수 곧 그 생명을 찾는 바벨론 왕 느부갓네살의 손에 붙인 것 같이 애굽 왕 바로 호브라를 그 원수들 곧 그 생명을 찾는 자들의 손에 붙이리라 나 여호와가 이같이 말하였느니라 하시니라

30 "Thus says the Lord, I will give Pharaoh[a] Hophra, the king of Egypt, into the hand of his enemies and into the hand of those who seek his life, just as I gave Zedekiah, the king of Judah, into the hand of Nebuchadrezzar, the king of Babylon, his enemy and the one who sought his life."

원문주해

1.a. LXX에는 "…의 땅"이 없다.
1.b. LXX에는 "멤피스에서"가 없다.
2.a. LXX에는 "만군의"가 없다.
2.b. LXX에는 "모든"이 없다.
2.c. LXX에는 "오늘날"이 없다.
2.d. LXX에는 "그것들 가운데"가 없다.
3.a. LXX에는 "섬겨서"가 없다.
3.b. LXX은 MT에 있는 마지막 문구 "그들과 너희와 너희 열조가 …지 않았던"을 누락시키면서 우크 에그노테(οὐκ ἔγνωτε=히브리어 לא ידעתם〈"너희는 알지 않았다"〉)를 가지고 있다.
4.a. LXX에는 "모든"이 없다.
5.a. LXX은 "내게 귀를 기울였다"를 가지고 있다.

6.a. 여러 필사본들은 접속사를 덧붙이고 있는데, 즉 울리슈마마(ולשׁממה, "그리고 적막[을 위하여]")이다.

7.a. LXX에는 "하나님"이 없다.

7.b. LXX에는 "이스라엘의 하나님"이 없다.

8.a. Syr을 포함하여 많은 필사본들은 베마아세(במעשׂי) 대신에 베마아사(במעשׂה)를 가지고 있다. "…의 소위"란 번역은 그 어느 쪽에도 영향을 받지 않는다.

8.b. MT은 빠임(באים, 직역하면 "…이 오고 있다")을 가지고 있다. 아마도 보트(באת, "너희가 왔다")가 더 명확한 독법인 것 같다.

8.c-c. *BHS*는 이 문구가 7절의 어투에 비추어 첨가물임을 암시한다.

8.d. 히브리어는 직역하면 "너희를 위하여 자름이 있도록"으로 되어 있다. LXX에는 문자 그대로의 독법 가운데 "너희를 위하여"가 없다.

8.e. LXX에는 "모든"이 없다.

9.a. MT은 직역하면 "그의 아내들의"이다. LXX은 톤 아르콘톤 휘몬(*τῶν ἀρχόντων ὑμῶν*, "너희 통치자들의")을 가지고 있다. *BHS*는 Syr 본문에 근거하여 네쉐헴(נשׁיהם, "그들의 아내들의")이란 독법을 제안하고 있는데, 이는 위의 **본문** 가운데서 택한 번역이다.

9.b. "너희의 악"이 LXX에는 없다.

9.c. Syr에는 "그리고 너희 아내들의 악"이 없다.

10.a. LXX은 에파우산토(*ἐπαύσαντο*, 직역하면 "그들 스스로 멈추지 [않았다]")를 가지고 있는데, MT이 시사하고 있는 것은 נכלאו("그들이 삼가지 [않았다]")와 동일하다. *BHS*는 נכאו("그들이 두려워하지 [않았다]")을 제안한다. 위의 **본문**은 변경되지 않은 MT 독법을 반영한 것이다.

10.b. LXX에는 "그들이…두려워하지도 아니하고"가 없다.

10.c. LXX은 톤 프로스타그마톤 무(*τῶν προσταγμάτων μου*=히브리어 בחקתי〈베후코타이, "내 명령에"〉)를 가지고 있다.

10.d. LXX은 "너희 앞에"를 가지고 있지 않다.

10.e. LXX, Syr은 "그들의 열조 앞에"를 가지고 있다.

11.a. LXX은 더 간략한 "그러므로 야웨께서 말씀하시기를, 보라, 내가 내 낯을 세울 것이다"를 가지고 있다.

12.a. "내가 취하리니"가 LXX에는 없다.

12.b. LXX에는 "유다의"가 없다.

12.c. "내가 또 애굽 땅에 우거하기로 고집하고 그리로 들어간"이란 문구가 LXX에는 빠져 있다.

12.d. LXX에는 "…의 땅"이 없다.

12.e. 많은 필사본의 증거 본문들과 함께 "칼과 기근으로" 읽음.

12.f. LXX에는 "그들이 칼과 기근에 망하리라"가 없다.

12.g. LXX은 MT의 사중적 호칭 중에 세 부분만을 가지고 있다. "저주"가 누락되어 있다.

13.a. 직역하면 "방문하다."

13.b. LXX은 "죽음으로"를 가지고 있다.

14.a. LXX에는 "거기"가 없다.

14.b. MT은 직역하면 "그리고 돌아가다"이다. LXX과 함께 "돌아가다"로 읽음.

14.c. 직역하면 "그들의 영혼들을 들다"이다.

14.d. "우거하다"가 LXX에는 없다.

14.e. "도피하는 자들 외에는"은 대부분의 학자들에 의하여 하나의 주석으로 간주되는데(Holladay, 2:278; Rudolph, 222), 왜냐하면 이것이 본 절의 초두에서 말해진 것과 대조되는 것처럼 보이기 때문이다.

15.a. 하오므도트(העמדות, "곁에 선")가 LXX에는 없다.

15.b. *BHS*는 콰할(קהל, "회중") 대신에 콜(קול, "음성")을 제안하고 있는데, 말하자면 "큰 회중"이 아니라 "큰 소리로"라는 것이다. 위의 본문에서는 변경되지 않은 MT를 따르고 있다.

15.c. *BHS*는 Syr을 따라서 "그리고 바드로스에서"란 독법을 제안한다.

15.d. "애굽 땅 바드로스에 거하는 모든 백성의 큰 무리가"는 *BHS*에 의한 가필로 간주된다.

17.a. 많은 필사본들은 라멜레케트(למלכת, "여왕")라는 독법보다는 למלאכת("섬기도록")로 읽는다.

17.b. *BHS*는 대안적 단어 ולהסיך("그리고 붓다")를 제안하고 있는데, 이것은 "향을 사르다"와 상통한다.

18.a. 위의 "원문주해" 17.a를 보라.

18.b. LXX에는 "그리고 그녀의 전제를 붓다(드리다)"가 없다.

19.a. "여인들은 가로되"가 MT에는 없다. 여기에 제안되어 있는 본문은 LXX^{L}, Syr를 따른 것임.

19.b. 위의 "원문주해" 17.a를 보라.

19.c. 레하아치바(לְהַעֲצִבָה, "형태를 만들다")가 LXX, Syr에는 없다. BDB(781)는 위의 본문에서처럼 레하아치바흐(לְהַעֲצִבָהּ, "그녀의 [형상을] 만들다")를 제안한다.

21.a. LXX에는 누락되어 있다. *BHS*는 아타흐(אתה, "그것")을 제안하고 있는데, 이는 와타알레(ותעלה, "그리고 그것을 생각[지 아니][직역하면, '올라갔는가']하였는가")란 동사와 일치한다.

22.a. LXX에는 "거민이 없게 되었나니"가 없다.

23.a. "오늘과 같이 너희에게 미쳤느니라"가 LXX에는 없다.

24.a. LXX에는 "모든"이 없다. *BHS*는 이것들이 20절의 영향을 받은 첨가물이라고 생각한다.

24.b. LXX에는 "애굽 땅에서 사는 모든 유다여"가 없다. *BHS*는 이것이 26절의 영향을 받은 첨가물이라고 생각한다.

25.a. LXX에는 "만군의"가 없다.

25.b. MT은 레모르(לאמר, "말하여")를 통한 하나님의 말씀을 소개하고 있다. LXX에는 그것이 없다.

25.c. MT의 아템 웨나쉬켐(אתם ונשׁיכם, "너희와 너희 아내들") 대신에 뒤따라 오는 여성 동사와 일치시켜 LXX의 "너희 여인들"처럼 읽으라.

25.d. GKC § 72k는 타퀘므나(תקימנה)에서 임(ימ)이라는 글자의 위치가 잘못되어 있으며, 그래서 타퀘미나(תקמינה, "너희는 이행할 것이다")가 되어야 할 것이라고 제안하는데 위의 **본문**은 이것을 채택하고 있다.

25.e. *BHS*는 데바레켐(דבריכם, "너희 행실들")을 제안하고 있다. 소수의 필사본들에는 니쓰케켐(נסכיכם, "너희의 전제들")으로 되어 있다.

25.f. LXX에는 "너희 서원"이 없다.

26.a. LXX에는 단순히 "입에 있다"로 읽으면서 "일컬어서"가 없는데, 이 구절의 의미는 달라지지 않는다.

26.b. LXX에는 이쉬(אישׁ, 직역하면 "사람")가 없는데, 위의 본문에서는 "자"(one)로 번역되어 있다.

26.c. MT에는 여기서 여호와 하나님으로 번역된 아도나이 야웨(אדני יהוה)로 되어 있는데, 직역하면 "주, 야웨"다. LXX의 한 교정본은 대부분의 본문이 "주님, 주님"으로 되어 있는 가운데 "주님"만을 가지고 있다.

27.a. LXX에는 이쉬(אישׁ, 직역하면 "사람")가 없는데, 위의 본문에서는 "자"(one)로 번역되어 있다.

27.b. LXX은 "거하는"을 덧붙인다.

28.a. "애굽 땅에서"가 LXX에는 없다.

28.b. LXX에는 "모든"이 없다.

28.c. *BHS*는 "애굽 땅에 들어가서 거기 우거하는"을 본문에 가필(加筆)된 것으로 취급한다.

28.d. LXX에는 "내 말이 성립되었는지, 자기들의 말이 성립되었는지"가 없다.

29.a. LXX에는 "여호와가 말하노라"가 없다.

29.b. LXX은 장황한 문구 "이 곳에서…내가…한 말이 단정코 성립될 것을…알게 하리

라"를 누락시킨다. 이것은 본 절에 두 번 나타나는 같은 단어에 의하여 혼동한 서기관들의 누락으로 보인다. 알레켐(עליכם, "너희에게 [대항하여]"). 서기관들의 눈이 언급된 문구를 누락시키면서 한 단어에서 다른 단어로 건너 뛴 것으로 보인다.

30.a. "바로"가 LXX에는 없다.

양식/구조/배경

예레미야 44장은 37-44장을 애굽 전국에 걸쳐서 여러 곳에 정착한 유대인 추방자들을 향한 독립된 신탁으로 마치고 있는 장이다. 네 개의 공동체가 특별히 언급되고 있다. 그것들은 믹돌, 다바네스, 바드로스, 멤피스다.

이 공동체들은 한 시대 이상 애굽에 의미심장한 영향력을 주었던 유대인들의 밀집을 상징했다. "탑" 혹은 "요새"를 의미하는 믹돌은 다바네스에서 동북동쪽으로 약 25마일 지점에 자리잡고 있었다(Oren, *BASOR* 256[1984] 7-44; Lambdin, *IDB* 3:377를 보라). 다바네스는 주로 애굽의 북쪽 델타 지역에 자리잡은 현대의 텔 데프네(Tell Defneh)와 동일시된다. 이 곳이 지금은 멘잘레 호수 근처에 있는 사막 지역이다(Lambdin, *IDB* 4:510). 바드로스는 멤피스 위에 있었던 상애굽으로 언급된 지역을 지칭한다(Lambdin, *IDB* 3:676). 멤피스는 나일 강의 서쪽 강둑에 자리잡은 현대 카이로의 남방 약 14마일 지점에 자리잡고 있었다(Lambdin, *IDB* 3:346-47).

이 단락의 기이한 점은 본문이 예레미야/바룩의 주변에 있었던 사람들만이 아니라 실질적으로 온 애굽에 모여들었던 유대인들을 향한 것이라는 점이다. 이 말씀은 보다 큰 그룹에 관해서 예레미야에게 온 것으로 말해져 있을 뿐만 아니라, 그 다음으로 의도된 청중들인 보다 큰 그룹에 대해 권위 있는 형태로 선포되고 있다. 본문 자체를 통해서는 43장과 44장 사이에 얼마나 많은 시간이 경과했는지가 불분명하지만, 44장의 신탁은 분명히 시간의 경과를 가정하고 있다. 캐롤(Carroll, 731)은 본 장의 편집된 성격과 또한 편집된 단락으로서의 그 기능을 역사적 사건들에 대한 관계와는 상반된 것이라고 지적했다. 역사적 관심에는 거리가 먼 것처럼 암시하고 있는 본 장에 포함된 주된 요소들은, 예레미야가 한 설교를 제공하고 있는 것과 같은 애굽에 있는 디아스포라의 전 유대인 청중들을 가정하고 또한 선지자와 백성들 사이에서 일어나는 대화 형태로 된 반응을 기록하고 있다.

편집자의 목적은 불성실한 것으로 판단된 공동체로서 애굽에 있는 유대인 공동체를 불신임하려는 시도인 것처럼 보인다. 이 목적이 제2성전 시기의 상황을 추정하든(Carroll, 731) 아니면 다른 어떤 시기를 추정하든, 이것은 애굽에 신실한 백성이 있을 가능성을 떨어뜨리고 있다. 본 장에 나타난 애굽에 있는 유대인 공동체의 모습은 마치 연극처럼 부정적이다. 사실상 소수의 다른 본문들은 44장에 묘사된 야웨의 강한 거절을 그리고 있다. 그렇게 명확하게 묘사된 사람들은 이스라엘을 위한 야웨의 미래의 일부분으로 간주될 수 없다.

에스겔은 바벨론의 유대인 공동체가 하나님 백성의 미래를 위한 유일한 희망의 보유자임을 지지하는 근거를 제공한다. 바벨론의 침입 이후에 유다 땅에 남아 있는 백성들의 시민권 박탈은 특히 에스겔 8장에 기록되어 있는 부패된 종교 체계에 대한 매우 손상시키는 묘사를 통하여 에스겔서 가운데서 실현된다. 44장은 예레미야서의 다른 곳에서 그렇게 생생하게 암시되어 있지 않은 내용을 수립하고자 하는 거의 같은 방식으로 기능을 하고 있을 수 있다. 심판의 말씀은 유대인 남은 자들에게 선포되지만, 이 경우에 애굽으로 도피한 흩어진 일당도 그와 같이 저주를 받는다.

본 장의 개요는 다음과 같다.

Ⅰ. 애굽에 살고 있는 유대인들을 향한 신탁의 선포(1-6절)
  A. 유대인 추방민들의 네 공동체의 구체적인 정체: 믹돌, 다바네스, 멤피스, 바드로스(1절)
  B. 유다에서의 야웨의 심판의 결과 회상(2절)
  C. 심판의 이유(3-6절)
    1. 거짓 예배의 죄(3절)
    2. 야웨의 선지자들로부터 온 경고를 듣기를 거절함(4-5절)
    3. 피할 수 없는 결과(6절)
Ⅱ. 애굽에 있는 유대인들을 향한 전환(7-10절)
  A. 어찌하여 그렇게 자기를 해하려는 열심을 가지고 있는가? 어찌하여 과거로부터 배우려고 하지 않는가?(7절)
  B. 어찌하여 거짓된 예배를 통하여 계속해서 야웨를 격동시키는가?(8절)
  C. 너희는 과거의 죄와 야웨의 심판으로부터 아무것도 배우지 못했는가?(9절)
  D. 죄를 버리고 마음을 고치려는 것의 완고한 거절(10절)
Ⅲ. 애굽에 있는 유다 공동체에 대한 심판의 말씀(11-14절)
  A. 애굽의 남은 자의 멸망(11-13절)
  B. 도피한 생존자가 없이 완전히 멸망함(14절)
Ⅳ. 예레미야를 통하여 주어진 야웨의 말씀에 대한 완고한 거절(15-19절)
  A. 모인 청중으로부터의 예상된 반응(15절)

1. 남자들의 아내들이 거짓된 예배에 1차적으로 참석한 것으로 암시됨
2. 여인들이 참석함
3. 애굽에 있는 인구 전체가 참석한 것으로 생각됨

B. 확실하게 듣기를 거절함(16-19절)
1. 유다에서 있었던 과거의 행실들에 대한 직접적인 언급(17절)
2. 하늘 여신(황후) 예배가 정지되었을 때 이전의 축복이 중단됨(18절)
3. 포함된 죄에 대한 명확한 언급; 예배 행위에 남편들의 분명한 지지가 있었다고 말하는 여인들의 진술(19절)

Ⅴ. 반복된 심판의 말씀(20-23절)
A. 거짓된 예배의 죄에 대한 묘사(21절)
B. 하늘 여신(황후) 예배 중지보다는 경험된 고통의 원인으로서의 죄(22-23절)

Ⅵ. 거짓 예배에 대한 마지막 심판의 말씀(24-29절)
A. 하늘 여신 예배에 대한 여인들의 단호한 의도에 대한 예레미야의 반응(24-25절)
B. 결론적 심판의 예고(26-29절)
1. 애굽의 유대인 공동체 가운데 아무도 야웨로 맹세하는 자가 없을 것이라고 야웨께서 자신의 이름을 두고 맹세하심(26절)
2. 멸망의 예고(27절)
3. 야웨의 심판의 말씀의 진리성을 알게 된 소수의 남은 자들(28-29절)

Ⅶ. 애굽의 바로에 대한 심판(30절)
A. 시드기야와 같은 운명을 맞게 될 호브라
B. 야웨의 심판의 결과 유다에서 일어났던 사람들을 반영해 주는 애굽에서 일어난 사건들.

주석

[1] 1절은 열거된 네 개의 장소에 거주하고 있는 유대인들에 관하여 야웨로부터 예레미야에게 온 신탁을 소개하고 있는데, 그 곳들 가운데 한 곳(바드로스)은 어떤 구체적인 공동체를 넘어선 보다 광범위한 지역을 가리킬 수도 있다.

[2]-[6] 이 구절들에서는 유다에 심판을 가져다 주었던 과거 불신앙의 역사의 열거와 함께 실질적인 신탁이 시작된다. 예루살렘과 유다의 다른 성읍들에 닥쳤던 멸망은 애굽에 있는 사람들이 본 바와 같이 하나님의 심판의 증거로 언급되고 있다.

예레미야는 아주 과장된 어투로 황폐되어 거민이 없는 성읍들을 묘사하고 있다. 그러한 묘사는 실제로 일어난 실체가 아니라 바벨론이 유다에게 입힌 끔찍한 멸망

의 최종성을 강조하기 위한 예레미야의 과장된 표현인데, 그 심판은 완고하고 거역하는 백성에 대한 하나님의 심판이었다.

유다의 멸망의 원인은 예레미야서의 중심 주제들 가운데 하나인 배교다. 예루살렘과 유다는 다른 신들에게 분향하는 악행을 저질렀는데, 그러한 거짓된 예배는 야웨께서 선지자들을 통하여 거짓된 예배에 대해 계속 경고하심으로써 더 그릇된 것이었다. 하나님의 메신저들의 반복된 경고를 듣기를 거절한 일은 궁극적으로 하나님의 진노를 불러일으켰는데, 이것이 거리에 불을 놓은 것으로, 심판의 불로 성읍들을 태운 것으로 묘사되어 있다. 불 같은 시련을 통하여 쓸모 없고도 황량한 들판만이 남아 있었다.

[7]-[10] 7절에서 예레미야는 애굽에 있는 유대인들에게로 눈을 돌린다. 유다에서 일어난 일을 통하여 이 유대인 공동체라는 생존자들은 어찌하여 아무것도 배우지 못했던가? 선지자는 그들을 "유다 중에서 너희의 남자와 여자와 아이와 젖 먹는 자를 멸절하는" 자들이라고 정죄하고 있다. 거짓된 예배 행습은 유다에서 너무나 유행하고 있었고, 따라서 그러한 행습은 애굽으로 도피한 유대인들 가운데서도 계속되었던 것이다.

예레미야는 거짓된 예배를 드리는 죄를 짓는 사람들과 그룹들의 여러 가지 실례를 상기시키면서(9절), 스스로 그러한 예배를 드릴 뿐만 아니라 유다에서 이 일에 참여했던 사람들에게 닥쳤던 재난들까지도 암시하고 있는 것이다. 특유의 요약 방식으로 선지자는 교만을 이 백성들의 완고한 죄악들의 근본적인 이유로 밝히고 있다. 그들은 반복하여 바른 삶으로의 요청을 저항한다. 그들은 "나의 법과 나의 율례를 준행치 아니했던" 것이다.

9절은 정죄를 받은 거짓된 예배에서 특별한 중요성을 지닌 것 중에 하나로서 "아내들"의 역할을 소개한다. 이것은 특히 17-19절에 언급된 "하늘의 여신(황후)"에게 바쳐진 예배 행습이다. 하늘의 여신에 대한 예배는 유다에서 시작되어 애굽으로 도피한 사람들에 의해서 계속 시행되었다.

[11]-[14] 거짓된 예배라는 흉악한 죄와 그들이 야웨와 연합되었다는 사실을 인정하기를 거절하는 백성들의 완고한 거절로 인하여 심판에 대한 선고는 매우 거칠다. 야웨께서는 애굽에 있는 유대인 생존자들에게로 자기의 낯을 향하신다. 낯을 향하신다는 이미지는 단호한 심판의 이미지다. 온 유다가 끊어질 것이다. 애굽으로 도피한 남은 자들까지도 야웨의 심판의 불에 살라질 것이다(12절). 모든 사람이 그 땅의 세력 있는 자들 가운데 있든 가난한 자들 가운데 있든 심판의 공포를 경험할

것이다. 저주를 받았음을 의미하는 하나의 상징적 예증이 되도록 전쟁(칼), 기근, 질병이 유다의 남은 자를 대대적으로 학살할 것이다(12절).

애굽에 있는 자들에게 닥칠 징벌은 이전에 유다에 떨어졌던 것과 같이 정확하게 같은 종류의 같은 의미를 지닌 것이다. 14절은 때때로 야웨에 의한 심판의 충격의 너머에 있는 실체로서 강조되어 온 성경에 나오는 중요한 약속들 가운데 하나를 삭제하고 있다. 모든 공포와 멸망에도 불구하고, 여전히 거기에는 어느 날 유다로 돌아올 사람들에게 수여될 미래의 희망이 남아 있었다. 포로기의 선지자들의 더 고귀한 약속들이 유다 땅으로의 두 번째 출애굽을 일으키시는 야웨를 묘사하고 있다. 애굽의 생존자 공동체에게는 이러한 희망이 없다. 소수의 도피자들만이 다시 유다를 볼 것이다. 남은 모든 사람들은 애굽에서 망할 것이다.

예레미야 29:18-19이 야웨의 심판이라는 거의 같은 그림을 제공하고 있다는 사실은 흥미로운 일이지만, 그럼에도 불구하고 문맥 속에서는 미래의 희망을 제공하고 있다. 32:29-35에 대해서도 같은 말을 할 수 있을 텐데, 32:29에서 애굽으로 도피한 유대인들이 야웨께 범했던 것들과 실질적으로 같은 죄를 지었다고 그러한 요소를 덧붙이고 있다. 32장은 두려운 심판과는 다른 편에서 강렬한 희망과 약속의 말씀으로 끝마치고 있다. 그와는 아주 대조적으로 44장의 심판 신탁을 받는 자들에게는 그러한 희망이 전혀 제시되지 않는다. 애굽 공동체는 그러한 희망을 소멸시키는 특별한 죄악을 동반하고 있는 것처럼 보인다.

15-19 15-19절은 예레미야의 말씀에 대한 강력한 저항의 한 실례를 보여 준다. 반항적인 태도는 예레미야가 묘사한 상황을 확증해 준다. 선지자에 의하여 책망이 주어졌을 때 예언 문서에서 너무나 자주 발견된 반응과는 달리, 이 단락은 그 어떤 변명도 제공하지 않는다. 그 대신 반응하는 사람들은 예레미야가 책망하고 있는 예배 행습을 계속할 것이라고 자신들의 결심을 밝힌다.

15절은 그 응답자들을 소개한다. 이 남자들은 자발적으로 이 거짓된 예배 행위에 참석해 온 아내들을 둔 남자들이다. 그들은 그 곳에 모인 여인들의 그룹에 가담한다. 이 모임은 위의 멤피스 지역인 "바드로스에 거하는 모든 백성"으로 묘사되어 있다("양식/구조/배경"을 보라).

그들이 선지자에게 한 구체적인 대답은 예레미야로부터 온 말씀이 "여호와께로부터" 온 것이라는 사실을 인정한 것이다. 그럼에도 불구하고, 그 응답자들은 자기들이 예레미야의 말을 듣지 않을 것이라고 말한다. 그들은 자기들이 지금까지 항상 그렇게 해 왔던 바로 그 일, 특히 하늘 여신에게 예배하는 일을 계속할 것이라는 의사를 밝힌다(17절).

그 이유는 상당히 현실적이다. 이 백성들이 유다에서 하늘 여신에게 예배했을 때는 음식이 풍성했고 삶이 곤고하지 않았다. 그들 생각에는 하늘 여신에게 예배했던 시절이 유다에 온 고통들을 가로막아 주었던 때였다. 이러한 반응 이상으로 더 분명하게 야웨의 궁극적인 주권을 도전하는 것은 없을 것이다. 애굽의 도피자들은 자기들의 문제를 야웨의 심판과 연결시키지 않고 하늘 여신에게 적절한 제사를 드리지 않음으로써 자기들이 보호를 받지 못한 사실과 연결시켰다. 고통은 그러한 제사들이 정지되었을 때 격해졌고, 그래서 자신들은 그러한 잘못을 다시는 범하지 않으리라는 것이다.

19절에서 여인들은 그러한 예배 행습이 여성 예배자들에게만 국한된 것이 아님을 분명하게 밝힌다. 남편들이 특별히 하늘 여신에게 드려진 모든 활동에 참여한 사람들로 포함되어 있다.

부록: 하늘의 여신(황후)

참고문헌

Ackerman, S. "'And the Women Knead Dough': The Worship of the Queen of Heaven in Sixth-Century Judah." In *Gender and Difference in Ancient Israel*, ed. P. L. Day. Minneapolis: Fortress, 1989. 109-24. **Dahood, M.** "La Regina del Cielo in Geremia." *RivB* 8(1960) 166-68. **Gray, J.** "Queen of Heaven." *IDB* 3:975. **King, P. J.** *Jeremiah: An Archaeological Companion.* Louisville: John Knox, 1993. 102-7. **Malamat, A.** "Mari." *BA* 34(1971) 21. **Olyan, S. M.** "Some Obervations concerning the Identity of the Queen of Heaven." *UF* 17(1987) 161-74. **Rast, W. E.** "Cakes for the Queen of Heaven." In *Scripture in History and Theology.* FS J. Coert Rylaarsdam, ed. A. L. Merrill and T. W. Overholt. PTMS 17. Pittsburgh: Pickwick, 1977. 167-80. **Smith, M. S.** *The Early History of God: Yahweh and the Other Deities in Ancient Israel.* San Francisco: Harper, 1990. 145, 155. **Smith, M.** "The Veracity of Ezekiel, the Sins of Manasseh and Jeremiah 44:18." *ZAW* 87(1975) 11-16. **Weinfeld, M.** "The Worship of Molech and the Queen of Heaven and Its Background." *UF* 4(1972) 148-54.

하늘 여신은 예언 전승에서 수수께끼 같은 존재다(렘 7:18의 "주석"을 보라). 여러 다른 인물들이 하늘 여신으로 제안되어 왔다. 그녀는 가나안의 풍요의 여신 아낫과 동일시되어 왔으며(올브라이트는 자신이 라스 샤므라 토판들에서 발견한 증거에 기초하여 이러한 주장을 했다. Olyan, *UF* 17[1987] 161), 반면에 다른 학자들은 여러 가지 이유로 하늘 여신을 아스타르트 혹은 이쉬타르와 동일시했다(M. S. Smith, *The Early History of God*, 145를 보라). 벳산에서 발견된 제19왕조로부터 나온 한 애굽의 비문은 가나안의 풍요의 여신 아낫을 "하늘의 황후(여신)"로 언급한다. 다른 곳에서 아낫과 관련된 역할들은 팔레스틴에서 여신 아스도렛(Ashtoreth, 아스다롯)으로 묘사되어 있는데, 이는 이스라엘의 변질된 예배 행습과 관련되어 성경에서 여러 경우에 언급되어 있다(삿 2:13; 10:6; 삼상 7:4; 12:10; 왕상 11:5, 33; 왕하 23:13; J. Gray, *IDB* 3:975). 올라이언(Olyan, 171)은 아스도렛과의 동일시를 지지하는 증거가 다른 이용할 수 있는 선택 사항에 비하여 비현실적이라고 결론짓는다.

7장과 44장에 있는 "하늘 황후"를 동방의 셈족의 여신 이쉬타르와 동일시하려는 시도가 있어 왔다. 수산 액커만(Susan Ackerman, "The Worship of the Queen of Heaven," 109-18)은 예레미야 44장에 언급된 하늘 여신의 모습이 아스타르트(Ashtarte=Ashtoreth)와 이쉬타르(Ishtar) 모두와 관련된 성격들을 나타내 주는 복잡한 모습이라고 생각한다. 그러한 합성은 44장에 있는 하늘 여신과 관련된 완전한 형태를 보여 준다. 두 여신을 통하여 구현된 분명한 풍요의 기능이 나타나 있다. 전쟁 이미지(예레미야서에 있는 하늘 여신은 안정에 대한 언급을 통하여 이런 이미지가 추론됨) 역시 양자에게 적용된다. 별과의 관련성이 아스타르트와 이쉬타르 모두에게서 발견될 수 있다. 이쉬타르만 예배 의식의 일부분에서 떡을 굽는 것과 관련되어 있다. 여성인 풍요의 인물의 모습으로 떡을 굽는 형(型)들로 보이는 내용이 마리(Mari)에서 발견되었으며, 이것은 예레미야 7장과 44장에 기록된 행습과 불확실하게 연결되어 왔다 A. Malamat, *BA* 34[1971] 21).

바인펠트(Weinfeld, *UF* 4[1972] 149-54)는 하늘의 여신을 앗수르-아람의 비옥의 여신 이쉬타르와 동일시하는 경우를 제안한다. 바인펠트는 이쉬타르 예배를 이 지역에서의 오랜 앗수르의 영향을 받은 시기와 연결시키는데, 므낫세의 통치 기간 동안에 그러한 행습은 절정에 이른다. 그는 이것을 가나안과 아람의 제의가 팔레스틴에 나란히 존속했을 테지만, 하늘 만상 예배는 예레미야 7장과 44장에 언급된 것들과 같은 관습이라는 증거를 제공한다. 즉 분향, 술을 부음, 떡의 혼합. 이 모든 행습들은 아닷과 이쉬타르에게 드려진다.

올라이언(Olyan, *UF* 17[1987] 173)은 하늘 여신과 이쉬타르를 동일시할 수 있는 한 가지 가능성을 받아들이지만 궁극적으로 그것을 확신하지는 않는다. 그 대신 올라이언은 단연코 가장 강력한 증거는 하늘 여신(황후)을 가나안 여신 아스타르트와 동일시하는 것이라고 주장한다. 아스타르트와 관련된 예배 의식에서 떡을 사용했다는 증거의 결핍은 그로 하여금 그러한 예배 관습에 관한 이용 가능한 정보의 일반적인 결핍의 탓으로 돌리게 했다. 그의 견해에 의하면, 가나안 지역 여신이 "하늘 황후"의 호칭에 최상의 적용을 하도록 해준다(올라이언 역시 액커만과 다른 사람들이 제안한 것과 같은 형태의 융합에 대한 개념을 거절한다. *UF* 17[1987] 174).

액커만(Ackerman)의 제안은 고대 이스라엘 내에서 여인들의 예배와 관련하여 알려질 수 있는 내용을 결정하려는 시도와 연관된다. 그녀의 논문은 여인들이 행한 표준적인 예배 형태는, 특히 그러한 행습이 변절된 것으로 여겨졌다는 관점에서 기억된 바와 같이, 이스라엘의 유력한 족장 문화 가운데 숨겨져 있다는 것이다. 그 의도는 여권주의 문제들에 관한 민감성을 가지고 구약성경의 예배 형태들에 대한 새로운 해석을 제공하려는 것이다. 그러나 액커만이 주장하는 바와 같이, 이러한 행습들을 이스라엘 사람들의 예배의 적극적인 면으로 회복시키려는 것은 예레미야의 메시지로부터 맹렬한 공격에 직면하여 그렇게 하는 것이라는 것이다. 44장은 전체 예언 전승 가운데서 가장 강력한 비난의 말을 나타낼 것이며, 또한 이것은 하늘의 여신을 예배하고 그 배교적 성격에 대한 반복된 경고에도 불구하고 그 예배를 지속하는 사람들을 위하여 보존되어 온 것으로 보인다. 하늘 여신 예배를 이스라엘 예배의 긍정적인 특징으로 만회시키기 위한 시도는 성경 전승을 옆으로 밀어내는 일을 필요로 하며, 지극히 적은 소수가 기꺼이 그렇게 하려 할 것이다.

20-23 예레미야는 진행중인 논쟁 방식으로 이러한 예배 행습들을 야웨께서 기억하신 죄악된 행실에 초점을 맞추고 있다(21절). 예레미야는 유다에 떨어졌던 재난이 야웨의 심판이라고 주장한다. 이 "재앙"은 하늘 여신에게 제사를 드리지 않은 결과가 아니라 그러한 거짓된 예배의 필연적인 결과다.

24-25 선지자는 백성들이 변화되기를 거절하는 것을 받아들인다. 다소 모호한 형식으로 예레미야는 하늘 여신에게 맹세를 하는 백성들의 의도를 반복한다. 본질적으로 예레미야는 자기들이 행하겠다고 말한 바로 그 일을 하도록 그들에게 권하고 있다. 그 어조를 심판의 경고로 돌이키기 전일지라도, 선지자가 권하고 있는 것은 그러한 행동이 피할 수 없는 결과를 가져올 것이라는 사실을 암시하는 것처럼 보인다.

26-29 예레미야는 특징적인 문구 "그러므로"로 시작하면서, 이 완고한 백성에 대한 야웨의 심판을 선포한다. 야웨께서는 애굽에 거주했던 유대인들이 하나님의 이름에 대한 언급을 침묵하도록 "나의 큰 이름으로" 맹세하신다. 야웨의 그러한 맹세는 심판의 말씀에 강도를 더해 준다. 야웨께서는 애굽에 야웨의 이름으로 맹세할 사람이 아무도 없을 것이라고 맹세하신다(26절). 25절에 있는 여인들의 맹세로부터 26절에 있는 "맹세"에 대한 언급으로의 이동에 비추어 볼 때, 여인들이 야웨의 이름으로 하늘 여신에게 맹세하는 것은 가능한가? 이 문제를 해결할 길이 없지만,

이것은 이스라엘 백성들 사이에서 일어날 수 있었던 혼합적인 예배의 수준 및 성격과 관련하여 흥미를 끌 가능성을 제공하고 있으며, 그래서 선지자들을 통한 거짓된 예배에 대한 수많은 탄핵을 설명할 수 있고, 정작 그 예배자 자신들은 이를 거짓된 것으로 인식하지 못한다.

예레미야는 애굽에 있는 유대인 공동체의 철저한 멸망을 예고한다. 소수만이 다가올 칼과 기근이라는 파괴를 피할 것이다. 함축된 뜻은 이 경우에 누구의 말씀이 진리였는가를 증거하도록 몇몇 사람이 남으리라는 것이다. 29절은 거의 하나의 도전으로 진술되어 있다. 만일 예고된 대대적인 파괴가 실제로 일어난다면, 하늘 여신을 섬기는 자들의 말이 아닌 야웨의 말씀이 참된 말씀이라는 결정적인 증거를 제공할 것이다.

30 이전의 설명들이 배타적으로 애굽에 거주하고 있는 유대인 공동체에 대해서만 초점을 맞추었던 반면에, 본 장의 마지막 구절은 애굽의 바로를 언급한다. 이 결론적 문장은 좀더 우주적 목적을 가진 주님의 행동과 관련되어 있는데, 그 이유는 야웨께서 하시는 일은 유다의 사건들에만 국한된 것이 아니기 때문이다. 애굽의 바로의 운명은 그 종말이 너무나 유사했던 유다 왕 시드기야의 그것처럼 야웨의 행동에 대한 의존에 달려 있다.

거명된 바로는 호브라인데, 그는 주전 588년부터 569년까지 애굽의 제26왕조를 다스렸던 자였다(J. A. Wilson, *IDB* 2:633-34). 그는 시드기야가 바벨론인들에 대항하여 비극적인 운명을 가져다 준 반역을 일으키게 한 도구였는데, 이것이 바로에 대한 이 결정적인 심판의 말씀을 받게 만든 이유인 것 같다. 호브라는 예레미야가 그에 대하여 예고한 바와 같이 주전 566년 애굽 내의 권력 투쟁 가운데서 살해당했다.

이 메시지는 애굽이 외부의 위협으로부터 보호를 제공한다고 믿었던 사람들의 기초를 흔들어 놓았다. 유다에서 미래의 희망을 바벨론의 주권을 받아들임으로써 얻게 될 것이라고 믿었던 사람들과 그 희망이 애굽과의 동맹을 통하여 실현된다고 믿었던 사람들 사이에 너무나도 오랫동안 부글부글 끓었던 의견의 대립이 강조되었고, 그 해답이 주어졌다. 애굽에 소망을 두었던 사람들은 헛된 소망을 가졌던 것이다.

해설

히브리어 성경에 묘사된 이스라엘/유다의 야웨에 대한 정면 대항의 가장 강력한 실례들 가운데 하나로서, 예레미야 44장은 애굽에 있는 유대인 생존자들에게 떨어질 피할 수 없는 심판을 강조한다. 37-44장에 있는 이 결론적 단락은 애굽에서 안정을 추구한 유대인 공동체의 운명을 영구히 확증해 주고 있다.

37-44장의 설화적 사건들 가운데 여러 가지 점에서 미래와 관련된 희망의 기미가, 미스바에 모인 그달랴 공동체와 관련된 강렬한 기록 속에 가장 두드러지게 나타나는 것으로 보인다. 어떤 점에서 그 뚜렷한 희망은 달리 존재해 올 수 있었던 것보다 더 황량한 모습으로 이끌어 간다. 미스바에 있었던 그달랴의 지도력 하에서 너무나 가능해 보였던 것과 그달랴의 살해 후에 뒤따라온 절망 사이의 대조가 뚜렷하다.

44장 끝에서 미래에 관한 예레미야의 메시지를 통하여 나타난 결론과 관련하여 의심이 있을 수 없다. 미래에 대한 어떤 희망은 바벨론에 있는 포로민 공동체 가운데서 함축적으로 그리고 제거의 과정에 의하여 부여된다. 예레미야와 에스겔 선지자는 각기 다른 형태로 자기들의 결론에 도달하기는 하지만, 예레미야의 결론은 그 메시지의 이 시점에 와서야 비로소 명확해지는데, 다른 선택 사항들을 제거하는 요인들이 현저하게 유사하고 이끌어 낸 결론들이 동일하다.

XXV. 바룩을 위한 말씀(45:1-5[LXX 51:31-35])

참고문헌

Gunneweg, A. H. "Konfession oder Interpretation im Jeremiabuch." *ZTK* 67(1970) 395-416. **Lundbom, J. R.** "Baruch, Seraiah, and Expanded Colophons in the Book of Jeremiah." *JSOT* 36(1986) 89-114. **Mowinckel, S.** *Prophecy and Tradition.* Oslo: Dybwad, 1946. 61-62. **Muilenburg, J.** "Baruch the Scribe." In *Proclamation and Presence.* FS G. Henton Davies, ed. J. I. Durham and J. R. Porter. Richmond: John Knox, 1970. 215-38. **Schulte, H.** "Baruch and Abedmelech: Personaliche Heilsorakel im Jeremiabuch." *BZ* 32(1988) 256-65. **Selms, A. van.** "Telescoped Discussion as a Literary Device in Jeremiah." *VT* 26(1976) 99-112. **Skinner, J.** *Prophecy and Religion.* Cambridge: Cambridge UP, 1922. 346. **Taylor, M. A.** "Jeremiah 45: The Problem of Placement." *JSOT* 37(1987) 79-98. **Weiser, A.** "Das Gotteswort für Baruch: Jer. 45 und die sogenannte Baruchbiographie." In *Glaube und Geschichte im Alten Testament.* Göttingen: Vandenhoeck & Ruprecht, 1961.

본 문

1 유다 왕 요시야의 아들 여호야김 제사년에 네
리야의 아들 바룩이 예레미야의 구전대로 이 모
든 말을 책에 기록하니라 때에 선지자 예레미야
가 그에게 말하여 가로되

2 바룩아 이스라엘의 하나님 여호와께서 네게 이
같이 말씀하시되
3 네가 일찍 말하기를 슬프다 여호와께서 나의
고통에 슬픔을 더하셨으니 나는 나의 탄식으로
피곤하여 평안치 못하다 하도다 하셨고
4 또 내게 이르시기를 너는 그에게 이르라 여호
와께서 이같이 말씀하시기를 보라 나는 나의 세
운 것을 헐기도 하며 나의 심은 것을 뽑기도 하나
니 온 땅에 이러하거늘
5 네가 너를 위하여 대사를 경영하느냐 그것을
경영하지 말라 보라 내가 모든 육체에게 재앙을

1 The word which Jeremiah the prophet spoke
to Baruch the son of Neriah when he wrote these
words[a] in a book at the dictation of Jeremiah in
the fourth year of Jehoiakim the son of Josiah
the king of Judah, saying:[b]
2 "Thus says the Lord, the God of Israel,[a] to you
Baruch,
3 [a]you said, 'Woe is me,[b] for the Lord has added
grief upon my pain; I am weary with my groaning and I find no rest.'
4 Thus[a] say to him, thus says the Lord, behold,
what I have built I am tearing down, and what
I planted I am plucking up, and [b]that is the
whole land.[b]
5 And you seek great things for yourself? Do not
seek them: for I am bringing evil upon all flesh,

내리리라 그러나 너의 가는 모든 곳에서는 내가 너로 생명 얻기를 노략물을 얻는 것 같게 하리라 여호와의 말이니라 하셨느니라	says the Lord, but I will give to you your life for a spoil wherever you may go."

원문주해

1.a. 언급된 "말씀"은 44장의 말씀을 가리키지 않는 것으로 보인다(참조. Carroll, 744; Thompson, 683, Duhm, 334-36은 이와 반대다). 캐롤이 주장하는 바와 같이, 그보다는 렘 36장의 사건들을 참고한 것으로 보인다(또한 Lundbom, *JSOT* 36[1986] 100-101를 보라).

1.b. LXX에는 "말하여"가 없다.

2.a. LXX에는 "이스라엘의 하나님"이 없다.

3.a. LXX은 호티(*ὅτι*, "이는")를 가지고 있다. MT에는 키(כי, "이는")가 중자탈락으로 인하여 빠져 있다(Thompson, 683; Rudolph, 226; Carroll, 744).

3.b. LXX에는 오이모이(*οἴμμοι*, "화로다 나여")가 반복되어 있는데, 이는 중복오사로 인한 잘못된 반복인 것 같다.

4.a. "그러므로"(thus)가 LXX에는 없다. *BHS*는 "그러므로 그에게 말하라"가 본문에 가필된 것으로 간주한다.

4.b-b. 많은 필사본들은 "온 땅이 그러하거늘" 대신 "온 땅이 내 것이거늘"(나에게 속하거늘)을 가지고 있다. *BHS*는 Syr 역본에 근거하여 "내가 온 땅을 칠 것이라"는 독법을 제안한다. LXX은 "그리고 온 땅이 그러하거늘"을 생략하고 있다.

양식/구조/배경

45장의 상황은 앞 장의 상황으로부터 전환하고 있는 것으로 보인다. 44장에서 일어나는 사건들에 대해 아무런 언급도 하고 있지 않다. 애굽인 공동체는 이 본문과 전혀 연관되지 않은 것으로 보인다. 보다 그럴듯한 상황은 36장에서 두루마리가 불살라지고 그 두루마리를 다시 기록한 직후다(Carroll, 744; Thompson, 683). 루돌프가 지적한 바와 같이(227), 4-5절은 그 땅의 멸망이 아직 실현되지 않고, 실질적으로 44장의 상황을 배제하고 있다는 사실을 암시한다.

몇몇 학자들은 본서에서 이 신탁의 위치와 그 내용의 성격을 고별 신탁과 같은 종류의 것으로 언급하고(Skinner, *Prophecy and Religion*, 346), 그 점에 근거하여 예레미야(그리고 바룩)의 생애의 마지막 부분에 더 잘 어울린다고 주장한다. 하이야트(Hyatt, 1101-2)는 이 자료의 개조와 위치 선정이 신명기 편집자에 의해서 된 것이라고 주장하면서 또 다른 요인이 작용한 것으로 말한다. 그는 1절의 날짜("여호야김 제4년")는 이 편집자의 작품의 가장 분명한 암시라고 결론짓는다.

할러데이(Holladay, 2:308-9)는 45장의 상황이 1절에 언급되어 있는 바와 같다고 주장함에 있어서 대다수의 의견을 따른다. 이 본문은 예레미야서 전집의 종결부에 있는 간기(刊記)로서의 기능을 한다(또한 van Selms, *VT* 26[1976] 99-103; Lundbom, *JSOT* 36[1986] 89-114). 그러한 것으로서 이것은 보다 큰 필사본의 기간에 여러 시기에 걸쳐 다른 위치에 나타났을 수 있지만, 어느 때나 필사본 자체는 확대되었고, 그래서 이 간기가 끝으로 이동되었을 것이다(Holladay, 2:309; 할러데이는 46-51장의 본래 위치가 LXX에서처럼 25장의 중간 부분이었을 것이라고 가정한다). 런봄(Lundbom, 100-101)은 1절에 있는 "이 모든 말"의 모호성에 주의를 환기시키고, 상황이 36장의 사건들(말씀들)보다 더 큰 현재의 상황과 함께 본문의 역사 과정의 다양한 시기에 전환되었을 가능성을 환기시켜 주었다(Mowinckel, *Prophecy and Tradition*, 61-62에 의하여 주장됨).

본문은 바룩의 애가에 반응하여 예레미야가 말한 신탁의 형식인데, 이 애가는 본서의 앞부분에서 한 선지자의 것으로 돌린 애가와 다르지 않다. 이 구절들 가운데서 인칭의 전환은 이것이 계속하여 다른 화자들이 설화자로부터 예레미야에게로, 바룩에게로, 야웨에게로 그리고 예레미야에게로 교체하면서 직접적인 배경을 전환시키고 있다는 점에서 해석자들에게 몇 가지 문제를 불러일으킨다. 반 셀름즈는 그러한 문제에 대해 명확한 대화 가운데 가정되어 있는 본문의 배경에 일련의 전환을 둠으로써 하나의 해결책을 제시한다(Van Selms, *VT* 26[1976] 99-103). 반 셀름즈는 36장의 두루마리의 기록과 그 계획이 바룩에게 주었던 마음의 충격을 재구성한다. 그는 바룩이 두루마리에 들어 있는 메시지의 극단적으로 부정적인 성격으로 인하여 자신이 짊어진 정서적인 무거운 짐을 덜어 줄 예레미야로부터 오는 응답이 없어 밤에 잠을 이루지 못했다고 추측한다. 반 셀름즈에 따르면, 그 후에 예레미야가 바룩의 절망감으로 인해 압도당하여 바룩의 불평을 하나님에게 아뢰고, 그 다음에 하나님의 응답이 예레미야에게 주어졌는데, 이것이 본서의 마감 부분에 사용된 응답이다. 반 셀름즈의 제안에서 주된 문제점은 주석가 자신의 상상에 지나지 않는 생각에 근거한 정신적, 정서적 경험을 가정하는 경향이 있다는 것이다.

브라이트(Bright, 184-86)는 45장을 36장의 사건들과 동일시할 뿐만 아니라, 이에 따라 본문의 순서를 재조정한다. 반 셀름즈처럼 그도 역시 이 본문을 선지자가 36장에서 선포한 끔찍한 심판의 말씀에 대한 바룩의 정서적 반응으로 생각한다. 브라이트의 제안이 반 셀름즈의 그것보다 더 정교하지는 않지만, 그것 역시 바룩의 정서적 동요에 대한 자신의 추리적 재구성에 근거하고 있으며, 반 셀름즈의 그것과 같은 증거에 의존한다.

테일러(Taylor)는 예레미야서에서 본 장의 위치와 관련된 역사적 문제에 대해 배타적으로 초점을 맞추는 경향을 가진 해석적 시도에 하나의 대안을 제공하려고 시도한다. 그녀는 역사 문제보다는 문학적 문제와 더 관련되어 있는 본 장에 대한 문맥상의 파악을 요구하면서(*JSOT* 37[1987] 86-87) MT 내에서 본 장의 기능에 초점을 맞춘다.

표제는 테일러가 볼 때 45장과 36장을 연결시켜 줌에 틀림없다. 여기에는 너무나 많은 의도성이 있으므로 그러한 효과가 무시되어서는 안 된다. 다른 한편, 이 단락의 충격은 야웨의 심판의 최종성을 강조하면서 유다의 운명을 확증해 준다. 44장과의 관계에서 언급된 바와 같이 최소한 한 가지 가능한 결과는 미래의 어떤 가능한 희망에 초점이 맞추어진 전환이다. 이것은 분명히 유다(혹은 애굽)에서는 발견되지 못할 것이다. 바벨론이 유일하게 남아 있는 선택 사항(미래의 희망 – 역자주)을 제공해 줄 것이다.

본 장의 개요는 다음과 같다.

Ⅰ. 표제는 신탁을 소개하고 있으며, 45장을 예레미야서의 중요한 다른 본문들과 연결시켜 준다(1절).

Ⅱ. 예레미야는 서기관의 불평에 대한 응답으로 바룩에 관한 야웨의 말씀을 기록한다(2-3절). 그 불평은 예레미야서와 또한 일반적으로 시편의 애가 시 가운데서 발견되는 것들과 같은 형식으로 반복된다.

Ⅲ. 야웨의 지시는 그의 보다 큰 목적들이 어떤 개인, 즉 야웨를 섬기는 데 헌신한 자의 개인적인 문제들보다 크다는 사실을 암시해 준다(4-5절).

건설하고, 심고, 넘어뜨리고, 뽑는다는 주제는 이 주제 가운데서 부정적 요소들을 강조하는 방식으로 반복된다. 바룩에게 유일한 희망의 말씀은 그의 생명이 보존될 것이라는 가능성인데, 순전히 몇몇 끔찍한 위협을 피했던 사람들이라는 틀에 박힌 것처럼 보이는 어투로 묘사되어 있다.

주석

1 본 장의 첫 구절은 표제로서의 역할을 한다. 주어진 날짜는 여호야김 제4년인데, 이는 45장과 36장을 연결시키는 날짜이며 두루마리와 여호야김이 그것을 불사른 사실을 둘러싸고 있는 사건들을 연결시키는 날짜다. 테일러(Taylor, *JSOT* 37 [1987] 88)는 이 특별한 해의 운명적 성격에 주의를 환기시킨다. 예레미야서에서 두루마리 사건이라는 본질적인 중요성 이외에도 이 해는 느부갓네살이 애굽을 결정적으로 쳐부순 갈그미스 전투가 있었던 해이기도 했다. 이와 동일하게 중요한 것은 이 해가 예레미야가 유다와 열국들에 대한 자신의 심판의 선포를 갱신한 해였다는 사실이다(렘 25, 36, 46장). 테일러가 주장하는 바와 같이(88), 이 날짜는 심판을 위한 하나의 암호(code)인가?

한 책에 기록된 "말씀"은 36장의 두루마리를 가리키는가, 아니면 여호야김이 첫 번째 두루마리를 불태운 후에 다시 기록한 것을 가리키는가? 테일러는 이것이 반드시 하나를 선택하거나 다른 것을 선택할 수 있는 것이 아니라, 바로 앞 장의 말씀을 포함하도록 의도적으로 모호한 상태로 남겨 놓은 것이 더 적절할 수도 있다고 생각한다(*JSOT* 37[1987] 88).

2-3 첫 번째 단어는 야웨께서 예레미야를 통하여 바룩에게 하신 말씀이다. 전달 과정의 복잡한 성격이 이 본문 작성의 역사에 관한 수많은 이론들을 낳게 했다. 사실상, 문장들의 요점은 따르기 어려운 것이 아니다. 여러 명의 화자를 밝히고 있는 점은 어색하지만, 그럼에도 불구하고 전달된 내용과 누구에게 전달되었는지는 분명하다. 야웨께로부터 온 말씀은 바룩의 불평의 말을 반영하고 있는데, 특히 선지자의 애가들(소위 고백들)과 유사하며 통상적인 애가 시에 들어 있는 요소들과 유사하다. 반 셀름즈(Van Selms)와 브라이트(Bright)가 말한 바와 같이, 바룩의 정서적 상태를 세밀히 조사하기보다는, 또 다른 가능한 접근 방식이 있을 수도 있다. 예레미야의 말들과 같다는 사실은 우연의 일치 이상의 사실을 암시한다. 사실상 더 큰 메시지 가운데서 본 장의 역할에 중요한 해석적 실마리를 제공해 줄 수도 있다.

4-5 선지자는 서기관 바룩의 불평에 반응하여 그에게 하나의 강력한 말씀을 전달하라는 지시를 받는다. 흥미롭게도 이 말씀은 예레미야서의 보다 큰 메시지 가운데 중요한 주제가 되는 요소의 반복과 함께 시작된다. 건설하고, 심고, 넘어뜨리고, 뽑으시는 분으로서 야웨께서는 본서의 첫 부분과 선지자 자신의 소명을 되풀이하신다(1:10). 본 장을 간기(刊記)라고 말하는 것은 이러한 용어들이 분명히 선지

자의 여정에 있어서 본서를 마감하는 기능을 한다는 방식을 통하여 입증된다(Lundbom은 이 중요한 단어들의 반복으로 창출된 인클루시오를 언급한다. *JSOT* 37[1986] 101). 그러나 그것이 이 언급의 유일한 목적일 것 같지는 않다.

그 용어들이 45장에 나타나 있는 바와 같이, 강조점은 멸망에 있다. 1:10은 건설하며 심는다는 긍정적인 의미로 마친다. 45:4은 헐며 뽑는다는 말로 마친다. 거기에는 최종성에 대한 논급이 있다. 언젠가 희망이 가능성이 있었으나, 최소한 선지자(그리고 서기관)가 당면한 상황 가운데서는 그 희망이 전혀 없다. 그 점에서 44장의 두려운 장면과 직접적인 관계가 있다.

5절에서 본 장은 하나님의 경영의 우선성을 상기시키면서 마친다. 예레미야의 경험처럼 바룩의 경험은 야웨의 보다 큰 목적에 종속되어 있다. 자신이 결정하신 일을 이루기 위하여 행동하시는 분은 하나님이시다. 야웨의 목적을 이루기 위한 사자로서 사역하는 사람들일지라도, 그리고 고난을 받는 의로운 자들일지라도 야웨의 목적이라는 보다 큰 사건들 속에서는 사라진다. 그들이 바랄 수 있는 것은 기껏해야 자기들의 생명을 대학살 가운데서 노략물로 얻을 가능성뿐이다(21:9; 38:2; 39:18).

해설

유다 백성들이 야웨의 심판이라는 절정의 사건들을 경험할 때, 그 심판의 불가항력적 성격은 야웨의 신실한 종들의 삶 속에서도 드러난다. 바룩은 예레미야의 동료로서 본서 전체에서 산발적으로 나타난다. 본 장은 바룩이 예레미야와 함께 한 일련의 목숨이 구출 받는 사건들(life events)에 동참한 것 그 이상의 역할을 하고 있음을 암시한다.

위에서 설명한 바와 같이 45장에 있는 바룩의 불평은 이와 유사한 중요한 특징, 곧 예레미야의 보다 확장된 불평 내용을 가지고 있으며, 또한 히브리 성서에 있는 다른 불평의 장르에 속하는 시들의 특성을 함께 가지고 있다. 본 장은 예레미야와 유다의 이야기에서 "책 말미" 즉 마치는 말미로서의 기능을 한다. 본 장은 "이야기"의 일부로서 선지자의 마지막 언급이다.

바룩은 즉시 확신을 얻고 질책을 받는다. 야웨께서 바룩에게 응답하심에 있어서 거칠어 보이는 말투처럼 들리는 것이 다소 이상해 보일 수도 있으나, 그 응답은 본서의 보다 큰 메시지와 관련된 결정적인 조언을 제공해 준다. 하나님의 심판이 올 때, 그 범위는 실로 광범위하다. 무죄한 자를 살리기 위하여 준비되는 경우는 지극히 드물다(겔 8장). 그보다 훨씬 더 자주 대다수 편의 불성실의 결과는 사회 전체에 영향을 준다.

만일 유다와 그 생존자들에게서 희망이 사라졌다는 메시지에 어떤 보급이 필요했었다면, 이 바룩의 말씀이 그것을 준비해 줄 것이다. 그 종말이 분명하게 그리고 최종성과 더불어 선포되는데, 45장의 LXX이 MT의 그것보다 더 적절하게 만들어 놓고 있다. 바룩이 예상할 수 있는 것은 기껏해야 자기 자신의 생명이 보존될 가능성일 것이다.

XXVI. 열국에 대한 신탁(46:1-51:64[LXX 25:14-31:44])

참고문헌

Barré, M. L. "The Meaning of *l'šybnw* in Amos 1:3-2:6." *JBL* 105(1986) 611-31. **Hayes, J. H.** "The Oracles against the Nations in the Old Testament: Their Usage and Theological Importance." Diss., Princeton, 1964. **Hillers, D. R.** *Treaty Curses and the Old Testament Prophets.* BibOr 16. Rome: Biblical Institute Press, 1964. **Overholt, T. W.** "King Nebuchadnezzar in the Jeremiah Tradition." *CBQ* 30(1968) 39-48. **Watts, J. W.** "Text and Redaction in Jeremiah's Oracles against the Nations." *CBQ* 54(1992) 432-47.

열국에 대한 신탁(OAN)은 호세아서를 제외한 모든 예언서에 나타난다. 열국에 대한 신탁 모음집은 아모스 1-2장, 이사야 13-23장, 에스겔 25-32장, 스바냐 2:2-15 그리고 예레미야 46-51장(MT)에서 발견된다.

열국에 대한 신탁 전승의 기원은 이스라엘 백성들의 가장 초창기 행습들 가운데서 발견된다. 열국에 대한 신탁의 가장 초창기의 것은 백성들로 하여금 싸우라고 소환하고, 대적에 대해 재앙을 선포하고 또한 대적에 대한 조소를 포함하고 있는 전쟁 신탁이었다. 전쟁 신탁의 특징은 하나님의 전사로서의 야웨에 대한 이미지였다. 다윗 제국의 수립과 함께 전쟁 신탁은 제의 가운데서 제도화되었다. 제왕시들은 있는 그대로의 제국을 지키기 위하여 신적 종주 아래 있는 군주의 주권을 선포하고자 사용되었다. 전쟁 신탁은 국제적 계약이라는 상황 속에 위치해 있었다. 제국은 야웨의 절대권으로 간주되었는데, 그 구성 요소들은 계약 규정에 의한 야웨의 통치와 관련되었다. 야웨의 절대권에 대한 개념은 예언서의 열국에 대한 신탁 사상 가운데서 가장 중요한 요인이다. 야웨의 우주적 주권 개념, 야웨께서 이스라엘과 관련하여 하나님 자신의 목적을 이루기 위하여 이방의 세력을 이용하신다는 개념, 그리고 야웨께서 이방 열국을 심판하실 권한을 가지고 계신다는 개념은 최소한 8세기의 선지자들에게 이미 존재했었다. 예언서들 가운데서 이방 열국은 가장 자주 교만, 군사적 침략, 우상 숭배로 인하여 책망을 받는다. 열국에 대한 신탁은 세 개의 주된 목적을 가졌었다. (1) 가끔은 이스라엘을 취급하는 데 있어서 잘못한 이방 국가에 대한 운명을 선포하기 위하여, (2) 이스라엘을 위한 구원 신탁 혹은 격려의 신탁으로서의 역할을 하도록, (3) 자기들의 안정을 위하여 이방 동맹들을 의존하는 일에 관해서 이스라엘을 경고하기 위하여(열국에 대한 신탁의 발전에 관한 가장 훌륭한 개괄은 J. H. Hayes, "The Oracles against the Nations on the Old Testament"를 보라).

예레미야서에 있는 열국에 대한 신탁 모음집은 LXX에서 25:13 직후에 다음에 나오는 25:15-38과 함께 나타나며(LXX에서는 32:15-38), 반면에 MT에서는 이 모음집이 46-51장 가운데 나타난다. 그 외에도 신탁의 순서가 두 본문 전승들 사이에 서로 다르다. 위치와 순서상의 차이점들은 해석을 필요로 한다. 예레미야 25:30-33은 열국들에 대한 주님의 소송 선언을 제공한다. 선언의 어투가 공식적인 것이다. 25:30a은 열국에 대한 신탁 모음집의 권두언인 아모스 1:2을 생각나게 한다. 이사야 16:9-10과 같은 25:30b은 모압에 관한 신탁인데 포도원 어투를 사용한다. 25:30c, 31b은 호세아 4:1에 있는 이스라엘에 대한 소송 선포의 어투를 반영해 준다. 25:31c은 "국문하리니"(샤파트[שׁפט]의 니팔형)란 문구가 나오는 요엘 4:2(개역. 3:2)을 생각나게 한다. 아모스 1-2장에서처럼 강조하고 있는 사상은 야웨의 종주권이다. 아모스 1-2장에서 야웨의 절대권은 다윗 제국을 반영하고 있는 반면에, 예레미야 25장에서는 종주권이 온 땅에 확대된다. 25:30-33, 25:15-29의 진노의 잔 단락 문맥 속에서 야웨의 진노를 경험할 열국들의 목록이 나오는데, 이 목록은 비옥한 초승달 지역을 모두 포함하는 목록이지만 예루살렘으로부터 시작된다. MT은 우스, 아라비아, 시므리, 바벨론을 덧붙이고 있는 반면에, LXX와 MT은 다메섹을 뺀다.

LXX 원 자료는 열국에 대한 신탁을 25:13과 25:15 사이에 두고 있는데(LXX의 32:15) 특별한 순서는 없는 것 같다. 이것은 열국에 대한 신탁에서는 가장 논리적인 위치이며, 대부분의 주석가들은 이 곳이 원래 혹은 가장 초창기의 위치였다는 데 동의한다. 그러나 이 지점에서 열국에 대한 신탁 모음집의 삽입과 함께 25:1-11, 13은 이제 새로운 본문에 들어 있게 되었고, 그래서 원래 유다에 관해서만 말해졌던 이 본문이 우주적 심판의 장면이 되도록 고안되었던 것이다. 25:9에다가 열국에 대한 신탁을 포함하도록 하기 위하여 "사방 모든 나라"란 문구가 덧붙여졌다(Holladay, 1:663을 보라). 징벌을 가하는 나라를 포함시키려고 25:12이 덧붙여졌었는데, 유다를 심판하기 위하여 보냄받은 "북방 모든 족속"이 그 사건의 결과로, 원래 유다를 지칭했던 25:13에 있는 "그 땅"이 이제는 그 징벌을 하는 나라를 상징하게 되었다. LXX에 반영되어 있는 본문 전승 가운데서 입증된 25장의 이러한 편집은 바벨론을 그 나라를 징벌하러 북으로부터 오는 적으로 명명하지 않는다. 요약해서 말하자면, LXX 원 자료는 그 구절들이 이제 본 장의 전체 문맥에 어울리도록 열국에 대한 야웨의 소송의 선포라는 문맥 속에 열국에 대한 신탁을 포함시켰고 25:1-11, 13을 편집했다. 열국에 대한 신탁이 (1) 예레미야의 예언과 연결되도록, (2) 야웨를 모든 열국에게 심판을 선포하신 열국의 주권자로 나타낼 수 있도록 하기 위하여 25장에 위치한 선재하는 모음집을 만들어 냈다는 것이 편집에 관한 이 견해 속에서 가정된다.

25:1-14의 MT 판은 또 다른 편집을 나타낸다. MT은 다양한 확장을 나타내 주고 있는데, 그 대부분이 야웨의 종 바벨론 왕 느부갓네살의 역할을 강조하고 있다(1, 9, 11, 12-14절). 그 중 하나가 바벨론을 "북방 모든 족속"(9절)으로 밝히고 있는데, 결국에는 야웨로부터 징벌을 받을 것이었다. 진노의 잔 단락, 즉 25:15-29은 MT에서도 확대된 단락이다. 25장의 MT은 분명히 바벨론의 국제적 역할과 그 궁극적인 멸망에 관심을 두고 있다. MT의 25:1-14의 해석은 열국에 대한 신탁에 적절한 서론을 제공하고 있는 반면에, 신탁 자체는 본서의 끝 부분(46-51장)으로 이동되었고, 신탁들의 순서는 일반적으로 연대기적 순서로 정리되어서 바벨론 신탁을 끝 부분에 두고 있다. 이러한 위치 이동은 열국에 대한 신탁 모음집에 대한 새로운 서론이나 표제를 필요로 했다(26:1; 가장 최근에 열국에 대한 신탁 모음집을 다룬 글은 J. W. Watts, *CBQ* 54[1992] 432-27를 보라).

MT의 편집은 아마도 강조의 이동으로 그 결과가 나타난 역사적 사건들에 근거하여 설명되어야 할 것이다. 27장과 관련된 예루살렘에서 있었던 회담을 둘러싸고 있었던 사건들(594)이 결정적이었다고 생각될 수도 있다. 이 시기에 예레미야는 바벨론을 "북으로부터 오는 적"으로 분명히 밝혔고, MT은 이 사실을 강조하기 위하여 7, 13-14ab절을 덧붙였다. 예레미야로부터 경고를 받은 다섯 개의 이방 열국 가운데 셋이 에돔, 암몬, 모압이었다. 이 나라들은 바벨론에 대적함으로써 주님으로부터 심판을 받게 되었을 뿐만 아니라, 유다 역시 그들과의 동맹에 의지하지 말도록 경고를 받고 있다(참조. Holladay, 2:23-24; T. W. Overholt, *CBQ* 30[1968] 44).

예언서에 있는 몇몇 열국에 대한 심판에서 이방 나라들이 이스라엘과 유다를 취급하는 데 있어서 잘못한 것에 대해 책망을 받고 있는 한편, 바벨론 신탁의 예외와 함께(렘 50-51장과 관련된 특별한 문제들에 대해서는 "양식/구조/배경"을 보라), 예레미야서에 있는 열국에 대한 신탁에 들어 있는 그 어떤 이방 나라도 그러한 잘못으로 인하여 책망을 받고 있지 않다. 이 신탁들은 민족주의에 의하여 유발되지 않았으며, 그래서 그것들은 적어도 유다를 위한 구원 신탁으로서의 기능을 했다고 보여질 수는 없다. 46-49장에 있는 신탁 가운데 여섯 개에 심판에 대한 아무런 이유도 주어져 있지 않다. 멸망에 관한 어투는 거슬리지 않는다. 이것은 이방인을 미워하는 기미를 제공하고 있지 않다. 이것을 고려해 볼 때, 왜 한 선지자가 스스로 열국에 관심을 가졌을까?

마이클 바레(Michael Barré)는 아모스 1-2장에 있는 열국에 대한 신탁이 국제간 계약이라는 상황 가운데서 이해되어야 한다고 확신 있게 주장했다. 이방인과 국내의 모든 열국은 야웨의 주권의 일부였다. 이방 국가들은 언약 파기로 인하여 책망을 받는데, 특히 동료 봉신에 대한 권한 밖의 침략으로 인하여 비난을 받는다. 그들은 특히 이스라엘을 공격했기 때문에 심판 받거나 혹은 인간의 도리를 어겼기 때문이거나 혹은 고대의 도덕성에 대한 일반법을 어겼기 때문에 심판을 받는 것이 아니다(M. Barré, *JBL* 105[1986] 611-31).

예레미야서에 있는 열국에 대한 신탁, 특히 47-49장에 있는 것들은 계약이라는 상황 가운데서 해석된다고 여겨진다. 그 나라들이 바벨론 제국의 일부를 이루었었고, 또한 예레미야가 느부갓네살을 야웨의 종주권 아래 속해 있는 야웨의 종으로 선포했으므로, 선지자는 언약 파기나 혹은 파기에 대한 하나의 경고로 그 나라들에 대해서 신탁을 전달하리라고 예상할 수 있었다. 이 신탁들은 그들이 계약 상황에서 간주되었던 사실을 암시하는 자료를 제공해 준다. 첫째로, 신탁들은 국제 계약들, 특히 세파이어(Sefire)의 아람어 계약들과 에살핫돈 계약들의 특징인 저주들과 유사한 심판 성명서를 담고 있다(D. R. Hillers, *Treaty Curses*, 41-79). 둘째로, 진노의 잔 개념은 계약과 또한 그것이 짐지워 준 방식을 반영하고 있다(부록: 진노의 잔을 보라). 셋째로, 계약 파기를 지적하는 동료 봉신에 대한 군사적 침략에 관한 언급이 있다(48:1-2, 45; 49:1-2).

결국 47-49장에 있는 열국에 대한 신탁은, 선지자에게 열국과 야웨의 관계에 대한 그의 이해를 표현할 하나의 비유를 제공하고 있는 국제간의 계약 상황을 반영하고 있다는 것이다. 그것들 모두가 열국들이 듣도록 의도되었든 그렇지 않든 신탁들은 무엇보다도 온 세계에 대한 야웨의 주권을 확인하는 역할을 했으며, 둘째로 그것들은 독맹국들을 의존하지 않도록 혹은 하나님의 심판 아래 처한 열국들을 의지하지 않도록 유다에게 주는 경고로서의 역할을 했다.

부록: 진노의 잔

참고문헌

Brongers, H. A. "Der Zornesbecher." *OTS* 15(1969) 177-92. **Gressmann, H.** "Der Festbecher." In *Sellin Festschrift: Beiträge zur Religionsgeschichte und Archäologie Palästinas.* Leipzig: A Deichertsche Verlagsbuchhandlung, 1927. 55-62. ______. *Der Ursprung der israelitisch-jüdischen Eschatologie.* FRLANT 6. Göttingen: Vandenhoeck & Ruprecht, 1905. **McKane, W.** "Poison, Trial by Ordeal and the Cup of Wrath." *VT* 30(1980) 474-92. **Ringgren, H.** "Vredens kalk." *SEÅ* 18(1953) 19-30. **Schmidt, H.** *Die Psalmen.* HAT 15. Tübingen: Mohr, 1934. **Veenhof, K. R.** Review of *Salbung als Rechtsakt im Alten Testament und im Alten Orient,* by E. Kutsch. *BO* 23(1966) 308-13. **Volz, P.** *Der Prophet Jeremia.* KAT 10. Leipzig: Deichert, 1928. **Wiseman, D. J.** "The Vassal-Treaties of Esarhaddon." *Iraq* 20(1958) 29-80.

야웨의 진노의 잔은 히브리 성경에서 잘 입증된 은유이며, 특히 예레미야서에서 중요한 역할을 하고 있다. 예레미야서에 있는 중요한 구절들은 25:15-16, 27-29인데, 거기서 선지자는 야웨로부터 진노의 잔을 받아 그것을 유다를 포함한 모든 열국에게 마시게 하라는 명령을 받는다. 그 잔을 마신 결과는 술취하여 비틀거리며 정신착란을 일으키고 토한다는 말로 표현된 모든 나라들의 멸망이다. 열국에 관한 신탁 모음집에서, 모압(48:26), 에돔(49:12-13) 그리고 바벨론(51:39, 57)은 취하게 되어 결국 패망한다. 51:7은 바벨론이 땅의 온 나라로 하여금 취하게 하고 미치게 하는 여호와의 수중의 금잔(金盞)이었다고 밝힌다. 진노 혹은 심판의 잔이라는 표상은 에스겔 23:31-35; 예레미야애가 4:21; 이사야 51:17-23; 하박국 2:15-17; 시편 11:6; 60:5; 75:9; 오바댜 15-16절; 스가랴 12:2에서도 발견된다.

은유의 기원과 당시의 삶의 정황이 여러 방향에서 연구되어 왔다. 이 이미지는 이스라엘 백성의 관습이나 비이스라엘 백성의 관습에 근거했는가, 아니면 국제 관계에서의 통상적인 관습에 근거했는가? 당시의 정황은 제의적·사법적인가, 아니면 신의 응답이었는가?

그레쓰만(H. Gressman)은 이 은유가 성소에서 있었던 야웨께서 기쁨과 즐거움을 주시는 이스라엘 제의 식사로부터 생겨났다고 제안했으며, 결국에는 선지자들이 야웨의 날이 심판의 날이라는 자기들의 의견과 일치되게 그 의식의 의미를 왜곡시켰다고 주장했다(*Die Ursprung*, 131-35). 이와 유사하게 링그렌(H. Ringgren)은 바벨론 제의에서 그 정황을 찾아냈다. 그는 신의 총회에서 먹었던 식사, 곧 술과 맥주로 가득했던 식사를 말하고 있는 에누마 엘리쉬(Enuma elish 3:1-10)를 언급했는데, 그 상황에서 그 신들은 마르둑 신의 운명을 결정했다는 것이다. 그러므로 링그렌은 식사와 진노의 잔이 운명의 분배와 연결되었다고 강조했다(*SEÅ* 18[1953] 19-30).

폴츠(P. Volz)는 신의 응답을 잔 은유의 원천으로 주장했다. 요셉이 소유했던 점치는 잔(창 44:5)을 언급하면서, 폴츠는 잔의 사용을 미래를 예언하는 수단과 운명을 결정하는 수단으로 보았다(*Der Prophet Jeremia*, 382-93). 슈미트(H. Schmidt)는 시편 75:9을 민수기 11장에 있는 하나님의 호된 심판에 비추어 해석하려고 했다. 즉 호된 심판의 잔은 독이 든 포도주 잔이 되었다는 것이다(*Die Psalms*, 144).

메소포타미아의 조각 예술품은 잔 은유의 기원에 호소하는 대상이 되어 왔다. 그레쓰만(Gressmann)은 자신의 양손에 두 잔을 들고 있는 한 여신을 묘사한 구데아(Gudea)의 봉헌 잔에 주의를 환기시켰다. 그는 이 조각상을 그 여신이 한 잔에는 생명의 물이 들어 있고 다른 잔에는 죽음의 물이 들어 있는 운명의 잔을 들고 있었다는 증거로 해석하면서 이것을 예레미야 25:15-17과 직접 연결시켰다("Der Festbecher," 61). 브롱거즈(Brongers)는 앗수르로부터 나온 두 개의 다른 조각상을 인용했다. 살만에셀 3세의 오벨리스크에 있는 한 판넬에는 왕이 자기 오른손에 한 잔을 들고 왼손에는 칼자루를 쥐고 있는 모습이 그려져 있고, 반면에 이스라엘 왕 예후는 부복하여 엎드려 있다. 후대에 나온 에살핫돈의 돌기둥 가운데 하나에는 오른손에 한 잔을 들고 있고, 왼손에는 하나의 곤봉을 잡고 있는 모습이 묘사되어 있는데, 반면에 두 죄수가 그 앞에 엎드려 있다. 잔과 죄수들 혹은 봉신들의 결합이 두드러져 있기는 하지만, 그럼에도 불구하고 브롱거즈는 이 예술 그림들을 잔 은유의 기원으로 보는 것을 거절하는데, 그 이유는 패배한 자가 그 잔을 마셔야 했다는 증거가 없기 때문이다(*OTS* 15[1969] 188-89; 석비들에 관해서는 *ANEP* 120, 154를 보라).

브롱거즈는 잔 은유의 기원과 당시의 정황 문제를 해결하려는 이 모든 시도들을 개괄해 보고 각각의 해결책에 대해 균형 있는 비평을 했다. 그의 결론은 이 은유가 전적으로 이스라엘에서 기원되었고, 따라서 이것이 하나의 상징으로 간주되어야 하며, 또한 이것은 기록자의 시적 능력 밖에서 당시의 정황을 찾을 필요가 없다는 것이었다(*OTS* 15[1969] 189-92).

맥캐인(W. McKane)은 "신의 심판에 의한 고난" 모델로 돌아섰다. 그는 예레미야서에 있는 중요 구절들에 대한 탈굼의 번역문들, 즉 민수기 5장을 해석의 근거로 사용한 번역문들에 상당히 의존했다. 그럼에도 불구하고 맥캐인은 "신의 심판에 의한 고난" 모델은 그 자체가 진노의 잔 단락들을 설명하기에 충분하다는 사실을 부인했고, 그러므로 그는 "죽음의 연회 주제", 즉 "호의적 주인과 유익한 환대의 두려운 반전"을 덧붙였다(*VT* 30[1980] 491).

또 다른 가능성은 계약의 영역으로부터 나온 것으로서 조사 대상으로 남아 있다. 에살핫돈 계약들은 맹약 혹은 계약들이 체결될 수 있었던 다양한 의식들을 언급한다. 153-56행에서 사람들은 음식으로 가득한 상에서, 잔을 들어 마시면서, 불빛 가에서, 물과 기름으로, 서로의 가슴을 대면서 맹세한다(본문에 대한 비평판은 Wiseman, *Iraq* 20[1958] 29-80에 의하여 출판되었다). 그것들이 어떻게 실질적으로 그 과정에서 기능을 했는가에 관해서 확고한 결론을 이끌어 낼 계약 체결 의식에 대해서는 알려진 것이 거의 없지만, "이것들이 백성들이 계약 과정에서 맹세한 상징적 수단"이라는 사실은 분명하다(Wiseman, *Iraq* 20[1958] 84). 맹세는 계약을 체결하는 데 반드시 필요한 행동이었으며, 제의 의식들이 그것을 확고히 한 것처럼 보인다. 그러나 계약들이 보여 주고 있는 바와 같이, 봉신들이 한 맹세는 자기 저주였으며, 계약을 어길 경우에는 그 모든 저주가 발효되었을 것이다. 맹세를 동반했던 의식들이 반전될 수도 있었는지의 여부를 살펴보는 일은 흥미 있는 일이다. 의식들은 번영과 우호적 일치를 가리키는 것처럼 보이지만, 계약 파기의 경우와 맹세의 거절의 경우에는 의식들 가운데서 언급된 유익들이 제거될 수 있었는지 의심스럽다. 만약 그렇다면 음식으로 가득한 상은 굶주림으로 변했을 것이다(440-52, 479-81행에 있는 저주를 보라). 불의 축복은 계약이 유지되는 한 존재했을 것이지만, 저주 항목은 다음과 같이 말했다. "기라(Girra)가 너의 소생과 후손을 태우기를"(524-25행). 빈호프(K. R. Veenhof)는 물과 기름을 가지고 한 맹세를 물을 마시고 기름을 몸에 바르는 일을 포함했던 것으로 이해했다. 그는 물을 마시는 것을 민수기 5:19에 있는 저주의 물과 연결시켰고, 기름을 에살핫돈 맹세들에 들어 있는 저주와 연결시켰다. "이 기름이 네 몸에 들어간 것처럼 그것들이 이 맹세를 네 몸 속으로 들어가게 하기를…"(622-25행). 빈호프는 그 저주들이 물과 기름에 전달되었고, 물과 기름을 받는 사람은 잠재적 저주들을 받았다는 의견을 가지고 있었다(*BO* 23[1966] 313). 만일 이 논증의 구절이 가치가 있다면, 맹세 의식으로서 잔을 마시는 것이 비틀거리게 하고 미치게 하는 잔으로 바뀌게 하는 저주를 포함했었는지의 여부가 모호한 채로 남아 있다.

A. 애굽에 대하여(46:1-28[LXX 26:1-28])

참고문헌

Bach, R. *Die Aufforderungen zur Flucht und zum Kampf im alttestamentlichen Prophetenspruch.* WMANT 9. Neukirchen: Neukirchener, 1962. **Barthélemy, D.** *Critique* *textuelle de l'Ancien Testament.* OBO 50/2. Göttingen: Vandenhoeck & Ruprecht, 1986. **Christensen, D. L.** *Transformations of the War Oracle in Old Testament Prophecy: Studies in the Oracles against the Nations.* Missoula: Scholars, 1975. **Donner, H.,** and **W. Röllig.** *KAI* 2:318. **Doorslaer, J. van.** "*No Amon.*" *CBQ* 11(1949) 280-95. **Eissfeldt, O.** "Jeremias Drohorakel gegen Ägypten und gegen Babel." In *Verbannung und Heimkehr,* ed. A. Kuschke. Tübingen: Mohr, 1951. 31-37. **Galling, K.** "Goliath und seine Rüstung." In *Volume du Congrès.* VTSup 15. Leiden: Brill, 1966. **Harrison, R. K.** "Balm." *IDB* 1: 344. **Höffken, P.** "Zu den Heilsätzen in der Völkerorakelsammlung des Jeremiabuches." *VT* 27(1977) 398-412. **Holladay, W. L.** "The Covenant with the Patriarchs Overturned: Jeremiah's Intention in 'Terror on Every Side'(Jer 20:1-6)." *JBL* 91(1972) 305-20. **Honeyman, A. M.** "Māgôr Misābîb and Jeremiah's Pun." *VT* 4(1954) 424-26. **Janzen, J. G.** *Studies in the Text of Jeremiah.* HSM 6. Cambridge: Harvard UP, 1973. **Jong, C. de.** "Deux oracles contre les Nations." In *Le Livre de Jérémie,* ed. P.-M. Bogaert. Leuven: Leuven UP, 1981. 369-79. Lambdin, **T. O.** "Put." *IDB* 3:971. ______. "Migdol." *IDB* 3:377. **Lundbom, J. R.** *Jeremiah: A Study in Ancient Hebrew Rhetoric.* SBLDS 18. Missoula: Scholars, 1975. **May, H. G.** "Some Cosmic Connotations of *Mayim Rabbim,* 'Many Waters'." *JBL* 74(1955) 9-21. **Mellink, M. J.** "Lud, Ludim." *IDB* 3:178-79. **Mendenhall, G. E.** *The Tenth Generation: The Origins of the Biblical Tradition.* Baltimore: Johns Hopkins UP, 1973. **Snaith, J. G.** "Literary Criticism and Historical Investigation in Jeremiah Chapter XLVI." *JSS* 16(1971) 15-32. **Soderlund, S.** *The Greek Text of Jeremiah: A Revised Hypothesis.* JSOTSup 47. Sheffield: The University of Sheffield, 1985. **Watson, W. G. E.** *Classical Hebrew Poetry: A Guide to Its Techniques.* JSOTSup 26. Sheffield: JSOT Press, 1984. **Weippert, H.** "Schild." In *Biblisches Reallexikon,* ed. K. Galling. Tübingen: Mohr, 1977. 279-80. ______. "Panzer." In *Biblisches Reallexikon,* ed. K. Galling. Tübingen: Mohr, 1977. 248-49. **Westermann, C.** *Isaiah 40-66.* Philadelphia: Westminster, 1969. **Wiseman, D. J.** *Chronicles of Chaldean Kings(626-556 B.C.) in the British Museum.* London: The Trustees of the British Museum, 1956. **Yadin, Y.** *The Art of Warfare in Biblical Lands.* New York: McGraw-Hill, 1963.

본 문

표제

1 열국에 대하여 선지자 예레미야에게 임한 여호와의 말씀이라

The Superscription

1 [a]The word of the Lord which came to Jeremiah the prophet[b] concerning the nations.[c]

애굽에 관한 첫 번째 신탁(2-12절)

2 애굽을 논한 것이니 곧 유다 왕 요시야의 아들 여호야김 제사년에 유브라데 하숫가 갈그미스에서 바벨론 왕 느부갓네살에게 패한 애굽 왕 바로 느고의 군대에 대한 말씀이라

3 너희는 큰 방패 작은 방패를 예비하고 나가서 싸우라

4 너희 기병이여 말에 안장을 지워 타며 투구를 쓰고 나서며 창을 갈며 갑옷을 입으라

5 여호와께서 가라사대 내가 본즉 그들이 놀라 물러가며 그들의 용사는 패하여 급히 도망하며 뒤를 돌아보지 아니함은 어찜인고 두려움이 그들의 사방에 있음이로다 하셨나니

6 발이 빠른 자도 도망하지 못하며 용맹이 있는 자도 피하지 못하고 그들이 다 북방에서 유브라데 하숫가에 넘어지며 엎드러지는도다

7 저 나일의 창일함과 강물의 흉용함 같은 자 누구뇨

8 애굽이 나일의 창일함과 강물의 흉용함 같도다 그가 가로되 내가 일어나 땅을 덮어 성읍들과 그 거민을 멸할 것이라

9 말들아 달리라 병거들아 급히 동하라 용사여 나오라 방패 잡은 구스인과 붓인과 활을 당기는 루딤인이여 나올지니라 하거니와

10 그 날은 주 만군의 여호와께서 그 대적에게 원수 갚는 보수일이라 칼이 배부르게 삼키며 그들의 피를 가득히 마시리니 주 만군의 여호와께서 북편 유브라데 하숫가에서 희생을 내실 것임이로다

The First Oracle concerning Egypt(2-12)

2 About Egypt: concerning the army of Pharaoh Neco,[a] king of Egypt, which was by the river Euphrates at Carchemish, which Nebuchadrezzar, king of Babylon, smote in the fourth year of Jehoiakim son of Joash, king of Judah.

3 Prepare buckler and shield! 3 Advance for battle! 2

4 Harness the horses! 2 Mount the stallions! 2 Take your stand[a] with your helmets! 2 [b]Polish lances![b] 2 Put on coats of mail! 2

5 Why have I seen (this)?[a] 2 They are terrified, 2 they turn back, 2 their warriors are crushed, 2 they flee in haste,[b] 2 they do not look back; 2 terror on every side – oracle of the Lord. 2+2

6 [a]The swift cannot flee, 2 the warrior cannot escape;[a] 2 in the north,[b] beside the river[c] Euphrates 3 they stumble and fall. 2

7 Who is this who rises[a] like the Nile,[b] 3+3 like rivers whose waters surge?

8 Egypt[a] rises like the Nile;[b] 3+3 [c]like rivers its waters[d] surge.[c] He said: I will rise and cover the earth, 4+4 I will destroy cities[e] and their inhabitants.

9 Get up, horses! 2+2 Drive madly,[a] chariots! March,[b] warriors, 2+4+4 men of Cush and Put handling the shield, men of Lud handling [c]and stringing the bow.[c]

10 That day belongs to the [a]Lord God of Hosts,[a] 5+4 a day of vindication to vindicate himself against his enemies;[b] The sword has devoured and is sated 3+2 and has drunk its fill from their blood; For the Lord, God of Hosts, held

sacrifice[c] in the land of the north at the river Euphrates.

11 처녀 딸 애굽이여 길르앗으로 올라가서 유향을 취하라 네가 많은 의약을 쓸지라도 무효하여 낫지 못하리라

11 Go up to Gilead and take balm, 4+2 [a]O virgin daughter Egypt![a] In vain you multiply healings; 3+3 there is no healing[b] for you.

12 네 수치가 열방에 들렸고 네 부르짖음은 땅에 가득하였나니 용사가 용사에게 부딪쳐 둘이 함께 엎드러졌음이니라

12 The nations have heard of your shame,[a] 3+3 and the earth is full of your cry. For warrior has stumbled against warrior; 3+3 both of them have fallen[b] together.[c]

애굽에 관한 두 번째 신탁(13-24절)

The Second Oracle concerning Egypt(13-24)

13 바벨론 왕 느부갓네살이 와서 애굽 땅을 칠 일에 대하여 선지자 예레미야에게 이르신 여호와의 말씀이라

13 The word[a] which the Lord spoke to[b] Jeremiah the prophet[c] concerning [d]the coming of Nebuchadrezzar,[d] king of Babylon, to smite the land of Egypt.

14 너희는 애굽에 선포하며 믹돌과 놉과 다바네스에 선포하여 말하기를 너희는 굳게 서서 예비하라 네 사방이 칼에 삼키웠느니라

14 [a]Announce in Egypt,[a] and declare in Migdol, 4+3 declare in Memphis [b]and in Tahpanhes;[b] say: [c]Take your stand and prepare yourself,[c] 4+3 for the sword will devour round about you.[d]

15 너희 장사들이 쓰러짐은 어찜이뇨 그들의 서지 못함은 여호와께로서 그들을 몰아내신 연고니라

15 Why has Apis fled?[a] 3+3 (Why) did your bull[b] not stand?[c] Because the Lord thrust him away;[d] 3+2+3

16 그가 많은 자로 넘어지게 하시매 사람이 사람 위에 엎드러지며 이르되 일어나라 우리가 포악한 칼을 피하여 우리 민족에게로, 우리 고토로 돌아가자 하며

16 he multiplied the ones stumbling;[a] indeed, each has fallen against his neighbor, And they say: Arise,[b] and let us return to our people, 4+2+3 to the land of our birth, away from the sword of the oppressor.[c]

17 거기서 부르짖기를 애굽 왕 바로가 망하였도다 그가 시기를 잃었도다

17 Call the name of Pharaoh,[a] king of Egypt, [b]"Noise"; he lets the appointed time go by.[b]

18 만군의 여호와라 일컫는 왕이 가라사대 나의 삶으로 맹세하노니 그가 과연 산들 중의 다볼같이, 해변의 갈멜같이 오리라

18 As I live, oracle of the King,[a] the Lord [b]of Hosts is his name:[b] 5+3+2+1 for as Tabor is among the mountains,[c] and as Carmel is by the sea, one will come.[d]

19 애굽에 사는 딸이여 너는 너를 위하여 포로의 행리를 준비하라 놉이 황무하며 불에 타서 거민이 없을 것임이니라

19 Baggage for exile make for yourself, [a]inhabitant of Egypt,[a] 6+3+3 for Memphis will become a ruin; she will be desolated[b] without inhabitant.

20 애굽은 심히 아름다운 암송아지라도 북에서부터 멸망이 이르렀고 이르렀느니라

20 A beautiful[a] heifer[b] is Egypt; 4 a fly[c] from the north has come against her.[d] 4

21 또 그 중의 고용군은 외양간의 송아지 같아서 돌이켜 함께 도망하고 서지 못하였나니 재난의 날이 이르렀고 벌 받는 때가 왔음이라

21 Even her mercenaries in her midst are like fatted calves.[a] 4 For they also turned and fled together, 5+2 they did not stand: for their day of disaster[b] has come upon them, 5+2 the time of their punishment.

22 애굽의 소리가 뱀의 소리 같으리니 이는 그들의 군대가 벌목하는 자같이 도끼를 가지고 올 것임이니라

22 The sound[a] of her is like a serpent going.[b] 3 For they come with an army;[c] 2+3+2 they come with axes against her, like those who fell trees.

23 나 여호와가 말하노라 그들이 황충보다 많고 계수할 수 없으므로 조사할 수 없는 그의 수풀을 찍을 것이라

23 They will cut down[a] her forest—oracle of the Lord, 4+3 for it is impenetrable. For they are more numerous than locusts; 3+3 they cannot be counted.[b]

24 딸 애굽이 수치를 당하여 북방 백성의 손에 붙임을 입으리로다

24 Daughter[a] Egypt will be put to shame: 3+4 she will be given into the hand of the people of the north.

애굽에 관한 산문체 신탁(25-26절)

A Prose Oracle concerning Egypt(25-26)

25 나 만군의 여호와 이스라엘의 하나님이 말하노라 보라 내가 노의 아몬과 바로와 애굽과 애굽 신들과 왕들 곧 바로와 및 그를 의지하는 자들을 벌할 것이라

25 [a]The Lord of Hosts, the God of Israel, said: "Behold, I am bringing punishment upon Amon of Thebes,[b] and upon Pharaoh, and upon Egypt, her gods and her kings, and upon Pharaoh and those trusting in him.

26 내가 그들의 생명을 찾는 자의 손 곧 바벨론 왕 느부갓네살의 손과 그 신하들의 손에 붙이리라 그럴지라도 그 후에는 그 땅이 여전히 사람 살 곳이 되리라 여호와의 말이니라

26 [a]And I will give them into the hand[b] of ones seeking their life, and into the hand of Nebuchadrezzar, king of Babylon, and into the hand of his servants; and afterward she will be inhabited like the days of yore"—oracle of the Lord.

야곱을 위한 구원 신탁(27-28절)

An Oracle of Salvation for Jacob(27-28)

27 내 종 야곱아 두려워 말라 이스라엘아 놀라지 말라 보라 내가 너를 원방에서 구원하며 네 자손을 포로 된 땅에서 구원하리니 야곱이 돌아와서 평안히, 정온히 거할 것이라 그를 두렵게 할 자 없으리라

27 And as for you, do not fear, my servant Jacob, 4+2 do not be dismayed, Israel. For, behold, I will save you from afar, 4+3 and your seed from the land of their captivity, and Jacob will return and be quiet and at ease,[a] 3+3 and none will make him afraid.[b]

28 나 여호와가 말하노라 내 종 야곱아 내가 너와 함께 하나니 두려워 말라 내가 너를 흩었던 그 열방은 다 멸할지라도 너는 아주 멸하지 아니하

28 As for you, do not fear, my servant Jacob—oracle of the Lord— 4[2]+3+8 for I am with you,[a] for I will make an end of all the nationsl

리라 내가 너를 공도로 징책할 것이요 결코 무죄한 자로 여기지 아니하리라

to which I have driven you, [b]But of you I will not make an end;[b] 3+2+3 I will discipline you justly, but I will not at al

원문주해

1.a. 하나의 신탁의 서론과 같은 종류의(관계대명사 아쉐르[אשׁר, "which"]로 시작되는) 표제는 14:1; 47:1; 49:34과 같은 것으로 간주될 수 있다.

1.b. Syr은 *dntnb'*("예언하다")를 덧붙인다.

1.c. 이 구절은 LXX에는 없다.

2.a. 느고에 관해서 Syr과 Tg은 각각 "불구자"를 의미하는 *hgy'*와 חגירא로 되어 있는데 네코(נְכוֹ)를 나케(נָכֶה, "불구의")로 읽고 있음이 분명하다.

4.a. Syr은 하트야츠부(התיצבו) 대신 *symw*("입다, 걸치다")를 가지고 있다.

4.b-b. LXX은 프로스발레테 타 도라타(*προσβάλετε τὰ δόρατα*, "창으로 공격하다")를 가지고 있다.

5.a. 질문 대신 Syr은 *mtwl dhzyt dhnwn*("이는 내가 그들을 보았음이라")를 가지고 있다. Tg은 이 질문에 תברין("깨어진" 즉 "어찌하여 내가 그들이 깨어진 것으로 보는고?")를 덧붙인다.

5.b. 마노쓰(מָנוֹס)의 멤(מ)을 앞의 동사에 있는 전접어적 멤(מ)으로 이해하고 앞의 와우(ו)를 중복오사로 제거하면서 노쓰 나쑤(נוֹס נָסו)로 읽음(참조. Bright, 301, n. a-a.).

6.a-a. LXX과 Vg은 강력한 부정어가 아니라 지시형임을 반영한다(GKC § 107p).

6.b. Syr에는 "북방"이 없다.

6.c. LXX에는 "강"이 없다.

7.a. Tg은 במשׁריתיה("그의 군대가 없다")를 덧붙인다.

7.b. LXX, Vg, Syr은 나일을 위하여 "강"을 가지고 있다. Tg은 이 표상을 완전히 바꾸어 놓고 있다. כיננא דסליק וחפי ית אריא("위로 올라가고 땅을 덮는 구름처럼").

8.a. LXX은 7절의 마지막 단어를 8절의 첫 번째 단어로 취급하면서 휘다타 아이귀프투(*ὕδατα Αἰγύπτου*, "애굽의 물")를 가지고 있다. Tg, Syr은 애굽의 "왕"으로 읽는다.

8.b. 역본들은 위의 "원문주해" 7.b에 언급된 것과 같은 독법을 보여 주고 있다.

8.c-c. LXX에는 없다.

8.d. 메메이우(מימיו, "그의 물들")로 읽음. 중자 탈락으로 접미사가 사라졌다.

8.e. 단수 명사는 하나의 집합으로 취급된다. LXX에는 "성읍들과"가 없다.

9.a. Vg은 *exultate in curribus*("병거들 가운데 있는 영광"); Syr은 *'štbhw bmrkbt'*

("병거들 가운데서 노래"). 둘 다 할랄(הלל)을 "찬양하다, 노래부르다"의 의미로 이해했다.

9.b. LXX과 함께 명령형 체우(צְאוּ)로 읽음.

9.c-c. Tg에는 וסחן בקשתא("그리고 활로 치는 자")로 되어 있다.

10.a-a. LXX은 퀴리오 토 데오 헤몬(*Κυρίω τῷ θεῷ ἡμῶν*, 우리 하나님 주님에게)을 가지고 있다.

10.b. Tg에는 미차라이우(מצריו) 대신에 מסנאי עמיה("그의 백성의 대적들")으로 되어 있는데, 이는 중요한 신학적 해석이다.

10.c. Tg에서는 קטלא("한 살육자")이다.

11.a-a. 이 문구 자리에서 Tg은 מלכות כנשתא דמצרים("애굽의 의회 왕국")을 가지고 있다. 참조. 46:19, 24.

11.b. 난해한 테알라(תעלה)를 "들음"으로 읽는 것이 역본들에 의해서 지지를 받는다. LXX은 오펠레이아(*ὠφέλεια*, "도움")를 가지고 있다. Vg은 *sanitas*("건강")를 가지고 있다. Syr은 *ʿwdrnʾ*("도움")으로 읽는다.

12.a. LXX은 켈로네크(קלונך, "너의 수치") 대신에 קולך로 이해하는 포넨 수(*φωνήν σου*, "너의 음성")를 가지고 있다. 비록 LXX의 독법이 뒤따라오는 "부르짖다"와 평행을 이루는 데 적절하기는 할지라도, 패배한 나라들이 수치를 당했다는 사상이 열국에 대한 신탁 중에서 두드러진 특징이며, 그래서 MT이 더 낫다.

12.b. Tg에서는 אתקטלו("죽임을 당했다")이다.

12.c. Syr은 *bhrbʾ*("칼에 의하여")를 가지고 있다.

13.a. Tg은 נבואה("예언의")를 덧붙인다.

13.b. LXX에서는 엔 케이리(*ἐν χειρί*, "…의 손에 의하여")다.

13.c. LXX에는 없다.

13.d-d. Tg은 이 문구를 למיתי נבוכדנצר("느부갓네살이 오도록")으로 번역한다.

14.a-a. LXX에는 없다.

14.b-b. LXX에는 없다.

14.c-c. 애굽이 나머지 단락에서 여성형이므로 히트야체브(התיצב)와 하켄(הכן)은 명령형이 아니라 부정사 절대형으로 취급되어야 할 것이다(Rudolph, 250에서 그렇게 주장함). Tg은 히트야체브(התיצב) 대신 אחדרח("네 자신의 팔")을 가지고 있다.

14.d. *BHS*는 쎄비바이크(סְבִיבָיִךְ)로 모음 부호를 붙인다. LXX은 텐 스밀라카 수(*τὴν σμίλακά σου*, "너의 주목〈朱木〉 나무")를 가지고 있는데, 쑤브케크(סֻבְּכֵךְ, "너의 덤불")로 읽은 것 같다. 크리스텐센(Christensen, *Transformation*, 218-19)은 쎄비베하(סביביה [쑵브카흐, סֻבְּכָה]로 고쳐짐)와 야라흐(יערה, "그녀의 숲")가 나란히 나타나는 21:14을 인용하면서 LXX을 따른다. 그러나 그는 이 단어를 남성 어미형으로 모음 부호를 붙인다.

즉 쏩브케카(סֻבְּכֵךְ). "덤불"이 애굽에 대한 은유로서 적절하다는 사실은 22-23절을 통하여 확인된다. Tg은 마지막 행을 קטילת חרבא סחרנך("칼이 네 이웃들을 죽였다")로 번역한다.

15.a. MT은 맛두아 니쓰아프 압비레카(מדוע נסחף אביריך, "어찌하여 너의 황소[bull]가 휩쓸려 갔는가?")를 가지고 있다. Vg과 Syr은 Vg이 *fortis tutus*("강한 자")를 가지고 Syr이 *ʿšynyky*("너의 강한 자들")를 보유한 것을 제외하고는 일반적으로 MT를 따른다. Tg은 מדין אתברו ניברך("어찌하여 너의 강한 자들이 깨어졌는가?")를 가지고 있다. LXX은 니쓰하프(נסחף)를 두 단어 נס חף로 읽으면서 디아 티 에퓌겐 호 아피스(*διὰ τί ἔφυγεν ὁ Απις*, "어찌하여 아피스가 도망하였는가?")라고 한다. 아피스(애굽어 *Ḥpw*)는 황소의 모습으로 애굽에서 숭배를 받았었다. 아람어와 페니키아어 חף 철자에 관해서는 Donner and Röllig, *KAI* 2:318를 보라.

15.b. 많은 필사본들처럼 압비레크(אַבִּירֶךָ)라고 구두점을 찍음. LXX은 호 모스코스 호 에클렉토스 수(*ὁ μόσχος ὁ ἐκλεκτός σου*, "너의 우수한 송아지")를 가지고 있다.

15.c. 게세브레히트(Giesebrecht) 역시 처음 두 개의 연을 평행구로 이해했다(231). Tg에는 두 번째 연 전체가 없다.

15.d. MT의 하다포(הדפו) 대신 LXX은 파렐뤼센 아우톤(*παρέλυσεν αὐτόν*, "그가 그를 무능하게 만들었다")을 가지고 있다.

16.a. MT이 이렇게 되어 있다. LXX은 카이 토 플레도스 수 에스데네센 카이 에페센(*καὶ τὸ πλῆθός σου ἠσθένησεν καὶ ἔπεσεν*, "너의 무리가 넘어졌다")을 가지고 있다. Vg은 *multiplicavit ruentes*("그가 넘어지는 그들을 증가시켰다")를 가지고 있다. Tg은 אסגיאו מחקליהון("그들이 그들의 넘어짐을 증가시켰다")를 가지고 있다. 크리스텐센(Transformation, 218)은 본문을 [ ]רַבְּ⟨דָ⟩ כ[ ]שׁל("너의 투사가 넘어졌다")로 읽도록 수정한다. Rudolph(250)는 이 연을 "능한 라합이 걸려 넘어졌다"로 번역하고 용병들을 소개하고 있는 다음 행이 탈락했다고 생각한다.

16.b. LXX은 아나스토멘(*ἀναστῶμεν*, "일어서자")을 가지고 있는데, 뒤따라오는 동사와 수와 인칭이 일치한다. 이와 유사하게 Syr에는 *qwmw*("일어서라", 복수 명령형)로 되어 있다.

16.c. MT의 헤레브 하요나(חרב היונה) 대신 LXX에는 마카이라스 헬레니케스(*μαχαίρας Ελληνικῆς*, "헬라 칼")로 되어 있다. Tg은 "압제하는 칼" 다음에 דהיא כחמר מרויא סנאה("사람들을 취하게 하는 포도주와 같은 대적의 ⟨칼⟩")을 덧붙이고, 그렇게 해서 25:27에서처럼 칼과 진노의 잔을 연결시킨다.

17.a. MT: 카르우 샴 파르오(קראו שם פרעה, "그들이 거기서 바로를 부른다"). 여기에 제공된 번역은 LXX을 따른다. 칼레사테 토 오노마 파라오(*καλέσατε τὸ ὄνομα φαραω*, "바로의 이름을 부르라"). LXX은 느고라는 이름을 덧붙이고, 그리하여 이 신탁의

연대를 더 후대의 호브라 시대가 아닌 주전 601년으로 정하고 있다.

17.b-b. LXX은 이 단어들을 단순하게 번역한다. Syr은 이 동사 헤에비르(העביר)를 *mʿbr*("한 지나가는 ⟨시간⟩", 분사)으로 읽는다.

18.a. LXX은 레게이 퀴리오스 호 데오스(*λέγει κύριος ὁ θεός*, "주 하나님이 말씀하시기를")를 가지고 있다.

18.b-b. LXX에는 없다. Syr은 쉐모 다음에 *ʾlʾnpl prʿwn*("진실로 바로가 망할 것이다")을 덧붙인다.

18.c. Syr의 *ʾyk tbrʾ dtwrʾ*("산의 부서짐같이")는 타보르(תבור)와 *tbr*("부서지다")를 혼동하고 있다. 루돌프(270)는 18b절에서 키(כי) 다음에 גבור를 삽입하고 야보(יבוא) 다음에 אויב를 삽입하여(중자 탈락의 결과 גבור가 누락되어 있고, 호모이텔류톤의 결과 אויב가 누락되어 있다) 다음과 같이 번역한다. "*gewaltig wie der tabor unter den Bergen und wie der Karmel am Meer rückt der Feind heran*"("산 가운데 다볼처럼 그리고 바닷가의 갈멜처럼 능한 대적이 가까이 온다").

18.d. Tg은 כין ייתי תבריה("그리하여 그의 멸망이 올 것이다")를 가지고 있다.

19.a-a. Syr은 *btwltʾ brt msryn*, "처녀 딸 애굽"을 가지고 있다. 크리스텐센(*Transformations*, 219-20)은 운율의 균형을 위하여 (לה)בת을 제안하고 46:11을 인용한다.

19.b. LXX은 카이 클레데세타이 우아이(*καὶ κληθήσεται οὐαὶ*, "그리고 그녀가 저주로 불리어질 것이다")를 가지고 있는데, 아마도 차와(צוה, "크게 부르다")의 한 형태로 이해한 것 같다(참조. Duhm, 340).

20.a. MT의 예페-피아(יפה־פיה) 대신에 많은 필사본들과 함께 יפהפיה로 읽음; 참조. GKC § 84b n.

20.b. Tg은 에글라(עגלה) 대신 מלכו("왕국")로 읽는다.

20.c. 이 단 한 번 나오는 단어는 추측에 의한 것이다. 참조. 사 7:18. 역본들은 도움을 주지 못한다. LXX은 퀘레츠(קרץ)를 어근 콰라츠(קרץ, "잘라내다")를 반영하여 아포스파스마(*ἀπόσπασμα*, "멸망", 직역하면 "찢겨진 것")로 번역한다. 참조. Akk. *karāṣu*, "잘라내다, 깨뜨리다." Vg은 *stimulus*("찌르다")를 가지고 있다. Syr은 *ḥylʾ*("군대")를 가지고 있다. Tg은 עממין קטולין("나라들, 죽임")으로 읽는다.

20.d. MT은 빠 바(בא בא, "왔다, 왔다")를 가지고 있다. 역본들(LXX, Vg, Syr, Tg)은 모두가 빠 바흐(בָּא בָּהּ, "그녀를 치려고 왔다")로 이해했다. 히브리어에서 이 두 문구의 발음은 동일하다. 바델르미(D. Barthélemy, *Critique textuelle* 2:768)는 MT를 유지함에 있어서 하나의 좋은 예가 될 수 있는데, 그 이유는 동사의 반복이 말파리(gadfly)의 끝없는 돌아옴을 암시할 수 있기 때문이다.

21.a. LXX은 트레포메노이 엔 아우테(*τρεφάμενοι ἐν αὐτῇ*, "그[녀] 안에서 양육되었다")를 가지고 있다.

21.b. Vg: *interfectionis eorum*("그들의 살육자"). Syr은 *tbrhwn*("그들의 패배")이다.

22.a. LXX은 MT의 콜리아흐(קוֹלָהּ, "그녀의 음성") 대신 포네(*φωνή*, "음성[소리]")로 읽는다. Syr은 *glh dhyl'*("그녀의 군대의 소리")를 가지고 있으나, 이것이 어느 군대를 의미하는지는 불명확하다. Tg은 קל ניקוש גינהון("그들의 무기들의 덜컹거리는 소리")를 가지고 있다. 크리스텐센(*Transformations*, 219-20)은 קלה("빨리")로 고친다.

22.b. LXX은 호스 오페오스 쉬리존토스(*ὡς ὄφεως συρίζοντος*, "쉿 소리를 내는 뱀처럼")로 읽는다. Vg은 נחשת("구리")를 반영하여 *quasi aeris sonabit*("악기처럼 소리를 낼 것이다")를 가지고 있다. 크리스텐센(Transformations, 220)은 얄라크(ילך, "가고 있는") 대신에 자할(זחל, "기어가다"〈glide〉)를 제안하고 미 7:17에 있는 나하쉬(נחשׁ)와 족할레(זחלי)의 평행적 구절을 인용한다. 바델르미(D. Barthélemy, *Critique textuelle* 2: 769)는 MT의 얄라크(ילך, "가고 있는")를 유지하고 있으며, 창 3:14에 있는 나하쉬(נחשׁ)와 텔레크(תלך)의 공동 배치를 언급한다. 그는 뱀이 뱀 모양의 휘장, 즉 바로의 머리 장식의 일부를 이루고 있었던 낼름거리는 혀를 가진 곧추선 뱀을 가리킬 수도 있다고 생각한다.

22.c. MT의 베하일(בחיל) 대신 LXX은 엔 암모(*ἐν ἄμμαῳ*, "모래 위에"〈빠홀, בְּחוֹל〉)를 가지고 있다.

23.a. MT의 카르투(כָּרְתוּ) 대신 Syr은 키르투(כִּרְתוּ)로 이해하면서 *pswqw*("베어 넘어뜨려라")로 읽는다. LXX은 미래형으로 번역한다. Tg은 שצו רברבהא("그녀의 거대한 남자들이 멸망당했다")를 가지고 있다.

23.b. 바델르미(D. Barthélemy, *Critique textuelle* 2:770)는 이 마지막 두 연을 군대의 공격이 아니라 나무들에 대한 언급으로 이해한다. 그러므로 로 예하퀘르(לא יחקר, "계산될 수 없다")는 22절과 23절 전체를 통하여 언급된 숲의 모든 나무들을 가리킬 것이다. 그 의미는 비록 나무들이 무수하여 숲을 뚫고 지나갈 수 없을지라도 그것들이 베어 넘어뜨려지리라는 것이다.

24.a. 크리스텐센(*Transformations*, 219-20)은 (לת)בת, "처녀"로 수정한다. 참조. 19절.

25.a. LXX은 더 짧은 본문을 가지고 있다. 이두 에고 에크디코 톤 아몬 톤 휘온 아우테스 에피 파라오 카이 에피 투스 페포이도타스 에프 아우토(*ἰδοὺ ἐγὼ ἐκδικῶ τὸν Αμων τὸν υἱὸν αὐτῆς ἐπὶ φαραω καὶ ἐπὶ τοὺς πεποιθότας ἐπ' αὐτῷ*, "보라 나는 아몬 그의 아들에게, 바로에게 그리고 그를 의지하는 사람들에게 보복할 것이다"). 루돌프(Rudolph, *BHS*)는 LXX 본문이 호모이텔류톤(유사한 끝 글자로 인한 필사자의 오류)으로 인한 결과라고 생각하며, 반면에 브라이트(Bright, 305)는 MT를 확대자가 기록한 것으로 간주한다.

25.b. 데베의 이름 노(נא)가 고대 번역가들에게 원인을 제공해 준 것으로 보인다. LXX에는 민노(מנא, "데베의") 대신에 빼나흐(בְּנָהּ, "그녀의 아들")로 되어 있다. Syr은 *'mwn dmy*'("물들의 아몬")을 가지고 있다. Vg, Tg은 아몬(אמון)을 하몬(המון, "소음")으로 이해했고, 노(נא)를 "알렉산드리아"로 이해했다. Vg의 해석에 대한 옹호에 관해서는 J. van Doorslaer, *CBQ* 11(1949) 280-95를 보라.

26.a. 본 절은 LXX에는 없다.

26.b. Syr은 *b'ldbbyhwn*("그들의 대적들의")를 삽입한다.

27.a. LXX은 MT의 샤아난(שׁאנן, "평안히") 대신에 휘프노세이(*ὑπνώσει*, "그가 잘 것이다")를 가지고 있다. Vg은 이것을 *prosperabitum*("그는 번성할 것이다")로 번역한다.

27.b. Syr은 *lyt mn dmhr lh*("그리고 그를 해칠 자가 아무도 없으리라")를 가지고 있다.

28.a. Tg은 이 문장을 מימרי ארי אעביד("나의 메므라〈Memra〉가 너의 돕는 자가 될 것이다")로 번역한다.

28.b-b. Tg은 ושׁיצאה לא אשׁיצינך("내가 분명히 너를 멸하지 않을 것이다")를 가지고 있다.

양식/구조/배경

46:1은 MT에 있는 열국에 대한 신탁 모음집(46-51)의 표제 역할을 한다. LXX에서 이 모음집의 표제는 25:13의 끝에 나타난다. "예레미야가 열국에 대하여 예언한 바." MT에서 선지자에게 주어진 하나님의 말씀에 대한 이러한 선언의 상식을 벗어난 어순(관계사 "which", 동사 "있었다, 왔었다", 주어 그리고 전치사구)은 14:1; 47:1; 49:34에서도 발견되는데, 앞의 명사 혹은 문장이 빠져 있다는 인상을 주고 있다. 본서의 구조에 대한 자신의 이론에 맞추어 얀젠(Janzen, *Studies*, 113)은 25:13에 있는 문구 "예레미야가 온 열국에 대하여 예언한 바"가 MT에 있는 모음집의 원 표제였으며, 이 신탁이 본서의 끝에 나오게 되었을 때 그 원 표제가 부가적으로 확대되었고 MT 46:1에 적절하게 위치하게 되었다고 주장했다. LXX은 25:13b을 신탁들의 모음집의 표제로 간주한다. 그러나 소덜런드(Soderlund)가 지적한 바와 같이(*The Greek Text of Jeremiah*, 209), MT 25:13b은 "전혀 표제가 아니고 앞의 문장과 구문론적으로 연결된 관계절이다." 어떻든 비정상적인 "…바" 공식 문구에 대한 설명은 채택될 수 없는 채로 남아 있다.

애굽에 관한 첫 번째 신탁(46:2-12)의 역사적 상황은 46:2이 암시한 바와 같이 주전 605년에 있었던 갈그미스 전쟁이다. 이 결정적 전쟁은 어떤 국가가 앗수르로부터 국제적인 패권을 얻어내느냐는 문제를 해결해 주었다. 609년에 애굽 군대는 하란에 있는 앗수르의 남은 군대를 돕기 위하여 진군해 갔으나, 바벨론은 앗수르를 쳐부수고 느고의 군대를 유브라데 건너편으로 밀어냈으며, 애굽은 일시적으로 수리아-팔레스틴의 지휘권을 상실했다. 주전 605년에 애굽은 갈그미스에 진을 쳤고, 이곳에서 느부갓네살은 결정적으로 느고를 패배시켰다. 두 번째 전쟁이 하맛 근처에서 있었고 애굽 군대의 참패가 이루어졌다. 주전 605년의 이러한 전쟁들은 결국 애굽의 수리아-팔레스틴에 대한 관할을 종식시켰다.

46:3-12에 있는 신탁이 한 측면에서 애굽에 대한 조소로서의 기능을 했을지라도, 그 실질적인 목적은 갈그미스에서의 애굽의 패퇴에 비추어 여호야김과 유다에 있는 친애굽파로 하여금 애굽과의 동맹을 지지하여 바벨론의 군주의 지위를 거절하는 것을 막기 위한 것이었을 수 있다. 처음 두 신탁에 대한 산문적 첨가물인 46:25-26은 그 신탁의 목적을 이해하는 데 열쇠를 제공해 준다. 즉 야웨께서 데베의 아몬에게, 바로에게 그리고 "그를 의지하는 모든 자들"에게 벌을 내리실 것이다(25절; 참조. 겔 29:6-8, 16). 예레미야에 따르면, 유다의 안정은 바벨론에게 복종하는 데 있으며, 사실상 그가 볼 때 야웨께서는 하나님 자신의 목적을 이루기 위하여 바벨론을 사용하고 계셨다. 이런 방식으로 예레미야는 국제적인 사건들을 유다의 종교적·정치적 사건들의 영역에 삽입시켰다(Carroll, 764). 그러나 예레미야는 여호야김으로 하여금 바벨론에 반역하는 일을 그만두도록 하지 못하였다(왕하 24:1).

첫 번째 신탁은 다음과 같이 개괄해 볼 수 있다(de Jong, "Deux oracles," 369-74의 주장에 따름; 다른 구조의 주장에 관해서는 Christensen, *Transformations*, 217, 그리고 Watson, *Classical Hebrew Poetry*, 383를 보라).

Ⅰ. 군대의 소집과 반전(Ⅰ)
  A. 공격하라는 명령(3-4절)
  B. 이동(5a절)
  C. 반전(5b-6절)
Ⅱ. 삽화: 풍자적 교창(7-8a절)
Ⅲ. 군대의 소집과 반전(Ⅱ)
  A. 바로의 목적(8b절)
  B. 군대의 소집(9절)
  C. 이동: 야웨의 목적(10a절)
  D. 반전(10b-d절)
Ⅳ. 조소(11절)

V. 결론: 심판(12절)

이 신탁의 개요는 극적인 반전을 강조한다. 첫 번째 부분(3-6절)은 사건에 대한 있는 그대로의 사실을 제공한다. 자신만만한 군대 소집이 애굽 군대에게 발표되고, 그 다음에 패주한다. 5b-6절에 있는 용어들은 3-4절에 있는 용어들과 역순으로 되어 있다. "나가서" 대 "물러가다", "그들이 급히 도망하다" 대 "지워(임하다)", "그들이 넘어지며 엎드러지는도다" 대 "타며(go up/mount up)". 5a절은 놀람의 이동을 제공한다. 7-8a절의 교창의 삽입 후에 군대 소집과 극적인 반전의 형태는 3-6절에 있는 사건을 설명하기 위하여 확장(8b-d절, 10c절)과 함께 반복된다. 9절은 3-4절에 있는 공격 명령의 반복이다. 10절은 6c절의 반복과 함께 반전을 선언한다. 12절은 6d절의 반복과 함께 결론적 심판의 선언을 제공한다. 시의 구조는 하나의 핵심점을 강조한다. 야웨의 목적이 바로의 목적을 능가한다는 것이다.

왓슨(Watson, *Classical Hebrew Poetry*, 379-83)은 이 시의 문학적 질을 강조하고 있는 수사학적 특징들에 주의를 환기시켜 주었다. 세 개의 중요한 단어들이 이 시 전체를 통하여 반복되고 있다. 어근 알라(עלה, "올라가다"; 4b, 7a, 8a, 8c, 9a, 11a, 11e절), 깁보르(גבור, "전사"; 5d, 6b, 9c, 12c절 2회) 그리고 아레츠(ארץ, "땅, 나라"; 8c, 10f, 12b절). 어근 알라(עלה)의 사용에는 언어 유희가 있을 수 있다. 즉 4b, 7a절의 "올라가라", "공격하라"는 명령형은 11a절의 반어적인 "길르앗으로 올라가라"와 11e절의 테알라(תעלה, "고치다")와 대조되어야 할 것이다. 10b절의 미차라이우(מצריו, "원수들")는 11b절의 미츠라임(מצרים, "애굽")과 언어 유희를 이룬다. 그리고 11절 내에서 차리(צרי, "유향")는 미츠라임(מצרים, "애굽")과 언어 유희를 이룬다. 3-4, 9절의 스타카토 박자(2:2)와 동사형에서의 "우-" 소리의 유음이 공격의 리듬을 자극한다. 7-8b절의 교창의 삽입은 두 번 반복된 "나일처럼", "강물처럼"에서 직유의 사용을 보여 주고 있으며, 반면에 10절은 성전 이미지의 특성을 가진 야웨의 칼이라는 은유를 채용한다. 12ab절에는 대조법(merismus)이 나타나 있는데, 여기서 전체가 요약된 형태로 표현되어 있다.

이 시는 심판 신탁/열국에 대한 신탁의 판에 박힌 특징들의 사용을 드러내 주고 있다. 3-4, 9절에 있는 공격 이미지는 6:23-24과 유사하다. 7-8절에서 애굽과 물의 결합은 에스겔 29:3-5, 9-10; 32:2, 13; 이사야 19:5-8에서도 발견된다. 8c-d절의 어투는 8:16과 47:2에서 나타난다. 애굽의 동맹국들에 대한 언급은 나훔 3:9과 에스겔 30:5에 다시 나타난다. 10절에 있는 야웨를 위한 보응의 날로서 야웨의 날은 이사야 34:8과 유사하다. 대적의 패배를 야웨를 위한 희생으로 지칭하는 것은 스바냐 1:7-8; 에스겔 39:17-20에서도 발견된다. 칼이 가득히 마신다는 은유는 이사야 34:5-6에 나타난다. "칼의 입"에 관해서는 민수기 21:24; 사사기 3:16; 사무엘상 15:8을 보라. 이러한 전승 혹은 상투적인 특징들은 열국에 관한 신탁의 작성자가 사용할 수 있었던 시적 자료의 축적을 암시한다.

편집자의 서론이든 혹은 본래의 자료든 애굽에 대한 두 번째 신탁의 역사적 상황을 결정할 만한 내용이 없다(46:13-24). 서론은 예레미야가 애굽에 대한 느부갓네살의 공격이라는 상황 가운데서 신탁을 전달했다고 언급한다. 네 개의 연대가 가능성 있는 연대로 떠오른다. 그것은 주전 604, 601, 588, 568년이다. 대부분의 주석가들은 13절을 2절과 연결시키고, 갈그미스에서의 애굽의 패배로 인한 영향을 이 신탁의 가장 개연성 있는 배경으로 보았다(예를 들어, Bright, 308; Rudolph, 250; Thompson, 691, 그렇지만 692쪽에서 그는 주전 588년의 사건들을 언급한다). 느부갓네살은 갈그미스로부터 애굽 군대를 몰아냈으며, 하맛에서 나머지를 완전히 패퇴시켰다. 이어지는 네 연대에 느부갓네살은 핫티(Ḫatti, Syria)를 원정했고, 주전 604년에 아스글론을 멸망시켰으며 승리하여 그 땅으로 행진해 갔다(참조. Wiseman, *Chronicles of Chaldean Kings*, 67-71). 예레미야와 같은 식견이 넓은 관망자에게는 바벨론이 어느 때에 애굽에 침략할 것 같다는 사실이 생각되었음에 틀림없다.

주전 601년에 바벨론과 애굽은 애굽 국경 근처에서 전쟁을 했는데, 여기서는 어느 편도 승리하지 못했다. 싸움이라는 값비싼 희생을 치르고 느부갓네살은 자기의 군대를 재정비하기 위하여 이듬해에 본국에 머물러 있어야겠다는 결정을 했다. 14-24절에 있는 신탁은 바벨론의 승리를 예상하여 주전 601년의 사건들이라는 상황 속에서 전달되었을 가능성이 있다.

주전 588년에 느부갓네살이 예루살렘을 포위 공격하고 있을 바로 그때 호브라가 애굽의 왕이 되었다. 호브라는 예루살렘에 대한 압박을 풀도록 하기 위하여 군사적 행동을 했는데, 이러한 결정은 예루살렘에 있는 친애굽파에게 용기를 주었을 것이다. 느부갓네살은 호브라를 격퇴하기 위하여 일시적으로 공격을 풀었다. 그러한 상황 속에서 애굽의 임박한 침략이 가능했다. 17절에 있는 호브라(Hophra=Apries)란 이름에 제안된 언어 유희("주석"을 보라)는 주전 588년의 사건들이 이 신탁의 배경을 제공했다는 입장을 지지해 준다. 코닐(Cornill, 451)은 이 언어 유희를 그 신탁을 호브라의 통치 시기로 날짜를 정하는 데 결정적인 것으로 받아들이기는 하지만, 예레미야가 애굽에 거주하게 된 후로만 본다(주전 582년 혹은 그 후). 아이쓰펠트

(Eissfeldt, "Jeremias Drohorakel," 32-34)는 이와 유사하게 이 신탁을 43:8-13의 배경 하에 두었다. 최근에 할러대이(Holladay)는 588년의 사건들을 적절한 배경으로 단정한다(2:328).

네 번째로 가능한 날짜는 주전 568년인데, 이 때는 느부갓네살이 나일의 델타 지역을 침략한 때이기는 하지만(Bright, *A History of Israel*, 352), 전투의 범위에 대해서는 알려진 바가 없다. 예레미야의 사역의 시작을 주전 627년에 두는 사람들은 선지자가 주전 568년에 여전히 살아 있었을 것 같지는 않다고 주장한다(Bright, 308).

이 시가 사건들의 예상으로 취급되어야 할 것인지, 아니면 그것들에 대한 기록으로 취급되어야 할 것인지를 결정하기는 어렵다. 만일 주전 604년이나 601년으로 결정된다면, 이 시는 침략을 예상한 것인데, 왜냐하면 그 어떤 전쟁에서도 이 시에 언급된 사건들이 일어나지는 않았기 때문이다. 만일 주전 588년으로 결정된다면, 이 시는 예상으로 취급된 19절과 함께 그 침략이 임박한 본국 애굽에 대한 경고를 가지고 있는 호브라에 대한 불충분한 설명일 수 있다(Holladay, 2:327-28). 바이저(Weiser, 384)는 19절이 전체 신탁이 미래의 신탁이었음을 입증해 준다고 생각했다.

3-12절에서처럼 심판 신탁의 목적은 야웨의 능력과 애굽 왕의 능력을 병치시키는 것이다. 북방의 밝혀지지 않은 백성들은 또다시 애굽을 낮추시기 위한 야웨의 도구로 나타난다. 풍자, 언어 유희, 직유, 은유와 함께 침략자 앞에서의 애굽의 속수무책이 세밀하게 설명되어 있다.

여러 가지 중요한 단어들이 시의 통일성을 드러내고 있다. 15, 21절에 있는 단어 "서다"(עמד – 아마드)는 14절에 있는 "굳게 서라"는 명령과 대조될 것이다. 17절에 있는 바로의 "이름"은 "왕"이라는 단어와 함께 18절에 있는 만군의 여호와라는 "이름"과 대조되는 위치에 있다. 19절에는 "애굽의 거주자(사는 딸 – 개역)"와 "거민이 없다"가 나타난다(요쉐브[יוֹשֵׁב]는 왕좌에 앉는 자[?]; 참조. 암 2:5, 8). 20절의 "암 송아지"와 21절의 "(살진) 송아지"는 15절의 "황소"(개역 성경에서는 "장사" – 역자주)를 상기시켜 주고 있는데, 그 어느 것 하나도 설 수 없다. 20, 21, 22절의 동사 어근 보(בוא, "오다")는 18절의 야보(יבוא, "그가 올 것이다")를 상기시켜 준다.

3-12절에 있는 시에는 의미심장한 여러 가지 유사성이 있다. 21절에 있는 재앙의 날로서의 "날"(참조. 10절), 14절에 있는 "굳게 서서"(참조. 4절), 15절에 있는 놀라운 질문(참조. 5절), 16절에 있는 "비틀거리며 넘어지다"라는 평행적 단어의 한

쌍(참조. 6, 12절), 24절에 있는 "북방 백성"(참조. 6, 10절), 24절에 있는 패배의 수치(참조. 12절).

이 시는 세 개의 절 혹은 연으로 구성되어 있다.

Ⅰ. 재난(Ⅰ): 14-27절
Ⅱ. 재난의 원인: 18-19절
Ⅲ. 재난(Ⅱ): 20-24절

첫 번째 연은 메신저들을 통하여 전쟁을 하라는 소환과 함께 시작되는데, 이번에는 방어하기 위하여 준비하라는 것이다. 힘의 상징인 아피스 황소가 굳게 서지 못하고, 그 다음에 일어난 외인부대 세력의 붕괴가 바로에 대한 조소의 근원이다.

두 번째 연은 15c절의 주제를 취하여 야웨를 세상의 실질적인 왕으로 밝힌다. 17절에 있는 "이름"과 "왕"이라는 단어는 두 번째 연으로의 전환을 보여 준다. 어떤 존재의 특성 혹은 본질을 나타내는 이름의 개념은 이 시의 중심 사상에 열쇠가 된다. 즉 그 이름이 만군의 여호와이신 "왕"은 그 이름이 "그 시기를 잃어버린 소리뿐인" 애굽 왕 바로에 의하여 야심에 찬 패권을 반전시키신다.

세 번째 연은 다시 찾아온 재난인 아피스, 곧 1연에서 성스러운 황소(장사)에 대해 언급하고 16절에서 외인부대를 그들의 공포를 상기시키는 "살진 송아지"로 언급하고 있는 암 송아지 애굽의 모습을 묘사하고 있다. 그러므로 1연과 3연은 모두의 중간 지점에 있고 모두를 설명하는, 야웨를 강조하고 있는 두 번째 연과 함께 일종의 인클루시오(inclusio)를 이룬다.

이 신탁은 누구를 위하여 의도된 것인가? 비록 이 시가 애굽에 대한 심판 신탁이기는 하지만, 이것은 유다의 유익을 위하여 의도되었음에 틀림없다. 여호야김과 시드기야의 통치 기간 동안 유대 지도급의 세력 있는 당파는 바벨론에 반역하고 애굽과의 동맹을 부추겼다. 3-12절에 있는 신탁처럼, 만일 이것이 주전 604-588년의 사건들 가운데 어떤 시점에 주어졌다면, 정부 지도자들로 하여금 부당하게 바로의 실패한 세력에 의존하는 일을 단념하게 하는 역할을 했을 것이다.

MT에서는 그 자체의 서론적 공식 문구를 가지고 있는 25-26절의 심판 신탁은 2절과 함께 앞의 두 신탁에 대한 편집자의 해석적 골격을 제공한다. 이것은 세부적 설명(Weiser, 387) 혹은 24b절의 세부 사항을 제공하면서 24a절과 26a절에 대해 상술하고 있는 24절과 25절에 대한 단조로운 주석(Rudolph, 252)을 제공한다. 이 구절들의 날짜를 결정하는 일은 불가능하다. 느부갓네살과 그의 장관들을 북으로부터 오는 대적으로 밝히고 있는 점은 주전 568년과 같은 늦은 날짜를 필요로 하지 않는다. 어쨌든 멤피스와 나일의 델타로부터 데베로의 강조점의 이동은 그 어떤 정보도 입수할 수 없는 주전 568년 느부갓네살의 원정의 몇몇 특징을 반영하고 있다. 26b절은 아마도 증보 편집자의 관점을 나타내는 것으로 보이는 후대의 삽입인 것 같다.

LXX에 있는 25절은 단지 "보라, 내가 그녀의 아들 암몬, 바로에게 그리고 그를 의지하는 자들에게 보응할 것이다"만을 가지고 있다. 브라이트(Bright, 304-5)는 MT를 확대한 사람의 글로 간주하면서 LXX을 따르고 있으며, 반면에 루돌프(Rudolph, *BHS*)는 보다 짧은 LXX 본문이 호모이텔류톤으로부터 나타난 결과라고 주장했다. 26절은 LXX에는 없다.

대부분의 주석가들은 25-26절(MT)을 산문으로 간주한다(예를 들어, Bright, 308; Rudolph, 252). 톰슨(694; 참조. NEB)은 25절의 첫 번째 "그리고 바로에 대하여"를 삭제함으로써 MT 본문을 수정하고 이 두 구절의 행들을 시로 분류했다. 만일 25절의 LXX 번역을 채택한다면, 이 구절은 쉽게 시로 분류된다.

약간의 변형과 함께 30:10-11(MT만)에서 또다시 나타나는 위로 혹은 구원 신탁은 야웨의 종 야곱으로 하여금 야웨께서 그와 함께 계신다는 확신, 포로에서 돌아오게 하실 야웨의 약속 그리고 그를 향한 원래의 심판에 대한 야웨의 설명으로 인하여 두려워하지 말라고 요청한다.

코닐(Cornill, 457)이 이 구절들이 이 곳 46장에서 그것들의 원 배경을 가지고 있었다고 생각했을지라도(그는 앞 절에 있는 애굽과 대조되는 것으로서 "그리고 너희"라는 첫 문구의 중요성을 강조했다), 대부분의 학자들은 그것들이 30장에 있는 그것들 본래의 문맥을 가졌다는 의견을 취한다(Carroll, Thompson, Weiser, Rudolph). 이 구절들은 30:5-7의 진정한 연속으로 취급될 수 있다(Rudolph, 173).

27-28절의 기능에 대한 논의는 두 개의 본문 전승에 비추어 이루어져야 할 것이다(MT와 LXX). LXX에서 27-28절은 애굽에 대한 신탁들과 바벨론에 대한 신탁들 사이에 위치해 있다. 캐롤(Carroll, 773)이 주장한 바와 같이, 이 구절들은 LXX에서는 바벨론 신탁들에 대한 권두언으로서의 기능을 한다. MT 전승에서 이방 나라 신탁들의 순서는 다른데, 27-28절이 애굽 신탁과 블레셋에 관한 신탁 사이에 위치해 있지만, 후자와 뚜렷한 관계를 가지고 있지는 않다. 그러므로 MT에서 이 구절들은 애굽 신탁에 대한 후기로서 간주될 수 있을 뿐이다. 그 경우에 그것들의 타당성이 문제가 되는데, "그 열방은 다 멸하리라"(28절)는 때가 26b절에 있는 애굽에 다시 사람들이 거주할 것이라는 약속과 비교된다는 것이다(Carroll, 773에서 그렇게 말

함). 루돌프(253)는 27-28절을 이 약속이 일시적인 의미만을 가졌을 것이라고 주장하면서, 26b절의 약속에 대한 하나의 반대(항의)로서의 역할을 했던 26b절에 대한 첨가물로 간주했다.

형식상 27-28절은 제2이사야서에 있는 여러 구절들, 즉 41:8-13, 14-16; 43:1-7; 44:2-5과 아주 유사한 구원 신탁을 이루고 있다. 베스터만(Westermann, *Isaiah 40-66*, 68-73)은 이 신탁의 원래 배경이 제의라고 생각했고, 이것을 개인 애가에 응답하여 주어진 제사장의 구원 신탁일 것이라고 생각했다. 그러므로 선지자는 선지자들이 채택하여 율법과 지혜의 배경 편에서 형식을 개작했던 것처럼 의식의 형태를 사용했다. 캐롤이 볼 때(578), 30:10-11(=46:27-28)은 제2이사야서를 작성했던 선지자 그룹으로부터 유래한 것이다. 이 단락은 유사한 구절들이 제2이사야서에서 사용되고 있는 것과 같은 방식으로 30장에서 사용되고 있으며, 46:27-28에서는 그보다 덜 명확하게 사용되고 있다는 것이다.

주석

[2] "애굽을 논한 것이니"란 표제는 그 형식상 48:1; 49:1; 49:7; 49:23; 49:28에 있는 표제와 동일하며 본 장에서 애굽에 관한 두 신탁의 표제로서의 역할을 한다. 2절의 나머지 부분은 첫 번째 신탁에 대한 서론으로서의 기능을 한다. 이 편집자의 진술은 모든 역본들 가운데서 발견되며, 일반적으로 뒤따라오는 신탁의 역사적 상황을 제공하는 것으로 받아들여진다. 북에 있는 애굽의 대적들이 신탁 자체에서는 그 이름이 밝혀져 있지 않을지라도, 그리고 "북편 유브라데 하수 가에서"(6, 10절)라는 문구만이 어떤 역사적 가치를 가지고 있는데, 주전 605년의 갈그미스 전투는 신탁 가운데 묘사된 상황에 유일하게 그 배경을 제공해 준다.

[3]-[4] 싸우라는 명령은 열국에 대한 신탁 내외에서 자주 사용된 문학적 형식으로서 궁극적으로는 성전 전승으로부터 유래되었다(Bach, *Die Aufforderungen*, 51-91). 간략하고도 스타카토로 된 명령들은 다가오는 전쟁의 긴박감과 자극을 전해준다. 이 구절들에 포함되어 있는 두드러진 악센트가 있는 음절은 2:2이다.

친나(צנה)와 마겐(מגן)은 각각 큰 방패와 작은 방패다. 이 두 단어의 어원은 알려져 있지 않지만(Galling, "Goliath," 157 n. 3), 방패들의 상대적인 크기는 열왕기상 10:16으로부터 추론될 수 있는데, 거기서 금 600세겔은 장식물이 있는 커다란 방패를 만드는 데 사용되었고, 금 150세겔은 작은 방패를 만드는 데 사용되었다.

작은 방패는 다른 곳을 보면 가죽으로 만들어졌고(나무 골조에), 기름을 발랐으며(삼하 1:21; 사 21:5), 또한 가끔은 겉포장 속에 넣어서 가지고 다닌 것으로(사 22:6) 기록되어 있다. 발굴물과 예술품을 통하여 제공된 고대 중동에 있었던 방패에 관한 정보에 대해서는 H. Weippert, "Schild," 279-80를 보라.

"갑옷"(סריון – 씨르욘; 악카드어 *siriam, širiam*과 연관됨)은 군사들, 말 그리고 전차를 보호하기 위해 만들어진 것으로 금속 조각이나 비늘로 덧입혀진 가죽 옷이었다(Weippert, "Panzer," 248).

누가 누구에게 공격하라고 명령을 내리고 있는지에 관해서는 의견이 분분하다. 캐롤(Carroll, 764)과 톰슨(Thompson, 688)은 예레미야가 애굽 방백들이 발표했을 명령을 기록했다는 견해를 택한다. 크리스텐센(Christensen, *transformations*, 217)은 이 공격하라는 명령이 애굽에 대항하여 모인 세력들에게 주어진 것이라고 주장한다. 드 종(de Jong, "Deux oracles," 373)은 이 명령을 애굽의 군대를 패배로 이끌어들이기 위하여 야웨께서 발표하신 것으로 간주한다. 할러데이(Holladay, 2:316, 318)는 3-8절이 바벨론인들에게 주어진 것이고, 9-12절이 애굽인들에게 주어진 것이라고 생각한다. 9절에 비추어 볼 때, 첫 번째 의견이 나을 것으로 생각된다.

5 풍자적인 질문 "내가 (이를) 본즉…어찜인고?"(직역하면 "어찌하여 내가 보는가?")는 확고한 확신을 가지고 수행한 공격으로부터 완전한 패배로의 전환을 보여 준다. 만일 이 신탁이 예루살렘에 있는 여호야김과 친애굽파에게 주어진 것이라면, 이 질문은 청중들로 하여금 애굽과의 동맹을 의지하는 데서 그들을 깨우쳐 주기 위한 예레미야의 의도를 알려 주었을 것이다.

5절의 나머지는 여섯 개의 시구로 구성되어 있으며 모두가 3-4절의 동일한 두 박자 리듬을 가지고 있는데, 패배의 급박하고도 혼란된 과정을 강조하는 효과를 가지고 있다. 처음에 나오는 다섯 동사의 주어 "그들의 용사"는 일련의 동사의 중간 부분에 위치해 있다. 결론적 시구 "두려움이 그들의 사방에 있음이로다"는 예레미야의 설교의 특징을 나타내는 것으로서(참조. 6:25; 20:3, 4, 10; 49:29) 격언적 저주 형식일 수도 있다(Thompson, 688). 바흐(Bach, *Die Aufforderungen*, 51-52 n. 3)는 마고르(מגור)를 "매복"으로 번역하며, 허니맨(Honeyman, *VT* 4[1954] 424-26)은 "멸망"을 택한다. 그 뉘앙스 전체에 들어 있는 문구에 관한 연구에 대해서는 Holladay, *JBL* 91[1972] 305-20를 보라.

6 어떤 일이 일어날 수 없다는 확신을 표현하는 부정어 알(אל)의 사용에 관해서는 GKC § 107p를 보라. 심판 신탁에서 유사한 어휘에 관해서는 아모스 2:14-15

을 보라.

[7]-[8]a 이 행들은 주로 풍자적인 교창곡의 간주곡으로 취급된다. 7a절에 있는 "누구뇨?"라는 질문은 8a절에서 응답된다. 즉 "애굽이다"라는 것이다. 그 효과는 애굽을 조소하는 것인데, 그 세력이 넘치는 나일처럼 저항할 수 없었다는 것이다. 매이(May, *JBL* 74[1955] 9-21)는 반역하는 물들이라는 상징은 이사야 17:12-14과 같은 구절들을 반영하고 있을 수도 있는데, 거기서 큰 파도와 큰 소리를 치는 많은 물들은 야웨를 대항하는 열국이라고 주장했다. 야웨께서는 창조 시에 혼돈의 물들을 복종시키셨던 것처럼 계속해서 많은 물들로 상징된 혼돈과 싸우셨다.

[8]b 나일의 창일함이라는 상징은 바로의 오만에 대한 지속적인 표현이다. 열국에 대한 신탁 가운데서 오만한 교만의 죄는 우상 숭배와 침략과 함께 계속해서 책망을 받는다.

[9] 싸우라는 바로의 소집은 애굽 동맹국들의 군대가 언급되는 것을 제외하고는 3-4절의 유사한 단어로 반복되어 있다. 구스는 주전 1,000년경 이래 애굽으로 독립한 에디오피아이지만, 이제는 애굽과 동맹을 했거나 용병의 자원이다. 붓의 정체는 불확실하지만 리비아인 것으로 보인다(Lambdin, *IDB* 3:971; 참조. Bright, 306에서는 아프리카의 동쪽 해안에 있는 펀트〈Punt〉를 선호했다). 룻은 아마도 소아시아의 루디아인들을 가리키는 것으로 보이는데, 그 왕 가이지즈(Gyges)는 프사메티쿠스 1세의 통치(주전 663-609) 때 아수르바니팔을 대항하여 투쟁하면서 애굽을 돕기 위하여 군대를 보낸 바 있다(Mellink, *IDB* 3:178-79; 참조. Bright, 306에서는 창 10:13에 암시된 아프리카인들을 편들어 루디아인들을 도외시한다).

두 번째 "…을 잡은 자"(תֹּפְשֵׂי-토프세)는 어색한 단어이며 서기관의 첨가물일 수도 있다. 코닐(Cornill, 449)은 문법적·수사학적 이유로 이것을 제거했다. "활을 당기다"는 줄을 잡아 늘이려고 활을 구부리기 위해 무릎 혹은 발을 사용하는 것을 의미한다.

[10] 전체 구절이 성전 이미지를 채용하고 있다("보수일", "칼이 삼키다", "희생을 내다"). 주로 "보복"으로 번역된 어근 나캄(נקם)은 "옹호"로 번역되어야 할 것이다(Mendenhall, *The Tenth Generation*, 69-104). 성전 예언에 대한 이러한 갑작스러운 분출은 야웨의 성전에 대한 승리와 바로의 전쟁에서의 실패를 대조시키고 있다(Snaith, *JSS* 16[1971] 25-26).

드 종(C. de Jong, "Deux oracles," 375-76)은 차라이우(צָרָיו, "그 대적")란 단어의 모호성을 강조했다. 한편으로 분명히 애굽인들을 의미하고 있으며, 미츠라임

(מצרים, "애굽")과의 언어 유희는 이러한 동일시를 보강해 주고 있다. 다른 한편, 애굽의 패배를 요시아의 죽음에 대한 심판으로 이해했던 유다의 반애굽파인 요시아의 게릴라는 여호야김과 그의 지지자들을 야웨의 대적으로 포함시켰을 것이다.

11-12 길르앗 지역과 유향의 결합은 성경 가운데서 잘 입증된다(창 37:25; 43:11; 겔 27:17; 렘 51:8). 향을 내는 이 식물의 정체는 밝혀지지 않았고, 성경의 참고 구절들이 그 향나무들이 길르앗에서 자랐다고 입증하지도 않는다(Harrison, *IDB* 1:344). 보다 개연성 있는 입장은 유향과 길르앗의 결합이 동쪽으로부터 향기로운 수지들을 가져왔던 무역로에 있는 길르앗의 위치로 말미암았다는 것이다.

"길르앗으로 올라가라"는 명령은 반어적(ironical)이다. 애굽인의 공격하라는 명령의 결과가 패배로 나타난 바와 같이, 길르앗으로 올라가라(עלה – 알라)는 명령도 같은 실패를 경험할 것이었다. 알라(עלה, "올라가다")와 테알라(תעלה, "고침")의 언어 유희는 애굽의 완전한 패망을 암시한다.

스나이드(Snaith, *JSS* 16[1971] 17)는 애굽에 있어서 길르앗의 정치적 중요성에 주의를 환기시켰는데, 이 곳은 상업적 가치가 있는 지역이요 방어의 관문이었다. 주전 609년과 605년 사이에 애굽은 다시 수리아-팔레스틴의 나머지 부분과 함께 길르앗에 대한 관할권을 얻었다. 그러나 갈그미스에서의 패배는 길르앗에 대한 애굽의 장악을 끝나게 했고, 그래서 11절의 조소가 더 예리하게 된다. 길르앗이 영역의 확장에 의미를 주지 못하고 그 쓰라린 상처를 고치지 못한다는 것이다.

드 종(C. de Jong, "Deux oracles," 376-77)은 11cd절에서 주전 663년에 있었던 아수르바니팔의 애굽 정복과 느고의 강력한 새로운 정책과 함께 그 패배로부터 다시 일어서려는 애굽의 시도에 대한 언급을 본다. 그러나 애굽의 새로운 꿈은 무위로 끝났다. 온 세계가 애굽이 패배했다는 소식을 들었으나 여호야김이 듣고 교훈을 받았는가?

13 이 구절에 대한 논의에 관해서는 "양식/구조/배경"을 보라.

14 처음 네 개의 동사 형태는 복수 명령형이다. 누가 공격하는 애굽을 경고하도록 위탁받은 사자들인가?

믹돌과 다바네스는 나일의 델타 지역에 자리잡고 있었고, 반면에 멤피스는 나일 지류들이 델타를 이루는 지점 근처에 위치해 있었다. 믹돌("탑")은 성경 전승에서 일관성 있게 북 애굽에 위치해 있으며(출 14:2; 민 33:7; 렘 44:1; 겔 29:10; 30:6), 아마도 텔 엘-헤르(Tell el-Her)와 동일 지역일 것 같다(Lambdin, *IDB* 3:377). 다바네스는 동 애굽의 변방 도시인 현대의 텔 데프네(Tell Defneh)였다. 초창기 애굽의 수도였고 언제나 중요한 제의 중심지였던 멤피스는 주전 582년 이후 유대인 인구의 중심지로서 바드로스("남쪽의 땅")라는 땅과 함께 44:1에 언급되어 있다. 46:14에 있는 이 특별한 성읍들에 대한 언급이 우연한 일인지, 아니면 46:14-24에 있는 신탁이 한 지점에서 그달랴의 살해 후에 안전을 위하여 애굽으로 도피한 사람들을 향한 것인지는 결정하기가 불가능하다.

15 성스러운 황소와 풍요의 상징인 아피스(Apis)는 멤피스의 프타(Ptah) 신의 한 모습에 대한 묘사다. 헬레니즘과 로마 시대에는 아피스가 죽음의 세계의 신인 오시리스와 동일시되어 세라피스 신을 이루었다. 물론 공포 가운데서 도망치는 힘 있는 황소의 모습은 모순된 모습이며, 놀라움을 나타내는 질문은 46:5을 상기시켜 준다. "황소"(אביר – 아비르; 개역 성경에서는 "장사" – 역자주)라는 단어는 야웨에 대해서도 사용되며(창 49:24; 사 1:24; 49:26; 60:16; 시 132: 2, 5) 일반적으로 "능한 자, 용사"로 번역된다. 이 신탁 가운데서 대항하는 자는 신 대 신이요, 황소 대 황소이며, 왕 대 왕이다. 둠(Duhm, 339)은 이사야 19:1에 있는 평행절을 지적했다. "여호와께서…애굽에 임하시리니 애굽의 우상들이 그 앞에서 떨겠고."

16 본 절은 Bach, *Aufforderungen*, 15-20를 통하여 열거되지 않은 문학적 형태 "도망하라는 명령"의 또 다른 실례를 제공한다.

3-12절에서 평행을 이루는 한 쌍인 "넘어짐"과 "엎드러짐"이란 단어들이 여기서 다시 나타난다. 본문상의 차이와 히릅바(הרבה, "…하게 했다")의 수정에 대한 몇 가지 제안에 대해서는 "원문주해"를 보라. 기세브레히트(Giesebrecht, 229)는 히릅바(הרבה)를 에릅베카(עֶרְבְּךָ, "너의 이방의 무리[혹은 군대]"; 참조. 25:20; 50:37)로 수정했고, 반면에 둠(Duhm, 339-40)과 루돌프(Rudolph, 251)는 넘어지고 엎드러진 자를 외국의 무역상들로 이해했다.

17 "시끄러운 자" 혹은 "큰 소리"(שׁאון – 샤온). 루돌프(Rudolph, 251)와 바이저(Weiser, 385)는 조롱하는 이름이 반항하는 용병들의 입술에서 나온 것으로 주장했다.

헤에비르(העביר, "그가 지나가게 했다")와 아브리스(호브라) 간의 언어 유희가 모든 종류의 주석에서 언급되었다. 둠(Duhm, 340)은 언어 유희의 가능성을 인정했지만, 하나의 웃음거리가 심각한 진술의 문맥 속에서는 거의 어울리지 않는다는 근거에서 17절을 하나의 난외주로 거절했다. 루돌프(Rudolph, 251)는 언어 유희가 지나치게 미묘하므로 언어 유희의 의미를 지나치게 강조하는 것에 대해 주의를 주었다. 톰슨(Thompson, 692)과 할러데이(Holladay, 2:330)는 심각한 문제 없이 받아들인 반면에, 코닐(Cornill, 451)은 이 신탁을 결정하는 데 언어 유희가 결정적인 것으로 생각했다. 호브라에 관해서 알려진 내용은 언어 유희가 남겨 놓은 인상을 입증해 주었을 것이다. 그는 젊고 충동적인 왕이었으므로 그의 군사적 행동은 잠깐 동안만 성공했고 언제나 실패했다(*ABD* 3:286-87).

18 "나의 삶으로"는 맹세 공식 문구다. 출애굽기 6:8; 에스겔 17:16; 20:5; 이사야 62:8; 스바냐 2:9을 참고하라. 맹세의 목적은 한 사람이 진리를 말한 그것을 보증하는 것이다. 이사야 62:8에서 야웨께서는 자신의 옳은 강한 팔로 맹세하셨다. 에스겔 17:16과 스바냐 2:9에서는 자신의 삶으로 맹세하셨다. 여기서 맹세는 가장 강력한 단어를 통하여 야웨의 목적의 승리를 강조하는 역할을 한다. 이어지는 문구 "만군의 여호와라 일컫는 자"(직역하면 "그 이름이 만군의 여호와" - 역자주)는 예전적, 찬미적 소리와 함께 바로의 조소를 받을 만한 이름과는 대조적으로 야웨의 존칭적인 칭호를 나타낸다(Weiser, 385).

다볼 산과 갈멜 산은 인상적이고도 위압적인 지형학적 특징들을 가지고 북으로부터 오는 침략자의 힘에 적절한 유비를 제공해 준다(Bright, 306, Thompson, 692가 그렇게 주장함). 그렇지 않다면 이 곳이 두드러진 승리의 지역(삿 4-5장)으로서 또 다른 유비 역할을 하는가? 야웨께서는 "그가 올 것이다"라고 선언하신다. 침략자의 정체를 모른다는 사실이 불길한 어조를 띈다.

19 "포로의 행리(행낭)를 준비하라"는 패배의 문맥에서 사용된 관습적인 어휘일 수도 있지만, 만일 이 신탁이 주전 588년이나 그 이후의 것이라면, 이 시는 예루살렘 거민들이 바벨론으로 끌려 간 최근의 경험을 염두에 두었을 수도 있다(Thompson, 693이 그렇게 주장함). 애굽의 거민들은 황폐된 땅과 비어 있는 권좌 배후에 남겨진 새로운 거민들을 갖게 될 것이다.

20 아름다운 암송아지인 애굽은 아름다운 땅과 또한 속수무책인 짐승의 상징인데, 어쩌면 그것은 15절의 무능한 암송아지를 상기시키는 것으로 보인다. 그 나라는 쇠파리(말파리?)에 의하여 괴롭힘을 당한다. 단 한 번 나오는 단어 콰라츠(קֶרֶץ)는 악카드어 카라수(*karāṣu*)와 관련되었을 수도 있으나 "패주"와 관련되었을 수도 있다(참조. 명사 *karriṣu*, "비방하는 자"). 쇠파리의 은유는 단순히 귀찮게 하는 곤충 이상의 어떤 존재를 묘사하기 위하여 의도되었는데, 그 이유는 이것이 군사들로 하여금 도망치도록 하기에 충분하기 때문이다(21절). "이르렀느니라"는 문구는 18절의 불길한 예고 "그가 올 것이다"를 상기시켜 준다(또한 참조. 21절). 런드봄(Lundbom)은 20-21절을 보(בוא, "오다")라는 동사로 인클루시오를 표시하는 인

클루시오의 한 실례로 여긴다(Jeremiah, *A Study in Ancient Hebrew Rhetoric*, 59).

21 용병들은 애지중지되었고, 위기의 때에 쓸모 없거나 혹은 살육당하기 위해 살찌워진 외양간의 살진 송아지와 같다(Thompson, 693에서 그렇게 말함). 그들의 도로를 묘사하고 있는 어휘는 5절에 있는 평행절을 상기시켜 준다.

22-23 둠(Duhm, 340)은 애굽의 암송아지가 하나의 뱀과 숲이 되었고, 쇠파리는 메뚜기와 같이 수많은 일단의 벌목하는 자가 되었다고 설명한다(언어 유희 랍부 메아릅베〈רבו מארבה〉를 주시하라). 이러한 상징들을 택한 이유는 분명하지 않지만, 코닐(Cornill, 455)은 바로의 모자 위에 있는 최고의 권세의 상징인 휘장 뱀을 가리킨다는 것이다. 아피스 황소가 일어서지 못하는 것처럼, 뱀도 접근해 오는 벌목자들의 소리에 살금살금 도망친다. 애굽의 힘은 속수무책이고 믿을 수 없게 되었다.

백성들 혹은 나라를 위한 숲에 대한 은유는 이사야 10:33-34에서도 발견된다. 예레미야 21:14; 22:7에서 이 은유는 예루살렘에 있는 왕궁을 가리킨다(참조. 왕상 7:2, "레바논의 나무로 된 궁"). 바이저(Weiser, 386)는 이 숲을 델타의 밀집된 인구 이미지이거나 아니면 수많은 군대 이미지로 해석했다. 숲을 그 이미지로 택한다면, 그것은 포위 공격 시기 동안 성읍 주변에 봉쇄 벽을 건축하기 위하여 나무를 자르는 관습을 가리킬 수 있다(참조. Yadin, *The Art of Warfare in Biblical Lands* 2:346; Medinet Habu의 시신 안치 신전에 있는 한 장면에서 애굽 군사들이 포위 공격이 있는 동안 나무를 자르고 있는 모습을 그리고 있다). 신명기 20:19-20은 포위 공격을 하는 일에 사용하기 위하여 과일 나무를 자르는 일을 금하도록 규정하고 있다.

24 12절에서처럼 애굽이 "수치를 당할" 것인데, 이는 열국들 앞에 신용을 잃는다는 일반적인 용어든지, 아니면 정복하는 군대에 의하여 포로가 된 여인들에 대한 폭행을 언급한 것일 수 있다(Thompson, 693; Carroll, 771이 그렇게 생각함). 이 구절은 이 신탁의 결론적 요약이다(Weiser, 387).

25 캐롤(Carroll, 772)은 "그를 의지하는 자들"을 애굽인들 자신을 가리키는 것으로 말했다. 그러나 이 위협은 애굽과 바벨론의 관계를 특징지어 주었던 정치적 실상을 넘어서서 애굽에 의하여 취해진 유대인들에 대한 종교적·정치적 위협에 초점을 맞추고 있다. "그를 의지하는 자들"은 미스바에서 있었던 범죄 행위로 인하여 바벨론의 보복을 예상하여 도피하려고 주전 582년에 애굽으로 도피한 유대인들을 가리킬 수 있다(렘 10장; Cornill, 456; Weiser, 387). 그들은 애굽에 신뢰를 두고 있었으므로 애굽인들의 운명과 같은 운명을 당할 것이다. 달리 선택한다면, "그

를 의지하는 자들"은 줄기차게 애굽과의 동맹을 부추겼던 예루살렘에 남아 있는 친애굽파의 남은 자들을 가리킬 수도 있다. 정치적 동맹은 그것이 보다 강력한 세력에 의하여 포고되었든 그렇지 않든 자주 종교적 혼합주의로 그 결과가 나타난다. 어떤 경우든 그(아몬 혹은 바로)를 의지했던 자들은 야웨를 의지하지 않았다. 예배를 받은 자나 예배를 받지 않은 자가 똑같이 하나님의 징벌을 받게 되었다.

26 야웨의 징벌의 도구는 느부갓네살과 그의 방백들로 밝혀져 있으며, 따라서 앞의 두 신탁에서 암시된 "북으로부터 오는 대적"이 여기서 밝혀진다. "내가 그들의 생명을 찾는 자의 손…에 붙이리라"는 어투에 관해서는 21:7; 44:30을 참고하라.

장래에 애굽에 다시 거주할 자가 있으리라는 약속은 앞의 두 신탁 가운데서 그 나라를 쳐서 선포했던 구출되지 못할 운명과 재난에 비추어서 놀라운 일로 다가온다. 캐롤(Carroll, 772)은 그 약속이 어쩌면 예레미야서의 나머지 부분에서 발견되기보다는 애굽에 대한 긍정적인 입장을 반영하고 있다고 지적한다(참조. 사 19:18-25). 루돌프(Rudolph, 252)는 이 약속이 예레미야의 심판 신탁을 부정하기 위해서가 아니라, 그 신탁들이 일시적으로 제한되었다는 사실을 암시하기 위하여 의도되었다고 주장했다. 둠(Duhm, 342)과 바이저(Weiser, 387)와 같은 다른 주석가들은 26b절을 단순히 주전 568년 이후에 이어지는 역사적 실상을 반영하는 것으로 생각했다. 애굽이 축출되지 않고 주권을 유지했었다는 것이다.

만일 48:47; 49:6; 49:39에 있는 유사한 구절들과 비교하여 연구된다면 26b절에 대한 또 다른 이해도 가능하다. 이 구절들에서 운명의 반전이 모압, 암몬, 엘람에게 약속된다. 어찌하여 이 네 나라가 특별한 관심의 대상으로 선발되었는가? 훼프켄(Höffken, *VT* 27[1977] 398-412)은 이 네 "구원" 진술이 이스라엘 땅의 이상적 개념과 관련되어 편집자의 목적을 드러내는 역할을 하고 있다고 주장했다. 애굽과 엘람은 결코 이스라엘 영토는 아니었고, 그래서 그들의 미래의 회복의 과정에서 방해할 것이 없었다. 물론 이스라엘은 결코 바벨론의 영토를 자기 것이라고 주장한 적이 없었지만, 바벨론 신탁에서 거대한 갈대아 왕국이 이미 야웨의 목적에 적대하는 커다란 "세계 권력"의 상태를 가정했다. 결국, 그 어떤 구원에 관한 말씀도 바벨론에게는 주어질 수 없었다. 블레셋, 에돔, 게달 땅은 이상적인 땅에 대한 묘사 가운데서 이스라엘의 지역으로 주장되었다. 모압과 암몬에 대한 문제는 좀더 복잡한데, 왜냐하면 한편으로 이 두 지역은 다윗 제국에 포함되었기 때문이고, 다른 한편으로는 신명기적 문서 그룹에 의하여 제공된 포로 후기의 이상적인 이스라엘 땅에 대한 개념은 요단강을 동쪽 경계로 채택함으로써 이들 나라들이 제외되었기 때문이다(겔 47장). 훼프켄은 모압(48:47)과 암몬(49:6)의 회복에 관한 진술은 신명기적 문서 그룹 편집자의 전형적인 관점을 반영한다고 결론지었다. 다메섹에 대한 문제는 더 난해한데, 그 이유는 수리아를 포함했던 다윗 제국의 이상적 경계들 이외에도 이스라엘의 북방 경계가 여러 구절들(민 33; 겔 47장)에서 다르게 보였기 때문이다. 그 땅의 이상적 경계에 대한 후자의 개념이 편집자의 마음속에 들어 있었을 지라도, 훼프켄은 경계가 인접해 있어서 그 방향으로부터 오는 역사적 위협이 있었기 때문에 이스라엘이 다메섹의 회복에 대한 생각들을 품을 수가 없었다고 결론지었다(403).

애굽의 회복에 대한 약속은 보다 광범위한 문맥 속에서 파악되어야 할 것이다. 즉 이사야 19:18-25과 에스겔 29:13-16에 있는 이와 유사한 구절들이다. 후자의 본문에서 애굽은 회복되고 포로민들이 돌아왔을 것이지만, 새로운 애굽은 너무나 작고도 약하여 이스라엘 백성들이 다시는 결코 의지할 수 없게 될 것이었다.

27-28 이 구원 신탁은 그 형식과 내용에 있어서 이사야 41:8-13의 신탁과 가장 유사하다. 27절은 "그러나 너희는"(참조. 사 41:8)이라는 소개로 시작하여, "두려워 말라"는 요청(참조. 41:10), 그 요청을 강화하는 27b절에 있는 명사절(참조. 사 41:10), 구원의 확신을 구성하고 있는 완료형으로 된 동사가 뒤따라온다(참조. 41:8-9). 28b절은 미래의 실상을 지적하고 있는 미완료형으로 된 동사들로 계속 이어진다(참조. Westermann, *Isaiah 40-66*, 69-73). 이 두 신탁은 포로에서의 귀환과 대적들의 진멸을 약속한다.

예레미야 46:27-28(30:10-11)과 이사야 41:8-13 간의 일치는 분명하다. 명확하지 않은 점은 예레미야와 그의 그룹이 제2이사야서를 기록했던 그룹에 영향을 주었는지 혹은 거꾸로 영향을 주었는지의 여부다. 캐롤(Carroll, 578)이 예레미야 46:27-28이 제2이사야 그룹들 가운데서 기원되었다는 의견을 가지고 있는 반면에, 톰슨(557)은 28절(30:11)이 예레미야서의 다른 곳에서 발견되는 표현들을 담고 있다고 주장했다. (1) "내가 너는 아주 멸하지 아니하리라"(4:27; 5:10, 18; 30:11), (2) "내가 너를 흩었던 그 열방"(9:16), (3) "내가 너를 공도로 징책할 것이요"(10:24), (4) "내가 너와 함께하여 너를 구원하리라"(1:8; 15:20).

해설

주전 7세기 말경 앗수르의 급격한 쇠퇴와 바벨론이 세계 무대에 갑작스럽게 뛰어든 일은 중동 전체를 혼란에 빠지게 했다. 애굽이 그 지역에서 바벨론을 도전하기에 충분한 군사력을 가진 유일한 국가였다. 그들 사이에 있었던 군소 국가들은 미래가 어떻게 될 것인지를 추측해야 했다. 그들에게 독립이라는 것은 거의 불가능하므로, 그들은 애굽이나 바벨론 중에 자기들이 어디에 속해야 할 것인지를 결정해야 했다. 어디에 가장 큰 이익이 놓여 있는가, 그리고 어떤 황제의 통치 아래서 그들이 가장 잘 살아갈 것인가?

유다와 애굽 땅이 인접해 있고, 가나안 땅은 역사 시대 내내 애굽의 통치권을 경험하여 알았으므로, 주전 609년 이후 유다가 국가적으로 당면하고 있는 정치적, 사회적, 경제적 문제들은 아주 어려운 것들이었다. 그들이 바랐던 정책들이 그 나라의 비극을 피할 수 있게 할 것이라고 선전하기 위하여 정치 당파들이 일어났음이 분명하다. 가장 중요한 두 당파, 즉 친애굽파와 친바벨론파는 요시야 당시로부터 그 나라가 종말을 고한 이후까지 활동했다. 요시야는 바벨론을 지지했고, 그래서 그는 바벨론 군대와 싸우기 위하여 북으로 가던 애굽 군대의 행진을 무모하게 저지하려다가 생명을 잃었다. 주전 640년 요시야를 권좌에 올린 "그 땅의 백성들"은 여호아하스를 그의 후계자로 권좌에 올렸으나, 그는 느고에 의하여 즉시 물러났고 그의 형제 여호야김이 그 자리를 대신했다. 주전 605년 애굽이 바벨론에 의하여 갈그미스에서 대패한 후에 여호야김은 강제로 바벨론과 동맹할 것을 맹세하게 되었다. 그러나 601년경 애굽 국경 지역에서 있었던 애굽과 바벨론 간의 결말이 나지 않는 전쟁을 바라보고 여호야김은 바벨론의 통치자를 반역했다. 여호야김은 자신이 결정한 일에 대한 보복을 받지 않고 죽었고, 그의 형제 여호야긴이 크게 패배당하여 바벨론으로 끌려갔다. 예루살렘은 주전 597년 3월 16일에 함락되고 시드기야가 바벨론에 의하여 유다의 통치자로 임명되었다. 그 당시 정치적 음모가 팽배해졌고, 심약한 시드기야는 압력에 굴복하여 바벨론에 대해 반역했다. 이 결정이 재난을 불러일으켰는데, 그 이유는 주전 587년에 유다가 황폐되고 하나의 국가로서 나라가 존속하지 못하게 되었기 때문이다.

이러한 사건들은 예레미야의 사역의 대부분에 대한 배경을 제공해 주었다. 그가 친바벨론파 일원으로 활동했는지의 여부는 알려져 있지 않지만, 그는 계속하여 왕에게 바벨론 왕을 섬기라고 조언했다. 선지자는 느부갓네살을 야웨의 계획을 이루기 위하여 임명된 야웨의 종으로 보았으며, 바벨론에 대한 반역은 곧 야웨에 대한 반역을 의미하는 것으로 보았다. 예레미야에게 있어서 가장 중요한 문제는 국가의 힘, 위신 혹은 독립의 문제가 아니라 국가의 생존의 문제였다. 애굽은 약한 갈대였고, 지지를 받기 위하여 애굽을 의지하는 자들은 그와 함께 멸망에 처하게 되어 있었다.

이러한 사건들은 애굽에 대한 심판 신탁의 배경을 제공한다. 이 신탁들 가운데 그 어디에도 애굽이 이스라엘/유다를 못되게 취급했기 때문에 재난을 당했다는 암시가 없다. 애굽에 대한 증오나 보응이라는 표현은 없을지라도, 조소, 아이러니, 조롱이 그 증거로 나타나 있다. 애굽은 열국에 대한 신탁들 가운데서 전형적으로 그러하듯 오만과 침략으로 인하여 심판을 받는다. 사실상 이 신탁들이 애굽인들이 듣도록 의도되었는지 의심스럽다. 그보다 이 신탁의 목적은 유다 왕으로 하여금 애굽을 의지하지 말고 나라가 존속할 수 있도록 바벨론에 예속될 것을 받아들이도록 이끌어 주기 위한 것이었다.

야웨께서는 이 신탁에서 주인공이시다. 이 신탁들은 야웨의 계획과 바로의 계획을 대조하기 위하여 구성되어 있다. 전 세계의 패권을 쥐고 있다는 바로의 주장은 야웨의 계획의 실상을 고려에 넣지 않았던 것이다. 바로에게 주어진 조롱 섞인 이름은 그의 진정한 성품과 무능을 표현한 것이며, 반면에 만군의 야웨 이스라엘 하나님의 이름의 능력은 하나님 말씀의 효력을 발휘할 수 있는 야웨의 능력에 의하여 드러난다. 인간은 계획을 할 수 있다. 그러나 하나님께서 일을 이루신다.

B. **블레셋에 대하여**(47:1-7[LXX 29:1-7])

참고문헌

Fitzmyer, J. A. "The Aramaic Letter of King Adon to the Egyptian Pharaoh." *Bib* 46(1965) 41-55. **Katzenstein, H. J.** "'Before Pharaoh conquered Gaza'(Jeremiah xlvii 1)." *VT* 33(1983) 249-51. **Kutsch, E.** "'…denn Yahwe vernichtet die Philister': Erwägungen zu Jer 47, 1-7." In *Die Botschaft und die Boten.* FS H. W. Wolff, ed. J. Jeremias and L. Perlitt. Neukirchen: Neukirchener, 1981. 257-67. **Malamat, A.** "The Historical Setting of Two Biblical Prophecies on the Nations." *IEJ* 1(1950-51) 154-59. **Soderlund, S.** *The Greek Text of Jeremiah: A Revised Hypothesis.* JSOTSup 47. Sheffield: JSOT Press, 1985.

본 문

1 바로가 가사를 치기 전에 블레셋 사람에 대하여 선지자 예레미야에게 임한 여호와의 말씀이라

1 [a]The word[b] of the Lord which came to Jeremiah the prophet concerning the Philistines, before Pharaoh smote Gaza:[c]

2 여호와께서 이같이 말씀하시되 보라 물이 북방에서 일어나 창일하는 시내를 이루어 그 땅과 그 중에 있는 모든 것과 그 성읍과 거기 거하는 자들을 엄몰시키리니 사람들이 부르짖으며 그 땅 모든 거민이 애곡할 것이라

2 "Thus says the Lord, Behold, [a]waters are rising[a] from the north, 4+3+3+3 and they will become a flooding torrent, and they will overflow[b] the land and its fullness, the city and those dwelling in it. And people will cry out, 2+4 and every inhabitant of the land will wail.

3 힘센 것의 굽 치는 소리와 달리는 병거 바퀴의 울리는 소리에 아비의 손이 풀려서 그 자녀를 돌아보지 못하리니

3 At the sound of [a]the stamping of the hooves of his stallions,[a] 4+2+2 at the rattling of his chariots, the noise of his wheels, fathers do not look back for children 3+2 on account of the weakness of their[b] hands,

4 이는 블레셋 사람을 진멸하시며 두로와 시돈에 남아 있는 바 도와줄 자를 다 끊어 버리시는 날이 이름이라 여호와께서 갑돌 섬에 남아 있는 블레셋 사람을 멸하시리라

4 because of the day that is coming to destroy all the Philistines, 5+6 [a]to cut off for Tyre and Sidon every surviving helper,[a] for Yahweh is destroying[b] the Philistines,[c] 3+3 the remnant of the [d]coastland of Caphtor.[d]

5 가사가 삭발되었고 아스글론과 그들에게 남아 있는 평지가 멸망되었나니 네가 네 몸 베기를 어느 때까지 하겠느냐

5 Baldness[a] has come upon Gaza: 3+2+2+2 Ashkelon has been silenced,[b] the remnant of the Anakim.[c] '"How long will you gash yourself?"'[d] 2

6 여호와의 칼이여 네가 언제까지 쉬지 않겠느냐 네 집에 들어가서 가만히 쉴지어다

6 'Ah, sword of the Lord, how long will you not be quiet?[a] 6+2+2 Gather yourself into your sheath, rest and be silent.'[b]

7 여호와께서 이를 명하셨은즉 어떻게 쉬겠느냐 아스글론과 해변을 치려 하여 그가 명정하셨느니라

7 'How can it be quiet?[a] 2+2+5 The Lord has ordered it against Ashkelon, and against the shore of the sea, there[b] he has appointed it.'"[c]

원문주해

1.a. 아쉐르(אשר)와 함께 시작되는 신탁의 도입은 14:1, 46:1, 49:34에서도 살펴볼 수 있다.

1.b. Tg은 נבואה, "예언의"를 덧붙인다.

1.c. 이 구절에서 LXX은 에피 투스 알로퓔루스(ἐπὶ τοὺς ἀλλοφύλους, "이방인들에 대하여")만을 가지고 있다. 캐롤(Carroll, 774)은 46:2b; 48:1; 49:1, 7, 23, 28에 비추어 LXX이 이 신탁의 본래의 표제를 보존했을 수도 있다고 주장한다.

2.a-a. Syr은 그 대신 *myl' 'n' 'lym'*("내가 젊은이들을 끌어오고 있다")를 가지고 있다. Tg은 "물" 대신에 עממיא("백성들")을 가지고 있다.

2.b. Tg은 ויבזון("그들이 약탈할 것이다")를 가지고 있다. 참조. 아래의 47:4.

3.a-a. Vg은 *pompae armorum et bellatorum ejus*("무기들과 그의 군사들의 행진의")를 가지고 있다. Tg은 아비라이우(אביריו, "그의 종마들")을 גיברוהי("그의 용사들")로 번역한다.

3.b. LXX과 Syr은 "그들의"를 보충한다.

4.a-a. 2QJer은 레하크리트(להכרית, "자르도록") 대신 하크리티(הכרתי, "내가 자를 것이다")를 가지고 있다. 처음 두 행의 평행절은 블레셋이 "생존하는 돕는 자" 혹은 두로와 시돈의 동맹자였음을 시사한다. 바벨론에 대항하는 다른 국가들과 동맹한 두로와 시돈에 대한 언급에 관해서는 27:3을 보라. 모든 역본들은 두로와 시돈의 운명에 관해 다른 관점을 보인다. LXX이 대표격이다. 카이 아파니오 텐 튀론, 카이 텐 시도나, 카이 판타스 투스 카탈로이푸스 테스 보에다이아스 아우톤(*καὶ ἀφανιῶ τὴν Τύρον, καὶ τὴν Σιδῶνα, καὶ πάντας τούς καταλοίπους τῆς βοηθαίας αὐτῶν*, "그리고 내가 두로와 시돈 그리고 그들의 동맹국들의 나머지를 모두 멸할 것이다").

4.b. Syr, Tg은 "약탈하여"로 번역한다.

4.c. LXX은 "블레셋"이 없다.

4.d-d. LXX은 톤 네손(*τῶν νήσων*, "섬들")을 가지고 있다. Vg, Syr, Tg은 "갑돌" 대신에 "갑바도기아"를 가지고 있다.

5.a. Syr은 "삭발" 대신에 *mhwt'*("상처, 부상")을 가지고 있다. Tg은 פורענותא("징벌")을 가지고 있다.

5.b. LXX은 MT의 니드메타(נדמתה) 대신에 아페리페(*ἀπερρίφη*, "물리쳐지다")를 가지고 있는데, 이는 נרמתה(*BHS*)를 반영한 것이다. Syr, Tg은 모두 타바르(תבר, "깨뜨리다")란 어근을 수동형으로 사용한다.

5.c. MT에서는 임콤(עמקם, "그들의 골짜기, 평지")이다. 참조. Vg. 브라이트(Bright, 310)는 "힘"이라는 의미가 우가릿어에서 입증된 것으로 생각한다. 그는 또한 49:4을 인용하고 있는데, 그 곳에서 그의 제안은 설득력을 가질 수 있다. Tg은 תוקפהון("그들의 힘")으로써 이 견해를 지지한다. 여기서 채택된 번역은 LXX의 에나킴(*Ενακιμ*, 아나킴)을 따른 것이며 눈(נ)과 멤(מ)의 혼동을 가정한 것이다. 이 독법은 수 11:22을 상기시킨다. 블레셋 지방에 생존한(נשארו) 아나킴의 소수 집단이라는 것이다. 임콤(עמקם)을 번역하는 문제에 대한 철저한 연구에 관해서는 Barthélemy, *Critique textuelle*, 771-72를 보라.

5.d. MT에서는 티트꼬다디(תתגודדי, "네 자신을 베다")임. 2QJer은 תתגוררי("돌다")를 가지고 있다. 이것은 블레셋을 의미하는지 아니면 칼을 의미하는지 모호하다. LXX은 헤오스 티노스 콥세이스 헤 마카이라 투 퀴리우(*ἕως τίνος κόψεις ἡ μάχαιρα τοῦ* κυρίου, "얼마나 오랫동안 너희가 칠 것이냐, 주님의 칼을?")를 가지고 있다. 애도 기간에 몸을 베는 의식이 너무나 잘 입증되어 있으므로(신 14:1; 렘 16:6; 48:37), MT이 더 선호된다.

6.a. Syr은 *wl' ttnyhyn mn dlmḥrb,*("그리고 멸망으로부터 그치지 않는다")를 덧붙인다.

6.b. LXX에서는 에파르데티(*ἐπάρθητι*, "기운이 돋구어지다")임.

7.a. **본문**(위의 영역을 보라 – 역자주)은 LXX의 포스 헤쉬카세이(*πῶς ἡσυχάσει*, "어떻게 그것이 잠잠하게 될 것인고?")를 따른 것이다. MT의 본 절의 나머지 부분은 3인칭 여성 단수 어미를 가진 칼을 가리킨다는 점을 유념하라. Barthélemy, *Critique textuelle,* 773-74는 MT의 티슈코티(תִּשְׁקְטִי, 2인칭 여성 단수)를 받아들이는데, 그 이유는 이것이 더 어려운 독법이기 때문이며, 그러므로 본 절의 마지막 부분을 따로 취급한다.

7.b. 2QJer은 샴(שָׁם) 대신에 שָׁמָּה를 가지고 있다.

7.c. LXX은 에페게르데나이(*ἐπεγερθῆναι*, "깨도록, 자각하도록")를 가지고 있다.

양식/구조/배경

이 짧은 장은 블레셋 전체에 대한 신탁을 담고 있다. 이 신탁은 가장 무서운 결과를 가져다 주는 전멸시키는 대 재난이 임박했음을 묘사하고 있다. 즉 상처받은 자의 부르짖음, 아비의 손이 풀려서 그 자녀를 돌아보지 못함, 애곡 의식, 비통한 부르짖음. 이 신탁은 전형적인 메신저 연설 공식 문구인 "여호와께서 이같이 말씀하시되"로 시작되며 4, 6, 7절은 북으로부터 오는 대적이 누구이든 야웨께서 용사시라는 사실을 확언해 준다. 현재 형태에서, 이 시는 재난의 근원에 대한 네 가지 이미지를 채용하고 있는데, 그 중에서 처음 세 개는 이미 애굽에 대한 신탁 가운데서 표현되었다. 그 땅을 삼키는 창일한 물(46:7-8; 참조. 사 8:7-8), 전쟁의 소동(46:3-4, 9), 대적에 대한 야웨의 날의 지정(46:10, 21), 야웨의 칼(참조. 렘 50:35-38).

이 시는 두 단락으로 구성된 통일된 총체다: 멸망의 신탁(2-5절)과 칼에 관한 노래(6-7절). 2-3절은 주제가 일치하고 있다. 즉 위협에 대한 묘사와 위협에 대한 반응이다. 4절은 "날이 이름이니라"는 말로 되어 있는 위협을 묘사하고 있으며, 이 시에서 처음으로 블레셋이 위협을 받은 자로 묘사되어 있다. 5절은 재난에 걸맞는 애도의 관습들을 열거하고 있다. 6절은 야웨의 칼에 관한 애가를 제공하는 반면에, 7절은 그 애가에 대한 선지자의 응답을 제공한다.

2절은 하나의 4행 시구와 하나의 2행 시구를 포함하고 있으며, 3절은 하나의 3행 시구와 하나의 2행 시구를 포함하고 있고, 4절은 하나의 3행 시구와 하나의 2행 시구, 5절은 하나의 4행 시구, 6절은 하나의 2행 시구, 7절은 두 개의 2행 시구를 포함하고 있다. 크리스텐센(Christensen, *Transformations*, 212)과 할러데이(Holladay, 2:335)는 5b절을 6절과 함께 읽고 5b절이 칼의 노래의 일부라고 생각한다("원문주해"를 보라).

어찌하여 이 멸망의 신탁이 블레셋에게 전달되었는가? 아무런 죄상이 언급되어 있지 않다. 블레셋을 향해 유다를 공격한 것에 대한 증오나 비난의 기미가 나타나 있지 않다. 사실상 멸망에 대한 선포는 실제다. 여기서 두 가지 가능성이 제시될 수 있다. 첫째로, 블레셋이 다윗 제국의 일부를 이루었었거나 혹은 최소한 다윗의 지배의 궤도 안에 들어와 있었다는 것이다. 다윗이 경제적 이유로 인하여 기꺼이 블레셋에게 어느 정도의 독립적 행동을 하도록 했다고 추측해 볼 수 있다. 그러나 이어지는 세기 동안 블레셋 성읍들은 자주 유다와 전쟁을 했고, 우리가 알지 못하는 계약의 법규를 어겼거나 아니면 다윗 제국의 평화를 깨뜨린 것으로 볼 수 있다. 두 번째로, 만일 이 신탁이 예레미야로부터 나온 것이라면, 바벨론에 대항하는 나라는 야웨의 뜻을 거역한 것이라는 자신의 확신을 반영했을 수 있다. 아닷-니라리 3세(주전 810-783년) 시대 이후, 블레셋 성읍들은 앗수르에 조공을 바쳤다. 그러나 앗수르의 멸망과 함께 애굽과 바벨론은 앗수르 제국의 수리아-팔레스틴 지역의 지배권을 놓고 다투었다. 프사메티쿠스 1세(주전 664-610년)는 이미 아소돗(Achodod=Azotus)을 공격하는 데 29년을 소비해 왔었다. 느고(주전 610-594년)는 블레셋과 팔레스틴에 대한 세력을 행사했고, 외관상 블레셋의 성읍들은 느부갓네살의 발흥에 앞서 애굽에 충성하고 있었다. 블레셋의 한 성읍의 통치자 아돈(Adon)의 편지는 바벨론 왕의 임박한 침략(주전 605-604년)에 대항하여 애굽의 도움을 호소한 내용을 기록하고 있다(참조. J. A. Fitzmyer, *Bib* 46[1965] 41-55). 그러므로 블레셋은 예레미야의 신학적 관점에서 보면 심판받아 마땅했다.

이 신탁의 날짜는 계속해서 해석자들을 혼란에 빠뜨리고 있다. 표제(1b절)는 시간을 나타내는 문장 "바로가 가사를 치기 전에"를 내포하고 있는데, 이는 바로가 이 신탁에 묘사된 재난에 책임이 있었고, 또한 그 공격이 남쪽으로부터 왔음을 암시할 수도 있다. 신탁 자체(2절)는 "물이 북방에서 일어나 창일하는"으로 기술된다. 북으로부터 오는 대적은 예레미야서의 처음부터 끝까지 바벨론에 대해서 사용된다.

여기서 이 문제에 대한 세 가지 전형적인 접근 방식이 다음과 같이 요약될 수 있을 것이다. 첫째로, 1b절을 신탁 그 자체와 조화시키기 위한 다양한 시도가 있어 왔다. 1956년 와이즈먼의 갈대아 왕들의 역대기의 나머지 부분이 출판되기 전, 몇몇 학자들은 이 표제가 느고가 막돌루스(Magdolus)에서 수리아인들을 패배시키고, 그러고 나서 북으로부터 카디티스(Cadytis-Gaza)를 함락시켰다는 헤로도터스의 진술(*Hist.* 2:159)에 의하여 설명되었다고 주장했는데, 막돌루스는 므깃도로 취급되고 그 전쟁은 609년으로 연대가 밝혀진 것이다(A. Malamat, *IEJ* 1[1950-51] 154-55). 보다 최근에 막돌루스는 애굽의 북동쪽 변방 근처에 있는 믹돌로 이해되어 왔으며, 헤로도터스에 의하여 언급된 전쟁은 가자의 포위 공격이 뒤이어 따라온 주전 601-600년 겨울에 있었던 바벨론에 대한 애굽의 성공적인 격퇴로 취급되어 왔다(Katzenstein, *VT* 33[1983] 249-51; Thompson, 696). 이 입장에서 보면 헤로도터스의 수리아인들은 바벨론 사람들이나 혹은 그들의 수리아-팔레스틴 동맹국들이었을 것이며, 가자의 함락은 느고가 후퇴하는 바벨론 군대를 추격한 다음 (북으로부터?) 가한 추격 원정을 반영했을 것이다.

두 번째 접근 방식은 시 그 자체에 초점을 맞추고 있는데, 이 시는 아스글론을 강조하고 있다(47:5, 7). 갈대아 열왕들의 역대기(Wiseman, *Chronicles*, 68-69)는 아스글론이 주전 604년 느부갓네살의 즉위년에 그 왕에 의하여 함락되었다고 기록한 바 있다. 이 신탁과 이러한 상황을 연관시키는 것은 북으로부터 오는 대적의 이미지를 고수하는 것이며, 주전 601/600년에 애굽이 가자에 가한 공격을 배제했을 것이다.

세 번째 접근 방식은 문학 비평 분석에 근거한다. 쿳취(E. Kutsch, "…denn Yahwe vernichtet die Philister," 253-67)는 다음과 같은 해결책을 제시했다. (1) 2, 3b, 4aα절은 북으로부터 오는 블레셋에 대한 임박한 공격에 관한 원래의 신탁을 담고 있다. (2) 6-7절은 하나의 확장인데, 이것은 원래의 신탁의 성취를 보여 주며, 주전 604년의 느부갓네살에 의한 아스글론의 멸망을 반영하고 있다. (3) 1b, 3a, 4a$\beta\gamma$절은 두로와 시돈에 대한 아프리스(Apries)의 원정 사건들을 반영하고 있는 남쪽으로부터 온 애굽의 블레셋에 대한 침략을 시사하고 있는데(Herodotus, *Hist.* 2:161), 그는 이 연대를 주전 568/7년으로 잡는다.

신탁의 연대 문제는 열국에 관한 신탁들에 포함되어 있는 너무나 많은 다른 문제들처럼 풀리지 않은 채로 남아 있다. 위에 언급된 이 세 가지 접근 방식들 가운데 두 번째 접근 방식이 대부분이 제시하는 방식이다.

주석

[1] 표제의 형태는 14:1; 46:1; 49:34에 있는 것과 동일하다(특이한 아쉐르 〈אשׁר〉 공식 문구에 대한 논의에 관해서는 46:1에 있는 "주석"을 보라). LXX은 "블레셋 사람에 대하여"만을 가지고 있으며, 이것이 본래 서문으로 취급된다. 쿳취(E. Kutsch, "…denn Yahwe vernichtet die Philister," 265)는 다음과 같은 편집상의 발전을 주장한다. (1) "블레셋 사람에 대하여"가 원래 표제였다. (2) 1a절의 나머지 부분은 이 신탁이 예레미야서에 포함될 때 덧붙여졌을 것이다. (3) 1b절에 있는 시간을 나타내는 문구는 바로 아프리스(Apries) 시대에 덧붙여진 후대의 부록이었다. 1b절에 있는 시간을 나타내는 문구를 둘러싸고 있는 문제들에 대한 논의에 관해서는 "양식/구조/배경"을 보라.

[2] 임박한 군대의 침략에 대해 창일한 물의 모습을 사용한 것은 46:7-8과 이사야 8:6-8에서도 발견된다. 이 물은 "북으로부터" 넘쳐오고 있는데, 이 점은 본서 전체에 언급되어 있는 북으로부터 오는 대적을 상기시켜 준다. 몇몇 구 해석가들은 여기서 종말론적-묵시적 사건에 대한 묘사를 보았다. 둠(B. Duhm, 343)은 저자가 블레셋의 운명을 종말론적 색채로 묘사된 전 세계적 대재앙의 일부분으로 간주했다고 믿었다. 기세브레히트(Giesebrecht, 231)는 아레츠(ארץ, "땅")를 "세계"로, 또한 하아담(האדם, "거민")을 세계의 인구로 해석하고 블레셋 사람들이 전반적인 창일하에서 멸망할 것이었다고 결론지었다. 코닐(Cornill, 459)은 2c절을 추정된 종말론적-묵시적 성격을 가졌다는 것 때문에 후대의 가필로 간주했다. 그러나 아레츠(ארץ)가 단순히 "땅"을 의미할 수 있으며, 그래서 창일하는 물의 표상은 여기서 분명히 이사야 8:6-8이 의미하는 것 이상의 묵시적 색채를 가지고 있지 않다. 홍수에 대한 묘사의 팔레스틴적 색채를 지적한 점에서는 루돌프(Rudolph, 255)가 분명히 옳다. 본 구절의 어투는 대재앙을 논리적으로 확장하는 것으로 보인다. 즉 북으로부터 창일하는 물은 메마른 강(wadi)을 넘치게 해서 온 땅에 홍수를 이룬다.

지금의 운 구조 형식에 따르면, 2c절은 창일하는 물로부터 나타나는 거민의 두려움과 근심을 묘사한 것이다. 그러나 루돌프(252)는 LXX의 구문을 따라 2c절을 3a절과, 4절을 3b절과 연결시켰다.

[3] 바이저(389)가 지적한 바와 같이, 창일하는 물 이미지는 군대라는 실체로 변한다(참조. 46:7-9). 3a절은 명사구만을 사용하고 있는 생생한 스타카토의 어투다(Thompson, 697). 단 한 번밖에 나오지 않는 쉐아타트(שׁעטת; 연계형)는 문맥에

의하여 "굽 치는" 혹은 그와 같은 것으로 쉽게 해석된다.

4 다가오는 멸망의 날, 즉 여호와의 날에 관해서는 46:10을 보라.

블레셋 사람들은 여기서 두로와 시돈의 동맹국으로 나타나는데, 그 이상의 어떤 상황은 알려져 있지 않다. 예레미야 27:3은 계약 동맹은 아닐지라도 두로와 시돈 등 요단 동편의 나라들과의 공동의 노력을 언급하고 있는데, 그러므로 블레셋-베니게 동맹도 놀랄 일이 아닐 것이다. 그 이유가 어떻든 LXX 번역자들은 이 구절에서 어려움을 느끼고 "그리고 내가 두로와 시돈, 그리고 그들의 동맹국들 모두를 완전히 멸할 것이다"로 번역했다.

5 대재앙으로 인하여 블레셋 사람들은 애곡 의식을 치른다. 머리를 밀고, 잠잠하며, 몸을 베는 의식을 치른다(참조. 신 14:1; 렘 16:6; 41:5; 48:37). 본문상의 문제에 관해서는 "원문주해"를 보라. 또한 5절에 있는 티트고다디(תתגודדי)의 보존에 관해서는 S. Soderlund, *The Greek Text of Jeremiah*, 220를 보라.

암괌(עמקם)을 "그들의 평지"로 번역하는 것은 사리에 잘 맞기는 하지만 "아나킴"으로의 수정은 대부분의 해석자들이 인정하는 의미에 잘 들어맞고, 그래서 여기서는 이 의미를 채택했다. 보다 세밀한 논의에 관해서는 "원문주해"를 보라. 코닐(Cornill, 461)은 그보다는 "에그론"(Ekron)을 주장했는데, 그 이유는 그가 제3의 성읍을 예상했기 때문이며, 바이저(Weiser, 390)는 유사한 첫 글자의 중복으로 인한 서기관의 필사상의 오류로 인한 것으로 보고 "에그론"으로 읽는다. 루돌프(Rudolph, 252)는 "아스글론" 다음에 "아소돗"을 덧붙이기를 원했다(수 11:22에서처럼). 코닐(461)은 "아스글론"을 "아스돗"과 함께 두기를 원했고, 4절에 샤다드(שׁדד, "멸망시키다")의 언어 유희가 있다고 본다.

6-7 멸망의 상징은 이제 창일한 물과 군대의 침략으로부터 야웨의 칼로 넘어간다(참조. 25:27; 50:35-38). 이 애가는 블레셋 사람들의 입에 있게 되었다(Rudolph, 255).

선지자의 응답이 7절에 나온다. 비록 한 구절에서 인칭의 변화가 자주 실질적인 난점을 일으키지는 않을지라도, 티슈코티(תשׁקטי, "[어떻게] 네가 잠잠할 수 있느냐?")의 티슈코트(תשׁקט, "[어떻게] 그것이 잠잠할 수 있느냐?")로의 수정은 보다 매끈한 번역을 만들어 낸다. 어떤 경우든 선지자는 7a*α*절에서 칼을 소개했고, 본절의 나머지 부분에서 블레셋 사람들에게 칼(3인칭 여성 단수형 어미)에 관해서 소개했다.

해설

블레셋 사람들에 관한 이 신탁은 다른 예언서들 가운데 있는 블레셋에 관한 다른 신탁들과의 긴밀한 관계를 보여 주고 있지는 않을지라도(암 1:6-8; 사 14:29-32; 습 2:4-7; 겔 25:15-17) 여러 가지 같은 어휘들을 담고 있다. 즉 "남은 자", "거민들", "성읍", "북으로부터" 그리고 "해변"이다. 이 신탁은 일반적으로 열국에 대한 전형적인 신탁이며, 1절에 있는 역사 자료 이외에 그 내용 가운데 이 신탁의 날짜는 나오지 않는다.

이 시는 의심할 여지없이 블레셋 사람들을 대항하는 분이 용사이신 야웨시라는 사실을 남겨 놓고 있다. 그러나 신탁의 이유가 불분명한 채로 남아 있다. 이미 암시한 바와 같이, 그 어떤 비난도 언급되어 있지 않고, 유다에 대한 블레셋의 침략 행위의 어떤 기미도 나타나 있지 않다. 그러나 4절은 두로와 시돈이 이 시가 작성된 당시에 블레셋의 동맹국들이었다는 사실을 시사하고 있다. 예레미야 27:3이 암시하는 바와 같이, 주전 594년에 두로, 시돈, 에돔, 모압 그리고 암몬의 대표자들이 바벨론인들에게 대항한 것을 논의하기 위해 예루살렘에 모였다. 블레셋 사람들이 예레미야 27:3에 언급되어 있지는 않지만, 그리고 이 신탁의 연대가 정확하게 결정될 수는 없을지라도, 4절에 반영된 두로와 시돈과의 동맹은 블레셋 사람들이 동맹국들과 함께 바벨론의 멍에를 벗어 버리려는 시도를 하려고 생각하고 있었다는 상황을 암시할 수 있다. 상황에 대한 이러한 입장은 근거가 빈약하고 확실한 역사적 자료에 근거하고 있지는 않을지라도, 열국에 대한 신탁들 가운데 예레미야가 블레셋 사람들에 대한 신탁을 포함시킨 이유를 설명해 준다. 예레미야는 느부갓네살에 대한 대항은 야웨의 계획에 대한 대항이라는 사실을 여전히 확신하고 있었다(27:6-7).

C. 모압에 대하여(48:1-47[LXX 31:1-44])

참고문헌

Bardtke, H. "Jeremia der Fremdvölkerprophet." *ZAW* 54(1936) 240-49. **Blau, J.** "Über Homonyme und angeblich homonyme Wurzeln." *VT* 6(1956) 242-48. **Clark, D. J.** "Wine on the lees(Zeph 1.12 and Jer 48.11)." *BT* 32(1981) 241-43. **Couroyer, B.** "Corne et arc." *RB* 73(1966) 510-21. **Dearman, A.** "Historical Reconstruction and the Mesha Inscription." In *Studies in the Mesha Inscription and Moab*, ed. A. Dearman. Atlanta: Scholars, 1989. 155-210. ______, ed. *Studies in the Mesha Inscription and Moab*. Atlanta: Scholars, 1989. **Driver, G. R.** "Reflections on Recent Articles." *JBL* 73(1954) 125-36. **Gevirtz, S.** "Jericho and Shechem: A Religio-Literary Aspect of City Destruction." *VT* 13(1963) 52-62. **Grohman, E. D.** "Elealeh." *IDB* 2:75. ______. "Kir-hareseth." *IDB* 3:36. ______. "Moab." *IDB* 3:409-19. ______. "Sibmah." *IDB* 4:342. **Hyatt, J. P.** "The Deity Bethel and the Old Testament." *JAOS* 59(1939) 81-98. **Kegler, J.** "Das Leid des Nachbarvolkes: Beobachtungen zu den Fremdvölkersprüchen Jeremias." In *Werden und Wirken des Alten Testaments*. FS Claus Westermann, ed. R. Albertz et al. Göttingen: Vandenhoeck & Ruprecht, 1980. 271-87. **Kuschke, A.** "Jeremia 48:1-8: Zugleich ein Beitrag zur historischen Topographie Moabs." In *Verbannung und Heimkehr: Beiträge zur Geschichte und Theologie Israels im 6. und 5. Jahrhundert v Chr.* FS W. Rudolph, ed. A. Kuschke. Tübingen: Mohr, 1961. 181-96. **Lambert, W. G.** "Kammuš." *RLA* 5:335. **Landes, G. M.** "The Fountain at Jazer." *BASOR* 144(December 1956) 30-37. **Luckenbill, D. D.** *Ancient Records of Assyria and Babylonia*. Vol. 2. New York: Greenwood, 1968. **Matthiae, P.** *Ebla: An Empire Rediscovered*. Garden City: Doubleday, 1981. **Mattingly, G.** "Moabite Religion and the Mesha Inscription." In *Studies in the Mesha Inscription and Moab*, ed. A. Dearman. Atlanta: Scholars, 1989. 216-27. **Mendenhall, G.** *The Tenth Generation: The Origins of the Biblical Tradition*. Baltimore: Johns Hopkins UP, 1973. **Mittmann, S.** "The Ascent of Luhith." In *Studies in the History and Archaeology of Jordan*, I, ed. A. Hadidi. Amman: Department of Antiquities, 1982. 175-80. **Moran, W. L.** "Ugaritic *ṣîṣûma* and Hebrew *ṣîṣ*(Eccles 43:19; Jer 48:9)." *Bib* 39(1958) 69-71. **Piccirillo, M.** "The Mosaics at Um er-Rasas in Jordan." *BA* 51(1988) 208-13, 227-31. **Rendtorff, R.** "Zur Lage von Jaser." *ZDPV* 76(1960) 124-35. **Schottroff, W.** "Horonaim, Nimrim, Luhith und der Westrand des 'Landes Ataroth': Ein Beitrag zur historischen Topographie des Landes Moab." *ZDPV* 82(1966) 163-208. **Simons, J.** *The Geographical and Topographical Texts of the Old Testament*. Leiden: Brill, 1959. **Trever, J. C.** "Juniper." *IDB* 2:1027. **Worschech, U.**, and **Knauf, E. A.** "Alte Strassen in der nordwestlichen *Ard el-Kerak*: Ein Vorbericht." *ZDPV* 101(1985) 128-33. **Yadin, Y.** "Expedition D." *IEJ* 12(1962) 227-57. **Zyl, A. H. van.** *The Moabites*. Leiden: Brill, 1960.

본 문

1 모압에 대한 말씀이라 만군의 여호와 이스라엘의 하나님이 이같이 말씀하시되 슬프다 느보여 그것이 황폐되었도다 기랴다임이 수치를 당하여 점령되었고 미스갑이 수치를 당하여 파괴되었으니

1 For Moab: thus says the Lord [a]of Hosts, God of Israel,[a] Alas for Nebo, for it is devastated.[b] 4+3+3+4 Kiriathaim is shamed,[c] is captured,[d] the fortress[e] is shamed, is shattered;

2 모압의 칭송이 없어졌도다 헤스본에서 무리가 그를 모해하여 이르기를 와서 그를 끊어서 나라를 이루지 못하게 하자 하는도다 맛멘이여 너도 적막하게 되리니 칼이 너를 따르리로다

2 the glory[a] of Moab is no more. In Heshbon they planned calamity against her: 4+3+6 "Come,[b] and let us cut her off[c] from being a nation." Also Dimon,[d] wail aloud,[e] after you the sword will go.

3 호로나임에서 부르짖는 소리여 황무와 큰 파멸이로다

3 Hark, a cry from Horonaim, 3+3+2 "Destruction and great shattering!

4 모압이 멸망을 당하여 그 영아들의 부르짖음이 들리는도다

4 Moab is shattered!" A cry is heard as far as Zoar.[a] 3

5 그들이 울고 울며 루힛 언덕으로 올라감이여 호로나임 내려가는 데서 참패를 부르짖는 고통이 들리도다

5 For at the ascent of Luhith[a] 3+3 they go up with weeping;[b] For at the descent of Horonaim 3+4 they hear a cry of shattering.[c]

6 도망하여 네 생명을 구원하여 광야의 떨기나무 같이 될지어다

6 Flee, save your lives! 3 You will be[a] like a juniper bush[b] in the desert. 4

7 네가 네 공작과 보물을 의뢰하므로 너도 취함을 당할 것이요 그모스는 그 제사장들과 방백들과 함께 포로 되어 갈 것이라

7 For on account of your trusting in your works[a] 4+1 and in your treasures, also you[b] will be captured; 2 Chemosh will go into exile, 3+3 his priests[c] and his officials together.[d]

8 파멸하는 자가 각 성에 이를 것인즉 한 성도 면치 못할 것이며 골짜기는 훼파되며 평원은 파멸되어 여호와의 말씀과 같으리로다

8 And the destroyer[a] will come unto every city, 3+3+2+2 and no city will escape, and the valley will perish, and the plateau will be destroyed, [b]says the Lord.

9 모압에 날개를 주어 날아 피하게 하라 그 성읍들이 황무하여 거기 거하는 자 없으리로다

9 Give salt[a] for Moab, for [b]she will surely surrender,[b] 6+6 her cities will become a desolation, [c]without inhabitant in them.[c]

10 여호와의 일을 태만히 하는 자는 저주를 받을 것이요 자기 칼을 금하여 피를 흘리지 아니하는 자도 저주를 당할 것이로다

10 Cursed is the one who does the work of the Lord with slackness, and cursed is the one who holds back his sword from bloodshed.

11 모압은 예로부터 평안하고 포로도 되지 아니하였으므로 마치 술의 그 찌끼 위에 있고 이 그릇에서 저 그릇으로 옮기지 않음 같아서 그 맛이 남아 있고 냄새가 변치 아니하였도다

11 Moab has been at ease from his youth, 3+3 [a]keeping quiet upon his lees;[a] he has not been emptied[b] from vessel to vessel, 3+3 he has not gone into exile; therefore his taste remains in him, 4+3 his scent is not changed.

12 그러므로 나 여호와가 말하노라 날이 이르리

12 Therefore, behold the days are coming, says

니 내가 그 그릇을 기울일 자를 보낼 것이라 그들이 기울여서 그 그릇을 비게 하고 그 병들을 부수리니

13 이스라엘 집이 벧엘을 의뢰하므로 수치를 당한 것같이 모압이 그모스로 인하여 수치를 당하리로다

14 너희가 어찌하여 말하기를 우리는 용사요 전쟁의 맹사라 하느뇨

15 만군의 여호와라 일컫는 왕이 이같이 말하노라 모압이 황폐되었도다 그 성읍들은 연기가 되어 올라가고 그 택한 청년들은 내려가서 살륙을 당하니

16 모압의 재난이 가까왔고 그 고난이 속히 임하리로다

17 그의 사면에 있는 모든 자여, 그 이름을 아는 모든 자여, 그를 위하여 탄식하여 말하기를 어찌하여 강한 막대기, 아름다운 지팡이가 부러졌는고 할지니라

18 디본에 거하는 딸아 네 영광 자리에서 내려 메마른 데 앉으라 모압을 파멸하는 자가 올라와서 너를 쳐서 네 요새를 파하였음이로다

19 아로엘에 거하는 여인이여 길 곁에 서서 지키며 도망하는 자와 피하는 자에게 일이 어찌 되었는가 물을지어다

20 모압이 패하여 수치를 받나니 너희는 곡하며 부르짖으며 아르논 가에서 이르기를 모압이 황무하였다 할지어다

21 심판이 평지에 임하였나니 곧 홀론과 야사와 메바앗과

22 디본과 느보와 벧디블라다임과

23 기랴다임과 벧가물과 벧므온과

24 그리욧과 보스라와 모압 땅 원근 모든 성에로다

25 모압의 뿔이 찍혔고 그 팔이 부러졌도다 여호와의 말이니라

26 모압으로 취하게 할지어다 이는 그가 나 여호와를 거스려 자만함이라 그가 그 토한 것에서 굴므로 조롱거리가 되리로다

the Lord, I will send to him [a]cellar-men who will tilt him,[a] 3+2+2 and they will empty[b] his vessels,[c] and his[d] jars they will shatter.

13 And Moab will be ashamed of Chemosh just as the house of Israel were ashamed of Bethel,[a] their confidence.

14 How can you say, 2+2+3 "We are heroes, mighty men of war?"

15 The destroyer[a] of Moab and of her cities has come up,[b] 4+4+5 and the choicest of his young men go down to slaughter, [c]says the King, whose name is Lord of Hosts.[c]

16 The disaster[a] of Moab is drawing near, 4+3 and his calamity hastens speedily.

17 [a]Bemoan him, all who are round about him,[a] 3+3 all who know his name; say: "How the powerful scepter is shattered, 4+2 the glorious staff."

18 Descend from (your) glory and sit[a] on the dry ground,[b] 4+3 O inhabitant of Dibon.[c] For the destroyer of Moab has come against you; 4+2 he has destroyed your strongholds.

19 Stand by the road and look, O inhabitant of Aroer;[a] 5+3+3 ask him who flees and her who is escaping, say "What has happened?"

20 "Moab is shamed because it is shattered.[a] 3+2+2+3 [b]Wail and cry out![b] Tell it at the Arnon: 'Moab is destroyed.'"

21 Judgment has come to the tableland, to Holon, Jahzah, and Mephath,

22 against Dibon, Nebo, Beth-diblathaim,

23 Qiryathaim, Beth-gamul, Beth-meon,

24 Qerioth, Bozrah, and all the cities of the land of Moab, far and near.

25 The horn of Moab is cut off,[a] and his arm is shattered, says the Lord.

26 Make him drunk,[a] for against the Lord he has magnified himself;[b] Moab [c]will dash his hand in his vomit;[c] even he will become a source of derision.

27 네가 이스라엘을 조롱하지 아니하였느냐 그가 도적 중에서 발견되었느냐 네가 그를 말할 때마다 네 머리를 흔드는도다

28 모압 거민들아 너희는 성읍을 떠나 바위 사이에 거할지어다 깊은 골짜기 어귀에 깃들이는 비둘기같이 할지어다

29 우리가 모압의 교만을 들었나니 심한 교만 곧 그 자고와 오만과 그 자긍과 그 마음의 거만이로다

30 나 여호와가 말하노라 내가 그 노함의 허탄함을 아노니 그가 자긍하여도 아무 것도 성취치 못하였도다

31 그러므로 내가 모압을 위하여 울며 온 모압을 위하여 부르짖으리니 무리가 길헤레스 사람을 위하여 슬퍼하리로다

32 십마의 포도나무여 너의 가지가 바다를 넘어 야셀 바다까지 뻗었더니 너의 여름 실과와 포도에 파멸하는 자가 이르렀으니 내가 너를 위하여 곡하기를 야셀의 곡함보다 더하리로다

33 기쁨과 즐거움이 옥토와 모압 땅에서 빼앗겼도다 내가 포도주 틀에 포도주가 없게 하리니 외치며 밟는 자가 없을 것이라 그 외침은 즐거운 외침이 되지 못하리로다

34 헤스본에서 엘르알레를 지나 야하스까지와 소알에서 호로나임을 지나 에글랏셀리시야까지의 사람들이 소리를 발하여 부르짖음은 니므림의 물도 말랐음이로다

35 나 여호와가 말하노라 모압 산당에서 제사하며 그 신들에게 분향하는 자를 내가 그치게 하리라

36 그러므로 나의 마음이 모압을 위하여 피리같이 소리하며 나의 마음이 길헤레스 사람들을 위하여 피리같이 소리하나니 이는 그 모았던 재물이 없어졌음이니라

37 각 사람의 두발이 밀렸고 수염이 깎였으며 손이 베어졌으며 허리에 굵은 베가 둘렸고

27 Was[a] not Israel a derision to you? Was he found[b] among thieves?[c] For [d]as often as you spoke of him,[d] you shook your head.[e]

28 Leave[a] the cities[b] 2+2+2 and dwell[a] in the rock, O inhabitants[c] of Moab. Be[a] like a dove: 2+3 she builds a nest in the sides[d] of the gorge.

29 We have heard[a] of the pride of Moab,[b] 3+2 overweening pride — his haughtiness,[c] his pride,[d] his arrogance, 3+2 the haughtiness of his heart.

30 I know, [a]says the Lord,[a] his arrogance;[b] 4+3 +3 [c]his boasts are false,[c] they have not accomplished[d] anything.

31 Therefore I wail[a] over Moab: 3+3+4 for Moab, all of it, I cry out, for the men[b] of Qir-heres[c] I moan.[d]

32 More than[a] the weeping for Jazer I weep for you, O vine[b] of Sibmah. Your branches passed over the sea, 3+4 they reached as far as[c] Jazer: upon your summer fruit and your vintage[d] the destroyer[e] has fallen.

33 Gladness and rejoicing have been taken away from the orchard,[a] 4+2 from the land of Moab, and I have stopped[b] the wine from the presses. 3 (The treader) does not tread with a shout: 2+3 there is no shout.

34 The cry[a] of Heshbon (is heard) as far as Elealeh: as far as Jahaz[b] they utter their voice, from Zoar as far as Horonaim and[c] Eglath-shelishah: indeed even the waters of Nimrim are desolated.

35 I will bring to an end for Moab,[a] says the Lord, the one who goes up to the high places,[b] the one sacrificing to his gods.

36 Therefore my heart moans for Moab like flutes, my heart moans for the men of Qir-heres like flutes: therefore, [a]the abundance they have gained[a] will perish.

37 For every head is bald,[a] and every beard cut off;[b] upon all hands are gashes, and upon loins sackcloth.

38 모압의 모든 지붕에서와 거리 각처에서 애곡함이 있으니 내가 모압을 재미없는 그릇같이 깨뜨렸음이니라 여호와의 말이니라

38 Upon all roofs of Moab and in her squares,[a] all is mourning,[a] for I have shattered Moab like an unwanted vessel, says the Lord.

39 아하 모압이 파괴되었도다 그들이 애곡하는도다 모압이 부끄러워서 등을 돌이켰도다 그런즉 모압이 그 사방 모든 자의 조롱거리와 두려움이 되리로다

39 How it is shattered![a] (How) they wail![b] How Moab has turned[c] the neck in shame! Moab will become a derision, a horror to all round about him!

40 나 여호와가 이같이 말하노라 보라 그가 독수리같이 날아와서 모압 위에 그 날개를 펴리라

40 For thus says the Lord: [a]Behold, like an eagle one will fly swiftly 3+3 and will spread his wings against Moab.[a]

41 성읍들이 취함을 당하며 요새가 함락되는 날에 모압 용사의 마음이 구로하는 여인 같을 것이라

41 The cities will be captured: 2+2 the strongholds will be seized,[a] [b]and the heart of the heroes of Moab on that day will be like the heart of a woman in labor.[b]

42 모압이 여호와를 거스려 자만하였으므로 멸망하고 다시 나라를 이루지 못하리로다

42 Moab will be destroyed as a people[a] 3+3 because he magnified himself over the Lord.

43 나 여호와가 말하노라 모압 거민아 두려움과 함정과 올무가 네게 임하나니

43 Terror, pit, and trap are upon you, O ruler of Moab, 3+3+2 [a]says the Lord.[a]

44 두려움에서 도망하는 자는 함정에 떨어지겠고 함정에서 나오는 자는 올무에 걸리리니 이는 내가 모압의 벌받을 해로 임하게 할 것임이니라 여호와의 말이니라

44 The one who flees from the terror 3+2 will fall into the pit, and the one getting out of the pit 2+2 will be captured in the trap. For I will bring these things[a] against Moab, 3+2+2 the year of their punishment, [b]says the Lord.[b]

45 도망하는 자들이 기진하여 헤스본 그늘 아래 서니 이는 불이 헤스본에서 발하며 화염이 시혼의 속에서 나서 모압의 살찍과 훤화하는 자들의 정수리를 사름이로다

45 [a]In the shadow of Heshbon fugitives stand without strength,[a] for a fire goes forth[b] from Heshbon, 3+3 a flame from the house[c] of Sihon. It consumes the forehead of Moab, 3+3 the head of the sons of tumult.

46 모압이여 네게 화 있도다 그모스 백성이 망하였도다 네 아들들은 사로잡혀 갔고 네 딸들은 포로가 되었도다

46 Woe to you, O Moab! 2 The people of Chemosh perish,[a] 3+3+2 for your sons have been taken into captivity, your daughters into captivity.

47 그러나 내가 말일에 모압의 포로로 돌아오게 하리라 여호와의 말이니라 하시니라 모압을 심판하는 말씀이 이에 그쳤느니라

47 And I will restore the fortunes of Moab in the latter days, says the Lord. Thus far is the judgment of Moab.

원문주해

1.a-a. LXX에는 없다.

1.b. Syr과 Tg은 숫다다(שָׁדָּדָה) 대신 각각 *'tbzzt*와 אתבזוזת("약탈당한")를 가지고 있

다. 어근 바즈(בז)는 Syr과 Tg의 본 장에서 샤다드(שׁדד)와 그 파생어들을 번역하기 위하여 자주 사용된다.

1.c. LXX은 호비샤(הבישה)를 누락시킨다.

1.d. Syr은 닐케다(נלכדה) 대신 *ʾhprt*("혼동되다")를 가지고 있다.

1.e. MT은 하미스가브(המשׂגב)를 장소 이름으로 이해했고, 그래서 동사형이 여성형이다. 만일 여기서 미스가브(משׂגב, "요새")로 이해된다면 동사형에 있는 끝 글자 헤(ה)는 떨어져 나가야 할 것이다. 참조. *BHS*. Syr은 미스가브(משׂגב) 대신에 *ʿwshnh*("그 힘")을 가지고 있다.

2.a. LXX은 테힐라트(תהלת, "명성") 대신에 이 단어를 테알라(תעלה; 참조. 46:11)로 이해하면서, 그리고 테힐라트(תהלת)를 뒤따라오는 헤스본과 함께 읽으면서 이아트레이아(*ἰατρεία*, "치료")로 번역한다(참조. Vg).

2.b. LXX에는 "오다"가 없다.

2.c. LXX은 에콥사멘(*ἐκόψαμεν*, "우리가 그녀를 잘라냈다")을 가지고 있다.

2.d. LXX은 마드멘 팃돔미(מדמן תדמי) 대신 파우신 파우세타이(*παῦσιν παύσεται*, "그녀는 완전히 침묵될 것이다")를 가지고 있는데, 마드멘(מדמן) 대신 다맘(דמם)의 부정사 절대형으로 읽은 것 같다. 이와 유사하게 Syr은 *ʾpn mštqʾn tštqyn*("비록 네가 네 평화를 지킬지라도")를 가지고 있다. 마드멘(מדמן)은 사 15:9의 메 디몬(מי דימון)을 반영한 것일 수도 있다. J. Simons, *The Geographical and topographical Texts of the Old Testament*, 436-37를 보라. 루돌프는 "디본"(Dibon)을 의미했다는 의견을 가졌다(254).

2.e. 크리스텐센(Christensen, *Transformations*, 234)과 쿠쉬케(Kuschke, "Jeremia 48:1-8," 185)는 악카드어와 우가릿어에서 입증된 어근이 다맘(דמם, "울부짖다")인 동사를 동반하고 있는 것으로 읽는다.

4.a. LXX은 몇몇 히브리어 필사본들과 함께 히슈미우(הִשְׁמִיעוּ)를 명령형으로 이해하면서, 아낭게일라테 에이스 조고라(*ἀναγγείλατε είς Ζογορα*, "조고라[소알?]에게 언포하라")를 가지고 있다. 크리스텐센(*Transformations*, 236, 238)은 צערה를 LXX과 사 15:5에 있는 평행절과 함께 "소알에 관한 한"으로 읽는다. Tg은 체오레하(צעוריה, "그녀의 작은 자들")를 שׁלטוניהון("그녀의 통치자들")로 번역한다. K는 체오레하(צעוריה), Q는 צעיריה, 14:3도 그러하다.

5.a. Q는 הלחית, "루힛"으로 읽음; 참조. 사 15:5의 할룩히트(הלוחית). LXX은 호티 에플레스데 알라오드 엔 클라우드모(*ὅτι ἐπλήσθη Αλαωθ ἐν κλαυθμῷ*, "이는 알로드가 울음으로 가득 차기 때문이다")를 가지고 있으며 이 구절을 다르게 진술한다. "한 사람이 오로나임 길로 울며 올라갈 것이다"(참조. 사 15:15). 유딧의 올라감이 호로나임의 내려감과 균형을 이루도록 하기 위하여 MT의 진술이 유지되어야 할 것이다.

5.b. MT의 뻬키(בְּכִי)는 중복오사의 결과다. 뽀(בו)를 사 15:5에서처럼 읽어라.

5.c. LXX에는 차레(צרי, "…의 고통")가 없다. Vg은 차레(צרי)를 "대적들"로 이해하고 "들렸다"의 주어로 이해했다.

6.a. 난해한 웨티흐예나(ותהיינה; 여성 복수형)가 Bright, 314 n.e-e에서 D. N. Freedman에 의해 활기 찬 어미(語尾)를 가진 2인칭 남성 복수로 설명되었으며, 그것을 여기서도 따르고 있다. 할러대이(Holladay, 2:341)는 "네 생명들"을 복수로 이해함으로써 MT를 유지하고 있다(참조. LXX).

6.b. Vg의 *quasi myricae*("위성류처럼")과 Syr의 *'yk'qr'*("한 식물처럼")은 모두가 כערער("위성류〈tamarisk〉처럼")을 암시한다(17:6; 참조. Duhm, 346). LXX은 호스페르 오노스 아그리오스(*ὥσπερ ὄνος ἄγριος*, "하나의 야생 당나귀처럼"〈ערוד〉)를 가지고 있다.

7.a. LXX은 마아사이크(מעשׂיך, "너의 행실들") 대신에 오퀴로마신 수(*ὀχυρώμασίν σου*, "너의 요새들")를 가지고 있는데, 이는 아마도 베마차도테카(במצדותיך, "너의 보물들")의 오독(誤讀)인 것 같다.

7.b. 아트(את; 여성 단수) 대신 2QJer은 아타(אתה; 남성)를 가지고 있다.

7.c. Tg은 코하나이우(כהניו, "그의 제사장들") 대신 פלחוהי("그의 예배자들")을 가지고 있다. 참조. 49:3.

7.d. 야홋다(יחד)는 Q의 יחדו(중자탈락)처럼 읽혀져야 할 것이다.

8.a. LXX은 쇼데드(שׁדד, "파괴자") 대신 올레드로스(*ὄλεθρος*, "파괴")를 가지고 있으며, 두 번째 이르(עיר, "성읍")가 없다.

8.b. 아쉐르(אשׁר)는 중복오사의 오류로 인하여 삭제되어야 할 것이다(Rudolph, *BHS*).

9.a. W. L. Moran, *Bib* 39[1958] 69-71처럼 읽음. 역본들은 치츠(ציץ)에 대해 모호성을 반영하고 있다. LXX은 세메이아(*σημεῖα*, "징조"〈ציון〉)를 가지고 있다. Vg은 *florem*("꽃")을 가지고 있는데, 이는 ציץ의 통상적인 의미다. Syr은 Tg처럼 *klyl'*("왕관")을 가지고 있다.

9.b-b. Moran, *Bib* 39(1958) 71과 함께 야초 테체(יצא תצא; 참조. 38:17)로 읽음. 역본들은 어근 나차(נצה, "폐허가 되다"; Syr) 혹은 어근 야차트(יצת, "불을 놓다"; LXX)를 반영한다.

9.c-c. LXX은 질문으로 되어 있다. 포덴 에노이코스 아우테(*πάθεν ἔνοικος αὐτῇ*, "그 땅〈여성형〉을 위한 거민이 어디서 올 것인가?").

11.a-a. LXX은 카이 페포이도스 엔 에피 테 독세 아우투(*καὶ πεποιθὼς ἦν ἐπὶ τῇ δόξῃ αὐτοῦ*, "그리고 그의 영광을 의지했다")를 가지고 있다.

11.b. LXX은 능동 동사를 가지고 있다. 에네킨(*ἐνέχεεν*, "그가 쏟[지 않]았다").

12.a-a. LXX은 클리논타스 카이 클리누신 아우톤(*κλίνοντας καὶ κλινοῦσιν αὐτὸν*,

"그들을 그릇 가게 할 속이는 자들")을 가지고 있다. Syr, Tg은 "약탈자들"을 가지고 있다.

12.b. LXX은 레프튀누신(*λεπτυνοῦσιν*, "박살이 날 것이다"; 야데쿠, יָדֵקּוּ)을 가지고 있다.

12.c. LXX은 케라타(*κέρατα*, "뿔들")를 가지고 있다. 참조. 케라미온(*κεράμιον*, "질그릇").

12.d. LXX의 "그의 병"과 함께 읽어라.

13.a. LXX은 엘피도스 아우톤(*ἐλπίδος αὐτῶν*, "그들의 희망")을 덧붙인다.

15.a. 슛다드(שֻׁדַּד) 대신 쇼데드(שֹׁדֵד)로 읽어라. 참조. 18b절. 역본들은 모두가 슛다드(שֻׁדַּד)를 반영하고 있다. 참조. 20b절.

15.b. LXX에는 알라(עלה)가 없다. Vg은 *civitates illius succiderunt*("그들이 그 성읍들을 무너뜨렸다")를 가지고 있다.

15.c-c. LXX에는 없다.

16.a. LXX은 헤메라(*ἡμέρα*, "날")을 가지고 있다.

17.a-a. Syr은 *'tdlhw wz'w kl dhdrwhy*("그를 둘러싸고 있는 모든 자들이 고통을 받고 동요한다")를 가지고 있다.

18.a. Q는 ושבי로 읽음.

18.b. LXX은 휘그라시아(*ὑγρασίᾳ*, "젖은 곳")를 가지고 있다. Vg에서는 *in siti*("메마름 가운데서")이고 Syr에서는 *bṣ'r*("멸시 가운데서")이다. 루돌프(*BHS*)는 בצאה("구토 가운데서" 혹은 "똥 가운데서")를 제안하는데 이는 Syr이 제안한 것이다.

18.c. Syr은 *Rybwn*("리본"; 고유명사)을 가지고 있다. 참조. 22절.

19.a. Syr은 *'dw'l*("아도엘")을 가지고 있다.

20.a. 핫타(חתה) 대신 חת로 읽어라. 끝 글자 헤(ה)는 중복오사로 말미암은 것이다.

20.b-b. Q는 뒤따라오는 הגידו와 일치하여 복수 명령형들을 가지고 있다. LXX은 모든 명령형을 단수형으로 만든다.

25.a. LXX은 카테아크데(*κατεάχθη*, "깨어지다")를 가지고 있다.

26.a. Syr은 *dw'why*("그를 비참하게 만든다")를 가지고 있다.

26.b. 2QJer에는 הגדילה(3인칭 여성 단수)로 되어 있다.

26.c-c. Vg: *allidet manum Moab in vomitu suo*("모압은 자기 손을 자신의 토해낸 것 가운데서 더럽힐 것이다"). LXX은 베퀴오(בקיאו) 대신 엔 케이리 아우투(*ἐν χειρὶ αὐτοῦ*, "그의 손으로")를 가지고 있다.

27.a. 2QJer은 하예타([ה]יתה) 앞에 היאה를 삽입한다.

27.b. Q는 נמצא로 읽음.

27.c. LXX에서는 엔 클로파이스 수(*ἐν κλοπαῖς σου*, "너의 장물[贜物]들 가운데")임.

27.d-d. LXX과 Syr에는 없다. Vg에서는 *propter verba ergo tua, quae adversum illum locutus eo*("그러므로 그를 쳐서 말한 네 말로 인하여")이다. 데바레카(דְּבָרֶיךָ) 대신 답베르카(דַּבֶּרְךָ; *BHS*)로 읽어라.

27.e. LXX은 에폴레메이스 아우톤(ἐπολέμεις αὐτόν, "내가 그를 쳐서 싸웠다")을 가지고 있다(참조. Syr).

28.a. LXX은 세 개의 명령형을 정형 동사로 취급했다. 2QJer은 쉬크누(שׁכנו) 대신 쉐코니(שׁכוני)를 가지고 있다.

28.b. 2QJer은 이레카(י[ער]ך, "네 성읍들")를 가지고 있다.

28.c. 2QJer은 단수형 ישבת를 가지고 있다.

28.d. LXX은 엔 페트라이스(ἐν πέτραις, "반석들에서")를 가지고 있다.

29.a. 2QJer은 쉬므우 나(שמעו נא; 복수 명령형)를 가지고 있다. LXX은 에쿠사(ἤκουσα, "내가 들었다")를 가지고 있다.

29.b. Syr은 *rwrbn' dmw'b*("모압의 방백들")를 가지고 있다(또한 참조. Tg).

29.c. LXX과 2QJer에는 없다.

29.d. 2QJer은 [ו]ואיננ("그리고 그가 더 이상 아무것도 아니다")를 덧붙인다.

30.a-a. LXX에는 없다.

30.b. LXX은 에르가 아우투(ἔργα αὐτοῦ, "그의 일들")를 가지고 있다. Syr에서는 *'bdyhwn*("그들의 일들")이다.

30.c-c. LXX은 우키 토 이카논 아우투(οὐχὶ τὸ ἱκανὸν αὐτοῦ, "그것이 그에게 충분하지 않느냐?"(=דַּיוֹ)를 가지고 있다. "자랑하다" 대신 Syr은 *qṣwmwhy*("그의 예언자들")로 읽는다. 참조. 사 44:25, 여기서 밧딤(בדים)과 코쓰밈(קסמים, "예언자들")이 평행이 되어 있으며, 렘 50:36도 참고하라.

30.d. 2QJer은 아수(עשׂו, "그들이 했다") 대신에 아세타(עשׂתה, "그녀가 했다")를 가지고 있다.

31.a. LXX은 올롤뤼제테(ὀλολύζετε, "너희는 울부짖어라")를 가지고 있다.

31.b. 사 16:7은 아쉬쉐(אשׁישׁי, "…의 건포도떡")를 가지고 있다.

31.c. LXX은 키라다스 아우크무(Κιραδάς[=קיר חדשׁ?] αὐχμοῦ)를 가지고 있다. Vg은 *ad viros muri fictilis*("벽돌로 된 성벽의 사람들을 위하여"⟨חרשׂ=흙⟩)를 가지고 있다. 2QJer은 [קיר]חרשׂת를 가지고 있다.

31.d. Q[Or]=אהגה.

32.a. LXX은 호스(ὡς, "처럼")를 가지고 있고 미브키(מבכי)를 키브키(כבכי)로 이해했다. 사 16:9은 삐브키(בבכי)를 가지고 있다. 루돌프(*BHS*)는 맛브케(מַבְּכֵי, "근원들"; 우가릿어 *mbk, npk*)를 제안했지만, 자신의 주석에서 그는 이 제안을 거절했다.

32.b. 2QJer에는 정관사가 없다.

32.c. 사 16:8과 함께 얌(יָם, "바다")을 삭제하고 있음.

32.d. 사 16:9에는 베치레크(בצירך) 대신 쿼치레크(קְצִירֵךְ, "너의 추수물")로 되어 있다.

32.e. 사 16:9에는 쇼데드(שֹׁדֵד) 대신 헤다드(הידד)로 되어 있다.

33.a. LXX에는 없다.

33.b. Syr은 *nbṭl*("그칠 것이다")를 가지고 있다. LXX은 프로이(*πρωί*, "아침에"=하슈켐, הַשְׁכֵּם)를 가지고 있다. 루돌프(*BHS*)는 하슈바트(הָשְׁבַּת, "정지했었다")를 제안했다.

34.a. 첫 번째 멤(מ)을 제거하라. 그렇지 않으면 그것을 앞의 헤다드(הידד)에 대한 전접어로 간주하라(Christensen, *Transformations*, 239).

34.b. LXX은 하이 폴레이스(*αἱ πόλεις*, "그들의 성읍들"=ערים)를 가지고 있다.

34.c. LXX과 함께 와우(ו)를 덧붙임.

35.a. LXX은 카이 아폴로 톤 모압(*καὶ ἀπολῶ τὸν μωαβ*, "그리고 내가 모압을 멸하리라")을 가지고 있다.

35.b. Vg은 "산당" 앞에 코르반(קורבן, "제물")을 삽입한다.

36.a-a. Vg에는 *plus fecit quam potuit*("그가 자기가 할 수 있는 그 이상을 행했다")로 되어 있다. 이트라트(יִתְרַת)에 대해서는 이트라(יִתְרָה; 사 15:7)나 혹은 복수형 이트로트(יִתְרֹת)로 읽으라. Syr은 *byšt'*("악")을 가지고 있다.

37.a. LXX은 엔 판티 토포(*ἐν παντὶ τόπῳ*, "모든 곳에")를 덧붙인다.

37.b. 2QJer은 미완료형 [ע]תגר를 가지고 있다.

38.a-a. LXX에는 없다.

39.a. LXX은 포스 카텔락센(*πῶς κατήλλαξεν*, "어떻게 그가 변화시켰는가?")을 가지고 있다.

39.b. LXX에는 없다.

39.c. 2QJer은 הפנו(복수형)을 가지고 있다.

40.a-a. LXX에는 없다.

41.a. Q^{Or}은 복수형으로 지적한다.

41.b-b. LXX에는 없다.

42.a. LXX은 아포 옥클루(*ἀπὸ ὄχλου*, "한 무리로부터")를 가지고 있다.

43.a-a. LXX에는 없다.

44.a. LXX과 Syr과 함께 엘레(אֵלֶּה, "이것들")로 읽음. 할러데이(Holladay, 2:345)는 알라(אָלָה, "저주")로 읽는다.

44.b-b. LXX에는 없다.

45.a-a. Syr에는 없다. θ´는 마코아흐(מכח, "힘없이") 대신 아포 파기도스(*ἀπὸ παγίδος*, "덫으로부터")로 읽는다(참조. Vg). 45-47절은 LXX에는 없다.

45.b. 야츠아(יצאה)는 민 21:28에 있는 동일한 문구임.

45.c. 몇몇 필사본들과 함께 미베트(מבית)로 읽음. 민 21:28은 미키르야트(מקרית, "…의 성읍으로부터")를 가지고 있다.

46.a. θ′, Vg, Tg: 민 21:29을 따라서 "너희가 멸망했다"임.

양식/구조/배경

예레미야 48장은 모압에 관한 시 자료와 산문 자료들로 짜여져 있다. 모압에 관한 다른 신탁들은 이사야 15-16장; 아모스 2:1-3; 스바냐 2:8-11; 에스겔 25:8-11에서 발견된다. 48장에 있는 모음집은 그 길이에서 두드러져 있다. 즉 바벨론에 대한 신탁(렘 50-51장)에 관한 모음집만이 이보다 더 길 뿐이다. 이 모음집은 모압에 관한 광범위한 지식과 그 특징적인 생활을 반영하고 있다. 문화(양조학), 군사력을 의존함 그리고 특히 그 지형.

여러 특징적인 문학 형태들이 본 장에서 사용되었다: 저주 신탁(1b-5절), 도망하라는 권고(6-8, 28절), 애곡하라는 명령(17, 20절), 애가 자체(31-32절) 그리고 운명에 대한 신탁(11-16, 40-44절). 여러 개의 산문 구절들(10, 12-13, 21-25, 26-27, 34-39절)이 여러 시구 가운데 산재해 있어서 본 장의 구조와 문서 역사 문제를 복잡하게 만들고 있다.

본 장의 모든 부분이 어떻게 나누어져야 하는지에 대해서는 일치된 견해가 없다. 바트케(H. Bardtke)는 세 개의 기본 단위를 밝혀냈다: 1-13, 14-27, 28-47절(*ZAW* 54[1936] 240-49). 브라이트(J. Bright)는 본 장을 다섯 부분으로 나누었다: 1-10, 11-17, 18-28, 29-39, 40-47절(311-19). 루돌프는 40-47을 47절을 제거하면서 두 부분, 즉 40-42, 43-46절로 더 나누는 것만 브라이트와 다를 뿐이다(257-63). 바이저(Weiser)는 보다 세분된 분석을 제공했다: 1-2, 3-6, 7-9(10), 11-13, 14-17, 18-25, 26-27, 28, 29-39, 40-42, 43-46, 47절(396-402). 크리스텐센(Christensen)은 본 장을 두 개의 주요 부분으로 나누었다: 1-28, 29-44절(LXX과 함께 45-47절을 빠뜨림). 자신이 밝힌 문서 형태에 근거하여 그는 첫 번째 단락을 다시 일곱 부분으로 나누었고(1-5, 6-8, 9-10, 11-16, 17-19, 20-27, 28절), 두 번째 단락을 세 부분으로 나누었다(29-36, 37-39, 40-44절)(*Transformations*, 240-41).

할러대이는 부차적 자료로부터 본래의 자료를 구별하는 것으로 알려져 있는 분석을 제공했다. 할러대이에게 본 장에 있는 본래의 자료를 인식하는 가장 중요한 결정적 요소는 예레미야의 특징을 가진 진술의 인식이다(W. Holladay, 2:347-49).

그러므로 그는 본래의 자료를 1-4; 6-9; 11-12; 14-17; 18-20, 25; 28+38b; 39, 41a, 42; 43-44a+45a+44b절로 밝혀냈다. 부차적 자료는 본문의 연속성에 대해 소개하고 있는 산문체 자료(10, 13, 21-24, 26-27절), 혹은 이사야 15-16장; 예레미야 49:22; 민수기 21:24(29-38a; 40aβb, 41b; 45-46절)로부터 개작한, 그리고 예레미야의 특징적인 구술을 담고 있지 않은 시와 산문체 자료들로 이루어져 있다(Holladay, 2:346-48, 352-53).

훨씬 더 흥미로운 점은 본래의 자료의 가능성 있는 배경을 제안하려는 할러대이(Holladay)의 시도다. 그는 예레미야가 세 개의 신탁을 전달했다고 결론지었다. 첫 번째 신탁은 1-4, 6-9, 11-12절로 구성되어 있고, 두 번째 것은 14-17, 18-20+25, 28+38b절로 구성되어 있으며, 또한 세 번째 것은 39-40aα+41a+42, 43-44a+45a+44b절로 구성되어 있다. 할러대이는 이 신탁의 연대를 각각 주전 605, 599/598, 594년으로 잡는데, 이 연대들은 예레미야가 모압인들의 활동에 관한 신탁들을 선포한 것으로 예상될 수 있는 연대들이다. 주전 605년 갈그미스에서 느부갓네살의 승리는 트랜스 요르단을 포함하여 수리아-팔레스틴에 대한 자신의 제왕으로서의 구상을 강요하는 데 있어서 그의 역량을 나타낸 정적인 사건이었다. 주전 599/598년 모압은 유다를 압박했고(왕하 24:2), 주전 594년 모압은 바벨론에 조직적인 대항을 하기 위하여 유다, 암몬, 에돔, 두로에 합류했는데(27:3), 이에 대해서 예레미야는 반대했었다. 이 세 개의 신탁과 평행을 이루는 본서의 다른 예레미야의 시문에 들어 있는 구절들을 다시 언급하면서 할러대이는 첫 번째 시가 주전 605년의 것으로 연대가 정해진 자료와 가장 평행을 이루며, 두 번째 시는 주전 599/598년의 것으로 정해진 자료와 두드러지게 평행을 이루고, 세 번째 시는 주전 594년으로 연대가 정해진 자료와 평행이 된다고 주장한다(2:353-54).

할러대이의 매력적인 분석은 한편으로는 연대와 가장 완벽하게 조화를 이루고 있지만, 난점들도 없지는 않다. 본서의 다른 곳에 있는 시적 진술과 평행이 되는 구절들을 언급함으로써 48장에 있는 본래 자료를 결정하려는 그의 노력을 자세히 검토해 보면, 소수의 동떨어진 단어들과 문구들이 구성하는 것처럼 그 구성에 있어서 증거의 결핍이 드러난다. 시 평행절을 담고 있는 단락에 대한 그의 연대 결정은 본서의 문서 발전에 대한 그의 이론에 의하여 좌우되는데, 그것은 그럴듯하기는 하지만 입증된 것은 아니다(2:15-24). 요약해서, 할러대이가 본래의 자료를 결정하고 그것을 예레미야 사역의 어떤 시기에다 그 연대를 맞추려고 시도하는 것은 전혀 신빙성이 없다.

여기에 48장을 구성하는 부분들의 한계 설정에 대한 또 다른 입장이 있다: 편집자의 설명인 10, 13절과 함께 1-5, 6-9, 11-12, 14-17, 18-20, 21-25, 26-27, 28-33, 34-39, 40-44, 45-47절이다. 이 임시적 분석은 부분적으로는 양식 분석에 근거하여 제공된 것이고, 부분적으로는 여러 단락의 내적인 일관성에 근거하여 제공된 것이다. 본 장은 확실하게 어떤 장르로 규정할 수 없는 시와 산문 단락들과 함께 혼합된 장르를 포함하고 있다. 화자의 수의 전환과 전달받은 자의 인칭의 전환이 분석을 어렵게 만든다. 모두가 그렇지는 않더라도 자료의 대부분을 확실하게 예레미야의 것으로 돌릴 수는 있지만, 자료의 배경들을 제공하려는 시도는 확신 있게 말할 수 없다.

48장의 여러 구절들은 다른 여러 구약성경의 단락들과 유사하며 문서들이 그것들을 의존하고 있다.

48:5 = 이사야 15:5b
48:7b = 49:3d; 아모스 1:15
48:29, 31-33 = 이사야 16:6-10
48:31b = 이사야 15:5a
48:34ab = 이사야 15:4a, 5a
48:34c = 이사야 15:6a
48:35 = 이사야 16:12
48:36 = 이사야 16:11
48:37-38 = 이사야 15:2c-3
48:40-41 = 신명기 28:49, 52; 예레미야 49:22
48:43-44 = 이사야 24:17-18ab
48:45b = 민수기 21:28a
48:45c = 민수기 24:17c
48:46 = 민수기 21:29

몇몇 경우에 표준적인 직유(신 28:49, 52; 렘 49:22)와 은유(사 24:17-18ab), 혹은 판에 박힌 심판들(렘 49:3d; 암 1:15)이라는 전통적인 자료들을 사용하는 것처럼 보인다. 그러나 예레미야 48:45-46에서는 시가 열국에 대한 가장 초창기 신탁들의 일부를 되풀이하고 있는데, 이것 역시 모압에 대한 것이다(민 21:27-30).

이사야 15-16장의 모압에 관한 신탁과 예레미야 48장의 관계는 특별한 설명을 필요로 한다. 이사야 15-16장은 하나의 심판 신탁이라기보다는 모압에 대한 애가를 담고 있으며, 따라서 예레미야 48장과는 양식 비평적으로 구별되어야 할 것이다. 예레미야 48장에 있는 시는 이사야 15-16장으로부터 잘라내진 애가 자료들을 가지고 있으며, 이것들을 심판 선언의 목적으로 개작했다(Wildberger, 2:605-6). 빌드베르거는 이사야 15-16장이 먼저 기록된 것임을 확신 있게 주장했다(2:605-6). 이사야 15-16장과 유사한 어떤 자료들을 예레미야의 것으로 돌리는 것을 부정하는 것은 근거 없는 것으로 보이는데, 그 이유는 이 자료가 예레미야 시의 특징을 가지고 있지 않기 때문이다(Holladay, 2:347-48). 그러한 일치를 거의 예상할 수 없다는 것이다.

주석

1 모압 왕국의 전통적인 경계는 북쪽으로는 아르논 강(Wadi Mujib), 남쪽으로는 세레드 강(Wadi Hasa) 그리고 각각 서쪽과 동쪽으로는 사해와 사막이다. 한때 모압의 영토는 미숄(Mishor), 헤스본까지 이르는 아르논 북쪽의 고원 혹은 대지(臺地), 그리고 사해 북쪽의 "모압 평야"를 포함하는 광활한 지역이었는데, 이러한 장황한 신탁들에 반영된 바와 같은 여러 사건들이 일어났던 나라다.

모압 사람들이라고 불린 백성들의 기원은 분명치 않다. 표준적으로 참고할 만한 작품들이 그 주제에 대해서 제공할 정보를 거의 갖고 있지 않다. 반 질(A. H. van Zil)의 논문들이 여러 가지 면에서 아직도 표준이 되고 있는데, 그는 모압 사람들이 동쪽으로부터 모압으로 쉽게 들어올 수 있다는 사실을 발견하고 결국에는 지배적인 그룹이 되었던 수리아-아라비아 사막에 있던 유목민 부족으로부터 생겨났다는 의견을 제공했다(van Zil, *The Moabites*, 109-11). 최근에 멘덴홀(G. Mendenhall)은 모압인들과 또한 그와 관련된 요단 동편 백성들이 전체적으로 혹은 부분적으로 정치적/경제적 붕괴와 풍토병으로 인하여 후기 청동기 시대 초반에 아나톨리아와 북수리아로부터 이주해 왔다는 상당한 역사적, 문화적 그리고 고증적 증거를 제공했다(G. Mendenhall, *The Tenth Generation*, 105-21, 142-73).

느보(Nebo)는 아마도 느보 산 바로 남쪽의 무하얏(Kh. al Muḫaiyat)과 동일시되어야 할 텐데, 이 곳에서 철기 시대의 무덤들이 발굴되었다(A. Dearman, "Historical Reconstruction and the Mesha Inscription," 180). 메사 비문은 이스라엘 백성들이 느보를 함락한 사실을 기록하고 있다. 기랴다임(Qiryathaim)의 가장 좋은 후보지는 알 쿠리에(al Qureiye)인 것으로 보인다(A. Dearman, "Historical Reconstruction and the Mesha Inscription," 176).

미스갑(מִשְׂגָּב, 미스갑; "요새" 혹은 "망대")은 아마도 지명이라기보다는 보통명사일 것으로 보이지만, 여성 동사들은 하나의 도시를 암시한다. 그 밖의 모든 곳에서 이 단어가 "요새"로 잘 번역되었다. 이것은 사무엘하 22:3에서 야웨의 별칭으로 사용되었으며, 시편에서도 정규적으로 그렇게 사용되었다(9:10; 18:3; 46:8, 12 등). 유다의 입장에서 미솔의 서쪽 끝은 접근하기가 불가능하거나 대단히 어려운 하나의 요새와 같으며 모압의 자존심의 상징으로 보일 수도 있다(29절).

2 헤스본은 현대의 텔 헤스반(Tel Hesbān)이며 영토 확장의 시기 동안 모압 극 북단의 경계를 이루었다. 초창기에는 이 곳이 르우벤(수 13:17) 혹은 갓(수 13:26)의 소유였다. 헤스본(חֶשְׁבּוֹן)과 하솨브(חָשַׁב, "이르기를", "생각하다, 궁리하다")의 언어 유희를 유념하라. 헤스본에서 모압의 붕괴 계획은 헤스본이 이 신탁이 발표되었을 때 모압의 소유였는지에 대한 문제를 일으킨다. 예레미야 49:3에서 헤스본은 암몬의 영토에 포함되어 있다. 모압에 대한 재앙이 암몬 사람들에 의하여 저질러졌는가? 그렇지 않으면 헤스본은 단순히 어떤 대적(바벨론?)에 의한 모압 침략의 논리적 시발점인가?

만일 "맛멘"(Madmen)이 지명이라면, 이것은 이 곳에서만 언급된 곳이다. LXX과 Syr의 번역은 부정사 절대형 따몸(דָּמוֹם)을 반영하고 있으며, 따라서 "그녀가 완전히 침묵하게 될 것이다"이다("원문주해"를 보라). 또 다른 가능성은 맛멘(מַדְמֵן) 성읍을 맛메나(מַדְמֵנָה, "거름 구덩이")와의 언어 유희로 보는 것이다(사 25:10b: "모압이 거름물 속의 초개의 밟힘같이 자기 처소에서 밟힐 것인즉"). 그렇지 않으면 맛멘(מדמן)은 이사야 15:9에 있는 메 디몬(מֵי דִימוֹן, "디몬의 물들")을 반영할 수도 있으며, 따라서 뒤따라 나오는 어근 다맘(דמם)과 언어 유희를 보여 주고 있다. 여기서는 부정사 절대형보다는 지명이 의도된 것으로 보이므로, 특히 디몬이 디본의 다른 대안적 형태라는 사실에 비추어 볼 때 이 마지막 가능성이 더 나은 것 같다(Holladay, 2:356).

어근 다맘(דמם)은 "잠잠해지다, 멸망하다"나 혹은 "울다"로 번역하는 것이 가능하다("원문주해"를 보라). 정상적인 번역은 "잠잠해지다, 조용해지다"이며, 이것이 25:37; 47:6; 49:26; 50:30; 51:6과 같은 구절들이 필요로 하는 의미다. 악카드어와 우가릿어에서 이 어근은 "울다, 울부짖다"를 의미한다(참조. *KTU* 1.16.1.25-26, 여기서 *'l tdm*은 *'l tbkn*〈"울지 않다"〉와 같다). 그러한 의미는 특히 그것이 23:1에 있는 헬리누(הֵילִילוּ, "울부짖다")와 일치하므로 이사야 23:2에 있는 똠무(דֹּמּוּ)와 어울린다. 할러대이(Holladay, 2:291)는 예레미야 8:14에서도 이 번역을 택한다.

블러(J. Blau, *VT* 6[1956] 242-48)는 다맘(דמם)의 이 두 의미를 시간이 경과함에 따라 각자에게 양도된 두 개의 동음이의어 어근의 증거로 보았다.

3-4 이 구절들은 모압의 남쪽 부분으로 주의를 돌린다. 재앙의 부르짖음은 호로나임에서 일어났고 소알까지 들렸으며, 공포에 질린 거민들이 루힛 언덕으로 도망하여 고원에까지 이른다. 만일 1-5절이 한 개의 신탁을 이룬다면, 모압 땅은 북과 남으로부터 공격받은 협공 작전에 휘말리게 되었고, 결국 거민들은 광야로 내몰리게 된다(6절).

소알은 평지 성읍들 가운데 하나로 알려져 있으며(창 13:12) 에쉬-세흐-이사(aš Šeḥ ʿIsā)에 있는 고르 에쓰 싸피(Gor aṣ Ṣafi)에 위치해 있을 가능성이 크다(S. Mittmann, "The Ascent of Luhith," 175). 호로나임, 루힛, 니므롬의 물은 이사야 15:5-6에서 결합되어 있다. 현재 나타나 있는 루힛의 가장 개연성 있는 위치는 카드랍바(Kathrabba)이다(S. Mittmann, "The Ascent of Luhith," 179). 그렇다면 니므롬의 물은 와디 엔-누메라(Wadi en-Numera)와 동일시될 것이다(A. Dearman, "Historical Reconstruction and the Mesha Inscription," 188). 호로나임이 루힛 근처에 있는 것으로 나타나 있기는 하지만, 그 정확한 위치는 호로나임과 루힛이 두 개의 다른 도로상에 있느냐, 아니면 한 길과 연결되어 있느냐는 관점에 따라 결정된다. 쇼트로프(W. Schottroff, *ZDPV* 82[1966] 200)는 이사야 15:5에 있는 호로나임과 루힛의 평행을 지적하고 이 위치들이 한 길로 연결되었었다고 생각했다. 워섹(U. Worshech)과 크너프(E. A. Knauf)는 이 위치들이 두 개의 평행적인 도로들 위에 위치해 있었고 더 북쪽에 있는 에드 데일(ed Deir)을 호로나임의 위치라고 주장했다(*ZDPV* 101[1985] 132). 어느 경우든, 호로나임, 루힛 그리고 니므림의 위치는 쿠쉬케(Kuschke)가 생각한 바와 같이 모압 북서쪽에 있다기보다 모압의 남서쪽에 있었던 것으로 보아야 할 것이다("Jeremia 48:1-8," 188-90).

할러대이는 5절이 원래 34절의 일부분(사 15:4-6의 다른 부분은 34절에 있음)이었던 것으로 간주하고 "난외 여백에 기록되었다가 실수로 본문의 앞 부분에 삽입된, 탈락된 내용을 나타낸다"고 한다(Holladay, 2:346). 그러나 이것은 마치 선지자가 전통적인 또는 빌려온 자료를 사용하여 이 곳과 같이 논리적으로 완전한 위치에 삽입하기에 적절하다고 보았을 것 같다.

6 6-9절에 있는 신탁은 양식 비평적으로 도망하라는 권고다. 이것의 특징적 형태는 권고가 나오고 키(כִּי, "이는")에 의하여 도입된 도피의 이유가 뒤따라오는 것이다(R. Bach, *Die Aufforderungen*, 20-22).

MT은 그 여울목의 중요한 위치를 차지하고 있는 아르논(Arnon)의 북편 강둑에 자리잡은 성읍인 카아로엘(כַּעֲרוֹעֵר, "아로엘처럼")을 가지고 있다. 그러나 아로엘은 사막에 자리잡고 있지 않다. LXX은 "야생 당나귀처럼"(*ὥσπερ ὄνος ἄγριος*-호스페르 오노스 아그리오스; עָרוֹד)을 가지고 있다. 아퀼라와 벌게이트역은 이 단어를 위성류(עַרְעָר-아르아르; 참조. 17:6)로 번역했고, 이것이 더 낫다. 이 키가 작은 관목은 아랍어로는 *'r'r*로 불린 *Juniperus phoenicia*이다(J. C. Trever, *IDB* 2:1027). 이 이미지는 미완성의, 변경 지역의 존재를 찾는다고 비난받은 난민에게는 적절한 것이다.

7 이 구절은 8절과 함께 도망하라는 권고의 이유를 제공해 준다. 즉 부적당하고 잘못된 신앙이라는 것이다. 자신의 행실과 보물을 의지한다는 혐의는 종주(느부갓네살, 27:1-7)를 향한 신뢰의 결핍(반역)에 대한 비난과 같다.

바흐(Bach, *Die Aufforderungen*, 16)는 7절의 독창성을 부정했지만, 그의 주장, 특히 6절에서 수신자가 2인칭 복수형으로부터 2인칭 단수로 전환하고 있다고 지적하는 주장에는 아무런 신빙성이 없다.

성경과 비문에 따르면 그모스가 모압의 중요한 신이었을지라도, 이 신은 최소한 주전 3세기 이후 북 수리아와 메소포타미아에서 공경을 받아 왔다(그모스에 대한 가장 훌륭한 작품에 관해서는 G. Mattingly, "Moabite Religion and the Mesha Inscription," 216-27를 보라). 하나의 카미스(Kamish=*ᵈKa-mi-iš*) 신이 북서 메소포타미아의 유프라테스 상류에 있는 에블라(Ebla) 본문 가운데 언급되어 있다(P. Matthiae, *Ebla: An Empire Rediscovered*, 187; 렘 48:7이 갈그미스[*Kar-kamiš*, "카미스의 부두"]란 성읍이 그러하듯 이 철자를 가지고 있음을 유념하라. 우가릿에서 이항식의 *ṯṭ-w-kmṯ*, "점토-그리고-그모스"가 나타나는데, 이는 분명히 그모스와 지하 세계가 결합되었을 것이다(RS 24.244, line 36; RS 24:251, obv line 16; 이것은 RS 24:271, obv line 5에서 *'ṭ-w-kmṯ*, "먹이의 새와 그모스"로 나타난다). 그모스는 중기 앗수르와 후기 바벨론 신 목록에서 입증된, 메소포타미아에 있는 지옥의 신 네르갈(Nergal)의 이름이다(W. G. Lambert, "Kammuš," *RLA* 5:335). 북수리아와 메소포타미아 자료로부터 나온 그모스에 대한 이러한 언급들은 모압 족속들이 극 북단에서 기원되었다는 가정을 강화시켜 준다. 메사 비문에는 아스타-그모스(Ashtar-Kemosh)란 복합 고유명사로 된 신명이 나타난다(17행). 아스타(Ashtar=Athtar)는 혹성인 금성이었고, 아스타-그모스란 복합적 신 이름은 분명히 후대의 지역 종교의 발전을 반영하고 있다. 사사기 11:24에서 그모스는 암몬 사람들의 신으로 언급되어 있다. 암몬 사람들이 그모스를 공경했든지, 그렇지 않으면 볼링(Boling)이 주장한 대로 이것은 암몬 사람들이 이전에 모압 사람들이 지배했던 영토를 소유했다는 사실을 암시한다(R. G. Boling, Judges, *AB* 7[Garden City, NY: Doubleday, 1975] 202). 그모스 숭배는 솔로몬에 의하여 이스라엘로 소개되었고(왕상 11:17, 33) 요시야의 개혁 때까지 계속되었다(왕하 23:13).

군대가 패배한 후에 신상들을 이송하는 것은 고대 중동에서 잘 알려진 사실이며(D. D. Luckenbill, *Ancient Records of Assyria* 2:207, 209, 210, 307, 308), 성경의 다른 곳에도 언급되어 있다(암 5:25; 사 46:1-2; 렘 49:3).

8 여호수아 13:27에 언급된 장소의 이름들 때문에 "골짜기"(העמק – 하에멕)는 이전에 시혼의 아모리 왕국의 일부였던 사해 북쪽이며 요단 동편의 요단 골짜기에 있는 모압인의 소유지를 가리키는 것으로 보아야 할 것이다. 고원 혹은 대지(臺地)인 미솔은 북쪽으로 아르논 강에 있는 아로엘로부터 헤스본에 이르는 지역을 가리킨다(수 13:15-17).

9 첫 번째 시구는 난해하다. 치츠(ציץ)의 의미는 불명확하고, 나초 테체(נצא תצא)는 그 의미가 모호하다("원문주해"를 보라). 고대와 현대의 대부분의 해석가들은 치츠(ציץ)를 "날개들"로 번역했지만(목록에 관해서는 Barthélemy, *Critique Textuelle*, 783-85를 보라), 그러한 제안은 주로 탈굼역에서 그 지지를 받고 있다. 좀더 최근에 모란(Moran, *Bib* 39[1958] 69-71)은 우가릿으로부터 나온 악카드어 본문에 근거하여 치츠(ציץ)를 "소금"을 의미한다고 주장했는데, 거기서는 "소금밭"(*eqil ṣabti*)이 *ṣiṣuma*와 *ṣi-e-ṣi-ma*("소금 습지")로 설명되어 있다. 이러한 가치 있는 소금 매장물이 다른 재산들, 이를테면 포도원, 올리브 숲 그리고 마을들과 함께 열거되었다. 이것은 특별한 권리를 누리고 있는 사람들에게 분배되었고, 또한 이것에 근거하여 하나의 필쿠(*pilku*, 봉건 사회의 세금), 곧 세금을 부과할 수 있었다(현존하는 실례들 가운데서는 *pilku*가 면제되기는 하지만). 모란은 "소금 습지"가 보다 일반적인 의미인 "소금(들)"을 가질 수 있었다고 결론지었다. 그러나 알파벳 순의 설형문자로 되어 있는 부가적 본문들(*PRU* 5:96, 97)은 여러 소유자의 소금 습지들(단수형은 *ṣṣ*)에서 나온 소금의 양을 열거하고 있으며, 소금 습지들에서 나온 소금이라는 단어를 *mlḥt*로 기록하고 있다. 그러므로 우가릿어 *ṣṣ*가 소금 습지 이외의 다른 어떤 것을 의미한다는 것은 성립될 수가 없다. 게다가 모압을 소금 습지로 만드는 것은 적절한 은유였을 테지만, 이것은 우가릿어에서처럼 값나가는 경제적 공급원으로부터 불모지로의 반전을 의미했을 것이다(사해 근처의 농사를 지

을 수 없는 불모의 염전과 비교하라). 스바냐 2:8-12, 특히 9절에서 그들을 찔레가 나는 곳과 소금 구덩이로 만들겠다고 하시는 야웨의 맹세를 포함하는 모압과 암몬에 대한 신탁과 비교하라.

치츠(ציץ)와 소금의 결합은 사사기 9:45을 생각나게 하는데, 거기서는 아비멜렉이 세겜 사람들에게 소금을 뿌렸다고 설명되어 있다. 이러한 행동은 멸망한 불모지로 만들거나 혹은 패퇴의 선언을 의미하는 것으로 가장 널리 이해되어 왔다. 게버츠(S. Gebirtz, *VT* 13[1963] 52-62)는 히타이트인, 악카드인 그리고 헬라인의 자료에 근거하여 멸망한 성읍에 소금과 다른 양념을 뿌리는 것은 그 곳을 재건하는 사람에게 저주를 내리는 것과 상호 관계가 있으며, 사실상 승리한 신에게 헌납할 수 있도록 하기 위한 그 장소의 성결 행위와 상호 관계가 있다고 주장했다.

문제가 되는 나초 테체(נצא תצא)는 다양한 방식으로 취급되어 왔다. LXX은 분명히 어근 야차트(יצת, "불을 놓다")로 이해했다. 몇몇 해석자들은 자신들이 치츠(ציץ)를 "날개"로 번역한 것과 일치시키기 위하여 어근이 나차(נצא, "날아가다")라고 주장했지만 명확한 근거가 없다(Barthélemy, *Critique Textuelle*, 784). 다른 사람들은 어근 나차(נצה, "폐허가 되다")를 받아들여서 테체(תֵּצֵא)를 팃체(תִּצָּא)로 모음 부호를 다시 붙였다(*BHS*). 테체(תֵּצֵא, "그녀가 나아갈 것이다")를 그대로 유지하는 것이 가장 바람직할 것으로 보이며, 나초(נָצֹא)를 두 동의어 어근을 연결한 것의 실례가 되는 나차(נצה, "폐허가 되다")의 부정사 절대형이나(Barthélemy, *Critique Textuelle*, 784), 혹은 첫 글자 Y/W의 어근들이 자주 첫 글자 N의 어근들 중에서 그 다른 한쪽을 가지므로 어근 야차(יצה, "나아가다")의 대안적 부정사 절대형으로 설명하는 것이 가장 좋을 듯하다(Gevirt, *VT* 13[1963] 62).

이 시구의 결론적 의미는 "모압이 잡혀 끌려감으로 인하여 그 나라를 불모의 소금 밭으로 만들"거나 혹은 "모압이 잡혀 끌려감으로 인하여 모압을 소금으로 정복하는 신의 소유로 정결하게 만드는 것"일 것이다.

본 절은 "그 성읍들이 황무하여 거기 거하는 자 없으리로다"(מאין יושב בהן - 메헨 요세브 바헨)라는 문구와 함께 끝난다. 대안적 해석은 "거하는 자"(יושב - 요세브)를 "권좌에 앉는 자"(יושב על־כסא - 요세브 알-키쎄)의 축약형으로 취급하는 것이다(사 6:1; 신 17:18; 왕상 1:10, 27, 46; 2:12). 다른 이방 국가 다메섹에 대한 신탁인 아모스 1:5, 8에서 요세브(ישב)는 토메크 쉐메트(תומך שבט, "홀 잡은 자")와 평행을 이룬다. 7절에서 제사장들과 방백들이 그들의 신 그모스와 함께 포로가 될 것이라고 책망을 받았으므로 이 신탁이 통치자에 대한 언급을 포함하고 있다고 예상되지 않을 수 없다.

10 대부분의 해석가들은 본 절을 괄호로 묶고 있는데, 그 이유는 이것이 산문체로 되어 있고 문맥에 맞지 않기 때문이다(예를 들어, Rudolph, 258; Holladay, 2: 346-47). 그러나 이러한 구절의 기원과 양식은 흥미의 대상으로 남아 있다. 바흐(R. Bach)는 이 구절이 이스라엘의 성전(聖戰)의 잔재는 아닌지의 여부를 문제시했다. 양식상 본 절은 신명기 27:15-26에 있는 저주와 동일하지만, 그러한 저주들은 전쟁과 관련되지 않았다. 특히 흥미 있는 것은 이 곳에 나오는 "야웨의 일"에 대한 언급이며, 신명기 7:16에 있는 명령들은 전쟁 가운데서 대적을 긍휼히 여기거나 두려워하지 말라는 것이다(R. Bach, *Die Aufforderungen*, 88-89). 만일 이 구절이 캐롤이 주장한 바와 같이(Carroll, 783) 모압 사람들에 대한 유대인의 보복을 격려하기 위하여 해석자에 의하여 삽입된 것이라면, 바벨론에 대한 신탁을 제외하고 열국에 대해 유독 증오심을 나타내지 않는 예레미야서에 있는 열국에 관한 나머지 신탁들과 일치하지 않는다.

11-12 모압에 있는 포도 재배의 중심지는 예레미야 48:32과 이사야 16:8-9에서 헤스본 근처의 북 미솔에 있는 르우벤 지파 사람들이 건축한 것으로 언급된 십마 마을로 알려져 있다(민 32:37). 예레미야 48:32과 이사야 16:8에 있는 "너의 가지가 바다를 넘어"라는 언급은 이방 종주들의 비난을 피하기 위해 대처함으로써 이 값있는 생산물로 국제 무역에 종사할 수 있는 모압의 능력을 암시할 수도 있다(참조. 32-33절의 "주석").

모압이 처음에는 다윗의, 그리고 나중에는 자주 오므리와 앗수르의 봉신이 되었고 메사 통치 아래서만 독립을 경험했음에도 불구하고, 이 나라는 결코 포로 상태를 경험하지는 않았다. 그 향 그대로 찌꺼기를 숙성하고 있는 저장되지 않은 포도주보다는 자기 만족적인 국가로서는 적절하지 않은 모습이 선정되었을 수 있다. 모압에 닥칠 심판은 포도주를 따를 이방의 "기울일 자", 곧 흩어 버리기(포로) 위하여 준비하고 그 저장 기구들(항아리들)을 깨뜨려 버릴 자라는 말로 묘사되어 있다.

다른 해석 방법이 클라크(D. J. Clark)에 의하여 취급되어 왔는데, 그는 11c절에 있는 어투의 모호성을 유념하면서, 또한 그 찌꺼기와 함께 너무나 오랫동안 남아 있는 포도주의 위험성을 강조하면서 11c절을 "그 향은 빈약하게 되고 그 맛은 전혀 나아지지 않는다"는 해석을 주장한다(*BT* 32[1981] 240-41). 이러한 입장은 새로 발효된 포도주는 찌꺼기 안에 있는 이스트의 자기 분해의 결과로 향이 사라지게 될 수도 있었으므로, 발효 완료 후 1주나 2주 이내에 포도주를 찌꺼기에서 짜내야 했던 사실에서 강화된다(*Encyclopaedia Britannica*, 15th ed., s.v. "winemaking," 19: 880).

13 이 신탁에 대한 산문적 결론은 모압인들이 대재앙을 모면하게 만들지 못하는 신으로 판명된 그들의 신 그모스와 함께 그 환상에서 깨어날 것이라는 사실을 예고 혹은 선포한다. 여기서 이스라엘 사람들이 자기들의 신뢰의 원천인 벧엘에서 깨어난다는 사실과 비교되고 있다(이 신에 관해서는 J. P. Hyatt, *JAOS* 59[1939] 81-98를 보라).

15 14-20절에서 모압이 남성이므로 "그녀의 성읍들"(עריה – 이라)은 의심스럽다. 그러나 본 장에서 남성과 여성이 모압에 대해 교차적으로 사용되고 있음을 유념하라(2, 4절). 그리고 어떤 경우든 그와 접촉되어 있는 동사 형태의 접미사가 성과 인칭과 수에 있어서 완전히 일치되기를 바라는 것이 수정을 주장하는 이유가 되지는 못한다.

비록 이것이 맛소라 모음 부호 슛다드 모압(שֻׁדַּד מוֹאָב, "모압이 망했다")을 보존하는 경향이 있고, 또한 20절과 함께 봉투 구조를 인식하기는 하지만, 이것은 대조점을 보존하기 위하여 18절에서처럼 여기서도 쇼데드(שֹׁדֵד)로 읽는 것이 더 낫다. 즉 "대적이 올라왔다…가장 훌륭한 젊은이들이 내려갔다"(18절에서 역순으로 되어 있는 같은 언어 유희를 유념하라).

17 마테 오즈(מטה עז, "능한 홀"[개역 성경에서는 "강한 막대기"])는 에스겔 19:10-14을 생각나게 하는데, 거기서 주전 598-587년의 유다 역사가 풍유적 스타일로 설명되어 있다. 어머니가 한 포도나무처럼 옮겨 심어진 후에(=유다 왕과 그의 왕실 가족이 포로가 됨), "강한 막대기"(מטה עז – 마테 오즈=시드기야)는 자라나서 번성했으나 동풍(느부갓네살)이 그것을 말려 버렸고 그것을 옮겨 심었다(포로). 따라서 "강한 막대기"(מטה עז – 마테 오즈)는 더 이상 존속하지 못했다.

17b절은 애가의 단어들을 공급해 주고 있는데, 하나의 조소로 의도되어 있는 것처럼 보인다(참조. 사 14:4; 미 2:4; 여기서 애가는 분명히 "조소"[משל – 마샬; 이사야서에서는 '노래' 그리고 미가서에서는 '풍사'로 번역됨]로 불린다). 같은 현상의 다른 출현은 이사야 14:13; 예레미야 48:39; 50:23; 51:41; 에스겔 26:7; 오바댜 5, 6절; 스바냐 2:15에 나온다. 또한 아래 31-32절에 있는 "주석"을 보라.

18-19 디본은 아르논 강 북쪽으로 2마일 못 미쳐서 있는 현대의 디반(Dhiban)이다. 아로엘은 아로엘 강의 북쪽 강둑에 자리잡은 현대의 카 아라이르(Kh. ʿAraʿir)다. 이 신탁에서는 초점이 디본과 그 왕의 패배와 그 요새들의 멸망에 있으므로,

도피자들의 흐름은 디본으로부터 아로엘을 도피하여 지나 아르논을 건너야 한다. 그러나 만일 3-5절이 하나의 위협이 아니라 실제 사건을 가리킨다면, 그리고 14-20절에 있는 사건들이 3-5절에 있는 사건들과 일치한다면, 남쪽에서 안정을 찾기보다 디본으로부터 온 도피자들은 남쪽으로부터 도피하는 유사한 그룹과 만났을 뿐일 것이다.

21-24 이 구절들은 비록 이 목록이 완전한 것으로 말하고 있지는 않을지라도, 침략자들이 취한 미솔에 있는 고을들을 황폐시키는 설명을 제공해 준다(참조. 24b절). 홀론(Holon)의 위치는 알려져 있지 않다. 디어만(Dearman)은 야자(Jahzah=Jahaz, 34절)를 와디 엣 테메드(Wadi eth Themed)에 있는 메디니에(Kh. Medeiniyeh)와 동일시하는 데 있어서 강력한 의견을 진술한다(Dearman, "Historical Reconstruction and the Mesha Inscription," 181-84). 이 인상적인 위치는 그 나라의 동쪽 경계선을 따라 요새화된 전초 기지였을 것이다. 움 에르 라사스(Um er Rasas)는 메바앗의 위치의 주 후보지다. 주후 7세기에 "메바아 진영"으로 밝혀진 잡동사니 발굴물들이 발굴되었다(M. Piccirillo, *BA* 51[1988] 230-31). 움 에르 라사스(Um er Rasas)는 메디니에(Kh. Medeiniyeh) 정남방의 동쪽 경계와 디반의 정동쪽에 자리잡고 있다. 디본의 위치에 관해서는 18절의 "주석"을 보라. 느보에 관해서는 1절의 "주석"을 보라. 벧 디블라다임의 위치는 불확실하다. 문제들과 의견에 대한 논의에 관해서는 A. Dearman, "Historical Reconstruction and the Mesha Inscription," 187를 보라. 기랴다임에 관해서는 1절의 "주석"을 보라. 벧가물은 움 에르 라사스(Um er Rasas) 남서쪽 약 1마일 지점의 예메일(Kh. Jemeil)일 수 있다. 벧므온은 대부분의 학자들에 의하여 미솔 끝지점에 있는 메드바 남서쪽 약 5마일 지점의 마인(Ma'in)으로 밝혀졌다(A. Dearman, "Historical Reconstruction and the Mesha Inscription," 175-76). 성경에서 벧므온은 바알므온(민 32:38)으로, 그리고 벧바알므온(수 13:17)으로도 불린다. 만일 그리욧이 장소 이름이고 성읍에 대한 복수 단어가 아니라면, 이 곳은 메사(Mesha) 비문의 제13행에 나오는 케리욧(קרית)과 동일시되어야 할 것이다. 그리욧(קרית)은 그모스 숭배의 중심지였다. 메사는 아다롯으로부터 그모스 앞의 그리욧(קרית)으로 제단 화로(אראל)를 옮겨왔다고 주장했다. 그리욧의 위치 문제에 대한 가장 최근의 논의에 관해서는 A. Dearman, "Historical Reconstruction and the Mesha Inscription," 178-79를 보라. 에돔의 보스라가 아닌 본문의 보스라 역시 불확실하다(A. Dearman, "Historical Reconstruction and the Mesha Inscription," 186). 구약성경의 베셀(수 20:8; 21:36)은 르우벤 지파가

소유한 동편 사막 근처의 미솔에 위치한 레위인의 성읍이었다.

이 도시들 가운데서 메사 비문에는 다음과 같은 도시들이 언급되어 있다: 야하스, 디본, 느보, 벧 디블라임, 기랴다임, 벧므온, 기랏 그리고 보스라. 당시에 이 장소들의 중요성은 그 곳들을 메사가 건축하고(요새화하고) 그 곳들(느보, 그리욧)이 제의 장소였다고 암시된 행동들을 시행했다고 언급함으로써 암시되었다.

25 "호론"과 "팔"은 구약성경에서 힘에 대한 표준적 은유다("호론"에 관해서는 애 2:3; "팔"에 관해서는 시 44:4을 참조하라). 쿠로여(B. Couroyer, *RB* 73[1966] 510-21)는 "호론"이 "활"로 이해될 수도 있음을 시사한다.

26-27 모압에 대한 심판은 모압을 술취한 자로 만든다는 용어로 표현된다. 여기서 예레미야 25:15-17, 27-29을 상기하게 되는데, 이 구절들은 선지자가 모든 열국으로 하여금 받아 가지고 취하게 하라고 명령을 받은 야웨의 진노의 잔에 초점을 맞추고 있다(이 곳 48:26에서 동사의 형태가 복수 명령형임을 유념하라). 취하게 하고, 비틀거리게 하고, 미치게 하고, 구토하게 만드는 진노의 잔이라는 은유는 성경에서 잘 입증되며(겔 23:31-35; 애 4:21; 사 51:17-23; 합 2:15-17; 슥 12:2; 욥 15-16절; 시 11:6; 60:5; 75:9) 열국에 관한 신탁이라는 문맥 속에서 예레미야서에서 중요한 역할을 한다(렘 25:15-17, 27-29; 49:12-13; 51:6-10; 51:39; 51:57). 진노의 잔/술취함에 대한 은유를 낳을 수 있는 몇몇 제의적, 의식적 혹은 사법상의 행동 추구는 계속된다(부록을 보라). 어느 경우든, 진노의 잔은 언제나 하나님의 심판의 확실성을 암시한다.

심판의 이유는 이중적이다. 야웨 앞에서 자신을 높이는 것과 조소로써 이스라엘을 대우하는 것이다. 첫 번째 이유는 이스라엘에 대한 동반하는 조소 없이 42절에서 반복된다. 야웨에 대해서 모압이 자신을 높이는 일의 심각성은 그것이 정치적 상황에서 나타나지 않는다면 추측하기 어렵다. 가장 있을 법한 사건은 에돔, 모압, 암몬, 두로, 시돈의 왕들이 느부갓네살을 대항하기 위하여 시드기야와 음모하고 자기들이 져야 할 봉신의 멍에를 내던졌을 때인데, 이것은 예레미야 27장에서 언급한 것이다. 예레미야는 느부갓네살이 야웨의 종이었고 야웨에 대한 반역은 하나님의 진노를 자초할 것이라는 확신을 얻었다.

모압이 이스라엘을 조소했다는 죄책의 중대성은 스바냐 2:8-11에서 분명히 밝혀졌는데, 거기서 이스라엘에 대한 모압과 암몬의 조소는 영토 침입의 위협과 결합되어 있다.

28 또다시 정상적인 생활이 가능하지 못한 멀리 떨어진 장소, 직역하면 구덩이

입구 편에 있는 바위로 도피하라는 명령이 나타나 있다(참조. 4:29). 낡아빠진 보금자리를 가진 비둘기라고 일컬어지는 어리석음은 속담조로 되어 있다.

29-30 이 구절들은 이사야 16:6의 개작이요 확대다(렘 48장과 사 15-16장의 관계에 대한 취급에 관해서는 "양식/구조/배경"을 보라). 29-34절이 부차적인 자료라고 이미 결정한 할러대이(Holladay)는 29-30절에서 입증된 개작이 예레미야의 죽음 이후에 한 편집자에 의하여 이루어졌으며(2:354), 요세푸스가 언급한 모압과 암몬에 대한 느부갓네살의 침공을 반영한 것이라고 주장했다(*Ant.* 10.9.7). 그러나 만일 모압의 교만이 대군주에 대한 정치적 대항이란 사실로 이해된다면, 예레미야 27:3에 언급된 주전 594년에 있었던 이방 방백들의 회합이 그러한 비난에 대해 정당한 것으로 호소될 수도 있다(26-27절의 "주석"을 보라).

31-32 이 애가의 어투는 이방 열국에 관한 신탁들 가운데 두드러져 있다(사 13:6-8; 14:31; 15:2-5, 8; 16:7, 9-11; 19:8-10; 21:3; 22:4; 23:1, 5-6; 겔 26:16-18; 27:28-36; 28:12-19; 30:2-4; 32:18). 방금 열거된 여러 구절에서처럼 이곳 예레미야 48장에서도 모압인들이 울부짖는 것으로 묘사되어 있다(48:3-5, 34, 38-39). 그들은 자기들의 운명에 관해서 부르짖으라고 요구받고 있으며(48:20), 주변 백성들은 모압의 재앙이 그들 자신들의 운명을 미리 보여 주므로 모압인들을 애도하라고(48:17) 권면을 받는다(참조. 겔 32:9-10). 그러나 가장 두드러진 것은 48장에서 1인칭(야웨 아니면 선지가가?)으로 울부짖고 애도하고 있는 점이다(48:31-32, 36; 참조. 사 15:5; 16:9, 11). 이러한 언급들이 다른 사람의 재난을 위선적으로 즐거워하는 것처럼 하나의 조소로 취급되어야 할 것인가, 진실한 동정과 불쌍히 여김의 표현으로 취급되어야 할 것인가? 그렇지 않으면 다른 어떤 방식으로 취급되어야 할 것인가? 루돌프는 이사야 15-16장의 평행절이 진실한 동정이라고 인정하는 한편, 31-32절은 공개적으로 조롱하고 있다고 주장했다. 이를 입증하기 위하여 그는 29-30절에 의하여 제시된 상황의 기소, 31절에 있는 1인칭 단수(사 16:7에서는 3인칭 남성 단수)로의 전환, 그리고 39절에서 모압이 조롱(שחק – 사하크)거리가 된다는 언급을 지적하고 나서, 인접 국가들 사이에 있는 유다가 17절에서 그들을 소환하여 모압을 위하여 애도하라고 요청했다고 결론지었다. 루돌프는 31-32, 36a절의 애가조의 반어적 사용은 이웃의 재난을 기뻐하는 한 예라고 결론지었다(Rudolph, 162). 이와 유사한 식으로, 바이저의 입장은 31-32절에 있는 모압의 재난에 대한 만족감이 분명히 이사야 16장에서 빌려온 동정의 말을 통하여 빛나고 있다는 것이다(Weiser, 400).

좀더 최근에 케글러(J. Kegler)는 애가 시들에 들어 있는 "나"의 공동체적 성격과 다른 증거를 지적하면서 48:31-32, 36이 열국에 관한 신탁들로부터 나온 다른 유사한 구절들과 함께 포로 이전과 포로기 동안 유다 가운데 있었던 어떤 그룹들의 순전히 인도주의적인 태도를 반영하고 있다고 결론지었다(J. Kegler, "Das Leid des Nachbarvolkes," 271-87). 그러나 여러 중요한 구절들에 대한 케글러의 취급 방식은 그의 결론을 믿을 수 없게 할 만큼 그렇게 의심스럽다. 예를 들어, 케글러는 47:6에 있는 애가와 요구가 블레셋 사람들이 아닌 이스라엘 사람들로부터 나온 것이라는 사실을 입증하지 않고 가정만을 하고 있다(J. Kegler, "Das Leid des Nachbarvolkes," 278-79). 그는 예레미야 48장을 특징지어 주고 있는 이사야 15-16장에 대한 개작을 무시하고, 대체로 이사야 15-16장의 동정을 그 반대로 전환시키고 있다(J. Kegler, "Das Leid des Nachbarvolkes," 284-86). 그는 이 구절들(사 16:2-4)을 충성의 맹세를 서약하면서 그리고 봉신의 편의를 요구하면서 황폐된 이웃 국가 출신의 백성들에게 당연한 말로 인정하기보다는 동정적인 이스라엘 사람들에게서 나온 말씀으로 만들면서 이사야 16:2-4을 근본적으로 오해하고 있다(J. Kegler, "Das Leid des Nachbarvolkes," 285-86).

31-32, 36절을 결정짓는 것은 본 장 전체의 문맥이다. 즉 모압의 최종적인 대재난적 종말은 교만에 대한 하나님의 심판으로 여겨진다. 애가와 장송가의 어투는 멸망의 실상에 대한 선포의 방식으로 채용되었다(참조. 암 5:1-3). 그러나 이 구절들이 조소요 악의가 담긴 즐거움의 한 실례라고 말할 수는 없다.

길헤레스 혹은 길 하레셋(사 16:7; 왕하 3:25)은 통상적으로 아르논에서 남쪽으로 약 17마일 지점에 있는 현대의 케락(Kerak)과 동일시된다(E. D. Grohman, "Kir-hareseth," *IDB* 3:36). 길헤레스, 즉 "질그릇 파편들의 성읍 혹은 성벽"은 이사야 16:11의 LXX에 암시된 내용, 카이 타 엔토스 무 호세이 테이코스 오 에네카이니사스(*καὶ τὰ ἐντός μου ὡσεὶ τεῖχος ὁ ἐνεκαίνισας*, "그리고 나의 내부를 너희가 하나의 성벽처럼 수리했다")처럼 퀴르 하다쉬(קִיר חדשׁ, "새 성읍")를 손상시키는 타락일 수도 있다.

야셀과 십마의 위치는 알려져 있지 않다. 민수기 21:32; 32:33-35에 의하면, 야셀은 초창기에 아모리인의 성읍이었는데 갓 족속이 점령하여 재건했다. 여호수아 21:39에서는 이 곳이 레위인의 성읍으로 언급되고 있다. 이사야 16장과 예레미야 18장에서는 이 곳이 두드러져 있음에도 불구하고, 이 곳이 언제나 모압의 통치 아래 있었다는 증거는 없다. 민수기 21:24(LXX)은 야셀이 아모리인의 변경에 있는 성읍이었다는 사실을 암시한다. 유세비우스는 야셀이 빌라델비아(Rabbath-Ammon)에서 서쪽으로 로마인의 8마일 혹은 10마일 지점과 헤스본으로부터 로마인의 15마일 지점에 위치해 있었다고 언급한다(G. M. Landes, *BASOR* 144[December 1956] 31). 사무엘하 24:5은 야셀을 길르앗의 남단에 있는 것으로 말하고 있다. 이 곳의 일반적인 위치가 분명한 반면에, 그 장소의 정확한 폐허의 위치는 그렇지 못하다. 세 개의 개연성 있는 장소는 암만 서쪽 15마일 지점의 키르벳 닷지르(Khirbet Djazzir; R. G. Boling and G. E. Wright, Joshua, *AB* 6[Garden City, NY: Doubleday, 1982] 344), 나울(Naʿur) 북서쪽 탈 아라이마(Tall ʿarayma; Rendtorff, *ZDPV* 76[1960] 124-35) 그리고 키르벳 에스-시레(Khirbet es-Sireh)인데, 이 곳이 유세비우스가 제공한 자료에 가장 적절한 곳이다(G. M. Landes, *BASOR* 144[December 1956] 37).

야셀처럼 십마 역시 원래 아모리인의 장소였는데 르우벤 지파가 점령한 곳이다(민 32:3, 38; 수 13:19). 이 곳은 이사야 16장과 예레미야 18장에서 모압 포도주 산업의 중심지로 나타난다. 이 곳의 위치에 대한 개연성 있는 장소는 헤스본과 느보 사이 쿠른 엘-킵쉬(Qurn dl-Kibsh)로 제안된다(E. D. Grohman, *IDB* 4:342).

32-33 이 구절들은 이사야 16:8b-10의 개작이다. 예레미야 48:11-12에서처럼 모압의 재난에 대한 묘사는 그 포도주 산업에 중점을 두고 있다. "너의 가지가 바다를 넘어"(참조. 사 16:8)란 문구에서 바다는 주로 사해 바다를 가리키기는 하지만(Holladay, 2:362; Wildberger, 628), 이러한 해석의 의미는 분명하지 않다. "야셀의 곡함보다"(מבכי – 밉브키)를 "샘"(מבך)으로 읽고 있는 란데스는 이 바다가 야셀에 있는 작은 수원(水原)을 가리킨다고 생각했다(G. M. Landes, *BASOR* 144[December 1956] 33). 그러나 이 바다가 좀더 논리적으로 지중해를 가리키지는 않는지 질문해 보아야 하며, 또한 "너의 가지가 바다를 넘어"가 모압의 국제 무역을 가리키지는 않는지도 질문해 보아야 한다. 곡식 이외에도 모압의 수출품 중에 가장 가치 있는 물품은 포도주였다. 두로에 대한 에스겔의 신탁에서는 두로에 대한 묘사를 에돔과 유다, 이스라엘, 다메섹, 아라비아 그리고 스바로부터 오는 물품들을 가지고 동서로부터 오는 헬라인들과 지중해 백성들로부터 상품들을 받는 무역 중심지로 말하고 있다(겔 27:12-22). 비록 모압이 이와 관련하여 언급되지는 않았을지라도, 그 이웃 나라들은 언급되어 있으며, 그래서 역사적으로 모압이 그들 가운데서 자리를 차지했었다고 논리적으로 가정하게 된다. 모압의 재난에 대해 더 이상 포도 수확이 없는 것에 대한 애가와 국제 무역으로 말미암아 제공된 이익을 약속 받지 못하는

것에 대한 애가보다 더 적절한 애가는 없을 것이다.

34 이 구절은 이사야 15:4a, 5b, 6a에 있는 평행 구절들의 합성이다. 헤스본의 위치에 관해서는 2절의 "주석"을 보라. 엘르알레는 헤스본의 북동쪽에 있는 엘-알(el-'Al)과 동일시된다(Grohman, *IDB* 2:75). 야하스에 관해서는 21-24절의 "주석"을 보라. 소알, 호로나임 그리고 니므림 물에 관해서는 3-5절의 "주석"을 보라. 에글랏셀리시야("세 번째 에글랏")의 위치는 불확실하다. 여기서 모압의 남방에 있는 다른 장소들과 함께 배치된 것은 일반적인 위치를 알려 준다. 몇몇 장소 중에서 바르 코크바 당시의 것인 악할 헤베르(Naḥal Ḥeber)에서 나온 양도 증서 가운데 하나에서 아갈타인('Agaltain), 즉 "이중 에글라" 혹은 "제2에글라"란 언급이 도움을 준다. 당시 아인-게디(Ein-Gedi)의 거주자였던 계약 당사자들 두 사람은 본래 아갈타인('Agaltain) 지역의 루힛 출신이었다(Y. Yadin, *IEJ* 12[1962] 249-51). 예레미야 48:34과 이사야 15:5에서 에글랏셀리시야를 소알과 호로나임과 함께 결합한 것은 사해의 동남동 지역임을 가리켜 준다(또한 W. Schottroff, *ZDPV* 82[1966] 196-97).

35-36 35절은 이사야 16:12과 비교하고, 36절은 이사야 16:11과 비교하라. 제의가 상거래 및 모든 조직된 생활과 함께 정지되었을 것이다(참조. 48:7). 이사야 16:11에서는 애가가 포도주 무역을 잃게 된 결과로 말미암아 터져 나온 반면에, 여기서는 애가가 제의의 정지에 뒤이어 나타난다.

37 수염과 두발을 깎음, 몸을 베임 그리고 굵은 베옷을 입는 것이 전통적인 애도 의식에 포함되어 있다(참조. 4:8; 16:6; 41:5; 미 1:16; 암 8:10). 이러한 행동은 이스라엘 백성에게는 레위기(19:27; 21:5)와 신명기(14:1)에서 법으로 금지되어 있었는데, 아마도 그것이 이방 제의와 연결되어 있었기 때문일 것이다. 그러한 의식들은 그 기원이 액땜(악을 내쫓기 위한 주술)에서 비롯되었을 것이다. 우가릿에서 나온 바알 주기(cycle) 가운데 바알이 죽었다는 말을 들은 엘(El)은 애도의 티끌을 자기 머리에 뒤집어쓰고, 스스로 허리띠를 띠고, 자기 수염을 깎고, 의식에 따라 자기 팔과 가슴 그리고 등을 벴다(*KTU* 1.5.6.15-22). 의식상의 몸을 베는 행위는 갈멜 산에서 바알 선지자들이 춤을 추고 비를 내리게 하는 의식의 일부였다(왕상 18:28).

38-39 모압의 극단적 폐허는 고칠 수 없는 결함이 있는 그릇을 깨뜨리는 것과 생생하게 비교된다(참조. 22:28). 언젠가 자만했던 모압은 수치와 조롱을 받는 일과 함께 우주적인 애가가 있을 것이다. 지붕에서의 애곡에 대한 언급은 세심하게

구성된 의식적 애도임을 시사하고 있는데, 그 이유는 유다 백성들이 이방 신들에게 향을 사르고 전제를 부어 드렸던 것이 지붕 위에서였기 때문이다(렘 19:12; 32:29).

40 재빠르게 앞으로 나아가는 대적은 위협적으로 높이 날아(דאה – 데아) 먹이를 잡기 위하여 그 날개를 펴는 "독수리"(נשר – 네쉐르)와 비교된다(참조. 렘 49:22; 겔 17:3-5, 7-8, 느부갓네살과 프사메티쿠스 2세를 가리킴).

41 모압 군대의 무능력은 출산하는 여인의 무능력과 비교되고 있는데, 이는 도울 자가 없는 사람에 대한 표준적인 은유다(참조. 렘 6:24).

42 모압을 하나의 국가가 되려는 데서 끊어 버리려는 대적의 계획(2절)이 여기에 병행되어 있다. "여호와를 거스려 자만하였다"는 문구에 대한 해석에 관해서는 26-27절의 "주석"을 보라.

43-44 이 구절들은 이사야 24:17-18ab과 동일하며, 가장 중대한 차이점은 이사야 24:17에 있는 "땅의 거민"이 43절에서 "모압 거민"으로 대치된 것이다. 전통적 혹은 판에 박힌 자료들의 사용에 관해서는 "양식/구조/배경"을 보라. 파하드(פחד, "공포"), 파하트(פחת, "구덩이") 그리고 파흐(פח, "올무")의 언어 유희 혹은 유음은 인상적이다. 유사한 어투와 이미지가 예레미야 50:24과 에스겔 17:15-21에서도 발견된다.

대부분의 해석자들은 요세브 모압(יושב מואב)이란 문구를 "모압 거민(들)"의 의미로 취급한다. 할러데이는 이 문구를 "권좌에 오른 모압"을 의미하는 것으로 이해하는데(Holladay, 1:578; 2:364), 이것은 야웨께만 속한 뛰어난 지위를 모압이 가로챘다는 의미다. 여기서 더 나은 것은 "모압의 (권좌에) 앉은 자"인데, 이것은 자기 백성의 상징이요 극치로서의 왕이다(9절의 "주석"을 보라). 이사야 24:17-18에 있는 평행절의 문맥 속에서 함정에 떨어지고 올무에 걸리는 자들인 "땅의 거민"(יושב הארץ – 요세브 하아레츠)이 구덩이(בור – 보르)에 모이고 감옥에 갇힐 땅의 왕들과 결합되어 있다(사 24:21-22).

45-46 45-47절은 LXX에서는 발견되지 않으며, 현재의 견해는 LXX을 MT보다는 더 이른 히브리어 본문을 보고 번역한 것으로 간주하는 경향이 있으므로 이 구절들이 후대의 가필로 간주된다.

45-46절은 민수기 21:28-29; 24:17의 개작인데, 이는 전통적 자료들의 사용에 대한 또 다른 실례다. 예레미야 48장에 있는 모압에 관한 신탁들의 이 총체에 대한 보다 적절한 결론은 거의 상상할 수가 없다. 민수기 21:26에는 아모리 왕 시혼이

모압을 성공적으로 원정한 것에 관한 언급이 나타나 있다. 시혼은 아르논과 같은 남쪽에까지 모압의 영토를 모두 점령했다. 그 결과로 민요 가수들이 시혼의 수도 헤스본으로부터 원정의 출발(참조. 렘 48:2)을 묘사하면서, 또한 헤스본을 재건하라고 요청하면서 승리의 노래를 한다. 성경에서 이방 나라에 대한 신탁의 가장 오래된 실례가 예레미야 48장에 적절한 절정으로 예레미야 전승에 들어왔다. 여기서 또다시 헤스본으로부터 침략이 시작될 것이었다. 45절의 불과 화염에 대한 언급은 아모스 1:4, 7, 10, 12, 14; 2:2에 있는 이방 열국의 요새에 대항하여 다가오는 불에 대한 언급 가운데서 드러난 바와 같이 다시 한 번 전통적인 모티프들의 사용을 지적해 주고 있다.

47 암몬에 대해서(49:6) 그리고 엘람에 대해서(49:39) 유사한 진술이 되어 있다. 이 구절들에 대한 논의에 관해서는 46:26의 "주석"을 보라.

해설

바벨론에 대한 신탁(50-51장)과는 달리, 이 신탁은 열국에 대한 신탁 모음집 가운데서 가장 장황한 것이다. 어째서 이것이 그러한지 혹은 어째서 이 신탁이 모압의 지형과 생활 방식에 대한 광범위한 지식을 나타내 주고 있는지는 분명치 않다. 신탁 가운데는 이스라엘과 유다에 대한 대우로 말미암아 모압이 심판을 받았다는 사실을 암시하는 것이 나타나 있지 않다. 모압은 야웨에 대한 자만으로 인하여(48:26, 42), 충족감(48:11-12) 또는 자아 충족감이라는 의미에서 교만으로 인하여(48:14, 29-30) 심판을 받게 된다.

분명한 것은 이 신탁이 야웨를 모압에게 심판을 가져다 주시는 하나님의 용사로 말하고 있다는 것이다. 모압은 야웨께 정면으로 대항하는 자로 묘사된다. 이 신탁 가운데서 모든 자료에 연대를 밝히려 하지 않고, 다만 주전 594년 예루살렘에서 바벨론에게 대항하도록 음모를 꾸미고 유다 지도자들로 하여금 반역에 가담하도록 소집했던(렘 27장) 이방 방백들의 회담이 모압에 관한 신탁의 가장 좋은 배경임을 암시한다. 예레미야는 야웨의 종 느부갓네살에 의하여 나타나는 야웨의 계획에 대적하려 하고 있었던 모압과 암몬과 에돔을 경고했었다. 예레미야서에서 열국에 대한 신탁에 포함되어 있는 본 장의 효과는 온 열국에 대한 야웨의 주권을 확인하는 것이다.

D. 암몬 족속에 대하여(49:1-6[LXX 30:17-21])

참고문헌

Barré, M. "The Meaning of *l' ʾšybnw.*" *JBL* 105(1986) 611-31. **Dahood, M.** "The Value of Ugaritic for Textual Criticism." *Bib* 40(1959) 164-68. **Jackson, K. P.** *The Ammonite Language of the Iron Age.* HSM 27. Chico: Scholars, 1983. **Landes, G. M.** "Ammon, Ammonites." *IDB* 1:112. ______. "The Material Civilization of the Ammonites." *BA* 21(1961) 66-86. **North, F.** "The Oracle against the Ammonites in Jeremiah 49:1-6." *JBL* 65(1946) 37-43.

본 문

1 암몬 자손에 대한 말씀이라 여호와께서 이같이 말씀하시되 이스라엘이 무자하냐 상속자가 없느냐 말감이 갓을 점령하며 그 백성이 그 성읍들에 거함은 어찜이뇨

2 그러므로 나 여호와가 말하노라 보라 날이 이르리니 내가 전쟁 소리로 암몬 자손의 랍바에 들리게 할 것이라 랍바는 거친 무더기가 되겠고 그 촌락들은 불에 탈 것이며 그 때에 이스라엘은 자기를 점령하였던 자를 점령하리라 여호와의 말이니라

3 헤스본아 애곡할지어다 아이가 황폐하였도다 너희 랍바의 딸들아 부르짖을지어다 굵은 베를 감고 애통하며 울타리 가운데서 앞뒤로 달릴지어다 말감과 그 제사장들과 그 방백들이 다 사로잡혀 가리로다

4 타락한 딸아 어찌하여 골짜기는 곧 네 흐르는 골짜기로 자랑하느냐 네가 어찌하여 재물을 의뢰하여 말하기를 누가 내게 오리요 하느냐

5 주 만군의 여호와가 말하노라 보라 내가 두려움을 네 사방에서 네게 오게 하리니 너희 각 사람이 쫓겨서 바로 나갈 것이요 도망하는 자들을 모을 자가 없으리라

1 Concerning the Ammonites. Thus says the Lord: Has Israel no sons? 3+3 Has he no heir? Why has Milcom[a] dispossessed Gad, 4+3 (why) has his people settled in its cities?[b]

2 Therefore, behold, the days are coming 4+2 – oracle of the Lord – I will make the blast of war heard 3+2 against Rabbath of the Ammonites,[a] and it will become[b] a desolated tell: 3+3 her villages[c] will burn with fire, and Israel will dispossess his dispossessor, 3+2 [d]says the Lord.[d]

3 Howl, O Heshbon, for Ai[a] is destroyed. 4+3 Cry out, villages of Rabbah. Gird yourselves in sackcloth, mourn, 3+2 [b]run about with gashes,[b] for Milcom[c] will go into exile, 4+3 his priests and his officials together.

4 Why do you boast of your plains?[a] 2 Your strength[b] flows away, 2+2+2 [c]O faithless daughter,[c] the one trusting in her treasures: "Who will come against me?" 3

5 Behold me bringing against you terror 4+3+2 –[a]oracle of the Lord, God of Hosts[a] – from all the ones around you. And you will be driven out, single file, 3+3 and there will be none to

gather the [b]fugitive.[b]

6 그러나 그 후에 내가 암몬 자손의 포로로 돌아오게 하리라 여호와의 말이니라 하시니라

6 Afterward I will restore the fortunes of the Ammonites 4+2 —oracle of the Lord.[a]

원문주해

1.a. MT은 Tg처럼 말캄(מַלְכָּם, "그들의 왕")을 가지고 있다. LXX, Syr, Vg과 함께 밀콤(מִלְכֹּם)으로 읽음.

1.b. LXX에는 "그들의 성읍들"로 되어 있다.

2.a. LXX에는 "암몬의 자손들"이 없다.

2.b. LXX은 에손타이(ἔσονται, "그들이 될 것이다")를 가지고 있다.

2.c. Tg에는 Syr처럼 כפרנהא("그녀의 마을들")로 되어 있다.

2.d-d. LXX에는 없음.

3.a. 역본들은 모두 "아이"를 장소 이름으로 이해했다.

3.b-b. MT은 "성벽 주위를 돌다"로 번역되어야 할 것이다. 이 문구는 LXX에는 없다. Tg은 이것을 "군대로(בגדרות) 큰소리를 내다"로 번역한다. Syr은 이것을 "서로 싸우다"로 번역했다. 여기서 받아들여진 *BHS*는 비그두도트(בִּגְדֻדוֹת, "상처들과 함께")로 수정되어 있는데, 사람의 몸을 베는 것이 애도의 표시이기 때문이다. 참조. 48:37.

3.c. "원문주해" 1.a를 보라.

4.a. LXX에는 엔 토이스 페디오이스 에나케임(ἐν τοῖς πεδίοις Ενακειμ, "아나킴의 평원")으로 되어 있다.

4.b. 에메크(עמק)는 앞 문장에서처럼 "골짜기" 혹은 "평원"을 의미할 수 있지만, 동시에 욥 39:21과 우가릿어에서처럼 "힘"을 의미할 수도 있다(M. Dahood, *Bib* 40[1959] 166-67).

4.c-c. MT이 유지되고 있는데, 그 이유는 이것이 이 신탁을 강조할 수 있는 계약 파기를 표현하고 있기 때문이다. LXX에는 "교만한 딸"로 되어 있다. Tg은 "오, 어리석은 나라여"를 가지고 있다. Syr에는 "오, 사랑스런 딸이여"로 되어 있다. Vg은 "우아한 딸"을 가지고 있다.

5.a-a. LXX은 "야웨께서 이르시되"만을 가지고 있다.

5.b-b. LXX에는 없음.

6.a. 이 구절은 LXX에는 없다.

양식/구조/배경

암몬에 관한 신탁은 열국에 관한 신탁들의 전형적인 주제들을 내포하고 있다:

침략에 대한 책망, 멸망시키는 자의 도래에 대한 선포, 불에 의한 멸망과 그 결과로 나타나는 황폐함, 패배와 그들의 신과 방백들의 축출, 교만과 헛된 신앙에 대한 탄핵과 여호와의 주권. 이 재난은 암몬 사람의 수도 랍바(Rabba)에 중점을 두고 있다. 이스라엘이 암몬 사람들의 침략을 받기는 했지만, 암몬에 대한 진노도 나타나 있지 않고 암몬의 운명에 대해 기뻐하고 있지도 않다. 암몬에 대한 다른 신탁들에 관해서는 아모스 1:13-15; 스바냐 2:8-11; 에스겔 21:20, 28-32; 25:1-7을 보라.

양식 비평적으로, 이것은 기소에 대한 설명으로서의 역할을 하고 있는 여러 가지 문제를 가지고 있는 심판 신탁이다. 이 단락의 구조는 다양하게 설명되어 왔다. 크리스텐센(Christensen, *Transformations*, 226)은 이 단락을 1-2절과 4-5절의 두 개의 심판 신탁 사이에 끼어 있는 애곡하라는 권고(3절)를 가지고 있는, 세 개의 연으로 이루어진 단일 시로 보았다. 할러대이(Holladay)는 1-2절과 3-5절로 된 두 개의 심판 신탁이라고 생각했는데, 각기 양식 비평적 통일성을 가지고 있으며, 첫 번째 것은 주전 587년의 것이고 두 번째 것은 주전 598년의 것이라고 생각했다(2:367).

시적 분석은 대다수의 본문 비평적 분석을 통하여 결정된다. 노트(F. North, *JBL* 65[1946] 37-43)는 본문 비평, 역사적 고려 사항 그리고 시적으로 불필요했던 내용에 대한 자신의 의견에 기초하여 신탁의 급격하게 축소된 본문을 만들어 냈다. 자료 분석으로 인하여 야기된 문제들에도 불구하고, 세심한 본문 비평을 통하여 정당화된 모든 운율적 자료 분석을 포함하고 있는 과격주의자의 접근 방식을 택하는 것이 더 좋을 듯하다. 표제와 하나님의 말씀 선포 이외에도 1절은 네 번째 시구를 위해 이중적 효과를 내는 "어찜이냐?"(מדוע – 맛두아)를 가지고 있는 한 개의 4행 시구다. 2절 역시 한 개의 4행 시구다. 루돌프(Rudolph, 267)는 2절의 마지막 시구를 삭제했는데, 그 이유는 이것이 후기 유대주의가 간절히 바라는 꿈인 것처럼 보였기 때문이다. 이것의 진정성에 대한 변호에 관해서는 2절의 "주석"을 보라. 3절은 2행 시구로 시작하고 마치고 있으며, 한 개의 3행 시구가 끼어들어 있다. 4절은 4행 시구로 취급하는 것이 가장 좋다. 5절은 3행 시구다.

신탁 자체는 배경에 확실한 암시를 제공해 주지 않는다. 역사적 사건에 대한 유일한 정보는 갓(Gad)의 영토에 대한 암몬의 침략과 관련되어 있다. 바트케(H. Bardtke, "Jeremia der Fremdvölkerprophet," *ZAW* 54[1936] 250)는 이 신탁의 연대를 요시야 말년의 것으로 잡았으며, 이 점을 크리텐센(Chritensen, *Transformations*, 227)과 란데스(Landes, *IDB* 1:112)가 따랐다. 위에서 언급한 바와 같이 할러대이는 587년의 사건을 1-2절의 배경으로 보았고, 598년을 3-5절의 배경으로 보았다. 캐롤(Carroll)은 시에 포함되어 있는 판에 박힌 요소들이 구체적인 상황을 배제하고 있다고 경고했다(800).

주석

1 성경의 전승은 암몬과 이스라엘 사이가 인척 관계에 있다는 사실을 기록해 놓고 있다(창 19:18). 암몬 왕국은 철기 시대 1기에 랍바(현대의 암만)를 수도로 하여 설립되었던 것으로 보인다. 땅의 지역 면에서 볼 때, 그 규모는 인접한 국가들보다 더 작았다. 철기 시대 1기에 암몬 사람들은 랍바의 서쪽으로 남북으로 연결된 성채 혹은 요새들을 건설했고, 그래서 이 작은 왕국은 결정적인 서방의 경계를 갖게 되었다(G. M. Landes, *BA* 24[1961] 68-70). 사사기 11:4-33은 암몬 족속들이 지역을 확장하려는 첫 번째 시도에 대한 첫 번째 자료를 제공해 준다. 그 후 사울 시대에 암몬 사람의 침입은 사울이 첫 번째 군사 행동을 하도록 빌미를 제공해 주었다(삼상 11:1-11). 다윗과의 우호 관계 이후에 암몬은 협약을 깨고 수리아로부터 도움을 받아 전쟁을 시작했다. 장기간에 걸친 군사 행동 후에 다윗은 암몬을 자신의 제국에 병합시켰다(삼하 10장). 이어지는 역사 기간에 암몬 사람들은 주로 암몬 족속의 세력 확장과 관련하여 이스라엘의 생존을 위협했다. 일찍이 암몬은 바벨론으로부터 독립을 얻기 위하여 유다, 에돔, 모압, 두로 그리고 시돈과의 동맹을 생각했었다(렘 27:3). 암몬은 예루살렘의 멸망 후에도 계속 존속했으며, 이스마엘에게 은신처를 제공하고 그를 도와주었다(렘 41장).

대부분의 이웃 국가들처럼 암몬의 인구는 혼합 족속이었다. 성경에 있는 암몬 족속의 이름들과 남아 있는 소량의 비문들로부터 나온 자료는 그들이 근본적으로 셈족임을 가리킨다. 암몬의 어휘 목록, 전문 어휘 체계 그리고 비문들의 언어 형태론은 암몬 족속이 독특한 정자법 체계를 가진 가나안 문체를 사용했음을 입증해 준다(K. P. Jackson, *The Ammonite Language of the Iron Age*, 93-109).

"소유하다"를 의미하는 어근으로부터 나온 "상속자"(יורש – 요레쉬)라는 단어는 암몬이 그 영토의 갓(Gad)을 소유했다(빼앗았다)는 비난을 받도록 만들어 준다. 이 두 개의 공개적인 질문은 갓의 영토가 갓 사람들에 의하여 버려진 곳이 아니었고, 암몬 족속의 행동은 영토를 얻기 위한 부당한 침략이었다는 사실을 암시한다. 이 침략의 배경에 대한 논의에 관해서는 "양식/구조/배경"을 보라. 이와 유사한 상황이 입다 당시에 일어났는데, 그 당시 암몬은 길르앗을 소유하기 위하여 원정을 해 왔었고(삿 11:4-33), 입다가 이에 응답하여 암몬 족속들이 사용했던 말과 같은 어근(ירשׁ – 야라쉬)을 사용했다: 얻다, 쫓아내다(삿 11:24).

"그들의 왕"(MT)이 아닌 "밀곰"이란 독법에 관해서는 "원문주해"를 보라. 밀곰은 암몬의 우두머리 신이었다. 이 이름은 자음의 형태로 두 개의 비문 가운데 나타난다: 밀곰(מלכם; Jackson, *The Ammonite Language*, 10, 74). 이것의 통상적인 발음의 유일한 근거는 MT다. 밀곰과 열왕기상 11:3에서 그 밀곰과 연결된 몰렉은 멜렉(מלך, "왕")과 관계되어 있으며, 이것은 그것들이 이름이 아니라 야웨께서 이 호칭을 담고 있듯이 하나의 호칭("왕")이었을 가능성이 크다. 밀곰이 모압인들의 신 그모스와 동일하다는 가능성에 대한 논의에 관해서는 48:7의 "주석"을 보라.

2 암몬에 대한 심판은 수도 랍바와 그 딸들, 즉 수도와 함께 그 도시 국가를 이루었던 촌락들에 중점을 두고 있다. 전쟁 소리, 황폐 그리고 성읍들이 불타는 것은 열국에 대한 심판을 위하여 전통적 용어가 축적된 것의 일부분이다. 다가오는 군대의 공격과 암몬 족속의 패배의 결과로 이스라엘은 잃어버린 영토를 되찾을 것이었다.

3 패망한 자에게 울라, 애곡하라, 굵은 베를 걸치라는 명령은 열국에 대한 심판의 통상적인 특징이다(참조. 48:37-38). 몸을 베는 의식은 전형적인 애도 의식이기도 했다(48:37의 "주석"을 보라).

본문과 "원문주해"에서 아이(עַי)는 주로 역본들의 증거에 근거하여 장소 이름인 "아이"로 번역되어 왔다. 그러나 이것은 벧엘 근처에 있는 아이를 의미하는 것일 수 없는데, 그 이유는 아이가 암몬에는 알려져 있지 않았기 때문이다. 이 단어는 "폐허"를 의미하지만, 여기서 "그 폐허가 멸망당하리라"는 번역은 전혀 의미가 없다. 폴츠(P. Volz)는 "멸망시키는 자가 올라왔다"(שֹׁדֵד עָלָה – 쇼데드 알라; 참조. 48:18)로의 수정을 제안했다. 이러한 수정은 뜻이 통하고 본문의 난점을 제거하지만 본문상의 지지가 없다.

"헤스본"에 관해서는 48:2, 34, 45의 "주석"을 보라. 헤스본은 암몬과 모압 사이에 있는 변두리 도시였고, 이 마을은 여러 경우에 돌아가면서 변화를 겪었던 것으로 보인다. 이 곳 49:3에서 헤스본은 암몬 족속의 것으로 간주된다. 예레미야 48장에서의 상황은 모호하다. 48:2, 45에서 헤스본은 모압인들에게 첫 번째 위험 지점이었고, 반면에 48:34에서는 헤스본이 경고하면서 부르짖었고, 그래서 때때로 이곳은 모압인의 도시였다. 헤스본에서 발굴된, 암몬의 글로 기록된 오스트라카(Ostraca)는 주전 6, 7세기의 것으로 암몬 사람이 그 곳에 있었음을 증거하고 있다(Jackson, *Amonnite Language*, 51-55).

[4] 열국에 대한 신탁 가운데서 통상적으로 그러하듯, 심판을 받을 나라는 그 교만으로 인하여 정죄 받는다(렘 46:8; 48:7, 29-30, 42; 49:16; 50:29, 31-32; 사 13:11; 14:11; 16:6; 23:9; 겔 28:2, 5, 17; 32:12). 암몬은 지혜롭지 못하게도 힘과 부를 의지했는데(참조. 48:7), 마치 그것 자체가 전투를 개시할 수 있는 힘을 가진 것처럼 믿는 그러한 방식으로 힘과 부를 믿었다고 정죄 받는다. 아마크(עמק, "평지" 혹은 "힘")에 대한 언어 유희가 의미심장하다. "평지"가 요새화된 평지/계곡을 가리키는지, 아니면 잘 경작된 평지를 가리키는지는 확실하게 말하기가 어렵다.

암몬은 "타락한 딸, 배교한 딸"(הבת השׁובבה – 하바트 하쇼베바)이라는 호칭이 붙어 있다(참조. 31:22). 고대 역본들("원문주해"를 보라)과 현대 주석가들은 이 문구를 의심해 왔다. 둠(Duhm)은 이것이 암몬이 불성실했을 수 있다는 사실이 알려진 바 없다는 사실에 근거하여 하쇼베바(השׁובבה)를 השׁאננה("마음 편히")로 수정했다(B. Duhm, 353). 그러나 하쇼베바(השׁובבה)는 결국 정치적인 의미를 가지고 있을 수도 있다. 바레(M. Barré)는 히브리어 슈브(שׁוב, "돌이키다")와 악카드어에서 의미론적 동의어인 타루(*târu*)와 사하루(*saḫāru*)가 주로 봉신 국가를 가리키면서 충성의 변절을 나타냈다고 주장했다(M. Barré, *JBL* 105[1986] 611-31, 특히 626-31). 암몬이 이 신탁을 말할 당시에 바벨론의 봉신이었는데 그 멍에를 벗어 던지고 종주의 허락 없이 또 다른 봉신의 영토를 공격했었다고 이해하는 것이 그럴 듯하다. 그러므로 "타락한 딸"은 암몬에 대해 적절하고도 옳은 호칭이었을 것이다. 만일 이러한 접근 방식을 따른다면, 2절에 언급된 이스라엘의 자기 영토의 회복은 이스라엘이 침략한 것이 아니라 이전의 합법적 상황으로 회복한 것을 말할 것이다.

[5] 암몬의 심판에 대한 또 다른 면은 사방으로부터 혹은 인접한 모든 지역으로부터 오는 두려움이었다.

"너희 각 사람이 쫓겨서 바로 나갈 것이요"라는 문장은 멸망당한 성읍의 갈라진 틈을 통하여 포로가 되어 전쟁 포로들이 떠나가는 것을 암시한다. 이와 같은 실상에 대한 보다 자세한 표현들에 관해서는 미가 2:13; 아모스 4:3을 보라.

[6] 46:26의 "주석"을 보라.

해설

암몬에 관한 신탁은 암몬의 군사적 침략(49:1)과 지리적 위치와 부에 대한 부당한 의존을 강조한다. 군사적 침략은 계약의 파기를 암시했을 것이다(열국에 대한 신탁[46:1-51:64]에 관해서는 서론을 보라). 다른 열국에 대한 신탁에서처럼, 하늘의 용사로서 야웨께서는 파괴하고 공포를 주면서 그리고 그들을 축출하면서 암몬에 대항하여 가신다.

이 신탁 자체는 확실한 날짜를 제공하지 않는 반면에, 두로, 시돈, 암몬, 모압, 에돔 그리고 유다로부터 온 방백들이 참석하는, 주전 594년에 예루살렘에서 있었던 회합(렘 27장)은 암몬에 관한 신탁의 배경을 제공한다. 암몬이 그 신탁을 듣도록 의도되었을 뿐만 아니라, 유다 역시 바벨론에 대항하는 연합 세력에 가담하는 것에 대한 명백한 경고임을 이해해야 했다. 이 회합이 있는 동안 예레미야는 야웨의 계획과 그 계획에서의 바벨론의 위치를 선포했다. 결국 바벨론에 대한 그 어떤 대항이든 그것은 야웨에 대한 대항이었다.

E. **에돔에 대하여**(49:7-22[LXX 30:1-16])

참고문헌

Bartlett, J. R. *Edom and the Edomites.* JSOTSup 77. Sheffield: JSOT Press, 1989. **Bekel, H.** "Ein vorexilisches Orakel über Edom in Klageliederstrophe - die gemeinsame Quelle von Obadja, 1-9 und Jeremia 49, 7-22." *TSK* 80(1907) 315-43. **Bennett, C.-M.** "Excavations at Buseirah(Biblical Bozrah)." In *Midian, Moab and Edom: The History* and *Archaeology of Late Bronze and Iron Age Jordan and North-West Arabia,* ed. J. F. A. Sawyer and D. J. A. Clines. JSOTSup 24. Sheffield: JSOT Press, 1983. **Cohen, S.** "Dedan." *IDB* 1:812. **Ephʿal, I.** *The Ancient Arabs: Nomads on the Borders of the Fertile Crescent 9th-5th Centuries* B.C. Leiden: Brill, 1982. **Glueck, N.** "Explorations in Eastern Palestine, II." AASOR 15. New Haven: University of Pennsylvania Press, 1935. **Kselman, J. S.** "A Note on Jer 49,20 and Zeph 2,6-7." *CBQ* 32(1970) 579-81. **Pope, M.** "Job, Book of." *IDB*

2:911-25. **Sauer, J.** "Transjordan in the Late Bronze and Iron Ages: A Critique of Glueck's Synthesis." *BASOR* 263(1986) 1-26. **Scott, R. B. Y.** *Proverbs, Ecclesiastes.* AB. Garden City: Doubleday, 1965. **Stuart, D.** *Hosea-Jonah.* WBC 31. Waco: Word Books, 1987. **Wolff, H. W.** *Obadja und Jona.* BKAT 14/3. Neukirchen: Neukirchener, 1977.

본 문

7 에돔에 대한 말씀이라 만군의 여호와께서 이같이 말씀하시되 데만에 다시는 지혜가 없게 되었느냐 명철한 자에게 모략이 끊어졌느냐 그들의 지혜가 없어졌느냐

7 Concerning Edom. Thus says the Lord of Hosts:[a] [b]Wisdom is in Teman no more; 4+3+2 counsel has perished from the prudent,[c] their wisdom has been corrupted.

8 드단 거민아 돌이켜 도망할지어다 깊은 데 숨을지어다 내가 에서의 재난을 그에게 임하게 하여 그를 벌할 때가 이르게 하리로다

8 [a]Flee, turn away,[a] 2+2+2 descend to dwell (at home), O inhabitants of Dedan.[b] For the calamity of Esau I bring against him, 5+2 the time when I punish him.

9 포도를 거두는 자들이 네게 이르면 약간의 열매도 남기지 아니하겠고 밤에 도적이 오면 그 욕심이 차기까지 멸하느니라

9 If grape gatherers came to you, 3+3 they would not leave gleanings. If thieves by night, 3+2 [a]they would destroy[b] only enough for themselves.[a]

10 대저 내가 에서로 적신이 되게 하여 그 비밀한 곳들이 드러나게 하였나니 그가 그 몸을 숨길 수 없을 것이라 그 자손과 형제와 이웃이 멸망하였은즉 그가 없어졌느니라

10 For I have stripped Esau bare; 3+2 I have uncovered his hiding places, He is not able to hide himself;[a] 3+3 [b]destroyed are his seed and his brothers.[b] And there is no neighbor[c] of his (to say), 2+2+2+3

11 네 고아들을 남겨 두라 내가 그들을 살려 두리라 네 과부들은 나를 의지할 것이니라

11 "Leave your orphans, I will keep them alive; your widows can rely on me."

12 나 여호와가 이같이 말하노라 보라 이 잔을 마시지 않을 자도 마시지 아니치 못하겠거늘 네가 형벌을 온전히 면하겠느냐 면하지 못하고 반드시 마시리라

12 For thus says the Lord: If those who did not receive the sentence to drink the cup have to drink it, will you be cleared from punishment? You will not be cleared, you will surely drink it.

13 나 여호와가 말하노라 내가 나로 맹세하노니 보스라가 놀램과 수욕거리와 황폐함과 저주거리가 될 것이요 그 모든 성읍이 영영히 황폐하리라

13 For I have sworn by myself—oracle of the Lord—that Bozrah[a] will become a desolation, a reproach, a waste,[b] and a curse, and all her cities will become ruins forever.

14 내가 여호와에게서부터 오는 소식을 들었노라 사자를 열방 중에 보내어 이르시되 너희는 모여 와서 그를 치며 일어나서 싸우라 하시도다

14 I have heard a report from the Lord; 4+3 a messenger has been sent[a] among the nations: "Gather yourselves and come against her, 3+2 rise up for war."

15 여호와께서 가라사대 내가 너를 열방 중에 작

15 For[a] behold, I will make you small among the

게 하였고 사람들 중에 멸시를 받게 하였느니라
16 바위 틈에 거하며 산꼭대기를 점령한 자여 스스로 두려운 자인 줄로 여김과 네 마음의 교만이 너를 속였도다 네가 독수리같이 보금자리를 높이 지었을지라도 내가 거기서 너를 끌어내리리라 여호와의 말이니라

nations, 4+2 despised [b]by humankind.[b]
16 Your horror has deceived you,[a] 3+2 the pride of your heart, O dweller[b] in the clefts of Sela, 3+3 the one holding[b] the height of the hill. Though[c] you make high your nest like the eagle, 3+2 from there I will bring you down, says the Lord.

17 에돔이 놀라운 것이 되리니 그리로 지나는 자마다 놀라며 그 모든 재앙을 인하여 비웃으리로다
18 나 여호와가 말하노라 소돔과 고모라와 그 이웃 성읍들의 멸망된 것같이 거기 거하는 사람이 없으며 그 중에 우거할 아무 인자가 없으리라
19 보라 사자가 요단의 수풀에서 올라오는 것같이 그가 와서 견고한 처소를 칠 것이라 내가 즉시 그들을 거기서 쫓아내고 택한 자를 내가 그 위에 세우리니 나와 같은 자 누구며 나로 더불어 다툴 자 누구며 내 앞에 설 목자가 누구뇨

17 Edom will become a desolation; everyone passing by her [a]will be appalled[a] and will hiss [b]because of all her blows.[b]
18 Like the overthrow of Sodom and Gomorrah and its neighbors, says the Lord. A man will not live there, 3+3 a human will not sojourn in her.
19 Behold, like a lion goes up from the jungle of the Jordan to the pasture well watered, so I will in a moment [a]run away her sucklings;[a] 4+4 I will single out [b]the choicest of her rams.[b] For who is like me? 3+2+5 Who can summon me? Who is that shepherd who can stand before me?

20 그런즉 에돔에 대한 나 여호와의 도모와 데만 거민에 대하여 경영한 나 여호와의 뜻을 들으라 양 떼의 어린 것들을 그들이 반드시 끌어가고 그 처소로 황무케 하리니

20 Therefore, hear the plan of the Lord, which he has planned concerning Edom, his purposes, which he has devised concerning the residents of Teman: Surely the little ones of the flocks will be dragged away;[a] 4+4 their pasture will appall their sucklings.[b]

21 그 넘어지는 소리에 땅이 진동하며 그 부르짖는 소리는 홍해에 들리리라
22 보라 원수가 독수리같이 날아와서 그 날개를 보스라 위에 펴는 그 날에 에돔 용사의 마음이 구로하는 여인 같으리라

21 At the sound of their fall the earth will shake, 4+4 a cry will be heard at the Red Sea.[a]
22 Behold, one rises[a] and soars[b] like an eagle 4+3 and spreads his wings over Bozrah, and the heart of the warriors of Edom will be on that day 6+3 like the heart of a woman in labor.

원문주해

7.a. LXX에는 "만군"이 없다.

7.b. LXX과 Syr과 함께 의문사 헤(ה)를 생략함.

7.c. MT은 바님(בנים, "아들들")을 가지고 있다. Tg, Vg, LXX, Syr은 어근을 벤(בין, "이해하다")으로 이해했는데, 여기서는 이를 따랐다.

8.a-a. MT의 하프누(הָפְנוּ[호팔형], "돌이키다") 대신 하프누(הַפְנוּ[히필형])로 읽어

라(MT). "도망치다, 돌아가다" 대신, LXX은 에파테데 호 토포스 아우톤(*ἠπατήθη ὁ τόπος αὐτῶν*, "그들의 장소가 속았다")으로 읽는다.

8.b. LXX은 부가적으로 호티 뒤스콜라 에포이에센(*ὅτι δύσκολα ἐποίησεν*, "이는 그가 극악무도하게 행했기 때문이다")을 가지고 있다.

9.a-a. LXX은 **ישתו ידם**로 이해하면서 에피데수신 케이라 아우톤(*ἐπιθήσουσιν χεῖρα αὐτῶν*, "그들이 그들의 손을 놓을 것이다")으로 읽는다.

9.b. 완료형 대신 미완료형으로 읽음.

10.a. LXX과 함께 어근 하바(**חבא**[**חבה**], "숨다")의 니팔형 부정사 절대형으로 읽는다.

10.b-b. LXX은 자르오(**זרעו**) 대신 제로아(**זרוע**)로 이해하면서 올론토 디아 케이라 아델푸 아우투(*ὤλοντο διὰ χεῖρα ἀδελφοῦ αὐτοῦ*, "각기 그 형제들의 손에 의하여 멸망한")로 읽는다.

10.c. LXX와 함께 단수 명사로 읽음.

13.a. LXX은 보츠라(**בצרה**, "보스라") 대신 엔 메소 아우테스(*ἐν μέσῳ αὐτῆς*=**בתוכה**, "그녀 가운데")로 읽는다.

13.b. LXX에는 "황폐함"이 없다.

14.a. 옵 1절과 평행하는 슐라흐(**שֻׁלָּח**)로 읽음. LXX은 "그가 보냈다"를 가지고 있다.

15.a. 옵 2절에는 "위하여"가 없다.

15.b-b. 옵 2절은 아타 메오드(**אתה מאד**, "너는 심히"[개역 성경에서는 크게])를 가지고 있다.

16.a. 여성 동사로 읽음. 히쉬에카(**השיאתך**). 참조. 옵 3절. LXX은 에네케이레센 소이(*ἐνεχείρησέν σοι*, "손으로 너희를 취했다")로 읽는다.

16.b. Hireq compaginis; GKC § 90k, 1. LXX은 카텔뤼센(*κατέλυσεν*, "멸망시켰다")을 가지고 있다.

16.c. 옵 4절은 키(**כִּי**) 대신에 임(**אִם**, "만일")을 가지고 있다.

17.a-a. LXX에는 없다.

17.b-b. LXX에는 없다.

19.a-a. 할러대이(Holladay)와 함께 아리차 울레하(**אָרִיצָה עָלֶיהָ**)로 읽음.

19.b-b. 할러대이, 루돌프(Rudolph), 브라이트(Bright)와 함께 우미하르 엘레하(**וּמִהַר אֵלֶיהָ**)로 읽음.

20.a. 니팔형으로 모음 부호를 찍고 읽음.

20.b. 울레헴(**עֲלֵיהֶם**)으로 읽음. 참조. J. S. Kselman, *CBQ* 32(1970) 579-80에서는 이 시구를 "진실로 그들의 목초지의 어린것들이 대경실색(大驚失色)할 것이다"로 번역한다.

21.a. LXX과 함께 콜라흐(**קולה**)를 생략함.

22.a. LXX에는 없다.

22.b. LXX은 어근 따아(דאה, "날아오르다") 대신 라아(ראה, "보다")로 읽으면서 옵세타이(ὄψεται, "그가 본다")를 가지고 있다.

양식/구조/배경

에돔에 관한 다른 신탁들은 아모스 1:11-12; 이사야 21:11-12; 34:5-15; 63:1-6; 에스겔 25:12-14; 35:1-15; 오바댜; 말라기 1:2-5에서 발견된다. 그 외에도 에돔에 대한 적대감 혹은 심판의 위협을 표현하고 있는 구절들이 있다: 이사야 11:14; 예레미야애가 4:21-22; 에스겔 32:29; 요엘 4:19; 시편 60:10-11; 137:7-9. 에스겔 25:12-14; 35:1-15; 오바댜서를 제외하고 예레미야 49:7-22에 있는 신탁과 위에 열거된 다른 신탁들의 두드러진 특징은 증오나 국수주의적 원한이 결핍되어 있다는 것이다.

7절은 3행 시구이고, 8절은 두 개의 2행 시구를 가지고 있으며, 오바댜 5절과 차이가 있는 9절은 두 개의 2행 시구, 그리고 11절은 3행 시구다. 12-13절은 산문으로 되어 있다. 오바댜 1-4절과 다른 14-16절은 하나의 분명한 단위를 형성한다. 14절은 두 개의 2행 시구이고, 15절은 한 개의 2행 시구이며, 16절은 세 개의 2행 시구를 담고 있다. 17-18절은 함께 속해 있고, 17절은 산문이며, 18절은 시로 분리될 수 있다. 19-22절은 하나의 단위로 간주될 수 있다. 19절은 두 개의 2행 시구와 한 개의 3행 시구를 담고 있고, 20절은 두 개의 2행 시구, 21절은 한 개의 2행 시구 그리고 22절은 두 개의 2행 시구를 담고 있다.

다른 예언 구절들 가운데서도 발견되는 산문 구절들(12-13, 17, 18절?)과 시적 자료로 이루어져 있는 예레미야 49:7-22의 모습은 대부분의 해석가들로 하여금 예레미야 신탁을 결정하도록 용기를 주었다. 바트케는 7-8, 22a, 10-11절을 원문이라고 주장했다(H. Bardtke, *ZAW* 54[1936] 254). 루돌프는 7-8, 10-11, 22절(Rudolph, 268-69), 바이저는 신중하게 7-8, 10b-11절과 다른 구절들(Weiser, 407), 크리스텐센은 7-11절(Christensen, *Transformations*, 233) 그리고 할러대이는 7aβ-8, 10-11, 18-22절이라고 주장했는데, 그는 이 구절들이 예레미야의 행동을 반영하고 양식 비평적 단위를 구성하고 있다는 근거에서 그렇게 말한다(Holladay, 2:372).

그러나 여전히 풀리지 않는 것은 예레미야 49:9, 14-16과 오바댜 1-5절 간의 관계다. 이는 이사야 2:1-5과 미가 4:1-4의 상황과 유사하다. 어떤 본문이 원본인가? 그렇지 않다면 이 두 구절이 이미 존재하고 있던 전통적 본문을 의존한 것인가? 베켈(H. Bekel)은 공동 자료를 주장했는데, 그는 이것을 두 이문으로부터 재구성하려고 시도했다(H. Bekel, *TSK* 80[1907] 315-38). 볼프(H. W. Wolff)는 이 이문들이 구전으로 전달된 같은 본문에 의존했다고 주장했다(H. W. Wolff, *Obadja und Jona*, 21-22). 보다 최근에 스투아르트는 비교 분석을 한 다음 이 두 구절이 공통적으로 알려진 자료를 사용하고 있는 독립된 문장들을 의존하고 있다고 결론지었다(D. Stuart, *Hosea-Jonah*, 415-26). 예레미야와 오바댜에 있는 공통된 본문으로 이루어진 효과들은 상당히 차이가 있다. 오바댜는 유다에 대한 적대적인 태도로 인하여 에돔을 책망했고, 반면에 예레미야는 그러한 관점이 결여되어 있다. 어떤 경우든 9, 14-16절을 예레미야의 것으로 돌리는 것을 부정할 만한 타당한 이유가 없는 것으로 보이는데, 특히 예레미야서에 있는 열국에 관한 신탁들이 거의 보편적으로 예레미야에게로 돌려진 구절들 가운데 있는 전통적 자료들의 일관성 있는 사용을 보여 주고 있기 때문이다. 9절은 14-16절로부터 분리되며, 같은 방식으로 오바댜 5절은 "여호와가 말하였느니라"는 설명문에 의하여 오바댜 1-4절로부터 분리된다. 9절은 8절과 10절 간의 관계를 깨뜨리는 방해 요소가 되기는커녕 10절의 완벽한 도입부를 제공한다(어떤 여분의 것도 남겨 놓지 않고 뽑아낸다는 표현에 대해서는 6:9을 참고하라). 또한 14-16절은 7-11절과 19-21절의 "나"를 이어가고 있다.

12-13절이 산문이라는 근거에서 그리고 유대인들이 잔을 마시지 않는다는 가정에서, 이것들은 주로 부차적인 것으로 혹은 후대의 삽입으로 분류된다. 루돌프는 12절을 유대인의 자만심과 잘못된 선택 개념, 즉 예레미야의 설교와 일치하지 않는 태도로 보았다(Rudolph, 269; 참조. Weiser, 408). 잔을 마시는 데 해당되지 않았던 유일한 다른 인물은 8절의 드단 거민인데, 이들은 예레미야 25:23에 비추어 그럴 것 같아 보이지 않는다.

17-18절은 심판에 대한 전통적 혹은 표준화된 어투를 사용하고 있는 시적 단락에 손질을 많이 가한 것일 수도 있다(17절에 관해서는 18:16, 19:8을 참조하라; 18절에 관해서는 33b; 50:40; 사 13:19; 34:10을 참조하라).

그러므로 에돔 신탁에 들어 있는 세 개의 시적 단락을 밝히는 데 있어서 그것들은 양식 비평적 통일성을 가지고 있다고 보는 것이 가능하다. 첫 번째 시 7-11절은 에돔의 완전한 멸망을 말하고 있는 심판 신탁이다. 들었다는 기록과 대적에게 전쟁을 준비하라는 명령으로 시작하고 있는 두 번째 시 14-16절은 자기들의 신을 부당하게 의지하고 교만함으로 인하여 에돔을 책망하고 있으며, 완전한 몰락이라는 판결로 마친다. 세 번째 시 19-22절은 에돔에 대한 야웨의 심판을 묘사하기 위하여 공격하는 사자의 은유와 급습하는 독수리 은유를 사용하고 있다.

에돔 신탁이 에돔의 유다에 대한 적대적 태도나 그러한 행위로 인하여 심판이 닥칠 것이라는 어떤 기미를 담고 있지 않으므로 주전 587년이나 혹은 그 직후의 배경 같아 보이지는 않는다. 좀더 개연성 있는 배경은 주전 594년에 예루살렘에서 열렸던 이방 방백들의 회합일 텐데(렘 27:3), 그때 에돔과 그 이웃 국가들은 바벨론에 대항하여 독립 운동을 꾀하기 위하여 모였다. 예레미야는 느부갓네살에 대한 그 어떤 반역도 야웨의 계획에 대한 반역이라는 입장을 취했으므로, 계약을 어기고 바벨론으로부터 독립을 선언하기 위하여 취한 그 어떤 행동도 야웨로부터 오는 심판의 신탁을 받게 만드는 충분한 이유가 되는 것이었다.

주석

[7] 에돔의 영토는 와디 엘-헤사(Wadi el-Ḥesa) 남쪽의 산악 지역과 서쪽으로는 와디 아라바와 경계를 이루는 지역에 자리잡고 있었다. 어떤 시대의 에돔의 구체적인 경계들은 지금은 분명하게 밝혀낼 수가 없는데, 그 이유는 그 경계들이 신 앗수르 시대에 안방 경계가 아카바 만까지 확대되었기 때문이다. 대부분의 에돔인들의 장소들의 잔재는 와디 엘-헤사와 나크브 에쉬-스타르(Naqb esh-Shtar)의 급경사 사이에 있는 평원에 걸쳐 있다(문서 자료와 고고학에 비추어 에돔 땅에 대한 묘사에 관해서는 J. R. Bartlett, *Edom and the Edomites*, 33-54를 보라).

글룩(N. Glueck)은 테만(Teman)이 페트라 근처의 타윌란(Ṭawīlān)과 동일시되어야 할 것으로 생각했다(Glueck, "Explorations," 82-83). 예레미야 49:20에서는 에돔과 테만이 평행을 이루고 있다. 오바댜 8-9절에서는 에돔과 테만이 에서의 산과 평행을 이루고 있다. 하박국 3:3에서 테만은 바란 산과 평행을 이루고 있다. 대부분의 학자들은 테만이 에돔의 다른 명칭이거나, 아니면 에돔에 있는 한 지역의 이름이라고 결론짓는다(Bartlett, *Edom and the Edomites*, 40).

에돔의 지혜는 성경 전승 가운데서 잘 알려져 있다. 에돔의 지혜자들이 열왕기상 5:11과 오바댜 8절에 언급되어 있다. 욥기서는 일반적으로 잠언 30:1-4과 31:1-8에 있는 것과 같이 에돔인의 기원을 갖고 있는 것으로 생각된다(R. B. Y. Scott, *Proverbs, Ecclesiastes*, xlii). 에돔의 오만스런 지혜는 그의 교만과 함께 대재앙을 피하게 하는 데 실패했다.

[8] 여기서 도망하라는 또 다른 명령을 발견하게 되는데, 이것은 열국에 관한 신

탁에서 통상적인 특징이다(48:6-8; 48:28; 49:30; 50:8-10; 51:6, 45; 참조. R. Bach, *Die Aufforderungen*, 15-50). 안전을 위하여 도망하라고 권면을 받은 자들은 드단 거민들이다. 드단은 에돔의 남동쪽에 있는 아라비아의 성읍 엘 울라(el ʿUla)였다. "깊은 데 숨을지어다"(העמיקו לשבת – 헤미쿠 라쉐베트)라는 문구에 대한 여러 해석들에 관해서는 Holladay, 2:375를 보라. 할러대이(Holladay)는 이 표현을 에돔을 통과하여 대상들의 길로 여행해 가라는 것이 아니라, 드단 사람들로 하여금 좀더 낮은 고지에 머무르라는 경고로 취급했다. 그러나 이 드단 사람들에 대한 언급은, 그 지역에 있는 대상들의 통행로에 걸터앉아 있는 에돔의 위치와 경제적 번영을 위해서 국제 무역에 의존하고 있는 점에 비추어 볼 때 에돔에서 그들의 정착을 가리킨다는 코헨의 주장(S. Cohen, *IDB* 1:812)이 더 타당해 보인다. 결국 "깊은 데 숨을지어다"라는 표현은 "에돔에 있는 현재 너의 위치에서 내려가 드단으로 돌아가라"와 같은 것을 의미하는 것으로 취급하는 것이 더 나을 것이다. 아랍 부족들의 표현법, 그들의 대상들의 통로 그리고 그들에 대한 우리의 지식의 기초를 제공해 주는 문서 자료들에 관해서는 I. Ephʿal, *The Ancient Arabs*를 보라.

마지막 두 시구와의 평행절에 관해서는 예레미야 48:44b을 보라.

[9] 포도나무를 말갛게 거둔다는 이미지는 예레미야 6:9에서도 발견된다. 이 구절과 오바댜 5절에 있는 평행절 간에는 두 가지의 심각한 차이점이 있다. 오바댜 5절에서는 포도를 거두는 자들 앞에 도적들이 언급되어 있고, 두 귀결절은 의문을 나타내는 헤(ה)+לוא로 시작된다.

[10] 10a절은 어휘에 있어서는 그렇지 않을지라도 그 내용에 있어서는 오바댜 6절과 평행이 된다(10절에 있는 하사프[חשף]; 옵 6절에 있는 하파시[חפש]를 유의하라). 만일 9절이 단순히 오바댜 6절의 이문에 지나지 않는 것으로 분류되고 예레미야의 말투를 보여 주지 않는다면, 어째서 10절이 예레미야의 진품으로 보존되어 있는지를 파악하기가 어렵다(Holladay, 2:372-73). 게다가 "형제"와 "이웃"에 대한 언급과 함께 10절의 나머지 부분은 오바댜 7절의 자유 개작이거나 혹은 차이점을 만들어 주기 위한 공통 본문의 이문이다. 어떤 경우든 9절은 10절과 너무나 잘 들어맞으므로 이것이 제거될 수는 없을 것 같다("양식/구조/배경"을 보라).

[11] 대부분의 주석가들은 이 구절을 야웨께서 에돔의 고아와 과부들을 보호하실 것을 의미하는 것으로 이해했다. 여기서 받아들인 입장은 11절이 에돔의 형제(계약 당사자들?)와 이웃에 대한 인용이라는 브라이트(Bright, 328), 루돌프(Rudolph, 266), 할러대이(Holladay, 2:376)의 입장이다. 그러나 그들의 자원적 지원에 반하

여 그들은 그렇게 할 위치에 있지 못할 것인데, 그 이유는 그들이 10절에 있는 에돔의 자손과 같은 운명을 당할 것이기 때문이다.

12 심판의 잔을 마신다는 이미지는 열국에 관한 신탁에서 통상적인 요소다. 48:26의 "주석"과 본 장에 있는 "양식/구조/배경"을 보라.

13 보스라(현대의 Buseirah)는 성경에 있는 에돔에 대한 언급 가운데서 에돔의 수도로 취급되도록 두드러지게 나타나 있다. 타필레(Ṭafileh) 남방 13마일 지점에 있는 부세이라에서 베넷트(C.-M. Bennett)의 발굴의 결과 제8세기 초반에서 제6세기 어느 시기까지 계속된 연대의 것인 잘 요새화되고 인상적인 장소가 드러났다(Bennett, "Excavations at Buseirah[Biblical Bozrah]," 9-17; 보스라에서의 예비적 발굴 기록의 목록에 관해서는 J. Sauer, *BASOR* 263[1986] 19-20를 보라).

14-15 이 구절들은 오바댜 1-2절과 평행이 된다. 화자는 야웨로부터 오는 한 보고를 들었고, 한 사자(하나님의 회의에 참석한 메신저)가 그 기록을 열국에 가져가면서 그들로 하여금 전쟁을 준비하라고 호출한다. 싸우라는 명령은 열국에 관한 신탁에서 자주 나오는 특징이다(예레미야서에만 나오는 구절은 46:3-6, 9; 49:28, 31; 50:14, 16, 21, 26-27, 29; 51:3, 11, 16, 27-28을 보라). 이 예언적 장르에 대한 양식 비평적 분석에 관해서는 R. Bach, *Die Aufforderungen*, 51-91를 보라. 에돔의 운명은 대량학살과 치욕을 당하는 것이었다(Stuart, *Hosea-Jonah*, 416-17).

16 여기서 "너의 두려움"으로 번역된 티플라츠테카(תפלצתך)란 단어는 오바댜 3절의 평행절에는 없다. 이것은 미플레체트(מפלצת; 왕상 15:13)의 부차 형식(by-form)으로 보이며, 아사가 기드론 시내에서 불태운 아세라에게 드려진 어떤 종류의 상 혹은 상징물이다. 이 단어는 어근 팔라츠(פלץ, "떨다, 두려움을 갖다")로부터 파생되었다. 만일 이러한 해석이 옳다면, 에돔은 자기들의 신을 부당하게 믿음으로써 그리고 그들의 교만으로 인하여 책망을 받았다. 그러나 어떤 신이었는가? 할러데이는 앗슈르(Asshur)가 신의 이름도 되고 앗수르라는 나라의 이름도 되듯이, 오벳-에돔이라는 이름이 암시하는 것처럼 에돔으로 불린 하나의 신이 있었다고 지적했다(Holladay, 2:376). 아스타르트(Astarte) 혹은 다른 어떤 풍요의 여신을 나타내는 여러 신상들이 에돔의 영토 가운데서 발견되었다. 에돔인들 역시 코스(Qos)라는 이름을 가진 신을 섬겼다. 이 신은 성경에는 언급되어 있지 않으며, 코스 숭배의 증거는 대부분 후대에 속한다. 코스에 대한 가장 초창기의 언급은 개인의 이름 가운데 신의 이름을 담고 있는 이름으로 디글랏-빌레셀 3세까지 그 연대가 거슬러 올라간다(에돔인의 종교화 코스에 대한 논의에 관해서는 Bartlett, *Edom and the Edo-*

mites, 187-207를 보라).

셀라가 성읍 이름으로 이해되어야 할지 아니면 단순히 하나의 바위로 이해되어야 할지는 성경 구절을 통해서는 명백하게 밝혀지지 않았다. 문제는 아사랴의 에돔 원정 기사에 예증되어 있다. 열왕기상 14장에 있는 역본 가운데서 아사랴가 폭풍으로 셀라를 함락했고, 반면에 역대상 25장의 평행절에는 유다인들이 1만 명의 에돔인들을 사로잡아서 바위 꼭대기로 이끌고 가 그들을 그 바위 꼭대기에서 아래로 떨어뜨려 죽였다고 되어 있다. 몇몇 사람은 셀라를 페트라에 있는 움 엘-바이아라(Umm el-Biyara)와 동일시했고, 다른 사람들은 키르벳 실라(Khirbet Sil[c])와 동일시하지만, 그 어느 쪽도 발굴에 의하여 입증되지 않았다. 셀라에 대한 문제와 제안된 위치에 관한 논의에 대해서는 Bartlett, *Edom and the Edomites*, 51-52를 보라.

[17] 예레미야 18:16과 19:8을 참고하라. 쉿 소리를 내면서, 더 잘 표현하면 휘파람을 불면서 한편으로는 폐허가 된 장소를 지나가는 것은 멸망의 악령에 대한 방어일 수도 있다(KB 1011).

[18] 평지 성읍들의 파멸(창 14장)은 오래 전부터 속담거리가 되어 왔으며, 그것이 여기서 에돔의 완전한 멸망의 패턴으로 사용되었다. 예레미야 49:18b에 관해서는 49:33b을 보라.

[19]-[21] 19-21절은 50:44-46의 이문이다. 여기에 제공된 해석은 두 단어의 모음 구두점을 다시 찍는 것에 근거하고 있으며, 또 다른 경우에는 다른 단어 분석에 근거하고 있다(본문과 "원문주해"를 보라). 새로운 독법이 양 떼에 대한 사자의 공격 이미지를 향상시키며, 이사야 34:5-7을 상기시켜 준다.

19절에 있는 세 개의 질문은 야웨의 비할 데 없으심을 강조하고 있다. 그 어떤 신도 자연과 열국을 불러내어 하나님의 목적을 이룰 수 없으며, 그 어떤 대적도 야웨의 계획을 좌절시키지 못한다.

[22] 군대의 공격의 한 상징으로 나는 독수리의 표상에 관해서는 48:40의 "주석"과 거기에 있는 참고 구절들을 보라.

해설

에돔에 관한 신탁은 에돔이 그들의 거짓 신의 지도를 받은 점과 그 교만, 접근 불가능한 곳에 있다는 안전감을 의지하고 있음을 강조하고 있다. 이스라엘 혹은 유다에 대한 약탈로 인하여 멸망당할 것이라는 기미는 없다. 비할 데 없는 하늘의 용사이신 야웨께서는 에돔 왕국을 완전히 황폐화시키시는 분으로 묘사되어 있다.

"양식/구조/배경"에 암시되어 있는 바와 같이, 주전 594년 에돔으로부터 온 방백을 포함하여 예루살렘에서 있었던 이방 방백들의 회합은 에돔에 대한 신탁의 적절한 배경을 제공해 준다. 이 신탁은 하나님이 다스리시는 제국의 각 부분에서 야웨의 주권을 강조하고 있으며, 그 하나님의 제국의 어떤 구성원에 의한 그 어떤 위반이든 재앙을 가져다 주었다는 사실을 강조한다.

F. **다메섹에 대하여**(49:23-27[LXX 30:29-33])

참고문헌

Astour, M. "Arpad." *IDBSup* 55. **Nötscher, F.** "Zum emphatischen Lamed." *VT* 3(1953) 372-80. **Pfeiffer, R. H.** *Introduction to the Old Testament.* Rev. ed. New York: Harper and Brothers, 1948. 508. **Talbert, R. M.** "Ben-Hadad." *IDBSup* 95.

본 문

23 다메섹에 대한 말씀이라 하맛과 아르밧이 수치를 당하리니 이는 흉한 소문을 듣고 낙담함이라 바닷가에 슬픔이 있고 평안이 없도다

24 다메섹이 피곤하여 몸을 돌이켜 달아나려 하니 떨림이 그를 움켰고 해산하는 여인같이 고통과 슬픔이 그를 잡았도다

25 찬송의 성읍, 나의 즐거운 성읍이 어찌 버린 것이 되지 않겠느냐

26 나 만군의 여호와가 말하노라 그런즉 그 날에 그의 청년들은 그 거리에 엎드러지겠고 모든 군사는 멸절될 것이며

27 내가 다메섹의 성벽에 불을 놓으리니 벤하닷의 궁전이 살라지리라

23 Concerning Damascus. Confounded are Hamath and Arpad, 3+3 for they have heard a report of calamity: they are agitated by worry like the sea,[a] 3+3 which cannot be still.

24 Damascus has become weak: 2+2+2 she has turned to flee, panic has seized her,[a] [b]Distress and pains have seized her 3+1 like a woman giving birth.[b]

25 "How it is forsaken,[a] the famous[b] city, 4+2 the city of my joy."

26 Therefore her young men will fall in her squares, 4+5+3 and all the men of war will be silenced [a]on that day[a] —oracle of the Lord of Hosts.[b]

27 And I will kindle a fire in the wall of Damascus, 4+3 and it will devour the strongholds of Ben-Hadad.

원문주해

23.a. 바얌(בים) 대신 카얌(כים)으로 읽음. LXX에는 바얌(בים)이 없다. 참조. 사 57:20.

24.a. LXX, Tg, Vg과 함께 헤(ה) 안에 마픽이 찍혀 있는 것으로 읽음.

24.b-b. LXX에는 없음.

25.a. Vg과 함께 로(לא)를 생략함. 혹은 아마도 강조적 라메드(ל)로 읽는 것이 좋을 것이다("주석"을 보라).

25.b. Q는 תהלת를 가지고 있다.

26.a-a. LXX에는 없다.

26.b. "만군"이 LXX에는 없다.

양식/구조/배경

예레미야서에 있는 모음집 중 열국에 관한 신탁 가운데서 가장 짧은 이 신탁은 거의 전체가 전통적인 자료 장르의 특징으로 구성되어 있는 것처럼 보인다. 장소 이름과 벤하닷 왕조 이름에 대한 언급 이외에 이것이 다메섹 혹은 수리아에 관한 신탁이라고 밝힐 만한 것은 아무것도 없다. 다른 신탁과는 대조적으로 수리아의 지리 혹은 지형, 그 문화적 특색, 그 신 혹은 종교 생활에 관한 자료가 신탁 안에 전혀 없다. 이것이 없기 때문에 돋보이는 것이 심판의 이유다.

임박한 재앙에 대한 걱정은 수리아 북쪽으로 초창기의 중요한 아람인 국가들의 수도인 하맛과 아르밧으로부터 시작된다. 그들의 공포는 다메섹의 운명에 대한 소문으로부터 나온 결과로 설명되어 왔다(Bardtke, *ZAW* 54[1936] 254; Rudolph, 271; Carroll, 808). 그러나 북으로부터 오는 대적이라는 예레미야서에 포함되어 있는 공통적인 주제에 비추어 볼 때, 그러한 성읍들이 침입해 오는 대적에 대한 혼란시키는 소문을 가장 먼저 들을 것이라고 예상하는 것이 타당하다. 그러고 나서 그 불길한 소식은 다메섹에 들리게 되고, 공포를 조장하고(24절), 그 버려진 성읍에 대한 애가(25절)를 야기한다. 심판의 말씀은 군대의 패배와 성읍의 불탐을 선언한다.

23절은 두 개의 2행 시구를 담고 있다. 24절은 한 개의 3행 시구 다음에 두 배 길이의 한 시구가 뒤따라온다. 25-26절은 각기 두 개의 2행 시구를 가지고 있다.

27절은 한 개의 2행 시구다. 23a절에 있는 표제와 26절에 있는 신탁의 제목만은 산문체 분석에 포함되지 않는다.

루돌프(Rudolph)가 따랐던 바트케는 다음과 같이 본래의 신탁의 한계들을 세운다: 23-24a, 25절(Bardtke, *ZAW* 54[1936] 254). 할러데이는 26절을 필수적인 것으로 보고, 24b절과 27절만을 빼고 있다(Holladay, 2:379). 크리스텐센(Christensen, *Transformations*, 246)은 24b절만을 뺐는데, 그 이유는 LXX에 그것이 없기 때문이다. 이 신탁은 전부 전통적 자료로 구성되어 있는 것으로 보이므로, 27절이 배제되어야 할 것인지는 의문스러우며, 여기서는 크리스텐센의 분석을 따르고 있다.

대부분의 해석가들은 이 신탁을 후대의 것으로 결정했고, 그래서 이것을 예레미야의 것으로 돌리기를 거절했다. 파이퍼(Pfeiffer)는 아람인 국가들이 강성하던 때인 8세기 후반에 있었던 앗수르인 원정에 대한 지식에 의존하면서, 이 신탁을 5세기에 고어체로 표현하는 의도적 시도로 간주했다(Pfeiffer, *Introduction*, 508). 루돌프는 이 신탁을 예레미야의 것으로 돌리는 것을 반대하는 다섯 개의 논증을 제시했는데, 그것들 가운데 단 한 개만이 큰 무게를 가지고 있다. 다메섹은 예레미야 25장에 있는 열국의 목록에서 빠져 있다(Rudolph, 271).

신탁 그 자체는 배경을 결정할 만한 자료를 제공하지 않는다. 크리스텐센은 원래의 배경이 다윗 제국, 즉 야웨의 제국을 재건하기 위한 요시야의 정치적 확장 프로그램이었을 수도 있을 가능성을 주장했다(Christensen, *Transformations*, 248). 이 신탁을 예레미야 사역의 상황 가운데 두는 또 다른 유일한 이유는 주전 601-598년의 시기 동안 유다인들에 대한 아람인들의 적대감에 대해 열왕기하 24:2에 있는 언급 때문이다. 그러나 다메섹에 대한 신탁에 포함되어 있는 심판의 이유의 결핍은 이러한 가정을 의심스럽게 만든다. 게다가 바벨론에 대한 다메섹의 적대적 위치나 혹은 주전 604년 이후 다메섹에 대한 바벨론의 원정과 관련된 그 어떤 정보도 입수할 수가 없다.

주석

23 다메섹은 주전 2천년대 말기부터 강력한 아람 왕국의 수도였다. 레바논 산맥 동쪽의 비옥하고도 물이 풍부한 평야에 자리잡은 이 곳은 북쪽으로는 하란으로 혹은 북동쪽으로는 팔미라 길을 통하여 유프라테스로 나아가는 대상들의 길을 장악할 수 있었다. 이스라엘과 유다와의 그칠새 없는 적대적 행위들이 사무엘서와 열왕기

서에 광범위하게 나타나 있다. 디글랏-빌레셀 3세를 시작으로 앗수르인들은 결국에는 다메섹으로 하여금 그 지역의 세력자로서 막을 내리게 만들었다.

현대의 나흐르 엘-아시(Nahr el-ʿAshi)인 하맛은 북수리아에 있는 오른테스 강에 자리잡고 있었다. 현대의 텔 리파트(Tell Rifat)인 아르밧은 알렙포 북쪽 약 20마일 지점에 위치해 있었다(Astour, *IDBSup* 55). 신바벨론 시기에는 이 두 성읍이 대규모로 앗수르인의 손에 들어갔다. 다메섹의 버림받음에 대한 묘사에 앞서 혼란을 일으키는 소문에 대해 걱정하고 있는 이 나라에 대한 언급은 이 신탁 가운데는 명백하게 언급되어 있지는 않을지라도 북으로부터 오는 대적의 접근을 암시할 수도 있다.

25 애도의 부르짖음은 여기서 다메섹의 거민들 자체가 발설한 것으로 이해된다. 그러나 이것을 하나의 조소로 이해하는 것도 가능하다. 48:17의 "주석"을 참고하라.

MT은 "저버린"이란 동사 앞에 "아니"(לֹא – 로)란 부정어를 가지고 있다. Vg은 이 부정어를 삭제했는데, 현대의 대부분의 번역가들이 이를 따랐다. 또 다른 가능성은 라메드(ל)를 단정적 불변화사 "진실로"로 취급하는 것이다(Christensen, *Transformations*, 246; F. Nötscher, *VT* 3[1953] 372-80, 그는 단정적 로〈לא, 아니냐?〉가 로〈לא, "아니"〉를 통하여 감추어질 수도 있는 구절로 취급했으며, 이 구절을 고려의 대상에서 제외시켜 놓기로 했다).

"즐거운"에 있는 마지막 글자 요드(י)는 1인칭 단수형 "나의"나 고대의 소유격 어미일 수 있다.

27 이 구절은 전통적 자료들을 사용하고 있다. 아모스 1:4, 7, 10, 12, 14; 2:2을 참고하라.

벤하닷이라는 이름을 가진, 아마도 네 명 이상의 여러 다메섹 왕들이 있었을 것이다(이 문제들의 논의에 관해서는 R. M. Talbert, *IDBSup* 95를 참고하라). 만일 벤하닷 4세라는 왕이 있었다면, 그는 9세기 말경에 있었을 것이다.

해설

이 신탁 가운데는 심판의 이유가 나타나 있지 않다. 열왕기하 24:2이 주전 601-598년에 유다에 대한 아람인의 적대감을 언급하고 있기는 하지만, 신탁 자체에는 이것이 심판의 이유였다고 암시할 만한 것이 전혀 없다. 또한 우리는 패권을 차지하고자 하는 바벨론의 계획에 대항하기 위하여 다메섹이 어떤 행동을 취했는지도 알 수 없다.

단순하게 마치 야웨의 제국의 개념이 다메섹을 제외시키는 것을 생각할 수 없기라도 하는 것처럼, 야웨의 심판 아래 있는 열국들 가운데 다메섹이 포함된다. 어떤 경우든, 야웨께서는 열국에 대한 전형적인 신탁에서처럼 여기서도 심판을 가져오는 하늘의 용사로 나타나신다.

G. 게달에 대하여(49:28-33[LXX 30:23-28])

참고문헌

Dumbrell, W. J. "Jeremiah 49.28-33: An Oracle against a Proud Desert People." *AJBA* 21(1972) 99-109. **Eph'al, I.** *The Ancient Arabs: Nomads on the Borders of the Fertile Crescent 9th-5th Centuries B.C.* Leiden: Brill, 1982. **Hamp, V.** "חָצֵר *ḥāṣēr.*" *TDOT* 5:131-39. **Orlinsky, H.** "*Ḥāṣēr* in the Old Testament." *JAOS* 59(1939) 22-37.

본 문

28 바벨론 왕 느부갓네살에게 공격된 바 게달과 하솔 나라들에 대한 말씀이라 여호와께서 이같이 말씀하시되 너희는 일어나 게달로 올라가서 동방 자손들을 멸하라

29 너희는 그 장막과 양 떼를 취하며 휘장과 모든 기구와 약대를 빼앗아다가 소유를 삼고 그들을 향하여 외치기를 두려움이 사방에 있다 할지니라

30 나 여호와가 말하노라 하솔 거민아 도망하라 멀리 가서 깊은 데 거하라 이는 바벨론 왕 느부갓네살이 너를 칠 모략과 너를 칠 계책을 정하였음이니라

31 나 여호와가 말하노라 너는 일어나 저 평안하고 염려 없이 거하는 백성 곧 성문이나 문빗장이

28 Concerning Qedar and the [a]kingdoms of settlement(s)[a] which Nebuchadrezzar, king of Babylon, smote: Thus the Lord said: Arise, go up against Qedar; 3+3 devastate the children of the East.

29 Their tents and their flocks they will take, 3+3+3 their curtains[a] and all their utensils; their camels will carry (them) for them, and they will call out[b] on them, 2+2 "Terror on every side!"

30 Flee, [a]wander far away;[a] 3+3+2 dwell down below in the settlement(s)[b] –[c]oracle of the Lord[c] – for Nebuchadrezzar,[d] king of Babylon, has counseled against you a counsel 5+3 and has devised against them[e] a plan.

31 Arise, go up against a nation at ease, 4+2+2 one dwelling securely –[a]oracle of the Lord.[a] It

없이 홀로 거하는 국민을 치라

32 그들의 약대들은 노략되겠고 그 많은 가축은 탈취를 당할 것이라 내가 그 머리털을 모지게 깎는 자들을 사면에 흩고 그 재난을 각방에서 오게 하리라 여호와의 말이니라

33 하솔은 시랑의 거처가 되어 영원히 황무하리니 거기 거하는 사람이나 그 중에 우거하는 아무 인자가 없게 되리라

has no doors and no bar; 3+2 they dwell alone.

32 Their camels will be for spoil, 3+3 the multitude of their cattle for booty, and I will scatter them to every wind, 3+2 the ones whose temples are clipped, and from every side I will bring their calamity 3+2 —oracle of the Lord.

33 And the settlement will become a dwelling for jackals, 4+2 a destruction forever. No man will dwell there; 3+3 no human will sojourn in it.

원문주해

28.a-a. LXX은 바실리쎄 테스 아울레스(*βασίλισση τῆς αὐλῆς*, "왕실의 여왕")를 가지고 있다.

29.a. LXX은 힘마티아(*ἱμάτια*, "의복")로 읽는다.

29.b. LXX은 미완료형 "부르짖으라"를 가지고 있다.

30.a-a. LXX에는 없다.

30.b. 하초르(חצר, "하솔") 앞의 "거민"을 생략함.

30.c-c. LXX에는 없다.

30.d. LXX에는 없다.

30.e. Q는 앞의 알레켐(עליכם)과 일치시키기 위하여 알레켐(עליכם, "너희를 대항하여")을 가지고 있다. 그래서 LXX, Syr도 두 경우에 "그들에게 대항하여"로 되어 있다. Vg은 두 경우 모두 "너희를 대항하여"로 되어 있다.

31.a-a. LXX에는 없다.

양식/구조/배경

게달 사람들에 관한 신탁의 구조 분석은 상당히 차이가 있다. 바트케(Bardtke)는 30절을 제외한 것에 대한 정당한 설명 없이 28(느부갓네살을 제외하고), 29, 31, 32절을 포함시켰다(*ZAW* 54[1936] 255). 루돌프(Rudolph, 272)는 28b-29절의 삭제에 대한 설명 없이 28a, 30-32절을 받아들였다. 톰슨(Thompson, 726-27)과 크리스텐센(Christensen, *Transformations*, 210-11)은 이 신탁 가운데 28-33절 모두를 포함시키며, 언급된 사람들 가운데 크리스텐센만이 이 신탁을 두 부분으로 구성되어 있는 것으로 분석했다.

할러대이(Holladay)의 분석은 훨씬 더 유익하다. 28a절에 있는 편집자의 서론 다음에 할러대이는 이 신탁이 두 개의 연, 즉 각 연에 10시구를 가지고 있는 28b-30절과 31-32절로 구성되어 있다는 사실을 인정했다. 33절만이 이 시의 구조 바깥에 있다는 것이다(2:384). 두 연의 구조는 두드러지게 평행적인데, 첫 번째 10시구의 내용은 일반적으로 두 번째 10시구의 내용과 어울린다. 이러한 도식이 그 평행절들을 예증해 줄 것이다.

연 1(28b-30절)	**연 2(30-32절)**
시구 1-2: 공격하라는 명령	시구 1-2: 공격하라는 명령
시구 3-4: 생활 방식	시구 3-4: 생활 방식
시구 5-6: 낙타, 소동	시구 5-6: 낙타, 소동
시구 7-8: 재난으로부터의 도피	시구 7-8: 백성의 흩어짐
시구 9-10: 황폐의 계획	시구 9-10: 재앙

33절은 시의 구조 밖으로 떨어져 나가며, 예레미야 9:10과 49:18의 문구를 사용하고 있는 후대의 요약적 진술일 수도 있다(Carroll, 810; Rudolph, 272).

이 두 연은 양식과 내용에서 일반적으로 평행이기는 하지만, 그것들이 정확하게 같은 상황을 가리키지는 않는다. 할러대이(Holladay)의 것을 따르고 있는 여기서 채택한 입장은 이 두 연이 두 개의 연속적인 시나리오를 가리키는데, 첫 번째 것은 유목민인 게달 사람들에 대한 공격을 반영하고 있고, 두 번째 것은 보다 정착된 게달 거민들에 대한 뒤이은 공격을 반영하고 있다는 것이다. 이들에게 첫 번째 그룹은 도움을 얻기 위하여 도피하라는 경고를 받는다. 두 번째 그룹이 첫 번째 그룹과 같은 운명을 맞이할 것이라는 점은 아이러니다.

이러한 해석의 타당성을 입증하기 위하여 다음과 같은 사항을 언급할 수 있다. 첫째로, 30b절은 첫 번째 연으로부터 두 번째 연으로의 전환을 제공한다. MT은 대안적 본문 "너희를 대항하여"와 "그들을 대항하여"를 제공한다. 즉 "그는 너희에 대항하여 한 모략을 세웠고 그들을 칠 계책을 고안했다." 케레(Qere)는 "그들을 칠"을 "너희를 칠"로 수정한다. LXX, Vg, Tg은 두 경우 모두 "너희를 칠"을 가지고 있고, 반면에 Syr은 두 경우 모두 "그들을 칠"을 가지고 있다. 케티브(Kethib)는 좀더 난해한 독법으로 더 낫다. 그러므로 두 연 사이의 전환은 보존되어야 한다. 즉 재앙이 두 연에서 언급된 백성들의 두 그룹에게 임하리라는 것이다.

두 번째로, 29절은 31-32절에서 언급된 자들과는 다른 게달 사람들의 한 그룹을 가리키는 것으로 보다 쉽게 이해된다. 널리 인정되고 있듯이, 본 절은 두 가지 해석이 가능하다. 사실상 모든 해석가들은 이 구절을 침략자들이 게달 사람들에게 행할 일에 대한 묘사로 취급해 왔다. 그들의 장막, 양 떼, 휘장, 기구들을 그들로부터 가져갈 것이며, 그들의 약대는 빼앗김을 당할 것이고, 공격자들은 그들에게 "사방에 두려움이 있다"고 부르짖을 것이다. 그러나 할러대이(Holladay)가 지적한 바와 같이, 이 구절은 다소 모호해서 또 다른 해석도 가능하다. 게달 사람 자신들이 자기들의 소유를 취할 것이고, 자기들의 약대에 그것들을 싣고 약대의 뒤에서 "사방에 두려움이 있다"고 괴로워하며 부르짖을 것이다. 그렇지만 이 모호성은 그리 큰 것은 아니고, 그래서 두 번째 해석은 "그들이 취할 것이다"(יִקָּחוּ)와 "그들이 나를 것이다"(יִשְׂאוּ)를 수동형이나 명령형으로 취급하면서 수정을 필요로 하지 않는다. 그렇다면 게달 사람들은 자기들의 짐을 꾸리면서 도망갈 준비를 하고 있는 것으로 묘사된다.

세 번째로, 30절에 있는 문구 "깊은 데 거하라"(הֶעְמִיקוּ לָשֶׁבֶת – 헤미쿠 라쉐베트)를 생각해 보아야 한다. 이 문구는 예레미야 49:8에 나타나는데, 그 곳에서 드단 사람들은 에돔을 떠나서 드단으로 돌아가라는 경고를 받는다(렘 49:8 "주석"을 보라). 같은 방식으로 게달 거민들이 도망하여 자기들의 산악 지대의 거처로부터 나려가(그들의 약대 등으로부터가 아니라, holladay, 2:383), 정착된 아래의 야영지에 있는 그들의 형제들과 함께 거하라는 경고를 받고 있다고 상상할 수 있다.

네 번째로, 하초르(הָצוֹר, 28, 30, 33절)라는 단어를 이해하는 방식에 문제가 있다. 고대와 현대의 대부분의 역본들은 이것을 장소 이름, 즉 "하솔"로 취급했지만, LXX은 이것을 아울레(*αὐλή*, "궁전")로 번역했다. 이스라엘에 있는 여러 장소들이 하솔이라는 이름을 가지고 있기는 하지만, 그러한 장소들 가운데 어느 곳도 게달 사람들이 거주했던 지역으로 알려져 있지는 않다. 아울레(*αὐλη*)는 하체르(הָצֵר)란 단어를 예상한 것으로 보인다. 히브리 성경에서, 그리고 어원이 같은 문서들 가운데서 이 하체르(הָצֵר)란 단어의 광범위한 분석은 올린스키(Orlinsky, *JAOS* 59[1939] 22-37)와 햄프(Hamp, *TDOT* 5:131-39)가 제공해 주었다. 하체르(הָצֵר)가 아직도 아랍어에서 구별되고 있는 두 개의 유사한 어근들의 동화를 나타내든 그렇지 않든 성경에서 이것이 문맥 속에서 "궁전"이나 "정착"을 의미할 수 있다는 사실은 분명하다. 후자의 의미를 위하여 자료를 제공하고 있는 구절들은 하체림(חֲצֵרִים)을 주변에 벽을 가지고 있지 않은 것으로 묘사하고 있는 레위기 25:31과 게달이 거주하고 있는 하체림(חֲצֵרִים)을 언급하고 있는 이사야 42:11이다(참조. 렘 49:32, "성문이나 문빗장이 없이"). 이것들은 유목민들의 이동 야영지와는 별개의 것으로서 영구적인 정착일 것이다. 종합해서 말하자면, 하초르(חָצוֹר)란 단어는 여기서 장소의 이름이 아니라 원래의 하체르(הָצֵר, "정착")의 대체물로 취급된다. 할러대이(Holladay, 2:383)는 이것을 다음과 같이 요약했다. "그렇다면 히브리어 하초르(חָצוֹר)는 샘 근원, 특히 오아시스 곁에 정착했던 아랍인들을 가리키며, 그러므로 이것은 여기서 게달로 언급된 유목민들 혹은 베두윈과 대조된다.

요약하자면, 여기서 취한 입장은 이 신탁의 두 연이 하나의 군사 행동의 두 면을 나타내는 것으로서, 첫 번째 것은 유목민 게달 사람들을 향한 것이고 두 번째 것은 유목민들이 도움을 얻기 위하여 도피하라고 경고를 받았던 정착된 게달 사람들을 향한 것이다. 28a절과 33절이 편집자의 것이고 하초르(חָצוֹר)를 하나의 장소 이름으로 이해한 것으로 보이므로, 30절에 있는 하체르(הָצֵר, "정착") 혹은 하체림(חֲצֵרִים)은 그것이 편집자의 관점과 조화되도록 전환되었을 가능성이 있다.

28a절에 있는 표제는 신탁의 배경을 암시해 준다. 즉 느부갓네살에 의한 군사 원정이다. 느부갓네살 세6년의 바벨론 연대기에 있는 기록은 다음과 같이 되어 있다. "제6년 기슬레월에 악카드 왕은 자기 군대를 소집하고 핫티 땅으로 진군했다. 핫티 땅에서 그는 일단의 자기 병사들을 보내서 사막을 소탕하고 아랍인들로부터 수많은 소유물과 짐승과 신들을 약탈했다. 아달월에 왕은 본국으로 돌아왔다"(Wiseman, *Chronicles of Chaldean Kings*, 71). 주전 606-601년에 느부갓네살은 핫티 땅에서 연속적인 원정을 지휘했다. 601년의 원정에서 그는 애굽에 결정타를 가하려 했으나 희망이 좌절되었다. 양 군대는 큰 손실을 입었고, 느부갓네살은 자기의 군대를 원상회복시키면서 주전 600년 한 해를 보냈다. 바벨론이 잠시 자리를 비우고 그 세력이 약해진 틈을 타서 여호야김은 예루살렘에서 독립을 선언했다. 그러나 주전 599년 느부갓네살은 아랍 부족들을 치려고 원정을 지휘했으며, 그 이듬해에 예루살렘을 포위 공격했다.

주석

28 성경 시대의 게달 사람들에 대한 우리의 지식은 두 개의 주된 자료로부터 얻어지는데, 그것은 성경과 앗수르와 바벨론에서 나온 설형문자 문서다. 성경은 대부분 사회적·문화적 자료를 제공한다. 이스라엘 사람들은 게달 사람들을 장막과 울타리가 없는 정착지에 거하면서(사 42:11; 렘 49:28; 시 120:5; 아 1:5) 유명한

궁술가들을 통하여 방어하고(사 21:16-17), 이스라엘에게는 어린양, 숫양, 염소의 원천이었고(겔 27:21), 약대를 짐을 싣는 짐승으로 이용하는(렘 49:29, 32) 사막의 백성들로 알았다. "게달"이란 용어 이외에도 그들은 "하솔 나라", "동방 자손들" 그리고 "그 머리털을 모지게 깎는 자들"(렘 49:28, 32)로 언급된다("하솔"에 관해서는 "양식/구조/배경"을 보라). 창세기 25:12-18은 게달을 하윌라로부터 수르에 거하는 이스마엘의 열두 자손 중 하나에 포함시키고 있는 전승을 보존하고 있다. 그러므로 성경의 정보는 이스라엘과 게달 간의 긴밀한 접촉의 기미를 거의 갖고 있지 않으며, 적대적 관계의 암시도 드러내고 있지 않은 일반적인 성격의 것이다.

아랍 사람들과 앗수르의 갈등은 살만에셀 3세의 통치에 의해 시작되었다. 그들은 돌기둥 비문에 주전 853년 콰르콰르 전쟁에서 반(反) 앗수르 연합군의 일원이었던 것으로 기록되어 있다. 게달 사람들은 디글랏-빌레셀 3세 통치 당시의 비문 속에 처음으로 언급된다. 그 때부터 거의 앗수르 제국의 말기까지 앗수르의 정책은 게달 사람들을 포함하여 아랍 부족들에 대한 경제적·정치적 장악권을 행사하는 것이었다. 이러한 앗수르의 관심에는 두 가지 중요한 이유가 있다. 첫째로, 이 떠도는 민족들은 우리아와 바벨론 영토에 정기적으로 침입해 들어왔으며, 또 그렇게 할 수 있었다. 둘째로, 아랍 부족들은 남 아라비아로 통하는 무역로를 따라 살면서 향료 무역에 가담했다. 앗수르가 관심을 기울인 대부분의 기간 동안 경제적 이익이 있었다는 것은 의심의 여지가 없다.

그 다음으로, 느부갓네살과 나보니두스 당시의 것인 석판이 기록하고 있는 바와 같이 바벨론인들은 이 부족들에게 관심을 기울여야 했다. 바벨론 연대기는 주전 599년에 아랍인들에 대한 느부갓네살의 기습을 언급하고 있다("양식/구조/배경"에 있는 설명들을 보라). 나보니두스 시기(주전 556-539년)의 것인 문서는 테마(Tema') 지역을 진압하기 위한 그의 원정을 기록하고 있다(아라비아 부족들과 관련된 성경과 설형문자 증거 본문에 대한 비평적 분석에 관해서는 I. Eph'al, *The Ancient Arabs*를 보라. 아랍인들과 앗수르인들의 접촉과 관련된 앗수르 문서와 비문들의 번역에 대해서는 D. Luckenbill, *Ancient Records*, vol. 2, §§ 17, 18, 55 등을 보라).

"나라들"(ממלכות – 맘레코트)에 대한 언급은 타당성이 없지 않다. 에팔(Eph'al)은 오히려 설형문자 문서에 반영된 그달 사람들의 광범위한 기여가 그들이 부족들의 연합이었다는 사실을 암시한다고 주장했다(I. Eph'al, *The Ancient Arabs*, 151-52, 226; D. Luckenbill, *Ancient Records*, vol. 2, §§ 314, 337). LXX이 맘레코트(ממלכות)를 말카트(מַלְכַּת, "여왕")로 번역한 것은 앗수르의 기록이 여러 번 외관상 그들 각각의 부족들, 혹은 나라들의 우두머리들, 혹은 최소한 현저하게 그 기사들에 있는 인물이었던 아랍인의 여왕들을 언급하기 때문인 것으로 보여 생소하지 않다. 포함된 자들은 아디야, 삼시, 테엘후나(Te'elḫuna)다(I. Ephʿal, *The Ancient Arabs*, 152-53 그리고 색인 249에 있는 인용문들을 보라).

"동방 백성"이란 용어는 수리아와 트랜스 요르단 동편의 사막에 거주하고 있던 백성들에 대한 총칭이다(왕상 5:10; 사 11:14; 렘 49:28; 겔 25:4, 10; 욥 1:3; S. Cohen, "East, the People of the," *IDB* 2:4를 보라).

29 이 구절의 해석에 관해서는 "양식/구조/배경"을 보라.

게달 사람들을 포함하여 아랍 부족들은 양, 염소, 약대를 길렀다(겔 27:21; 렘 49:29, 32). 약대는 오래 전부터 사막의 거주자들에게는 짐을 싣는 중요한 짐승이었고, 아라비아 반도를 여행하는 대상들에게는 필수적인 짐승이었다. 앗수르 왕의 비문 가운데는 약대들이 계속하여 아랍인들이 드리는 공물로 혹은 앗수르인들이 금, 은, 향료 등과 함께 약탈한 전리품으로 언급되어 있다. 앗수르인 자신들은 약대가 사막 지역을 가로질러 원정을 하는 데 있어서 필수적인 것으로 알고 있었다. 에살핫돈은 애굽에 대한 원정을 하는 동안 시내 광야를 가로질러 재료와 물을 수송하기 위하여 아라비아 왕들이 공급해 준 큰 무리의 약대를 사용했다(Luckenbill, *Ancient Records*, vol. 1, § 558). 약대는 또한 싸우는 무기의 일부분으로 사용되었다. 주전 853년 콰르콰르 전쟁에서 살만에셀 3세에게 대항하는 연합군 가운데 참전한 한 아랍인 긴디부(Gindibu')는 1,000마리의 약대를 이끌고 왔다(Luckenbill, *Ancient Records*, vol. 1, § 611). 에팔(Ephʿal, *The Ancient Arabs*, 76-77)은 너무도 거대한 약대 파견대가 단순히 짐을 나르는 짐승이 아닌 군사력으로 사용되었음을 암시한다고 주장한다(참조. Pritchard, *ANEP* #63: 무장한 아랍인들이 자기들의 약대를 타고 싸우고 있다).

30 "느부갓네살"은 LXX에는 없으며 후대의 삽입일 수도 있다. LXX은 "바벨론 왕"을 가지고 있다. 루돌프는 운율적 목적에서 "바벨론 왕"을 삭제했고(270), 반면에 크리스텐센(Christensen)은 바벨론 왕 느부갓네살에 대한 언급 전체를 삭제하고, 야웨께서 그 계획을 고안하시는 분이라는 사실을 암시하도록 만들고 있다(*Transformations*, 209).

32 "그리고 그들의 사방으로부터"(ומכל עבריו – 우미콜 아바라이우)는 난해하다. 3인칭 남성 단수형 어미는 본 구절에 포함되어 있는 다른 어미들이 3인칭 남성 복수로 되어 있기 때문에 의아하다. 루돌프는 와우(ו)를 멤(ם)으로 대치시켰고

(270), 반면에 크리스텐센은 아바라이(עברי)에 멤(מ)을 덧붙였으며, 와우(ו)를 뒤따라오는 동사와 함께 강조적 와우(ו)로 유지시켰다(Christensen, *Transformations*, 209). 할러대이는 상태의 변화를 포함하여 "아랍 모든 왕들에게"(לְכָל־מַלְכֵי־עֲרָב – 레콜-말케-아라브)로의 광범위한 수정을 주장했다(Holladay, 2:382, 386). 이러한 수정은 터무니없는 것이며 본문의 지지를 받지 못한다. "바람"과 "면"(side)의 평행이 아바르(עבר, "면[side]")를 유지시키는 데 결정적 역할을 하며, 크리스텐센의 강조적 와우(ו)에 대한 제안은 최소한의 수정인 멤의 덧붙임으로 인한 것이다.

33 이 신탁은 32절 끝에 있는 설명문 "여호와의 말이니라"로 끝난다. 33절은 본래의 시의 구조 바깥에 있다. 본 절은 하나의 가필이요, 완전히 어울리는 문구로서 예레미야 9:10과 49:18에서 가져온 문구들의 구성물이다.

해설

예레미야서에 있는 열국에 관한 신탁들 가운데 게달에 관한 신탁이 포함되어 있는 것은 이상해 보인다. 이스라엘은 아랍 부족들과 그들의 생활 방식에 관해서 알고 있었으나, 그들과 지속적으로 어떤 정치적 접촉을 했다는 증거는 거의 없다. 이 신탁은 증오를 나타내는 신탁이 아니다. 게달이 이스라엘을 해쳤기 때문에 보응한다는 말은 없다.

이 신탁이 포함되어 있는 것은, 야웨께서 바벨론이 연루된 움직임 가운데 세계를 전환시키는 계획을 가지셨다는 예레미야서에 반영된 입장이라는 상황에 적용되었을 때 적절하다. 예레미야는 줄곧 느부갓네살을 대항하는 자들은 야웨를 대항하고 있다고 외쳤다. 예레미야 46-49장에 포함된 열국들은 그들이 이스라엘을 해쳤기 때문이 아니라, 바벨론 세력에 대항했거나 혹은 대항하도록 위협을 가했기 때문에 재앙과 황폐의 신탁을 받는다. 여기에는 본래 이스라엘이 단순히 심판 받아야 할 또 다른 나라로서 포함되는 계획을 가지고 있는, 세상에 대한 야웨의 권세라는 포괄적인 입장이 들어 있다(렘 25장).

이 신탁은 또다시 국제 무대에서 결정적으로 역사하시는 야웨의 권세에 초점을 맞추고 있다. 그러나 30절에 대한 편집자의 질문을 결정할 수 있고("느부갓네살"/혹은 "바벨론 왕" 중 어느 것이 편집자의 가필이냐), 32절은 모든 권세가 야웨의 손에 있고 시행되어야 할 계획은 야웨의 계획이라는 사실을 분명히 하고 있다.

H. 엘람에 대하여(49:34-39[LXX 25:14-20])

참고문헌

Dresden, M. J. "Elam(Country)." *IDB* 2:70-71. **Malamat, A.** "The Last Kings of Judah and Fall of Jerusalem: An Historical-Chronological Study." *IEJ* 18(1968) 137-56. **Weinfeld, M.** *Deuteronomy and the Deuteronomic School.* Oxford: Clarendon, 1972. **Wiseman, D. J.** *Nebuchadrezzar and Babylon.* Oxford: Oxford UP, 1985.

본 문

34 유다 왕 시드기야의 즉위한 지 오래지 아니하여서 엘람에 대한 여호와의 말씀이 선지자 예레미야에게 임하니라 가라사대

34 [a]What came as the word of the Lord to Jeremiah the prophet concerning Elam, at the beginning of the reign of Zedekiah, king of Judah, saying:[a]

35 나 만군의 여호와가 이같이 말하노라 보라 내가 엘람의 힘의 으뜸 되는 활을 꺾을 것이요

35 Thus says the Lord [a]of Hosts:[a] Behold [b]me shattering[b] the bow of Elam, 4+2 the chief (weapon) of their power.

36 하늘의 사방에서부터 사방 바람을 엘람에 이르게 하여 그들을 사방으로 흩으리니 엘람에서 쫓겨난 자의 이르지 아니하는 나라가 없으리라

36 And I will bring against Elam the four winds from the four corners of the heavens, and I will scatter them to all these winds, and there will not be a nation to which the refugees of Elam will not come.

37 나 여호와가 말하노라 내가 엘람으로 그 원수의 앞, 그 생명을 찾는 자의 앞에서 놀라게 할 것이며 내가 재앙 곧 나의 진노를 그 위에 내릴 것이며 내가 또 그 뒤로 칼을 보내어 그를 진멸하기까지 할 것이라

37 And [a]I will fill Elam with terror[a] before their enemies, 4+3 before[b] the ones seeking their life, and I will bring against them calamity, 3+2+2 my fierce wrath —[c]oracle of the Lord.[c] And I will send after them the sword 3+3 until I have put an end to them.

38 내가 나의 위를 엘람에 베풀고 왕과 족장들을 그 곳에서 멸하리라 여호와의 말이니라

38 And I will put my throne in Elam, 3+4+2 and I will make perish from there king and princes —[a]oracle of the Lord.[a]

39 그러나 끝날에 이르러는 내가 엘람의 포로를 돌아오게 하리라 여호와의 말이니라

39 And it will come to pass in the latter days 3+2+2 I will restore the fortunes of Elam — oracle of the Lord.

원문주해

34.a-a. LXX에 있는 표제는 "예레미야가 열국 곧 엘람에 관하여 예언한 것들이다"뿐이다. 34b절은 LXX에서는 39절 끝에 위치해 있다.

35.a-a. LXX에는 없다.

35.b-b. LXX은 비인격적 행동을 하는 수동 동사를 가지고 있다.

37.a-a. LXX에는 "엘람"이 없으며 동사에 3인칭 남성 복수형 어미를 반영하고 있는 것 같다.

37.b. 전치사가 LXX에는 없다.

37.c-c. LXX에는 없다.

38.a-a. LXX에는 없다.

양식/구조/배경

엘람에 관한 신탁은 그 시작과 끝에 하나님의 말씀에 대한 설명문과 함께 35-38절에 포함되어 있다. 34절에 있는 표제는 두 본문 전승, 즉 MT과 LXX에서 다른 취급을 받았다("원문주해"를 보라). 39절은 예레미야 46:26b; 48:47; 49:6과 같은 경향을 가진 편집자의 진술이다(이 구절들의 "주석"을 보라).

이 시의 구조는 산문 요소가 어디에서 비롯되었느냐에 따라 결정된다. 둠(Duhm)은 36b, 37c절을 삭제했는데, 그 이유는 그것들이 예레미야 9:15에서 파생되었기 때문이다(359). 코닐(Cornill)은 36, 37ab, 38a절이 2차적인 것이라고 생각했다(489-91). 놀랍게도 바트케(Bardtke)는 본질적으로 35-38절 전체를 그대로 유지시켰는데, 그 이유는 그가 그것들을 그 내용상 예레미야적이라고 생각했기 때문이다(*ZAW* 54[1936] 257-58). 루돌프(Rudolph)는 36aγ절을 32절로부터 유래한 것으로 보았으며 둘 다 운율적으로 혼란을 주고 있는 것으로, 그리고 37-38절에 비추어 시기가 이른 것으로 보았다. 그는 36b, 37a절을 예레미야 9:15에서 빌려온 것으로 보았다(273). 크리스텐센(Christensen, *Transformations*, 221-22)은 36b절만을 2차적인 것으로 간주했고, 반면에 할러대이(Holladay)는 루돌프의 판단을 받아들였다(2:387).

36절에 있는 "…자(들)의 이르지 아니하는 나라가 없으리라"는 문구만이 분명한 산문이라는 사실이 여기에 암시되어 있다. 37c절은, 비록 이것이 9:15에서는 산문으로 보일지라도 시로 분류될 수도 있다(아마도 아드〈עד, "까지"〉가 삭제되었을 것이다). 이 신탁 가운데 있는 나머지 어휘와 그 용법들은 예레미야서의 다른 곳에서 발견되며, 반드시 다른 위치에서 부차적으로 빌려왔거나 혹은 덧붙여지지는 않왔을 것이다(예레미야서의 다른 곳에서 발견되는 구절들에 있는 어투의 요약에 관해서는 Holladay, 2:388를 보라). 그렇다면 이 시는 각기 1인칭 동사로 시작되는 7개의 2행 시구로 구성되어 있는 것으로 보여질 수도 있다. 36b절에 있는 세 번째 2행 시구는 "내가 그들을 사방('이것들'[האלה – 하엘레]을 생략함)에 흩을 것이다. 엘람의 도피처들에"로 읽혀져야 할 것이다. 이 시는 일련의 다른 이미지로 되어 있는 심판의 어휘와 단조로운 재앙이 쌓여 있는 간결하고 짧은 시다(참조. Bardtke, *ZAW* 54[1936] 257).

이 신탁은 예레미야서에 있는 열국에 관한 신탁들 가운데서 독특한 것인데, 이것은 거의 전적으로 위협과 심판의 진술로 이루어져 있다. 활을 사용하는 것을 제외하고는 엘람인의 생활과 문화의 특징적 요소가 전혀 언급되어 있지 않으며(참조. 사 22:6), 엘람인들은 다른 백성보다 활을 사용하는 데서도 특이한 점이 없다(참조. 사 21:17; 렘 50:29; 51:3). 여기에는 공격하라는 명령도 없고, 도망하라는 명령도 없으며, 엘람인의 반응에 대한 묘사도 없고, 슬픔과 애도의 표현도 없다.

처음부터 끝까지 유일한 활동자가 야웨이기는 하지만, 야웨께서는 하늘의 바람과 대적에 대한 공격을 사용하시고 또 명령하시고 있는 것으로 나타난다. 예레미야서에 있는 열국에 관한 다른 신탁들과는 대조적으로, 인간 대리자는 급격하게 축소된다. 온 열국의 사건들에 대한 야웨의 주권은 야웨께서 자신의 보좌를 엘람에 두시고 그 신들(왕과 방백들)을 멸하실 것이라는 선포를 통하여 강조되고 있다. 비록 몇몇 사람이 이 진술을 그 성격상 종말론적인 것으로 보기는 했을지라도, 열국에 대한 야웨의 왕권에 관한 이러한 입장은 최소한 8세기 선지자들과 같은 이른 시기로 보인다는 사실이 지적되어야 할 것이다.

34절에 있는 표제는 이 신탁을 시드기야의 통치 초기에다 두고 있다. 바벨론 연대기에 따르면, 예루살렘은 느부갓네살 제7년 아달월 둘째 날에 느부갓네살 군대에게 포위당했다(주전 597년 3월 16일; Wiseman, *Chronicles of Chaldean Kings*, 73). 3개월 10일밖에 통치하지 않았던 여호야김이 바벨론으로 축출당하여 포로로 잡혀가자 시드기야가 느부갓네살에 의하여 왕위에 올랐다(왕하 24:17). 만일 시드기야의 첫 번째 공식적 통치의 해를 주전 597년 티쉬리월 초로 계산한다면, 느부갓네살의 제8년 하반부와 제9년 초반부가 겹칠 것이다(Malamat, *IEJ* 18[1968] 147). 느부갓네살 제9년의 바벨론 연대기에 있는 기록은 티그리스 강변을 따라 그가 원정한 단편적인 기사다. 느부갓네살은 자신의 진영을 티그리스 강을 따라 세웠고, 반면에 거기에는 여전히 매일 대항하는 세력들을 무장해제시키는 진군이 있었으며, 두려움이 대적들을 사로잡았고, 또한 당황한 그는 본국으로 되돌아갔다(Wiseman, *Chronicles of Chaldean Kings*, 73). 대적자가 거론된 바벨론 연대기에 있는 이 두 곳에서 본문이 끊겼다. 와이즈맨은 처음에는 남아 있는 상징물들이 엘람의 이름 없는 왕을 암시했을 수도 있다고 생각으나(복사본은 *[Š]àr*[mat]*NI[ ]*; Wiseman, *Chronicles of Chaldean Kings*, 36), 후에 그는 제안된 복원물에 관해서 의문을 표시했다(*Nebuchadrezzar and Babylon*, 34). 엘람은 주로 [uru]*NIM.MA.KI*으로 기록된다. 손으로 기록한 것은 NIM 표시의 첫 번째 부분일 수도 있다는 내용을 보여 주며, 간격을 띄운 다음 수직선이 MA 표시의 마지막 부분일 수 있다는 사실을 고정시키고 있다. 문제는 아직도 매듭이 지어지지 않았다.

나보폴라싸르 시대로부터(주전 625년에 그는 엘람의 신들에게로 돌아갔다) 주전 596년에 엘람을 대항한 원정이 다른 의미에 의하여 수립될 수 없는 거의 1세기 후인 나보니두스 시대까지 바벨론-엘람인들 간의 정치적 관계는 거의 알려져 있지 않다. 씨아카레스 통치하의 메데인들이 주전 612년 니느웨의 함락 이후 엘람의 지배권을 떠맡았다(M. J. Dresden, *IDB* 2:71). 비록 메데와 바벨론인들이 자기들의 공동의 적 앗수르에 대항하여 세력을 규합했을지라도, 이 두 신흥 세력이 약점을 시험하고 유리한 고지를 얻기 위하여 그 이후 몇 년 간 서로 충돌하지 않았는지를 의심해 보아야 한다. 느부갓네살 제9년에 있었던 원정은 그러한 사건을 반영해 줄 수 있으며, 엘람에 의한 적대적인 군사의 움직임이 있었다는 것은 사리에 맞는다. 그러나 상상만으로는 문제를 해결할 수 없다.

주석

34 MT과 LXX에 나타난 두 전승 본문 간의 차이점들에 관해서는 "원문주해"를 보라. 예레미야 25장에서 MT은 메데와 함께 엘람이 진노의 잔을 마신다는 책망을 들은 열국들 가운데 마지막으로 나타나지만, LXX에는 엘람이 목록의 첫 번째 자리에 나타난다. 하나님의 말씀 선포의 특별한 형태에 관해서는 예레미야 46:1과 "양식/구조/배경"을 보라.

35 "활을 꺾는다"는 표현에 관해서는 사무엘상 2:4; 호세아 1:5을 보라. 성경 밖의 참고문헌에 관해서는 M. Weinfeld, *Deuteronomy*, 136를 참조하라.

36 하늘의 사방(네 바람)은 나침반의 네 방향을 가리킨다. 심판과 패망의 신호로서 사방으로 흩으신다는 기타 언급들에 관해서는 에스겔 5:10, 12; 12:14; 17:

21; 예레미야 49:32을 보라. 에누마 엘리쉬는 네 바람과 폭풍(*imḫullu*)을 하나님의 무기로 언급한다(*Enuma elish* 1:105-7; 4:96, 98-99). 대조적으로 에스겔 37:9은 네 바람을 마른 뼈들에게 생기를 가져다 주는 것으로 말한다.

37 상충된 표현인 "내가 (그들을) 두렵게 할 것이다"(הַחְתַּתִּי – 하흐탓티)에 관해서는 GKC § 67aa를 보라.

38 이방 나라 가운데 하나님의 보좌를 세우는 야웨의 사상은 구약성경에 정확하게 일치하는 개념이 없다. 루돌프(Rudolph, 273)는 예레미야 43:10과의 평행에 근거하여 이 문구는 엘람 위에 새로운 주군 느부갓네살의 통치권을 세우시려는 야웨의 의도를 확언했다고 생각한다. 그러나 느부갓네살의 이름이 이 신탁에 나오지 않으며, 실제로 이 신탁에서 인간 대리자는 뒤로 물러난다. 이 진술에서 세계 끝까지 이르는 야웨의 주권을 주장하는 것으로 보는 것으로 충분하다. 사실상, 이러한 사상은 예레미야 23:24에서 발견되는 개념과 가깝다.

39 본 절에 관해서는 예레미야 46:26b; 48:47; 49:6에 있는 평행 구절들에 대한 "주석"을 보라.

해설

이 간략하고도 꽉 짜여진 신탁은 공포와 황폐의 어휘로 가득 차 있다. 모든 동사들이 1인칭 단수로 나오고, 모두가 엘람에 대한 우주적인 지구상의 군대를 전부 가져오시는 하늘 용사의 활동을 언급하고 있다.

예레미야서에 있는 열국에 관한 모든 신탁이 그러하듯, 여기서도 그 중심 사상은 원근 열국들의 사건들에 대한 야웨의 비할 데 없는 지배 사상이다. 그러나 또다시 문제가 일어난다. 어찌하여 이스라엘의 한 선지자가 세계에서 가장 멀리 떨어져 있는 나라인 엘람에 관심을 두었을까? 아브람의 조카가 사로잡혀 갔던 평지의 성읍들에 대한 엘람 왕의 공격 전승(창 14장) 이외에, 이스라엘과 엘람 사이에 있었던 적대감에 대해서는 별다른 언급은 없다. 신탁 자체는 엘람이 황폐한 이유를 제시해 주지 않는다. 대 참사의 어투는 스타카토식이지만 어떤 감정이 담겨 있지는 않다. 느부갓네살이 실제로 티그리스 강 근처에서 엘람 군대를 공격하지 않았다면("양식/구조/배경"을 보라), 진노의 잔을 마실 열국 가운데 엘람을 포함시킨 이유를 결정하기는 불가능하다.

I. 바벨론에 대하여(50:1-51:64[LXX 27:1-28:64])

참고문헌

Aitken, K. T. "The Oracles against Babylon in Jeremiah 50-51: Structures and Perspectives." *TynBul* 35(1984) 25-63. **Bach. R.** *Die Aufforderungen zur Flucht und zum Kampf im alttestamentlichen Prophetenspruch.* WMANT 9. Neukirchen: Neukirchener, 1962. **Bardtke, H.** "Jeremia der Fremdvölkerprophet." *ZAW* 54(1936) 240-62. **Barthélemy, D.** *Critique textuelle de l'Ancien Testament.* Vol. 2. OBO 50/2. Göttingen: Vandenhoeck & Ruprecht, 1986. **Budde, K.** "Über die Capitel 50 und 51 des Buches Jeremia." *JDT* 23/3(1878) 428-70. **Christensen, D.** *Transformations of the War Oracle in Old Testament Prophecy.* Missoula: Scholars, 1975. **Eissfeldt, O.** "Jeremias Drohorakel gegen Ägypten und gegen Babel." In *Verbannung und Heimkehr,* ed. A. Kuschke. Tübingen: Mohr (Siebeck), 1961. 31-37. **Fohrer, G.** "Vollmacht über Völker und Königreiche." In *Wort, Lied und Gottesspruch: Beiträge zu Psalmen und Propheten,* ed. J. Schreiner. Würzburg: Echter, 1972. 145-53. **Jacobsen, T.** "Pekod." *IDB* 3:709. **Kessler, M.** "Rhetoric in Jeremiah 50 and 51." *Semitics* 3(1973) 18-35. **Lundbom, J. R.** *Jeremiah: A Study in Ancient Hebrew Poetry.* SBLDS 18. Missoula: Scholars, 1975. **May, H. G.** "Some Cosmic Connotations of *Mayim Rabbîm,* 'Many Waters'." *JBL* 74(1955) 9-21. **Mellink, M. J.** "Ararat." *IDB* 1:194-95. **Muilenburg, J.** "Merathaim." *IDB* 3:351. **Roberts, B. J.** "Athbash." *IDB* 1:306-7. **Roberts, J. J. M.** *Nahum, Habakkuk, and Zephaniah: A Commentary.* OTL. Louisville: Westminster/John Knox, 1991. **Robinson, T. H.** "The Structures of Jeremiah l, li." *JTS* 19(1917/18) 251-65. **Shiloh, Y.**, and **Tarler, D.** "Bullae from the City of David: A Hoard of Seal Impressions from the Israelite Period." *BA* 49(1986) 196-209. **Sommerfeld, W.** "Marduk." *RLA* 7:366-67. **Steuernagel, C.** *Lehrbuch der Einleitung in das Alten Testament.* Tübingen: Mohr(Siebeck), 1912. **Voightlander, E. N. von.** "A Survey of Neo-Babylonian History." Diss., University of Michigan, 1963. **Waltke, B. K.**, and **O'Connor, M.** *An Introduction to Biblical Hebrew Syntax.* Winona Lake, IN: Eisenbrauns, 1990.

본 문

1 여호와께서 선지자 예레미야로 바벨론과 갈대아인의 땅에 대하여 하신 말씀이라

1 [a]The word which the Lord spoke[a] concerning Babylon, [b]concerning the land of the Chaldeans, by Jeremiah the prophet.[b]

2 너희는 열방 중에 광고하라 공포하라 기를 세우라 숨김이 없이 공포하여 이르라 바벨론이 함락되고 벨이 수치를 당하며 므로닥이 부스러지며 그 신상들은 수치를 당하며 우상들은 부스러진다 하라

2 Declare among the nations and announce, 3+3 +2 [a]lift up a standard, announce,[a] do not conceal it, say: Babylon is captured, 2+2+2 Bel[b] is put to shame,[c] Marduk[d] is shattered, [e]her images are put to shame, 2+2 her idols are shattered.[e]

3 이는 한 나라가 북방에서 나와서 그를 쳐서 그 땅으로 황폐케 하여 그 중에 거하는 자가 없게 함이라 사람이나 짐승이 다 도망하여 가느니라

3 For a nation from the north has gone up against her: 5+4+3+4 it is the one which will make her land a desolation, and there will be no inhabitant in her: both humans and beasts [a]will flee.[a]

첫 번째 전개: 50:4-20

First Movement: 50:4-20

4 나 여호와가 말하노라 그날 그 때에 이스라엘 자손이 돌아오며 그와 함께 유다 자손이 돌아오되 그들이 울며 그 길을 행하며 그 하나님 여호와께 구할 것이며

4 In those days and at that time 4+2 –[a]oracle of the Lord[a] – The children of Israel will come, 3+4 They and the children of Judah together: They will walk, weeping as they walk: 3+3 the Lord their God they will seek.

5 그들이 그 얼굴을 시온으로 향하여 그 길을 물으며 말하기를 너희는 오라 잊어버리지 아니할 영영한 언약으로 여호와와 연합하자 하리라

5 They will ask for Zion: 2+3 The way[a] thither is before them.[b] They will come[c] and join themselves[d] to the Lord:[e] 3+4 the eternal covenant will not be forgotten.

6 내 백성은 잃어버린 양 떼로다 그 목자들이 그들을 곁길로 가게 하여 산으로 돌이키게 하였으므로 그들이 산에서 작은 산으로 돌아다니며 쉴 곳을 잊었도다

6 My people were[a] a perishing flock: 3+3+2 their shepherds [b]led them astray,[b] they led them away[c] (to) the mountains. From mountain to hill they went: 3+2 they forgot their fold.

7 그들을 만나는 자들은 그들을 삼키며 그 대적은 말하기를 그들은 여호와 곧 의로운 처소시며 그 열조의 소망이신 여호와께 범죄하였음인즉 우리는 무죄하다 하였느니라

7 All who found them ate them, 3+4 and their enemies said, "We are not guilty,[a] because they sinned against the Lord, the true pasture, 5+3 the hope[b] of their fathers."[c]

8 너희는 바벨론 가운데서 도망하라 갈대아인의 땅에서 나오라 떼에 앞서 가는 숫염소같이 하라

8 Flee from the midst of Babylon: 3+3+3 exit[a] from the land of the Chaldeans and be like he-goats[b] before the flock.

9 보라 내가 큰 연합국으로 북방에서 일어나 나와서 바벨론을 치게 하리니 그들이 항오를 벌이고 쳐서 취할 것이라 그들의 화살은 연숙한 용사

9 For behold, I am stirring up [a]and bringing up[a] against Babylon a [b]company of great nations:[b] from the land of the north they will array

의 화살 같아서 헛되이 돌아오지 아니하리로다

10 갈대아가 약탈을 당할 것이라 그를 약탈하는 자마다 만족하리라 여호와의 말이니라

11 나의 산업을 노략하는 자여 너희가 즐거워하며 기뻐하며 곡식을 가는 송아지같이 뛰며 힘센 말같이 울도다

12 그러므로 너희의 어미가 온전히 수치를 당하리라 너희를 낳은 자가 치욕을 당하리라 보라 그가 열방의 말째와 광야와 마른 땅과 사막이 될 것이며
13 여호와의 진노로 인하여 거민이 없는 온전한 황무지가 될 것이라 바벨론으로 지나는 자마다 그 모든 재앙을 놀라며 비웃으리로다

14 바벨론을 둘러 항오를 벌이고 활을 당기는 모든 자여 화살을 아끼지 말고 쏘라 그가 여호와께 범죄하였음이니라

15 그 사면에서 소리질러 칠지어다 그가 항복하였고 그 보장은 무너졌고 그 성벽은 훼파되었으니 이는 여호와의 보수하시는 것이라 그의 행한 대로 그에게 행하여 보수하라

16 파종하는 자와 추수 때에 낫을 잡은 자를 바벨론에서 끊어 버리라 사람들이 그 압박하는 칼을 두려워하여 각기 동족에게로 돌아가며 고향으로 도망하리라

17 이스라엘은 흩어진 양이라 사자들이 그를 따르도다 처음에는 앗수르 왕이 먹었고 다음에는 바벨론 왕 느부갓네살이 그 뼈를 꺾도다

18 그러므로 나 만군의 여호와 이스라엘의 하나님이 이같이 말하노라 보라 내가 앗수르 왕을 벌한 것같이 바벨론 왕과 그 땅을 벌하고

themselves against her, from there she will be captured; his arrows are like a bereaving[c] warrior who does not return empty-handed.

10 And Chaldea will become spoil, 3+3+2 and all those plundering her will have their fill – [a]oracle of the Lord.[a]

11 Although you rejoice,[a] 2+2+2 although you exult, O plunderers of my heritage, although you paw the ground like a heifer at pasture, 4+2 and [b]neigh like stallions,[b]

12 your mother is utterly shamed; 3+2 the one who bore you[a] is abashed. Behold, (she is)[b] the last of the nations, 3+3 [c]a dry wilderness and a desert.[c]
13 On account of the wrath of the Lord, 3+2 +3 she will not be inhabited; all of her will be a desolation. Everyone who passes by Babylon will be appalled 4+3 and will hiss because of all her wounds.

14 Array yourselves against Babylon all around, 3+3 all you who bend the bow. Shoot[a] at her; 2+2+3 spare no arrow, [b]for she has sinned against the Lord.[b]

15 Raise a shout[a] against her all around;[b] 3+2 she has given her hand.[c] Her towers[d] have fallen; 2+2+4 Her walls are overthrown, for that is the retribution of the Lord. Take retributions against her, 2+3 as she has done, do to her.

16 Cut off the sower[a] from Babylon, 3+4 and the one who wields the sickle at harvest time. From the presence of the [b]sword of the oppressor,[b] 3+3+3 let each turn to his own people; let each flee to his own land.

17 Israel is a hunted sheep (which) lions have driven away; the first one, the king of Assyria, consumed him, and this last one, Nebuchadrezzar,[a] king of Babylon, gnawed[b] his bones.

18 Therefore, thus says the Lord [a]of Hosts, God of Israel:[a] Behold, I am punishing the king of Babylon and his land just as I punished the king of Assyria.

19 이스라엘을 다시 그 목장으로 돌아오게 하리니 그가 갈멜과 바산에서 먹을 것이며 그 마음이 에브라임과 길르앗 산에서 만족하리라

19 But I will restore Israel to his pasture, and he will feed on Carmel [a]and in Bashan,[a] and on Mount Ephraim and Gilead he will sate himself.

20 나 여호와가 말하노라 그날 그 때에는 이스라엘의 죄악을 찾을지라도 없겠고 유다의 죄를 찾을지라도 발견치 못하리니 이는 내가 나의 남긴 자를 사할 것임이니라

20 In those days and at that time 3+2 –[a]oracle of the Lord[a] – one will seek for the iniquity of Israel, 3+1 and there will be none, for the sins of Judah, 3+2 and they will not be found, for I will pardon those whom I have spared.[b] 4

두 번째 전개: 50:21-32

Second Movement: 50:21-32

21 나 여호와가 말하노라 너희는 올라가서 므라다임의 땅을 치며 브곳의 거민을 쳐서 진멸하되 내가 너희에게 명한 대로 다하라

21 Against[a] the land of Merathaim,[a] 2+2 go up against it, against the inhabitants of [b]Peqod; 2+3+2 slaughter[b] and devote to destruction [c]after them[c] –oracle of the Lord – and do according to all I command you. 4

22 그 땅에 싸움의 소리와 큰 파멸의 소리가 있으리라

22 The sound of war is in the land, 3+2 and great shattering.[a]

23 온 세계의 방망이가 어찌 그리 꺾여 부숴졌는고 바벨론이 어찌 그리 열방 중에 황무지가 되었는고

23 How the hammer[a] of all the earth is cut down and shattered! 5+5 How Babylon has become a desolation among the nations!

24 바벨론아 내가 너를 잡으려고 올무를 놓았더니 네가 깨닫지 못하고 걸렸고 네가 나 여호와와 다투었으므로 만난 바 되어 잡혔도다

24 I set a trap for you,[a] and you were taken, O Babylon, 5+3 but you did not know it. You were found and seized, 2+3 because you strove against the Lord.

25 나 여호와가 그 병고를 열고 분노의 병기를 냄은 주 만군의 여호와 내가 갈대아인의 땅에 행할 일이 있음이라

25 The Lord has opened his storehouses 3+3 and has brought out his weapons of wrath, for there is work for the Lord God [a]of Hosts,[a] 5+2 in the land of the Chaldeans.

26 먼 데 있는 너희는 와서 그를 치고 그 곳간을 열고 그것을 쌓아 무더기 같게 하라 그를 진멸하고 남기지 말라

26 [a]Come to her from every side,[a] 3+2+3+1+2 open her granaries,[b] [c]pile her up like heaps,[c] devote her to destruction, let there not be a remnant to her.

27 그 황소를 다 죽이라 도수장으로 내려가게 하라 그들에게 화 있도다 그들의 날, 그 벌받는 때가 이르렀음이로다

27 [a]Slay all her bulls,[a] 2+2 let them descend to the slaughter. Woe to them, for their day has come, 4+2 The time of their punishment.

28 바벨론 땅에서 도피한 자의 소리여 시온에서 우리 하나님 여호와의 보수하시는 것, 그 성전의 보수하시는 것을 선포하는 소리로다

28 The voice of those fleeing and escaping from the land of Babylon, to announce in Zion the retribution of the Lord, our God, [a]retribution for his temple![a]

29 활 쏘는 자를 바벨론에 소집하라 무릇 활을 당기는 자여 그 사면으로 진을 치고 쳐서 피하는 자가 없게 하라 그 일한 대로 갚고 그 행한 대로 그에게 행하라 그가 이스라엘의 거룩한 자 여호와를 향하여 교만하였음이니라

29 Summon archers[a] against Babylon, 3+2 all those who bend the bow, encamp against her round about, 3+3 let there be no escape [b]for her,[b] repay her according to her deed, 3+4 do to her as she has done, for she has acted with insolence against the Lord, 3+3 against the holy one of Israel.

30 그러므로 그 날에 청년들이 그 거리에 엎드러지겠고 군사들이 멸절되리라 여호와의 말이니라

30 [a]Therefore her young men will fall in her squares, 4+5+2 and all her men of war will be destroyed [b]on that day[b] –oracle of the Lord.[a]

31 주 만군의 여호와가 말하노라 교만한 자여 보라 내가 너를 대적하나니 네 날 곧 너를 벌할 때가 이르렀음이라
32 교만한 자가 걸려 넘어지겠고 그를 일으킬 자가 없을 것이며 내가 그 성읍들에 불을 놓으리니 그 사면에 있는 것이 다 살라지리라

31 Behold, I am against you, O insolent one, 3+4 [a]says the Lord God of Hosts,[a] for your day has come, 3+2 the time when I will punish you.
32 The insolent one will stumble and fall, 3+3 and there will be none to raise him; I will kindle a fire in his cities,[a] 3+3 and it will consume everything around him.

세 번째 전개: 50:33-46

Third Movement: 50:33-46

33 나 만군의 여호와가 이같이 말하노라 이스라엘 자손과 유다 자손이 함께 학대를 받는도다 그들을 사로잡은 자는 다 그들을 엄히 지켜 놓아주지 아니하거니와
34 그들의 구속자는 강하니 그 이름은 만군의 여호와라 결코 그들의 원을 펴서 그 땅에 평안함을 주고 바벨론 거민으로 불안케 하리라

33 Thus says the Lord [a]of Hosts:[a] The children of Israel together with the children of Judah are oppressed, all their captors have seized them, they refuse to let them go. 2
34 The one redeeming them is strong, 2+3 the Lord of Hosts is his name. [a]He will by all means plead their case, 3+3+3 so that he may give rest to the earth[a] [b]and give disquiet to the inhabitants of Babylon.[b]

35 나 여호와가 말하노라 칼이 갈대아인의 위에와 바벨론 거민의 위에와 그 방백들과 지혜로운 자의 위에 임하며
36 칼이 자긍하는 자의 위에 임하리니 그들이 어리석게 될 것이며 칼이 용사의 위에 임하리니 그들이 놀랄 것이며
37 칼이 그들의 말들과 병거들과 그들 중에 있는 잡족의 위에 임하리니 그들이 부녀같이 될 것이며 칼이 보물 위에 임하리니 그것이 노략될 것이요
38 가뭄이 물 위에 임하여 그것을 말리우리니 이는 그 땅이 조각한 신상의 땅이요 그들은 우상에 미쳤음이니라

35 A sword on the Chaldeans 2+2+2+2 – [a]oracle of the Lord[a] – and on the inhabitants of Babylon, and on her princes and her wise men;
36 [a]a sword on the diviners[b] that they may act foolishly,[a] 3+3 a sword on her soldiers that they might be destroyed;
37 a sword on [a]his horses and his chariots,[a] 3+3+2 and on all[b] the mixed company in her midst that they may become women; a sword on her treasuries that they may be plundered; 3
38 a drouth[a] on her waters that [b]they might dry up,[b] 3+4+2 for it is a land of images, [c]and they act madly over frightful things.[c]

39 그러므로 사막의 들짐승이 시랑과 함께 거기 거하겠고 타조도 그 중에 깃들일 것이요 영영히 거민이 없으며 대대에 거할 자가 없으리라

39 Therefore [a]demons will dwell with the jackals,[a] 4+4 ostriches will dwell in her, and she will not be inhabited any more forever, 3+4 [b]and she will not dwell for all generations.[b]

40 나 여호와가 말하노라 나 하나님이 소돔과 고모라와 그 이웃 성읍들을 무너지게 한 것같이 거기 거하는 사람이 없게 하며 그 중에 우거하는 아무 인자가 없게 하리라

40 Like God's overthrow of Sodom and Gomorrah and her neighbors 5+2 —oracle of the Lord — a man will not dwell there, 3+3 a human will not sojourn in her.

41 보라 한 족속이 북방에서 오고 큰 나라와 여러 왕이 격동을 받아 땅 끝에서 오나니

41 Behold, a people comes from the north, 4+2 a great nation, and many kings are aroused 3+2 from the far reaches of the earth.

42 그들은 활과 창을 가진 자라 잔인하여 긍휼히 여기지 아니하며 그 목소리는 파도가 흉용함 같도다 딸 바벨론아 그들이 말을 타고 무사같이 각기 항오를 벌여 너를 칠 것이라

42 They take hold of bow and spear, 3+4 cruel are they and without mercy; their sound moans like the sea, 3+3 they ride upon horses, arranged as a man for war,[a] 3+2 against you, O daughter Babylon.

43 바벨론 왕이 그 소문을 듣고 손이 약하여지며 고통에 잡혀 해산하는 여인의 구로함 같도다

43 The king of Babylon heard the report of them, 3+2 and his hands grew weak; distress seized him, 2+2 pain like a woman in childbirth.

44 보라 사자가 요단의 수풀에서 올라오는 것같이 그가 와서 견고한 처소를 칠 것이라 내가 즉시 그들을 거기서 쫓아내고 택한 자를 내가 그 위에 세우리니 나와 같은 자 누구며 나로 더불어 다툴 자 누구며 내 앞에 설 목자가 누구뇨

44 Behold, like a lion goes up from the jungle of the Jordan to the well-watered plain, so I will in a moment [a]run away her sucklings; 4+4 I will single out the choicest of her rams.[a] For who is like me, 3+2+5 and who will summon me, and who is the shepherd who can stand before me?

45 그런즉 바벨론에 대한 나 여호와의 도모와 갈대아인의 땅에 대하여 경영한 나 여호와의 뜻을 들으라 양 떼의 어린 것들을 그들이 반드시 끌어가고 그 처소로 황무케 하리니

45 Therefore, hear the plan of the Lord which he has planned against Babylon, and his purposes which he has devised against the land of the Chaldeans: Surely the little ones of the flock will be dragged away,[a] 4+4 surely the pasture will appall their sucklings.[b]

46 바벨론의 함락하는 소리에 땅이 진동하며 그 부르짖음이 열방 중에 들리리라 하시도다

46 At the cry "Babylon has been seized," 3+2+3 the earth will tremble, an outcry[a] will be heard among the nations.

네 번째 전개: 51:1-33

Fourth Movement: 51:1-33

51:1 여호와께서 이같이 말씀하시되 보라 내가 멸망시키는 자의 마음을 일으켜 바벨론을 치고 또 나를 대적하는 자 중에 처하는 자를 치되

51:1 Thus says the Lord: Behold me stirring up against Babylon 3+3+2 and against the inhabitants of Chaldea[a] a destroying wind,

2 내가 타국인을 바벨론에 보내어 키질하여 그 땅을 비게 하리니 재앙의 날에 그를 에워 치리로다

2 and I will dispatch winnowers[a] to Babylon, 3+1+2 and they will winnow her, and they will empty her land, when they are against her on every side 3+2 on the day of calamity.

3 활을 당기는 자를 향하며 갑주를 갖추고 선 자를 향하여 쏘는 자는 그 활을 당길 것이라 그 청년들을 아끼지 말며 그 군대를 진멸하라

3 [a]Let not the archer bend his bow,[a] 3+2 and let him not[b] lift himself up in his coat of mail: do not spare her young men, devote to destruction her whole army.

4 무리가 갈대아인의 땅에서 죽임을 당하여 엎드러질 것이요 그 거리에서 찔림을 당한 자가 엎드러지리라 하시도다

4 The slain will fall in the land of the Chaldeans, 4+2 and the wounded in her streets,

5 대저 이스라엘과 유다가 이스라엘의 거룩하신 자를 거역하므로 죄과가 땅에 가득하나 그 하나님 만군의 여호와에게 버림을 입지 아니하였나니

5 For Israel [and Judah][a] has not become a widower of his God, of the Lord of Hosts, for their land is full of guilt against the holy one of Israel.[b]

6 바벨론 가운데서 도망하여 나와서 각기 생명을 구원하고 그의 죄악으로 인하여 끊침을 보지 말지어다 이는 여호와의 보수의 때니 그에게 보복하시리라

6 Flee from the midst of Babylon, 3+3+2 and escape, each one for his life: do not be destroyed in her punishment, for the time of retribution is this for the Lord, 5+4 the recompense he is paying her.

7 바벨론은 여호와의 수중의 온 세계로 취케 하는 금잔이라 열방이 그 포도주를 마시고 인하여 미쳤도다

7 A golden cup was Babylon in the hand of the Lord, 5+2 making all the earth drunk. From her wine the nations drank: 3+3 therefore the nations[a] went mad.

8 바벨론이 졸지에 넘어져 파멸되니 이로 인하여 울라 그 창상을 인하여 유향을 구하라 혹 나으리로다

8 Suddenly Babylon has fallen and is shattered: 4+2 wail for her. Take balm for her pain: 3+2 perhaps she can be healed.

9 우리가 바벨론을 치료하려 하여도 낫지 아니한즉 버리고 각기 고토로 돌아가자 그 화가 하늘에 미쳤고 궁창에 달하였음이로다

9 We applied healing to Babylon, 2+2 but she was not healed. Leave her[a] and let us go, each to his own land, 4+4+2 for her judgment has reached the heavens and is lifted up to the skies.

10 여호와께서 우리 의를 드러내셨으니 오라 시온에서 우리 하나님 여호와의 일을 선포하자

10 The Lord has brought forth our victory:[a] 3+3+3 come and let us relate in Zion the work of the Lord our God.

11 화살을 갈며 방패를 굳게 잡으라 여호와께서 메대 왕들의 마음을 격발하사 바벨론을 멸하기로 뜻하시나니 이는 여호와의 보수하시는 것 곧 그 성전의 보수하시는 것이라

11 Sharpen the arrows: 2+2 fill the bow-cases.[a] The Lord has stirred up the spirit of the kings[b] of the Medes, for his purpose concerning Babylon is to destroy it: for that is the retribution of the Lord, 3+2 the retribution of his temple.[c]

12 바벨론 성벽을 향하여 기를 세우고 튼튼히 지

12 Against the walls of Babylon raise a standard,

키며 파수꾼을 세우며 복병을 베풀어 방비하라 이는 여호와께서 바벨론 거민에 대하여 말씀하신 대로 경영하시고 행하심이로다

3+2+2+2 [a]strengthen the watch,[a] put watchmen in place, [b]prepare the ambushers,[b] for the Lord has both planned and done what he spoke concerning the inhabitants of Babylon.

13 많은 물 가에 거하여 재물이 많은 자여 네 탐람의 한정, 네 결국이 이르렀도다

13 You who dwell[a] by many waters, 3+2 rich in treasures; your end has come, 2+2 the limit of your thread.

14 만군의 여호와께서 자기로 맹세하시되 내가 진실로 사람을 황충같이 네게 가득히 하리니 그들이 너를 향하여 소리를 높이리라 하시도다

14 The Lord of Hosts has sworn [a]by himself:[a] 4 Surely I filled you with people like locusts, 4+3 and they will respond against you with a shout.

15 여호와께서 그 권능으로 땅을 지으셨고 그 지혜로 세계를 세우셨고 그 명철로 하늘들을 펴셨으며

15 [a]He is the one[a] who made earth by his power, 3+3+3 the one who established the world by his wisdom, and by his understanding he stretched out the heavens.

16 그가 목소리를 발하신즉 하늘에 많은 물이 생기나니 그는 땅 끝에서 구름이 오르게 하시며 비를 위하여 번개하게 하시며 그 곳간에서 바람을 내시거늘

16 [a]When he utters his voice,[a] 2+3 (there is) a roar of waters in the heavens, and he makes mists rise from the end of the earth; 4+3+3 he has made lightning bolts for the rain, and he brings forth wind from his storehouses.

17 사람마다 우준하고 무식하도다 금장색마다 자기의 만든 신상으로 인하여 수치를 당하나니 이는 그 부어 만든 우상은 거짓이요 그 속에 생기가 없음이라

17 Every human is too stupid to know; 3+3 every smith is put to shame by his idol, for his molten image is fake, 3+3 and there is no breath in them.

18 그것들은 헛것이요 망령되이 만든 것인즉 징벌하시는 때에 멸망할 것이나

18 They are a puff of wind, 2+2 the work of mockers; at the time of their punishment they will perish. 3

19 야곱의 분깃은 이 같지 아니하시니 그는 만물의 조성자요 이스라엘은 그 산업의 지파라 그 이름은 만군의 여호와시니라

19 Not like these is the portion of Jacob, 3+3 for he is one who formed everything, and Israel[a] is the tribe[b] of his inheritance, 2+3 the Lord of Hosts is his name.

20 여호와께서 가라사대 너는 나의 철퇴 곧 병기라 내가 너로 열방을 파하며 너로 국가들을 멸하며

20 [a]You are a war-club to me, 3+2 a weapon of war,[a] and I will smash nations with you, 3+3 I will destroy[b] kingdoms with you,

21 내가 너로 말과 그 탄 자를 부수며 너로 병거와 그 탄 자를 부수며

21 I will smash horse and rider with you, 4+4 I will smash chariot and its rider with you,

22 너로 남자와 여자를 부수며 너로 노년과 유년을 부수며 너로 청년과 처녀를 부수며

22 I will smash husband and wife with you, 4+4+4 [a]I will smash the old man and the youth with you,[a] I will smash the youth and the maiden with you,

23 너로 목자와 그 양 떼를 부수며 너로 농부와

23 I will smash the shepherd and his flock with

그 멍엣소를 부수며 너로 방백들과 두령들을 부수리로다

you, 4+4+4 I will smash the farmer and his team with you, I will smash officials and commanders with you.

24 그들이 너희 목전에 시온에서 모든 악을 행한 대로 내가 바벨론과 갈대아 모든 거민에게 갚으리라 여호와의 말이니라

24 And I will pay back Babylon and all the inhabitants of Chaldea all their evil which they have done in Zion before your eyes – oracle of the Lord.

25 나 여호와가 말하노라 온 세계를 멸한 멸망의 산아 보라 나는 네 대적이라 나의 손을 네 위에 펴서 너를 바위에서 굴리고 너로 불 탄 산이 되게 할 것이니

25 Behold, I am against you, O destroying[a] mountain 4+2 – oracle of the Lord – the destroyer of all the earth, 2 and I will stretch out my hand against you, 3+2+3 and I will roll you down from the crags, and I will make you a burned mountain.

26 사람이 네게서 집 모퉁이 돌이나 기촛돌을 취하지 아니할 것이요 너는 영영히 황무지가 될 것이니라 여호와의 말이니라

26 They will not get from you a stone for a corner, 4+2 or a stone for foundations, for you will be a desolation forever 3+2 – oracle of the Lord.

27 땅에 기를 세우며 열방 중에 나팔을 불어서 열국을 예비시켜 그를 치며 아라랏과 민니와 아스그나스 나라를 불러모아 그를 치며 대장을 세우고 그를 치되 사나운 황충같이 그 말들을 몰아오게 하라

27 Lift up a standard in the land, 3+3 blow the trumpet among the nations, dedicate nations against her, 3+3 summon kingdoms against her: Ararat, Minni,[a] and Ashkenaz; 3 appoint a recruiter (scribe) against her, 3+4 bring up horses like bristling locusts.

28 열국 곧 메대인의 왕들과 그 방백들과 그 모든 두령과 그 관할하는 모든 땅을 예비시켜 그를 치게 하라

28 Dedicate nations against her, 3+2+2+3 The kings[a] of the Medes, [b]her officials and all her commanders,[b] and every land of his dominion.

29 땅이 진동하며 고통하나니 이는 나 여호와가 바벨론을 쳐서 그 땅으로 황무하여 거민이 없게 할 경영이 섰음이라

29 The earth will quake and writhe, 3+5 for the plan[a] of the Lord has arisen against Babylon, to make the land of Babylon 3+3 a desolation without inhabitant.

30 바벨론의 용사는 싸움을 그치고 그 요새에 머무르나 기력이 쇠하여 여인같이 되며 그 거처는 불타고 그 문빗장은 부러졌으며

30 The warriors[a] of Babylon have ceased fighting, 4+2 they sit in the strongholds; their strength is dried up, 2+2 they have become women; her dwellings are burned up,[b] 2+2 her bars are shattered.

31 보발군이 달려 만나고 사자가 달려 만나서 바벨론 왕에게 고하기를 그 성읍 사방이 함락되었으며

31 Runner runs to meet runner, 4+3 messenger to meet messenger, to tell the king of Babylon 3+4 that his city is captured on every side;

32 모든 나루는 빼앗겼으며 갈밭이 불탔으며 군사들이 두려워하더이다 하리라

32 the fords have been seized, 2+3+3 the reed-pools[a] have been burned with fire, and the men of war are terrified.

33 만군의 여호와 이스라엘의 하나님이 이같이 말씀하시되 딸 바벨론은 때가 이른 타작마당과 같은지라 미구에 추수 때가 이르리라 하시도다

33 For thus says the Lord [a]of Hosts, the God of Israel:[a] Daughter[b] Babylon is like a threshing floor 3+2 at the time when one treads it: yet a little while 2+3 and the time[c] of harvest will come to her.[d]

다섯 번째 전개: 51:34-44

Fifth Movement: 51:34-44

34 바벨론 왕 느부갓네살이 나를 먹으며 나를 멸하며 나로 빈 그릇이 되게 하며 용같이 나를 삼키며 나의 좋은 음식으로 그 배를 채우고 나를 쫓아 내었으니

34 Nebuchadrezzar, king of Babylon, 3 [a]has devoured me, 1 has disturbed me, 1 has made me an empty vessel, 3 has swallowed me like a monster, 2 has filled his belly with my delicacies,[b] 3 has expelled me.[ac] 1

35 나와 내 육체에 대한 잔학이 바벨론에 돌아가기를 원한다고 시온 거민이 말할 것이요 내 피 흘린 죄가 갈대아 거민에게로 돌아가기를 원한다고 예루살렘이 말하리라

35 "The violence and desolation[a] done to me (be) upon Babylon," 3+3 let the inhabitant of Zion say: "and my blood (be) upon the inhabitants of Chaldea," 3+2 let Jerusalem say.

36 그러므로 여호와께서 이같이 말씀하시되 보라 내가 네 송사를 듣고 너를 위하여 보수하여 그 바다를 말리며 그 샘을 말리리니

36 Therefore, thus says the Lord: Behold, I will hear your case,[a] 3+2 and I will bring about retribution for you: I will dry up her sea, 2+2 and I will dry up her sea,

37 바벨론이 황폐한 무더기가 되어서 시랑의 거처와 놀람과 치소거리가 되고 거민이 없으리라

37 and Babylon will become heaps of stones,[a] 3+2+2+2 a lair of jackals,[a] a desolation and a hissing,[a] without inhabitant.

38 그들이 다 사자같이 소리하며 어린 사자같이 부르짖으며

38 They will be fierce[a] like lions: 2+3 They will be aroused[b] like lions' cubs.

39 열정이 일어날 때에 내가 연회를 베풀고 그들로 취하여 기뻐하다가 영영히 잠들어 깨지 못하게 하리라 여호와의 말이니라

39 When they are heated[a] I will set out their feast, 3+3 and I will make them drunk so that they swoon away,[b] and they will sleep an everlasting sleep, 3+2+2 and they will not wake up —oracle of the Lord.

40 내가 그들을 끌어 내려서 어린 양과 숫양과 숫염소가 도수장으로 가는 것 같게 하리라

40 I will bring them down like lambs for the slaughter, 3+2 like rams with he-goats.

41 슬프다 세삭이 함락되었도다 온 세상의 칭찬 받는 성이 빼앗겼도다 슬프다 바벨론이 열방 중에 황폐하였도다

41 How Babylon[a] is captured! 3+3+5 (How) seized is the praise of all the earth! How Babylon has become a desolation among the nations!

42 바다가 바벨론에 넘침이여 그 많은 파도가 그것에 덮혔도다

42 The sea has come up against Babylon: 3+3 she is covered with the tumult of its waves.

43 그 성읍들은 황폐하여 마른 땅과 사막과 거민이 없는 땅이 되었으니 그리로 지나가는 인자가

43 Her cities have become a desolation,[a] 3+3 a dry land and a desert: [b]no person will dwell in

없도다

them, 4+3 and no human will pass through them.

44 내가 벨을 바벨론에서 벌하고 그 삼킨 것을 그 입에서 끌어 내리니 열방이 다시는 그에게로 흘러가지 아니하겠고 바벨론 성벽은 무너지리로다

44 And I will punish Bel[a] in Babylon; 3+3 I will take out from his mouth what he has swallowed. The nations will not flow to him any more; 4+3 [b]indeed, the wall of Babylon has fallen.[b]

여섯 번째 전개: 51:45-53

Sixth Movement: 51:45-53

45 나의 백성아 너희는 그 중에서 나와 각기 나 여호와의 진노에서 스스로 구원하라

45 Exit from her midst, my people! 3+3+3 Escape, each for his life from the burning wrath of the Lord!

46 너희 마음을 겁약하게 말며 이 땅에서 들리는 풍설을 인하여 두려워 말라 풍설은 이 해에도 있겠고 저 해에도 있으리라 경내에는 강포함이 있어 관원끼리 서로 치리라

46 Let not your heart be faint, 2+1 nor be fearful at the report being heard in the land, 3+3+3 when a report comes[a] in one year and after it (another) report in (the next) year: "Violence is in the land, 2+2 and ruler against ruler!"

47 그러므로 보라 날이 이르리니 내가 바벨론의 조각한 신상들을 벌할 것이라 그 온 땅이 치욕을 당하겠고 그 살륙당한 모든 자가 그 가운데 엎드러질 것이며

47 Therefore, behold, the days are coming 4+3 when I will punish the images of Babylon, and all her land will be humiliated, 3+3 and all her slain will fall in the midst of her.

48 하늘과 땅과 그 중의 모든 것이 바벨론을 인하여 기뻐 노래하리니 이는 파멸시키는 자가 북방에서 그에게 옴이니라 여호와의 말이니라

48 And heaven and earth and all which is in them will sing for joy about Babylon, for out of the north the destroyers will come[a] against her – oracle of the Lord.

49 바벨론이 이스라엘 사람을 살륙하여 엎드러뜨림같이 온 땅 사람이 바벨론에서 살륙을 당하여 엎드러지리라 하시도다

49 Babylon will surely fall, O slain of Israel, 4+4 just as all the slain of the earth have fallen for Babylon.

50 칼을 면한 자들이여 서지 말라 행하라 원방에서 여호와를 생각하며 예루살렘을 너희 마음에 두라

50 You who escape [a]from her sword, go,[a] 3+1 do not stand still! Remember the Lord from afar, 3+3 and let Jerusalem come into your mind.

51 이방인이 여호와의 집 성소에 들어가므로 우리가 책망을 들으며 수치를 당하여 부끄러움이 우리 얼굴에 덮였느니라

51 We are shamed, for we have heard reproach, 3+3 dishonor has covered our face, for strangers have come against [a]the sanctuary,[a] 4+2 the house of the Lord.

52 그러므로 여호와께서 가라사대 보라 날이 이르리니 내가 그 조각한 신상을 벌할 것이라 상함을 입은 자들이 그 땅에서 신음하리라

52 Therefore, behold, the days are coming 3+2 –oracle of the Lord– when I will punish her idols, 2+3 and in all her land the slain will groan.

53 가령 바벨론이 하늘까지 솟아오른다 하자 그 성을 높이어 견고히 한다 하자 멸망시킬 자가 내게서부터 그들에게 임하리라 여호와의 말이니라	**53** Though Babylon should mount up to heaven, 3+4 and though she should fortify her strong-point in the heights, destroyers will come from me against her 4+2 —oracle of the Lord—
54 바벨론에서 부르짖는 소리여 갈대아인의 땅에 큰 파멸의 소리로다	**54** The sound of an outcry from Babylon, 3+4 and great shattering from the land of Chaldea!
55 이는 여호와께서 바벨론을 황폐케 하사 그 떠드는 소리를 끊으심이로다 그 대적이 많은 물의 요동함같이 요란한 소리를 발하니	**55** For the Lord is devastating Babylon, 3+4 and he will extinguish from her (that) great cry. Their waves will roar like many waters; 4+3 the roar of their sound is raised,
56 곧 멸망시키는 자가 바벨론에 임함이라 그 용사들이 사로잡히고 그들의 활이 꺾이도다 여호와는 보복의 하나님이시니 반드시 보응하시리로다	**56** for a destroyer has come [a]against her,[a] against Babylon, 5+2+2 her warriors are captured, [b]their bow is shattered,[b] for the Lord is a God of recompense; 4+2 he will surely pay back.
57 만군의 여호와라 일컫는 왕이 이같이 말씀하시되 내가 그 방백들과 박사들과 감독들과 관장들과 용사들로 취하게 하리니 그들이 영영히 자고 깨지 못하리라	**57** And I will make drunk her princes, her wise men, her officials, her commanders, and her soldiers, [a]and they will sleep an everlasting sleep and not awaken,[a] says the king, whose name is the Lord of Hosts.
58 만군의 여호와가 이같이 말하노라 바벨론의 넓은 성벽은 온전히 무너지겠고 그 높은 문들은 불에 탈 것이며 백성들의 수고는 헛될 것이요 민족들의 수고는 불탈 것인즉 그들이 쇠패하리라 하시니라	**58** Thus says the Lord [a]of Hosts:[a] The broad wall[b] of Babylon will surely be demolished, 3+2 her high gates will be kindled with fire; the peoples labor for nought, 2+2 the nations weary themselves (only) for fire.
59 유다 왕 시드기야 사 년에 마세야의 손자 네리야의 아들 스라야가 왕과 함께 바벨론으로 갈 때에 선지자 예레미야가 그에게 말씀을 명하니 스라야는 시종장이더라	**59** The word which [a]Jeremiah the prophet commanded Seraiah[a] the son of Neriah son of Mahseiah, when he went from[b] Zedekiah, king of Judah, to Babylon in the fourth year of his reign. Seriah was the officer in charge of the tribute.[c]
60 예레미야가 바벨론에 임할 모든 재앙 곧 바벨론에 대하여 기록한 이 모든 말씀을 한 책에 기록하고	**60** Jeremiah wrote all the calamity which should come against Babylon in one book, all these words written against Babylon.
61 예레미야가 스라야에게 이르되 너는 바벨론에 이르거든 삼가 이 모든 말씀을 읽고	**61** And Jeremiah said to Seraiah, "When you enter Babylon, see and read all these words,
62 말하기를 여호와여 주께서 이 곳에 대하여 말씀하시기를 이 땅을 멸하여 사람이나 짐승이 거기 거하지 못하게 하고 영영히 황폐케 하리라 하셨나이다 하라	**62** and say, 'Lord, you have spoken against this place to cut it off so that there will not be in it an inhabitant, neither human being nor beast, for it will be a desolation forever.'
63 너는 이 책 읽기를 다한 후에 책에 돌을 매어 유브라데 하수 속에 던지며	**63** And when you have finished reading this book, you are to tie a stone to it and cast it into

64 말하기를 바벨론이 나의 재앙 내림을 인하여 이같이 침륜하고 다시 일어나지 못하리니 그들이 쇠패하리라 하라 하니라 예레미야의 말이 이에 마치니라

the midst of the Euphrates,
64 and you will say, 'Thus Babylon will sink and will not arise because of the calamity which I am bringing against her.'"[a] Thus far are the words of Jeremiah.

원문주해

1.a-a. LXX에는 "그가 말한 야웨의 말씀"으로 되어 있다. Syr은 설명문 "바벨론에 관한"과 함께 표제를 시작한다.

1.b-b. LXX에는 없다.

2.a-a. LXX에는 없다.

2.b. "벨" 대신 LXX에는 헤 압토에토스(*ἡ ἀπτόητος*, "용감한 자")로 되어 있다. 할러대이는 LXX이 뻴 하트(בֵּל חַת)를 빨 하트(בַּל חַת, "당황하지 않은")로 읽는다고 주장한다.

2.c. Syr은 "떨어졌다"를 가지고 있다.

2.d. LXX은 헤 트뤼페라(*ἡ τρυφερά*, "호화로운 것")를 가지고 있다.

2.e-e. LXX에는 없다.

3.a-a. LXX에는 동사가 없다.

4.a-a. LXX에는 없다.

5.a. LXX은 "길"을 앞의 시구에 결합시킨다.

5.b. LXX은 히브리어 관용어 나탄 파님(נתן פנים)으로 이해하면서 "그들이 이 곳으로 자기들의 얼굴을 돌릴 것이다"로 읽는다.

5.c. LXX과 함께 명령형이 아닌 완료형 빠우(בָּאוּ)로 읽음.

5.d. LXX은 "피난처로 도망할 것이다"를 가지고 있다.

5.e. LXX은 "하나님"을 덧붙인다.

6.a. Q는 하이우(הָיוּ)로 읽음.

6.b-b. LXX은 엑소산(*ἐξῶσαν*, "그들을 내쫓다")을 가지고 있다.

6.c. Q로 읽음.

7.a. LXX은 메 아노멘(*μὴ ἀνῶμεν*, "그들을 부추기지 말자")을 가지고 있다. Syr은 "우리가 그들을 아끼지 않을 것이다"로 읽는다.

7.b. LXX은 קוה Ⅱ, "모으다"로 이해하면서 토 쉬나가곤티(*τῷ συναγαγόντι*, "그들의 열조를 모으는 자")를 가지고 있다.

7.c. 본 절의 끝에 있는 야웨(יהוה)는 LXX에는 없으며 원래 8절을 시작하는 호이(הוי)였을 것이다.

8.a. 모든 역본들처럼 미완료형이 아니라, Q처럼 명령형으로 읽음.

8.b. LXX은 "뱀들"을 가지고 있다.

9.a-a. LXX에는 없다.

9.b-b. LXX은 "열국의 집단들"을 가지고 있다.

9.c. LXX과 Syr에는 משׂכיל("숙련된")로 되어 있다.

10.a-a. LXX에는 없다.

11.a. 네 개의 동사 모두가 Q와 함께 복수형으로 읽혀져야 한다.

11.b-b. LXX에는 "그리고 황소들처럼 뿔로 받았다"로 되어 있다.

12.a. LXX은 "선을 위하여"를 덧붙인다.

12.b. *BHS*는 힌네(הִנֵּה, "보라") 대신에 히(הִיא, "그녀")를 제안한다.

12.c-c. LXX은 에레모스(ἔρημος, "사막")만을 가지고 있다.

14.a. MT의 예두(יְדוּ) 대신에 요루(יֹרוּ)로 읽음.

14.b-b. LXX에는 없으나 Syr에는 있다.

15.a. LXX은 "그녀를 진압하다"를 가지고 있다.

15.b. LXX에는 없다.

15.c. LXX은 다른 동사로 이해할 뿐만 아니라 수동형으로 이해하면서 "그녀의 손이 약해졌다"를 가지고 있다(나트나[נָתְנָה] 대신 닛트나[נִתְּנָה]).

15.d. Q로 읽음. Syr은 "기초들"을 가지고 있다.

16.a. LXX은 조레아(זוֹרֵעַ) 대신 제라(זֶרַע)로 읽으면서 "씨"를 가지고 있다.

16.b-b. LXX은 MT의 하요나(הַיּוֹנָה) 대신 야완(יָוָן)으로 읽으면서 "헬라인의 칼"을 가지고 있다.

17.a. LXX에는 없다.

17.b. 동사가 LXX에는 없다.

18.a-a. LXX에는 없다.

19.a-a. LXX에는 없다.

20.a-a. A를 제외하고 LXX에는 없다.

20.b. LXX은 이 다음 구절에서 뒤따라오는 두 개의 단어 "땅에서"와 "야웨께서 이르시기를"을 덧붙인다.

21.a. LXX은 이 명사를 부사적으로 이해하면서 피크로스(πικρῶς, "엄하게")를 가지고 있다.

21.b-b. LXX은 "브곳"을 명령형 "보복하라"로, 하로브(חֲרֹב, "살육")를 헤레브(חֶרֶשׁ, "칼")로 읽는다. 참조. Syr의 "칼을 깨우다."

21.c-c. LXX에는 "그들 뒤를"(after them)이 없다.

22.a. LXX은 그 외에도 "갈대아인의 땅에서"를 가지고 있다.

23.a. Syr은 "능한 자"를 가지고 있다.

24.a-a. *BHS*에서 루돌프(Rudolph)는 이 형식을 고대의 2인칭 여성 단수로 파악한다(참조. 2:19, 20, 33). LXX은 또 다른 동사의 3인칭 남성 복수를 반영하고 있다. Syr은 "비틀거렸다"를 가지고 있다.

25.a-a. LXX에는 없다.

26.a-a. LXX은 퀘츠(קֵץ)를 "끝"으로 취급하면서 "그녀의 때가 왔다"를 가지고 있다.

26.b. Syr은 "그녀의 문들"을 가지고 있다.

26.c-c. LXX은 아레밈(ערמים)을 메아라(מְעָרָה)로 이해하면서 "그녀를 하나의 동굴로 수색하다"를 가지고 있다.

27.a-a. LXX은 자음들을 인정하지만 문맥에서의 의미와는 상관없이 번역하면서 "그녀의 모든 실과를 말리라"를 가지고 있다. Syr 역시 "그녀의 실과" 혹은 "자손"으로 파악하고 이것을 뒤따라오는 동사의 주어로 만든다.

28.a-a. LXX에는 없다.

29.a. 랍빔(רַבִּים, "많은") 대신에 로빔(רֹבִים)으로 읽음.

29.b-b. Q와 함께 알-예히-라흐(אַל־יְהִי־לָהּ)로 읽음.

30.a-a. 이 동사는 49:26과 동일하다.

30.b-b. LXX에는 없다.

31.a-a. LXX은 "주께서 이르시기를"을 가지고 있다.

32.a. LXX은 MT의 아라이우(עריו, "그 성읍들") 대신에 יער("숲")로 하여 "그녀의 숲"을 가지고 있다.

33.a-a. LXX에는 없다.

34.a-a. LXX은 야웨로 말미암아 취해진 경우가 바벨론에 대항하는 경우였다는 사실로 이해했다. "그가 땅을 파괴할 수 있도록 자기의 대적들을 심판하실 것이다." 그러나 주님에 의하여 자신들은 선으로, 바벨론은 악으로 판결을 받는 환대를 받게 되는 것은 분명히 이스라엘의 경우다.

34.b-b. LXX에는 없다.

35.a-a. LXX에는 없다.

36.a-a. LXX에는 없다.

36.b. 빳데하(בַּדֶּיהָ)로 읽음.

37.a-a. 3인칭 남성 단수형 어미는 칼 신탁에 있는 어미들의 나머지 것들과 조화되지 않는다. 이 문장은 51:21로부터 유래했을 수 있다.

37.b. LXX에는 없다.

38.a. LXX에는 없다.

38.b-b. LXX은 어근을 야바쉬(יבשׁ) 대신 수브(שׁוב)로 이해하면서 "그들이 수치를 당

할 것이다"로 읽는다.

38.c-c. LXX은 동사를 הלל Ⅱ로 이해하고 에밈(אֵמִים)을 이임(איים, 참조. 39절)으로 이해하면서 "그리고 그들이 자랑하던 섬들 가운데서"를 가지고 있다.

39.a-a. LXX은 "우상들이 섬들 가운데 거할 것이다"를 가지고 있다. 앞의 "원문주해"를 보라.

39.b-b. LXX에는 없으며 첨가물인 것 같다.

42.a. LXX은 "불같이"를 덧붙인다.

44.a-a. 49:19에 있는 "원문주해"를 보라.

45.a. 니팔형으로 모음 부호를 붙여라.

45.b. 울레헴(עֲלֵיהֶם)으로 읽음. 49:20의 "원문주해"를 보라.

46.a. *BHS*에서 루돌프(Rudolph)는 이 곳과 49:21에서 3인칭 여성 단수형 어미, 즉 "그녀의 외침"으로 읽을 것을 제안했다.

51:1.a. 레브 콰마이(לב קמי, "마음을 일으켜"; 직역하면 "내 일어남의 마음")는 카드쉼, 즉 갈대아인들에 대한 아트바쉬(*atbash*) 숫자다. 참조. 25:26, 바벨(בבל, "바벨론") 대신 쉐삭(שׁשׁך, "세삭")을 사용하고 있음. LXX은 여기서 그 숫자를 사용하지 않았다. Syr은 이것을 야웨께서 바람과 함께 마음이 교만한 사람을 선동시키고 있었다는 사실을 암시하는 것으로 이해했다(atbash/athbash에 대한 설명에 관해서는 *Jeremiah* 1-25, 371에 있는 Drinkard의 논의를 보라; *IDB* 1:306-7를 보라).

2.a. 루돌프, *BHS*와 함께 조림(זוֹרִים)으로 읽음.

3.a-a. Syr, Vg, Tg과 함께 두 번째 이드로크(ידרך)를 삭제하고 엘(אֶל)을 알(אַל, "아니")로 모음 부호를 붙임. 참조. 3절에 있는 알(אַל). 3a절에 있는 것은 바벨론 군사들을 가리킴.

3.b. 엘(אֶל)을 알(אַל)로 모음 부호를 붙임.

5.a. 운율과 구문론적 이유로 삭제하라.

5.b-b. 논리적으로 5b절은 5a절을 앞서며 원래 거기에 있었다. Holladay의 주석을 보라.

7.a. LXX에는 없다.

9.a. LXX, Syr, Vg은 1인칭 복수 동사를 가지고 있다.

10.a. LXX에는 "그의 심판"으로 되어 있다. MT은 "우리의 승리들"을 가지고 있다. Syr과 함께 치드콰테누(צִדְקָתֵנוּ)로 읽음.

11.a. MT에서 언제나 복수로 된 쉘레트(שׁלט)는 다른 모든 곳에서 "방패"를 의미한다(삼하 8:7; 왕하 11:10; 겔 27:11; 아 4:4; 대상 18:7; 대하 23:9). "채우다"는 동사는 다른 곳에서는 주의를 지시한다. 참조. *AHW* 1151에서는 살투(*šaḷtu*, "활집들")를 제공한다.

11.b. LXX, Syr에서는 단수임.

11.c. LXX에는 "그의 백성"으로 되어 있다.

12.a-a. LXX에는 "화살통을 준비하다"로 되어 있다.

12.b-b. Syr에는 "그리고 그녀를 물에 빠뜨리다"로 되어 있으며 앞 문장을 생략한다.

13.a. K는 고대의 미형과 함께 2인칭 여성 단수 완료다. Q는 여성형 능동 분사다.

14.a-a. LXX에는 "그의 팔로"로 되어 있다.

15.a-a. LXX, Syr에는 "주님"으로 되어 있으며 오세(עֹשֵׂה) 분사형을 완료 동사로 취급한다.

16.a-a. LXX은 에이스 포넨 에데토(*εἰς φωνὴν ἔθετο*, "한 목소리로 그가 두거나 혹은 놓으셨다")로 되어 있다. 참조. 10:13.

19.a. 10:16에서 가져와 여기에 덧붙인다.

19.b. LXX에는 없다.

20.a-a. LXX은 마페츠(מַפֵּץ)를 동사형으로 취급하면서 "너는 나를 위하여 전쟁 무기를 흩었다"로 읽는다.

20.b. 켈레(כְּלֵי) 대신에 켈리(כְּלִי)로 읽음.

22.a-a. LXX에는 없다. LXX은 또한 22a와 22c절의 순서를 보존하고 있다.

25.a. LXX에는 토 디에프다르메논(*τὸ διεφθαρμένον*, "파괴된"=함마슈하트[הַמָּשְׁחָת] 호팔 분사)으로 되어 있다. 할러대이(Holladay)는 왕하 23:13과 감람산에 대한 언급과 함께 함미슈하(הַמִּשְׁחָה, "바르는 기름")를 제안한다.

27.a. LXX에는 "나로 말미암아"로 되어 있고 앞의 "아라랏"이 없다.

28.a. LXX과 함께 단수로 읽음; 참조. 51:11.

28.b-b. LXX, Syr은 3인칭 남성 단수형 어미를 가지고 있다.

28.c. LXX은 이 문구를 "메데 왕" 다음에 두고 있다. 마지막 문장은 Syr에는 없다.

29.a. LXX, Syr과 함께 연계형 마흐셰베트(מַחֲשֶׁבֶת)로 읽음.

30.a. LXX에서는 단수임.

30.b. LXX과 일치시켜서 수동형 하츠투(הֻצְּתוּ)로 읽음.

32.a. 아감(אגם)은 "갈대로 가득한 연못"을 의미한다. 불타는 연못이라는 특이한 이미지는 적절한데, 그 이유는 갈대가 있는 장소는 도피처를 제공했을 것이기 때문이다. KB는 하그마임(הַגְּמָאִים; 글자 위치 전환)으로 수정할 것을 제안한다.

33.a-a. LXX에는 없다.

33.b. LXX에는 빠트(בַּת) 대신 빠테(בָּתֵּי, "…의 집")로 되어 있다.

33.c. LXX에는 없다.

33.d. LXX에는 없다.

34.a-a. 여섯 개의 동사 모두 K에서 1인칭 복수형 어미를 가지고 있고, Q에서는 1인칭

통격(共性) 단수형을 가지고 있다(역본들도 그러하다).

34.b. 루돌프(*BHS*)와 함께 마아단나이(מַעֲדַנַּי)로 모음 부호를 붙임.

34.c. LXX은 이 동사를 다음 구절로 이동시키고 "내 고통과 내 걱정이 나를 바벨론으로 쫓아냈다"로 읽는다.

35.a. 루돌프(*BHS*)와 함께 웨쇼아티(וְשֹׁאָתִי)나 할러대이와 함께 웨쇼디(וְשׁוֹדִי)로 읽음.

36.a. LXX에는 텐 안티디콘 수(*τὴν ἀντίδικόν σου*, "너희의 대적")로 되어 있다.

37.a. LXX은 "황폐"만을 제외하고 세 단어를 모두 삭제한다.

38.a. 합 1:8과 일치시켜서 할러대이와 함께 야홋두(יָחֹדּוּ)로 읽지만 "거칠게 되다"의 의미와 함께 읽음.

38.b. LXX의 엑세게르데산(*ἐξηγέρθησαν*, "깨우다")에 반영된 것처럼 네오루(נִעֲרוּ; *BHS*)로 읽음. 그러나 악카드어와 같은 어족인 나아루(*na'āru*, "고함치다")를 유의하라. 이것은 아람어에서 온 외래어인 것 같다.

39.a. Syr은 "독으로"를 가지고 있다.

39.b. LXX과 함께 예울라푸(יְעֻלְּפוּ)로 읽음. 참조. 루돌프(*BHS*). MT은 만일 "기뻐하다"가 아이러니로 이해된다면 유지될 수도 있다(Barthélemy, *Critique Textuelle* 2:850).

41.a. 쉐샥(שֵׁשַׁךְ)은 바벨론에 대한 아트바쉬 숫자다. 참조. 51:1의 "원문주해".

43.a. 이 단어는 LXX에는 없다.

43.b. MT에 있는 행은 아레츠(ארץ, "땅")로 시작된다. LXX과 함께 삭제하라.

44.a. LXX에는 없다.

44.b-b. LXX에는 45-49a절과 함께 누락되어 있다.

46.a. 루돌프(*BHS*)와 함께 부정사로 읽음. 빠(בָּא)는 하슈무아(הַשְּׁמוּעָה)와는 성(性)에서 어울리지 않는다.

48.a. 참조. 53절. 야브우(יָבֹאוּ).

50.a-a. LXX은 "그 땅에서 나가다"=메하라바(מֵחָרָבָה)로 되어 있다. 여기서 받아들인 것은 멕하릅바흐 레쿠(מֵחַרְבָּה לְכוּ)다.

51.a-a. 요드(י)를 제거함. MT은 "야웨의 집의 성소들"을 가지고 있다. 그러나 복수인 "성소들"은 야웨의 집과 관련해서는 어디에서도 사용된 적이 없고, 이것이 여기에 나온 것은 의문스럽다. Vg, Syr, Tg은 접미사 없이 단수형 "성소"를 가지고 있다. LXX에는 "우리의 성소들"로 되어 있다.

56.a-a. LXX, Syr에는 없으며, 여기서 생략되었다.

56.b-b. 핫타 콰슈탐(חִתְּתָה קַשְּׁתָם)으로 읽음. MT은 단수 동사형과 함께 콰슈토탐(קַשְּׁתוֹתָם, "그들의 활들")을 가지고 있다. LXX, Vg에는 "그들의 활"로 되어 있다.

57.a-a. LXX에는 없다.

58.a-a. LXX에는 없다.

58.b. MT의 호모트(הַמּוֹת, "벽들") 대신 호마트(חוֹמַת)로 읽음.

59.a-a. LXX은 양식 비평 분석에 영향을 주는 보다 긴 문장을 가지고 있다. "야웨께서 스라야에게 말하도록 선지자 예레미야에게 명하신 말씀."

59.b. 에트(אֶת, "함께") 대신 메에트(מֵאֵת, "from with"). 참조. LXX의 파라(*παρὰ*).

59.c. 메누하(מְנוּחָה, "안식처") 대신 미느하(מִנְחָה)로 읽음. 참조. LXX의 도론(*δώρων*).

64.a. MT의 웨야에푸(וְיָעֵפוּ, "그리고 그들이 스스로 지칠 것이다")를 삭제함. "주석"을 보라.

양식/구조/배경

50:1-51:58의 바벨론에 관한 신탁은 예레미야 46-51장의 열국에 관한 신탁 모음집에 있는 자료의 거의 절반을 이루고 있다(46-49장의 121절에 비하여 본 단락은 104절임). 두 가지 중요한 주제가 전반에 걸쳐서 흐른다. (1) 바벨론에 대한 야웨의 다가올 심판과 (2) 야웨의 개입에 의한 포로 된 유다와 이스라엘 백성의 본국으로의 귀환. 이 두 주제는 문학 형태의 다양성 가운데서 반복적으로 재현된다. 독자들은 자료의 단조로움으로(참조. K. Budde, *JDTh* 23/3[1878] 459, 그는 이 예언이 언젠가 이 모티프들이 고갈되었던 어떤 시점에 종결되었다고 생각했다) 혹은 그 구조를 추측하도록 유도하고 있는 문서 형태의 풍부성과 다양성으로 인하여 깊은 인상을 받아 왔다(참조. K. T. Aitken, *TynBul* 35[1984] 25-63).

여러 가지 문제가 해석자들을 괴롭힌다. 바벨론에 관한 신탁은 LXX에서 에돔과 애굽에 관한 신탁에 이어 세 번째 자리에 위치하고 있다. 진정성의 문제가 제기된다. 예레미야 50-51장에 있는 얼마나 많은 자료가 예레미야의 것으로 돌려질 수 있는가? 일관성 혹은 지속성의 문제가 있다. 만일 신탁들에 포함되어 있는 많은 것 혹은 모든 것이 예레미야의 것으로 돌려질 수 있다면, 어떻게 바벨론에 관한 심판의 신탁이 느부갓네살이 야웨의 종이었고 또한 그에게 대항하는 모든 일이 야웨의 계획에 대항하는 것이라는 예레미야의 설교와 일치하는 것으로 보일 수 있는가? 만일 스라야가 주전 594년에 바벨론에 전달하고 유브라데 강에 던지라는 명령을 받은 "바벨론에 대하여 기록한 이 모든 말씀"(51:60)이 50:1-51:58에 있는 신탁 모음집으로 취급된다면, 어떻게 같은 해에 그가 유다를 포함하여 주변의 봉신 국가들에 의한 반역에 관하여 예언한 관점(27:1-15)에 대해 예레미야의 일관성을 주장할 수 있는가? 마지막으로 단락들의 한계와 전체의 구조에 대한 측정 혹은 설명에 관한 문학적 문제가 제기된다.

지난 세기 동안 중요한 해석가들의 작품에 대한 간략한 개괄이 예레미야 50-51장의 진정성(50-51장이 진짜 예레미야의 작품이냐는 것 - 역자주)에 관한 널리 제공된 의견들을 예증해 줄 것이다. 둠(B. Duhm, 360)은 본 장을 교훈과 위로를 주는 문서의 필요에 부응한 후기 유대주의의 특성을 가진 문학적 예술의 산물로 간주했다. 코닐(C. H. Cornill)은 51:59-64을 예레미야의 진품인 것으로 받아들이기는 했을지라도, 스타일의 차이와 역사적·신학적 이유로 50:1-51:58은 거절했다(491-96). 스투에르나겔(C. Steuernagel)은 50-51장의 대부분, 특히 바벨론에 관한 신탁을 임박한 심판으로 묘사했거나 혹은 이 심판을 유다에 대한 바벨론의 잔인한 대우로 인하여 바벨론에 대한 야웨의 보응으로 강조했던 구절들의 진정성을 부인했다. 그러나 그는 예레미야가 때때로 오랜 시기 이후에야 실현될 바벨론에 대한 심판 신탁을 전달했다고 믿었다. 결과적으로, 그는 50:1-10, 17-20, 30-35; 51:25-32, 41-44a, 49b, 50, 52-53에서 예레미야 자료의 기본적 줄기가 인정하는 것이 가능했다고 결론지었다(563-64). 폴츠(P. Volz)는 50:1-52:64을 46-49장과 함께 주전 561년에 있었던 느부갓네살의 죽음 직후에 기록했던 제2예레미야의 것으로 돌렸다(378-443). 바트케(Bardtke)의 입장은 주전 617년 이전에 예레미야가 아직 젊은이였을 때 열국에 대한 신탁을 전달했으며, 그 후에 자기 백성에게 설교했다는 것이다. 그는 예레미야가 바벨론에 대해서도 심판을 전했다고 믿기는 했지만, 50-51장을 예레미야의 작품으로 받아들이지 않았고 본 장들에 대한 분석도 하지 않았다(*ZAW* 54 [1936] 258-59). 콘다민(A. Condamin, 353-57)은 50-51장의 진정성에 대한 많은 반대 의견들을 열거했으나, 자료에 대한 세심한 분석을 하기보다는 반대의견들을 비판함으로써 예레미야의 저작권을 옹호하려고 했다. 바이저(A. Weiser, 426-27)는 통상적인 이유들을 인용하면서 본 장의 진정성을 받아들이지 않고, 본 장들이 후대에 예루살렘에서 유래되었다고 결론지었다(50:5; 51:34-37). 루돌프(Rudolph)는 원 바룩 자료의 일부로 취급했고 연대기적으로 예레미야 29장과 34:2-7 사이에 속한 51:59-64을 제외한 50-51장의 진정성을 거절했다(274-75, 295). 포러(G. Fohrer)는 50-51장이 그 스타일과 내용에 있어서 예레미야의 진짜 자료와 너무나 분명하게 큰 차이가 나므로 최소한 그것들 대부분은 후대의 저자들로부터 유래되었음에 틀림없다고 결론지었다. 51장에 대해서 그는 그 자체의 특별한 강조점과 함께 최소한 세 개의 편집층을 밝혀냈다("Vollmacht über Völker und Königreche," 145-53). 아이쓰펠트는 한편으로 50-51장이 예레미야의 것으로 돌릴 수 있는 구절들(그가 진정성을 거절할 수 없었던 50:17-20)을 담고 있다는 스투에르나겔(Steuernagel)에 동의하면서도, 이 자료의 대부분이 다른 자료로부터 빌려온 것이고 또한 예레미야서와 조화가 되지 않는 악의적 정신을 분명히 나타내고 있으므로 진짜가 될 수 없다고 결론지었다(O. Eissfeldt, "Jeremias Drohorakel," 31-37).

보다 최근에 크리스텐센은 50-51장에 있는 대부분의 자료의 진정성을 주장했다. 자신의 운율적 분석에 따라(Christensen, *Transformations*, 249-57, 263-69), 크리스텐센은 50-51장이 바벨론에 대한 신탁의 핵심 내용이 예레미야 자신의 것임을 나타내며 차후에 확장되었다고 주장했다. 그는 확신을 가지고 51:25-40을 주전 590년 이전의 예레미야의 것으로 돌렸고(*Transformations*, 276, 278-79), 51:1-14을 그 다음 10년의 것으로 볼 수 있을 것이라고 생각했다. 비록 그가 50장에 있는 신탁을 후대의 것으로 돌리기는 했지만(*Transformations*, 263, 279), 그 시가 그 어투와 문학적 양식에서 철저하게 예레미야적 성격을 가지고 있다는 근거에서 그 핵심 내용을 예레미야에게로 돌리는 것을 부정하지 않았다. 최소한으로 유지되는, 진짜가 아닌 자료에 대한 그의 인정은 LXX에 그것이 없다는 근거에서 혹은 그것이 그의 견해에 의하면 부수적 확장을 나타내고 있다는 이유로 결정된다. 크리스텐센은, 예를 들면 예레미야 27장에 있는 것과 같은 예레미야의 친바벨론적 입장을 유다의 외국에 대한 정책과 관련하여 그 당시 역사의 필연으로 봄으로써, 바벨론에 관한 예레미야의 설교에 들어 있는 두드러진 불일치를 도외시했다. 주전 594년까지도 예레미야는 바벨론의 종주권 행사에 70년이라는 한계를 선언했는데 그 후에 유다는 회복될 것이었다(27:7; 29:10-14). 크리스텐센의 입장에서, 바벨론에 대한 신탁의 목적은 특히 포로지에 있는 유다 백성들을 격려하고 그들의 미래의 구원에 대한 소망을 유지시켜 주기 위한 것이었다(*Transformations*, 260, 262-63, 277). 포러는 바벨론의 심판을 위하여 주어진 이유를 편집자의 것으로 간주함으로써 드러난 상충점의 문제를 해결했다(Fohrer, "Vollmacht über Völker und Königreche," 150).

할러데이(Holladay)는 50-51장에 있는 진짜 예레미야 자료를 밝히기 위하여 가장 광범위한 시도를 했다(2:402-8). 대부분의 해석자들은 선험적인 신학적, 역사적, 문학적 확신에 근거하여 자신들의 입장을 결정한다. 할러데이의 방식은 이 장들 가운데서 일반적으로 예레미야의 것으로 간주된 시들의 재사용 혹은 개작과 함께 예레미야의 특징을 가진 어투를 밝히는 데 초점을 맞추었다. 그는 예레미야 50-51장에 있는 104절 가운데 82절이 진짜 예레미야의 것이라고 결론지었다. 진짜가 아닌 것으로 판단된 구절들 혹은 단락들은 50:1, 17b-18, 29cd, 30, 39-46; 51:11b,

15-19, 24b, 28, 45-48이다.

할러대이의 분석은 진짜인 증거를 전혀 제공하지 않는 반면에, 이것은 본문 자체가 제공하는 내용에서 강조하고 있으므로 가장 객관적인 방법이다. 어쨌든, 특별한 구절들에 대한 그의 취급에 관해서는 문제점이 생길 수 있다. 예를 들어, 그는 50:39-40, 41-43과 51:15-19을 진짜가 아닌 것으로 판단하는데, 그 이유는 이 구절들이 각각 49:18, 6:22-24 그리고 10:12-16을 반영 혹은 재생하고 있기 때문이다. 이러한 판단들은 비교 분석이라는 그의 방법과 거의 상반되며, 그래서 예레미야가 왜 다른 곳에 있는 유사한 혹은 다른 목적들을 위하여 후자의 구절들을 사용할 수 없었는지 의아하게 된다. 또한 그 외에도 51:15-19이 우상 숭배가 본 장에서 중대하게 여겨지므로 부수적인 것이라고 결정하는 것은, 일반적인 예언 문서에서 열국에 대한 신탁이 침략과 교만, 그리고 우상 숭배를 책망하고 있다는 사실을 무시하는 것이다. 그럼에도 불구하고, 여기서는 50-51장의 대부분이 진짜 예레미야의 자료를 나타낸다는 할러대이의 결론을 따른다.

50-51장의 구조를 묘사하려는 시도는 단락들의 경계, 장르의 분석, 진짜 자료들의 확인을 고려에 넣어야 하는데, 이러한 문제들은 충분한 일치에 이르지 않았다. 구조 분석이 너무나 다르므로 가장 중요한 시도들을 요약하는 것이 유익할 것이다. 몇몇 해석가들은 이러한 산재해 있는 신탁 모음집의 통일성 있는 구조를 인정하거나 구성하는 것이 불가능하다고 생각했다(Duhm, 360; Cornill, 491; Rudolph, 274; Weiser, 427; Bright, 359). 다른 사람들은 전혀 구조들이 아닌, 자료의 단순한 개요를 제안했다. 로빈손(T. H. Robinson)은 이 모음집 안에서 대략 50개의 신탁을 확인했는데, 이것은 그의 운율 분석에 근거하여 그리고 운율을 결정하기 위하여 LXX의 철저한 우월성을 가정하면서 한 참된 단편 가설이다(*JTS* 19[1917/18] 251-65). 포러(Fohrer, "Vollmacht über Völker und Königreche," 50-51)는 이 두 장 가운데서 30개 혹은 21개의 신탁을 인정했다. 50장에서 그는 바벨론/이스라엘 패턴을 교차하고 있는 10개의 연설이 있고 하나의 가필(50:39-46)로 종결되고 있음을 확인했고, 한편으로 51장에서는 광범위한 편집자의 요소들과 함께 10개 혹은 11개의 신탁을 분석해 냈다. 로빈손이나 포러는 본 장들의 전반적인 구조에 대해 아무런 힌트도 주지 않았다.

가장 최근의 해석자들은 단락들 혹은 단위들에 대한 구조 분석에 초점을 맞추었다. 케쓸러(Kessler, *Semitics* 3[1973] 3-32)는 50장만을 취급하면서 세 개의 주제를 확인해 냈다: 바벨론에 대한 전쟁(A), 바벨론으로부터 유다의 떠남(B) 그리고 역사 회상(C). 그의 분석은 뒤따라 일어나는 패턴으로 그 결과가 나타나는데, 그는 이것을 진열된 구조적 일관성이라고 주장했다: A B C B A B C A B A B A C A. 크레스텐센(Christensen)은 50-51장의 문학적 구조와 새로운 방법론의 필요에 관한 의견의 일치가 부족하다는 것을 인정했다(*Transformations*, 249). 그의 운율법에 맞춘 분석과 더 큰 단위들 속에 운율들이 모아진 것에 기초하여 13개의 일관성 있는 단위들을 확인했는데, 즉 50장에 다섯 개(2-5, 6-10, 11-32, 33-40, 41-46) 그리고 51장에 여덟 개(1-14, 15-19, 20-24, 25-40, 41-43, 44b-49a, 49b-57, 58; *Transformations*, 257-59, 269-72)이다. 대부분의 경우에 그는 양식 비평적 고려에 근거하여 이보다 큰 단위들의 한계를 결정했다. 구조에 대한 그의 논평은 개별 단위들의 분석에 한정되어 있다. 예를 들어, 그는 50:11-32을 7운율로 된 전쟁 신탁으로 분석했는데, 다른 모든 것은 전쟁에 대한 소환이 되고, 1연과 7연은 인클루시오를 이룬다. 개별 단위에 대한 그의 분석은 50-51장 전체의 구조에 대한 묘사로 끝나지 않는다.

할러대이(Holladay)는 그가 진짜 자료로 밝히고 있는 단락들에 자신의 구조에 대한 고려 사항을 제한하지 않는다. 이러한 이유와 또한 다른 이유들로 인하여 그의 단위 경계는 크리스텐센과 다른 사람들의 경계와 상당한 차이가 있다. 그는 그 길이가 대략적으로 비슷한 열 개의 단위로 나눈다: 50:2-13; 50:14-24; 50:25-32; 50:33-38; 51:1-6; 51:7-14; 51:20-26; 51:27-33; 51:34-44; 51:49-58. 비록 그가 단위 내에서와 단위들 사이에서 구조와 균형에 주의를 집중하고 있을지라도, 그는 50-51장의 전체적인 패턴을 볼 수 있는 분명한 균형은 들어 있지 않다고 결론짓는다(2:411-14).

캐롤은 중요 단어와 주제들 그리고 모티프들을 강조함으로써 본문의 최종 형태의 구조적 통일성을 예증하기 위하여 고안된 분석을 제시한다(818-54). 그는 50:2-3과 51:54-58을 신탁들 전체의 골격이라고 밝힌다. 50:4-20은 4절과 20절이 단어들과 주제의 유사성으로 종결을 이루면서 첫 번째 단락을 이룬다. 첫 번째 단락은 여섯 개의 단위로 이루어진다: 4-5, 6-7, 8-10, 11-13, 14-16, 17-20. 50:21-40은 종결을 이루고 있는 "진멸"의 주제와 함께 두 번째 단락을 이룬다. 두 번째 단락은 최소한 일곱 개의 단위로 구성된다: 21-27, 28, 29-30, 31-32, 32-34, 35-38a, 39-40. 50:41-46은 전통적인 자료라는 두 개의 단위로 이루어진 세 번째 단락을 이룬다. 41-43절, 44-46절, 또한 46절은 2절과 함께 종결을 이루며 바벨론에 대한 신탁 전체의 중심점을 제공한다. 네 번째 단락은 51:1-33로 구성되어 있는데, 여덟 개의 단위로 이루어져 있다. 즉 1-5, 6-10, 11-14, 15-19, 20-23, 24, 25-26, 27-33절이며,

종결을 이루고 있는 1절과 33절에서 타작 마당과 추수 모티프들을 가지고 있다. 다섯 번째 단락은 다섯 개의 단락으로 이루어진 51:34-44이다. 즉 34- 35, 36-37, 38-40, 41-43, 44절이며, 종결을 제공하고 있는 34절과 44절에서 중요한 단어 "삼키다"란 단어를 가지고 있다. 마지막 단락인 51:45-53은 45, 46, 50절에 있는 위로, 51절에 있는 고백, 바벨론의 멸망에 대한 두 개의 상이한 신탁(47-48절, 52-53절) 그리고 바벨론의 심판에 대한 이유 설명(49절), 즉 50-51장의 대 주제들의 일종의 개요를 제공한다.

마지막으로 에이켄(K. T. Aitken)은 최종 형태로 되어 있는 50-51장의 수사학적 그리고 의미론적 일관성을 구조적으로 연관되어 있는 잘 정돈된 자료들의 복합체로 밝힘으로써 설명하려고 한다(*TynBul* 35[1984] 25-63). 첫째로, 그는 이 단락을 여섯 개의 전개로 나눈다(50:4-20; 50:21-32; 50:33-46; 51:1-33; 51:34-44; 51:45-53 그리고 50:2-3과 51:54-58을 골격으로 하고 있다). 둘째로, 그는 각 전개를 주제별 단락으로 나누고 그것들이 어떻게 수사학적으로 구조적으로 연관되어 있는지를 결정한다. 셋째로, 그는 주제적으로 보다 깊은 구조 면에서 수사학적 패턴을 재진술한다: 상황, 개입 그리고 결과. 그는 각각의 전개가 구성물들 가운데 최소한 한 개의 기본 쌍으로 구성되어 있다고 결론짓는다. 넷째로, 개요, 즉 특별한 용어들로 된 더 깊은 구조를 재진술하기 위하여 표면 구조로 되돌아간다. 다섯째로, 그는 50-51장 전체의 통합된 구조에 도달하기 위하여 전개들과 그 구조들을 서로에게 연결시킨다. 각각의 전개와 그 단편들에 대한 그의 수사학적 분석이 그의 취급 중에서 가장 설득력 있는 부분인 반면, 전체 구조에 대한 그의 입장의 증거의 무게는 그보다 약간 못하다. 그는 자신이 밝힌 바와 같이 50-51장의 구조가 "포로 된 백성들로 하여금 장차 그들의 본국으로 돌아올 것에 대해 확신을 주고, 또한 야웨의 권세에 대한 믿음과 지금 예루살렘으로 돌아간다는 생생한 기대감을 격려해 주기 위한 것"이라고 결론지었다(*TynBul* 35[1984] 62-63). 비록 특별한 사항들에서 에이켄과 다르기는 하지만, 그는 50-51장이 볼품 없는 덩어리이기는 하지만, 어떤 점에서 그 체계적 정리(최종 편집?)에 있어서는 특별한 메시지를 전달하기 위하여 문학적으로 상당히 잘 구성되어 있다고 성공적으로 논증했다. 따라서 에이켄의 분석은 다음에 나오는 취급 방법의 기초를 이룰 것이다.

크리스텐센, 에이켄, 캐롤, 할러대이의 각각의 구조 분석은 단락들을 명확히 기술하는 타당한 방법을 제공하고 있으며, 한편으로 에이켄과 캐롤의 분석은 바벨론에 대한 신탁 전체의 구조를 조사하는 만족스런 방법들을 제시해 준다. 캐롤의 분석은 대구조(macro-structure)에 초점을 맞추고 있는 일종의 극소수의 접근 방식(minimalist approach)을 따르고 있으며, 반면에 여기서 따르게 될 에이켄의 시도는 대구조와 소구조 양자를 강조한다.

50:2-3, 46; 51:54-58은 모음집의 골격을 이룬다. 이 구절들이 가지고 있는 여러 중요한 단어들과 동의어들은 어조를 맞추는 데 도움을 주고 바벨론의 멸망이라는 중요한 주제를 나타낸다: 50:2과 51:56에 있는 어근 라카드(לכד, "사로잡다")와 하타트(חתת, "낭패하다, 흩어지다"), 51:56에 있는 해당자들인 "멸망시키는 자"와 50:3에 있는 "북방에서 나온 한 나라." 50:46은 50:2과 어근 샤마(שׁמע, "듣다"), "열방 중에"가 같고, 또한 2절의 "함락되다"(취함을 당하다)란 동의어와 46절의 "함락되다"가 같다. 50:46은 51:54과 함께 어근 콜(קול, "음성")과 제아카(זעקה, "부르짖음")를 가지고 있다(Aitken, *TynBul* 35[1984] 30-31).

50장의 첫 번째 단락은 4-20절로 이루어져 있다. 4-5절은 이스라엘의 귀환과 회복이라는 주제를 표현하면서 19-20절에 의하여 균형이 잡히고, 한편 6-7절은 이스라엘의 과거의 경험을 말하고 있는 17-18절과 균형을 이루고 있다. 단위 2(8-10절)와 4(14-16절)는 대적의 출현과 바벨론으로부터의 도망이라는 주제들을 사용함으로써 균형을 이루며, 한편, 단위 3(11-13절)은 바벨론의 운명이라는 주제의 중심축을 제공한다(Aitken, *TynBul* 35[1984] 31-36).

50장에 있는 두 번째 단락은 21-32절로서 공통적 구조를 가진 세 개의 단위로 이루어져 있다(21-25, 26-28, 29-32절). 전쟁하라는 명령 다음에 재난에 대한 묘사가 나타난다. 게다가, 세 개의 단위는 네 개의 어근으로 긴밀하게 연결되어 있다. 21절과 27절에 있는 하라브(חרב, "살육하다")와 21절과 26절에 있는 헤렘(חרם, "진멸"), 28절과 29절에 있는 펠레트(פלט, "도피")와 25절과 26절에 있는 파타흐(פתח, "열었다"), 26절과 28-29절에 있는 동의어들인 쉐에리트(שׁארית, "남기다")와 펠레트(פלט, "도피한 자")(Aitken, *TynBul* 35[1984] 36-40).

50장의 세 번째 단락은 33-46절로 형성되어 있으며 다섯 개의 단위로 나누어진다: 33-34, 35-38, 39-40, 41-43, 44-46절. 단위 5와 단위 1은 바벨론에 대한 하나님의 계획을 이루어 가시려는 야웨의 의도라는 주제와, 34절과 44절에서 어근 라가(רגע, "안정을 어지럽히다")의 사용으로 균형을 이루고 있다. 단위 4와 단위 2는 멸망시키는 대행자(단위 2에서는 칼, 단위 4에서는 북으로부터 오는 백성들)라는 개념으로 균형을 이룬다. 단위 3은 바벨론의 완전한 멸망이라는 주제로 그 중심 축을 제공한다(Aitken, *TynBul* 35[1984] 40-44).

51장에 있는 첫 번째 단락은 1-33절로 이루어지며 여섯 개 단위로 나누어진다: 1-2, 3-5, 6-10, 11-19, 20-26, 27-33절. 33절은 1절과 타작 마당과 추수라는 사상으로 균형을 이룬다. 단위 1과 5는 열쇠가 되는 단어 샤하트(שׁחת, "멸망하다")와 라아(רעה, "재앙")를 가지고 있다. 단위 2, 3, 4는 같은 구조를 가지고 있다. 전쟁 혹은 도피하라는 명령, 그 다음에 이스라엘의 구원에 관한 말씀이 뒤따라온다. 단위 6은 전쟁하라는 명령으로 시작하여 바벨론의 임박한 종말에 관한 요약적 진술로 마친다(Aitken, *TynBul* 35[1984] 44-50).

51장의 두 번째 단락은 34-44절로 이루어져 있으며 다섯 개의 단위로 나누어진다: 34-35, 36-37, 38-40, 41-43, 44절. 34절과 44절에 있는 발라(בלע, "삼키다")라는 열쇠가 되는 단어가 단락의 종결을 제공한다. 단위 2와 4는 36절과 42절에 있는 얌(ים, "바다")이라는 열쇠가 되는 단어로 주제적으로 균형을 이루고, 37절과 41, 43절에 있는 샤마(שׁמה, "두려움"), 37절과 42절에 있는 갈림(גלים, "무더기") 그리고 37절에 있는 "거민이 없음"과 43절에 있는 "거하는 자가 없다"는 유사어를 통하여 균형을 이룬다(Aitken, *TynBul* 35[1984] 5-53).

51장의 세 번째 단락은 54-58절의 구조 앞에 오는 마지막 단락으로 앞 단락으로서 45-53절로 구성되며 다섯 개의 단위로 나누어진다: 45-46, 47-48, 49, 50-51, 52-53절. 처음 두 단위와 마지막 두 단위는 같은 형식을 가지고 있다: 도망하라는 명령, 권고와 선포. 게다가, 단위 1과 4는 45절과 50절에 있는 동의어 말라트(מלט, "구원하다")와 팔라트(פלט, "피하다")를 통하여 46절과 50절에 있는 레바브켐(לבבכם, "너희 마음")이란 표현을 통하여 균형을 이루고 있으며, 한편 단위 2와 5는 47절과 52절에 있는 할랄(חלל, "살해당한, 상한")이란 단어를 가짐으로써, 또한 "보라, 날이 이르리니", "온 땅" 그리고 "파멸시키는 자들이 옴이니라"는 표현과 우상에 대한 심판의 주제를 통하여 균형을 이루고 있다(Aitken, *TynBul* 35[1984] 53-56).

바벨론에 대한 심판 모음집에 관한 양식 비평적 분석은 여덟 개의 장르 혹은 양식을 확인시켜 주었다. (1) 메신저의 명령, 50:2-3, (2) 구원 혹은 회복의 신탁, 50:4-5, 19-20, 33-34, (3) 도망하라는 명령, 50:8-10; 51:6-10, 45-46, (4) 전쟁하라는 명령, 50:14-16, 21, 26-27, 29-30; 51:3-5, 11, 12-14, 27, (5) 노래 혹은 부호, 50:35-38; 51:20-24a, (6) 찬양, 51:15-19, (7) 응답 신탁을 가진 애가, 51:34-44, (8) 남은 구절들 모두가 실질적으로 나타낸 심판 신탁.

50-51장의 배경을 결정하기 위해서는 다음의 몇 가지 사항을 고려해야 한다. (1)

신탁의 진정성 문제, (2) 51:59-64의 의미, (3) 야웨의 계획 중 느부갓네살의 위치에 관한 예레미야의 설교에서의 일관성 문제, (4) 51:11, 27-28의 의미. 이 주제들 가운데 처음 세 가지는 함께 고려되어야 한다.

MT과 LXX에서, 예레미야 51:59-64(LXX 28:59-64)은 스라야가 바벨론 땅에 서서 두루마리를 읽어야 했던 것과 같이 50-51장에 있는 바벨론에 대한 신탁을 지적하는 효과를 가지고 있다. 51:62이 50:3과 51:26을 반영하고 있으므로, 할러데이(Holladay, 2:414)는 바벨론에 대한 모음집 전체를 스라야가 바벨론으로 가져왔을 가능성을 주장했다. 이 점은 다른 근거에서 도달했던 그의 판단과 일치하는데, 곧 바벨론 신탁들이 대부분 진짜 예레미야의 것이라는 것이다.

스라야가 바벨론으로 대사의 사명을 가지고 간 연대는 주전 594년, 즉 시드기야 제4년이다. 또한 주전 594년(27장)에 예레미야는 멍에를 매고 에돔, 모압, 암몬, 두로, 시돈으로부터 온 방백들을 만났는데, 그들은 시드기야와 함께 바벨론에 대한 대항을 구상하기 위하여 예루살렘에 도착한 사람들이었다. 그의 메시지는 직접적이었다. 즉 창조주 야웨께서 그 모든 땅을 자기 종 느부갓네살에게 주셨다는 것이며, 느부갓네살에 대한 반역은 곧 야웨에게 대한 반역이었다. 또한 주전 594년(이 연대에 관해서는 Holladay, 2:140을 보라) 예레미야는 포로민들에게 그들의 포로 생활이 길 것이며, 그들이 가능한 한 정상적인 생활을 재개해야 할 것이고, 자기들의 포로 생활을 하고 있는 성읍의 평안을 구해야 하는데, 그 이유는 그 성읍의 평안이 곧 자신들의 평안이라는 사실(29장)을 알리는 편지를 보냈었다. 이러한 단락들은 예레미야의 일관성 있는 주제와 잘 일치한다. 즉 북으로부터 오는 적은 유다가 당연히 받아야 할 대재앙을 가져다 주도록 야웨에 의하여 소환되고 있다는 것이다.

예레미야 27장과 29장이 친바벨론적 태도를 보이고 있거나 혹은 최소한 바벨론에게 적대감을 보이고 있지 않는 반면에, 50-51장이 유다와 다른 열국들을 향하여 가한 폭력으로 인하여 바벨론에 지독한 종말을 선포하고 있다는 사실은, 만일 이 모든 메시지나 대부분의 메시지들이 예레미야의 것으로 돌려진다면 예레미야의 설교에 일관성의 문제가 일어난다. 루돌프(Rudolph)는 50:1-51:58에 대한 예레미야 저작권을 부인했는데, 그럼에도 불구하고 유다의 회복과 바벨론 통치의 종말이라는 두 가지 대 주제는 예레미야 설교 프로그램의 일부였다고 한다(참조. 3:14; 24:6; 27:7; 29:10, 32). 그가 이같이 주장한 이유는 다음과 같다. (1) 예레미야는 오랜 후에야 바벨론의 종말을 선포했으며(27:7; 29:10), 반면에 50:1-51:58은 바벨론의 임박한 종말을 언급하고 있다(51:13, 33; 51:24). (2) 주전 594년 바벨론의 임박한 종말에 대한 예언은 살아서 그것이 실현된 것을 보지 못할 백성들에게는 쓸모없는 것이 될 것이며, 그것은 느부갓네살을 통하여 생겨난 대 재앙을 통하여 백성들의 회심을 이루려는 야웨의 의도를 위험스럽게 할 것이다. (3) 바벨론에 대한 신탁 이외의 어느 곳에서도 예레미야는 느부갓네살이 야웨의 명령을 지나쳐 갔다거나 혹은 야웨께 저항했다는 사실을 암시하고 있지 않으며, 반면에 이 신탁 자체 가운데서는 느부갓네살이 만족할 줄 모르는 죄, 잔학한 행위의 죄(51:34-35), 야웨에 대한 오만의 죄(50:24, 29, 31)가 있는 것으로 묘사되어 있다. (4) 두 구절, 즉 6:22-24과 10:12-16을 반복하고 있는 50:41-43과 51:15-19은 각각 예레미야의 이름으로 말하기를 바라지 않은 상태에서 사용되었다. 50:1-51:58이 진짜가 아니므로 루돌프는 51:59-64이 본래 예레미야 29장과 34:2-7 사이에 있는 바룩의 두루마리 가운데 있었으며, 바벨론 신탁과는 아무런 관계가 없다고 결론지었다. 스라야를 통해서 보내진 두루마리는 공개성을 띤 것이 아니었다. 그것은 바벨론 사람들이나 포로민들에게 들려지기 위한 것이 아니었다. 바벨론의 종말이 곧 오리라는 것이 예레미야의 확신이었지만 임박한 것은 아니었다(Rudolph, 293-95).

예레미야 27-29, 39-40장과 바벨론에 대한 신탁 가운데 드러난 바벨론에 관한 대조적인 관점은 캐롤(Carroll)로 하여금 이것들을 조화될 수 없는 것으로 생각하도록 만들었다(815-16, 824, 831, 842-43). 캐롤의 접근 방식은 이 전승에 들어 있는 대조적인 요소들을 본서의 편집의 주요 특징으로 보는 것이다(816).

예레미야 51:11, 27-28은 주로 주석으로 취급된다. 루돌프(Rudolph)는 51:11에 있는 산문적 진술, 곧 예루살렘에 있는 성전에 대한 바벨론의 행동으로 인하여 바벨론을 멸망시키도록 메대인들을 격발하셨다는 언급은 시적 흐름을 가로막고 있으며, 그래서 어쩌면 결국 본문 가운데서 발견된 난외의 주석이었을 것이라고 주장했다. 그는 선지자가 "북으로부터 오는 대적"을 일관성 있게 익명으로 말했다고 주장했다(285). 이와 유사하게 루돌프도 51:27에 있는 아라랏, 민니, 아스그나스에 대한 언급을 메대인을 언급하고 있는 51:28처럼 운율적으로 불필요한 것으로 괄호로 묶었다(286-87). 할러대이(Holladay)는 본질적으로 같은 이유로 이 구절들에 대해 같은 입장을 취했다(2:397, 398, 423, 426-27).

그러나 51:11, 27-28 그리고 이 구절들이 일부분 들어 있는 더 긴 구절들의 진정성에 대한 가장 강력한 증거 중 하나는 아라랏, 민니, 아스그나스, 메데에 대한 언급이다. 우라르트(아라랏)인들은 주전 6세기 초반에 메대인들의 공격에 의하여 함락되었고 자치 국가가 되지 못했다(M. J. Mellink, *IDB* 1:194-95). 디아코노프(I.

M. Diakonov, E. N. von Voightlander, "A Survey of Neo-Babylonian History"에 의하여 인용됨: 필자는 러시아어로 된 디아코노프의 작품을 직접 참고할 수 없었다)는 51:27에 있는 세 백성에'대한 언급의 연대를 주전 593년으로 잡고 메대에 의한 만나이(민니)와 아쉬구사이(Ašguzai=Ashkenaz)의 흡수가 주전 590년에 완료되었다고 결론지었다. 메디아(Media)가 주전 590년 소아시아에서 루디아(Lydia)에 대한 일련의 공격이 시작되었고, 또한 메디아가 간신히 근처의 영토를 확보하지 않고 루디아에 대한 공격을 시작했을 것이므로, 디아코노프는 우라르트, 만나이, 아쉬구사이 그리고 메디아의 병치는 주전 590년에는 거의 사리에 맞지 않는다고 주장했다(von Voightlander, "A Survey of Neo-Babylonian History," 135 n. 26). 이 경우에 51:28은 51:27과 단순한 평행이 될 수 있었고, 51:27에 열거된 세 국가와 관련된 51:28의 "그 관할하는 모든 땅"과 평행이 될 수 있다. 어떤 경우든 51:27에 있는 세 열국에 대한 언급은 본 절의 시적 구조를 손상시키지 않으며, 51:28도 산문으로 분류되어서는 안 된다. 더 나아가서 예루살렘 성전에 대한 야웨의 보응은 그 성전이 약탈당하기만 했을 뿐 파괴되었다고 생각해서는 안 되며, 따라서 주전 594년에는 그대로 유지되고 있었다.

바벨론과 관련된 예레미야의 전승에서 드러난 상충된 부분에 대해서는 야웨의 주권 혹은 절대적 통치권에 대한 예레미야의 관점에 하나의 여지를 남겨 두어야 할 것이다. 고대 근동에서는 신들이 자신의 영역을 변화시키기 위하여 이방 통치자를 소환하거나 혹은 임명하는 것이 보통이다. 야웨께서는 하나님의 목적을 이루기 위하여 앗수르와 페르시아를 사용하셨다(사 7:20; 8:7-8; 44:28; 45:1-6). 예레미야는 야웨께서 예루살렘과 유다 가운데서 할 일을 가지셨고, 바벨론 왕이 그것을 시행하도록 소환 받았다는 확신을 얻었다.

예레미야 당시에 싸우던 정치적 당파들이 있었다는 사실을 염두에 두어야 할 것이다. 그 나라에는 친애굽파, 친바벨론파, 어떤 희생을 치르고서라도 자치권을 얻으려는 당파 그리고 어쩌면 그 외의 당파도 있었을 것이다. 이 당파들의 주장이 압력을 가했고, 시드기야는 결국 버틸 수가 없었다. 예레미야는 생명을 구하고 유다를 국가로 보존하기 위한 가장 확실한 수단을 이용했던 친바벨론파에 지나지 않았다. 그의 정책을 지지한다는 것은 그가 정치적 혼란 가운데 들어가야 했다는 사실을 의미했으며, 그리하여 사회 각계각층으로부터 스스로 원수를 만드는 것을 의미했다. 그는 야웨의 계획에 초점을 두었고, 그래서 다른 사람들에게 어떤 사람으로 생각되든 상관하지 않고 정치적 파당의 무대에 집착하지 않았다. 그는 바벨론에 잠시 복종할 것을 주장했으며, 다른 한편으로는 바벨론의 주권에 한계를 설정했으며(29:10) 포로의 궁극적 귀환과 국내 생활의 회복을 선포했다(29:11-14; 32:15, 42-44). 그러므로 야웨의 계획에 따라 유다로 하여금 잠시 동안 바벨론에 복종하도록 하고, 또한 바벨론에 대한 신탁을 통하여 포로민들에게 용기를 주기 위하여 예언하는 예레미야의 설교 가운데서 어떤 여지를 발견하는 것은 가능한 일이다.

주석

[1] 46-51장에 있는 열국에 관한 신탁들에 대한 표제는 세 개의 기본적인 형태를 가지고 있다. (1) "…에게 임한 여호와의 말씀이라"(렘 46:1; 49:34), (2) "(이방 국가)에 관한"(49:1; 49:7; 49:23; 49:28) 그리고 (3) "…에게 이르신 여호와의 말씀"(렘 46:13; 50:1). 50:1에 있는 예외적 성격은 선지자"의 손으로, …에 의하여"(בְּיַד – 뻬야드)인데, 이것은 하나님의 말씀을 전달함에 있어서 선지자의 중간 역할을 강조하고 있다(참조. 학 1:1, 3; 2:1; 말 1:1; Rudolph, *Jeremia*, 276-77).

[2] 마르둑(Marduk)은 바벨론의 국가 신이었는데, 신바벨론 왕국, 특히 느부갓네살 2세의 통치 기간 동안 최고의 숭배를 받았다(주전 604-562년; W. Sommerfeld, "Marduk," *RLA* 7:366-67). 이미 중기 바벨론 시대에 마르둑이 두드러지게 된 것은 에뉴마 엘리쉬에서 기념되었다. 수많은 신들을 가리키기 위하여 사용되었던 벨(Bel = lord)이라는 칭호의 시기가 지나고 이 칭호가 마르둑에게만 배타적으로 사용되었다(W. Sommerfeld, *RLA* 7:361).

[3] 본서의 다른 곳에서 "북으로부터 온 대적"은 바벨론으로 여겨진다. 이제 바벨론 자신이 "북으로부터 온 한 나라"의 공격을 받을 것이다. 할러대이(Holladay)는 이 "북으로부터 온 한 나라"가 이스라엘의 포로민들일 수도 있다고 생각한다(2:415; 2:405-7에서 51:20에 있는 "철퇴"를 이스라엘로 취급한 사실을 보라). 그러나 이 신탁의 다른 곳에서 "북으로부터 온 한 나라"는 "큰 연합국"(50:9), "한 족속이 북방에서 오고 큰 나라와 여러 왕이 격동을 받아 땅 끝에서" 오는 것으로 묘사되고(50:41), "파멸시키는 자가 북방에서" 오는 것으로 묘사되고 있다(51:48, 53). 51:11, 27-28에서 이 원수는 메대인들로 밝혀진다. 여기서 "북으로부터 온 한 나라"는 큰 반전을 표현하기 위한 일반적인 호칭으로 이해하는 것이 더 나을 것으로 보인다. 즉 바벨론, 다시 말해 북으로부터 오는 큰 대적 자신이 다른 이들에게 가했던 그 운명을 경험하리라는 것이다.

4 일종의 공동체의 제의적 활동이 "여호와께 구할 것이며(בקשׁ – 바콰쉬)"란 문구에 암시되어 있다(참조. 호 3:5; 5:6; 습 1:6; 2:3; 그리고 암 5:4, 6, 14에 있는 동의어 다라쉬〈דרשׁ〉). 예레미야 29:13은 온 마음으로 여호와를 찾는 것을 강조하고 있는데, 이것은 제의적 활동을 의미할 수도 있고 혹은 의미하지 않을 수도 있다. 이스라엘과 유다가 울며 그 길을 행하고 그 하나님 여호와께 구할 것이라는 사실을 유념하라(참조. 31:1-9). 여기서 "영원한 언약"과 31:31-34의 "새 언약"의 관계는 결정하기 어렵다. 이 두 구절에서 강조는 다를지라도 회복을 말하고 있는 문맥 속에 나타나 있다는 사실은 그것들이 같은 실체를 묘사하기 위해 교대로 쓰는 방식이라는 사실을 암시할 수 있다.

6 양 떼를 멸하고 흩어 버린 거짓 목자들의 모습에 관해서는 23:1-4을 보라. 산과 언덕을 양 떼가 길을 잃었던 장소로 언급한 점은 호세아 4:13과 신명기 12:2을 상기시켜 주는데, 이 구절들은 산과 언덕 그리고 그 곳에 있는 나무들을 풍요를 기원하는 장소로 언급한다(또한 렘 3:3 참조). "잊다"(שכח – 샤카흐)라는 단어는 유다의 불성실한 성격을 특징지어 주기 위하여 예레미야가 즐겨 사용하는 단어 중에 하나다(2:32).

7 언약 관계의 시초에, 언약적 충실이라는 상황 속에서 이스라엘을 파괴했던 국가들은 모두 죄책을 받았을 것이다(렘 2:3). 그러나 이제 그 대적은 그들을 삼켰을 뿐만 아니라 자기들에게 죄가 있음을 거부했는데, 그 이유는 이스라엘이 범죄했기 때문이다. 예레미야 30:16은 비록 이스라엘이 죄가 있을지라도 그들을 먹은 모든 자들은 도리어 그들이 먹힐 것이라고 약속해 주었다.

8-10 비록 도망하라는 명령이 주로 예레미야 46-51장의 운명에 처한 성읍들 혹은 나라들의 백성들에게 전달되고 있을지라도(48:6; 49:28; 49:30), 여기서 명령은 바벨론에 있는 외국인 거주자들, 특히 유다 포로민들에게 전달되었음에 거의 틀림없다(렘 49:8의 "주석"에서 취급한 내용을 보라). 양 떼라는 은유가 앞 절로부터 계속된다. 양의 우리가 열리면, 숫양들이 앞서 나갈 것이다. 이 명령은 포로민들이 북으로부터 오는 거대한 나라들의 연합으로 말미암아 닥치게 될 대재앙을 피하도록 하기 위한 것이었다.

11-13 약탈했던 사람들은 이제 약탈을 당할 것이며(50:10), 그들의 승리는 치욕으로 되돌아올 것이다. 바벨론은 여기서 "어미"로 의인화되어 있다(참조. 호 2:4, 7; 10:14; 사 50:1). 어미("땅")는 삶을 주고 유지시켜 줄 수 없는 사막이 될 것이다(참조. 호 2:5). 그녀는 "열방의 말째"가 될 것이다(참조. 암 6:1, 여기서 사마리

아의 교만한 백성들이 자기 나라가 "열방의 첫째"였다고 자랑한 바 있다). 바벨론은 "나의 산업을 노략하는 자"였기 때문에 멸망할 것이었다. 캐롤이 지적한 바와 같이(824), 이것은 예레미야서 앞 장들에서 증거된 사실보다 포로에 대한 다른 신학적 관점이다. 패망한 나라에 대한 비웃음의 어휘는 조소에 관한 중요한 어휘다(참조. 렘 49:17, 33).

[14]-[16] 여기에 바벨론 대적에게 발표된 전쟁하라는 또 다른 명령들이 있다(참조. 46:3-4, 9; 46:14; 49:28, 31에 있는 명령들; 이 장르에 대한 비평적 취급에 관해서는 R. Bach, *Die Aufforderungen*, 51-91를 보라).

[15] "그가 손을 주었다"는 문구는 주로 "그가 항복했다"를 의미하는 것으로 취급된다(NRSV, ASV, NAB, NASB, NEB가 그렇게 함). LXX에는 "그들의 손이 약해진다"(*παρελύθησαν αἱ χεῖρες αὐτῆς* – 파렐뤼데산 하이 케이레스 아우테스)로 되어 있다(참조. 50:43, 여기서 MT은 "손이 약해지다"〈ורפו ידיו – 웨라푸 야다이우〉). 그러나 이 문구는 계약 혹은 언약을 체결하다/깨뜨리다를 가리킬 수도 있다. 열왕기하 10:15과 비교하라. 여기서 여호나답은 자기 손을 주었고 오므리 왕가에 대한 군사 행동에 가담했다. 또한 에스겔 17:11-21에서 시드기야는 바벨론과의 맹약을 깨뜨리고 바벨론에 대항할 군대의 원조를 얻기 위해 애굽으로 감으로써 책망을 받는다. 에스겔 17:18은 이 반역을 이러한 문구로 묘사한다. "그가 이미 손을 내어밀어 언약하였거늘 맹세를 업신여겨 언약을 배반하고." 여기서 분명하게 나타난 내용은 다른 편과 계약을 체결함으로 말미암은 계약 파기다. 역대상 29:24에서 지도자들, 용사, 다윗 왕의 여러 아들이 솔로몬에게 손을 주었다(직역하면 "복종했다"). 그들은 항복하지 않았다. 오히려 그들은 그와의 동맹을 맹세했다. 역대하 30:1-9에는 예루살렘에서 유월절을 축하하려고 온 이스라엘과 유다에 편지를 보낸 히스기야의 기사가 있다. 그는 그들에게 그들의 열조들이 했던 것처럼 반역하지 말 것을 경고하고 야웨에게 손을 줄 것, 즉 바른 관계를 맺고 신실할 것을 경고했다. EA 298. 26에서 가즈리(Gazri)의 야파히(*Iapaḫi*)는 자신의 동생이 자기 대적이 되었고 자기 두 손을 하비루(Ḫabiru)에게 주었다고 기록했다. 즉 그는 스스로 야히피의 대적들에게 가담했다. 이러한 언급에 비추어서, 예레미야애가 5:6의 "우리가 애굽 사람과 앗수르 사람과 악수하고 양식을 얻어 배불리고자 하였나이다"는 단순한 항복보다는 계약 관계에 들어감을 강조한 것일 수 있다. 그러므로 바벨론이 여기서 "손을 주는 것"으로 묘사될 때, 이것은 바벨론이 멸망을 피하기 위하여 동맹을 했을지라도 그 노력이 수포로 돌아갈 것이라는 사실을 암시할 수 있다. 사실상 나보니두스

는 고레스와 동맹을 했는데, 바로 그 통치자가 후에 바벨론을 함락시켰다(VA 2536. 1.27-33).

단 한 번밖에 나오지 않는 아슈야(אָשְׁיָה)는 악카드어의 같은 어족인 아사투(*asā-tu*, "성벽의 일부로서 망대")에 근거하여 "망대"(tower)로 번역된다(CAD 1.2.332-33).

16 바벨론의 포로 된 백성들은 그 땅에 기근을 야기했던 바벨론의 압제자들의 칼로부터 도망하라는 권고를 받는다(동사들이 지시형일 수도 있다. 참조. 사 13:14). 예레미야 46:16에 나오는 "포악한 칼을 피하여" 애굽으로 도피하려는 용병들의 의도와 에돔의 임박한 재앙을 예상하여 에돔에 들어가는 드단 사람들에게 도망하거나 피하라고 발표한 명령들을 비교하라(49:8).

17-20 이 단락은 역사적 회상과 회복의 약속을 담고 있다. 앗수르와 바벨론은 양을 추격하는 사자들로 묘사되어 있다(앗수르에 대해서는 사 5:29, 그리고 바벨론에 대해서는 렘 4:7). 앗수르 왕은 이스라엘을 삼켰고, 느부갓네살은 그 남은 백성들을 물어뜯었다. 그러나 앗수르가 하나님의 심판 아래 떨어진 것처럼, 바벨론의 심판도 임박하고 있었다. 17a, 19-20절은 시인 데 반해, 18절은 산문체다.

19 17절에 있는 양 이미지가 목양의 어투 가운데 유지되고 있다. 회복된 이스라엘/양은 앗수르가 그들을 쫓아냈던 그 땅의 가장 비옥한 지역에서 풀을 뜯을 것이다(Rudolph, 279).

20 예레미야 31:34과 비교하라.

21-27 21, 27a절은 전쟁하라는 또 다른 지시를 만들어 낸다. 침입자가 야웨의 명령을 받은(21d절) 25절에서 야웨의 무기로 묘사된다. 23절은 바벨론에 대한 반어적 장송가다.

21 할러데이(Holladay)는 수신자들을 이스라엘로 이해하는 데 있어서 그 근거로 남성 단수 명령형에 호소한다(Holladay, 2:418). 그러나 26-27절에 있는 명령형들은 같은 공격자들을 가리키는 것으로서 남성 복수다.

므라다임(Merathaim, "이중 반역")과 브곳("징벌")은 어떤 면에서 각기 마라(מרה)와 파콰드(פקד)란 어근들에 대한 언어 유희로 이해될 수 있다(참조. 삿 3:8의 구산리사다임). 역사적 차원에서 므라다임은 남 바벨론에 있는 나르 마라투(*nār mārratu*), 즉 "쓴, 소금기 있는 강"을 반영할 수 있다(J. Muilenburg, *IDB* 3:351). 쓴 강은 가끔 소금물의 줄기를 가리켰으며, 어떤 때는 페르시아 만을 가리켰다(*CAD* 10.1.286). 또한 바벨론을 세계의 중심부에 두고 있는 세계 지도에서 "쓴 강"

은 지구 바깥 가장자리 지역에 위치해 있다(CT 22, 48). 만일 여기에 있는 신탁이 세계의 중심이 바깥 끝 부분에 위치해야 한다는 사실을 암시하는 것이라면, 이것은 아이러니 혹은 풍자를 풍부하게 사용한 것일 것이다. "브곳"은 키그리스 하류에 위치한 한 아람인(Aramean) 부족인 푸쿠두(*Puqûdu*)를 반영할 수 있다(T. Jacobsen, *IDB* 3:709). 에스겔 23:23은 바벨론 사람, 갈대아 사람, 브곳, 소아, 고아를 순서대로 언급한다.

"살육하다, 치다"(חרב – 하라브), "진멸하다"(חרם – 헤렘), "징벌, 브곳"이 26-27절에서 다시 나타나고 있는 사실을 유념하라. 그렇게 함으로써 인클루시오를 이루고 있으며, 이 단위의 한계를 암시하고 있다.

23 이 구절은 하나의 조롱하는 혹은 반어적인 장송가다(참조. 49:25). 바벨론을 가리키고 있는 방망이(פטיש – 파티쉬, 개역 성경에서는 "망치")는 51:20에서 "철퇴"(מפץ – 마페치)로 불린다. 50:25의 "주석"을 보라.

25 하나님의 진노의 무기들을 담고 있는 야웨의 무기고에 대한 사상(야웨의 목적을 이루기 위한 이방 나라들)은 이사야 13:5로부터 알려져 있다. 바벨론은 야웨의 방망이였으나(50:23; 51:20-23), 이제는 자기가 쳐부수어 복종시켰던 그들과 같은 운명을 맞이할 것이다. 때때로 야웨의 무기고에 포함된 자는 자기 앞에 있는 모든 것을 휩쓸어 가 버리는 범람하는 강(사 8:7-8), 야웨의 분노의 지팡이(시 10:5), 야웨의 도끼인 앗수르였다. 그리고 그보다 훨씬 더 이전에 시인은 하늘의 길을 돌던 별들이 하늘에서 시스라와 싸웠다는 선포를 웅변적으로 묘사했다(삿 5:20). 예레미야 51:1은 바벨론을 까불기 위하여 야웨께서 일으키신 멸망시키는 바람으로 언급한다.

26-27 "먼 데"(מִקֵּץ – 미퀘츠; 직역하면 "끝으로부터")는 "사방으로부터, 모든 끝으로부터"로 번역되어야 할 것이다(참조. 51:31, מִקָּצֶה – 미콰체). 여기서 진멸이 나타난다. 즉 멸망 혹은 생명의 모든 지팡이의 제거다. "황소"는 문자 그대로 이해될 수도 있고 혹은 그보다는 그 나라의 군사들 혹은 지도자들에 대한 상징으로 이해될 수도 있다(참조. 사 34:6-7).

28 21-27절을 구성하고 있는 단위는 이 절정의 구절로 마무리되는데, 여기서는 성전에 대한 야웨의 보응의 실현을 선언하고 있다.

29-32 이 구절들은 인클루시오를 암시하는 29절과 32절 안에 있는 어근 싸바브(סבב, "둘러싸다")를 가지고 있는 하나의 단위로 취급될 수도 있다. 29-30절은 여기서 시로 취급된다. 이 단위는 다른 곳에서 발견되는 전형적인 열국에 관한 신탁

들의 특징으로 구성되어 있다. 29절은 전쟁을 하라는 또 다른 명령인데, 이 문구는 이미 50:14에서 살펴본 바 있다. 29b절은 15d절을 반복하고 있다. 30절은 49:26을 반복하고 있으며, 31a절은 51:25과 유사하고, 31b절은 27b절과 평행이며, 32bc절은 21:14bc절과 아모스 1:4, 7, 10, 12, 14; 2:2, 5을 상기시켜 준다. 또한 이방 열국에 대한 심판의 세 가지 이유 중 하나가 31절에 언급되어 있다. 즉 교만이다. 사실상, 바벨론은 의인화된 교만이다. 그러므로 이 모든 단위들은 열국에 관한 신탁 장르의 표준적인 틀에 박힌 특징들로 구성되어 있다.

33-34 이 구원 신탁의 어투는 출애굽에서의 구원을 상기시켜 준다. 바벨론이 자유케 해주기를 거절했던 이스라엘과 유다의 압제받은 자(참조. 출 7:14)는 구속자(גֹּאֵל – 고엘; 참조. 출 6:6; 15:13)를 통하여 구출받게 될 것인데, 그는 그들의 법적 소송을 취급할 것이다(참조. 2:23-25; 3:7-8). 이 구절은 언어 유희로 가득하다: 헤헤지쿠 밤(החזיקו בם, "그들이 그들을 엄히 지켰다")과 고알람 하자크(חזק גאלם, "그들의 구속자가 강하다"), 히르기아(הרגיע, "그가 평안함을 줄 것이다")와 히르기아(הרגיע, "그가 불안케 할 것이다") 그리고 쇼베헴(שׁביהם, "그들을 사로잡은 자들")과 레슈베 바벨(ישׁבי בבל, "바벨론 거민들").

35-38 이 시는 스타일과 구조상 4:23-26, 5:17 그리고 51:20-23과 유사하다. 중요한 단어 "칼"(חֶרֶב – 헤레브)이 38절에 나오는 "가뭄"(חֹרֶב – 호레브)과 함께 다섯 번 나타난다. 35절은 "칼"이란 단어가 한 번 나타나는 3행 시구다. 36-37ab절은 4행 시구다. 37d-38절은 2행 시구다. 포괄적인 멸망이 그 일반적인 주민으로부터 사회의 필수적인 구성원들에게 이르기까지 바벨론 사회 전반에 걸쳐 나타나게 된다. 지도자들, 예언하는 자들, 군대, 보물 그리고 일상 생활에 필수적인 물에까지 나타난다.

합밧딤(הַבַּדִּים; 밧데하[בַּדֶּיהָ]로 읽어라)은 여기서 "그 예언하는 자"(개역 성경에는 "자긍하는 자"로 되어 있음 – 역자주)로 번역된다(참조. 사 44:25, 여기서 밧딤은 코쓰밈[קסמים, "점하는 자"]과 평행을 이룬다). 몇몇 해석가들은 빠림(בָּרִים; 참조. 악카드어 바루〈*bārû*, 즉 "예언자"〉)란 독법을 제안했다. 바루(*bārû*) 예언자들은 정규적으로 군대와 함께 그 행진의 안전을 확고히 하기 위하여 군대의 앞에서 행진해 나갔다(*CAD* 2.123-124에 있는 참고문헌들을 보라; 또한 겔 21:18-23 참조). 마리(Mari)에서 일종의 군대 지도자를 가리키는 밧둠(*baddum*)이란 단어에 근거하여 밧딤(בדים)을 설명하려는 시도(*CAD* 2:27)는 위험한 일인데, 그 이유는 이 단어가 마리에서만 그리고 한 통의 편지 가운데서만 나타나기 때문이다.

39-40 이 신탁은 소돔과 고모라의 멸망에 대한 언급을 포함하여 예레미야 50:39-40의 중요 단어들과 주제들을 모두 포함하고 있는, 이사야 13:19-22에 나오는 바벨론에 대한 신탁 가운데 좀더 자세히 묘사되어 있다.

41-43 이 구절들은 6:22-24을 재생하고 있는데, 가장 큰 변화는 침입 소식을 듣는 자가 유다가 아니라 바벨론 왕이라는 것이다(6:22-26의 "주석"을 보라). 이 반어적 반전 가운데서 유다에 대해 "북으로부터 오는 대적"으로 돌아선 바벨론이 거의 동일한 용어로 보고된 북으로부터 오는 백성에 대한 소식으로 말미암아 두려워하게 된다.

44-46 이 구절들은 49:19-21의 바벨론에 대한 적용이다(49:19-21의 "주석"을 보라).

51 1 멸망시키는 바람은 야웨의 병기고의 한 무기로서 덧붙여져야 한다(50:25의 "주석"을 보라).

레브 콰마이(לב קמי)는 케시딤(כשׂדים)의 한 아트바쉬(*atbash*)다. 51:1의 "원문주해"를 보라. 51:41에서는 쉐샥(ששׁך)이 바벨(בבל)에 대한 아트바쉬다(B. J. Roberts, *IDB* 1.306-7).

2 자림(זָרִים, "타국인들")은 자루하(זֵרוּהָ, "그들이 그를 키질할 것이다")의 언어 유희로 유지될 수 있지만, 조림(זֹרִים, "키질하는 자")으로 모음부호를 붙이는 것이 더 낫다. "멸망시키는 바람"은 단순히 겨를 날려 보내서 곡식을 골라내도록 하는 것이 아니라 그 땅을 황폐시킬(בקק – 빠콰크) 것이다.

3 본 구절에서 엘(אֶל)의 처음 두 번의 출현은 지시형과 함께 사용된 부정어 알(אַל)로 읽혀져야 할 것이다. 그러므로 "활을 당기는 자"와 "갑주를 갖추고 선 자들"은 바벨론 사람들이다. LXX은 엘(אֶל)을 부정어로 읽지 않고, 그래서 "활을 당기는 자"와 "갑주를 갖추고 선 자들"을 바벨론 사람의 대적으로 이해한다. 어느 경우든, 뒤따라오는 "아끼지 말라"는 공격자들에게 전달된 명령이다.

5 "죄과"(אשם – 아샴)에 관해서는 50:7에 있는 이스라엘의 대적들이 말한 죄책의 부인과 비교하라.

알만(אַלְמָן)은 알마나(אַלְמָנָה)의 남성형이며 여기에만 나타난다. 그 의미는 매우 분명하다. 비록 이스라엘이 야웨에 의하여 버림을 당했다면 그 이스라엘은 하나의 과부로 불려져야 할 것이지만, 이스라엘이 야웨께 저버림을 당하지 않았다는 것이다.

6-10 이 구절들은 황폐 가운데 함께 묶이지 않도록 포로민들로 하여금 바벨론

에 대한 야웨의 보복에서 도피하라는 명령이다.

7 바벨론을 야웨의 손에 들려진 금 잔으로 묘사한 이 이미지는 25:15-16을 상기시켜 준다(46:1-51:64에 대한 서론에 뒤이어 나오는 **부록: 진노의 잔**을 보라).

8-10 이 구절들은 불운한 땅을 피하라고 지시를 받은 사람들의 인용문으로 이해될 수 있다. 금 잔은 깨어졌다. 8cd절은 반어적 조소로 취급될 수 있지만, 9a절의 정확한 의도는 명확하지 않다. 시온으로 돌아올 시기와 "우리의 승리"를 가져다 주시는 야웨의 큰 일을 증거할 시기가 가까워 오고 있다.

11-14 11-14절이 하나의 단위를 형성한다는 사실은 그것들의 내용뿐만 아니라 11절과 14절에 있는 말라(מלא, "채우다")라는 어근의 출현을 통하여 공급된 인클루시오에 의해서도 암시되어 있다(J. R. Lundbom, *Jeremiah: A Study in Ancient Hebrew Poetry*, 50-51를 보라).

11 이 구절은 12절과 함께 두루 사용된 복수 명령형으로 전쟁을 하라는 하나의 명령이다. 주로 "방패들"로 번역된 쉘라팀(שׁלטים)이란 단어는 "활집들"로 취급되어야 할 것이다(참조. *AHW* 3:1151, 여기서 살투〈*šalṭu*〉는 악카드어로 들어온 아람어의 외래어인 "활집"으로 이해된다. 뒤로 구부러진 활들은 그 모양을 보존하기 위하여 시위를 풀어서 활집에 옮겼으며, 따라서 "채우다"(מַלְאוּ, 밀우)란 동사가 유지될 수 있다.

바벨론의 예상된 침입자들인 메대인들에 대한 호칭에 관해서는 "양식/구조/배경"에서 언급된 폰 보이틀렌더(Voightlander)와 디아코노프(Diakonov)의 해석을 보라.

12 "기를 세우다"란 문구에 관해서는 4:6; 50:2; 51:27을 보라. 파수꾼들과 매복군들을 배치하는 것은 바벨론의 완전한 포위를 의미한다.

13 바벨론은 물론 농사와 상업을 촉진시켜 줄 수로를 통하여 십자형 영토에 있는 유프라테스와 티그리스 사이의 "많은 물들" 사이에 위치해 있었다. 그러나 "많은 물들"(מים רבים – 마임 랍빔)이란 문구는 그 "많은 물들"이 원시의 깊은, 곧 혼돈의 물들을 가리키는 다른 구절들 가운데 나타난다(H. G. May, *JBL* 74[1955] 9-21를 보라). 아마도 이 구절의 의도는 바벨론을 많은 물 근원 사이에 위치할 뿐만 아니라, 그녀가 그녀의 종말을 불러오고 가져다 줄 혼돈의 물 위에 앉아 있었다는 사실을 암시하기 위한 것이다.

암마트 뻬츠에크(אמת בצעך)는 직역하면 "너의 가로막혀진 규빗"을 의미하며, 따라서 "너의 실의 한계"를 의미한다. 뻬차(בֶּצַע)란 명사는 "유익"을 의미하고, 그리하여 보화들이 많았던 그녀는 모든 것을 잃을 것이다.

15-19 이 단락은 10:12-16을 반복한다. 제1권에 있는 그 단락에 대한 취급을 보라(*Jeremiah 1-25, WBC* 26).

20-23 이 시의 교차적 구조에 대한 자세한 분석에 관해서는 J. R. Lundbom, *Jeremiah: A Study in Ancient Hebrew Retoric*, 91-92를 보라. 치는 방망이의 소리를 암시하는 스타카토 형태의 "내가 너를 부수며"(ונפצתי בך – 웨니파츠티 브카)란 문구가 아홉 번 나타난다. 이 시는 교차 구조의 중심축을 이루는 22절의 "노년"과 "유년"이라는 단어와 함께 참된 예술품이다. "노년"은 뒤로는 "남자"와 "여자"를 가리키고, 반면에 "유년"은 "청년"과 "처녀"를 가리킨다. 20절에 있는 "열방"과 "국가"는 23절에서 그들의 방백들, 곧 "방백들"과 "두령들"을 통하여 균형을 이룬다. 그러므로 광범위한 멸망이 문학적 구조와 함께 시의 내용에 의하여 암시된다.

마페츠(מַפֵּץ, "망치", 좀더 나은 번역은 "철퇴")는 나파츠(נפץ, "흩어지다")란 어근으로부터 파생되었다. 에스겔 9:2의 켈리 마파츠(כְּלִי מַפָּץ)와, 또한 잠언 25:18과 비교하라.

"철퇴"가 누군가? 런봄(Lundbom)은 철퇴가 말씀과 함께 설득의 말로 산산히 부수었던 선지자 자신이었다고 생각했다(Lundbom, *A Study in Ancient Hebrew Rhetoric*, 91). 할러대이는 철퇴를 50:23에 있는 방망이(바벨론)와 51:20에 있는 것과 다른 단어임을 지적하면서 이스라엘과 동일시했다(Holladay, 2:405-7). 루돌프는 동사의 완료형을 사건들의 이전 혹은 존재하는 상태를 가리키는 것으로 강조했고, 따라서 철퇴를 바벨론과 동일시했지만, 바벨론은 오랜 동안 철퇴가 되지는 못했다(Rudolph, 287). 여기서는 루돌프의 입장을 따른다.

24 20-23절에 대한 이 산문적 해석은 대 반전을 나타낸다. 느부갓네살이 "야웨의 종"(27:6)이었을지라도, 그리고 바벨론이 온 땅의 철퇴였을지라도, 야웨께서 그의 진노의 막대기인 앗수르 왕을 그 교만으로 인하여 징벌하실 것이라는 이사야의 말씀과 같은 방식으로 바벨론에게도 그 악으로 인하여 보응하실 것이다(사 10:12-16).

25-26 이 구절들의 일반적인 의미는 분명한 반면, 그 단어들 전부를 둘러싸고 있는 해석은 드러나 있지 않다. 특별히 다루기 힘든 것은 "내가 너를 바위에서 굴리고"라는 문구다. 바벨론이 평지에 위치해 있었으므로, 몇몇 사람은 산에 대한 언급을 상징적 어투로 취급했다(Rudolph, 287; Weiser, 435). "산"은 바벨론의 지구라트 혹은 신전탑인 에-테멘-안-키(*E-temen-an-ki*)를 반영할 수도 있는데, 이것은

창세기 11장의 바벨탑 구절에 있는 교만 사상을 강조한다. 바벨론은 방망이(50:23)와 철퇴(51:20) 표상들이 시사하는 바와 같이 멸망시키는 자였다. 멸망시키는 자의 산 혹은 멸망의 산으로서 바벨론의 표상은 적절한 것이다. 그러나 "내가 너를 바위에서 굴리고"라는 문구는 혼란을 주는데, 그 이유는 어떤 바위들이 바벨론으로 수송되어야 했기 때문이며, 바위(סלעים)에 대해서 사용된 단어는 높은 산들의 울퉁불퉁한 바위들을 가리키기 때문이다. 어떤 경우든 멸망시키는 산은 불탄 산이 되어야 했다. 멸망은 너무나 완전한 멸망이 되어야 했기 때문에 재건축자들은 그 기초돌들을 인양할 수 없을 것이다. 할러대이(2:425-26)는 이 곳과 열왕기하 23:13에 있는 하르 함마슈히트(הַר הַמַּשְׁחִית)가 원래 하르 함미슈하(הַר הַמִּשְׁחָה, "기름 산")였으며, 주전 587년 이후에는 이 표현이 "멸망의 산"으로 변했다고 주장했다. 아마도 이것은 51:25의 어투가 에스겔 35:3-4에 있는 세일 산의 예상된 멸망에 대한 묘사와 유사한 표준적 혹은 공식적인 어투이며, 저자/편집자가 이 구절을 지구라트와 연관시키거나 혹은 언어 유희를 하려는 시도를 하고 있지는 않았다고 생각해야 할 것이다.

27-33 이 단위는 본 장의 첫 번째 단락을 종결짓고 있는데, 곧 33절에 있는 추수라는 어휘는 1절의 추수를 반영하고 있다. 27-28절은 복수 명령형을 사용하면서 또 다른 전쟁을 하라는 지시를 해준다(참조. 51:12). 이 같은 장르가 늘 그러하듯, 예상된 전쟁의 결과가 묘사되어 있다. 즉 그 땅이 진동한다는 것이다. 방어자들은 기력이 쇠하며 모든 들려오는 소식이 불행한 것이어서 공포스러운 것이다.

27-28 이 구절들을 바벨론에 대한 신탁 중 최소한 이 부분의 연대를 결정하는 장치로 이용할 가능성에 관해서는 위의 "양식/구조/배경"에 언급된 폰 보이틀렌더와 디아코노프의 해석들을 보라.

"대장" 혹은 그와 같은 의미로 번역된 티프싸르(טִפְסָר)란 단어는 주로 악카드어 툽사루(*ṭupšarru*, "서기관")와 관련될 것이다. 한 서기관이 "대장"이었던 증거는 없다. 오히려 바벨론에 대해 한 서기관의 임명은 승리에서 탈취한 노획물을 기록하기 위하여 군대를 따라다녔던 서기관들을 가리킬 것이다.

34-44 이 구절들이 하나의 단위를 이룬다는 사실은 교차적 구조에 암시되어 있다. 즉 44절에 있는 어근 발라(בלע, "삼키다")는 34절에 있는 같은 어근을 상기시켜 주며(Aitken, *TynBul* 35[1984] 50-53; Lundbom, *Jeremiah: A Study in Ancient Hebrew Rhetoric*, 93-94), 44절과 더불어 34절의 의미가 반전된다. 사실상 이 단위는 애가의 역할을 나타낸다.

34 여기에는 바벨론 왕의 탐욕을 묘사하기 위한 은유들로 뒤섞여 있다. 즉 바벨론 왕이 예루살렘을 삼키고 그 배를 좋은 음식들로 채웠던 바다의 괴물(용)과 같다는 것이다. 그는 그 나라를 패퇴시켰다. 그리고 나라는 씻겨진(혹은 "쫓김당한") 빈 그릇과 같다. 이 은유들을 일관성 있게 만들려는 시도는 무의미하다. 이와 유사한 어투에 관해서는 50:17을 보라.

35 바벨론의 죄과의 속성이 예전적 스타일로 언급되어 있다(참조. 시 129:1-3). 여기에 유다가 자신의 잘못으로 인하여 극심한 불운을 겪었다는 의견이 완전히 결여되어 있다. "X의 피 흘린 죄가 Y에게로 돌아가기를 원한다"는 공식 문구에 관해서는 레위기 20:9, 11-13, 16, 27을 보라.

36 야웨께서는 예루살렘의 송사를 듣고 그를 위하여 보응하실 것이라고 확신 있게 반응하신다. "바다"와 "샘"에 대해 야웨께서 약속하신 승리는 창조와 출애굽 당시에 있었던 바다에 대한 야웨의 승리를 상기시켜 준다(출 15:8; 시 74:13-14; 89:9-10; 사 27:1). "바다"에 대한 언급은 34절을 상기시켜 주고 42절을 예상케 한다.

37 이와 유사한 철저한 멸망의 어투에 관해서는 49:18; 49:33; 50:39-40을 보라.

38-40 약탈하러 찾아다니는 사자들(바벨론)은, 그들이 잔을 마셨을 때 살육하는 자에게 양과 같이 될 것이다(참조. 렘 25장). 바벨론 왕이 이스라엘을 삼켰다고 말한 50:17과 51:34과는 대조적으로, 여기서는 그들을 멸망으로 이끌어 갈 한 연회가 준비될 것이다.

41 이 구절은 반어적인 혹은 조롱조의 애가다. 쉐삭(שֵׁשַׁךְ)은 바벨론에 대한 아트바쉬(*atbash*) 숫자다(참조. 26:26; 51:1).

42 바다는 침략자의 세력을 가리킨다(참조. 46:7; 47:2). 이 단위 가운데서 바벨론 왕은 시온 백성들을 삼켰던 바다 괴물로 비유되었으나(34절), 야웨께서 그 바다를 말리실 것이었다. 그리고 이제 침략의 증대해 가는 밀물이 바벨론에 밀어닥칠 것이었다. 바다는 51:13의 "많은 물들"을 생각나게 한다.

43 이 구절은 37절을 재연하고 있으며, 전체 단위의 교차적 구조를 보여 주는 역할을 한다.

44 바벨론의 주(主) 신 마르둑의 호칭으로서 벨, 즉 "주인"에 관해서는 50:2과 "주석"을 보라. 34-44절의 교차적 구조가 34절의 반전을 통하여 여기에 암시되어 있다. 나하르(נהר, "흐르다")란 어근은 이사야 2:2; 미가 4:1의 단어를 생각나게

해주는데, 거기서 열국들은 시온이 세계의 중심이 될 것이었으므로 하나의 강처럼 시온으로 흘러간다. 이 구절에서 열국은 더 이상 바벨론을 그 중심부로 보지 않을 것이며 혹은 우리가 말하는 바와 같이 모든 길은 그 곳으로 통하지 않을 것이다. 그 이유는 바벨론의 성벽이 무너질 것이기 때문이다.

45-46 이것은 열국에 대한 신탁의 특징이 되는 도피하라는 또 다른 지시다(R. Bach, *Die Aufforderungen*, 15-50). 유다의 포로민들은 야웨의 진노가 바벨론을 무너뜨리고 그들을 멸망 가운데 빠지게 하기 전에 도망하라는 지시를 받는다. 그들은 상황들에 관한 상반된 보고나 소문으로 인하여 혼란에 빠지지 말도록 경고를 받는다.

49 그 땅의 살육당한 모든 자가 바벨론에게 엎드러짐같이, 이제는 바벨론이 특히 이스라엘의 살육당한 자에게 엎드러질 것이었다. 첫 번째 시구의 라메드(ל)가 중자탈락으로 인하여 할레(חללי, "살육당한") 앞에서 떨어져 나간 것으로 보이며, 라메드는 호격일 수도 있다(Holladay, 2:430). 릴느폴(לִנְפֹּל)에 있는 라메드(ל)는 단언의 의미를 가진 라메드(ל)일 수도 있으며, 따라서 바벨론이 끊임없이 여성으로 해석되기는 할지라도 "바벨론은 분명히 멸망할 것이다"라는 사실이 가능하다. 좀더 개연성 있는 의견은 라메드(ל)를 가진 부정사가 임박한 의미를 전달한다는 것이다. 즉 "곧 멸망할 것이다"라는 것이다(Waltke and O'Connor, 36.2.3g).

50-51 여기에 도망하라는 또 다른 지시가 나타나 있다. 다가오는 맹공격을 피하려는 자들은 바벨론을 떠나가라는 명령을 받고 있는데, 이것은 예루살렘에 대한 바벨론의 승리의 치욕을 상기시켜 준다. 야웨를 생각하라는 것은, 포로지에 있는 동안 바벨론 종교를 받아들였던 많은 사람들로 하여금 야웨의 임박한 구원에 비추어 자기들의 이전 종교를 다시 수용하라는 부르심으로 보인다.

52-53 이 구절들은 본질적으로 47-49절의 또 다른 번역본이다. 군사적 침략과 교만과 함께 우상 숭배는 여러 열국에 관한 신탁 모음집 가운데서 줄곧 야웨 심판의 중대한 이유로 나타난다. 53ab절은 창세기 11장에 있는 바벨탑 설화의 어투를 상기시켜 준다. 즉 그 꼭대기가 하늘에 닿게 하여 아무것도 그들에게 다가오지 못하도록(RSV: "impossible for") 하리라는 것이다. 그러나 보다 적절한 것은 이사야 14:4b-20, 특히 23-24절에 있는 바벨론에 대한 신탁이다. 즉 "내가 하늘에 올라가리라"와 "가장 높은 구름에 올라가리라."

54-58 50:2-3, 46; 51:54-58은 바벨론에 대한 확대된 신탁의 골격을 이룬다. "양식/구조/배경"에서 취급한 내용을 보라. 이 구절들 51:54-58 가운데서 중요한

단어들이 50:2-3, 46에도 나타나면서 전체 신탁의 인클루시오 역할을 한다.

54-55 이 구절들의 중요한 단어는 콜(קול, "소리, 음성, 부르짖음")이다. 공격에 직면한 바벨론의 부르짖음(54a절)은 "많은 물들"의 소리를 통하여 야웨에 의하여 끊어질 것이다(참조. 51:36, 42의 "주석"을 보라).

57 참조. 51:39.

58 바벨론에 대한 신탁들에 관한 더 이상 적절하지 않은 포괄적인 결론이 고안될 수 있을 것이다. 간단히 말해서, 이 두 장에서 말해진 모든 것이 여기에 요약되어 있다.

58cd절은 본질적으로 하박국 2:13bd을 반복하고 있는데, 두 개의 동사가 다르게 지적되고, "헛되다"와 "불타다"란 단어들이 역순으로 되어 있다. 이 구절은 하박국 2:13에 있는 평행절보다 앞서는데, 그 이유는 하박국 2:13이 하박국 2:13bd로 하여금 열국들을 무자비하게 취급한 데 대해서 바벨론을 책망하는 기능을 하도록 하는 하나의 주석으로 보이기 때문이다. 이 곳 58cd절은 바벨론을 강하게 유지하는 가운데 자기들의 자원하는 협력을 위하여 열국에게 형을 선고하는 기능을 한다(참조. 51:44; Roberts, *Nahum, Habakkuk, and Zephaniah*, 123).

59-64 이 구절들과 바벨론에 대한 신탁의 관계에 대해서는 "양식/구조/배경"을 보라.

59 LXX은 본 절의 첫 부분보다 더 긴 번역문을 가지고 있다. "야웨께서 스라야에게 말하도록 예레미야에게 명하신 말씀." 명령하시는(צוה – 치와; 참조. 13:5; 26:8) 자가 주로 야웨이시므로 이러한 독법은 옳은 것처럼 보인다. 예레미야서 그 어디에서도 예레미야가 "명령했다"고 하지 않는다. 그러나 예레미야 35:6, 14, 18에서 이 단어는 자기의 자손들에게 포도주를 금하고 비농경적 생활 스타일을 따르라고 명령했던(צוה – 치와) 레갑의 아들 요나답에게 적용된다. 예레미야가 자기의 비서 형제 바룩에게 명령할 권위를 가졌었는지는 분명치 않다.

시드기야 왕은 바벨론으로 여행을 했을까? MT은 그렇다는 것을 암시한다. "그(스라야)가 시드기야와 함께(אֶת־ – 에트) 갔을 때." 그러한 여행은 상상할 수 없는 일은 아니지만, 열왕기서에 있는 기사에는 그가 그렇게 했다는 사실을 암시하는 내용이 전혀 없다. LXX은 "시드기야로부터"(מֵאֵת־ – 메에트)로 이해했고, 본 주석에서는 이것을 따르고 있다.

시드기야 통치 제4년은 주전 594년이다.

바룩의 형제 스라야(32:12)는 유다 행정부의 한 관리였다. MT에 따르면, 스라야는 사르 메누하(מְנוּחָה, "안식처[야영지]의 관리"; RSV: "보급계 장교")였는데, 이것은 어디에도 언급되지 않은 직위다. 수리아 역본은 이 문구를 "군대(야영대) 사령관"(=מַחֲנֶה – 마하네)으로 번역했다. LXX에는 "선물(공물) 관리자"(ἄρχων δώρων – 아르콘 도론=מְנָחוֹת, 메나호트)로 되어 있다. "네리야(의 아들) 스라야에게 속하는"이란 인장 날인이 예루살렘 발굴 가운데서 발견되었다(Shiloh and Tarler, *BA* 49[1986] 204를 보라).

60 "바벨론에 대하여 기록한 이 모든 말씀"은 길다란 문서를 암시하며 모두는 아닐지라도 50-51장에 있는 자료의 대부분을 포함했을 수 있다.

61 스라야를 통하여 실행되어야 할 상징적 행동은 바벨론이 당할 재앙을 기록하고 있는 문서에 대한 공개적 낭독과 함께 시작된다. 아마도 공개적 낭독에서 말씀의 발표와 함께 말씀의 실현이 시작될 수 있었던 것으로 생각되었다.

63-64 이 상징적 행동은 두루마리에 돌을 달아서 유브라데 하수에 던짐과 동시에 종결되는데, 바벨론의 파멸이 그렇게 상징되어 있다.

"예레미야의 말이 이에 마치니라"는 말씀 앞에 "그리고 그들이 쇠패하리라"(וְיָעֵפוּ – 웨야에푸)가 출현한 것은, MT이 64절의 말씀이 58절에 이어서 뒤따라 나오는 초창기 편집 단계의 증거를 제공하고 있음을 시사한다.

해설

MT에서 바벨론에 대한 신탁이 열국에 대한 신탁 모음집에 포함되어 있다는 사실은 매우 적절하다. 다른 열국에 대한 신탁 가운데서, 야웨의 종 바벨론 왕 느부갓네살에 대한 대항에 비추어 여러 나라들에 멸망이 선포된다. 이 바벨론에 대한 신탁은 야웨의 계획에서 바벨론의 역할을 야웨의 손에 들려 있는 잔으로(51:7), 그리고 열국을 깨뜨리기 위하여 사용된 철퇴로서 바벨론을 언급한 것(51:20-23; 참조. 50:23)을 통하여 상기시켜 준다. 그러나 궁극적으로 바벨론까지도 "북으로부터 오는 대적"에 의하여 침략을 받게 되며 자신이 받아야 할 진노의 잔을 그 찌꺼기까지도 다 마셔야 했다. 이방 나라들은 의식적으로든 무의식적으로든 야웨의 계획을 추진하도록 야웨에 의하여 사용되지만, 그들 역시 곧 자신들의 행위로 인하여 심판을 받게 된다. 바벨론은 교만(50:31-32, 51:25-26), 우상 숭배(50:38, 51:17-18) 그리고 야웨에 대한 범죄(50:14, 24, 29; 51:5)로 인하여 책망을 받는다. 교만과 우상 숭배 이외에 야웨에 대한 바벨론의 죄의 정도는 명확하지 않지만, 하나님의 재가를 받기는 했을지라도 유다에 대한 바벨론의 행동이 야웨께서 의도하셨던 것보다 그 잔인함에 있어서 더 지나쳤을 수도 있다(참조. 50:33). 어떤 경우든, 예레미야서에 있는 열국에 대한 신탁 모음집 가운데서 바벨론은 처음으로 하나님의 백성들에 대한 취급으로 인하여 심판을 받는 나라다.

열국에 대한 신탁에 들어 있는 중심 사상은 야웨께서 온 열방을 다스리시는 최고의 통치자시라는 사실과 야웨의 목적은 궁극적으로 좌절될 수 없다는 사실이다. 그 어떤 나라도 다른 자들에게 행한 것처럼 행하지 않으면서 다른 나라들에게 자랑할 수는 없다(50:15, 29).

XXVII. 예루살렘의 함락을 재고함: 결론적 말씀 (52:1-34[LXX 52:1-34])=왕하 24:18-25:30

참고문헌

Ackroyd, P. R. "Historians and Prophets." *SEÅ* 33(1968) 18-54. **Begg, C. T.** "The Significance of Jehoiachin's Release: A New Proposal." *JSOT* 36(1986) 49-56. **Green, A. R.** "The Chronology of the Last Days of Judah: Two Apparent Discrepancies." *JBL* 101(1982) 57-73. **Henton Davies, G.** "Threshold." *IDB* 4:636. **Hobbs, T. R.** *2 Kings.* WBC 13. Waco: Word Books, 1985. 345-69. **Levenson, J. D.** "The Last Four Verses in Kings." *JBL* 103(1984) 353-61. **MacLean, H. B.** "Zedekiah." *IDB* 4:948-9. **Montgomery, J. A.** *A Critical and Exegetical Commentary on the Books of Kings.* ICC. Edinburgh: T. & T. Clark, 1951. 554-69. **Noth, M.** *The Deuteronomistic History.* JSOT 15. Sheffield: JSOT, 1981. 74, 98. **Pritchard, J. B.**, ed. *ANET* 308. **Rad, G. von.** "*Deuteronomium-Studien.* FRLANT 58. Göttingen: Vandenhoeck & Ruprecht, 1947. 64. **Zenger, E.** "*Die deuteronmistische Interpretation der Rehabilitierung Jojachins.*" *BZ* n.s. 12(1968) 16-30.

본 문

1 시드기야가 위에 나아갈 때에 나이 이십일 세라 예루살렘에서 십일 년을 치리하니라 그 모친의 이름은 하무달이라 립나인 예레미야의 딸이더라

2 시드기야가 여호야김의 모든 행위를 본받아 여호와 보시기에 악을 행한지라

3 여호와께서 예루살렘과 유다를 진노하심이 그들을 그 앞에서 쫓아내시기까지에 이르렀더라 시드기야가 바벨론 왕을 배반하매

4 시드기야 구 년 시 월 십 일에 바벨론 왕 느부갓네살이 그 모든 군대를 거느리고 예루살렘을 치러 올라와서 그 성을 대하여 진을 치고 사면으로 흉벽을 쌓으매

1 Zedekiah was twenty-one years old when he began to reign, and he reigned for eleven years in Jerusalem. His mother's name was Hamital[a] daughter of Jeremiah of Libnah.

2 [a]He did what was evil in Yahweh's eyes, as Jehoiakim had done.

3 Indeed, because the anger of Yahweh was against Jerusalem and Judah,[a] he cast them out of his presence. Yet Zedekiah rebelled against the king of Babylon.

4 It was the ninth year of his reign, in the tenth month and on the tenth day of the month that Nebuchadrezzar[a] king of Babylon came, he and all his army, against Jerusalem. They encamped against it and erected siegeworks round about against it.

5 성이 시드기야 왕 십일 년까지 에워싸였더니

5 The city came under siege until the eleventh year of King Zedekiah.

6 그 사 월 구 일에 성중에 기근이 심하여 그 땅 백성의 식물이 진하였더라

6 [a]By the fourth month,[a] the ninth day of the month, the famine was so severe in the city that there was no bread for the people of the land.

7 갈대아인이 그 성읍을 에워쌌더니 성벽을 깨뜨리매 모든 군사가 밤중에 두 성벽 사이 왕의 동산 곁문 길로 도망하여 아라바 길로 가더니

7 Then the city was broken into, and all the soldiers [a]fled[b] and went from the city by night by the road between the two walls near the king's garden. While. the Chaldeans surrounded the city, they[a] fled along the Arabah wad.

8 갈대아인의 군대가 시드기야 왕을 쫓아가서 여리고 평지에서 미치매 왕의 모든 군대가 그를 떠나 흩어진지라

8 A Chaldean force pursued the king and caught up with Zedekiah[a] at the Jericho Flats; then all his men[b] deserted him.

9 그들이 왕을 잡아 가지고 하맛 땅 립나에 있는 바벨론 왕에게로 끌고가매 그를 신문하니라

9 The Chaldeans captured the king and brought him up to the king of Babylon at Riblah [a]in the land of Hamath,[a] and he passed sentence[b] upon him.

10 바벨론 왕이 시드기야의 아들들을 그의 목전에서 죽이고 또 립나에서 유다의 모든 방백을 죽이며

10 The king of Babylon[a] butchered the sons of Zedekiah before his eyes [b]and also butchered all the princes of Judah at Riblah.[b]

11 시드기야의 두 눈을 빼고 사슬로 결박하여 바벨론으로 끌어다가 그 죽는 날까지 옥에 두었더라

11 The king of Babylon blinded Zedekiah, bound him in chains, brought him to Babylon, and put him in prison[a] until the day of his death.

12 바벨론 왕 느부갓네살의 십구 년 오 월 십 일에 바벨론 왕의 어전 시위대 장관 느부사라단이 예루살렘에 이르러

12 In the fifth month, on the tenth[a] day of the month – [b]it was the nineteenth year of King Nebuchadrezzar king of Babylon[b] – Nebuzaradan the captain of the guard came into[c] Jerusalem as an [d]attendant before[de] the king of Babylon.

13 여호와의 전과 왕궁을 불사르고 예루살렘의 모든 집을 귀인의 집까지 불살랐으며

13 And he burned the house of the Lord and the house of the king and all the houses of Jerusalem; [a]every great[b] house he burned[a] with fire.

14 시위대 장관을 좇는 갈대아인의 온 군대가 예루살렘 사면 성벽을 헐었으며

14 And all[a] the army of the Chaldeans who were with the captain of the guard pulled down all[b] the walls around Jerusalem.

15 시위대 장관 느부사라단이 백성 중 빈한한 자와 성중에 남아 있는 백성과 바벨론 왕에게 항복한 자와 무리의 남은 자를 사로잡아 옮겨가고

15 [ab]Some of the poor people,[b] the remnant of the people who remained in the city, those who had deserted to the king of Babylon, and the remnant of the artisans, Nebuzaradan the captain of the guard sent into exile.

16 빈천한 국민을 남겨두어 포도원을 다스리는

16 [a]Some of the poor[b] of the land[a] Nebuzaradan[c]

자와 농부가 되게 하였더라

the captain of the guard left for vinedressers and plowmen.[d]

17 갈대아인이 또 여호와의 전의 두 놋기둥과 받침들과 여호와의 전에 놋바다를 깨뜨려 그 놋을 바벨론으로 가져갔고

17 The bronze pillars which were in[a] the house of the Lord and the stands and the bronze sea which were in the house of the Lord the Chaldeans broke in pieces, and they took away all[b] their bronze to Babylon.

18 또 가마들과 부삽들과 불집게들과 주발들과 숟가락들과 섬길 때에 쓰는 모든 놋그릇을 다 가져갔으며

18 [a]They took the pots and the shovels and the snuffers and the bowls and the incense pans and all the bronze utensils which they used in the temple service;

19 시위대 장관이 또 잔들과 화로들과 주발들과 솥들과 촛대들과 숟가락들과 바리들 곧 금물의 금과 은물의 은을 가져갔는데

19 the basins[a] and the firepans and the bowls[b] and the pots and the lampstands and the vessels and the sacrificial bowls the captain of the guard took away, what was gold as gold, what was silver as silver;

20 솔로몬 왕이 여호와의 전을 위하여 만든 두 기둥과 한 바다와 그 받침 아래 있는 열두 놋소 곧 이 모든 기구의 놋 중수를 헤아릴 수 없었더라

20 as for the two pillars, the one sea,[a] [b]and the twelve bronze bulls which were under the sea[bc] and the ten[d] stands which King Solomon had made for the house of the Lord, there was no weighing the bronze[e] [f](of) all these articles.[f]

21 그 기둥은 한 기둥의 고가 십팔 규빗이요 그 주위는 십이 규빗이며 그 속이 비었고 그 두께는 사지놓이며

21 As for the pillars,[a] eighteen[b] cubits was the height[c] of the one pillar, [d]its circumference was twelve cubits, and its thickness was four fingers, (and it was) hollow.[de]

22 기둥 위에 놋머리가 있어 그 고가 다섯 규빗이요 머리 사면으로 돌아가며 꾸민 그물과 석류가 다 놋이며 또 다른 기둥에도 이런 모든 것과 석류가 있었으며

22 Upon it was a capital of bronze: the height of the one[a] capital was five[b] cubits, and lattice work and pomegranates were all around the capital, all of bronze, and the second pillar likewise, [c]with pomegranates.[c]

23 그 사면에 있는 석류는 구십륙이요 그 기둥에 둘린 그물 위에 있는 석류는 도합이 일백이었더라

23 [a]There were ninety-six pomegranates on the sides;[b] all the pomegranates were a hundred upon the lattice work round about.

24 시위대 장관이 대제사장 스라야와 부제사장 스바냐와 전문지기 세 사람을 잡고

24 The captain of the guard took Seraiah[a] the chief priest and Zephaniah[a] the second priest and the three keepers of the threshold,[b]

25 또 성중에서 사람을 잡았으니 곧 군사를 거느린 장관 하나와 또 성중에서 만난 바 왕의 시종 칠 인과 국민을 초모하는 군대 장관 서기관 하나와 성중에서 만난 바 국민 육십 명이라

25 [a]and he took from the city[a] one official who was[b] an overseer over the soldiers, and seven men of the king's advisors who were found[d] in the city, and the scribe of the army commander[e]

who mustered the people of the land, and sixty men from the people of the land who were found in the midst of the city.

26 시위대 장관 느부사라단이 그들을 잡아 가지고 립나 바벨론 왕에게 나아가매

26 Nebuzaradan the captain of the guard took them and sent them to the king of Babylon at Riblab.

27 바벨론 왕이 하맛 땅 립나에서 다 쳐죽였더라 이와 같이 유다가 사로잡혀 본토에서 떠났더라

27 The king of Babylon smote[a] them and killed them[b] at Riblah in the land of Hamath, [c]and Judah went into exile from its land.[c]

28 느부갓네살의 사로잡아 옮긴 백성이 이러하니라 제칠년에 유다인이 삼천이십삼이요

28 [a]This is (the number of) the people whom Nebuchadar sent into exile: in the seventh year,[b] three thousand twenty-three Jews;

29 느부갓네살의 십팔년에 예루살렘에서 사로잡아 옮긴 자가 팔백삼십이 인이요

29 in the eighteenth year of Nebuchadrezzar,[a] from Jerusalem, eight hundred thirty-two persons;

30 느부갓네살의 이십삼 년에 시위대 장관 느부사라단이 사로잡이 옮긴 유다인이 칠백사십오 인이니 그 총수가 사천육백 인이었더라

30 in the twenty-third year of Nebuchadrezzar, Nebuzaradan the captain of the guard sent into exile, of Jews, seven hundred forty-five persons; all of the persons were four thousand six hundred.

31 유다 왕 여호야긴이 사로잡혀 간 지 삼십칠년 곧 바벨론 왕 에윌므로닥의 즉위 원년 십이 월 이십오 일에 그가 유다 왕 여호야긴을 옥에서 내어놓아 그 머리를 들게 하고

31 In the thirty-seventh year of the exile of Jehoiachin[a] the king of Judah, in the twelfth month, on the twenty-fifth[b] day of the month, Evil-merodach, the king of Babylon, in the year he became king,[c] lifted up the head of Jehoiachin[a] the king of Judah,[d] and he brought him out of prison.[e]

32 그에게 선히 말하고 그의 위를 그와 함께 바벨론에 있는 왕들의 위보다 높이고

32 He spoke kindly with him and gave him a seat above the seat of the kings[a] who were with him in Babylon.

33 그 죄수의 의복을 바꾸게 하고 그 일평생에 항상 왕의 앞에서 먹게 하였으며

33 So he changed his prison garments, and he ate bread before him regularly all the days of his life.

34 그의 쓸 것은 날마다 바벨론 왕에게서 받는 정수가 있어서 죽는 날까지 곧 종신토록 끊이지 아니하였더라

34 As for his allowance, a regular allowance was given to him from the [a]king of Babylon[a] daily [b]until the day of his death,[b] [c]all the days of his life.[c]

원문주해

1.a. Q="하무달"(Hamutal).

2.a. LXX에는 2-3절이 없다.

3.a. 많은 필사본들과 왕하 24:20은 "그리고 유다에 대하여"를 가지고 있다.

4.a. 왕하 25:1, LXX은 느부갓네살이라는 철자를 가지고 있다.

6.a-a. LXX에는 없다. 왕하 25:3에도 없다.

7.a-a. 왕하 25:4에는 이 문구가 없고(바벨론) 군사들이 "왕의 동산 근처에 있는 두 성벽 사이 길로 밤에" 그 성읍을 깨고 들어왔다고 되어 있다.

7.b. "도망했다"가 LXX에는 없다.

8.a. 왕하 25:5은 "그를 잡았다"를 가지고 있다.

8.b. LXX에는 "그의 종들"로 되어 있다.

9.a-a. LXX과 왕하 25:6에는 나타나 있지 않다.

9.b. MT은 "심판했다"에 복수형, 즉 "심판들을 했다"를 가지고 있다. LXX과 열왕기하 본문은 단수 "심판했다"를 가지고 있다.

10.a. 왕하 25:7은 "그들이 학살했다"를 가지고 있다.

10.b-b. 왕하 25:7에는 없는데, 그 곳에서 렘 52:10-11에 있는 행동이 몇 가지 사항이 빠진 채 한 구절로 압축되어 있다. 왕하 25:7에는 "그들이 시드기야가 보는 데서 그의 아들들을 학살했다. 그 다음에 그들은 시드기야의 눈을 빼고 그를 사슬로 결박하여 바벨론으로 끌고 갔다"로 되어 있다.

11.a. LXX에는 "제분소"로 되어 있다. 노예들은 가끔 제분소에서 일하도록 선고를 받았다(LSJ, 522를 보라).

12.a. 왕하 25:8은 "제7"을 가지고 있다.

12.b-b. LXX에는 없다.

12.c. 왕하 25:8은 예루살렘 앞에 전치사가 없다.

12.d-d. 위의 **본문**에서 "앞에 수종든"으로 번역된 아마드 리프네(עמד לפני, 직역하면 "그가 …앞에 섰다")란 문구 대신 왕하 25:8은 아바드(עבד, "…의 종")를 가지고 있다.

12.e. LXX은 아마드(עמד, "그가 섰다")를 분사형 "서 있는"으로 취급했는데, 이것은 위에서 채용된 독법을 지지한다.

13.a-a. *BHS*는 이 문구가 가필되었을 것이라고 생각한다.

13.b. MT에 있는 것처럼 "중요한 인물(들)의 모든 집" 대신에 LXX과 왕하 25:9과 함께 "모든 큰 집"으로 읽어라. 차이점은 MT에 정관사가 있음으로 말미암아 결정된다.

14.a. LXX에는 없다.

14.b. 왕하 25:10; 렘 39:8에는 "온"이 없다.

15.a. LXX에는 15절이 없다.

15.b-b. 왕하 25:11; 렘 39:9에는 없다. 이 단어가 전형적으로 집합명사로 이해되므로 "가난한 자"의 복수형 철자는 기묘하다(Holladay, 2:437을 보라).

16.a-a. LXX은 MT의 "그 땅의 가난한 자 몇몇" 대신에 "백성의 남은 자"를 가지고 있다.

16.b. 왕하 25:12은 단수형이다. 여기서는 이것이 복수형이다. 할러대이(Holladay, 2:437)는 "가난한 자"라는 명사형이 집합적으로 이해되므로 복수형으로 인하여 생긴 혼란을 설명한다. 그는 이것이 가난한 여인들을 가리킬 수 있다는 가능성을 생각한다.

16.c. "느부사라단"이 LXX과 왕하 25:12에는 없다.

16.d. 히브리어가 모호하다. LXX에서는 카이 에이스 게오르구스(*καὶ εἰς γεωργοὺς*, "그리고 농부들로")다. 참조. 39:10.

17.a. LXX과 소수의 필사본들과 함께 "안에[in]"로 읽어라. MT은 "…에 속하는"이다. 왕하 25:13에 있는 첫 번째 문구에는 전치사가 전혀 없다. 두 번째 구문에 베(ב, "안에")가 있다.

17.b. LXX과 왕하 25:13에는 "모든"이 없다.

18.a. 바벨론인들이 취한 약탈물로 열거된, 성전 예배에서 사용된 다양한 항목들은 많은 본문상의 문제를 야기한다. MT과 LXX은 열거된 목록에서 차이가 있다. 또한 왕하 25:14-15의 비교가 되는 본문도 예레미야 본문보다 더 짧으며 다른 항목들을 포함하고 있다. 할러대이(2:437)는 난점들을 해명하려고 하면서 결합된 본문의 결과인 것으로 생각한다.

19.a. LXX에서는 타 삽포드(*τὰ σαφφωθ*)이다. *BHS*는 이것을 하싸포트(הַסִּפּוֹת, "대접들")로 읽을 것을 제안한다. 남성과 여성형 어미들 모두가 이 단어에 나타난다.

19.b. LXX에는 타 마스마로드(*τὰ μασμαρωθ*)로 되어 있는데, *BHS*가 가리키는 단어는 18절의 하므자므로트(המזמרות, "불집게들")에 해당하는 단어일 수도 있다. *BHS*는 또한 헬라어 음역 가운데서 MT 형태의 마멸의 가능성을 시사하기도 한다.

20.a. 왕하 25:16에서처럼 "그 한 바다"로 읽어라.

20.b-b. 왕하 25:16에는 왕하 16:8, 17에 묘사된 아하스의 행동과 일치하는 열두 황소에 대한 언급이 없다.

20.c. 중자 탈락에 의하여 MT에서 떨어져 나간, LXX에 있는 "바다"를 삽입하라.

20.d. 이 구절에 있는 다른 숫자들과 일치하는 "열(10)"을 덧붙여라. 참조. 왕상 7:27.

20.e. MT에는 "그것들의" 놋으로 되어 있다. 왕하 25:16에 있는 것과 같은 위의 **본문**.

20.f-f. LXX에는 "이 모든 기구"가 없다.

21.a. 왕하 25:17에는 "기둥"이 없다.

21.b. LXX에는 대하 3:15에서처럼 "35규빗"으로 되어 있다.

21.c. 위의 본문은 Q와 열왕기하 본문을 따른다. K에는 "그 높이"로 되어 있다.

21.d-d. 왕하 25:17에는 없음.

21.e. LXX에는 "우묵한" 대신에 "둥근"으로 되어 있다.

22.a. 왕하 25:17에는 "하나"가 없다.

22.b. 왕하 25:17에는 "세 규빗"으로 되어 있다.

22.c-c. "석류 열매로"란 문구는 위치가 잘못된 것처럼 보인다. 왕하 25:17은 "격자로"로 되어 있다. LXX은 훨씬 더 분명한 사항인 "12규빗에 해당하는 규빗에 여덟 개의 석류 열매들"을 제공한다.

23.a. 이 구절은 왕하 25장에는 나타나지 않는다.

23.b. 역본들은 이 단어를 다양한 방법으로 번역한다. Syr은 이것을 완전히 삭제한다.

24.a. LXX은 제사장들의 이름을 포함시키지 않는다.

24.b. LXX은 "그 길을 지키는 자들"을 가지고 있다.

25.a-a. LXX에는 없다.

25.b. 왕하 25:19은 하야(היה, "있었다[was]") 대신 후(הוא, "그[he]")를 가지고 있다. 본 절의 의미는 영향을 받지 않는다.

25.c. 왕하 25:19에는 "다섯"으로 되어 있다.

25.d. Syr에는 "남았던 자"로 되어 있다.

25.e. LXX에는 "장관"이 없다.

27.a. 왕하 25:21에는 와야크(וַיַּךְ, "그리고 〈그가〉 쳤다")로 되어 있다. 두 형태가 MT에서 나카(נכה)의 힙힐 미완료 3인칭 남성 단수형으로 되어 있다.

27.b. LXX에는 "그리고 그들을 죽였다"가 없다.

27.c-c. LXX에는 없다.

28.a. LXX과 왕하 25장은 28-30절을 가지고 있지 않다.

28.b. Syr은 "그의 통치의"를 덧붙인다.

29.a. 몇몇 필사본은 "그가 포로지로 보냈다"를 덧붙인다.

31.a. LXX은 요아킴(*Ιωακιμ*, "요아김")을 가지고 있는데, 아마도 여호야긴에 앞서 권좌에 있었던 여호야김을 가리키는 것 같다. 대하 36:6은 느부갓네살이 족쇄로 여호야김을 결박하고 바벨론으로 데려갔다고 기록한다. 아마도 그 기사와 LXX의 요아김의 사용 간에는 관계가 있을 것이다. "여호야긴"이 더 적절한 언급이다.

31.b. LXX은 "제24"로 읽는다. 왕하 25:27에는 "제27"로 되어 있다.

31.c. MT의 "그의 통치 원년에" 대신에 LXX과 왕하 25장과 함께 읽음.

31.d. LXX^B은 "그리고 그를 면도시켰다"를 덧붙인다.

31.e. 직역하면 "감금의 집". 참조. 37:4. 이 두 구절에서는 이 단어의 철자가 불확실하다.

32.a. Q, LXX, 왕하 25:30처럼 관사를 포함하고 있음.

34.a-a. 왕하 25:30은 "왕"을 가지고 있음.

34.b-b. 소수의 필사본들과 왕하 25:30에는 없다.

34.c-c. LXX에는 없다.

양식/구조/배경

예레미야서의 마지막 장은 해석자에게 수많은 난제를 제공한다. 첫째로, 본 장의 내용은 사실상 열왕기하 25장에 있는 자료의 반복인데, 이것들 중 몇몇이 예레미야 39장에도 나타난다. 어째서 본서는 이런 방법으로 끝을 맺는가? 특히 어째서 생생하게 기록되었을 수 있는 요약본보다 분명히 차용해 온 자료로 보이는 내용을 사용하고 있는가?

두 번째 난제는 예레미야서에 대한 헬라어와 히브리어 본문들 간의 구조상의 구별과 관련되어 있다. 본서의 헬라어 역본의 순서에 따라, 예레미야 52장은 직접적으로 MT의 예레미야 45장에 있는 바룩에게 주신 말씀에 뒤따라온다. MT 자체는 예루살렘의 함락과 또한 이와 관련된 사건들을 설명하고 있는 설화 자료를 마지막 장과 구별시켜 주는 열국에 관한 신탁들을 가지고 있다. 자료의 순서에는 어떤 해석상의 의미가 있는가?

세 번째 문제는 본 장에 선지자 예레미야에 대한 언급이 없다는 점이다. 그러나 이것이 첫 번째 경우는 아니다. 선지자에 대해서 언급하지 않는 37-44장의 독특한 설화 자료 단락도 있다. 이 결론적 장은 그 초창기의 단락들과 같은 목적의 역할을 하고 있을 가능성이 있다.

위에 언급된 첫 번째 난제에 답하여, 신명기적 역사로부터 나온 설화 자료의 사용은 예레미야서에만 한정되지 않는다. 이사야서 역시 열왕기서로부터 가져온 커다란 분량의 자료를 포함하고 있다(왕하 18:13-20:19). 예레미야서에서의 열왕기서 자료의 사용에서 독특한 점은 선지자 예레미야가 그 자료 가운데 언급되어 있지 않다는 사실이다. 이사야 36-39장에서 반복된 열왕기서 자료에서 이사야는 두드러진 활동을 하는 사람이다.

선지자의 두루마리를 마감하기 위하여 역사적 자료를 이용하는 것은 예언 전승에서 하나의 패턴이다고 주장되어 왔다(Holladay, 2:439를 보라). 언급된 두 본문만이 그 패턴의 유일한 실례가 되기 때문에 그러한 패턴을 옹호하는 것은 빈약한 결론으로 보인다. 보다 설득력 있는 주장은 예루살렘의 멸망에 대한 요약적 진술을 예레미야의 예언 성취의 증거로 말하려는 편집자의 효과적 조치로 보는 것이다. 더 나아가서 예레미야 52장의 마지막 단락은 더 큰 예레미야 메시지의 일부로서 의미가 있는 희망의 말을 제공한다. 그것은 더 이상 추측에 지나지 않는 한편, 예루살렘의 멸망에 대한 현존하는 기사를 채용하여 기록하는 것이 편집자의 요약에 의하여 창작된 것보다 더 확신을 주는 예언 성취의 증거를 제공할 수 있다.

히브리어와 헬라어 본문 전승 간의 구조적 차이는 단순한 설명을 거부한다. 아마도 가장 설득력 있는 설명은 예레미야서 전체 본문에 호소하는 것이다. 이것이 전혀 다른 본문이라는 설명은 사리에 맞는 것처럼 보인다. 한 순서에 의해서나 혹은 다른 순서에 의해서 더 잘 도움을 받거나 혹은 더 도움이 되지 못한다는 분명한 해석적 목표들이 없다.

52장에 예레미야가 나타나지 않는 점은 예레미야서 후기에서 다소 의아심을 줄 수도 있으나, 그가 더욱더 당연히 있어야 할 본서의 다른 본문에 선지자가 없는 점에 비해서는 그렇게 이상하지는 않다(예를 들어, 41장에 기록된 미스바에서의 살육). 예레미야서라는 독립된 자료로부터 가져온 정보의 사용이 분명한 설명을 제공해 준다. 예레미야가 묘사된 사건들 가운데서 한 인물이 아니라 40:7-41:18에 있는 그것과 마찬가지로 52장에 있는 자료의 포함은 선지자의 말의 타당성을 보강해 준다. 52장의 경우, 본서의 마지막 단락은 유다에 있는 공동체에는 완전한 희망의 결핍을 부여한 데 반하여 포로민 공동체에는 희망의 성격을 부여한다. 한 걸음 더 나아가서 이 이중적 강조가 예레미야의 메시지의 중요한 면인 것처럼 보인다.

주석

1 여호야김이 바벨론으로 잡혀갔을 때, 시드기야가 그를 대신하여 예루살렘에서 다스리기 시작했다. 시드기야는 맛다냐에 대한 왕의 호칭이었고, 이 이름을 직역하면 "야웨는 나의 의이시다"이다. 다양한 히브리어 단어들이 암시한 바와 같이, 혈족 관계를 해독함에 있어서 난점이 있다. 시드기야는 전통적으로 여호야김의 동생인 여호야긴의 삼촌인 것으로 가정되어 왔지만, 역대하 36:10에서는 여호야긴의 형제(개역 성경에서는 "아자비"임 – 역자주)로 언급되어 있다. 역대하 36장의 히브리어는 혈족이라는 광범위한 의미로 이해될 수도 있다.

시드기야의 역할에는 약간의 모호성이 있다. 이 구절은 그가 유다에서 왕이 되었다는 사실을 암시하는 것으로 보인다. 다른 한편, 열왕기하 25:27에서는 여호야긴이 왕으로 언급되고 있다. 그들 자신에게 유리하도록 두 "왕들"이라는 두 가지 뜻을 사용하는 것이 바벨론인들의 목적을 도왔을 수 있다. 어떤 경우든, 예루살렘에 있는 왕은 시드기야였다.

2 유다와 이스라엘 군주들에 대한 신명기 사가의 공통적인 부정적 판단이 시드기야에게로 돌려진다(렘 37-39장의 "주석"에 있는 시드기야에 대한 논의를 보라). 적용된 리트머스 시험으로 말미암아 난외에 약간의 오류가 있었음이 드러났다. 한 왕이 악하거나 선했다. 여기서 예증된 것은 시드기야의 악행과 여호야김의 악행 사이에 이루어진 가계의 행위다. 시드기야는 분명히 예레미야의 말과 행동에 대해서 여호야김보다는 훨씬 더 개방되어 있었던 사람이다. 그러나 그것이 그의 통치가 "악했다"는 평가를 면하게 하지는 못했다. 이것이 또한 유다 공동체에 대한 부정적 판단과 일치한다.

3 시드기야에 대한 판단 역시 바벨론 군대에 의한 유다와 예루살렘의 멸망의 근거를 제공해 준다. 바벨론에 대한 시드기야의 반역은 3절에서 이미 존재했던 그 곤경의 때를 더욱 악화시킨 행동으로 해석된다. 예루살렘과 유다의 죄는 그들을 향한 야웨의 진노 가운데서 결과가 나타났었다. 시드기야는 치료약을 제공하는 대신 바벨론에 반역을 함으로써 자기 백성의 운명에 도장을 찍었다. 그것은 단순히 바벨론에 대한 반역이 아니라 야웨께 대한 반역이었다.

4 예루살렘에 대한 포위 공격은 대략 주전 588년 1월 초에 시작되었지만, 유다가 존속했던 기간의 마지막 단계 동안 있었던 중요한 사건들의 연대를 결정하는 일은 지극히 어렵다(A. R. Green, *JBL* 101[1982] 57-73를 보라). 언급된 "포위 공격"의 정확한 성격은 확실하게 결정하기가 어렵다. 할러대이(Holladay, 2:440)는 사용된 용어가 성벽에 대하여 세워진 누벽 형태임을 암시한다고 주장한다(연루된 사건들에 대한 개념에 관해서는 앗수르의 부조물들에 대한 톰슨의 언급, 774를 보라). 캐롤(Carroll, 859-60)은 느부갓네살 자신이 직접 포위 공격에 가담하지 않고 리블라에 있는 자신의 지휘 본부에 머물러 있었을 것이라고 지적한다(9절을 보라).

5-6 포위 공격 기간은 18개월이 약간 지나갔다. 그 당시에 음식 공급이 바닥났고, 주민의 상황은 절박한 상태에 이르렀고 극에 달했다. 여기에 기록된 포위 공격은 포위 공격을 당한 주민들에게 믿기지 않을 정도의 고통을 가져다 주었다. 수많은 경우에 질병과 기아로 죽어 간 사람이 군사적 행동으로 말미암아 죽은 경우보다 더 많았다. 에스겔 5장에 있는 예루살렘의 포위 공격에 대한 에스겔의 환상은 식량 공급이 중단되었을 때 주로 일어났던 식인(食人) 행위에 대한 언급을 포함한

다. "그 땅 백성"은 여기서 바벨론 침입을 막기 위하여 그 성읍으로 들어온 사람들을 포함한 그 성읍의 일반 주민들로 생각된다. 때때로 이 문구는 사회의 낮은 계층을 가리키기도 한다. 여기서는 그것이 가능하지만, 그 성읍의 극적인 종말로 이끌었던 음식의 결핍이 가장 가난한 계층뿐 아니라 그 성읍 전체에 영향을 주었음을 암시한다(Holladay, 2:440; Rudolph, 276).

7 예레미야서와 열왕기하에 있는 차이가 나는 본문은 이 구절 가운데서 약간의 중요성을 가질 수도 있다. 열왕기하 25:4은 바벨론 군사들에 의한 밖으로부터의 성벽의 갈라짐을 나타내는 것으로 보이며, 반면에 예레미야서에 있는 구절은 이 깨뜨려짐이 그 성읍에서 도망하려는 사람들에 의하여 생긴 것임을 암시한다. 유다 군사들이 성읍 밖으로 도망한 위치는 어떤 알려진 문과 일치하지 않지만(Thompson, 774-75; Carroll, 860), 예레미야 39:4에 있는 시드기야의 도피에 대한 언급은 어떤 특별한 문임을 가리킨다.

일단 성읍 밖에서 시드기야와 그와 함께 도망하는 사람들은 아라바 방향으로 향했는데, 그 곳은 여리고 근처의 요단 서쪽 평야다(8절은 이 지역에서 시드기야가 체포된 것을 기록하고 있는데, 위의 본문 8절에서는 T. R. Hobbs[2 Kings, 357]를 따라 여리고 평지로 번역되었음을 유념하라). 시드기야와 다른 사람들이 어떻게 지금 예루살렘을 포위 공격하고 있는 바벨론 군대를 교묘히 피해 나갈 수 있었는지는 분명하지 않지만, 톰슨은 시드기야가 가지고 있었던 지역에 대한 지식이 그러한 도피를 실현 가능케 할 수 있었을 것이라고 주장한다.

8-9 바벨론 군대는 시드기야 및 그와 함께 한 사람들을 추격하여 결국에는 여리고 근처에서 그를 사로잡았다. 바벨론이 따라잡자, 시드기야와 함께 한 사람들은 왕을 버리고 흩어졌다. 시드기야는 리블라의 지휘 본부에 있는 느부갓네살에게로 잡혀왔고, 거기서 그의 운명은 바벨론 왕에 의하여 결정된다.

10-11 느부갓네살은 유다의 반항자들에게 가혹한 형벌을 내렸다. 시드기야는 자기 아들들을 살육당하는 것을 강제로 보아야 했고, 유다의 왕자들에게도 비슷한 운명이 가해졌다. 이러한 행위를 하는 가운데 느부갓네살은 종주가 자신의 권위에 도전하는 사람들에게 시행한 표준적인 형태, 즉 다른 봉신들로 하여금 그와 같은 행동을 하지 못하도록 만들어 주었던 극적인 보복을 따랐던 것이다.

느부갓네살의 마지막 보복 행위는 시드기야 개인에 대한 것이었다. 이 유다 왕은 눈이 뽑히고 바벨론으로 보내졌으며, 그는 거기서 죽는 날까지 죄수로 지냈다. 이 구절은 시드기야가 자기 아들들이 사형을 당하는 장면을 목격하는 잊혀지지 않는 모습, 즉 그가 눈이 멀기 전에 마지막으로 본 모습을 기술하고 있다.

12-14 바벨론 군대가 예루살렘으로 입성한 다음 대략 한 달 후에 느부갓네살의 군대 장관들 가운데 한 사람인 느부사라단이 그 성읍의 중요한 부분을 조직적으로 파괴하는 일을 관장했다. 유다 백성들은 생각할 수도 없는 자기들의 바벨론 종주에게 반역하는 죄를 범했고, 그래서 그들의 어리석은 행위의 결과로 말미암아 당연히 찾아오는 그 운명을 당했다.

예루살렘의 모든 주요 시설물이 파괴당했다. 성전은 왕궁과 함께 불탔다. 게다가 성벽은 바벨론 군사들에 의하여 무너졌다. 그 성읍은 폐허가 되었다.

15-16 그 성읍에 남아 있던 중요한 인사들은 바벨론 포로지로 끌려갔다. 그 그룹에 포함된 자들은 백성 중 빈한한 자와 이전에 바벨론 포로민(주전 597년) 가운데 포함되지 않은 기술자들과 바벨론 왕에게 항복한 자였다. 몇몇 농부들(포도원지기들과 농부가 특별히 언급되어 있음)이 점령하고 있는 바벨론 군대의 필요를 돕기 위하여 그 땅에 남겨진 것으로 보이는데, 할러대이(Holladay, 2:441)는 수출을 위한 농산물, 여기에 언급된 노동자들의 노동으로 생산되는 산물을 얻기 위한 것이라고 생각한다.

17-23 17-23절은 성전의 조직적 약탈을 기술하고 있다. 기록 부분들은 주전 597년 성전에 대한 초창기의 약탈에 비추어 볼 때 의문점이 일어난다. 예레미야 27:16은 성전의 그릇들을 암시하고 있는데, 그것들은 첫 번째 포로 당시에 바벨론으로 취해 간 바 있었다(또한 왕하 24:13을 보라). 이것은 그릇들이 대치되었거나(Thompson, 778에서처럼) 혹은 주전 597년의 약탈이 완전하지 못했음을 의미할 것이다.

할러대이(2:441)는 주전 597년에 있었던 바벨론의 승리 이후에 느부갓네살이 수많은 가치가 있는 것을 남겨 놓지 않았을 것이라고 주장한다. 캐롤(Carroll, 866)은 그릇들의 설명 가운데 연루된 역사적 곤경에 대해 깊이 생각하지 않기로 결정한다. 그 대신 그는 그러한 그릇들이 의미했던 야웨의 심판에 대해서 신학적인 초점을 적절히 강조한다.

17-19절은 최소한 성스러운 기물들 몇 가지가 값나가는 금속으로 인하여 대치되었다는 사실을 암시하는 것으로 보인다. 여기서 그것들 대부분이 만들어졌는지 아니면 그것들 가운데 몇 가지만 만들어졌는지는 분명치 않다. 19절 끝에 있는 문구 "금물의 금과 은물의 은"은 물건 자체의 가치보다는 금속의 가치에 관심을 더 둔 것을 암시한다. 기둥들의 기둥머리의 설계에 대한 세심한 묘사(22-23절)는 사변적인 결론이기는 하지만, 그러한 항목들의 예술적 가치가 두드러졌다는 사실을 의미

한다.

24-27 함락 이후 그 성읍에 남아 있는 주요 인물들은 시드기야와 함께 도망하려 했던 사람들과 같은 방식으로 거칠게 다루어졌다. 성전의 관리들은 반역의 무리에 가담한 것으로 판단되었음에 틀림없다. 대제사장 스라야는 역대상 6:14에 언급된 개인, 즉 힐기야의 손자일 것이다. "전 문지기"는 성전 출입을 관장하는 특별한 책임이 주어진 제사장들을 가리키는 것 같다(G. Henton Davies, *IDB* 4:636을 보라).

25절은 느부사라단이 관장한 검거에 들어 있는 수많은 군사와 시민 관리들을 포함하고 있다. 왕의 시종(모사)들과 군대 장관의 서기관 이외에도 "그 땅의 백성들"로 밝혀진 60명이 잡혔다. 예루살렘 사회에서 가장 가난한 계층에 대해 가혹한 행위가 자행되었다는 것은 상당히 의심스럽다. 그러므로 이것은 이 문구에 대한 다른 용법일 것으로 생각된다. 캐롤은 이 곳의 "그 땅의 백성들"을 "토지를 소유한 상류계급"으로 이해하는 것이 가장 좋을 것이라고 주장하지만, 그는 이 문구의 모호성을 염두에 두고 있다(Carroll, 867; 또한 Holladay, 2:443). "토지를 소유한 상류 계급"은 문맥에 비추어 훌륭한 묘사일 수도 있다(또한 위의 6절의 "주석"을 보라).

26절과 27절은 사실상 리블라에서 있었던 이러한 장관들의 살해를 기록하고 있다. 느부갓네살은 자신이 유다의 반역자 편이라고 생각했던 사람들을 잔인하게 처벌했다. 사형을 모면한 많은 사람들은 바벨론으로 끌려가는 괴로움을 당했다. 27절의 마지막 부분은 15절의 평행절로 의도되었을 수도 있고 혹은 포로민의 일부가 된 부가적인 인물들을 포함한 것일 수도 있다(27절의 이 부분에 여분의 말이 들어 있을 가능성은 LXX에 나타나 있지 않았다는 점을 통해 지지를 받는다).

28-30 이 구절들은 느부갓네살에 의하여 유다로부터 세 차례에 걸쳐 바벨론으로 포로로 끌려간 사람들의 숫자를 제공하고 있다. 이 구절들은 열왕기하 25장에는 나타나지 않는다. 이와 같이 열왕기하 25:22-26은 예레미야 52장과 평행을 이루지 않는다. 열왕기하 25:22-26에 없다는 사실은 예레미야 40-41장에 있는 열왕기하 25장으로부터 많이 확장된 형태로 제공된 그달랴의 행동과 그의 운명에 대한 세밀한 기사를 통하여 설명될 수도 있다. 예레미야 40:7-9은 열왕기하 25:23-24과 거의 동일하고, 41:1-3은 열왕기하 25:25과 거의 같다. 예레미야 40:41장에 있는 남은 자료는 열왕기하 25장에 기록된 그달랴를 둘러싼 사건들에 대한 기사의 확장임을 나타낸다(위의 렘 40-41장의 "주석"을 보라).

위에서 살펴본 바와 같이(4절 "주석"), 구체적인 사건들에 대한 구체적인 날짜는 결정하기가 어렵다. 포로민 전체를 암시하는 이 구절들 가운데 열거된 사람들의 숫자를 사용한 점에서도 확실하게 말하기가 어렵다. 첫 번째 포로민들에 대해 열왕기하 24:14, 16과 이 곳에 있는 숫자의 기록 간에는 모순이 있다. 몽고메리(Montgomery, *Kings*, 555-56)는 예레미야 52장이 남자들만을 말하고 있고 열왕기하 24:14, 16이 여인들과 유아들을 포함시키고 있으므로 두 기사는 차이가 있다고 주장한다. 이러한 설명은 할러대이(2:443)에 의하여 도전을 받았는데, 그는 숫자의 차이를 후기 편집자들에 의한 부풀리기로 돌린다. 캐롤(869)은 불일치에 가장 좋은 답변을 제시한다. 그것은 곧 차이가 나는 숫자들을 조화시키려는 시도 없이 받아들여야 한다는 것이다(Rudolph, 281는 이에 반대다).

언급된 처음 두 번의 포로는 유다 역사 가운데 잘 알려진 사건들을 가리킨다. 구체적인 날짜들은 결정하기가 어렵지만, 사건들 자체를 둘러싸고 있는 확장된 정보가 성경 가운데서 발견된다. 세 번째 포로는 그렇게 쉽게 설명되지 않는다.

전통적인 설명은 예레미야 52:30의 세 번째 포로를 그달랴의 암살과 이에 대한 바벨론의 반응과 동일시한다. 중요한 문제는 예루살렘 함락과 암살 간의 시간 격차와 관계가 있다. 그달랴는 그 성읍의 함락 직후에 암살되었는가(Holladay, 2:296, 443를 보라). 아니면 그가 이스마엘에게 암살을 당하기까지 몇 년이 지나갔는가? 예레미야 40장의 문맥은 예루살렘의 함락과 그달랴의 죽음 사이에 약간의 시간 간격이 있었음을 암시한다. 다시 말해서 농사의 번창이 예레미야 40:10에 묘사되어 있는데, 이것은 완전한 멸망을 동반한 대대적인 침략 직후였을 것 같지는 않다. 만일 캐롤이 주장한 바와 같이(705) 예레미야 40장의 번창한 모습이 역사적으로가 아니라 신학적으로 기원되었다고 가정한다면, 그것은 그달랴의 암살 날짜를 결정함에 있어서 덜 고려할 사항이 된다.

28-30절에 언급된 추방과 연루된 복잡성을 소개함에 있어서 보다 기발한 시도 가운데 하나는 그린의 것이다(Green, *JBL* 101[1982] 66). 그는 예레미야 52장에 열거된 포로민들이 주전 597년과 587년에 있었던 예루살렘에 대한 군사 행동에 뒤따라 일어났던 전반적인 포로와는 다른 것으로 취급되어야 할 것이라고 생각한다. 만일 이것들이 (대재앙 직후에 일어난 강제 포로였던 거대한 숫자와 반대되는) 비교적 소수의 포로민들로 이해된다면 연대 결정의 불일치는 해소된다.

30절의 요약적 진술은 그린의 가설에 문제점들을 일으킨다. 28-30절에 열거된 숫자를 언급한 보다 명백한 이유는 유다 거민들에 대한 포로의 효과를 요약하기 위한 것이다. 이 숫자들은 예상된 것보다 더 적은 숫자이기는 하지만, 이것이 반드시 다른 선택 사항들보다 그린의 결론을 더 지지하지는 않는다.

28-30절의 효과는 유다 거민들이 당한 다양한 포로에 초점을 맞추는 것이다(다른 증거는 없을지라도 세 번째 포로를 포함하여). 이 구절은 또한 예레미야서의 마지막 구절, 즉 예기치 못한 방향으로부터 오는 희망을 제공하는 구절에 대해 길을 예비해 준다.

31-34 31절은 주전 560년경 포로가 된 유다 왕 여호야긴이 감옥에서 풀려난 사실을 기록하고 있다. 31-34절은 열왕기하 25:27-30을 거의 그대로 반복한 것이다.

여호야긴의 석방을 입증하는 그 어떤 성경 밖의 증거도 존재하지 않는다. 바벨론에서 여호야긴의 대우에 관해 긍정적인 말로 해석될 수 있는 내용을 제공해 주는 유일한 참고 구절은 바벨론 설형문자 토판에 그들의 포로 기간 동안 여호야긴과 그 아들들에게 지급된 식량을 암시하고 있는 점이다(*ANET*, 308; 34절에 있는 식량에 대한 언급을 유의하라).

에윌 므로닥은 느부갓네살의 뒤를 이어 권좌에 오른 느부갓네살의 아들 악카드인 아멜 마르둑(Amel-Marduk; 주전 562-560년), 즉 "마르둑의 아들"이다. 요세푸스는 아멜 마르둑에 관하여 "불법적이고도 불순한 방법으로 공적인 일들을 맡아 보았던" 사람으로 말한 베로수스(Berosus)의 말을 인용한다(Jos., *Ag.Ap.* 1.20). 아멜 마르둑은 단지 두 해 통치 후에 네르갈사루수르(렘 39:3의 네르갈사레셀?)에 의하여 암살당했다.

캐롤(Carroll, 871)은 예레미야서 마지막 장의 시드기야와 여호야긴에 대한 언급 사이에 있는 대칭을 상기시킨다. 바벨론 사람들로부터 시드기야와 그 아들들이 당한 것보다 더 혹독한 취급은 상상하기가 어려울 것이다. 그 반대로 여호야긴은 자기 아들들과 함께 잘 대우를 받은 것으로 묘사되어 있다. 그 결과는 어느 정도 무언이기는 하지만 미래에 대한 희망의 말씀이다.

예레미야서의 이 마지막 구절들에 따르면, 여호야긴과 그의 아들들은 "종신토록" 잘 대우를 받았다. 문맥은 이것을 만일 아멜 마르둑에게 적용했다면 그 의미가 훨씬 더 수수께끼 같기는 할지라도, 여호야긴의 온 생애에 적용하고 있음을 시사하고 있다(Rudolph, 282; Holladay, 2:443를 보라).

가장 큰 희망감을 제공할 수도 있는 이 마지막 부분은 여호야긴이 바벨론 통치권 내에 있는 다른 속국의 왕들의 지위보다 높은 자리 혹은 권좌에 올랐다는 사실이다. 여호야긴에 대한 이러한 배려는 이 구절들의 분류를 희망의 말씀으로 입증하는 가장 강력한 논증이 될 수도 있다.

해설

예레미야서는 쉽게 해결할 수 없는, 독자들을 혼란케 하는 수수께끼를 제공하는 방식으로 마친다. 어째서 본서는 약간의 수정만을 한 채 열왕기하서의 마지막 장을 상당량 반복하는 것으로 끝맺고 있는가?

예언서 가운데 사용된 신명기 사가의 역사로부터 나온 또 다른 유일한 실례는 이사야 36-39장에 나타난다. 이 두 본문은 이사야서와 예레미야서에서 비슷한 목적으로 사용되고 있는가?

여기 제안된 발언은 이사야서와 예레미야서에 빌려온 본문들에 하나의 공통적인 목적이 있을 수도 있다는 것일지라도, 증거가 너무 부족하여 빈틈없는 결론을 이끌어낼 수는 없다. 이사야서와 예레미야서에 적용할 수 있는 하나의 공통적인 목적은 선지서 이외의 자료로부터 나온 기사가 제공한 확인일 것이다. 이용된 역사 문헌은 본서에 이미 기록된 선지자의 메시지를 확증해 준다. 그것이 두 본문에 적용된다. 예루살렘과 유다에 임할 심판에 관한 예레미야의 메시지는 분명히 예루살렘의 함락과 그 성읍의 함락에 동반된 끔찍한 상황에 대한 기록에 의하여 입증된다. 열왕기하 18-20장으로부터 나온 자료가 포함된 것은 이사야서에 대한 목적과 매우 유사한 역할을 한다.

희망의 말씀이 이사야와 예레미야에게 감지되었는지의 여부는 더욱 의문의 여지가 있다. 여호야긴의 개선된 신분으로 인하여 예레미야서의 끝 부분을 희망의 말씀으로 인식하기는 어렵지 않다. 그러나 이사야 39장은 재난, 바벨론 포로를 예고한다. 하나의 가능성 있는 긍정적인 면은 평안과 안정이 그의 생애 동안 지속될 것이라는 히스기야 자신의 반응이다.

예레미야 52장은 황폐함을 미래의 희망에 대한 희미한 빛과 뒤섞는다. 예루살렘의 멸망과 그 거민들의 운명에 대한 묘사는 예레미야 메시지의 최종성에 관한 의심을 남겨 놓지 않는다. 유다와 그 거민들에게 부여된 모든 희망은 거짓된 희망으로 드러난다. 예레미야 44장과 같은 본문과 일치하여, 유다의 희망에 대한 어떤 환상은 유다의 지리적 위치로부터는 분리되어야 한다. 에스겔에서처럼, 유다 국가의 회복에 대한 남아 있는 희망은 바벨론에 거주하고 있는 남은 백성에게 있었다.

여호야긴에게 보여진 관대함을 통하여 나타난 희망의 빛은 그 희망이 여전히 군주와 관련되었다는 사실을 간직하고 있다. 아멜 마르둑에 대한 언급처럼, 이 사상 역시 최소한 예레미야서 형성에 있어 한 단계의 연대를 결정하는 데 어떤 암시를